瑞安市人民代表大会志

（2003—2022）

瑞安市人民代表大会志编纂委员会　编

方志出版社
Publishing House of Local Records

图书在版编目（CIP）数据

瑞安市人民代表大会志：2003—2022 / 瑞安市人民代表大会志编纂委员会编. -- 北京：方志出版社，2024. 12. -- ISBN 978-7-5144-6352-1

Ⅰ. D624.554

中国国家版本馆CIP数据核字第2024C1N548号

责任编辑：刘方圆
责任校对：张玉霞
责任印制：梅中英
出 版 者：方志出版社
地　　址：北京市朝阳区潘家园东里 9 号（国家方志馆4层）
邮　　编：100021
网　　址：http://www.zgfzcb.cn
发　　行：方志出版社图书营销中心（010-67110500）
印　　刷：温州市北大方印务有限公司
开　　本：889毫米×1194毫米 1/16
印　　张：55.25　插页2　地图1
字　　数：1377千字
版　　次：2024年12月第1版
印　　次：2024年12月第1次印刷
定　　价：320.00元

序一

在人民代表大会制度建立70周年之际，《瑞安市人民代表大会志（2003—2022）》编纂完成，出版面世，是一件很有意义的大事喜事，值得庆贺！

瑞安是一座具有1785年建县史的现代工贸城市、历史文化名城，远肇永嘉学派，中兴瑞安新学，近启“温州模式”，素有“东南小邹鲁”“理学名邦”之美誉。二十多年来，在“八八战略”（中共浙江省委在2003年年初提出的面向未来发展的八项举措，即进一步发挥八个方面的优势、推进八个方面的举措）的科学指引下，瑞安人民秉持敢为人先的精神，在经济发展、城乡融合、文化繁荣、社会治理等各个方面攻坚突破，在中国式现代化的县域实践中迈出坚实步伐。历届瑞安市人大及其常委会始终坚持党的领导、人民当家作主、依法治国有机统一，围绕中心服务大局，紧贴民心回应关切，不忘初心勇担使命，充分发挥地方国家权力机关的职能作用，为瑞安的经济社会发展和民主法治建设作出了重要贡献。

《瑞安市人民代表大会志（2003—2022）》承续前志脉络，以丰富的内容、翔实的史料、严谨的表述，系统记录了2003年至2022年人民代表大会制度在瑞安的实践过程，全面展现了瑞安市人大及其常委会的履职历程，生动反映了瑞安人民当家作主、共创美好生活的奋斗征程。该志书坚持科学性与资料性并重、时代性与地方性并举，具有存史、资政、育人作用，为研究地方人大工作和建设新添一份珍贵史料，也为坚持和完善人民代表大会制度、发展全过程人民民主提供有益借鉴。

盛世修志，惠政利民。站在新的历史起点上，希望瑞安市以该志书出版为契机，继往开来，砥砺前行，与时俱进推动人大工作高质量发展，更好地把人大制度优势转化为发展胜势、民生福祉、治理效能，为奋力谱写中国式现代化瑞安新篇章提供有力保障！

温州市人大常委会党组书记、主任

2024年9月

2003年3月20日至25日，瑞安市第十三届人民代表大会举行第一次会议

2003年3月25日，瑞安市第十三届人大常委会组成人员合影

2007年1月23日至27日，瑞安市第十四届人民代表大会举行第一次会议

2007年1月27日，瑞安市第十四届人大常委会组成人员与上届代理主任合影

2012年1月5日至9日，瑞安市第十五届人民代表大会举行第一次会议

2012年1月9日，瑞安市第十五届人大常委会组成人员合影

2017年2月16日至20日，瑞安市第十六届人民代表大会举行第一次会议

2017年2月20日，瑞安市第十六届人大常委会组成人员合影

2022年2月18日至20日，瑞安市第十七届人民代表大会举行第一次会议

2022年2月20日，瑞安市第十七届人大常委会组成人员合影

2016年12月24日，省委副书记、代省长车俊（右一）在瑞安市安阳街道人大代表联络站开展联系人民群众主题活动

2016年7月19日，省人大常委会党组书记、副主任茅临生（右二）一行到瑞安调研县乡人大换届选举工作，视察马屿镇人大代表选举情况

2018年4月17日至18日，全国人大华侨委员会委员、省第十二届人大常委会党组书记、副主任王辉忠（前排左二）一行到瑞安调研侨务和归侨侨眷权益保护立法工作，视察塘下镇侨联活动中心

2024年5月15日，省人大常委会党组书记、副主任陈金彪（右三）一行到瑞安调研高质量发展情况和基层人大工作，视察莘塍街道全过程人民民主基层单元建设情况

2008年10月27日，省人大常委会党组副书记、副主任王永明（左三）召集在浙全国人大代表一行50多人，视察温福铁路飞云江特大桥施工情况

2017年5月12日，省人大常委会党组副书记、副主任毛光烈（前排左一）一行到瑞安督查“剿灭劣V类水”工作，视察市江北污水处理厂改造（扩建）项目

2013年6月3日，温州市人大常委会主任陈笑华（左排左二）一行到瑞安调研人大工作和常委会组成人员联系代表、代表联系群众情况

2016年5月16日，温州市人大常委会主任葛益平（左二）一行到瑞安调研人大工作，并在华峰集团开展助企服务活动

2003年3月25日，市委书记、市人大常委会主任钱建民在市第十三届人民代表大会第一次会议闭幕会上讲话

2005年8月10日，瑞安市第十三届人大常委会召开行政执法评议和述职评议动员大会

2006年3月17日，市委书记葛益平在市第十三届人民代表大会第四次会议闭幕会上讲话

2009年6月30日，市委召开全市人大工作会议

2009年2月20日，市委书记蒋珍明在市第十四届人民代表大会第三次会议闭幕会上讲话

2009年12月24日，瑞安市第十四届人大常委会举行纪念地方人大设立常委会三十周年座谈会

2012年1月9日，市委书记陈建明在市第十五届人民代表大会第一次会议闭幕会上讲话

2012年9月20日，瑞安市第十五届人大常委会第六次会议召开食品安全工作专题询问会

2015年3月21日，市委书记李无文在市第十五届人民代表大会第四次会议闭幕会上讲话

2014年9月25日，瑞安市召开庆祝人民代表大会成立60周年大会

2017年2月20日，市委书记陈胜峰在市第十六届人民代表大会第一次会议闭幕会上讲话

2017年2月18日，瑞安市第十六届人民代表大会第一次会议首次推行政府民生实事人大代表票决制

2020年4月29日，市委书记麻胜聪在市第十六届人民代表大会第四次会议闭幕会上讲话

2019年12月5日，浙江省人大社会建设工作座谈会在瑞安召开，省人大常委会副主任姒建敏出席会议并讲话

2023年2月16日，市委书记李坚在市第十七届人民代表大会第二次会议闭幕会上讲话

2024年5月28日，瑞安市第十七届人大常委会召开市级行政事业国有资产特定问题调查动员部署会

2006年3月16日，市人大常委会代理主任孔素素在市第十三届人民代表大会第四次会议上作市人大常委会工作报告

2008年2月27日，市人大常委会主任张女珍在市第十四届人民代表大会第二次会议上作市人大常委会工作报告

2012年1月7日，市人大常委会主任叶世林在市第十五届人民代表大会第一次会议上作市人大常委会工作报告

2018年1月20日，市人大常委会主任叶建辉在市第十六届人民代表大会第二次会议上作市人大常委会工作报告

2023年2月15日，市人大常委会主任应希克在市第十七届人民代表大会第二次会议上作市人大常委会工作报告

凡　例

一、《瑞安市人民代表大会志（2003—2022）》（以下简称本志）系2005年出版的《瑞安市人民代表大会志》之续志，是一部相对独立的地方人大政权志。本志以马克思列宁主义、毛泽东思想、邓小平理论、“三个代表”重要思想、科学发展观、习近平新时代中国特色社会主义思想为指导，坚持辩证唯物主义和历史唯物主义的立场、观点和方法。本着实事求是的精神，全面、客观、系统地记述瑞安市人民代表大会不断发展完善的历程，力求思想性、科学性和资料性相统一。

二、本志记述时限：上自2003年3月瑞安市第十三届人民代表大会第一次会议起，下至2022年2月瑞安市第十七届人民代表大会第一次会议止。概述、大事记及个别章节和图照根据关联适当上溯下延。

三、本志着重记述瑞安市人民代表大会及其常务委员会为行使宪法和法律赋予的职权所做的主要工作，充分反映人民代表大会制度在瑞安的发展历程和生动实践。乡镇人民代表大会及市人大常委会街道工作委员会的情况，独设一编加以记述。

四、本志统一使用规范简体字，体裁以志为主，记、述、图、表、录（附）并用。大事记采用编年体与纪事本末体相结合。结构：序、图照（部分）排于卷前，概述、大事记为全志之纲，中为志文，表照随文设置，末缀以索引。编以下设章、节、目三个层次，按门类横排，以届次为序，层层相辖，纵向记述。

五、本志行政区划和机构，均采用当时名称，必要之处加注今名。数量词除惯用语或专用名词外，均使用阿拉伯数字；数字用法、标点符号用法，分别采用国家标准《出版物上数字用法》（GB/T 15835—2011）、《标点符号用法》（GB/T 15834—2011）；计量单位采用国家技术监督局1993年12月发布的《量和单位》系列国家标准。

六、本志各种名称的称谓，视其使用范围分别用全称或简称。文中第一次出现时，使用全称和规范名称，其余可用简称。例如“瑞安市人民代表大会”简称“市人大”，“瑞安市人民代表大会常务委员会”简称“市人大常委会”，以此类推。

七、本志所记载的各项名单，排名不分先后，按原始资料所记载或组织部门确定的顺序排列。

市人大常委会组成人员，在瑞安的全国、浙江省人民代表大会代表附简介，主要经历记述至其在市人大常委会或全国、省人大代表任职期满止，以实记事，不加褒贬。任职内辞职或被撤职、去世的，加注年月。

八、本志资料主要来源于瑞安市人大常委会办公室及工作委员会，各乡镇人大、街道人大工委，市档案馆，以及《中国共产党浙江省瑞安市组织史资料》、《瑞安市志》、历年《瑞安年鉴》等，资料经考证，核实后入编，除个别需要加注外，一般不注明出处。文中所有图照均来源于瑞安市融媒体中心、瑞安市人大信息中心，文中不再注明。

目 录

第五编　人　物

第六编　文　存

概　述

人民代表大会制度是中华人民共和国的根本政治制度，是符合中国国情和实际、体现社会主义国家性质、保证人民当家作主、保障实现中华民族伟大复兴的好制度。1954年以来，特别是改革开放40多年来，人民代表大会制度得到不断巩固和完善，展现出蓬勃生机与活力。党的十八大以来，党中央加强顶层设计，出台系列重要文件，对人大立法、监督、选举、代表和自身建设和县乡人大等方面工作作出安排部署；地方各级人大及其常委会也积极推进人民代表大会制度在各地的实践与创新，不断丰富和拓展人民代表大会制度的内涵。1954年7月，瑞安县召开第一届人民代表大会第一次会议，正式确立人民代表大会制度；1980年6月，瑞安县召开第七届人民代表大会第一次会议，依法设立县人民代表大会常务委员会。从县第一届人大至市第十七届人大会议召开止，历经16届，共举行人民代表大会会议55次、常委会会议344次。2003年至2022年的20年间，瑞安市人大及其常委会在中共瑞安市委的坚强领导下，认真贯彻落实中央和省委、温州市委的决策部署，围绕中心，服务大局，依法履职，在全市经济社会发展和民主法治建设中发挥了重要作用。可以说，人民代表大会制度在瑞安的实践过程，也是演绎瑞安人民坚持党的领导、人民当家作主、依法治国有机统一的根本政治制度安排的过程。

一

2003年3月至2022年2月，市第十三届人大一次会议至第十七届人大一次会议期间，先后共召开市人民代表大会会议21次，举行常委会会议179次。市人大及其常委会依法行使宪法和法律赋予的各项职权，人大工作在实践中不断向前发展。

依法有效行使重大事项决定权 依法讨论、决定本行政区域内的重大事项，是人大及其常委会的一项重要职权，是人民依法管理国家事务的重要途径。市人大及其常委会围绕市委的决策部署，对不同时期全市经济社会发展中的重大事项作出决议和决定。市十三届人大及其常委会先后作出“加快工业园区建设”“建设法治瑞安”“推进生态市建设”等决议决定；市十四届人大及其常委会作出“加快实施农村饮用水安全工程”“开展‘霸王搬运’专项整治”“同意市域总体规划和市中心城区总体规划”“切实解决农村垃圾问题”等决议决定；市十五届人大及其常委会作出“进一步加强食品安全工作”“促进全面深化改革”“推进系统治水”“争创省级工业强市”等决议决定；市十六届人大及其常委会作出“推进城市有机更新”“促进和保障争当高质量发展建设共同富裕示范区先行标兵”“健全养老服务体系”“加强检察公益诉讼工作”等决议决定。2003年3月至2022年2月，市人大及其常委会共讨论、决定重大事项500多项，通过法定程序使市委的主张和代表建议转化为全市人民的共同意志。

党的十八大以来，根据中央和省委、温州市委关于人大行使重大事项决定权的相关文件精神，市人大及其常委会在若干领域进行新的探索。在民生领域进行实践创新，实施政府民生实事项目人大代表票决制，实现由“代民作主”向“由民作主”的转变。2017年初，市人大常委会协助市委出台相关文件，作出《关于实施政府民生实事代表票决制的决定》，部署推进市、乡镇人大全面实施民生实事项目代表票决制工作，并出台监督实施方案，建立常委会专题监督、代表联系监督、监督服务保障、实施结果评估等四项机制，2018年初，市、乡镇（街道）民生实事项目代表票决制工作实现全覆盖。市第十六届人民代表大会共召开5次会议，票决产生的50个市级民生实事项目及120个子项目全面完成。在协商民主领域进行实践创新，2017年率温州之先推动全市12个街道建立民主议政会议制度，有力推进基层民主政治建设。在人大建设领域进行实践创新。2016年1月8日，市十五届人大第五次会议决定设立市人民代表大会法制委员会、财政经济委员会；2019年1月16日，市十六届人大第三次会议决定设立市人民代表大会社会建设委员会。瑞安市人民代表大会建设得到加强。此外，市人大常委会发挥法治宣传教育作用，先后作出关于“五五”“六五”“七五”“八五”法治宣传教育的决议。

依法有效行使监督权 对国家行政机关、监察机关和司法机关进行监督，是宪法和法律赋予人大及其常委会的一项极其重要的职权。2006年8月，《中华人民共和国各级人民代表大会常务委员会监督法》出台，2007年1月1日实施后，市人大及其常委会在依法监督实践中，步入法治轨道运行，呈现良好态势。市人大及其常委会把专项工作审议、执法检查、预算审查、工作评议、专题询问等作为履行监督职权的重要抓手，以提高监督刚性和实效。2003年3月至2022年2月，市人大及其常委会共听取和审议500多个工作报告，开展对50多部法律法规实施情况的检查，开展各项评议18次、专题询问6次，有力促进“一府一委两院”（市人民政府、市监察委员会、市人民法院、市人民检察院）的工作。

为切实有效履行法律监督这一重要职责，促进法律法规在本行政区域内的有效实施，历届市人大及其常委会不断探索实践，统一部署、上下配合组织检查，形成执法检查强大声势和合力。常委会成立执法检查组，召开会议进行动员部署，由常委会领导带领检查组，将执法检查与视察、调研等相结合，到各地开展集中检查；召开常委会会议，听取市政府关于法律法规贯彻实施情况和执法检查组关于执法检查情况两个报告；抓住重点问题，持续进行跟踪督查，督促问题解决，对看准的问题，一抓到底，抓出成效。

为切实有效履行工作监督这一重要职责，市人大常委会围绕预算监督、司法监督、民生和社会建设监督等方面进行了创新实践。在预算审查监督中，市人大常委会在2000年开始探索推进部门预算编制和审查的基础上，2012年开展市级部门预算分项审查改革，选取3个部门进行分项审查，至2018年每年扩大到10个部门。2012年至2021年，市人大常委会共审查部门预算草案60个。同时，建立健全部门预算专委审查、专家审查、公开听证、审议表决等一整套程序，以及预算刚性约束和预算执行结果审计、绩效评价机制，通过扩大预算透明度，引入公众参与和民主监督，让公共财政建立在公共选择的基础上，使财政资金安排更加体现民意，真正实现人大预算审查从程序性审查向实质性审查转变。建立并实施国有资产管理工作监督制度，2019年开始每年审议国有资产综合报告，并对地方国有企业、行政事业单位、自然资源等国有资产专项报告进行审议，推动市政府进一步摸清家底、规范管理。在司法监督领域，支持深化司法体制机制改革。市人大常委会推动有关方面切实解决超期羁押、刑讯逼供及行政部门败诉率高、应诉不积极等问题。探索司法监督新途径，按照省人大常委会的部署，省、市、县三级人大联动开展公检法司机关工作人员依法履职、公正司（执）法情况专项监督，助推司法改革。督促法院和检察院系统加强队伍建设和内部监督工作。加强对公安机关及“两院”的减刑、假释、暂予监外执行工作的监督检查。支持法院“基本解决执行难”攻坚行动，推动创新个人债务集中清理工作，听取和审议检察院侦查监督、法律监督等专项报告，推动构建良性互动的司法监督工作格局。关注“大调解”体系建设、民事行政公益诉讼法律监督等工作，促进司法公正，维护社会公平正义。在民生和社会建设领域，市人大常委会综合运用专项工作审议、执法检查、专题询问、挂牌督办、明察暗访、满意度测评等多种监督方式方法，助力解决饮用水安全、旧城改造、垃圾无害化处理、水污染防治、义务教育、医疗卫生、城乡公共交通、食品药品安全、固废污染防治、社会养老服务体系建设、全民健身、城乡公共文化服务均等化建设等方面人民群众关心的热点难点问题。

监督工作在民主评议、专题询问等若干方式上也取得新进展。2003年，市十三届人大常委会在总结以往“工作评议和述职评议”经验的基础上，组织市人大代表对市环保局、市水利局、市国税局、市计划生育局开展执法评议活动；对8名市政府组成部门负责人进行述职评议，取得良好效果。2013年以来，市人大常委会按照依法监督、讲求实效的原则，加强和改进监督工作，创造性延伸听取和审议专项工作报告的监督方式，每年选择2—3个部门作为评议对象，重点围绕部门履行职责、依法行政、落实人大及其常委会的决议决定和审议意见、解决群众普遍关心的热点难点问题等内容进行评议，至2021年末，先后开展对市教育局、市环保局、市公安局等政府部门工作评议23个（次），推动解决突出问题共128个，评议结果用于“部门领导干部岗位调整”“部门年度综合考绩定档”等方面4次，更好地体现人大常委会的监督特点和优势，使人大监督工作更有深度、更有实效。开展法官检察官履职评议18人次，以点带面促进法检“两官”队伍建设，推进了规范司法、公正司法、为民司法。专题询问是重要法定监督方式。市人大及其常委会根据监督工作实际情况，及时采用专题询问等监督手段，推进问题整改落实，提高监督实效。2009年12月，市人大常委会围绕土地规划类违法案件处理问题召开专题询问会；2012年9月，市人大常委会围绕食品安全“一法两规”（《中华人民共和国食品安全法》《中华人民共和国食品安全法实施办法》《浙江省实施〈中华人民共和国食品安全法〉办法》）实施情况召开专题询问会；2014年9月，市人大常委会就食品药品安全监管工作召开代表问政会暨专题询问会；2019年5月，市人大常委会围绕固废污染防治工作召开专题询问会；2020年12月，市人大常委会就同级审发现问题整改召开专题询问会；2021年7月，市人大常委会就机械装备行业培育提升召开专题询问会。

依法有效行使选举与人事任免权　选举与人事任免权是宪法和地方组织法赋予地方人大及其常委会的一项重要职权，是确保人民当家作主的重要制度保障。市人大及其常委会把选举和人事任免工作作为实现人民当家作主的重要工作，始终坚持党的领导，充分发扬民主，严格依法办事，并不断总结经验，使之逐步制度化、规范化。历届市人大常委会把换届选举工作作为一项重点任务来研究部署，准确把握宪法、法律的各项规定和省委、温州市委有关精神，提出做好瑞安市人大换届选举工作的意见，及时成立市选举工作委员会，建立市、乡镇（街道）人大换届选举工作联席会议制度，举办培训班，加强业务指导，确保人大换届选举工作在党的领导下依法有序进行。2002年10月至2022年1月，依据《中华人民共和国全国人民代表大会和地方各级人民代表大会选举法》等有关规定，选举产生瑞安市第十三届至第十七届人民代表大会代表累计2130多人次，第十届至第十四届温州市人民代表大会代表累计390多人次；市第十三届人大至第十七届人大一次会议依据《中华人民共和国地方各级人民代表大会和地方各级人民政府组织法》等有关规定，选举产生市国家机关领导人员278人次。

市人大及其常委会坚持党管干部与人大依法任免有机结合，不断建立健全人事任免制度，完善任免工作机制，确保市委人事意图通过法定程序顺利实现。任免前，对本级党委组织部门提出的建议名单，听取组织部门的考察意见和常委会组成人员的意见，及时与组织部门沟通磋商或直接向市委主要领导提出建议意见，待基本形成共识后，再召开会议履行表决程序。2003年以来，在总结以往人事任免工作实践经验的基础上，两次修订《瑞安市人大常委会任免国家机关工作人员办法》，并制定人事任免工作细则，对任免人员的范围和议案的提出、审议、表决等作了规定，落实法律知识考试、表态发言等制度，进一步推进人事任免工作规范化制度化。2003年4月至2022年1月，市人大常委会先后按照法定程序任免地方国家机关工作人员和其他人员2560多人次。同时，对被任命的地方国家机关工作人员当场颁发任命书。2015年市人大常委会制定《瑞安市组织实施宪法宣誓制度办法》，认真落实人大选举产生或表决通过的和常委会任命的国家工作人员宪法宣誓制度，共组织宪法宣誓500多人次，促进国家机关工作人员增强宪法意识、法治意识和责任意识，自觉接受监督。

二

2003年至2022年的20年间，市人大及其常委会坚持党的领导、人民当家作主、依法治国有机统一这个根本原则，加强人大工作和建设，与时俱进，开拓创新，不断健全完善人民代表大会及其常委会的各项工作制度和运行机制。

坚持党的全面领导　人大是党领导下的政治机关，坚持党的全面领导是做好人大工作的根本政治保证。2003年以来，市人大及其常委会严格落实党领导人大工作的制度，健全请示报告机制，自觉把党的领导贯穿于人大工作的全过程。每年向市委汇报常委会党组工作、年度监督计划等重大事项。做到“重大事项提前向党委请示、重点工作主动向党委汇报、重要活动及时请党委支持”。切实发挥市人大常委会党组的核心作用，牢牢把握人大工作的正确政治方向和党管干部原则，贯彻市委意图做好人事任免工作。围绕党中央和省委、温州市委、瑞安市委决策部署，聚焦人民群众所思所盼所愿，充分发挥把方向、管大局、保落实的领导作用，推动市人大常委会依法履职行权，做到党的决策部署到哪里，人大工作就跟进到哪里；党的中心工作指向哪里，人大力量就汇集到哪里。

市委加强和改善对人大工作的领导，把人大工作纳入市委工作总体布局，摆上重要议事日程，健全市委主要领导联系人大工作机制。历届市委根据瑞安经济社会发展情况，按照人大的职权范围和工作方式，适时向市人大常委会党组提出任务和要求，定期听取人大工作报告，研究部署推进全市人大工作和建设。2005年5月，市委召开全市人大工作会议，并出台《关于进一步加强人大工作的意见》。之后，市委坚持每届召开一次人大工作会议，全面总结全市人大工作，研究加强和改进党对人大工作的领导以及推进市、乡镇人大工作和建设，部署后一个时期人大工作任务，并出台加强和改进人大工作和建设的意见。优化人大内部机构设置，不断提高市人大常委会组成人员的整体素质，推荐好市人大常委会领导班子，坚持把人大常委会机关干部的培养、提拔、培训、交流等纳入干部队伍建设的统一规划，统筹安排。实践证明，人民代表大会作为国家权力机关，正是党领导人民当家作主最好的组织形式，也是中国特色社会主义的一大政治优势。

聚焦服务中心大局 围绕中心、汇聚合力、推动发展，是人大工作的永恒主题。市人大及其常委会认真贯彻科学发展观，坚定践行新发展理念，围绕中心服务大局，找准人大履职的结合点、着力点，把市委战略部署转化为人大行动，助推全面提升发展质效。加强与“一府一委两院”的沟通协调，共同推动问题解决，营造合心合力推进重点工作落实的良好氛围。积极探索更好履行工作监督的新机制新方式，发挥人大作用，贡献人大力量。市人大及其常委会先后对党委政府和社会高度关注的依法治市工作，工业园区建设、生态市建设、城镇供水工作、“霸王搬运”整治、沿海产业带建设、食品安全工作、乡村振兴、工业强市创建、“五水共治”、城市有机更新、文明城市创建、“最多跑一次”改革、民营经济高质量发展、新冠疫情防控等强化监督和推进。2003年，为贯彻落实瑞安市委制定的《瑞安市第三个五年依法治市工作纲要》，市人大常委会作出《关于加快推进依法治市进程的决议》，连续3年听取、审议市政府、市法院、市检察院《关于依法治市决议落实情况的报告》，助推依法行政、公正司法，提高法治水平。2007年，瑞安全面实施城镇供水“3721”建设计划（用三年时间，投资7亿，新增日供水能力21万吨，使绝大多数城乡居民喝上安全卫生的优质水），市人大常委会领导强化指导督查，持续攻坚化解难题，推动城乡供水工程建设，有力保障绝大多数城乡居民饮用水安全。2012年，市人大常委会作出《关于进一步加强食品安全工作的决议》，同年9月首次进行食品安全专题询问，2014年首次开展食品安全代表问政，2015年组建人大食品安全监督团，并组织代表专项评议，持续开展食品安全“一对一”监督，推动市政府理顺监管体制机制，加大综合治理和违法行为打击力度，保障老百姓“舌尖上的安全”。2015年，市人大及其常委会审议省级工业强市创建工作情况报告，推动破解资源要素制约、加速产业转型升级、优化助企扶工服务，工业供地量大幅增加，有效保障实体经济发展。2017年，市人大及其常委会将“推进城市有机更新、打造至美瑞安”议案办理监督摆在突出位置，推动邮电北路改造、虹桥北路和南门、西门团块拆改等，取得明显成效。同年，按照省、温州市人大和瑞安市委统一部署，制订“剿灭劣Ⅴ类水”专项监督方案，市人大常委会领导带队分组督查6个省、温州市控劣Ⅴ类水质断面和25条河道的“截、清、治、修”4个环节工作，督促打好“剿劣”攻坚战，推动全市6个省、温州市控劣Ⅴ类水质断面成功“摘帽”，全面完成剿劣任务。2021年，新冠疫情发生后，第一时间将公共卫生安全、应急体系建设列为重要监督内容，并动员全市各级人大代表带头参与筹集物资、募捐资金、卡口管理和宣传引导，助力打赢疫情防控阻击战和复工复产攻坚战。

发挥代表主体作用 人大作为国家权力机关，处在社会主义民主法治建设的第一线。人大代表是国家权力机关的组成人员，做好代表工作是丰富民主实践的重要内容。历届市人大常委会认真落实中央和省、温州市有关文件要求，不断加强代表工作，发挥代表在管理国家事务中的主体作用。在代表建议办理方面，2006年出台《关于瑞安市人民代表大会代表建议、批评和意见处理办法》，2012年对办法进行修订完善，进一步规范代表建议、批评和意见的处理工作。2014年首次召开代表建议办理工作评议会，形成“提、交、办、督、评”工作闭环。2003年3月至2022年2月，审议和督促有关部门办理代表提出的建议共10160件，办理工作的面商率、满意率逐渐提高。在组织代表活动方面，注重与中心工作有机结合，开展各级人大代表助力“营商环境优化”“四大建设”“剿灭劣Ⅴ类水”等主题活动，以执法检查、专题视察、专题调研、进站活动等多种形式，助推市委中心工作落实。在代表履职服务保障方面，组织代表参加述职和学习培训，完善定期接待群众、约见职能部门、组织代表活动等机制，建立健全“1+24+X”［1个市人大代表联络总站；24个乡镇、街道及市直人大代表联络站；X个村（社区）人大代表联络点］联络站点体系，发挥代表联络站点密切联系群众的“直通车”“连心桥”作用。

党的十八大以来，以习近平同志为核心的党中央全面总结中国社会主义民主政治建设的成就和经验，深化对民主政治发展规律的认识，提出全过程人民民主重大理念。为保证人民不仅在选举时有投票的权利，在国家政治生活中和经济社会事务管理中也有广泛参与的权利，市人大常委会不断完善组织制度、会议制度、议事程序和工作机制，保证人民的知情权、参与权、表达权、监督权落实到人大工作各方面、各环节全过程。特别是市人大常委会坚持制度和机制创新，相继建立常委会组成人员联系代表、重大事项向代表通报、走访基层代表等多项制度，建立市人大常委会领导与列席常委会会议代表座谈机制。扩大代表对市人大常委会工作的参与，坚持重要工作征求代表意见，邀请代表列席常委会会议，参与执法检查、视察调研、议案建议督办等活动，确保各个环节都能听到来自人民的声音。

三

修志问道，以启未来。回顾、梳理、总结20年来的人大工作，市人大及其常委会聚焦党中央和省委、温州市委、瑞安市委作出重大决策部署，提高政治站位，牢记使命担当，饱含人民情怀，在推进人大工作高质量发展上不断开创新局面。

20年来，人大工作在实践中逐步形成6点启示：一是必须把握好正确政治方向。旗帜鲜明讲政治，坚决拥护“两个确立”、做到“两个维护”、增强“四个意识”、坚定“四个自信”。深学笃行习近平新时代中国特色社会主义思想，用中国化时代化的马克思主义立场、观点、方法指导推进新时代人大工作。坚持把党的领导贯穿于人大工作的全过程、各方面，坚定扛起责任和使命担当。二是必须把握好人民至上理念。坚持以人民为中心的发展思想，始终把人民利益摆在至高无上的地位，更加自觉地把维护好、实现好、发展好人民群众的根本利益作为工作的出发点和落脚点，把人民群众的呼声作为第一信号，把人民群众的利益作为第一考量，把人民群众的满意作为第一标准，坚持不懈为群众办实事做好事，始终保持同人民群众的血肉联系。三是必须把握好服务中心大局。紧扣加快构建新发展格局、实施科教兴国战略、增进民生福祉、推动绿色发展、推进国家治理体系和能力现代化等战略部署和关键抓手，找准人大工作的切入点、着力点。加强与行政机关、监察机关、审判机关、检察机关等有关方面的协同联动，体系化运用初次监督与跟踪监督、执法监督与审议监督、联动监督与组合监督，转化运用人大监督成果，推动解决制约经济社会发展的突出矛盾和问题。四是必须把握好依法行权履职。坚决维护宪法和法律权威，全面履行宪法法律赋予的各项职责，运用法治思维谋划工作，以法治方式推动工作，在法治瑞安建设中担负起人大的特殊使命，发挥好人大的独特优势。认真做好法治政府建设和监察司法监督工作，促进依法行政、依法监察、公正司法。五是必须把握好守正创新品质。始终坚守人民代表大会制度的核心价值和基本原则，毫不动摇坚持、与时俱进完善人民代表大会制度，更加自觉地把握新时期人大工作的目标与要求，开拓进取，一体推进理论创新、实践创新、模式创新。推进信息化、数字化建设，使人大工作始终保持生机和活力，不断丰富人民代表大会制度在瑞安的实践特色和时代特征，开创人大工作新局面。六是必须把握好人大自身建设。按照习近平总书记提出的“四个机关”（各级人大及其常委会要成为自觉坚持中国共产党领导的政治机关、保证人民当家作主的国家权力机关、全面担负宪法法律赋予的各项职责的工作机关、始终同人民群众保持密切联系的代表机关）定位，切实加强人大机关的政治建设、思想建设、组织建设、作风建设、纪律建设，认真落实新时代党的建设总要求，健全党建责任体系和工作链条，树牢“党的一切工作到支部”的鲜明导向，发挥党员干部先锋模范作用。锲而不舍落实中央八项规定精神，以钉钉子精神纠“四风”（形式主义、官僚主义、享乐主义和奢靡之风）、树新风，持续巩固提升人大常委会机关“团结、紧张、严肃、活泼”的良好政治生态，积极推动新时代新征程人大工作高质量发展。

习近平总书记在党的二十大报告中指出：“全过程人民民主是社会主义民主政治的本质属性，

是最广泛、最真实、最管用的民主。”人大制度的创新和发展，为人民代表大会制度注入新的活力。新时代赋予新使命，新征程呼唤新作为。市人大及其常委会将充分发挥人大制度优势和职能作用，不断探索全过程人民民主新路，多维度激活基层单元建设，努力构建新时代践行全过程人民民主、助力市域治理现代化的瑞安实践样板，为人民代表大会制度的不断丰富和完善，为持续推动“八八战略”走深走实，加快打造“青春都市·幸福瑞安”，奋力谱写中国式现代化瑞安新篇章提供最根本的制度保障。

大 事 记

2003年

1月 市十三届人大代表换届选举工作结束，选举产生市人大代表382名。

3月20日—25日 市十三届人大举行第一次会议。会议听取和审议市人民政府、市人大常委会、市人民法院、市人民检察院等工作报告，审查、批准瑞安市国民经济和社会发展计划、财政预算报告，并通过相应决议。会议选举钱建民为市十三届人大常委会主任，孔素素、林济晚、盛志荣、王庆秋、江小娜为副主任，杨小红等23人为委员；选举叶春江为市人民政府市长，张加波、项力克、姚松鹤、彭永松、徐晓、朱荣姆为副市长；选举李炳权为市人民法院院长、程兰生为市人民检察院检察长；选举产生瑞安市出席温州市第十届人民代表大会代表77名。

4月29日 市十三届人大常委会举行第一次会议。

5月8日 市十三届人大常委会举行第二次会议。

5月16日 市人大常委会领导率有关人员视察传染性非典型肺炎防治工作，并慰问一线工作人员。

5月30日 市人大常委会党组书记、副主任孔素素，副主任江小娜出席中心镇人大主席联席会议，并分别就加强乡镇人大工作和人大代表工作提出意见。

6月17日—18日 市人大常委会副主任孔素素带领视察组，就《中华人民共和国农业法》实施情况到飞云、梅屿、高楼、鹿木等乡镇和市农林局、蓝田农业科学研究所等单位进行视察检查。

6月17日—20日 市人大常委会副主任盛志荣、王庆秋、江小娜带领执法检查组，就《中华人民共和国劳动法》《中华人民共和国安全生产法》实施情况进行检查。

6月23日至7月2日 市人大常委会副主任孔素素、林济晚、盛志荣分别带领调研组，到市公安局、市法院、市检察院、市土地局等13个执法单位和安阳等5个乡镇就依法治市工作情况进行专题调研。

7月8日—9日 市十三届人大常委会举行第三次会议。

7月22日至8月7日 市人大常委会副主任林济晚、王庆秋带领视察组，就《中华人民共和国人口与计划生育法》实施情况到市计划生育局、市法院、市公安局、市卫生局、塘下镇等单位进行视察检查。

8月13日—15日 市人大常委会副主任盛志荣带领视察组，就《浙江省社会治安综合治理条例》实施情况到安阳、塘下、汀田、马屿、飞云等镇进行视察检查。

9月2日—3日　市十三届人大常委会举行第四次会议。

9月5日　市人大常委会召开市人大代表评议市环保局、市水利局执法工作动员会议，市人大常委会党组书记、副主任孔素素参加会议并讲话。

10月9日—10日　市人大常委会副主任林济晚、盛志荣分别带领视察组，就《中华人民共和国职业病防治法》实施情况到莘塍、仙降等地7家企业进行视察检查。

10月21日　浙江省人大常委会委员、省人大内务司法委员会主任委员沈雷一行到瑞安调研《中华人民共和国村民委员会组织法》和省实施办法及《浙江省村民委员会选举办法》实施情况。

10月30日—31日　市十三届人大常委会举行第五次会议。

11月4日　市十三届人大常委会举行第六次会议。

11月19日　市十三届人大常委会举行第七次会议。

11月24日—26日　温州市各县（市、区）人大常委会第41次联席会议在瑞安召开。会议议题：如何加强在新形势下对经济工作的监督。

12月2日—3日　市人大常委会副主任盛志荣、王庆秋、江小娜分别带领视察组，对全市《关于加快工业园区建设，缓解瑞安市中小企业用地难》议案办理情况进行视察。

12月9日—11日　市人大常委会副主任盛志荣带领视察组，就《中华人民共和国婚姻法》实施情况到市法院、市民政局、塘下镇、马屿镇、湖岭镇进行视察检查。

12月11日　温州市人大常委会副主任翁锦武带领部分组成人员到瑞安视察重点建议办理情况。

2004年

1月7日—8日　市十三届人大常委会举行第八次会议。

2月23日—24日　市十三届人大常委会举行第九次会议。

2月25日—26日　市人大常委会组织市十三届人大代表开展人代会会前视察活动，讨论大会有关工作报告，准备代表议案和建议批评意见。

3月17日—20日　市十三届人大举行第二次会议。会议听取和审议市人民政府、市人大常委会、市人民法院、市人民检察院等工作报告，审查、批准瑞安市国民经济和社会发展计划、财政预算报告，并通过相应决议；选举池万松为市十三届人大常委会委员。

4月15日—23日　市人大常委会副主任孔素素、王庆秋带领执法检查组，对生态市建设和《中华人民共和国环境保护法》实施情况进行执法检查。

4月29日　市十三届人大常委会举行第十次会议。

同日　市人大常委会组织“一府两院”共380余人参加宪法学习会。

6月7日—10日　市人大常委会副主任盛志荣带领执法检查组，对《中华人民共和国刑事诉讼法》实施情况进行执法检查。

6月16日 市人大常委会召开庆祝人民代表大会成立50周年座谈会暨人大理论研讨会，市人大常委会党组书记、副主任孔素素主持会议并讲话。

6月19日 市十三届人大常委会举行第十一次会议。

7月20日 中共温州市委书记、市人大常委会主任李强到瑞安调研经济社会发展情况，并要求各级领导干部务必落实科学发展观，促进社会经济全面、协调、可持续发展。

7月22日 市人大常委会党组书记、副主任孔素素参加温州市各县（市、区）人大常委会第42次联席会议，并在会上交流开展依法监督、积极推进生态建设和环境保护工作。

7月29日—30日 市十三届人大常委会举行第十二次会议。

8月19日—20日 市人大常委会副主任林济晚带领视察组，就《中华人民共和国食品卫生法》实施情况到百好乳品有限公司、江北水厂、五洲超市、水产城、花园大酒店等单位进行视察检查。

9月6日—8日 市人大常委会副主任盛志荣带领视察组，就人民调解工作情况到玉海街道和马屿、汀田、塘下、湖岭等镇进行视察调研。

9月7日—8日 市人大常委会副主任孔素素带领视察组，就农产品质量安全工作到高楼、上望等乡镇（街道）和水产城及重点农产品生产基地进行视察调研。

9月9日 市人大常委会召开市民政局、市国土资源局、市交通局、市文化局局长述职评议工作动员会议，市委副书记黄寿龙作动员讲话，市人大常委会党组书记、副主任孔素素作部署。

9月17日—18日 市人大常委会副主任孔素素、江小娜分别带领视察组，就《中华人民共和国职业教育法》实施情况到市职业中专等8所职业学校进行视察检查。

9月28日—29日 市十三届人大常委会举行第十三次会议。

10月9日 市人大常委会党组印发《关于“三树一创”教育实践活动的实施意见》。同月20日，印发《瑞安市人大常委会机关关于深化“效能革命”、开展“整顿作风、提升素质”活动的实施意见》。

10月11日 全国人大常委会委员、华侨委员会副主任委员卢瑞华，省人大常委会副主任孙优贤率全国人大华侨委员会和省人大民侨委员会有关人员到瑞安，开展侨务执法检查。

10月20日—22日 市人大志编纂委员会组织召开《瑞安市人民代表大会志》评审会议。

11月2日—3日 市十三届人大常委会举行第十四次会议。

11月17日—18日 市人大常委会副主任王庆秋带领调研组，就开放型经济发展情况到瑞立集团、赛纳集团、瑞安光裕针织有限公司等11家企业进行视察调研。

12月2日—3日 市十三届人大常委会举行第十五次会议。

12月21日 市十三届人大常委会举行第十六次会议。

2005年

1月18日—19日 市十三届人大常委会举行第十七次会议。

1月20日—21日 市人大常委会组织市十三届人大代表开展人代会会前视察活动，讨论大会有关工作报告，准备代表议案和建议批评意见。

2月3日 市人大常委会党组及机关保持共产党员先进性教育活动动员会召开，市人大常委会党组书记、副主任孔素素作动员讲话。同月4日，市人大常委会党组印发《市人大常委会机关开展保持共产党员先进性教育活动实施意见》。

2月22日 市十三届人大常委会举行第十八次会议。

3月9日 市十三届人大第三次会议期间，湖岭代表团王少环等20名人大代表联名向市人民政府提出“关于加快瑞枫公路建设的质询案”。

3月9日—12日 市十三届人大举行第三次会议。会议听取和审议市人民政府、市人大常委会、市人民法院、市人民检察院等工作报告，审查、批准瑞安市国民经济和社会发展计划、财政预算报告，并通过相应决议；选举高潮为市十三届人大常委会副主任，选举赵建华为市人民法院院长。

3月18日 市十三届人大常委会举行第十九次会议。

4月8日 市十三届人大常委会举行第二十次会议。

4月12日—15日 市人大常委会副主任王庆秋、高潮分别带领执法检查组，对《中华人民共和国水污染防治法》实施情况进行执法检查。

5月17日 浙江省人大常委会委员、省人大财政经济委员会副主任委员湛青山，省物价局局长黄家晖一行到瑞安调研《中华人民共和国价格法》执行情况。

5月17日—18日 市人大常委会党组书记、副主任孔素素参加温州市各县（市、区）人大常委会第44次联席会议，并在会上交流发挥代表作用，进一步增强人大及其常委会的监督实效。

5月18日—19日 市人大常委会副主任江小娜带领视察组，就《中华人民共和国药品管理法》实施情况到瑞安医药公司、汀田卫生院、浙江天瑞药业有限公司等9家涉药单位进行视察检查。

5月19日—24日 市人大常委会副主任盛志荣带领视察组，就《中华人民共和国行政诉讼法》实施情况到市法院、市公安局、市国土资源局、市规划建设局、市环保局等单位进行视察检查。

5月27日 市委召开全市人大工作会议。温州市委常委、瑞安市委书记、市人大常委会主任钱建民，市人大常委会党组书记、副主任孔素素分别讲话，市委副书记、市长叶春江主持会议。

5月28日 中共瑞安市委印发《关于进一步加强人大工作的意见》。

6月7日—8日 市十三届人大常委会举行第二十一次会议。

8月3日—4日 市十三届人大常委会举行第二十二次会议。

8月9日 市人大常委会党组书记、副主任孔素素，副主任林济晚、盛志荣、江小娜分别带领视察组，对全市《关于建立有序高效用电机制，基本保证城乡居民生活用电》议案办理情况进行视察。

8月10日 市人大常委会召开市国税局、市计划生育局执法评议和市规划建设局、市教育局、市农业（林业）局、市司法局局长述职评议工作动员会议。市人大常委会党组书记、副主任孔素素参加会议并讲话。

8月18日 市十三届人大常委会举行第二十三次会议。

8月18日—19日 市人大常委会举办市人大代表培训班。

9月20日 市十三届人大常委会举行第二十四次会议。

9月21日—22日 全市街道人大工委主任联席会议召开，会议研讨市人大代表向选民述职的实施办法。

9月22日—23日 市人大常委会组织视察组，就《中华人民共和国海域使用管理法》实施情况对阁巷海涂围垦、东山渔港码头、北麂避风港和风力发电等项目进行视察检查。

10月18日—19日 市十三届人大常委会举行第二十五次会议。

11月22日—24日 市人大常委会副主任王庆秋、江小娜、高潮分别带领视察组，对全市《关于加强食品药品安全监管，切实维护人民群众健康》议案办理情况进行视察。

12月8日—9日 市十三届人大常委会举行第二十六次会议。

12月15日—16日 温州市人大城建环保农村资源工作座谈会在瑞安召开，温州市人大常委会副主任翁锦武参加会议并讲话。

2006年

1月5日 市十三届人大常委会举行第二十七次会议。

1月16日—19日 市人大常委会组织市十三届人大代表开展人代会会前视察活动，讨论大会有关工作报告，准备代表议案和建议批评意见。

2月6日 市十三届人大常委会举行第二十八次会议。

2月7日 温州市人大教科文卫民侨工作座谈会在瑞安召开，温州市人大常委会副主任陈莲莲参加会议并讲话。

3月2日—8日 市人大常委会副主任盛志荣带领视察组，就《中华人民共和国道路交通安全法》实施情况到市公安局、市交通局、市检察院、市法院、市规划建设局、市市政园林局等单位进行视察检查。

3月10日 市十三届人大常委会举行第二十九次会议。

3月14日—17日 市十三届人大举行第四次会议。会议听取和审议市人民政府、市人大常委会、市人民法院、市人民检察院等工作报告，审查、批准《瑞安市国民经济和社会发展第十一个五年规划纲要》以及2006年计划、财政预算报告，并通过相应决议。

4月7日 市十三届人大常委会举行第三十次会议。

4月17日—19日 市人大常委会副主任王庆秋带领视察组，就安全生产法律法规实施情况到万松加油站、化建公司仓库、耀华塑料制品厂等11家单位进行视察检查。

4月27日 市人大常委会副主任江小娜带领视察组，就《中华人民共和国档案法》实施情况到市工商行政管理局、市水利局、市劳动和社会保障局、市档案局等单位进行视察检查。

4月30日 市人大常委会机关召开“知荣辱、优服务，争做人民满意公务员”主题活动动员会，并印发《关于开展以“知荣辱、优服务，争做人民满意公务员”为主题的实践活动的意见》。

5月23日 市人大常委会副主任高潮带领视察组，就《中华人民共和国野生动物保护法》实施情况到市农林局、市海洋与渔业局、安阳望江菜市场、马屿旦弟野味酒家等单位和场所进行视察检查。

6月7日 浙江省人大常委会副主任徐宏俊率检查组到瑞安检查安全生产法律法规执行情况。

6月7日—8日 市十三届人大常委会举行第三十一次会议。

6月8日—9日 市人大常委会代理主任孔素素参加温州市各县（市、区）人大常委会第46次联席会议，并在会上交流进一步依法履行职权、更好地做好县级人大常委会工作。

6月12日 市十三届人大常委会举行第三十二次会议。

7月20日 市十三届人大常委会举行第三十三次会议。

8月9日 市十三届人大常委会举行第三十四次会议。

8月22日—23日 市人大常委会副主任王庆秋带领视察组，对全市重点工程建设情况进行视察。

9月5日—6日 市人大常委会组织100多名温州市、瑞安市和乡镇三级人大代表，对市域“三沿”（沿公路、沿河流、沿山体）整治情况进行联动视察。

9月27日—28日 市十三届人大常委会举行第三十五次会议。

10月19日—20日 市人大常委会代理主任孔素素参加温州市各县（市、区）人大常委会第47次联席会议，并在会上交流做好县乡两级人大换届选举工作。

11月28日—29日 市十三届人大常委会举行第三十六次会议。

12月19日 浙江省发展农村新型合作经济工作现场会在瑞安召开，中共浙江省委书记、省人大常委会主任习近平出席会议并作重要讲话，浙江省领导周国富、李强、茅临生和温州市领导王建满等出席，瑞安市委书记葛益平作典型发言。

12月27日 市人大常委会召开全市乡镇人大主席会议，交流研讨依法开好新一届乡镇人大第一次会议。

12月30日 市十三届人大常委会举行第三十七次会议。

12月 市第十四届人大代表换届选举工作结束，选举产生市人大代表380名。

2007年

1月2日—11日 市人大常委会组织市十四届人大代表开展人代会会前视察活动，讨论大会有关工作报告，准备代表议案和建议批评意见。

1月12日 市人大常委会举办市人大代表培训班。

1月23日—27日 市十四届人大举行第一次会议。会议听取和审议市人民政府、市人大常委会、市人民法院、市人民检察院等工作报告，审查、批准瑞安市国民经济和社会发展计划、财政预算报告，并通过相应决议。会议选举张女珍为市十四届人大常委会主任，盛志荣、姚松鹤、王庆秋、江小娜、王建东、高潮为副主任；王上胜等27人为委员；选举蒋珍明为市人民政府市长，叶建辉、郑邦良、林济晚、蒋良奉、管秀云、方晖为副市长；选举赵建华为市人民法院院长、黄清钰为市人民检察院检察长；选举产生瑞安市出席温州市第十一届人民代表大会代表79名。

3月14日 市十四届人大常委会举行第一次会议。

4月11日 市十四届人大常委会举行第二次会议。

同日 市人大常委会首次在《瑞安日报》刊登25名市政府组成部门局长（主任）任前表态发言，其中5名局长的表态发言在瑞安电视台播放。

4月18日 市人大常委会机关召开“作风建设年”动员会，同日印发《瑞安市人大常委会机关开展“作风建设年”活动的实施意见》。

4月中旬 市人大常委会主任张女珍，副主任盛志荣、姚松鹤、王庆秋、江小娜、王建东、高潮分别带领视察组，对全市农村公共卫生工作情况进行视察调研。

4月26日 市人大常委会召开乡镇（街道）人大主席（主任）例会，会议交流研讨如何明确和规范乡镇、街道人大组织机构和工作职责。

6月7日 市人大常委会副主任王建东参加温州市各县（市、区）人大常委会第48次联席会议，并在会上交流人大换届选举工作经验。

6月11日 市十四届人大常委会举行第三次会议。

6月15日 温州市人大常委会副主任钱成良带领视察组到瑞安视察生态市建设情况。

6月20日—22日 市人大常委会组织执法检查组，就《中华人民共和国行政许可法》实施情况进行执法检查。

7月16日—19日 市人大常委会副主任江小娜带领执法检查组，就《中华人民共和国科技进步法》实施情况进行执法检查。

7月31日至8月6日 市人大常委会副主任盛志荣带领视察组，就非诉行政案件执行工作情况到市法院、市国土资源局、市规划建设局、市环保局、市计生局、市国税局、市工商局等25个单位进行视察检查。

7月 市人大常委会首次通过新闻媒体向社会公布听取和审议专项工作报告、执法检查年度计划。

8月10日 市十四届人大常委会举行第四次会议。

8月12日—16日 市人大常委会组织部分乡镇人大专职主席、副主席赴全国人大培训基地——北戴河培训。

8月14日—17日 市人大常委会主任张女珍和各位副主任分别带领视察组，对全市涉及废塑料加工业的8个乡镇（街道）进行视察。

8月22日 市人大常委会召开市“一府两院”上半年工作情况通报会，市长蒋珍明通报上半年政府工作情况，市法院、市检察院书面通报。

9月6日—7日 市人大常委会副主任高潮带领执法检查组，就《中华人民共和国畜牧法》实施情况进行执法检查。

9月13日 市人大常委会组织部分省十届人大代表、温州市十一届人大代表，视察康庄工程建设及后续工作情况。

同日 市人大常委会主任张女珍、副主任王庆秋带领视察组，对重点工程建设情况进行视察。

9月28日 市十四届人大常委会举行第五次会议。

11月2日 市人大常委会召开全市人大代表述职工作会议，交流部署人大代表履职述职工作。

11月8日 市人大常委会主任张女珍、副主任王建东分别带领视察组，就《关于加快实施农村饮用水安全工程》议案办理情况进行视察。

11月15日 市十四届人大常委会举行第六次会议。

12月20日 温州市人大教科文卫工作座谈会在瑞安召开，温州市人大常委会副主任钱成良参加会议并讲话。

2008年

1月9日—10日 市十四届人大常委会举行第七次会议。

1月15日 市人大常委会组织市十四届人大代表开展人代会会前视察活动，讨论大会有关工作报告，准备代表议案和建议批评意见。

1月24日—25日 温州市人大代表工作座谈会在瑞安召开，温州市人大常委会副主任翁锦武参加会议并讲话。

1月29日 市十四届人大常委会举行第八次会议。

2月26日—29日 市十四届人大举行第二次会议。会议听取和审议市人民政府、市人大常委会、市人民法院、市人民检察院等工作报告，审查、批准瑞安市国民经济和社会发展计划、财政预算报告，并通过相应决议；选举尤光姆等3人为市十四届人大常委会委员。

3月5日—18日 全国人大代表、华峰集团董事局主席尤小平赴北京出席第十一届全国人民代表大会第一次会议。

3月19日 市十四届人大常委会举行第九次会议。

5月5日 市十四届人大常委会举行第十次会议。

5月16日 浙江省人大常委会委员、秘书长姚民声一行到瑞安就“完善监督方式，增强监督实效”课题进行调研。

6月17日 市十四届人大常委会举行第十一次会议。

6月中旬 市人大常委会主任张女珍、副主任姚松鹤分别带领视察组，对全市垃圾无害化处理工作进行视察。

6月19日至7月3日 市人大常委会组织视察组，对全市涉黑（黑社会组织犯罪）涉恶（恶势力团伙犯罪）及“两抢一盗”（抢劫、抢夺和盗窃犯罪）打击处理工作进行视察。

6月23日—24日 温州市各县（市、区）人大常委会第50次联席会议在瑞安召开。会议议题：如何发挥人大常委会在新农村建设中的作用。

7月28日—29日 温州市人大财经工作座谈会在瑞安召开，温州市人大常委会副主任卓高柱参加会议并讲话。

7月30日至8月4日 市人大常委会主任张女珍，副主任盛志荣、姚松鹤、王庆秋、江小娜、王建东、高潮分别带领视察组，对创建“全国文化先进市”工作情况进行专项视察。

8月5日 市人大常委会召开市“一府两院”上半年工作情况通报会暨代表培训会，市长蒋珍明通报上半年政府工作情况，市法院、市检察院书面通报。

8月12日—13日 市十四届人大常委会举行第十二次会议。

8月20日 中共温州市委常委、宣传部部长曹国旗，温州市人大常委会党组副书记、副主任钱成良率有关人员到瑞安，督查省委和温州市委《关于进一步加强人大工作的意见》贯彻落实情况。

9月9日—11日 市人大常委会副主任盛志荣、高潮带领执法检查组，就《中华人民共和国农产品质量安全法》实施情况进行执法检查。

9月18日 市十四届人大常委会举行第十三次会议。

9月26日 市十四届人大常委会举行第十四次会议。

10月17日 市人大常委会主任张女珍、副主任王庆秋带领视察组，实地视察瑞枫公路、污水收集管网、滨江大道三期等重点工程建设情况。

10月21日 全国人大常委会副委员长、九三学社中央主席韩启德一行到瑞安参观考察国家级文物保护工作。

同日 浙江省人大常委会委员、办公厅主任李理一行到瑞安开展人大工作调研。

10月27日 浙江省人大常委会副主任王永明召集在浙全国人大代表一行50多人到瑞安，视察温福铁路飞云江特大桥施工情况。

11月14日 温州市人大常委会领导“接待代表日”活动座谈会在瑞安举行。

11月18日 市十四届人大常委会举行第十五次会议。

12月8日 市人大常委会主任张女珍在市委常委会上传达温州市委人大工作会议精神，并就贯彻落实会议精神提出意见。

12月25日 市十四届人大常委会举行第十六次会议。

2009年

1月8日—10日 温州市人大法制工作座谈会在瑞安召开，温州市人大常委会副主任张林参加会议并讲话。

1月12日—13日 市人大常委会组织市十四届人大代表开展人代会会前视察活动，讨论大会有关工作报告，准备代表议案和建议批评意见。

1月16日 温州市人大常委会副主任卓高柱一行到瑞安征求《温州市人大常委会工作报告稿》的意见建议，并走访慰问部分温州市、瑞安市的人大代表。

1月21日 市十四届人大常委会举行第十七次会议。

2月17日—20日 市十四届人大举行第三次会议。会议听取和审议市人民政府、市人大常委会、市人民法院、市人民检察院等工作报告，审查、批准瑞安市国民经济和社会发展计划、财政预算报告，并通过相应决议；选举陈建明为市人民政府市长；选举戎小平为市人民法院院长。

3月10日—13日 浙江省人大常委会委员王松林一行到瑞安开展温瑞塘河水系保护立法调研。

3月16日 市人大常委会及机关深入学习实践科学发展观动员会召开，市人大常委会党组书记、主任张女珍作动员讲话。同日印发《关于市人大常委会机关开展深入学习实践科学发展观活动的实施意见》。

3月16日—20日 浙江省人大常委会委员、省人大内务司法委员会副主任委员钱中贤和温州市人大常委会副主任张林带领联合调研组到瑞安，调研侦查监督工作情况。

3月23日 市十四届人大常委会举行第十八次会议。

3月25日—26日 浙江省人大常委会委员、代表与选举工委副主任龚昌成一行到瑞安调研县（市）、乡两级人大换届选举工作。

3月31日至4月8日 市人大常委会主任张女珍，副主任盛志荣、姚松鹤、王庆秋、江小娜、王建东、高潮分别带领视察组，对全市义务教育工作情况进行专项视察。

4月14日—15日 市人大常委会主任张女珍参加温州市各县（市、区）人大常委会第51次联席会议，并在会上交流贯彻实施监督法情况。

5月上旬 市人大常委会副主任盛志荣带领执法检查组，对《中华人民共和国律师法》实施情况进行执法检查。

5月12日—14日 浙江省人大常委会副主任程渭山率省人大执法检查组到瑞安开展《中华人民共和国农业法》实施情况检查。

5月20日 市十四届人大常委会举行第十九次会议。

5月中旬 市人大常委会主任张女珍，副主任盛志荣、姚松鹤、王庆秋、江小娜、王建东、高潮分别带领视察组，对全市城镇供水工作情况进行视察。

5月中下旬 市人大常委会组织调研组，就侦查监督工作情况到市检察院、市公安局等单位进行专题调研。

5月下旬 市人大常委会主任张女珍带领视察组，对上望、碧山等8个毁田制砖重点区域进行视察。

6月25日 浙江省人大常委会委员、省人大法制委员会主任委员胡虎林率省人大调研组到瑞安就《浙江省促进散装水泥发展和应用条例（草案）》进行立法调研。

6月26日 市十四届人大常委会举行第二十次会议。

6月29日 中共瑞安市委印发《关于进一步加强人大工作推进社会主义民主政治建设的若干意见》。

6月30日 市委人大工作会议召开，市委书记蒋珍明、市人大常委会主任张女珍分别讲话，市委副书记、市长陈建明主持会议。

7月2日—3日 市人大常委会主任张女珍参加温州市各县（市、区）人大常委会第52次联席会议，并在会上交流贯彻省委、温州市委人大工作会议精神的经验和做法。

7月31日 中共温州市委书记、市人大常委会主任邵占维到瑞安调研，要求瑞安在加快推进科学发展的新阶段，抓当前、谋长远、强基础，脚踏实地推进各项工作落实。

8月4日 市人大常委会召开市“一府两院”上半年工作情况通报会暨代表培训会，市长陈建明通报上半年政府工作情况，市法院、市检察院书面通报。

8月13日—14日 温州市人大旧村改造工作专题研讨会在瑞安召开，温州市人大常委会副主任翁锦武参加会议并讲话。

8月20日 市十四届人大常委会举行第二十一次会议。

9月上旬 市人大常委会组织调研组，就全市未成年人犯罪审判工作情况进行专题调研。

9月17日 温州市人大常委会副主任卓高柱率督查组到瑞安督查指导沿海产业带建设工作。

9月下旬 市人大常委会主任张女珍，副主任盛志荣、姚松鹤、王庆秋、江小娜、王建东、高潮分别带领视察组，对瑞枫公路改建工程、飞云江大桥大修及拼宽工程等18个项目建设情况进行视察。

10月21日 市十四届人大常委会举行第二十二次会议。

11月上旬 浙江省人大常委会委员、省人大财政经济委员会副主任委员王小玲一行到瑞安开展地方电力立法调研工作。

11月25日 市十四届人大常委会举行第二十三次会议。

12月10日 市十四届人大常委会举行第二十四次会议。

12月10日—11日 市人大常委会主任张女珍参加温州市各县（市、区）人大常委会第53次联席会议，并在会上交流2009年工作经验、做法和2010年的工作思路。

12月11日 市十四届人大常委会举行第二十五次会议。

12月中下旬 市人大常委会组织市十四届人大代表开展人代会会前视察活动，讨论大会有关工作报告，准备代表议案和建议批评意见。

12月22日 市人大常委会召开土地、规划典型违法案件专题询问会。

12月24日 市人大常委会举行纪念地方人大设立常委会三十周年座谈会，市委书记蒋珍明、市人大常委会主任张女珍分别讲话。

12月30日 市十四届人大常委会举行第二十六次会议。

2010年

1月20日—23日 市十四届人大举行第四次会议。会议听取和审议市人民政府、市人大常委会、市人民法院、市人民检察院等工作报告，审查、批准瑞安市国民经济和社会发展计划、财政预算报告，并通过相应决议；选举金爱忠为市十四届人大常委会副主任、林聪为市十四届人大常委会委员。

1月23日 市十四届人大常委会举行第二十七次会议。

2月26日 浙江省人大常委会委员、法制工作委员会主任丁祖年一行到瑞安就《浙江省消防条例（草案）》进行立法调研。

3月15日 市人大常委会党组印发《市人大常委会机关关于开展“转作风优环境”活动的实施意见》。

3月23日 市十四届人大常委会举行第二十八次会议。

4月12日—23日 市人大常委会组织7个调研组，就全市完善和规范房地产市场工作进行专题调研。

4月15日 市十四届人大常委会举行第二十九次会议。

4月28日—29日 市人大常委会副主任高潮带领执法检查组，对《中华人民共和国农业机械化促进法》实施情况进行执法检查。

5月19日 市十四届人大常委会举行第三十次会议。

5月26日 温州市人大常委会副主任叶际仁一行到瑞安检查《中华人民共和国水污染防治法》《浙江省温瑞塘河保护管理条例》执行情况。

6月8日 市十四届人大常委会举行第三十一次会议。

6月22日—25日 市人大常委会主任张女珍和各位副主任带领执法检查组，就《中华人民共和国食品安全法》实施情况进行执法检查。

7月6日 市十四届人大常委会举行第三十二次会议。

7月上旬 市人大常委会组织视察组，就职务犯罪查处和审判专项工作情况到市检察院、市法院等单位进行视察。

7月14日 市人大常委会主任张女珍参加温州市各县（市、区）人大常委会第54次联席会议，并在会上交流如何进一步提高人大常委会会议审议质量。

8月4日 市人大常委会召开市“一府两院”上半年工作情况通报会暨代表培训会，市长陈建明通报上半年政府工作情况，市法院、市检察院书面通报。

8月18日—19日 温州市人大民宗侨外工作座谈会在瑞安召开，温州市人大常委会副主任钱成良参加会议并讲话。

8月31日 市十四届人大常委会举行第三十三次会议。

9月14日 市人大常委会副主任姚松鹤带领执法检查组，对《中华人民共和国人民防空法》实施情况进行执法检查。

10月中旬 市人大常委会领导分别带领视察组，对丁山二期、现代物流园区等16个“十一五”政府性重大投资项目建设情况进行视察。

10月20日—21日 市人大常委会组织4个视察组，对全市农村饮用水安全工程进行视察。

10月27日 市十四届人大常委会举行第三十四次会议。

11月7日 市十四届人大常委会举行第三十五次会议。

12月3日 市人大常委会主任张女珍参加温州市各县（市、区）人大常委会第55次联席会议，并在会上交流2010年主要工作情况和2011年工作思路。

12月10日 市人大常委会主任张女珍、副主任王建东分别带领调研组，对全市养老服务体系建设情况开展专题调研。

12月28日—30日 市人大常委会组织市十四届人大代表开展人代会会前视察活动，讨论大会有关工作报告，准备代表议案和建议批评意见。

12月30日 市十四届人大常委会举行第三十六次会议。

2011年

1月19日 市人大常委会召开全市乡镇（街道）人大工作会议。

1月24日—27日 市十四届人大举行第五次会议。会议听取和审议市人民政府、市人大常委会、市人民法院、市人民检察院等工作报告，审查、批准《瑞安市国民经济和社会发展第十二个五年规划纲要》以及2011年计划、财政预算报告，并通过相应决议；选举薛小平为市十四届人大常委会副主任，郑海洁、黄笃远为市十四届人大常委会委员；选举王美鹏为市人民检察院检察长。

2月25日 市十四届人大常委会举行第三十七次会议。

3月10日—11日 市人大常委会主任张女珍参加温州市各县（市、区）人大常委会第56次联席会议，并在会上交流贯彻落实省委、温州市委人大工作会议精神情况。

3月22日 市十四届人大常委会举行第三十八次会议。

4月上旬 市人大常委会组织视察调研组，就行政审判工作情况到市法院进行专题调研。

4月22日 市十四届人大常委会举行第三十九次会议。

5月9日 市十四届人大常委会举行第四十次会议。

5月25日 温州市人大常委会副主任黄德康一行到瑞安调研普法工作。

6月8日 市十四届人大常委会举行第四十一次会议。

6月24日—25日 市人大常委会主任张女珍参加温州市各县（市、区）人大常委会第57次联席会议，并在会上交流如何做好新一轮县乡两级人大换届选举工作。

7月6日 市十四届人大常委会举行第四十二次会议。

7月14日 市十四届人大常委会举行第四十三次会议。

7月18日 市十四届人大举行第六次会议。选举叶世林为市十四届人大常委会主任。

8月8日 浙江省人大常委会副主任程渭山率省人大执法检查组到瑞安，开展《中华人民共和国农业机械化促进法》实施情况检查。

8月19日 市十四届人大常委会举行第四十四次会议。

9月8日 市人大常委会主任叶世林参加温州市各县（市、区）人大常委会第58次联席会议，并在会上交流改进监督方式、增强监督实效。

10月13日 温州市人大宣传工作座谈会在瑞安召开，温州市人大常委会副主任黄德康出席会议并讲话。

10月18日 市十四届人大常委会举行第四十五次会议。

11月8日 全国人大常委会委员齐续春一行到瑞安调研县域金融发展情况。

11月9日 市人大常委会召开全市人大换届选举工作座谈会，交流前阶段换届选举工作情况，部署下阶段工作。

11月24日 市十四届人大常委会举行第四十六次会议。

11月30日 市人大常委会主任叶世林、副主任金爱忠带领有关人员到塘下镇、汀田街道调研指导人大换届选举工作。

12月26日 市十四届人大常委会举行第四十七次会议。

12月28日—29日 市人大常委会组织市十五届人大代表开展人代会会前视察活动，讨论大会有关工作报告，准备代表议案和建议批评意见。

12月 市十五届人大代表换届选举工作结束。选举产生市人大代表376名。

2012年

1月5日—9日 市十五届人大举行第一次会议。会议听取和审议市人民政府、市人大常委会、市人民法院、市人民检察院等工作报告，审查、批准瑞安市国民经济和社会发展计划、财政预算报告，并通过相应决议。会议选举叶世林为市十五届人大常委会主任，林济晚、姚松鹤、王建东、江孟甫、金爱忠、薛小平为副主任，王学教等26人为委员；选举李无文为市人民政府市长，方晖、冯金考、倪希杰、陈荣臻、郑海洁、钱定荣为副市长；选举张毅为市人民法院院长、王美鹏为市人民检察院检察长；选举产生瑞安市出席温州市第十二届人民代表大会代表73名。

1月16日 市十五届人大常委会举行第一次会议。

3月9日 市十五届人大常委会举行第二次会议。

3月21日 中共浙江省委书记、省人大常委会主任赵洪祝到瑞安调研金融改革创新工作。

3月26日 市人大常委会办公室和瑞安电视台联办的《讲理说法》栏目正式开播。

4月10日 温州市人大常委会副主任王小同一行到瑞安调研少数民族发展及民族文化保护传承情况。

4月17日—22日 市人大常委会组织镇（街道）人大主席（主任）赴贵州省委党校学习培训。

5月3日 市十五届人大常委会举行第三次会议。

5月8日—15日 市人大常委会副主任姚松鹤带领调研组，就优先发展公交事业工作情况到塘下、陶山、仙降等镇（街道）和市交通局进行专题调研。

5月16日—17日 市人大常委会副主任薛小平带领执法检查组，对《中华人民共和国矿山安全法》实施情况进行执法检查。

5月22日 温州市人大常委会副主任陈宏峰率执法检查组到瑞安检查《浙江省温瑞塘河保护管理条例》实施情况。

5月23日 市人大常委会副主任林济晚、金爱忠带领执法检查组，对《中华人民共和国归侨侨眷权益保护法》《浙江省实施〈中华人民共和国归侨侨眷权益保护法〉办法》实施情况进行执法检查。

5月29日 市人大常委会召开全市人大宣传信息工作会议暨《瑞安人大》期刊首发仪式，市人大常委会主任叶世林参加会议并讲话。

6月1日—6日 市人大常委会组织常委会部分组成人员、机关干部赴全国人大培训基地——北戴河学习培训。

6月12日 市人大常委会主任叶世林参加温州市各县（市、区）人大常委会第59次联席会议，并在会上交流强化监督效果和改进代表工作、发挥乡镇（街道）人大作用。

同日 浙江省人大常委会委员、省人大法制委员会副主任委员吕汉夫率调研组到瑞安开展《浙江省国防教育条例》立法调研。

6月18日 市人大常委会召开全市食品安全法执法检查暨审议意见落实情况跟踪督查动员部署会议。

6月28日 市十五届人大常委会举行第四次会议。

6月下旬 市人大常委会组织调研组，对全市民间借贷及非法集资类案件处理工作进行专题调研。

7月10日—11日 温州市人大常委会副主任孟建新率检查组到瑞安开展食品安全执法检查。

7月26日 温州市人大常委会副主任陈宏峰率调研组到瑞安开展内外温州人互动战略实施情况调研。

8月8日 市人大常委会召开上半年政情通报会，市长李无文通报上半年政府工作情况及下半年工作思路，市法院、市检察院书面通报。

8月15日—16日 浙江省人大常委会委员、省人大民族华侨委员会副主任委员王成云、阮龙生等一行到瑞安调研归侨侨眷权益保护“一法一办法”实施情况。

8月27日 市十五届人大常委会举行第五次会议。

9月3日—12日 市人大常委会主任叶世林，副主任林济晚、姚松鹤、王建东、江孟甫、金爱忠、薛小平分别带领视察组，对全市《关于加快旅游业发展，推进幸福瑞安建设》议案办理情况进行视察。

9月20日 市十五届人大常委会举行第六次会议。

同日 市人大常委会召开食品安全工作专题询问会，常委会主任叶世林主持，市长李无文参加。

10月8日—25日 市人大常委会主任叶世林，副主任林济晚、姚松鹤、王建东、江孟甫、金爱忠、薛小平分别带领视察组，对全市112个重点项目建设情况进行视察督查。

10月10日—11日 市人大常委会副主任姚松鹤带领执法检查组，就《浙江省温瑞塘河保护管理条例》实施情况进行执法检查。

10月31日 市十五届人大常委会举行第七次会议。

11月19日—20日 市人大常委会主任叶世林参加温州市各县（市、区）人大常委会第60次联席会议，并在会上交流加强食品安全监督工作。

11月22日 市十五届人大常委会举行第八次会议。

同日 市人大常委会召开学习党的十八大精神报告会。

12月6日—7日 温州市人大城建环保工作座谈会在瑞安召开，温州市人大常委会副主任陈宏峰参加会议并讲话。

12月14日 市十五届人大常委会举行第九次会议。

12月17日—18日 市人大常委会召开镇（街道）人大主席（主任）工作例会，会议交流各镇人大、街道人大工委当年工作总结和下年工作要点。

12月19日—25日 市人大常委会组织市十五届人大代表开展人代会会前视察活动，讨论大会有关工作报告，准备代表议案和建议批评意见。

12月28日 市十五届人大常委会举行第十次会议。

2013年

1月9日—12日 市十五届人大举行第二次会议。会议听取和审议市人民政府、市人大常委会、市人民法院、市人民检察院等工作报告，审查、批准瑞安市国民经济和社会发展计划、财政预算报告，并通过相应决议；选举卢秀英、张蕙娜为市十五届人大常委会委员。

2月28日 市十五届人大常委会举行第十一次会议。

3月1日—31日 市人大常委会开展“转作风、强监督、增实效”调研月活动。

3月5日—15日 全国人大代表、华峰集团董事局主席尤小平赴京出席第十二届全国人民代表大会第一次会议。

3月上旬至4月中旬 市人大常委会组织调研组，对全市公墓管理工作情况进行专题调研。

3月12日—14日 市人大常委会副主任姚松鹤带领调研组，就城镇污水处理工作情况到市政园林局和莘塘片污水处理管理、江南污水处理厂等工程建设项目进行专题调研。

3月20日 温州市人大常委会副主任卓高柱一行到瑞安督查民办教育综合改革情况。

3月中旬 市人大常委会副主任林济晚、江孟甫带领执法检查组，就《中华人民共和国科技进步法》实施情况进行执法检查。

4月9日 市人大常委会主任叶世林带领调研组，对高楼镇美丽乡村建设情况进行专题调研。

4月23日 市十五届人大常委会举行第十二次会议。

4月26日 市人大常委会召开全市人大宣传信息工作研讨会，市人大常委会主任叶世林参加会议并讲话。

5月30日 市人大常委会召开市教育局、市环保局工作评议动员会，市人大常委会主任叶世林参加会议并讲话。

6月3日 温州市人大常委会主任陈笑华一行到瑞安调研人大工作和常委会组成人员联系代表、代表联系群众情况。

6月19日—20日 市人大常委会主任叶世林参加温州市各县（市、区）人大常委会第61次联席会议，并在会上交流加强人大代表与群众联系、发挥代表主体作用。

6月21日 市十五届人大常委会举行第十三次会议。

6月下旬至10月上旬 市人大常委会组织执法检查组，对《中华人民共和国道路交通法》实施情况进行执法检查。

8月20日 市十五届人大常委会举行第十四次会议。

8月20日—21日 浙江省人大常委会委员、教科文卫委副主任委员吴天行率调研组到瑞安开展文化立法调研。

8月30日 浙江省人大常委会副主任冯明一行到瑞安开展《温州市民间融资管理条例（草案）》立法调研。

9月3日 市人大常委会召开上半年政情通报会，市长李无文通报了上半年政府工作情况及下半年工作思路，市法院、市检察院书面通报。

9月初 市人大常委会主任叶世林和副主任林济晚、姚松鹤、王建东、江孟甫、金爱忠、薛小平分别带领视察组，对全市《关于加大美丽乡村建设力度》议案办理情况进行视察。

9月26日 市十五届人大常委会举行第十五次会议。

10月中旬 市人大常委会副主任江孟甫带领督查组，对全市国有资产监管工作情况进行专项督查。

11月5日 市十五届人大常委会举行第十六次会议。

11月6日—8日 市人大常委会在中共浙江省委党校举办瑞安市第十五届人大代表培训班。

11月18日 市人大常委会主任叶世林参加温州市各县（市、区）人大常委会第62次联席会议，并在会上交流如何发挥代表在治水中的作用。

12月4日 市十五届人大常委会举行第十七次会议。

12月20日—25日 市人大常委会组织市十五届人大代表开展人代会会前视察活动，讨论大会有关工作报告，准备代表议案和建议批评意见。

12月27日 市十五届人大常委会举行第十八次会议。

2014年

1月6日—8日 市十五届人大举行第三次会议。会议听取和审议市人民政府、市人大常委会、市人民法院、市人民检察院等工作报告，审查、批准瑞安市国民经济和社会发展计划、财政预算报告，并通过相应决议。

1月22日—23日 全国人大农业与农村委员会委员、原全国供销合作总社监事会主任蒋省三到瑞安调研“三位一体”（生产合作、供销合作、信用合作）工作。

2月27日 市十五届人大常委会举行第十九次会议。

3月4日 市人大常委会党组印发《瑞安市人大常委会党组及机关深入开展党的群众路线教育实践活动实施方案》。

3月6日 市人大常委会党组及机关召开党的群众路线教育实践活动动员部署会议，市人大常委会党组书记、主任叶世林作动员讲话。

3月12日 以浙江省人大常委会副主任厉志海为组长的省委赴温州市督导组一行到瑞安调研指导党的群众路线教育实践活动。

4月上旬 市人大常委会领导分别参加市公安局、市国土资源局工作评议动员部署会并讲话。

4月14日 市人大常委会主任、副主任等参加全省开展“切实履行人大职责，全力推进‘五水共治’（治污水、防洪水、排涝水、保供水、抓节水）”研讨活动暨防洪排涝专项审议工作电视电话会议。

4月25日 市十五届人大常委会举行第二十次会议。

4月29日 市人大常委会主任叶世林、副主任王建东带领评议调查组，对市公安局评议工作进行专题调研。

5月6日 温州市人大常委会副主任潘孝政一行到瑞安调研防洪排涝工作。

5月中旬 市人大常委会主任叶世林带领调研组，就安阳C区团块改造拆迁到市安阳新区管委会及相关企业（单位）进行专题调研。

5月21日—22日　温州市各县（市、区）人大常委会第63次联席会议在瑞安召开。会议议题：贯彻落实中共温州市委两个文件精神，推进人大工作与时俱进。

5月23日—25日　市人大常委会副主任江孟甫带领调研组，就政府性债务及其他融资情况到市财政局、国投集团、经济开发区、滨海新区等单位进行专题调研。

6月16日　市人大常委会召开党组（扩大）会议，传达学习省委书记、省人大常委会主任夏宝龙和省人大常委会党组书记、副主任茅临生在全省各级人大常委会主任会议上的讲话精神，研究贯彻落实意见。

6月24日　市十五届人大常委会举行第二十一次会议。

6月25日—30日　市人大常委会主任叶世林、副主任江孟甫带领调研组，对全市工业经济发展情况开展专题调研。

6月—7月　市人大常委会组织执法检查组，对《中华人民共和国禁毒法》实施情况进行执法检查。

7月15日　市人大常委会举办市十五届人大代表培训会。

7月31日　温州市人大常委会副主任孟建新一行到瑞安调研上半年国民经济和社会发展计划执行情况。

8月5日　市十五届人大常委会举行第二十二次会议。

8月14日　温州市人大常委会主任陈笑华、副主任李步鸣率调研组到瑞安开展乡镇（街道）人大工作情况调研。

8月19日　市人大常委会召开上半年政情通报会，市长李无文通报了上半年政府工作情况及下半年工作思路，市法院、市检察院书面通报。

8月20日　市人大常委会主任叶世林带领督查组，对万松东路延伸线工程建设情况进行专项督查。

8月20日—30日　市人大常委会副主任姚松鹤、薛小平带领执法检查组，对水污染防治“一法一条例”实施情况进行执法检查。

8月28日　市十五届人大常委会举行第二十三次会议。

同日　市人大常委会党组印发《关于加强和改进人大调研工作的意见》。

9月1日—12日　市人大常委会主任叶世林，副主任林济晚、姚松鹤、王建东、江孟甫、金爱忠、薛小平分别带领视察组，对全市《关于推进系统治水 加快美丽水乡建设》议案办理情况进行视察。

9月3日　市人大常委会主任叶世林、副主任江孟甫带领调研组，对龙丽温高速公路瑞安段工程开展专题调研。

9月23日　市人大常委会召开食品安全工作代表问政会议。

9月25日　瑞安市庆祝人民代表大会成立60周年大会召开。市委书记陈建明讲话，市人大常委会主任叶世林主持会议。

9月下旬 市人大常委会副主任林济晚带领视察组，就医药卫生体制改革情况到市三医、高楼卫生院、仙降卫生院、云江中医院和部分村卫生院等单位进行专题视察。

10月11日 市人大常委会首次召开代表建议办理工作评议会，市人大常委会主任叶世林参加会议并讲话。

10月16日—17日 市人大常委会主任叶世林参加温州市各县（市、区）人大常委会第64次联席会议，并在会上交流进一步加强乡镇（街道）人大建设。

10月22日—24日 市人大常委会副主任王建东带领视察组，对全市农村住房拆改建工作进行视察。

10月27日 市十五届人大常委会举行第二十四次会议。

11月28日 市十五届人大常委会举行第二十五次会议。

12月11日 浙江省人大常委会副主任冯明一行到瑞安调研2014年经济运行和计划、预算执行情况。

12月30日 市十五届人大常委会举行第二十六次会议。

2015年

1月7日 温州市人大常委会副主任孟建新一行到瑞安调研国民经济和社会发展计划以及财政预算2014年执行和2015年安排情况。

1月9日 市委全市人大工作会议召开，市委书记陈建明、市人大常委会主任叶世林分别讲话，市委副书记、市长李无文主持会议。

1月13日 市人大常委会主任叶世林、副主任金爱忠和镇（街道）人大主席（主任）等参加全省乡镇人大工作视频交流会议，并开续会部署该项工作。

1月22日 温州市人大常委会副主任潘孝政、温州市政府副市长任玉明一行到瑞安督查指导农村生活污水治理工作。

1月27日—30日 市人大常委会组织市十五届人大代表开展人代会会前视察活动，讨论大会有关工作报告，准备代表议案和建议批评意见。

2月6日 市十五届人大常委会举行第二十七次会议。

3月2日 市十五届人大常委会举行第二十八次会议。

3月18日—21日 市十五届人大举行第四次会议。会议听取和审议市人民政府、市人大常委会、市人民法院、市人民检察院等工作报告，审查、批准瑞安市国民经济和社会发展计划、财政预算报告，并通过相应决议；选举陈胜峰为市人民政府市长；选举薛尧弟为市十五届人大常委会副主任，李学祥、邵万晦为市十五届人大常委会委员。

3月31日 市十五届人大常委会举行第二十九次会议。

4月8日—21日 市人大常委会副主任姚松鹤带领调研组，对全市安置留地建设与城中村改造情况进行专题调研。

4月12日—13日 全国人大华侨委主任委员白志健一行到瑞安开展“十三五”规划涉侨专题调研。

4月24日 市人大常委会召开市经信局、市住建局工作评议动员会，市人大常委会主任叶世林参加会议并讲话。

4月29日 市十五届人大常委会举行第三十次会议。

同日 市人大常委会率全省人大系统之先举行常委会任命的国家工作人员宪法宣誓仪式，市人大常委会主任叶世林监誓。

4月下旬 市人大常委会副主任林济晚带领执法检查组，就《中华人民共和国献血法》实施情况进行执法检查。

5月5日 中共瑞安市委印发《关于进一步加强和改进人大工作的意见》。

5月12日 市人大常委会召开全市人大代表联络站建设推进会，市人大常委会主任叶世林参加会议并讲话。

5月20日 温州市人大常委会副主任潘孝政一行到瑞安调研大气污染防治工作。

5月25日 市人大常委会党组及机关召开“三严三实”专题党课暨专题教育部署会议，市人大常委会党组书记、主任叶世林作动员讲话并上专题党课。

6月2日 温州市人大常委会副主任孟建新一行到瑞安调研贯彻实施安全生产相关法律法规审议意见落实情况。

6月11日 市十五届人大常委会举行第三十一次会议。

6月18日 市人大常委会主任叶世林参加温州市各县（市、区）人大常委会第65次联席会议，并在会上交流如何做好代表建议督办工作。

6月23日 中共浙江省委书记、省人大常委会主任夏宝龙到瑞安调研贯彻落实习近平总书记考察浙江的重要讲话和省委全会精神、瑞安市经济社会发展情况，并走访华峰集团和塘下镇陈岙村。

同日 浙江省人大常委会副主任程渭山一行到瑞安调研新常态下农业适度规模经营情况。

6月—8月 市人大常委会组织调研组，就不捕不诉案件处理情况到市检察院等单位进行专题调研。

7月14日 温州市人大常委会主任陈笑华一行到瑞安视察小微企业创业园建设情况。

7月22日 市人大常委会机关召开党员干部学习会，学习贯彻中共中央批转的《中共全国人大常委会党组关于加强县乡人大工作和建设的若干意见》的精神。

7月31日 温州市人大常委会副主任孟建新一行到瑞安调研2015年上半年国民经济和社会发展计划执行情况。

同日 市十五届人大常委会举行第三十二次会议。

8月4日 浙江省人大常委会法工委副主任尹林一行到瑞安开展《浙江省专利条例（草案）》立法调研。

8月13日 市人大常委会召开上半年政情通报会暨代表培训会，市长陈胜峰通报了上半年政府工作情况及下半年工作思路，市法院、市检察院书面通报。

8月14日 温州市人大常委会副主任黄德康一行到瑞安检查调研公检法司机关工作人员依法履职、公正司（执）法专项监督工作。

8月24日 市人大常委会机关召开“为官不正、为官不为、为官乱为”专项整治暨深化作风效能建设动员会议，市人大常委会党组书记、主任叶世林作动员讲话。

8月28日 市十五届人大常委会举行第三十三次会议。

9月21日—25日 市人大常委会主任叶世林，副主任林济晚、姚松鹤、王建东、江孟甫、金爱忠、薛小平分别带领视察组，对全市《关于加快产城融合发展，争创省级工业强市》议案办理情况进行视察。

9月23日 温州市人大常委会副主任黄德康一行到瑞安开展城乡污水处理进展情况专项监督。

10月9日 市人大常委会召开2015年度代表建议办理工作评议会。

10月10日 市十五届人大常委会举行第三十四次会议。

10月13日 浙江省人大常委会委员、省人大环境和资源委员会副主任委员陶君毅一行到瑞安征求《浙江省大气污染防治条例（修订草案）》意见。

10月20日 浙江省人大常委会副秘书长、办公厅主任王敏奇一行到瑞安调研基层人大工作，并征求对省人大常委会工作的意见建议。

10月30日 市十五届人大常委会举行第三十五次会议。

11月11日 全国人大农业与农村委员会委员张晓山一行到瑞安调研“三位一体”综合改革工作。

11月12日 温州市人大常委会副主任潘孝政一行到瑞安调研农村产权制度改革基础工作进展情况。

11月27日 市十五届人大常委会举行第三十六次会议。

12月2日 市人大常委会主任叶世林参加温州市各县（市、区）人大常委会第66次联席会议，并在会上交流加强和改进乡镇人大工作、人大代表建议督办等方面的做法和经验。

12月9日 温州市人大常委会副主任孟建新一行到瑞安调研国民经济和社会发展计划2015年执行情况和2016年编制工作情况。

12月15日 浙江省人大常委会委员、民族华侨委员会副主任委员张宝贵一行到瑞安视察瑞安贫困人口脱贫核查工作情况。

12月18日 市十五届人大常委会举行第三十七次会议。

12月20日—30日 市人大常委会组织市十五届人大代表开展人代会会前视察活动，讨论大会有关工作报告，准备代表议案和建议批评意见。

12月25日 市人大常委会党组研究提议：瑞安市人民代表大会会议、常委会会议使用电子表决器。

12月28日 市人大常委会召开食品安全工作代表评议会。

12月31日 市十五届人大常委会举行第三十八次会议。

2016年

1月8日—11日 市十五届人大举行第五次会议。会议听取和审议市人民政府、市人大常委会、市人民法院、市人民检察院等工作报告，审查、批准《瑞安市国民经济和社会发展第十三个五年规划纲要》以及2016年计划、财政预算报告，并通过相应决议。会议选举鞠海亭为市人民法院院长、宣章良为市人民检察院检察长，选举李明达等4人为市十五届人大常委会委员。会议通过关于设立市十五届人大法制委员会、财政经济委员会的决定以及2个专门委员会组成人员名单。大会期间，首次举行新当选的地方国家机关工作人员宪法宣誓仪式。

1月14日 温州市人大常委会副主任潘孝政一行到瑞安征求温州市人大及“两院”工作报告意见建议。

1月19日 市人大常委会主任、副主任等参加省人大常委会关于开展查找“短板”专项活动视频部署会，并开续会部署该项工作。

2月23日 市人大常委会召开检察官履职评议动员会，首次对检察官履职进行评议，市人大常委会主任叶世林参加会议并讲话。

2月24日 市十五届人大常委会召开第三十九次会议。

3月9日—10日 浙江省人大常委会委员、代表与选举任免工委主任臧平等一行到瑞安调研县、乡人大换届选举工作。

3月14日—16日 市人大常委会主任叶世林、副主任金爱忠分别带领视察组，就《关于加大美丽乡村建设力度的议案》办理审议意见落实情况到陶山、湖岭、马屿、高楼等镇进行视察。

3月15日 市人大常委会党组印发《瑞安市人大常委会机关开展作风建设暨深化“为官不正、为官不为、为官乱为”专项整治活动实施方案》《瑞安市人大常委会党组及机关开展“学党章党规、学系列讲话、学法律业务，争创一流业绩、争当法治标杆、争做优秀党员”学习教育活动方案》。

3月16日—19日 市人大常委会副主任林济晚带领调研组，就学前教育发展情况到市教育局和塘下镇、安阳街道、飞云街道（公民）幼儿园等单位进行专题调研。

3月23日 市人大常委会召开市财政地税局、市民政局工作评议动员会，市人大常委会主任叶世林参加会议并讲话。

3月30日 市人大常委会主任叶世林、副主任金爱忠带领调研组，到湖岭镇、林川镇和芳庄乡开展乡镇行政区划调整后运行和换届选举准备工作调研。

3月31日 市十五届人大常委会举行第四十次会议。

3月—8月 市人大常委会组织调研组，对市人民法院执行工作进行专题调研。

4月6日 中共瑞安市委印发《关于认真贯彻落实中央文件精神，加强人大工作和建设的意见》。

4月6日—7日 市人大常委会主任叶世林参加温州市各县（市、区）人大常委会第67次联席会议，并在会上交流贯彻落实中央、省委有关文件精神与做好县乡人大代表换届选举工作。

4月7日 温州市人大常委会副主任潘孝政一行到瑞安开展粮食安全工作审议意见落实情况调查。

4月18日 浙江省人大常委会副主任袁荣祥一行到瑞安开展大气污染防治执法检查和“五水共治”工作专项监督。

4月21日—22日 浙江省人大常委会委员、省人大法制委员会副主任委员陈荣一行到瑞安开展《浙江省消防条例（修改草案）》立法调研。

4月29日 市十五届人大常委会举行第四十一次会议。

5月6日 市人大常委会党组书记、主任叶世林为机关全体党员干部上“两学一做”（学党章党规、学系列讲话，做合格党员）专题党课。

5月16日 温州市人大常委会主任葛益平一行到瑞安调研人大工作，并在华峰集团开展“五帮五助”（帮落实政策，助企业降低成本；帮机器换人，助企业减员增效；帮招财引技，助企业技术创新；帮融资对接，助企业平稳发展；帮难题化解，助企业项目推进）助企服务活动。

5月31日 市十五届人大常委会举行第四十二次会议。

6月6日 市人大常委会召开乡镇人大换届选举工作会议。

6月8日 市人大常委会主任叶世林、副主任江孟甫带领调研组，就高速市区出口综合提升示范带建设到锦湖街道办事处、第一山周边旧村改造项目等进行专题调研。

6月15日—16日 浙江省人大常委会副主任刘力伟一行到瑞安开展《浙江省安全生产条例（修改草案）》立法调研。

6月17日—24日 市人大常委会主任、副主任分别率队到陶山等10个乡镇开展人大换届选举工作督查指导。

6月22日 浙江省人大常委会副主任毛光烈一行到瑞安开展民族村经济社会发展等工作调研。

6月28日—29日 市人大常委会副主任薛小平带领调研组，就扶贫开发工作情况到林川镇金川高山有机稻米专业合作社、奥光工艺品有限公司、市农商银行等单位进行专题调研。

7月11日—12日 市人大常委会副主任金爱忠参加温州市各县（市、区）人大常委会第68次联席会议，并在会上交流做好县乡人大换届选举工作。

7月18日 市人大常委会举办新一届乡镇人大代表培训会。

7月19日—20日 浙江省人大常委会党组书记、副主任茅临生一行到瑞安调研县乡人大换届选举工作，并先后视察马屿镇人大代表选举工作和华峰集团、塘下镇陈岙村发展情况。

7月22日 市十五届人大常委会举行第四十三次会议。

8月26日 市十五届人大常委会举行第四十四次会议。

8月30日 浙江省人大常委会副主任冯明一行到瑞安督查G20杭州峰会维稳安保工作。

9月26日 市十五届人大常委会举行第四十五次会议。

9月29日 温州市人大常委会主任葛益平带队到瑞安检查指导防汛救灾工作。

10月12日 瑞安市率全省政府系统之先举行市政府任命的国家工作人员宪法宣誓仪式，市人民政府市长陈胜峰监誓。

10月27日 市人大常委会主任、副主任等参加全省人大代表联系人民群众工作暨加强代表联络站建设视频交流会议，并开续会部署该项工作。

10月29日 市人大换届选举工作会议召开。市委书记李无文讲话，市人大常委会主任叶世林作部署。

11月1日 市十五届人大常委会举行第四十六次会议。

11月17日 全国人大常委会委员、财经委副主任委员乌日图一行到瑞安调研城乡社保体系建设工作。

11月24日 市十五届人大常委会举行第四十七次会议。

12月7日—8日 浙江省人大常委会委员、省人大法制委员会副主任委员杨晓光一行到瑞安开展《浙江省食品小作坊小餐饮小食杂店和食品摊贩管理规定（草案）》立法调研。

12月9日 市十五届人大常委会举行第四十八次会议。

12月14日 温州市人大常委会副主任潘孝政一行到瑞安督查市镇人大换届选举工作。

12月24日 中共浙江省委副书记、代省长车俊在瑞安市安阳街道人大代表联络站开展联系人民群众主题活动。

12月 市十六届人大代表换届选举工作结束。选举产生市人大代表381名。

2017年

1月3日 市人大常委会召开党组（扩大）会议，传达学习中共瑞安市第十四次代表大会精神和代省长车俊在瑞安调研期间讲话精神，部署贯彻落实意见。

1月13日 市十五届人大常委会召开第四十九次会议。

同日 市人大常委会举办市十六届人大代表培训会。市委书记陈胜峰、市人大常委会党组书记叶建辉分别讲话，市人大常委会主任叶世林主持会议。

1月17日—20日 市人大常委会组织市十六届人大代表开展人代会会前视察活动，讨论大会有关工作报告，准备代表议案和建议批评意见。

2月7日 市十五届人大常委会举行第五十次会议。

2月8日 中共瑞安市委印发《关于推行市政府民生实事代表票决制工作的通知》。

2月16日—20日 市十六届人大举行第一次会议。会议听取和审议市人民政府、市人大常委会、市人民法院、市人民检察院等工作报告，审查、批准瑞安市国民经济和社会发展计划、财政预算报告，并通过相应决议和票决产生市政府2017年度民生实事项目。会议选举叶建辉为市十六届人大常委会主任，江孟甫、方小梅、陈世尧、金爱忠、薛小平、薛尧弟为副主任，丁文翔等38人为委员；选举麻胜聪为市人民政府市长，曾瑞华、林增丰、周晓华、项金敏、林政洪、张蕙娜为副市长；选举陈朴顺为市监察委员会主任；选举鞠海亭为市人民法院院长、宣章良为市人民检察院检察长；选举产生瑞安市出席温州市第十三届人民代表大会代表73名；通过关于设立市十六届人大法制内务司法委员会、财政经济委员会的决定以及2个专门委员会组成人员名单。

2月20日 市十六届人大常委会举行第一次会议。

3月7日 温州市人大常委会副主任李步鸣一行到瑞安征求温州市人大及“两院”工作报告意见建议。

3月8日 浙江省人大常委会副主任毛光烈一行到瑞安督查“剿灭劣Ⅴ类水”工作。

3月14日 市人大常委会召开法官履职评议动员会议，首次对法官履职进行评议，市人大常委会主任叶建辉参加会议并讲话。

3月21日—22日 浙江省人大常委会委员、内司委主任委员楼志浪一行到瑞安检查反家庭暴力法律法规执行情况。

3月24日 市人大常委会主任、副主任等参加全省人大“剿灭劣Ⅴ类水”专项审议和代表主题活动视频部署会议，并开续会部署该项工作。

同日 市十六届人大常委会举行第二次会议。

3月28日—29日 温州市“剿灭劣Ⅴ类水”代表主题活动暨代表联络站平台建设部署会议、温州市各县（市、区）人大常委会主任座谈会在瑞安召开。

3月31日至4月1日 市人大常委会主任叶建辉，副主任江孟甫、方小梅、陈世尧、金爱忠、薛小平、薛尧弟分别率队进代表联络站，组织各级人大代表开展“剿灭劣Ⅴ类水，人大代表在行动”主题活动。

4月6日 温州市人大常委会副主任潘孝政一行到瑞安开展“剿灭劣Ⅴ类水”工作专项监督活动。

4月25日 浙江省人大常委会委员、环资委主任委员施利民一行到瑞安调研督查“剿灭劣Ⅴ类水”工作。

4月27日 市十六届人大常委会举行第三次会议。

4月—5月 市人大常委会主任叶建辉、副主任薛小平带领调研组，对全市“剿灭劣Ⅴ类水”工作情况进行专题调研。

5月8日 温州市人大常委会副主任任玉明一行到瑞安督查“一打三整治”（打击无船名号、无船籍港、无船舶证书的涉渔“三无”船舶，整治“船证不符”、禁用渔具和污染海洋环境等违法违规行为）工作和“加强海洋幼鱼资源保护促进浙江渔场修复振兴的决定”实施情况。

5月12日 浙江省人大常委会副主任毛光烈带领检查组到瑞安督查“剿灭劣Ⅴ类水”工作。

5月15日 市人大常委会召开市水利局、市卫生计生局、市市场监管局工作评议动员会，市人大常委会主任叶建辉参加会议并讲话。

5月16日—19日 市十六届人大代表首期履职培训班在杭州举办。

5月17日 浙江省人大常委会委员、教科文卫委副主任胡坚一行到瑞安调研文化产业发展情况。

5月27日 市人大常委会机关召开推进“两学一做”学习教育常态化制度化部署会议，市人大常委会党组书记、主任叶建辉作动员部署。6月19日，市人大常委会党组印发《瑞安市人大常委会机关推进“两学一做”学习教育常态化制度化的实施方案》。

6月13日 温州市人大常委会副主任王祖焕一行到瑞安督查“剿灭劣V类水”、学前教育及“最多跑一次”改革工作。

6月22日 温州市人大常委会副主任张洪国一行到瑞安调研民生实事项目代表票决制工作。

6月23日 市十六届人大常委会举行第四次会议。

6月—7月 市人大常委会组织调研组，对全市基本公共卫生服务工作进行专题调研。

6月—7月 市人大常委会主任叶建辉、副主任陈世尧带领调研组，对全市城市停车场规划建设情况进行专题调研。

7月13日 市人大常委会召开全市人大代表联络站规范化建设工作推进会。

7月26日 市人大常委会机关召开党员大会，选举产生中共瑞安市人大常委会机关委员会和纪律检查委员会。

7月28日 温州市人大常委会副主任厉秀珍一行到瑞安调研2017年上半年国民经济和社会发展计划执行情况。

7月31日 温州市人大常委会副主任任玉明一行到瑞安调研海洋渔业资源保护工作。

8月7日 市人大常委会召开党组理论学习中心组学习扩大会，学习贯彻全国人大常委会委员长张德江在推进县乡人大工作和建设经验交流会上的讲话精神。

8月14日 市人大常委会主任叶建辉参加温州市各县（市、区）人大常委会第69次联席会议暨人大工作交流会，并在会上交流民生实事代表票决制工作。

8月中旬 市人大常委会主任叶建辉、副主任金爱忠带领调研组，对全市12个街道建立民主议政会议制度进行专题调研。

8月21日 市人大常委会召开上半年政情通报会暨代表培训会，市长麻胜聪通报了上半年政府工作及民生实事项目实施情况，市法院、市检察院书面通报。

8月23日 市十六届人大常委会举行第五次会议。

8月28日 市人大常委会主任、副主任等参加全省人大贯彻落实中央和省委有关文件精神视频会议，并开续会部署该项工作。

8月28日至9月2日 市人大常委会组成人员第一期培训班在青岛市人大代表培训服务中心举办。

8月29日 温州市人大常委会主任葛益平率队赴瑞安调研人大信访工作。

8月—9月 市人大常委会副主任薛尧弟带领调研组，对全市养老服务业发展情况进行专题调研。

9月6日 温州市人大常委会副主任徐育斐一行到瑞安开展信访积案化解和文化产业发展调研。

9月18日—27日 市人大常委会主任叶建辉，副主任江孟甫、方小梅、陈世尧、金爱忠、薛小平、薛尧弟分别带领视察组，对全市《关于推进城市有机更新，打造至美瑞安》议案办理情况进行视察。

9月22日 市十六届人大常委会举行第六次会议。

同日 中共瑞安市委办印发《关于全面深化民生实事项目人大代表票决制工作的意见》。

9月—10月 市人大常委会副主任江孟甫带领调研组，就政府和社会资本合作项目实施情况到市财政局和瑞祥实验小学、江北污水处理厂等PPP项目进行专题调研。

9月—10月 市人大常委会副主任薛尧弟带领调研组，就严重损害司法权威、社会诚信违法犯罪行为处置工作情况到市法院、市检察院、市公安局等单位进行专题调研。

10月13日 市人大常委会召开人大代表建议办理工作评议会。

10月17日 市人大常委会机关召开推进“清廉机关、清正干部、清朗家风”建设动员部署会议。

10月19日 温州市人大常委会主任葛益平、副主任徐育斐一行到瑞安调研“双下沉、两提升”（医疗人才下沉，医疗资源下沉；提升基层医疗服务能力，提升群众就医满意度）工作。

10月26日 市人大常委会召开党组（扩大）会议，专题学习党的十九大报告精神。

10月31日 市十六届人大常委会举行第七次会议。

11月23日 市人大常委会主任叶建辉率队到高楼镇调研农村供水安全工作，并在高楼镇作十九大精神宣讲。

11月24日 市十六届人大常委会举行第八次会议。

12月12日 市人大常委会主任叶建辉参加温州市各县（市、区）人大常委会第70次联席会议，并在会上交流推进民生实事项目代表票决制和加强人大信息化工作。

12月15日 市人大常委会召开乡镇（街道）人大工作例会，各乡镇（街道）人大交流2017年工作亮点、民生实事票决制工作情况与2018年工作思路。

12月22日 市十六届人大常委会举行第九次会议。

2018年

1月2日—9日 市人大常委会组织市十六届人大代表开展人代会会前视察活动，讨论大会有关工作报告，准备代表议案和建议批评意见。

1月9日 温州市人大常委会副主任仇杨均一行到瑞安征求温州市人大及“两院”工作报告意见建议。

同日 市十六届人大常委会举行第十次会议。

1月19日—21日 市十六届人大举行第二次会议。会议听取和审议市人民政府、市人大常委会、市人民法院、市人民检察院等工作报告，审查、批准瑞安市国民经济和社会发展计划、财政预算报告，并通过相应决议和票决产生市政府2018年度民生实事项目。

1月20日 市十六届人大第二次会议首次启用电子表决器表决有关事项。

1月24日 温州市人大常委会副主任任玉明一行到瑞安调研“三位一体”综合合作改革和农村产权交易工作。

1月29日 市人大常委会举办第一届街道民主议政代表培训会，全市近700名议政代表参加培训。

2月1日 市委常委会召开会议，首次听取市人大常委会党组、市人民政府党组、市人民法院党组、市人民检察院党组年度工作汇报。

3月6日 市十六届人大常委会举行第十一次会议。

3月7日—8日 浙江省人大常委会委员、办公厅主任王敏奇一行到瑞安调研人大工作和全省人大联动监督议题情况。

3月22日 市人大常委会召开市人力社保局、市综合执法局、市国税局工作评议动员会，市人大常委会主任叶建辉参加会议并讲话。

4月17日—18日 全国人大华侨委员会委员、省第十二届人大常委会党组书记、副主任王辉忠一行到瑞安调研侨务和归侨侨眷权益保护立法工作，视察塘下镇侨联活动中心等。

4月26日 市十六届人大常委会举行第十二次会议。

4月27日 市人大常委会机关召开全体党员干部会议，专题学习《中华人民共和国宪法修正案》和《中华人民共和国监察法》。

4月—5月 市人大常委会主任叶建辉、副主任陈世尧带领执法检查组，对固体废物污染环境防治“一法一条例”实施情况进行执法检查。

5月3日 温州市人大常委会副主任徐育斐率队到瑞安开展固废污染环境防治“一法一条例”执法检查。

5月15日—16日 市人大常委会主任叶建辉参加温州市各县（市、区）人大常委会第71次联席会议，并在会上交流推进代表联络站规范化建设和民生实事项目实施情况专项监督。

5月22日 温州市人大常委会副主任任玉明率队到瑞安开展《浙江省温瑞塘河保护管理条例》执法检查。

5月29日 市人大常委会召开检察官履职评议动员会，市人大常委会主任叶建辉参加会议并讲话。

5月—6月 市人大常委会主任叶建辉、副主任薛小平带领执法检查组，就《中华人民共和国农产品质量安全法》实施情况进行执法检查。

6月26日 市十六届人大常委会举行第十三次会议。会议期间，进行固体废物污染环境防治“一法一条例”实施情况专题询问。

7月4日 温州市人大常委会副主任任玉明一行到瑞安开展宅基地“三权分置”改革工作情况调查。

7月19日—25日 市人大常委会副主任薛尧弟带领调研组，对全市“最多跑一次”改革工作进行专题调研。

7月25日 市人大常委会主任叶建辉率队赴塘下调研城市有机更新、固废污染防治、民生实事项目和乡镇人大工作等情况。

7月 市人大常委会副主任江孟甫带领调研组，对全市企业上市工作情况进行专题调研。

8月9日 温州市人大常委会副主任张洪国一行到瑞安开展2018年度温州民生实事项目实施情况专项监督。

8月14日 市人大常委会召开上半年政情通报会暨代表培训会，市长麻胜聪通报上半年政府工作及民生实事项目实施情况，市法院、市检察院书面通报。

8月17日 市十六届人大常委会举行第十四次会议。

8月—9月 市人大常委会副主任陈世尧带领执法检查组，就《中华人民共和国建筑法》实施情况进行执法检查。

8月—9月 市人大常委会主任叶建辉、副主任方小梅带领执法检查组，就《浙江省学前教育条例》实施情况进行执法检查。

8月—9月 市人大常委会主任叶建辉、副主任薛小平分别带领视察组，对全市《关于加快农村饮用水安全工程建设 助力全市全面建成小康社会》议案办理情况进行视察。

9月17日 温州市人大常委会主任葛益平一行到瑞安调研人大代表联络站工作，并在安阳街道人大代表联络站开展联系代表群众主题活动。

9月20日 市十六届人大常委会举行第十五次会议。

9月28日 温州市人大常委会副主任潘孝政一行到瑞安调研少数民族和侨务相关工作，并督查挂钩联系重大项目。

10月12日 市人大常委会召开人大代表建议办理工作评议会。

10月16日 市人大常委会主任叶建辉、副主任陈世尧带领督查组，就《关于推进城市有机更新打造至美瑞安》议案办理情况报告审议意见落实情况到玉海、安阳、东山等街道进行督查。

10月30日 市十六届人大常委会举行第十六次会议。

11月8日—13日 市人大常委会组成人员第二期培训班在深圳人大干部培训中心举办。

12月7日 全国人大常委会副委员长、中华全国总工会主席王东明一行，就深入学习贯彻习近平总书记重要讲话精神，落实中国工会十七大目标任务到瑞安调研。

12月14日 市十六届人大常委会举行第十七次会议。

12月15日 市人大常委会召开学习贯彻习近平总书记关于坚持和完善人民代表大会制度的重要思想座谈会，市人大常委会主任叶建辉参加会议并讲话。

12月25日 温州市人大常委会主任葛益平率有关人员到瑞安开展走访浙江利达机电有限公司、八达机电有限公司，并在瑞安经济开发区管委会会议室召开加快推进新时代“两个健康”先行区建设座谈会。

12月下旬 市人大常委会组织市十六届人大代表开展人代会会前视察活动，讨论大会有关工作报告，准备代表议案和建议批评意见。

2019年

1月3日 温州市人大法制内务司法工作座谈会在瑞安召开，温州市人大常委会副主任仇杨均参加会议并讲话。

1月7日 市十六届人大常委会举行第十八次会议。

1月16日—19日 市十六届人大举行第三次会议。会议听取和审议市人民政府、市人大常委会、市人民法院、市人民检察院等工作报告，审查、批准瑞安市国民经济和社会发展计划、财政预算报告，并通过相应决议和票决产生市政府2019年度民生实事项目；通过关于设立市第十六届人大社会建设委员会、市人大法制内务司法委员会更名为市人大法制监察司法委员会的决定，市人大社会建设委员会组成人员名单；选举林圣赞、黄志勇为市十六届人大常委会委员。

1月19日 市十六届人大常委会举行第十九次会议。

1月22日 温州市人大常委会副主任张洪国一行到瑞安征求温州市人大及“两院”工作报告意见建议。

2月27日 市十六届人大常委会举行第二十次会议。

3月4日 市人大常委会主任叶建辉、副主任江孟甫带领调研组，就工业用地有效供给情况到市自然资源和规划局、市经济开发区等单位进行专题调研。

3月15日 市人大常委会召开市发改局、市教育局、温州市生态环境局瑞安分局工作评议动员会，市人大常委会主任叶建辉参加会议并讲话。

3月21日 市人大常委会党组（扩大）会议召开，学习贯彻《中共中央关于加强党的政治建设的意见》。

3月28日 温州市人大常委会副主任王祖焕一行到瑞安调研“助推‘两区’（民营经济健康发展先行区和民营企业家健康成长先行区）建设、促进民营经济高质量发展”工作。

3月—4月 市人大常委会组织六个调研组，对全市促进民营经济高质量发展情况进行专题调研。

3月—4月 市人大常委会副主任江孟甫带领调研组，就财政扶持工业经济发展政策资金绩效情况到市财政局、市经信局、市审计局等单位进行专题调研。

4月4日 市十六届人大常委会举行第二十一次会议。

4月9日 温州市人大常委会副主任潘孝政一行到瑞安开展《中华人民共和国未成年人保护法》执法检查。

4月12日 浙江省人大常委会委员、省人大教科文卫委员会副主任委员李云林一行到瑞安开展精神卫生立法调研。

4月—5月 市人大常委会副主任薛小平带领调研组，就乡村产业发展情况到市农业农村局、高楼、湖岭、曹村等乡镇（单位）进行专题调研。

5月5日 中共瑞安市委印发《关于建立市人民政府向市人大常委会报告国有资产管理情况制度的意见》。

5月8日 温州市人大常委会副主任张洪国一行到瑞安调研代表建议办理和联络站规范化建设工作。

5月9日 市人大常委会主任叶建辉、副主任薛小平带领视察组，赴马屿镇督查农村饮用水安全工程建设，并召开代表议案办理工作座谈会。

同日 温州市人大常委会副主任任玉明一行到瑞安调研农村饮用水安全和重点水利工程建设情况。

5月13日—18日 市人大常委会组织机关党员干部和乡镇（街道）人大主席（主任）到井冈山开展“不忘初心、牢记使命”主题教育培训。

5月24日 市十六届人大常委会举行第二十二次会议。

5月30日 温州市人大常委会副主任张洪国一行到瑞安督查中央、省委、温州市委有关人大工作和建设文件精神落实情况。

5月—6月 市人大常委会副主任薛尧弟带领调研组，对全市食品药品环境保护领域违法犯罪行为处置工作情况进行专题调研。

6月11日—12日 市人大常委会主任叶建辉参加温州各县（市、区）人大常委会主任务虚会暨第72次联席会议，并在会上交流扎实推进街道人大工作高质量、高水平发展。

6月19日 温州市人大常委会副主任潘孝政一行到瑞安调研台湾同胞投资“一法一条例”实施情况及海峡两岸（温州）民营经济创新发展示范区建设情况。

6月25日 温州市人大常委会副主任仇杨均率检查组到瑞安开展《浙江省学前教育条例》执法检查和民生实事项目实施情况督查。

6月28日 市十六届人大常委会举行第二十三次会议。

7月9日—12日 市人大常委会主任叶建辉和各位副主任分别带领检查组，对各乡镇（街道）贯彻落实中央和省委、温州市委有关人大工作和建设文件精神情况进行督查。

7月22日 市人大常委会机关召开全体干部会议，学习贯彻习近平总书记对地方人大及其常委会工作重要指示和全国庆祝地方人大设立常委会40周年座谈会精神。

8月29日—30日 市十六届人大常委会举行第二十四次会议。

8月—9月 市人大常委会主任叶建辉、副主任方小梅带领执法检查组，就《全民健身条例》实施情况进行执法检查。

9月10日 温州市人大常委会副主任潘孝政一行到瑞安开展养老事业发展情况调研。

9月12日 市人大常委会及机关召开“不忘初心、牢记使命”主题教育动员部署会，市人大常委会党组书记、主任叶建辉作动员部署。同月19日，市人大常委会党组印发《瑞安市人大常委会及机关关于开展“不忘初心、牢记使命”主题教育的实施方案》。

9月19日 温州市人大常委会主任葛益平一行到瑞安调研“两区”建设、民营经济发展情况。

9月26日 市十六届人大常委会举行第二十五次会议。

9月27日 温州市人大常委会党组书记、主任葛益平一行到瑞安开展“不忘初心、牢记使命”主题教育调研。

9月—10月 市人大常委会主任叶建辉、副主任薛尧弟分别带领视察组，对全市《关于健全养老服务体系 促进瑞安市养老服务业发展》议案办理情况进行视察。

10月8日 市人大常委会党组书记、主任叶建辉在机关党员干部主题教育会主讲“人大干部要旗帜鲜明讲政治”专题党课。

10月9日 市委召开人大工作会议，市委书记陈胜峰、市人大常委会主任叶建辉分别讲话，市委副书记、市长麻胜聪主持会议。

10月18日 市人大常委会召开代表建议办理工作评议会。

10月22日 浙江省人大常委会副主任李学忠一行到瑞安调研《浙江省保障“最多跑一次”改革规定》执行情况。

10月30日 市十六届人大常委会举行第二十六次会议。

10月31日 温州市人大常委会主任葛益平一行到瑞安开展首届“民营企业家节”走访慰问及“河长制”工作督查。

同日 全国人大常委会法制工作委员会国家法室主任童卫东一行到瑞安调研国旗法、国徽法修改工作。

11月25日 市十六届人大常委会举行第二十七次会议。

12月4日—5日 浙江省人大社会建设工作座谈会在瑞安召开。省人大常委会副主任姒健敏出席会议并讲话，省人大、各设区市和县（市、区）人大常委会等有关领导参加会议。

12月11日 市人大常委会主任叶建辉、副主任江孟甫带领调研组，就2020年财政预算编制情况到市财政局进行专题调研。

12月13日 市十六届人大常委会举行第二十八次会议。

12月24日 市人大常委会主任、副主任等参加全省街道人大工作和建设试点总结暨宣传贯彻条例、全面推进街道人大工作视频会议，并开续会部署该项工作。

12月27日 市人大常委会主任叶建辉参加温州市人大工作务虚会暨各县（市、区）人大常委会第73次联席会议，并在会上交流推进街道人大工作和建设情况。

12月30日 中共瑞安市委印发《关于高水平推进新时代人大工作和建设的意见》。

2020年

1月2日—6日 市人大常委会主任叶建辉，副主任江孟甫、方小梅、陈世尧、金爱忠、薛小平、薛尧弟分别带队到联系乡镇（街道）开展“深化‘三服务’、助推开门红”活动。

1月2日—22日 市人大常委会组织市十六届人大代表开展人代会会前视察活动，讨论大会有关工作报告，准备代表议案和建议批评意见。

1月6日 温州市人大常委会主任葛益平一行到瑞安开展工作调研和征求温州市人大及“两院”工作报告意见建议。

1月7日 市人大常委会召开乡镇（街道）人大工作例会。

1月8日 市十六届人大常委会举行第二十九次会议。

2月21日 温州市人大常委会副主任张洪国率队到瑞安调研疫情防控和企业复工复产工作。

3月6日 市人大常委会召开党组（扩大）会议，传达学习习近平总书记有关统筹推进新冠疫情防控和经济社会发展工作的重要讲话精神，部署市人大常委会及其机关抗击新冠疫情工作。

4月16日 市十六届人大常委会举行第三十次会议。

4月27日—29日 市十六届人大举行第四次会议。会议听取和审议市人民政府、市人大常委会、市人民法院、市人民检察院等工作报告，审查、批准瑞安市国民经济和社会发展计划、财政预算报告，并通过相应决议和票决产生市政府2020年度民生实事项目；选举秦肖为市人民政府市长；选举胡丕敢为市人民法院院长；选举陈宗成等6人为市十六届人大常委会委员。

5月18日 瑞安市人大代表联络总站举行揭牌成立仪式。

同日 温州市人大常委会副主任张洪国一行到瑞安开展《浙江省华侨权益保护条例》执法检查及“152”工程进展情况跟踪督查。

5月 市人大常委会领导分别参加市交通运输局、市文化和广电旅游体育局、市农业农村局工作评议动员部署会并讲话。

6月5日 温州市人大常委会主任葛益平一行到瑞安调研数字经济引领实体经济发展情况。

6月10日 市十六届人大常委会举行第三十一次会议。

6月11日 市人大常委会首次召开列席常委会会议代表座谈会。

6月—7月 市人大常委会组织调研组，对全市数字经济引领实体经济发展情况进行专题调研。

6月—7月 市人大常委会副主任方小梅带领执法检查组，对《中华人民共和国公共文化服务保障法》实施情况进行执法检查。

7月7日 温州市各县（市、区）人大常委会第74次联席会议在瑞安召开。会议议题：贯彻全国两会精神，总结交流2020年上半年人大工作开展情况。

8月12日 市十六届人大常委会举行召开第三十二次会议。

8月18日 温州市人大常委会副主任仇杨均一行到瑞安开展“七五”普法检查验收和个人债务集中专项清理调研。

8月25日 市人大常委会召开党组（扩大）会议，传达学习全省各级人大常委会主任学习会精神和中共温州市委书记陈伟俊在温州市十三届人大常委会第三十一次会议上的讲话精神。

8月31日 温州市人大常委会副主任任玉明一行到瑞安开展“最多跑一次”改革及民生实事专项督查。

8月—9月 市人大常委会副主任薛小平带领执法检查组，就《中华人民共和国海洋环境保护法》实施情况进行执法检查。

9月16日 市十六届人大常委会举行第三十三次会议。

9月21日 温州市人民政府市长姚高员一行到瑞安人大代表联络总站开展“打造一流营商环境，建设全国民营经济示范城市”主题活动。

9月—10月 市人大常委会副主任江孟甫带领调研组，对2019年度全市国有资产管理情况及行政事业性国有资产管理情况进行专题调研。

10月16日 市人大常委会召开代表建议办理工作评议会。

10月22日—23日 市十六届人大常委会举行第三十四次会议。

11月4日 温州市人大常委会副主任任玉明一行到瑞安督查野生动物保护工作和“十四五”规划纲要编制专题调研。

11月5日—18日 市人大常委会主任叶建辉，副主任江孟甫、方小梅、陈世尧、金爱忠、薛小平、薛尧弟分别到相关人大代表联络站开展助力“打造一流营商环境，建设全国民营经济示范城市”主题活动。

12月16日 市十六届人大常委会举行第三十五次会议。

12月25日 市人大常委会召开乡镇街道人大工作例会。

12月28日 市人大常委会主任叶建辉参加温州市各县（市、区）人大常委会第75次联席会议，并在会上交流坚持上下“一盘棋”、谋划好2021年工作思路。

2021年

1月13日 温州市人大常委会副主任厉秀珍一行到瑞安征求温州市人大及“两院”工作报告意见建议，并进行2021年度国民经济和社会发展计划调研。

1月14日 温州市人大常委会副主任张洪国一行到瑞安开展开发区人大工作和代表联络站建设情况调研。

1月15日 市十六届人大常委会举行第三十六次会议。

2月8日 市十六届人大常委会举行第三十七次会议。

2月上旬 市人大常委会组织市十六届人大代表开展人代会会前视察活动，讨论大会有关工作报告，准备代表议案和建议批评意见。

2月23日—25日 市十六届人大举行第五次会议。会议听取和审议市人民政府、市人大常委会、市人民法院、市人民检察院等工作报告，审查、批准《瑞安市国民经济和社会发展第十四个五年规划纲要和2035年远景目标纲要》以及2021年计划、财政预算报告，并通过相应决议和票决产生市政府2021年度民生实事项目；选举李辅正为市监察委员会主任；选举许良伍等7人为市十六届人大常委会委员。

3月16日 温州市人大常委会副主任徐育斐一行到瑞安开展义务教育优质均衡发展情况调研。

3月19日 温州市人大常委会副主任黄荣定一行到瑞安开展侨务工作情况调研。

3月25日 市十六届人大常委会举行第三十八次会议。

3月30日 浙江省人大常委会委员、省人大教科文卫委员会副主任委员钱晓芳一行到瑞安开展省中医药条例立法和文旅融合发展情况调研。

4月1日 市人大常委会及机关召开党史学习教育动员部署会，市人大常委会党组书记、主任叶建辉作动员部署。中共瑞安市人大常委会党组印发《瑞安市人大常委会及机关关于开展党史学习教育的实施方案》。

4月8日 市人大常委会主任、副主任等参加省人大常委会粮食安全执法检查动员部署视频会议，并开续会部署该项工作。

4月15日—16日 市人大常委会主任叶建辉参加温州各县（市、区）人大常委会第76次联席会议，并在会上交流2021年以来人大工作情况和下步打算。

4月16日 温州市人大常委会副主任王蛟虎一行到瑞安开展《浙江省粮食安全保障条例》执法检查。

4月下旬 市人大常委会领导分别参加市公安局、市自然资源和规划局、市住建局工作评议动员部署会并讲话。

4月—5月 市人大常委会组织执法检查组，对《浙江省粮食安全保障条例》实施情况进行执法检查。

5月7日 市人大常委会党组书记、主任叶建辉在市人大常委会及机关党史学习教育集中学习会主讲《从百年沉沦到百年复兴，中国共产党挺起国家民族的脊梁》专题党课；8月2日，作《增强制度自信，毫不动摇坚持人民代表大会制度》主题宣讲。

5月28日 市十六届人大常委会举行第三十九次会议。

5月—6月 市人大常委会副主任江孟甫带领调研组，对全市机械装备行业培育提升工作情况进行专题调研。

6月2日 浙江省人大常委会副主任李卫宁一行到瑞安开展《浙江省粮食安全保障条例》《浙江省宗教事务条例》执法检查。

6月4日 市人大常委会主任叶建辉、副主任金爱忠参加全省县乡两级人大换届选举工作部署会视频会议。

6月25日 市人大常委会机关举行“光荣在党50年”纪念章颁发仪式，市人大常委会党组副书记、副主任江孟甫为22名老党员颁发纪念章。

6月—7月 市人大常委会副主任方小梅带领执法检查组，对《中华人民共和国未成年人保护法》《浙江省未成年人保护条例》实施情况进行执法检查。

7月1日 市人大常委会机关组织全体党员干部集中收看“庆祝中国共产党成立100周年大会”，聆听习近平总书记重要讲话。

7月12日—13日 市人大常委会副主任陈世尧带领调研组，对城镇老旧小区改造工作情况进行专题调研。

7月28日 市十六届人大常委会召开第四十次会议。

8月4日 市人大常委会党组会议研究部署《瑞安市人民代表大会志（2003—2022）》编纂工作。

8月12日 温州市人大常委会主任葛益平率队到瑞安调研实施创新首位战略、打造区域科创高地工作。

8月12日—23日 市人大常委会主任、副主任分别到联系乡镇（街道）围绕“疫情防控、信访积案化解、文明城市复评”三大内容，开展专项督查走访活动。

8月13日 温州市人大常委会副主任黄荣定一行到瑞安开展《温州市居家养老服务条例（草案）》立法和社会组织参与基层社会治理情况调研。

8月27日 市十六届人大常委会举行第四十一次会议。市委书记麻胜聪出席会议并讲话。

9月2日 温州市人大常委会副主任任玉明率队到瑞安调研农村人居环境提升情况。

9月10日 温州市人大常委会副主任张洪国率队到瑞安调研县（市）乡人大换届选举工作。

9月16日 温州市人大常委会副主任王蛟虎一行到瑞安开展《温州市市容和环境卫生管理条例》执法检查。

10月21日 市十六届人大常委会举行第四十二次会议。

10月29日 市人大常委会党组（扩大）会议召开，学习贯彻中央人大工作会议精神及省、温州市有关部署意见。

12月9日 市十六届人大常委会举行第四十三次会议。

12月15日 温州市人大常委会主任葛益平率队到瑞安调研乡人大换届选举工作，走访代表联络站。市领导麻胜聪、叶建辉、应希克、刘建敏、金爱忠陪同调研。

12月17日 市人大常委会党组书记应希克带领视察组，对集云山公园建设情况进行视察调研，并召开代表议案办理工作座谈会。

12月 市十七届人大代表和乡镇人大代表换届选举工作结束。选举产生市人大代表405名和乡镇人大代表940名。

2022年

1月4日 市人大常委会党组（扩大）会议召开，传达学习中国共产党瑞安市第十五次代表大会精神，研究部署贯彻落实意见。

1月10日 市十六届人大常委会举行第四十四次会议。

同日 市人大常委会党组书记应希克参加温州各县（市、区）人大常委会第77次联席会议，并在会上交流人大数字化改革和县乡人大换届选举工作进展情况。

1月12日 市人大常委会举办市十七届人大代表培训会，市人大常委会党组书记应希克、中共瑞安市委副书记李辅正分别讲话。

1月13日 市人大常委会召开乡镇（街道）人大工作例会，市人大常委会主任叶建辉、党组书记应希克参加会议并讲话。

1月19日—20日 市人大常委会党组书记应希克，党组副书记、副主任江孟甫，党组副书记项金敏率有关人员到市发改局、市财政局等单位调研2022年重点建设计划和预算安排情况。

1月中下旬 市人大常委会组织市十七届人大代表开展人代会会前视察活动，讨论大会有关工作报告，准备代表议案和建议批评意见。

1月25日 温州市人大常委会副主任徐育斐一行到瑞安征求温州市人大及“两院”工作报告意见建议。

1月29日 市十六届人大常委会举行第四十五次会议。

2月18日—20日 市十七届人大举行第一次会议。会议听取和审议市人民政府、市人大常委会、市人民法院、市人民检察院等工作报告，审查、批准瑞安市国民经济和社会发展计划、财政预算报告，并通过相应决议和票决产生市政府2022年度民生实事项目。会议选举应希克为市十七届人大常委会主任，项金敏、周晓华、吴功宜、黄陈跃、张海飞、池万松为副主任，王光领等37人为委员；选举秦肖为市人民政府市长，邱忠瑜、林政洪、郑章辉、麻素挺、包朝阳、陈鹏、陈寒艳为副市长；选举朱建芳为市监察委员会主任；选举胡丕敢为市人民法院院长、朱捷为市人民检察院检察长；选举产生瑞安市出席温州市第十四届人民代表大会代表73名；通过市十七届人大法制监察司法委员会、财政经济委员会、社会建设委员会组成人员名单。

3月18日 市十七届人大常委会举行第一次会议。

4月1日 市人大常委会主任、副主任等参加省人大常委会就业促进执法检查动员部署视频会议，并开续会部署该项工作。

4月14日 市人大常委会召开市科技局、市民政局、市司法局工作评议动员会，市人大常委会主任应希克参加会议并讲话。

4月19日 市十七届人大常委会举行第二次会议。

4月—5月 市人大常委会副主任吴功宜带领调研组，对瑞安“专精特新”企业培育发展情况进行专题调研。

5月7日 市人大常委会主任、副主任等参加《浙江省综合行政执法条例》及乡村振兴“一法一条例”执法检查动员部署视频会议，并开续会部署该项工作。

5月11日 温州市人大常委会副主任冯金考一行到瑞安开展《中华人民共和国环境保护法》执法检查。

5月18日 市人大常委会召开数字化改革工作推进会，市人大常委会主任应希克参加会议并讲话。

5月19日—20日 市人大常委会主任应希克参加温州市各县（市、区）人大常委会第78次联席会议，并在会上交流新一届人大工作思路和2022年工作重点。

5月26日 温州市人大常委会副主任张洪国一行到瑞安开展《中华人民共和国就业促进法》执法检查。

5月27日 温州市人大常委会副主任黄荣定一行到瑞安开展少数民族乡村振兴及共同富裕推进情况专题调研。

5月至6月上旬 市人大常委会副主任周晓华带领执法检查组，对《中华人民共和国就业促进法》实施情况进行执法检查。

6月2日 温州市人大常委会主任葛益平率队到瑞安调研人大工作和义务教育“双减”工作。

6月23日 市十七届人大常委会举行第三次会议。

同日 温州市人大常委会副主任陈建明一行到瑞安调研汽车零部件产业链培育发展情况。

6月24日 温州市人大践行全过程人民民主基层单元建设工作推进会在瑞安召开，瑞安市人大常委会作基层单元应用场景创建试点成果介绍，温州市人大常委会副主任王蛟虎出席会议并讲话。

6月—7月 市人大常委会主任应希克、副主任池万松带领执法检查组，对《中华人民共和国乡村振兴促进法》《浙江省乡村振兴促进条例》实施情况进行执法检查。

6月—7月 市人大常委会副主任项金敏带领执法检查组，对《浙江省综合行政执法条例》实施情况进行执法检查。

6月—7月 市人大常委会副主任周晓华带领调研组，对全市城区排水管网市政设施建设管理工作情况进行专题调研。

7月1日 市人大常委会召开深化全面从严治党暨作风建设工作会议，市人大常委会党组书记、主任应希克参加会议并讲话。

7月6日 市人大常委会主任应希克参加浙江省人大常委会党组书记、副主任梁黎明到温州人大召开的中央人大工作会议精神贯彻落实和人大践行全过程人民民主基层单元建设情况汇报会，并在会上作汇报。

7月13日 温州市人大常委会副主任王蛟虎一行到瑞安开展《中华人民共和国乡村振兴促进法》《浙江省乡村振兴促进条例》执法检查和“三位一体”立法调研。

7月—8月 市人大常委会主任应希克、副主任黄陈跃带领调研组，对全市义务教育优质均衡发展情况进行专题调研。

8月2日 温州市人大常委会副主任徐育斐一行到瑞安开展《浙江省综合行政执法条例》执法检查。

8月15日 市人大常委会召开党组（扩大）会议，传达学习习近平总书记在省部级主要领导干部“学习习近平总书记重要讲话精神，迎接党的二十大”专题研讨班上的重要讲话精神及全省各级人大常委会主任学习会精神。

8月中下旬 市人大常委会主任应希克、副主任项金敏带领调研组，对瑞安整治群众身边不正之风和腐败问题工作情况进行专题调研。

8月28日—29日 市十七届人大常委会举行第四次会议。会议通过《关于促进扛起温州做强做大“全省第三极”主力军的担当　争当全省“两个先行”排头标兵的决议》。

8月下旬 市人大常委会副主任周晓华带领调研组，对瑞安应急管理体系建设工作情况进行专题调研。

9月20日 全国人大常委会委员、宪法和法律委员会副主任委员胡可明一行到瑞安考察调研农文旅融合发展情况。

9月21日 省人大常委会副主任李卫宁一行到瑞安调研“四好农村路”建设情况。

9月 市人大常委会主任应希克、副主任吴功宜带领调研组，对2021年度全市国有资产管理综合情况进行专题调研。

9月—10月 市人大常委会主任应希克、副主任吴功宜带领执法检查组，对《中华人民共和国节约能源法》《浙江省实施〈中华人民共和国节约能源法〉办法》实施情况进行执法检查。

10月9日—15日 市人大常委会主任应希克，副主任项金敏、周晓华、吴功宜、黄陈跃、张海飞、池万松分别带领视察组，对《关于全市域推进乡村环境整治高水平提升人居环境的议案》办理落实情况进行视察。

10月10日 温州市人大常委会副主任张洪国一行到瑞安调研医养、康养工作。

10月26日 温州市人大常委会副主任陈建明一行到瑞安调研汽车零部件产业链培育和省级重大项目建设情况。

10月26日—27日 市十七届人大常委会举行第五次会议。

11月18日 温州市人大常委会副主任冯金考一行到瑞安调研基层单元“护水e路行”建设工作。

11月24日 市人大常委会主任应希克率队赴陶山镇人大代表联络站调研基层单元建设工作，并宣讲党的二十大精神。

12月8日 温州市人大常委会党组成员梁超一行到瑞安参加温州市人大民生实事应用场景上线、马屿“共富e起来”特色站揭牌成立仪式暨“五员两客”进站“局长有约”活动。

12月14日 市人大常委会主任、副主任等参加全省人大数字化改革推进会，并开续会部署该项工作。

12月16日 市人大常委会主任应希克为人大常委会机关离退休干部宣讲党的二十大精神。

12月22日 市十七届人大常委会举行第六次会议。

2023年

1月9日 市十七届人大常委会举行第七次会议。

同日 市人大常委会召开乡镇（街道）人大工作例会，市人大常委会主任应希克参加会议并讲话。

1月下旬 市人大常委会组织市十七届人大代表开展人代会会前视察活动，讨论大会有关工作报告，准备代表议案和建议批评意见。

2月5日 市十七届人大常委会举行第八次会议。

2月13日—16日 市十七届人大举行第二次会议。会议听取和审议市人民政府、市人大常委会、市人民法院、市人民检察院等工作报告，审查、批准瑞安市国民经济和社会发展计划、财政预算报告，并通过相应决议和票决产生市政府2023年度民生实事项目。会议选举金建宇为市十七届人大常委会委员；通过《瑞安市人民代表大会议事规则》。

3月17日 市十七届人大常委会举行第九次会议。

3月31日 市人大常委会召开市水利局、瑞安安阳中心城区开发建设中心、市税务局工作评议动员会，市人大常委会主任应希克参加会议并讲话。

4月12日 温州市人大常委会副主任陈永光一行到瑞安调研全过程人民民主基层单元建设情况。

4月13日—14日 省人大常委会副主任赵光君一行到瑞安开展《浙江省全民健身条例》执法检查与《浙江省平安建设条例（草案修改稿）》立法调研。

4月20日 市十七届人大常委会举行第十次会议。

4月23日—29日 市人大常委会在陕西延安干部学院举办人大干部政治建设培训班。

4月—5月 市人大常委会副主任吴功宜带领调研组，对瑞安推进企业上市工作情况进行专题调研。

5月15日 全国人大常委会委员、监察和司法工委副主任李宁一行到瑞安调研民营企业内部腐败渎职犯罪治理的法律问题。

5月30日 省人大常委会副主任吴晶一行到瑞安市马屿镇人大代表联络站开展联系人民群众活动。

5月31日 省人大常委会副主任刘忻一行到瑞安调研农村“三位一体”改革、农业“双强”行动推进情况。

6月15日 市人大常委会召开全市人大宣传工作会议，市人大常委会主任应希克参加会议并讲话。

6月28日 市十七届人大常委会举行第十一次会议。

6月—7月 市人大常委会主任应希克和各位副主任分别带领5个视察组，对瑞安《关于提升产业大平台能级 促进经济高质量发展》议案办理情况进行视察。

7月5日 市人大常委会主任应希克、副主任池万松参加温州市各县（市、区）人大常委会第79次联席会议暨贯彻落实全省基层人大工作会议精神推进会，并在会上交流数字化改革、基层单元建设等工作和贯彻落实全省基层人大工作会议精神情况。

7月13日 温州市人大常委会副主任徐育斐一行到瑞安开展民营企业科技创新促进条例立法调研。

7月21日 市委书记李坚调研人大工作，在市人大代表联络总站对话五级人大代表，要求推动解决群众急难愁盼问题。

8月15日 市人大常委会主任应希克参加全省人大机关党建工作座谈会，并在会上交流瑞安市人大机关党建工作情况。

8月16日 温州市人大常委会副主任冯金考一行到瑞安调研重点项目建设情况。

8月28日 市人大常委会召开党组（扩大）会议，传达学习全省各级人大常委会主任暑期读书会和中共温州市委书记刘小涛在温州市十四届人大常委会第十三次会议上的讲话精神。

8月28日—29日 市十七届人大常委会举行第十二次会议。

8月—9月 市人大常委会副主任项金敏带领调研组，对全市电信网络诈骗违法犯罪打击治理工作情况进行专题调研。

8月—9月 市人大常委会副主任吴功宜带领执法检查组，对《浙江省民营企业发展促进条例》《浙江省促进中小微企业发展条例》实施情况进行执法检查。

8月—9月 市人大常委会副主任黄陈跃带领调研组，对全市智慧教育实施情况进行专题调研。

8月—9月 市人大常委会副主任张海飞带领调研组，对全市慈善事业发展情况进行专题调研。

8月—9月 市人大常委会副主任池万松带领调研组，对全市农业“双强”行动工作情况进行专题调研。

9月18日 市人大常委会及机关召开学习贯彻习近平新时代中国特色社会主义思想主题教育动员部署会，市人大常委会党组书记、主任应希克作动员部署。

9月25日 温州市人大常委会副主任王蛟虎一行到瑞安开展“大招商、招大商”攻坚行动推进情况跟踪监督活动。

9月27日 市人大常委会召开人大代表建议办理工作评议会。

9月28日 市十七届人大常委会举行第十三次会议。

9月 市人大常委会副主任吴功宜带领调研组，对2022年度全市企业国有资产管理情况进行专题调研。

10月10日 市人大常委会主任应希克参加温州全市人大数字化改革暨基层单元建设工作推进会，并在会上交流瑞安典型做法。

10月18日 温州市人大常委会副主任张洪国一行到瑞安调研温州市应急管理“十四五”规划实施情况。

10月26日—27日 市十七届人大常委会举行第十四次会议。市委书记李坚出席会议并讲话。

11月6日 全国人大常委会委员、教科文卫委员会主任委员雒树刚一行到瑞安调研旅游文化事业发展情况。

11月10日 市人大常委会及机关召开学习贯彻习近平新时代中国特色社会主义思想主题教育专

题党课报告会，市人大常委会党组书记、主任应希克讲授主题教育专题党课。

11月17日 温州市人大数字化应用场景实战实效交流演示会在瑞安召开，瑞安市人大常委会介绍数字化应用场景实战做法，温州市人大常委会副主任陈永光参加会议并讲话。

12月8日 浙江省人大常委会委员、社会建设委员会副主任委员王敏一行到瑞安调研未来乡村镇域样板建设情况。

12月22日 市人大常委会主任应希克参加温州市各县（市、区）人大常委会第80次联席会议，并在会上交流2023年重亮点工作和2024年工作安排。

12月29日 市十七届人大常委会举行第十五次会议。

2024年

1月4日 市人大常委会主任应希克、副主任吴功宜率有关人员调研2024年重点建设计划安排情况。

1月10日 温州市人大常委会副主任梁超一行到瑞安征求温州市人大及"两院"工作报告意见建议。

1月18日 市十七届人大常委会举行第十六次会议。

2月3日—6日 市十七届人大举行第三次会议。会议听取和审议市人民政府、市人大常委会、市人民法院、市人民检察院等工作报告，审查、批准瑞安市国民经济和社会发展计划、财政预算报告，并通过相应决议和票决产生市政府2024年度民生实事项目。会议票决通过张海飞为市十七届人大社会建设委员会主任委员；选举池益华等10人为市十七届人大常委会委员。

2月20日 温州市人大常委会主任葛益平一行到瑞安开展"新春走基层、共促开门红"活动，走访调研重点工程、重点企业和人大代表联络站情况。

3月7日 浙江省人大常委会副主任高兴夫一行到瑞安调研医疗保障工作。

3月8日 市人大常委会主任应希克到温州参加中央和省委人大工作会议及有关文件落实情况专项调研汇报会，并汇报瑞安市贯彻落实情况。

3月12日 浙江省人大常委会委员、民宗侨外委员会主任委员林天宁一行到瑞安调研侨务工作。

3月27日 市十七届人大常委会举行第十七次会议。

3月—4月 市人大常委会副主任项金敏带领调研组，对瑞安公益诉讼检察工作情况进行专题调研。

3月—4月 市人大常委会副主任张海飞带领调研组，对瑞安市医疗保障工作情况进行专题调研。

4月11日 市人大常委会召开市人力社保局、市卫生健康局、市市场监管局工作评议动员会，市人大常委会主任应希克参加会议并讲话。

4月29日 市十七届人大常委会举行第十八次会议。

5月15日 省人大常委会党组书记、副主任陈金彪一行到瑞安调研高质量发展情况和基层人大工作。

5月28日 市人大常委会召开全市行政事业单位资产特定问题调查动员部署会，市人大常委会主任应希克参加会议并讲话。

6月5日 温州市人大常委会副主任张洪国一行到瑞安调研人大践行全过程人民民主和代表工作。

6月11日—12日 市人大常委会主任应希克参加温州市各县（市、区）人大常委会第81次联席会议，并在会上交流人大推动乡村振兴、侨务工作等情况。

6月25日 浙江省人大常委会委员、省人大教科文卫委员会副主任委员钱晓芳一行到瑞安调研非物质文化遗产保护工作。

6月26日 市十七届人大常委会举行第十九次会议。

6月27日 瑞安经济开发区第一届人大议事会议第一次会议召开，市人大常委会主任应希克出席并讲话。

6月—7月 市人大常委会主任应希克、副主任项金敏带领调研组，对市人民法院执行工作情况进行专题调研。

6月—7月 市人大常委会主任应希克、副主任吴功宜带领调研组，对全市电力供应工作情况进行专题调研。

6月—7月 市人大常委会副主任周晓华带领调研组，对全市产业项目建设审批提速提效工作情况进行专题调研。

6月—7月 市人大常委会副主任池万松带领调研组，对全市渔业发展情况进行专题调研。

7月11日 温州市人大常委会副主任梁超一行到瑞安调研2024年上半年国民经济与社会发展计划执行情况并督查2024年度民生实事项目。

7月22日 全国人大常委会委员、农业与农村委员会主任委员杜家毫一行到瑞安调研推动“千村示范、万村整治”工程、发展智慧农业和农村改革情况。

8月26日—27日 市十七届人大常委会举行第二十次会议。

9月5日 市人大常委会主任应希克参加全省人大监督工作座谈会，并在会上交流瑞安市人大常委会部门工作评议经验做法。

9月12日 市人大常委会召开《瑞安市人民代表大会志（2003—2022）》评审会，市人大常委会主任应希克参加评审会并讲话，市人大常委会副主任项金敏主持。

第一编　市人民代表大会代表

《中华人民共和国宪法》规定："中华人民共和国的一切权力属于人民。人民行使国家权力的机关是全国人民代表大会和地方各级人民代表大会。"《中华人民共和国全国人民代表大会和地方各级人民代表大会代表法》规定："全国人民代表大会代表是最高国家权力机关组成人员，地方各级人民代表大会代表是地方各级国家权力机关组成人员。全国人民代表大会和地方各级人民代表大会代表，代表人民的利益和意志，依照宪法和法律赋予本级人民代表大会的各项职权，参加行使国家权力。"因此，人大代表的地位和职权，是由人民在国家政治生活中当家作主的地位决定的，是由宪法和法律赋予人民代表大会的职权决定的。

第一章　市人民代表大会代表选举

瑞安市（县）人大代表的选举，经历推荐选举、间接选举、直接选举三个阶段。1949年10月至1954年《中华人民共和国宪法（草案）》颁布之前，全县各界人民代表会议的代表，由党政军领导机关、各人民团体及各系统选举产生或协商推荐，或由政府邀请；1954年7月至1966年4月，第一届至第六届人大代表，由全县各乡（镇）人民代表大会间接选举产生；“文化大革命”期间，人民代表大会活动中断；1980年3月至2022年2月，第七届至第十七届人大代表的选举工作，依照《中华人民共和国全国人民代表大会和地方各级人民代表大会选举法》（简称《选举法》）规定，由全市（县）选民分选区按名额直接选举产生。历届市（县）人大代表的选举工作，都依规依法设立选举委员会，主持本级人民代表大会代表的选举。第十三届至第十七届，一共选举产生1924名人大代表，其间个别代表因调离瑞安市或岗位变动辞职等因素而代表资格终止，同时根据需要对代表缺额进行补选、增选，每届代表名额基本保持稳定。

第一节　市十三届人大代表选举

根据《选举法》和省九届人大常委会的决定，瑞安市第十三届人民代表大会代表名额为385名，比第十二届人民代表大会代表名额增加8名。遵照中共浙江省委转发《省人大常委会党组关于做好2003年县级以上人大换届选举工作意见的通知》，第十二届人大常委会第四十三次会议决定设立瑞安市选举委员会；第四十四次会议决定在各乡镇和市直系统建立选举工作领导小组。第十三届人大代表换届选举工作从2002年10月中旬开始，至2003年3月3日，分制订计划、宣传培训、划分选区，选民登记、公布选民名单，提名推荐代表候选人和确定正式代表候选人，做好投票选举各项筹备工作、组织选民投票选举四个阶段。2003年1月20日为选举日。

全市共登记选民985044人，参加投票选举的选民901246人，参选率达91.49%。全市共划分205个选区，提名推荐初步代表候选人669名，经民主协商，确定正式代表候选人610名，为应选代表人数的1.58倍，其中选民10人以上提名推荐人数331人，占54.26%；全市205个选区，除其中1个选区选举无效、26个选区需另行选举外，其余178个选区都一次选举成功（市委推荐的33名党政领导和有关人员全部一次当选）；除塘下镇缺2名、金川乡缺1名外，全市共选举产生瑞安市第十三届人民代表大会代表382名。

新一届当选的382名代表中，工农196名，占51.31%；领导干部112名，占29.32%；专业技术人员44名，占11.52%；军人2名，占0.52%；其他28名，占7.33%。中共党员284名，占74.35%；非中共党员98名，占25.65%（比要求低9.3个百分点，其中民主党派6名，占1.57%）。妇女63名，占16.49%（比要求低5.77百分点）；少数民族6名，占1.57%；归侨、侨眷5名，占1.31%。代表的年龄结构：35岁以下的78名，占20.41%；36岁至55岁的288名，占75.39%；56岁以上的16名，占4.19%。代表的文化程度：大专以上的169名，占44.24%；高中、中专的103名，占26.96%；初中以下的110名，占28.80%。此外，连任代表73名，占19.11%。经市第十二届人大常委会代表资格审查委员会审查，382名代表的当选资格全部有效。

第二节　市十四届人大代表选举

根据《中华人民共和国宪法修正案》（2004年3月14日通过）将乡级人民代表大会每届任期由3年改为5年，结合全国人大常委会关于县、乡两级人民代表大会代表选举时间的决定，瑞安市、乡（镇）两级人民代表大会换届于2006年下半年至2007年3月进行同步选举。根据《选举法》和省十届人大常委会的决定，瑞安市第十四届人民代表大会代表名额为385名，遵照中共浙江省委转发《省人大常委会党组关于做好全省县、乡两级人民代表大会换届选举工作意见的通知》，第十三届人大常委会第三十五次会议决定设立瑞安市选举委员会，在各乡镇（街道）和市直系统建立选举委员会或选举工作领导小组。第十四届人大代表换届选举工作从2006年9月下旬开始，至2006年12月29日止，分制订计划、宣传培训、划分选区，选民登记、公布选民名单，提名推荐代表候选人和确定正式代表候选人，做好投票选举各项筹备工作、组织选民投票选举四个阶段。2006年12月18日为选举日。

全市共登记选民981636名，参加投票选举的选民909862名，参选率达92.69%。全市共划分208个选区，提名推荐初步代表候选人674名，经民主协商，确定正式代表候选人616名，为应选代表人数的1.6倍，其中选民10人以上提名推荐人数370名，占60.06%；全市208个选区，除其中21个选区需另行选举、7个选区需重新投票选举外，其余180个选区都一次选举成功（市委推荐的36名党政领导和有关人员全部一次当选）；除市预留1名，缺额4名（2名因潮基乡未选足、另有2名因贿选经市选举委员会审核确认当选无效）外，全市共选举产生瑞安市第十四届人民代表大会代表380名。

新一届当选的380名代表中，工农196名，占51.58%；领导干部110名，占28.95%；专业技术人员72名，占18.95%；军人2名，占0.53%。中共党员257名，占67.63%，非中共党员123名，占32.37%（比上届提高6.7个百分点，其中民主党派10名，占2.63%）。妇女52名，占13.68%（比要求低8.3个百分点）；少数民族4名，占1.05%；归侨、侨眷4名，占1.05%；宗教1名，占0.26%。代表的年龄结构：35岁以下的64名，占16.84%；36岁至55岁的306名，占80.53%；56岁以上的10名，占2.63%。代表的文化程度：大专以上的196名，占51.6%；高中、中专的109名，占28.68%；初中以下的75名，占

19.74%。当选的新一届市人大代表，领导干部比例比上届略有下降；代表年龄更加年轻，36岁至55岁的比例比上届提高5.1个百分点；文化程度有所提高，具有大专以上文化程度的比例比上届提高7.4个百分点。此外，连任代表109名，占28.68%。经市第十三届人大常委会代表资格审查委员会审查，380名代表的当选资格全部有效。

第三节　市十五届人大代表选举

根据《选举法》和省十一届人大常委会的决定，瑞安市第十五届人民代表大会代表名额为385名，这次人大换届选举，是选举法修改后首次实行城乡按相同人口比例选举人大代表，中共瑞安市委转发《市人大常委会党组关于做好市、镇两级人民代表大会换届选举工作的意见》，第十四届人大常委会第四十五次会议决定设立瑞安市选举委员会，建立镇、街道和市直系统选举委员会或选举工作领导小组。第十五届人大代表换届选举工作从2011年10月开始，至2011年12月25日止，分制订计划、宣传培训、划分选区，选民登记、公布选民名单，提名推荐代表候选人和确定正式代表候选人，做好投票选举各项筹备工作、组织选民投票选举四个阶段。2011年12月13日为选举日。

全市共登记选民1080849人，被依法剥夺选举权利38人，参加投票选举的选民为995124人，参选率为92.07%。全市共划分224个选区，提名推荐初步代表候选人674名，预选17人，经民主协商，确定正式代表候选人615人，其中选民10人以上提名推荐人数453人，占73.66%；全市224个选区，一次选举成功的选区为206个，经过另行选举成功的选区为18个，除市预留3名，缺额6名（1名陶山镇第42选区未选足，另有5名因贿选经市选举委员会审核确认当选无效）外，共选举产生瑞安市第十五届人民代表大会代表376名。

新一届当选的376名代表中，工农217名，占57.71%（比上届增加21名，提高6个百分点）；领导干部95名，占25.27%（比上届减少15名，降低3.68个百分点）；专业技术人员59名，占15.69%；军人1名，占0.26%；少数民族2名，占0.53%；归侨、侨眷2名，占0.53%。中共党员291名，占77.39%；非中共党员85名，占22.61%（其中民主党派6名，占1.60%）。妇女52名，占13.83%（与上届基本持平）。代表的年龄结构：35岁以下的45名，占11.96%；36岁至55岁的315名，占83.78%；56岁以上的占16名，占4.26%。代表的文化程度有所提高，大专以上学历的210名，占55.85%，比上届提高4个百分点；高中、中专的93名，占24.73%；初中以下的73名，占19.42%。此外，连任代表131名，占34.84%。经市第十四届人大常委会代表资格审查委员会审查，376名代表的当选资格全部有效。

第四节　市十六届人大代表选举

根据《选举法》和省十二届人大常委会的决定，瑞安市第十六届人民代表大会代表名额为385名，中共瑞安市委转发《市人大常委会党组关于做好市、乡镇两级人民代表大会换届选举工作的意见》，第十五届人大常委会第四十六次会议决定设立瑞安市选举委员会，建立乡镇、街道和市直系统选举委员会或选举办事处。第十六届人大代表换届选举工作从2016年10月开始，至2017年1月12日止，主要聚焦依法依规做好选区划分和选民登记、代表候选人提名推荐和考察审查（把好代表候选人政治关、素质关、结构关）、选民投票和代表资格审查、确保换届选举风清气正等工作。2016年12月20日为选举日。

2016年10月29日，市委召开全市人大换届选举工作会议

全市共登记选民1120160人，其中外来人口登记11.3万人，被依法剥夺选举权利101人，参加投票选举的选民为1035443人，参选率达92.44%。全市共划分208个选区，提名推荐初步代表候选人604名，为应选代表人数的1.57倍；预选8名，经民主协商和资格审查，确定正式代表候选人593名，其中选民10人以上提名推荐人数271名，占45.70%。全市208个选区，其中一次选举成功的选区为201个，经过另行选举成功的选区为5个，未选足选区2个。除市预留2名、缺额2名（林川镇的第63选区和上望街道的第146选区）外，共选举产生瑞安市第十六届人民代表大会代表381名。

新一届当选的381名代表中，工农195名，占51.18%（比要求提高5.21个百分点）；领导干部92名，占24.15%（比上届降低1.12个百分点）；专业技术人员87名，占22.83%（比上届提高7.14个百分点）；其他7名，占1.84%。中共党员285名，占74.80%；非中共党员96名，占25.20%（其中民主党派11名，占2.89%）。妇女101名，占26.51%（比上届提高**12.68**个百分点）；少数民族4名，占1.05%；归侨侨眷7名，占1.84%。代表的年龄结构明显改善，35岁以下的61名，占16.01%，比上届提高4.05个百分点；36岁至55岁的309名，占81.10%；56岁以上的11名，占2.89%。代表的文化程度明显提高，大专以上学历的256名，占67.19%，比上届提高11.34个百分点；高中、中专的58名，占15.22%；初中以下的67名，占17.59%。此外，连任代表73名，占19.16%。经市第十五届人大常委会代表资格审查委员会审查，381名代表的当选资格全部有效。

第五节　市十七届人大代表选举

根据《选举法》和省十三届人大常委会的决定，瑞安市第十七届人民代表大会名额为411名，比第十六届人民代表大会代表名额增加26名。中共瑞安市委转发《市人大常委会党组关于做好市、乡镇两级人民代表大会换届选举工作的意见》，第十六届人大常委会第四十二次会议决定设立瑞安市选举委员会，建立乡镇、街道和市直系统选举委员会或选举办事处。第十七届人大代表换届选举工作从2021年10月开始，至2022年1月6日止，主要聚焦依法依规做好选区划分和选民登记、代表候选人提名推荐和考察审查（把好代表候选人政治关、素质关、结构关）、选民投票和代表资格审查、确保换届选举风清气正等工作。2021年12月20日为选举日。

2021年12月20日，瑞安市第十七届人民代表大会代表选举第203选区第1投票站选民集中投票

全市共登记选民1105226人，其中外来人口登记92678人，被剥夺政治权利59人，参加投票选举的选民1031978人，参选率达93.37%。全市共划分210个选区，提名推荐初步代表候选人628名，为应选代表人数的1.53倍；经民主协商和资格审查，确定正式代表候选人617名，其中选民十人以上提名推荐人数261人，占42.30%。全市210个选区，其中一次选举成功的选区为205个，经过重新选举成功的选区为2个，另行选举成功的选区为1个，不在组织另行选举的选区为2个。除市预留4名、缺额2名（高楼镇的市第98选区、上望街道的市第151选区）外。全市共选举产生瑞安市第十七届人民代表大会代表405名。

新一届当选的405名代表中，工农210名，占51.85%（比要求提高6.9个百分点）；领导干部98名，占24.20%（与上届持平）；专业技术人员88名，占21.73%（基本达到要求，与上届基本持平）；其他9名（其中军人1名，占0.25%），占2.22%。中共党员280名，占69.14%；非中共党员125名，占30.86%（其中民主党派11名，占2.72%）。妇女111名，占27.41%（比要求提高3.4个百分点）；少数民族4名，占0.99%；归侨、侨眷9名，占2.22%。代表的年龄结构更加优化，35岁以下的47名，占11.60%；

36岁至55岁的324名，占80.00%；56岁以上的34名，占8.40%。代表的文化程度持续提高，大专以上学历的302名，占74.57%，比上届提高7.4个百分点；高中、中专的71名，占17.53%；初中以下的32名，占7.90%。此外，连任代表127名，占新一届代表总数的31.36%。经市第十六届人大常委会代表资格审查委员会审查，405名代表的当选资格全部有效。

瑞安市第十三至十七届人大代表选举情况一览表

表1-1

届　别	选举时间	选民登记数（人）	参加选举人数（人）	参选率（%）	应选市人大代表（人）	当选市人大代表（人）
第十三届	2002年10月至2003年3月	985044	901246	91.49	385	382
第十四届	2006年9月至2006年12月	981636	909862	92.69	385	380
第十五届	2011年10月至2011年12月	1080849	995124	92.07	385	376
第十六届	2016年10月至2017年1月	1120160	1035443	92.44	385	381
第十七届	2021年10月至2022年1月	1105226	1031978	93.37	411	405

瑞安市第十三至十七届市人大代表构成情况一览表

表1-2

单位：人

届　别		第十三届	第十四届	第十五届	第十六届	第十七届
代表名额		385	385	385	385	411
当选代表		382	380	376	381	405
性别	男	319	328	324	280	294
	女	63	52	52	101	111
构成	工农	196	196	217	195	210
	领导干部	112	110	95	92	98
	专业技术人员	44	72	59	87	88
	其他	30	2	5	7	9
政治面貌	中共党员	284	257	291	285	280
	非中共党员	98	123	85	96	125
民族	汉族	376	376	374	377	401
	少数民族	6	4	2	4	4
年龄	35岁以下	78	64	45	61	47
	36—55岁	288	306	315	309	324
	56岁以上	16	10	16	11	34
文化程度	大专以上学历	169	196	210	256	302
	高中、中专	103	109	93	58	71
	初中以下	110	75	73	67	32

附件1

瑞安市第十三至十七届选举机构及组成人员名单

市第十三届人大代表选举委员会及组成人员

（2002 年 10 月 31 日市十二届人大常委会第四十三次会议通过）

主　　任：孔素素（女）
副 主 任：苏尚乐　温兴荣
委　　员：何振兴　王学镜　林永杰　蔡永淼　王翠珠（女）池万好
项贻康　胡永快　周逢玉（女）李青松　高邦月　杨润金
办公室主任：何振兴（兼）
副 主 任：李青松（兼）高邦月（兼）程鸿伟

市第十四届人大代表选举委员会及组成人员

（2006 年 9 月 28 日市十三届人大常委会第三十五次会议通过）

主　　任：孔素素（女）
副 主 任：江小娜（女）苏尚乐　管秀云（女）
委　　员：马可煊　王国伟　王学镜　尤碎林　叶序锋　池万好
杨小红（女）吴旭华（女）何振兴　陈艳秋（女）陈积业　林长汉
办公室主任：何振兴（兼）
副 主 任：尤碎林　杨小红（女）吴旭华（女）周莉娜（女）

市第十五届人大代表选举委员会及组成人员

（2011 年 10 月 18 日市十四届人大常委会第四十五次会议通过）

主　　任：叶世林
副 主 任：项国生　黄益友　金爱忠
委　　员：吴存滔　李国民　尤碎林　吴学权　谢作星　戈世良
尤光姆　张蕙娜（女）郑海洁（女）郑光德　项贻康
办公室主任：尤碎林（兼）
副 主 任：石　亮（女）张加梁　邵万延

市第十六届人大代表选举委员会及组成人员

（2016 年 11 月 1 日市十五届人大常委会第四十六次会议通过）

主　　任：叶世林

副 主 任：管秀云（女）徐琮琦　陈朴顺　金爱忠

委　　员：郑光德　吴存滔　李国民　吴学权　金建宇　林绍宵
涂小平　陈智勇　王永旺　池万松　陈祥雄　林昌勋
李明达　李治学（女）

办公室主任：吴存滔（兼）

副 主 任：石　亮（女）周莉娜（女）张加梁

市第十七届人大代表选举委员会及组成人员

（2021 年 10 月 21 日市十六届人大常委会第四十二次会议通过）

主　　任：叶建辉

副 主 任：邵德鹏　林　蔓（女）李辅正　金爱忠

委　　员：林绍达　李国民　谢　骁　金晓昆　张震宇　葛震海
吴晓宇　胡存炯　谢钦巨　虞峰云　戴美东　林　帆
李治学（女）

办公室主任：谢　骁（兼）

副 主 任：包正碧　李景节　孙克军

附件2

瑞安市第十二至十六届人大常委会代表资格审查委员会组成人员名单

市十二届人大常委会代表资格审查委员会

（1998 年 4 月 15 日市十二届人大常委会第一次会议通过）

主 任 委 员：孔素素（女）

副主任委员：李青松

委　　　员：（排名不分先后）

叶忠华　何振兴　张茂松　俞　彪　管秀云（女）

市十三届人大常委会代表资格审查委员会

（2003 年 4 月 29 日市十三届人大常委会第一次会议通过）

主 任 委 员：江小娜（女）

副主任委员：何振兴

委　　　员：（排名不分先后）

杨小红（女）杨润金　陈银海　周逢玉（女）项贻康　胡永快

温兴荣

市十四届人大常委会代表资格审查委员会

（2007 年 6 月 11 日市十四届人大常委会第三次会议通过）

主 任 委 员：王建东

副主任委员：尤碎林

委　　　员：（排名不分先后）

叶序锋　石益康　邵万海　周逢玉（女）

（2010年12月30日市十四届人大常委会第三十六次会议通过调整）

主 任 委 员：金爱忠

副主任委员：尤碎林

委　　　员：（排名不分先后）

尤光海　石益康　李国民　吴存滔　施经馆

市十五届人大常委会代表资格审查委员会

（2012 年 3 月 9 日市十五届人大常委会第二次会议通过）

主 任 委 员：金爱忠
副主任委员：吴存滔
委　　　员：（排名不分先后）
尤光姆　石　亮（女）李国民　沈永锋　郑光德　黄笃远

市十六届人大常委会代表资格审查委员会

（2017 年 4 月 27 日市十六届人大常委会第三次会议通过）

主 任 委 员：金爱忠
副主任委员：黄笃远
委　　　员：（排名不分先后）
石　亮（女）李国民　李学祥　李治学（女）李明达　林昌勋
郑光德

第二章　市人民代表大会代表名单

第一节　市十三届人大代表名单

安阳代表团（64名）

丁时春　万晓映（女）马春强　王玉英（女）王章洲　尤金花（女）戈志跃
叶世林　叶世涛　叶建辉　包旭明　朱瑞启　杨国忠　杨益彪
李伟国　李启林　李金楷　李荣光　李炳权　李新祥　吴存滔
宋微微（女）张小林　张晓平　张爱萍（女）陈文联（女）陈光清　陈进远
陈连丰　陈建华　陈善平　陈瑞龙　林国强　林朝海　罗明发
金邦京　周大林　周晓华　项小茵（女）项德龙　胡建富　胡毓淦
胡德义　南小华（女）钟锦钱　施小麟　高长泉　高美英（女）夏克清
黄生弟　曹光夏　曹晓燕（女）章方存　温邦彦　虞利巧　蔡云芳（女）
蔡永林　蔡国平　蔡碎青　潘光姆　潘孝熙　薛尧弟　薛宽妹（女）
薛朝育

塘下代表团（48名）

王让式　王庆秋　王建东　王学镜　王胜锦　方耀荣　叶笃者
叶笃清　刘光余　刘彩娟（女）江小娜（女）池仁志　李金平（女）余安明
张榜桃　陈丽芬（女）陈祥连　陈银姆　林川荣　林建巧　林德松
林德清　周化荣　周旭东　周兴明　周成銮　项小孟　胡瑞挺
赵洪海　徐上木　徐秀玲（女）殷大兴　翁志斌　涂秀明　黄长安
黄学银　韩玉明　韩光寿　韩忠华　董红卫（女）程兰生　虞　锋
颜雪云（女）潘爱珍（女）戴飞龙　戴长春　戴美魁　戴爱斌

莘塍代表团（37名）

丁金木 丁养森 丁养姆 王金姆 王祥巧 王献桃 尤作虎
尤金焕 冯金考 刘进国 阮荣光 阮荣早 李国敏 李国斌
吴义者 吴定兴 余秀明 余秀勇 余碎兵 张岩权 张瑞东
陈万友 陈安枢 陈余春 陈积明 邵万姆 林华滔 林彩珍（女）
周建付 钱朝兴 黄寿龙 盛志荣 虞利成 蔡以桐 蔡岩龙
蔡金勇 薛孝忠

仙降代表团（40名）

马可煊 毛爱英（女）刘贤奎 杨小红（女）杨开铭 李小秋（女）应希克
张国华 张维龙 陈玉莲（女）陈庆凯 陈洋志 陈　哲 陈德余
林如平 林祝伍 林海霞（女）林德平 金少华 金振钱 郑万金
郑晓燕（女）项贻康 柯金良 郭荣胜 贾友盛 倪邦国 徐启勋
徐照华 黄小鸟（女）黄文虎 章华林 彭祥弟 曾清清（女）谢小华（女）
赖良申 虞建忠 蔡希珊 蔡其训 戴普圣

马屿代表团（50名）

丁玉双（女）丁良双（女）朱荣姆 许方美（女）孙正镇 孙朝晓 李显存
吴学权 何振兴 余贤安 张升汉 张加波 陈仕潘 陈成伟
陈光兴 陈美女（女）陈言放 林化飞 林柳仙（女）林德池 易际兴
周逢玉（女）项庆节 胡兴弟 赵锦泓 施明婷（女）施绍璋 洪小红（女）
洪道峰 姜宗羽 倪日胜 郭爱萍（女）黄仕灶 黄则强 黄荣华
曹显猛 梁新澄 蒋功成 傅志礼 温兴荣 曾一松 谢公荣
谢丽芳（女）谢爱月（女）虞希杨 鲍英存 詹昌伦 蔡林朋 薛爱艳（女）
戴陈凤（女）

陶山代表团（31名）

王中毅 孔素素（女）叶小朴 叶克泽 朱光新 阮棉国 孙　亨
孙国奉 孙裕强 李学金 吴永林 狄优霞 张建煌 陈世尧
陈传亮 陈时泽 陈绍华 陈锡金 林邦虎 林步猛 郑敏华（女）
项春潮 徐启波 凌彬梅（女）黄国平 董明宽 蒋良奉 谢玉颖（女）
蔡国成 戴胜益 瞿纪鸿

湖岭代表团（40名）

王少环	王育林	王荣华	王勋妹（女）	尹玉琛	叶志金	叶春江
卢允铰	白玉红（女）	刘献成	杨　武	吴清弟	何调龙	何德胜
邱定辉	张女珍（女）	张咸亨	陈　坚	陈洪海	陈智勇	林学凑
林济晚	卓志信	金连腾	周永春	周识马	周忠育	郑秀兰（女）
项庆彬	胡永快	钟秀林（女）	姚禧治	诸葛岳珍	黄文祥	黄国尧
黄金良	黄炳锡	傅启树	曾长福	詹应跑		

高楼代表团（31名）

王从国	王步仕	毛传松	朱永新	朱启员	江孟甫	杨润金
苏尚乐	苏尚遇	何如松	何端普	陈宗成	林晋存	金少隆
周象庚	郑耀庭	项宗南	胡允科	胡志跃	赵　鑫（女）	钱建民
高克喜	高爱飞（女）	曹卢花（女）	曹启崇	梁奕荣	谢炳弟	谢炳增
谢作星	雷衍洪	潘王敏（女）				

市直代表团（41名）

方海金	王永旺	王永明	王仲达	王荣弟	王银喜	王道冲
包振明	刘建国	江小勇	苏德贤	李之璁	李传兴	李志林
吴国林	何邦云	余笑华（女）	余　蓉（女）	张茂松	张银华	张维荣
陈庆忠	陈朝麟	陈普进	陈　璇（女）	林华权	郑邦良	郑银鹏
胡阿兰（女）	胡锦翔	赵　凌（女）	贾建光	倪苏文	徐林华	黄玲香（女）
曹　勇	彭希超	傅银松	蔡永旺	戴绍琳	戴维芬（女）	

说明：

1.瑞安市第十三届人民代表大会代表名额385名，缺额3名，第一次会议实有代表382名。

2.第一次会议闭幕后，出缺代表7名，其中调离瑞安4名：蔡永旺、应希克、李之璁、陈庆忠；辞去代表职务3名：陈余春、朱荣姆、王建东。有关选区补选代表4名：钱世安、尤光姆、钟锦强、池万松。第二次会议实有代表379名。

3.第二次会议闭幕后，出缺代表11名，其中调离瑞安4名：李炳权、张加波、方海金、李金平；辞去代表职务5名：张维荣、王永明、林步猛、陈仕潘、林济晚；因病去世2名：王胜锦、曹卢花（女）。有关选区补选代表8名：张金林、刘海峰、郑淑莲（女）、高潮、赵建华、周成强、杨文龙、干建华。第三次会议实有代表376名。

4.第三次会议闭幕后，出缺代表3名，其中调离瑞安3名：王中毅、钱建民、干建华。有关选区补选代表1名：葛益平。第四次会议实有代表374名。

第二节　市十四届人大代表名单

塘下代表团（49名）

王上胜	王让式	王建东	王育林	方耀荣	叶世林	庄胜杰
江孟甫	池仁龙	李月华（女）	李时锋	杨光荣	杨国成	吴秀忠
岑光洪	何克龙	余建木	张云涌	张树生	张楷姆	张德昌
陈世尧	陈玉飞（女）	陈其安	陈国银	陈贤略	陈金姆	陈祥进
陈银姆	邵万姆	林德开	林德清	周化荣	郑邦和	胡允科
钱云松	徐上木	徐新林	翁钦福	黄清钰	董红卫（女）	蒋朝海
韩文虎	韩玉明	谢成本	薛存苗	戴日银	戴长春	戴金存

莘塍代表团（36名）

丁养发	王庆秋	尤金焕	方培华	叶阿金	冯蒋龙	池洪义
阮立聪	阮荣早	李小茶（女）	李卜进	吴彩琴（女）	余成华	余建勇
张茂盛	张金林	张海芬（女）	张棉国	陈万明	陈再勇	陈安平
陈志钱	陈明仁	陈积明	林建忠	周识马	项国生	夏成忠
夏旭祺	蒋朝阳	蔡友弟	蔡权友	蔡曙春	缪万华	缪建龙
薛阿仁						

仙降代表团（41名）

叶瑞林	冯金考	朱仁放	江小娜（女）	阮志伍	李兴华	李存奎
李昌姆	杨小红（女）	杨开铭	余月钦	张中姆	张维龙	张惠龙
陈　肖（女）	陈永真	陈光顺	陈法弟	陈洋志	林孝东	林昌梧
林政洪	林玲玲（女）	林振光	林德平	姜国锋	贾友盛	徐启勋
黄上武	黄小豹	黄世权	章华林	彭小锋	彭茂笑	彭祥弟
曾美芳（女）	谢作星	虞建忠	蔡庆胜	蔡贵者	薛普峰	

马屿代表团（51名）

丁明龙	马洪者	王孔伏	王恒斌	王爱兰（女）	王耀平	尤光姆

石益康	任　玮（女）	孙锦声	苏德贤	李国民	李福荣	杨成快
杨明枕	杨钟理	何友三	沈德尧	张榜桃	陈允明	陈成伟
陈体达	陈显爱	陈献浩	林　凤（女）	林小英（女）	林小霞（女）	林化飞
林兴飞	林初炮	林祥总	国晓燕（女）	周逢玉（女）	胡兴弟	胡启多
姜宗羽	姜宗省	姚松鹤	贾建华	黄文光	黄仕灶	黄则强
黄秀芬（女）	龚德伏	梁新澄	彭兆考	葛益平	谢公荣	虞蔡凤（女）
蔡仁敏	蔡正楣					

高楼代表团（34名）

王从国	王孔锡	王志成	叶序锋	叶应东	叶建辉	朱小波
李荣霸	杨宝胜	吴光国	吴存滔	何如松	张女珍（女）	张维努
陈庆凯	陈宗成	林晋存	金大飞	金扬多	周佐胜	郑隆泉
郑耀庭	项宗南	胡志跃	胡娟妹（女）	钟锦强	黄发挺	黄志勇
章步升	章步印	谢炳弟	谢炳禹	谢炳聪	戴逢萌	

湖岭代表团（39名）

王学涛	王学镜	占子佼	卢献光	叶志金	白一帆	刘光享
池万松	苏立宪	吴仕积	吴伟银	邱定辉	何调龙	余良华
张永芬	张永胜	张咸亨	陈　坚（湖岭）	陈　坚（芳庄）	陈足豹	陈洪海
林孙利	林学凑	卓佰达	金连腾	周永春	周忠育	郑海洁（女）
项余钦	项建松	项贻康	姚禧治	倪小霜（女）	倪祝业	高　潮
黄长安	黄益卢	彭国华	蔡爱东			

陶山代表团（31名）

尤碎林	卢志建	叶春洁（女）	朱瑞宇	刘海欧（女）	刘海峰	孙　亨
孙裕强	李学金	吴大春	吴永林	狄优霞	张小海	张传伍
张建煌	张瑞丰	陈乃俊	陈少林	陈永宁	林树敏	金国岳
金建宇	周仕荣	郑孙国	项春潮	胡永快	夏光义	盛志荣
蒋珍明	谢春林	蔡其才				

市直第一代表团（48名）

丁建设	王小珍（女）	王建平	王增发	孔素素（女）	卢建华	叶少芹（女）

池仁川　阮臣锡　李进孩　李美芳（女）吴小珠（女）吴伟红（女）吴金海
吴建新　余小春　狄大夫　张小林　张晓平　张福荣　陈则侮
陈进远　陈积龙　陈锡通　林伟锋　林国强　林候土　林候平
林候光　林朝海　林德池　郑平弟　赵庆木　胡存瑞　胡迪年
南小华（女）黄发彩　曹　勇　曹光夏　章小和（女）傅银松　曾伟启
蔡光东　蔡建胜　潘小楷　潘广志　潘孝锦　薛爱武

市直第二代表团（51名）

丁文宣　丁连连（女）王小玲（女）王其华　王学顺　王学教　木金凤（女）
木锦荣　尤金花（女）毛式全　吕　华（女）刘淑华（女）江余高　池晓东
孙爱姑（女）苏尚国　李利法　杨益彪　何光华　沈娟娟（女）宋微微（女）
张金松　张春城　张爱萍（女）陈王仁　陈永侮　陈秀琴（女）陈顺增
陈联群（女）林凤娟（女）林国形　林新弟　金晓涛（女）郑光林　郑锦钗（女）
赵建华　项怡华（女）项德龙　胡建富　胡德义　侯定可　施小麟
夏　杰　高美英（女）章国州　梁奕洪　蒋良奉　鲍仕光　蔡永华
蔡树勇　蔡梨映（女）

说明：

1.瑞安市第十四届人民代表大会代表名额385名，缺额5名（其中预留1名），第一次会议实有代表380名。

2.第一次会议闭幕后，出缺代表7名，其中调离瑞安1名：李利法；辞去代表职务6名：叶序锋、张金林、项贻康、钟锦强、黄长安、蒋良奉。有关选区补选代表5名：周晓东、陈荣臻、陈阿杰、金爱忠、施经馆。第二次会议实有代表378名。

3.第二次会议闭幕后，出缺代表14名，其中调离瑞安5名：王其华、冯蒋龙、赵建华、曹勇、葛益平；辞去代表职务9名：冯金考、张永芬、陈乃俊、陈积龙、谢炳禹、蒋朝阳、蔡爱东、林建忠、池洪义。有关选区补选代表8名：戎小平、张爱芬（女）、张筱珍（女）、陈建明、陈立林、杨建瑞、金晓昆、黄秀勇。第三次会议实有代表372名。

4.第三次会议闭幕后，出缺代表21名，其中辞去代表职务19名：王建平、陈贤略、胡允科、王育林、朱瑞宇、吴伟银、胡兴弟、孙锦声、陈宗成、陈庆凯、何如松、胡存瑞、林孙利、詹子佼、陈洋志、彭小锋、余良华、谢作星、金建宇等；王学镜未经批准不出席本届人民代表大会第二、三次会议，其代表资格终止；陈万明因刑事案件接受侦查，暂停其执行代表职务。有关选区补选代表21名：薛小平、项金敏、涂小平、余丽芬（女）、岑慎键、戴安丰、许锦业、陈彪、池志刚、陈锦海、陈捷亮、余兆芬、李明侠、曾爱慧（女）、吴晓宇、欧阳世国、黄秀杰、潘哲夫、曹启凑、向东、林聪等。第四次会议实有代表372名。

5.第四次会议闭幕后，出缺代表19名，其中调离瑞安2名：丁文宣、黄清珏；辞去代表职务15名：邵万姆、陈明仁、周逢玉（女）、苏德贤、蔡仁敏、陈荣臻、张春城、林德池、刘海峰、吴仕积、周晓东、刘光享、叶应东、杨宝胜、黄志勇等。李学金、谢公荣代表因刑事案件接受侦查，暂停其执行代表职务。有关选区补选代表18名：许道火、季雯雯（女）、陈迪海、谢钦巨、池万好、蔡伟红、陈国荣、王式林、虞峰云、林朝进、林立峰、卓作江、黄笃远、陈道明、陈桂雷、吴寿海、潘李淡、王美鹏等。第五次会议实有代表371名。

第三节　市十五届人大代表名单

塘下代表团（49名）

王少波	王让式	王昌宁	王美鹏	卢章霞（女）	石　亮（女）	刘万斌
刘玉庭	朱良洪	余安明	余建木	岑光洪	张本锋	张德金
邵万清	陈世尧	陈再火	陈其安	陈国付	陈建明	陈松铭
陈荣兵	陈银姆	周化荣	林德开	林德清	竺成伟	竺朝虎
郑光春	金建宇	金爱忠	姜振宇	钟卫东	项彦彦（女）	徐　艾
翁晓福	董红卫（女）	董瑞华	蒋兆友	谢作永	韩玉明	韩冷双
韩忠华	管光铭	薛存苗	戴世钰	戴金美	戴美东	戴祥春

陶山代表团（39名）

卢大勇	卢明锡	白一帆	孙　亨	孙志忠	孙国敏	孙裕强
池万好	阮棉聪	吴大春	吴永林	张女珍（女）	张小海	张筱珍（女）
李明侠	陈少林	陈品和	陈锡金	周晓华	季光龙	林树敏
林晓荷（女）	欧美玲（女）	罗小东	郑光华	郑孙国	胡国强	项春潮
凌传成	郭高初	黄陈跃	黄　淼（女）	曾一兴	曾建文	葛孝胜
鲁建丽（女）	鲁　敏	蔡正楣	蔡华爱			

湖岭代表团（39名）

马庆树	王国勤	王学涛	王建东	卢圣荣	叶志金	许国俊
何调波	吴建妙	吴顺进	张克勃	张建昕	李无文	杜祝瑛
杜笑艳（女）	杨　武	陈　坚（湖岭）	陈　坚（芳庄）	陈　彪	陈光兴	陈足豹

林伟光　林克理　林学凑　周达献　郑建文　金生理　金连腾
金国岳　金绍径　金春兰（女）金晓泉　姚建汉　项余钦　倪寿福
诸葛承凤　黄领海　彭国华　虞峰云

马屿代表团（45名）

方孔利　叶序锋　孙裕良　朱礼锡　吴立新　张大元　李国民
李福荣　杨圣亮　杨寿茂　沈德尧　陈玉艳（女）陈建新　陈桂碧
陈爱梅（女）陈爱雪（女）周月清　周莉娜（女）庞子财　林日玲　林传道
林权龙　林自弼　林初炮　林初静　林志寅　林绍虎　林德池
郑大结　郑永开　郑光德　姚松鹤　姜贤芹　施明灶　洪万星
洪邦义　胡允明　徐琮琦　高邦培　黄文光　黄安平　虞希成
虞焕雨　廖丽英（女）潘小芳（女）

高楼代表团（32名）

方　晖　毛晓玲（女）王孔锡　王志成　王步省　王学满　刘仁满
吴存滔　张维努　李荣霸　杜左勇　沈永锋　邱黎明（女）陈茂丰
陈桂雷　周佐胜　林垂杏　林明淡　郑耀庭　金杨多　姜宗羽
胡永远　胡志跃　项宗南　袁宏毅　曹启凑　黄发挺　彭希好
董文化　谢秉弟　颜道选　戴逢萌

安阳代表团（53名）

丁连连（女）万献海　戈振华　王学教　叶世林　叶应东　刘光享
刘淑华（女）江小娜（女）池胜洪　池海鹤　许道火　吴小珠（女）吴爱华（女）
张　毅　张爱萍（女）张福荣　李秀金　李咏梅（女）沈娟娟（女）苏尚国
陈　辉　陈秀琴（女）陈国荣　陈康进　林凤娟（女）林长秋　林伟锋
林国形　林玲玲（女）林朝进　罗明发　郑光林　郑银林　金燕燕（女）
南洪富　姜江汝（女）娄海涛（女）胡建富　胡迪年　夏　杰　夏小锋
高美英（女）黄文祥　黄其武　黄福祥　虞卫东　缪友谊　鲍樟龙
蔡曙春　潘贻成　薛小平　戴如意（女）

滨海代表团（59名）

丁养寿　尤光姆　王式林　王树花（女）王祥巧　王增发　卢建华

叶少东	叶成勇	刘海峰	池万松	池邦叶	许良伍	余建勇
吴建新	吴金海	吴胜勇	张仁焕	张岩桥	张棉国	李卜进
杨方林	陈　慧	陈小平	陈则嫆	陈阿杰	陈胜峰	陈棉春
陈碎平（女）	陈碎英（女）	陈锦贤	周识马	周国敏（女）	林友龙	林友信
林立峰	林光荣	林国平	林建华	林政洪	林济晚	赵建华
夏成忠	涂小平	黄志勇	曾爱慧（女）	温　暖（女）	葛碎仕	缪万华
蔡一明	蔡小华	蔡友弟	蔡付弟	蔡权友	潘小楷	潘孝龙
潘基础	薛行丰	薛阿仁				

江南代表团（39名）

王川武	厉光荣	孙启银	江孟甫	阮树兵	余　凯	余兆芬
张中嫆	李洪星	苏上雨	陈万瑞	陈永真	陈阿朋	陈明仁
陈振斌	林振光	郑康良	金池忠	金珍荣	金美福	金晓昆
施经馆	胡仲林	胡育昌	项金敏	徐可钱	贾建华	郭贤新
黄秀杰	黄笃远	黄智光	彭茂笑	曾达署	董仪贤	鲁建设
鲍贵标	缪德泵	蔡凤岳	蔡贵者			

市直代表团（21名）

万智超	木金凤（女）	毛式全	吕　华（女）	孙健明	庄瑞东	吴　皓
吴荣华（女）	张榜桃	陈　瑛（女）	陈千富	周小丹（女）	金品棉	施永林
胡登月（女）	赵雅馨（女）	项筱玲（女）	涂芳芳（女）	黄瑞芬（女）	傅银松	蔡伟红

说明：

1.瑞安市第十五届人民代表大会代表名额为385名，缺额9名（其中预留3名），第一次会议实有代表376名。

2.第一次会议闭幕后，出缺代表10名，其中调离瑞安1名：陈桂雷；辞去代表职务8名：郑康良、金建宇、陈世尧、陈银嫆、林权龙、夏杰、项金敏、张榜桃；因病去世1名：陈坚（芳庄）。有关选区增选代表3名：薛尧弟、卢秀英（女）、张蕙娜（女）；补选代表7名：邵晓萍（女）、廖仕旺、张德光、郑希鸿、金建宇、谢骁、施巨耀。第二次会议实有代表376名。

3.第二次会议闭幕后，出缺代表22名，其中辞去代表职务22名：邵晓萍（女）、戴美东、蒋兆友、郑光春、刘玉庭、曾建文、池万好、陈彪、吴顺进、黄文光、林朝进、叶应东、陈国荣、刘光亨、曾爱慧（女）、陈慧、涂小平、贾建华、黄秀杰、缪德泵、李洪星、蔡伟红；有关选区增选代表

2名：池万好、林永杰；补选代表22名：池志刚、郑光春、沈长城、夏光荣、曾大冲、赵建成、项金敏、刘光享、陈显泼、李洪星、张海飞（女）、张宏献、林朝进、张震宇、刘玉庭、颜光明、陈慧、陈彪、王心海、金华明、贾建华、徐守洋。第三次会议实有代表378名。

4.第三次会议闭幕后，出缺代表24名，其中调离瑞安1名：陈建明；辞去代表职务23名：薛存苗、池志刚、郑光春、王昌宁、周晓华、张筱珍（女）、赵建成、陈显泼、林德池、叶序锋、郑希鸿、姜宗羽、沈永锋、谢骁、苏尚国、陈阿杰、张蕙娜（女）、王式林、林立峰、陈彪、贾建华、陈阿朋、胡仲林；有关选区增选代表1名：邵万姆；补选代表21名：林津、戴安丰、王昌宁、林祥武、贾建华、陈阿朋、包正碧、张平、吴晓宇、徐贤明、李学祥、张蕙娜（女）、林绍达、刘淑英（女）、刘建敏、林权龙、谢骁、蔡凤飞、舒建忠、陈健、金孝平。第四次会议实有代表376名。

5.第四次会议闭幕后，出缺代表19名，其中调离瑞安4名：张毅、王美鹏、吴皓、张本锋；辞去代表职务15名：王建东、黄陈跃、项金敏、刘海峰、施巨耀、廖仕旺、曾大冲、夏光荣、沈长城、许道火、池万松、许良伍、周识马、黄志勇、金晓昆；有关选区补选代表24名：陈胜泉、陈继昌、诸葛志勇、张金林、马可煊、汪黎明、王忠宝、鞠海亭、宣章良、周晓华、吴功宜、木维、李明达、张榜桃、许道火、叶秀敏、陈直伦、施昌聪、谢钦巨、彭佩辉、曾大冲、沈长城、王力、张加梁。第五次会议实有代表381名。

第四节　市十六届人大代表名单

塘下代表团（54名）

丁文翔（女）	王冬敏	王让式	王胜前	卢章霞（女）	冯协寿	朱良旺
任　武	刘秀钗（女）	池万连	池瑞伟	许道火	李　达	李伟良
李治学（女）	余建媚（女）	张文全	张榜桃	张德光	邵万延	邵万姆
陈　飞（女）	陈庆祥	陈金林	陈胜峰	陈振荣	林进建	林丽芬（女）
林秀平（女）	林炳强	林　津	林瑞霞（女）	金爱忠	郑自成	郑培雷（女）
胡兰福	姜海兵	宣章良	钱德伟	徐象龙	徐道申	翁　升
黄树贤	黄品豹	康　康	董邦明	董林海	韩　剑	颜余东
潘　静（女）	戴世克	戴冬敏	戴　立	戴利收		

陶山代表团（40名）

卢　兴	叶小朴	叶　坚	叶佩佩（女）	包正碧	任国旺	华　标
江　吼	江孟甫	孙汝敏	孙　红（女）	吴大春	吴方珍	吴炳光
吴家乐	何宵云（女）	张　文	张纯年	张　静（女）	陈华忠	陈红梅（女）

陈阿朋　陈锡金　林晓荷（女）欧美玲（女）周仕荣　周秀琳　郑光秀
郑祥圣　胡艳琼（女）贾建华　凌传成　黄大千　黄凯旋　黄笃远
鲁建丽（女）曾瑞华　谢瑾瑜（女）蔡邦周　瞿建华

湖岭代表团（37名）

马可伦　马可煊　王冲菊（女）王晶晶（女）叶传一　叶顺武　朱林海
杜笑艳（女）杨爱芬（女）吴仕妹（女）吴献叨　何晓燕（女）张　平　张庆和
张克勃　陈　坚　陈忠辉　陈岳锐　陈爱雪（女）陈继昌　陈德华
林光明　卓德格　罗晓伟　金益清　金朝春　郑建文　诸葛志勇
黄洪珍　黄隽燚　黄益卢　虞峰云　蔡庆利　管秀云（女）潘海环
薛小平　薛　颖（女）

马屿代表团（43名）

丁姜羽（女）丁朝发　王小华（女）王心海　方小梅（女）方纪浪　孔维娜（女）
叶序锋　孙学盛　李巧敏（女）李国民　杨王飞（女）杨　蓉（女）连正淡
吴福靖　陈先寅　陈法祥　林志寅　林秀丽（女）林朝祥　易会喜
金王梨（女）周莉娜（女）郑永开　郑光德　郑爱书（女）郑善金　练华伟
施王菊（女）施书梨　姜贤际　姜宗省　姜　燕（女）倪日柱　徐增旺
翁程程（女）黄万兵　黄秀华（女）黄国远　麻胜聪　嵇王芳　谢长东
蔡洪艳（女）

高楼代表团（29名）

王云桧　王志发　王秀英（女）王　朋　叶建辉　孙广垂　苏万雷
吴应彩　沈振锁　张士布　张晓勇　张朝银　陈朴顺　陈茂丰
陈经斌　林圣进　林宝合　林朝进　郑国军　柳义斌　贾高琴（女）
钱慧娜（女）高爱飞（女）凌传栋　章方足　董文化　谢小冲（女）谢炳聪
戴安丰

安阳代表团（51名）

王雨雪（女）王雪丹（女）戈振华　卢秀英（女）叶世林　朱　建　庄小东
刘剑波　刘筱静（女）池海鹤　孙仁爱　李忠荣　李咏梅（女）李洪星
李群微（女）杨圣远　杨镇妹（女）肖小丽（女）吴学彬　吴建国　余玲妮（女）

张海飞（女）	张雪琴（女）	张震宇	陈小良	陈兰妹（女）	陈伟瑛（女）	陈　冲（女）
陈晓斌	陈晓静（女）	陈康进	林正华	林昌勋	金　蔚（女）	郑金雨
胡少中	胡建富	施世通	姜江汝（女）	夏小锋	黄文祥	黄素玲（女）
董晶晶（女）	谢荣斌	虞君忠	蔡永杰	蔡惠谦（女）	潘权威	潘志龙
潘贻成	鞠海亭					

滨海代表团（63名）

丁小连（女）	丁云峰	王忠宝	王金龙	王树花（女）	王增发	尤光姆
叶志勇	叶秀敏	包振明	朱建波	刘玉庭	刘建敏	刘淑英（女）
阮立胜	李作俊	李国治	李明达	李新祥	杨鑫龙	吴万云
吴胜勇	吴智伟	余宇峰	汪黎明	张　云	张海洋	张朝龙
张雅雅（女）	陈元锋	陈木飞	陈冬岚（女）	陈光兴	陈则东	陈孝琛
陈显泼	林友虎	林友信	林权龙	林宇鹏	林　杰	林建涛
林荣明	季志林	周晓珍（女）	郑依晴（女）	胡文星	高原众	郭振伟
黄建忠	游世栋	谢钦巨	鲍欢乐（女）	蔡如光	蔡春华（女）	蔡树勇
蔡海艇	蔡普杰	潘孝士	潘孝余	潘基础	薛尧弟	薛行丰

江南代表团（43名）

王　力	王　芬（女）	石　亮（女）	朱邦荣	孙小燕（女）	苏　文	苏仕国
杨春国	杨海洁（女）	吴晓宇	何海珍（女）	余小文（女）	余中苏	余仁业
余作成	应纪蕴	应晓霞（女）	张加梁	张国锋	张春梅（女）	邵德鹏
陈士波	陈世尧	陈光林	陈志青	陈希忠	陈学军	范　聪
林祝兴	金华明	金振钱	金晓武	郑　璐（女）	钟方瑞	郭　飞
凌艳慧（女）	黄克豹	龚德伏	谢　骁	蔡凤飞	蔡甫章	蔡贵者
薛孝瑞						

市直代表团（21名）

王晓妘（女）	木金凤（女）	杜文君（女）	李学祥	肖建光	吴建笑（女）	何调豹
陈　云	陈　漫	周春雷	周　敏（女）	项秀平（女）	胡颖媛（女）	贾应勇
徐飞婕（女）	郭　雷	涂芳芳（女）	黄兆高	黄陈跃	黄慧蓉（女）	蔡　琰（女）

说明：

1.瑞安市第十六届人民代表大会代表名额为385名，缺额4名（其中预留2名），第一次会议实有代

表381名。

2.第一次会议闭幕后，出缺代表16名，其中调离瑞安3名：金华明、金晓武、陈显波；辞去代表职务13名：贾建华、陈阿朋、虞峰云、张平、叶序锋、练华伟、林朝进、张晓勇、刘建敏、谢钦巨、刘玉庭、刘淑英（女）、谢骁。有关选区增选代表2名：邵晓萍（女）、林绍达；补选代表13名：陈阿朋、余洁、潘永华、刘建敏、姜宗选、张士数、林敏、林圣强、彭佩辉、曾大冲、陈白羽（女）、王毅、沈长城；姜燕（女）因所在选区代表选举程序违法当选无效。第二次会议实有代表379名。

3.第二次会议闭幕后，出缺代表8名，其中调离瑞安2名：曾瑞华、许道火；辞去代表职务6名：叶秀敏、薛颖（女）、张海飞（女）、李明达、陈光兴、吴晓宇。有关选区补选代表9名：李志敬、李明达、张海飞（女）、林圣赞、林明玉、赵宏亮、胡汝楷、黄志勇、潘小伟。第三次会议实有代表380名。

4.第三次会议闭幕后，出缺代表32名，其中调离瑞安4名：陈胜峰、王忠宝、鞠海亭、王力；辞去代表职务28名：包振明、黄陈跃、施世通、黄大千、杨圣远、邵万姆、郑光德、卢秀英（女）、任武、邵晓萍（女）、周仕荣、包正碧、黄隽燚、金朝春、罗晓伟、刘建敏、姜宗选、王心海、戴安丰、刘剑波、张震宇、林权龙、赵宏亮、彭佩辉、陈白羽（女）、龚德伏、陈光林、高原众。有关选区补选代表30名：周靖、陈宗成、蔡仁敏、连正坚、陈智勇、张中杰、薛颖（女）、秦肖、包正碧、鲁光敏、谢世虎、陈冬梅（女）、叶宇飞、张挺、蔡金良、郑希鸿、胡美锡、何志友、林长春、刘海峰、胡丕敢、陈晓洁（女）、张翔、张宏飞、谷礼澜、胡立左、曹轼、龚德伏、林南斌、夏晓静（女）。第四次会议实有代表378名。

5.第四次会议闭幕后，出缺代表15名，其中调离瑞安4名：陈朴顺、陈阿朋、李明达、连正坚；辞去代表职务10名：林圣赞、吴学彬、蔡树勇、马可煊、诸葛志勇、林祝兴、张海飞（女）、陈继昌、林明玉、黄文祥；因病去世1名：潘贻成。有关选区补选代表13名：彭小锋、孙仕元、叶秀敏、曾爱慧（女）、金少锋、李辅正、涂秀明、许良伍、黄隽燚、林邦虎、刘建敏、龚方听、张嘉祥。第五次会议实有代表376名。

第五节 市十七届人大代表名单

（2022年2月）

塘下代表团（56名）

王冬敏　叶晓威　朱　捷（女）刘万斌　刘建敏　池小东　池瑞伟
许　筱（女）李　丹（女）李伟良　李秀月（女）吴银虎　吴瑞望　岑光明
邱忠瑜　沈平心　张中杰　张其通　张晓飞（女）陈　伟（女）陈　杰

陈　建　陈白羽（女）陈尔东　陈庆祥　陈红湖（女）林　津　竺朝林
金爱忠　周月秋（女）周国新　郑光明　郑培雷（女）项金敏　钱德伟
徐定洪　徐象龙　翁　升　涂必成　涂秀明　黄进武　董林海
谢　骅　谢忠炜　管晓非（女）颜宋义　潘　静（女）潘　彰　潘寿法
薛中卫　戴玉林　戴世文　戴禾敏　戴华键　戴学志　戴晓露（女）

陶山代表团（40名）

王仲达　石玲玲（女）卢　兴　叶　坚　叶小朴　包正碧　吴大春
吴方珍　吴功宜　吴家乐　何尚通　狄其成　张　文　张传豹
张纯年　张璐霞（女）陈伟锋　陈新新（女）陈燕华（女）林昌勋　欧美玲（女）
周国平　郑光华　郑孙炳　郑海霞（女）郑蓓蕾（女）胡国强　胡美锡
胡艳琼（女）娄蕾蕾（女）秦　肖　徐余存　凌传荣　黄则钦　龚方听
曾爱慧（女）赖国新　蔡邦周　潘可进　瞿纪勋

湖岭代表团（39名）

卢献胜　叶顺武　叶盈盈（女）孙仕元　孙晓光　杜学胜　杜笑艳（女）
杨丽彤（女）杨爱芬（女）吴献叨　何月龙　何晓燕（女）应希克　张　挺
张仁宇　张巧波　张庆和　陈　冰　陈良春　陈忠辉　陈爱雪（女）
陈盛国　陈锦孟　陈德华　林光明　林绍达　林南青　林瑞国
卓小平（女）卓德格　金少锋　郑　洁（女）郑国方　郑建文　倪利智（女）
蔡庆利　廖晓爱（女）薛爱萍（女）魏学铺

马屿代表团（43名）

丁新新（女）王琦琦（女）方纪浪　孔祥尧　朱振浙　安金杰　许李玲（女）
李巧敏（女）李达亳　李迪庆　杨寿茂　吴存欢　沈益涵　陈乃烨
陈先寅　陈国锋　陈建新　陈智勇　林　丰　林　帆　林　霞（女）
林王芳（女）林正栋　林立平　林志寅　林连连（女）易会喜　周曦之
项爱光　顾荣华　徐增旺　高泉印　黄陈跃　黄国远　麻胜聪
梁晓阳（女）彭小英（女）彭苏红（女）嵇王芳　谢苏瑞（女）虞希宠　蔡玉飞（女）
潘小芳（女）

高楼代表团（31名）

王　朋　王云桧　王少华（女）王步和　王步朗　朱建芳（女）吴应彩

吴魁胜　余锋付　沈兴双　张士布　张礼静　张海飞（女）陈　凡
陈明颜　林元众　林长国　林垂丑　林德喜　金永军　郑国军
胡允素　柯步滨（女）凌传栋　程光新　谢小冲（女）谢思孝　谢卿吉
雷大锋　戴圣洧　瞿旭雅（女）

安阳代表团（59名）

王一武　王光领　王雪丹（女）戈一俊　龙园益（女）卢　晓（女）帅建敏
叶中秋　叶建辉　朱　建　池慧荣　许良伍　李开展　李忠荣
何　霞（女）余锦瑞（女）张　云（女）张加梁　张晓月（女）陈　辉　陈建光
陈建州　陈晓静（女）陈爱国　林　舍（女）林文哲　林世隆　林法静
林海安　林海燕（女）金　蔚（女）周莉娜（女）周调和（女）郑　洁（女）胡　奎
胡少中　施巨耀　姜林娜（女）洪朝银　夏　雨　徐贤明　徐家园（女）
黄叶帆　黄修静（女）曾海英（女）谢　骁　虞安林　虞君忠　蔡连芬（女）
蔡建霞（女）蔡惠谦（女）缪志捷　潘志龙　薛　颖（女）薛小平　薛翔晔（女）
戴　铭　戴秀琴（女）戴程远（女）

滨海代表团（67名）

丁云峰　王金龙　王辉煌　王增发　尤若楠（女）叶志勇　叶银友
刘海峰　池万松　李作俊　李国民　李国治　李辅正　李新祥
杨强义　杨鑫龙　吴永建　吴存祥　吴智伟　余宇峰　应丽珍（女）
汪钦钦（女）张　洪　张晓勇　张朝龙　张嘉祥　陈　力　陈万早
陈小芳（女）陈木飞　陈世尧　陈晓洁（女）邵和红（女）林友信　林长春
林正敏　林圣强　林成银　林孝祥　林国平　林建华　林新龙
季志林　周旭东　周晓珍（女）郑晓云（女）项进平（女）倪建群（女）黄春阳
曹云云（女）董高荣　谢权洪　蔡丰永　蔡付弟　蔡君华　蔡张俞
蔡晓东　蔡海艇　蔡普杰　潘孝土　潘孝余　潘孝善　潘晓平（女）
薛尧弟　薛行丰　戴美东　戴焕东

江南代表团（47名）

方小梅（女）邓伦松　叶　翔　叶应东　朱惠仪（女）苏　文　吴海可
何志友　余中苏　余仁业　余月梅（女）应纪蕴　应祖远　张澄永
陈　枫　陈　实　陈秀琴（女）陈良多　陈学军　陈宗成　陈晓宇

邵建乐　　范　聪　　林中平（女）林远利　　林南斌　　竺成伟　　金建锋
金振钱　　周连道　　周晓华　　周瑞芳（女）郑金敏　　郑荣良　　项纯坚
胡丕敢　　施敦梁　　洪万里　　徐　洋　　徐　婵（女）黄余良　　曾一斌
曾辛辛　　蔡珍华（女）潘小梅（女）潘茜茜（女）薛孝义

市直代表团（21名）

王德胜　　尤海峰（女）叶海鹤（女）江孟甫　　孙苗苗（女）李　幸　　吴　月（女）
吴一鹏　　吴建笑（女）何志华　　应生伟　　林　琳（女）林卫权　　林思思（女）
郑志强　　胡剑锋　　徐飞婕（女）翁璐璐（女）黄隽燚　　曹　静（女）蔡婷婷（女）

说明：

市十七届人大代表名额411名，缺额6名（其中预留4名），辞去代表职务2名：孙学盛、孙耿彪。第一次会议实有代表403名。

第二编　市人民代表大会会议

2003年3月至2022年2月，市人民代表大会经历第十三届至第十七届人大第一次会议。依照宪法和法律赋予的各项职权，充分发挥地方权力机关的作用，共举行市人民代表大会会议21次：审议议题226项；听取（包括书面报告）和审议（审查）市人民政府、市人大常委会等各类工作报告172个；通过、批准报告和作出决议、决定155项；选举瑞安市国家机关领导人员，并于2016年1月开始，按照《瑞安市组织实施宪法宣誓制度办法》，举行宪法宣誓仪式；选举瑞安市出席温州市第十届至第十四届人民代表大会代表。

历次市人民代表大会正式开幕前，先举行预备会议，表决通过大会主席团成员和秘书长名单、会议议程和其他事项。大会主席团产生后，由大会主席团主持人民代表大会会议。市人民代表大会会议各项议程的审议，采取以代表团审议为主，辅以大会全体会议、代表团分组审议、专题会议等多种审议形式。列席会议的人员，由市人大常委会决定。会议期间，代表依法提出议案和建议、批评、意见10244件，其中代表议案703件，建议、批评、意见9541件；列为大会审议的代表议案16件，列为重点督办的建议、批评和意见179件。

市人民代表大会会议行使宪法和法律赋予的职权，通过审议，完成历次会议的各项议程，实现人民当家作主，管理国家事务，在全市经济建设、政治建设、文化建设、社会建设和生态文明建设中发挥越来越重要的地方国家权力机关的作用。

第一章　市十三届人民代表大会会议

根据《中华人民共和国宪法修正案》（2004年3月14日通过）将乡级人民代表大会每届任期由三年改为五年，结合全国人大常委会关于县、乡两级人民代表大会代表选举时间的决定，瑞安市、乡（镇）两级人民代表大会于2006年下半年至2007年3月进行同步换届选举。市十三届人大任期四年，自2003年3月至2007年1月，共举行4次会议，审议议题40项，听取、审议（审查）报告35个，通过决议、决定32项，选举市国家机关领导人员41人次，市十三届人民代表大会第一次会议选举产生温州市第十届人民代表大会代表。

市十三届人大历次会议概况

表2-1

会议序次	会议日期	代表人数		列席人员（人）	议题（项）	听取审查报告（个）	决议决定（项）	代表提出		会议地点
		应到（人）	实到（人）					议案（件）	意见建议（件）	
第一次	2003年3月20日—25日	382	361	198	11	9	9	105	731	市政会议中心
第二次	2004年3月17日—20日	379	361	271	9	9	8	71	620	市政会议中心
第三次	2005年3月9日—12日	376	350	282	10	8	7	64	419	市政会议中心
第四次	2006年3月14日—17日	374	329	295	10	9	8	59	487	市政会议中心
合　计		1511	1401	1046	40	35	32	299	2257	—

第一节　听取、审议政府工作报告

一、第一次会议

第一次会议听取和审议市人民政府代市长叶春江所作的《政府工作报告》。报告回顾五年的工作，提出2003—2007年的总体目标、主要任务和2003年的主要工作。报告指出，全市国内生产总值由1998年的111.1亿元增加到168.3亿元，财政总收入由4.9亿元增加到15.5亿元，年均分别增长11.2%

和25.9%，综合实力名列全国百强县（市）第36名。五年征用工业用地11186亩，带动全社会技改投资62.9亿元，培育省著名商标7个、省名牌产品13个，产值超亿元企业发展到17家；市本级农业龙头企业达到58家，粮经产值比例从63：37调整为26：74；三次产业比例从7.2：64.2：28.6调整为5.8：57.1：37.1。完成57家国有企业、69家集体企业改制，组建股份有限公司18家。出口额年均递增40.6%，外贸依存度从5.5%上升到16.5%。确立了温州大都市区南翼中心城市的目标定位，城市建成区面积从8.4平方千米扩大到18.1平方千米，城市化水平达到44.5%，提高5个百分点；组建了安阳、塘下、飞云、马屿、仙降等5个较大规模建制镇。投入科技三项经费5178万元，实施科技计划项目810个，科技对经济增长的贡献率达到45.1%，跨入全省科技进步先进县（市）行列。建成省级重点（示范）学校7所、省教育强镇（乡）12个，初中毕业生升高中段比率由52.3%提高到82.6%。共办理人大议案8件、建议意见2124件，政协建议案2件、提案1052件。2002年城镇居民人均可支配收入达到12348元，农村居民人均纯收入达到5582元，年均分别增长7.3%和6.2%。

报告提出，今后五年全市经济社会发展的主要预期目标是：到2007年全市生产总值达到297亿元，年均递增12%；财政总收入达到30亿元，年均递增14%；外贸出口总额达到5亿美元，年均递增16%；城镇居民人均可支配收入达到17300元，年均递增7%；农村居民人均纯收入达到7830元，年均递增7%；人口自然增长率控制在8‰以内。要以共同富裕的目标统筹城乡经济社会发展，加快形成工农相促、城乡联动的区域协调发展格局；要推进产业结构优化升级，加快形成以先进适用技术为先导、优势制造业基地为支撑、服务业全面发展的产业格局；要围绕建设温州大都市区南翼中心城市的目标，实施事关未来发展的“十大建设”“双百计划”，增强城市集聚辐射力；要以开放促改革，以开放促发展，努力营造区域新优势；要坚持科教兴市，推动文化与经济的互动共进、有机结合，全面提升区域文化力；要围绕建设法治社会的目标，突出信用环境建设，改善城市发展软环境。

报告提出，2003年全市经济社会发展的预期目标是：国内生产总值增长12%，财政总收入增长16%，外贸出口增长16%，城镇居民人均可支配收入增长7%，农村居民人均纯收入增长7%。实现上述目标，要加强农业农村工作，推进农业产业化，完善农业基础设施，加大扶贫开发力度；要调整优化工业结构，加快工业园区建设，大力扶持中小企业，推进产业集聚升级；要完善第三产业发展总体规划，培育新型流通业态，拓展第三产业发展空间；要加大外向带动力度，重点引进跨国公司和台资企业的大项目、独资项目；要加快基础设施建设，发展社会各项事业，加强政治文明建设，全力维护社会稳定。

代表在审议中认为：报告对市人民政府过去五年工作的估价全面客观、实事求是，对今后五年经济和社会发展的部署思路明确，对2003年政府工作的安排切实可行，是一个求真务实、催人奋进的报告。同时，对培育壮大特色农产品基地和专业特色乡村，改善山区海岛基础设施，加快工业园区建设步伐，增加工业用地投入，扎实推进区域中心镇建设，加快建设重大市政设施，加强社会综合治理等方面工作提出意见和建议。

会议通过决议，批准政府工作报告。决议要求，面对新形势、新任务，新一届政府及其工作人员，务必继续保持谦虚、谨慎、不骄、不躁的作风，务必继续保持艰苦奋斗的作风，切实加强自身建设。要坚持与时俱进，勤学善思，谋划全局，保持朝气，增强锐气，不断提高驾驭经济社会发展的能力；要坚持执政为民，倾听群众呼声，体察群众情绪，关心群众疾苦，千方百计为群众办实事；要坚持依法行政，强化法制观念，发扬民主作风，文明执法，秉公办事，不断提高政府公信力；要坚持从严治政，重视从政道德建设，严格执行廉洁自律各项规定，深化审批制度改革，加快电子政务建设，努力营造文明高效优质的行政服务环境。

二、第二次会议

2004年3月17日，市人民政府市长叶春江在市第十三届人民代表大会第二次会议上作政府工作报告

第二次会议听取和审议市人民政府市长叶春江所作的《政府工作报告》。报告指出，2003年经受“非典”疫情和高温干旱、用电用地紧张带来的严峻考验，市政府紧紧依靠全市人民，与时俱进，迎难而上，扎实工作，国民经济和社会事业继续保持良好的发展态势，全市生产总值192.5亿元，比上年同期增长13.8%，增幅是1998年以来最高；财政总收入19.49亿元，其中地方一般预算收入9.49亿元，分别同期增长25.7%和27%；三次产业比例调整为4.7：57.5：37.8。工业总产值370.85亿元，同期增长16.3%，被命名为“中国汽摩配之都”“中国男装名城”。全年实现第三产业增加值72.8亿元，增长14.6%。探索投融资体制改革，组建国监委和国监办，建立政府投资建设工程管理中心；完成安阳镇撤镇建街工作，设立安阳、玉海、锦湖、东山、上望、潘岱等6个街道办事处。全面开展第三轮审批制度改革，减少审批事项98项。进入全省出口20强县（市、区）行列。修编完成新一轮城市总体规划和2003年至2007年近期建设规划，编制塘下分区发展规划和马屿中心区专项规划。启动“双百计划”，凤山水厂一期、人民医院病房大楼、220千伏场桥变电所等工程竣工投运。实施“乡村康庄”工程，新建和改造通村公路47.5千米。深入实施科教兴市战略，全面推行新课程计划，在全国率先实施“教育助学凭证”制度，落实拥军优抚安置政策，被省委省政府命名为“省双拥模范城”。全市城镇居民人均可支配收入13980元，农村居民人均纯收入6025元，分别同期增长10.2%和7.9%。

报告指出，2004年是全面推进更高水平小康社会建设的落实年，要加快经济结构调整、主导行业培育、基础设施建设和城乡一体化进程，着力提高经济增长质量和效益，提高群众生活水平，为建设更高水平小康社会、提前基本实现现代化奠定坚实基础。报告提出2004年主要预期调控目标：全市生产总值增长12%，财政总收入增长15%，外贸出口增长20%，城镇居民人均可支配收入增长8%，农村居民人均纯收入增长7%，人口自然增长率控制在8‰以内。为实现上述目标，要加快结构调整和产业优化升级，提升产业竞争力；统筹推进协调发展和可持续发展，实施“十大建设”“双百计划”，全面建设温州大都市区南翼中心城市；扩大就业，进一步完善社会保障体系，切实加强精神文明、民主法制和政府自身建设，切实维护群众利益和改善群众生活。

代表在审议中认为：2003年，面对非典疫情和高温干旱的严峻考验，全市上下沉着应对，迎难而上，较好地完成了市第十三届人民代表大会第一次会议提出的各项目标任务；报告对过去一年的政府工作评估和存在问题的分析是实事求是的，提出的2004年工作任务和措施既体现了时代的要求，也符合瑞安实际，是可行的。同时，对围绕建设浙江重要的现代工贸城市目标，建设温州大都市区南翼中心城市，加快发展效益农业，加快建设优势制造业基地，大力发展第三产业，深入开展山海协作，持续推进社会各项事业进步，建立有序高效供电机制等方面工作提出意见和建议。

会议通过决议，批准政府工作报告。决议要求，市人民政府要认真贯彻“为民、务实、清廉”的要求，深化效能革命，着力提高政府办事效率和服务水平，全力打造便民高效的政府服务品牌。要树立正确的政绩观，大兴求真务实之风，切实减少应酬活动，用更多时间、花更多精力，深入基层开展调查研究，诚心诚意为群众办实事、解难题。要从严治标，着力治本，扎实推进政府系统廉政建设，认真解决损害群众利益的突出问题，以反腐倡廉的实际行动取信于民。

三、第三次会议

第三次会议听取和审议市人民政府市长叶春江所作的《政府工作报告》。报告指出，2004年宏观经济环境总体趋紧，土地、电力等要素资源矛盾更加凸显，市政府加快实施“三城”战略，经济社会保持良好的发展态势。全市实现生产总值227.7亿元，比上年增长14.1%；财政总收入23.4亿元，其中地方财政收入11.8亿元，分别增长22.2%和26.5%。粮食播种面积呈恢复性增长，总产量达到15.7万吨。完善工业“四十条”扶持政策，规模企业强力引领行业发展，实现产值238.6亿元，增长27.7%，占工业总产值的比重突破50%，其中产值超亿元企业达到41家。社会消费品零售总额63.8亿元，增长10.8%。深化体制机制改革，建立招投标统一平台，探索农村信用社和供销社体制改革，新组建的浙江瑞安农村合作银行成为全国首批试点单位。华峰氨纶公司通过证监会股票发行审核，瑞立集团在美国纳斯达克成功“买壳上市”，实现温州民企上市零的突破。实施新一轮城市总体规划，编制城市综合交通规划，实施中心城区道路整合十项工程，推进旧城改建和整治。推行灵活就业人员基本医疗保险制度，实施山区海岛“万人饮用水”工程，实行居民和工业用电分线供应，城镇居民人均可支配收入达到16206元，农民人均纯收入达到6766元，分别增长15.9%和12.3%。建成市人才新村，加快农村中小学标准化建设，着手编制公共卫生发展规划，建立健全公共卫生应急处理预案。实施计划生育公益金制度。

报告指出，2005年是全面实现“十五”计划、精心谋划“十一五”发展的重要一年，要围绕“三城”战略，着眼于增强发展后劲和区域竞争力，加速工业化城市化两轮互动，加速开放型经济和现代服务业发展，统筹区域协调并进，促进社会和谐稳定。报告提出2005年主要预期目标：全市生产总值增长12%，财政总收入增长13.8%（调整出口退税因素增长5.8%），外贸出口总额增长20%，城镇居民人均可支配收入增长10%，农村居民人均纯收入增长8%，人口自然增长率控制在8‰以内。为实现上述目标，要加速工业化、城市化进程，着力推进结构调整和增长方式转变，积极融入温州大都市区发展格局；要统筹区域发展，千方百计增加农民收入，坚持以人为本，着力构筑和谐社会。

代表在审议中认为：过去的一年，市人民政府在宏观经济环境总体趋紧、土地电力等要素资源矛盾更加凸现的背景下，认真贯彻科学发展观，加快实施“三城”战略，较好地完成了市十三届人大二次会议确定的各项任务，经济社会保持良好的发展态势。同时，对解决要素资源瓶颈制约，加强生态环境保护，提升经济集约化水平，统筹城乡发展，推进“三农”工作，抓好安全生产，维护社会稳定，提高城市建设和管理水平，加强食品药品安全监管等方面工作提出意见和建议。

会议通过决议，批准政府工作报告。

四、第四次会议

第四次会议听取和审议市人民政府市长叶春江所作的《政府工作报告》。报告回顾“十五”时期取得的成效，提出“十一五”时期的奋斗目标和主要任务。报告指出，“十五”时期是瑞安改革开放和现代化建设取得显著成绩的五年。生产总值由“九五”期末的151.65亿元增加到242.47亿元，按可比价计算年均增长12.4%，高于“十五”计划目标1.4个百分点；财政总收入和地方财政收入分别达27.5亿元和14.4亿元，年均分别增长23.3%和21%；三次产业比例从6.8：59.1：34.1调整为4.3：53.8：41.9。粮食综合生产能力稳定在25万吨以上，2004年、2005年被评为省粮食生产先进县（市）。规模企业产值占工业总产值比重达64.7%，产值超亿元企业从9家增加到61家。建筑业产值由9.13亿元增加到18.1亿元。新增股份有限公司22家、企业集团20家。浙江瑞安农村合作银行成为全国首批农村合作银行。政府工作部门由31个减少到25个，海关、出入境检验检疫局在瑞安设立办事机构。实现进出口总额29.44亿美元，外贸依存度提高到34.6%。城市建成区面积从51.9平方千米扩大到61.4平方千米，城市化水平达61%。在全国率先实行“教育助学凭证”制度，基本普及学前三年到高中段十五年基础教育，国际编号为4073的小行星被命名为“瑞安中学星”。城镇居民人均可支配收入达18830元，农村居民人均纯收入达7436元，年均分别增长11.6%和8%。报告提出，“十一五”时期，是瑞安市经济社会发展的关键时期，是全面建设小康社会的攻坚阶段。要围绕建设“三城”战略目标，推进自主创新和转型提升，推进改革开放和统筹发展，加快转变经济增长方式，加快工业化城市化进程，加快实施文化大市战略，加快建设社会主义新农村，促进社会和谐稳定，基本建成全面小康社会。“十一五”时期经济社会发展主要目标是：生产总值年均增长12%，到2010年达450亿元，人均生产总值达4万元；完成全社会固定资产投资500亿元；第三产业增加值占生产总值比重提高到45%；高新技术产业增加值占规模以上工业增加值比重达26%；万元生产总值综合能耗下降12%。城镇居民人均可支配收入达3万元，农村居民人均纯收入达12000元；全社会研究与开发投入占生产总值比重达1.2%。推进城市公共服务设施向农村延伸，深化农村集体资产管理体制改革，发展壮大村集体经济。全力打通连接温州主城区的“三大通道”，全面对接“大温州”建设。严密防范和严厉打击“法轮功”等邪教组织、境内外敌对势力、非法宗教势力的渗透破坏活动。

报告指出，2005年是实施“十五”计划的最后一年。全市上下围绕重点领域，狠抓薄弱环节，迎难而上，破难而进，经济社会继续保持良好的发展态势。生产总值和财政总收入比上年分别增长12.1%和17.4%，外贸进出口总额增长31.7%，城镇居民人均可支配收入和农村居民人均纯收入分别增长16.2%和9.9%，主要经济指标增幅均超过预期目标。报告指出，2006年全市经济社会发展主要预期目标为：生产总值增长12%，财政总收入增长12%，城镇居民人均可支配收入增长10%，农村居民人均纯收入增长9%，人口自然增长率控制在8‰以内。围绕预期目标，要大力发展效益农业、循环经济，加大对企业的扶持力度，积极培育新兴产业，保持外贸稳定增长，实现进出口总额12.8亿美元；完善城乡规划体系，加大城市建设力度，继续实施城市道路整合工程，加强农村公共设施建设；加强文化、科技、教育、医疗卫生、体育、计划生育等社会事业，改善社会民生。

代表在审议中认为：“十一五”时期是瑞安经济社会发展的重要机遇期。报告提出了“十一五”时期瑞安经济社会会展的指导思想和主要奋斗目标，立足瑞安实际，高起点谋划新一轮发展的目标任务，将进一步推动经济社会加快发展、科学发展、开创全面建设小康社会新局面；2005年，市人民政府认真落实市十三届人大三次会议确定的各项任务，围绕重点领域，狠抓薄弱环节，迎难而上，破难而进，经济社会继续保持良好的发展态势。同时，对转变经济增长方式，解决产业“低、小、散”问题，加快山区海岛发展和城乡基础设施建设，持续推进社会事业发展，加强社会管理和公共服务等方面工作提出意见和建议。

会议通过决议，批准政府工作报告。批准《瑞安市国民经济和社会发展第十一个五年规划纲要》。

瑞安市“十五”计划主要指标完成情况表

表2-2

指 标	单位	“十五”计划目标	2005 年完成
生产总值	亿元	256	242.47
其中，第一产业 第二产业 第三产业	亿元	13 143 100	10.43 130.42 101.62
人均生产总值	元	20560	21400
第三产业占生产总值比重	%	39.10	41.90
财政收入 其中，地方财政收入	亿元	16.89 9.72	27.50 14.30

续表 2-2

指　标	单位	"十五"计划目标	2005 年完成
全社会固定资产投资（五年累计）	亿元	253	255
社会消费品零售总额	亿元	76	83
外贸出口总额	亿美元	2.6	7.87
城市化水平	%	55以上	61
城镇居民人均可支配收入	元	15270	18830
农民人均纯收入	元	7080	7436
人口自然增长率	‰	<8	8.90

瑞安市"十一五"规划主要指标预测一览表

表2-3

分类	序号	指标名称	单位	2005 年实际	2010 年规划值	年均增长率	指标属性
经济发展	1	生产总值	亿元	242.50	450	12%以上	预期性
	2	人均生产总值	元	21400	40000	13%	预期性
	3	第三产业增加值占生产总值比重	%	41.90	45	—	预期性
	4	全社会固定资产投资（五年累计）	亿元	255	500	15%	预期性
	5	地方财政收入	亿元	14.40	25	13%	预期性
	6	高技术产业增加值占生产总值比重	%	2	8	—	预期性
	7	二、三产业从业人员比重	%	75	85	—	预期性
	8	实际利用外资	万美元	5673	13000	18%	预期性
社会发展	9	城市化水平	%	61	65	—	预期性
	10	城镇登记失业率	%	3	< 3.50	—	约束性
	11	新增劳动力平均受教育年限	年	12.50	14.50	—	约束性
	12	每千人医生数	人	1.90	>2	—	预期性
	13	R&D经费占GDP比重	%	0.80	1.20	—	预期性
人民生活	14	城镇居民人均可支配收入	元	18830	30000	10%	预期性
	15	农村居民人均纯收入	元	7436	12000	10%	预期性
	16	企业养老保险参保人数	万人	13	15	—	约束性
	17	新型农村合作医疗覆盖率	%	20	85	—	约束性
社会和谐	18	人口自然增长率	‰	8.90	< 5	—	约束性
	19	食品安全监测抽检合格率	%	90	95	—	约束性

续表 2-3

分类	序号	指标名称	单位	2005年实际	2010年规划值	年均增长率	指标属性
社会和谐	20	社会保障支出占财政支出比重	%	—	20	—	约束性
	21	城镇“三无”和农村“五保”集中供养率	%	90	100	—	约束性
资源环境	22	万元生产总值综合能耗	吨标煤	0.75	0.65	—	约束性
	23	工业固体废弃物处置利用率	%	96	>98	—	预期性
	24	城镇污水处理率	%	0	>70	—	约束性
	25	城镇生活垃圾无害化处理率	%	50	100	—	约束性

第二节　审查、批准国民经济和社会发展计划

一、第一次会议

第一次会议听取和审查市发展计划局局长蒋良奉所作的《关于瑞安市2002年国民经济和社会发展计划执行情况与2003年国民经济和社会发展计划草案的报告》。2002年，全市上下按照市十二届人大五次会议通过的国民经济和社会发展年度计划的决议要求，以发展为主题，以结构调整为主线，主动应对加入WTO的新形势，着力优化结构、提高质量、改善环境，经济与社会事业协调发展，较好地实现年初确定的主要预期目标。全年实现国内生产总值168.3亿元，比上年增长11.6%。财政总收入15.5亿元，其中地方财政收入7.88亿元，分别增长36.3%和41.7%。年末金融机构各项存款余额166亿元，比年初增长25.3%，贷款余额95亿元，增长38.6%。外贸出口总额2.53亿美元，增长36.9%。全社会消费品零售总额52亿元，增长9.4%。三次产业结构比例调整为5.8∶57.1∶37.1。全年完成固定资产投资43.2亿元，比上年增长8.1%。城镇居民人均可支配收入和农村居民人均纯收入达到12348元和5582元，分别增长6.6%和6.2%。

报告提出2003年国民经济和社会发展调控目标和主要任务：国内生产总值增长12%，第一产业增加值增长4.7%，第二产业增加值增长11%，第三产业增加值增长14.7%。全社会固定资产投资增长11.2%。财政总收入增长16%。外贸出口总额增长16%。全社会消费品零售总额增长8.7%。城镇居民人均可支配收入增长7%，农村居民人均纯收入增长7%。人口自然增长率控制在8‰以内。

市十三届人大一次会议计划与财政预算审查委员会经审查认为，2002年市委市政府积极实施温州大都市区发展战略，继续扩大内需，促进消费需求。加大工业投资力度，增强产业集聚效应。加快调整经济结构，增强企业发展活力，区域经济竞争力显著提高。国民经济和社会发展计划得到较好执行，主要经济社会发展指标完成情况好于预期。存在的主要问题是：资金、土地、人才等要素对经济的制约明显。中小企业持续低速增长、企业自主创新能力不足、入世应变能力不强。第三产业层次不

高，增加值在三次产业中比重偏低。区域经济发展不平衡，城乡发展差距较大。

计划与财政预算审查委员会认为，2003年市委市政府全面贯彻落实党的十六大精神，按照中央、省经济工作会议的部署，以结构调整为主线，以重大项目建设为抓手，继续优化发展环境，提升区域经济竞争力。2003年国民经济和社会发展计划的主要预期目标和措施是积极可行的。建议：加大经济结构调整力度，促进产业层次优化升级；合理规划工业经济布局，加大园区建设力度；加快产业国际化进程，大力发展开放型经济；优化要素资源配置，培育经济发展新优势；加强科教文化工作，促进社会事业协调发展。

会议经审查，并根据计划与财政预算审查委员会的审查报告，决定批准瑞安市2003年国民经济和社会发展计划，批准《关于瑞安市2002年国民经济和社会发展计划执行情况与2003年国民经济和社会发展计划草案的报告》。

二、第二次会议

第二次会议听取和审查市发展计划局局长苏德贤所作的《关于瑞安市2003年国民经济和社会发展计划执行情况与2004年国民经济和社会发展计划草案的报告》。2003年，全市上下克服非典疫情、高温干旱、供电紧张等不利影响，迎难而上，沉着应对，扎实工作，顺利完成了市十三届人大一次会议确定的各项目标任务，经济社会各方面实现了持续、快速、健康发展。全市完成生产总值192.5亿元，比上年增长13.8%。财政总收入完成19.5亿元，增长25.7%。产业结构进一步提升，第一产业占比稳步下降，第三产业占比不断上升，三次产业比例关系调整为4.7：57.5：37.8。全市实现工业增加值97.6亿元，增长15.2%，完成工业总产值183.8亿元，增长25.4%。实现全社会消费品零售总额57.6亿元，增长10.7%。全市完成全社会固定资产投资51.8亿元，增长20.4%。全市完成进出口总额5亿美元，增长47.2%。城镇居民人均可支配收入和农村居民人均纯收入实现13980元和6025元，分别增长10.2%和7.9%。认真落实就业与再就业扶持政策，全市实现下岗失业人员再就业2135人，再就业培训1000人。

报告提出2004年国民经济和社会发展调控目标和主要任务：全市生产总值增长12%，其中第一产业增加值增长4%，第二产业增加值增长11.7%，第三产业增加值增长14%；全社会固定资产投资增长11%；外贸出口总额增长20%；全社会消费品零售总额增长9%；财政总收入增长15%；城镇居民人均可支配收入和农村居民人均纯收入分别增长8%和7%；人口自然增长率控制在8‰以内。

市十三届人大二次会议计划与财政预算审查委员会经审查认为，2003年瑞安市经济保持快速增长，结构和效益进一步改善，“十大项目，双百工程”计划进展顺利，财政金融运行平稳，各项经济和社会发展指标均达到或超过预期，发展态势良好。存在的主要问题是：经济进一步扩张与资源严重制约矛盾突出；工业低、小、散问题未从根本上解决，第三产业发展相对滞后；对外贸易应对国际全球化风险能力较弱；区域经济社会发展不平衡，城乡差距、贫富差距继续扩大；因征地与拆迁等问题引起的社会矛盾仍然突出等。

计划与财政预算审查委员会认为，2004年国民经济和社会发展计划草案的报告体现了党的十六大和十六届三中全会精神，按照省委提出的充分发挥“八大优势”、深入实施“八项举措”及市委市政府工作部署，牢固树立全面、协调、可持续的发展观，以提高区域竞争力为核心，合理统筹城乡，强化要素集聚，加快结构调整，优化发展环境，提出的主要调控目标和措施是积极可行的。建议：统筹城乡经济发展，提高农民生活水平；加强产业布局规划，打造有特色的先进制造业基地；优化第三产业资源配置，构筑经济增长新平台；加强投资宏观调控，推进重大基础设施建设；进一步优化发展环境，增强区域经济竞争力。

会议经审查，并根据计划与财政预算审查委员会的审查报告，决定批准瑞安市2004年国民经济和社会发展计划，批准《关于瑞安市2003年国民经济和社会发展计划执行情况与2004年国民经济和社会发展计划草案的报告》。

三、第三次会议

第三次会议听取和审查市发展计划局局长苏德贤所作的《关于瑞安市2004年国民经济和社会发展计划执行情况与2005年国民经济和社会发展计划草案的报告》。2004年，全市上下认真贯彻落实国家宏观调控政策措施，坚持以科学发展观统揽全局，充分发挥各方面的积极性，努力化解土地、资金和用电等要素紧缺的矛盾，坚持在发展中抓好调控，在调控中谋求更好的发展，经济与社会保持了良好的发展态势，基本完成市十三届人大二次会议确定的预期目标。全市实现生产总值227.7亿元，比上年增长14.1%，人均生产总值20179元，增长13.5%。财政总收入23.4亿元，其中地方财政收入11.8亿元，分别比上年增长22.2%和26.5%。年末金融机构各项存款余额221.7亿元，贷款余额170亿元，分别比年初增长10.1%和16%。全年出口总额5.9亿美元，增长51.8%。三次产业呈融合发展的态势，分别比上年增长4.5%、14.8%和14.2%，结构比重调整为4.5：57.2：38.3。全市实现工业总产值448亿元，增长20.8%，实现增加值118.3亿元，增长16.1%。全年社会消费品零售总额63.8亿元，增长10.8%。全市完成全社会固定资产投资54.8亿元，增长5.7%。城镇居民人均可支配收入16206元，农村居民人均纯收入6766元，分别比上年增长15.9%和12.3%。

报告提出2005年国民经济和社会发展调控目标和主要任务：地区生产总值增长12%；全社会固定资产投资增长10%；财政总收入增长13.8%（调整出口退税因素增长5.8%）；社会消费品零售总额增长10%；外贸出口总额增长20%；居民消费价格指数105%；城镇居民人均可支配收入增长10%，农村居民人均纯收入增长8%；人口自然增长率控制在8‰以内。

市十三届人大三次会议计划与财政预算审查委员会经审查认为，2004年全市经济社会继续保持良好的发展势头，结构和效益逐步改善，重大基础设施建设取得进展，各项社会事业长足进步，人民生活水平显著提高，较好地完成了年初提出的预期目标任务。存在的主要问题是：区域统筹发展的压力仍然较大，产业层次亟待提高，开放型经济有待进一步发展，要素制约问题比较严重，财政增收的不稳定因素增加等。

计划与财政预算审查委员会认为，2005年国民经济和社会发展计划草案的报告体现党的十六大和十六届三中、四中全会精神，按照中央、省经济工作会议和市委市政府工作部署，紧紧围绕全面建设小康社会，提前实现现代化的目标，确定的主要经济社会预期指标和措施积极可行。建议：加大城乡统筹力度，促进区域均衡协调发展；着力产业层次提升，强化要素资源支撑；加大有效投资力度，切实推进重大项目建设；坚持以人为本，加快社会事业全面发展；加强生态文明建设，提高可持续发展能力。

会议经审查，并根据计划与财政预算审查委员会的审查报告，决定批准瑞安市2005年国民经济和社会发展计划，批准《关于瑞安市2004年国民经济和社会发展计划执行情况与2005年国民经济和社会发展计划草案的报告》。

四、第四次会议

第四次会议听取和审查市发展和改革局局长苏德贤所作的《关于瑞安市2005年国民经济和社会发展计划执行情况与2006年国民经济和社会发展计划草案的报告》。2005年，全市上下认真贯彻落实国家宏观调控政策措施，充分发挥各方面的积极性，努力化解土地、能源紧张的制约，克服原材料、劳动力上涨的各种困难，经济与社会保持了良好的发展态势，基本完成市十三届人大三次会议确定的预期目标。全市实现生产总值242.47亿元，比上年增长12.1%。财政总收入27.5亿元，其中地方财政收入14.4亿元，分别比上年增长17.4%和21.9%。年末金融机构各项存款余额261.92亿元，贷款余额195.66亿元，分别比年初增长16.1%和15.0%。全年出口总额7.87亿美元，比上年增长35.7%。三次产业的比重调整为4.3∶53.8∶41.9，三产占GDP的比重超过“十五”预期目标。全市实现工业总产值515.7亿元，实现增加值123.97亿元，分别比上年增长13.6%和11.8%。实现全社会消费品零售总额83.0亿元，比上年增长14.6%。全市完成全社会固定资产投资65.5亿元，比上年增长19.5%。城镇登记失业率控制1.4%以内。居民收入水平不断提高，2005年城镇居民人均可支配收入18830元，农村居民人均纯收入7436元，分别比上年增长16.2%和9.9%。

报告指出2006年国民经济和社会发展的主要指标是：地区生产总值增长12%；全社会固定资产投资增长15%；财政总收入增长12%；社会消费品零售总额增长13%；外贸出口总额增长20%；居民消费价格指数105%；城镇居民人均可支配收入增长10%，农村居民人均纯收入增长9%；人口自然增长率控制在8‰以内。

市十三届人大四次会议计划与财政预算审查委员会经审查认为，2005年，全市上下认真贯彻落实科学发展观，按照温州市委建设“三个温州”战略部署及瑞安市经济社会发展实际，努力克服各种困难，开拓创新，掀起了招商引资、工业发展、基础设施建设和文明城市创建的新高潮。存在的主要问题是：产业结构调整缓慢，综合竞争力亟待提升；工业生产持续回落，经济效益明显下滑；政策处理和融资难度加大，重点工程进度不尽如人意；贸易摩擦问题突出，外向型经济发展不确定因素增多；财政增收后劲不足，收支平衡压力加大。

计划与财政预算审查委员会认为，2006年国民经济和社会发展计划草案的报告体现党的十六大和十六届五中全会精神，按照中央、省经济工作会议的部署，紧紧围绕建设全面小康社会目标，以科学发展观统领全局，加快经济结构调整，增强自主创新能力，加强固定资产投资，加快改革开放，着力城乡统筹，注重和谐社会的构建，主要调控指标和措施符合瑞安市经济社会发展实际，采取的措施积极可行。建议：加快经济结构调整，切实提升产业竞争力；增强自主创新能力，加快经济增长方式转变；努力保持合理投资规模，增强经济和社会发展后劲；加快发展开放型经济，提高对外开放水平；推进社会主义新农村建设，加快城乡一体化进程；加快建设文化大市，着力构建和谐社会。

会议经审查，并根据计划与财政预算审查委员会的审查报告，决定批准瑞安市2006年国民经济和社会发展计划，批准《关于瑞安市2005年国民经济和社会发展计划执行情况与2006年国民经济和社会发展计划草案的报告》。

第三节　审查、批准财政预算

一、第一次会议

第一次会议听取和审查市财政局局长江孟甫所作的《关于瑞安市2002年地方财政预算执行情况及2003年地方财政预算草案的报告》。2002年，全市财政总收入15.51亿元，完成预算110.7%，比上年增长36.3%（按可比口径计算，比上年增长14.6%）。其中，地方财政收入7.88亿元，完成预算104.4%，比上年增长41.7%（按可比口径计算，比上年增长16.1%）。全市财政当年支出预算8.61亿元，执行数9.01亿元，完成预算104.7%，比上年增长23.4%。按照现行分税制财政体制和省有关政策规定计算，收支相抵，当年结余931万元。财政总收入占GDP的比重比上年提高1.85个百分点，达到9.2%。

报告提出2003年预算安排：全市财政总收入18亿元，同比增长16.1%。其中，地方财政收入8.97亿元，同比增长20%。全市财政当年支出10亿元，比上年调整预算增加1.39亿元。

市十三届人大一次会议计划与财政预算审查委员会经审查认为，2002年是瑞安市“十五”计划全面实施的第二年，国家继续实施积极的财政政策，全市经济实现持续快速发展，在此基础上，全市财政预算执行情况良好，财政工作富有成效。存在的主要问题是：工业投入相对不足，财政可持续增长缺乏后劲；加快城市化建设与资金供给不足矛盾突出；投融资体制改革滞后，财政支付压力增大；财政专项资金使用管理不够规范，支出控制不严，铺张浪费现象突出；乡镇财政赤字较为严重，财政增收难度加大；税收征管难度较大，会计信息失真、偷逃税款时有发生。

计划与财政预算审查委员会认为，2003年全市预算安排符合《中华人民共和国预算法》（简称《预算法》）等法律、法规的规定，贯彻了中央经济工作会议精神，继续实施积极的财政政策，预算收入保持与经济发展相适应的增长速度。预算支出安排体现突出重点、兼顾各方、严格控制一般支出的精神，实现预算采取的措施适当，预算草案基本可行。建议：深化财税管理改革，加快构筑公共财政体制步伐；坚持以经济建设为中心，加大扶持经济发展力度；继续调整支出结构，确保重点支出；

加强财税收支监督管理，开展增收节支，确保完成财政预算任务。

会议经审查，并根据计划与财政预算审查委员会的审查报告，决定批准2003年市财政预算，同意《关于瑞安市2002年地方财政预算执行情况及2003年地方财政预算草案的报告》。

二、第二次会议

第二次会议听取和审查市财政局局长江孟甫所作的《关于瑞安市2003年地方财政预算执行情况及2004年地方财政预算草案的报告》。2003年，全市财政总收入19.49亿元，完成预算108.25%，比上年增长25.66%（按可比口径计算，比上年增长16.14%）。其中，地方财政收入9.49亿元，完成预算105.88%，比上年增长27.04%（按可比口径计算，比上年增长16.71%）。上划中央“四税”收入9.99亿元，完成预算110.60%，比上一年增长24.37%（按可比口径计算，比上一年增长15.61%）。全市财政当年支出预算10.40亿元，完成预算104.3%，比上年增长15.43%。按照现行分税制财政体制结算收支相抵，当年预算收支结余6000万元（以省结算数为准）。财政总收入占GDP的比重比上年提高1.85个百分点，达到9.2%。

报告提出2004年预算安排：全市财政总收入22.05亿元，比上一年增长15%。其中地方财政收入10.7亿元，比上一年增长14.49%。上划中央“四税”收入11.35亿元，比上年增长15.49%。考虑出口退税因素后，财政总收入则调整为18.75亿元，地方财政收入为9.87亿元。全市财政当年支出11.43亿元，比上年预算增加1.43亿元。经财政部门审核后必须保证的新增支出需求3.52亿元，财政收支缺口达1.49亿元，缺口资金通过调整支出结构，压缩一般性支出，预算内外统筹安排，预算当年达到收支平衡。

市十三届人大二次会议计划与财政预算审查委员会经审查认为，2003年瑞安市认真贯彻落实市第十一次党代会精神和市十三届人大一次会议关于财政预算报告的决议精神，按照年初确定的财政工作思路，狠抓增收节支工作，全市财政预算执行情况良好，财政收入超额完成市人代会确定的任务，财政支持着力于调整和优化结构，保证了各项重点支出的需要，财政工作富有成效。存在的主要问题是：财政收入虽然增长较快，但地方财政财力增速趋缓，财力增长空间狭小，后续财源和新兴财源培植力度有待加大。财政刚性支出急剧增加，财政支出压力增大。部分专项资金使用不规范，存在滞留、挪用现象，财政资金使用效率，财政监督管理有待加强。乡镇财政赤字较为严重，财政风险加大。

计划与财政预算审查委员会认为，2004年全市预算安排符合《预算法》等法律、法规的规定，预算收入保持与经济发展相适应的增长速度。预算支出按照“一要吃饭、二要建设、三要有所积累、四要增强调控能力”的理财原则，依法强化收入管理，确保重点支出；加大财力统筹力度，增强财政综合调控能力；深化财税改革，强化收支监管，健全公共财政体系。预算草案基本可行，实现预算采取的措施适当。建议：坚持依法征管，确保财政收入稳定增长；调整优化支出结构，确保重点支出需求；深化财税改革，强化收支管理，提高依法理财水平；转变扶持经济内容和方式，切实落实积极财政政策。

会议经审查，并根据计划与财政预算审查委员会的审查报告，决定批准2004年市财政预算，同意

《关于瑞安市2003年地方财政预算执行情况及2004年地方财政预算草案的报告》。

三、第三次会议

第三次会议听取和审查市财政局局长江孟甫所作的《关于瑞安市2004年地方财政预算执行情况及2005年地方财政预算草案的报告》。2004年，全市财政总收入23.42亿元，完成预算106.23%，比上年增长22.15%。其中，地方财政收入11.82亿元，完成预算110.53%，比上年增长26.54%。上划中央“四税”收入11.60亿元，完成预算102.12%，比上一年增长17.99%。调整出口退税因素，全市财政总收入19.09亿元，完成预算101.81%，同比增长17.83%。其中，地方财政收入10.74亿元，完成预算108.78%，同比增长21.85%。上划中央“四税”收入8.35亿元，完成预算94.06%，同比增长12.75%。全市财政当年支出预算12.87亿元，完成预算112.6%，比上年增长23.72%。按照现行财政体制结算，当年预算收支结余6700万元。

报告提出2005年预算安排：全市财政总收入26.65亿元，比上年增长13.78%。其中，地方财政收入13.4亿元，比上年增长13.34%。上划中央“四税”收入13.25亿元，比上年增长14.22%。考虑出口退税因素后，财政总收入调整为20.2亿元，比上年增长5.81%，其中，地方财政收入为11.79亿元，比上年增长9.76%。上划中央“四税”收入8.41亿元，比上年增长0.74%。按现行财政体制测算，全市可用财力为12.92亿元，加上上年省政府给予的一次性专项财力补助0.23亿元，当年地方可用财力预计13.15亿元，比上年增长8.52%。全市财政当年支出13.15亿元，比上年增加可用财力1.72亿元。经财政部门审核后必须保证的新增支出需求为2.34亿元，财政收支缺口资金通过调整支出结构，压缩一般性支出，预算内外统筹安排，预算当年达到收支平衡。

市十三届人大三次会议计划与财政预算审查委员会经审查认为，2004年瑞安市认真贯彻党的十六大和十六届三中、四中全会精神，深化改革，开拓创新，扎实工作，经济发展速度明显加快，质量和效益进一步提高，财政收支稳定增长，财政预算执行情况良好，年度预算任务顺利完成。存在的主要问题是：地方财力增势趋缓，支出急剧扩张，财政收支平衡压力加大。税收收入结构有待优化，结构调整力度不够。财政支出结构调整难度大，部分亟待加大投入力度的薄弱环节保障不足。部分乡镇财政债务有新一轮扩张的趋势，防范和化解财政风险的任务非常艰巨。挥霍和浪费财政资金的现象仍时有发生，财政管理水平和财政资金使用效益有待提高。

计划与财政预算审查委员会认为，2005年全市预算安排符合《预算法》等法律、法规的规定，预算收入保持了与经济发展相适应的增长速度。预算支出按照统筹兼顾、收支平衡的原则，严控一般性支出，保障重点需求。建议：充分发挥财政宏观调控作用，促进经济全面、协调、可持续发展。进一步优化支出结构，确保重点支出需求，提高公共财政保障能力；强化收支监管，健全公共财政体系。落实各项优惠政策，积极培植财源，支持瑞安市经济持续快速发展。

会议经审查，并根据计划与财政预算审查委员会的审查报告，决定批准2005年市财政预算，同意《关于瑞安市2004年地方财政预算执行情况及2005年地方财政预算草案的报告》。

四、第四次会议

第四次会议听取和审查市财政局局长蒋良奉所作的《关于瑞安市2005年地方财政预算执行情况及2006年地方财政预算草案的报告》。2005年，全市财政总收入27.5亿元，完成预算的100.9%，比上年增长17.4%，其中，地方财政收入14.4亿元，完成预算的101.2%，比上年增长21.9%；上划“中央四税”收入13.1亿元，完成预算的100.6%，比上年增长12.8%。全市地方财政当年支出为14.6亿元，完成预算的101.4%，比上年增长13.4%。按现行财政体制结算，当年预算收支结余预计为2000万元（以省决算数为准）。

报告提出2006年预算安排：全市财政总收入30.1亿元，比上年增长12%，其中，地方一般预算收入15.2亿元，比上年增长7.4%；上划中央“四税”收入14.9亿元，比上年增长17.2%。按有关政策规定，2006年一般预算支出拟按15.13亿元安排，比上年增加7300万元，增长4.9%。经财政部门审核，必须保证的新增支出为2.1亿元，财政收支缺口，通过大力调整支出结构，努力压缩一般性支出，预算内外统筹安排等措施，达到当年预算收支平衡。

市十三届人大四次会议计划与财政预算审查委员会经审查认为，2005年瑞安市认真贯彻落实科学发展观和市委十一届六次全会精神，努力增收节支，强化收入征管，优化支出结构，加快改革步伐，全市财政预算执行情况良好，圆满完成市十三届人大三次会议确定的预算任务。存在的主要问题是：受多方面因素的影响，财源后劲不足进一步显现，组织收入的难度加大。由于政府职能处于转轨时期，财政的越位和缺位问题短时间内还难以解决，调整支出结构任务仍然十分繁重。政府统筹财力急剧减少，重点工程建设资金到位困难，在一定程度上已影响了工程的建设进度。一些政府债务有向财政转移和积聚的趋势，部分乡镇债务有所扩张，防范和化解财政风险的任务非常艰巨。财政资金损失浪费等现象仍时有发生，财政管理水平和财政资金使用效益有待提高。

计划与财政预算审查委员会认为，2006年全市预算安排符合《预算法》等法律、法规的规定，贯彻了中央经济工作会议精神和稳健财政政策。预算收入保持了适度的增长。预算支出坚持统筹兼顾、量入而出、收支平衡的原则，调整支出结构，压缩一般性支出，保障重点需求。预算草案基本可行，为实现预算的措施是适当的。建议：充分发挥财政综合职能作用，加强精细化管理，强化收入征管。优化财政支出结构，保障重点支出。深化预算管理制度改革，提高依法理财水平。加强财政收支管理，保障财政资金安全有效。

会议经审查，并根据计划与财政预算审查委员会的审查报告，决定批准2006年市财政预算，同意《关于瑞安市2005年地方财政预算执行情况及2006年地方财政预算草案的报告》。

第四节　听取、审议常委会工作报告

一、第一次会议

第一次会议听取和审议市人大常委会副主任胡毓淦所作的《瑞安市人民代表大会常务委员会工作报告》。1998—2002年，市人大常委会以邓小平理论和“三个代表”重要思想为指导，与时俱进，开拓创新，认真行使宪法和法律赋予的各项职权，共召开常委会会议48次，主任会议89次，听取“一府两院”工作报告148个，作出重大事项决议、决定86项，依法任免国家机关工作人员289人。五年来，常委会行使决定权，促进重大事项落实。作出《关于加强对经济工作监督的决定》《关于加强对市级预算审查监督的决定》《关于对城关区域进行社会治安集中整治的决定》《关于进一步加强依法治市若干问题的决议》《关于进一步开展法制宣传教育的决议》等。五年来，常委会组织一系列执法检查，促进法律法规在全市的贯彻实施，开展水土保持法、土地法、产品质量法、建筑法、文物保护法、渔业法、义务教育法、食品卫生法、传染病防治法、科技成果转化法、《浙江省发展中医条例》等20多部法律法规执行检查，对检查中发现的问题，提出改进意见，实施跟踪监督，督促限期整改。实施市执法单位年度执法工作检查监督，增强执法机关依法行政。开展个案监督，13件个案与11件重点督办件依法得到纠正。常委会重视和改进工作监督，听取和审议市政府关于农业园区建设、二轮土地承包、标准农田建设、农业产业化、扶贫工作等情况报告，加强对农业基础设施建设、农业产业结构调整、农业龙头企业培育、农业专业合作社建设监督。听取教育、卫生、文化工作报告，审议通过瑞安市科学技术“十五”发展规划。听取审议市国企改革、重点项目建设等热点问题，推动工作开展。重点跟踪监督综治工作，城关月均发案数下降率达37.3%，重大案的侦破率上升20%，社会秩序明显好转。组织人大代表先后对市人民检察院、市公安局、市人民法院、市工商局、市政府工作进行评议，并跟踪监督被评议意见整改落实情况，规范执法行为。关注社会热点问题，五年共接待上访人员4824人次，受理人民群众来信来访2793件，维护广大人民群众合法权益。顺利完成市十三届人大代表换届选举工作和乡镇人大换届选举工作。为保障代表依法行使职权，常委会及时将代表议案建议交“一府两院”及有关单位办理，听取审议办理工作的汇报，并通过建立工作责任制、重点议案建议重点办理、代表视察检查和跟踪反馈等形式，不断改进代表议案和建议的办理工作。五年来，共督办议案8件，建议、意见2146件。报告提出今后五年常委会工作的总体思路和建议。

代表在审议中认为：市人大常委会以实施依法治国方略、推进依法治市进程总揽人大工作全局，坚持与时俱进，开拓创新，认真行使宪法与法律赋予的各项职权，为保障和促进全市社会主义现代化建设事业的顺利进行作出重要贡献。同时，对加强法律监督和工作监督，联系代表、发挥代表作用，行使重大事项决定权等方面的工作提出意见和建议。

会议通过决议，批准市人大常委会工作报告。决议要求，新一届市人大常委会要高举邓小平理论伟大旗帜，全面贯彻党的十六大精神，认真履行宪法和法律赋予的各项职责，把坚持党的领导、人民当家作主和依法治市有机统一起来，把发展社会主义民主、健全社会主义法制作为根本任务，以新的思路和新的举措进一步做好各项工作。要在总结经验的基础上，紧紧围绕增强监督实效这一中心环节，不断改进监督工作，完善监督制度，增强监督的实效。要不断适应新的形势和任务的要求，高度重视人大常委会的自身建设。要进一步加强代表工作，为代表依法履行职责搞好服务，积极发挥人大代表的主体作用，为瑞安全面建设更高水平的小康社会、提前实现现代化作出新的贡献。

二、第二次会议

2004年3月17日，市人大常委会副主任孔素素在市第十三届人民代表大会第二次会议上作市人大常委会工作报告

第二次会议听取和审议市人大常委会副主任孔素素所作的《瑞安市人民代表大会常务委员会工作报告》。2003年，市人大常委会共召开常委会会议9次，审议工作报告35个，作出决议、决定12项，任免国家机关工作人员125人，各项工作取得新成效。加强法律监督，依法作出决议。作出《关于加快推进依法治市进程的决议》，分别批准“一府两院”《关于进一步推进依法治市工作的实施方案》。开展劳动法、安全生产法、农业法、人口与计划生育法、职业病防治法、婚姻法、《浙江省社会治安综合治理条例》等法律法规执法检查。对市司法局、市工商行政管理局、市农业（林业）局和市民族宗教事务局开展年度执法工作检查，促进依法行政和公正司法。组织市人大代表开展市环保局、市水利局工作评议。围绕全市大局，强化工作监督。加强经济工作监督，听取审议市政府关于瑞安市经济发展运行情况、国民经济和社会发展计划执行情况与财政预算执行情况报告，提出建立宏观调控体系，加强经济工作指导服务，改善硬软投资环境等意见和建议。监督审议2002年瑞安市科技三项经费使用情况，听取市审计局、市财政局审计、审查意见建议，提出加大科技工作投入力度、突出科研重大项目、规范科技经费项目安排和管理的督查意见。关注热点问题解决，重视群众来信来访，全年共接待上访人员506人次，受理人民群众信访件461件次。决定重大事项，依法任免干部。常委会修订通过关于讨论、决定全市重大事项的规定，完善行使决定权程序和制度，有效保障重大决策民主化、科学化。为解决瑞安市当前资金需求矛盾，顺利实施“双百计划”，加快基础设施建设，加快城市化步伐，常委会会议作出决定，批准市政府《关于接受国家开发银行授信贷款的议案》，并接受全过程监督。此外，常委会还对瑞安市城市总体规划、近期建设规划、加强审计工作监督、安阳镇撤镇建街等重大事项作出决定，发挥地方权力机关管理国家事务的积极性和主动性。依法行使任免权，修改《关于任免国家机

关工作人员的办法》。加强对审判人员和检察人员监督，对拟提请常委会任命的审判人员和检察人员实行任前公示，提高干部任用工作群众参与度、公认度和透明度。重视议案建议办理，共督办议案2件，建议731件。通过召开督办会、组织专题监督和“代表在线”平台督办等形式，问题解决率、代表见面率和代表满意率较往年有明显的提高。开展机关“效能革命”活动，制定宣传、学习、考勤、公文、办会、人事管理、车辆管理、财物管理等8个规章制度。报告提出2004年常委会工作思路和主要任务。

代表在审议中认为：市人大常委会紧紧围绕全市改革发展稳定大局，认真履行职责，积极开展工作，监督工作有新成效，行使决定权和任免权工作有新进展，代表工作有新举措。同时，对监督工作的力度和实效，加大对议案办理力度，组织人大代表开展视察活动，加强常委会的自身建设等方面的工作提出意见和建议。

会议通过决议，批准市人大常委会工作报告。决议要求，市人大常委会要紧紧围绕全市工作大局，切实履行各项法定职责，努力维护好、实现好、发展好最广大人民群众的根本利益。要把经济社会发展中的重大问题和人民群众普遍关注的“热点”“难点”问题作为监督工作的重点，加大力度，增强实效，支持和促进依法行政、公正司法。要支持代表依法执行职务，充分发挥代表作用。要深入学习修改后的宪法，学习理论和法律，加强机关效能建设，努力提高整体素质和决策水平，开创人大工作新局面。

三、第三次会议

第三次会议听取和审议市人大常委会副主任孔素素所作的《瑞安市人民代表大会常务委员会工作报告》。2004年，市人大常委会共举行常委会会议9次，听取和审议“一府两院”工作报告32个，依法任免国家机关工作人员51人次，各项工作取得明显成效。法律监督和工作监督拓展新领域。加强经济工作监督，听取和审议市政府关于生态市建设和《中华人民共和国环境保护法》执行情况报告。注重对重点工程建设全过程监督，督促市政府解决好建设中的困难和问题。听取和审议市政府关于开放型经济发展情况的报告，针对瑞安市利用外资方面的问题，提出审议意见。组织开展《中华人民共和国职业教育法》《中华人民共和国文物保护法》和《浙江省历史文化名城保护条例》贯彻落实情况检查监督。听取和审议市政府关于《中华人民共和国食品卫生法》贯彻执行情况的报告，作出关于进一步提高食品卫生安全意识，健全工作责任制，加强队伍建设，提高执法水平的审议意见。听取涉农部门“三农”情况工作报告，对解决土地抛荒，优化支农服务，确保各项支农措施的落实等提出意见。听取和审议市政府关于农产品质量安全工作情况报告，作出增强农产品质量安全意识，建立农产品安全生产标准体系，提高生产经营组织化程度，加大执法力度，确保农产品质量安全的审议意见。重点监督市民政局、市房产管理局、市药品监督管理局、市海洋与渔业局年度执法工作情况。人事任免权工作探索新形式。加强对决定任命干部监督，建立全面述职与重点评议相结合的工作机制，开展市民政局、市国土资源局、市交通局、市文化局局长述职评议。重大事项决定工作取得新成效。动态监督计划和财政预算执行情况，将审计手段引入监督，首次要求市审计局对市本级年度财政预算执行情况及其他财政收支情况的审计工作向常委会报告，进行专题审议，对市级财政预算执行和其他财政收支存在的问题提出审议意见，并实施重点审议意见反馈和跟踪督办。注重重大事项决定的科学论证和有效实施，在调查研究和科学论证的基础上，常委会作出同意瑞安生态市建设规划和关于推进生态市建设的决定，重点跟踪监督重大事项决定落实情况，听取《关于加快推进依法治市进程的决议落实情况的报告》。代表工作增添新活力。密切同代表与群众联系，认真听取代表意见和呼声。重视信访工作，全年共收到代表与群众来信520件，接待来访732人次，集体上访12批次。坚持邀请代表列席常委会会议制度，全年有58名代表列席会议。加大建议督办力度，开展议案、重点建议和民生实事重点督办，探索代表约见和议案建议网上跟踪督办，全年共办理666件建议，满意和基本满意率为98.78%。自身建设再塑新形象。开展“三树一创”和“深化效能革命，整顿作风，提升素质”活动，开展代表述职评议，自觉接受监督。召开首届人大理论研讨会，编撰完成《瑞安市人民代表大会志》。报告提出2005年常委会工作思路和主要任务。

代表在审议中认为：市人大常委会围绕中心，把握大局，大胆实践，开拓创新，依法行使宪法和法律赋予的各项职权，较好发挥了地方国家权力机关的职能作用，为推进瑞安市物质文明、政治文明和精神文明全面发展做出应有的贡献。同时，对充分行使重大事项决定权，强化工作监督精准到位，做好任命干部的评议，加强对乡镇人大工作的指导和培训等方面的工作提出意见和建议。

会议通过决议，批准市人大常委会工作报告。

四、第四次会议

第四次会议听取和审议市人大常委会代理主任孔素素所作的《瑞安市人民代表大会常务委员会工作报告》。2005年，市人大常委会共召开常委会会议9次。加强执法监督，促进依法行政。听取和审议市政府关于贯彻实施水污染防治法情况的报告，推动水污染防治措施落实。开展药品管理法、中医发展条例、科技进步法、防洪法等法律法规贯彻实施情况执法检查。对市公安局、市卫生局、市国土资源局、市统计局开展年度执法工作检查。重视司法监督，开展行政诉讼法贯彻落实情况和市公检法机关减刑、假释、监外执行工作情况检查，保障公正司法。加强工作监督，重视计划和预决算工作监督，重点审查重点工程建设。强化财政专项资金和热点问题监督。针对全市外经贸发展资金管理使用问题，提出规范外经贸发展资金安排使用和贴息资金使用管理的建议意见。针对市国有资产流失、投资效益低下和处置不规范等突出问题，督促市政府整改落实。重点督办土地出让金应缴未缴数额巨大问题，促使市政府追缴拖欠的土地出让金超亿元，并建立长效管理机制，规范土地出让金收缴工作。听取市监察局关于审计报告中涉及的土地违法违纪案件处理情况的汇报，监督依法处理案件。针对瑞安市经济发展用地需求与城市总体规划确定的用地功能布局矛盾，作出关于同意调整城市总体规划的决定。听取全市廉政建设情况报告，跟踪监督农产品质量安全工作、旧城改造工作和食品卫生法、职业教育法贯彻落实情况。重视群众来信来访，全年共接待群众520人次，受理来信来访410件，申诉控告180件，有力维护群众的合法权益。依法行使任免权，全年任免国家机关工作人员120人次。深入开展“两项”评议，对市规划建设局、市教育局、市农业（林业）局、市司法局局长进行述职评议，对市国税局、市人口和计划生育局进行执法评议，加强权力运行监督。加强代表培训，创造履职条件，代表工作持续改进。组织代表履职培训，开展代表述职活动。强化督办，推进议案、建议办理。重点做好《关于加强食品药品安全监管，切实维护人民群众健康的议案》和重点建议督办工作。坚持“三联系一邀请”办理程序，完善交办、督查、见面等多项制度，使办理工作制度化和规范化。推行网上跟踪督办，市政府网站发布建议内容、公开答复件、接受监督，提高办理工作透明度。开展“好建议”评选活动，共评出10件好建议。通过改进督办方式，市区交通管理、学校卫生工作、河道疏浚、被征地农民安置等问题得到较好解决。加强联系，发挥代表监督作用。注意加强与代表联系和沟通，首次实行“一府两院”半年工作通报制度。让市人大代表及时了解“一府两院”工作情况，以利于开展有针对性的监督。激发代表履职热情，开展履职评优评先，全市评选出代表活动先进小组10个、积极分子32名。重视指导乡镇人大（街道人大工委）工作。在7个中心镇开展镇人大代表评议镇政府工作，建立乡镇（街道）人大主席（人大工委主任）联席会议制度。指导汀田、仙降、碧山、曹村等镇人大开展市、镇人大代表向选民述职活动，提高整体素质，夯实工作基础，自身建设扎实推进。坚持党的领导，进一步优化工作环境。深入贯彻省、温州市人大工作会议精神，总结人大工作经验，为市委召开人大工作会议和出台《关于进一步加强人大工作的若干意见》，提出加强和改进人大工作建议意见。报告提出2006年常委会工作思路和主要任务。

代表在审议中认为：市人大常委会全面贯彻市委人大工作会议精神，坚持和完善人民代表大会制度，依法行使宪法和法律赋予的各项职权，围绕中心，把握大局，求实创新，在瑞安改革开放和现代化建设中发挥应有作用。同时，对进一步加大监督工作力度，创新监督形式，加强人大代表培训，发挥代表作用，加强常委会自身建设等方面的工作提出意见和建议。

会议通过决议，批准市人大常委会工作报告。

第五节 听取、审议法院工作报告

一、第一次会议

第一次会议听取和审议市人民法院院长李炳权所作的《瑞安市人民法院工作报告》。1998—2002年，市人民法院共依法办结各类案件59070件，同比增长1.87倍，结案率达99.19%。深入开展“严打”斗争，加强刑事审判工作，共审结刑事案件6331件，判处犯罪分子9582人，维护了社会稳定。依法调节经济关系，共审结经济纠纷案件18457件，解决诉讼标的金额10.82亿元，同比分别上升318.05%和370.43%。审结各类民事案件12380件，同比上升94.35%。推进行政审判工作，依法立案，慎重审判，共审结各类行政案件240件，同比上升63.27%，执结各类非诉行政案件1094件，标的额达1984.63万元。既保护当事人的合法权益，又维护和监督行政机关依法行政。加强和改进执行工作，充实执行队伍，改进执行方法，严格执行纪律，规范执行行为，实行公开执行制度、债权凭证制度、财产处理公示制度，五年来，共执行各类案件21662件，执行标的金额8.68亿元。2001年，市人民法院荣获全省首批“执行工作良性循环法院”称号。认真落实社会治安综合治理措施。深入推进法院改革，建立科学审判流程管理制度，实行立案与审判、审判与执行、审判与审判监督分离，案件流程管理制度。引入计算机管理等现代科技手段，跟踪管理督办各类案件。深化审判方式改革，全面落实公开审判制度，完善庭审方式，强化举证、质证和认证，提高庭审质量。推行案件繁简分流，探索简便快捷办案机制。推进完成机构设置合理、职责划分清晰、编制配备精干的法院机构改革，优化审判力量配置，推行审判长、独任审判员选任制。组建执行局，在全市范围内形成统一管理、统一协调、统一指挥的执行工作新体制，实现执行裁决权和执行实施权相分离，被执行人财产的控制权和处分权相分离，执行工作日趋规范。健全司法救助制度，五年来，共实施司法救助337件，为困难当事人实行诉讼费减免金额达105.14万元。大力加强自身建设，提升干警整体素质。扎实开展“三讲”教育、集中教育整顿和“双满意”活动，2002年市人民法院被省高院授予“集体三等功”荣誉。注重业务能力培养，开展审判经验交流、专业技能训练和学历教育提升。推进党风廉政建设，建立廉政工作机制。自觉接受党委领导、人大监督、政协监督、法律监督和社会舆论监督，共处理来信3.48万件，接待来访1.63万人次。加强审判监督工作，共依法改判历年来发生法律效力的案件38件。审结检察机关提起的各类抗诉案件45件。报告提出今后五年法院工作思路和目标任务。

代表在审议中认为：五年来，市人民法院坚持公正和效率的工作主题，忠实履行宪法和法律赋予的职责，充分发挥审判职能作用，各项工作取得明显的进展，为维护瑞安市社会稳定和促进经济建设作出应有贡献。同时，对审判任务和力量的矛盾，暴力抗法和执行难的问题，行政非诉案件的执行，特别是拆迁、计划生育案件的执行，加强法官队伍建设等方面工作提出意见和建议。

会议通过决议，批准市人民法院工作报告。决议要求，市人民法院要高举邓小平理论伟大旗帜，以“三个代表”重要思想为指导，全面贯彻落实党的十六大精神，紧紧围绕“公正与效率”的工作主题，认真履行法定职责，全面加强各项审判工作，推行法院改革，提高队伍素质，坚持公正司法，提高工作效率，为瑞安市现代化建设提供公正高效的司法保障。

二、第二次会议

第二次会议听取和审议市人民法院院长李炳权所作的《瑞安市人民法院工作报告》。2003年，市人民法院共受理各类案件9038件，办结9145件。依法惩处各类犯罪，全力维护社会政治稳定，全年共审结刑事案件1156件，判处罪犯1680人。重点打击涉黑涉恶犯罪、严重暴力犯罪和严重影响群众安全感的多发性犯罪，共办理该三类案件571件810人。参与社会治安综合治理，通过集中宣判、新闻报道、警校挂钩、提出司法建议等方式，将打击与教育结合，营造良好治安环境。坚持“寓教于审、惩教结合”，从轻判处少年犯212人。充分发挥调节职能，有效促进经济发展和社会进步，全年共审结民事案件4198件、行政案件80件，有效地维护了正常的经济秩序，化解了社会矛盾。切实加强执行工作，保护当事人的合法权益。坚持服务建设“信用瑞安”工作目标，加大执行力度和规范执行工作，全年共执结案件3705件，标的额达1.8亿余元，执结率达92.4%。开展案件集中执行活动，探索公告督促、新闻曝光、举报奖励、执行听证等执行方法，建章立制规范执行运行机制，实行执行实施权和裁判权相分离和执行过程公开。完善审判工作运行机制，完善审判流程管理，运用计算机网络系统，改进案件衔接、文件传送、审判监督等工作。开展司法大检查，健全办案质量保证体系，共检查案件10820件。建立健全规章制度，构建法院管理的长效机制，加强审判监督检查，推行院长质量讲评，建立案件质量档案，开展庭审观摩，确保办案质量。全年办结的刑事案件中，因主要事实不清、证据不足，被市人民法院判决无罪或由检察机关撤回起诉的5件7人。民事案件上诉改判率、发回重审率继续下降，不足案件总数的0.5%。整合基层法庭资源，加强基层法庭软硬件建设，提升法庭综合实力。积极开展素质教育，加快法官职业化建设步伐。组建法院业余党校，作为党建学习平台。开展法律业务培训，注重培养高层次审判专业人才，全年共接受各类培训153人次，51人参与学历提升学习，为推进法官职业化建设奠定了扎实的基础。积极落实司法为民措施，制订18项司法为民举措，积极开展司法救助，依法减、免、缓交诉讼费61件24.3万元。报告提出2004年法院工作思路和重点抓好的四个方面工作。

代表在审议中认为：市人民法院坚持“司法为民”宗旨和“公正与效率”主题，全面开展各项审判，积极推进法院改革，大力加强队伍建设，圆满地完成各项工作任务，各项主要办案指标继续居温州市各基层法院之首。同时，对积极参与社会治安综合治理，转变司法作风，严肃审判纪律，不断提高执行工作效率等方面的工作提出意见和建议。

会议通过决议，批准市人民法院工作报告。决议要求，市人民法院要紧紧围绕党和国家的工作大局，认真履行法定职责，全面加强各项审判工作，不断强化审判职能，坚持公正司法，提高工作效率，落实“司法为民”要求，为全市经济社会全面、协调、可持续发展提供公正高效的司法保障。

三、第三次会议

第三次会议听取和审议市人民法院代院长赵建华所作的《瑞安市人民法院工作报告》。2004年，市人民法院共受理各类案件8773件，办结8811件，解决诉讼标的总金额3.7亿余元。依法惩处各类犯罪，全年共审理刑事案件1360件，判处罪犯2003人。加强与经济发展关系密切案件审理，全年审结民商事案件2382件，规范市场行为，维护市场经济秩序。加强与群众利益关系密切的案件审理，审结民事案件1550件，依法保护公民人身和财产权利，妥善化解矛盾纠纷。加强与公民权利关系密切的案件审理，审结行政诉讼案件90件，办理各类非诉行政案件592件，保护行政相对人合法权益，支持和促进政府机关依法行政。狠抓执行工作，有效保护当事人合法权益，全年共执结案件2817件，标的额1.4亿余元，结案率达90.4%。规范执行运行机制，提高执行规范程度，实行执行实施权和裁判权相分离，实施执务公开，加强执行作风建设。落实司法为民宗旨，彰显以人为本司法理念。制定《进一步全面落实司法为民宗旨的实施意见》，加强立案、信访工作，全年共接待处理涉诉信访1.2万件人次。建立诉讼指引制度，健全人民调解指导制度，开展“法律进社区”活动，加强对弱势群体的司法保护。建立科学规范的审判管理运行机制，全面落实公开审判制度，推行“阳光司法工程”，增加审判活动透明度。推行案件繁简分流，全年适用简易程序审理的案件3163件，占全部诉讼案件的59.3%，提高了审判效率。从严监督，健全办案质量和效率保证体系，修订《审判委员会议事规则》，强化院长、庭长的监督管理职责，认真落实审限跟踪管理，健全超审限预警机制，加强干部监督、考核、评查。提高法院队伍整体素质，加快法官职业化建设步伐。开展“三树一创”、机关效能建设、“司法公正树形象”和“执法为民，公正廉明”等活动，进一步完善法院效能建设和队伍管理长效机制。注重法律业务培训，全年共接受各类培训187人次。具有法律大专以上学历的131人，具有法律本科以上学历的101人，分别占在职干警总数的94.9%和73.2%，其中45周岁以下一线法官具有法律本科以上学历的达93.3%。完善廉洁司法机制，建立和完善廉政月评、投诉惩戒、差错案追究和“一岗双责”等制度。优化人力资源配置，开展干部上下交流、岗位轮换、公开选拔，增强人事工作活力。自觉接受人大、政协和社会各界监督，全院共处理人大代表、政协委员来信、来访、来电116人（件）次。报告提出2005年法院工作思路和重点抓好的四个方面工作。

代表在审议中认为：市人民法院坚持公正与效率主题和司法为民宗旨，坚持审判与队伍齐抓，改革与建设并进，克服案多人少工作压力大等种种实际困难，各项工作有新的发展。同时，对依法妥善调处和及时化解人民内部矛盾，维护人民群众的根本利益，切实解决执行工作中存在的重点和难点问题，优化执法环境等方面的工作提出意见和建议。

会议通过决议，批准市人民法院工作报告。

四、第四次会议

第四次会议听取和审议市人民法院院长赵建华所作的《瑞安市人民法院工作报告》。2005年，市人民法院共受理各类案件10543件、办结10587件，同比分别上升19.7%、19.5%，审限内结案率达100%，解决诉讼标的总金额约3.5亿元。为瑞安社会稳定、经济发展和社会全面进步提供有力的司法保障。依法惩处犯罪，维护社会稳定。全年受理各类刑事案件1475件，审结1471件。依法严厉打击涉黑涉恶犯罪、严重暴力犯罪和严重影响群众安全的多发性犯罪，判处上述犯罪分子1370人，推进了“平安瑞安”的建设。调节民商关系，促进和谐发展。加强与经济发展和群众利益关系密切案件的审理，全年共审结各类民商事案件2114件，审结婚姻家庭等民事案件2131件。坚持审执兼顾，重视先予执行和诉讼保全工作，全年共先予执行案件14件，诉讼保全92件。强化诉讼调解工作，全年审结的4245件民商案件中，调解结案的占24.9%，经调解撤诉的占28.7%，实现法律效果与社会效果统一。强化行政审判，推进依法治市。全年受理各类行政诉讼案件109件，审结110件，执结各类非诉行政案件1032件。加大执行力度，保障合法权益。全年共办结执行案件3653件，比2004年上升29.7%，实际执行标的额8300万元。坚持“执行措施穷尽”原则，全年共司法拘留139人，查封房屋1165间，拍卖金额327.7万元。践行司法为民，维护群众利益，提升服务水平。完善各项便民诉讼措施，加强立案窗口建设，开展边远村镇巡回审判，方便群众办事。推行案件繁简分流，全年适用简易程序审理的案件3350件。重视涉诉上访工作，全年接待来访人员167人，处理各类信访案件30件。参与社会治安综合治理，协助培训各类调解员3000余人。强化审判管理机制，制定《案件审理流程管理办法》《审判委员会工作的若干规定》。推行案件繁简分流，设立速裁法庭。理顺执行管理机制，成立执行裁决合议庭，规范财产处理工作。完善人事管理机制，制定《审判长选任工作实绩考核评分细则》。健全审判监督机制，制定《司法文书审批签发制度》，落实审限跟踪管理，开展案件质量评查督查活动，全年共评查案件2000件，督查案件175件。强化队伍建设，扎实开展“保持共产党员先进性”教育活动，注重高层次审判专业人才培养，全面提高法官素质。自觉接受人大、政协及社会监督，全年共处理人大代表、政协委员来信、来访、来电112人（件）次。报告提出2006年法院工作思路和重点抓好的四个方面工作。

代表在审议中认为：市人民法院坚持“公正与效率”主题和“司法为民”宗旨，切实增强司法能力，提高司法水平，全面履行审判职能，各项工作取得新进步。同时，对全面加强各项审判，提高审判质量和审判效率，提高执行工作的机动能力和应急能力等方面的工作提出意见和建议。

会议通过决议，批准市人民法院工作报告。

第六节　听取、审议检察院工作报告

一、第一次会议

第一次会议听取和审议市人民检察院检察长程兰生所作的《瑞安市人民检察院工作报告》。1998—2002年，市人民检察院共依法批准逮捕各类刑事犯罪案件5818件9468人，提起公诉6379件9632人。其中，批捕重特大刑事犯罪案件1321件1682人，起诉1423件1972人；批捕“法轮功”等邪教组织的犯罪案件9件20人。批捕涉税、制假售假、金融诈骗等严重破坏市场经济秩序的犯罪案件140件219人，起诉171件273人。息诉息访1520人次，其中，检察长接访313人次。立案查处贪污贿赂、渎职等职务犯罪案件113件130人，为国家挽回经济损失1430万元。其中，查处职务犯罪5万元以上大案66件71人，副科级以上领导干部26件26人；查处行贿数额巨大、多次或向多人行贿案件19件。查办国家机关工作人员徇私枉法、滥用职权、非法拘禁等渎职侵权犯罪案件13件13人。加强刑事立案监督和侦查监督，防止和纠正有罪不究、以罚代刑。监督公安机关对53件64人该立未立的犯罪案件进行立案监督，提起公诉后法院作有罪判决的23件28人，判处3年以上有期徒刑的8件8人。对应当逮捕、起诉而未提请逮捕、移送起诉的，依法决定增捕42人，增诉55人。对不符合法定逮捕、起诉条件的，依法决定不捕262人，不起诉143人。加强审判监督，依法纠正确有错误的判决和裁定，共提出刑事抗诉19件，二审法院改判7件。提出民事行政抗诉74件，改判31件。息诉息访152件。加强对超期羁押等违法行为的监督，共纠正超期羁押433人次，纠正违法减刑、假释、保外就医等82件（次），共向有关部门提出各种检察建议615次。监督制约自身执法活动，受理刑事赔偿申请案件9件，作出赔偿决定1件。全市检察机关本科以上学历的干警已占总人数的55.6%。报告提出今后五年检察院工作的总体要求和主要任务。

代表在审议中认为：市人民检察院围绕建设现代化新瑞安的工作大局，把握“公正执法、加强监督、依法办案、从严治检、服务大局”的工作方针，全面履行法律监督职能，大力加强检察队伍建设，检察工作取得新成绩，为维护瑞安社会稳定，保障经济发展作出应有的贡献。同时，对强化查办职务犯罪大案要案的能力，加强执法活动的监督，查处隐藏在执法不公背后的司法腐败案件，加强检察队伍管理、建设等方面的工作提出意见和建议。

会议通过决议，批准市人民检察院工作报告。决议要求，市人民检察院要高举邓小平理论伟大旗帜，以“三个代表”重要思想为指导，全面贯彻落实党的十六大精神，突出“强化监督，公正执法”的主题，认真履行法定职责，全面加强各项检察工作，推进检察改革，提高队伍素质，为瑞安市现代化建设创造良好的法治环境。

二、第二次会议

第二次会议听取和审议市人民检察院检察长程兰生所作的《瑞安市人民检察院工作报告》。2003年，市人民检察院共依法批准逮捕各类刑事犯罪案件1130件1573人，提起公诉1142件1595人。其中，批捕杀人、抢劫、强奸等重特大刑事犯罪案件159件294人，起诉128件251人。提前介入特重大案件侦查16件22人。公诉部门报送温州市人民检察院审查起诉特重大案件56件115人。批捕假冒伪劣商品、危害税收征管、扰乱市场秩序、破坏金融管理秩序等经济犯罪嫌疑人46人，依法提起公诉53人。受理办结涉检来信来访216人次。立案查处贪污贿赂、渎职侵权等职务犯罪案件26件26人，为国家挽回经济损失300多万元。其中，查办贪污贿赂案件15件15人，科局级领导干部7件7人，立案查处滥用职权、徇私枉法案件4件4人。试行人民监督员制度，聘请9名社会各界人士担任自侦案件的人民监督员，人民监督员依法对犯罪嫌疑人不服逮捕决定、拟作撤案、不起诉处理等三类自侦案件行使监督权。全面加强诉讼监督，全年共监督刑事立案9件12人，其中抢劫、强奸、绑架等重大案件5件7人，判处10年以上有期徒刑的2人。发出纠正违法通知书、检察建议书等法律文书33份。依法建议公安机关追诉83人，撤案处理16人，对19人决定无罪不捕，对15人决定不起诉（其中绝对不起诉2件2人）。刑事审判监督重点纠正确有错误的判决，提出抗诉刑事判决案件4件。监督民事审判和行政诉讼，共提请上级院抗诉16件，建议上级院提请抗诉13件，办案数是上年的2.4倍。息诉案件9件。支持起诉国有资产流失的民事诉讼案件7件。依法纠正提请减刑不当、暂予监外执行不当等情况，共计53人次。依法纠正超期羁押17件38人。全市检察机关干警政治素质和业务素质提高显著，全年共有19个（次）集体受到国家、省、市级表彰，公诉科荣获全国“严打”整治斗争先进集体称号，共有30人次受到各种表彰和嘉奖，6名干警分别荣获温州市“三八红旗手”、温州市“人民满意政法干警”、温州市优秀检察官等称号。报告提出2004年检察院工作的总体要求和主要任务。

代表在审议中认为：市人民检察院加大工作力度，提高执法水平和办案质量，全面履行法律监督职能，深入开展“强化法律监督，维护公平正义”教育活动，大力加强检察队伍建设，检察工作有新发展。同时，对依法独立办案的能力和水平还不够强，诉讼监督工作还存在薄弱环节，检察队伍专业化水平还不够高等方面的工作提出意见和建议。

会议通过决议，批准市人民检察院工作报告。决议要求，市人民检察院要紧紧围绕党和国家的工作大局，认真履行法定职责，全面加强各项检察工作，强化法律监督，维护公平正义，按照立检为公、执法为民的要求，为瑞安市经济社会全面、协调、可持续发展提供公正高效的司法保障。

三、第三次会议

第三次会议听取和审议市人民检察院检察长程兰生所作的《瑞安市人民检察院工作报告》。2004年，市人民检察院共受理审查批捕各类刑事案件1352件2070人，同比分别增加12%和21%，批准逮捕1287件1987人。受理审查起诉案件1378件2100人，同比分别增加9%和16%，提起公诉1432件2113人。批捕爆炸、杀人、抢劫、绑架等严重危害社会治安的重特大犯罪嫌疑人280人，起诉249人。提前介入重特大案件45件。批准逮捕偷税骗税、制假售假、侵犯知识产权等严重破坏市场经济秩序犯罪嫌疑人33人，起诉74人。受理办结涉检信访案件366件。立案查处贪污、贿赂、渎职犯罪等各类职务犯罪案件30件33人，为国家挽回直接经济损失460余万元。其中，立案查处贪污案件7件9人，贿赂案件18件19人，渎职案件5件5人。科（局）级领导干部案件6件6人，5万元以上大案13件15人。监督公安侦查机关立案工作，共依法立案监督23件28人，其中应当立案而不立案7件7人，不应当立案而立案16件21人。发出纠正违法通知书、检察建议等28份，建议公安机关追究漏犯38人，增捕、增诉案件3件3人，增诉8个犯罪单位，监督纠正提请减刑假释不当、暂予监外执行不当等情况，共计54人次。健全防止和纠正超期羁押的长效机制，杜绝超期羁押现象。监所检察工作的规范化建设取得新成效，市人民检察院驻所检察室被最高人民检察院评定为“全国一级规范化驻所检察室”。全年共依法办理民事审判和行政诉讼抗诉案件23件，改判12件。选任9名人民监督员，并对4件自侦案件依法行使监督权，经检察委员会讨论决定，采纳人民监督员表决意见率达100%。引入ISO 9001质量管理体系，建立科学、规范、高效的检察工作管理模式。推进干警学历教育和基本技能教育，现有硕士研究生3名，在读研究生5名，50岁以下干警本科学历占74%，计算机二级运用技能考核合格率达94%，有28名干警取得了英语等级、会计师、工程师等证书。自觉接受人大监督，对人大常委会交办、转办的案件及人大代表反映的问题，落实责任，限时办理，及时反馈，狠抓落实。报告提出2005年检察院工作的总体要求和主要任务。

代表在审议中认为：市人民检察院全面履行法律监督职责，检察业务和检察队伍呈现出互相促进、协调发展的良好态势，各项工作有新的发展，继续保持省级“先进检察院”称号，为推进依法治市、实现社会公平正义作出贡献。同时，对法律监督能力和水平有待提高，诉讼监督还存在薄弱环节，检察队伍建设还需加强等方面的工作提出意见和建议。

会议通过决议，批准市人民检察院工作报告。

四、第四次会议

第四次会议听取和审议市人民检察院检察长程兰生所作的《瑞安市人民检察院工作报告》。2005年，市人民检察院共批准逮捕各类刑事犯罪嫌疑人2100人，提起公诉2208人，比上年分别增加5.7%和4.5%。其中，批准逮捕爆炸、杀人、抢劫、绑架等严重刑事犯罪嫌疑人446人，起诉450人；批准逮捕盗窃、抢夺等侵财犯罪嫌疑人887人，起诉830人；批准逮捕毒品犯罪嫌疑人275人，起诉292人。提前介入重特大案件的侦查64件。批准逮捕生产销售伪劣商品、金融诈骗、危害税收征管以及侵犯知识产权等经济犯罪嫌疑人34人，起诉74人。监督公安机关立案案件5件。化解诉讼当事人矛盾纠纷，可捕可不捕的不捕，可诉可不诉的不诉，对44名犯罪嫌疑人作出不批准逮捕的决定，24名犯罪嫌疑人作出不起诉的决定。全年共接待和处理群众控告、举报和申诉147件，群体性来访11件。依法妥善办结18件重点涉检信访案件。全年共查处贪污贿赂、渎职侵权等职务犯罪案件22件27人，为国家挽回经济损失200多万元。立案侦查贪污贿赂5万元以上、挪用公款10万元以上的大案9件14人，科局级干部2人。立案查处14名村干部贪污、挪用社会扶贫捐助款和农村土地征用补偿费的案件。强化刑事立案监督，对10件该立案而未立案的，监督侦查机关作出立案决定，其中提起公诉后被判处五年有期徒刑以上刑罚的2人。对不应立案而立案的，监督公安机关撤销案件12件13人。发出纠正违法通知书、检察建议等15份。纠正呈报减刑、假释不当案件19件。驻所检察室推行在押人员约见检察官制度。对5件刑事判决案件提出抗诉，改判3件。提请抗诉或建议提请抗诉民事行政判决、裁定19件。息诉案件30件。办理涉及国家和社会公共利益案件的督促、支持起诉和刑事附带民事诉讼案件22件，挽回国有资产损失50多万元。2005年，共有4人取得研究生学历或法学硕士学位，4人在职攻读硕士学位，50岁以下干警本科以上学历占93%。10名干警参加省、市级各项业务技能竞赛获奖。全年共办理人大常委会交办案件3件。人民监督员共监督3件拟作不起诉处理的自侦案件，检察院均采纳人民监督员的监督意见。同时，检察院向人民监督员定期通报自侦案件办理情况、组织人民监督员检查案卷、会见犯罪嫌疑人、邀请同步监督审讯过程。加强内部监督制约，增设监察室，建立备案审查制度，开展自侦案件讯问全程同步录音录像情况等5个专项检查和个案质量评估。报告提出2006年检察院工作的总体要求和主要任务。

代表在审议中认为：市人民检察院坚持“强化法律监督，维护公平正义”的工作主题，不断加大工作力度，提高执法水平和办案质量，进一步加强队伍建设，各项检察工作取得新的进展，被省委政法委授予“全省政法系统规范执法先进单位”。同时，对进一步深入探索检察职能，提高查办职务犯罪大要案成效，加强诉讼监督工作等方面的工作提出意见和建议。

会议通过决议，批准市人民检察院工作报告。

第七节　选举市国家机关领导人员和温州市人大代表

一、第一次会议

第一次会议选举瑞安市国家机关领导人员和瑞安市应选的温州市第十届人大代表。会议应选的名额为：市人大常委会主任1名，副主任5名，委员23名；市人民政府市长1名，副市长6名；市人民法院院长1名；市人民检察院检察长1名；瑞安市出席温州市第十届人民代表大会代表77名，其中温州市名额15名，本市名额62名。会议通过选举办法，规定：市十三届人大常委会组成人员的候选人必须是本届市人大代表。市人民代表大会常务委员会组成人员的人选，市人民政府市长、副市长的人选，市人民法院院长的人选和市人民检察院检察长的人选，由大会主席团或代表10人以上联合提名。大会主席团提名的候选人人数，每一代表与其他代表联合提名的候选人人数，均不得超过应选名额。市人大常委会主任、市人民政府市长、市人民法院院长、市人民检察院检察长的候选人人数一般应多1名，进行差额选举；如果提名的候选人只有1名，也可以等额选举。市人大常委会副主任、市人民政府副市长的候选人人数应比应选名额多1名，进行差额选举。市人大常委会委员的候选人人数应比应选人数多十分之一（3名），进行差额选举。如果提名的候选人人数符合本办法规定的差额数，由大会主席团提交代表酝酿、讨论后，提交大会选举。如果提名的候选人人数超过本办法规定的差额数，由大会主席团将候选人名单提交代表酝酿、讨论后，进行预选。根据在预选中得票多少的顺序，按照本办法规定的差额数，确定正式候选人名单，提交大会选举。瑞安市出席温州市第十届人民代表大会的代表候选人，由各政党、各人民团体联合或者单独推荐；代表十人以上联名，也可以推荐代表候选人。依法提出的瑞安市出席温州市第十届人民代表大会代表候选人名单由大会主席团印发全体代表酝酿讨论。如果所推荐的候选人人数比应选代表名额多五分之一至二分之一差额比例的，直接提交大会选举。如果所推荐的候选人人数超过二分之一差额比例的，则进行预选。根据在预选中得票多少的顺序，按照比应选名额多五分之一的比例（16名），确定正式代表候选人名单，提交大会选举。会议采用无记名投票方式，选举结果：钱建民为市第十三届人大常委会主任，孔素素（女）、林济晚、盛志荣、王庆秋、江小娜（女）为副主任（提名的候选人6名，实行差额选举），杨小红（女）、杨开铭等23人为委员（提名的候选人26名，实行差额选举）；叶春江为市人民政府市长，张加波、项力克、姚松鹤、彭永松、徐晓（女）、朱荣娒为副市长（提名的候选人7名，实行差额选举）；李炳权为市人民法院院长；程兰生为市人民检察院检察长；项剑萍（女）、钱建民等77人为瑞安市出席温州市第十届人民代表大会代表（提名的候选人93名，实行差额选举）。

二、第二次会议

第二次会议补选市人大常委会委员1名。会议通过选举办法，规定：市人大常委会委员候选人必须是本届市人大代表，由大会主席团或代表10人以上联合提名，主席团提名的候选人人数，每一代表与其他代表联合提名的候选人人数，均不得超过应选名额。如果提名的候选人人数符合本办法规定的数额，由大会主席团提交代表酝酿、讨论后，提交大会选举。如果提名的候选人人数超过本办法规定的数额，由主席团提交代表酝酿、讨论后，进行预选，根据在预选中得票多少的顺序，按照本办法规定的数额，确定正式候选人名单，提交大会选举。会议采用无记名投票方式，选举池万松为市十三届人大常委会委员。

三、第三次会议

第三次会议补选市人大常委会副主任1名、市人民法院院长1名。会议通过选举办法，规定：市人大常委会副主任的候选人必须是本届市人大代表。市人大常委会副主任、市人民法院院长的人选，由大会主席团或者代表10人以上联合提名。大会主席团提名的候选人人数，每一代表与其他代表联合提名的候选人人数，均不得超过应选名额。如果提名的候选人人数符合本办法规定的数额，由大会主席团提交代表酝酿、讨论后，提交大会选举。如果提名的候选人人数超过本办法规定的数额，由主席团提交代表酝酿、讨论后，进行预选，根据在预选中得票多少的顺序，按照本办法规定的数额，确定正式候选人名单，提交大会选举。会议采用无记名投票方式，选举高潮为市十三届人大常委会副主任，赵建华为市人民法院院长。

第八节　代表议案和建议、批评、意见

一、第一次会议

第一次会议代表10人以上联名提出的议案105件，其中政法方面3件，工业经济方面10件，农业方面16件，财政方面7件，城乡建设方面23件，交通能源方面18件，教科文卫方面15件，其他方面13件。经大会秘书处议案组与有关方面讨论，提请主席团会议通过，决定将薛尧弟等31名代表提出的“关于加快工业园区建设，切实解决瑞安市中小企业用地难的议案”（3件并为1件）及黄金良等72名代表提出的“关于加快建设扶贫经济开发区与农业产品加工园区，整合提升陶山（片）工业园区，带动中西部经济更快发展的议案”（6件并为1件）列为市十三届人大一次会议的议案，交市人民政府研究办理，其办理结果报告市人大常委会审议，印发市人民代表大会下次会议。其余96件议案转为代表建议、批评和意见，按有关规定，连同代表提出的建议、批评和意见635件，交有关单位研究办理并负责答复代表，报告市人大常委会。

“关于加快工业园区建设，切实解决瑞安中小企业用地难的议案”办理结果：市人大常委会通过定期听取汇报、专题调研、实地视察等方式，督促市政府狠抓议案办理工作。市政府高度重视，在理顺管理体制、整合提升工业园区、积极争取用地指标、加快园区建设进度方面做了大量工作。高标准

制定《瑞安市工业园区规划》，撤并调整形成八大区块园区；一年多来完成各类工业园区征地2728.35亩，完成投资48.9亿元，安排进区企业308家；2003年安排387亩，2004年计划再安排5934亩用于标准厂房建设；严把企业进区审查关，强化供地后续监管，严肃查处非法占地行为，在一定程度上缓解了中小企业用地难问题。

“关于加快建设扶贫经济开发区与农业产品加工园区，整合提升陶山（片）工业园区，带动中西部经济更快发展的议案”办理结果：市人大常委会通过定期听取汇报、专题调研、实地视察等方式，督促市政府狠抓议案办理工作。市政府高度重视，启动市扶贫园区一期约2000亩土地前期工作和三十四溪小流域鹿木、潮基段工程，考察企业80余家、安排进区42家。编制完成市农产品加工园区约1万亩的总规和一期4300亩的控制性详细规划，积极开展招商引资工作，鼓励农业龙头企业和农产品加工企业进区，落实立品康有限公司用地29.8亩。将陶山、碧山、桐浦3个乡镇的工业园区进行整合提升，其中袜业园区一期311.75公顷控制性详细规划通过评审，调整农保地1380亩，为14家企业已办理供地手续、4家建成投产。

二、第二次会议

第二次会议代表10人以上联名提出的议案71件，其中政法方面2件，工业经济方面2件，农业方面10件，财政方面6件，城乡建设方面22件，交通能源方面11件，教科文卫方面10件，其他方面8件。经大会秘书处议案组与有关方面讨论，提请主席团会议通过，决定将高长泉等34名代表提出的“关于建立有序高效供电机制，基本保证城乡居民生活用电的议案”（3件并为1件）列为市十三届人大二次会议的议案，交市人民政府研究办理，其办理结果报告市人大常委会审议，印发市人民代表大会下次会议。其余68件议案转为代表建议、批评和意见，按有关规定，连同代表提出的建议、批评和意见620件，交有关单位研究办理并负责答复代表，报告市人大常委会。

“关于建立有序高效供电机制，基本保证城乡居民生活用电的议案”办理结果：市人大常委会通过定期听取汇报、专题调研、实地视察等方式，督促市政府狠抓议案办理工作。市政府高度重视，成立由市长任组长的有序高效用电领导小组，建立科学有序高效供电机制，基本保证了城乡居民生活用电。将城乡供电设施建设作为2004年城市建设“四大战役”之一，全年开工电网重点工程总投资额超过4亿元，年度完成投资1.55亿元，110千伏上望变扩建工程等4项重点工程竣工投用。投资1500万元实施分线工程，完成104个村低压分线改造，优先保障居民生活用电；高压工业线路由12条增至55条，保证重点企业正常用电；严格执行企业错峰用电，“关、停、限”高能耗重污染企业；发放宣传资料10万份，倡导全社会节约用电；鼓励企业发电自助，发放自发电补贴800万元左右。

三、第三次会议

第三次会议代表10人以上联名提出的议案64件、质询案1件，其中政法方面1件，工业经济方面8件，农业方面10件，财政方面1件，城乡建设方面19件，交通能源方面6件，教科文卫方面12件，其他方面8件。经大会秘书处议案组与有关方面讨论，提请主席团会议通过，决定将张国华等23名代表提出的“关于加强食品药品安全监管，切实维护人民群众健康的议案”（2件并为1件）列为市十三届人大三次会议的议案，交市人民政府研究办理，其办理结果报告市人大常委会审议，印发市人民代表大会下次会议；将王少环等20名代表提出的“关于加快瑞枫公路建设的质询案”，交市人民政府以书面形式答复代表。其余62件议案转为代表建议、批评和意见，按有关规定，连同代表提出的建议、批评和意见419件，交有关单位研究办理并负责答复代表，报告市人大常委会。

“关于加强食品药品安全监管，切实维护人民群众健康的议案”办理结果：市人大常委会通过定期听取汇报、专题调研、实地视察等方式，督促市政府狠抓议案办理工作。市政府高度重视，组建食品药品监督管理局，成立市食品安全委员会和市食品行业协会。实施“乡镇连锁超市”工程、“放心店示范店”工程和商品准入工程，乡镇连锁超市覆盖面达到三分之二，创建“放心店示范店”279家。投资142万元的市食品质量安全检测中心建成投用。2005年各检测中心、检测车、检测点、工商所（分局）累计检测6.8万余批次。持续开展食品安全专项整治行动，普查食品生产加工企业1312家，重点巡查企业312家，发放责令整改通知书80多份；取缔猪、牛私屠窝点23处，查扣猪、牛肉2978千克；工商部门立案查处食品案件29件，取缔无证照经营户22户、查封35户；卫生部门查处食品案件811件，取缔无证经营单位324家；检查各类涉药单位967家次，立案108件，取缔无证经营单位22家。组织1.8万余名食品从业人员参加卫生知识培训和健康体检，发放各类宣传资料4.7万余份。

“关于加快瑞枫公路建设的质询案”办理情况：市十三届人大第三次会议期间，湖岭代表团王少环等20名代表联名向市人民政府提出关于“加快瑞枫公路建设的质询案”，经大会主席团会议决定，市人民政府以书面形式答复代表质询。3月11日，市政府就“加快瑞枫公路建设质询案”作出“优先安排建设资金、做好政策处理攻坚、落实工程建设责任制等”书面答复。同日，市政府市长叶春江还主动带领分管副市长及有关部门、乡镇（街道）负责人到湖岭代表团，听取代表意见，并郑重表态：“把该工程列为当年交通建设1号工程来抓，市政府将全力以赴促进度，确保工程如期完工”；“在我任期内，该工程若不能按计划实施，我自愿辞去市长职务”。代表们对市人民政府的书面答复和市长叶春江的表态感到满意。

四、第四次会议

第四次会议代表10人以上联名提出的议案59件，其中政法方面4件，工业经济方面4件，农业方面10件，城乡建设方面22件，交通能源方面4件，教科文卫方面12件，其他方面3件。经大会秘书处议案组与有关方面讨论，提请主席团会议通过，决定将59件议案转为代表建议、批评和意见，按有关规定，连同代表提出的建议、批评和意见487件，交有关单位研究办理并负责答复代表，报告市人大常委会。

第二章　　市十四届人民代表大会会议

市十四届人大任期五年，自2007年1月至2012年1月，共举行6次会议，审议议题54项，听取、审议（审查）报告40个，通过决议、决定35项，选举市国家机关领导人员52人次，市十四届人民代表大会第一次会议选举产生温州市第十一届人民代表大会代表。

市十四届人大历次会议情况表

表2-4

会议序次	会议日期	代表人数		列席人员（人）	议题（项）	听取审查报告（个）	决议决定（项）	代表提出		会议地点
		应到（人）	实到（人）					议案（件）	意见建议（件）	
第一次	2007年1月23日—27日	380	371	268	10	7	6	74	594	市政会议中心
第二次	2008年2月26日—29日	378	351	328	10	8	7	20	452	市政会议中心
第三次	2009年2月17日—20日	372	345	311	10	8	7	18	511	市政会议中心
第四次	2010年1月20日—23日	372	354	326	11	8	7	28	452	市政会议中心
第五次	2011年1月24日—27日	371	345	329	11	9	8	9	533	市政会议中心
第六次	2011年7月18日	368	330	62	2	—	—	—	—	市政会议中心
合　计		2241	2096	1624	54	40	35	149	2542	—

第一节　听取、审议政府工作报告

一、第一次会议

第一次会议听取和审议市人民政府代市长蒋珍明所作的《政府工作报告》。报告回顾四年的工作，提出2007—2011年的总体目标、主要任务和2007年的主要工作。报告指出，全市生产总值从2002年的157.08亿元增加到2006年的280亿元；财政总收入32.59亿元，其中地方财政收入17.48亿元，分别是2002年的2.1倍和2.2倍。三次产业比例从6.2：54.1：39.7调整为3.7：54.5：41.8。实现工业总产值620.8亿元、规模以上工业总产值409.6亿元，产值超亿元企业从19家增加到73家，汽摩配、机械电子、高分子合成材料及其制品三大主导行业规模产值达229.9亿元，累计建成高新技术研发中心、行业科技创新服务中心8个，新增国家级高新技术企业7家、省级高新技术企业19家，拥有“国字号”工业金名片8张、中国名牌产品3个、中国驰名商标1个、国家免检产品14个。建筑业产值由9.1亿元增加到20亿元。实现第三产业增加值117亿元，年均增长15.5%。推进机构改革和乡镇行政区划调整。全面免征农业税，在省内率先建立农民专业合作、供销合作、信用合作“三位一体”的农村合作协会。浙江华峰氨纶股份有限公司、瑞立集团瑞安汽车零部件有限公司分别在深圳证券交易所和美国纳斯达克上市，实现温州民营企业上市零的突破。累计实现外贸进出口总额36.16亿美元。编制实施新一轮城市总体规划，推进旧城改造和新区建设，促进塘下、汀田、莘塍、飞云与中心城区的融合，城市建成区面积从56.9平方千米扩大到62.7平方千米。在全国率先实行“教育助学凭证”制度，全面落实义务教育免收学杂费政策，基本普及学前三年到高中段十五年基础教育。圣井山石殿、利济医学堂被列入全国重点文物保护单位。建成人才村公寓。完成第一次经济普查工作。城镇居民人均可支配收入达21240元，农村居民人均纯收入达8312元，年均分别增长14.5%和10.5%。

报告提出，今后五年全市经济社会发展的主要预期目标是：全市生产总值年均增长12%以上，到2011年达500亿元，人均生产总值达4万元以上；财政总收入和地方财政收入年均分别增长13%和12%；城镇居民人均可支配收入年均增长10%，农村居民人均纯收入年均增长10%；万元生产总值综合能耗下降22%，化学需氧量、二氧化硫排放量均下降20%；人口自然增长率控制在7‰以内；城镇登记失业率控制在3.5%以内。要紧紧围绕建设温州大都市区南翼中心城市，扎实推进产业结构优化升级，深入实施“工业强市”战略，推进农村合作“三位一体”建设，建立健全以工促农、以城带乡的长效机制；扎实推进基础设施建设，增强城市集聚和辐射功能；扎实推进体制机制改革，着力营造更具活力、更加开放的体制环境；把促进社会发展、改善民生放在更加突出的位置，全面提升和谐社会构建力。

报告提出，2007年全市经济社会发展主要目标为：生产总值增长12.5%；财政总收入增长13%；社会消费品零售总额增长13%；外贸出口总额增长20%；城镇居民人均可支配收入增长10%，农村居民人均纯收入增长9%；万元生产总值综合能耗下降4.5%，化学需氧量、二氧化硫排放量分别下降10%和5%；人口自然增长率控制在8‰以内；城镇登记失业率控制在3.5%以内。实现这些目标，要全面实施先进制造业基地建设规划，加大工业项目推进力度，大力发展外向型经济，着力推进工业经济发展；加快农村合作“三位一体”建设，发展现代农业，着力推进社会主义新农村建设；编制市域总体规划和2007—2011年近期建设规划，推进重点项目建设，大力发展旅游，着力推进新型城市化进程；推进教育均衡发展、卫生事业发展、文化事业发展等，着力推进和谐社会建设。

代表在审议中认为：过去的四年，市人民政府贯彻落实科学发展观，团结带领全市人民，奋力拼搏，扎实工作，较好地完成了市第十三届人大历次会议确定的目标任务，开创了瑞安市改革开放和现代化建设的新局面。同时，对加快产业结构优化升级，推进社会主义新农村建设，加快新型城市化进程，统筹社会事业均衡发展、推进和谐社会建设，加大城乡基础设施建设扶持力度，实施农村饮用水安全工程等方面工作提出意见和建议。

会议通过决议，批准政府工作报告。

二、第二次会议

第二次会议听取和审议市人民政府市长蒋珍明所作的《政府工作报告》。报告指出，2007年市政府凝心聚力谋发展，克难攻坚抓建设，真抓实干解民生，较好地完成市十四届人大一次会议确定的目标任务。全市实现生产总值327亿元，比上年增长14%；财政总收入40.03亿元，其中地方财政收入21.16亿元，分别增长22.8%和21%；城镇居民人均可支配收入23473元，农村居民人均纯收入9439元，分别增长11.5%和13.6%。加快调整农业结构，组织开展农村合作“三位一体”建设推进年活动，全国第一艘海上水产品加工船“华盛渔加1号”上水作业，建成标准农田71780亩，新增耕地6080亩。实现工业总产值750.6亿元，组织开展工业经济“三个年”活动。推进企业整合提升和上市工作。推行“乡财市管”改革，编制实施新一轮乡镇机构“三定”方案，建立乡镇财政财务管理中心。实施“三线联动、接轨温州”，持续改善人居环境，加大生态建设力度。实施农民饮用水工程，改善中西部地区102个村8.7万人饮用水条件。木活字印刷、藤牌舞入选省级非物质文化遗产保护名录，获评“千年古县”。集中开展出生人口信息大清查活动，加大人口和计划生育工作攻坚力度，稳定低生育水平。

2008年2月26日，市人民政府市长蒋珍明在市第十四届人民代表大会第二次会议上作政府工作报告

报告指出，2008年，是全面贯彻落实党的十七大精神、省委“两创”总战略的第一年，也是瑞安市实施“十一五”规划、加快转型升级的重要一年，要着力推进改革开放和创业创新，强化要素资源、基础设施、公共服务、生态环境支撑，改善民生和促进社会和谐，努力推动经济社会又好又快发展。报告提出2008年经济社会发展主要预期目标为：生产总值增长12%；财政总收入增长15%；社会消费品零售总额增长14%；全社会固定资产投资增长12%；外贸进出口总额增长20%；城镇居民人均可支配收入增长10%，农村居民人均纯收入增长10%；万元生产总值综合能耗下降4.7%；化学需氧量、二氧化硫排放量均削减3.6%；人口自然增长率控制在8‰以内；城镇登记失业率控制在3.5%以内。为实现上述目标，要坚持走新型工业化道路，深化改革开放，推进财税金融等配套改革，提升民营经济

发展水平；要深入实施“三线联动、接轨温州”，着力推进新型城市化和新农村建设；要落实利民惠民政策，发展公共事业，完善社会管理，促进社会公平正义。

代表在审议中认为：2007年，市人民政府认真学习贯彻党的十七大精神，坚持以科学发展观为统领，自觉贯彻国家宏观调控政策，积极克服要素资源制约、台风灾害频繁等不利因素影响，凝心聚力谋发展，克难攻坚抓建设，真抓实干解民生，较好地完成了市十四届人大一次会议确定的目标任务。同时，对转变经济发展方式，加快产业转型升级，突出城乡统筹发展，推进以改善民生为重点的社会建设，维护社会和谐稳定，整治违法占地违法建设、解决农村垃圾问题等方面工作提出意见和建议。

会议通过决议，批准政府工作报告。

三、第三次会议

第三次会议听取和审议市人民政府代市长陈建明所作的《政府工作报告》。报告指出，2008年是国际国内经济形势发生重大变化、瑞安经济发展遇到严峻挑战的不寻常之年，市政府积极应对复杂多变的经济形势，集中精力抓重点，全力以赴破难题，改善民生促和谐，经济社会保持良好的发展态势，全市实现生产总值368.16亿元，比上年增长7.8%；财政总收入46.3亿元，增长15.7%；地方财政收入23.97亿元，增长13.3%；全社会固定资产投资86.79亿元，增长10.2%；社会消费品零售总额130.13亿元，增长16.9%；城镇居民人均可支配收入25949元，农村居民人均纯收入10332元，分别增长10.5%和9.5%；万元生产总值综合能耗下降4.6%，化学需氧量排放量削减10.2%，二氧化硫排放量削减7.4%。实现农业总产值20.8亿元，增长9.4%，积极探索农村土地承包经营权流转，开展农村合作“三位一体”建设深化年活动，粮食播种面积保持稳定，获得省粮食生产先进县（市）称号。实现工业总产值789.12亿元、规模工业总产值552.88亿元，分别增长5.19%和5.9%，编制完成沿海产业带实施方案，推进“以民引外、民外合璧”，新潮集团与美国李尔公司合作，实现与世界500强企业合作零的突破。华峰小额贷款公司组建营业。编制完成市域总体规划和城市近期建设规划，瑞祥新区5条主干道、瑞安大桥及接线工程建成通车。新增城镇就业人员1.05万人，全面免除义务教育阶段学生课本费、作业本费。市公共卫生中心投入使用，中医院迁建工程进入装修阶段，四川震区伤员救治和医疗援川工作圆满完成。深入实施“玉海文化”推进计划，组织开展迎奥运、庆祝改革开放30周年等系列活动，完成非物质文化遗产普查，木活字印刷入选国家第二批非物质文化遗产保护名录和首批向联合国申遗名录。四川汶川特大地震发生后，全市上下捐赠款物7500多万元。

报告指出，2009年将面临国际金融危机影响持续加深、外部需求明显减少、区域竞争日趋激烈、财政收支平衡压力加大等诸多挑战，要着力加快产业转型升级，推进城乡统筹发展，保障和改善民生，维护社会和谐稳定，努力推动经济社会又好又快发展。报告提出2009年全市经济社会发展的主要预期目标为：生产总值增长8%，财政总收入和地方财政收入均增长6%，全社会固定资产投资增长15%，社会消费品零售总额增长13%，外贸出口总额增长9%，城镇居民人均可支配收入和农村居民人均纯收入均增长7%，万元生产总值综合能耗下降4.6%，化学需氧量、二氧化硫排放量均削减3%，城镇登记失业率控制在3.5%以内，人口自然增长率控制在8‰以内。为实现上述目标，要加快产业结构调整和增长方式转变，力促经济平稳较快增长；要着眼农业增效、农民增收、农村增美，大力发展农村经济；要加强环境保护和生态建设，加快新型城市化进程，坚持改革创新，增强可持续发展能力；要努力增加公共产品供给，提高公共服务水平，增强群众的安全感和幸福感。

代表在审议中认为：2008年，是国际国内经济形势发生重大变化，瑞安经济发展遇到严峻挑战的不寻常之年。一年来，市人民政府紧紧依靠全市人民，全面落实科学发展观，认真贯彻执行上级重大决策部署，积极应对复杂多变的经济形势，集中精力抓重点，全力以赴破难题，改善民生促和谐，经济社会保持良好的发展态势。同时，对推进产业转型升级、力促工业经济平稳较快增长，加快新农村建设步伐，提升城市综合服务功能，推进生态环境建设，加快发展社会事业等方面工作提出意见和建议。

会议通过决议，批准政府工作报告。

四、第四次会议

第四次会议听取和审议市人民政府市长陈建明所作的《政府工作报告》。报告指出，2009年是新世纪以来中国经济发展最为困难的一年，也是瑞安应对挑战、务实奋进的一年，市政府着力保增长、抓转型、惠民生、促和谐，经济社会保持平稳较快发展，全市实现生产总值401亿元，比上年增长8.3%；财政总收入51亿元，增长10.1%；地方财政收入27.4亿元，增长14.3%；全社会固定资产投资101亿元，增长16%；社会消费品零售总额152.4亿元，增长17.1%；城镇居民人均可支配收入27837元，农村居民人均纯收入11060元，分别增长7.3%和7.1%；万元生产总值综合能耗下降5%，化学需氧量排放量削减5.03%，二氧化硫排放量削减5%。深入开展“千名干部进千企、共渡难关促升级”活动，实现工业总产值801亿元、规模工业产值559.3亿元，分别增长1.5%和2.6%，获得“中国汽车零部件出口基地”和“中国箱包名城”称号。在全省率先编制农业功能区规划，开展阁巷粮食、梅屿蔬菜功能区建设试点，低收入农户“创业银行”入选浙江省最具影响力党政工作创新典型。新区建设和旧城改造取得新进展。阁巷围区完成填方800亩。瑞枫公路改建工程实现全线通车，温福铁路瑞安段及站场配套工程投入营运，瑞祥大道二期续建工程竣工。深入实施“千村整治、百村示范”工程、农民饮用水工

2010年1月20日，市人民政府市长陈建明在市第十四届人民代表大会第四次会议上作政府工作报告

程。强化就业和社会保障工作，教育、卫生、文化、民族、宗教、人防等社会事业全面进步。全面落实《政府信息公开条例》，启动“两集中、两到位”行政审批改革。

报告指出，2010年是实施“十一五”规划的最后一年，也是谋划“十二五”发展的承上启下之年，要围绕建设现代化大城市的战略目标，更加注重结构调整和发展方式转变，城乡统筹和区域协调，改革创新和要素保障，民生改善和社会和谐，全面推进经济、城市、社会转型升级，保持经济平稳较快发展。报告提出2010年市经济社会发展的主要预期目标为：生产总值增长9%左右；财政总收入增长8%，地方财政收入增长8%；全社会固定资产投资增长13%；社会消费品零售总额增长15%；外贸出口总额增长6%；城镇居民人均可支配收入增长7%，农村居民人均纯收入增长7%；城镇登记失业率控制在3.5%以内，人口自然增长率控制在7‰以内；万元生产总值综合能耗下降4.5%，化学需氧量和二氧化硫排放量削减完成“十一五”目标。为实现上述目标，要加快结构调整转型，提高集聚辐射能力，加大城乡统筹力度，提升经济发展质量和效益；要着力破解发展难题，改善和保障民生，不断改善发展环境，维护社会和谐稳定。

代表在审议中认为：一年来，面对国际金融危机和瑞安自身转型的双重考验，市人民政府深入贯彻落实科学发展观，按照“标本兼治、保稳促调”的总体思路，着力保增长、抓转型、惠民生、促和谐，经济社会保持平稳较快发展。同时，对合力扶工，推进沿海产业带建设，加快城市转型升级，大力支持欠发达地区发展，加快农村住房改造和旧村改造，协调发展教育卫生事业等方面工作提出意见和建议。

会议通过决议，批准政府工作报告。

五、第五次会议

第五次会议听取和审议市人民政府市长陈建明所作的《政府工作报告》。报告回顾“十一五”时期取得的成效，提出“十二五”时期的奋斗目标和主要任务。报告指出，“十一五”时期瑞安凝心聚力，克难攻坚，负重奋进，经济社会发展和人民生活水平迈上了新台阶，为全面建设小康社会打下坚实的基础。全市实现生产总值450.5亿元，年均增长11.2%，人均生产总值超过5500美元；财政总收入60.2亿元，其中地方财政收入32.7亿元，年均分别增长17%和17.8%；社会消费品零售总额186.1亿元，年均增长17.3%；全社会固定资产投资139.6亿元，年均增长17.4%；城镇居民人均可支配收入31268元，农村居民人均纯收入12575元，年均分别增长10.7%和11.1%。在全省率先编制农业功能区规划，建成特色农产品基地20万亩。工业总产值突破千亿大关，达到1009亿元，比“十五”期末翻一番；规模工业产值达729.9亿元，年均增长16.4%，产值超亿元企业由61家增加到129家。建成行业创新平台8个，新增国家级高新技术企业57家、国家级品牌8个、“国字号”金名片4张。三次产业比重由4.4：53.9：41.7调整为3.3：51.2：45.5。城市空间进一步拓展，建成区面积由61.4平方千米扩大到72.2平方千米。报告提出，“十二五”时期是全面建设小康社会的攻坚期，要更加注重转型提升、低碳绿色、项目支撑、统筹协调、创新突破及民生改善，着重实施产业转型提升、城市能级提升、城乡统筹发展、改革创新突破、生态环境优化、文化提升和民生改善等“六大行动计划”。“十二五”时期经济社会发展主要目标是：生产总值达720亿元，年均增长10%以上；地方财政收入达53亿元，年均增长10%以上；全社会固定资产投资年均增长25%以上；城镇居民人均可支配收入、农村居民人均纯收入分别达5万元和2.1万元；城镇登记失业率控制在4%以内；全社会研究与试验经费（R&D）占生产总值比重达2%以上；人口自然增长率控制在7‰以内；节能减排指标全面完成。着眼打造浙南闽北现代服务业重要城市，加快建设“四大中心十大城”，到2015年第三产业增加值占生产总值比重达50%以上。建成粮食功能区10万亩、现代农业园区5万亩。加快构建“一核四区”大城市框架，推动城市由飞云江时代向东海时代跨越。实施“十大百项千亿”建设工程，加快构建“七纵三横一环”大交通体系。

报告指出，2010年是实施“十一五”规划的收官之年，全市上下集中精力抓重点，千方百计破难题，全力以赴抓落实，经济社会呈现持续向好的发展态势。2010年全市生产总值比上年增长13.8%，财政总收入、地方财政收入分别增长18%和19.3%，社会消费品零售总额增长21.2%，全社会固定资产投资增长28.5%，城镇居民人均可支配收入、农村居民人均纯收入分别增长12.3%和13.7%。报告指出，2011年全市经济社会发展主要预期目标为：生产总值增长10%以上；财政总收入和地方财政收入均增长13%；社会消费品零售总额增长15%；外贸出口总额增长11%；城镇居民人均可支配收入增长11%，农村居民人均纯收入增长12%；人口自然增长率控制在7‰以内；完成节能减排任务。围绕预期目标，组织实施“十大建设工程”和“十大民生工程”，完成重点工程投资70亿元以上，全社会固定资产投资260亿元以上；力争完成工业性投资55亿元，完成外贸出口24.5亿美元。大力推进现代化大城市建设，扎实推进新农村建设，努力改善生态环境，协调教育、卫生、文化、民族、外事等发展社会事业，着力解决民生热点问题，全力维护社会稳定，着力保障社会安定有序、群众安居乐业。

代表在审议中认为：“十一五”期间，市人民政府认真贯彻落实科学发展观，克难攻坚，负重奋进，积极应对金融危机，保持经济社会平稳较快发展，为“十二五”发展打下了良好的基础。同时，对全面加快项目建设，推进经济转型升级，加快现代化大城市建设，统筹城乡区域发展，大力发展社会事业，切实保障和改善民生，加强社会管理创新等方面工作提出意见和建议。

会议通过决议，批准政府工作报告。批准《瑞安市国民经济和社会发展第十二个五年规划纲要》。决议要求，2011年是“十二五”规划的开局之年，做好全年工作，具有非常重要的意义。市人民政府要深入贯彻党的十七大、十七届五中全会和中央经济工作会议精神，全面落实市委十二届九次、十次全会精神，着力调整经济结构、加强自主创新、深化改革开放、建设生态文明、彰显文化内涵、保障改善民生，加快推进经济转型、社会转型、政府转型，力争完成全年经济社会发展目标任务。

“十一五”期间瑞安市主要经济社会发展指标评价一览表

表2-5

指标名称		单位	2005年	2010年目标值		2009年		2010年预计	完成评价
				绝对值	年均增长	绝对值	增长率	绝对值	
一、国内生产总值		亿元	242.50	450	12%以上	383.20	8.70%	450.50	正常完成
二、人均生产总值		元	21408	40000	12%	32441	7.50%	37900	较难完成
三、第三产业增加值占GDP比重		%	42	45	0.60%	46.20	—	45.50	正常完成
四、财政总收入*		亿元	27.50	—	—	51	10.10%	60.20	—
其中：地方财政收入		亿元	14.40	25	13%	27.40	14.30%	32.70	提前完成
五、全社会固定资产投资		亿元	累计255	累计450	年均90亿	108.70	25.20%	累计479	正常完成
六、社会消费品零售总额*		亿元	83	—	—	152.40	17.10%	186.10	—
七、外贸出口*		亿美元	7.50	—	—	16	-5.80%	21.50	—
八、实际利用外资		万美元	5670	13000	—	1116	—	2067	较难完成
九、城镇居民人均可支配收入		元	18830	30000	10%	27837	7.30%	31268	正常完成
十、农村居民人均纯收入		元	7436	12000	10%	11060	7%	12575	正常完成
十一、万元生产总值综合能耗		吨标煤	0.82	0.66	累计-20%	0.69	-4.70%	达标	正常完成
十二、主要污染物排放总量	化学需氧量	万吨	1.43	1.21	累计-15.10%	—	-5.55%	达标	正常完成
	SO_2排放总量	万吨	0.39	0.33	累计-15%	—	-5%	达标	正常完成
十三、人口自然增长率		‰	7.93	<7	—	6.58	—	达标	正常完成
十四、城市化水平		%	56.40	65	1.72	—	—	65	正常完成

说明：带*指标未列入“十一五”规划指标体系，不予评价

瑞安市国民经济和社会发展第十二个五年规划指标一览表

表2-6

分类	序号	指标名称	单位	2009年实际值	2010年预计	2015年规划值	年均增长	指标属性
综合实力	1	地区生产总值	亿元	383.20	450.50	720	>10%	预期性
	2	人均生产总值	元	32441	37070	60000	>10%	预期性
	3	地方财政收入	亿元	27.40	32.70	53	>10%	预期性
	4	全社会固定资产投资（五年累计）	亿元	360（四年累计）	479（五年累计）	1500（五年累计）	>25%	预期性
	5	社会消费品零售总额	亿元	152.40	186.10	360	14%	预期性
产业转型	6	服务业增加值占生产总值比重	%	46.20	45.50	>50	0.80个百分点	预期性
	7	高新技术产业增加值占工业增加值比重	%	29.04	30左右	>33	—	预期性

续表 2-6

分类	序号	指标名称		单位	2009 年实际值	2010 年预计	2015 年规划值	年均增长	指标属性
产业转型	8	R&D经费占GDP比重		%	1.15	1.20	2	0.16个百分点	预期性
	9	非农从业人员比重		%	—	85	>86	—	预期性
城乡统筹	10	城市化水平		%	>60	65	68	0.60个百分点	预期性
	11	城镇居民人均可支配收入		元	27837	31268	50000	>10%	预期性
	12	农村居民人均纯收入		元	11060	12575	21000	>11%	预期性
	13	恩格尔系数	城镇	%	38.70	—	33	—	预期性
			农村	%	46.60	—	40	—	预期性
社会民生	14	国民预期寿命		岁	—	—	>78	—	预期性
	15	高等教育毛入学率		%	—	—	50	—	预期性
	16	每千人医生数		人	1.90	2.80	3.00	—	约束性
	17	人均公共文化体育设施面积		平方米	1.46	—	1.80	—	约束性
	18	社会保障支出占财政支出比重		%	5.60	6	12	—	约束性
	19	企业养老保险参保人数		万人	29	30左右	35	—	约束性
	20	城乡居民社会养老保险覆盖率		%	—	—	80	—	约束性
	21	人口自然增长率		‰	6.58	<7	<7	—	约束性
生态建设	22	万元生产总值综合能耗		吨标煤	0.69	—	完成下达任务	—	约束性
	23	工业固体废弃物处置利用率		%	91.30	92	95	0.60个百分点	预期性
	24	城市污水处理率		%	60.70	65	70	1个百分点	约束性
	25	主要污染物排放总量	化学需氧量	万吨	−5.55%	—	完成下达任务	—	约束性
			二氧化硫	万吨	−5%	—	完成下达任务	—	约束性
			氮氧化物	万吨	—	—	完成下达任务	—	约束性
			氨氮	万吨	—	—	完成下达任务	—	约束性
	26	环境空气质量优良率		%	95.88	>95	>95	—	约束性
创业环境	27	累计实际利用外资		万美元	1116	2067	15000	—	预期性
	28	劳动者报酬占GDP比重		%	—	—	>42	—	预期性
	29	城镇登记失业率		%	2.70	<3.50	<4	—	约束性

第二节　审查、批准国民经济和社会发展计划

一、第一次会议

第一次会议听取和审查市发展和改革局局长苏德贤所作的《关于瑞安市2006年国民经济和社会发展计划执行情况与2007年国民经济和社会发展计划草案的报告》。2006年，全市上下认真贯彻国家宏

观调控政策，坚持以科学发展观统揽全局，充分发挥各方面的积极性，集中精力抓发展，合力攻坚抓建设，求真务实抓统筹，经济社会保持平稳较快发展，基本完成市十三届人大第四次会议确定的主要预期目标。全市实现地区生产总值280亿元，增长13.5%。一产增速与2005年持平，二、三产业分别增长13.8%和13.5%。实现财政总收入32.59亿元，其中地方财政收入17.48亿元，分别比上一年增长18.5%和21.3%。实现社会消费品零售总额96亿元，增长15.7%。工业总产值620.8亿元，增长20.4%。工业增加值145亿元，增加14.5%。年末金融机构存款余额329.21亿元，贷款余额245亿元，分别增长25.7%和25.2%。全年完成限上固定资产投资64亿元，增长3.8%。全市实现出口总额10.62亿元，增长30.3%。城镇和农村常住居民人均可支配收入分别增长12.8%和11.8%。万元GDP综合能耗为0.78吨标煤，比上年下降4.4%。华峰集团、瑞立集团相继在境内外上市，民企上市取得零的突破。

报告指出2007年国民经济和社会发展的主要指标是：地区生产总值增长12.5%；全社会固定资产投资增长16%；财政总收入增长13%；社会消费品零售总额增长13%；外贸出口总额增长20%；人口自然增长率8‰；城镇居民人均可支配收入增长10%；农村居民人均纯收入增长9%；城镇登记失业率控制在3.5%以内；万元GDP综合能耗下降4.5%；化学需氧量（COD）和二氧化硫（SO_2）排放总量分别削减10%和5%。

市十四届人大一次会议计划预算审查委员会经审查认为，2006年，全市上下积极培育三大新的经济增长点，克难攻坚，奋勇争先，实现了“十一五”发展的良好开局，顺利完成年初提出的目标任务，全市经济社会发展呈现稳中向好的态势。存在的主要问题是：固定资产投入相对不足，影响全市经济和社会发展后劲；外贸出口不确定因素增多，外向型经济加快发展难度较大；部分原材料和能源价格上涨，给企业生产带来诸多压力；城乡居民收入差距进一步拉大，统筹发展任务非常艰巨；土地资金等要素制约仍然比较突出。

计划预算审查委员会认为，2007年国民经济和社会发展计划草案的报告，综合考虑国家宏观调控政策的基本走向、“十一五”规划总体目标安排以及瑞安市的要素资源供给实际情况等因素，主要预期目标切合实际，采取的措施积极可行。建议：加快经济结构调整，推进增长方式转变；加大固定资产投入，优化投资结构效益；加快外贸增长方式转变，提高对外开放水平；积极推进新农村建设，着力构建和谐社会；大力发展循环经济，着力保护资源环境。

会议经审查，并根据计划预算审查委员会的审查报告，决定批准瑞安市2007年国民经济和社会发展计划，批准《关于瑞安市2006年国民经济和社会发展计划执行情况与2007年国民经济和社会发展计划草案的报告》。

二、第二次会议

第二次会议听取和审查市发展和改革局局长陈荣臻所作的《关于瑞安市2007年国民经济和社会发展计划执行情况与2008年国民经济和社会发展计划草案的报告》。2007年，全市上下认真贯彻落实科学发展观，围绕“创业富民、创新强市”战略，开拓创新，克难攻坚，切实推进经济社会平稳健康协调发展，较好地完成市十四届人大一次会议确定的主要预期目标。全市实现生产总值327亿元，比上年增长14.0%。实现财政总收入40亿元，增长22.8%，其中地方财政收入21亿元，增长21%。年末金融机构各项存款余额386.39亿元，贷款余额305.34亿元，分别比年初增长18%和24.9%。全年进出口总额16.7亿美元，增长27.4%。三次产业比重调整为3.5：54.1：42.4。全市实现工业总产值750.6亿元，比上年增长20.9%。全市规模以上工业企业实现总产值513亿元，增长21.9%。全市实现社会消费品零售总额111亿元，增长15.9%。完成全社会固定资产投资78.2亿元，同比增长16.6%。城镇登记失业率2.4%。城镇居民人均可支配收入23473元，农村居民人均纯收入9439元，分别比上年增长11.5%和13.6%。预计万元生产总值综合能耗下降到0.75吨标煤，比上年下降4%，化学需氧量削减0.26%，二氧化硫排放量削减6.2%。

报告指出2008年国民经济和社会发展的主要指标是：地区生产总值增长12%；全社会固定资产投资增长12%；财政总收入增长15%；社会消费品零售总额增长14%；外贸进出口总额增长20%；城镇居民人均可支配收入增长10%，农村居民人均纯收入增长10%；人口自然增长率控制在8‰以内。万元生产总值综合能耗下降4.7%，化学需氧量和二氧化硫排放均削减3.6%。

市十四届人大二次会议计划预算审查委员会经审查认为，2007年，全市经济社会保持平稳协调发展，经济运行增速较快、质量提升、结构优化、民生改善、节能减排取得一定成效，基本完成年初提出的预期目标任务，全市经济社会发展态势良好。存在的主要问题是：结构性矛盾比较突出，产业层次亟待提高；外贸出口制约因素较多，外资利用不容乐观；银根紧缩压力加大，企业商务成本提高；节能减排任务繁重，物价上涨压力加大。

计划预算审查委员会认为，2008年国民经济和社会发展计划草案的报告体现了党的十七大精神，贯彻了市委“两创”战略部署，加快经济发展方式转变，促进产业结构升级，增强自主创新能力，大力推进节能减排，统筹城乡发展，高度关注民生。主要预期目标切合实际，采取的措施积极可行。建议：进一步推进自主创新，加快经济增长方式转变；大力推进新农村建设，统筹城乡区域协调发展；全力推进节能减排工作，促进生态文明建设；加大力度改善民生，促进社会和谐发展。

会议经审查，并根据计划预算审查委员会的审查报告，决定批准瑞安市2008年国民经济和社会发展计划，批准《关于瑞安市2007年国民经济和社会发展计划执行情况与2008年国民经济和社会发展计划草案的报告》。

三、第三次会议

第三次会议审查市发展和改革局《关于瑞安市2008年国民经济和社会发展计划执行情况与2009年国民经济和社会发展计划草案的报告》。2008年，全市上下主动顺应国家宏观调控，积极应对复杂多变的经济形势，克服各种不利因素影响，凝心聚力谋发展，真抓实干解民生，经济社会保持平稳发展态势，较好地完成了市十四届人大二次会议确定的目标任务。全市实现生产总值368.16亿元，比上年增长7.8%。三次产业结构调整为3.3：53.0：43.7。实现财政总收入46.3亿元，增长15.7%，其中地方财政收入23.97亿元，增长13.3%。预计实现工业总产值789.12亿元，增长5.2%，规模工业总产值552.88

亿元，增长5.9%。年末金融机构各项存款余额492.5亿元，贷款余额376.4亿元，分别比年初增长27.4%和23.3%。实现社会消费品零售总额130.13亿元，增长16.9%。全社会固定资产投资86.79亿元，增长10.2%。外贸出口17亿美元，增长23.4%。万元生产总值综合能耗下降4.6%，化学需氧量（COD）和二氧化硫（SO_2）排放量分别削减10.2%和7.4%。城镇居民人均可支配收入达25949元，增长10.5%；农村居民人均纯收入达10332元，增长9.5%。城镇登记失业率为2.45%。

报告指出2009年国民经济和社会发展的主要指标是：生产总值增长8%；财政总收入和地方财政收入均增长6%；全社会固定资产投资增长15%；全社会消费品零售总额增长13%；外贸出口总额增长9%；城镇居民人均可支配收入和农村居民人均纯收入均增长7%；城镇登记失业率控制在3.5%以内；人口自然增长率控制在8‰以内；万元生产总值综合能耗下降4.6%；化学需氧量（COD）和二氧化硫（SO_2）排放量均削减3%。

市十四届人大三次会议计划预算审查委员会经审查认为，2008年，全市上下坚持以科学发展观为指导，认真贯彻落实党的十七大和十七届三中全会精神，深入贯彻省市委“两创”战略，按照“保稳促调”的要求，基本完成年初提出的预期目标任务，全市经济社会呈现良好发展态势。存在的主要问题是：经济下滑趋势明显，地区生产总值增长7.8%，低于年度计划目标4.2个百分点，比上年下降6.2个百分点；企业生产经营困难加大，财政增收节支难度加大；经济结构调整和发展方式转变制约因素较多，节能减排压力依然较大；城乡居民就业难度进一步增加，农业增效、农民增收和农村发展任务依然繁重。

计划预算审查委员会认为，2009年国民经济和社会发展计划草案的报告体现了党的十七大、十七届三中全会、中央和全省经济工作会议精神，体现了落实科学发展观和全面建设小康社会的要求，体现了“保增长、扩内需、调结构”的宏观调控需要，并与“十一五”规划主要目标进行了衔接。主要预期目标切合实际，采取的措施积极可行。建议：加快经济转型升级，促进经济平稳较快增长；加快推进农村改革发展，统筹城乡区域协调发展；加快重大基础设施建设，切实夯实经济发展基础；加快民生工程建设，促进社会和谐可持续发展。

会议经审查，并根据计划预算审查委员会的审查报告，决定批准瑞安市2009年国民经济和社会发展计划，批准《关于瑞安市2008年国民经济和社会发展计划执行情况与2009年国民经济和社会发展计划草案的报告》。

四、第四次会议

第四次会议审查市发展和改革局《关于瑞安市2009年国民经济和社会发展计划执行情况与2010年国民经济和社会发展计划草案的报告》。2009年，全市上下深入贯彻科学发展观，紧紧围绕“保增长、抓转型、惠民生、促和谐”的工作主线，克难攻坚，开拓创新，经济和社会保持平稳较快发展，基本完成市十四届人大三次会议确定的各项目标任务。全市实现生产总值401亿元，增长8.3%，其中一、二、三产业分别增长4%、6%、13%。三次产业结构调整为3.1∶51.4∶45.5。全年完成总投资101

亿元，增长16%，其中工业性投资39亿元，增长5.7%。温福铁路瑞安段、飞云江大桥大修及拼宽、城市防洪三期、电力工程等续建项目进展顺利。社会消费品零售总额152.4亿元，增长17.1%。外贸出口总额15.7亿美元，下降7.5%。财政总收入51亿元，地方财政收入27.4亿元，分别增长10.1%和14.3%。城镇居民人均可支配收入27837元，农村居民人均纯收入11060元，分别增长7.3%和7.1%。全年万元生产总值综合能耗下降5%，化学需氧量（COD）和二氧化硫（SO_2）排放量分别削减5.03%和5%。城镇登记失业率为2.8%。

报告指出2010年国民经济和社会发展的主要指标是：地区生产总值增长9%左右；财政总收入增长8%，地方财政收入增长8%；全社会固定资产投资增长13%；全社会消费品零售总额增长15%；外贸出口总额增长6%；城镇居民人均可支配收入增长7%，农村居民人均纯收入增长7%；城镇登记失业率控制在3.5%以内；人口自然增长率控制在7‰以内；万元生产总值综合能耗下降4.5%，化学需氧量（COD）和二氧化硫（SO_2）排放量削减完成“十一五”目标。

市十四届人大四次会议计划预算审查委员会经审查认为，2009年，瑞安市积极应对严峻复杂的内外部环境，坚定信心，克难攻坚，积极落实“保增长、抓转型、重民生、促稳定”的各项工作措施，全市经济社会发展呈现回升向好的态势。存在的主要问题是：经济增长的内生动力依然不强，自主创新能力不足，转型升级压力较大；农业增效、农民增收和农村发展任务依然繁重；社会事业相对滞后，基本公共服务均等化亟待提高。

计划预算审查委员会认为，2010年国民经济和社会发展计划草案的报告体现了党的十七届四中全会精神，贯彻市委全会战略部署，综合考虑经济发展面临的外部需求恢复艰难、扩大内需制约因素较多等困难和问题及全市经济平稳较快发展仍具备的积极有利因素。制定的主要预期目标符合瑞安市发展实际，采取的措施积极可行。建议：深入实施沿海产业带建设，大力推进工业经济转型升级；推进宜居城市建设，大力提升城市能级品质；加快民生工程建设，大力推进和谐社会建设。

会议经审查，并根据计划预算审查委员会的审查报告，决定批准瑞安市2010年国民经济和社会发展计划，批准《关于瑞安市2009年国民经济和社会发展计划执行情况与2010年国民经济和社会发展计划草案的报告》。

五、第五次会议

第五次会议审查市发展和改革局《关于瑞安市2010年国民经济和社会发展计划执行情况与2011年国民经济和社会发展计划草案的报告》。2010年，全市上下紧紧围绕建设现代化大城市的战略目标，转作风、优环境、解难题，扎实推进城市转型、经济转型、社会转型，全市呈现经济平稳较快发展、社会和谐稳定的良好态势，全面完成市十四届人大四次会议确定的各项目标任务，为“十二五”发展奠定良好基础。2010年全市实现生产总值450.5亿元，增长13.8%，三次产业结构调整为3.3：51.2：45.5。财政总收入60.2亿元，地方财政收入32.7亿元，分别增长18%和19.3%。全社会固定资产投资139.6亿元，增长28.5%。社会消费品零售总额186.1亿元，增长21.2%。外贸出口总额21.5亿美元，增长34%。城镇居民人均可支配收入31268元，农村居民人均纯收入12575元，分别增长12.3%和13.7%。万元生产总值综合能耗、化学需氧量（COD）和二氧化硫（SO_2）排放量等“十一五”节能减排约束性指标顺利完成。

报告指出2011年国民经济和社会发展的主要指标是：地区生产总值增长10%以上；财政总收入和地方财政收入均增长13%；全社会固定资产投资260亿元，投资率达到50%；全社会消费品零售总额增长15%；外贸出口总额增长11%；城镇居民人均可支配收入增长11%，农村居民人均纯收入增长12%；城镇登记失业率控制在3.5%以内；人口自然增长率控制在7‰以内；万元生产总值综合能耗、化学需氧量、二氧化硫等约束性指标完成上级下达任务。

市十四届人大五次会议计划预算审查委员会经审查认为，2010年，瑞安市全面贯彻落实科学发展观，积极应对严峻的国内外形势，解放思想，振奋精神，开拓创新，着力推进经济、社会、政府三大转型，全市经济社会保持平稳健康较快发展，基本完成了“十一五”规划的主要目标任务。存在的主要问题是：资源环境制约较为突出，投资不足影响经济发展后劲；自主创新能力不强，结构调整和发展方式转变亟待加快；基本公共服务均等化有待提高，就学、就医、出行等公共服务与群众的期待还有较大差距。

计划预算审查委员会认为，2011年国民经济和社会发展计划草案和报告体现了党的十七届五中全会精神及市委全会精神，综合考虑了国内外严峻复杂的经济形势，贯彻落实了中央积极的财政政策和稳健的货币政策，主要预期目标符合瑞安发展实际，采取的措施积极可行。建议：大力推进结构调整，促进经济转型升级；不断深化城乡统筹，加快推进新农村建设；不断加大固定资产投资力度，加快推进重大项目建设；不断健全社会保障，加快发展社会事业；不断加强环境保护，大力推进生态文明建设。

会议经审查，并根据计划预算审查委员会的审查报告，决定批准瑞安市2011年国民经济和社会发展计划，批准《关于瑞安市2010年国民经济和社会发展计划执行情况与2011年国民经济和社会发展计划草案的报告》。

第三节　审查、批准财政预算

一、第一次会议

第一次会议听取和审查市财政局局长蒋良奉所作的《关于瑞安市2006年地方财政预算执行情况及2007年地方财政预算草案的报告》。2006年，全市财政总收入32.59亿元，完成预算的108.15%，比上年增长18.5%，其中，地方财政收入17.48亿元，完成预算的114.9%，比上年增长21.3%；上划“中央四税”收入15.1亿元，完成预算的101.3%，比上年增长15.4%。全市地方财政当年支出为16.61亿元，完成预算的109.8%，比上年增长13.8%。按现行财政体制结算，当年预算收支结余预计为1.2亿元（以省决算数为准）。

报告提出2007年预算安排：全市财政总收入36.66亿元，比上年增长13%，其中，地方一般预算收入19.23亿元，比上年增长10.09%；上划中央“四税”收入17.43亿元，比上年增长15.4%。按有关政策规定，2007年一般预算支出拟按18亿元安排，比上年增加2.3亿元。经财政部门审核，必须保证的新增支出为2.65亿元，财政收支缺口，通过大力调整支出结构，努力压缩一般性支出，预算内外统筹安排等措施，达到当年预算收支平衡。

市十四届人大一次会议计划预算审查委员会经审查认为，2006年瑞安市各级政府和财税部门认真贯彻落实科学发展观和稳健的财政政策，发挥工作职能，狠抓增收节支；优化财政支出结构，完善公共财政体系，保证重点支出需求；强化资金监管，提高财政资金使用效益，有力地促进全市经济社会协调发展。全年预算执行情况良好，财税工作富有成效。存在的主要问题是：财政增收幅度趋缓，支出急剧扩张，财政收支平衡难度不断加大；调整支出结构任务仍然十分繁重，财政公共保障能力还需进一步提高；政府性债务风险有所显现，乡镇财政赤字有所增加，防范和化解财政风险的任务非常艰巨；财政资金损失浪费等现象仍时有发生，资金使用效益有待于继续提高。

计划预算审查委员会认为，2007年全市预算草案报告体现了科学发展观和构建和谐社会的要求，符合瑞安市实际情况。预算收入保持了适度的增长速度，支出结构合理，预算草案报告基本可行。建议：发挥财政职能作用，推动经济增长方式转变；依法加强收入征管，积极优化结构，调整扶持方式，努力培植财源；优化支出结构，保障重点支出，促进和谐社会建设；深化公共财政制度改革，提高财政管理水平。

会议经审查，并根据计划预算审查委员会的审查报告，决定批准2007年市财政预算，同意《关于瑞安市2006年地方财政预算执行情况及2007年地方财政预算草案的报告》。

二、第二次会议

第二次会议听取和审查市财政局局长苏德贤所作的《关于瑞安市2007年地方财政预算执行情况及2008年地方财政预算草案的报告》。2007年，全市财政总收入40.03亿元，完成预算的109.18%，比上年增长22.83%，其中，地方财政收入21.16亿元，完成预算的110.03%，比上年增长21.02%；上划中央“四税”收入18.87亿元，完成预算的108.25%，比上年增长24.93%。全年地方财政支出21.14亿元，比上年同期增长21.38%。按现行财政体制结算，2007年瑞安市当年地方可用财力为19.6亿元，扣除年初预算已经安排的18亿元以及排污费、教育费附加超收专项列收列支后，2007年全市一般预算财力超收1.5亿元（具体数字以省决算数为准）。

报告提出2008年预算安排：全市财政总收入46.05亿元，比上年增长15%，其中，地方一般预算收入23.92亿元，比上年增长13.1%；上划中央“四税”收入22.13亿元，比上年增长17.3%。按有关政策规定，2008年一般预算支出拟按21.7亿元安排，比上年增加3.7亿元。经财政部门审核，必须保证的新增支出为4.1亿元，财政收支缺口，通过调整支出结构，压缩一般性支出，预算内外统筹安排等措施，达到当年预算收支平衡。

市十四届人大二次会议计划预算审查委员会经审查认为，2007年瑞安市稳妥推进各项财税改革，公共财政体制进一步完善；挖掘增收潜力，确保财政收入持续稳定增长；调整优化支出结构，进一步压缩一般性支出，保障重点支出，预算执行情况总体良好。存在的主要问题是：受宏观调控等多种因素影响，财政收入面临很大压力；优化收支结构难度进一步加大；部分重点项目支出缺口依然存在；部分乡镇财政收支矛盾有新一轮扩张的趋势；政府融资瓶颈问题进一步突出；加强政府性债务监管、防范和化解财政风险的任务非常艰巨；财政资金闲置浪费等现象仍有发生。

计划预算审查委员会认为，2008年全市预算安排基本可行，实现预算措施适当，预算收入保持与地方经济发展相适应的增长速度，预算支出坚持统筹兼顾，收支平衡的原则，严格控制一般性支出，保障重点领域的支出需求。建议：充分发挥财税职能优势，推动经济发展方式转变；推进精细化税收征管，保障财政收入持续均衡增长，不断增强地方可用财力；优化财政资源配置，强化财政公共服务功能；强化财政预算管理，建立健全资金管理机制。

会议经审查，并根据计划预算审查委员会的审查报告，决定批准2008年市财政预算，同意《关于瑞安市2007年地方财政预算执行情况及2008年地方财政预算草案的报告》。

三、第三次会议

第三次会议审查市财政局《关于瑞安市2008年地方财政预算执行情况及2009年地方财政预算草案的报告》。2008年，全市财政总收入46.32亿元，完成预算的100.59%，比上年增长15.73%，其中，地方财政收入23.97亿元，完成预算的100.20%，比上年增长13.28%。全年地方财政支出25.22亿元，比上年增长19.31%。按现行财政体制结算，2008年瑞安市当年地方可用财力为22.08亿元，扣除年初预算已经安排的21.7亿元后，2008年全市一般预算财力超收0.38亿元（具体数字以省决算数为准）。

报告提出2009年预算安排：全市财政总收入49.1亿元，比上年增长6%，其中，地方一般预算收入25.4亿元，比上年增长6%。按有关政策规定，2009年一般预算支出拟按23.5亿元安排，比上年增加1.8亿元。经财政部门审核，必须保证的新增支出为2.39亿元，财政收支缺口，通过大力调整支出结构，努力压缩一般性支出，预算内外统筹安排等措施，达到当年预算收支平衡。

市十四届人大三次会议计划预算审查委员会经审查认为，2008年瑞安市各级政府和财政税务部门全力助推“保稳促调”，采取各种有效措施推动转型升级，切实抓好收入征管，不断优化收支结构，持续深化各项改革，创新监管机制，全市预算执行情况良好。存在的主要问题是：受国际金融危机引发的经济危机影响，财政收入增长面临较大的下行压力；收支矛盾进一步凸显，支出结构调整难度进一步加大；个别分税制乡镇财政收支矛盾仍较突出；政府融资资金的还本付息支出压力进一步加大，防范和化解政府性债务风险的任务非常艰巨；资金使用的效益、效率低下现象仍有发生，财政监管的机制和制度仍需进一步健全和完善。

计划预算审查委员会认为，2009年全市预算安排基本可行，实现预算措施适当，预算收入保持与地方经济发展相适应的增长速度，预算支出坚持“一要吃饭、二要建设、三要有所积累、四要增强风险应对能力”的理财原则，全力促进经济平稳较快发展，不断优化财税收支结构，积极推进基本公共服务均等化，持续深化各项财政改革，继续提升财政监管水平。建议：落实积极的财政政策，推动全市经济平稳增长；狠抓增收节支，确保收支平衡；加强财政监管，提高财政资金使用效率；深化财政体制改革，健全公共财政管理体制机制。

会议经审查，并根据计划预算审查委员会的审查报告，决定批准2009年市财政预算，同意《关于瑞安市2008年地方财政预算执行情况及2009年地方财政预算草案的报告》。

四、第四次会议

第四次会议审查市财政局《关于瑞安市2009年地方财政预算执行情况及2010年地方财政预算草案的报告》。2009年，全市财政总收入51亿元，完成预算的103.9%，比上年增长10.1%，其中，地方财政收入27.4亿元，完成预算的107.9%，比上年增长14.3%；上划中央“四税”收入23.6亿元，完成预算的99.7%，比上年增长5.6%。全年地方财政支出27亿元，比上年增长7.2%。按现行财政体制结算，2009年瑞安市当年地方可用财力为24.8亿元，扣除年初预算已经安排的23.5亿元后，2009年全市一般预算财力超收1.3亿元，纳入下年度预算安排。

报告提出2010年预算安排：全市财政总收入55.08亿元，比上年增长8%，其中，地方一般预算收入29.59亿元，比上年增长8%。按现行财政体制测算，预计2010年瑞安市当年可用财力为26.48亿元。考虑到刚性支出的需要以及预算收入执行中的不确定因素，动用历年预算净结余1.32亿元，2010年一般预算支出拟按27.8亿元安排，比上年预算增加4.3亿元。上述财政收支缺口，通过大力调整支出结构，压缩一般性支出，预算内外统筹安排等措施，达到当年预算收支平衡。

市十四届人大四次会议计划预算审查委员会经审查认为，2009年瑞安市各级政府和财政税务部门以科学发展观为统领，积极应对国际金融危机的严峻挑战，围绕中心，服务大局，充分发挥财税保稳促调作用，全力助推瑞安市经济止跌回升，全市预算执行情况良好。存在的主要问题是：财政收支平衡压力进一步加大，资金保障能力仍需进一步提高；财政支出结构调整难度加大，节支、减支工作仍需进一步加强；防范和化解财政风险的任务非常艰巨，政府性债务监管仍需进一步强化；财政资金损失浪费等现象仍有发生，财政监管水平和财政资金使用效益有待进一步提高。

计划预算审查委员会认为，2010年全市预算安排符合《预算法》等法律法规的规定，预算草案切实可行，实现预算措施适当。建议：狠抓增收节支，确保财政收支平衡；扩内需促转型，助推经济平稳增长；调结构惠民生，促进社会和谐稳定；深化财政改革，完善公共财政体系；创新管理制度，推进科学化精细化管理。

会议经审查，并根据计划预算审查委员会的审查报告，决定批准2010年市财政预算，同意《关于瑞安市2009年地方财政预算执行情况及2010年地方财政预算草案的报告》。

五、第五次会议

第五次会议审查市财政局《关于瑞安市2010年地方财政预算执行情况及2011年地方财政预算草案的报告》。2010年，全市财政总收入达60.2亿元，完成预算的109.3%，比上年增长18%。其中，地方财政收入32.7亿元，完成预算的110.5%，比上年增长19.3%；上划中央“四税”收入27.5亿元，完成预算的107.9%，比上年增长16.5%。地方财政支出36.2亿元，比上年增长33.8%。按现行财政体制结算，2010年瑞安市当年地方可用财力为28.6亿元，扣除年初预算已经安排的27.8亿元后，2010年全市一般预算财力超收0.8亿元，纳入下年度预算安排。

报告提出2011年预算安排：全市财政总收入68亿元，比上年增长13%，其中，地方一般预算收入36.9亿元，比上年增长13%。按现行财政体制测算，预计2011年瑞安市当年可用财力为32亿元。考虑到刚性支出的需要以及预算收入执行中的不确定因素，动用历年预算净结余2.5亿元，2011年一般预算支出拟按34.5亿元安排，比上年预算增加6.7亿元。上述财政收支缺口，通过调整支出结构，压缩一般性支出，预算内外统筹安排等措施，达到当年预算收支平衡。

市十四届人大五次会议计划预算审查委员会经审查认为，2010年瑞安市各级政府和财政税务部门积极应对复杂的经济形势，夯实收入基础，优化支出结构，深化管理改革，完善运行机制，全市地方预算执行情况良好，圆满完成市十四届人大四次会议确定的预算任务。存在的主要问题是：财政收支矛盾更加突出，落实增收节支措施的力度还需进一步加大；财政支出刚性越来越强，支出结构要进一步调整优化；财政面临的债务风险不断加大，政府性债务管理仍需进一步加强；套取、挪用财政资金的现象依然存在，财政监管检查力度亟待进一步加大。

计划预算审查委员会认为，2011年全市预算安排符合《预算法》等法律法规的规定，充分体现科学发展观和“稳增长、调结构、保重点、惠民生”的总体要求，预算草案切实可行，为实现预算的措施是适当的。建议：夯基础，细征管，促进财政增收；抓统筹，重整合，强化资金保障；控开支，保重点，优化支出结构；促发展，拓财源，壮大政府财力；推改革，有管理，完善运行机制。

会议经审查，并根据计划预算审查委员会的审查报告，决定批准2011年市财政预算，同意《关于瑞安市2010年地方财政预算执行情况及2011年地方财政预算草案的报告》。

第四节　听取、审议常委会工作报告

一、第一次会议

第一次会议听取和审议市人大常委会代理主任孔素素所作的《瑞安市人民代表大会常务委员会工作报告》。2003—2006年，市人大常委会认真行使宪法和法律赋予的各项职权，共召开常委会会议37次，主任会议76次；听取“一府两院”工作报告108个，就瑞安市经济、政治、文化等方面重大事项作出决议、决定45项；依法任免国家机关工作人员256人次，各项工作取得新成效。围绕法制建设，突出法律监督，扎实推进依法治市进程。加强执法监督，保障法律法规正确实施。四年来，常委会先后对人口与计划生育法、职业教育法、药品管理法、农业法、海域管理使用法、野生动物保护法、环境保护法、水污染防治法、安全生产法、婚姻法、刑事诉讼法、道路交通安全法等20部法律法规进行执法检查。督办《关于加强食品药品安全监管，切实维护人民群众健康的议案》，促进全市食品卫生工作和医药市场健康发展。深化法治理念，努力推进法制建设进程。听取市政府关于瑞安市贯彻执行“四五”普法决议情况汇报，作出《关于建设“法治瑞安”的决议》。强化工作指导，推进基层民主政治建设。常委会认真组织指导市、乡镇两级人大代表换届选举工作，出台《关于贿选等破坏选举行为查处工作的意见》，加强换届选举和培训工作。着眼发展大局，强化工作监督，积极助推经济社会发展。加强预算和计划审查监督，细化部门预算编制，突出重点工程计划审查。加强审计工作监督，监督规范土地出让金收缴工作和财政专项资金使用。加强农业农村工作和社会事业监督。开展评议工作，加强权力运行监督。听取市政府副市长述职报告。对市国土资源局、市交通局、市教育局、市农业（林业）局等8家单位的局长进行述职评议，并对市环保局、市水利局、市国税局、市人口和计划生育局等4个局进行执法评议。重视信访工作，维护群众合法权益。四年来，共接待上访人员2082人次，受理人民群众来信来访1752件次。强化服务意识，创新活动形式，充分发挥代表作用。坚持常委会组成人员联系代表制度，代表列席常委会会议和其他重要会议制度，组织代表参加视察检查、两项评议和督办建议活动，开展代表活动先进小组和积极分子评选活动。在中心镇开展镇人大代表评议镇政府工作，开展温州市人大代表向常委会述职工作，指导乡镇人大开展市、乡（镇）人大代表向选民代表述职工作。规范建议督办，代表对建议的办理情况表示满意和基本满意的每年均在98%以上。适应形势需要，夯实工作基础，努力加强自身建设。加强学习教育，提升工作水平。认真开展“三树一创”、深化效能革命和“保持共产党员先进性”教育活动。注重制度建设，完善各项工作制度11项，规范运作方式。重视宣传交流，增添工作活力。召开首届人大理论研讨会，编纂完成《瑞安市人民代表大会志》。报告提出今后五年常委会工作的总体思路和建议。

代表在审议中认为：四年来，市人大常委会紧紧围绕经济建设中心，以推进民主法制建设为根本任务，全面落实依法治国方略，依法行使各项职权，为保障和推进瑞安市改革开放和现代化建设作出应有的贡献。同时，对如何进一步完善监督的手段和方式，加大监督的力度，发挥代表的作用和履职能力，提高常委会会议审议水平和质量等方面的工作提出意见和建议。

会议通过决议，批准市人大常委会工作报告。

二、第二次会议

第二次会议听取和审议市人大常委会主任张女珍所作的《瑞安市人民代表大会常务委员会工作报告》。2007年，市人大常委会共召开常委会会议6次，主任会议17次，组织开展视察、检查、调研活动27次，听取、审议“一府两院”工作报告18个；任免国家机关工作人员共49人次。贯彻实施监督法，扎实推进人大监督工作。加强执法监督，促进依法行政，开展行政许可法、科技进步法和畜牧法执法检查。开展专项监督，推进工作落实，重点监督农村公共卫生工作情况、废塑料加工业整治情况、非诉行政案件执行情况等社会热点问题。深化财经监督，助推经济发展。加强计划、预算监督工作，重点审查支出合法性、结构性要求。深化对财政热点问题监督，听取和审议2006年政府性债务情况及2007年政府性债务计划，防范政府财政风险。重视信访监督，维护合法权益。全年共受理群众来信425件，接待来访群众460余人次。建立涉法、涉诉信访联席会议制度，确保及时交办，适时牵头联办，强化跟踪督办。加强和改进代表工作，充分发挥代表主体作用。搭平台、促交流，完善联系制度。完善乡镇（街道）人大主席（人大工委主任）例会制度，组织召开“一府两院”半年工作情况通报会，建立市人大代表活动中心组制度。创条件、促履职，发挥代表作用。组织代表人大干部集中培训，指导乡镇人大开展代表约见等活动，召开市人大代表履职情况交流会，开展市人大代表向选民代表述职活动。强力度、促办理，推进督办“加快实施农村饮用水安全工程”议案实施情况。切实抓好自身建设，努力提高依法履职能力。常委会始终把自身建设放在重要位置，不断强化思想、作风和制度建设，为履行各项法定职责提供有力的保障。加强学习教育，增强整体素质。重视监督法学习，常委会机关开展作风建设年教育活动。加强调查研究，提高决策水平。加强交流沟通，拓宽工作思路。重视信息宣传，组织常委会组成人员和人大常委会机关有关人员赴外地考察、学习和交流。报告提出2008年常委会工作的思路和主要任务。

代表在审议中认为：市人大常委会按照“围绕中心抓大事，立足大局抓重点，注重实效抓落实”的工作思路，认真履行宪法和法律赋予的各项职权，积极发挥地方国家权力机关的作用，各项工作取得新的成绩，为促进依法行政和公正司法，推进瑞安市经济发展和社会和谐发挥积极的作用。同时，对监督工作的实效性还需加强，执行代表职务的保障条件还需不断完善，常委会自身建设需要进一步改进等方面的工作提出意见和建议。

会议通过决议，批准市人大常委会工作报告。

三、第三次会议

第三次会议听取和审议市人大常委会主任张女珍所作的《瑞安市人民代表大会常务委员会工作报告》。2008年，市人大常委会共召开常委会会议10次，主任会议14次，组织开展视察、检查、调研活动27次，听取、审议市“一府两院”工作报告29个，任免国家机关工作人员共56人次，各项工作取得了新的成绩。围绕工作大局，加强财经监督，推进国民经济科学发展。加强计划执行情况监督，促进国民经济持续健康发展。听取和审议“十一五”规划纲要实施中期评估报告。加强预算执行情况监督，促进财政资金合理、规范、高效使用。重点监督财政超收收入使用情况，加强预算外资金使用情况监督，强化部门预算、决算审查监督。不断加强对部门预算执行情况的监督，首次将2007年度财政同级审审计报告提出的重点问题在《瑞安日报》和瑞安人大网上进行公布。关注民生改善，加强社会事业监督，推进社会和谐发展。专项监督垃圾无害化处理工作，提出加快建设垃圾收集系统、不断完善监督管理体制、着力提升无害化处理能力、加快启动垃圾焚烧发电厂项目等审议意见。发展文化事业是丰富群众精神生活、建设和谐社会的重要任务。常委会听取和审议文化大市建设专项工作报告，促进全国文化先进市创建工作。强化法治理念，加强法制监督，推进“法治瑞安”建设进程。常委会重视推进社会主义民主法制建设，强化对法律法规贯彻实施情况和社会治安工作的监督，推进“一府两院”依法行政、公正司法。常委会重点监督涉黑涉恶及“两抢一盗”打击处理情况，并提出审议意见。组织开展农产品质量安全法执法检查，保障人民群众身体健康。重视“法治瑞安”建设和普法工作。全年常委会共受理群众来信来访369件（次），来信来访件及时按规定转交有关单位办理，并对重要信访件进行跟踪督办，有效维护人民群众的合法权益，促进社会稳定和谐。创造履职条件，加强保障服务，推进代表工作持续发展。重视代表培训工作，开展代表述职活动，2008年25个乡镇人大（街道人大工委）组织87名市人大代表进行述职。突出重点，推进督办工作。市十四届人大二次会议代表提出的471件建议，满意和基本满意率为99.5%。加强交流，增强工作活力。全年共召开8次乡镇（街道）人大主席（人大工委主任）例会，共评选出代表活动先进小组9个，优秀人大代表38名，优秀人大工作者12名，激励了人大代表和人大工作者履行职责的积极性。坚持与时俱进，加强自身建设，推进履职能力稳步提升。报告提出2009年常委会工作思路和主要任务。

代表在审议中认为：市人大常委会全面贯彻实施监督法，依法履行各项法定职责，围绕工作大局、推进国民经济科学发展，关注民生改善、推进社会和谐发展，强化法治理念、推进“法治瑞安”建设进程，创造履职条件、推进代表工作持续发展。同时，对进一步强化行使法定职权，完善常委会工作程序，改进监督方式、提高监督实效，加强与代表的联系、发挥代表作用等方面的工作提出意见和建议。

会议通过决议，批准市人大常委会工作报告。

四、第四次会议

第四次会议听取和审议市人大常委会主任张女珍所作的《瑞安市人民代表大会常务委员会工作报告》。2009年，市人大常委会共召开常委会会议10次，主任会议17次，组织开展视察、检查、调研活动38次，听取、审议市“一府两院”工作报告35个，任免国家机关工作人员共80人次。常委会坚持以人为本，关注民生，推进社会和谐发展。开展城镇供水工作监督，督促市政府筹集资金1.5亿元，加快实施“3721”供水工程建设，确保群众饮用水安全。开展义务教育工作监督，听取和审议市政府关于瑞安市义务教育专项工作报告，提出审议意见，敦促市政府着手解决全市校网布局调整、教师流动量化考核、在编不在岗人员清理等相关重点问题，推进义务教育工作。开展红砖窑治理监督，176处非法红砖窑得以拆除，治理工作取得初步成效。强化计划监督，促进国民经济较快发展。审议上半年国民经济和社会发展计划执行情况的报告，监督税收优惠政策落实到位情况，让362家出口企业及时享受到2008年度出口增量奖励。加强预算监督，听取市政府有关部门关于审计查明的突出问题的情况说明，提出提高预算安排科学性、加强财政资金融资调剂管理等意见。强化对政府举债行为监督和财政暂付款监督，清理财政暂付款2.3亿元。立足法制，突出公平，促进民主法治建设。加大执法检查力度，重视对执法检查中发现的重要问题进行跟踪监督，对行政执法部门存在不作为、不尽责行为进行询问，切实推进全市执法工作。开展市“两院”规范执法行为、促进司法公正工作监督，听取和审议侦查监督和未成年人犯罪审判等专项工作报告，并作出相关的审议意见。高度重视平安建设，促进社会稳定和谐，常委会针对“霸王搬运”严重扰乱市场秩序、破坏经济建设软环境、人民群众反响强烈的状况，作出专项整治决议，并专门召开决议交办会。跟踪监督“一府两院”涉黑、涉恶及“两抢一盗”打击处理工作审议意见的落实情况，有力维护社会治安。重视做好人大信访工作，2009年共受理接待群众来信来访326件（次），并对30件重要信访件进行跟踪督办。开展规范性文件备案审查工作，全年共有26件市政府制定的规范性文件向常委会报送备案审查。拓宽渠道，优化服务，切实增强代表工作活力。组织代表跟踪督办“加快实施农村饮用水安全工程”“切实解决农村垃圾问题”等议案落实情况，重点督办10件事关民生热点、代表反映强烈的建议件，促进议案建议办理工作。常委会高度重视人大自身建设，始终坚持党的领导，求真务实，改进作风，规范工作，不断提升自身履职水平。报告提出2010年常委会工作的总体要求和主要任务。

代表在审议中认为：市人大常委会抓住经济社会发展中的突出问题，依法履行各项职责，充分发挥国家权力机关的作用，为推进瑞安市民主法制建设、促进经济平稳较快发展、构建和谐社会作出新的贡献。同时，对监督的机制和方式还要不断创新，代表的积极性和作用有待更好发挥，依法履职的水平和能力还须继续提高等方面的工作提出意见和建议。

会议通过决议，批准市人大常委会工作报告。

五、第五次会议

第五次会议听取和审议市人大常委会主任张女珍所作的《瑞安市人民代表大会常务委员会工作报告》。2010年，市人大常委会共召开常委会会议10次，主任会议18次，组织开展视察、检查、调研活动52次，听取、审议市“一府两院”工作报告22个，作出决议、决定19项，形成审议意见7项；任免国家机关工作人员共138人次。常委会按照科学发展观要求，关注“十二五”规划编制，谋求长远发展。重视民生改善，听取审议市政府关于完善和规范房地产市场专项工作报告，提出制定产业发展规划、加强住房保障建设、加大土地有效供应力度、强化市场监管的建议。跟踪监督城镇供水工作和农村饮用水安全工程实施情况，义务教育审议意见落实情况及“霸王搬运”专项整治决议落实情况，有

2011年1月25日，市人大常委会主任张女珍在市第十四届人民代表大会第五次会议上作市人大常委会工作报告

效维护群众利益。监督预算执行，规范财政运作。跟踪监督2008年度财政同级审审议意见落实情况，重点关注政府举债单位资金闲置过多、利息负担过重、贷款主体分散、融资成本加大等问题。深化细化部门预算监督，首次对市水利局、市房管局的预算执行情况进行审查，督促对历年结余资金进行清理，提高资金使用效率。监督乡镇财政资金使用情况，针对个别乡镇财政资金使用不规范问题，要求市政府进一步规范财政财务收支行为，严肃财经纪律。推进法制建设，开展食品安全法、农业机械化促进法、人民防空法执法检查。跟踪监督土地规划类违法案件处理，对行政许可法执法检查报告审议意见列出的四件典型违法案件跟踪督改，促使市政府拆除涉案违法建筑面积1.97万平方米，罚款和补征税款124万元，并对相关责任单位进行行政处罚。强化司法监督，维护司法公平公正。常委会听取和审议关于职务犯罪查处和审判工作的专项工作报告，跟踪监督未成年人犯罪审判工作和市人民检察院侦查监督工作。重视规范性文件备案审查。对市政府报送的38件规范性文件进行备案，主动征询制定机关意见3件。畅通民意渠道，提高信访工作水平。全年共受理接待群众来信来访221件（次）。强化服务、丰富内涵，代表工作务实创新。认真督办，提高建议办理成效，市十四届人大四次会议交办的447件建议，代表答复满意和基本满意率为97.9%。开展人大代表述职活动86人次，增强代表履职能力。积极有为，求真务实，开展“转作风、优环境”活动，深入调查研究，力求工作实效，自身建设不断加强。报告提出2011年常委会工作的总体要求和主要任务。

代表在审议中认为：市人大常委会围绕市委中心工作，依法履行各项职责，支持和促进“一府两院”依法行政、公正司法，为推进瑞安市民主法制建设，构建现代化大城市，促进经济、社会、政府转型作出新的贡献。同时，对深化监督工作、提高监督实效，强化代表责任、提升履职能力，加强常委会机关自身建设等方面的工作提出意见和建议。

会议通过决议，批准市人大常委会工作报告。决议要求，市人大常委会要坚持以邓小平理论和“三个代表”重要思想为指导，全面落实科学发展观，深入贯彻党的十七大、十七届五中全会和市委十二届九次、十次全会精神，开拓创新，务实求效，认真履行宪法和法律赋予的各项职责，努力把人大工作提高到新水平，为加强全市民主法制建设、全力推进瑞安市科学发展做出新的贡献。

第五节　听取、审议法院工作报告

一、第一次会议

第一次会议听取和审议市人民法院院长赵建华所作的《瑞安市人民法院工作报告》。2003—2006年，市人民法院共依法办结各类案件37583件，结案率达98.4%，诉讼标的总额达13.1亿元。严厉打击刑事犯罪，维护社会稳定。审结刑事案件5431件，判处犯罪分子8023人，比前四年分别上升6.7%和4.4%。深入开展“打黑除恶”“反两抢一盗”等专项斗争活动，共判处此类犯罪分子2062人。发挥民商审判功能，促进和谐发展。审结各类民商事案件16073件，解决诉讼标的金额9.9亿元。坚持调判结合，调解和经调解撤诉的民商事案件8352件。加强行政审判工作，推进依法治市。审结各类行政诉讼案件365件，依法审查各类非诉行政执行案件3304件，其中准予强制执行的3162件，不准予强制执行的142件，保护公民、法人和其他组织合法权益，促进行政机关依法行政。加大执行工作力度，保障合法权益，执行各类案件13625件，执行标的金额4.01亿元。积极践行司法为民，切实增强服务能力。开展司法救助工作，为困难当事人依法减、免交诉讼费480件149.5万余元。完善便民诉讼措施，制定《全面落实司法为民宗旨的实施意见》等18项司法为民具体措施，推行速裁法庭、巡回法庭、交通法庭、预约接访、电子签章等举措。加大信访工作处理力度，处理群众各类来信2.3万件，接待群众来访1.7万人次。注重审判职能延伸，通过集中宣判、院校挂钩、新闻报道、提出司法建议、落实帮教措施等方式，参与社会治安综合治理，促进“法治瑞安”建设。突出公正与效率工作主题，推进法院改革，四年间，法院审判人员人均每年结案134.2件，被二审改判、发回重审的不到结案总数的0.5%。完善审判流程管理，全面落实公开审判制度，提高庭审质量和裁判结果公开性和透明度。扩大简易程序审理，适用简易程序审理案件12635件。开展中层职务公开选拔实行审判长选任制，修改《法院工作人员目标管理办法》，优化人力资源配置。理顺执行运行机制，建立统一管理、统一协调、统一指挥的执行工作新体制，规范执行工作。健全审判监督制度，评查案件8000件，督查案件218件。加强自身建设，坚持以人为本、加强教育、开门纳谏、改进作风，整体素质不断增强。报告提出今后五年法院工作的总体思路和目标任务。

代表在审议中认为：四年来，市人民法院忠实履行宪法和法律赋予的职责，围绕“三项承诺”工作要求，公正司法、一心为民，认真贯彻执行市十三届人大历次会议决议，充分发挥审判职能作用，各项工作取得明显成效。同时，对司法规范化建设水平有待提高，执行难还没有得到根本性缓解，执行外部环境还不尽如人意等方面的工作提出意见和建议。

会议通过决议，批准市人民法院工作报告。

二、第二次会议

第二次会议听取和审议市人民法院院长赵建华所作的《瑞安市人民法院工作报告》。2007年，市人民法院共受理各类案件10811件，同比上升9.78%，办结10814件，同比上升8.64%，存案610件，同比下降0.49%；解决诉讼标的总金额近3.5亿元。依法惩治各类刑事犯罪，共审结刑事案件1641件，判处罪犯2683人，同比上升14.04%。依法从重从快打击爆炸、杀人、绑架等严重犯罪，共办理该三类案件711件1312人。贯彻宽严相济的刑事政策，依法从宽处理具有从轻、减轻、免除处罚情节的被告人，宽严相济、罚当其罪。参与社会治安综合治理和平安创建活动，开展法官进社区活动，排查调处矛盾纠纷。依法调节民商关系，促进经济发展。共受理各类民商事案件3974件，审结3977件，解决诉讼标的金额近2.7亿元。成立知识产权合议庭处理各类知识产权纠纷，保护劳动者智力成果权，促进科技创新。依法调节行政关系，促进官民和谐。坚持严格审查、依法监督的原则，妥善解决各类行政诉讼纠纷，审结各类行政诉讼案件61件，依法审查各类非诉行政执行案件1458件，其中准予强制执行的

1448件，不准予强制执行的10件，调解解决行政争议案件19件，保护公民、法人和其他组织的合法权益，支持和促进行政机关依法行政。依法强化调解工作，促进社会和谐，全年审结一审民商事案件中调解和经调解撤诉的2230件，调撤率达到56.1%。完善便民措施，加大救助力度。加强立案接待大厅规范化建设，深入开展争创“文明窗口”活动。规范执行《诉讼费用交纳办法》，坚持巡回审判，推行“午间法庭”制度。加大司法救助力度，全年为困难当事人依法缓、减、免交诉讼费142件36.24万元。规范执行行为，凸显执行成效，全年共受理执行案件3658件，同比上升6.18%，执结3659件，同比上升6.06%，存案290件，同比下降0.34%，有效执结率达到61%，实际执行标的额达7509.41万元。加强信访工作，保护合理诉求，全年共处理群众各类来信5000件，接待群众各类来访1万余人次，解决了许多涉法上访难题，取得良好社会效果。深化繁简分流，缓解办案压力。完善速裁机制，扩大简易程序的适用范围，全年运用速裁机制结案499件，占民一庭案件总数的30.82%，速裁调撤率达到68.3%。成立交通事故损赔合议庭，派驻市交警大队开展审判工作，提高审判效率，节约司法资源。开展“阳光审判”，通过开设监督渠道、庭审观摩、陪审员参与审理等方式，增强司法透明度，以公开促公正。规范流程管理，加强审判职能、超审限案件审查和案件评查等督查工作。加强法院自身建设，提高司法能力和水平。开展“作风建设年”“建学习型法院、当学习型法官”活动，全年223名法官参与高层次审判专业人才培训培养。健全完善规范化建设、优化发展环境等各项制度，营造良好司法环境。报告提出2008年法院工作思路和主要任务。

代表在审议中认为：市人民法院以践行“三项承诺”为主线，坚持“公正、高效、权威”的司法理念，立足司法职能作用的发挥，在审判业务、队伍建设、物质装备等方面开展富有成效的工作。同时，对审判质量和效率有待进一步提高，综合治理执行难机制效用未得到充分发挥，法院内部教育监督管理机制还有薄弱环节等方面的工作提出意见和建议。

会议通过决议，批准市人民法院工作报告。

三、第三次会议

第三次会议听取和审议市人民法院代院长戎小平所作的《瑞安市人民法院工作报告》。2008年，市人民法院共新收各类案件13195件，办结12858件，同比分别上升22.1%和18.9%。依法严厉打击黑恶势力犯罪、严重暴力犯罪，共收刑事案件1742件，同比上升6.22%，审结1690件，判处罪犯2687人，其中判处五年以上有期徒刑的652人。注重调判结合，化解民事纠纷，共收民商事案件5387件，审结5101件，同比分别上升33.56%和28.26%。注重调解工作，在审结的民商事案件中适用调解结案和因调解而撤诉的2705件，占53.11%，切实提高服判息诉率。妥善化解行政争议，密切官民关系。坚持监督、维护、协调有机统一的行政审判原则，维护行政相对人合法权益，推进依法治市。共收各类行政诉讼案件119件，审结106件。受理各类非诉行政审查案件1766件，准予强制执行1735件，有效地监督和支持行政机关依法行政，保障行政相对人的合法权益。加大执行工作力度，努力化解执行难，共收执行案件4178件，执结4179件，同比分别上升14.2%和14.3%。市人民法院践行司法为民，完善便民措施，提供诉讼便利，完善司法服务。深化繁简分流，2008年，共适用简易程序审理案件4619件，占民刑诉讼案件的68.02%。建立刑事审判专人专案审理制度，成立抢劫抢夺、盗窃、故意伤害、寻衅滋事、涉毒案件等五个审判组，实行同类案件同人审理，提高办案效率和法官专业化审判水平。健全信访机制，保障有序诉讼，注重庭前释法析理、立案指导、判后答疑、信访接访工作，抓好信访案件源头治理和预防工作。完善监督机制，强化审判执行过程监督。实行局域网“案件预警”制度及审判公开、回避、案件审理期限、案件管辖制度落实情况监督检查。开展案件评查和专项检查活动，全年共评查案件7680件，促进司法公正。以追求公正高效为目标，狠抓队伍素质，确保司法廉洁。重视思想政治教育，强化制度落实，制定实施《党风廉政建设和反腐败工作意见》，落实党风廉政建设责任制度，开展以“抵制人情案、关系案、金钱案，确保司法公正”为主题的队伍建设专项教育活动，重视法官素质提升，全年培训法官24批次165人。自觉接受人大监督、检察机关法律监督、政协民主监督和社会舆论监督，约束权力，改进工作。报告提出2009年法院工作思路和主要任务。

代表在审议中认为：市人民法院以服务大局为己任，以化解社会矛盾为主线，以关注民生为重点，全面履行各项审判职能，规范司法行为，促进司法公正，强化队伍建设。同时，对个别案件审判效率不高，部分法官的思想观念和业务水平还不能适应解决当前疑难杂症问题的需要，执行难问题尚未得到根本解决，案多人少矛盾日益加剧等方面的工作提出意见和建议。

会议通过决议，批准市人民法院工作报告。

四、第四次会议

第四次会议听取和审议市人民法院院长戎小平所作的《瑞安市人民法院工作报告》。2009年，市人民法院共收各类案件12630件（不含上年旧存947件），同比下降4.28%，办结12458件，同比下降3.11%，未结案1118件，解决诉讼标的额5.7亿余元。贯彻落实宽严相济刑事政策，维护社会稳定。全年共收刑事案件1623件，同比下降6.83%，审结1653件，判决生效罪犯2525人。在审判中，坚持“严打”，审结“两抢一盗”案件602件、毒品案件224件。对罪刑较轻的犯罪分子依法宽缓处理，全年从轻判处少年犯200人，3年以下轻刑适用缓刑的300人。延伸刑事审判职能，参与治安综合治理，加强司法宣传。发挥民商事审判调节经济关系的功能，力促社会和谐。2009年受国际金融危机的影响，民商事审判形势严峻，全年共受理民商事案件5644件，同比上升4.77%。深化案件繁简分流，适用简易程序审理民商事案件3958件，占全部民商事案件的72.36%，有效提高审判效率。坚持“调解优先、调判结合”的指导思想，加大调解工作力度，促成当事人调解、撤诉的案件达2788件，调解撤诉率为50.97%。依法调节行政关系，保障和改善民生。全年共新收各类行政诉讼案件103件，审结94件。受理各类非诉行政审查案件1336件，准予强制执行1300件，有效监督和支持行政机关依法行政。加大执行工作力度，努力破解执行难题。共新收执行案件3910件，同比下降6.41%，执结3878件，民商案件有效执结率为67%。开展集中清理执行积案活动，执结有财产的执行积案453件，执结标的总额3551.5万元，执结率为99.34%；执结重点积案102件，重点积案执结率为97.06%，保障了胜诉当事人的合法权益。完善诉讼便民机制，拓宽群众诉求渠道。加强涉法涉诉信访工作，全年共受理群众来信108件次，接待群众来访87批次210人次。构建诉讼与调解对接新机制，建立民商事纠纷人民调解委员会，立案大厅建立派驻调解室，指导、协助人民调解工作。开展巡回法庭、双休日法庭和午间法庭等便民、利民措施，方便群众诉讼。强化干部队伍建设，开展“人民法官为人民”活动，提升干警服务大局意识和能力。开展教育培训活动，全年共输送29批次321人次参加各类培训。开展业务研讨、审判经验交流、专业技能训练等活动，多形式培养提升干警素质。健全各项规章制度，规范监督机制，认真实施《构建惩治和预防腐败体系实施细则》。推行绩效考核，制定出台《目标管理考核办法（试行）》《办案计分奖惩办法（试行）》等多项规章制度。建立巡查工作制度，全年共评查案件8311件。自觉接受监督，认真改进法院工作，按时按要求办结市委、人大、政协、政法委等机关转办、督办的信访件60件。全年人民陪审员参与案件审理1545件3082人次，推进人民群众对司法的民主监督进程。报告提出2010年法院工作思路和主要任务。

代表在审议中认为：市人民法院坚持“党的事业至上、人民利益至上、宪法法律至上”的理念，深入学习实践科学发展观，围绕“保增长、保民生、保稳定”的工作大局，严格执法办案，更新司法理念，强化“八项司法”。同时，对审判执行工作水平还有待提高，个别法官考虑问题单一、未能很好地把握案件处理的社会效果，物质装备难以满足审判工作发展需求等方面的工作提出意见和建议。

会议通过决议，批准市人民法院工作报告。

五、第五次会议

第五次会议听取和审议市人民法院院长戎小平所作的《瑞安市人民法院工作报告》。2010年，市人民法院共受理各类案件15979件，办结14571件，同比分别上升17.69%、16.95%，已办结案件诉讼标的额达16.7亿元。依法惩治刑事犯罪，全力维护社会稳定。2010年，共新收刑事案件1706件，审结1629件，结案率为93.78%，判处罪犯共2639人。对罪刑较轻或具有法定、酌定从宽处罚情节的犯罪分子，依法予以从宽处理，少年审判引入心理辅导机制。提升民商审判理念，妥善化解社会纠纷。全年新收民商事案件6574件，同比上升16.48%，审结6411件，同比上升16.95%，结案率为87.68%。根据新情况新问题，设知识产权庭（民三庭），实现知识产权案件及涉外案件的专业化审理，全年共审结知识产权案件122件。推行案件繁简分流，全年共适用简易程序审理民商事案件4357件，简易程序适用率达68.8%。坚持“调解优先、调判结合”理念，设立立案窗口、基层法庭调解室，构建诉调衔接机制，全年共调解结案1582件，经调解后当事人撤诉结案1591件，调撤率为60.1%。监督行政执法，推进依法行政。全年共新收各类行政诉讼案件163件，审结159件，同比分别上升38.14%和45.87%。依法受理各类非诉行政执行审查案件1331件，其中准予强制执行的1309件。创新执行工作机制，成立执行指挥中心，开展综合治理执行难工作，集中清理执行积案，努力破解执行难。全年新收执行案件5083件，同比上升30%；执结5037件，同比上升29.89%；执结标的额达2.35亿。创新司法管理、提高审判质效，践行司法为民。多措并举，深化诉讼便民服务，全年开展巡回审判23次，午间法庭120

次，预约法庭161次。依法缓、减、免收诉讼费302件46.45万元。完善信访工作制度，共受理群众来信99件次、接待群众来访97批次347人。率先在立案信访窗口设立心理咨询疏导服务。科学建立审判质效信息管理数据系统，加强个人绩效考核，提升审判质效。建章立制，推进司法行为规范化。实施《关于禁止非职务行为过问案件的规定》，加强审判内部督查、评查工作，全年共督查案件84件，回访180余名当事人。提高干警素质、加强队伍建设。开展学习培训，提高干警素质。开展“转作风、优环境”“创先争优”“人民法官为人民”等主题实践活动。全年培训46批次245人，举办法官论坛，推行青年干警导师制度。健全制度廉政监察员和回避承诺制度，推进司法廉政建设。推行阳光司法，建成21个数字法庭，出台《判决书上网公布若干规定（试行）》，举办公众开放日活动，创新网络交流载体，促进司法公开。增强法律社会监督，改进法院工作。报告提出2011年法院工作思路和主要任务。

代表在审议中认为：市人民法院坚持“三个至上”的理念，以深入推进“社会矛盾化解、社会管理创新、公正廉洁执法”三项工作为重点，认真履行宪法和法律赋予的职责，各项工作取得新进展。同时，对办案周期拉长，案件质效有待提高，案多人少的情况依然突出，“两庭建设”滞后等方面的工作提出意见和建议。

会议通过决议，批准市人民法院工作报告。决议要求，市人民法院要坚持以邓小平理论和“三个代表”重要思想为指导，深入贯彻落实科学发展观，紧紧围绕全市工作大局，切实履行宪法和法律赋予的审判职责，努力营造公正、高效、权威的法治环境，为开创瑞安市“十二五”科学发展新局面提供有力的司法保障。

第六节　听取、审议检察院工作报告

一、第一次会议

第一次会议听取和审议市人民检察院代检察长黄清钰所作的《瑞安市人民检察院工作报告》。2003—2006年，市人民检察院共批准逮捕各类刑事犯罪嫌疑人7891人，提起公诉8236人。其中，批准逮捕爆炸、杀人、抢劫、绑架等严重刑事犯罪嫌疑人1850人，提起公诉1837人；批准逮捕生产销售伪劣商品、侵犯知识产权、金融诈骗等严重破坏市场经济秩序犯罪嫌疑人115人，提起公诉285人。对应当逮捕而未提请逮捕、应当起诉而未移送起诉的，决定追加逮捕26人、追加起诉20人。依法对164名涉嫌犯罪决定不批准逮捕；对112名涉嫌犯罪情节轻微、社会危害小的，决定不予起诉。受理办结涉检信访件690件（次）。共立案侦查贪污贿赂、渎职侵权犯罪嫌疑人111人，为国家挽回经济损失2050余万元。其中，立案侦查贪污、贿赂案件45件54人；查办科级干部14人。立案侦查医疗、工程建设、国企等领域窝案串案44人；立案侦查发生在农村和基层乡镇站所的涉农职务犯罪案件24人；立案查办危害严重的行贿犯罪案件9人；立案侦查渎职犯罪案件12人。召开职务犯罪案件剖析会16次，提出检察建议35份。提供行贿犯罪档案查询服务22次。监督公安机关立案48件，撤销案件49件。对依法不应当追究刑事责任和证据不足的，决定不批准逮捕207人、不起诉14人；对侦查活动中采取强制措施不当等行为提出纠正意见62件。提出刑事抗诉11件，改判4件。提出民事审判和行政诉讼抗诉77件，法院再审改判或调解33件。息诉息访28件。监督纠正提请减刑、假释、保外就医不当37人，建议收监执行罪犯9人。执行在押人员约见检察官制度，共约见在押人员1700余人，帮助解决所反映的问题830件。人民监督员共对9件拟作撤案、不起诉处理的职务犯罪案件进行监督，其中不同意办案部门原拟定意见3件，决定采纳1件。成立未成年人刑事检察科，设立全省首个失足未成年人社区矫正基地，建立公诉环节法律援助的绿色通道，94名犯罪嫌疑人获得法律援助。建立科学、高效、规范的检察管理机制，成为全省检察系统首家导入ISO 9001质量管理体系的基层检察院。全院15名干警通过国家统一司法考试，本科以上学历达72%，20余人次在全省、全市检察系统岗位竞赛中获奖。办理市人大常委会交办案件12件。报告提出今后五年检察院工作的总体思路和主要任务。

代表在审议中认为：四年来，市人民检察院忠实履行宪法和法律赋予的职责，深入实施“强化法律监督，维护公平正义”的工作主题，落实“加大工作力度，提高执法水平和办案质量”的总体要求，在提高法律监督能力、增强法律监督实效上下功夫，为瑞安市经济社会发展营造和谐稳定的社会环境和良好的法治环境。同时，对加强检察职能作用的发挥，依法自行侦破职务犯罪，强化法律监督工作，加强检察队伍建设等方面的工作提出意见和建议。

会议通过决议，批准市人民检察院工作报告。

二、第二次会议

第二次会议听取和审议市人民检察院检察长黄清钰所作的《瑞安市人民检察院工作报告》。2007年，市人民检察院共批准逮捕各类刑事犯罪嫌疑人2526人，提起公诉2707人。其中批准逮捕严重刑事犯罪嫌疑人1689人，提起公诉1636人；批准逮捕生产销售伪劣商品、侵犯知识产权等严重破坏市场经济秩序犯罪嫌疑人30人，提起公诉92人。提前介入重特大侦查案件23件。受理办结涉检信访案件286件。依法查办贪污贿赂、渎职侵权等职务犯罪嫌疑人33人，为国家挽回直接经济损失800余万元。其中，立案侦查贪污、受贿大案24人。查办村干部贪污贿赂犯罪案件12人。立案查办建设、医疗等行业窝串案20人。发出检察建议3份，召开案件剖析会4次，以案释法警示教育600余人次。监督公安机关立案8件、撤案9件。对应当逮捕而未提请逮捕、应当起诉而未移送起诉的，建议公安机关提请批准逮捕46人，追加起诉1人。提出纠正侦查违法意见18件，均得到纠正。纠正罪犯刑期计算错误7人，纠正提请呈报减刑、假释、暂予监外执行不当8人。对4名监外执行对象建议收监执行，对10名脱管、漏管的监外执行对象建议及时落实监管措施。提出刑事抗诉3件，民事行政抗诉13件，再审检察建议2件，息诉案件16件。对63名轻微刑事案件犯罪嫌疑人作出有罪不捕决定。对自愿达成和解的45名轻微刑事案件犯罪嫌疑人依法决定不起诉。对3名未成年犯罪嫌疑人落实社区帮教，65名家庭经济困难的未成年犯罪嫌疑人获得法律援助。聘请9名人民监督员，监督职务犯罪“三类案件”7件，监督“五种情形案件”1件。制定《轻微刑事案件快速办理的规定》，规定轻微刑事案件3天内完成审查逮捕、在15天内完成审查起诉。43%的起诉案件和16%的逮捕案件实现快速办理。实行不捕说理制度，对29件不捕案件展开说理论证。全年组织开展业务技能培训及岗位练兵活动8次，培训210余人次。9名干警通过国家司法考试。受理人大代表转交案件8件，办结并书面答复代表7件。共向人大代表、政协委员发出征求意见函300份。报告提出2008年检察院工作思路和着重抓好的四个方面工作。

代表在审议中认为：市人民检察院贯彻《中共中央关于进一步加强人民法院、人民检察院工作的决定》和省委实施意见，按照市十四届人大一次会议的要求，忠实履行宪法和法律赋予的职责，各项工作取得新成绩，被最高人民检察院授予第二届“全国先进基层检察院”称号。同时，对当前社会治安形势依然严峻，涉黑涉恶犯罪时有发生，法律监督工作还存在着薄弱环节，队伍整体素质和专业水平有待进一步提高等方面的工作提出意见和建议。

会议通过决议，批准市人民检察院工作报告。

三、第三次会议

第三次会议听取和审议市人民检察院检察长黄清钰所作的《瑞安市人民检察院工作报告》。2008年，市人民检察院共批准逮捕各类刑事犯罪嫌疑人2426人，提起公诉2746人。其中，批准逮捕故意杀人、故意伤害（致人死亡）、绑架、强奸等严重暴力犯罪嫌疑人77人，提起公诉34人，报送温州市人民检察院审查起诉52人。批准逮捕涉黑涉恶及“两抢一盗”犯罪嫌疑人1327人，提起公诉1359人。批准逮捕生产销售伪劣商品、金融诈骗、危害税收征管等严重经济犯罪嫌疑人33人，提起公诉73人。批准逮捕职务侵占、挪用资金等犯罪嫌疑人5人，提起公诉15人。监督公安机关立案5人，对侦查活动中的违法情况提出纠正意见6件，对不符合逮捕、起诉条件的案件不捕67人、不诉59人。对应当逮捕、起诉而未提请批捕和移送起诉的，追捕18人，追诉11人，法院判决9人，其中判处3年以上有期徒刑5人。对认为定性有错误或量刑畸轻畸重的刑事裁判提出抗诉8件，法院发回重审和改判5件。监督纠正提请减刑、假释不当54人次。依法建议收监执行4人。建议公安机关撤案16人，建议纠正罪犯刑期计算错误2人。提请民事行政抗诉11件，建议提请抗诉5件，全部被上级检察机关采纳；提出再审检察建议2件，法院采纳1件。化解社会矛盾纠纷，落实刑事和解政策，双方当事人自愿达成和解协议的，不捕23人，不诉25人。受理办结涉检信访案13件，息访息诉28件。立案查办国家工作人员职务犯罪案件22件29人。其中立案查办贪污贿赂大案16人，立案查办涉农贪污贿赂犯罪案件10人，立案查办行政执法领域渎职犯罪案件6人。介入重大安全责任事故调查8次。提出检察建议4件，推动12个行业系统、27家单位建立预防职务犯罪工作体系。加强预防宣传，召开案件剖析会2次，举办预防讲座6次。提供行贿档案查询服务18次。在塘下镇塘下办事处开展新农村建设职务犯罪预防试点工作，聘任85名预防员。实施未成年人特殊保护，适用轻缓刑事政策，不捕10人，不诉11人；完善轻微刑事案件快速办理机制，共办理批捕案件426人、起诉案件1324人。全年培训干警90多人次，8名干警通过司法考试。受理人大代表转交案件11件，办结并书面答复10件。提出检务督察意见书5份。召开拟作不起诉案件公开审查会3次，人民监督员监督不服逮捕决定的自侦案件2件。报告提出2009年检察院工作思路和着重抓好的四个方面工作。

代表在审议中认为：市人民检察院依法履行法律监督职责，各项工作取得新的进展，为维护瑞安市社会稳定、实现社会公平正义作出贡献，被省人民检察院评为全省先进基层检察院。同时，对推动检察工作科学发展的理念需要进一步转变，法律监督能力与人民群众的要求期待还有一定差距，执法水平需要进一步提高等方面的工作提出意见和建议。

会议通过决议，批准市人民检察院工作报告。

四、第四次会议

第四次会议听取和审议市人民检察院检察长黄清钰所作的《瑞安市人民检察院工作报告》。2009年，市人民检察院共受理公安机关提请审查逮捕各类犯罪嫌疑人2443人，受理移送审查起诉3042人。逮捕2329人，不批准逮捕107人。提起公诉2667人，不起诉115人。报送温州市人民检察院审查起诉194人。批准逮捕破坏市场经济秩序犯罪嫌疑人12人，提起公诉17人。批准逮捕挪用资金、商业贿赂犯罪嫌疑人13人，提起公诉14人。批准逮捕故意杀人、绑架、强奸等严重暴力犯罪嫌疑人495人，提起公诉449人；共批准逮捕抢劫等多发性侵财型犯罪嫌疑人1009人，提起公诉1051人。对达成和解协议的，依法予以从轻处理，作出有罪不捕64人、相对不诉76人，同比分别增加56.1%和43.6%。受理办结涉检信访件96件、集体访8件。全年共立案侦查贪污贿赂、渎职犯罪案件26人，其中大案23人，科级干部4人。立案查办民生领域的贪污贿赂案件9人。立案侦查国家工作人员商业贿赂案件4人。立案查办村干部贪污贿赂案件5人。立案查办国家工作人员滥用职权案件4人。劝返潜逃境外的职务犯罪嫌疑人回国投案自首2名。提前介入重大安全责任事故调查5次。提供行贿犯罪档案查询服务11次。开展个案预防12件、系统预防4件。提出检察建议。监督公安机关立案5件。建议行政执法机关向公安机关移送案件8件，公安机关立案侦查8件。对应当逮捕而未提请逮捕、应当起诉而未移送起诉的，决定追捕15人，追诉20人。对侦查活动中的违法情况提出纠正意见21件，公安机关纠正21件。提出抗诉6件，法院改判4件。依法提请上级检察机关民事行政抗诉7件，法院变更原裁判7件。息诉案件12件。不符合抗诉条件的民事行政申诉案件，耐心做好当事人的服判息诉和疏导化解工作。发出检察建议5件。纠正提请减刑、假释和保外就医不当案件30件；纠正刑期计算和折抵差错4件；纠正监管执法活动中的各类违法行为15起。人民监督员监督案件3件。对公诉、反贪等9个部门61类案件建立执法档案，落实执法过错责任。清理检查立案侦查案件扣押冻结款物，没收上缴国库23.9万元，退还有关单位和人员2.7万元。对116个公诉案件和102个批捕案件进行办案质量评查，向办案部门提出改进意见5件。与6家行政执法单位建立行政执法与刑事司法信息共享平台。实现公共事务、公文网上处理，提高工作效率和规范化管理水平。报告提出2010年检察院工作思路和主要任务。

代表在审议中认为：市人民检察院围绕市委提出的“四保四促”工作主线，认真践行“强化法律监督、维护公平正义”的检察工作主题，各项工作取得新进步。同时，对一些检察人员存在就案办案的倾向，化解社会矛盾纠纷的能力有待进一步提高，参与社会治安综合治理的方法、手段不够多，对社会矫正各环节的法律监督还不到位等方面的工作提出意见和建议。

会议通过决议，批准市人民检察院工作报告。

五、第五次会议

第五次会议听取和审议市人民检察院代检察长王美鹏所作的《瑞安市人民检察院工作报告》。2010年，市人民检察院批准逮捕各类刑事犯罪嫌疑人2557人，提起公诉2843人，同比分别上升9.79%和6.60%。其中，批准逮捕涉黑涉恶、严重暴力犯罪嫌疑人1345人，提起公诉1454人。批准逮捕电信诈骗、侵犯知识产权、制假售假等犯罪嫌疑人12人，提起公诉35人。批准逮捕各类危害经济平稳快速发展犯罪嫌疑33人，提起公诉42人。共受理办结涉检来信来访209人（件）次。对11件刑事案件的民事赔偿调解成功6件。推进附条件不起诉试点工作，对4名轻微犯罪嫌疑人视其考察期表现情况再作处理决定。建立健全办案风险评估预警机制，对16件重大案件的办案风险进行评估。对轻微刑事犯罪嫌疑人，不批准逮捕72人，不起诉102人。与志愿者组织心馨俱乐部共建企业帮教基地，对17名不批捕或拟作不起诉处理的未成年犯罪嫌疑人实行帮教。立案侦查贪污贿赂、渎职侵权案件18人，其中大案8件，科级干部3人。提前介入重大安全事故调查7件。开通12309职务犯罪举报电话。开展职务犯罪案例剖析15次，警示教育19次，预防咨询23次。向社会提供行贿犯罪档案查询236次。监督公安机关立案23人，其中判处3年以上有期徒刑5人。对侦查机关不应当立案而立案的，监督撤案18人。依法对侦查活动中的不当情形提出纠正意见19件，对应当逮捕而未提请逮捕、应当起诉而未移送起诉的，追加逮捕29人、追加起诉38人，其中判处10年以上有期徒刑4人。对不构成犯罪或者事实不清、证据不足的案件，决定不批准逮捕28人、不起诉10人。建议5个行政执法单位向公安机关移送犯罪线索10件。提出刑事抗诉9件，改判7件。提请民事行政抗诉25件，已改判11件。息诉案件30件，成功调解案件23件。审查提请减刑、暂予监外执行罪犯580人，不同意减刑、暂予监外执行72人，均被监管机关采纳。纠正脱管漏管31人，建议收监执行1人。提出监管违法纠正意见13件。报请温州市人民检察院审查决定逮捕12人。建立案件执法档案222个。对77个公诉案件和76个批捕案件进行办案质量评查，提出改进意见5条。加强塘下镇等基层检察室建设，基层检察室法律监督工作机制。2010年，市人民检察院被最高人民检察院记集体一等功。报告提出2011年检察院工作思路和主要任务。

代表在审议中认为：市人民检察院围绕瑞安市经济社会发展大局，以深入推进三项重点工作为载体，不断强化法律监督、强化自身监督、强化高素质检察队伍建设，各项检察工作取得新发展。同时，对法律监督职能作用发挥还不够充分，查处腐败案件、诉讼监督工作的力度与党和人民群众的要求仍有差距，服务大局、保障民生的举措还不够具体等方面的工作提出意见和建议。

会议通过决议，批准市人民检察院工作报告。决议要求，市人民检察院要坚持以邓小平理论和“三个代表”重要思想为指导，深入贯彻落实科学发展观，切实履行宪法和法律赋予的法律监督职责，确保执法公正，维护社会公平正义与和谐稳定，为开创瑞安市“十二五”科学发展新局面提供司法保障。

第七节　选举市国家机关领导人员和温州市人大代表

一、第一次会议

第一次会议选举瑞安市国家机关领导人员和瑞安市应选的温州市第十一届人大代表。会议应选的名额为：市人大常委会主任1名，副主任6名，委员27名；市人民政府市长1名，副市长6名；市人民法院院长1名；市人民检察院检察长1名；瑞安市出席温州市第十一届人民代表大会代表79名，其中温州市名额17名，本市名额62名。会议通过选举办法，规定：市十四届人大常委会组成人员的候选人必须是本届市人大代表。市人民代表大会常务委员会组成人员的人选，市人民政府市长、副市长的人选，市人民法院院长的人选和市人民检察院检察长的人选，由大会主席团或代表10人以上联合提名。大会主席团提名的候选人人数，每一代表与其他代表联合提名的候选人人数，均不得超过应选名额。市人大常委会主任、市人民政府市长、市人民法院院长、市人民检察院检察长的候选人人数一般应多1名，进行差额选举；如果提名的候选人只有1名，也可以等额选举。市人大常委会副主任、市人民政府副市长的候选人人数应比应选名额多1名，进行差额选举。市人大常委会委员的候选人人数应比应选人数多十分之一（3名），进行差额选举。如果提名的候选人人数符合本办法规定的差额数，由大会主席团提交代表酝酿、讨论后，提交大会选举。如果提名的候选人人数超过本办法规定的差额数，由大会主席团将候选人名单提交代表酝酿、讨论后，进行预选。根据在预选中得票多少的顺序，按照本办法规定的差额数，确定正式候选人名单，提交大会选举。瑞安市出席温州市第十一届人民代表大会的代表候选人，由各政党、各人民团体联合或者单独推荐；代表十人以上联名，也可以推荐代表候选人。依法提出的瑞安市出席温州市第十一届人民代表大会代表候选人名单由大会主席团印发全体代表酝酿讨论。如果所推荐的候选人人数比应选代表名额多五分之一至二分之一差额比例的，直接提交大会选举。如果所推荐的候选人人数超过二分之一差额比例的，则进行预选。根据在预选中得票多少的顺序，按照比应选名额多五分之一的比例（17名），确定正式代表候选人名单，提交大会选举。会议采用无记名投票方式，选举结果：张女珍（女）为市十四届人大常委会主任，盛志荣、姚松鹤、王庆秋、江小娜（女）、王建东、高潮为副主任（提名的候选人7名，实行差额选举），王上胜等27人为委员（提名的候选人30名，实行差额选举）；蒋珍明为市人民政府市长，叶建辉、郑邦良、林济晚、蒋良奉、管秀云（女）、方晖为市人民政府副市长（提名的候选人7名，实行差额选举）；赵建华为市人民法院院长；黄清钰为市人民检察院检察长；卓高柱、蒋珍明等79人为瑞安市出席温州市第十一届人民代表大会代表（提名的候选人96名，实行差额选举）。

二、第二次会议

第二次会议选举市人大常委会委员3名。会议通过选举办法，规定：市人大常委会委员候选人必须是本届市人大代表，由大会主席团或代表10人以上联合提名，主席团提名的候选人人数，每一代表与其他代表联合提名的候选人人数，均不得超过应选名额。市人大常委会委员的候选人人数应比应选人数多十分之一（1名），实行差额选举。如果提名的候选人人数符合本办法规定的差额数，由大会主席团提交代表酝酿、讨论后，提交大会选举。如果提名的候选人人数超过本办法规定的差额数，由主席团提交代表酝酿、讨论后，进行预选，根据在预选中得票多少的顺序，按照本办法规定的差额数，确定正式候选人名单，提交大会选举。会议采用无记名投票方式，选举尤光姆、周晓东、施经馆为市十四届人大常委会委员（提名的候选人4名，实行差额选举）。

三、第三次会议

第三次会议补选市人民政府市长1名、市人民法院院长1名。会议通过选举办法，规定：市人民政府市长、市人民法院院长的候选人，由大会主席团或代表10人以上联合提名，大会主席团提名的候选人人数，每一代表与其他代表联合提名的候选人人数，均不得超过应选名额。如果提名的候选人人数符合本办法规定的应选人数的数额，由大会主席团提交代表酝酿、讨论后，提交大会选举。如果提名的候选人人数超过本办法规定的应选人数数额，由主席团提交代表酝酿、讨论后，进行预选，根据在预选中得票多少的顺序，按照本办法规定的数额，确定正式候选人名单，提交大会选举。会议采用无记名投票方式，选举陈建明为市人民政府市长，戎小平为市人民法院院长。

四、第四次会议

第四次会议补选市人大常委会副主任1名、市十四届人大常委会委员1名。会议通过选举办法，规定：市人大常委会副主任、委员的候选人必须是本届市人大代表，市人大常委会副主任、市人大常委会委员的人选，由大会主席团或者代表10人以上联合提名。大会主席团提名的候选人人数，每一代表与其他代表联合提名的候选人人数，均不得超过应选名额。如果提名的候选人人数符合本办法规定的数额，由大会主席团提交代表酝酿、讨论后，提交大会选举。如果提名的候选人人数超过本办法规定的数额，由主席团提交代表酝酿、讨论后，进行预选，根据在预选中得票多少的顺序，按照本办法规定的数额，确定正式候选人名单，提交大会选举。会议采用无记名投票方式，选举金爱忠为市十四届人大常委会副主任，林聪为市十四届人大常委会委员。

五、第五次会议

第五次会议补选市人大常委会副主任1名、市人民检察院检察长1名，市十四届人大常委会委员2名。会议通过选举办法，规定：市人大常委会副主任、委员的候选人必须是本届市人大代表，市人大常委会副主任、市人民检察院检察长、市人大常委会委员的人选，由大会主席团或者代表10人以上联合提名。大会主席团提名的候选人人数，每一代表与其他代表联合提名的候选人人数，均不得超过应选名额。如果提名的候选人人数符合本办法规定的数额，由大会主席团提交代表酝酿、讨论后，提交大会选举。如果提名的候选人人数超过本办法规定的数额，由主席团提交代表酝酿、讨论后，进行预选，根据在预选中得票多少的顺序，按照本办法规定的数额，确定正式候选人名单，提交大会选举。会议采用无记名投票方式，选举薛小平为市十四届人大常委会副主任，王美鹏为市人民检察院检察长，郑海洁（女）、黄笃远为市十四届人大常委会委员。

六、第六次会议

第六次会议选举市人大常委会主任1名。会议通过选举办法，规定：市人大常委会主任的候选人必须是本届市人大代表，市人大常委会主任的候选人，由大会主席团或代表10人以上联合提名，大会主席团提名的候选人人数，每一代表与其他代表联合提名的候选人人数，均不得超过应选名额。如果提名的候选人人数符合本办法规定的应选人数的数额，由大会主席团提交代表酝酿、讨论后，提交大会选举。如果提名的候选人人数超过本办法规定的数额，由大会主席团将候选人名单提交代表酝酿、讨论后，进行预选。根据在预选中得票多少的顺序，按照本办法规定的差额数，确定正式候选人名单，提交大会选举。会议采用无记名投票方式，选举叶世林为市十四届人大常委会主任。

第八节　代表议案和建议、批评、意见

一、第一次会议

第一次会议代表10人以上联名提出的议案74件，经大会秘书处议案组审查，符合条件的70件（转为建议4件）。其中工业经济方面9件，农业水利方面11件，城乡建设方面15件，交通道路方面12件，教科文卫方面6件，农村饮用水方面8件，其他方面9件。经大会秘书处议案组与有关方面讨论，提请主席团会议通过，授权市人大常委会在大会闭会后研究处理。经市十四届人大常委会第一次会议审议，决定将彭小锋等8名代表领衔提出的“关于解决农村饮用水安全工程的议案”（8件并为1件）列为市十四届人大一次会议的议案，交市人民政府研究办理，其办理结果报告市人大常委会审议，印发市人民代表大会下次会议。其余66件议案转为代表建议、批评和意见，按有关规定，连同代表提出的建议、批评和意见594件，交有关单位研究办理并负责答复代表，报告市人大常委会。

“关于解决农村饮用水安全工程的议案”办理结果：市人大常委会通过定期听取汇报、专题调研、实地视察等方式，督促市政府狠抓议案办理工作。市政府高度重视，把解决饮用水问题作为民生之首，编制出台《市区及集镇供水工程建设实施意见》，确定“三年投资7亿元，新增日供水能力21万吨”的目标。2007年开工建设江北水厂二期、塘下凤山水厂。2009年投资3900万元，完成集镇供水管道施工48千米。将农民饮用水工程列入为民办实事项目，2007年改善中西部地区102个村8.7万人的饮用水条件；截至2009年底，农民饮用水工程累计完成投资6675万元，改善和解决中西部439个村35.9万人的“吃水难”问题。

二、第二次会议

第二次会议代表10人以上联名提出的议案20件，其中农林水方面1件，工业交通方面3件，城建环保方面7件，教科文卫方面2件，计划财贸方面4件，社会保障方面2件，其他方面1件。经大会秘书处议案组与有关方面讨论，提请主席团会议通过，授权市人大常委会在大会闭会后研究处理。经市十四届人大常委会第十次会议审议，决定将龚德伏等12名代表提出的"关于切实解好农村垃圾问题的议案"列为市十四届人大二次会议的议案，交市人民政府研究办理，其办理结果报告市人大常委会审议，印发市人民代表大会下次会议。其余议案转为代表建议、批评和意见，按有关规定，连同代表提出的建议、批评和意见452件，交有关单位研究办理并负责答复代表，报告市人大常委会。

"关于切实解决农村垃圾问题的议案"办理结果：市人大常委会通过定期听取汇报、专题调研、实地视察等方式，督促市政府狠抓议案办理工作。市政府高度重视，在全市范围内全面推进垃圾无害化处理工作，四年内投入1亿元财政资金用于垃圾转运、处置、垃圾中转站建设，逐步形成较为完善的城乡生活垃圾无害化处理体系。成立乡镇（街道）环卫所，每个岗位由市财政每年补助1万元，2008年核定52个岗位，2009年核定18个岗位，严格落实主体责任。建立三级管理运转机制，对已建成垃圾中转站的乡镇实施垃圾统一转运，其他乡镇陆续实施。推进垃圾中转站建设，2009年有7座乡镇压缩式垃圾中转站投入运行，14座完成主体工程，剩余14座2010年启动并完成。2009年启动垃圾焚烧发电厂建设，2010年完工试运行。

三、第三次会议

第三次会议代表10人以上联名提出的议案18件，其中农林水利方面3件，工业交通方面4件，城建环保方面5件，计划财贸方面3件，劳动保障方面2件，其他方面1件。经大会秘书处议案组与有关方面讨论，提请主席团会议通过，授权市人大常委会在大会闭会后研究处理。经市十四届人大常委会第十八次会议审议，决定将18件议案全部转为代表建议、批评和意见，按有关规定，连同代表提出的建议、批评和意见511件，交有关单位研究办理并负责答复代表，报告市人大常委会。

四、第四次会议

第四次会议代表10人以上联名提出的议案28件，其中农林水利方面3件，财政经济方面7件，城建环保方面11件，教科文卫方面2件，法制建设方面1件，社会保障方面3件，其他方面1件。经大会秘书处议案组与有关方面讨论，提请主席团会议通过，授权市人大常委会在大会闭会后研究处理。经市十四届人大常委会第二十八次会议审议，决定将池志刚等4名代表领衔提出的"关于加快农房改造、推进新农村建设的议案"（4件并为1件）列为市十四届人大四次会议的议案，交市人民政府研究办理，其办理结果报告市人大常委会审议，印发市人民代表大会下次会议。其余24件议案转为代表建议、批评和意见，按有关规定，连同代表提出的建议、批评和意见452件，交有关单位研究办理并负责答复代表，报告市人大常委会。

“关于加快农房改造、推进新农村建设的议案”办理结果：市人大常委会通过定期听取汇报、专题调研、实地视察等方式，督促市政府狠抓议案办理工作。市政府高度重视，将市旧村改造领导小组办公室与市安置留地建设管理工作领导小组办公室合并成市农村住房改造建设管理办公室，作为常设机构，具体负责全市面上工作。坚持规划先行，完成市域总体规划编制和34个城镇控规、村庄规划编制或修编，每年安排100万元用于山区贫困村规划编制补助。制定出台系列优惠政策，加快项目审批速度，安排专项解困资金，引导金融机构加大信贷支持力度，每年安排10%左右新增建设用地指标，大力支持农房改造和旧村改造，2010年全市共实施改造6419户、完成投资6.2亿元，同比增长77%；完成70个村旧村改造策划书编制，其中14个旧村改造项目进入拆迁阶段、6个项目在建。

五、第五次会议

第五次会议代表10人以上联名提出的议案9件，其中农资水利方面2件，财政经济方面2件，城建环保方面2件，教科文卫方面1件，法制建设方面2件。经大会秘书处议案组与有关方面讨论，提请主席团会议通过，授权市人大常委会在大会闭会后研究处理。经市十四届人大常委会第三十七次会议审议，决定将9件议案全部转为代表建议、批评和意见，按有关规定，连同代表提出的建议、批评和意见327件，交有关单位研究办理并负责答复代表，报告市人大常委会。

第三章　市十五届人民代表大会会议

市十五届人大任期五年，自2012年1月至2017年2月，共举行5次会议，审议议题51项，听取、审议（审查）报告40个，通过决议、决定39项，选举市国家机关领导人员54人次，市十五届人民代表大会第一次会议选举产生温州市第十二届人民代表大会代表。

市十五届人大历次会议情况表

表2–7

会议序次	会议日期	代表人数		列席人员（人）	议题（项）	听取审查报告（个）	决议决定（项）	代表提出		会议地点
		应到（人）	实到（人）					议案（件）	意见建议（件）	
第一次	2012年1月5日—9日	376	374	302	10	7	6	52	533	市政会议中心
第二次	2013年1月9日—12日	373	353	284	10	8	8	33	450	市政会议中心
第三次	2014年1月6日—8日	377	363	288	8	8	7	30	419	市政会议中心
第四次	2015年3月18日—21日	374	353	287	10	8	8	15	407	市政会议中心
第五次	2016年1月8日—11日	381	352	272	13	9	10	17	395	市政会议中心
合　计		1881	1795	1433	51	40	39	147	2204	—

第一节　听取、审议政府工作报告

一、第一次会议

第一次会议听取和审议市人民政府代市长李无文所作的《政府工作报告》。报告回顾五年的工作，提出2012—2016年的总体目标、主要任务和2017年的主要工作。报告指出，全市生产总值由2006年的279.4亿元增加到2011年的523亿元，年均增长10.5%。财政总收入69.31亿元，其中地方财政收入38.67亿元，年均分别增长16.3%和17.2%。全社会固定资产投资由66.76亿元增加到262亿元，增长了近

3倍。累计实际利用外资8309万美元，实现进出口总额120亿美元。社会消费品零售总额由96亿元增加到218亿元，年均增长17.8%。城镇居民人均可支配收入由21052元增加到35100元，农村居民人均纯收入由8312元增加到14400元，年均分别增长10.8%和11.3%。三次产业比重由2006年的3.8：54.1：42.1调整为3.3：50.7：46。五年间，工业总产值由620.77亿元增加到1130亿元，规模工业产值占工业总产值比重由56.1%提高到64.5%，新增产值超亿元企业67家、超10亿元企业3家、国家级高新技术企业82家，组建科技创新平台10个、院士专家工作站1家，获得国家级品牌12个、“国字号”工业金名片3张。城市空间进一步拓展，建成区面积由62.7平方千米扩大到76.4平方千米，阁巷、丁山二期围区完成吹填造地9000余亩，丁山三期3.58万亩用海规划获批。温福铁路瑞安段、瑞安大桥、57省道改建瑞安段、高桐公路瑞安段、温瑞大道塘下段、飞云江南岸堤防、江北污水处理厂等重大项目建成，新建等级公路1068千米，新增变电容量170万千伏安，新建改建污水管网105千米。每年将新增财力的70%以上投入民生领域，累计投入107.9亿元，获得“千年古县”“中国曲艺之乡”等称号。

报告提出，今后五年全市经济社会发展的主要预期目标是：全市生产总值突破800亿元，年均增长10%，人均生产总值达6万元；地方财政收入超65亿元，年均增长11%以上；城镇居民人均可支配收入、农村居民人均纯收入分别达55000元和24800元；全社会固定资产投资累计达1800亿元，每年投资率达50%以上；城镇登记失业率控制在4%以内；人口自然增长率控制在7‰以内。要围绕市委提出“打造品质之城、建设幸福瑞安”的要求，狠抓大平台大产业大项目大企业建设，加快构建高端高质的产业体系；突出能级提升，推动城市有机更新，加快建设宜居宜业的现代新城；推进城乡协调发展，加快构筑融合互动的城乡格局；着力破除体制机制障碍，加快形成更具活力的体制机制；深化全国文化先进市创建，切实把文化软实力转化为现实生产力、区域竞争力；突出民生保障，组织实施“破七难、惠民生”行动，努力让全市人民过上更具品质、更加和谐的美好生活。

报告提出，2012年全市经济社会发展主要目标为：生产总值增长9%左右；财政总收入、地方财政收入分别增长13%和10%；全社会固定资产投资率达60%；社会消费品零售总额增长15%；城镇居民人均可支配收入、农村居民人均纯收入分别增长11%和13%；人口自然增长率控制在7‰以内；节能减排完成目标任务。实现这些目标，要更加注重投资方向和投资效益，优化项目结构，组织实施“双十大”工程，全社会固定资产投资330亿元以上；强化政企联动、合力扶工，引导企业回归实业、做强主业，增强经济发展的稳定性、协调性和可持续性；完善城市规划体系，深化农村综合改革，在加快城市建设和统筹城乡发展上实现新突破；强化民生保障和改善，加强和创新社会管理，加快政府职能转变，提高公共服务水平，努力为经济社会发展创造良好的环境，为全市人民提供更加优质便捷的服务。

代表在审议中认为：五年来，市人民政府深入贯彻落实科学发展观，凝心聚力，奋力拼搏，扎实工作，较好地完成了市第十四届人大历次会议确定的目标任务，在科学发展、和谐发展的道路上迈出了坚实步伐，同时，对经济发展缺乏大平台大企业大项目支撑，保持金融秩序稳定和经济平稳运行压力加大，资源要素、环境约束日益趋紧，“半城市化”问题比较突出，农村基础设施和公共服务设施有待完善，教育、卫生、文化等社会事业发展还不能满足群众日益增长的需求，建设公共服务型政府，加快旅游业发展等方面工作及问题提出意见和建议。

会议通过决议，批准政府工作报告。决议要求，今后五年，是瑞安市加快科学发展、奋力争先进位的关键时期。市人民政府要全面贯彻落实市第十三次党代会精神，以加快转变经济发展方式为主线，以政府转型推动经济社会转型，大手笔拉开城市框架，高标准提升城市能级，大力度推进项目建设，全方位统筹城乡发展，高品位实施环境再造，大投入改善民生，加快建设宜居瑞安、创新瑞安、绿色瑞安、文化瑞安、平安瑞安，向现代化大城市宏伟目标奋力迈进。

二、第二次会议

2013年1月9日，市人民政府市长李无文在市第十五届人民代表大会第二次会议上作政府工作报告

第二次会议听取和审议市人民政府市长李无文所作的《政府工作报告》。报告指出，2012年面对严峻的经济形势和繁重的发展任务，市政府着力攻项目强投入，稳增长兴实体，优环境惠民生，经济社会发展总体保持平稳。预计全市实现生产总值570亿元，比上年增长6.2%；财政总收入72亿元，其中公共财政预算收入40.65亿元，分别增长3.85%和5.09%；限额以上固定资产投资315亿元，增长38.6%，投资率超过55%；全社会消费品零售总额244亿元，增长12%；城镇居民人均可支配收入38790元，农村居民人均纯收入16330元，分别增长11.1%和13.4%。开展“进村入企”大走访、百日扶工大行动，出台振兴实体经济“1+18”政策，组建科技担保公司。编制旅游发展规划，第三产业增加值增长10%。建立市领导现场办公、模拟审批、考绩问责等机制，全力推进项目建设，飞云江大桥大修、瑞祥实验学校竣工投入使用。建立市、镇街“分灶吃饭、分级建设”的财政管理体制。扎实推进“三分三改”，镇街“农合联”完成组建。建成“数字城管”平台，通过省级卫生城市复评。建成罗阳大道五期，全面推行义务教育阶段“阳光招生”制度，启动县级公立医院综合改革，人民医院急诊大楼投入使用。政府工作部门调整为26个，下放事权413项，组建安阳中心城区，全市社区调整为111个，“81890”社会服务中心组建运行。

报告指出，2013年，是深入贯彻落实党的十八大精神的开局之年，是实施“十二五”规划承前启后的关键一年，也是推进瑞安转型发展的重要一年，要坚持稳中求进的工作总基调，着力在项目建设、产业提升、城乡统筹、环境改善、民生保障等方面取得新突破。报告提出2013年全市经济社会发展的主要预期目标为：生产总值增长8%左右；财政总收入增长7.3%，公共财政预算收入增长7%；限额以上固定资产投资增长30%；全社会消费品零售总额增长13%；城镇居民人均可支配收入增长10%，农村居民人均纯收入增长11%；人口自然增长率控制在7‰以内；节能减排完成目标任务。为实现上述目标，要扩大有效投资，推进产业提升，切实增强发展后劲；提升城市能级，加快绿色发展，推进城乡一体化进程；深化改革创新，增进民生福祉，加快构建和谐社会。

代表在审议中认为：2012年，市人民政府深入贯彻落实科学发展观，着力攻项目强投入，稳增长兴实体，优环境惠民生，经济社会发展总体保持平稳。同时，对保持经济平稳发展，加大美丽乡村建设力度，加快重点工程建设进度，统筹社会事业发展，生产总值、出口总额等指标未达到预期目标，以及局部金融风波影响尚未消退，企业互保链化解任务艰巨等方面工作及问题提出意见和建议。

会议通过决议，批准政府工作报告。会议号召，全市人民在中共瑞安市委的正确领导下，以邓小平理论、“三个代表”重要思想和科学发展观为指导，凝心聚力，锐意进取，扎实工作，为“打造品质之城、建设幸福瑞安”而努力奋斗。

三、第三次会议

第三次会议听取和审议市人民政府市长李无文所作的《政府工作报告》。报告指出，2013年面对温州局部金融风波的深度影响和发展转型的调整阵痛，市政府着力兴实体、攻项目、优环境、惠民生，经济社会保持平稳发展态势，全市实现生产总值614亿元，同比增长8.5%；财政总收入78.63亿元，其中公共财政预算收入44.74亿元，分别增长9.21%和10.07%；全社会研究与试验发展经费支出占生产总值比重1.95%；社会消费品零售总额262亿元，增长11%；外贸出口总额31.5亿美元，增长6%；城镇居民人均可支配收入42500元，农村居民人均纯收入17600元，分别增长9%和10%。开展驻企服务和合力扶企工作，规上工业总产值增长7.2%，规上工业企业利润增长21%。编制48项规划，实现中心城区、中心镇区控规全覆盖，完成数字瑞安地理空间框架建设。完成限额以上固定资产投资380亿元，增长20%，其中重点工程投资86亿元，增长37.6%。组建公用事业投资集团，发行温州首支政府融资平台中小企业私募债。民生支出占公共财政支出比重75.6%，高考重点上线率创历史新高，市博物馆开馆，市图书馆晋升为国家一级馆，全力抗击“菲特”强台风及其带来的百年不遇强降雨，夺取抗灾救灾胜利。实施并轨审批、模拟审批等7项制度，对中介机构实行信用评级和分类管理。

报告指出，2014年要坚定不移地以体制改革与创新驱动“两大动力”打造创新发展优势，以工业化与城市化“两轮驱动”提升产城联动优势，以实体经济与瑞商“两大回归”挖掘瑞商群体优势，以海涂围垦与城镇低效用地再开发“两大空间”构建十万亩发展平台优势，以三条高速与四条国道“两大动脉”构筑温南交通枢纽优势。报告提出2014年经济社会发展主要预期目标是：生产总值增长8%左右；财政总收入增长8%，公共财政预算收入增长8%；全社会固定资产投资增长15%以上；社会消费品零售总额增长10%；外贸出口总额增长5%；城镇居民人均可支配收入增长9%，农村居民人均纯收入增长10%；人口自然增长率控制在7‰以内；完成节能减排任务。为实现上述目标，要实施经济体制改革，紧抓发展项目，全力振兴实体经济；加大城乡统筹力度，推进新型城市化，大力推进绿色发展，保障和改善民生，着力推动社会建设。

代表在审议中认为：2013年，市人民政府牢牢把握稳中求进的工作总基调，奋力推进赶超发展，着力在项目建设、产业提升、城乡统筹、环境改善、民生保障等方面取得新突破。同时，对经济回升的制约因素增多，增长动力不强，基础设施滞后，“霸王搬运”整治，推进系统治水，环境污染治理，“半城市化”和农村公共服务不足等方面工作及问题提出意见和建议。

会议通过决议，批准政府工作报告。决议指出，2014年是全面贯彻落实党的十八届三中全会精神、全面深化改革的第一年，是全面完成“十二五”规划的关键之年。市人民政府要认真贯彻党的十八大和十八届二中、三中全会精神，按照市委十三届六次全会部署，紧紧围绕“打造品质之城、建设幸福瑞安”的战略目标，把握稳中求进工作总基调，突出转型升级主导向，坚持改革创新、求真务实、依法行政，着力振兴实体经济、统筹城乡发展、深化生态建设、加强民生保障，扎实推进宜居、创新、绿色、文化、平安瑞安建设，开创瑞安转型发展、赶超发展新局面。

四、第四次会议

第四次会议听取和审议市人民政府代市长陈胜峰所作的《政府工作报告》。报告指出，2014年全市经济社会保持平衡发展，实现生产总值678.8亿元，同比增长7.0%；财政总收入86.46亿元，其中一般公共预算收入48.44亿元，分别增长9.96%和8.27%；全社会消费品零售总额298.9亿元，增长14.5%；外贸出口总额33.8亿美元，增长4.6%；城镇常住居民人均可支配收入43208元，农村常住居民人均可支配收入21682元，分别增长8.9%和10.2%。规上工业产值、新产品产值分别增长6.6%和21.9%，单位生产总值能耗下降4.5%，20家企业在全国“新三板”、浙江“成长板”等资本市场挂牌，完成生产性服务业投资53.2亿元。入选全省首批美丽县城试点城市，推进城市东进，完成治水总投资30亿元，创成省级森林城市。聚焦飞云江综合治理一期、江南物流园区货运中心、甬台温高速公路复线工程、阁巷高新技术产业小微园等重点项目，完成限额以上固定资产投资435亿元，增长17%。一般公共预算用于民生支出的比重达73.6%，入选全国县级文明城市创建提名城市，通过全国义务教育均衡发展基本达标县省级评估，创成省级慢性病综合防控示范区，获得全省双拥模范城和国防动员先进单位称号。深化改革，农村合作银行改制为农商银行，华峰集团主发起的温州民商银行成立，推进企业投资高效审批试点，在塘下开展市镇审批同权改革试点。

报告指出，2015年要坚持“稳中求进、克难奋进”工作基调，以转型发展为主方向，以产城联动为主战略，以平台项目为主抓手，以改革创新为主动力，大力推进经济建设、城乡建设、生态建设，大力保障和改善民生，大力加强法治政府建设，完成“十二五”规划目标任务，努力开创新常态下瑞安赶超发展新局面。报告提出2015年经济社会发展的主要预期目标是：生产总值增长7.5%左右；财政总收入增长7.6%，一般公共预算收入增长7%；限额以上固定资产投资增长12%以上；社会消费品零售总额增长12%；外贸出口总额增长5%；城镇和农村常住居民人均可支配收入分别增长8%、9.5%；人口自然增长率控制在7‰以内；完成节能减排任务。为实现上述目标，要深化经济体制改革，坚持产城联动，紧紧抓住项目，扩大有效投资，推动实体经济转中向好；要加快生态文明和社会建设，努力增进民生福祉，努力将人民的期待转化为政府的行动。

代表在审议中认为：过去一年，面对复杂经济金融局面，市人民政府坚持“稳中求进、克难奋进”工作基调，大力推进经济建设、城乡建设、生态建设、大力保障和改善民生，较好地完成了全年的目标任务。同时，对经济下行压力依然较大，不少企业生产经营困难，产业平台配套不足，城市基础设施欠账多，上好学难、看病难、养老难、出行难，争创省级工业强市等方面工作及问题提出意见和建议。

会议通过决议，批准政府工作报告。决议强调，2015年是全面深化改革、加快赶超发展的关键之年，也是完成“十二五”规划的收官之年，做好全年工作意义重大。市人民政府要按照市委十三届八次全会部署，坚持“稳中求进、克难奋进”工作基调，以转型发展为主方向，以产城联动为主战略，以平台项目为主抓手，以改革创新为主动力，大力推进经济建设、城乡建设、生态建设，大力保障和改善民生，大力加强法治政府建设，完成“十二五”规划目标任务，努力开创新常态下瑞安赶超发展新局面。

五、第五次会议

2016年1月8日，市人民政府市长陈胜峰在市第十五届人民代表大会第五次会议上作政府工作报告

第五次会议听取和审议市人民政府市长陈胜峰所作的《政府工作报告》。报告回顾“十二五”时期取得的成效，提出“十三五”时期的奋斗目标和主要任务。报告指出，“十二五”时期是瑞安改革很不平凡的五年。地区生产总值720亿元，年均增长7.1%；一般公共预算收入54.7亿元，年均增长10.8%；城镇常住居民人均可支配收入46660元，农村常住居民人均可支配收入23740元，年均分别增长8.3%和13.6%；社会消费品零售总额326亿元，年均增长12.1%。创成全国科技进步先进市，省级园林城市、森林城市，省级卫生强市；获评全国国土资源节约集约模范市、全省美丽乡村建设先进市；市人民医院跃居全国百强县级医院首位。报告提出，“十三五”时期是瑞安跨越“中等收入陷阱”的窗口期。今后五年，瑞安将进入以产城联动为方向的经济转型期、以人为核心的城市化转型期、以共建共享为特征的社会转型期、以善为法治为要求的政府转型期，要以提高经济发展质量和效益、提升城市能级和品质为主线，加快产业、城市、社会和政府“四大转型”，着力打造“活力开放的经济强市、魅力宜居的品质之城、文明和谐的幸福家园”，提前实现“四个翻一番”。“十三五”时期经济社会发展主要目标是：城市型经济体系基本建立，地区生产总值突破千亿元大关，年均增长

7.5%以上，人均年收入达8万元，一般公共预算收入年均增长7%，制造业迈向中高端水平，服务业增加值比重升至53%。品质型城乡面貌全面提升，常住人口城镇化率达80%，品质城市、小城市、中心镇、特色乡镇和美丽乡村建设成效显著。创新型动力转换取得突破，全社会研发支出占生产总值比重升至2.55%，固定资产投资、社会消费品零售总额、外贸出口总额年均分别增长12%以上、8.5%和5%。普惠型民生保障更加有力，公共服务均等化程度显著提高，城镇和农村常住居民人均可支配收入年均分别增长8.5%和9%。绿色型生态环境加快形成，森林覆盖率达50%，空气质量优良率达90%，天蓝、水清、山绿、地净的美丽瑞安基本展现。现代型治理体系趋于完善，法治政府基本建成。

报告指出，2015年是实施“十二五”规划的收官之年。全市上下全力抓重点、攻难点、创亮点，经济社会发展呈现转中向好态势。2015年全市实现地区生产总值、规上工业产值、一般公共预算收入、固定资产投资分别同比增长8%、5%、7.8%和14%。报告指出，2016年是“十三五”开局之年，做好2016年的工作对于完成“十三五”各项目标任务至关重要。2016年经济社会发展的主要预期目标为：地区生产总值增长7.5%以上；一般公共预算收入增长7%以上；固定资产投资增长12%以上；社会消费品零售总额增长8.5%；外贸出口总额增长5%；城镇、农村常住居民人均可支配收入分别增长8.5%和9%；完成节能减排任务。围绕预期目标，着力加快供给侧结构性改革，推动经济提质升级；启动市域总体规划和社区规划修编，促进城乡协调发展；发挥项目带动作用，预安排重点建设项目110个，年度计划投资122.3亿元；深化体制机制改革，破除发展的堵点卡点；加强环境治理，争创“绿富美”统一的省级环保模范城市；坚持保基本、兜底线、促公平、扩优质，着力推进社会建设；聚焦环境、出行、住房、教育、健康、社保、养老、文化、安全等九大民生领域，着力办好民生实事；建设人民满意政府，切实提高政府执行力和公信力。

代表在审议中认为：“十二五”时期，市人民政府主动适应经济发展新常态，沉着应对各种风险挑战，着力兴实业、攻项目、优环境、惠民生，推动经济社会平稳健康发展，基本完成“十二五”规划目标，提前全面建成小康社会；2015年较好地完成了市十五届人大四次会议确定各项目标任务。同时，对经济发展面临稳增长和调结构双重压力，“两链三险”尚未根本解决，企业生产经营仍然困难，创新要素支持不足，要素供给环境、建设环境不佳，基础设施建设和公共配套相对滞后，城市“碎片化”和“半城市化”现象突出等方面工作及问题提出意见和建议。

会议通过决议，批准政府工作报告。批准《瑞安市国民经济和社会发展第十三个五年规划纲要》。决议强调，2016年是“十三五”开局之年，做好全年的工作对于完成“十三五”各项目标任务至关重要。市人民政府要深入贯彻习近平总书记系列重要讲话精神，按照市委十三届十次全会部署，以“四个全面”战略布局为统领，以创新、协调、绿色、开放、共享五大发展理念为引领，以落实省委“八八战略”和温州市委“五化战略”为总要求，以“产城联动、赶超发展”为主题，以提高经济发展质量和效益、提升城市能级和品质为主线，加快产业、城市、社会和政府“四大转型”，突出抓好经济提质升级、城乡协调发展、重点项目建设、体制机制改革、环境治理、社会建设、民生实事，着力打造“活力开放的经济强市、魅力宜居的品质之城、文明和谐的幸福家园”。

瑞安市“十二五”规划主要指标完成情况表

表2-8

分类	序号	指标名称	单位	2010年	规划目标		完成情况	
					2015年	年均增长	2015年	年均增长
综合实力	1	地区生产总值	亿元	457.20	720	8.50	720	8.10
	2	人均生产总值	元	37070	60000	8	58100	7.20
	3	地方财政收入	亿元	32.70	53	>10%	54.70	10.80
	4	全社会固定资产投资（五年累计）	亿元	479（五年累计）	1500（五年累计）	>25%	1900	27.80
	5	社会消费品零售总额	亿元	184.50	325	12	326	12.10
产业转型	6	服务业增加值占生产总值比重	%	44.80	>50	1个百分点	50.70	1.18个百分点
	7	高新技术产业增加值占工业增加值比重	%	30左右	>33	—	40	—
	8	R&D经费占GDP比重	%	1.40	2	0.12个百分点	1.80	0.12个百分点
	9	非农从业人员比重	%	85	>86	—	88.20	—
城乡统筹	10	城市化水平	%	65	68	0.60个百分点	77.40	—
	11	城镇居民人均可支配收入	元	31268	50000	>10%	46660	8.30
	12	农村居民人均纯收入	元	12575	21000	>11%	23740	13.60
	13	恩格尔系数 城镇	—		33	—	31	—
		农村 —			40	—	35	—
社会民生	14	国民预期寿命	岁	—	>78	—	81	—
	15	高等教育毛入学率	%	—	50	—	50	—
	16	每千人医生数	人	2.80	3	—	2.68	—
	17	人均公共文化体育设施面积	平方米	—	1.80	—	2.50	—
	18	社会保障支出占财政支出比重	%	6	12	—	12	—
	19	企业养老保险参保人数	万人	30左右	35	—	51	—
	20	城乡居民社会养老保险覆盖率	%	—	80	—	95	—
	21	人口自然增长率	‰	<7	<7	—	5.60	—
生态建设	22	万元生产总值综合能耗	吨标煤	0.66	完成下达任务	—	0.51	—
	23	工业固体废弃物处置利用率	%	92	95	0.60个百分点	—	—
	24	城市污水处理率	%	65	80	3个百分点	90	—

续表 2-8

分类	序号	指标名称		单位	2010 年	规划目标		完成情况	
						2015 年	年均增长	2015 年	年均增长
生态建设	25	主要污染物排放总量削减	化学需氧量	%	—	完成下达任务	—	-16.70	—
			二氧化硫	%	—	完成下达任务	—	-30	—
			氮氧化物	%	—	完成下达任务	—	-17.70	—
			氨氮（NH_3-N）	%	—	完成下达任务	—	-16	—
	26	环境空气质量优良率		%	93.50	>95	—	93	—
创业环境	27	累计实际利用外资		万美元	2067	15000	—	10400	—
	28	劳动者报酬占GDP比重		%	—	>42	—	50	—
	29	城镇登记失业率		%	< 3.50	< 4	—	2.30	—

说明：地区生产总值总量完成目标，但增长速度受物价指数影响未能完成目标值

瑞安市“十三五”规划指标体系一览表

表2-9

类别	序号	指标名称	单位	2015 年预计值	2020 年目标值	年均增长（%）	指标属性
综合实力	1	地区生产总值	亿元	720	1000	>7.50	预期性
		人均地区生产总值	元	58100	80000	7	预期性
	2	一般公共预算收入	亿元	54.70	75	7	预期性
	3	固定资产投资	亿元	496	3000（累计）	>12	预期性
	4	社会消费品零售总额	亿元	326	480	8.50	预期性
	5	自营出口额	亿美元	30.30	38	5	预期性
	6	规上工业总产值	亿元	900	1200	6	预期性
转型升级	7	服务业增加值比重	%	50	53	0.60个百分点	预期性
	8	R&D经费支出占GDP比重	%	1.80	2.55	0.15个百分点	预期性
	9	高新技术产业产值占规上工业总产值比重	%	40	44	0.80个百分点	预期性
转型升级	10	发明专利授权量	项	252	500	15	预期性
	11	全社会劳动生产率	万元	9.70	12	>4	预期性
	12	互联网普及率	%	—	80	—	预期性
民生保障	13	城镇常住居民人均可支配收入	元	46660	69000	8.50	约束性
	14	农村常住居民人均可支配收入	元	23740	36000	9	约束性
	15	城镇调查失业率	%	—	<5	—	预期性
	16	城镇新增就业人口	万人	20135	[60000]	—	约束性
	17	新增劳动力平均受教育年限	年	—	14	—	预期性

续表 2-9

<table>
<tr><th>类别</th><th>序号</th><th colspan="2">指标名称</th><th>单位</th><th>2015 年
预计值</th><th>2020 年
目标值</th><th>年均增长（%）</th><th>指标
属性</th></tr>
<tr><td rowspan="9">民生
保障</td><td>18</td><td colspan="2">每千人医疗床位数</td><td>张</td><td>3.50</td><td>4.50</td><td>—</td><td>约束性</td></tr>
<tr><td>19</td><td colspan="2">每千人口执业（助理）医师数</td><td>人</td><td>2.68</td><td>3</td><td>—</td><td>约束性</td></tr>
<tr><td>20</td><td colspan="2">每百名老人机构养老床位数</td><td>张</td><td>4</td><td>5</td><td>—</td><td>约束性</td></tr>
<tr><td rowspan="2">21</td><td colspan="2">常住人口城镇化率</td><td>%</td><td>78</td><td>80</td><td>—</td><td>预期性</td></tr>
<tr><td colspan="2">户籍人口城镇化率</td><td>%</td><td>18.60
（2014年）</td><td>>25</td><td>1.50个百分点</td><td>预期性</td></tr>
<tr><td>22</td><td colspan="2">城乡居民基本医疗保障覆盖率</td><td>%</td><td>95</td><td>>95</td><td>—</td><td>预期性</td></tr>
<tr><td>23</td><td colspan="2">城乡居民基本养老保险覆盖率</td><td>%</td><td>95</td><td>>95</td><td>—</td><td>预期性</td></tr>
<tr><td>24</td><td colspan="2">城镇保障性安居工程建设</td><td>套</td><td>1635</td><td>[6000]</td><td>—</td><td>约束性</td></tr>
<tr><td>25</td><td colspan="2">人均期望寿命</td><td>年</td><td>81</td><td>81.50</td><td>—</td><td>预期性</td></tr>
<tr><td rowspan="10">生态
环境</td><td>26</td><td colspan="2">万元GDP综合能耗</td><td>吨标
准煤</td><td>0.53</td><td>0.48</td><td>—</td><td>约束性</td></tr>
<tr><td>27</td><td colspan="2">万元GDP综合用水量</td><td>吨</td><td>40.50</td><td>36.50</td><td>—</td><td>约束性</td></tr>
<tr><td>28</td><td colspan="2">全市河流I—III类水质断面比例</td><td>%</td><td>—</td><td>>75</td><td>—</td><td>约束性</td></tr>
<tr><td>29</td><td colspan="2">森林蓄积量</td><td>万立
方米</td><td>180.90</td><td>180</td><td>—</td><td>约束性</td></tr>
<tr><td>30</td><td colspan="2">新增建设用地量</td><td>万亩</td><td>0.23</td><td>—</td><td>—</td><td>约束性</td></tr>
<tr><td>31</td><td colspan="2">$PM_{2.5}$平均浓度</td><td>%</td><td>—</td><td>≤40</td><td>—</td><td>约束性</td></tr>
<tr><td rowspan="4">32</td><td rowspan="4">主要污染物
排放削减率</td><td>化学需氧量</td><td>%</td><td>—</td><td rowspan="4">完成上级下
达指标</td><td>—</td><td>约束性</td></tr>
<tr><td>二氧化硫</td><td>%</td><td>—</td><td>—</td><td>约束性</td></tr>
<tr><td>氨氮</td><td>%</td><td>—</td><td>—</td><td>约束性</td></tr>
<tr><td>氮氧化物</td><td>%</td><td>—</td><td>—</td><td>约束性</td></tr>
</table>

说明：1.[ ] 内数据为五年累计数

2. 最终指标体系需根据国家、省、温州市要求进一步确定

第二节　审查、批准国民经济和社会发展计划

一、第一次会议

第一次会议审查市发展和改革局《关于瑞安市2011年国民经济和社会发展计划执行情况与2012年国民经济和社会发展计划草案的报告》。2011年，以加快转变经济发展方式为主线，以建设宜居宜创业现代化大城市为主战略，以统筹城乡发展为主抓手，狠抓各项任务落实，全市经济社会保持平稳较快发展。全市生产总值523亿元，增长9%；财政总收入69.31亿元，地方财政收入38.67亿元，分别增长15.1%和18.25%；社会消费品零售总额218亿元，增长18%；外贸出口总额28亿美元，增长20%；城镇居民人均可支配收入35100元，农村居民人均纯收入14400元，分别增长12.2%和15.4%。三次产业结

构调整为3.3∶50.7∶46。全年完成全社会固定资产投资262亿元，增长88.4%。全年万元生产总值综合能耗下降4%左右，化学需氧量、氨氮、二氧化硫、氮氧化物等污染物减排指标基本完成上级下达的目标任务。

报告指出，2012年国民经济和社会发展的主要指标是：全市生产总值增长9%左右；财政总收入增长13%，地方财政收入增长10%；全社会固定资产投资330亿元以上，投资率达到60%；社会消费品零售总额增长15%；外贸出口总额增长11%；城镇居民人均可支配收入增长11%，农村居民人均纯收入增长13%；城镇登记失业率控制在4%以内；人口自然增长率控制在7‰以内；万元生产总值综合能耗、化学需氧量、氨氮、二氧化硫、氮氧化物等约束性指标完成上级下达的任务。

市十五届人大一次会议计划预算审查委员会经审查认为，2011年，瑞安市以科学发展观为指导，按照市委市政府决策部署，加大投入，优化环境，统筹城乡，保障民生，力促转型，较好地完成市十四届人大五次会议确定的各项目标任务。存在的主要问题是：保持经济持续较快增长和实现经济转型升级难度不断加大，投资需求大幅提高和资金供给能力不足的矛盾凸显，资源环境制约仍然较为严重，基本公共服务水平有待提高，就学、就医、出行等公共服务与群众的期待还有一定差距。针对这些问题，一定要高度重视，认真加以研究解决。

计划预算审查委员会认为，2012年国民经济和社会发展计划草案的报告体现了中央和省经济工作会议精神，贯彻了市委市政府决策部署，加快产业转型升级，着力培育发展新动能，主要目标和措施积极可行。建议：高度重视实体经济发展，着力推进产业结构调整和转型升级；坚定不移推进投资工作，促进增长方式转变；扎实推进城市转型发展，提升城市能级；着力保障和改善民生。

会议经审查，并根据计划预算审查委员会的审查报告，决定批准瑞安市2012年国民经济和社会发展计划，批准《关于瑞安市2011年国民经济和社会发展计划执行情况与2012年国民经济和社会发展计划草案的报告》。

二、第二次会议

第二次会议审查市发展和改革局《关于瑞安市2012年国民经济和社会发展计划执行情况与2013年国民经济和社会发展计划草案的报告》。2012年是“十二五”规划承上启下的重要一年，也是本届政府的开局之年。全市上下以统筹城乡发展为主抓手，狠抓各项任务落实，经受住外部经济环境复杂多变和地区金融风波持续冲击的双重考验，全市经济运行总体上呈现“低开、稳走、向上”的较好发展态势，社会民生状况进一步改善。全市生产总值570亿元，增长6.2%；财政总收入72亿元，公共财政预算收入40.65亿元，分别增长3.85%和5.09%；限额以上固定资产投资315亿元，限上投资率超过55%；社会消费品零售总额244亿元，增长12%；外贸出口总额29.8亿美元，增长1%；城镇居民人均可支配收入38790元，农村居民人均纯收入16330元，分别增长11.1%和13.4%；单位生产总值综合能耗、化学需氧量、氨氮、二氧化硫和氮氧化物等约束性指标基本完成上级下达的任务。

报告指出，2013年国民经济和社会发展的主要指标是：地区生产总值增长8%左右；财政总收入增长7.3%，公共财政预算收入增长7%；全社会固定资产投资430亿元以上，增长30%以上；社会消费品零售总额增长13%；外贸出口总额增长7%；城镇居民人均可支配收入增长10%，农村居民人均纯收入增长11%；城镇登记失业率控制在4%以内；人口自然增长率控制在7‰以内；单位生产总值综合能耗、化学需氧量、氨氮、二氧化硫、氮氧化物等约束性指标完成上级下达的任务。

市十五届人大二次会议计划预算审查委员会经审查认为，2012年，市政府认真贯彻落实科学发展观，以加快转变经济发展方式为主线，以“打造品质之城，建设幸福瑞安”为主战略，围绕年初确定的发展目标，凝心聚力，克难攻坚，经济社会发展总体平稳。存在的主要问题是：由于国际经济持续低迷，国内经济增速放缓，以及局部金融风波持续影响，全市经济发展遇到困难超出预期，部分计划指标未能完成；工业经济回稳基础尚不稳固，企业担保链风险有待化解，财政收支平衡压力不断加大，投资结构有待进一步优化。

计划预算审查委员会认为，2013年国民经济和社会发展计划草案的报告体现了中央和省经济工作会议精神，贯彻了市委市政府决策部署，综合考虑瑞安市经济发展外部环境逐步改善、经济发展信心不断增强，以及2012年基数相对较低等各方因素，主要目标和措施积极可行。建议：进一步加强资金保障和优化投资结构；加快推进金融综合改革，维护区域金融稳定；完善公共服务和改善发展环境；推进城市化进程，保障和改善民生。

会议经审查，并根据计划预算审查委员会的审查报告，决定批准瑞安市2013年国民经济和社会发展计划，批准《关于瑞安市2012年国民经济和社会发展计划执行情况与2013年国民经济和社会发展计划草案的报告》。

三、第三次会议

第三次会议审查市发展和改革局《关于瑞安市2013年国民经济和社会发展计划执行情况与2014年国民经济和社会发展计划草案的报告》。2013年是全市上下认真贯彻落实省委、瑞安市委的决策部署，千方百计稳增长、坚定不移抓转型、尽心尽力惠民生，全市经济运行呈现企稳回暖的态势，各项社会事业取得进一步发展。2013年全市实现生产总值614亿元，增长8.5%，增幅比上年提高1.8个百分点。全年完成全社会固定资产投资420亿元，其中限额以上固定资产投资380亿元，均增长20%；社会消费品零售总额262亿元，增长11%；外贸出口总额31.5亿美元，增长6%，增幅比上年提高5个百分点。全年完成财政总收入78.63亿元，公共财政预算收入44.74亿元，分别增长9.21%和10.07%；全市规上工业企业利润同比增长21%，企业效益逐步好转；全市城镇居民人均可支配收入42500元，农村居民人均纯收入17600元，分别增长9%和10%。全年实现规上工业产值750亿元，增长7.2%；完成工业性投资108亿元，同比增长32%。规上工业增加值单位能耗下降3.5%，单位生产总值能耗下降3.3%。全市R&D经费支出占地区生产总值比重达到1.95%。化学需氧量、氨氮、二氧化硫和氮氧化物排放量分别削减4.1%、3.5%、6%、4%。

报告指出，2014年国民经济和社会发展的主要指标是：地区生产总值增长8%左右；财政总收入增长8%，公共财政预算收入增长8%；全社会固定资产投资增长15%以上；社会消费品零售总额增长10%；外贸出口总额增长5%；城镇居民人均可支配收入增长9%，农村居民人均纯收入增长10%；城镇登记失业率控制在4%以内；人口自然增长率控制在7‰以内；单位生产总值综合能耗、化学需氧量、氨氮、二氧化硫、氮氧化物等约束性指标完成上级下达的任务。

市十五届人大三次会议计划预算审查委员会经审查认为，2013年，市政府面对严峻的形势，围绕年初确定的发展目标，凝心聚力，克难攻坚，采取振兴实体经济的一系列措施，努力消除困扰经济发展的各种不利因素，主要经济指标基本完成。存在的主要问题是：受国内外经济环境和地方金融风波深度影响，2013年社会消费品零售总额、外贸出口总额、固定资产投资、城乡居民收入等5项指标未能完成年度计划目标。受土地、资金等要素制约，以及政策处理难度大，项目前期工作不到位等因素影响，有12个项目未能如期开工。

计划预算审查委员会认为，2014年国民经济和社会发展计划草案的报告体现了中央和省经济工作会议精神，贯彻了市委市政府决策部署，符合“十二五”规划的总体要求和市政府工作报告的总体安排，主要目标和措施积极可行。建议：努力化解企业风险，改善金融环境；振兴实体经济，促进经济转型；优化结构调整，扩大有效投资；保障改善民生，促进社会和谐；全面深化改革，优化发展环境。

会议经审查，并根据计划预算审查委员会的审查报告，决定批准瑞安市2014年国民经济和社会发展计划，批准《关于瑞安市2013年国民经济和社会发展计划执行情况与2014年国民经济和社会发展计划草案的报告》。

四、第四次会议

第四次会议审查市发展和改革局《关于瑞安市2014年国民经济和社会发展计划执行情况与2015年国民经济和社会发展计划草案的报告》。2014年，瑞安市坚持以科学发展观为指导，贯彻落实省委“两美浙江”建设决策部署，积极应对复杂严峻的宏观环境，把稳增长放在首要位置，深入实施“合力扶企”“四换三、名双百”等重大举措，落实振兴实体经济系列优惠政策，助力企业发展，经济运行呈现“稳中有进、转中向好”，各项社会事业发展态势良好。全市实现生产总值678.8亿元，增长7%，三次产业结构调整为2.9∶49.4∶47.7。全年限额以上固定资产投资435亿元，增长17%；招商引资项目90个，实际到位资金138.6亿元，超额完成年度任务；社会消费品零售总额298.9亿元，增长14.5%；外贸出口总额33.8亿美元，增长4.6%。全市一般公共预算收入48.44亿元，增长8.27%；规上工业企业利润总额36.9亿元，增长7.8%；城镇居民人均可支配收入43208元，农村居民人均可支配收入21682元，分别增长8.9%和10.2%。全市R&D经费支出占地区生产总值比重达到2.1%。全市单位生产总值能耗下降4.5%。全年化学需氧量、氨氮、二氧化硫和氮氧化物排放量分别削减5.39%、4.95%、6.37%、4.08%。

报告指出，2015年国民经济和社会发展的主要指标是：地区生产总值增长7.5%左右；一般公共预算收入可比增长7%；限上固定资产投资增长12%以上；社会消费品零售总额增长12%；外贸出口总额增长5%；城镇居民人均可支配收入增长8%，农村居民人均可支配收入增长9.5%；单位生产总值能耗、化学需氧量、氨氮、二氧化硫、氮氧化物等约束性指标完成上级下达的任务；城镇登记失业率控制在4%以内；人口自然增长率控制在7‰以内。

市十五届人大四次会议计划预算审查委员会经审查认为，2014年，市政府面对严峻的宏观形势，紧紧围绕“打造品质之城、建设幸福瑞安”战略目标，主动适应经济发展新常态，进一步深化改革，狠抓各项重点工作落实，全市经济社会保持平稳发展，主要经济指标基本完成。存在的主要问题是：地区生产总值、外贸出口总额两项指标与计划目标存在一定差距，重点工程计划安排21个开工项目，其中有4个项目未能如期开工；经济运行存在下行压力，有效投资后劲不足；生态保护和环境治理力度有待加大，河道污染、空气质量等问题群众反映仍比较强烈。

计划预算审查委员会认为，2015年国民经济和社会发展计划草案的报告体现了中央和省经济工作会议精神，贯彻了市委市政府决策部署，符合“十二五”规划的总体要求和市政府工作报告的总体安排，主要目标和措施积极可行。建议：优化发展环境，促进经济转型；改善投资环境，提升投资效能；推进金融改革，化解企业风险；全面深化改革，坚持民生优先。

会议经审查，并根据计划预算审查委员会的审查报告，决定批准瑞安市2015年国民经济和社会发展计划，批准《关于瑞安市2014年国民经济和社会发展计划执行情况与2015年国民经济和社会发展计划草案的报告》。

五、第五次会议

第五次会议审查市发展和改革局《关于瑞安市2015年国民经济和社会发展计划执行情况与2016年国民经济和社会发展计划草案的报告》。2015年，瑞安市面对经济下行压力加大的严峻形势，坚持稳中求进工作总基调，以转型发展为主攻方向，以改革创新为强大动力，统筹推进经济、社会和政府转型。经济运行呈现“稳中有进、转中向好”态势，预计2015年全市实现地区生产总值720亿元，增长8%；三次产业结构调整为2.8：46.5：50.7；全市一般公共预算收入54.7亿元，同比增长7.8%；全年限额以上固定资产投资496亿元，增长14%；社会消费品零售总额326亿元，增长9%；外贸出口总额30.3亿美元，下降10.4%；城镇常住居民人均可支配收入46660元，农村常住居民人均可支配收入23740元，分别增长8%和9.5%。国民经济和社会发展主要指标除社会消费品零售总额、外贸出口总额两项指标外，基本完成年初目标任务。全年实现规上工业产值877亿元，增长5%。全市R&D经费支出占地区生产总值比重达到1.8%。全年化学需氧量、氨氮、二氧化硫和氮氧化物排放量分别削减9.85%、7.34%、6.8%、4.5%，单位生产总值能耗下降7.3%，完成年度节能减排任务和“十二五”总任务。

报告指出，2016年国民经济和社会发展的主要指标是：地区生产总值增长7.5%左右；一般公共预算收入可比增长7%；限上固定资产投资增长12%以上；社会消费品零售总额增长8.5%；外贸出口总额增长5%；一、二、三产增加值分别增加1%、6%、8.5%；R&D经费支出占地区生产总值比重达到1.8%；城镇居民人均可支配收入增长8.5%，农村居民人均可支配收入增长9%；单位生产总值能耗、化学需氧量、氨氮、二氧化硫、氮氧化物等约束性指标完成上级下达的任务；城镇登记失业率控制在4%以内。

市十五届人大五次会议计划预算审查委员会经审查认为，2015年，全市上下围绕市十五届人大四次会议确定的发展目标，主动适应经济发展新常态，积极应对经济下行、企业“两链”风险等严峻挑战，凝心聚力，改革创新，克难攻坚，奋发进取，各项工作有序推进，经济社会实现持续稳步发展。存在的主要问题是：经济增长下行特征比较明显，主要经济指标增速回落势头仍在延续，消费、出口等经济指标没有完成年度计划目标。经济结构调整任务艰巨，产业层次较低、创新能力较弱、竞争力不够强的局面没有根本改变。城乡发展不平衡、资源约束趋紧、环境承载力下降。

计划预算审查委员会认为，2016年国民经济和社会发展计划草案的报告体现了中央和省经济工作会议精神，贯彻了市委全会精神，遵循创新、协调、绿色、开放、共享发展理念，按照“产城联动、赶超发展”战略要求和市委市政府工作部署，主要目标和措施积极可行。建议：推进宜居城市建设，提升城市能级品质；加大企业扶持力度，促进经济持续增长；改善投资环境，提高投资效益；强化企业风险处置，改善金融生态。

会议经审查，并根据计划预算审查委员会的审查报告，决定批准瑞安市2016年国民经济和社会发展计划，批准《关于瑞安市2015年国民经济和社会发展计划执行情况与2016年国民经济和社会发展计划草案的报告》。

第三节　审查、批准财政预算

一、第一次会议

第一次会议审查市财政局《关于瑞安市2011年地方财政预算执行情况及2012年地方财政预算草案的报告》。2011年，全市财政总收入69.31亿元，完成预算的101.92%，比上年增长15.10%。其中，地方财政收入38.67亿元，完成预算的104.65%，比上年增长18.25%；上划“中央四税”收入30.64亿元，完成预算的98.66%，比上年增长11.36%。地方财政支出43.15亿元，比上年增长19.33%。按现行财政体制结算，2011年瑞安市当年地方可用财力为35.40亿元，扣除年初预算已经安排的34.50亿元后，2011年全市一般预算财力超收0.90亿元，纳入下年度预算安排。

报告提出2012年预算安排：全市财政总收入78.33亿元，同比增长13%。其中，地方财政收入42.55亿元，同比增长10%。按当时财政体制测算，预计2012年瑞安市当年可用财力为36.7亿元。考虑到刚性支出的需要以及预算收入执行中的不确定因素，动用历年预算净结余1.1亿元，2012年一般预算支出拟按37.8亿元安排，比上年预算增加3.3亿元。

市十五届人大一次会议计划预算审查委员会经审查认为，2011年瑞安市各级政府和财政税务部门坚持以科学发展观为统领，紧紧围绕市委决策部署，主动应对复杂的经济形势，开源节支，精细管理，创新机制，提升资金使用效益，全市财政预算执行情况良好，完成全年财政收支目标。存在的主要问题是：财政增收难度和增支压力不断加大，收支矛盾更加突出；财政支出规模急剧膨胀、重点工程建设、社会民生刚性支出越来越强；财政面临的债务风险及财政资金调度风险加大；财政监管体系不适应新的体制机制带来许多新的问题。

财政预算审查委员会认为，2012年全市预算安排符合《预算法》等法律、法规的规定，预算收入保持了与地方经济发展相适应的增长速度。预算支出安排体现了“量入为出、量力而行”和“集中财力办大事”的原则，推动经济发展，稳定收入增长，优化支出结构，保障改善民生的总体要求，预算草案基本可行。建议：大力增收节支保平衡；统筹财力保障重点；科学理财加强监管。

会议经审查，并根据计划预算审查委员会的审查报告，决定批准2012年市财政预算，同意《关于瑞安市2011年地方财政预算执行情况及2012年地方财政预算草案的报告》。

二、第二次会议

第二次会议审查市财政局《关于瑞安市2012年地方财政预算执行情况及2013年地方财政预算草案的报告》。2012年是财税经济形势极其复杂严峻的一年，市委市政府积极应对，与企业共渡难关、共克时艰，及时调整地方预算目标任务。全市财政总收入72亿元，完成预算的101.8%，比上年增长3.85%。其中，公共财政预算收入40.65亿元，完成预算的102.5%，比上年增长5.09%。公共财政预算支出46.6亿元，比上年增长7.8%。2012年，按新的财政体制结算，瑞安市当年本级地方公共财政可用财力为35.63亿元，扣除预算已经安排的34.52亿元后，2012年全市公共财政财力净结余1.11亿元（具体以省决算数为准），纳入下年度预算安排。

报告提出2013年预算安排：全市财政总收入77.3亿元，同比增长7.3%。其中，公共财政预算收入43.5亿元，同比增长7%。按现行财政体制测算，预计2013年瑞安市当年可用财力为36.45亿元。考虑到刚性支出的需要以及预算收入执行中的不确定因素，动用历年预算净结余1.05亿元，2013年一般预算支出拟按37.5亿元安排，比上年预算增加2.98亿元。

市十五届人大二次会议计划预算审查委员会经审查认为，2012年瑞安市各级政府和财政税务部门坚持以科学发展观为统领，贯彻落实市委决策部署，及时调整收支指标，培植财源，增收节支，保障重点，深化改革，全市财政预算执行情况良好，完成全年财政预算目标任务。存在的主要问题是：财源基础尚不稳固与保持收入稳定增长的矛盾更加突出；地方实际可用财力有限与政府加大固定资产投资力度的矛盾更加突出；加大政府性融资力度与防范财政运行风险的矛盾更加突出。

计划预算审查委员会认为，2013年全市预算安排符合《预算法》等法律、法规的规定，预算收入保持了与地方经济发展相适应的增长速度，预算支出体现了“三大转型”的实际需求，预算草案是可行的。建议：增强财力增长的可持续性，大力扶持实体经济发展；提高增收节支的实效性，确保财政收支平稳运行；加强统筹机制的创新性，集中财力保障重点项目；强化资金使用的合理性，不断优化公共资源配置。

会议经审查，并根据计划预算审查委员会的审查报告，决定批准2013年市财政预算，同意《关于瑞安市2012年地方财政预算执行情况及2013年地方财政预算草案的报告》。

三、第三次会议

第三次会议审查市财政局《关于瑞安市2013年地方财政预算执行情况及2014年地方财政预算草案的报告》。2013年预算完成情况：全市财政总收入78.63亿元，完成预算的101.74%，比上年增长9.21%。其中，公共财政预算收入44.74亿元，完成预算的102.86%，比上年增长10.07%。公共财政预算支出50.68亿元，比上年增长8.7%。按现行财政体制结算，瑞安市当年本级地方公共财政可用财力为41.71亿元，扣除预算已经安排的40.2亿元后，全年全市公共财政财力净结余1.51亿元（具体以省决算数为准），纳入下年度预算安排。2013年全市政府性基金预算收入125.77亿元，完成预算的106.35%。其中：国有土地使用权出让金收入112亿元，完成预算的107.54%。政府性基金预算支出119.74亿元，完成预算的90.89%。其中，国有土地使用权出让金支出105.42亿元，完成预算的94.62%。政府性基金按规定专款专用，根据《瑞安市部门结转结余资金管理暂行办法》，对未使用的预算资金全部予以收回，结转下年度安排使用。

报告还指出2013年全市社会保险基金预算执行情况。

报告提出2014年预算安排：全市财政总收入拟安排85亿元，比上年增长8%，其中公共财政预算收入48.3亿元，比上年增长8%。按现行财政体制测算，预计2014年瑞安市当年可用财力为40.52亿元。考虑到刚性支出的需要以及预算收入执行中的不确定因素，动用历年预算净结余1.51亿元，加上动用清理历年资金0.97亿元，2014年公共财政预算支出拟按43亿元安排，增长6.97%。2014年全市政府性基金预算收入拟安排103.14亿元，其中国有土地使用权出让金收入90.11亿元。政府性基金预算支出拟安排114.89亿元，其中国有土地使用权出让金支出93.09亿元。

报告还提出2014年全市社会保险基金预算草案和国有资本经营预算草案。

市十五届人大三次会议计划预算审查委员会经审查认为，2013年瑞安市各级政府和财政税务部门牢牢把握稳中求进的工作总基调，继续落实积极的财政政策，发挥财政职能作用，扶持实体经济，优化财政支出结构，深化各项管理改革，财政收支执行情况总体平稳，完成了全年预算任务。存在的主要问题是：受实体经济低位运行、结构性减税等因素影响，财政收入持续增长的难度不断加大，而保民生、促发展的支出需求很大，财政收支矛盾十分突出。财政支出管理中的薄弱环节较多，部分资金使用效益不高和浪费现象仍有发生。镇街财政困难与监管力量薄弱问题较为突出，基层财政管理亟待强化。

计划预算审查委员会认为，2014年全市预算安排符合《预算法》等法律、法规的规定，预算收入和支出安排符合瑞安实际情况，预算草案是可行的。建议：不断健全“全口径”的政府预算；继续实施积极的财政政策，夯实财政收入基础；优化财政支出结构，盘活财政存量资金，从严控制一般性支出；完善公共财政管理体制，推进专项资金管理改革，加强财政科学管理，提高资金使用绩效。

会议经审查，并根据计划预算审查委员会的审查报告，决定批准2014年市财政预算，同意《关于瑞安市2013年地方财政预算执行情况及2014年地方财政预算草案的报告》。

四、第四次会议

第四次会议审查市财政局《关于瑞安市2014年地方财政预算执行情况及2015年地方财政预算草案的报告》。2014年预算完成情况：全市财政总收入48.44亿元，完成预算的100.25%，比上年增长8.27%。全市一般公共预算支出55.31亿元，比上年增长9.1%。按现行财政体制结算，全市当年地方一般公共预算可用财力为46.42亿元，加上上级专项补助资金11.68亿元和上年结转资金13.32亿元，全市当年全口径预算收入合计为71.42亿元，收支相抵并扣除预算结转下年使用的7.34亿元后，全年瑞安市一般公共预算结余8.77亿元（具体以省决算数为准），全部转入市级预算稳定调节基金。2014年全市政府性基金预算收入67.88亿元，完成预算的50.93%；动用上年结余结转资金36.15亿元，调入资金2.84亿元，上级补助1.87亿元；全市政府性基金支出87.72亿元，完成预算的60.43%。收支相抵，年末政府性基金结余合计21.02亿元。

报告还指出2014年全市社会保险基金预算执行情况和国有资本经营预算执行情况。

报告提出2015年预算安排：全市一般公共预算收入预期为55.61亿元，同比增长7%；转移性收入30.33亿元，全市收入合计85.94亿元。2015年全市一般公共预算支出71.05亿元，转移性支出14.89亿元，全市支出合计85.94亿元。收支相抵，全市一般公共预算收支平衡。2015年，市级一般公共预算收入预期为46.44亿元，转移性收入39.50亿元，市级收入合计85.94亿元。2015年安排市级一般公共预算支出66.19亿元，转移性支出19.75亿元，市级支出合计85.94亿元。收支相抵，市级一般公共预算收支平衡。2015年全市政府性基金本级收入预期98.79亿元，转移性收入19.78亿元，收入合计118.57亿元。全市政府性基金本级支出拟安排99.60亿元，转移性支出18.97亿元，支出合计118.57亿元。收支相抵，全市政府性基金收支平衡。

报告还提出2015年全市社会保险基金预算草案和国有资本经营预算草案。

市十五届人大四次会议计划预算审查委员会经审查认为，2014年瑞安市各级政府和财政税务部门认真贯彻市委决策部署，按照市十五届人大三次会议决议的要求，有效发挥财税职能，切实保障重点领域和民生支出，促进全市经济社会平稳健康发展。持续深化财政改革，规范部门预算编制，推进财政专项资金清理整合，开展数字财政系统建设，财政科学化管理水平有效提升。财政收支执行情况总体平稳，较好完成全年预算任务。存在的主要问题是：财政收入增长乏力与支出刚性增强的矛盾十分突出；预算管理制度的科学性、规范性和透明度还不够；部分专项资金存在分配不规范、执行进度慢、使用效益低。

计划预算审查委员会认为，2015年全市预算安排符合《预算法》等法律、法规的规定，预算收入和支出安排符合瑞安实际情况，预算草案是可行的。建议：加快财政预算管理改革，着力构建现代预算制度，提高政府公共服务水平；继续实施积极的财政政策，推动经济转型升级和民生改善；进一步完善财政管理制度，创新管理方式，优化支出结构，盘活存量资金，提升财政资金使用绩效，切实防控财政风险。

会议经审查，并根据计划预算审查委员会的审查报告，决定批准2015年市财政预算，同意《关于瑞安市2014年地方财政预算执行情况及2015年地方财政预算草案的报告》。

五、第五次会议

第五次会议审查市财政局《关于瑞安市2015年地方财政预算执行情况及2016年地方财政预算草案的报告》。2015年预算执行情况：全市财政总收入54.72亿元，比上年增长7.8%；转移性收入预计78.32亿元，全市收入合计133.04亿元。全市一般公共预算支出73.26亿元，完成预算的83.52%；转移支出预计59.78亿元。全市支出合计133.04亿元。收支相抵，全市一般公共预算收支平衡。2015年，市级一般公共预算收入预计45.20亿元；转移性收入预计87.84亿元，市级收入合计133.04亿元。市级一般公共预算支出预计66.93亿元；转移性支出预计66.11亿元，市级支出合计133.04亿元。收支相抵，市级一般公共预算收支平衡。2015年全市政府性基金本级收入预计80.81亿元，转移性收入预计20.06亿元，收入合计100.87亿元；全市政府性基金本级支出预计64.07亿元，转移性支出预计36.80亿元，支出合计100.87亿元。收支相抵，全市政府性基金收支平衡。

报告还指出2015年全市社会保险基金预算执行情况和国有资本经营预算执行情况。

报告提出2016年预算安排：全市一般公共预算收入预期59.03亿元，同比增长7%；转移性收入45.98亿元，全市收入合计105.00亿元。安排2016年全市一般公共预算支出88.69亿元，增长21.05%；转移性支出16.31亿元（体制结算上解上级），全市支出合计105.00亿元。收支相抵，全市一般公共预算收支平衡。2016年，市级一般公共预算收入预期48.88亿元，转移性收入53.48亿元，市级收入合计102.37亿元。2016年安排市级一般公共预算支出82.87亿元，转移性支出19.50亿元，市级支出合计102.37亿元。收支相抵，市级一般公共预算收支平衡。2016年全市政府性基金本级收入预期70.48亿元，转移性收入16.95亿元，收入合计87.42亿元；全市政府性基金本级支出拟安排82.21亿元，转移性支出5.21亿元，支出合计87.42亿元。收支相抵，全市政府性基金收支平衡。

报告还提出2016年全市社会保险基金预算草案和国有资本经营预算草案。

市十五届人大五次会议计划预算审查委员会经审查认为，2015年瑞安市各级政府和财政税务部门认真贯彻市委决策部署，发挥财税职能，优化资金配置，切实保障重点领域和民生支出，严格控制一般性支出，促进全市经济社会平稳健康发展；深化财政预算改革，财政专项资金纳入部门预算，政府性债务和转移支出纳入预算，推进绩效评价工作，预算管理水平有效提升。存在的主要问题是：财政收入增长乏力与支出刚性增强的矛盾非常尖锐；专项资金使用“重分配、轻管理”的问题比较突出，财政支出绩效评价指标体系和结果运用不完善；部门单位预算编制不细、财务管理不规范等问题仍然存在。

计划预算审查委员会认为，2016年全市预算安排符合《预算法》等法律、法规的规定，预算收入和支出保持了与地方经济发展相适应的增长速度，体现“统筹兼顾、勤俭节约、量力而行、讲求绩效和收支平衡”的预算理念，预算草案是可行的。建议：进一步完善政府预算体系，推进财政管理体制改革，加大财政资金统筹使用力度，调整和优化财政支出结构，加快预算公开，建立健全全面规范、公开透明的预算制度，进一步发挥财政职能作用，促进全市经济社会平稳健康发展。

会议经审查，并根据计划预算审查委员会的审查报告，决定批准2016年市财政预算，同意《关于瑞安市2015年地方财政预算执行情况及2016年地方财政预算草案的报告》。

第四节　听取、审议常委会工作报告

一、第一次会议

第一次会议听取和审议市人大常委会主任叶世林所作的《瑞安市人民代表大会常务委员会工作报告》。2007—2011年，市人大常委会坚持以科学发展观为统领，依法行使各项职权。共召开常委会会议47次、主任会议83次，听取和审议“一府两院”各项工作报告124个，组织开展调研、视察和执法检查活动179次，作出重大事项决议、决定54项，依法任免国家机关工作人员420人次，有效发挥了地方国家权力机关的作用。强化监督工作，着力增强监督实效。常委会认真贯彻落实监督法，将事关全局发展、和谐稳定、民生改善等方面的突出问题作为监督重点。加强对国民经济和社会发展计划执行情况的审议和监督。审议沿海产业带建设、土地利用总体规划修编、滨海新城概念性规划专项报告，依法对乡镇行政区划调整、市域总体规划等重大事项作出决定。加强对重点工程建设监督，重点监督政府性投资工程，跟踪监督26个重点工程。致力推动依法行政，围绕建设“法治瑞安”的目标，作出进一步加强法治宣传教育的决议，持续跟踪监督建设“法治瑞安”决议落实情况。开展行政许可法、科技进步法、畜牧法、农产品质量安全法、律师法、食品安全法、人民防空法、农业机械化促进法等14部法律法规执法检查。五年共备案审查规范性文件135件。致力加强司法监督，组织开展职务犯罪查处与审判、刑事立功专项检查，跟踪监督未成年人犯罪审判工作。致力深化预算监督，听取和审议预算执行情况报告和审计工作报告，重点监督政府举债行为、部门预算执行和重点项目资金安排情况，推动财政部门清理结余资金9173万元。开展审计监督，跟踪监督土地出让金拖欠、国有资产流失、乡镇财政资金使用不规范等问题，推动市政府整改落实。致力解决民生问题，开展住房、卫生、教育、治安、环境资源方面专项监督。针对瑞安市房价偏高、上涨过快问题，作出完善和规范房地产市场工作的审议意见。针对农村公共卫生事业发展滞后问题，监督市政府加大投入基层卫生院建设，完善新型城乡合作医疗制度，有效缓解群众“看病难”问题。针对义务教育与人民群众要求不适应问题，作出加强义务教育工作的审议意见。针对塘河污染，环境破坏问题，形成专题审议意见，监督市政府出台保护耕地资源和生态环境举措。针对群众反映强烈的“霸王搬运”问题，作出专项整治决议。针对社会治安热点问题，将涉黑涉恶及“两抢一盗”打击处理列为重点监督议题，实行跟踪监督。五年来共受理接待群众来信来访1610件（次）。做好代表工作，充分发挥代表作用。建立常委会组成人员联系代表制度，汇编《代表风采》，组织代表参与执法检查、视察调研、议案建议督办活动，成立塘下镇首个人大代表工作站。五年来，督促办理代表议案、建议、意见2471件，切实解决一批群众关注的热点难点问题。有序推进市、镇人大换届选举工作，2011年下半年，率全省之先出台《关于破坏选举行为预防和查处工作意见》，依法选出市十五届人大代表376名、镇人大代表665名。加强自身建设，不断提升履职能力。围绕全市重点工作和热点问题，形成150多篇调研报告。建立健全《瑞安市人大常委会议事规则》《瑞安市人大常委会关于讨论、决定重大事项的规定》制度。增设城乡建设和环境保护工作委员会，建立常委会电子表决系统，坚持乡镇（街道）人大主席（人大工委主任）例会制度。报告提出今后五年常委会工作的总体思路和2012年的主要任务。

代表在审议中认为：五年来，市人大常委会坚持以科学发展观为统领，以贯彻落实监督法为主线，依法行使各项职权，着力提高工作实效，有效发挥地方国家权力机关的作用，为服务科学发展大局、推进民主法治建设、维护社会和谐稳定作出积极贡献。同时，对重点领域和关键环节的监督力度不够，监督工作的针对性和时效性有待加强，对常委会任命的干部的监督形式有待探索，代表的责任意识、履职能力有待增强，人大常委会机关工作效率、人大工作的影响力有待提升等方面的工作提出意见和建议。

会议通过决议，批准市人大常委会工作报告。决议要求，市人大常委会要深入贯彻市第十三次党代会精神，开拓创新，务求实效，认真履行宪法和法律赋予的各项职责，推进社会主义民主法制建设，推动瑞安市人大工作迈上新台阶，为打造品质之城、建设幸福瑞安作出新的贡献。

二、第二次会议

第二次会议听取和审议市人大常委会主任叶世林所作的《瑞安市人民代表大会常务委员会工作报告》。2012年，市人大常委会共召开常委会会议10次、主任会议16次，听取、审议“一府两院”各项工作报告21个，组织开展调研、视察和执法检查活动37次，作出重大事项决议、决定14项，任免国家机关工作人员75人次，有效行使了地方国家权力机关职权。着力推进科学发展、转型发展。开展“合力扶工、振兴实业”“金融机构服务实体经济发展”专项监督，提出推进企业整合重组、加快担保体系建设、加强金融机构监管、重构社会信用体系等建议意见。重点监督和专题审议政府投资工作，实地督查112个政府性投资重大项目建设情况。专项监督镇街财政管理体制运行、专项资金细化、组织税收与涵养财源关系处理工作，作出了关于同意2012年地方预算调整、财政预算结转指标清理及重新安排使用的决定。推动旅游业发展，开展旅游业发展议案监督，提出旅游业规划编制、旅游品牌打造、资源整合提升、项目谋划建设、管理体制改革、政策资金保障建议意见。夯实农业基础地位，开展粮食生产功能区、现代农业园区建设督查，重点督办农业龙头企业用地落地问题建议。着力改善民生、维护民利。开展归侨侨眷权益保护法、矿山安全法、温瑞塘河保护管理条例三部法律法规执法检查。全年备案审查市政府规范性文件34件。重点监督行政审判、民间借贷及非法集资类案件处理、二轮电动车管理、禁毒、工资集体协商及企业民主管理等法治环境建设工作。开展优先发展公交事业、镇街卫生院运行、保障性住房建设、集镇供水、电网建设、民办教育等社会事业发展工作监督。专项监督平原绿化、拆违整治、电镀园区建设、垃圾焚烧发电厂建设。开展食品安全专项监督和专题询问，作出关于进一步加强食品安全工作的决议。全年受理群众来信来访170多件次。着力发挥代表主体作用。全年培训代表450人次。制定实施《关于加强和规范市人大代表闭会期间活动的若干意见》，设立23个代表工作站。全年提出代表建议551件，代表满意率达98.4%，对10个单位开展代表建议办理工作集中评议。着力自觉加强自身建设。每月召开专题学习会，开展“思进思变思发展、创业创新创一流”主题教育活动，重视调查研究，形成报告19篇。修正和完善常委会议事规则、主任会议议事规则、审议意见办理试行办法，建立健全机关办文、办事、办会规章制度。开办《瑞安人大》期刊、《讲理说法》电视专栏。定期召开镇街人大工作例会。报告提出2013年常委会工作的总体要求和主要任务。

代表在审议中认为：市人大常委会围绕“打造品质之城、建设幸福瑞安”的战略目标，把握“服务发展大局、关注百姓民生、弘扬民主法治”的总体要求，切实定好位、学好法、履好职、用好权、塑好形，依法有效地行使地方国家权力机关的职权，为加快瑞安科学发展、转型发展作出积极贡献。同时，对监督工作的实效性有待提高，对重点工作和民生实事的跟踪监督需要进一步强化，闭会期间代表活动有待扩展，代表建议督办工作需要进一步加强，常委会机关服务质量有待进一步提升等方面的工作提出意见和建议。

会议通过决议，批准市人大常委会工作报告。决议要求，市人大常委会要坚持以邓小平理论、“三个代表”重要思想和科学发展观为指导，深入贯彻党的十八大和市委十三届四次全会精神，坚持党的领导、人民当家作主、依法治国有机统一，紧紧围绕全市工作大局依法行使职权，在新的形势下进一步加强和改进监督工作，为打造品质之城、建设幸福瑞安作出新的贡献。

三、第三次会议

第三次会议听取和审议市人大常委会主任叶世林所作的《瑞安市人民代表大会常务委员会工作报告》。2013年，市人大常委会共召开常委会会议8次、主任会议19次，听取、审议“一府两院”各项工作报告26个，组织开展执法检查和调研、视察活动70多次，作出重大事项决议、决定6项、审议意见10个，任免国家机关工作人员78人次，顺利完成市十五届人大二次会议确定的各项任务。坚持围绕中心，扎实推动经济发展稳中有进。听取和审议“十二五”规划纲要实施情况中期评估报告。开展重大项目建设专项监督，针对部分续建项目进展缓慢、少数项目开工而不动工、政策处理滞后、体制机制不顺等问题，提出根据政府财力，充分论证科学谋划重大项目、加强项目质量管理、资金审计和绩效评估，切实提高投资效益等建议意见。强化预决算审查监督。开展市人力社保局、市人防办等部门预算审查和教育绩效工资资金使用效益、部分校舍资源闲置、“三分三改”和非税收入工作考核奖励等预算项目审查。深化全口径预决算审查监督，严格控制新增支出和政府性债务规模，加强资金绩效管理。专题监督国有资产监管工作，提出国有资产监管职责，推进国有企业改革，加快盘活存量资产，完善国有资产监管体系等意见建议。督促盘活存量资产110起，18处国有资产被低价承租、7处国有资产被侵占等历史遗留问题得到稳妥有序的处置。坚持改善民生，切实维护人民群众根本利益。开展污水处理工作专项监督，听取和审议市政府关于污水处理工作的报告。跟踪监督加强食品安全工作决议落实情况及公墓建设管理、保障房建设管理、优先发展公交事业、集镇供水等工作。开展市教育局、市环保局部门工作评议。通过评议问题整改，分流超编教师114人，清退代课教师784人；关停重污染企业61家，移交环境污染刑事案件11起，11人被采取刑事强制措施。全年共接待群众来访413批次，受理群众来信221件。坚持依法治市，推进民主法治建设。开展道路交通安全法执法检查，听取和审议市政府关于道路交通安全法贯彻实施情况的报告。开展科技进步法执法检查活动，听取和审议市政府关于科技进步法贯彻实施情况的报告。跟踪监督矿山安全法、归侨侨眷权益保护法执法检查报告审议意见落实情况和浙江省温瑞塘河保护管理条例贯彻执行情况。全年审查市政府提交的规范性文件32件。开展23名市人民法院审判人员、13名市人民检察院检察人员任职前法律知识测试工作。听取和审议“一府两院”关于民间借贷及非法集资案件处理工作报告审议意见落实情况的报告，对“一府两院”和市公安局开展审议意见落实情况满意度测评。指导监督村级组织换届选举工作。坚持依靠代表，逐步提高代表工作水平。全年提出代表建议482件，代表满意和基本满意率达95.4%。指导25个代表工作站规范运行，召开半年度“一府两院”政情通报会，完善《关于加强和规范市人大代表闭会期间活动的若干意见》。报告提出2014年常委会工作的总体要求和主要任务。

代表在审议中认为：市人大常委会围绕“打造品质之城、建设幸福瑞安”的战略目标，认真履行职责，充分发挥作用，顺利完成市十五届人大二次会议确定的各项任务，有力推动瑞安市改革发展和民主法治建设。同时，对人事任免权、重大事项决定权的行使有待探索，监督工作特别是财政预决算审查监督有待加强，代表主体作用有待进一步发挥，常委会自身履职能力有待提高等方面的工作提出意见和建议。

会议通过决议，批准市人大常委会工作报告。决议要求，市人大常委会要按照市委十三届六次全会的总体部署，紧扣改革发展各项任务，着眼增强监督实效性、把握法治导向性、注重代表主体性要求，求真务实、与时俱进，依法履职、奋发有为，充分发挥人民代表大会制度的根本政治制度作用，为“打造品质之城、建设幸福瑞安”作出新的贡献。

四、第四次会议

第四次会议听取和审议市人大常委会主任叶世林所作的《瑞安市人民代表大会常务委员会工作报告》。2014年，市人大常委会共召开常委会会议8次，主任会议19次，听取、审议“一府两院”各项工作报告19个，组织开展执法检查和调研、视察活动80多次，作出重大事项决议、决定8项、审议意见11个，任免国家机关工作人员49人次，组织增、补选市人大代表22名，顺利完成了市十五届人大三次会议确定的各项目标任务。紧扣发展大局，着力推进深化改革与转型升级。围绕全面深化改革部署，常委会及时作出《关于促进全面深化改革的决定》，专项审议医药卫生改革工作，跟踪监督财政专项资金管理、行政审批制度、金融领域、民办教育等改革、审判运行机制、资源要素市场化配置等改革。专题审议关于瑞安市工业经济发展情况的报告，推动市政府出台《关于扶持规模企业发展十条政策意见》。跟踪督查科技进步法审议意见落实情况，推动市政府获批国家知识产权试点城市、省创新型试点城市，新增28家高新技术企业和95家科技型中小企业。加强财政预算审查，开展市国土资源局、市风景旅游局两个部门预算审查。专题审议政府性债务问题，就个别项目融资成本偏高、举债资金利用不充分、债务风险日益累积等焦点问题，提出建议意见。顺应群众期盼，促进民生改善与生态优化。跟踪监督《关于进一步加强食品安全工作的决议》落实情况，召开市人大代表食品安全问政会，提交各类问题53条，督促职能部门整改落实。专题审议“加大美丽乡村建设力度”和“推进系统治水、加快美丽水乡建设”两项议案办理落实情况，使151条垃圾河和80条黑臭河得到整治。跟踪监督污水处理专项工作，针对污水处理率较低、管网建设滞后、工程进展不协调等问题提出意见建议，推动江北污水处理厂二期实现通水，江南污水处理厂一期如期竣工，湖岭、陶山、高楼等3个镇污水处理厂开工建设。专题审议关于农房拆改建工作情况报告，推动市政府加快出台《农村村民住房改造建设管理办法》。专项监督公路养护管理问题和道路交通安全法执法检查审议意见的落实，促进市政府制定出台《市区机动车停放管理暂行办法》。坚持依法治市，着力加快法治瑞安建设。开展水污染防治法、浙江省水污染防治条例、禁毒法、气象法执法检查，促进依法行政、公正司法。开展市公安局、市国土资源局工作评议和法官履职评议工作。全年共审查市政府提交的规范性文件23件，有效维护了法制的统一。重视信访工作，全年共受理人民群众来信来访200多批次，对44件重点信访件进行跟踪监督，妥善解决一批事关人民群众切身利益的实际问题。优化服务保障，发挥代表主体作用。继续打造代表联络站履职平台，代表联络站数量增加到29个。市十五届人大三次会议以来，代表提出的441件建议的办结率和答复率均为100%，满意和基本满意率达96%，狠抓“不满意件”再次办理，代表建议不满意件从90件下降到28件。报告提出2015年常委会工作的总体要求和主要任务。

代表在审议中认为：市人大常委会围绕全市工作大局，积极履行法定职权，着力增强监督实效，充分发挥地方国家权力机关的作用，加快推进瑞安市经济社会发展和民主法治建设。同时，对讨论、决定重大事项制度还需进一步规范，审议意见的整改落实需要扎实到位，监督工作的力度和实效还需进一步加大和增强，同代表和人民群众的联系需要更加紧密，代表的主体作用还需进一步发挥等方面的工作提出意见和建议。

会议通过决议，批准市人大常委会工作报告。决议要求，市人大常委会要按照市委十三届八次全会的决策部署，深刻认识和全面把握新常态，运用法治思维和法治方式，更加有效地履行宪法和法律赋予的职权，加强和改进人大工作，为打造品质之城、建设幸福瑞安作出应有的贡献。

五、第五次会议

第五次会议听取和审议市人大常委会主任叶世林所作的《瑞安市人民代表大会常务委员会工作报告》。2015年，市人大常委会共召开常委会会议12次，主任会议25次，听取、审议“一府两院”各项

2016年1月9日，市人大常委会主任叶世林在市第十五届人民代表大会第五次会议上作市人大常委会工作报告

工作报告17个，组织开展执法检查和调研、视察活动80多次，作出重大事项决议、决定8项、审议意见16个，任免国家机关工作人员78人次，充分发挥地方国家权力机关作用。坚持服务大局，全力推动经济稳中有进。助推实体经济振兴，专项监督“加快产城融合发展，争创省级工业强市”议案办理工作，推进工业投资增长18%。开展“转型升级十大组合拳”主题监督，督促市政府落实“浙商回归”“三改一拆”“四换三名”及小微创业园建设等重大决策部署，加快重大项目建设、产业优化升级。认真审议关于科学技术进步工作情况的报告，推动培育高新技术企业28家，完成技改投资134亿。规范预决算审查，听取审议2014年度财政决算报告和2015年财政预算草案，将2016年部门预算审查范围扩大至5个一级预算单位。首次将财政专项资金使用绩效评价情况列入监督范围，加大绩效评价结果应用力度，发挥财政专项资金应用效益。专题审查龙丽温高速瑞安段、瓯飞南片工程等重大项目建设情况及明镜公园等重点工程投资效益，督促加强重大项目建设管理。改善企业发展环境，专题监督“逃废债”问题和破产案件处理工作，推动加大对故意隐匿、转移资产和“假倒闭”“假破产”等违法行为的打击力度，抓获在逃“老赖”、境外经济逃犯等32人。开展“基层群众办事审批难改革”专题监督，推动行政审批制度改革，改善政务环境。坚持监督为民，促进民生持续改善。专项监督城中村改造和安置留地建设，提出科学合理推进项目建设、健全完善相关政策、加强项目资金与工程质量监督等意见。跟踪监督农村住房拆改建工作审议意见落实情况，提出严格执行相关政策、系统解决规划问题、优化简化审批程序、切实增强要素保障等意见，推动市政府有效实施农村村民住房建设管理试行办法。加强食品安全工作监督，推动市政府建立食品安全专家库，建成18个免费快速食品检测室和餐饮单位“阳光厨房”建设。听取关于环境状况和环境保护目标完成情况的报告，督查水污染防治“一法一条例”执法检查审议意见落实情况，开展“已治理的河”主题监督活动，提出意见建议52条交由市政府研究处理。跟踪监督城镇污水处理、城乡公交一体化改造工作。坚持依法治市，全力推进法治瑞安建设。开展献血法、气象法执法检查。加强部门工作监督，对市经信局、市住建局开展评议。跟踪监督部门工作评议意见的落实情况。强化“两院”履职监督，开展法官履职评议工作，对5位法官进行评议。专题审议市人民检察院不捕不诉案件处理工作，开展对司法机关依法履职、公正司法情况专项监督，推进“公检法司”机关转变作风、提高效能，营造良好的法治环境。听取和审议市政府关于环境功能区划、乡镇行政区划调整、地方政府债务限额及在建项目地方政府债券预算调整等重大事项的报告，并提出意见建议，依法作出决议决定。制定实施《瑞安市组

织实施宪法宣誓制度办法》。全年共备案审查市政府制订的规范性文件29件。受理接待群众来访来信200多批次。坚持机制创新，发挥代表主体作用。本次会议以来代表共提出420件建议，满意和基本满意率达96.9%。组织代表列席常委会会议、食品安全评议会、部门预算听证会等监督活动。挂牌成立29个代表联络站。报告提出2016年常委会工作的总体要求和主要任务。

代表在审议中认为：市人大常委会紧扣发展大局，依法行使职权，增强监督实效，积极推动人大工作与时俱进，充分发挥地方国家权力机关作用，有力促进瑞安市经济社会发展与民主法治建设。同时，对监督工作的力度和实效还需进一步加大和增强，调查研究的深度和广度还需进一步拓展，同代表和选民的联系还需进一步密切，常委会依法履职的能力和水平还需进一步提高等方面的工作提出意见和建议。

会议通过决议，批准市人大常委会工作报告。决议要求，市人大常委会要按照市委十三届十次全会的总体部署，主动适应新常态对人大工作提出的新要求，运用法治思维和法治方式，更加有效地履行宪法和法律赋予的职权，进一步提升人大工作水平，为加快推动瑞安转型发展、赶超发展作出新的贡献。

第五节　听取、审议法院工作报告

一、第一次会议

第一次会议听取和审议市人民法院代院长张毅所作的《瑞安市人民法院工作报告》。2007—2011年，市人民法院共受理各类案件68200件，办结66511件，其中2011年收案16703件，办结15809件。依法履行审判职能，维护社会公平正义。以维护稳定为职责，在打击和预防犯罪方面有新作为。共审结刑事案件8505件，判处罪犯13677人。深入开展“打黑除恶”“反两抢一盗”等专项斗争，严惩黑恶势力犯罪、严重暴力犯罪、毒品犯罪和多发性侵财型犯罪，共判处此类罪犯8776人。以促进和谐为目标，在追求“案结事了”方面有了新的突破。共审结各类民商事案件28853件，诉讼标的金额43.21亿元。坚持调解优先，调判结合，调解结案8563件，经调解当事人撤诉结案6585件，调撤率达52.50%，有效化解矛盾，促进社会和谐。以促进依法行政为重点，在司法与行政互动方面有新成效。共受理行政案件551件，审结535件。审查计生、土地、环保等非诉行政案件6690件。加强诉权保护、严格司法监督、提升案件质量，改善行政审判司法环境。加大行政审判协调力度，妥善化解行政争议。以维护权益为目标，在破解“执行难”方面有新进展。共执结各类案件21889件，执结标的额7.8亿元。深化“执行征信、执行查控、执行惩戒、执行监督和执行保障”五大体系建设。2010年，市人民法院获得了省高院“无执行积案先进法院”称号。践行能动司法，服务发展稳定大局。保障重点项目建设，为市委、市政府农村土地征收、农房聚集改造、违章“七必拆”及“五创一建”等重点工作和重大项目建设提供司法保障，共审结申请强拆非诉案件13件，准予强制执行12件。保障金融秩序稳定，打击集资诈骗、非法吸收公众存款、非法讨债等犯罪行为。加强涉诉信访工作，办结信访积案32件，结案率达94.12%。积极参与社会管理创新，发出司法建议19份，开展法纪教育，送法下乡、进企、进校。不断创新司法机制，满足群众司法需求。落实司法为民，方便群众诉讼，完善“一站式”司法服务，开设“午间法庭”、巡回审判、在线咨询和司法救助。深化繁简分流，提高司法效率，共通过速裁程序结案4162件，调撤率达到66.2%。推进立案、庭审、执行、听证、文书和审务公开的“阳光司法”，促进司法公正。完善诉调对接，合力化解纠纷，诉前调解案件526件，调解成功率达87.5%。加强自身队伍建设，促进公正廉洁执法。推进“学习型”法院建设和素质提升行动，构筑廉政工作机制，开展廉政教育和廉政监督活动。自觉接受人大、政协和社会各界监督，共办理议案建议14件，开展百名法官百案回访活动，建成24个数字法庭。报告提出今后五年法院工作的总体思路和2012年着重抓好的五个方面的工作。

代表在审议中认为：五年来，市人民法院严格履行宪法和法律赋予的职责，围绕“为大局服务，为人民司法”的工作主题，深入推进“三项重点工作”，充分发挥审判职能，为瑞安市社会和谐稳定和经济转型发展提供强有力的司法保障。同时，对司法保障有待进一步加强，司法水平有待进一步提高，审判管理工作有待进一步完善，司法环境有待进一步改善等方面的工作提出意见和建议。

会议通过决议，批准市人民法院工作报告。决议要求，市人民法院要坚持以邓小平理论和“三个代表”重要思想为指导，深入贯彻落实科学发展观，紧紧围绕全市工作大局，切实履行宪法和法律赋予的审判职责，确保司法公正，维护社会公平正义与和谐稳定，为“打造品质之城、建设幸福瑞安”提供有力的司法保障。

二、第二次会议

第二次会议听取和审议市人民法院院长张毅所作的《瑞安市人民法院工作报告》。2012年，市人民法院共受理各类案件22313件，办结22091件，同比分别增长33.61%和39.78%。强化司法保障，主动服务转型发展大局。服务金融综合改革，开展保护金融债权专项活动，加大打击逃废金融债务行为力度，全年共审结金融类民商事案件676件，结案标的额达9.87亿元。帮扶企业转型发展，开展涉诉企业司法解困工作，依法严惩暴力讨债、非法拘禁、哄抢企业财物等违法犯罪行为，开展破产案件简易审判，保障企业正常生产经营和金融秩序稳定。参与社会管理，依法审理聚众扰乱社会秩序案件，妥善处置群体性劳资纠纷，加强司法建议工作。强化审判职能，维护社会和谐稳定。全年审结刑事案件2678件，判处罪犯3933人，同比分别上升41.05%和35.71%。严厉打击严重影响群众安全感的暴力性犯罪和多发性侵财犯罪，审结涉黑涉恶、故意伤害、抢劫、盗窃等案件1255件，判处罪犯2526人。全力化解民事纠纷，促进社会和谐。共收民商事案件10134件，审结10144件，结案标的额达52.43亿元，同比分别上升17.92%、27.96%和164.26%。加强诉讼调解工作，全年调解结案以及经调解当事人撤诉结案5093件，调撤率达51.72%。努力化解行政争议，推进依法行政。全年共受理行政案件68件，审结85件。审查非诉执行案件772件，准予执行746件。注重行政争议实质性化解，原告主动撤诉和经协调后撤诉的比例高达43.91%。综合治理执行难题，维护司法权威。通过建立查控机制和加大惩戒力度破解执行难问题，全年共收执行案件8681件，执结案件8382件，总标的额达4.61亿元，同比分别上升66.33%、64.68%和61.75%。践行为民宗旨，努力提高司法服务品质。打造诉讼服务中心，为当事人提供“一站式”服务；出台《绿色通道诉讼案件实施办法》，设立“在线诉讼服务平台”，推进诉讼档案电子化查询服务平台。注重保护涉案民生。审结住房消费、婚姻家庭、劳动争议等关乎民生的案件3548件。加大司法救助力度，依法缓减免诉讼费9.15万元，发放司法救助款11万元。加大信访化解力度，2012年来访总量同比下降10%。创新审判管理，着力提升审判执行质效。强化质效管理工作，实施审判管理提质增效工程。创办《审判管理动态》刊物，完善审执绩效考评体系。深化案件速裁工作，出台《简易案件审理工作规范》，建立刑事简易案件联审机制。组建民商事审判速裁庭，开展小额速裁工作试点，该工作被温州中院列入社会管理创新十大项目，全年共审结小额速裁案件348件，99.3%的案件调解结案，速裁机制作用明显。推行法官助理制度，实行审判流程节点管理制度，提高审判效率。加强自身建设，开展思想作风、廉政司法、司法能力、法院文化和硬件设施等方面建设，有效推进公正廉洁司法。自觉接受人大政协监督，向市人大常委会作《落实〈关于行政审判工作报告的审议意见〉的报告》和《关于民间借贷及非法集资案件处理的情况报告》，积极落实相关审议意见。依法接受检察机关法律监督，坚持重大案件检察长列席法院审判委员会制度。主动接受社会公众监督。深化阳光司法和审务公开，多渠道听取社会各界和民众的意见建议。报告提出2013年法院工作思路和着重抓好的五个方面的工作。

代表在审议中认为：市人民法院以建设“服务型、高效型、创新型、公信型、学习型”法院为目标，深化三项重点工作，各项工作都取得显著成绩。同时，对案多人少矛盾依然十分突出，执法环境仍然不佳，个别干警能动司法、做群众工作的能力有待提高等方面的工作提出意见和建议。

会议通过决议，批准市人民法院工作报告。决议要求，市人民法院要紧紧围绕全市工作大局，切实履行宪法和法律赋予的审判职责，进一步发挥审判机关的职能作用，确保司法公正，维护社会公平正义与和谐稳定，为“打造品质之城、建设幸福瑞安”提供有力的司法保障。

三、第三次会议

第三次会议听取和审议市人民法院院长张毅所作的《瑞安市人民法院工作报告》。2013年，市人民法院共受理各类案件25801件，办结26340件，同比分别增长15.63%和19.23%。保障服务发展大局，全力支持实体经济发展。深入开展“合力扶企、实干圆梦”“三个一百”等活动，制定出台支持实体经济发展十大举措，优化支持实体经济发展法治软环境。与市政府建立金融监管联席会议制度，开辟立案绿色通道、快速财产保全、设立金融案件执行工作室，强化金融债权保护。推行金融担保物权直接实现机制，开展打击“逃废债”专项行动，全年共受理金融借款合同案件565件，结案587件，标的额达28.10亿元。助推企业转型发展，开展涉诉企业司法解困工作，建立破产案件集中审理机制，全面推进破产案件简易化、法治化审理模式。全年共审结破产案件26件，盘活资产数额1.1亿元。依法履行审判职能，全力维护社会公平正义。全年共审结刑事案件2502件，判处被告人3556人。依法严惩“涉黑涉恶”“两抢一盗”“寻衅滋事”等危害社会治安的犯罪。共审结上述案件811件，判处罪犯1169人。调判结合化解纠纷，加强涉民生案件审判，审结劳动争议、婚姻家庭等民事案件3544件。重视妇女儿童权益保护，制定全省首份反家暴远离令和行为保全裁定，共审结买卖、借贷等各类商事案件4948件，结案标的额61.37亿元。全年调解结案以及经调解当事人撤诉结案5917件，调撤率55.78%。妥善处理行政争议。共审结涉及规划、房屋拆迁、政府信息公开等行政诉讼案件75件。审查非诉执行案件1238件，准予执行1159件。化解行政争议47件，建立行政非诉执行案件“裁执分离”模式，加强司法建议工作。破解执行难题，全年共通过查控机制冻结存款560笔，扣划存款621笔，扣划金额达2000余万元，促成349件案件成功执结。对执行机制作重大改革，试行以集约化执行方式，分段完成执行立案、查控、实施等工作，提高执行工作效率。全年共收执行案件10758件，执结案件10872件，总标的额达16.36亿元，同比分别上升23.93%、29.71%和254.88%。回应群众期待，全力践行司法为民宗旨。深化司法便民工作。打造“一站式”诉讼服务中心，方便群众诉讼。发挥小额诉讼程序速裁作用，审结小额案件87件。加大司法救助力度，依法缓、减、免收诉讼费13.17万元，对10名当事人发放救助金17万元。全面启动诉调对接中心。全年共委托调解4545件，调解成功1428件。深入开展网络司法拍卖，全年已上网拍品441件，成交率80.3%。加强法院自身建设，全力提升司法服务水平。推进审判管理创新。实施“审执质效提升年”活动，开展“百日清案”攻坚活动，完善法官助理制度，法官人均结案数达到249.79件。强化法院队伍建设。制定出台《工作人员违反规章制度记分管理办法》，完善廉政风险防控机制。加强干警司法能力建设，建立青年干警导师、调研助理、周一夜学等制度。加快法院软硬件基础建设，实现科技强院目标。相继开发了裁判文书上网、诉调对接、案款管理等多个软件系统，实现审判管理精细化、信息查询公开化、档案管理电子化的建设目标。自觉接受监督，确保正确履行审判职责。向市人大常委会就民间借贷和非法集资案件处理问题作了专题报告，并积极落实相关审议意见。重视检察机关和社会公众监督，邀请市人民检察院检察长列席审判委员会7次，积极实施人民陪审员“倍增计划”，加强民意沟通，打造阳光司法。报告提出2014年法院工作思路和主要任务。

代表在审议中认为：市人民法院认真落实市十五届人大二次会议决议，围绕“打造品质之城、建设幸福瑞安”中心工作，大力推进“干在实处、走在前列”的品牌法院建设，多项工作走在温州市乃至全省前列。同时，对年轻法官的培养需引起更多重视，干警减负工作有待进一步解决，执法环境有待进一步改善，基础设施建设有待进一步加强等方面的工作提出意见和建议。

会议通过决议，批准市人民法院工作报告。决议要求，市人民法院要认真贯彻落实党的十八大和十八届三中全会精神，紧紧围绕全市工作大局，牢牢把握司法为民、公正司法主线，充分发挥审判机关职能作用，坚持服务全面深化改革和经济社会发展，切实维护群众合法权益和社会公平正义，为“打造品质之城、建设幸福瑞安”提供更加有力的司法保障。

四、第四次会议

第四次会议听取和审议市人民法院院长张毅所作的《瑞安市人民法院工作报告》。2014年，市人民法院共受理各类案件25244件，办结25235件，法官年人均结案217件。化解区域金融风险，注重运用法治思维和法治方式处置涉困企业13个。快速审结实现担保物权案件100件，一案一策破解金融债权案件执行难题12件，实现债权4027万元。促进经济转型升级。充分发挥破产审判功能作用，保障债权依法公平清偿，全院共审结破产案件16件，结案标的额16.43亿元。出台《瑞安市金融债权资金流向协查办法》，加大对“逃废债”行为的打击力度。助推“两美”瑞安建设。出台《为美丽瑞安建设提供司法保障若干意见》，有力保障“五水共治”“三改一拆”等中心工作顺利推进，共审结污染环境案件29件。审查并准予强制执行涉国土、环保非诉案件407件。妥善审理房屋征收拆迁行政案件13件，加大司法建议工作，有效防范大量拆迁纠纷发生。依法履行职责，全力维护公平正义。共审结刑事案件2596件，判处罪犯3741人。审结危害公共安全、故意杀人、涉黑涉恶涉毒、“两抢一盗”案件1637件。落实未成年人犯罪记录封存制度，保障未成年人诉讼权益，扩大刑事审判辩护工作富有成效，规范收监工作，出台《关于犯罪嫌疑人刑拘逮捕收监工作的实施意见》，维护了刑罚执行的严肃性。调判结合妥处民事纠纷。共受理各类民商事案件12869件，审结12853件，同比分别上升14.94%和11.05%。出台贯彻《温州民间融资管理条例》18项举措，审结民间借贷纠纷案件2175件，结案标的额16.88亿元。调解化解纠纷1257件，诉前化解率达11.23%，民商事案件调解撤诉率达50.48%。严格监督促进依法行政。共审结各类行政诉讼案件154件，同比上升24.19%。深入推进行政非诉执行案件“裁执分离”工作，依法审查非诉执行案件1055件，裁定不予执行53件，准执率为94.98%。积极构建行政执法机关自纠协调机制，注重协调实质性化解行政争议，经协调促成和解撤诉的占29.87%。加强执行实现胜诉权利。共执结案件8539件，执结到位标的额17.18亿元，同比上升8.23%。坚持司法为民，满足公众司法需求。强化涉案民生保障。完善涉民生案件“绿色通道”和快速处理机制，审结劳动报酬纠纷案件923件，审理商品房预售合同纠纷案件210件。加大对弱势群体的司法救助力度，为困难当事人缓、减、免诉讼费19.42万元。加大便民利民力度，开展巡回审判工作，完善网上诉讼服务中心建设，建设庭审指示系统。健全网拍配套机制，继续做大做强网络司法拍卖，完善网拍工作规范和配套机制。稳妥推进改革，建立科学审判机制。推进审判权运行机制改革，制定《主审法官权力责任清单》，出台《案件差错和违法审判责任追究的若干规定》《院庭长审判管理工作职责规定》等多项配套机制，实现“让审理者裁判，由裁判者负责”的去行政化改革目标。推进庭审记录改革，研发庭审录音系统软件，保证庭审录音记录安全、高效、规范。推进“阳光司法”工程，出台《司法公开标准化操作细则》，实行公开审判的案件互联网直播，累计直播6016庭次。接受代表委员和人民群众监督，不断改进各项工作，开展“质效提升年”活动和“司法作风建设年”活动，切实提高司法水平。报告提出2015年法院工作思路和主要任务。

代表在审议中认为：市人民法院把握司法为民公正司法主线，全面加强审判执行工作和队伍建设，稳妥推进司法改革，多项工作走在全省前列，获评全省优秀法院、全省政法系统先进集体。同时，对滥用诉权、虚假诉讼、抗拒执行等现象时有发生，司法权威有待进一步增强，法官队伍建设有待进一步加强，案多人少矛盾有待进一步化解，法院物质保障有待进一步改善等方面的工作提出意见和建议。

会议通过决议，批准市人民法院工作报告。决议要求，市人民法院要积极推进司法体制改革，发挥审判机关职能作用，确保司法公正，让人民群众在每一个司法案件中都感受到公平正义，为建设法治瑞安、平安瑞安，推进瑞安市赶超发展提供有力的司法保障。

五、第五次会议

第五次会议听取和审议市人民法院代院长鞠海亭所作的《瑞安市人民法院工作报告》。2015年，市人民法院共审结各类案件结案27398件，同比上升8.57%，法官人均结案246.5件。服务全市发展大局，促进经济转型升级，全年共受理破产案件37件，审结19件，先后化解银行不良资产20亿元。有效防范区域性金融风险，共审结金融纠纷案件1496件，标的额40.68亿元。依法推进重点工作，审结污染环境犯罪案件18件，判处罪犯31人，办结涉环保类行政审查案件688件，准予强制执行率98.26%。审结行政机关申请的强制搬迁、拆除违法建筑案件584件。加大知识产权司法保护力度，审结知识产权民事、刑事、行政案件560件，审结涉外、涉港澳台商事案件34件。坚持司法公正为民，维护社会公平正义。全面推行立案登记制，当场登记立案率达99.36%。宽严相济惩治犯罪，共审结刑事案件2455件，同比下降5.43%，判处罪犯3425人。对1206名尚属初犯、偶犯、从犯、未成年犯的被告人判处缓刑。精审慎判民商案件，共审结民事案件13505件，同期上升5.08%。注重调判结合，化解矛盾纠纷，民商事案件调撤率达48.4%。推进政府依法行政，共收一审行政案件177件，同比上升14.94%，审结114件，经法院调解撤诉的占35.96%，多措并举推进法治政府建设，破解执行难题。全年共执结执行案件10061件，同比上升26.41%和17.82%，执行到位金额15.39亿元。推进司法改革，确保审判公正高效。坚持敢为人先稳步推进，人员分类管理、法官入额考核考试、法官权力清单、执行两权分离等司法改革。打造阳光司法，推进审判流程、裁判文书和执行信息公开三大平台建设。实施科技强院改革，推进录音录像庭审记录，审理各类案件7614件。推行网上案款缴退费和电子诉讼档案查阅系统建设。加强自身建设，提升司法公信公正。严守廉政司法，坚持廉洁司法教育常态化，应用廉政风险防控预警信息化系统，预防权力失控、行为失范，开展廉政回访工作，细化落实中央防止干预司法的“两个规定”，开展“三严三实”专题教育。加强司法能力建设，建立师友制度，开展争办精品案件、争当审判专家活动，选派办案能手到高校研修。自觉接受人大、政协监督，认真办结市两会代表建议、委员提案6件。接受市人大常委会对法院依法履职公正司法专项督查和法官履职专项评议。广泛接受社会各界监督，健全检察长列席审委会制度，开展“千名律师评法院”活动，全面实施人民陪审员“倍增计划”。报告提出2016年法院工作思路和主要任务。

代表在审议中认为：市人民法院忠实履行宪法法律赋予的职责，推进司法改革和司法为民，提升司法水平和司法公信，各项工作取得新进展，为建设法治瑞安、平安瑞安提供有力的司法保障。同时，对个别法官妥善化解矛盾的水平有待进一步提高，少数裁判文书说理不够、裁判标准不统一等问题有待进一步解决，硬件设施无法满足审判需要，执法环境亟待改善等方面的工作提出意见和建议。

会议通过决议，批准市人民法院工作报告。决议要求，市人民法院要深入贯彻市委十三届十次全会精神，推进司法体制改革，发挥审判机关职能作用，维护社会公平正义，为瑞安市“十三五”时期经济社会发展良好开局提供司法保障。

第六节　听取、审议检察院工作报告

一、第一次会议

第一次会议听取和审议市人民检察院检察长王美鹏所作的《瑞安市人民检察院工作报告》。2007—2011年，市人民检察院共批准逮捕各类刑事犯罪12417人，提起公诉13803人，分别比前五年上升29.1%和33.6%。其中，批准逮捕严重暴力犯罪嫌疑人1566人，提起公诉1425人，报送温州市人民检察院审查起诉243人；批准逮捕各类侵财型犯罪嫌疑人4107人，提起公诉4152人；批准逮捕各类破坏市场经济秩序犯罪嫌疑人178人，提起公诉396人，依法履行查办职务犯罪的职能。五年间，共立案查办贪污贿赂、渎职侵权犯罪案件99件133人，其中大案56件，科级以上干部11人，共为国家挽回经济损失1500多万元。依法履行诉讼监督的职能。五年间，对侦查机关应当立案而不立案的，监督立案61人，其中判处3年以上有期徒刑30人；对侦查机关不应当立案而立案的，督促撤案52人。纠正侦查活动违法53次，追加逮捕157人、追加起诉104人。提出刑事抗诉32件，已改判19件。提请民事抗诉99件，建议提请民事抗诉26件，改判39件。纠正刑罚变更执行不当139人。纠正脱管、漏管100人，建议收监执行4人。提出看守所安全隐患和监管违法纠正建议31件，均被公安机关采纳。推进社会矛盾化解，维护社会和谐稳定。贯彻宽严相济刑事司法政策，共不批准逮捕539人，不起诉441人，相对不起诉14人。提前介入重特大群体性案件5起，批准逮捕15人，不批准逮捕4人。受理办结涉检信访459人次。息诉息访85件，调解达成和解案件39件。参与社会管理创新，共建议行政执法部门向公安机关依法移送40起案件。同步介入重大责任事故调查22起。在89个农村聘请职务犯罪预防员，开展职务犯罪预防工作。提供行贿犯罪档案查询服务3157次。协助未成年犯罪嫌疑人申请法律援助174人次，对14名未成年犯罪嫌疑人开展心理辅导，对394名未成年犯罪嫌疑人落实亲情会见，对37名未成年犯罪嫌疑人落实帮教。对具备帮教条件的外来犯罪嫌疑人不批准逮捕154人、不起诉116人。给予刑事被害人司法救助21起，交付救助金14.5万元。受理在押人员申诉301件。加强自身建设，提高队伍整体素质和执法水平。干警具有本科以上学历的达到90.5%，其中研究生24人。加强检务督察，对公诉、反贪等9个部门61类案件建立执法档案。出台《关于进一步做好服务人大代表工作的若干规定》和《关于自觉接受民主监督员监督工作的规定》。共提请人民监督员监督评议案件19件24人。报告提出今后五年检察院工作的总体思路和2012年重点抓好的五个方面工作。

代表在审议中认为：五年来，市人民检察院围绕全市经济社会发展大局，深入贯彻落实科学发展观，着力推进三项重点工作，坚持“理性、平和、文明、规范”的执法理念，全面履行法律监督职能，为瑞安经济社会发展提供有力的司法保障。同时，对检察职能作用的发挥还不够充分，法律监督工作还存在薄弱环节，查办职务犯罪工作力度有待进一步加大等方面的工作提出意见和建议。

会议通过决议，批准市人民检察院工作报告。决议要求，市人民检察院要坚持以邓小平理论和“三个代表”重要思想为指导，深入贯彻落实科学发展观，履行宪法和法律赋予的检察职责，确保司法公正，维护社会公平正义与和谐稳定，为“打造品质之城、建设幸福瑞安”提供司法保障。

二、第二次会议

第二次会议听取和审议市人民检察院检察长王美鹏所作的《瑞安市人民检察院工作报告》。2012年，市人民检察院共批准逮捕各类刑事犯罪1555件2757人，提起公诉2436件4160人。坚持打击犯罪与化解矛盾相结合，落实宽严相济的刑事司法政策。批准逮捕故意杀人、绑架、抢劫等严重刑事犯罪嫌疑人222人，提起公诉298人。对犯罪情节轻微、未成年人犯罪等依法从宽处理，不批准逮捕69人，不起诉195人，附条件不起诉27人。对具备帮教条件的外来犯罪嫌疑人不批准逮捕43人、不起诉63人。保障和服务经济发展大局。批准逮捕非法集资等破坏社会主义市场经济秩序案件13件14人，提起公诉9件15人，涉案金额达35.56亿元。不批准逮捕、不起诉2件3人。对36件情节轻微的虚开增值税发票、抽逃注册资本等案件，依法作出不起诉决定。依法对13起破坏生产经营案件提起公诉。化解社会矛盾，息访息诉26件。调解达成和解刑事案件民事部分和民事案件37件；受理办结涉检来信来访162人次。履行惩治和预防职务犯罪职能。立案查处贪污贿赂案件23件25人。突出查办大要案，其中大案20件，科级干部5件5人，县处级干部1件1人。查处渎职侵权案件6件8人。推进职务犯罪预防，落实职务犯罪案件剖析制度。提供行贿案件档案查询服务209次。认真履行诉讼监督职能。强化侦查监督。对构成犯罪但没有逮捕必要的，决定不批准逮捕69人；对不构成犯罪或者事实不清、证据不足的，决定不批准逮捕70人。监督撤案4件4人，监督立案案件判决7件7人，其中3人判处5年以上有期徒刑。应当起诉而未移送起诉的，追加起诉10人。强化审判监督。出台《关于加强刑事抗诉工作的办法》，提出刑事抗诉案件13件，改判7件。提请民事行政抗诉12件、建议提请抗诉15件，改判15件。追究2名虚假诉讼涉案当事人的刑事责任。强化刑罚执行和监管活动监督。审查提请减刑、假释、监外执行罪犯573件，发出检察建议纠正提请不当17件。加强队伍、制度和基层基础建设。5名干警获得省、市业务竞赛十佳称号。举办每月一期的“瑞检讲坛”。开展“严纪律、优作风、塑形象”等专项教育。率先成立案件管理办公室，完善执法办案质量管理机制。设立陶山、马屿检察室，实现全市五镇全覆盖，延伸法律监督触角。依法接受人大、政协和社会各界人士监督，落实人大《关于瑞安市民间借贷及非法集资类案件处理情况》的审议意见。定期召开民主监督员见面会。举办检察开放日活动。报告提出2013年检察院工作思路和重点抓好的四个方面工作。

代表在审议中认为：市人民检察院着力实现办案法律效果、政治效果和社会效果有机统一，加强各项法律监督工作，在服务大局、保障民生、维护稳定和守护公正上取得新的成效，第三次获评全省先进基层检察院。同时，对进一步落实已推出的一些制度和措施，充分发挥查处职务犯罪职能，加强执法保障等方面的工作提出意见和建议。

会议通过决议，批准市人民检察院工作报告。决议要求，市人民检察院要切实履行宪法和法律赋予的检察职责，全面加强法律监督工作，确保司法公正，维护社会公平正义与和谐稳定，为打造品质之城、建设幸福瑞安提供司法保障。

三、第三次会议

第三次会议听取和审议市人民检察院检察长王美鹏所作的《瑞安市人民检察院工作报告》。2013年，市人民检察院批准逮捕各类刑事犯罪嫌疑人2080人，提起公诉3521人。其中，批准逮捕严重暴力犯罪224人，提起公诉237人。起诉危险驾驶犯罪523人。对情节轻微的犯罪，决定不起诉397人，同比上升115.7%。决定不批准逮捕208人，同比上升131.3%。作出附条件不起诉处理10人。立案查办职务犯罪28人，其中贪污贿赂犯罪23人，渎职侵权犯罪5人。主动服务经济社会和生态文明建设发展大局。批准逮捕金融诈骗、危害税收征管、扰乱市场秩序犯罪22人，提起公诉30人。办理非法集资类案件7件10人，涉案金额39.1亿元。批准逮捕故意毁坏财物、强迫交易和破坏生产经营犯罪12人，提起公诉15人。移送公安机关虚假诉讼刑事立案8人，向法院提出再审检察建议5件并改判。对43件抽逃出资、虚开增值税专用发票等案件，依法从宽处理。批准逮捕生产、销售有毒有害食品犯罪嫌疑人9人，提起公诉17人。督促市财政局严格执行社保基金存储利率优惠政策，增加利息收入1400余万元，督促市住建局规范公房出租，追缴租金收入900余万元。批准逮捕污染环境犯罪6人，提起公诉2人。监督公安机关对非法采矿犯罪立案9人并判决。举办预防职务犯罪讲座23场，2000余人接受教育。加强刑事立案监督，共监督立案7件16人，2人判处10年以上有期徒刑，监督撤案5件5人。追诉漏犯8人，增减起诉犯罪事实131起，对违法外带审讯等行为提出纠正意见5件。加强刑事审判监督，提出刑事抗诉11件，改判4件。提请或建议提请民事行政抗诉7件，同期改判3件。加强刑罚执行监督，纠正减刑、假释呈报不当3件，对刑罚执行和监管活动中的违法情况提出监督10件。创新新收押人员当日面谈制度，被最高人民检察院在全国予以推广。监督律师会见在押人员违规情况28人次。强化自身执法及外部监督。预警办案期限16件，评查案件471件，出具数据统计报告22份，及时发现和纠正办案质量问题。推行审查逮捕阶段书面听取犯罪嫌疑人意见制度，对事实不清、证据不足的，不批准逮捕91人，不起诉21人。规范自侦案件办理，出台《查办职务犯罪若干规定》，制定《执行全程同步录音录像制度实施细则》。走访人大代表466人，听取各位代表对检察工作的意见和建议。报告提出2014年检察院工作思路和主要任务。

代表在审议中认为：市人民检察院围绕全市经济社会发展大局，切实履行法律监督职能，实现检察工作持续健康发展，再度获评“全国先进基层检察院”。同时，对修改后的刑事诉讼法、民事诉讼法在实施过程中出现的新情况和新问题还研究解决的不够深透，职务犯罪的查办力度同人民群众反腐败的期望还有一定差距，刑事司法和行政执法的衔接还需要进一步加强等方面的工作提出意见和建议。

会议通过决议，批准市人民检察院工作报告。决议要求，市人民检察院要认真贯彻落实党的十八大和十八届三中全会精神，围绕全市工作大局，发挥检察机关职能作用，规范执法行为，促进司法公正，坚持服务全面深化改革和经济社会发展，切实维护群众合法权益和社会公平正义，为“打造品质之城、建设幸福瑞安”提供司法保障。

四、第四次会议

第四次会议听取和审议市人民检察院检察长王美鹏所作的《瑞安市人民检察院工作报告》。2014年，市人民检察院共审查逮捕各类刑事犯罪嫌疑人2261人，审查起诉4235人。其中，批准逮捕涉黑涉恶和故意杀人等严重暴力犯罪170人，提起公诉185人。批准逮捕“盗抢骗”等侵财犯罪和“黄赌毒”犯罪1167人，提起公诉1784人。提起公诉危害公共安全犯罪528人。批准逮捕敲诈勒索、强迫交易等犯罪28人，提起公诉73人。对审查认为不构成犯罪的决定不批准逮捕8人，不起诉14人；对审查认为证据不足的决定不批准逮捕89人，不起诉27人。对涉嫌犯罪但没有逮捕必要的，不批准逮捕388人，同比上升19.4%。对16名犯罪嫌疑人及时变更强制措施。对达成刑事和解的，不批准逮捕77人，不起诉74人。立案侦查职务犯罪35人，同比上升25%。其中，贪污贿赂犯罪32人，渎职侵权犯罪3人；现职科级以上干部5人。立案侦查行贿犯罪15人。依法监督公安机关对应当立案而不立案的立案10人；对应当逮捕而没有移送审查逮捕的追捕9人；对应当起诉而没有移送审查起诉的追诉3人；立案监督、追捕、追诉后判处3年以上有期徒刑12人；依法纠正侦查违法行为11件。提起刑事抗诉8件，均被上级院改判。对刑罚执行和监管活动中的违法行为，提出检察建议10件；建议收监执行2名不符合保外就医条件的罪犯。提请民事行政抗诉6件，被温州市中级人民法院裁定撤销原判、发回重审4件；对民事执行案件执行不规范的问题，发出检察建议2份；移送公安机关刑事立案民商事虚假诉讼5人。加大惩处社会治理的违法犯罪行为。对环境污染犯罪提起公诉33人，同比增长10倍；对侵犯知识产权犯罪提起公诉43人，同比增长1.5倍；对金融犯罪提起公诉12人，涉案金额达3.16亿元；对危害食品安全犯罪提起公诉21人，同比增长30%。批准逮捕采血转送境外非法鉴定胎儿性别、网贷平台非法吸存等案件3人，提起公诉7人。发出社会治理中存在问题的检察建议17份。开展职务犯罪宣讲16次，组织人员参观廉政教育基地4800人次。拍摄微电影《守护青春》。受理办结涉检信访案件149件。从严治检、素质兴检，加强法律监督能力建设。开展党的群众路线教育实践活动，查摆“四风”和司法方面存在的突出问题，梳理并整改重点事项18项。组织干警参加全员轮训、瑞检讲坛、“夜话沙龙”等活动。加强对自身司法活动的监督。推进案件管理机制创新，全面运行检察机关统一业务应用系统，加强案件流程监控和质量评查。推进“阳光检察”工作，加大司法信息公开力度，公开各类法律文书500余份，发布重大案件信息11条。全年办理人大交办的信访案4件，办理民主监督建议1件，落实人大代表、政协委员意见建议23条。报告提出2015年检察院工作思路和重点抓好的四个方面工作。

代表在审议中认为：市人民检察院围绕改革发展稳定大局，积极响应人民群众的新期待，运用法治思维和法治方式推进检察工作，各项工作取得新的进展，获评“全国模范检察院”“全国文明接待室”等。同时，对个别干警的司法理念、司法能力还有待加强，惩治腐败与党和人民群众的期待还有一定的差距，监督力度和监督成效还有待加强等方面的工作提出意见和建议。

会议通过决议，批准市人民检察院工作报告。决议要求，市人民检察院要积极推进司法体制改革，履行宪法和法律赋予的检察职责，提升办案能力和执法水平，确保司法公正，维护社会公平正义与和谐稳定，为建设法治瑞安、平安瑞安，推进瑞安市赶超发展提供有力的司法保障。

五、第五次会议

第五次会议听取和审议市人民检察院代检察长宣章良所作的《瑞安市人民检察院工作报告》。2015年，市人民检察院共审查逮捕案件1525件2224人，批准逮捕1192件1747人；审查起诉案件2589件3868人，提起公诉2288件3463人。批准逮捕严重刑事犯罪嫌疑人133人，提起公诉142人。批准逮捕“盗抢骗”和“黄赌毒”等犯罪嫌疑人1170人，提起公诉1703人。批准逮捕侵害民生民利犯罪嫌疑人16人，提起公诉49人。批准逮捕危害食品、药品安全犯罪嫌疑人11人，提起公诉43人。着力保障经济发展，加大对涉罪“逃废债”行为的打击力度，批准逮捕各类破坏市场经济秩序犯罪嫌疑人21人，提起公诉33人，其中批准逮捕非法吸收公众存款、集资诈骗等涉众型金融犯罪嫌疑人11人，提起公诉9人；批准逮捕敲诈勒索、强迫交易等犯罪嫌疑人15人，提起公诉83人。批准逮捕非公企业职务犯罪嫌疑人7人，提起公诉15人。对轻微刑事案件，不批准逮捕149人，不起诉106人。对8件8人未成年人犯罪作出附条件不起诉。对涉案未成年人实施心理干预66人次。接待群众来访300人次，处理信访案件20件。全年共立案侦查贪污贿赂犯罪案件21件32人，其中立案查处大案19件，科级以上领导干部6人。立案查处农村基层组织干部7人。追逃抓捕在逃职务犯罪嫌疑人6人，成功劝返一名潜逃国外职务犯罪嫌疑人回国自首。发送检察建议4份，移送市纪委和公安机关处理2件。专项检察民政部门向已死亡人员继续发放补助金等情况，为国家挽回经济损失80多万元。举办职务犯罪预防宣讲12场，职务犯罪预防检察约谈12人次，2000余人接受教育。依法监督公安机关立案10件14人，其中法院已判决8人，判处10年以上有期徒刑2人。追捕1人，追诉2人，均判处有期徒刑。作出存疑不捕、无罪不捕97人，存疑不诉、无罪不诉30人，要求侦查机关提供证据收集合法性说明18份，排除非法证据9份。提起刑事抗诉7件，已被改判2件；提请民事抗诉2件，改判2件；移送公安机关立案虚假诉讼2件6人，涉案金额1200余万元；立案监督民事执行案件12件，发送检察建议5份，均得到有效整改。审查提请减刑、假释、监外执行、特赦等案件166件，纠正提请减刑不当1件；建议社区矫正收监13人。发送有关行政机关执法行为问题检察建议10份。规范自身司法办案活动。出台《检察委员会审议案件办法》《关于落实依法保障律师执业权利的具体意见》。公开各类法律文书1484份，程序性信息3874条，重大案件信息17件。推进检察体制改革。出台《司法体制改革试点工作实施方案》和《现任检察官入额实施办法》。加强队伍建设，全年累计培训检察人员42批次264人次，2名干警受邀参加国家高级检察官论坛进行学术交流。接受人民监督员评议案件7件9人，全部采纳人民监督员的评议意见。报告提出2016年检察院工作思路和重点抓好的四个方面工作。

代表在审议中认为：市人民检察院认真履行法律监督职责，规范司法行为，推进司法体制改革，贯彻宽严相济刑事司法政策，依法惩治各类刑事犯罪，保障民生民利，主动服务经济发展大局，为瑞安经济社会发展营造良好的法治环境。同时，对工作创新尚有不足，服务大局的水平有待进一步加强，队伍专业化水平有待进一步提高，司法规范化有待进一步提升等方面的工作提出意见和建议。

会议通过决议，批准市人民检察院工作报告。决议要求，市人民检察院要深入贯彻市委十三届十次全会精神，深入推进司法体制改革，切实履行宪法和法律赋予的职责，不断提升检察工作水平，为瑞安市“十三五”时期经济社会发展良好开局提供有力的司法保障。

第七节　选举市国家机关领导人员和温州市人大代表

一、第一次会议

第一次会议选举瑞安市国家机关领导人员和瑞安市应选的温州市第十二届人大代表。会议应选的名额为：市人大常委会主任1名，副主任6名，委员26名；市人民政府市长1名，副市长6名；市人民法院院长1名；市人民检察院检察长1名；瑞安市出席温州市第十二届人民代表大会代表73名，其中温州市名额12名，本市名额61名。会议通过选举办法，规定：市十五届人大常委会组成人员的候选人必须是本届市人大代表。市人民代表大会常务委员会组成人员的人选，市人民政府市长、副市长的人选，市人民法院院长的人选和市人民检察院检察长的人选，由大会主席团或代表10人以上联合提名。大会主席团提名的候选人人数，每一代表与其他代表联合提名的候选人人数，均不得超过应选名额。市人大常委会主任、市人民政府市长、市人民法院院长、市人民检察院检察长的候选人人数一般应多1名，进行差额选举；如果提名的候选人只有1名，也可以等额选举。市人大常委会副主任、市人民政府副市长的候选人人数应比应选名额多1名，进行差额选举。市人大常委会委员的候选人人数应比应选人数多十分之一（3名），进行差额选举。如果提名的候选人人数符合本办法规定的差额数，由大会主席团提交代表酝酿、讨论后，提交大会选举。如果提名的候选人人数超过本办法规定的差额数，由大会主席团将候选人名单提交代表酝酿、讨论后，进行预选。根据在预选中得票多少的顺序，按照本办法规定的差额数，确定正式候选人名单，提交大会选举。瑞安市出席温州市第十二届人民代表大会代表的候选人，由各政党、各人民团体联合或者单独推荐；代表10人以上联名，也可以推荐代表候选人。依法提出的瑞安市出席温州市第十二届人民代表大会代表候选人名单由大会主席团印发全体代表酝酿讨论。如果所推荐的候选人人数比应选代表名额多五分之一至二分之一差额比例的，直接提交大会选举。如果所推荐的候选人人数超过二分之一差额比例的，则进行预选。根据在预选中得票多少的顺序，按照比应选名额多五分之一的比例（15名），确定正式代表候选人名单，提交大会选举。会议采用无记名投票方式，选举叶世林为市十五届人大常委会主任，林济晚、姚松鹤、王建东、江孟甫、金爱忠、薛小平为副主任（提名的候选人7名，实行差额选举），王学教等26人为委员（提名的候选人29名，实行差额选举）；李无文为市人民政府市长，方晖、冯金考、倪希杰、陈荣臻、郑海洁（女）、钱定荣为副市长（提名的候选人7名，实行差额选举）；张毅为瑞安市人民法院院长；王美鹏为市人民检察院检察长；彭佳学、陈建明等73人为瑞安市出席温州市第十二届人民代表大会的代表（提名的候选人92名，实行差额选举）。

二、第二次会议

第二次会议选举市人大常委会委员2名。会议通过选举办法，规定：市人大常委会委员候选人必须是本届市人大代表，由大会主席团或代表10人以上联合提名，主席团提名的候选人人数，每一代表与其他代表联合提名的候选人人数，均不得超过应选名额。市人大常委会委员的候选人人数应比应选名额多十分之一（1名），进行差额选举。如果提名的候选人人数符合本办法规定的差额数，由大会主席团提交代表酝酿、讨论后，提交大会选举。如果提名的候选人人数超过本办法规定的差额数，由主席团提交代表酝酿、讨论后，进行预选，根据在预选中得票多少的顺序，按照本办法规定的差额数，确定正式候选人名单，提交大会选举。会议采用无记名投票方式，选举卢秀英（女）、张蕙娜（女）为市十六届人大常委会委员（提名的候选人3名，实行差额选举）。

三、第四次会议

第四次会议补选市人民政府市长1名、市人大常委会副主任1名、市人大常委会委员2名。市人大常委会副主任、委员的候选人必须是本届市人大代表。市人民政府市长、市人大常委会副主任、市人大常委会委员的人选，由大会主席团或者代表10人以上联合提名。大会主席团提名的候选人人数，每一代表与其他代表联合提名的候选人人数，均不得超过应选名额。如果提名的候选人人数符合本办法规定的数额，由大会主席团提交代表酝酿、讨论后，提交大会选举。如果提名的候选人人数超过本办法规定的数额，由主席团提交代表酝酿、讨论后，进行预选，根据在预选中得票多少的顺序，按照本办法规定的数额，确定正式候选人名单，提交大会选举。会议采用无记名投票方式，选举陈胜峰为市人民政府市长，薛尧弟为市十五届人大常委会副主任，李学祥、邵万辉为市十五届人大常委会委员。

四、第五次会议

第五次会议选举市人民法院院长1名、市人民检察院检察长1名、市人大常委会委员4名。会议通过选举办法，规定：市人大常委会委员候选人必须是本届市人大代表，市人民法院院长、市人民检察院检察长、市人大常委会委员的候选人，由大会主席团或代表10人以上联合提名，大会主席团提名的候选人人数，每一代表与其他代表联合提名的候选人人数，均不得超过应选名额。市人民法院院长、市人民检察院检察长进行等额选举。市人大常委会委员的候选人人数应比应选名额多十分之一（1名），进行差额选举。如果提名的候选人人数符合本办法规定的应选人数的数额与差额数，由大会主席团提交代表酝酿、讨论后，提交大会选举。如果提名的候选人人数超过本办法规定的数额，由主席团提交代表酝酿、讨论后，进行预选，根据在预选中得票多少的顺序，按照本办法规定的数额，确定正式候选人名单，提交大会选举。会议采用无记名投票方式，选举鞠海亭为市人民法院院长，宣章良为市人民检察院检察长，李明达、陈胜泉、陈继昌、诸葛志勇为市十五届人大常委会委员（提名的候选人5名，实行差额选举）。会议通过《关于设立瑞安市第十五届人民代表大会法制委员会、财政经济委员会的决定》《瑞安市人民代表大会专门委员会组成人员人选通过办法》。通过薛尧弟为法制委员会主任委员，江孟甫为财政经济委员会主任委员，2个专门委员会副主任委员、委员名单。

会议期间，本次会议选举产生和表决通过的国家工作人员根据《瑞安市组织实施宪法宣誓制度办法》的规定，进行宪法宣誓。这是市人民代表大会选举产生和表决通过的国家工作人员第一次举行宪法宣誓。24名当选和大会表决通过的国家工作人员在市政会议中心大会堂举行集体宣誓，出席大会的市人民代表大会代表监誓。举行宪法宣誓仪式，对于国家工作人员树立宪法意识，维护宪法权威，弘扬宪法精神，推动法治建设具有重要意义。

2016年1月11日，瑞安市第十五届人民代表大会第五次会议选举产生和表决通过的国家工作人员进行宪法宣誓

第八节　代表议案和建议、批评、意见

一、第一次会议

第一次会议代表10人以上联名提出的议案52件，其中农资水利方面10件，财政经济方面7件，城建环保方面17件，教科文卫方面14件，法制建设方面4件。经大会秘书处议案组与有关方面讨论，提请主席团会议通过，授权市人大常委会在大会闭会后研究处理。经市十五届人大常委会第二次会议审议，决定将张筱珍等代表领衔提出的“关于加快旅游业发展，推进幸福瑞安建设的议案”（6件并为1件）列为市十五届人大一次会议的议案，交市人民政府研究办理，其办理结果报告市人大常委会审议，印发市人民代表大会下次会议。其余46件议案转为代表建议、批评和意见，按有关规定，连同代表提出的建议、批评和意见533件，交有关单位研究办理并负责答复代表，报告市人大常委会。

“关于加快旅游业发展，推进幸福瑞安建设的议案”办理结果：市人大常委会通过定期听取汇报、专题调研、实地视察等方式，督促市政府狠抓议案办理工作。市政府高度重视，把加快旅游业作为政府一项重要工作来抓，成立旅游发展协调委员会，制定出台系列扶持政策，科学编制旅游发展总体规划。筛选84个旅游项目建立项目库，将年度专项资金从847万元增加到2000万元，每年安排不少于3.33公顷用地指标用于旅游项目开发建设。建成交通绿道224千米、森林绿道160千米、城区绿道12千米。加强旅游资源整合开发，重点推进寨寮溪风景名胜区、高楼生态农业园区、圣井山文化旅游区等景区的资源整合和内涵提升。投入宣传经费230万元，制作瑞安城市形象宣传片，举办杨梅节、旅游节等系列节庆活动，持续开拓周边客源市场。

二、第二次会议

第二次会议代表10人以上联名提出的议案33件，其中农资水利方面7件，财政经济方面9件，城建环保方面11件，教科文卫方面2件，法制建设方面2件，其他方面2件。经大会秘书处议案组与有关方面讨论，并经主席团会议研究，提请大会通过，决定将林德池代表领衔提出的“关于加大美丽乡村建设力度的议案”列为市十五届人大二次会议的议案，交市人民政府研究办理，其办理结果报告市人大常委会审议，印发市人民代表大会下次会议。其余32件议案转为代表建议、批评和意见，按有关规定，连同代表提出的建议、批评和意见451件，交有关单位研究办理并负责答复代表，报告市人大常委会。

“关于加大美丽乡村建设力度的议案”办理结果：市人大常委会通过定期听取汇报、专题调研、实地视察等方式，督促市政府狠抓议案办理工作。市政府高度重视，制定出台《关于深化千百整治，推进美丽乡村建设的若干意见》《美丽乡村建设五年行动计划》《美丽乡村建设项目和资金管理办法》等配套政策，编制完成全市美丽乡村建设总体规划，确定“两轴五带五片区”总体框架，规划16

条精品线、35个精品村、72个重点村。统筹“三农”各类资金共计9000万元用于美丽乡村建设，优先保障精品村建设，最高补助500万元；采取“一事一议”方式，安排专项指标解决美丽乡村建设用地问题。通过美丽乡村建设，农村人居环境明显改善。

三、第三次会议

第三次会议代表10人以上联名提出的议案30件，其中农资水利方面11件，城建环保方面10件，财政经济方面3件，教科文卫方面3件，法制建设方面1件，其他方面2件。经大会秘书处议案组与有关方面讨论，提请主席团会议通过，授权市人大常委会在大会闭会后研究处理。经市十五届人大常委会第十九次会议审议，决定将王让式等代表领衔提出的“关于推进系统治水、加快美丽水乡建设的议案”（8件并为1件）列为市十五届人大三次会议的议案，交市人民政府研究办理，其办理结果报告市人大常委会审议，印发市人民代表大会下次会议。其余22件议案转为代表建议、批评和意见，按有关规定，连同代表提出的建议、批评和意见419件，交有关单位研究办理并负责答复代表，报告市人大常委会。

“关于推进系统治水、加快美丽水乡建设的议案”办理结果：市人大常委会通过定期听取汇报、专题调研、实地视察等方式，督促市政府狠抓议案办理工作。市政府坚持把“五水共治”工作摆在重要位置，成立“五水共治”建设美丽浙南水乡工作领导小组，下设“两办”“十组”，全年解决各类治水问题500多个。制定出台《关于建设美丽浙南水乡的实施意见》《瑞安市“五水共治”三年行动计划》和“五水共治”工作实施方案，修编完成系列专项规划。计划投入4亿元用于垃圾河、黑臭河专项整治，2014年累计清理河道垃圾1200吨、淤泥253立方米，建成生态河道35千米。污水处理设施建设累计完成投资4.4亿元。完成排水管网清淤200千米，疏浚城市河道10.4千米，整治农村河道250千米，城市积水点改造12处，雨污分流改造3.3千米，雨水管网建设8.4千米，管网提标改造10.5千米。安全饮水工程完成供水管网建设32.7千米，改造供水管网9.8千米；完成40处农民安全饮水工程，受益人口4.14万人。淘汰造纸落后产能3万吨，制革落后产能10万牛皮标准张，电镀落后产能75万升。加大水环境执法力度，先后组织开展“绿箭”“瑞箭”“雷霆”等专项执法行动，严厉打击涉水违法行为。

四、第四次会议

第四次会议代表10人以上联名提出的议案15件，其中农资水利方面1件，财政经济方面4件，城建环保方面8件，教科文卫方面1件，法制建设方面1件。经大会秘书处议案组与有关方面讨论，并经主席团会议研究，提请大会通过，决定将刘万斌等代表领衔提出的“关于加快产城融合发展，争创省级工业强市的议案”（2件并为1件）列为市十五届人大四次会议的议案，交市人民政府研究办理，其办理结果报告市人大常委会审议，印发市人民代表大会下次会议。其余13件议案转为代表建议、批评和意见，按有关规定，连同代表提出的建议、批评和意见407件，交有关单位研究办理并负责答复代表，报告市人大常委会。

“关于加快产城融合发展，争创省级工业强市的议案”办理结果：市人大常委会通过定期听取汇报、专题调研、实地视察等方式，督促市政府狠抓议案办理工作。市政府高度重视，打好“四换三、名双百”“三转一市”及小微企业创业园建设等一系列经济转型组合拳，力促工业经济规模、质量和效益提升。推进抓汽摩配、高分子材料、机械电子三大主导产业集群发展，1月—11月完成规上产值501.6亿元。推进鞋革、服装、箱包、眼镜等七大传统特色产业向时尚产业改造提升群。新增高新技术企业29家，高新技术产业增加值64亿元。淘汰落后产能企业112家，搬迁入园电镀企业89家。在塘下规划建设约306.67公顷的“汽配智造小镇”。全年完成工业项目供地72.07公顷，完成小微园供地712.31亩，新增入驻企业面积91.79万平方米，新增产值27.74亿元。加大企业技改扶持力度，1月—11月在建技改项目1580项，完成技改投资144.58亿元。新增省级以上企业研究开发中心4家，新增行政认定国家驰名商标3件。下调工业地价，大大减轻企业用地成本。着力引才留才育才，帮助解决人才子女就学、住房、创业等各类问题。积极化解企业融资难题，帮助213家企业办理应急转贷资金18.13亿元，帮助339家企业转贷续贷20.52亿元，发放企业贷款106.66亿元。深化商事登记制度改革，企业注册登记实现“六证合一”。

五、第五次会议

第五次会议代表10人以上联名提出的议案17件，其中法制建设方面2件，财政经济方面3件，教科文卫方面1件，农资水利方面5件，城建环保方面6件。经大会秘书处议案组与有关方面讨论，并经主席团会议研究，提请大会通过，决定将17件议案全部转为代表建议、批评和意见，按有关规定，连同代表提出的建议、批评和意见395件，交有关单位研究办理并负责答复代表，报告市人大常委会。

第九节　市人大专门委员会

根据《中华人民共和国地方各级人民代表大会和地方各级人民政府组织法修正案》（2015年8月29日通过）规定，市人大专门委员会是市人民代表大会根据法律规定和工作需要设定的常设性工作机构。专门委员会的设置，由各届人民代表大会决定。各专门委员会受本级人民代表大会领导，在大会闭会期间受本级人民代表大会常务委员会领导。专门委员会每届任期同本级人民代表大会每届任期相同，履行职责到下届人民代表大会新的专门委员会为止。

2016年1月8日，瑞安市第十五届人民代表大会第五次会议决定设立市人民代表大会法制委员会、财政经济委员会，并依法通过《瑞安市人民代表大会专门委员会组成人员人选通过办法》。办法规定：瑞安市第十五届人民代表大会第五次会议设立法制委员会、财政经济委员会等2个专门委员会，各专门委员会组成人员人选，由大会主席团在本届代表中提名，人选名单草案经全体代表酝酿后，由大会主席团提请大会通过。各专门委员会组成人员的人选名单，采用举手表决方式在大会全体会议上进行，以全体代表的过半数赞成票通过。各专门委员会由主任委员、副主任委员若干组成。委员会的人数由市人民代表大会按照每个专门委员会所担负的职责任务和工作需要确定。专门委员会组成人员的人选，由大会主席团在市人大代表中提名，大会通过。在大会闭会期间，常务委员会可以任免专门委员会的个别副主任委员和部分委员，由主任会议提名，常务委员会议通过。1月11日，市十五届人大五次会议通过市十五届人大法制委员会，财政经济委员会组成人员名单。法制委员会由薛尧弟兼任主任委员、副主任委员4人，委员4人，共9人组成。在9名组成人员中，委员会组成人员4人，市人大代表5人，其中，驻会的有5人。财政经济委员会由江孟甫兼任主任委员，副主任委员5人、委员4人，共10人组成。在10名组成人员中，常委会组成人员7人，市人大代表3人。其中，驻会的有6人。

各专门委员会在市人民代表大会及其常务委员会领导下，开展下列工作：审议本级人民代表大会主席团或者常务委员会交付的议案；向本级人民代表大会主席团或者常务委员会提出属于本级人民代表大会主席团或者常务委员会职权范围内的议案，组织起草有关议案草案；承担本级人民代表大会常务委员会听取和审议专项工作报告、执法检查、工作评议、专题询问等的具体组织实施工作；按照本级人民代表大会常务委员会工作安排，听取本级人民政府工作部门和监察委员会、人民法院、人民检察院的专题汇报、提出建议；对属于本级人民代表大会及其常务委员会职权范围内同本委员会有关的问题，进行调查研究，提出建议；研究办理代表建议、批评和意见，负责有关建议、批评和意见的督促办理工作；办理本级人民代表大会及其常务委员会交办的其他工作。市人大各专门委员会，制定（修订）本委员会的工作职责、制度或工作规划。

第四章　　市十六届人民代表大会会议

市十六届人大任期五年，自2017年2月至2022年2月，共举行5次会议，审议议题67项，听取、审议（审查）报告48个，通过决议、决定42项，选举市国家机关领导人员73人次，市十六届人民代表大会第一次会议选举产生温州市第十三届人民代表大会代表。

市十六届人大历次会议情况表

表2-10

会议序次	会议日期	代表人数		列席人员（人）	议题（项）	听取审查报告（个）	决议决定（项）	代表提出		会议地点
		应到（人）	实到（人）					议案（件）	意见建议（件）	
第一次	2017年2月16日—20日	381	380	327	15	7	8	40	478	市政会议中心
第二次	2018年1月19日—21日	378	372	295	11	10	8	18	457	市政会议中心
第三次	2019年1月16日—19日	371	369	256	14	10	9	18	475	市政会议中心
第四次	2020年4月27日—29日	378	363	86	13	10	8	9	482	市政会议中心
第五次	2021年2月23日—25日	376	358	173	14	11	9	7	505	市政会议中心
合　计		1884	1842	1137	67	48	42	92	2397	—

第一节　听取、审议政府工作报告

一、第一次会议

第一次会议听取和审议市人民政府代市长麻胜聪所作的《政府工作报告》。报告回顾五年的工作，提出2017—2022年的总体目标、主要任务和2017年的主要工作。报告指出，全市生产总值由2011年的517.9亿元增加到2016年的783.8亿元，财政总收入由69.33亿元增加到98.01亿元，社会消费品零售总额由217.9亿元增加到351.8亿元，限上固定资产投资由227.2亿元增加到564.2亿元，城镇、农村常住居民人均可支配收入分别由35082元、14401元增加到50904元和25570元。五年来，规上工业产值从713.7亿元增加到964.1亿元；建成电商园4个、国家级企业技术中心2家，新建粮食生产功能区15万亩、现代农业园区36个。市域交通实现“一高铁四高速四国道”，飞云江上实现“十三桥联跨”，建成飞云段城防和500千伏温东—南雁输变电、甬台温成品油长输管线瑞安段工程。城市环境不断优化。公共财政用于民生的比例连续五年超70%，创成全国文化先进市、全国义务教育发展基本均衡市、省级卫生强市；率全省之先建立低收入农户大病住院再保险保障制度、推行企业安全生产互助联盟制度。民主法制建设得到加强，获评省级“零地”技改审批方式改革示范市、全省政府和社会资本合作示范市，连续3年获评全国法治县创建活动先进单位。

报告提出，今后五年全市经济社会发展的主要预期目标是：力争生产总值突破1100亿元，年均增长7.5%以上；一般公共预算收入达82.9亿元，年均增长7%；限上固定资产投资累计在3500亿元以上，年均增长10%。要将“加快融合发展、打造至美瑞安”作为今后五年工作的战略目标和行动指南，聚焦动能转换，实施工业强基“415”工程、战略性新兴产业培育“515”工程和服务业提升“5+4”工程，推动传统制造向智能制造转型；聚焦特色崛起，实施“十大百项千亿”重点投资计划，加快城市北融东拓、云江两岸互动、中西部乡镇差异化发展；聚焦品质升级，打好“六场全域化攻坚战”，彰显瑞安的自然肌理、人文底蕴，留住山水乡愁，提升城市气质；聚焦优势再造，以改革创新聚红利，以开放创优促发展，增创体制机制新优势；聚焦富民强市，实施“民富民享十惠”行动，推进居民收入倍增计划，让群众的安全感更高、获得感更多、幸福感更强。

报告提出，2017年全市经济社会发展主要预期目标是：生产总值增长8%以上；一般公共预算收入增长7%；限上固定资产投资增长11%以上；社会消费品零售总额增长10%；外贸出口总额增长5%；城镇、农村常住居民人均可支配收入分别增长8%和8.5%；完成节能减排任务。为实现这些目标，要主攻大平台、好项目、软环境，着力创成省级工业强市；打造传统产业提升和新兴产业培育“双引擎”，着力加快产业创新转型；坚持一抓到底，标本兼治，着力推进大拆大整行动；狠抓项目，实施有效投资带动，完成限上固定资产投资630亿元以上，确保“四个增长15%以上”；坚持内外瑞商互动共赢，推进瑞商回归，积极对接央企、国企、外企，着力促进招商引资扩量提质；强化统筹协调、错位发展、互促共进，着力推动城乡一体发展，建设生态宜居家园；以改革破难题、促发展，着力深化重点领域改革；坚持民生投入只增不减，着力加强社会事业建设；聚焦衣食住行、安居乐业等热点，着力办好民生实事工程。

代表在审议中认为：过去五年，面对复杂的宏观环境和繁重的改革发展任务，市人民政府着力兴实业、稳增长、抓改革、优环境、惠民生，推动瑞安经济社会发展迈上新台阶，较好地完成了市十五届人大各次会议确定的主要目标任务。同时，对创建省级工业强市，推进大拆大整行动，加快城市有机更新、推进五水共治和大气污染防治，深化“放管服”改革，加强社会事业建设等方面工作提出意见和建议。

会议通过决议，批准政府工作报告。决议强调，今后五年是奋战“十三五”发展目标，冲刺高水平全面建成小康社会的五年，市人民政府要紧密团结在以习近平同志为核心的党中央周围，统筹推进“五位一体”总体布局，协调推进“四个全面”战略布局，认真落实省委“八八战略”总纲和温州市委建设“三个城市”部署要求，紧紧围绕市委提出的“加快融合发展、打造至美瑞安”的战略目标，把握稳中求进总基调，以五大发展理念为引领，以供给侧结构性改革为主线，以“产、城、人”融合为路径，不忘初心，砥砺前行，勇立潮头，着力建设智慧智造之城、互联互动之城、宜居宜游之城、创新创优之城、民富民享之城。

二、第二次会议

第二次会议听取和审议市人民政府市长麻胜聪所作的《政府工作报告》。报告指出，2017年，全市实现生产总值860亿元，增长8.5%；财政总收入105.04亿元，其中一般公共预算收入63.47亿元，分别增长7.2%和7.3%；城镇、农村常住居民人均可支配收入分别达55078元和27820元，增长8.2%和8.8%；社会消费品零售总额增长10.5%；外贸出口总额增长8%；创成全国文明城市、国家卫生城市，完成全省最重的“剿灭劣Ⅴ类水”任务，13项工作列入国家级和省级试点，11个国家级、省级和温州市级现场会在瑞安召开。一年来，规上工业产值增长11.7%，创近五年新高。召开云江科创大会，实施科创九大行动，签约28个大项目、大资本、大团队，研发经费支出占生产总值比重达2.4%。认真落实人大《关于推进城市有机更新、打造至美瑞安的议案》，开展市域总体规划修编和重点区块城市设计，城中村改造签约7081户、拆除4126户，收储土地面积超前五年之和，拆违499.6万平方米。完成限上固定资产投资643.6亿元，增长14.1%。举全市之力打好治水“剿劣”、创文创卫、小城镇环境综合整治、美丽乡村建设等全域化攻坚战。主攻“最多跑一次”改革，全国“三位一体”现场会在瑞安召开。致力民生改善，公共财政用于民生的比例达81.1%。主攻平安建设，安全生产事故总数、刑事犯罪发案总数分别下降29.4%和20.6%。深化“两学一做”学习教育，开展“三强三提三过硬”活动。

2018年1月19日，市人民政府市长麻胜聪在市第十六届人民代表大会第二次会议上作政府工作报告

报告提出，2018年经济社会发展主要预期目标是：生产总值增长8%左右；一般公共预算收入增长8%，城镇、农村常住居民人均可支配收入分别增长8%和8.5%；限上固定资产投资增长10%左右，社会消费品零售总额增长10%，外贸出口总额增长5%；全员劳动生产率提高10%，研发经费支出占生产总

值比重在2.5%以上；完成节能减排任务。为实现这些目标，要把融合发展的路子坚持到底，推进产城融合、产业融合、城乡融合，加速平衡充分发展；把创新突围的路子坚持到底，推进科技创新、改革创新、治理创新，加速创新崛起；把捆绑攻坚的路子坚持到底，推进项目化攻坚、全员化攻坚、常态化攻坚，加速跨越赶超。

代表在审议中认为：过去一年，市人民政府围绕市十六届人大一次会议确定的目标任务，以“十大责任捆绑攻坚”行动为主载体，着力兴实业、强创新、优环境、惠民生，全市经济稳中向好、社会和谐稳定。同时，对加快产业转型升级，推进科技创新，深化“最多跑一次”改革，提升城市品质和能级，打好污染防治攻坚战，推动乡村振兴，加快农村饮用水安全工程建设等方面工作提出意见和建议。

会议通过决议，批准政府工作报告。决议强调，2018年是全面贯彻党的十九大精神的开局之年，也是奋战“十三五”发展目标、冲刺高水平全面建成小康社会的关键之年。市人民政府要高举习近平新时代中国特色社会主义思想伟大旗帜，全面贯彻党的十九大精神，按照市委十四届四次全会总体部署，紧紧围绕“加快融合发展、打造至美瑞安”的战略目标，坚持稳中求进工作总基调，坚持新发展理念，紧扣社会主要矛盾变化，落实高质量发展的要求，以供给侧结构性改革为主线，以“产、城、人”融合为路径，在改造传统产业和培育新兴产业上更快一步，在城市转型和乡村振兴上更先一步，在全面小康和全民共享上更进一步，奋力开启新时代至美瑞安新征程。

三、第三次会议

第三次会议听取和审议市人民政府市长麻胜聪所作的《政府工作报告》。报告指出，2018年是改革开放40周年、“八八战略”实施15周年。全市实现生产总值910亿元，增长7.8%；财政总收入117.7亿元，其中一般公共预算收入71.1亿元，分别增长12.1%和12%；城镇、农村常住居民人均可支配收入分别增长7.9%和8.6%；新增11项国家和省级改革试点，获12项国家和省级荣誉，获批创建省级高新区。一年来，规上工业产值增长10.2%，服务业增加值增长9%，社会消费品零售总额增长11%，外贸出口总额增长10%，蝉联全国工业百强县。出台新动能培育“25条”、科技创新“新15条”、人才新政“40条”，研发经费支出占生产总值比重达2.5%。限上固定资产投资增长10%，其中重点工程投资增长10%，到位内资63亿元，实际利用外资6200万美元，创近五年新高。持续办好市人大“推进城市有机更新打造至美瑞安”的议案，有望创成省级基本无违建市。建成4条温州市级乡村振兴示范带，创成省级农业机器换人示范市。着力增进民生福祉，公共财政用于民生的比例达81.2%。

报告提出，2019年是中华人民共和国成立70周年，是全面建成小康社会关键之年。要坚定不移强实体，做优民营经济健康发展的新环境；坚定不移强支撑，跑出新旧动能转换的新速度；坚定不移强合作，拓展全面对外开放的新空间；坚定不移强投资，营造项目建设擂台比拼的新氛围；坚定不移强品质，展现城市精建精美的新面貌；坚定不移强统筹，开辟城乡融合发展的新路径；坚定不移强实力，打响文化瑞安的新品牌。报告提出2019年经济社会发展主要预期目标是：生产总值增长8%左右；

一般公共预算收入增长8%，城镇、农村常住居民人均可支配收入分别增长8%和8.5%以上；限上固定资产投资增长8%以上，社会消费品零售总额增长8%，外贸出口占全国份额保持稳定；战略性新兴产业增加值增长9%，高新技术产业增加值增长10%，规上工业全员劳动生产率提高10%，研发经费支出占生产总值比重在2.7%以上；完成节能减排降碳任务。为实现上述目标，将致力于高质量发展、竞争力提升、现代化建设，把改革大旗举得更高，把开放步子迈得更大，把创新动能造得更强。

代表在审议中认为：过去一年，市人民政府围绕市十六届人大二次会议确定的目标任务，大力开展实体经济振兴、项目盯引、团块拆改、乡村振兴、重点工程建设等十大责任捆绑攻坚行动，全市经济持续健康发展，城乡面貌逐步变美，民生福祉不断提升，社会保持和谐稳定。同时，对壮大实体经济，提升民营经济发展质量，深化城市大建大美，加强城乡统筹发展，打好碧水净土清废攻坚战，提升民生供给水平，健全养老服务体系等方面工作提出意见和建议。

会议通过决议，批准政府工作报告。决议强调，市人民政府要紧紧围绕“加快融合发展、打造至美瑞安”的战略目标，坚持稳中求进工作总基调，坚持新发展理念，坚持推动高质量发展，坚持以供给侧结构性改革为主线，坚持深化市场化改革、扩大高水平开放，坚定不移走“产、城、人”融合发展之路，加快经济高质量转型、城乡高品质建设、环境高颜值提升、社会高效能治理、民生高水平改善，以优异成绩迎接中华人民共和国成立70周年。

四、第四次会议

第四次会议听取和审议市人民政府代市长秦肖所作的《政府工作报告》。报告指出，2019年是中华人民共和国成立70周年，这一年，市政府在捆绑攻坚中迎难而上，拼出稳中向好新态势，全市生产总值达1003.9亿元，首次突破千亿元大关，增长7.6%；财政总收入125.2亿元，其中一般公共预算收入79.6亿元，增长12%；城乡居民收入分别增长8.8%、10%，新增国家和省级改革试点6项，入选国家和省级重大平台创建5个；8项工作入选《领跑者》等改革刊物，7个省市现场会在瑞安召开，获评6项国家级荣誉。民营经济健康发展，三次产业比重达2.5：45.8：51.7，社会消费品零售总额增长11.1%，外贸出口总额增长15.1%。举办云江科创大会，规上工业研发经费投入占主营业务收入比重达3.0%，创成国家知识产权强县工程示范县。到位内资71亿元，实际利用外资超1亿美元，固定资产投资增长10%，服务业、高新技术产业、民间项目投资分别增长14.5%、34.5%和17%。推进83个项目建设，拆违202万平方米，创成省级基本无违建市。深入实施乡村振兴七大工程，以全省第一名的成绩创成“四好农村路”全国示范市，获评省级农业绿色发展先行市、国家园林城市。深化改革捆绑攻坚，推进43项国家和省级改革试点。注重民生事业发展，公共财政用于民生比例达84.7%，创成省级无欠薪市，省级平安市考核成绩创历年之最，实现“五连创”。

报告提出，2020年是实现第一个百年奋斗目标的冲刺之年，是高水平全面建成小康社会、实现“十三五”规划收官的决胜之年，是谋划“十四五”规划、开创现代化发展新篇章的关键之年，也是抗击新冠疫情的特殊之年。要把夺取疫情防控和经济社会发展“双胜利”作为逆势崛起的重大契机，聚焦聚力高质量发展、竞争力提升、现代化建设，主攻重大项目、重大平台、重大产业、重大改革、重大政策、重点要素“六重”清单，加快“产城人”融合发展，以高品质城市集聚高素质人才、培育高端化产业。报告提出2020年经济社会发展主要预期目标是：生产总值增长7%左右；一般公共预算收入增长8%左右，城乡居民收入分别增长7.5%、8.5%；限上固定资产投资增长8%以上，社会消费品零售总额增长8.5%左右，外贸出口占全国份额保持稳定；战略性新兴产业增加值增长7.5%左右，高新技术产业增加值增长7.5%左右，研发经费支出占生产总值比重在2.6%以上；规上工业全员劳动生产率提高10%；完成能源和环境指标任务。为实现上述目标，要致力于“打好三大会战、建设三大名城”，以十大责任捆绑攻坚行动为主抓手，主攻经济发展高质量、改革开放高质量、项目建设高质量、城市转型高质量、乡村振兴高质量、生态环境高质量、文化供给高质量、民生改善高质量。

代表在审议中认为：2019年，市人民政府围绕市十六届人大三次会议确定的目标任务，深入开展十大责任捆绑攻坚行动，拼出稳中向好新态势，争来改革发展新红利，创成领先领跑新样板，经济社会发展再上新台阶。同时，对实体经济发展困难加剧，创新驱动能力不足，“大好高”项目不多，城乡融合发展任务依然繁重，民生服务供给仍需加强，教育、养老等优质资源还不足，政府治理能力有待提升等方面工作及问题提出意见和建议。

会议通过决议，批准政府工作报告。决议强调，市人民政府要围绕“加快融合发展、打造至美瑞安”的战略目标，坚持稳中求进工作总基调，坚持新发展理念，坚持以供给侧结构性改革为主线，坚持以改革开放为动力，坚持推动高质量发展，坚持“城人产”融合发展，全力打好实体经济振兴、全域美丽攻坚、改革开放创新“三大会战”，加快建设高质量的智造名城、高颜值的花园名城、高品位的文化名城，推进县域治理现代化走在前列，确保“十三五”规划圆满收官，奋力当好高水平全面建成小康社会的排头兵。

五、第五次会议

第五次会议听取和审议市人民政府市长秦肖所作的《政府工作报告》。报告回顾“十三五”时期取得的成效，提出“十四五”时期的奋斗目标和主要任务。报告指出，“十三五”时期是瑞安改革发展具有里程碑式意义的五年。地区生产总值突破千亿元大关，从2015年的717.4亿元提高到2020年的1037.1亿元，年均增长7.1%；财政总收入突破百亿大关，达127.6亿元，其中一般公共预算收入从54.7亿元提高到81.9亿元；人

2021年2月23日，市人民政府市长秦肖在市第十六届人民代表大会第五次会议上作政府工作报告

均GDP突破1万美元大关，城乡居民人均可支配收入年均分别增长7.5%和8.7%，社会消费品零售总额、服务业增加值年均分别增长9.2%和8.5%。入选“中国最具幸福感城市”“三位一体”改革经验写入中央“一号文件”“医共体”建设典型经验在国家卫健委新闻发布会上发布，财政管理等6项工作获国务院、省政府督查激励，获批温州首个省级“万亩千亿”新产业平台、温州首批省级命名特色小镇。“两区一廊”创新布局加速起势，五大亮点区块加速蝶变，获全国文明城市、国家卫生城市、国家园林城市、全国双拥模范城等31张城市金名片。报告提出，“十四五”时期是开启高水平推进社会主义现代化建设新征程、向第二个百年奋斗目标进军的第一个五年，瑞安将进入新发展格局构建的窗口期、现代都市跃升的关键期、市域治理现代化的迭代期，要坚持在“战略融入”中抢占瑞安发展制高点，在“改革探路”中重塑瑞安未来新优势，在“项目撬动”中增强瑞安硬核竞争力，在“民生优享”中提升瑞安人民幸福感。“十四五”时期经济社会发展的主要目标是：力争地区生产总值突破1500亿元，年均增长7%以上；一般公共预算收入120亿元，年均增长8%；固定资产投资年均增长7%。常住人口城镇化率达70%，人口净流入率在10%以上，打造温州南部综合交通枢纽。城乡居民收入倍差缩小至1.85，新引育人才数量超10万人，形成“以城聚才、以才促产、以产兴城”的良性循环。规上工业产值达1800亿元，工业增加值占GDP比重稳定在40%以上，数字经济核心产业增加值占GDP比重达10%以上，战新产业增加值占规上工业增加值比重在32%以上，R&D经费支出占GDP比重在3.0%以上，创成国家级创新型城市、国家级经济开发区，打造制造业单项冠军之城。营商环境进入国际国内一流行列，货物进出口总额达380亿元，力争上市企业达25家，打造国内国际双循环战略枢纽的重要节点。城乡常住居民人均可支配收入年均分别增长6%和7%，社会消费品零售总额年均增长8%，居民消费率达42%；坚决落实“碳达峰、碳中和”要求，省控地表水断面全部达到或优于Ⅲ类水体、森林覆盖率达49.5%，创成国家森林城市。

报告指出，2020年是“十三五”规划收官之年，也是瑞安发展史上极不平凡的一年。面对突如其来的新冠疫情严重冲击，以非常举措推进“三强两促”活动、“三大百日攻坚”行动，举全市之力打好三大会战、建设三大名城，交出“两手硬、两战赢”的高分答卷，在疫情防控、实体经济、改革创新、平台项目攻坚、城市精建精美、乡村振兴、民生保障、政府治理现代化等方面都取得了不平凡成果。2020年，全市实现地区生产总值、固定资产投资分别增长3.3%和4.3%，一般公共预算收入增速居“三区两市”首位。报告提出，2021年是建党100周年、“十四五”开局之年，也是新冠疫情持续影响的一年。2021年经济社会发展的主要预期目标为：争取地区生产总值增长8%左右；一般公共预算收入增长9%左右；固定资产投资增长8%以上；全社会消费品零售总额增长10%；外贸出口占全国份额保持稳定；城乡居民人均可支配收入分别增长7%和7.5%以上；常住人口城镇化率达68.6%。围绕预期目标，着力交出“现代科创赋能体系”“现代都市跃迁体系”“现代产业培育体系”“现代乡村振兴体系”“现代生态文明体系”“现代改革引领体系”“现代文化发展体系”“现代公共服务体系”“现代城市安全体系”“现代政府治理体系”等十张现代化建设捆绑攻坚新报表。

代表在审议中认为：“十三五”时期，市人民政府持之以恒实施十大责任捆绑攻坚行动，较好地完成了“十三五”规划目标任务，高水平全面建成小康社会取得了决定性成就。2020年，面对突如其来的新冠疫情，市人民政府以非常举措推进“三强两促”活动、“三大百日攻坚”行动，举全市之力打好三大会战、建设三大名城，交出“两手硬、两战赢”的高分答卷。同时，对高质量发展基础有待进一步夯实，经济持续回升向好的基础还不稳固，资源环境承载压力依然较大，城市品质能级仍需加快提升，城乡融合发展仍需加快推进，优质公共服务供给短板仍需加快补齐等方面工作及问题提出意见和建议。

会议通过决议，批准政府工作报告。批准《瑞安市国民经济和社会发展第十四个五年规划和2035年远景目标纲要》。决议强调，市人民政府全面贯彻省委“忠实践行‘八八战略’、奋力打造‘重要窗口’，争创社会主义现代化先行省”和温州市委“奋力续写好新时代温州创新史，争创社会主义现代化先行市”的决策部署，主动服务和融入以国内大循环为主体、国内国际双循环相互促进的新发展格局，围绕“青春都市·幸福瑞安”发展导向，全力建设“五区五城”，争当社会主义现代化先行标兵。

瑞安市“十三五”规划目标指标完成情况表

表2-11

类别	序号	指标名称	单位	2015年	规划目标		完成情况	
					2020年	年均增速[累计提高]	2020年实际	年均增速[累计提高]
综合实力	1	地区生产总值	亿元	717.4	1000	7.5%以上	1037.1	7.1%
		人均地区生产总值（户籍人口）	元	58580	80000	7%	82360	6.5%
	2	一般公共预算收入	亿元	54.7	75	7%	81.9	8.4%
	3	限上固定资产投资	亿元	496.6	[3000]	10%	—	10.0%
	4	社会消费品零售总额	亿元	311.4	480	8.5%	519.8	9.2%
	5	自营出口额	亿美元	30.85	38	5%	292.7（亿元）	5.7%
	6	规上工业总产值	亿元	893.4	1200	6%	—	7.5%
转型升级	7	服务业增加值比重	%	51.6%	53	[3.0]	52.7	—
	8	R&D经费支出占GDP比重	%	2.0	2.55	[0.55]	2.3	—
	9	高新技术产业增加值占规上工业增加值比重	%	40	44	[4.0]	65.8	—
	10	发明专利授权量	项	315	500	15%	540	—
	11	全员劳动生产率	万元/人	—	12	＞4%	14.1	—
	12	互联网普及率	%	—	80	[20]	＞80	—
	13	常住居民人均可支配收入　城镇	元	46660	69000	8.5%	67301	7.5%
		常住居民人均可支配收入　农村	元	23740	36000	9%	35872	8.7%
	14	城镇调查失业率	%	—	＜5	—	—	
	15	城镇新增就业人口	万人		—	[60000]	19713	[88000]

续表 2-11

类别	序号	指标名称	单位	2015 年	规划目标		完成情况	
					2020 年	年均增速［累计提高］	2020 年实际	年均增速［累计提高］
转型升级	16	新增劳动力平均受教育年限	年	12.35	13	—	13.39	—
	17	每千人医疗床位数	张	2.87	3.37	[0.5]	3.26	[0.39]
	18	每千人口执业（助理）医师数	人	2.43	2.75	[0.32]	3.03	[0.6]
	19	每百名老人机构养老床位数	张	3	4	[1.0]	4	[1.0]
	20	城市化率　常住人口城镇化率	%	65.68	67.68	[2.0]	68.25	[2.57]
		城市化率　户籍人口城镇化率	%	44.5	47	[2.5]	—	—
	21	城镇保障性安居工程建设	套	1635	—	[6000]	—	[9521]
	22	人均预期寿命	年	81	81.5	[0.5]	82.2	—
生态环境	23	万元GDP综合能耗	吨标准煤	0.53	0.48	—	0.33	—
	24	万元GDP综合用水量	吨	40.5	36.5	—	26.2	—
	25	全市河流I－III类水质断面比例	%	31.2	75	—	75	—
	26	森林增长　森林蓄积量	万立方米	180.9	180	—	335	—
		森林增长　森林覆盖率	%	46.21	48	[1.79]	48	—
	27	耕地保有量	万亩	55.66	完成下达指标	—	37.76	完成下达指标
	28	万元GDP耗地量	平方米	20.7	完成下达指标	—	15	完成下达指标
	29	万元GDP二氧化碳排放量	吨	0.91	完成下达指标	—	0.563	完成下达指标
	30	$PM_{2.5}$平均浓度	微克/立方米	38	≤35	—	28	[−26.3]
	31	主要污染物排放削减率　化学需氧量	%	—	完成下达指标	—		完成下达指标

说明：[　]内数据为五年累计提高

瑞安市“十四五”规划主要发展指标预测一览表

表2-12

一级指标	序号	二级指标	计量单位	2020 年实际	2025 年目标	年均增长［累计提高］	备注
经济发展	1	全市生产总值	亿元	1037.1	1500	>7%	预期性
	2	人均生产总值*	元	72000	100000	6.8%	预期性
	3	一般公共预算收入	亿元	81.9	120	8%	预期性
	4	社会消费品零售总额	亿元	519.8	770	8%	预期性
	5	制造业增加值占GDP比重	%	39	40以上	[1]	预期性

续表 2-12

一级指标	序号	二级指标		计量单位	2020 年实际	2025 年目标	年均增长[累计提高]	备注
经济发展	6	战略性新兴产业增加值占规上工业增加值比重		%	22.6	>32	[9.4]	预期性
	7	文化与相关产业增加值		亿元	—	—	10%	预期性
	8	常住人口城市化率		%	68.25	70	[1.75]	预期性
创新驱动	9	全员劳动生产率		万元/人	14	18	[4]	预期性
	10	R&D经费支出占GDP比重		%	2.3	>3.0	[0.7]	预期性
	11	新引育人才数		万人	1.6	—	[10]	预期性
	12	每万人发明专利拥有量		件	16	21	[4.9]	预期性
	13	数字经济核心产业增加值占GDP比重		%	2.2	10	[7.8]	预期性
改革开放	14	货物贸易进出口额		亿元	324	380	3.2%	预期性
	15	实际利用外资		亿美元	0.27	0.35	[2.5]	预期性
	16	依申请政府服务办件“一网通办”率		%	—	90	—	预期性
社会民生	17	常住居民人均可支配收入	城乡居民	元	57473	77500	6.2%	预期性
			城镇	元	67301	90064	6%	预期性
			农村	元	35872	50312	7%	预期性
	18	城镇新增就业人数		万人	1.7	—	[7]	预期性
	19	每千人拥有3岁以下婴幼儿托位数		个	0.11	3	[2.89]	预期性
	20	劳动年龄人口平均受教育年限		年	13.6	14.3	[0.7]	预期性
	21	每千人口执业（助理）医师数（常住人口）		人	3.03	4	[0.97]	约束性
	22	每千人医疗机构床位数		张	3.26	6	[2.74]	约束性
	23	基本养老保险参保率		%	95.2	96.5	[1.3]	
	24	每万老年人拥有持证养老护理员数		人	12.3	25	[12.7]	约束性
	25	青少年总体近视率降低		%	—	—	[5]	预期性
	26	人均体育场地面积		平方米	2.4	2.6	[0.2]	预期性
	27	人均预期寿命		岁	82.2	83	[0.8]	预期性
	28	居民综合阅读率		%	—	92	—	预期性
生态环境	29	单位GDP能耗降幅		%	完成下达指标	完成下达目标	—	约束性
	30	单位GDP二氧化碳排放降幅		%	完成下达指标	完成下达目标	—	约束性
	31	万元GDP用水量降低		%	—	—	[15]	约束性

续表 2-12

一级指标	序号	二级指标	计量单位	2020 年实际	2025 年目标	年均增长［累计提高］	备注
生态环境	32	全市空气质量优良天数比率	%	完成下达指标	完成下达目标	—	约束性
	33	$PM_{2.5}$平均浓度	微克/立方米	完成下达目标	完成下达目标	—	约束性
	34	达到或优于三类水体占地表水比例（省控以上断面）	%	完成下达指标	完成下达目标	—	约束性
	35	森林覆盖率★	%	48	49.5	[1.3]	预期性
社会治理（安全）	36	粮食总产量	亿斤	2.04	2	—	约束性
	37	亿元GDP生产安全事故死亡率	%	1.83	0.94	[0.89]	约束性

说明：1.[ ] 内为五年累计增加或提高的数值

2. 全市生产总值、人均生产总值绝对值按现价计算，速度按可比价格计算

3. 人均生产总值按照常住人口计算

第二节　审查、批准国民经济和社会发展计划

一、第一次会议

第一次会议审查市发展和改革局《关于瑞安市2016年国民经济和社会发展计划执行情况与2017年国民经济和社会发展计划草案的报告》。2016年，全市上下认真执行市十五届人大五次会议审议批准的国民经济和社会发展计划草案，坚持“创新、协调、绿色、开放、共享”五大发展理念，牢牢把握“稳中求进”的工作基调，千方百计稳增长、坚定不移促改革、凝心聚力调结构、一心一意惠民生，各项工作取得积极成效，经济社会持续稳步发展。全年实现地区生产总值783.8亿元，增长8.6%，三次产业比重为2.8∶43.2∶54；财政收入稳步增长，实现一般公共预算收入59.05亿元，增长7.01%；有效投资不断扩大，实现限上固定资产投资564.2亿元，增长13.6%；消费市场企稳回升，实现社会消费品零售总额351.8亿元，增长12.5%；外贸出口结构优化，实现出口总额204.6亿元，增长5.7%。

报告指出2017年国民经济和社会发展的主要指标是：地区生产总值增长8%以上；规上工业增加值增长7.5%；一般公共预算收入增长7%；限上固定资产投资增长11%以上；社会消费品零售总额增长10%；外贸出口总额增长5%；R&D经费占地区生产总值比重为2.4%左右；城镇常住居民人均可支配收入增长8%，农村常住居民人均可支配收入增长8.5%；单位生产总值能耗、化学需氧量、氨氮、二氧化硫、氮氧化物等约束性指标完成上级下达的任务；城镇登记失业率控制在4%以内。

市十六届人大计划预算审查委员会经审查认为，2016年，瑞安市面对复杂严峻的外部环境，主动适应经济发展新常态，紧紧围绕全年经济发展目标，打好转型升级组合拳，全市经济呈现稳中向好的

态势，实现了“十三五”规划良好开局。存在的主要问题是：宏观经济运行中不确定、不稳定因素明显增多，实体经济困难较多，负担较重，经济转型任务仍然繁重；创新要素支撑不足，大平台、大产业、大企业不多，创新链、产业链、资金链协同性不强，大投入有限、好项目偏少、高端人才稀缺；城市发展环境有待完善，交通等基础设施欠账较多，洁化、绿化、美化不到位。社会事业发展与群众需求还有差距，农村住房难、出行停车难、看病养老难等问题仍然突出。

计划预算审查委员会认为，2017年国民经济和社会发展计划草案的报告，遵循新发展理念，体现中央和省委经济工作会议精神，贯彻瑞安市第十四次党代会精神，按照“加快融合发展，打造至美瑞安”战略目标，与“十三五”规划纲要和政府工作报告的总体要求相衔接，主要预期目标切合实际，改革发展措施积极可行。建议：积极培育发展动力，保持经济平稳运行；加快推进工业强市建设，推动工业经济提质增效；强化财政收支平衡，保障可持续发展能力；实施创新驱动发展战略，健全产业创新体系；加大民生保障力度，切实提高人民群众获得感；加强生态文明建设，改善城乡人居环境。

会议经审查，并根据计划预算审查委员会的审查报告，决定批准瑞安市2017年国民经济和社会发展计划，批准《关于瑞安市2016年国民经济和社会发展计划执行情况与2017年国民经济和社会发展计划草案的报告》。

二、第二次会议

第二次会议审查市发展和改革局《关于瑞安市2017年国民经济和社会发展计划执行情况与2018年国民经济和社会发展计划草案的报告》。2017年，全市上下紧扣市十六届人大一次会议确定的目标任务，围绕“加快融合发展、打造至美瑞安”的战略目标，坚持稳中求进的工作总基调，奋力拼搏，真抓实干，全市经济稳中向好，社会保持和谐稳定，较好地完成年初确定的各项目标任务。全年实现地区生产总值860亿元，增长8.5%，三次产业结构调整为2.8∶42.2∶55。全年财政总收入105.04亿元，其中一般公共预算收入63.47亿元，分别增长7.2%和7.3%。全年固定资产投资总额643.6亿元，增长14.1%。全年社会消费品零售总额388.7亿元，增长10.5%。全年网络零售额280亿元，增长22.9%。全年出口总额221亿元，增长8%，外贸进口26.1亿元，增长70%；服务贸易进出口额增长17%。城镇常住居民人均可支配收入55078元，农村常住居民人均可支配收入27820元，分别增长8.2%和8.8%。城镇登记失业率为1.98%。

报告指出2018年国民经济和社会发展的主要指标是：地区生产总值增长8%以上；一般公共预算收入增长8%；限上固定资产投资增长10%左右；社会消费品零售总额增长10%；外贸出口总额增长5%；R&D经费占地区生产总值比重为2.5%左右；服务业增加值增长9.5%，规上工业增加值增长8%；城镇常住居民人均可支配收入增长8%，农村常住居民人均可支配收入增长8.5%；单位生产总值能耗、化学需氧量、氨氮、二氧化硫、氮氧化物等约束性指标完成上级下达的任务；城镇登记失业率控制在4%以内。

市十六届人大财政经济委员会经审查认为，2017年，瑞安市紧盯发展目标任务，不断优化产业结构，持续推进重大项目，全面深化各项改革，不断改善人居环境，切实加强民生保障，全市经济社会发展稳中向好。存在的主要问题：一是新旧动能转换不够快。支撑产业转型的创新要素不足，传统产业转型升级尚处于“盆景”阶段，战略性新兴产业和生产性服务业占比偏低，尚未形成具有明显集群效应的现代产业链。二是投资缺乏大项目支撑。投资增长主要靠亿元以下项目拉动，重大项目占比偏低，特别是重大产业项目数量偏少，投资结构有待进一步优化。三是基本公共服务供给仍然不足。教育、文化、医疗卫生等优质公共资源供给不平衡不充分，城乡环卫、交通治堵等方面还存在一些短板。四是生态环保工作任重道远。治水治气治土治废仍需加强，环境整治长效机制有待进一步完善。

财政经济委员会认为，2018年国民经济和社会发展计划草案的报告，体现了中央、省委经济工作会议精神和市委全会精神，坚持按照稳中求进工作总基调，深化供给侧结构性改革，加快质量变革、效率变革、动力变革，积极对接全省大湾区大花园大通道建设行动计划，推动经济发展从高速度向高质量转变，加强和改善民生，促进经济社会持续健康发展，主要预期目标和任务是积极稳妥的。建议：打好转型组合拳，着力提高经济增长质效；推进创新驱动发展，加快新旧动能转换；聚焦重点领域改革，拓展改革创新深度；加强生态文明建设，提升城乡面貌；完善民生保障体系，提高和谐社会温度。

会议经审查，并根据财政经济委员会的审查报告，决定批准瑞安市2018年国民经济和社会发展计划，批准《关于瑞安市2017年国民经济和社会发展计划执行情况与2018年国民经济和社会发展计划草案的报告》。

三、第三次会议

第三次会议审查市发展和改革局《关于瑞安市2018年国民经济和社会发展计划执行情况与2019年国民经济和社会发展计划草案的报告》。2018年，全市上下紧扣市十六届人大二次会议确定的目标任务，全面贯彻落实国家、省和市委市政府各项决策部署，围绕“加快融合发展、打造至美瑞安”的战略目标，坚持稳中求进的工作总基调，以供给侧结构性改革为主线，落实高质量发展要求，全市经济稳中向好，社会保持和谐稳定，较好地完成年初确定的各项目标任务。全市实现地区生产总值910亿元，增长7.8%，三次产业结构调整为2.5∶38.9∶58.6。实现财政总收入117.7亿元，增长12.1%，其中一般公共预算收入71.1亿元，增长12%。实现社会消费品零售总额393亿元，增长11%。实现网络零售额340亿元，增长20%。规模以上工业、服务业企业分别实现利润总额48亿元、1.6亿元，分别增长30%和40%。年末本外币存贷款余额分别为1525亿元、1160亿元，增长12.5%和10%。不良贷款率为1.05%，较年初下降0.39个百分点。全市规上工业产值807亿元，增长10.2%。R&D经费支出占GDP比重达到2.5%。全年完成限上固定资产投资365亿元，增长10%。全市实现进出口总额281.9亿元，增长10.9%。城镇和农村常住居民人均可支配收入分别增长7.9%和8.6%。城镇登记失业率为1.96%。

报告指出2019年国民经济和社会发展的主要指标是：地区生产总值增长8%左右；一般公共预算收入增长8%；限上固定资产投资增长8%以上；社会消费品零售总额增长8%；外贸出口占全国份额保持稳定；服务业增加值增长9%，规上工业增加值增长7%以上；战略性新兴产业增加值增长9%，高新技术产业增加值增长10%，规上工业全员劳动生产率提高10%；R&D经费占地区生产总值比重为2.7%以上；城镇和农村常住居民人均可支配收入分别增长8%和8.5%以上；单位生产总值能耗、化学需氧量、氨氮、二氧化硫、氮氧化物等约束性指标完成上级下达的任务。

市十六届人大财政经济委员会经审查认为，2018年，瑞安市面对错综复杂的外部环境和艰巨繁重的改革发展任务，全市上下紧紧围绕"加快融合发展、打造至美瑞安"战略目标，着力打好高质量发展组合拳，持续全面深化改革，落实高质量发展要求，基本完成市十六届人大二次会议确定的目标任务。存在的主要问题是：引领产业转型升级的大项目偏少，支撑产业转型的创新要素不足，战略性新兴产业尚未形成具有明显集群效应的现代产业链，生产性服务业支撑不够。教育、医疗、交通等公共产品供给与人民群众对美好生活的需求还存在较大差距，优质公共资源供给不平衡不充分问题仍较突出，城乡环卫、交通治堵等方面还存在一些短板。治水治气治土治废工作仍需加强，环境整治长效机制仍有待进一步完善，生态环境保护和治理任重道远。

财政经济委员会认为，2019年国民经济和社会发展计划草案的报告与"十三五"规划纲要确定的目标任务相衔接，融入全省"四大建设"战略和温州新时代民营经济"两个健康"先行区建设，统筹推进稳增长、促改革、调结构、惠民生、防风险工作，全力推动经济社会实现高质量发展，主要预期目标和任务积极稳妥。建议：创建"两个健康先行区"，加快经济高质量发展；建设至美瑞安，提升城市品质和能级；推进乡村振兴战略，巩固"三农"良好形势；深入重点领域改革，争创体制机制优势；推进民生事业发展，保障和改善民生水平。

会议经审查，并根据财政经济委员会的审查报告，决定批准瑞安市2019年国民经济和社会发展计划，批准《关于瑞安市2018年国民经济和社会发展计划执行情况与2019年国民经济和社会发展计划草案的报告》。

四、第四次会议

第四次会议审查市发展和改革局《关于瑞安市2019年国民经济和社会发展计划执行情况与2020年国民经济和社会发展计划草案的报告》。2019年，瑞安市围绕市十六届人大三次会议确定的目标任务，掀起大抓落实、克难攻坚的热潮，全力打好抓改革、攻项目、优环境、促振兴、惠民生等系列高质量发展组合拳。全市经济社会发展平稳，主要指标稳中向好、稳中有进，顺利完成各项目标任务。全年地区生产总值1003.9亿元，首次突破千亿元大关，按可比价格计算，增长7.6%，三次产业结构调整为2.5：45.8：51.7。实现财政总收入125.2亿元，其中一般公共预算收入79.6亿元，增长12%。实现社会消费品零售总额525.4亿元，比上年增长11.1%。城乡居民收入达到64721元和33497元，分别增长8.8%和10%。全年规上工业企业实现新产品产值307.8亿元，增长13.9%，新产品产值率达34.9%。万元GDP能耗下降率为3.3%。不良贷款余额10.8亿元，不良率为0.8%，较年初分别下降2.1亿元和0.3个百分点。全市固定资产投资比上年增长10%。全年实现外贸出口总额278亿元，增长15.1%。城镇失业登记率为1.96%。

报告指出2020年国民经济和社会发展的主要指标是：地区生产总值增长7%左右；一般公共预算收

入增长8%左右；限上固定资产投资增长8%以上；社会消费品零售总额增长8.5%左右；外贸出口占全国份额保持稳定；服务业增加值增长8.5%左右，规上工业增加值增长7%左右；战略性新兴产业增加值增长7.5%左右，高新技术产业增加值增长7.5%左右，规上工业全员劳动生产率提高10%；R&D经费占地区生产总值比重为2.6%以上；城乡居民收入分别增长7.5%左右、8.5%左右；单位生产总值能耗、化学需氧量、氨氮、二氧化硫、氮氧化物等约束性指标完成上级下达的任务。

市十六届人大财政经济委员会经审查认为，2019年，市委市政府以十大责任捆绑攻坚行动为主抓手，贯彻落实“三助三红”专项活动，聚焦聚力“两区”建设，高质量发展取得新突破。全市经济社会发展稳中向好，较好地完成年初确立的各项目标任务。存在的主要问题：一是经济下行压力较大。受中美贸易摩擦，瑞安市规上工业产值增速较上年同期回落7.5个百分点，四大主导产业中汽摩配和高分子行业产值均为负增长。二是新旧动能转换尚未有效衔接。产业集聚度不高，优势产业培育不充分，现代服务业内部结构有待优化，资源禀赋转换为新增长动力的渠道仍不顺畅。三是要素制约仍然突出。用地相对紧缺，土地出让存在不确定性，生产要素保障不足，环境保护要求高，能耗双控压力较大。四是公共服务尚存短板。教育、卫生、医疗、养老等公共服务供给与群众需求仍有差距，城乡环卫、交通治堵等短板问题仍较突出。特别是公共卫生应急体系建设有待加强，疾病防控领域财政投入较少，公共卫生领域人才数量不足，应急物资储备存在短板。

财政经济委员会认为，2020年国民经济和社会发展计划草案的报告与国际、国内经济社会发展形势相吻合，体现中央经济工作会议精神，稳字当头，全力以赴强基础、攻项目、筑平台，主要预期目标和任务指标积极稳妥。建议：以经济建设为中心任务，培育发展新动能；以深化改革为前进动力，推动体制机制再创新；聚焦扩大开放新要求，营造竞争新优势；以重大建设为抓手，推动美丽瑞安建设；聚焦美好生活新要求，推动民生事业发展。

会议经审查，并根据财政经济委员会的审查报告，决定批准瑞安市2020年国民经济和社会发展计划，批准《关于瑞安市2019年国民经济和社会发展计划执行情况与2020年国民经济和社会发展计划草案的报告》。

五、第五次会议

第五次会议审查市发展和改革局《关于瑞安市2020年国民经济和社会发展计划执行情况与2021年国民经济和社会发展计划草案的报告》。2020年，面对新冠疫情带来的巨大冲击和复杂多变的国内外环境，全市上下围绕市十六届人大四次会议确定的目标任务，以“三强两促”专项活动和三大百日攻坚行动为主抓手，动员全市力量掀起“打好三大会战、建设三大名城”的热潮，打赢防控阻击战、发展主动仗，全市经济社会发展呈现“危中企稳、稳中向好”的良好态势。全年实现地区生产总值1037.1亿元，增长3.3%，三次产业结构为2.5∶44.8∶52.7。实现财政总收入127.6亿元，其中一般公共预算收入81.9亿元，分别增长1.89%和2.84%。城乡居民收入达到67301元和35872元，分别增长4.0%和7.1%。全年规上工业总产值872.6亿元，实现新产品产值331.1亿元，增长7.4%，新产品产值率达

37.9%；规上工业全员劳动生产率为14.1万元/人年，增长10.2%。全年实现外贸出口总额292.7亿元，增长6.7%，实际利用外资2700万美元。全市高新技术产业、战略性新兴产业增加值占规上工业比重分别达到65.8%和22.6%，数字经济核心制造业增加值增长11.7%。R&D经费支出占地区生产总值比重达2.3%。全市城镇新增就业人数19713人，城镇失业登记率为2.01%。

报告指出2021年国民经济和社会发展的主要指标是：地区生产总值增长8%左右；一般公共预算收入增长9%左右；限上固定资产投资增长8%以上；社会消费品零售总额增长10%左右；外贸出口占全国份额保持稳定；服务业增加值增长8.5%左右，规上工业增加值增长10%左右；战略性新兴产业增加值完成上级下达目标；规上工业全员劳动生产率提高10%；R&D经费占地区生产总值比重为2.5%以上；城乡居民收入分别增长7%左右、7.5%左右；单位生产总值能耗、化学需氧量、氨氮、二氧化硫、氮氧化物等约束性指标完成上级下达的任务。

市十六届人大财政经济委员会经审查认为，2020年，面对突如其来的新冠疫情，瑞安市围绕做好“六稳”工作，落实“六保”任务，统筹推进疫情防控和经济社会发展，坚决做到“两手硬”“两战赢”，经济发展实现反弹回升，较好完成“十三五”规划主要目标任务，高水平全面建设小康社会取得决定性成就。存在的主要问题是：外部环境不确定性风险仍然较大，经济发展回升基础仍不牢固；新旧动能转换尚未有效衔接，战略性新兴产业占比偏小，重大产业项目支撑不强，高端人才不足，营商环境有待进一步提升；城市管理精细化水平还不够高，教育、医疗、养老等优质公共服务供给仍然存在短板，公共卫生、安全生产等领域还有薄弱环节等。

财政经济委员会认为，2021年国民经济和社会发展计划草案的报告。符合“十四五”规划的总体要求和瑞安市经济社会发展实际，体现新发展理念和新发展格局，并持续推动扩大内需、支持创新发展、改善营商环境，主要目标任务举措切实可行。建议：深耕“两个健康”建设，推动民营经济跃升；聚焦创新驱动引领，推动动能加速转化；深化改革开放，重塑体制机制优势；主攻城市建设，推动城市能级提升；强化民生保障，推动幸福城市建设。

会议经审查，并根据财政经济委员会的审查报告，决定批准瑞安市2021年国民经济和社会发展计划，批准《关于瑞安市2020年国民经济和社会发展计划执行情况与2021年国民经济和社会发展计划草案的报告》。

第三节　审查、批准财政预算

一、第一次会议

第一次会议审查市财政局《关于瑞安市2016年地方财政预算执行情况及2017年地方财政预算草案的报告》。2016年预算执行情况：全市一般公共预算收入59.05亿元，比上年增长7.01%。转移性收入80.37亿元。全市收入合计139.42亿元。全市一般公共预算支出92.80亿元，完成预算的88.2%。转移性支出46.62亿元。全市支出合计139.42亿元。收支相抵，全市一般公共预算收支平衡。市级一般公共预算收入47.98亿元，转移性收入88.81亿元，市级收入合计136.79亿元。市级一般公共预算支出85.65亿元，转移性支出51.14亿元，市级支出合计136.79亿元。收支相抵，市级一般公共预算收支平衡。2016年全市政府性基金预算本级收入74.62亿元，转移性收入61.25亿元（其中，动用上年结余结转资金18.59亿元，调入资金754万元，上级补助1.63亿元，债务收入40.96亿元），收入合计135.87亿元；全市政府性基金本级支出90.96亿元，转移性支出44.91亿元（对镇级转移支付支出5.20亿元，调出资金8.00亿元，债务还本16.96亿元，年终结余14.75亿元），支出合计135.87亿元。收支相抵，全市政府性基金收支平衡。

报告还指出2016年全市社会保险基金预算执行情况和国有资本经营预算执行情况。

报告提出2017年预算（草案）安排：全市一般公共预算收入预期62.75亿元，同比增长7%；全市转移性收入44.43亿元，全市收入合计107.18亿元。安排2017年全市一般公共预算支出88.10亿元，下降5.1%；转移性支出19.08亿元（体制结算上解上级），全市支出合计107.18亿元。收支相抵，全市一般公共预算收支平衡。2017年市级一般公共预算收入预期51.19亿元；转移性收入52.73亿元，市级收入合计104.52亿元。2017年安排市级一般公共预算支出81.64亿元，转移性支出22.88亿元。市级支出合计104.52亿元。收支相抵，市级一般公共预算收支平衡。2017年全市政府性基金本级收入预期100.70亿元，预计转移性收入15.77亿元（其中：动用上年结余14.75亿元，上级补助1.02亿元），收入合计116.47亿元。拟安排全市政府性基金本级支出110.98亿元，转移性支出5.49亿元（其中：对镇级转移支付支出4.82亿元，年终结余6707万元），支出合计116.47亿元。收支相抵，全市政府性基金收支平衡。

报告还提出2017年全市社会保险基金预算草案和国有资本经营预算草案。

市十六届人大一次会议计划预算审查委员会经审查认为，2016年瑞安市各级政府和财政部门认真贯彻市委决策部署，坚持降本促调，增收节支，保障重点领域和民生支出；深化预算改革，推进绩效评价工作，预算管理实效明显；财政预算执行情况总体平稳，公共财政保障能力进一步增强。存在的主要问题是："营改增"等减税降费政策对地方税源税基造成巨大冲击，优质财源建设步伐有待加快；财政支出存在"越位""缺位"等情况，政府和市场作用的边界需要进一步厘清；财政专项资金整合难、绩效低等问题比较突出，专项资金改革仍需持续深化；镇街财政财务管理有待规范，预算管理制度建设与执行还要加强。

计划预算审查委员会认为，2017年全市预算草案体现了新发展理念和统筹兼顾、勤俭节约、量力而行、讲求绩效的原则，预算安排符合瑞安市经济社会发展目标要求。建议：继续发挥财税职能作用，培育涵养优质财源税源，优化财政收支结构，深化预算管理改革，强化预算执行和监督，加快构建全面规范、公开透明的现代预算制度。

会议经审查，并根据计划预算审查委员会的审查报告，决定批准2017年市财政预算，同意《关于瑞安市2016年地方财政预算执行情况及2017年地方财政预算草案的报告》。

二、第二次会议

第二次会议审查市财政局《关于瑞安市2017年地方财政预算执行情况及2018年地方财政预算草案的报告》。2017年预算执行情况：全市一般公共预算收入为63.47亿元，增长7.48%（剔除“营改增”因素，增长7.3%）；转移性收入70.95亿元，全市收入合计134.42亿元。2017年，全市一般公共预算支出98.23亿元，完成预算（调整后预算，下同）的91.1%；转移性支出36.19亿元。全市支出合计134.42亿元。收支相抵，全市一般公共预算收支平衡。市级一般公共预算收入50.55亿元，转移性收入81.53亿元，市级收入合计132.08亿元。市级一般公共预算支出90.09亿元，转移性支出41.99亿元，市级支出合计132.08亿元。收支相抵，市级一般公共预算收支平衡。2017年全市政府性基金本级收入173.62亿元，完成预算的97.72%；转移性收入44.42亿元（动用上年结余14.75亿元，上级补助收入1.14亿元，债务收入28.53亿元），收入合计218.04亿元。全市政府性基金本级支出153.31亿元，完成预算的77.11%；转移性支出64.73亿元（对镇级转移支付支出23.46亿元，调出资金17.5亿元，债务还本1.93亿元，年终结余21.84亿元），支出合计218.04亿元。收支相抵，全市政府性基金收支平衡。

报告还指出2017年全市社会保险基金预算执行情况和国有资本经营预算执行情况。

报告提出2018年预算（草案）安排：全市一般公共预算收入预期69.08亿元，与上年执行数同比增长8%。预计转移性收入35.00亿元。全市收入合计104.08亿元。2018年，拟安排全市一般公共预算支出85.53亿元，与上年执行数同比下降12.9%，主要是2017年一次性支出因素较多，2018年部分支出转列政府性基金支出；转移性支出18.55亿元（体制结算上解上级）。全市支出合计104.08亿元。收支相抵，全市一般公共预算收支平衡。2018年市级一般公共预算收入预期55.78亿元，预计转移性收入45.87亿元，市级收入合计101.65亿元。拟安排市级一般公共预算支出79.38亿元，转移性支出22.27亿元，市级支出合计101.65亿元。收支相抵，市级一般公共预算收支平衡。2018年全市政府性基金本级收入预期184.78亿元，预计转移性收入22.30亿元（动用上年结余21.84亿元、上级补助4602万元），收入合计207.08亿元。拟安排全市政府性基金本级支出186.58亿元，转移性支出20.50亿元（对镇级转移支付支出9.10亿元，年终结余11.40亿元），支出合计207.08亿元。收支相抵，全市政府性基金收支平衡。

报告还提出2018年全市社会保险基金预算草案和国有资本经营预算草案。

市十六届人大财政经济委员会经审查认为，2017年瑞安市各级政府和财政部门立足生财聚财用财三大主题，完善体制机制，落实减负举措，强化资金保障，提高服务水平，克难攻坚，积极作为，全面落实市十六届人大一次会议决议，财政预算执行情况总体良好。存在的主要问题是：预算编制的科学性不高，部分项目预算执行率偏低，财政专项资金实质性整合不到位，一些部门单位“重分配、轻监管”的现象仍然存在，地方政府性债务风险和社保基金运行风险较大。

财政经济委员会认为，2018年全市预算草案体现了省市全会及财税体制改革精神，预算安排统筹兼顾、勤俭节约、量力而行、讲求绩效，符合预算法的相关规定，预算草案总体可行。建议：进一步涵养优质财源，优化收支结构，强化执行管理，深化编制改革，注重预算绩效，强化风险防控，提高财政监管水平。

会议经审查，并根据财政经济委员会的审查报告，决定批准2018年市财政预算，同意《关于瑞安市2017年地方财政预算执行情况及2018年地方财政预算草案的报告》。

三、第三次会议

第三次会议审查市财政局《关于瑞安市2018年地方财政预算执行情况及2019年地方财政预算草案的报告》。2018年预算执行情况：全市一般公共预算收入71.09亿元，增长12.01%，完成预算（调整后预算，下同）的102.9%。转移性收入86.83亿元。全市收入合计157.92亿元。2018年全市一般公共预算支出109.13亿元，完成预算的89.3%。转移性支出48.49亿元。全市支出合计157.92亿元。收支相抵，全市一般公共预算收支平衡。2018年市级一般公共预算收入62.11亿元，转移性收入93.38亿元，市级收入合计155.49亿元。2018年市级一般公共预算支出99.78亿元，转移性支出55.71亿元，市级支出合计155.49亿元。收支相抵，市级一般公共预算收支平衡。2018年全市政府性基金本级收入154.73亿元，剔除安置留地因素，完成预算的85.8%，增长85.1%；转移性收入42.15亿元（动用上年结余21.90亿元，上级补助收入1.87亿元，债务转贷收入18.38亿元），收入合计196.88亿元。全市政府性基金本级支出132.56亿元，剔除安置留地因素，完成预算的80.48%，增长40.29%；转移性支出64.32亿元（对镇级转移支付支出24.33亿元，调出资金32.00亿元，债务还本2.38亿元，年终结余5.61亿元），支出合计196.88亿元。收支相抵，全市政府性基金收支平衡。

报告还指出2018年全市社会保险基金预算执行情况和国有资本经营预算执行情况及政府债务情况、PPP项目实施情况。

报告提出2019年预算（草案）安排：全市一般公共预算收入预期76.78亿元，与上年执行数同比增长8%。预计转移性收入46.24亿元。全市收入合计123.02亿元。2019年拟安排全市一般公共预算支出99.99亿元；转移性支出23.03亿元。全市支出合计123.02亿元。收支相抵，全市一般公共预算收支平衡。2019年市级一般公共预算收入预期67.09亿元，预计转移性收入54.50亿元。市级收入合计121.59亿元。2019年拟安排市级一般公共预算支出92.96亿元，转移性支出28.63亿元，市级支出合计121.59亿元。收支相抵，市级一般公共预算收支平衡。2019年全市政府性基金本级收入预期124.15亿元，预计转移性收入20.07亿元（上年结余5.61亿元、上级补助收入4651万元、债务转贷收入14.00亿元），收入合计144.22亿元。拟安排全市政府性基金本级支出129.28亿元，转移性支出14.94亿元（对镇级转移支付支出13.54亿元，年终结余1.40亿元），支出合计144.22亿元。收支相抵，全市政府性基金收支平衡。

报告还提出2019年全市社会保险基金预算草案和国有资本经营预算草案及政府投资项目预算安排情况、PPP项目计划情况。

市十六届人大财政经济委员会经审查认为，2018年瑞安市各级政府和财政部门树立新发展理念，全面落实市十六届人大二次会议决议，实施有效的财政政策，进一步优化财政收支结构，财政预算执行情况总体良好。促进了全市经济社会平稳健康发展。存在的主要问题是：财政扶持政策执行中存在

“撒胡椒面”现象，部分预算追加和二次分配资金执行不到位，财政资金使用绩效有待提高；“重审批、轻监管”的管理模式影响资金运行效率，财政管理方式改革需进一步推进；部门厉行节约、集中财力办大事的意识仍需增强。

财政经济委员会认为，2019年全市预算草案体现了中央、省委经济工作会议和市委全会精神，预算安排统筹兼顾、保障重点、注重绩效，符合瑞安市国民经济和社会发展的目标要求，预算草案总体可行。建议：实施更加积极有效的财政政策，坚持集中财力办大事，深化财政管理方式改革，提升财政资金使用绩效。

会议经审查，并根据财政经济委员会的审查报告，决定批准2019年市财政预算，同意《关于瑞安市2018年地方财政预算执行情况及2019年地方财政预算草案的报告》。

四、第四次会议

第四次会议审查市财政局《关于瑞安市2019年地方财政预算执行情况及2020年地方财政预算草案的报告》。2019年预算执行情况：全市一般公共预算收入79.64亿元，增长12.03%，完成预算（调整后预算，下同）的103.7%；转移性收入118.71亿元，全市收入合计198.35亿元。2019年全市一般公共预算支出139.92亿元，完成预算的96.11%；转移性支出58.43亿元，全市支出合计198.35亿元。收支相抵，全市一般公共预算收支平衡。2019年，市级一般公共预算收入68.29亿元，转移性收入128.64亿元，市级收入合计196.93亿元。2019年，市级一般公共预算支出128.57亿元，转移性支出68.36亿元，市级支出合计196.93亿元。收支相抵，市级一般公共预算收支平衡。2019年全市政府性基金本级收入217.11亿元，完成预算的97.7%，增长40.3%；转移性收入24.71亿元（动用上年结余5.81亿元，上级补助收入9058万元，债务转贷收入18.00亿元），收入合计241.82亿元。全市政府性基金本级支出145.40亿元，完成预算的77.76%，增长9.69%；转移性支出96.42亿元（对镇级转移支付支出30.31亿元，调出资金63.01亿元，年终结余3.10亿元），支出合计241.82亿元。收支相抵，全市政府性基金收支平衡。

报告还指出2019年全市社会保险基金预算执行情况和国有资本经营预算执行情况及政府债务情况、PPP项目实施情况。

报告提出2020年预算（草案）安排：全市一般公共预算收入预期86.02亿元，与上年执行数比较增长8%。预计转移性收入62.95亿元，全市收入合计148.97亿元。2020年，拟安排一般公共预算支出116.69亿元。转移性支出32.28亿元，全市支出合计148.97亿元。收支相抵，全市一般公共预算收支平衡。2020年，市级一般公共预算收入预期73.76亿元，预计转移性收入75.21亿元，市级收入合计148.97亿元。2020年，拟安排市级一般公共预算支出110.89亿元，转移性支出38.08亿元，市级支出合计148.97亿元。收支相抵，市级一般公共预算收支平衡。2020年，全市政府性基金本级收入预期152.14亿元。预计转移性收入41.87亿元。全市收入合计194.01亿元。2020年，拟安排全市政府性基金本级支出158.12亿元；预计转移性支出35.89亿元。全市支出合计194.01亿元。收支相抵，全市政府性基金预算收支平衡。

报告还提出2020年全市社会保险基金预算草案和国有资本经营预算草案及政府投资项目预算安排情况、政府债券预算安排情况。

市十六届人大财政经济委员会经审查认为，2019年瑞安市各级政府和财政部门进一步完善管理机制，发挥财政在稳增长、促改革、调结构、惠民生、防风险等方面的职能作用，落实减税降费政策，重点支出保障有力，破难攻坚抓改革，财政国资管理日趋完善。存在的主要问题是：财政可持续保障压力不断加大，税收收入增速有所放缓，资金保障渠道亟待拓宽；集中财力办大事的财政政策体系还不完善，财政中（长）期规划的应用需加快推进；一些部门单位仍存在“重投入轻管理、重支出轻绩效”的惯性思维，预算绩效管理改革需要全面推进。

财政经济委员会认为，2020年全市预算报告坚持稳中求进和新发展理念，突出“保重点、调结构、强统筹、守底线”，推动积极财政政策提质增效，落实政府过“紧日子”要求，健全集中财力办大事财政政策体系。预算安排总体可行。建议：进一步加强资金统筹，优化支出结构，提升资金绩效，增强财政可持续保障能力。

会议经审查，并根据财政经济委员会的审查报告，决定批准2020年市财政预算，同意《关于瑞安市2019年地方财政预算执行情况及2020年地方财政预算草案的报告》。

五、第五次会议

第五次会议审查市财政局《关于瑞安市2020年地方财政预算执行情况及2021年地方财政预算草案的报告》。2020年预算执行情况：全市一般公共预算收入81.91亿元，增长2.84%，完成预算（调整后预算，下同）的95.22%；转移性收入89.10亿元，全市收入合计171.01亿元。全市一般公共预算支出103.70亿元，完成预算的88.43%，地方政府一般债务还本支出7.25亿元，转移性支出60.06亿元，全市支出合计171.01亿元。收支相抵，全市一般公共预算收支平衡。市级一般公共预算收入70.55亿元，转移性收入100.45亿元，市级收入合计171.01亿元。市级一般公共预算支出95.83亿元，地方政府一般债务还本支出7.25亿元，转移性支出67.93亿元。市级支出合计171.01亿元。收支相抵，市级一般公共预算收支平衡。2020年，全市政府性基金本级收入196.75亿元，完成预算的95.63%，下降9.38%；转移性收入62.66亿元（动用上年结余3.10亿元，上级补助收入7.06亿元，债务转贷收入52.25亿元，调入资金2488万元），收入合计259.41亿元。全市政府性基金支出219.23亿元，完成预算的86.33%，增长24.77%；地方政府专项债务还本支出3.00亿元，转移性支出37.18亿元（调出资金23.33亿元，年终结转12.18亿元，年终结余1.67亿元），支出合计259.41亿元。收支相抵，全市政府性基金收支平衡。

报告还指出2020年全市社会保险基金预算执行情况和国有资本经营预算执行情况及政府债务情况、PPP项目实施情况。

报告提出2021年预算（草案）安排：全市一般公共预算收入预期89.28亿元，与上年执行数比较增长9%。预计转移性收入50.96亿元。全市收入合计140.24亿元。2021年，拟安排一般公共预算支出117.42亿元，转移性支出22.82亿元，全市支出合计140.24亿元。收支相抵，全市一般公共预算收支平衡。

2021年，市级一般公共预算收入预期77.02亿元，预计转移性收入63.22亿元，市级收入合计140.24亿元。2021年，拟安排市级一般公共预算支出111.78亿元，转移性支出28.46亿元，市级支出合计140.24亿元。收支相抵，市级一般公共预算收支平衡。2021年，全市政府性基金本级收入预期156.17亿元，预计转移性收入14.39亿元，全市收入合计170.56亿元。2021年，拟安排全市政府性基金支出170.52亿元，年终结余377万元，全市支出合计170.56亿元。收支相抵，全市政府性基金预算收支平衡。

报告还提出2021年全市社会保险基金预算草案和国有资本经营预算草案及政府投资项目预算安排情况。

市十六届人大财政经济委员会经审查认为，2020年面对突如其来的新冠疫情冲击和复杂严峻的经济形势，瑞安市各级政府和财政部门全力做好“六稳”工作、落实“六保”任务，全面落实更加积极有为的财政政策，减税降费，调整优化支出结构，加强重点领域保障，在支持保就业、保民生、保市场主体等方面取得积极成效，财政预算执行情况总体平稳。存在的主要问题是：财政可持续保障压力剧增，资金保障渠道亟待拓宽，多元化投融资体系尚未建立；全面绩效管理有待加强，一些绩效不高的政策资金仍在执行，低效无效的现象仍然存在；财政运行风险不断凸显，养老保险基金出现“穿底”现象。

财政经济委员会认为，2021年全市预算报告和预算草案体现了中央和省市委对经济工作的总体部署和财政改革总体要求，预算安排突出重点、压减一般，科学精准、规范透明、注重绩效，预算草案总体可行。建议：深入实施集中财力办大事财政政策，进一步加强财力聚集和资金统筹，强化预算约束和绩效管理，加大支出结构优化力度，增强重大战略任务财力保障。牢固树立底线思维，切实防范系统性风险。

会议经审查，并根据财政经济委员会的审查报告，决定批准2021年市财政预算，同意《关于瑞安市2020年地方财政预算执行情况及2021年地方财政预算草案的报告》。

第四节　听取、审议常委会工作报告

一、第一次会议

第一次会议听取和审议市人大常委会主任叶世林所作的《瑞安市人民代表大会常务委员会工作报告》。2012—2016年，市人大常委会有效履行宪法和法律赋予的各项职权，共召开常委会会议50次、主任会议100次，听取和审议专项工作报告102个，组织开展视察调研和执法检查活动330多次。作出重大事项决议、决定96项，依法任免国家机关工作人员378人次，充分发挥地方国家权力机关的作用。全力推动经济转型升级。专题审议关于工业经济发展情况的报告，专题监督“加快产城融合发展，争创省级工业强市”议案办理工作，开展“转型升级十大组合拳”主题监督，督促市政府认真落实“温商回归”“三改一拆”“四换三名”等重大决策部署。专项监督国有资产管理及政府性债务风险防范问题，推动市政府出台国有资产管理体制改革相关制度。制定出台《关于政府重大投资项目监督暂行办法》，规范政府投资行为。听取和审议关于民间借贷及非法集资案件处理、打击“逃废债”等工作情况报告，推动市人民法院五年审结民间借贷案件13000多件，公安机关依法查处非法集资和恶意“逃废债”违法案件137件。全力促进民生持续改善。听取瑞安市环境状况和环境保护目标完成情况的报告，跟踪监督污水处理工作。组织开展水污染防治“一法一条例”、《浙江省温瑞塘河保护管理条例》执法检查及人大代表监督“已治理的河”主题活动。紧盯食品安全重大民生热点，作出关于进一步加强食品安全工作的决议，持续开展“食品安全专题询问、代表问政、专题评议、组建监督团”等监督活动，有力保障老百姓“舌尖上的安全”。专题监督公交事业发展、农房拆改建工作、医药卫生改革、教育优质均衡发展、扶贫开发等工作，力促经济社会发展的热点难点问题解决。全力深化法治瑞安建设。开展道路交通安全法、禁毒法、献血法、矿山安全法等11部法律法规执法检查。开展公检法司机关工作人员依法履职、公正司（执）法情况专项监督，助推司法机关建立直诉快判机制。创新对9名法官、检察官开展履职评议。听取和审议市人民法院执行工作情况的报告，推动解决执行难。听取和审议市人民检察院不捕不诉案件处理工作情况报告，切实提升司法工作质效。督促落实“六五”普法决议，审议作出“七五”普法决议；制定并全面落实《瑞安市组织实施宪法宣誓制度办法》。备案审查市政府报备的规范性文件168件。接待办理群众来信来访1200多批次。全力发挥代表主体作用。督办市人大代表议案建议2338件，代表满意度保持在95%以上。组织代表参加会前视察、监督、问政、听证、部门评议、培训，丰富代表活动。创建35个代表联络站。精心组织市、乡镇人大换届选举工作，共选举产生市人大代表381名，乡镇人大代表879名。全力增强依法履职能力。扎实开展党的群众路线教育和“三严三实”、“两学一做”专题教育实践活动，举办7期“人大讲坛”。制定《瑞安市人大常委会工作评议试行办法》《关于加强人大调研工作的意见》及乡镇（街道）人大工作目标考核意见。报告提出今后五年常委会工作的总体思路和2017年主要任务。

代表在审议中认为：五年来，市人大常委会坚持服务中心、紧抓重心、贴近民心，各项工作有声有色、有力有效，充分发挥地方国家权力机关的作用，为瑞安市经济社会发展和民主法治建设作出应有的贡献。同时，监督工作的针对性和实效性还需进一步加强，同代表和选民的联系和交流还需进一步密切，代表的主体作用还需进一步发挥，常委会依法履职的能力和水平还需进一步提高等方面的工作提出意见和建议。

会议通过决议，批准市人大常委会工作报告。决议要求，市人大常委会要紧密团结在以习近平同志为核心的党中央周围，坚持党的领导、人民当家作主和依法治国有机统一，全面贯彻落实瑞安市第十四次党代会精神，忠实履行宪法和法律赋予的各项职权，着力推进民主法治建设，着力增强监督工作实效，着力发挥代表主体作用，着力提升人大工作水平，为加快融合发展、打造至美瑞安，高水平全面建成小康社会作出新的贡献。

二、第二次会议

第二次会议听取和审议市人大常委会主任叶建辉所作的《瑞安市人民代表大会常务委员会工作报告》。2017年，市人大常委会共召开常委会会议9次、主任会议19次，听取和审议“推进城市有机更新、打造至美瑞安”议案办理情况报告，就城市有机更新总体规划编制、重点团块改造方案提出意见建议。听取和审议2017年上半年计划执行情况报告，审查批准市政府2017年重点建设计划调整方案，审议通过南门、西门团块改造工程列入瑞安市“十三五”规划与2017年度计划等重大事项。审议省级工业强市创建工作情况报告。跟踪监督2016年政府性重大投资项目建设工作，审议提出加快项目前期工作、理顺工程建管机制、加强资源要素保障等意见建议。专题审议政府和社会资本合作（PPP）项目实施情况的报告，针对PPP项目存在的问题，提出审议整改意见。着力促进民生改善与环境优化。在开展民生实事代表票决制试点的基础上，部署推进市、乡镇人大全面深化民生实事项目代表票决制工作。开展“剿灭劣Ⅴ类水”专项监督50余次，全市6个省控、市控劣Ⅴ类水质断面成功“摘帽”，25条河道的“截、清、治、修”工作顺利完成。开展交通治堵专项监督，听取和审议市政府关于城市停车场规划建设情况的报告。着力推进依法行政与司法公正。开展农产品质量安全执法检查，审议作出优化产地环境、完善追溯体系、加强执法监管等意见，并跟踪监督整改情况。听取和审议市公安局、市人民法院、市人民检察院关于严重损害司法权威、社会诚信违法犯罪行为处置工作情况报告。跟踪监督法院执行工作报告审议意见的落实情况。对5位法官履职情况进行评议。开展市水利局、市卫生计生局、市市场监管局评议工作。着力发挥代表主体作用。狠抓代表建议督办，市十六届人大一次会议代表提出的506件建议的结办率和答复率均为100%，满意和基本满意率达94.9%，开展不满意件二次办理。丰富代表活动，实现代表联络站和1303名人大代表进站市域全覆盖，开通代表监督政府工作、反映社情民意的“网络直通车”，建立市人大代表列席常委会会议制度，组织1200多名代表参与“剿灭劣Ⅴ类水、人大代表在行动”主题监督活动，370多名代表负责监督民生实事项目。着力提高人大工作水平，重视机关党建工作和干部培养，成立市人大常委会机关党委，2017年8名人大干部得到提拔任用。健全工作制度，修订常委会、主任会议议事规则，制定《政府民生实事人大代表票决项目监督暂行办法》《瑞安市人民代表大会代表约见国家机关负责人暂行办法》《关于完善全市各级人大代表联系人民群众制度的实施意见》，出台《关于建立街道民主议政会议制度的指导意见》。报告提出2018年常委会工作的总体要求和主要任务。

代表在审议中认为：市人大常委会围绕“加快融合发展、打造至美瑞安”的战略目标，精准定位，认真履职，有效地行使地方国家权力机关职权，有力推动瑞安市经济社会发展与民主法治建设。同时，对讨论、决定重大事项制度还需进一步健全，监督工作的精准度和实效性还需进一步加强，代表参政议政能力还需进一步提升等方面的工作提出意见和建议。

会议通过决议，批准市人大常委会工作报告。决议要求，市人大常委会要高举习近平新时代中国特色社会主义思想伟大旗帜，全面贯彻党的十九大精神，按照市委十四届四次全会总体部署，牢牢把握新时代人大工作的正确方向，全面履行宪法和法律赋予的职权，加快推进民主法治建设，加强和改进人大监督机制，充分发挥代表主体作用，着力提高人大工作水平，为加快融合发展、打造至美瑞安，冲刺高水平全面建成小康社会作出新的贡献。

三、第三次会议

第三次会议听取和审议市人大常委会主任叶建辉所作的《瑞安市人民代表大会常务委员会工作报告》。2018年，市人大常委会共召开常委会会议8次、主任会议18次，听取和审议专项工作报告35个，做出决议、决定9项，依法任免国家机关工作人员69人次。回应代表关切，切实增进人民群众福祉。将“加快农村饮用水安全工程建设，助力瑞安市全面建成小康社会”议案办理作为一号监督议题，推动议案办理落地见效。2018年共有10多万群众喝上了干净卫生的自来水，《浙江人大信息》《人民代表报》《浙江日报》相继作了专题报道。城市有机更新议案办理有序推进，跟踪监督邮电北路、沿江新村、西门等六大重点团块改造，推动审议意见逐项整改落实。监督推动十大民生实事项目落地，2018年政府十大民生实事30个子项目总体实施质量较好。指导和推动乡镇街道民生实事项目票决制实现全覆盖。紧扣中心工作，服务改革发展稳定大局。听取和审议“十三五”规划纲要实施中期评估报告和2018年上半年计划执行情况的报告；专项监督“最多跑一次”改革工作；联动开展“助推营商环境提升人大代表在行动”主题监督活动，对企业上市培育、省工业强市创建、科学技术进步工作开展专题监督。跟踪监督PPP项目实施情况，推动市政府出台《瑞安市PPP项目规范化管理办法》。开展固废污染防治“一法一条例”执法检查；跟踪监督“剿灭劣Ⅴ类水”行动，推动市政府健全长效机制。开展市人力社保局、市综合行政执法局、市税务局工作评议；跟踪监督上一年度被评议部门评议意见整改落实情况，切实提高评议工作实效。加强法律监督，开展《中华人民共和国建筑法》《浙江省学前教育条例》执法检查；依法首次听取市监察委员会工作报告；深入开展严重损害司法权威，社会诚信违法犯罪行为处置工作监督；开展社区矫正工作专项监督，推动执法监管；对4名检察官进行履职评议。全年备案审查市政府规范性文件24件，督办涉法涉诉重点信访件21件。强化服务保障，提升代表工作水平。重视代表建议办理，组织代表对10家建议承办部门现场评议和满意度测评。十六届人大二次会议共收到代表建议477件，满意和基本满意的共458件，占96.02%，对不满意件进行“回头看”。标准化、规范化全面提升34个代表联络站建设。建立街道民主议政会议制度，推荐产生议政代表697名，召开民主议政会议，听取乡镇街道工作报告，实施民生实事项目选票。坚持与时俱进，切实增强履职行权能力。健全常委会党组理论学习中心组和机关干部学习制度。出台加强人大调查研究工作意见，举办“人大讲坛”，增强人大干部法治素养和业务水平。出台《关于加强人大宣传信息工作的意见》，连续6年获评省人大信息工作先进单位。报告提出2019年常委会工作的总体要求和主要任务。

代表在审议中认为：市人大常委会坚持围绕中心、服务大局，认真履行宪法法律赋予的职责，充分发挥地方国家权力机关作用，加快推进瑞安市经济社会发展和民主法治建设。同时，对讨论决定重大事项职权行使还不够充分，监督工作的实效性还需进一步加强，代表参政议政的形式和内容还需进一步丰富，代表培训、联系还需进一步强化等方面的工作提出意见和建议。

会议通过决议，批准市人大常委会工作报告。决议要求，市人大常委会全面贯彻落实习近平总书记关于坚持和完善人民代表大会制度的重要思想，按照市委十四届六次全会总体部署，牢牢把握新时代人大工作的正确方向，更加有效地行使宪法和法律赋予的各项职权，着力推进民主法治建设，着力增强监督工作实效，着力促进代表作用更好发挥，推动瑞安市人大工作高质量发展，为加快融合发展、打造至美瑞安作出新的贡献。

四、第四次会议

第四次会议听取和审议市人大常委会主任叶建辉所作的《瑞安市人民代表大会常务委员会工作报告》。2019年，市人大常委会共召开常委会会议11次、主任会议22次，听取和审议专项工作报告17个，作出决议、决定6项，依法任免国家机关工作人员336人次，充分发挥地方国家机关工作人员的职能作用。确保正确政治方向。把政治建设摆在首位，开展"不忘初心、牢记使命"主题教育，坚决贯彻市委重大决策部署，围绕市委中心工作安排监督议题，充分发挥常委会党组核心作用。聚焦实体经济发展。开展促进民营经济高质量发展专题监督，提出创新金融服务、优化营商环境、强化用地保障、深化创新驱动等审议意见，并督促落实；开展工业用地有效供给、扶工政策资金绩效情况专项监督；跟踪监督"最多跑一次"改革和企业上市工作。开展"人大代表助力乡村振兴"主题监督，提出意见建议207条。强化财经审查监督，听取和审议全市国有资产管理情况综合报告及企业国有资产管理情况专项报告，保障经济转型发展。切实增进民生福祉。高度重视本届以来三次大会议案的督办工作。督办养老服务建设议案，推动市政府制定出台《养老服务体系建设三年行动计划》。紧盯农村饮用水安全工程建设议案办理，168个村的集镇供水和118个村的农村供水工作全部完成。持续监督城市有机更新议案办理，6个团块拆改项目成效显著。市人大会议票决制确定的十大民生实事项目圆满完成，全市乡镇（街道）128个民生实事项目有效落实。学前教育、基层医疗卫生建设、食品安全、居民用气等热点民生问题得到改善。优化法治环境。开展食品药品和环境保护领域违法犯罪行为处置工作专项监督，切实维护公共利益；开展《全民健身条例》执法检查；启用专题询问监督手段，督促整改固废污染防治"一法一条例"执法检查审议意见指出的问题，推动病死动物无害化处理设施修缮，落实医疗废弃物"48小时回收制"，实现一般固废规范化、集中化处置。开展市发改局、市教育局、温州市生态环境局瑞安分局工作评议；跟踪监督市综合行政执法局评议意见落实情况，增强评议实效。组织开展"国家宪法日"系列宣传活动；加强涉法涉诉信访件督办工作，全年共办理信访督办件47件；审查市政府规范性文件17件。发挥代表作用。组织112名代表参加履职培训，200多人次参与各类监督活动。建成温州市首家县级人大代表联络总站，推进全市34个代表联络站规范化建设，优化履职平台建设。落实各项制度，强化代表主体地位。常委会加强自身建设，完善组织和制度建设，增设社会建设工作委员会，修订完善《瑞安市人大常委会讨论决定重大事项规定》和《瑞安市人大常委会组成人员守则》，努力提高履职能力和工作水平。报告提出2020年常委会工作的总体要求和主要任务。

代表在审议中认为：市人大常委会紧扣中心大局，依法履职行权，积极推进新时代人大工作高质量高水平发展。同时，对调查研究的形式和方法还需进一步改进，监督的精准性、时效性还需进一步提高，与代表和人民群众联系有待进一步紧密等方面的工作提出意见和建议。

会议通过决议，批准市人大常委会工作报告。决议要求，市人大常委会要按照省委、温州市委和瑞安市委人大工作会议以及市委十四届八次全会部署，行使宪法和法律赋予的各项职权，坚持以人民为中心，服务改革发展大局，促进民生福祉改善，推进民主法治建设，发挥代表主体作用，推动新时代瑞安市人大工作高质量高水平发展，为加快打造“产城人”融合发展的至美瑞安，高水平全面建成小康社会作出更大贡献。

五、第五次会议

2021年2月23日，市人大常委会主任叶建辉在市第十六届人民代表大会第五次会议上作市人大常委会工作报告

第五次会议听取和审议市人大常委会主任叶建辉所作的《瑞安市人民代表大会常务委员会工作报告》。2020年，市人大常委会共召开常委会会议7次、主任会议14次，听取和审议专项工作报告35个，作出决议、决定14项，依法任免国家机关工作人员206人次，顺利完成了市十六届人大四次会议确定的各项任务。把牢正确政治方向。坚持不懈以党的最新理论武装头脑，接受党对人大工作的全面领导，加强宪法和人大制度宣传。助推经济高质量发展。跟踪监督民营经济高质量发展审议意见落实情况，提出进一步优化营商环境、破解融资难融资贵问题、落实解忧纾困政策措施等建议；持续监督工业用地有效供给、财政扶工政策资金绩效等专项工作；跟踪监督乡村产业发展情况，推动市政府编制完成《瑞安市乡村产业发展规划》。开展数字经济引领实体经济发展专项监督，提出加快实体经济与数字经济深度融合、推进新型基础设施建设等审议意见，助推培育经济发展新动能。加强部门预算审查监督，确定10个部门进行重点审查，并对滨海新区、市文旅体中心2020年预算草案进行公开听证，提升预算编制精细化和科学化水平；审查和批准地方财政决算、政府债务以及2020年抗疫特别国债等资金预算调整方案。专题听取瑞安市行政事业性国有资产管理情况报告。推进依法治市进程。开展市人民检察院认罪认罚从宽制度实施情况专项监督；跟踪监督食品药品环境保护领域违法犯罪行为处置审议意见落实情况；作出《关于加强检察公益诉讼工作的决定》。开展市交通运输局、市农业农村局、市文广旅体局工作评议，推动解决群众关切的重点难点

热点问题。首次听取、审议法治政府建设情况报告，促进政府提升依法行政水平；开展海洋环境保护“一法一条例”、《中华人民共和国公共文化服务保障法》执法检查；备案审查市政府规范性文件22件。维护群众切身利益。重点督办集云山公园建设议案；持续监督养老服务业发展议案、农村饮用水安全工程议案、城市有机更新议案办理。聚焦公共卫生安全，听取和审议关于新冠疫情应急处置工作报告，提出优化资源配置、夯实基层基础等审议意见；开展野生动物保护工作专项监督；听取审议2019年环境状况和环境保护目标完成情况的报告。力促路面养护、交通治堵、老旧小区改造等民生实事项目落实。激发代表履职热情。市十六届人大四次会议以来的482件代表建议全部办结，满意率达95.64%。建成投用市人大代表联络总站，完善全市代表联络站“1+X+34”格局。组织轮训代表128名，安排220多人次代表参与视察调研和执法检查。报告提出2021年常委会工作的总体要求和主要任务。

代表在审议中认为：市人大常委会认真履行宪法和法律赋予的职权，充分发挥人大在民主法治建设第一线的职能作用。同时，对深入监督、精准监督有待强化，代表履职的平台和渠道需进一步拓展，常委会组成人员的履职能力和工作激情需进一步调动，乡镇（街道）人大工作整体水平需进一步提升等方面的工作提出意见和建议。

会议通过决议，批准市人大常委会工作报告。决议要求，市人大常委会深入学习贯彻习近平法治思想，按照省委、温州市委和瑞安市委人大工作会议精神，结合市委十四届十次全会部署，更好发挥人大政治优势、制度优势、职能优势、组织优势、智治优势，聚焦中心大局、聚情民生关切、聚力担当作为、聚合代表力量，忠实履行宪法法律赋予的各项职权，为瑞安市高水平打造“青春都市·幸福瑞安”、争当社会主义现代化先行标兵作出人大应有的贡献。

第五节　听取、审议法院工作报告

一、第一次会议

第一次会议听取和审议市人民法院院长鞠海亭所作的《瑞安市人民法院工作报告》。2012—2016年，市人民法院共办结各类案件128667件，同比前五年上升93.45%。2016年，一线法官人均结案数达354.39件。五年来，市人民法院荣立集体二等功，并先后荣获全省优秀法院、省级文明单位等21项省级以上称号。主动服务改革发展大局，加强经济、社会、行政审判工作。审结商事案件31738件。审结民间借贷案件13064件，金融纠纷案件9427件，集资诈骗、非法吸收公共存款等涉众型经济犯罪38件，破产案件116件。强化环境资源和知识产权司法保护，审结污染环境犯罪案件73件，判处被告人93名，审结著作权、商标权和不正当竞争纠纷案件1399件。促进依法行政，审结行政案件646件，审结行政机关申请强制搬迁、拆除违法建筑、环境保护案件2724件，有力保障中心工作依法推进。市人民法院把维护社会稳定作为首要政治任务，坚持宽严相济惩治犯罪。五年来共审结刑事案件12676件，判处罪犯18010人，判处缓刑、管制等非监禁刑5013人，判处未成年人缓刑193人。审结故意伤害、抢劫、绑架、强奸、涉黑涉毒犯罪案件1862件，审结涉及“地沟油”等生产销售有毒有害食品犯罪案件83件。持续保持反腐高压态势，审结贪污、贿赂、渎职等职务犯罪76件，判处被告人98名，判处行贿犯罪被告人17名。多渠道化解矛盾纠纷，诉前化解各类纠纷5112件。完善司法服务，严格落实立案登记制，当场登记立案率超过99%。推进新型诉讼服务，实现线上线下诉讼服务。运用“移动数字法庭”开展巡回审判，依法适用简易程序、小额诉讼程序审结案件48475件。审结一审民事案件22711件，调解撤诉率达60.28%。推进家事审判改革，审理婚姻家庭、继承、赡养、扶养等案件8007件，颁发人身安全保护令13份，依法保护未成年人、妇女、老年人合法权益。维护劳动者权益，审结拖欠农民工工资等劳动争议案件3978件，兑现工资、福利等9500余万元。加大司法救助力度，为当事人缓、减、免交诉讼费105.4万元，发放救助金107.7万元。全力破解执行难题，接收执行案件56180件，执结53897件，执行到位66.06亿元。深化司法体制改革，推进庭审实质化改革，完善法庭质证规则和证据裁判规则，改革经验受到中央政法委充分肯定。推进审判流程、庭审活动、裁判文书、执行信息公开、案款缴退平台建设。坚持从严治院，组织开展办案能手和每月之星评选表彰活动，全院获评省级以上先进集体7个、先进个人27名。主动接受监督，梳理两会代表委员意见建议148条，开展“律师评法官”活动，召开新闻发布会32次，人民陪审员参与一审普通程序案件20824件，陪审率达96.06%。报告提出今后五年法院工作的总体思路和主要任务。

代表在审议中认为：五年来，市人民法院以“打造品质之城，建设幸福瑞安”为使命，牢牢把握司法为民、公正司法工作主线，忠实履行宪法法律赋予的职责，各项工作取得新的发展，获全省优秀法院、省级文明单位等称号。同时，对服务保障发展大局的司法职能作用有待进一步拓展，执行联动机制有待进一步完善，法官队伍职业素养还需进一步提升等方面的工作提出意见和建议。

会议通过决议，批准市人民法院工作报告。决议要求，市人民法院要紧密团结在以习近平同志为核心的党中央周围，全面贯彻落实瑞安市第十四次党代会精神，忠实履行宪法和法律赋予的各项职责，坚持司法为民，全面深化司法体制改革，全面从严治院，着力提升司法公信力，维护社会大局稳定，努力让人民群众在每一个司法案件中都感受到公平正义，为加快融合发展、打造至美瑞安提供更加有力的司法保障。

二、第二次会议

第二次会议听取和审议市人民法院院长鞠海亭所作的《瑞安市人民法院工作报告》。2017年，市人民法院共受理各类案件33949件，审结33710件，审结数同比上升20.35%，一线法官人均结案438.08件。审结刑事案件2157件，严惩危害社会治安犯罪，其中故意杀人等严重暴力犯罪案件22件，侵犯财产犯罪案件642件，公安部督办特大通信网络诈骗犯罪案件2件。化解申诉信访案件11件，化解诉前纠纷2245件，涉及标的额2.85亿元。服务党政中心工作，护航社会经济发展，审结行政诉讼案件201件，审查行政非诉执行案件471件，裁定准予执行458件，诉前化解行政纠纷76件。审结污染环境罪案件14件，非法捕捞水产品罪13件，破产案件101件。审结金融、买卖、承揽、租赁等纠纷案件5401

件，审结各类知识产权案件1195件。司法助推诚信建设，审结虚假诉讼犯罪4件，追究10人刑事责任。惩戒执行失信，各平台发布失信被执行人名单6713例，拘留失信被执行人918人次。诚信建设成绩显著，“瑞安做法”在新华社等国家级媒体宣传报道并在全国推广。全年受理执行案件15319件，办结14941件，同比上升45.16%和49.66%，开展执行攻坚四大行动，执行到位金额21.06亿，促成4976名被执行人自动履行义务或达成和解协议。新收一审民商事案件14454件，审结14721件，同比上升14.09%和12.34%。精审婚姻家庭、继承纠纷案件1611件，充分保障老人、妇女、儿童的合法权益。审结劳动争议案件577件，为劳动者追回合法收入1403万元。发放司法救助金73.23万元。建立“大立案、大服务、大调解”机制，为当事人提供一站式信息化诉讼服务。深化司法体制改革，推进员额制改革，落实办案责任制，健全员额法官职务序列。开展以审判为中心的刑事诉讼制度改革和“智慧法院”建设。加强队伍建设和先进典型引领，市人民法院陈万敏荣膺全省“最美公务员”称号，强化队伍监督管理和培训教育。自觉接受人大政协监督，认真办理人大建议、政协提案，贯彻落实市人大常委会关于执行工作的审议意见和员额法官履职评议意见整改工作。报告提出2018年法院工作思路和主要任务。

代表在审议中认为：市人民法院把握司法为民、公正司法工作主线，忠实履行宪法法律赋予的职责，各项工作取得新的进步。同时，对法院队伍建设依然需要深化加强，案多人少矛盾依然存在，司法体制改革部分配套制度尚需深化落实等方面的工作提出意见和建议。

会议通过决议，批准市人民法院工作报告。决议要求，市人民法院要高举习近平新时代中国特色社会主义思想伟大旗帜，全面贯彻党的十九大精神，按照市委十四届四次全会总体部署，履行宪法和法律赋予的各项职责，坚持司法为民、公正司法，深化司法体制改革，全面从严治院，以一流的业绩持续提升司法公信力，致力维护社会公平正义，为加快融合发展、打造至美瑞安提供强有力的司法保障。

三、第三次会议

第三次会议听取和审议市人民法院院长鞠海亭所作的《瑞安市人民法院工作报告》。2018年，市人民法院新收各类案件34317件，办结35129件，同比上升1.09%和4.21%，收、结案数量均居全省基层法院第七位。一线法官人均结案440.21件，高出全省法院平均值84.62件。履行审判职能，维护社会公平正义。受理一审刑事案件1990件，审结1972件。审结故意杀人、故意伤害、抢劫、强奸等严重暴力犯罪197件261人，抢夺、盗窃、诈骗等普通侵犯财产犯罪596件990人。审结涉黄涉赌涉毒犯罪404件679人，聚众斗殴、寻衅滋事等犯罪81件152人，推进扫黑除恶专项斗争工作。化解民商纠纷。受理一审民商事案件15576件，审结15797件。审结金融纠纷案件4657件，涉案标的26.25亿元。审结不动产纠纷案件663件，涉案标的3.31亿元。助推法治政府建设。受理一审行政诉讼案件169件，审结168件。调解行政诉讼案件或撤诉结案52件。服务中心工作，护航城市高质量发展。审结企业纠纷案件245件，各类知识产权案件910件，审结涉外商事案件71件。完善破产案件常态化受理和简化审机制，裁定受理破产案件293件，审结219件，收、结案均继续稳居全国基层法院首位。破产简化审的经验被最高人民法院信息简报刊发推广，并在第九届中国破产法论坛上作主题经验交流。审结污染环境罪案件8件，制发全省首份海洋生态修复令并监督罪犯投放鱼苗的做法被写入2018年浙江环境资源审判白皮书，入选浙江省法院环境资源审判十大典型案例。深化家事审判改革，出台未成年人权益代表人制度，诉前化解家事纠纷214件，审结家事案件1585件。提升司法便民服务，网上立案达14337件，网上庭审系统开庭6次，为困难当事人发放司法救助金101.6万元。深化执行工作机制改革，新收执行案件14732件，结案15399件，执行到位金额23.79亿元。发布失信被执行人信息13364人次，限制消费22970条次。落实司法责任制。出台《关于各类司法职责清单的规定》，制定《专业法官会议操作规程》，编撰《新型审判权运行机制制度汇编》，规范司法办案和审判权力运行。完善审判权运行机制，深化证人出庭作证制度，严格执行涉黑恶势力、强迫交易等20类危害社会管理秩序犯罪的逮捕规定，严控缓刑适用，出台《关于在审判执行工作中发现犯罪嫌疑移送侦查的若干规定（试行）》。推进民商事案件繁简分流改革，一审适用简易程序结案11575件，当庭裁判率79.78%。多元化解矛盾纠纷，诉前化解纠纷2361件，诉前化解率14.67%。提升队伍建设，开展“清廉司法·清正风纪”专项活动及百案廉政大回访，巡查院风院貌26次。依托高校举办干警素质能力提升研修班。自觉接受人大政协和社会监督，办理10件人大代表建议、政协委员提案。贯彻落实市人大常委会审议意见，抓好电视新闻等法治宣传教育，加大司法公开力度。报告提出2019年法院工作思路和主要任务。

代表在审议中认为：市人民法院突出围绕中心、服务大局，坚持司法为民、公正司法，忠实履行宪法法律赋予的职责，各项工作取得新的进展。同时，对司法改革有待进一步深化，新的审判质量监督机制需建立健全，队伍职业保障水平仍需提高等方面的工作提出意见和建议。

会议通过决议，批准市人民法院工作报告。决议要求，市人民法院要忠实履行宪法和法律赋予的职责，坚持司法为民、公正司法，努力让人民群众在每一个司法案件中感受到公平正义，深化全面从严治院，着力增强司法能力，推动瑞安市司法事业高质量发展，为加快融合发展、打造至美瑞安提供更加坚实的司法保障。

四、第四次会议

第四次会议听取和审议市人民法院代院长胡丕敢所作的《瑞安市人民法院工作报告》。2019年，市人民法院办结各类案件31926件，一线法官人均结案数400件，高出全省基层法院平均数64件。审结涉民营企业案件4744件，结案标的额22.6亿元。审结买卖、租赁等合同纠纷案件3414件，结案标的额7.6亿元。审结知识产权民事案件432件、刑事案件64件。新收破产案件136件，审结186件（含旧存）。编纂出版发行《维护金融安全的破产审判路径》。审结民间借贷案件3210件，收案标的额17.2亿元。审结金融纠纷案件2248件，执结金融债权案件1624件，到位金额达3.7亿元；通过破产核销32.1亿元，合计化解不良资产达35.8亿元。审结行政诉讼案件499件，化解行政诉讼案件351件，调撤率达71.1%。依法严惩刑事犯罪，从重从快办结涉黑涉恶案件18件138人，判处5年以上有期徒刑52人。审结刑事案件2125件，判处被告人3521人，审结严重暴力犯罪以及涉枪、涉爆、涉毒犯罪案件187件，涉众型经济犯罪案件60件。审结贪污、贿赂犯罪案件16件。加强人权司法保障，健全证人出庭作证机制，推进认罪认罚从宽制度改革，简化庭审程序和裁判文书，坚持宽严相济刑事政策。践行司法为民，保障群众合法权益。推进诉源治理，创新法院调解工作，诉讼服务中心建成，入驻社会治理综合服务中心，完善一站式递进分层解纷机制。全年诉前成功化解纠纷3367件，诉前纠纷化解率为22.1%，民事调解自动履行率达62.9%。设立12个乡镇法庭巡回审判点，就地化解矛盾纠纷。严格落实立案登记制，现场登记立案27980件，当场立案率达99.9%，实行网上立案12176件。关切民生权益侵害问题，审结医患纠纷、人身损害赔偿、产品责任等案件196件，审结土地使用权、建设工程、商品房买卖等案件345件。为困难当事人发放司法救助金102.2万元。聚力破解“执行难问题”，建立“自动履行为主、强制执行为辅”的长效机制。全年审结执行案件13320件，同比下降13.5%；执行到位金额15.6亿元，实际执行率59.7%。发布失信名单8435人次，限制消费10417人次，限制出入境2445人次，司法拘留867人次，判决拒执犯罪案件10件13人。深化司法体制改革，推进审判能力建设。突出专业庭室建设，召开专业法官会议120余次，促进自由裁量权规范行使。创设员额法官自律管理委员会，提升司法能力。推进民商事案件繁简分流，快审快结各类案件5737件，法官人均结案数达637件。多元化解家事纠纷，审结家事纠纷1526件，调解、撤诉1047件，调撤率达74.3%。推进司法服务信息化水平，真正实现掌上网际与司法办案的互联互通。强化严管严治，提升法院队伍素质。开展“质量建设年”“作风建设年”活动，举办干警素质能力提升研修班和“调解与裁判”为主题的法苑论坛。出台《干警负分管理考核办法》，开展司法巡查24次。自觉接受各界监督。接受市人大常委会对食药环保领域违法犯罪行为处置的专项评议，认真贯彻审议意见并抓好整改落实。高度重视代表建议、委员提案办理，按期办结建议2件、提案4件。主动接受社会监督，完善司法公开流程。报告提出2020年法院工作思路和主要任务。

代表在审议中认为：市人民法院围绕“努力让人民群众在每一个司法案件中感受到公平正义”目标，忠实履行宪法和法律赋予的职责，各项工作取得新成效。同时，对司法为民理念有待进一步强化，司法能力有待进一步提升，纪律作风有待进一步加强等方面的工作提出意见和建议。

会议通过决议，批准市人民法院工作报告。决议要求，市人民法院要忠实履行宪法和法律赋予的职责，着力深化“四项建设”，切实增强司法能力，致力维护社会公平正义，勇当新时代司法为民、公正司法排头兵，为推进县域治理现代化和高水平全面建成小康社会提供更加有力的司法保障。

五、第五次会议

第五次会议听取和审议市人民法院院长胡丕敢所作的《瑞安市人民法院工作报告》。2020年，市人民法院共新收各类案件30132件，办结30275件，一线法官人均结案数393件，高出全省基层法院均值52件。服务全市大局，保障经济社会高质量发展。推行“在线司法”新模式，网上立案18311件，云上审结2007件，掌上执行6313件，确保审判执行不停摆。保障法治营商环境，审结金融借款、民间借贷案件3905件，涉案资金16.9亿元。审结非法吸收公众存款、电信网络诈骗等犯罪83件234人，责令追缴违法所得共3.4亿元。加强知识产权和非物质文化遗产保护，审结知识产权案件669件。全年办结破产案件187件，审结破产衍生诉讼案件219件，化解金融不良债权56.5亿元。严惩各类犯罪，全年审结刑事案件1597件，判处被告人2421人，同比分别下降6.4%和11.8%。审结涉黑恶案件51件，判处黑恶犯罪分子265人，判处5年有期徒刑以上的77人。执行黑财清底到位5965万元，财产刑执行到位率达95.6%。审结严重暴力犯罪以及涉枪、涉爆、涉毒犯罪案件105件223人，实刑率达97.9%。全年审结行政诉讼案件272件，同比下降45.5%，促成行政案件调解、撤诉150件，调撤率达55.2%。加大执行力度，共建信用瑞安，全年执结各类执行案件12683件，执行到位金额14.7亿元。纳入失信“黑名单”5970人，限制高消费6107人，限制出入境3213人，追究拒执刑事责任20人。深化诉源治理工作，推进一站式多元解纷和诉讼服务，共诉前化解纠纷5872起，化解率达43.2%，同比上升21%，市人民法院获评“全省法院诉源治理成绩突出集体”。强化民生权益保障，全年审结民事案件4141件，依法审结全省首例高空抛物危害公共安全案，判处被告人有期徒刑三年，为涉诉困难当事人发放司法救助金143.6万元。创新便民利民举措，落实立案登记制，当场立案率达99.8%。推广“移动微法院”“e键送达”应用，开展巡回审判和法官下基层司法服务。落实司法责任制改革，院庭长带头办结案件8034件，占员额法官办案数的44.4%。建立类案强制检索机制，开展积案清理和“劣质文书清剿”专项行动，评查案件1814件。推动证人出庭作证常态化，刑事案件律师辩护全覆盖，认罪认罚从宽制。审结婚姻、继承等家事纠纷1356件，发出“人身安全保护令”23份。深化智慧法院建设，智能送达率达100%，实现电子卷宗归档案件1.3万件，上网裁判文书2.3万余份，网络直播庭审9142次，获评“全国优秀直播法院”。加强队伍建设，举办“法匠课堂”7期，民法典学习培训39期，建立青年干警调研人才库。认真落实司法巡查、经济责任审计反馈的整改意见，设立司法监督专员，强化纪律作风日常巡查。自觉接受人大及社会各界监督，认真落实市人大常委会关于食品药品环境保护领域违法犯罪行为处置工作整改落实情况的审议意见，广泛接受社会监督，开展“法伴成长”等7次主题“公众开放日”活动，举行4场新闻发布会。报告提出2021年法院工作思路和主要任务。

代表在审议中认为：市人民法院统筹推进疫情防控与执法办案，各项工作取得新进展。审判执行质效核心指标得分继续位居温州基层法院前列。同时，对司法服务保障与新时代瑞安发展的要求仍有差距，改革创新和便民利民举措有待进一步深化，司法服务能力与审判体系和审判能力现代化建设的要求仍存不足，队伍执行力有待进一步提升等方面的工作提出意见和建议。

会议通过决议，批准市人民法院工作报告。决议要求，市人民法院要深入学习贯彻习近平法治思想，按照市委十四届十次全会部署，忠实履行宪法和法律赋予的职责，更加注重系统观念、法治思维、强基导向，坚持司法为民、公正司法，以争创“新时代一流法院”为目标，推进瑞安法院工作高质量发展，为瑞安市高水平打造“青春都市·幸福瑞安”、争当社会主义现代化先行标兵提供更加有力的司法保障。

第六节　听取、审议检察院工作报告

一、第一次会议

第一次会议听取和审议市人民检察院检察长宣章良所作的《瑞安市人民检察院工作报告》。2012—2016年，市人民检察院共批准逮捕各类刑事案件犯罪嫌疑人9958人，提起公诉18154人。其中，批准逮捕严重刑事犯罪979人，提起公诉1085人。批准逮捕涉黑涉恶犯罪328人，提起公诉489人。批准逮捕盗抢骗等犯罪3479人，提起公诉4542人。有罪不捕1337人。对达成和解的轻微刑事案件，不起诉1895人。对不构成犯罪的不批准逮捕28人，不起诉40人；对证据不足的不批准逮捕416人，不起诉118人。共批准逮捕破坏环境资源、危害食品药品安全、生产销售伪劣产品等犯罪140人，提起公诉302人。批准逮捕电信诈骗类犯罪17人，提起公诉31人。查办民生领域职务犯罪48人，渎职犯罪10人。护航非公经济发展。批准逮捕危害非公经济发展犯罪103人，提起公诉223人。批准逮捕破坏金融安全犯罪44人，提起公诉47人。不批准逮捕罪行较轻的涉税类犯罪嫌疑人51人，不起诉239人。推进乡镇检察室建设，延伸法律监督触角，打造老百姓“家门口的检察院”。五年间，立案查办职务犯罪125件160人。追逃抓捕在逃职务犯罪嫌疑人15人，劝返逃往境外涉案人员2人。组织职务犯罪预防讲座50余场，8000余人次接受教育。提供行贿犯罪档案查询服务3724次。监督侦查机关立案82人，追捕79人，追诉39人，其中判处10年以上有期徒刑的6人。对不应当立案而立案的，监督撤案14人。提出刑事抗诉53件，法院改判23件。提请民事抗诉27件，提出再审检察建议12件，法院改判27件。移送公安机关虚假诉讼刑事立案6件28人，涉案金额3000余万元。纠正提请减刑、假释、保外就医不当24件。督促整改民事执行问题41项。推进司法改革，遴选出员额检察官47名，检察官助理75名。制定29个岗位说明书，明确工作责任、量化办案标准。创新工作机制，建立涉案未成年人双向保护机制，61名未成年人通过附条件不起诉重归社会。开展“法治进校园”活动，制作法治微电影3部、举办法治教育巡讲100余场。建立新收押人员当日检察官面谈制度，检察官面谈1.6万余人，解决执法规范、权益保障、医疗条件等方面的问题7168个。共发送检察建议50余份，挽回国家经济损失5000余万元。职务犯罪预防约谈175人次。组织逮捕案件公开审查、不起诉案件公开宣告、刑事申诉案件公开审查等听证会55场。邀请人大代表、政协委员和社会各界人士200余人次视察和评议检察工作。提请人民监督员监督评议案件25件27人，评议意见均予以采纳。报告提出今后五年检察院工作的总体思路和2017年重点抓好的四个方面工作。

代表在审议中认为：五年来，市人民检察院以高水平推进检察工作为目标，以规范理性文明司法为指引，围绕瑞安市经济社会发展大局，全面履行法律监督职能，各项工作取得新成效，获评“全省先进检察院”“全国先进基层检察院”“全国模范检察院”等称号。同时，对服务大局的措施有待进一步深化实化，法律监督有待进一步强化，检察队伍专业化职业化有待进一步提升等方面的工作提出意见和建议。

会议通过决议，批准市人民检察院工作报告。决议要求，市人民检察院要紧密围绕在以习近平同志为核心的党中央周围，忠实履行宪法和法律赋予的各项职责，全面贯彻落实瑞安市第十四次党代会精神，坚持司法为民，全面深化司法体制改革，强化法律监督，全面从严治检，推进瑞安检察工作高水平发展，为加快融合发展、打造至美瑞安提供更加有力的司法保障。

二、第二次会议

第二次会议听取和审议市人民检察院检察长宣章良所作的《瑞安市人民检察院工作报告》。2017年，市人民检察院共审查逮捕各类刑事案件1508件2026人，审查起诉案件2656件3900人。批准逮捕严重刑事犯罪案件135件152人，提起公诉105件181人。对达成和解的刑事犯罪嫌疑人，不批准逮捕147人，不起诉268人。受理办结涉检来信来访161件，息访息诉5件。依法起诉公安部挂牌督办的“涉外电信网络诈骗案”“蜂胶胶囊诈骗案”犯罪嫌疑人205人。严惩“口水油”等危害食品药品安全犯罪，8家火锅店30名经营者因回收使用废弃火锅底料被提起公诉。推进检务办事“最多跑一次”改革，让群众“不跑腿”和“零上门”。护航非公经济，批准逮捕妨害企业正常生产经营的犯罪嫌疑人53人，提起公诉79人。起诉侵犯知识产权犯罪嫌疑人24人。监督公安机关立案并被判决14件16人，1人被判处10年以上有期徒刑。纠正漏捕案件被判决3件3人。发出纠正违法通知11份，检察建议7份。监督公安机关对6名涉嫌非法捕捞水产品的犯罪嫌疑人立案侦查，被作有罪判决。提出刑事抗诉案件11件，改判5件。审查提请减刑申请68人，审查减刑裁定61人，纠正减刑不当1人。建议办案机关变更强制措施21人。加强社区矫正监督，参与联合执法检查和收监评议14次。监督法院对25名被判处实刑尚未执行的罪犯及时予以执行。检察官面谈犯罪嫌疑人3512人，妥善处理在押人员反映的诉求500余次。移送公安机关涉嫌虚假诉讼犯罪线索4件，6名犯罪嫌疑人均被判处有期徒刑。提出民事抗诉4件并被改判，涉案金额达2800余万元。监督行政执法案件152件。推进以司法责任制为核心的司法体制改革。完善检察官权力清单，将6项不捕、不诉决定权授予员额检察官行使。制定轻微刑事案件不捕、不诉工作指引，规范不捕、不诉案件办理。推进内设机构改革，将13个内设机构精简为10个。开展庭审实质化改革试点工作。出台《关于刑事案件诉前会议的若干规定》，通过诉前会议，充分听取侦查人员、律师意见，提供办案指导8件14人，诉前过滤后不起诉2件11人，监督补充证据1件1人。完善重大社会影响案件不捕公开听证、不起诉案件公开宣布机制，邀请人民监督员、人大代表等参加公开听证会6次，深入村居公开宣布不起诉案件12件。开展重大刑事案件讯问合法性核查8件。配合国家监察体制改革，22名检察人员按时转隶至监察委。受理监察委移送职务犯罪案件5件6人，均已提起公诉，判决3件3人。探索刑事侦查监督新机制，在塘下镇鲍田派出所设立全省首家检察工作站，在刑事案件高发的城乡结合部设立员额检察官联络点，形成监督触角网络新格局。抽查刑事案件36件，巡查接警中心、物证室、办案区等重点区域55次，引导侦查重大复杂刑事案件8件。对37名涉罪未成年人开展人格甄别，其中13名被作相对不起诉，16名被作附条件不起诉，8人被起诉。开展恢复性司法新实践，探索“司法+生态修复补偿”和“醉驾”案件实行购买公益服务落实不起诉办案模式。对滥伐林木、非法捕捞水产品、非法采砂等破坏环境类犯罪案件开展和完成生态修复补偿5件13人。对4名危险驾驶犯罪嫌疑人在经过不起诉帮教考察程序后，3人被作不起诉处理，1人被提起公诉。全面提升队伍综合素养。扎实开展“两学一做”学习教育。干警参加各类业务和综合素能提升培训41批285人次。接受人民监督员评议案件9件10人。报告提出2018年检察院工作思路和重点抓好的四个方面的工作。

代表在审议中认为：市人民检察院忠实履行法律监督职责，各项检察工作取得较高水平的发展，获评全省先进基层检察院。同时，对法律监督作用发挥的充分性、精准性有待进一步提升，司法权力运行机制的实效性、公正性有待进一步完善，检察队伍的职业化、专业化有待进一步加强等方面的工作提出意见和建议。

会议通过决议，批准市人民检察院工作报告。决议要求，市人民检察院要忠实履行宪法和法律赋予的职责，坚持司法为民、公正司法，加强法律监督，彰显法律权威，维护公平正义，深化全面从严治检，不断推进瑞安市人民检察工作新发展，为加快融合发展、打造至美瑞安提供更加有力的司法保障。

三、第三次会议

第三次会议听取和审议市人民检察院检察长宣章良所作的《瑞安市人民检察院工作报告》。2018年，市人民检察院审查逮捕各类刑事案件1338件1915人，办理审查起诉案件2510件3879人，严厉打击涉黑涉恶犯罪，提起公诉13件79人，起诉诈骗、赌博和容留卖淫犯罪案件115件383人。对涉枪涉爆犯罪案件提起公诉43件93人，批准逮捕非法吸收公众存款案犯罪嫌疑人7人，起诉涉嫌非法经营犯罪案件11件44人。批准逮捕串通投标犯罪案件7件9人，提起公诉6件19人，推动相关部门完善招投标领域机制建设。加强企业产权司法保护，批准逮捕危害企业发展和企业主人身安全等犯罪案件14件27人，提起公诉37件76人。落实涉税案件宽严相济刑事政策，不起诉51件108人。创新犯罪嫌疑人帮教工作，对轻刑犯罪治理开辟社会公益服务平台，101人参与社会公益服务活动，90人被决定不起诉。实施多元化救助，开展未成年人心理测评和诊疗107人次，为未成年人、残疾人等生活贫困的被害人发放救助金30万元。推进专业化办案，促进检察工作高质量发展。建立“简案快办”机制，对刑拘直诉简易案件，指定一名员额检察官集中审查、起诉、出庭，实现快速办理。建立“难案精办”机制，对职务犯罪、互联网诈骗、涉黑涉恶等人数众多、社会影响重大的案件，由检察长（副检察长）亲自办理或指定资深检察官办理。建立“类案专办”机制，按照犯罪类别，组建专门办案组，专门办理金融、知识产权、危害生态环境等犯罪案件。打造精品案件，发挥工匠精神，11件典型案例被评为全省十佳精品和优秀案件。深化改革创新，建立检察官司法档案，完善绩效考核办法，强化内部监督制约，全年评查案件2039件。深化刑事诉讼制度改革，主动申请侦查人员、证人等四类人员出庭作证16人次。开展重大刑事案件讯问合法性核查42件，召开诉前会议22次，因事实不清、证据不足不批准逮捕68人，不起诉12人。创新刑事检察与技术协作机制，设立温州地区首个县级电子数据实验室，办理电子取证案件97件。对公安机关应当立案而不立的，监督立案27件，同期法院判决7件；对公安机关不应当立案而立的，督促撤案12件。对应逮捕而未提请批捕、应起诉而未移送起诉的，追加逮捕7人，追加起诉9人。建议办案机关变更强制措施并被采纳94人。监督公安机关对6名非法捕捞水产品的犯罪嫌疑人予以立案，促使公安机关后续查处此类犯罪案件15件26人。发出检察建议和纠正违法通知书15份。提前介入特重大疑难复杂案件22件，纠正侦查不规范等问题20余个。提出刑事抗诉案件10件，发出刑事申诉案件再审检察建议3份，同期法院改判9件。提请上级检察院民事抗诉3件。开展家事审判监督。移送虚假诉讼线索被公安机关立案3人，涉案金额达1400万元；起诉拒不执行判决、裁定犯罪案件14件16人。评查监督民事非诉执行案件25件，发送检察建议2份。发送纠正违法通知书19份，督促对13名判实未执罪犯立即予以执行。约谈罪犯105人次。开展公益诉讼，开通“12309”举报热线电话，发送公益诉讼诉前检察建议54份，被采纳整改44份。自觉接受人大及各界监督，4名检察官接受人大履职评议。全年公开法律文书1896份，程序性信息4536条，公开发布重大案件信息18条。发布检察新闻119篇。报告提出2019年检察院工作思路和重点抓好的四个方面工作。

代表在审议中认为：市人民检察院围绕发展大局，聚焦监督主业，推进改革创新，全面从严治检，各项工作取得新成绩。同时，对法律监督工作的力度和刚性有待加大，法律监督职能有待进一步发挥，精准办案，高层次领军型人才建设有待进一步提高等方面的工作提出意见和建议。

会议通过决议，批准市人民检察院工作报告。决议要求，市人民检察院要忠实履行宪法和法律赋予的各项职责，坚持司法为民、公正司法，加强法律监督，彰显法律权威，维护公平正义，深化全面从严治检，不断推进瑞安市人民检察工作新发展，为加快融合发展、打造至美瑞安提供更加有力的司法保障。

四、第四次会议

第四次会议听取和审议市人民检察院检察长宣章良所作的《瑞安市人民检察院工作报告》。2019年，市人民检察院共审查逮捕各类刑事案件1361件1897人，审查起诉案件2729件4148人。其中，批捕食品、药品领域犯罪8件15人，起诉24件46人。办理金融犯罪案件31件85人。严厉打击恶意欠薪犯罪，办理拒不支付劳动报酬案件10件，及时为558名农民工足额追回薪资共计327万余元，对9名因案致贫返贫的困难群众发放司法救助金22万元。起诉破坏环境资源犯罪案件11件15人。持续升级“司法+生态修复补偿”办案模式，让违法者为恢复受损公益“买单”。批捕黑恶势力犯罪21件40人，起诉13件68人，追诉漏犯1人。起诉“保护伞”2件2人，向市扫黑办移送保护伞线索4件。跟踪监督涉黑涉恶罪犯财产刑执行59件，对4人发出财产刑执行监督意见书，涉案金额17.5万元。起诉敲诈勒索、强迫交易等“欺行霸市”案件40件98人；起诉侵犯商业秘密、侵犯知识产权案件60件110人。依法审慎办理涉企案件，对犯罪情节较轻的民营企业经营管理人员、技术骨干人员，不捕7人、不诉48人。做优刑事检察，全年监督侦查机关立案7件9人，撤案4件4人，纠正漏捕、漏诉37人。开展重大刑事案件讯问合法性核查36件，因事实不清、证据不足不捕75人、不诉17人。提出变更强制措施建议并被采纳132人。提出刑事抗诉案件15件，同期法院改判4件、发回重审1件。监督收监26名罪犯。督促法院执行财产刑116件，金额达85.3万余元。依法受理监察委移送的职务犯罪案件7件8人，经审查决定逮捕3人、提起公诉7人。做实民事行政检察。强化对民事生效裁判和执行案件的监督，全年立案52件。对民间借贷领域“假官司”提出再审检察建议11件，提请温州市院抗诉改判2件，涉案金额达1200万元。对未及时解除查封等情形提出检察建议2件。规范行政非诉执行，提出检察建议5件，均被采纳。对行政审判活动中送达不规范问题进行监督纠正。做好公益诉讼，发送公益诉讼诉前检察建议17份，相关单位已整改落实。督促市公安局对非法改装的超载超限车辆出台执法意见并开展专项整治行动，查处违法行为141起。对全市3000家网络餐饮店开展食品安全隐患集中整治。用心呵护下一代成长。起诉严重侵害未成年人权益案件49件58人。持续打造“薇薇道来”法治教育品牌，出品漫画小手册、视频微课堂及电视少儿普法栏目等，惠及全市147所学校、15万余名学生。由最高检策划、市人民检察院编写出版的普法读物《检察官：少年，你应该知道的法律那些事儿》，被最高检、教育部列入“法治进校园”系列图书。全年调解刑事案件112件，58件达成和解。推进“12309检察服务中心”建设，提供信息查询、律师阅卷等“一站式”服务。妥善办理来信来访案件218件。推进内设机构改革，87.7%的人员和编制流向业务一线，形成九个业务部门加三个综合部门的“9+3”模式。全面落实认罪认罚从宽制度，适用认罪认罚从宽案件1197件1590人量刑建议法院采纳率为98.2%。深化司法责任制改革，着力防控司法办案廉政风险，严格执行“三个规定”，落实过问或干预、插手检察办案登记、报告制度，保障检察权规范运行。组织干警参加教育培训42批136人次。深化检务公开，全年公开法律文书2308份，发布重大案件信息34条。报告提出2020年检察院工作思路和主要任务。

代表在审议中认为：市人民检察院服务大局持续发力，法律监督不断强化，自身建设常抓不懈，连续三年获评全省先进基层检察院，各项检察工作取得新进展。同时，对服务大局工作有待进一步深化，法律监督格局有待进一步优化，队伍履职能力有待进一步提升等方面的工作提出意见和建议。

会议通过决议，批准市人民检察院工作报告。决议要求，市人民检察院要着力推动“四大检察”全面协调充分发展，加强法律监督，提升工作质效，维护公平正义，忠实履行宪法和法律赋予的职责，为推进瑞安市全面建成小康社会提供更加有力的司法保障。

五、第五次会议

第五次会议听取和审议市人民检察院检察长宣章良所作的《瑞安市人民检察院工作报告》。2020年，市人民检察院共审查逮捕各类刑事案件1001件1402人，审查起诉案件2059件2990人。其中，依法起诉涉黑涉恶犯罪27件130人，跟踪监督涉黑涉恶类财产刑执行案件95件，发出监督意见书4份，跟踪执行到位1641.8万元。起诉毒品犯罪80件124人。起诉严重刑事犯罪64件74人。聚焦防范化解金融风险，办理非法吸收公众存款、集资诈骗等金融犯罪15件33人。认真落实认罪认罚从宽制度，全年共适用认罪认罚从宽制度办理案件1950件2760人，提出量刑建议2084人（其中，“确定刑”量刑建议1571

人），法院采纳率为99.8%。监督立案已判决生效案件18件31人，其中1人被判处死缓，2人被判处10年以上有期徒刑。纠正漏捕漏诉已判决生效被告人20人，其中3人被判处10年以上有期徒刑。对不构成犯罪或证据不足的，不批捕106人、不起诉9人。提出侦查活动违法监督6件，均被采纳。提出刑事抗诉6件，改判5件。办理刑事申诉案件12件，对罪犯冒用他人身份情况发送再审检察建议2份，均被法院裁定纠正。深化“判实未执”清理工作，监督收监执行20人、暂予监外执行23人。提前介入监察委调查的职务犯罪案件6件10人。强化民事生效裁判监督，发出再审检察建议16份，采纳率100%。监督虚假诉讼案件6件，涉及金额189万余元。持续推进民事审判活动和执行活动违法监督，以类案形式对法院送达不当、异地房产腾空等问题发出检察建议7份。深化行政非诉执行监督，发出检察建议7份。通过公开听证实质性化解案件13件。办理行政公益诉讼诉前程序案件48件。办理新领域公益诉讼案件9件。建成温州首家基层公益诉讼快速检测实验室，破解取证鉴定难题。批捕严重侵害未成年人犯罪33件34人，起诉40件44人。深化家事审判监督，以“未成年人权益代表人”身份参与案件9件。制作普法微电影等优质检察产品登上“学习强国”学习平台。编写出版的普法读物入选国家新闻出版署《2020年农家书屋重点出版物推荐目录》，成为全国司法机关唯一入选音像制品。护航民营经济健康发展。起诉敲诈勒索、强迫交易等侵害企业权益犯罪案件26件73人。起诉职务侵占、非国家工作人员受贿等企业内部人员犯罪8件10人。对犯罪情节较轻的民营企业经营管理人员、技术骨干人员，不诉70人。与华东政法大学合作共建浙南知识产权犯罪研究中心，探索“企业需求+法律研究+司法实务”三位一体的知识产权法治保护体系。全年调解刑事案件75件，达成和解53件。妥善办结信访案件330件。推行案件公开听证，举行听证会22场。实施“轻微刑事案件引入公益服务+提质拓面”项目，从源头控制犯罪率。探索基层检察室转型发展，陶山检察室创新“五步法+乡贤协助”办案模式助力基层综合治理。坚持素能提升，建设专业化干警队伍。全年组织干警参加各类业务和综合素能提升培训39批106人次。深化检务公开，全年公开法律文书2091份，程序性信息4219条，公开发布重大案件信息17条，发布检察新闻240篇。报告提出2021年检察院工作思路和主要任务。

代表在审议中认为：市人民检察院锚定“重要窗口”新目标新定位，主动将检察工作融入瑞安市经济社会发展大局中去谋划、推进，各项工作取得新的发展。同时，对新形势新问题法律监督的能力还需加强，“四大检察”格局还需进一步完善，民事、行政检察工作基础仍然较为薄弱，检察队伍素能与专业化办案要求还有差距等方面的工作提出意见和建议。

会议通过决议，批准市人民检察院工作报告。决议要求，市人民检察院要深入学习贯彻习近平法治思想，按照市委十四届十次全会部署，忠实履行宪法和法律赋予的职责，以全面提升“四大检察”品质为抓手，切实加强法律监督，致力维护公平正义，奋力推进新时代瑞安检察工作高质量发展，为瑞安市高水平打造“青春都市·幸福瑞安”、争当社会主义现代化先行标兵提供更加有力的司法保障。

第七节　选举市国家机关领导人员和温州市人大代表

一、第一次会议

第一次会议选举瑞安市国家机关领导人员和瑞安市应选的温州市第十三届人大代表。会议应选的名额为：市人大常委会主任1名，副主任6名，委员38名；市人民政府市长1名，副市长6名；市监察委员会主任1名；市人民法院院长1名；市人民检察院检察长1名；瑞安市出席温州市第十三届人民代表大会代表73名，其中温州市名额12名，本市名额61名。会议通过选举办法，规定：市十六届人大常委会组成人员的候选人必须是本届市人大代表。市人大常委会组成人员的人选，市人民政府市长、副市长的人选，市监察委员会主任的人选，市人民法院院长的人选和市人民检察院检察长的人选，由大会主席团或代表10人以上联合提名。大会主席团提名的候选人人数，每一代表与其他代表联合提名的候选人人数，均不得超过应选名额。市人大常委会主任、市人民政府市长、市监察委员会主任、市人民法院院长、市人民检察院检察长的候选人人数一般应多1名，进行差额选举；如果提名的候选人只有1名，也可以等额选举。市人大常委会副主任、市人民政府副市长的候选人人数应比应选名额多1名，进行差额选举。市人大常委会委员的候选人人数应比应选人数多7名，进行差额选举。如果提名的候选人人数符合本办法规定的差额数，由大会主席团提交代表酝酿、讨论后，提交大会选举。如果提名的候选人人数超过本办法规定的差额数，由大会主席团将候选人名单提交代表酝酿、讨论后，进行预选。根据在预选中得票多少的顺序，按照本办法规定的差额数，确定正式候选人名单，提交大会选举。瑞安市出席温州市第十三届人民代表大会代表的候选人，由各政党、各人民团体联合或者单独推荐；代表10人以上联名，也可以推荐代表候选人。依法提出的瑞安市出席温州市第十三届人民代表大会代表候选人名单由大会主席团印发全体代表酝酿讨论。如果所推荐的候选人人数比应选代表名额多五分之一至二分之一差额比例的，直接提交大会选举。如果所推荐的候选人人数超过二分之一差额比例的，则进行预选。根据在预选中得票多少的顺序，按照比应选名额多五分之一的比例（15名），确定正式代表候选人名单，提交大会选举。会议采用无记名投票方式，选举叶建辉为市十六届人大常委会主任，江孟甫、方小梅（女）、陈世尧、金爱忠、薛小平、薛尧弟为副主任（提名的候选人7名，实行差额选举），丁文翔（女）、马可煊等38人为委员（提名的候选人45名，实行差额选举）；麻胜聪为市人民政府市长，曾瑞华、林增丰、周晓华、项金敏、林政洪、张蕙娜（女）为副市长（提名的候选人7名，实行差额选举）；陈朴顺为市监察委员会主任；鞠海亭为市人民法院院长；宣章良为市人民检察院检察长；葛益平、陈胜峰等73人为出席温州市第十三届人民代表大会代表（提名的候选人88名，实行差额选举）。会议还通过薛尧弟为法制内务司法委员会主任委员，江孟甫为财政经济委员会主任委员和2个专门委员会副主任委员、委员名单。

第一次会议期间，新选举产生和表决通过的国家工作人员依照规定在市政会议中心大会堂分四批举行宪法宣誓。

二、第三次会议

第三次会议补选市人大常委会委员2名。会议通过选举办法，规定：市人大常委会委员候选人必须是本届市人大代表，由大会主席团或代表10人以上联合提名，主席团提名的候选人人数，每一代表与其他代表联合提名的候选人人数，均不得超过应选名额。如果提名的候选人人数符合本办法规定的应选人数的数额，由大会主席团提交代表酝酿、讨论后，提交大会选举。如果提名的候选人人数超过本办法规定的应选人数数额，由主席团提交代表酝酿、讨论后，进行预选，根据在预选中得票多少的顺序，按照本办法规定的数额，确定正式候选人名单，提交大会选举。会议采用无记名投票方式，选举林圣赞、黄志勇为市十六届人大常委会委员。会议还通过《关于设立瑞安市第十六届人民代表大会社会建设委员会的决定》；通过方小梅为社会建设委员会主任委员，和社会建设委员会副主任委员、委员名单。

会议选举产生和表决通过的国家工作人员依照规定在市政会议中心大会堂举行宪法宣誓。

三、第四次会议

第四次会议补选市人民政府市长1名、市人民法院院长1名、市人大常委会委员6名。会议通过选举办法，规定：市人大常委会委员候选人必须是本届市人大代表，市人民政府市长、市人民法院院长、市人大常委会委员的候选人，由大会主席团或代表10人以上联合提名，大会主席团提名的候选人人数，每一代表与其他代表联合提名的候选人人数，均不得超过应选名额。如果提名的候选人人数符合本办法规定的应选人数的数额，由大会主席团提交代表酝酿、讨论后，提交大会选举。如果提名的候选人人数超过本办法规定的应选人数数额，由主席团提交代表酝酿、讨论后，进行预选，根据在预选中得票多少的顺序，按照本办法规定的数额，确定正式候选人名单，提交大会选举。会议采用无记名投票方式，选举秦肖为市人民政府市长，胡丕敢为市人民法院院长，陈宗成、陈晓洁（女）、陈智勇、周靖、蔡仁敏、蔡金良为市十六届人大常委会委员。当选的国家工作人员依照规定在市政会议中心大会堂举行宪法宣誓。

四、第五次会议

第五次会议补选市监察委员会主任1名、市人大常委会委员7名。会议通过选举办法，规定：市人大常委会委员候选人必须是本届市人大代表，市监察委员会主任、市人大常委会委员的候选人，由大会主席团或代表10人以上联合提名，大会主席团提名的候选人人数，每一代表与其他代表联合提名的候选人人数，均不得超过应选名额。如果提名的候选人人数符合本办法规定的应选人数的数额，由大会主席团提交代表酝酿、讨论后，提交大会选举。如果提名的候选人人数超过本办法规定的应选人数数额，由主席团提交代表酝酿、讨论后，进行预选，根据在预选中得票多少的顺序，按照本办法规定的数额，确定正式候选人名单，提交大会选举。会议采用无记名投票方式，选举李辅正为市监察委员会主任，许良伍、张中杰、林邦虎、涂秀明、黄隽燚、曾爱慧（女）、薛颖（女）为市十六届人大常委会委员。当选的国家工作人员依照规定在市政会议中心大会堂举行宪法宣誓。

第八节　代表议案和建议、批评、意见

一、第一次会议

第一次会议代表10人以上联名提出的议案40件，其中农资水利方面6件，财政经济方面4件，城建环保方面23件，教科文卫方面2件，法制建设方面3件，另有党委系统2件。经大会秘书处议案组与有关方面讨论，并经主席团会议研究，提请大会通过，决定将王让式等代表领衔提出的“关于推进城市有机更新、打造至美瑞安的议案”（12件并为1件）列为市十六届人大一次会议的议案，交市人民政府研究办理，其办理结果报告市人大常委会审议，印发市人民代表大会下次会议。其余28件议案转为代表建议、批评和意见，按有关规定，连同代表提出的建议、批评和意见476件，交有关单位研究办理并负责答复代表，报告市人大常委会。

“关于推进城市有机更新、打造至美瑞安的议案”办理结果：市人大常委会通过定期听取汇报、专题调研、实地视察等方式，督促市政府狠抓议案办理工作。市政府高度重视，抢抓“大拆大整、大建大美”的历史机遇，制订三年行动计划，组建“大建大美”攻坚狮团，全年实施30亩以上团块拆改58个，完成城中村改造签约7081户、拆除4126户，议案所列六大团块拆改工作均实现实质性突破：邮电北路团块完成1.1万平方米C、D级滩坊应急拆除工作，邮电北路交通瓶颈彻底打通，团块签约率达到95.4%。沿江新村团块全省单体体量最大的危旧房项目实现当年谋划、当年签约、当年拆除，引入房开公司代建，4月进场施工，12月底各楼栋楼体浇筑接近结顶、4号楼完成结顶。巾子山区块加快推进前期工作，全面完成区块内812间民房、83宗企业的入户调查，完成企业签约43家。虹桥北路团块高速口拓宽工程基本完工，周边绿化景观提升一期工程完成；第一桥村暨腾退房城中村改造项目完成该项目所有房屋权属调查；隶属于市旧城办的腾退房，完成588户腾退房腾空和拆除工作。西门团块河头区块实现团块签约率97.6%、腾空率67.1%，完成立项、设计招投标和拆除招投标；西门、瓦窑城中村改造签约320户，完成率45.6%。阳光团块明确下步拆改思路，重点推进拆迁户签约工作。

二、第二次会议

第二次会议代表10人以上联名提出的议案18件，其中农资水利方面9件，财政经济方面3件，城建环保方面2件，法制建设方面4件。经大会秘书处议案组与有关方面讨论，并经主席团会议研究，提请大会通过，决定将吴大春等代表领衔提出的“关于加快农村饮用水建设，助力瑞安市全面建成小康社会的议案”（4件并为1件）列为市十六届人大二次会议的议案，交市人民政府研究办理，其办理结果

报告市人大常委会审议，印发市人民代表大会下次会议。其余14件议案转为代表建议、批评和意见，按有关规定，连同代表提出的建议、批评和意见457件，交有关单位研究办理并负责答复代表，报告市人大常委会。

“关于加快农村饮用水建设，助力瑞安市全面建成小康社会的议案”办理结果：市人大常委会通过定期听取汇报、专题调研、实地视察等方式，督促市政府狠抓议案办理工作。市政府高度重视，主要领导亲自抓，各职能部门统筹谋划，乡镇（街道）具体落实，按照“集镇供水优先，单村、联村建设托底”的原则，有计划、有步骤地推进工程建设，力争实现“三年任务两年完成”，确保全市人民喝上放心水。农村饮水方面，市财政补助核定工程造价的80%—90%，工程按计划完成并通过验收的，市财政给予自筹部分全额奖励。2018年实际开工建设91个村、完工84个村，累计完成投资1803万元，受益人口4.16万人。城镇供水方面，三级管网建设资金由市财政承担80%，市公用集团承担20%，村民负担费用比例从原50%降至“零”。2018年17个集镇供水二级管网项目全部进场施工，2个项目完成，建设管网30千米，累计完成投资3500万元；三级管网开工建设91个村，完成10个村，基本完成39个村，受益人口5.94万人。

三、第三次会议

第三次会议代表10人以上联名提出的议案18件，其中社会建设类10件，城建环保类3件，农资水利类2件，教科文卫类2件，财政经济类1件。经大会秘书处议案组与有关方面讨论，并经主席团会议研究，提请大会通过，决定将王让式等代表领衔提出的“关于健全养老服务体系，促进瑞安市养老服务业发展的议案”（10件并为1件）列为市十六届人大三次会议的议案，交市人民政府研究办理，其办理结果报告市人大常委会审议，印发市人民代表大会下次会议。其余8件议案转为代表建议、批评和意见，按有关规定，连同代表提出的建议、批评和意见467件，交有关单位研究办理并负责答复代表，报告市人大常委会。

“关于健全养老服务体系，促进瑞安市养老服务业发展的议案”办理结果：市人大常委会通过定期听取汇报、专题调研、实地视察等方式，督促市政府狠抓议案办理工作。市政府高度重视，把加快发展养老服务业、完善养老服务体系作为保障和改善民生、推动经济转型升级的重要举措，编制三年行动计划，出台资金补助办法，每年增加财政预算800余万元用于养老服务项目补助，优先保障养老项目土地供应，2019年社会养老服务体系财政资金支出达2800万元，挤出2.72公顷农转用土地指标用于两个养老项目建设。不断满足广大老年人多样化、多层次的养老服务需求，为21个城市社区的孤困老人提供配送餐服务，完成困难老年人家庭适老化改造230户，完成老人公寓整改提升18家，谋划实施8个养老项目，启动4个镇街11个村养老服务照料中心建设。强化民生兜底，出资250万元为10万名70周岁以上老人购买意外伤害险；投入资金600余万元，为3500名低保、低收入家庭中60周岁以上失能、失智老年人及90岁以上老人提供居家养老服务；新增7家敬老院实现公建民营；建成投用瑞安市失智失能老人护理中心，建筑面积1895平方米、床位94张。

四、第四次会议

第四次会议代表10人以上联名提出的议案9件，其中城建环保类6件，农资水利类2件，社会建设类1件。经大会秘书处议案组与有关方面讨论，并经主席团会议研究，提请大会通过，决定将陈继昌等代表领衔提出的“关于加快集云山公园建设，满足市民日益增长的休闲健身需求的议案”（6件并为1件）列为市十六届人大四次会议的议案，交市人民政府研究办理，其办理结果报告市人大常委会审议，印发市人民代表大会下次会议。其余3件议案转为代表建议、批评和意见，按有关规定，连同代表提出的建议、批评和意见478件，交有关单位研究办理并负责答复代表，报告市人大常委会。

“关于加快集云山公园建设，满足市民日益增长的休闲健身需求的议案”办理结果：市人大常委会通过定期听取汇报、专题调研、实地视察等方式，督促市政府狠抓议案办理工作。市政府高度重视，按照“生态为本、保护为主”的原则，将集云山生态公园建设分近期、中期、远期三个阶段进行规划，编制完成集云山生态公园专项规划和近期实施三年行动计划，简化项目审批程序，全力做好相关政策处理工作，着力打造瑞安休闲游憩运动的城市郊野公园。平天河景区和猪头岩景区游步道及相关配套建设一期工程于2020年11月进场施工，其余项目前期工作有力推进。

五、第五次会议

第五次会议代表10人以上联名提出的议案7件，其中城建环保类5件，农资水利类2件。经大会秘书处议案组与有关方面讨论，并经主席团会议研究，提请大会通过，决定将7件议案全部转为代表建议、批评和意见，按有关规定，连同代表提出的建议、批评和意见503件，交有关单位研究办理并负责答复代表，报告市人大常委会。

第九节　市人大专门委员会

一、第一次会议

2017年2月16日，瑞安市第十六届人民代表大会第一次会议决定设立市人民代表大会法制内务司法委员会，财政经济委员会，并依法通过《瑞安市第十六届人民代表大会专门委员会组成人员人选通过办法》；2月20日，通过市十六届人大法制内务司法委员会、财政经济委员会组成人员名单。法制内务司法委员会由薛尧弟兼任主任委员，副主任委员5人，委员6人，共12人组成。在12名组成人员中，常委会组成人员7人，市人大代表5人。其中，驻会的有6人。财政经济委员会由江孟甫兼任主任委员，副主任委员5人，委员8人，共14人组成。在14名组成人员中，常委会组成人员9人，市人大代表5人。其中，驻会的有6人。

市十五届人大法制委员会工作报告（书面）指出：市十五届人民代表大会法制委员会于2016年1

月设立。一年来，围绕瑞安市改革、发展、稳定的工作大局和人民群众关注的热点、难点、焦点问题，依法履职、深化监督，较好地完成各项任务。持续推动法治政府建设，积极服务地方立法工作。认真开展《浙江省食品小作坊小餐饮小食杂店和食品摊贩管理规定（草案）》《浙江省安全生产条例（修改草案）》《浙江省消防条例（修改草案）》《温州市物业管理条例（草案）》等法规草案的立法调研工作；积极配合温州人大开展《政府信息公开条例》执行情况调研活动；切实做好规范性文件备案审查，共计接收市政府法制办报送的规范性文件54件，备案审查49件，并对其中2件规范性文件条文用词不严谨、存在多处错别字等问题进行反馈。深化司法监督工作，稳步开展检察官履职评议工作，提出相关评议意见。开展执行工作专项监督，有针对性地提出要进一步加强执行规范化建设、提升执行工作质效、加大涉执违法犯罪打击力度、加强执法队伍建设等方面的意见建议；深入督查不捕不诉案件处理情况，报告审议意见落实情况；关注“两院”司法改革工作，提出相应的意见建议。扎实开展民政工作评议。把好代表换届选举法律关，深入调研出台相关文本，加强培训做好法律服务，组织做好被剥夺政治权利人员选民登记核查工作，及时参与信访舆情处置。提升队伍履职能力，制定专委会工作规则，加强业务学习，认真参加“两学一做”专题教育活动。

市十五届人大财政经济委员会工作报告（书面）指出：市人大财政经济委员会紧紧围绕市委中心工作和市人大及其常委会的工作部署，为推动全市经济社会平稳较快发展做出积极贡献。加强审查监督，审查瑞安市2015年财政决算情况报告，提出要继续改进预算决算编报等意见建议，并建议常委会批准瑞安市2015年市级财政决算；审查2016年上半年国民经济和社会发展计划、预算执行情况报告，提出要高度重视瑞安市实体经济发展情况等建议意见；审查瑞安市2016年地方政府债务限额及市级财政预算调整方案，提出要规范预算调整程序、提高预算编制科学性等意见建议。开展专项监督，加强重大投资项目监督，提出要明确目标、强化项目攻坚等建议意见；深化政府债务监督，提出有关部门要加强和规范对政府性债务的全口径、全方位管理等建议意见；对市农办等5个单位的预算安排情况举行听证，共调整优化预算项目20多个。对市财政地税局开展工作评议，提出优化财税供给等意见建议；强化审计整改监督，重点监督审计问题的整改落实；跟踪监督财政专项资金使用绩效评价审议意见、市十五届人大四次会议议案审议意见、市经信局工作评议意见落实情况。督办代表建议，开展乡镇人大预算监督工作调研，提出要强化组织领导，增强预算监督意识等建议意见；积极配合全国人大常委会到瑞安市开展统筹推进城乡社保体系建设工作调研、温州市人大到瑞安市开展国民经济和社会发展计划执行情况调研；对《关于盘活国有资产的建议》等作为代表重点建议件进行了认真督办。抓好自身建设，加强政治理论学习，完善议事监督制度，制定出台瑞安市人民代表大会财政经济委员会工作规则，起草《关于政府重大投资项目监督暂行办法》。

二、第二次会议

第二次会议市人大法制内务司法委员会工作报告（书面）指出：市人大法制内务司法委员会紧紧围绕瑞安市民主法治建设和人民群众关心的热点难点问题，较好地完成各项工作任务。深化司法监督，开展严重损害司法权威、社会诚信违法犯罪行为处置情况专项工作监督，要求公、检、法要建立常态化的沟通协调机制，转变司法理念，及时统一执法尺度，严厉打击“逃废债”等严重损害司法权威、社会诚信的违法犯罪行为；督促市人民法院做好执行工作审议意见整改落实；开展法官履职评议，提出相关评议意见；开展热点案件打击处理工作调研，督促司法机关保持高压态势，严厉打击“霸王搬运”违法行为。促进社会民生改善，开展“最多跑一次”改革督查，督促市政府及有关部门深化简政放权、放管结合、优化服务，要求公安、国土、住建、人力社保等部门尽快推进档案材料信息化，破解信息数据共享中瓶颈问题。开展养老服务业发展专项监督工作，提出市政府及有关部门要强化认识、监管、创新，增强工作合力，切实破解服务难题的意见建议。把好法律审查关，做好规范性文件备案审查，全年共计备案并主动审查市人民政府制定的规范性文件62件，督促做好相应的修订工作。做好村级换届选举指导监督，积极督促有关部门及时查处贿选等破坏选举行为21起，行政处罚27人。抓好自身建设，注重加强学习、调查研究，密切联系人大代表，形成监督合力。

市人大财政经济委员会工作报告（书面）指出：市人大财政经济委员会紧紧围绕市委中心工作和市人大常委会工作部署，依法履行财政经济方面监督职权，较好地完成各项工作。开展审查监督，审查瑞安市2016年财政决算，提出要改进预算编报、强化预算管理、防范债务风险等意见建议，提请市人大常委会批准瑞安市2016年财政决算；依法审查瑞安市2017年上半年国民经济与社会发展计划、预算执行情况，提出要加大产业投入力度、发展实体经济、防范财政风险等意见建议；审查瑞安市2017年地方政府债务限额及市级财政预算调整方案，提出要提高年初预算的预见性与科学性等意见建议。开展专项监督，监督PPP项目规范运行，提出科学谋划项目前期、规范项目采购过程、加强项目实施监管等意见建议；监督瑞安市创建省级工业强市各项措施落实情况，提出强化资源要素保障等意见建议；强化食品安全执法检查，提出配强基层执法力量、完善多方共管监管体系、健全索票索证制度等意见建议。创新监督方式，强化计划调整审查，提出加强前期论证、强化项目攻坚等意见建议，首次对重点建设计划调整方案进行审查，建议市人大常委会审议通过2017年重点建设计划调整方案；深化部门预算审查，首次选取了市经信局、市科技局、市公安局等10个单位2018年的预算草案作为重点审查对象，提出了52条需要完善、补充说明或调整部门预算草案的意见；对市市场监管局进行评议，提出加快内部融合、提升履职能力，完善工作机制、形成监管合力等意见。强化审计全程监督，提出加强整改落实、强化责任追究、健全制度建设等意见。强化自身建设，注重理论学习，加强队伍建设，成立了财经委财经咨询（预算审查）顾问专家组，强化制度建设。完善财经委工作规则，健全部门预算审查机制。

三、第三次会议

2019年1月16日，瑞安市第十六届人民代表大会第三次会议决定设立市人民代表大会社会建设委员会；市人民代表大会法制内务司法委员会更名为法制监察司法委员会，其组成人员不变，并依法通过《瑞安市第十六届人民代表大会社会建设委员会组成人员人选通过办法》。1月19日，通过市十六届人大社会建设委员会组成人员名单，社会建设委员会由方小梅（女）兼任主任委员，副主任委员5人，委员6人，共12人组成。在12名组成人员中，常委会组成人员11人，市人大代表1人，其中，驻会的有6人。

市人大法制内务司法委员会工作报告（书面）指出：市人大法制内务司法委员会紧紧围绕瑞安市民主法治建设和人民群众关心的热点难点问题，较好地完成各项工作任务。深化司法监督，深入开展检察官履职评议，提出具体的意见建议；开展严重损害司法权威、社会诚信违法犯罪行为处置情况审议意见落实情况跟踪监督；开展社区矫正工作专项监督，督促市司法局要强化创新，切实根据社区矫正人员犯罪性质、刑罚种类和社会危害性实行差异化管理。深入开展公安派出所工作调研，督促市公安局和各派出所强化认识，严格遵循刑法谦抑性原则。强化执法监督，深入开展市综合执法局工作评议，要求市综合执法局厘清职责边界，加大执法力度，规范执法办案流程和调查取证行为，积极创新，健全城市管理工作长效机制，提升城市管理工作实效，强化学习培训。深入开展“最多跑一次”改革专项监督，督促市政府及有关部门强化宣传，完善基础数据资料，强化线上线下融合，规范执法监管，强化承诺备案制执法监管和中介服务机构管理。关注群众福祉，深入开展养老服务业发展审议意见跟踪监督，提出具体意见建议。对“政务便民”“交通治堵”“养老服务”等三个民事实事项目进行跟踪督办。抓好自身建设，注重业务学习，提高综合素质；改进工作作风，加强调查研究，撰写调研报告7篇；密切联系人大代表，加强联系指导。

市人大财政经济委员会工作报告（书面）指出：市人大财政经济委员会紧紧围绕市委中心工作，按照市人大常委会工作部署，密切关注经济运行中的热点难点问题，依法履行财政经济方面监督职权，较好地完成各项工作。依法开展审查监督，依法审查瑞安市2017年财政决算，提出要增强财政资金保障能力，提高预算编制和执行水平等意见建议，并提请市人大常委会批准瑞安市2017年财政决算；依法审查瑞安市2018年上半年计划、预算执行情况，提出坚持新发展理念，落实高质量发展要求，深入推进重点领域改革，扶持培育战略性新兴产业等意见建议；依法开展瑞安市“十三五”规划纲要实施情况中期评估，提出切实推进高质量发展、补齐民生事业发展短板、加强城乡统筹协调发展等建议。依法审查瑞安市2018年市级财政预算调整方案，建议市人大常委会给予通过。积极开展专项监督，针对瑞安市企业上市工作，建议市政府及有关职能部门把上市工作作为振兴实体经济的主抓手和重要载体，加快建立以上市为导向的资源配置机制，抓好上市后备企业培育。跟踪监督省级工业强市创建，建议市政府要强化创新驱动，加快动能转换，促进瑞安市工业经济持续回升。紧盯食品安全工作，提出意见建议。高度关注政府隐性债务风险，要求市财政局完善瑞安市债务化解方案，从源头上防范债务风险。坚持效果导向，加强重大投资项目监督，开展拟开工政府重大投资项目专题视察。深化财政同级审，提出加强整改落实、强化责任追究、健全制度建设等意见建议。开展部门工作评议，对市人力社保局、市税务局提出整改建议。深化部门预算审查，选取市人民检察院、市教育局等10个单位2019年预算草案作为重点审查对象，提出审查意见。强化自身建设，注重理论学习，加强队伍建设，强化制度建设。

四、第四次会议

第四次会议市人大法制监察司法委员会工作报告（书面）指出：市人大法制监察司法委员会紧紧围绕瑞安市民主法治建设和人民群众关心的热点民生问题，较好地完成各项工作任务。深化司法监督，深入开展食药环违法犯罪行为处置工作专项监督，要求有关职能部门要严格日常执法监管，建立针对性、系统性的应对机制，严厉打击食药环领域犯罪行为。开展社区矫正工作审议意见落实情况跟踪监督。市十六届人大法制委第三次会议通过《关于社区矫正工作情况的审议意见》。深入开展法院破产审判工作调研，提出针对性的监督意见，督促市人民法院要合理把握执转破案件数量，并加大执行对破产审判协助的力度；要严厉打击涉破产违法犯罪行为，形成有效震慑。持续开展霸王搬运违法犯罪行为处置工作专项监督，督促司法机关要把握好处置尺度，确保罪责刑相适应。认真抓好涉法涉诉信访督办，共办理信访督办件32件。强化执法监督，开展“最多跑一次”改革工作审议意见落实情况跟踪监督，督促市政府及职能部门加强信息化建设，严格执法监督，强化服务保障。开展市综合执法局工作评议意见落实情况跟踪监督，提出监督落实意见。关注民生福祉，深入开展养老服务业发展议案督办工作，要求市政府根据瑞安市养老服务实际需求，尽快启动编制养老服务业发展专项规划（2020—2035年）。持续跟踪监督燃气管理工作，要求有关部门强化瓶装燃气安全管理，适时放开瓶装燃气市场竞争，防止垄断经营。抓好自身建设；注重理论学习；加强调查研究；加强代表联系指导。

市人大财政经济委员会工作报告（书面）指出：市人大财政经济委员会坚持围绕市委中心工作和地方改革发展大局，较好地完成各项工作任务。围绕深化经济工作监督，加强国民经济和社会发展计划的审查监督，提出意见建议。做好政府重大投资项目跟踪监督，并建议市人大常委会同意2019年重点建设计划调整方案。加强预决算审查监督。认真审查地方财政决算，督促财政部门进一步完善决算草案及报告，并建议市人大常委会批准2018年地方财政决算。强化全口径预算审查，重点审查市人民检察院等10个单位2019年预算草案，并对市教育局等4个部门的预算草案进行公开听证。开展半年度预算执行情况调研，对市级财政预算调整方案（草案）及地方政府债务限额进行审查，并建议市人大常委会予以通过。提升审计监督实效，督促市政府健全完善长效机制，避免有关问题“屡审屡犯”。探索推进国有资产管理监督，代起草《中共瑞安市委关于建立市人民政府向市人大常委会报告国有资产管理情况制度的意见》，督促有关部门摸清国有资产底数等，初步建立起人大监督国有资产管理情况的制度体系。开展专项调查研究，联动开展促进民营经济高质量发展专项监督，督促市政府优化营商环境、强化用地保障、创新金融服务。促进工业用地有效供给，要求市政府确保全市工业用地总量“只增不减”。关注扶工政策资金绩效，要求市政府在政策制定、政策落地等方面加以改进，建议市政府明确目标定位，细化绩效目标，强化项目监督。认真开展部门工作评议，提出评议意见。服务代表改善民生，及早介入财经口45件建议特别是3件重点件的办理工作，开展“放心餐饮”民生实事项目督办。

市人大社会建设委员会工作报告（书面）指出：市人大社会建设委员会紧紧围绕中心大局，聚焦民生保障，找准职责定位，主动依法履职，较好地完成各项工作。强化执法检查，促进法律法规有效实施。开展《全民健身条例》执法检查，提出要加强全民健身工作领导，加快设施建设，充分挖掘闲置资源，综合利用公共空间，扩大全民健身资源供给等意见建议。跟踪监督《浙江省学前教育条例》执法检查审议意见落实情况。对市教育局开展工作评议，要求市教育局完善教育专项规划，优化教育校网布局，积极补齐教育短板，推进教育均衡发展。坚持正确有效监督，促进民生事业改善，协同督办养老议案，协同法制内司委抓好“健全养老服务体系促进瑞安市养老服务业发展”大会议案督办；定期督办“体育健身”“卫生健康”两个民生实事项目；认真督办《关于加大公立幼儿园建设力度的建议》等3件重点件，均及时有效办结。跟踪监督基层医疗卫生机构业务用房改造提升工作。积极开展民宗侨外工作监督，要求有关部门进一步提高为侨服务意识、注重支持侨务引资引智。关注民族经济发展，打造民族特色美丽乡村，打响民族农产品牌。加强自身建设，促进履职能力提升。注重理论学习，夯实工作基础，审议通过相关工作规则；积极配合上级人大立法调研和执法检查等工作，配合省人大常委会开展《浙江省精神卫生条例》立法调研，配合温州人大开展《中华人民共和国未成年人保护法》执法检查；认真做好《浙江省家庭教育促进条例》《浙江省宗教事务条例（修订草案）》和《温州市荣誉市民条例（草案）》立法建议的收集反馈等工作。成功承办省人大社会建设工作座谈会。

五、第五次会议

第五次会议市人大法制监察司法委员会工作报告（书面）指出：市人大法制监察司法委员会紧紧围绕常委会工作要点和计划安排，较好地完成各项年度目标任务。发挥基层立法点作用，服务地方立法工作，认真配合开展《温州市家政服务业管理条例（草案）》《浙江省生活垃圾管理（草案）》等法规草案的立法调研工作；积极组织《温州市物业管理条例》立法后评估，提出意见和建议。经温州市人大确定，增设塘下镇人大为市级基层立法联系点。调研法律法规实施情况，对《浙江省电动自行车管理条例》《温州市养犬管理条例》贯彻实施情况开展调研，建议市政府及相关部门要加大宣传力度、强化执法监管，努力营造良好法治环境。强化《中华人民共和国国旗法》《中华人民共和国国徽法》宣传教育，开展国旗升挂、使用情况专项督查。切实加强备案审查工作，共计备案并主动审查市人民政府制定的规范性文件22件。强化司法监督实效，跟踪监督食药环违法犯罪行为处置工作；专项监督市人民检察院认罪认罚从宽制度实施情况，建议市人民检察院要注重认罪认罚案件的法律效果、社会效果；健全工作机制，完善考核办法，规范量刑标准。专题调研检察公益诉讼工作，通过起草出台《瑞安市人民代表大会常务委员会关于加强检察公益诉讼工作的决定》等方式，进一步加强瑞安市人民检察公益诉讼工作。聚焦民生福祉，助推社会矛盾纠纷调处化解“最多跑一地”改革工作，督促相关单位要完善多元化矛盾纠纷解决机制。督促民生实事项目落地见效；积极投入疫情防控和复工复产工作。注重自身建设，主动学习，深入调研，论文《关于健全地方性法规实施情况评估制度的几点思考》荣获2020年度温州市人大理论研讨二等奖。

市人大财政经济委员会工作报告（书面）指出：市人大财政经济委员会深化财经预算监督，较好地完成各项工作任务。深化经济工作监督。加强国民经济和社会发展计划审查监督，提出建议对策。做好政府重大投资项目跟踪监督，开展省“152”工程专项督查。聚力“十四五”规划纲要编制工作，建议有关部门科学预估财政资金与土地指标承载能力，科学有序安排建设项目。加强预算决算审查监督。认真审查地方财政决算，要求有关部门优化财力结构、强化预算管理、推进预算绩效管理。强化全口径预算审查，确定10个部门进行重点审查，公开听证滨海新区、市旅体中心2020年预算草案。开展半年度预算执行情况调研，建议市政府及财政部门深化绩效管理、加强税源培育，确保财政收入可持续。强化政府债务监督，建议市政府加强疫情影响下社保基金收支运行监测，落实土地出让收入划转社保风险准备金机制。持续抓好审计结果整改情况的跟踪监督，召开专题询问会。推进国有资产管理监督，建议有关部门完善国有资产管理体制机制，积极解决历史遗留国有资产权属登记问题。围绕中心服务大局，开展疫情后汽摩配产业发展、机械装备行业培育提升专题调研。开展数字经济引领实体经济发展专项监督，提出有针对性的意见建议。关注促进民营经济高质量发展工作，提出优化营商环境、破解小微企业融资难融资贵问题等意见建议。开展工业用地有效供给工作跟踪监督，建议市政府进一步整合清理产业政策、推进政府产业基金运作、提高政策资金使用绩效。认真督办代表建议与民生实事，开展“食品安全”民生实事项目督办，开展农贸市场食品安全快速检测工作监督抽查。

市人大社会建设委员会工作报告（书面）指出：市人大社会建设委员会紧紧围绕保障和改善民生福祉、加强和创新社会治理两个重点，较好地完成各项工作任务。督办议案和建议，跟踪督办养老服务业发展议案，牵头做好《瑞安市“十四五”养老服务发展存在的主要问题和对策建议》课题调研，提交《关于“健全养老服务体系促进瑞安市养老服务业发展”议案办理情况报告审议意见落实情况的调查报告》，要求市政府在完善养老服务体系、加强养老设施建设、推进医养护融合、强化要素保障等方面继续整改落实。做好代表重点建议督办工作，督促有关部门结合“县乡权责重构改革”等工作，取消无法律法规和政策依据的证明。抓好民生实事督办。开展专项监督，推动民宗侨外工作，根据中央宗教工作督查反馈意见，督促市政府及有关部门落实主体责任，确保逐条整改到位；深入调研瑞安市侨务工作，要求相关部门单位进一步提高为侨服务意识，注重支持侨务引资引智。关注社区运行状况，建议市政府及相关部门进一步完善管理体制，增强社会管理效能。调研家政服务业发展，要求有关部门进一步明确部门管理职责，加强对家政服务行业管理。积极配合温州市人大开展应急管理体系建设、就业创业和人才保障工作、养老服务体系建设等工作调研，提供相关素材资料和意见反馈。加强自身建设，强化政治理论和业务知识学习，助力疫情防控和企业复工复产，强化联系沟通形成工作合力。

第十节　票决政府民生实事

民生实事项目人大代表票决制，是指政府在广泛征求人大代表和人民群众意见建议基础上提出民生实事候选项目，经同级人大代表在人民代表大会全体会议上以投票表决方式选择决定正式项目，交由政府组织实施，并接受人大代表和人民群众监督的制度。2017年初，根据省委和省人大常委会工作部署，温州市人大常委会确定在瑞安市先行先试，2017年2月8日，瑞安市委研究出台《中共瑞安市委关于推行政府民生实事项目代表票决制工作的通知》；同年2月10日，市人大常委会审议作出《关于实施市政府民生实事项目代表票决制工作的决定》；同年9月22日，市委印发《关于全面深化民生实事项目人大代表票决制工作的意见》，同年12月22日，市人大常委会第九次会议通过《关于政府民生实事人大代表票决项目监督办法》。2017年，瑞安率全温州市之先实现了“两个全覆盖，一个全面推进”的良好局面，即代表票决制实现市和乡镇两级全覆盖、大会差额票决全覆盖，街道票选确定民生实事项目全面推进。2017年2月至2022年2月，市人民代表大会会议共票决产生60件市政府民生实事项目，对50件市政府民生实事项目完成情况进行满意度测评。

一、第一次会议

第一次会议听取和审议瑞安市2017年政府民生实事项目形成情况的报告；通过瑞安市2017年10件政府民生实事项目票决制办法；票决确定瑞安市2017年政府民生实事项目10项分别为食品安全、垃圾治理、菜场改造、交通治堵、干道提升、抢险应急、扶苗育苗、银龄保障、安全防范、扶贫济困。

瑞安市 2017 年政府民生实事候选项目表决结果一览表

表2-13　　单位：张

序号	项目	主要内容	赞成	反对	弃权
1	食品安全	加大小餐饮、食品小摊贩、食品生产加工小作坊、小食杂店等“四小”抽检力度，食品生产企业、大型商场、超市和农产品批发市场督查抽检率达100%；18个涉农乡镇（街道）农产品快速检测室建成率达100%，并对公众免费开放；开展地沟油专项整治行动，建立食用油溯源体系等长效监管机制，建设“放心餐饮”	360	4	9
2	垃圾治理	开工建设生活垃圾焚烧发电厂改扩建工程；开工建设工业固废与污泥无害化处置及资源化利用项目；建成投用瓯飞建筑垃圾消纳场；强化执法监管，消除露天垃圾焚烧现象；实施垃圾分类试点，建成农村生活垃圾分类减量化资源化村庄80个；推行“一把扫帚”环卫管理体制	363	5	5
3	菜场改造	实施改造30个农贸市场，实现集镇农贸市场全面改造	296	22	55
4	交通治堵	开展交通秩序综合整治、严管行动；实施交通路口缓堵“短平快”改造10个；新建社会公共停车位500个以上，新增人力、电动公共自行车1500辆以上；新增交通诱导电子屏10处以上，建成斑马线不礼让自动抓拍系统10处，行人触摸式红绿灯3处，改造路口电子警察监控12处48套	345	8	20
5	干道提升	实施322国道瑞安段（56省道）、瑞枫公路等交通主干道环境整治、绿化提升工程，新装、改造路灯5000盏以上	303	14	56

续表 2-13

序号	项目	主要内容	赞成	反对	弃权
6	抢险应急	设立湖岭、高楼防汛防台分指挥部，配备视频会议系统等应急设备及队伍，建设抢险仓库；开工建设322国道（56省道）瑞安高楼段应急抢险通道工程；完成湖岭镇潮基至桂峰农村公路水毁修复工程建设；实施农村病险公路修复100处；新增（改、扩建）避灾安置场所30个以上	291	15	67
7	扶苗育苗	开工建设政府投资幼儿园7所，新增公民办幼儿园结对30所，普惠性幼儿园创建覆盖率达80%，等级幼儿园园数占比达90%，教师资格证持证率达85%	327	12	34
8	银龄保障	推进居家养老服务中心扩面提质，新建居家养老服务照料中心50家，免费为全市70周岁以上老年人办理意外伤害保险	306	12	55
9	安全防范	完善通信网络诈骗被骗资金快速查询冻结机制，加强通信网络诈骗电话、信息智能化防范拦截；完成20个消防安全社区创建，安装小区或村居电瓶车智能充电系统安装20个以上；完成社区微型消防站建设6个，完善5个乡镇（街道）消防车辆、器材配备；实现电梯安全责任保险公众聚集场所全覆盖	299	25	49
10	文体惠民	建设公园路历史文化街区，新建文化礼堂20个，新增城市书房10个，开展文化送下乡活动500场以上；建成体育休闲公园2个、多功能运动场6个、登山步道10条，更新健身苑点50个	250	43	80
11	妇女健康	免费为适龄妇女开展宫颈癌筛查8000例以上、乳腺癌筛查4000例以上，免费为全市孕妇开展产前检查	229	35	109
12	扶贫济困	全年医疗救助800人次以上；完成农村危旧房救助100户以上；为困难户全程提供法律援助550户以上；为所有低收入农户免费投保大病住院再保障保险；职工医疗保险个人账户历年结余实现“家庭共济”	301	13	59

说明：共发出表决票380张，收回表决票380张，其中有效票373张，无效票7张，赞成票从高到低选定10项正式项目

二、第二次会议

二次会议听取和审议瑞安市2017年政府民生实事项目完成情况的报告和2018年政府民生实事候选项目形成情况的报告；通过瑞安市政府民生实事项目测评办法；进行2017年10件政府民生实事项目完成情况满意度测评；票决确定瑞安市2018年政府民生实事项目10项，分别为交通治堵、食品安全、教育普惠、公厕提升、绿色出行、养老服务、公路养护、爱心助残、公交优化、政务便民。

瑞安市 2017 年政府民生实事项目完成情况满意度测评结果一览表

表2-14　　单位：张

序号	项目	完成情况	满意	基本满意	不满意	结果
1	食品安全	全年开展小餐饮抽检410批次，达到上年抽检批次的205%；狠抓食品生产企业、大型商超、食用农产品批发市场的抽检工作，督查抽检覆盖率达100%；塘下镇、陶山镇、湖岭镇、马屿镇、高楼镇、莘塍街道、飞云街道等18个涉农乡镇（街道）农产品快速检测室建成率100%，并对公众免费开放；并开展了地沟油专项整治行动；全年新建阳光厨房100家，累计205家，建成率达100%；全市1011家餐饮业已落实污水处理措施	312	53	7	通过

续表 2-14

序号	项目	完成情况	满意	基本满意	不满意	结果
2	垃圾治理	生活垃圾焚烧发电厂改扩建工程于5月开工，现主体工程建设已基本完成；工业固废与污泥无害化处置及资源化利用项目于4月底开工，现主体工程已基本结顶；建设瓯飞1号工程渣土消纳场，并且投入试用；建成塘下镇、经济开发区，莘塍街道、飞云街道、仙降街道、云周街道工业垃圾转运点；全年处置垃圾焚烧事件143起，立案查处违法倾倒工业垃圾行为1起；全年建成17个垃圾分类终端处理中心（站房），实现260个农村生活垃圾分类收集处理；出台《瑞安市“一把扫帚”环卫管理体制改革实施方案》，现三个改革试点区域正在运行	297	64	11	通过
3	菜场改造	实施改造30个农贸市场，其中安阳瑞祥、十八家农贸市场等20家农贸市场已完成改造，仙降新安、马屿江浦等10家农贸市场正在建设	338	32	2	通过
4	交通治堵	新增交通诱导电子屏10处，建成斑马线不礼让自动抓拍系统10处、行人触摸式红绿灯3处，改造路口电子警察12处48套；实施瑞祥大道—瑞光大道段、万松西路—虹桥路等9个路口“短平快”改造已完成，万松东路—罗阳大道段道路综合整治提升项目正处于施工阶段；新建社会公共停车位567个，其中火车站站前区停车场停车位267个；万松公园山脚停车场停车位300个	290	62	20	通过
5	干道提升	322国道瑞安段、瑞枫公路、江南大道绿化提升工程已完成；322国道瑞安段、瑞枫公路等交通主干道路灯新装、改造工程已完成，共新装、改造路灯5200盏	333	38	1	通过
6	抢险应急	设立湖岭、高楼防汛防台分指挥部，配备视频会议系统等应急设备及队伍，建设抢险仓库，并于8月上旬完成全市暨湖岭片分指挥部防台训练与演练；开工建设322国道（56省道）瑞安高楼段应急抢险通道工程；已完成湖岭镇潮基至桂峰农村公路水毁修复工程主体工程建设；实施农村病险公路修复116处；新增（改、扩建）避灾安置场所48个	327	45	0	通过
7	扶苗育苗	开工建设政府投资幼儿园7所，新增公民办幼儿园结对76所。普惠性幼儿园创建覆盖率已达85%。等级幼儿园园数占比已达94%。幼儿园专任教师中已有3044人持有教师资格证，持证率达92.17%	318	47	7	通过
8	银龄保障	新建居家养老服务照料中心109家。免费为全市9.1万名70周岁以上老年人办理意外伤害保险	318	45	9	通过
9	安全防范	成立反诈骗中心，建立反诈宣传和查冻机制，确定专人对接上级公安机关快速查询冻结平台和智能化拦截工作；完成20个消防安全社区创建。开展居民住宅小区或村居电动车排查摸底并安装电瓶车智能充电系统38个。完成28个社区微型消防站建设。消防队伍车辆、器材配备经费已落实；全面排摸公共聚集场所在用电梯（总数合计689台）并实现电梯安全责任保险公众聚集场所全覆盖	329	41	2	通过
10	扶贫济困	全年医疗救助达2277人次，救助金额达1864万元；全市完成农村危旧房救助101户；为806户困难户全程提供法律援助；完成新一轮低收入农户认定工作。目前已赔付7491件，赔付金额649.73万元；出台《瑞安市职工基本医疗保险个人账户使用操作规程》，于5月8日全面实施医保“家庭共济”	329	39	4	通过

说明：电子测评票372张，满意和基本满意票超过代表实到人数70%（含）的通过

瑞安市2018年政府民生实事候选项目表决结果一览表

表2-15　　单位：张

序号	项目	主要内容	赞成	反对	弃权
1	交通治堵	在市区范围开展“四小车”综合整治，推进停车场建设新增市区公共停车位1000个，新建改建智能停车位3000个	354	5	13
2	食品安全	完成农贸市场改造提升10家，建设校园食堂在线阳光厨房50家	342	4	26
3	教育普惠	竣工投用幼儿园3所，新开工建设10所，完成中小学改扩建工程项目10个	355	3	14
4	公厕提升	全市852座公厕全部纳入市场化管理保洁，改造提升市区（集镇区）公厕80座、景区（点）公厕10座、农村公厕70座	318	6	48
5	绿色出行	加快慢行系统建设，改造提升人行道8千米、自行车道8千米、综合漫步道5千米	318	6	48
6	养老服务	改造提升市福利院及8所乡镇敬老院的服务设施及服务能力，新增养老床位200张，为21个城市社区的孤困老人提供配餐服务	355	2	15
7	公路养护	新增农村公路安全护栏200千米，完成农村公路改造提升20千米、路面大中修工程70千米，增设农村公路安全标志200套以上	296	2	74
8	爱心助残	为全市21000名残疾人提供人身意外伤害保险、大病救助保险、城乡居民新型合作医疗保险，为260户残疾人家庭提供无障碍设施改造和无障碍设备配送，为800名白内障患者和残疾人免费实施康复服务	328	4	40
9	公交优化	新增新能源公交车18辆，新增公交站亭30个，改造提升市区港湾式停靠站40座，启用公交车移动支付系统，提升市区公交站智能化站点30个，建成公交首末站3个	328	2	42
10	政务便民	结合“最多跑一次”改革，在全市城乡新增具备办理综合业务审批服务功能的自助一体机100台	248	17	107
11	智慧消防	安装智慧式用电管理系统5000套，在人员集中的社区，安装电瓶车智能充电点100个，开展智慧消防系统建设，智慧消防接入单位不少于1000家	235	11	126
12	文化生活	新建城市书房、百姓书屋10个	166	18	188

说明：电子表决票372张，赞成票从高到低选定10项正式项目

三、第三次会议

第三次会议听取和审议瑞安市2018年政府民生实事项目完成情况的报告和2019年政府民生实事候选项目形成情况的报告；进行2018年10件政府民生实事项目完成情况满意度测评；票决确定瑞安市2019年政府民生实事项目10项，分别为停车场建设、交通治堵、电气线路改造、居家养老、垃圾分类、农产品质量安全、公交优化、放心餐饮、体育健身、卫生健康。

瑞安市2018年政府民生实事项目完成情况满意度测评结果一览表

表2-16 单位：张

序号	项目	完成情况	满意	基本满意	不满意	结果
1	交通治堵	制订了《瑞安市市区“四小车”综合整治工作实施方案》和四个车种专项整治方案，11月完成市区人力客（货）运三轮车、残疾人机动轮椅车回收置换工作，顺利开展市区“四小车”集中整治工作；共新增1090个公共停车位，分别为电信广场停车场120个、外滩瑞立公用停车场528个、安阳路停车场172个、市区高架桥下停车场270个；已完成外滩、体育馆、火车站站前区、瑞安广场等11个公共停车场和罗阳大道、万松东路、文庄路道路泊位共3120个停车位智能化改建工作	150	156	51	通过
2	食品安全	改造提升霞砀林西、东风、万松、前岸、仙降新安、霞林、陶溪、湖岭、沙渎等10家菜市场；共建成校园食堂在线阳光厨房60家	206	133	18	通过
3	教育普惠	竣工投用滨江幼儿园东都分园、原锦湖四小改建幼儿园、仙降中心小学附属幼儿园等3所幼儿园；塘下镇中心区、瑞祥（上沙塘村）、芳庄、市机关、安康路、塘下韩田、南门团块、马屿朝阳、高楼中心、平阳坑等10所幼儿园已开工建设；东山中学、莘塍七小、鹿木学校等10所学校已完成改扩建	213	121	23	通过
4	公厕提升	全市876座公厕纳入“一把扫帚”实施保洁；完成改造提升公厕1731座，其中城区公厕40座，农村（集镇）公厕1680座，景区公厕11座	250	98	9	通过
5	绿色出行	建成主塘河、万松东路、安阳路、福泉西路、文庄路二期、华尔达路等道路人行道，共计17.2千米；建成罗阳大道、万松东路、安阳路等道路自行车道，共计11.16千米；建成主塘河、罗阳大道、东溪路院士路等路段综合漫步道，共计6.83千米	251	100	6	通过
6	养老服务	改造提升市福利院并投入使用，新增养老床位200张；改造提升塘下、潘岱、飞云、阁巷、梅屿等8所敬老院，并投入运营；玉海、安阳、锦湖街道21个城市社区均已开展为孤困老人配送餐服务	167	156	34	通过
7	公路养护	共新增农村公路安全护栏205千米，增设农村公路安全标志288套；共改造提升农村公路94.4千米；共大中修农村公路71.2千米	210	135	12	通过
8	爱心助残	为全市21400多名残疾人提供意外伤害保险参保；为全市20950名残疾人提供大病医疗保险；为全市13000名非低保持证残疾人提供城乡居民新型合作医疗保险；为310户残疾人家庭提供无障碍设施改造和无障碍设备配送；为888名白内障患者和残疾人免费实施康复服务	252	101	4	通过
9	公交优化	建成汀田、阁巷、十八家等3个公交首末站；新增32辆新能源公交车；对分布在安阳路、罗阳大道、万松路上的30个公交站点实施智能化改造提升；新建港湾式停靠站和公交站亭30座，改造提升市区港湾式停靠站40座；公交车移动支付系统已上线运营	242	106	9	通过
10	政务便民	在市行政审批中心、市政大院综合楼、乡镇（街道）、医院、银行等公共场所设置便民服务自助终端100台	267	88	2	通过

说明：电子测评票357张，满意和基本满意票超过代表实到人数70%（含）的通过

瑞安市2019年政府民生实事候选项目表决结果一览表

表2-17 单位：张

序号	项目	主要内容	赞成	反对	弃权
1	停车场建设	推进公共停车场建设，新增公共停车位800个	333	7	20
2	交通治堵	打通周松北路、莘塍环镇路、火车站东路（远航路）等3条断头路，疏通高速公路三都岭隧道、瑞枫线、滨江大道虹桥南路交叉口等3处交通堵点	338	4	18
3	电气线路改造	完成全市老旧民房电气线路改造1万户	284	8	68
4	慢行系统建设	以联网贯通为目标，加快城市慢行系统建设，改造提升人行道8千米、自行车道8千米、综合漫步道5千米	244	10	106
5	居家养老	建成10个兼具日间照料与全托服务功能的居家养老中心	319	6	35
6	垃圾分类	实施农村生活垃圾分类、收集、回收利用处理村140个（建成区内80个，建成区外60个）	270	17	73
7	农产品质量安全	创建20个市级生态茶园、精品果园、放心菜园、特色菌园和道地药园示范基地，建设2个阳光农场	311	7	42
8	公交优化	改造16条客运班线，开通20条以上农村公交线路和公交化运营线路，新投入公交化运营班车100辆以上	320	0	40
9	放心餐饮	创建放心消费示范餐饮单位30家、特优食品作坊5家，建设校园食堂和网络餐饮在线阳光厨房300家	306	7	47
10	就业创业	新增就业1.4万人，其中助力高校毕业生就业创业2100人次，发放就业补助110万元以上、创业担保贷款1400万元以上	241	10	109
11	体育健身	新建或提升多功能运动场8个、体育小公园2个、百姓健身房15个、登山步道10条	254	6	100
12	卫生健康	改造提升中心村卫生计生室（站）10个，为全市3岁以下常住儿童开展运动、语言认知、情感和社会交往能力的发育监测	277	8	75

说明：电子表决票360张，赞成票从高到低选定10项正式项目

四、第四次会议

第四次会议听取和审议瑞安市2019年政府民生实事项目完成情况的报告和2020年政府民生实事候选项目形成情况的报告；进行2019年10件政府民生实事项目完成情况满意度测评；票决确定瑞安市2020年政府民生实事项目10项，分别为垃圾分类、交通治堵、老旧小区改造、路面养护、消防安全、体育健身、育苗工程、食品安全、农村医保、卫生健康。

瑞安市2019年政府民生实事项目完成情况满意度测评结果一览表

表2-18　　单位：张

序号	项目	完成情况	满意	基本满意	不满意	结果
1	停车场建设	新增公共停车位1549个	181	138	42	通过
2	交通治堵	打通断头路3条〔周松北路、莘塍街道环镇路、东一路（围海大道—围五路）〕，完成堵点治理工程3处（高速三都岭隧道、瑞枫线下湾村交叉口、滨江大道虹桥南路交岔口）	181	141	39	通过
3	电气线路改造	发布《关于开展安全生产“七大”攻坚战的通知》，累计完成12576户老旧民房电气线路改造工作	241	110	10	通过
4	居家养老	建成塘下镇、桐浦镇、林川镇、曹村镇、平阳坑镇，安阳街道、潘岱街道、上望街道、飞云街道、仙降街道等10个兼具日间照料与全托服务功能的居家养老中心	220	128	13	通过
5	垃圾分类	实施农村生活垃圾分类、收集、回收利用处理村196个（其中建成区内82个，建成区外114个）	162	141	58	通过
6	农产品质量安全	创成23个种植业五园示范基地，其中高楼白云茶寮生态茶园、陶山创辛食用菌特色菌园和陶山温郁金道地药园入选省级示范基地；完成2个阳光农场建设（瑞安市绿果园家庭农场、瑞安市善康农产品有限公司）	213	133	15	通过
7	公交优化	改造20条农村客运班线和146辆农村客运班车，开通33条公交、公交化营运和村村通线路（其中公交线路4条，公交化营运线路22条，村村通线路7条），新投入城乡公交一体化运营班车107辆	264	86	11	通过
8	放心餐饮	创建放心消费示范餐饮单位42家、特优食品作坊6家，建设校园食堂和网络餐饮在线阳光厨房356家（其中校园食堂133家、网络餐饮223家）	206	141	14	通过
9	体育健身	新建或提升多功能运动场8个、体育小公园2个、百姓健身房15个、登山步道10条	232	114	15	通过
10	卫生健康	改造提升中心村卫生计生室（站）15个，在全市29家乡镇卫生院、街道社区卫生服务中心开展布点工作，完成发育筛查1.85万例	246	105	10	通过

说明：电子测评票361张，满意和基本满意票超过代表实到人数70%（含）的通过

瑞安市2020年政府民生实事候选项目表决结果一览表

表2-19　　单位：张

序号	项目	主要内容	赞成	反对	弃权
1	垃圾分类	推进城乡生活垃圾分类处理，完成城区餐厨垃圾处置覆盖面达95%，建成垃圾分类示范小区20个，创成农村生活垃圾分类示范村50个	293	12	57
2	交通治堵	推进公共停车场建设，新增公共停车位1000个	340	2	20
3	老旧小区改造	启动老旧小区改造工程，通过实施加装电梯、线路整治、绿化提升、道路修缮等内容，改善1000户群众人居环境	275	14	73
4	路面养护	推进道路提升建设，完成村道路面大中修30千米，完成“桥头跳”治理30处	290	5	67
5	消防安全	提升老旧民房消防安全等级，完成全市老旧小区民房电气线路改造1万户	322	4	36
6	体育健身	加强基层体育场地设施建设，新建提升多功能运动场（含半篮球场）10个、足球场（含笼式）5个、登山健身步道10条、百姓健身房15个、体育小公园2个（1000平方米以上）	288	3	71
7	育苗工程	推进公益性幼儿园建设，新增15所民办幼儿园实施公益性幼儿园建设	262	7	93
8	食品安全	实施农村食品安全惠民工程，改造提升农村家宴放心厨房8家，创成“双开放”食品生产企业12家、餐饮放心消费单位40家，实施城乡农贸市场标准化提升工程，完成农贸市场改造提升5家、放心农贸市场建设5家、星级农贸市场建设5家	335	1	26
9	绿色休闲	加大休闲活动场所建设，新增漫步道15千米	252	5	105
10	农村医保	构建多层级低收入农户医疗保障体系，为全市15000余名低收入农户提供“大病住院再保障保险”“人身意外伤害补充保险”服务	335	1	26
11	急救服务	强化医疗急救服务，在学校、商场等人流密集场所配备AED自动体外除颤器200台	238	9	115
12	卫生健康	实施健康惠民工程，配置社区卫生流动服务车7辆，完成预防门诊接种点规范化建设26个，新增规范公共场所母婴设施15处	280	10	72

说明：电子表决票362张，赞成票从高到低选定10项正式项目

五、第五次会议

第五次会议听取和审议瑞安市2020年政府民生实事项目完成情况的报告和2021年政府民生实事候选项目形成情况的报告；进行2020年10件政府民生实事项目完成情况满意度测评；票决确定瑞安市2021年政府民生实事项目10项，分别为道路基建、交通治堵、消防安全、安全出行、扶老助医、老旧小区改造、食品安全、扶苗育苗、急救服务、体育健身。

瑞安市2020年政府民生实事项目完成情况满意度测评结果一览表

表2-20　　　　　　　　　　　　　　　　　　　　　　　　　　　　单位：张

序号	项目	完成情况	满意	基本满意	不满意	结果
1	垃圾分类	城区餐厨垃圾处置覆盖面达100%；完成安阳、玉海、东山、锦湖等4个街道共计20个垃圾分类示范小区建设；创成50个农村生活垃圾分类示范村	136	170	50	通过
2	交通治堵	完成万松城市综合体停车场1407个公共停车位建设，其中，地面停车位500个，地下停车位907个	150	170	36	通过
3	老旧小区改造	完成安阳街道清泰小区、玉海街道天成小区改造提升工程，改善1300户群众人居环境	170	156	30	通过
4	路面养护	完成19个乡镇（街道）共31.221千米村道路面提升建设；完成塘下镇、安阳街道、莘塍街道、汀田街道等乡镇（街道）共计30处“桥头跳”治理	197	143	16	通过
5	消防安全	完成22个乡镇（街道）共11658户老旧民房电气线路改造	221	130	5	通过
6	体育健身	完成塘下镇鲍三村、桐浦镇胜丰村、锦湖街道虹北社区等11个多功能运动场新建（提升）；完成塘下镇西河村、陶山镇河南村、曹村镇南岙村等5个足球场建设；完成林川镇溪坦村、桐浦镇桐浦村、高楼镇大京村等12条登山健身步道建设；完成马屿镇鹤屿村、安阳街道兴隆社区等15个百姓健身房建设；完成塘下镇凤川村、潘岱街道曹岙村等2个体育小公园建设	202	139	15	通过
7	育苗工程	新增瑞安市实验幼儿园、江南实验幼儿园、陶山镇中心幼儿园等15所公益性幼儿园	188	154	14	通过
8	食品安全	完成湖岭镇四古山村、玉海街道东勇村等8家农村家宴放心厨房改造提升；创成14家“双开放”食品生产企业；完成44家餐饮放心消费单位创建；完成马屿镇江浦农贸市场等5家农贸市场改造提升；完成曹村镇曹村农贸市场等12家放心农贸市场建设；完成陶山镇综合农贸市场等12家星级农贸市场建设	198	138	20	通过
9	农村医保	实现全市低收入农户大病住院再保障保险和人身意外伤害补充保险全覆盖	242	109	5	通过
10	卫生健康	为陶山镇、芳庄乡、马屿镇、曹村镇、高楼镇，汀田街道、飞云街道等乡镇（街道）共配置7辆社区卫生流动服务车；完成26家预防接种门诊规范化建设；完成塘下人民医院、北麂乡卫生院等15处规范公共场所母婴设施建设	229	123	4	通过

说明：电子测评票356张，满意和基本满意票超过代表实到人数70%（含）的通过

瑞安市2021年政府民生实事候选项目表决结果一览表

表2-21　　单位：张

序号	项目	主要内容	赞成	反对	弃权
1	道路基建	推进农村道路提升建设，完成农村公路路面大中修50千米	324	1	31
2	交通治堵	加强堵点治理，解决“瓶颈路”，打通城市断头路4处	334	4	18
3	消防安全	提升居住出租房、老旧民房消防安全，2021年完成全市25000户3人以上居住出租房（老旧民房）安装独立式智能烟感报警器（电气线路改造），并接入智慧消防物联网综合管控平台，实现居住出租房（老旧民房）火灾防控智能化防控	328	4	24
4	安全出行	开展农村道路、城市道路路灯节能智能化改造，保障市民的夜间出行，2021年完成3万盏	324	4	28
5	清洁能源	加强天然气管网建设，新建管网30千米；加快天然气置换液化石油气步伐，置换用户2万户，其中主城区1万户	238	9	109
6	扶老助医	开展困难群众与重点人群医疗服务，为全市500名白内障患者免费实施白内障复明术，消除致盲因素，为患者带来光明；对2100名50岁至74岁老年人开展结直肠癌筛查工作	333	4	19
7	老旧小区改造	继续开展老旧小区改造工程，通过实施加装电梯、线路整治、绿化提升、道路修缮、路灯改造等内容，改善2000户群众人居环境	265	9	82
8	食品安全	实施食品安全惠民工程，开展餐饮质量安全提升行动，建设学校、集体用餐配送单位、大型餐饮企业的“智能阳光厨房”共92家；打造1个“阳光餐饮”综合体（街区）；改造提升农村家宴“放心厨房”3家、“阳光厨房”10家；实施城乡农贸市场标准化提升工程，创建省级放心农贸市场3家	337	5	14
9	扶苗育苗	开展3岁以下婴幼儿照护机构建设，建设完成6家，新增托位180个	274	13	69
10	急救服务	强化医疗急救服务，在学校、商场等人流密集场所配备AED自动体外除颤器100台，并加强相关人员培训	255	7	94
11	体育健身	加强基层体育场地设施建设，新建提升球场20个（多功能运动场〈含全篮、半篮球场〉12个、足球场〈含笼式〉3个、门球场5个）、登山健身步道5条、百姓健身房20个、绿道2条	269	3	84
12	心理健康	全面加强学生心理健康教育，积极建设健康校园文化，建成具有心理危机干预指导、心理健康活动等功能心理健康教育示范学校20所	233	5	118

说明：电子表决票356张，赞成票从高到低选定10项正式项目

第五章　市十七届人民代表大会第一次会议

瑞安市第十七届人民代表大会第一次会议，于2022年2月18日至20日在市政会议中心大会堂举行。应出席会议的代表403名，列席人员82名。会议听取和审议市人民政府、市人大常委会、市人民法院、市人民检察院的工作报告。审查、批准瑞安市2021年国民经济和社会发展计划执行情况与2022年国民经济和社会发展计划草案的报告，批准瑞安市2022年国民经济和社会发展计划；审查瑞安市2021年预算执行情况及2022年预算草案的报告，批准瑞安市2022年预算。会议就上述各项报告作出了相应的决议。会议听取、审议瑞安市2021年政府民生实事项目完成情况的报告，票决2022年市政府民生实事项目。会议选举市国家机关领导人员和瑞安市出席温州市第十四届人民代表大会的代表，表决瑞安市第十七届人民代表大会3个专门委员会组成人员名单。

第一节　听取、审议政府工作报告

会议听取、审议市人民政府市长秦肖所作的《政府工作报告》。报告回顾五年的工作，提出2022—2026年总体目标、主要任务和2022年的主要工作。报告指出，过去五年，面对世界变局和世纪疫情的叠加冲击，市政府围绕“加快融合发展、打造至美瑞安”战略目标，持之以恒实施十大责任捆绑攻坚行动，较好地完成市第十六届人大历次会议确定的目标任务。全市地区生产总值由863亿元增加到1149亿元，年均增长7%；一般公共预算收入由63.47亿元增加到84.25亿元，年均增长7.37%；城乡居民人均可支配收入分别由55127元、27903元增加到73762元和39423元，收入倍差缩小至1.87。跃居全国综合实力百强县第25位，获全国文明城市、国家卫生城市、国家园林城市等16张国家级城市金名片，蝉联中国最具幸福感城市。五年来，致力产业转型，成为全省第七个GDP破千亿元的县市，规上工业产值突破千亿元大关，创新指数跻身全省第一梯队。致力都市跃迁，联动推进五大产城融合平台、十大标志性系统工程建设，新型城镇化排名跃居全国百强县市第15位。致力乡村振兴，获评全国数字农业农村发展先进市、省清新空气示范区、省新时代美丽城镇建设优秀市，夺得全省五水共治“大禹鼎”。致力改革开放，高质量承接推进61项国家和省级改革试点，连续两年获省改革考评优秀。致力以文铸魂，入选新时代文明实践中心建设全国试点市，获评省农村文化礼堂建设示范县。实施民富民享十惠行动，公共财政用于民生比例连续五年超73%。致力固本强基，创成省食品安全示范市，有望4次创成省平安市。致力政府自身建设，智慧政务建设模式入选全国优秀案例项目库，获法治浙江（法治政府）建设示范市。

2021年全市上下勠力同心、负重前行，系统建设“五区五城”，携手交出了一份统筹高质量发展和高水平安全的亮丽成绩单。入选“科创中国”省级试点市，东新科创园重磅开园，落地华为浙南工业互联网创新中心、工程师协同创新中心等十大科创平台，新引进博士26人、海内外高层次创新创业人才398人。获评全省淘汰落后产能工作先进市，两化融合总指数首次突破100，战新产业增加值增长18.4%。培育净升规企业148家、上市报会企业2家，开工建设省市县长工程项目6个，入选省重大产业项目9个，引进亿元以上产业项目43个，新增“全链式”智能化改造项目294个，完成限上固定资产投资459.6亿元。获评省数字生活新服务样板市，列入全省多跨场景重大应用“一本账”项目数、数据归集回流数均居温州首位。联动推进五大亮点区块、120个精建精美项目建设，3个城乡风貌样板区被列入全省首批试点，2个社区入选省未来社区创建名单。全面推进滨海十万亩都市田园新天地项目建设，持续深化生产、供销、信用“三位一体”综合合作改革获省改革突破奖铜奖。全面推进农业“双强”行动，启动温州首个儿童友好型城市建设，省教育现代化发展水平监测排名居温州首位，超额完成市人代会票决通过的民生实事。

报告提出，今后五年全市经济社会发展的主要预期目标是：力争地区生产总值突破1600亿元，年均增长7%左右，一般公共预算收入年均增长9%，限上固定资产投资年均增长9%，社会消费品零售总额达850亿元，进出口总额占全国份额稳步提高，城乡居民人均可支配收入年均分别增长6%和7%以上，收入倍差缩小至1.8以内。要全面贯彻新发展理念，聚焦产业振兴，创成省级先进制造业与现代服务业融合发展示范市、数字经济创新发展示范区；聚焦科创未来，实施云江科创九大行动2.0版，夺取省级“科技创新鼎”，建成“科创中国”县域样板；聚焦融合崛起，大力实施拥江发展战略，高水平打造温州大都市区主中心南部新区；聚焦数字赋能，强化数字化改革牵引，持续放大新时代改革开放新优势；聚焦文脉赓续，深入实施“八大文化工程”，持续激扬“崇文尚德、改革创新、开放包容”的新时代瑞安精神；聚焦绿色崛起，打好治水治气治土治废治塑攻坚战，夺取省“大禹鼎”银鼎；聚焦民生优享，树牢以人民为中心的发展思想，实施儿童友好型城市创建五年行动计划，创建全龄友好型社会；聚焦全域平安，争创全国气象防灾减灾示范区先行试点县，夺取“平安银鼎”。

报告提出，2022年全市经济社会发展主要预期目标是：地区生产总值增长7%左右；一般公共预算收入增长9%；限上固定资产投资增长10%以上；社会消费品零售总额增长8%；外贸出口总额增长6%；城乡居民人均可支配收入分别增长7.5%和8.5%；完成上级下达的能源和环境指标计划目标。实现这些目标，要大抓惠企“十大政策包”落地、三大高能级平台提标、先进制造业和现代服务业“双轮驱动”、四类雁阵梯队企业培育，力争规上工业增加值增长9%；要深化“科创中国”省级试点建设，创成省级高新区；要实施“一十百千”项目倍增计划，入选国家能耗单列项目、国家用地保障项目、省市县长工程项目6个以上，实现总部回归税收6亿元；要进一步优化城市空间、产业布局和基础配套；要深化农业“双强”行动，乡村集成改革试点、省级新时代美丽乡村标杆县；要推进新一轮蓝天碧水净土清废行动，建设更加绿色低碳的新时代美丽瑞安；要纵深推进数字化改革，奋力夺取省级“最佳应用”、改革突破奖；要统筹国内国际两个市场、内贸外贸一体发展，力争实际利用外资突破1亿美元、到位内资100亿元；要构建高质量教育体系、健康体系、公共文化服务体系，高水平办好民生实事；要健全风险闭环管控大平安机制，为党的二十大胜利召开创造安全稳定的环境。

代表在审议中认为：过去五年，市人民政府全面落实温州市委、市政府和瑞安市委决策部署，持之以恒实施十大责任捆绑攻坚行动，系统建设“五区五城”，较好完成了市十六届人大历次会议确定的目标任务。2021年，市人民政府成功应对了外部严峻形势、疫情常态化防控等重大挑战，交出了一份统筹高质量发展和高水平安全的靓丽成绩单。同时，做大经济总量、提高发展质效的任务较为艰巨，部分中小企业生产经营困难，科技创新驱动发展质效有待提高，城市能级和承载力也有待提高，低收入群体增收能力不强，缩小“三大差距”仍需精准发力，优质教育、医疗、养老等公共服务与群众期盼仍有差距，一些干部主动服务意识、塑造变革能力有待进一步提高等方面的工作提出意见和建议。

会议通过决议，批准政府工作报告。决议强调，市人民政府要高举习近平新时代中国特色社会主义思想伟大旗帜，坚持党的领导，坚持以人民为中心，坚持新发展理念，坚持改革开放，坚持系统观念，坚持稳中求进工作总基调，以推动高质量发展为主题，以深化供给侧结构性改革为主线，以改革创新为根本动力，以满足人民日益增长的美好生活需要为根本目的，全面贯彻省委忠实践行“八八战略”、奋力打造“重要窗口”和温州市委“续写创新史、走好共富路”的决策部署，主动服务和融入新发展格局，聚焦“文化文明高地、融合发展典范、共同富裕标杆”定位要求，全力建设“五区五城”，奋力推动产业振兴、创新驱动、城乡统筹、改革开放、文化建设、生态文明、共同富裕、整体智治实现“八个新跨越”，高水平打造“青春都市·幸福瑞安”、争当高质量发展建设共同富裕示范区先行标兵，以优异成绩迎接党的二十大胜利召开。

第二节　审查、批准国民经济和社会发展计划

会议审查市发展和改革局《关于瑞安市2021年国民经济和社会发展计划执行情况与2022年国民经济和社会发展计划草案的报告》。2021年，全市上下以“青春都市·幸福瑞安”和共同富裕示范区先行标兵建设为统领，狠抓“六稳”“六保”工作，推进十大责任捆绑攻坚行动、“六重之重”专项攻坚、重大项目“百日攻坚”等重点工作，经济社会发展实现量的合理增长和质的稳步提升，基本完成市十六届人大五次会议确定的各项目标。全年实现地区生产总值1149亿元，增长7.6%，三次产业结构为2.4∶46.4∶51.2。财政总收入134.12亿元，同比增长5.1%，其中一般公共预算收入84.25亿元，增长2.9%。城镇和农村居民人均可支配收入达73762元和39423元，同比分别增长9.6%和9.9%。全年规上工

业企业实现总产值1128.6亿元，同比增长24.2%，其中新产品产值增速达25.6%。实现社会消费品零售总额568.4亿元，同比增长9.4%。引进国外院士团队2支、新引进博士26人、海内外高层次创新创业人才398人、大学生2.5万人，新增高技能人才7870人。全年规模以上工业企业研发费用总额36.5亿元，同比增长42.4%，R&D经费支出占地区生产总值的比重达2.8%。全年固定资产投资同比增长8.6%。污水日处理能力25.5万吨，垃圾日处理能力2200吨。$PM_{2.5}$、PM10平均浓度同比下降4.6%、5.3%，空气优良率达99.7%。全市城镇新增就业21031人，城镇登记失业率2.06%。

报告提出2022年国民经济和社会发展的主要指标是：地区生产总值增长7%左右；规上工业增加值增长9%；一般公共预算收入增长9%；限上固定资产投资增长10%以上；社会消费品零售总额增长8%；外贸出口总额增长6%；R&D经费占地区生产总值比重为3%左右；城镇常住居民人均可支配收入增7.5%，农村常住居民人均可支配收入增长8.5%；单位生产总值能耗、化学需氧量、氨氮、二氧化硫、氮氧化物等约束性指标完成上级下达的任务；城镇登记失业率控制在3%以内。

市十七届人大计划预算审查委员会经审查认为，2021年，面对错综复杂的内外部环境和艰巨繁重的发展任务，瑞安市主动适应经济发展新常态，紧紧围绕全年经济发展目标，建机制稳增长，引人才搭平台，促改革抓项目，优环境惠民生，全市经济社会呈现稳中向好的发展态势，实现了“十四五”良好开局。存在的主要问题是：外部环境不确定性因素增多，经济发展回升基础仍不牢固；科技创新体系还不完善，缺乏塔尖重器，R&D经费支出占工业生产总值比重不高；重大项目支撑不强，新开工项目完成率偏低；优质公共服务供给不均衡，生态环保、安全生产、农村区域交通、城区排涝等领域存在不少短板；缩小“三个差距”任务繁重，部分人均指标赶超压力较大。

计划预算审查委员会认为，2022年国民经济和社会发展计划草案和报告，遵循新发展理念，符合瑞安市经济社会发展实际，主要预期目标和工作举措积极可行。并提出建议：坚持稳中求进，推动经济平稳健康发展；深化改革创新，提升产业竞争发展动能；加快区域融合，推动瑞安县域能级向都市跃迁。补齐民生保障短板，大力增强人民群众获得感。

会议经审查，并根据计划预算审查委员会的审查报告，决定批准瑞安市2022年国民经济和社会发展计划，批准《关于瑞安市2021年国民经济和社会发展计划执行情况与2022年国民经济和社会发展计划草案的报告》。

第三节　审查、批准财政预算

会议审查市财政局《关于瑞安市2021年地方财政预算执行情况及2022年地方财政预算草案的报告》。2021年预算执行情况：2021年全市一般公共预算收入84.24亿元，增长2.86%，完成预算的94.36%。转移性收入113.48亿元。全市收入合计197.72亿元。2021年全市一般公共预算支出120.98亿元，完成预算的94.84%。地方政府一般债务还本支出19.30亿元。转移性支出57.44亿元，全市支出合计197.72亿元。2021年全市政府性基金预算收入177.68亿元，完成预算的104.47%，下降9.69%；转移性收入142.28亿元，收入合计319.96亿元。全市政府性基金预算支出270.07亿元，完成预算的91.41%，增长23.18%；地方政府专项债务还本支出10.09亿元，转移性支出38.99亿元，支出合计319.96亿元。

报告还指出2021年全市国有资本经营预算执行情况和社保基金预算执行情况及地方政府债务管理情况。

报告提出2022年预算（草案）安排：2022年全市一般公共预算收入预期91.83亿元，与上年执行数相比增长9%。预计转移性收入75.06亿元。全市收入合计166.89亿元。2022年一般公共预算支出139.71亿元。转移性支出24.18亿元，其中上解上级支出23.93亿元，援助其他地区支出2500万元。全市支出合计166.89亿元。2022年全市政府性基金本级收入预期144.56亿元。预计转移性收入7.08亿元。全市收入合计151.64亿元。2022年安排全市政府性基金支出119.44亿元，转移性支出32.20亿元。全市支出合计151.64亿元。

报告还提出2022年国有资本经营预算草案和社保基金预算草案及地方政府债务管理计划草案。

市十七届人大一次会议计划预算审查委员会经审查认为，2021年，面对错综复杂的外部环境和减收增支的财政运行压力，市政府和财税部门深入挖掘聚财潜能，积极落实各项减税降费政策，全力保障重点领域支出，深化绩效管理，防范财政风险，较好地完成市十六届人大五次会议确定的目标任务，为全市经济社会高质量发展提供了财力保障。存在的主要问题是：财政持续增收压力较大，支出结构有待优化调整，投融资机制还不够完善，财政社保负担沉重，部分资金资产利用效率不高等。

计划预算审查委员会认为，市人民政府提出的2022年预算报告和预算草案，全面贯彻中央和省经济工作会议精神，体现了国家积极财政政策有关要求，符合瑞安市经济社会发展的目标要求，符合预算法及实施条例的相关规定，预算草案总体可行。建议：加强财源建设，夯实增收基础；严控预算盘子，调整支出结构；强化预算约束，深化绩效管理；坚持勤俭节约，提升资金效益；加强债务管理，防控财政风险。

会议经审查，并根据计划预算委员会的审查报告，决定批准2022年市财政预算，同意《关于瑞安市2021年地方财政预算执行情况及2022年地方财政预算草案的报告》。

第四节　听取、审议常委会工作报告

会议听取、审议市人大常委会主任叶建辉所作的《瑞安市人民代表大会常务委员会工作报告》。2017—2021年，市人大常委会高举习近平新时代中国特色社会主义思想伟大旗帜，深入贯彻习近平总书记关于坚持和完善人民代表大会制度的重要思想，认真履行宪法和法律赋予的各项职权，共召开常委会会议45次、主任会议92次，听取和审议专项工作报告87个，组织开展执法检查、工作评议、专题询问、视察调研等活动210余次，作出重大事项决议、决定58项，依法任免国家机关工作人员478人次，为推动瑞安经济社会发展和民主法治建设作出了贡献。五年来，常委会始终坚持市委总揽全局、协调各方的领导核心地位，落实重大事项请示报告制度，专题向市委常委会报告重点工作、请示重大事项。召开全市人大工作会议，出台高水平推进新时代人大工作和建设文件，为人大工作提供有力支持。常委会坚决落实市委决策部署，依法审议作出关于促进和保障争当高质量发展建设共同富裕示范区先行标兵的决定，并就“八五”普法、历史文化名城保护规划等重大事项作出决定，及时把市委的决策主张通过法定程序转化为全市人民的共同意志。常委会始终坚持服务中心大局，持续开展“最多跑一次”改革、“营商环境提升年”行动、助推“两个健康先行区”创建等工作监督，深入一线助推疫情防控和复工复产等重点工作，举行政府重大建设项目安排听证会，开展省级工业强市创建、企业上市、民营经济高质量发展、数字经济引领实体经济发展、机械装备行业培育提升等专项监督，专题审议工业用地有效供给、扶工政策资金绩效等情况报告，开展经济开发区人大工作试点，开展乡村产业发展专项监督和“人大代表助力乡村振兴”主题监督活动，助推乡村经济发展。深化财经审查监督，召开部门预算听证会、专题询问土地滞纳金未及时收取问题，持续监督政府隐性债务风险和国有资产管理工作。坚持每年听取和审议上半年全市经济社会发展情况和下半年政府工作报告，深入开展“十三五”规划实施评估和“十四五”规划编制审查，推动规划编制更加科学合理。坚持“民有所呼、我有所应”，突出大会议案督办，推动城市有机更新、农村饮用水安全、养老服务业发展、集云山公园建设等4个议案办理，取得良好成效。全面实施政府民生实事项目人大代表票决（票荐）制，不断完善民生实事项目监督办法和人大代表联系监督工作机制。本届共有50个市级民生实事项目和537个乡镇（街道）民生实事项目较好落实。开展中小学减负工作情况专项监督，推动“双减”政策落实。连续四年跟踪监督推进学前教育工作，推动乡镇（街道）公办幼儿园全覆盖。开展公共卫生服务工作专项监督，推动市政府安排2.6亿元改造提升基层医疗卫生机构业务用房。开展交通治堵、道路改造提升、停车场建设、交通监控设备提升等专项监督，较好地改善了交通出行和城市环境建设。开展农产品质量安全法执法检查，扎实推进食品溯源、食品安全快速检测、“阳光厨房”等基础工作，努力保障群众“舌尖上的安全”。开展“剿灭劣Ⅴ类水”、市区水环境治理、居民生活垃圾分类等工作监督，以及固废污染防治和海洋环境保护“一法一条例”执法检查，全面助推环保基础设施补短板和人居环境整治提升。

常委会认真履行法律监督职责，着力促进“一府一委两院”依法行政、公正司法。注重发挥执法检查“法律巡视”监督利剑作用。五年来，对建筑法、公共文化服务保障法、未成年人保护法、省学前教育条例、省全民健身条例、省粮食安全保障条例等12部法律法规的贯彻实施情况开展执法检查，作出审议意见，推动相关法律法规在瑞安市有效实施。特别是围绕建筑法贯彻实施，聚焦招投标市场乱象，连续三年跟踪监督，推动市政府更加重视和支持建筑业健康发展。深化部门工作评议，五年来，共对市公安局等15个单位进行了评议，提升政府部门依法行政水平，解决了群众关注的一些突出问题。加大司法监督力度。深入开展严重损害司法权威、社会诚信违法犯罪处置工作专项监督，推动“公检法”机关健全协同机制，严厉打击查处“逃废债”、串通投标、虚假诉讼、拒执等违法犯罪行为，发挥司法对社会诚信体系建设的引领作用。开展食品药品和环境保护领域违法犯罪行为处置工作专项监督，推动政府职能部门加强与“法检”两院联动，加大打击力度，促进市法院与环保部门妥善处理413件历史遗留的裁执分离案件。开展法院执行工作和行政诉讼审判工作专项监督，推动法院加大执行力度和公民诉权保护，切实维护人民合法权益。开展检察院认罪认罚从宽制度实施专项监督，助推这一制度创新在瑞安市得到落实。开展法官检察官履职评议，以点带面促进法检“两官”队伍建设。着力改善法治环境，每年参与组织“12·4”宪法日宣传活动，落实宪法宣誓制度，开展“七五”普法工作监督，作出“八五”普法决定，营造全社会崇尚法治的良好氛围。修订规范性文件备案审查办法，审查备案规范性文件145件，切实维护法制统一。五年间共接待来信来访550多批次，推动58件重点信访件化解，有效维护社会和谐和公平正义。常委会持续加强和改进代表服务工作，有效发挥代表主体作用。五年间提出的2400多件代表建议，全部按期办理答复，代表满意率保持在95%以上。加强建议办理工作评议，每年组织代表对10家建议承办重点单位进行集中评议，促使建议办理质量逐年提高。全面推进代表联络站提档升级，高水平打造温州首家县级代表联络总站，全面提升34个基层联络站规范化建设水平，建立健全列席常委会会议代表座谈制度、代表约见国家机关负责人暂行办法、“双联系”制度，依托代表联络站，安排1200多名各级人大代表全部进站。注重加强代表履职培训，共举办10期培训班，提高代表的综合素养和履职水平。做好人大换届选举，共选举产生新一届市人大代表405名、乡镇人大代表940名，11个乡镇依法召开人代会。五年来，常委会始终坚持守正创新，牢牢把握新时代人大工作新形势新任务，坚持与时俱进，开拓创新，确保人大工作更具时代特色，更富实际成效，许多工作走在省市前列。

代表在审议中认为：五年来，市人大常委会坚持党的全面领导、坚定扛起责任担当，认真履行宪法和法律赋予的各项职权，顺利完成届期各项任务，为瑞安经济社会的发展和民主法治建设作出了积极的贡献。同时，对监督工作的精准性和实效性还需进一步增强，代表主体作用发挥还需进一步加强，代表联络站运行机制还需进一步完善，数字人大建设有待深化，全市人大整体工作效能还需进一步提升等方面的工作提出意见和建议。

会议通过决议，批准市人大常委会工作报告。决议要求，坚持党的领导、人民当家作主、依法治国有机统一，紧紧围绕瑞安市“五区五城”建设和“八个新跨越”工作目标，立足“四个机关”职能定位，认真履行宪法法律赋予的各项职权，积极践行全过程人民民主，为瑞安市高水平打造“青春都市·幸福瑞安”、争当高质量发展建设共同富裕示范区先行标兵作出新的贡献，以优异成绩迎接党的二十大胜利召开。

第五节　听取、审议法院工作报告

会议听取、审议市人民法院院长胡丕敢所作的《瑞安市人民法院工作报告》。2017—2021年，市人民法院共受理各类案件165758件，办结165860件，同比前五年分别上升27.1%和28.9%。全市审结一审刑事案件9460件，判处被告人14435人。从重从快审结涉黑恶案件58件290人，追缴“黑财”9624万元，打掉黑恶组织28个。严厉打击电信网络诈骗犯罪，审结218件698人，实刑率达89.4%。妥善处理非法集资等涉众型经济犯罪61件109人，涉案金额达53.9亿元。从严判处社会关注度高、与群众切身利益相关的

“火锅口水油”“蜂胶诈骗”“妨害疫情防控”等案件。保持反腐高压态势，审结贪污、受贿等职务犯罪案件38件50人。适用认罪认罚程序案件3552件，对3882名被告人依法判处缓刑、管制或免予刑事处罚，为3361名符合条件被告人指定辩护，指定辩护率达100%。优化法治化营商环境，出台护企发展司法保障意见18条。五年共办结破产案件798件，共盘活闲置资产26.9亿元，释放土地面积52.89公顷，房屋面积56.8万平方米。出台破产审判三年行动计划，在全省首创金融机构数字化协作、破产简易审理、打击逃废债等多项工作机制，实现747家企业依法有序退出市场，57家企业走出困境，破产审判工作已成为法院的一张司法“金名片”。共审结各类知识产权民事案件3253件，判处知识产权刑事案件198件358人。审结各类著作权纠纷案件1785件。共依法审结滥伐森林等涉环境资源犯罪73件121人，审结涉环境公益诉讼3件。运用“裁执分离”机制，对303件自然资源、城建、水利等行政非诉案件裁定准予执行。共审结房屋买卖、房屋租赁、建设工程等涉不动产纠纷案件4863件，涉案标的额24.2亿元。着力防范系统性金融风险，审结金融借款、票据、保险等金融纠纷案件10103件，执结金融债权案件5614件，到位金额31.9亿元。组织开展下基层大接访、大走访活动，处理涉诉信访548件。向有关部门发送司法建议66份。全面、精准施行民法典，审结各类民商事案件80903件，结案标的额269.6亿元。深入推进家事审判改革，审结婚姻家庭、继承、赡养等纠纷7353件。严厉打击虚假诉讼65起，累计罚款60.3万元，近五年民间借贷纠纷收案数下降15.8%。服务保障乡村振兴战略实施，审结涉土地流转、违法占用耕地等“三农”纠纷案件1288件。坚持监督、支持行政机关依法行政与保护行政相对人合法权益并重，共审结行政诉讼案件1394件。前移关口主动为市重点建设工程提供法律意见，组织编纂《征迁工作指引手册》，有效引导规范征迁行为，相关经验做法被最高法院采纳向全国推广。推进完善行政争议调解中心工作规程及配套机制，行政案件协调撤诉率达51.7%。扎实推进行政机关负责人出庭应诉工作，行政机关负责人应诉率达94.5%。近五年，瑞安市行政诉讼败诉率均没有超过10%。高标准持续攻坚破解执行难，共办结执行案件72341件，执行到位金额81.6亿元。积极推进执行审计试点工作，共移送执行审计24件，促使主动履行或执行和解到位金额1800万元。建立温州首家不动产查、解封网络专线，形成腾房、网拍和过户的高效闭环。五年来，成功网拍不动产2239宗，成交价格总计52.3亿元。强化执行威慑，发布失信被执行人名单42102条，限制高消费50800人次，以拒执罪追究刑事责任71人。强化正向激励，对符合条件的21404名个人和3704家企业进行信用修复鼓励守信行为。推进个人债务集中清理，为“诚信而不幸”的债务人重获新生提供机会。因司法助推诚信建设成绩突出，市法院在全国“推进诚信建设制度化·培育践行核心价值观”南昌会议上作经验介绍。出台强化诉源治理21条措施，优化诉调衔接机制，诉前纠纷化解率逐年上升至46.7%，获“全省法院诉源治理成绩突出集体”称号。推行示范诉讼，以公正裁判引导纠纷诉前调解，2021年妥善调处39批2700余人的劳资纠纷、消费合同纠纷等群体性案件。全面建立员额法官联络镇街制度，采取巡回审判、深入村社促进矛盾纠纷源头化解。借助“一屏一线”打造群众“家门口法庭”，2021年在全市23个乡镇（街道）及侨联、保险等机构设立“共享法庭”327家，开展纠纷调处、线上开庭、法治宣传等司法服务400余次。高水平织密民生司法保障网，强制腾空具有公益性质但被私下转卖转租的老人公寓，审结涉未成年人案件1010件，审结劳动争议、追索劳动报酬纠纷案件1663件，帮助劳动者实现工资债权6238.5万元。加大司法救助力度，依法缓、减、免交诉讼费301.2万元，对生活确实困难的当事人发放救助金539.4万元。高质量打造便民司法服务站。在诉讼服务中心建立调解、速裁、快审一站式解纷机制。推广跨域立、当场立、网上立等立案服务，为残疾人等特殊群体提供“一对一”贴心服务。全面推行“掌上司法”新模式，网上立案60542件，扫码缴费3487万元，电子送达24.1万次，网上庭审3586次，在线执行12568件。推行智能设备使用引导、乡音诉讼、心理疏导等差异化与个性化的适涉老诉服务。深入推进数字法院建设，自主研发“破产案件智能化审判”模块，被省高院确定为“浙江全域数字法院”试点项目。深度参与“执行在线”综合管理模块的研发，以信息化手段确保执行工作规范高效，被省委政法委列入“2021年政法工作现代化创新引导项目”。协同温州中院研发“危险驾驶罪智能审判”模块，实现量刑参考智能生成、裁判文书一键生成等功能，得到最高法院肯定。开展国际司法协助，协助芬兰共和国的西南地方法院开展证人线上出庭作证工作，完成全国法院首例刑事案件视频取证。积极推行庭审记录模式改革，以录音录像方式对63500件案件进行庭审记录，并常态化进行线上庭审直播，被评为“全国优秀直播法院”。

代表在审议中认为：五年来，市人民法院忠实履行宪法和法律赋予的职责，各项工作都取得新成绩，获25项地市级以上荣誉，连续5年获评温州基层法院绩效考评优胜单位。同时，对诉源治理工作有待进一步深化，矛盾纠纷的诉前分流和多元化解机制尚不够完善，案件总量仍在高位运行，人案矛盾仍较为突出，个别法官的司法理念与新时代要求还有一定的差距，司法环境有待进一步优化等方面的工作提出意见和建议。

会议通过决议，批准市人民法院工作报告。决议要求，市人民法院要紧紧围绕瑞安市“五区五城”建设和“八个新跨越”工作目标，认真履行宪法法律赋予的职责，牢牢把握公正司法、司法为民工作主线，加快推进变革型现代化法院建设，为瑞安市高水平打造“青春都市・幸福瑞安”、争当高质量发展建设共同富裕示范区先行标兵提供更加有力的司法保障。

第六节　听取、审议检察院工作报告

会议听取、审议市人民检察院代检察长朱捷所作的《瑞安市人民检察院工作报告》。2017—2021年，共办理审查逮捕案件6481件8952人，起诉案件12339件18255人。依法办理安阳路连环撞车案、塘下持棍杀害电动车司机案等重大案件。加大毒品犯罪打击力度，坚决遏制“上头电子烟”“合成大麻素”等新型毒品蔓延，推动快递包裹“藏毒”、数字货币“买毒”等综合治理。办理的1起境外邮寄大麻案件入选最高检典型案例。严厉打击电信网络诈骗，突出惩治非法收购电话卡、银行卡等黑灰产业，从严惩处利用未成年人、在校学生、老年人等特殊群体实施诈骗案件。推进扫黑除恶斗争，起诉涉黑涉恶犯罪282人，依法严惩最高检、公安部挂牌督办的赵某等20人“霸王搬运”涉黑案、全国扫黑办挂牌督办的“5・20”裸聊敲诈系列涉恶案。坚持“打伞破网”，向市扫黑办移送线索20件，推动查封扣押“黑财”和追赃挽损2000余万元。组建抗疫志愿服务队，先后出动926人次深入一线阻击疫情，被温州市检察院记集体三等功，依法办理涉疫刑事案件33件41人。助力优化法治化营商环境，依法打击侵犯企业权益、扰乱市场秩序犯罪，办理职务侵占、合同诈骗、串通投标等案件350件691人，挽回经济损失3560万元。持续清理既未撤案又未移送起诉、长期搁置的涉民企刑事“挂案”，检察环节现已全部清零。对犯罪情节较轻的企业经营者不捕26人，不诉484人。推行“诊疗式”办案模式惩治企业内部贪腐，指导企业制定《内部涉贪腐线索报案规定》，以帮助“带病”企业“司法康复”。成立全省首个知识产权检察办公室，成立浙南知识产权犯罪研究中心，依法起诉侵犯商业秘密、商标权等知识产权犯罪366人，办理的1起侵犯商业秘密案件入选最高检指导性案例。推进司法救助全面覆盖，办理司法救助案件101件，发放司法救助金123万余元。依法办理破坏生态环境资源犯罪260人，办理露天秸秆焚烧公益诉讼类案。守护群众身边的安全，依法惩治盗窃、诈骗等多发性侵财犯罪，起诉4061人。坚持零容忍打击侵害未成年人犯罪，起诉165人。编写出版的普法读物《检察官：少年，你应该知道的法律那些事儿》入选最高检、教育部“法治进校园”系列图书，出品的53部普法作品被纳入温州市青少年普法教育课件资源库，惠及全市147所学校、15万余名师生家长。“薇薇道来”工作室获评全省优秀普法工作室。成立“12309”检察服务中心，提供“一站式”检察服务，多年保持无涉检信访积案纪录。连续四届获全国检察机关文明接待室称号。抓实法律监督主业，积极回应诉源治理轻罪慎刑法治新要求，落实“少捕慎诉慎押”刑事司法政策，不捕率由2017年的19.9%上升至2021年的33.9%、不诉率由15.5%上升至31.2%。加强立案和侦查活动监督，督促侦查机关立案99件，撤案31件，追捕追诉103人，对侦查活动违法提出书面纠正45件次。加强刑事审判监督，提出、提请抗诉45件。认真办理刑事申诉案件，发送再审检察建议4份，均被法院裁定采纳。推进“判实未执”清理工作，监督收监执行38人，暂予监外执行105人。深化财产刑执行监督，督促法院执行272件。办理民事监督案件487件，其中依职权发现454件，占93%。加强民事生效裁判监督，提请抗诉7件，提出再审检察建议48件，法院同期采纳31件。对民事审判活动中超期等情形发送检察建议8份，涉及案件155件，对民事执行活动发送检察建议39份，涉及案件222件。加强民事支持起诉工作，受理25件，其中涉未成年人22件，占88%。办理行政检察案件212件，其中依职权发现205件，占97%。加强行政生效裁判监督、行政审判活动监督和行政执行活动监督，向行政机关制发检察建议50件，向审判机关制发检察建议18件。履行“公共利益代表”职责做好公益诉讼检察，公益诉讼检察从第一年办理5件，到2021年办理52件，办案数量持续上升。针对食品药品安全、生态环境资源保护、低保社保资金保护等民生热点领域，发送检察建议328件；针对个人信息保护、红色军事文化史迹保护等新领域，发送检察建议28件，办案领域逐步拓展。落实认罪认罚从宽制度，办理6088件8484人，适用率稳定在85%以上，确定刑量刑建议提出率和采纳率均超过98%。在全省率先出台规范性文件，明确认罪认罚案件听取意见同步录音录像制度，“镜头下办案”的经验做法被省检察院作为样本推广。加强法律监督工作，与市法院建立联席会议制度、重大案件会商研判制度、案件信息共享机制等，常态化开展检察长列席审委会25次。加强监检衔接，设立职务犯罪检察专门内设机构，办理市监察委移送案件37件56人，共同推动清廉瑞安建设。检察数字化改革有序推进，2017年推进检务办事“最多跑一次”改革。2018年设立温州地区首个县级电子数据实验室，探索刑事检察与技术深度协作。

2021年牵头成立瑞安市政法一体化办案集成应用工作专班，实现温州市首例监委调查职务犯罪案件线上推送。自主研发量刑计算系统，为量刑过程提供数字化解决方案。加快多跨场景上线应用，推进知识产权监督智能辅助项目、涉未成年人公益诉讼智能辅助项目和认罪认罚可视化系统建设项目，主动探索数字赋能监督、监督促进治理的大数据法律监督路径。深化检务公开，依法公开法律文书7384份，案件程序性信息2万余条，发布重要案件信息84条。

代表在审议中认为：五年来，市人民检察院紧扣经济社会发展大局，践行以人民为中心的发展思想，全面履行法律监督职能，各项工作取得新成效，四次获评全省检察工作先进院称号，获评2016—2020年全国依法治理创建活动先进单位。同时，对法律监督能力、质效还需进一步提升，四大检察还需进一步均衡，数字化改革与法律监督结合不够紧密，执法司法制约监督体系需进一步健全，检察队伍建设与专业化、职业化匹配度还不够高等方面的工作提出意见和建议。

会议通过决议，批准市人民检察院工作报告。决议要求，市人民检察院要认真履行宪法和法律赋予的职责，牢牢把握公正司法、司法为民工作主线，敢于监督、善于监督，不断提升“四大检察”法律监督工作质效，为瑞安市打造高质量发展建设共同富裕示范区先行标兵提供更加有力的司法保障。

第七节　选举市国家机关领导人员和温州市人大代表

选举瑞安市国家机关领导人员和瑞安市应选的温州市第十四届人大代表。会议应选的名额为：市人大常委会主任1名，副主任6名，委员37名；市人民政府市长1名，副市长7名；市监察委员会主任1名；市人民法院院长1名；市人民检察院检察长1名；瑞安市出席温州市第十四届人民代表大会代表73名，其中温州市委推荐名额11名、瑞安市地方名额62名。会议通过选举办法，规定：市十七届人大常委会组成人员的候选人必须是本届市人大代表。市人大常委会组成人员的人选，市人民政府市长、副市长的人选，市监察委员会主任的人选，市人民法院院长的人选和市人民检察院检察长的人选，由大会主席团或代表10人以上联合提名。大会主席团提名的候选人人数，每一代表与其他代表联合提名的候选人人数，均不得超过应选名额。市人大常委会主任、市人民政府市长、市监察委员会主任、市人民法院院长、市人民检察院检察长的候选人人数一般应多1名，进行差额选举；如果提名的候选人只有1名，也可以等额选举。市人大常委会副主任、市人民政府副市长的候选人人数应比应选名额多1名，进行差额选举。市人大常委会委员的候选人人数应比应选人数多7名，进行差额选举。如果提名的候选人人数符合本办法规定的差额数，由大会主席团提交代表酝酿、讨论后，提交大会选举。如果提名的候选人人数超过本办法规定的差额数，由大会主席团将候选人名单提交代表酝酿、讨论后，进行预选。根据在预选中得票多少的顺序，按照本办法规定的差额数，确定正式候选人名单，提交大会选举。瑞安市出席温州市第十四届人民代表大会代表的候选人，由各政党、各人民团体联合或者单独推荐；代表10人以上联名，也可以推荐代表候选人。依法提出的瑞安市出席温州市第十四届人民代表大会代表候选人名单由大会主席团印发全体代表酝酿讨论。如果所推荐的候选人人数比应选代表名额多五分之一至二分之一差额比例的，直接提交大会选举。如果所推荐的候选人人数超过二分之一差额比例的，则进行预选。根据在预选中得票多少的顺序，按照比应选名额多五分之一的比例（15名），确定正式代表候选人名单，提交大会选举。会议采用无记名投票方式，选举应希克为市十七届人大常委会主任，项金敏、周晓华、吴功宜、黄陈跃、张海飞（女）、池万松为副主任（提名的候选人7人，实行差额选举），王光领等37人为委员（提名的候选人44名，实行差额选举）；秦肖为市人民政府市长，邱忠瑜、林政洪、郑章辉、麻素挺、包朝阳、陈鹏、陈寒艳（女）为副市长（提名的候选人8名，实行差额选举）；朱建芳（女）为市监察委员会主任；胡丕敢为市人民法院院长；朱捷（女）市人民检察院检察长；葛益平、麻胜聪等73人为出席温州市第十四届人民代表大会代表（提名的候选人88名，实行差额选举）。会议还表决通过项金敏为法制监察司法委员会主任委员，吴功宜为财政经济委员会主任委员，周晓华为社会建设委员会主任委员，以及3个专门委员会的副主任委员、委员名单。

会议选举产生和表决通过的国家机关工作人员依照规定在市政会议中心大会堂分四批进行宪法宣誓。

第八节　代表议案和建议、批评、意见

第一次会议代表10人以上联名提出的议案16件，其中农资水利方面8件，财政经济方面5件，城建环保方面2件，教科文卫方面1件。经大会秘书处议案组与有关方面讨论，并经主席团会议研究，提请大会通过，决定将王冬敏等代表领衔提出的“关于全市域推进乡村环境整治，高水平提升人居环境的议案”（7件并为1件）列为市十七届人大一次会议的议案，交市人民政府研究办理，其办理结果报告市人大常委会审议，印发市人民代表大会下次会议。其余9件议案转为代表建议、批评和意见，按有关规定，连同代表提出的建议、批评和意见458件，交有关单位研究办理并负责答复代表，报告市人大常委会。

第九节　市人大专门委员会

瑞安市第十七届人民代表大会第一次会议于2022年2月20日依法通过市十七届人大法制监察司法委员会、财政经济委员会、社会建设委员会组成人员名单。法制监察司法委员会由项金敏兼任主任委员，副主任委员5人、委员8人，共14人组成；在14名组成人员中，常委会组成人员4人，市人大代表10人，其中驻会的有6人。财政经济委员会由吴功宜兼任主任委员，副主任委员5人、委员10人，共16人组成；在16名组成人员中，常委会组成人员7人，市人大代表9人，其中驻会的有6人。社会建设委员会由周晓华兼任主任委员，副主任委员5人、委员8人，共14人组成；在14名组成人员中，常委会组成人员9人，市人大代表5人。其中驻会的有6人。

市十七届人大法制委员会工作报告（书面）指出：2017—2021年，市人大法制委员会找准人大常

委会依法监督与“一府一委两院”依法行政、公正司法的结合点，寓支持于监督之中，较好地完成各项工作任务。促进依法行政、公正司法，开展严重损害司法权威、社会诚信违法犯罪处置监督，开展市人民检察院认罪认罚从宽制度实施、食品药品和环境保护领域违法犯罪行为处置工作、市人民法院行政诉讼审判工作专项监督，扎实对市民政局、市综合行政执法局、市公安局开展部门工作评议。持续推动法治政府建设，广泛收集《温州市物业管理条例（草案）》《温州市销售燃放烟花爆竹管理规定（草案）》《温州市家政服务条例（草案）》等立法建议意见，开展《浙江省电动自行车管理条例》《温州市养犬管理条例》贯彻实施情况调研，开展法治宣传教育，每年会同有关部门组织开展“12·4”国家宪法日宣传活动，做好任前法律知识考试等工作，推动“一府一委两院”全面落实宪法宣誓制度，连续两年听取和审议法治政府建设情况，谋划好“八五”普法工作，常委会审议通过瑞安市“八五”法治宣传教育决议，接收审查“一府两院”规范性文件备案145件，将“两院”规范性文件纳入审查范围，实现审查全覆盖；同时增加委托第三方审查的方式提高专业化水平。践行为民服务宗旨，组织全市各级人大代表开展助推矛盾纠纷调处化解“最多跑一地”改革主题活动，做好重点建议督办和建议办理，投入疫情防控和复工复产工作。配合市选举委员会做好代表换届选举工作，做好文本审核、被剥夺政治权利人员选民登记核查工作，共划出此类已登记选民65人。及时参与信访舆情处置，配合市选举委员会及时组织人员核实情况，并依法妥善处置。

市十七届人大财政经济委员会工作报告（书面）指出：2017—2021年，市人大财政经济委员会紧扣新形势下财经、预算监督工作新要求，坚持围绕市委中心工作和地方改革发展大局，深化财经预算监督，较好地完成各项工作任务。依法履职强化审查，开展经济社会发展监督，审查国民经济和社会发展计划，做好规划纲要中期评估和编制初审，制定出台《政府重大投资项目监督暂行办法》。加强财政预决算审查监督，对50个入选重点审查的市级部门预算草案进行审议表决，对12个部门预算进行公开听证，增强对预算的知情权和参与权，每年对年度财政决算草案、半年度预算执行情况及市级财政预算调整方案进行审查，定期对全市地方政府债务限额进行审查，对债券项目安排情况进行全过程监管。推进国有资产管理监督，代市委起草《中共瑞安市委关于建立市人民政府向市人大常委会报告国有资产管理情况制度的意见》，建立起人大监督国有资产管理情况的制度体系，连续3年审议国有资产管理情况综合报告，并对地方国有企业、行政事业单位、自然资源等国有资产专项报告进行专题审议，通过召开审计问题交办会、专题询问等方式强化审计整改跟踪监督。围绕中心服务大局，把工业经济作为监督重点，持续从民营经济、企业上市情况、数字经济、开发区经济社会发展等不同层面开展专项监督，开展疫情后汽摩配产业发展、机械装备行业培育提升、工业用地有效供给等热点经济问题和政策资金绩效、营商环境调查研究。开展市市场监管局、市人力社保局、市税务局、市发改局等部门工作评议。服务代表改善民生，认真督办代表重点建议件、食品安全民生实事。每年开展食品安全工作监督、检查。加强队伍建设。创新成立财经委财经咨询（预算审查）顾问专家组，完善财经委工作机制，开发建设预算国资联网监督系统。

市十七届人大社会建设委员会工作报告（书面）指出：2019—2021年，市人大社会建设委员会围绕市人大及其常委会关于保障和改善民生、创新和改善社会治理两大领域的工作部署，深入调查研究、依法有效监督、努力服务社会，为全市社会事业发展发挥积极的推动作用。促进相关法律法规有效实施，组织开展《中华人民共和国未成年人保护法》《浙江省未成年人保护条例》贯彻实施情况和《全民健身条例》落实情况检查。跟踪监督学前教育条例审议意见落实。聚焦民生改善，持续督办养老服务业发展议案，进一步摸清底数、找准问题，提出有针对性的审议意见。全过程跟踪监督《关于落实高楼卫生院新院区增设养老项目后续相关配套政策的建议》等涉及民宗侨外、基层治理、养老服务等社会建设领域的人大代表重点建议件办理。深入宗教场所调研《宗教事务管理条例》落实情况、全市华侨权益保护情况。深化自身建设，研究制定《瑞安市人民代表大会社会建设委员会议事规则》，积极配合省、温州市人大开展《浙江省家庭教育促进条例》《浙江省华侨权益保护条例》《温州市家政服务条例》《温州市居家养老服务条例》等立法调研和贯彻实施情况检查，以及国防教育、养老服务体系建设等工作调研，精心承办全省人大社会建设工作座谈会。

第十节　票决政府民生实事

听取和审议瑞安市2021年政府民生实事项目完成情况的报告和2022年政府民生实事候选项目形成情况的报告；进行2021年10项政府民生实事项目完成情况满意度测评；票决确定瑞安市2022年政府民生实事项目10项，分别为消防安全、道路提升、食品安全、养老惠民、城镇老旧小区改造、助残康养、医疗救助、体育健身、燃气安全、急救服务。

瑞安市 2021 年政府民生实事项目完成情况满意度测评结果一览表

表2-22　　单位：张

序号	项目	完成情况	满意	基本满意	不满意	结果
1	道路基建	完成农村公路路面大中修55.65千米，完成任务数的111.3%	341	49	6	通过
2	交通治堵	市区花周路、执中路、环镇东路和东一路、安阳路等4处城市断头路均已竣工验收	282	96	18	通过
3	消防安全	完成老旧民房智能烟感报警器安装（电气线路改造）25050户，完成任务数的100.2%	345	50	1	通过
4	安全出行	完成农村道路、城市道路3万盏路灯节能智能化改造	354	40	2	通过
5	扶老助医	完成800例复明手术，完成任务数的160%；完成35519例重点人群结直肠癌筛查工作，完成任务数的101.48%	341	49	6	通过
6	老旧小区改造	开工项目13个，完成任务数的130%；完成改造4个（清泰小区项目二期、新兴小区1期、文化小区、外滩大厦）	289	91	16	通过
7	食品安全	完成267家学校智能阳光厨房硬件安装，完成任务数的90.22%；完成1个“阳光餐饮”综合体（吾悦广场）建设；改造提升农村家宴“阳光厨房”36家，完成任务数的360%；“放心厨房”5家，完成任务数的166.7%。创建省级放心农贸市场11家完成任务数的366.67%	327	60	9	通过

续表 2-22

序号	项目	完成情况	满意	基本满意	不满意	结果
8	扶苗育苗	完成3岁以下婴幼儿照护机构建设6家、新增托位180个	332	60	4	通过
9	急救服务	在学校、商场等人流密集场所配备AED自动体外除颤器100台	345	48	3	通过
10	体育健身	完成26个球场建设，完成任务数的130%；完成7条登山健身步道建设，完成任务数的140%；完成21个百姓健身房建设，完成任务数的105%；完成云江绿道连线提升改造和环天井垟骑行慢道工程建设	325	58	13	通过

说明：电子测评票396张，满意和基本满意票超过代表实到人数70%（含）的通过

瑞安市2022年政府民生实事候选项目表决结果一览表

表2-23　　单位：张

序号	项目	主要内容	赞成	反对	弃权
1	消防安全	完成4000户特殊弱势群体及4万户3人以上居住出租房安装独立式智能烟雾报警器；完成200个高层小区消防控制室值班监控系统安装	373	5	18
2	道路提升	完成公路亮化10千米；完成农村公路改造提升60千米（主要为路面修复、边沟硬化、增设钢制护栏等）；打通断头路4处	370	4	22
3	城镇老旧小区改造	对17个老旧小区通过实施截污纳管、雨污分流、强电上改下、弱电线梳理、道路白改黑、加装管道煤气（天然气）、电瓶车充电桩设置、加装电梯等内容，改善3000户群众人居环境	370	8	18
4	食品安全	建成集中餐饮单位“阳光厨房”60家、学校（含幼儿园）食堂智能“阳光厨房”50家、食品生产企业“阳光工厂”和食品生产经营单位“浙食链”185家，做好2600家浙江外卖在线“阳光厨房”应用维护；新建、改建省放心农贸市场3家；完成年度食品安全抽检监测4000批次	360	4	32
5	温馨助教	完成2000个教室空调（新风系统）安装	329	8	59
6	体育健身	新建、提升球场类（含半篮球场、足球场、多功能运动场）25个、登山健身步道10条、百姓健身房10个、健身路径80套（每套10件器材）	323	13	60
7	急救服务	建成市级综合性应急救护培训场所1所、救护基地建设10个；完成5万人次现场应急救护公益培训；完成5000名救护员培训	322	17	57
8	医疗救助	完成500名白内障患者免费复明手术	320	5	71
9	助残康养	新建、提升“残疾人之家”（提供日间照料和辅助性就业、康复训练、技能培训等庇护服务）4家；为全市400名精神、智力、重度肢体残疾人开展团体康复训练100场、技能培训50场	317	6	73
10	养老惠民	新增居家养老照护床位100张，适老化改造300户，改善瑞安市400户困难群众居家养老服务设施；改造提升认知障碍照护床位130张	313	12	71
11	路灯改造	完成瑞安市200个行政村（居）的LED路灯节能改造、提升	273	16	107
12	燃气安全	搭建瑞安市燃气管网安全监测预警系统，完成1000个燃气泄漏探头安装	239	33	124

说明：电子表决票396张，赞成票从高到低选定10项正式项目

第三编　市人民代表大会常务委员会

根据《中华人民共和国地方各级人民代表大会和地方各级人民政府组织法》规定，县级以上的地方各级人民代表大会常务委员会是本级人民代表大会的常设机关，对本级人民代表大会负责并报告工作。地方各级人民代表大会常务委员会实行民主集中制原则，充分发扬民主，集体行使职权，保证宪法、法律和行政法规在本行政区域的实施。地方各级人民代表大会常务委员会每届任期同本级人民代表大会每届任期相同，它行使职权到下届本级人民代表大会选出新的常务委员会为止。

2003年3月至2022年2月，市人大常委会坚持党的领导、人民当家作主、依法治国有机统一，在中共瑞安市委的领导下，围绕中心，服务大局，依法履行宪法和法律赋予的职责。健全常委会运行机制，举行常委会会议179次，听取和审议市人民政府、市监察委员会、市人民法院和市人民检察院的专项工作报告337个，作出重大事项决议决定352项，提出审议意见231件，内容涉及内务司法和监察、财政经济、教育科学文化卫生、农村和资源保护、城乡建设环境保护、民族宗教侨务、社会建设、代表议案审议和建议办理等方面。召开主任会议351次，严格执行主任会议议事规则，依法处理常委会重要日常工作。认真组织开展执法检查，常委会会议44次听取和审议51部法律法规贯彻实施情况的报告，推进宪法和法律法规在本行政区域内贯彻实施。坚持党管干部与人大依法任免有机统一，依法任免国家机关工作人员和其他人员2562人次。加强人大工作制度化、规范化建设，制定人大工作规章制度16件，修订22件。坚持人大代表主体地位，健全完善联系代表机制，发挥代表主体作用，为代表履职做好服务保障工作。

第一章　常委会组成人员与机构

瑞安市人民代表大会常务委员会由本级人民代表大会在代表中选举主任1人、副主任若干人、委员若干人组成。市第十三届、第十四届、第十五届、第十六届、第十七届人大常委会组成人员的名额，分别为29人、35人、35人、45人、45人。根据《中华人民共和国地方各级人民代表大会和地方各级人民政府组织法》（简称《地方组织法》）和浙江省人大常委会的规定，瑞安市第十三届至第十七届人大常委会，根据政策规定和工作需要，设置办公室、若干工作委员会，以及代表资格审查委员会。工作委员会从第十三届的5个增加到第十七届的8个。根据《地方组织法》的规定，市十五届人大五次会议开始设立的人民代表大会专门委员会，按照优化协调高效精干原则，与相应的工作委员会合署办公。

第一节　组成人员

一、第十三届人大常委会

组成人员产生　2003年3月24日至25日，市十三届人大一次会议选出市十三届人大常委会组成人员29人。其中，主任1人，副主任5人，委员23人；驻会专职的有14人，占48.28%。按界别分：党政干部19人，专业技术人员3人，工农7人。在各界人士中，女5人，占17.24%。按党派分：中共24人，占82.76%；民主党派、无党派人士和群众5人，占17.24%。29名组成人员的平均年龄为46.1岁；大专及以上文化程度19人，占65.52%。

组成人员变动　2006年2月6日，常委会第二十八次会议决定接受钱建民辞去市人大常委会主任职务，推选副主任孔素素代理市十三届人大常委会主任的职务。

2004年1月8日，常委会第八次会议决定接受胡永快辞去市人大常委会委员职务。

2004年3月20日，市十三届人大第二次会议选举池万松为市人大常委会委员。

2004年11月3日，常委会第十四次会议决定接受林济晚辞去市人大常委会副主任职务。

2005年3月14日，市十三届人大第三次会议选举高潮为市人大常委会副主任。

2005年6月8日，常委会第二十一次会议决定接受曾一松辞去市十三届人大常委会委员职务。

瑞安市第十三届人大常委会组成人员名单一览表

表3-1

姓 名	职 务	性 别	政治面貌	任 期
钱建民	主 任	男	中共党员	2003年3月至2006年2月
孔素素	代理主任	女	中共党员	2006年2月至2007年1月
	副主任			2003年3月至2007年1月
林济晚	副主任	男	民进会员	2003年3月至2004年11月
盛志荣	副主任	男	中共党员	2003年3月至2007年1月
王庆秋	副主任	男	中共党员	2003年3月至2007年1月
江小娜	副主任	女	中共党员	2003年3月至2007年1月
高 潮	副主任	男	农工党党员	2005年3月至2007年1月
王学镜	委 员	男	中共党员	2003年3月至2007年1月
杨小红	委 员	女	中共党员	2003年3月至2007年1月
杨开铭	委 员	男	中共党员	2003年3月至2007年1月
杨润金	委 员	男	中共党员	2003年3月至2007年1月
苏尚乐	委 员	男	中共党员	2003年3月至2007年1月
李国斌	委 员	男	中共党员	2003年3月至2007年1月
何振兴	委 员	男	中共党员	2003年3月至2007年1月
张晓平	委 员	男	群 众	2003年3月至2007年1月
陈银姆	委 员	男	民盟盟员	2003年3月至2007年1月
陈善平	委 员	男	群 众	2003年3月至2007年1月
周大林	委 员	男	中共党员	2003年3月至2007年1月
周忠育	委 员	男	中共党员	2003年3月至2007年1月
周逢玉	委 员	女	中共党员	2003年3月至2007年1月
项春潮	委 员	男	中共党员	2003年3月至2007年1月
项贻康	委 员	男	中共党员	2003年3月至2007年1月
胡永快	委 员	男	中共党员	2003年3月至2004年1月
赵锦泓	委 员	男	中共党员	2003年3月至2007年1月
黄则强	委 员	男	中共党员	2003年3月至2007年1月
董红卫	委 员	女	群 众	2003年3月至2007年1月
傅志礼	委 员	男	中共党员	2003年3月至2007年1月
温兴荣	委 员	男	中共党员	2003年3月至2007年1月
曾一松	委 员	男	中共党员	2003年3月至2005年6月
戴胜益	委 员	男	中共党员	2003年3月至2007年1月
池万松	委 员	男	中共党员	2004年3月至2007年1月

二、第十四届人大常委会

组成人员产生　2007年1月27日，市十四届人大一次会议选出市十四届人大常委会组成人员34人。其中：主任1人，副主任6人，委员27人；驻会专职的有19人，占55.88%。按界别分：党政干部23人，专业技术人员3人，工农7人，归侨1人。在各界人士中，女8人，占23.53%。按党派分：中共21人，占61.76%；民主党派、无党派人士和群众13人，占38.24%。34名组成人员的平均年龄为48.3岁；大专及以上文化程度24人，占70.59%。

组成人员变动　2007年6月11日，常委会第三次会议决定接受项贻康辞去市人大常委会委员职务。

2008年1月10日，常委会第七次会议决定接受叶序锋辞去市十四届人大代表职务，其市人大常委会委员职务相应终止。

2008年2月29日，市十四届人大第二次会议选举尤光姆、周晓东、施经馆为市人大常委会委员。

2009年5月20日，常委会第十九次会议决定接受王学镜辞去市人大常委会委员职务。

2010年1月23日，市十四届人大第四次会议选举金爱忠为市人大常委会副主任，林聪为市人大常委会委员；决定接受周晓东辞去市人大常委会委员职务。

2010年4月15日，常委会第二十九次会议决定接受邵万姆、周逢玉辞去市人大常委会委员职务。

2010年7月6日，常委会第三十二次会议决定接受盛志荣辞去市人大常委会副主任职务。

2011年1月27日，市十四届人大第五次会议选举薛小平为市人大常委会副主任，郑海洁、黄笃远为市人大常委会委员。

2011年4月8日，市十四届人大常委会副主任高潮逝世。

2011年7月14日，常委会第四十三次会议决定接受张女珍辞去市人大常委会主任职务。

2011年7月18日，市十四届人大第六次会议选举叶世林为市人大常委会主任。

2011年10月18日，常委会第四十五次会议决定接受王庆秋辞去市人大常委会副主任职务。

瑞安市第十四届人大常委会组成人员名单一览表

表3-2

姓　名	职　务	性　别	政治面貌	任　期
张女珍	主　任	女	中共党员	2007年1月至2011年7月
叶世林	主　任	男	中共党员	2011年7月至2012年1月
盛志荣	副主任	男	中共党员	2007年1月至2010年7月
姚松鹤	副主任	男	中共党员	2007年1月至2012年1月
王庆秋	副主任	男	中共党员	2007年1月至2011年10月
江小娜	副主任	女	中共党员	2007年1月至2012年1月
王建东	副主任	男	中共党员	2007年1月至2012年1月
高　潮	副主任	男	农工党党员	2007年1月至2011年4月

续表 3-2

姓　名	职　务	性　别	政治面貌	任　期
金爱忠	副主任	男	中共党员	2010年1月至2012年1月
薛小平	副主任	男	中共党员	2011年1月至2012年1月
王上胜	委　员	男	民建会员	2007年1月至2012年1月
王小玲	委　员	女	农工党党员	2007年1月至2012年1月
王学教	委　员	男	中共党员	2007年1月至2012年1月
王学镜	委　员	男	中共党员	2007年1月至2009年5月
尤碎林	委　员	男	中共党员	2007年1月至2012年1月
石益康	委　员	男	中共党员	2007年1月至2012年1月
叶序锋	委　员	男	中共党员	2007年1月至2008年1月
任　玮	委　员	女	中共党员	2007年1月至2012年1月
阮立聪	委　员	男	群　众	2007年1月至2012年1月
杨小红	委　员	女	中共党员	2007年1月至2012年1月
杨开铭	委　员	男	中共党员	2007年1月至2012年1月
李国民	委　员	男	中共党员	2007年1月至2012年1月
吴存滔	委　员	男	中共党员	2007年1月至2012年1月
张中媷	委　员	男	中共党员	2007年1月至2012年1月
陈光顺	委　员	男	民盟盟员	2007年1月至2012年1月
邵万媷	委　员	男	中共党员	2007年1月至2010年4月
周佐胜	委　员	男	中共党员	2007年1月至2012年1月
周忠育	委　员	男	中共党员	2007年1月至2012年1月
周逢玉	委　员	女	中共党员	2007年1月至2010年4月
郑锦钗	委　员	女	群　众	2007年1月至2012年1月
郑耀庭	委　员	男	群　众	2007年1月至2012年1月
项春潮	委　员	男	中共党员	2007年1月至2012年1月
项贻康	委　员	男	中共党员	2007年1月至2007年6月
胡志跃	委　员	男	中共党员	2007年1月至2012年1月
黄发彩	委　员	男	中共党员	2007年1月至2012年1月
黄则强	委　员	男	中共党员	2007年1月至2012年1月
董红卫	委　员	女	群　众	2007年1月至2012年1月
尤光媷	委　员	男	中共党员	2008年2月至2012年1月
周晓东	委　员	男	中共党员	2008年2月至2010年1月
施经馆	委　员	男	中共党员	2008年2月至2012年1月
林　聪	委　员	男	中共党员	2010年1月至2012年1月
郑海洁	委　员	女	中共党员	2011年1月至2012年1月
黄笃远	委　员	男	中共党员	2011年1月至2012年1月

三、第十五届人大常委会

组成人员产生　2012年1月9日，市十五届人大一次会议选出市十五届人大常委会组成人员33人。其中：主任1人，副主任6人，委员26人；驻会专职的有21人，占63.63%。按界别分：党政干部25人，专业技术人员1人，工农6人，归侨1人。在各界人士中，女4人，占12.12%。按党派分：中共27人，占81.82%；民主党派、无党派人士和群众6人，占18.18%。33名组成人员的平均年龄为49.2岁；大专及以上文化程度29人，占87.88%。

组成人员变动　2012年11月22日，常委会第八次会议决定接受陈银姆辞去市十五届人大代表职务，其市人大常委会委员职务相应终止。

2013年1月12日，市十五届人大第二次会议选举卢秀英、张蕙娜为市人大常委会委员。

2014年6月24日，常委会第二十一次会议决定接受沈永锋辞去市十五届人大代表职务，其市人大常委会委员职务相应终止。

2014年11月28日，常委会第二十五次会议决定接受张蕙娜辞去市十五届人大代表职务，其市人大常委会委员职务相应终止。

2015年3月2日，常委会第二十八次会议决定接受王建东辞去市人大常委会副主任职务。

2015年3月21日，市十五届人大第四次会议选举薛尧弟为市人大常委会副主任，李学祥、邵万姆为市人大常委会委员。

2015年7月31日，常委会第三十二次会议决定接受黄陈跃辞去市十五届人大代表职务，其市人大常委会委员职务相应终止。

2015年12月31日，常委会第三十八次会议决定接受张中姆、周佐胜辞去市人大常委会委员职务。

2016年1月12日，市十五届人大第五次会议选举李明达、陈胜泉、陈继昌、诸葛志勇为市人大常委会委员。

2016年7月22日，常委会第四十三次会议决定接受陈胜泉辞去市人大常委会委员职务。

2016年9月26日，常委会第四十五次会议决定接受姚松鹤辞去市人大常委会副主任职务。

瑞安市第十五届人大常委会组成人员名单一览表

表3-3

姓　名	职　务	性　别	政治面貌	任　期
叶世林	主　任	男	中共党员	2012年1月至2017年2月
林济晚	副主任	男	民进会员	2012年1月至2017年2月
姚松鹤	副主任	男	中共党员	2012年1月至2016年9月
王建东	副主任	男	中共党员	2012年1月至2015年3月
江孟甫	副主任	男	中共党员	2012年1月至2017年2月

续表 3-3

姓　名	职　务	性　别	政治面貌	任　期
金爱忠	副主任	男	中共党员	2012年1月至2017年2月
薛小平	副主任	男	中共党员	2012年1月至2017年2月
薛尧弟	副主任	男	中共党员	2015年3月至2017年2月
王学教	委　员	男	中共党员	2012年1月至2017年2月
尤光娒	委　员	男	中共党员	2012年1月至2017年2月
石　亮	委　员	女	中共党员	2012年1月至2017年2月
李国民	委　员	男	中共党员	2012年1月至2017年2月
吴存滔	委　员	男	中共党员	2012年1月至2017年2月
沈永锋	委　员	男	中共党员	2012年1月至2014年6月
张中娒	委　员	男	中共党员	2012年1月至2015年12月
陈光兴	委　员	男	中共党员	2012年1月至2017年2月
陈银娒	委　员	男	民盟盟员	2012年1月至2012年11月
林伟光	委　员	男	中共党员	2012年1月至2017年2月
林志寅	委　员	男	群　　众	2012年1月至2017年2月
林学凑	委　员	男	中共党员	2012年1月至2017年2月
林振光	委　员	男	中共党员	2012年1月至2017年2月
周佐胜	委　员	男	中共党员	2012年1月至2015年12月
周莉娜	委　员	女	中共党员	2012年1月至2017年2月
郑光德	委　员	男	中共党员	2012年1月至2017年2月
郑耀庭	委　员	男	群　　众	2012年1月至2017年2月
项春潮	委　员	男	中共党员	2012年1月至2017年2月
胡志跃	委　员	男	中共党员	2012年1月至2017年2月
涂芳芳	委　员	女	民盟盟员	2012年1月至2017年2月
黄　淼	委　员	女	中共党员	2012年1月至2017年2月
黄文祥	委　员	男	中共党员	2012年1月至2017年2月
黄陈跃	委　员	男	民进会员	2012年1月至2015年7月
黄笃远	委　员	男	中共党员	2012年1月至2017年2月
韩玉明	委　员	男	中共党员	2012年1月至2017年2月
潘基础	委　员	男	中共党员	2012年1月至2017年2月
卢秀英	委　员	女	中共党员	2013年1月至2017年2月
张蕙娜	委　员	女	中共党员	2013年1月至2014年11月
李学祥	委　员	男	中共党员	2015年3月至2017年2月
邵万娒	委　员	男	中共党员	2015年3月至2017年2月

续表 3–3

姓　名	职　务	性　别	政治面貌	任　期
陈继昌	委　员	男	中共党员	2016年1月至2017年2月
诸葛志勇	委　员	男	中共党员	2016年1月至2017年2月
李明达	委　员	男	中共党员	2016年1月至2017年2月
陈胜泉	委　员	男	中共党员	2016年1月至2016年7月

四、第十六届人大常委会

组成人员产生　2017年2月20日，市十六届人大一次会议选出市十六届人大常委会组成人员45人。其中，主任1人，副主任6人，委员38人；驻会专职的有29人，占64.44%。按界别分：党政干部35人，专业技术人员2人，工农7人，归侨1人。在各界人士中，女9人，占20%。按党派分：中共37人，占82.22%；民主党派、无党派人士和群众8人，占17.78%。45名组成人员的平均年龄为50.24岁；大专及以上文化程度44人，占97.78%。

组成人员变动　2018年9月20日，常委会第十五次会议决定接受陈光兴辞去市人大常委会委员职务。

2018年12月14日，常委会第十七次会议决定接受李明达辞去市十六届人大代表职务，其市人大常委会委员职务相应终止。

2019年1月19日，市十六届人大第三次会议选举林圣赞、黄志勇为市人大常委会委员。

2019年1月19日，常委会第十九次会议决定接受包振明辞去市十六届人大代表职务，其市人大常委会委员职务相应终止。

2019年6月28日，常委会第二十三次会议决定接受杨圣远辞去市十六届人大代表职务，其市人大常委会委员职务相应终止。

2019年8月30日，常委会第二十四次会议决定接受邵万姆辞去市十六届人大代表职务，其市人大常委会委员职务相应终止。

2019年11月25日，常委会第二十七次会议决定接受郑光德、卢秀英、任武辞去市十六届人大代表职务，他们的市人大常委会委员职务相应终止。

2020年4月29日，市十六届人大第四次会议选举陈宗成、陈晓洁、陈智勇、周靖、蔡仁敏、蔡金良为市人大常委会委员。

2020年8月12日，常委会第三十二次会议决定接受林圣赞辞去市十六届人大代表职务，其市人大常委会委员职务相应终止。

2020年10月23日，常委会第三十四次会议决定接受吴学彬、蔡树勇、马可煊、诸葛志勇辞去市十六届人大代表职务，他们的市人大常委会委员职务相应终止。

2020年12月16日，常委会第三十五次会议决定接受陈继昌、黄文祥辞去市十六届人大代表职务，他们的市人大常委会委员职务相应终止。

2021年2月25日，市十六届人大第五次会议选举许良伍、张中杰、林邦虎、涂秀明、黄隽燚、曾爱慧、薛颖为市人大常委会委员。

2021年3月25日，常委会第三十八次会议决定接受黄笃远、汪黎明辞去市十六届人大代表职务，他们的市人大常委会委员职务相应终止。

2021年12月9日，常委会第四十三次会议决定接受薛尧弟辞去市十六届人大常委会副主任职务。

瑞安市第十六届人大常委会组成人员名单一览表

表3-4

姓　名	职　务	性　别	政治面貌	任　期
叶建辉	主　任	男	中共党员	2017年2月至2022年2月
江孟甫	副主任	男	中共党员	2017年2月至2022年2月
方小梅	副主任	女	九三学社社员	2017年2月至2022年2月
陈世尧	副主任	男	中共党员	2017年2月至2022年2月
金爱忠	副主任	男	中共党员	2017年2月至2022年2月
薛小平	副主任	男	中共党员	2017年2月至2022年2月
薛尧弟	副主任	男	中共党员	2017年2月至2021年12月
丁文翔	委　员	女	群　　众	2017年2月至2022年2月
马可煊	委　员	男	中共党员	2017年2月至2020年10月
王云桧	委　员	男	群　　众	2017年2月至2022年2月
尤光姆	委　员	男	中共党员	2017年2月至2022年2月
石　亮	委　员	女	中共党员	2017年2月至2022年2月
卢秀英	委　员	女	中共党员	2017年2月至2019年11月
包振明	委　员	男	中共党员	2017年2月至2019年1月
任　武	委　员	男	中共党员	2017年2月至2019年11月
杜文君	委　员	女	中共党员	2017年2月至2022年2月
杨圣远	委　员	男	中共党员	2017年2月至2019年6月
李明达	委　员	男	中共党员	2017年2月至2018年12月
李国民	委　员	男	中共党员	2017年2月至2022年2月
李治学	委　员	女	中共党员	2017年2月至2022年2月
李学祥	委　员	男	中共党员	2017年2月至2022年2月
吴学彬	委　员	男	中共党员	2017年2月至2020年10月
汪黎明	委　员	男	中共党员	2017年2月至2021年3月
张加梁	委　员	男	中共党员	2017年2月至2022年2月
张朝银	委　员	男	中共党员	2017年2月至2022年2月

续表 3-4

姓　名	职　务	性　别	政治面貌	任　期
陈光兴	委　员	男	中共党员	2017年2月至2018年9月
陈爱雪	委　员	女	无党派人士	2017年2月至2022年2月
陈继昌	委　员	男	中共党员	2017年2月至2020年12月
陈康进	委　员	男	中共党员	2017年2月至2022年2月
邵万姆	委　员	男	中共党员	2017年2月至2019年8月
林　津	委　员	男	中共党员	2017年2月至2022年2月
林志寅	委　员	男	群　　众	2017年2月至2022年2月
林昌勋	委　员	男	中共党员	2017年2月至2022年2月
欧美玲	委　员	女	民进会员	2017年2月至2022年2月
金振钱	委　员	男	中共党员	2017年2月至2022年2月
周莉娜	委　员	女	中共党员	2017年2月至2022年2月
郑光德	委　员	男	中共党员	2017年2月至2019年11月
郑祥圣	委　员	男	民进会员	2017年2月至2022年2月
胡颖媛	委　员	女	九三学社社员	2017年2月至2022年2月
徐象龙	委　员	男	中共党员	2017年2月至2022年2月
潘基础	委　员	男	中共党员	2017年2月至2022年2月
诸葛志勇	委　员	男	中共党员	2017年2月至2020年10月
黄文祥	委　员	男	中共党员	2017年2月至2020年12月
黄笃远	委　员	男	中共党员	2017年2月至2021年3月
蔡树勇	委　员	男	中共党员	2017年2月至2020年10月
林圣赞	委　员	男	中共党员	2019年1月至2020年8月
黄志勇	委　员	男	中共党员	2019年1月至2022年2月
陈宗成	委　员	男	中共党员	2020年4月至2022年2月
陈晓洁	委　员	女	中共党员	2020年4月至2022年2月
陈智勇	委　员	男	中共党员	2020年4月至2022年2月
周　靖	委　员	男	中共党员	2020年4月至2022年2月
蔡仁敏	委　员	男	中共党员	2020年4月至2022年2月
蔡金良	委　员	男	中共党员	2020年4月至2022年2月
许良伍	委　员	男	中共党员	2021年2月至2022年2月
张中杰	委　员	男	中共党员	2021年2月至2022年2月
林邦虎	委　员	男	中共党员	2021年2月至2022年2月
涂秀明	委　员	男	中共党员	2021年2月至2022年2月
黄隽燚	委　员	男	中共党员	2021年2月至2022年2月
曾爱慧	委　员	女	中共党员	2021年2月至2022年2月
薛　颖	委　员	女	中共党员	2021年2月至2022年2月

五、第十七届人大常委会

组成人员产生　2022年2月20日，市十七届人大一次会议选出市十七届人大常委会组成人员44人。其中，主任1人，副主任6人，委员37人；驻会专职的有27人，占61.36%。按界别分：党政干部33人，专业技术人员2人，工农8人，归侨1人。在各界人士中，女11人，占25%。按党派分：中共36人，占81.82%；民主党派、无党派人士和群众8人，占18.18%。44名组成人员的平均年龄为49.4岁；大专及以上文化程度42人，占95.45%。

组织人员变动　2023年2月16日，市十七届人大第二次会议选举金建宇为市人大常委会委员。

2023年8月29日，常委会第十一次会议决定接受叶应东、刘海峰、李国民、林绍达、曾爱慧辞去市十七届人大代表职务，他们的市人大常委会委员职务相应终止。

2023年12月29日，常委会第十五次会议决定接受王光领、陈宗成、林津、涂秀明、谢骁辞去市十七届人大代表职务，他们的市人大常委会委员职务相应终止。

2024年2月6日，市十七届人大第三次会议选举池益华、杨建瑞、吴晓宇、余列权、陈哲、林权龙、胡存炯、胡荣安、胡晓秋、谢思孝为市人大常委会委员。

2024年4月29日，常委会第十八次会议决定接受张加梁、张中杰辞去市十七届人大代表职务，他们的市人大常委会委员职务相应终止。

瑞安市第十七届人大常委会组成人员名单一览表

表3-5

姓　名	职　务	性　别	政治面貌	任　期
应希克	主　任	男	中共党员	2022年2月起
项金敏	副主任	男	中共党员	2022年2月起
周晓华	副主任	男	中共党员	2022年2月起
吴功宜	副主任	男	中共党员	2022年2月起
黄陈跃	副主任	男	民进会员	2022年2月起
张海飞	副主任	女	中共党员	2022年2月起
池万松	副主任	男	中共党员	2022年2月起
王光领	委　员	男	中共党员	2022年2月至2023年12月
尤若楠	委　员	女	群　众	2022年2月起
叶应东	委　员	男	中共党员	2022年2月至2023年8月
刘海峰	委　员	男	中共党员	2022年2月至2023年8月
许良伍	委　员	男	中共党员	2022年2月起
孙仕元	委　员	男	中共党员	2022年2月起
李伟良	委　员	男	无党派人士	2022年2月起

续表 3-5

姓　名	职　务	性　别	政治面貌	任　期
李国民	委　员	男	中共党员	2022年2月至2023年8月
吴大春	委　员	男	中共党员	2022年2月起
张中杰	委　员	男	中共党员	2022年2月至2024年4月
张加梁	委　员	男	中共党员	2022年2月至2024年4月
陈白羽	委　员	女	中共党员	2022年2月起
陈良春	委　员	男	中共党员	2022年2月起
陈宗成	委　员	男	中共党员	2022年2月至2023年12月
陈晓宇	委　员	男	中共党员	2022年2月起
陈晓洁	委　员	女	中共党员	2022年2月起
陈爱雪	委　员	女	无党派人士	2022年2月起
陈智勇	委　员	男	中共党员	2022年2月起
林　帆	委　员	男	中共党员	2022年2月起
林　津	委　员	男	中共党员	2022年2月至2023年12月
林　琳	委　员	女	民盟盟员	2022年2月起
林元众	委　员	男	中共党员	2022年2月起
林志寅	委　员	男	群　　众	2022年2月起
林昌勋	委　员	男	中共党员	2022年2月起
林绍达	委　员	男	中共党员	2022年2月至2023年8月
周莉娜	委　员	女	中共党员	2022年2月起
项纯坚	委　员	男	无党派人士	2022年2月起
涂秀明	委　员	男	中共党员	2022年2月至2023年12月
黄隽燚	委　员	男	中共党员	2022年2月起
曾爱慧	委　员	女	中共党员	2022年2月至2023年8月
谢　骁	委　员	男	中共党员	2022年2月至2023年12月
虞安林	委　员	男	群　　众	2022年2月起
薛　颖	委　员	女	中共党员	2022年2月起
薛中卫	委　员	男	中共党员	2022年2月起
薛翔晔	委　员	女	中共党员	2022年2月起
戴美东	委　员	男	中共党员	2022年2月起
瞿旭雅	委　员	女	民盟盟员	2022年2月起
金建宇	委　员	男	中共党员	2023年2月起
池益华	委　员	男	中共党员	2024年2月起
杨建瑞	委　员	男	中共党员	2024年2月起
吴晓宇	委　员	男	中共党员	2024年2月起
余列权	委　员	男	中共党员	2024年2月起

续表 3-5

姓　名	职　务	性　别	政治面貌	任　期
陈　哲	委　员	男	中共党员	2024年2月起
林权龙	委　员	男	中共党员	2024年2月起
胡存炯	委　员	男	中共党员	2024年2月起
胡荣安	委　员	男	中共党员	2024年2月起
胡晓秋	委　员	男	中共党员	2024年2月起
谢思孝	委　员	男	中共党员	2024年2月起

第二节　机构设置及职责

一、机构设置

市第十三届至第十六届人大常委会根据法律政策规定和工作需要，依法设立办事机构和工作机构，包括常设的代表资格审查委员会，内设的办公室和各工作委员会，派出的常委会街道工作委员会。

代表资格审查委员会　从第十三届到十六届，每届均设立代表资格审查委员会。代表资格委员会设主任委员1人，副主任委员1人，委员4至7人，其成员从人大常委会组成人员中产生，并由人大常委会讨论通过。

办公室和各工作委员会　市人大常委会内设办公室和各工作委员会，负责承办常委会的日常工作，向常委会负责并报告工作。办公室设主任1人，副主任1至2人；各工作委员会设主任1人，并根据工作需要设副主任1人。主任、副主任均由人大常委会任命。

第十三届人大常委会　设立一办五委，即办公室、法制工作委员会、财政经济工作委员会、教育科学文化卫生工作委员会、农村经济工作委员会（2004年1月更名为农村经济和资源保护工作委员

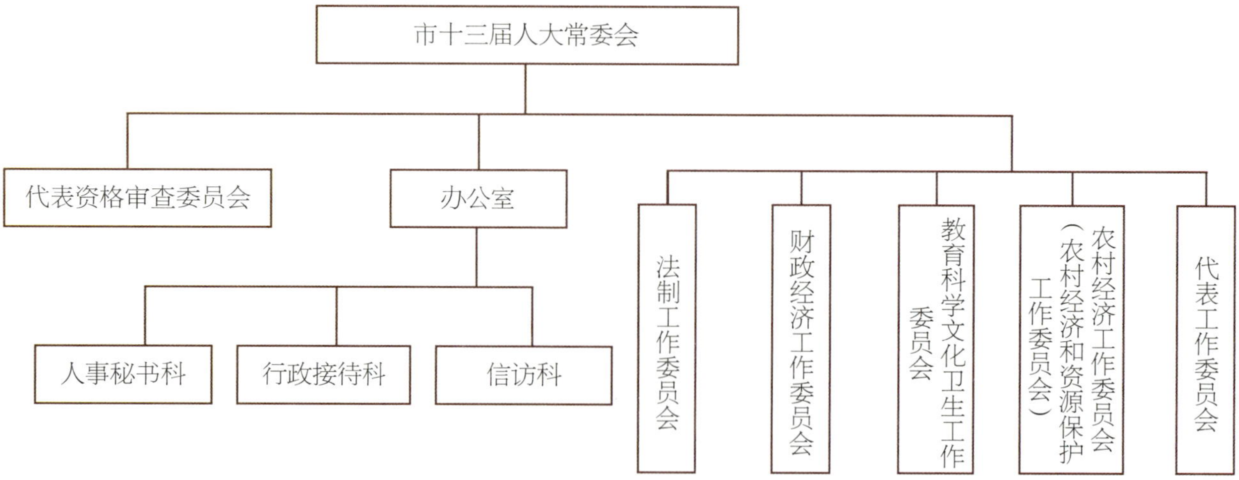

图3-1　市人大常委会工作机构示意图

会）、代表工作委员会。

第十四届人大常委会　设立一办六委，即办公室、法制工作委员会、财政经济工作委员会、教育科学文化卫生工作委员会、农村经济和资源保护工作委员会、代表工作委员会、城乡建设环境保护工作委员会（2009年4月增设）。

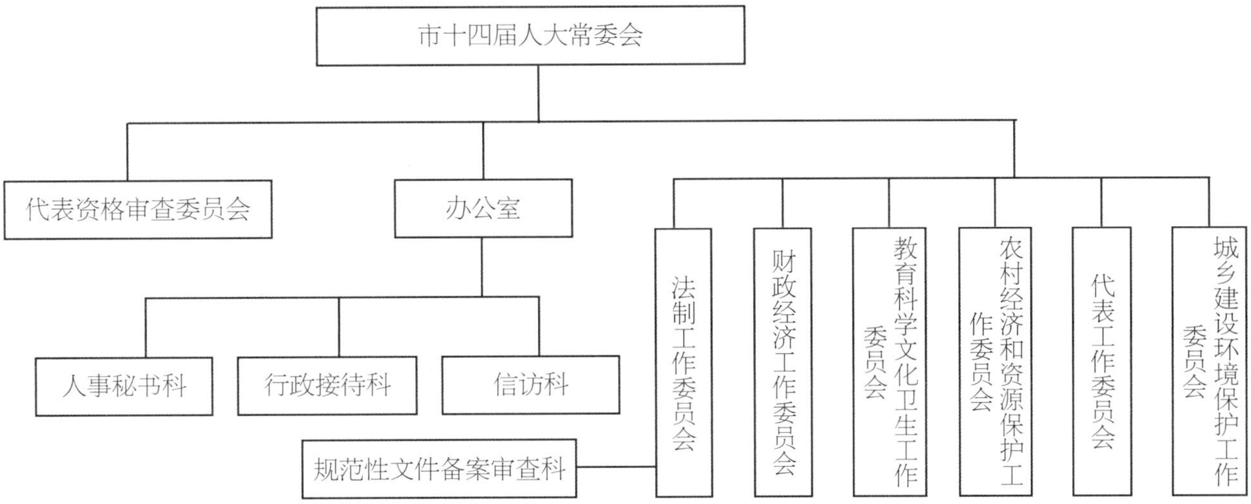

图3-2　市人大常委会工作机构示意图

第十五届人大常委会　设立一办七委，即办公室、法制工作委员会、财政经济工作委员会、教育科学文化卫生工作委员会、农村经济和资源保护工作委员会、代表工作委员会、城乡建设环境保护工作委员会、预算工作委员会（2015年4月增设）。

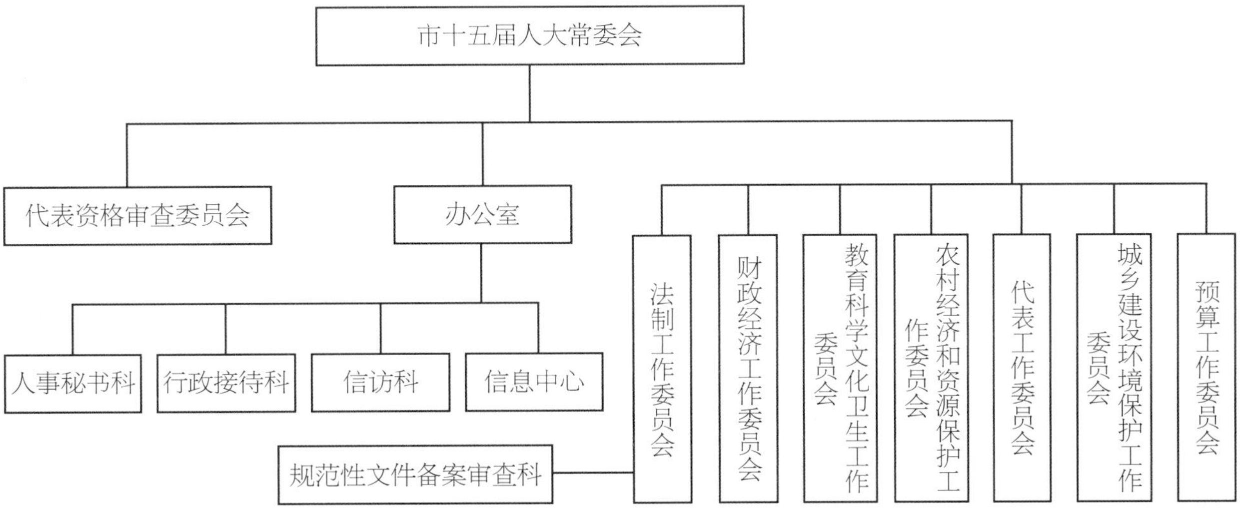

图3-3　市人大常委会工作机构示意图

第十六届人大常委会　设立一办八委，即办公室、法制内务司法工作委员会（2017年2月法制工作委员会更名为法制内务司法工作委员会）、财政经济工作委员会、教育科学文化卫生工作委员会、农村经济和资源保护工作委员会、代表工作委员会、城乡建设环境保护工作委员会、预算工作委员会、社会建设工作委员会（2019年11月增设）。

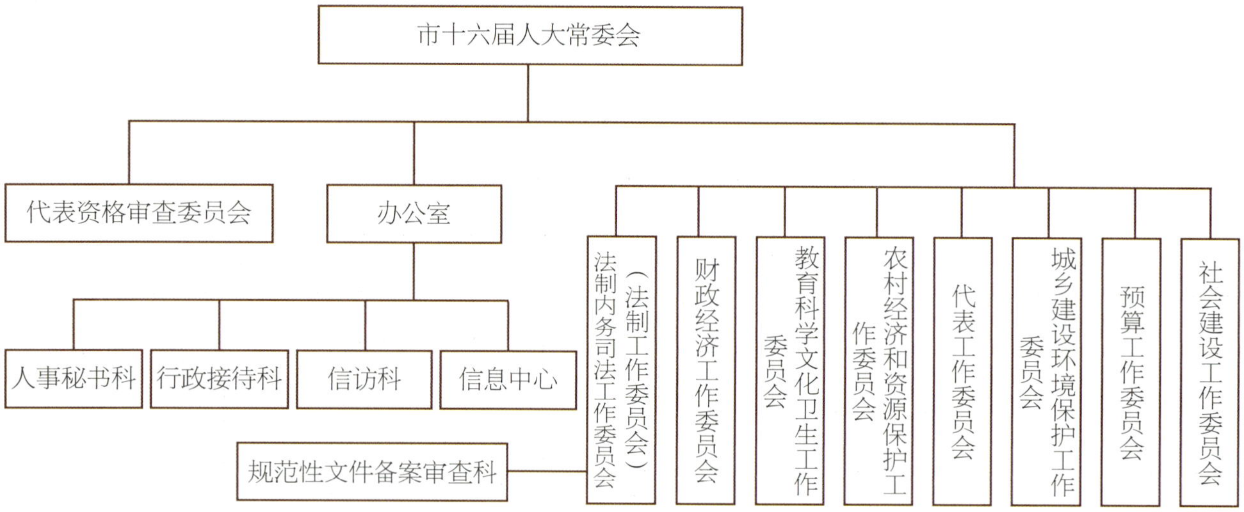

图3-4　市人大常委会工作机构示意图

常委会街道工作委员会　根据市乡镇行政区划调整和人大工作需要，市人大常委会于2003年11月始设派驻安阳、玉海、锦湖、东山、上望、潘岱街道的人大工作委员会，2011年6月设立派驻安阳、玉海、锦湖、东山、上望、莘塍、汀田、飞云、仙降、南滨街道的人大工作委员会。2016年2月增设派驻潘岱、云周街道的人大工作委员会。人大街道工作委员会设主任1人，副主任1至2人，由市人大常委会任免。主任、副主任为专职，并根据工作需要由街道配备专（兼）职工作人员。人大街道工作委员会受市人大常委会和街道党工委领导，向市人大常委会和街道党工委负责并报告工作。

二、机构职责

办公室　承办会议和活动的组织、服务工作；负责市人大常委会机关文稿起草和文字综合工作；负责公文处理、档案管理、信息网络及办公自动化工作，做好机要保密和安全保卫工作；负责接待、处理人民群众的来信来访；负责全市人大系统培训的计划、组织和服务工作；承办提请市人大常委会会议审议的人事任免有关事项；负责市人大常委会机关人事劳动工资工作，组织安排机关干部的各种学习活动；负责市人大常委会及机关的后勤总务、财务和接待工作；负责市人大常委会机关离退休人员的管理服务工作；办理市人大常委会、主任会议交办的其他事项。

根据上述职责，市人大常委会办公室内设4个职能科室：人事秘书科负责市人大常委会机关文稿的起草、编发、打印和会刊、简报编发工作；负责人大工作的调查研究，民主法制建设、人大制度理论研究；负责新闻报道联系、信息工作和新闻稿件的审查；负责公文、档案、机要保密、信息处理、公务接洽、督查工作；负责市人大常委会机关办公自动化工作；承办会务工作；承办提请市人大常委会会议审议的人事任免有关事项；负责市人大常委会机关人事管理和劳动工资等工作；负责干部培训的计划、组织和服务工作；负责市人大常委会机关人员出国政审；负责市人大常委会机关党组织的思想、组织、作风建设的具体工作；管理市人大常委会机关图书、报刊、资料等日常事务等。信访科负责受理、接待人民群众向市人大及其常委会的来信来访；做好对重要信访的报告及处理情况的检查、督促、反馈工作等。行政接待科负责会议后勤服务工作；管理总务、财务、物业、安全保卫、车队；负责对外接待工作；负责离退休人员的管理和服务工作等。信息中心协助做好瑞安人大信息、代表培训、电子政务宣传等工作。

法制内务司法工作委员会　负责全国、省、温州市人大下发的有关法律、法规草案征求意见和汇总上报工作；负责有关法律、法规问题的答复；负责市人民政府及“两院”有关规范性文件备案的审查工作；组织开展地方法制建设工作执法检查、视察、调查研究等活动，了解掌握有关法律、法规和市人大及其常委会决议、决定贯彻实施情况，督促“一府两院”依法治市实施方案的落实情况，向常委会或主任会议报告，提出意见和建议，并做好审议意见落实情况的督办、督查工作；根据市人大常委会的工作安排，做好对口部门工作评议法官、检察官和履职评议的调查等准备工作；加强与对口部门的联系，参加相关活动；督办有关法律建设方面的代表议案、建议和人民群众对司法机关的控告、申诉；承办市人大常委会或者主任会议交办的有关工作。

财政经济工作委员会　负责全国、省、温州市人大下发的有关财政经济方面法律法规草案征求意见和汇总上报工作；组织开展执法检查、视察、调研等活动，了解掌握有关财政经济方面法律、法规和市人大及其常委会决议、决定贯彻实施情况，向常委会或主任会议报告，提出意见和建议，并做好审议意见落实情况的督查工作；根据市人大常委会的工作安排，做好对口部门工作评议的调查等准备工作；加强与对口部门的联系，参加相关活动；督办有关财政经济等方面的代表议案、建议和人民群众来信来访；承办市人大常委会或主任会议交办的有关工作。

教育科学文化卫生工作委员会　负责全国、省、温州市人大下发的有关教育科学文化卫生民族华侨方面的法律、法规草案征求意见和汇总上报工作；组织开展执法检查、视察、调研等活动，了解掌握有关教科文卫民侨等方面法律、法规和市人大及其常委会决议、决定贯彻实施情况，向常委会或主任会议报告，提出意见和建议，并做好审议意见落实情况的督查工作；根据市人大常委会的工作安排，做好对口部门工作评议的调查等准备工作；加强与对口部门的联系，参加相关活动；督办有关教科文卫民侨等方面的代表议案、建议和人民群众来信来访；承办市人大常委会或主任会议交办的有关工作。

农村经济和资源保护工作委员会　负责全国、省、温州市人大下发的有关农村经济和资源保护方面的法律、法规草案征求意见和汇总上报工作；组织开展执法检查、视察、调研等活动，了解掌握有关农村经济、资源保护方面法律、法规和市人大及其常委会决议、决定贯彻实施情况，向常委会或主任会议报告，提出意见和建议，并做好审议意见落实情况的督查工作；根据市人大常委会的工作安排，做好对口部门工作评议的调查等准备工作；加强与对口部门的联系，参加相关活动；督办有关农村经济和资源保护等方面的代表议案、建议和人民群众来信来访；承办市人大常委会或主任会议交办的有关工作。

代表工作委员会　负责市人大代表的联络工作与培训、视察、检查、评议等活动的组织工作；负责市人大代表选举和罢免、辞职、暂停职务的具体工作；承办市人大常委会代表资格审查委员会的日常工作；负责人大代表议案、建议和人大代表来信来访的交督办工作；负责对人大常委会代表工作及街道、乡镇人大工作的指导与联系；承办市人大常委会或主任会议交办的有关工作。

城乡建设环境保护工作委员会　负责全国、省、温州市人大下发的有关城乡建设环境保护方面法律法规草案征求意见和汇总上报工作；组织开展执法检查、视察、调研等活动，了解掌握有关城乡建设环境保护方面法律、法规和市人大及其常委会决议、决定贯彻实施情况，向常委会或主任会议报告，提出意见和建议，并做好审议意见落实情况的督查工作；根据市人大常委会的工作安排，做好对口部门工作评议的调查等准备工作；加强与对口部门的联系，参加相关活动；督办有关城建、交通、环保等方面的代表议案、建议和人民群众来信来访；承办市人大常委会或主任会议交办的有关工作。

预算工作委员会　负责全国、省人大下发的有关预算方面法律法规草案征求意见和汇总上报工作；组织开展执法检查、视察、调研等活动，了解掌握有关预算方面法律、法规和市人大及其常委会决议、决定贯彻实施情况，向常委会或主任会议报告，提出意见和建议，并做好审议意见落实情况的督查工作；负责市本级财政预算初步方案和预算调整方案的预审，决算草案的初步审查，并按市人大常委会的授权，对经济运行情况、预算执行情况和审计工作实施监督；根据市人大常委会的工作安排，做好对口部门工作评议的调查等准备工作；加强与对口部门的联系，参加相关活动；督办有关预算等方面的代表议案、建议和人民群众来信来访；承办市人大常委会或主任会议交办的有关工作。

社会建设工作委员会　负责全国、省、温州市上级人大下发的有关劳动就业、社会保障、民政事务、群团组织、安全生产、民族宗教华侨等社会建设方面的法律、法规草案征求意见和汇总上报工作；组织开展执法检查、视察、调研等活动，了解掌握有关社会建设方面法律、法规和市人大及其常委会决议、决定贯彻实施情况，向常委会或主任会议报告，提出意见和建议，并做好审议意见落实情况的督查工作；根据市人大常委会的工作安排，做好对口部门工作评议的调查等准备工作；加强与对口部门的联系，参加相关活动；督办有关社会建设方面的代表议案、建议和人民群众来信来访；承办市人大常委会或主任会议交办的有关工作。

第二章　常委会主任会议

根据《中华人民共和国地方各级人民代表大会和地方各级人民政府组织法》的规定，市人大常委会主任会议由常委会主任、副主任组成。主任会议处理常委会的重要日常工作：决定常委会每次会议的会期，拟订会议议程草案，必要时提出调整会议议程的建议；对向常委会提出的议案和质询案，决定交由有关的市人大专门委员会审议或者提请常委会全体会议审议；决定是否将议案和决定草案、决议草案提请常委会全体会议表决，对暂不交付表决的，提出下一步处理意见；通过常委会年度工作计划等；指导和协调专门委员会的日常工作；以及其他重要日常工作。

2003年7月9日，市第十三届人大常委会第三次会议修订《瑞安市人民代表大会常务委员会主任会议议事规则》，推进主任会议处理重要日常工作制度化、规范化。之后，市第十五届、第十六届人大常委会结合人大工作实践，对主任会议议事规则相继进行修订，主任会议制度不断完善。市第十三届至第十六届人大常委会共召开主任会议351次，其中第十三届76次、第十四届83次、第十五届100次、第十六届92次。

第一节　第十三届常委会主任会议

第一次会议于2003年3月28日召开。研究确定常委会主任、副主任工作分工：钱建民主任主持市人大常委会全面工作；孔素素副主任协助主任主持全面工作，主持日常工作，兼管办公室、农村经济工作委员会工作；林济晚副主任分管教科文卫工作委员会工作；盛志荣副主任分管法制工作委员会和市人大常委会信访工作；王庆秋副主任分管财政经济工作委员会工作；江小娜副主任分管代表工作委员会和市人大常委会机关老干部工作。

第二次会议于2003年4月7日召开。研究市十三届人大常委会2003年度各次例会安排意见；讨论市人大常委会2003年工作要点草案；研究确定第一次常委会会议的时间、建议议题。

第三次会议于2003年4月16日召开。讨论提出市十三届人民代表大会常务委员会代表资格审查委员会组成人员的建议名单；研究市人大常委会组成人员联系代表编组名单；讨论确定市十三届人大一次会议的重点建议；研究瑞安市出席温州市十届人大代表会前视察培训的安排；讨论修改《瑞安市人大常委会关于任免国家机关工作人员的办法》草案；讨论确定市人大常委会各副主任对口联系的部门；研究市十三届人大常委会各工委委员的配备事项。

第四次会议于2003年5月6日召开。研究人事任免事项；讨论研究市十三届人大一次会议的议案；研究确定第二次常委会会议的时间、建议议题。

第五次会议于2003年5月23日召开。听取《瑞安市人民代表大会志》编纂工作有关情况的汇报，研究《瑞安市人民代表大会志》编纂委员会成员调整方案。

第六次会议于2003年6月6日召开。讨论研究关于开展《中华人民共和国劳动法》和《中华人民共和国安全生产法》执法检查的实施方案；研究确定第三次常委会会议的时间、建议议题。

第七次会议于2003年7月1日召开。听取、讨论市规划建设局关于瑞安市近期建设规划有关情况的报告，关于瑞安市2002年度科技三项经费使用情况的调查报告；讨论研究《瑞安市人民代表大会常务委员会评议工作暂行规定》草案和《瑞安市人民代表大会常务委员会议事规则》等规范性文件的修订案草案；研究人事任免事项。

第八次会议于2003年7月29日召开。讨论研究关于组织市人大代表评议市环保局、市水利局执法工作的实施方案，市人大常委会关于开展年度执法检查的有关工作；研究确定第四次常委会会议的时间、建议议题。

第九次会议于2003年8月28日召开。听取、讨论市财政局关于接受国家开发银行授信贷款的报告；讨论研究关于审议瑞安市贯彻执行《浙江省社会治安综合治理条例》《中华人民共和国人口与计划生育法》《中华人民共和国劳动法》《中华人民共和国安全生产法》等意见草案，关于审判人员和检察人员实行任前公示的意见草案；讨论研究人事任免有关事项，温州市各县（市、区）人大常委会第四十一次联席会议在瑞安市召开的有关事项；听取、讨论市政府关于落实《基础教育的改革与发展决定》的书面汇报及教科文卫工委有关情况的说明，瑞安市2003年1月—8月地方财政预算执行情况的报告及瑞安市1月—7月国民经济和社会发展情况的报告、瑞安市总体规划有关情况的报告、“代表在线”“实事面对面”栏目议题选择有关情况的报告；讨论研究关于组织中心镇人大主席学习培训的有关事项。

第十次会议于2003年9月12日召开。讨论研究市人大常委会会议纪律问题，关于议案（建议）办理补助经费的使用规定，关于组织代表市直机关开展“效能革命”情况进行监督有关事宜，市人大常委会如何发挥代表作用，增强对机关开展效能革命活动的监督；研究确定第五次常委会会议的时间、建议议题。

第十一次会议于2003年10月8日召开。听取、讨论各调查组关于前阶段评议工作开展情况的报告，研究部署评议会议的有关事项；讨论研究《关于深入开展效能革命，提高人大常委会机关办事效率的若干意见》、关于加强审计工作监督的有关事项。

第十二次会议于2003年10月16日召开。听取、讨论常委会办公室关于制订《瑞安市人民代表大会机关机构改革方案》的报告，拟定市人大常委会机关设科级综合办事机构1个和工作机构5个。

第十三次会议于2003年10月28日召开。研究人事任免事项；讨论研究市政府关于提请审议调整2003年重点工程投资计划的议案。

第十四次会议于2003年11月10日召开。听取、讨论市行政区划调整领导小组关于安阳镇撤镇建街道方案的报告；讨论研究评议工作事项、温州市各县（市、区）人大常委会第四十一次联席常委会会议的时间与建议议题、人大常委会机关内部人事聘用等有关事项；研究确定第七次常委会会议的时间、建议议题。

第十五次会议于2003年11月13日召开。讨论研究《关于加强审计工作监督的决定（草案）》和《关于瑞安市街道人大工作委员会工作规则（草案）》；讨论研究财经、农经工委关于评议市环保局、市水利局执法工作交办意见。

第十六次会议于2003年12月12日召开。研究部署年终工作总结和下一年工作思路谋划有关事宜；讨论研究关于举办全国部分市（县）人大常委会联席会议的有关事项；研究确定第八次常委会会议的时间、建议议题。

第十七次会议于2003年12月15日召开。听取、讨论市公安局关于拟对个别市人大代表采取刑事强制措施的函。

第十八次会议于2003年12月22日召开。研究议案办理经费安排。

第十九次会议于2003年12月31日召开。听取、讨论市环保局和市水利局执法评议整改情况的报告；研究人事任免事项；研究有关代表辞职问题的相关事项。

第二十次会议于2004年1月17日召开。讨论召开市十三届人大二次会议的有关事项；讨论研究瑞安市人民代表大会常务委员会工作报告、2004年工作要点（征求意见稿）；研究确定第九次常委会会议的时间、建议议题。

第二十一次会议于2004年2月5日召开。复议市人大常委会第九次会议时间、议题。讨论研究市人大常委会工作报告和2004年工作要点（征求意见稿）；研究市十三届人大二次会议议程、日程安排；讨论研究补选瑞安市第十三届人大代表有关事项；研究人事任免事项；传达市委批准的常委会机关机构改革方案有关事项。

第二十二次会议于2004年2月19日召开。听取、讨论市财政局关于2003年财政预算执行与2004年财政预算报告有关情况，市发展计划局关于2003年国民经济计划执行与2004年国民经济计划报告有关情况，市法院关于法院人事任免情况的报告；讨论研究市十三届人大二次会议主席团和秘书长，计划与财政预算审查委员会、各代表团召集人等建议名单和列席人员范围；听取、讨论代表资格审查委员会关于市第十三届人大代表变动情况和补选代表资格审查情况的报告；讨论研究关于“代表活动先进小组和代表活动积极分子”评选情况的汇报，关于召开人大理论研讨会的有关事项。

第二十三次会议于2004年3月8日召开。听取、讨论市供电局关于市供电情况的报告；讨论确定2004年度常委会各次例会安排；讨论研究十三届人大二次会议日程安排，表彰“代表活动先进小组”“代表活动积极分子”与“好新闻”获奖者的有关事宜。

第二十四次会议于2004年3月29日召开。研究确定第十次常委会会议的时间、建议议题。

第二十五次会议于2004年4月15日召开。讨论研究生态市建设和环境保护执法检查活动实施方案；听取、讨论市人民法院关于法院人事任免情况的报告。

第二十六次会议于2004年4月28日召开。研究市人大常委会各街道工作委员会委员任职有关事项和重点代表建议的督查督办工作。

第二十七次会议于2004年6月4日召开。讨论研究人大工作会议、人大理论研讨会、人大志有关事项；研究确定第十一次常委会会议的时间、建议议题。

第二十八次会议于2004年6月18日召开。研究市第十三届人大代表张维荣请求辞去人大代表职务的有关事宜。

第二十九次会议于2004年7月5日召开。讨论市委《关于加强人大工作的意见（征求意见稿）》；讨论研究年度执法检查的有关事项。

第三十次会议于2004年7月14日召开。研究确定第十二次常委会会议的时间、建议议题。

第三十一次会议于2004年8月4日召开。听取、讨论各工委上半年工作开展情况的汇报和市审计局、市财政局对审计工作报告所涉及的具体问题的说明；研究市人大常委会下半年主要工作及常委会会议主要议题安排。

第三十二次会议于2004年8月18日召开。讨论研究对市民政局、市国土资源局、市交通局、市文化局局长开展述职评议工作的实施意见。

第三十三次会议于2004年9月16日召开。研究确定第十三次常委会会议的时间、建议议题。

第三十四次会议于2004年9月24日召开。听取、讨论关于2003年度全市技改贴息资金使用情况的调查报告。

第三十五次会议于2004年9月28日召开。研究人事任免事项。

第三十六次会议于2004年10月10日召开。听取、讨论市审计局关于市民政局、市国土资源局、市交通局、市文化局4位局长经济责任审计情况的报告及各调查组的调查情况报告；讨论研究人大志编辑工作、鹿木乡扶贫工作、关于参加市人大常委会会议要求有关事项；研究关于开展“三树一创”（树立科学的发展观、树立正确的政绩观、树立牢固的群众观，争创一流业绩）和深化“效能革命”“整顿作风、提升素质”活动有关事项。

第三十七次会议于2004年10月26日召开。研究人事任免事项；讨论研究市审计局关于4位局长经济责任审计情况报告，评议办公室关于4位局长履职情况的调查报告；研究确定第十四次常委会会议的时间、建议议题。

第三十八次会议于2004年11月8日召开。讨论研究述职评议中代表对池万好等四位局长提出的97条建议、批评与意见；研究2004年12月至2005年1月常委会会议主要议题安排和市十三届人大常委会第十五次会议有关事项；研究确定副主任江小娜分管教科文卫工委工作；研究确定第十五次常委会会议的时间、建议议题。

第三十九次会议于2004年12月3日召开。研究市十三届人大三次会议筹备工作有关事项及各工委2004年工作总结和2005年工作思路有关情况；研究确定第十六次常委会会议的时间、建议议题。

第四十次会议于2004年12月13日召开。研究市十三届人大三次会议延期召开的有关事项；复议市十三届人大常委会第十六次会议有关事项；研究部分市十三届人大代表辞职、补选问题；研究确定省、温州市、瑞安市人大代表视察活动时间。

第四十一次会议于2004年12月20日召开。听取、讨论市人事局关于市政府工作部门机构改革情况的报告和市监察局关于市人大代表王某某违纪案件情况的报告，市委组织部关于人大代表辞职、补选有关情况的说明。

第四十二次会议于2004年12月27日召开。听取、讨论市政府关于审计报告中涉及土地出让金应收未收等问题整改情况的报告，认为对照人大常委会第十二次会议通过的审议意见和第三十一次主任会议纪要要求有较大差距，对办理情况表示不大满意。

第四十三次会议于2005年1月5日召开。讨论研究市人大常委会工作报告、2005年工作要点（征求意见稿）、《瑞安市人民代表大会志》定稿有关事项；研究确定第十七次常委会会议的时间、建议议题。

第四十四次会议于2005年1月11日召开。研究人事任免事项；听取、讨论市公安局关于拟对个别市人大代表采取强制措施的报告；讨论研究市人大常委会工作报告、2005年工作要点（征求意见稿）。

第四十五次会议于2005年2月2日召开。研究市第十三届人民代表大会第三次会议有关事项；研究市人大常委会机关开展保持共产党员先进性教育活动有关事项；研究确定第十八次常委会会议的时间、建议议题。

第四十六次会议于2005年2月16日召开。研究人事任免事项；研究人大志有关修改、定稿、出版、发放等事项；研究市第十三届人民代表大会第三次会议日程安排、特邀代表等有关事项；研究聘任财政预（决）算咨询顾问有关事项。

第四十七次会议于2005年3月15日召开。研究市十三届人大常委会2005年度各次例会安排意见；研究确定高潮副主任分管农资工委工作；听取、讨论市公安局拟对个别市人大代表采取刑事拘留措施的报告；研究确定第十九次、第二十次常委会会议的时间、建议议题。

第四十八次会议于2005年5月11日召开。听取、讨论市政府关于土地出让金核销情况的报告；研究确定第二十一次常委会会议的时间、建议议题。

第四十九次会议于2005年7月11日召开。讨论研究《关于开展执法评议和述职评议的实施方案（草案）》《公民旁听试行办法（草案）》；研究关于严肃会议纪律、切实改进会风的通知和关于召开市“一府两院”2005年上半年工作情况报告会的有关事项；研究确定第二十二次常委会会议的时间、建议议题。

第五十次会议于2005年8月1日召开。研究人事任免事项；听取、讨论市公安局关于提请许可拟对个别市人大代表采取取保候审措施的请示和苍南县公安局关于提请许可对个别瑞安市人大代表采取治安拘留的报告；研究召开述职评议和执法评议动员会、“一府两院”2005年上半年工作情况报告会和举办市人大代表培训班有关事项。

第五十一次会议于2005年8月11日召开。研究人事任免事项；听取、讨论市外经贸局关于2003、2004年度外经贸发展资金使用情况的报告，关于外经贸发展资金使用情况调查报告；研究确定第二十三次常委会会议的时间、建议议题。

第五十二次会议于2005年8月16日召开。听取、讨论市公安局关于提请许可对个别市人大代表采取取保候审的报告；听取、讨论关于温州市履职优秀代表审查情况的报告。

第五十三次会议于2005年9月7日召开。听取、讨论市人大常委会各评议小组对市国税局、市人口和计划生育局执法工作与市规划建设局、市教育局、市农林局、市司法局局长履职情况的调查汇报；研究执法评议会议与述职评议会议有关事项；研究确定第二十四次、二十五次常委会会议的时间、建议议题。

第五十四次会议于2005年9月16日召开。听取、讨论市规划建设局关于瑞安市城市总体规划局部调整的说明；听取、讨论市审计局关于市教育局、市规划建设局、市农林局、市司法局等4位局长任期经济责任审计的结果报告；研究人事任免事项。

第五十五次会议于2005年9月30日召开。研究关于市国税局、市人口和计划生育局的执法评议整改意见和市规划建设局、市教育局、市农业（林业）局、市司法局局长的述职评议整改意见。

第五十六次会议于2005年10月8日召开。听取、讨论市财政局关于瑞安市2005年1月—9月地方预算执行情况和2005年度地方预算部分变更（草案）的报告。

第五十七次会议于2005年10月17日召开。听取、讨论温州市人民检察院关于提请许可对个别瑞安市人大代表采取取保候审措施的报告；研究人事任免事项；研究代表活动经费和议案（建议）办理经费的有关安排；研究关于组织分税制建制镇人大领导外出考察和牵头召开桂峰乡扶贫恳谈会的有关事项；研究关于召开本届以来原乡镇人大主席、副主席座谈会有关事项。

第五十八次会议于2005年11月7日召开。研究关于召开市十三届人大四次会议的有关事项；听取、讨论关于国有资产管理情况的调查报告；研究部署年内工作；研究确定第二十六次常委会会议的时间、建议议题。

第五十九次会议于2005年12月13日召开。研究议案（建议）办理经费的有关安排；听取、讨论关于检查瑞安市减刑、假释、监外执行工作情况的报告；研究确定第二十七次常委会会议的时间、建议议题。

第六十次会议于2005年12月26日召开。研究人事任免事项；听取、讨论市政府关于土地出让金收缴情况的报告和市财政局关于要求调整国有企业退库计划的报告；讨论研究市人大常委会工作报告、2006年工作要点。

第六十一次会议于2006年1月23日召开。研究关于钱建民辞去市十三届人大常委会主任职务的书面申请；听取、讨论市委组织部关于温州市委组织部建议推选孔素素为瑞安市第十三届人大常委会代理主任的说明；研究关于延期召开市十三届人大四次会议的有关事项；研究确定第二十八次常委会会议的时间、建议议题。

第六十二次会议于2006年2月13日召开。研究市人大常委会2006年度各次例会安排意见；讨论确定2005年度优秀代表建议、市人大代表活动先进小组、市人大代表活动积极分子。

第六十三次会议于2006年3月1日召开。听取、讨论市公安局关于提请许可对个别市人大代表采取取保候审的报告；听取、讨论《关于2005年瑞安市地方财政预算执行情况及2006年地方财政预算（草案）报告》《瑞安市2005年国民经济和社会发展计划执行情况与2006年国民经济和社会发展计划（草案）报告》及《2006年公安、教育两部门预算（草案）的初审报告》审查情况的报告；传达贯彻温州市各县（市、区）人大常委会主任座谈会精神；讨论对环城河上游环境卫生情况进行视察的有关事项；研究确定第二十九次常委会会议的时间、建议议题。

第六十四次会议于2006年3月28日召开。研究人事任免事项；传达贯彻省人大信访工作会议精神；研究确定第三十次常委会会议的时间、建议议题。

第六十五次会议于2006年4月14日召开。传达贯彻温州市人大有关会议精神；讨论确定市人大代表建议重点督办件；研究部署温州市第四届人大理论研讨会论文征集的有关事项。

第六十六次会议于2006年5月22日召开。讨论研究市公安局关于提请许可对市个别人大代表采取取保候审强制措施的报告；研究人事任免事项；听取、讨论市财政局关于政府性债务规模和重点工程建设资金有关情况的报告；研究《瑞安市人民代表大会代表建议、批评和意见处理办法（送审稿）》；研究确定第三十一次常委会会议的时间、建议议题。

第六十七次会议于2006年6月5日召开。听取、讨论研究关于开展“三沿”整治联动视察检查的实施意见（送审稿）；研究2006年议案（建议）办理经费的有关安排；研究确定第三十二次常委会会议的时间、建议议题。

第六十八次会议于2006年7月19日召开。研究人事任免事项；传达贯彻全省县乡两级换届选举工作会议精神、中央和全国人大常委会关于《监督法（草案）》修改的指示精神及省、温州市领导的有关讲话精神；讨论研究关于贿选等破坏选举行为查处工作几点意见的请示（送审稿）；研究确定第三十三次常委会会议的时间、建议议题。

第六十九次会议于2006年8月9日召开。听取、讨论研究市公安局关于提请许可对个别市人大代表采取刑事拘留的请示；研究确定第三十四次常委会会议的时间、建议议题。

第七十次会议于2006年8月25日召开。研究关于开展“三沿”整治视察活动的有关安排；研究《关于做好市、乡（镇）两级人民代表大会换届选举工作的意见（送审稿）》《关于人大代表活动经费使用范围的意见（送审稿）》；研究确定第三十五次常委会会议的时间、建议议题。

第七十一次会议于2006年9月20日召开。研究人事任免事项；听取、讨论关于新一届乡镇人大代表名额分配的意见；复议市十三届人大常委会第三十五次会议召开时间。

第七十二次会议于2006年10月17日召开。听取、讨论关于2005年度安阳新区管委会建设资金使用情况的调查报告。

第七十三次会议于2006年10月17日下午召开。听取、讨论市人大常委会各“三沿”整治视察组关于视察情况的报告；研究德清县公安局关于提请许可对个别市人大代表采取刑事强制措施的报告；研究市、乡（镇）两级人大换届选举工作有关事项和2006年议案（建议）办理补助经费的有关安排；研究扶贫结对有关工作。

第七十四次会议于2006年11月21日召开。研究确定第三十六次常委会会议的时间、建议议题。

第七十五次会议于2006年12月12日召开。讨论研究市人大常委会工作报告（征求意见稿）。

第七十六次会议于2006年12月25日召开。听取、讨论市委组织部关于市十四届人大一次会议主席团、秘书长、计划预算审查委员会、各代表团召集人等名单草案有关情况说明；听取、讨论关于市人大代表选举中受理群众举报情况的报告，关于视察瑞安市禁毒工作情况的报告、市财政局关于瑞安市2006年地方预算执行及2007年地方预算草案编制情况的报告；研究确定第三十七次常委会会议的时间、建议议题。

第二节　第十四届常委会主任会议

第一次会议于2007年1月29日召开。研究确定常委会主任、副主任工作分工：张女珍主任主持市人大常委会全面工作，兼管办公室工作；盛志荣副主任分管法制工作委员会和市人大常委会信访工作；姚松鹤副主任分管财政经济工作委员会的城建、环保方面工作；王庆秋副主任分管财政经济工作委员会的财政、经济方面工作；江小娜副主任分管教育科学文化卫生工作委员会和市人大常委会机关老干部工作；王建东副主任分管代表工作委员会和市人大常委会信访工作；高潮副主任分管农村经济和资源保护工作委员会工作。研究确定专职委员联系工委工作。

第二次会议于2007年3月5日召开。听取、讨论市人大常委会各工委（办）负责人关于近期工作安排情况的汇报；研究市人大常委会2007年工作要点（征求意见稿）；研究确定第一次常委会会议的时间、建议议题。

第三次会议于2007年3月12日召开。研究人事任免事项；听取、讨论各委办主任、工委委员及秘书分工有关情况、代表选举违法案件情况的报告；研究常委会2007年工作要点；听取、讨论各工委负责人关于工委委员拟任人选及其他事项的报告；研究关于聘任财政预（决）算咨询顾问、代表议案处理意见、代表资格审查委员会成员名单的有关事项。

第四次会议于2007年4月2日召开。研究人事任免事项；讨论确定关于开展农村公共卫生工作专项视察的实施方案；听取、讨论市财政局关于瑞安市2007年地方政府性债务计划有关情况的报告，市发展和改革局关于调整《瑞安市国民经济和社会发展第十一个五年规划纲要》部分指标有关情况的报告；研究确定第二次常委会会议的时间、建议议题。

第五次会议于2007年4月17日召开。研究重点督办建议有关事项。

第六次会议于2007年5月11日召开。研究关于人大常委会机关干部外出考察、疗养活动的规定；研究开展查找问题活动有关事项。

第七次会议于2007年5月22日召开。听取、讨论市人大常委会各工委（办）关于3月以来工作开展情况和近期工作安排情况的报告；研究确定第三次常委会会议的时间、建议议题。

第八次会议于2007年6月5日召开。研究人事任免事项；研究市十四届人大常委会代表资格审查委员会组成人员建议名单。

第九次会议于2007年7月2日召开。研究市人大常委会办公室《关于加强人大信息工作的意见（送审稿）》。

第十次会议于2007年7月25日召开。研究确定第四次常委会会议的时间、建议议题。

第十一次会议于2007年8月3日召开。听取、讨论市审计局关于市本级2006年度财政预算执行及其他财政收支的审计工作报告。

第十二次会议于2007年8月13日召开。传达贯彻温州市各县（市、区）人大常委会主任会议精神，研究代表、信访、监督等工作。

第十三次会议于2007年8月27日召开。研究组织部分人大常委会机关干部外出休养的有关事项；研究2007年代表议案（建议）办理补助经费的有关事项；研究确定第五次常委会会议的时间、建议议题。

第十四次会议于2007年9月24日召开。研究人事任免事项；听取、讨论市政府关于局部调整城市总体规划议案有关情况的报告。

第十五次会议于2007年10月10日召开。听取、讨论各工委（办）关于2007年以来工作情况及下阶段主要工作安排情况的汇报；研究部署下阶段重点工作。

第十六次会议于2007年10月31日召开。研究确定第六次常委会会议的时间、建议议题。

第十七次会议于2007年12月12日召开。听取、讨论各工委（办）关于2007年工作情况及2008年工作思路的汇报，关于瑞安经济开发区2004—2006年度建设资金使用情况的调查报告；研究人事任免事项；研究确定第七次常委会会议的时间、建议议题。

第十八次会议于2008年1月7日召开。研究人事任免事项；研究确定2008年度瑞安市人大代表活动先进小组、优秀人大代表、优秀人大工作者名单；讨论市人大常委会工作报告稿、2008年工作要点（送审稿）；听取、讨论关于规范性文件备案审查工作有关情况的报告，市公安局关于提请许可对个别市人大代表采取取保候审强制措施的报告；研究人代会公民旁听有关事项。

第十九次会议于2008年1月22日召开。研究人事任免事项；研究确定第八次常委会会议的时间、建议议题。

第二十次会议于2008年1月28日召开。听取、讨论市委组织部关于市十四届人大二次会议主席团和秘书长、计划预算审查委员会、各代表团召集人等建议名单草案有关情况的说明；听取、讨论关于代表变动情况和补选代表资格审查的报告、列席人员范围草案有关情况的报告。

第二十一次会议于2008年3月17日召开。听取、讨论各工委（办）关于近期工作情况和下阶段工作安排情况的汇报；研究确定第九次常委会会议的时间、建议议题。

第二十二次会议于2008年4月21日召开。研究市十四届人大二次会议代表提出的议案和市人大常委会重点督办建议；研究确定第十次常委会会议的时间、建议议题。

第二十三次会议于2008年6月6日召开。研究人事任免事项；听取、讨论各工委（办）关于近期工作情况的汇报；研究确定第十一次常委会会议的时间、建议议题。

第二十四次会议于2008年7月17日召开。研究市财政局、市教育局提出的关于2008年教育费附加和地方教育附加的安排方案；研究人事任免事项；听取、讨论市公安局关于提请许可对个别市人大代表采取刑事强制措施的报告；研究市"一府两院"上半年工作情况通报会，扶贫经费使用规定等有关事项；研究确定第十二次常委会会议的时间、建议议题。

第二十五次会议于2008年8月6日召开。研究人事任免事项；听取、讨论市财政局关于2007年财政决算的报告和市审计局关于市本级2007年财政预算执行及其他财政财务收支的审计工作报告；研究关于城区配套幼儿园产权归属情况的调研报告。

第二十六次会议于2008年9月11日召开。听取、讨论市规划建设局关于《瑞安市市域总体规划（草案）》的报告；研究确定第十三次常委会会议的时间、建议议题。

第二十七次会议于2008年9月22日召开。听取、讨论关于市十四届人大常委会第十三次会议有关审议意见整改情况的报告。

第二十八次会议于2008年11月3日召开。听取、讨论市人大常委会各工委（办）关于10月工作情况和11月工作安排的汇报；研究确定第十五次常委会会议的时间、建议议题。

第二十九次会议于2008年11月14日召开。研究人事任免事项；复议市十四届人大常委会第十五次会议召开时间、建议议程。

第三十次会议于2008年12月8日召开。研究人事任免事项；听取、讨论市公安局关于提请许可对个别市人大代表采取取保候审强制措施的报告；讨论研究关于市质监局2007年度部门预算执行与罚没收支情况的调研报告、关于瑞安市交通工程建设情况的视察报告；研究市十四届人大三次会议建议召开时间和扶贫经费等有关事项；研究确定第十六次常委会会议的时间、建议议题。

第三十一次会议于2008年12月24日召开。听取、讨论各工委（办）关于2008年工作情况及2009年工作思路的报告，市交通局关于市客运中心站建筑设计方案有关情况的报告。

第三十二次会议于2009年1月9日召开。听取、讨论关于市十四届人大三次会议有关人事安排情况；讨论研究市人大常委会工作报告稿和2009年工作要点（送审稿）；研究确定第十七次常委会会议的时间、建议议题。

第三十三次会议于2009年3月9日召开。听取、讨论各工委（办）近期工作安排情况；讨论确定常委会2009年度各次例会主要议题安排；研究确定第十八次常委会会议的时间、建议议题。

第三十四次会议于2009年3月30日召开。研究市十四届人大三次会议代表建议重点督办件有关事项；研究行政许可法执法检查报告审议意见落实情况。

第三十五次会议于2009年5月6日召开。研究人事任免事项；研究《瑞安市人大常委会议事规则》《瑞安市人大常委会关于讨论、决定本市重大事项的规定（修正草案）》；研究确定第十九次常委会会议的时间、建议议题。

第三十六次会议于2009年5月26日召开。讨论确定关于《中华人民共和国律师法》执法检查报告的审议意见；讨论研究《市委关于进一步加强人大工作推进社会主义民主政治建设的若干意见（代拟稿）》。

第三十七次会议于2009年6月12日召开。研究人事任免事项；听取、讨论市政府关于2009年政府性债务计划有关情况的报告，关于2009年申请发行地方政府债券相应调整年初预算情况的报告，关于部分财政暂付款转列支出有关情况的报告；研究《市人大常委会关于讨论、决定本市重大事项的规定（修改草案）》；研究确定第二十次常委会会议的时间、建议议题。

第三十八次会议于2009年7月10日召开。讨论确定关于城镇供水工作情况报告的审议意见，关于义务教育工作情况报告的审议意见，关于侦查监督工作情况报告的审议意见；研究关于乡镇届中选举联系领导分工，重点建议件督办，半年度“一府两院”工作通报会，2009年度温州市人大代表述职等有关事项。

第三十九次会议于2009年8月5日召开。研究人事任免事项；听取、讨论关于瑞安市沿海产业带建设情况的报告；听取、讨论各工委（办）关于上半年工作情况和下半年工作计划的汇报；研究确定第二十一次常委会会议的时间、建议议题。

第四十次会议于2009年8月14日召开。研究人事任免事项；听取、讨论市政府关于瑞安市2008年市本级财政预算执行及其它财政收支的审计工作报告，关于瑞安市2008年地方财政决算的报告；研究提请罢免戴国森的温州市第十一届人民代表大会代表职务，2009年温州市人大代表述职等有关事项；研究市人大常委会法制、财经、城建环保等工委有关委员任免事项。

第四十一次会议于2009年8月27日召开。讨论确定关于上半年国民经济和社会发展计划执行情况报告的审议意见，关于2008年度市级财政预算执行和其他财政收支的审计工作报告的审议意见，关于红砖窑治理专项工作情况报告的审议意见等。

第四十二次会议于2009年9月27日召开。听取、讨论市铁路投资开发有限公司、瑞安经济开发区发展总公司、瑞枫公路改建工程指挥部、市财政局关于同级审发现主要问题的有关说明；研究确定第二十二次常委会会议的时间、建议议题。

第四十三次会议于2009年10月19日召开。研究人事任免事项；听取、讨论市十四届人大常委会代表资格审查委员会关于提请接受王建平等18人辞去市十四届人大代表职务的报告。

第四十四次会议于2009年11月13日召开。听取、讨论市卫生局关于市第三人民医院实施托管的报告，市财政局关于财政暂付款清理情况的报告；研究人事任免事项；讨论确定关于未成年人犯罪审判工作情况报告的审议意见；研究关于召开市十四届人大四次会议的有关事项；研究确定第二十三次常委会会议的时间、建议议题。

第四十五次会议于2009年11月25日召开。研究关于补选周少敏等2人为温州市十一届人民代表大会代表的有关事项；听取、讨论关于2008年度市规划建设局规费收支有关情况的调研报告，各委办2009年工作亮点成效和2010年工作思路；研究土地、规划建设类违法违章案件，扶贫（建议办理）经费补助有关事项。

第四十六次会议于2009年12月7日召开。讨论市人大常委会工作报告稿；研究调整财政预（决）算咨询顾问有关事项；研究市十四届人大四次会议筹备事项；研究确定第二十四次常委会会议的时间、建议议题。

第四十七次会议于2009年12月11日召开。听取、讨论市公安局关于提请许可对个别市人大代表采取刑事拘留强制措施的报告；研究确定第二十五次常委会会议的时间、建议议题。

第四十八次会议于2009年12月22日召开。听取、讨论市国土资源局关于凤山水厂周边违章建设和雅儒村违章建设案件情况，市规划建设局关于九一村返回地违法建设案件情况，市海洋与渔业局、市水利局、温州市航管局瑞安分局、温州飞云江海事处等关于顺发船舶修造有限公司违法建设案件情况及市人大常委会案件调查组关于案件调查情况的报告。

第四十九次会议于2009年12月28日召开。研究人事任免事项；听取、讨论市教育局关于义务教育工作审议意见落实情况的报告；研究关于市十四届人大四次会议主席团和秘书长、计划预算审查委员会、各代表团召集人等名单草案，列席人员范围草案；研究代表资格审查委员会关于代表变动情况和补选代表资格审查报告草案；研究确定关于2009年度瑞安市人大代表活动先进小组、优秀人大代表、优秀人大工作者名单；研究确定第二十六次常委会会议的时间、建议议题。

第五十次会议于2010年1月23日召开。研究温州市人大代表辞职和补选有关情况；研究确定第二十七次常委会会议的时间、建议议题。

第五十一次会议于2010年3月11日召开。听取、讨论市公安局关于拟对个别市人大代表实施行政拘留处罚的报告；听取、讨论市水利局、市房管局关于2010年部门预算草案有关情况的报告，2008年财政同级审报告审议意见落实有关情况的报告；研究确定人大常委会2010年度监督工作计划和各次例会主要议题安排意见；研究市十四届人大四次会议代表提出的议案和建议重点督办件有关事项；研究确定第二十八次常委会会议的时间、建议议题。

第五十二次会议于2010年4月6日召开。听取、讨论市现代物流园区建设指挥部关于江南物流园区发展规划情况的报告，要求提高规划起点，做好规划衔接；突出重点和特色，做好工业发展配套设置；给予政策支持，并保证一期工程建设项目质量和效益。

第五十三次会议于2010年4月9日召开。研究人事任免事项；听取、讨论市风景旅游管理局关于桐溪水库景区开发情况的报告，市商城集团关于瑞安商城改建情况的报告；研究市人大常委会副主任工作分工局部调整有关事项；研究确定第二十九次常委会会议的时间、建议议题。

第五十四次会议于2010年5月19日召开。听取、讨论市公安局关于提请许可对个别市人大代表采取刑事拘留强制措施的报告；研究确定第三十次常委会会议的时间、建议议题。

第五十五次会议于2010年5月26日召开。听取、讨论各工委（办）近半年来工作开展情况和下步工作计划的汇报，探讨人大监督工作如何取得实效。

第五十六次会议于2010年6月8日召开。听取、讨论市公安局关于提请许可对个别市人大代表采取刑事拘留强制措施的报告；研究人事任免事项；听取、讨论市财政局关于提请审议瑞安市2009年政府性债务情况及2010年政府性债务计划的议案，关于提请批准市财政安排飞云江三桥北延伸线项目代建资金并列入年度财政预算的议案；研究确定第三十一、三十二次常委会会议的时间、建议议题。

第五十七次会议于2010年6月13日召开。听取、讨论市规划建设局关于九一村返回地违法建设处理情况，市国土资源局关于凤山水厂周边和雅儒村违法建设处理情况，市海洋与渔业局关于顺发船舶修造有限公司违法建设处理情况以及市监察局关于土地、规划类违法案件责任人员处理情况的报告；听取、讨论市规划建设局关于国有土地公开出让后规划设计条件变更的报告和市人大常委会调研组关于国有土地公开出让后规划设计条件变更情况的调研报告。

第五十八次会议于2010年7月12日召开。讨论确定关于完善和规范房地产市场专项工作报告的审议意见；研究确定王建东副主任分管法制工委工作和信访工作，金爱忠副主任分管代表工委工作；研究市人大常委会专职委员林聪的工作安排；研究"一府两院"半年度工作情况通报会暨代表培训会的有关事项；学习贯彻市委办公室《关于印发〈瑞安市领导干部外出报告和请假暂行规定〉〈瑞安市机关工作人员考勤管理暂行规定〉的通知》和中共中央办公厅《关于深化〈中国共产党党员领导干部廉洁从政若干准则〉学习宣传和贯彻落实工作的通知》两个文件精神。

第五十九次会议于2010年8月11日召开。研究人事任免事项；听取、讨论市财政局关于2009年地方财政决算的报告，市审计局关于2009年度本级财政预算执行和其他财政收支情况的审计工作报告；研究确定第三十三次常委会会议的时间、建议议题。

第六十次会议于2010年8月25日召开。研究人事任免事项。

第六十一次会议于2010年9月14日召开。讨论确定关于《中华人民共和国食品安全法》《中华人民共和国农业机械化促进法》执法检查报告的审议意见，关于职务犯罪查处和审判专项工作报告的审议意见，关于2009年度市级财政预算执行和其他财政收支情况的审计工作报告的审议意见。

第六十二次会议于2010年10月11日召开。听取、讨论公积金管理瑞安分中心关于住房公积金调整方案情况的报告，市地税局关于个人所得税征收有关工作情况的报告；研究确定第三十四次常委会会议的时间、建议议题。

第六十三次会议于2010年10月21日召开。研究人事任免事项。

第六十四次会议于2010年11月11日召开。讨论确定关于《中华人民共和国人民防空法》执法检查报告的审议意见，关于瑞安市"十一五"政府性重大投资项目完成情况的审议意见，关于"加快实施农村饮用水安全工程"议案办理情况报告的审议意见；研究市十四届人大五次会议有关筹备事项。

第六十五次会议于2010年11月24日召开。听取、讨论市人大常委会各工委（办）2010年工作亮点、成效和2011年工作思路；研究部分职务代表辞职和补选的有关事项；研究确定第三十五次常委会会议的时间、建议议题。

第六十六次会议于2010年12月22日召开。研究人事任免事项；研究关于市十四届人大五次会议主席团和秘书长、计划预算审查委员会、各代表团召集人等名单草案；研究关于市十四届人大常委会代表资格审查委员会组成人员调整、代表变动情况和补选代表资格审查、列席人员范围等有关情况；讨论确定关于2010年度瑞安市人大代表活动先进小组、优秀人大代表、优秀人大工作者名单；研究关于应国权要求辞去温州市十一届人大代表职务有关事项；讨论市人大常委会工作报告稿；研究关于市十四届人大五次会议日程安排、筹备工作等有关事项；研究确定第三十六次常委会会议的时间、建议议题。

第六十七次会议于2010年12月28日召开。听取、讨论市发改局关于“十二五”规划纲要草案编制情况，2010年国民经济和社会发展计划执行情况，2011年国民经济和社会发展计划编制情况的报告；听取、讨论市财政局关于2010年地方预算执行情况及2011年地方预算编制情况的报告，关于要求调整国有土地使用权出让收支预算的议案，关于要求增加国有企业计划亏损退库的议案等报告；听取、讨论关于潮基乡和汀田镇财政资金使用调研情况的报告。

第六十八次会议于2011年2月18日召开。听取、讨论市公安局关于拟对市人大代表郑某某实施行政拘留处罚的报告；听取、讨论市政府关于2009年度财政同级审报告审议意见落实情况的报告；听取、讨论市水利局、市房管局、市民政局关于2011年度部门预算情况的报告；听取、讨论市财政局关于市财政结转指标清理及重新安排使用有关情况的报告；研究市十四届人大五次会议代表议案处理情况；听取、讨论市人大常委会各工委（办）关于2011年度工作打算和近阶段工作安排的报告；研究确定第三十七次常委会会议的时间、建议议题。

第六十九次会议于2011年3月17日召开。研究市十四届人大五次会议代表提出建议重点督办件事项；研究确定市人大常委会2011年度监督工作计划和各次例会主要议题安排意见；讨论研究市人大常委会2011年度政府投资工作监督方案。

第七十次会议于2011年3月20日召开。研究瑞安市乡镇行政区划调整有关事项；研究确定第三十八次常委会会议的时间、建议议题。

第七十一次会议于2011年3月22日召开。研究关于瑞安市乡镇行政区划调整有关问题的请示。

第七十二次会议于2011年4月19日召开。研究人事任免事项；听取、讨论关于集镇供水工作督查情况的报告；研究确定薛小平副主任分管农资工委工作；研究确定第三十九次常委会会议的时间、建议议题。

第七十三次会议于2011年5月9日召开。研究人事任免事项；研究确定第四十次常委会会议的时间、建议议题。

第七十四次会议于2011年5月13日召开。听取、讨论瑞安市编制委员会办公室关于市政府机构改革方案的报告；讨论确定关于行政审判工作报告的审议意见。

第七十五次会议于2011年6月3日召开。听取、讨论市规划建设局关于瑞安市域总体规划编制情况的报告；听取、讨论市公安局关于提请许可对个别市人大代表予以行政拘留有关情况的报告；研究确定镇换届选举近期工作有关事项；研究人事任免事项；研究确定第四十一次常委会会议的时间、建议议题。

第七十六次会议于2011年7月6日召开。听取、讨论市检察院关于请求许可对个别市人大代表采取取保候审强制措施的报告；研究人事任免事项；研究确定第四十二次常委会会议的时间、建议议题。

第七十七次会议于2011年7月14日召开。研究人事任免事项；研究关于市十四届人大六次会议主席团和秘书长、各代表团召集人等建议名单；听取、讨论关于市十四届人大六次会议列席人员范围和市十四届人大代表变动情况审查报告等有关情况的说明；研究确定第四十三次常委会会议的时间、建议议题。

第七十八次会议于2011年8月4日召开。听取、讨论市公安局关于提请许可对个别市人大代表采取行政拘留有关情况的报告；研究人事任免事项；听取、讨论市政府关于东山工业区（巾子山美食娱乐城）和安阳C区（安阳金融集聚区）改建项目房屋征收补偿方案有关情况的报告；听取、讨论市财政局关于2010年度财政决算和市审计局关于市本级2010年度财政预算执行、其他财政收支的审计工作有关情况的报告；听取、讨论市人大常委会各工委（办）关于上半年工作情况和下半年工作计划的汇报；研究确定第四十四次常委会会议的时间、建议议题。

第七十九次会议于2011年8月26日召开。听取、讨论市发改局关于瑞安市2012年重点建设项目安排情况的报告，关于刑事立功专项检查情况的报告；讨论确定关于2010年度本级财政预算执行、其他财政收支情况的审计工作报告的审议意见。

第八十次会议于2011年9月30日召开。听取、讨论市财政局关于要求调整部分财政支出项目预算保障重点工程建设资金，关于发行地方政府债券相应调整2011年度预算，关于要求调整国有土地使用权出让（本级统筹）收支预算，关于民政支出预算项目调整等4个议案的报告；听取、讨论市财政局关于平原绿化工程等专项资金预算细化有关情况的报告；研究关于设立市、塘下镇两级选举委员会有关事项，关于破坏选举行为预防和查处工作的意见及关于“六种情况人员”的说明；研究人事任免事项；研究确定第四十五次常委会会议的时间、建议议题。

第八十一次会议于2011年11月18日召开。研究人事任免事项；研究关于叶际仁、肖健雄要求辞去温州市十一届人大代表职务有关事项；研究确定第四十六次常委会会议的时间、建议议题。

第八十二次会议于2011年12月7日召开。研究市人大换届选举工作；研究关于核拨扶贫（建议办理）经费有关事项。

第八十三次会议于2011年12月19日召开。研究关于市十五届人大一次会议主席团和秘书长、计划预算审查委员会、各代表团召集人等建议名单；研究关于市十五届人大代表资格审查，市十五届人大一次会议列席人员范围及名单等；研究关于市十五届人大一次会议日程安排、筹备工作等有关事项；讨论市人大常委会工作报告稿；研究确定第四十七次常委会会议的时间、建议议题。

第三节　第十五届常委会主任会议

第一次会议于2012年1月10日召开。研究确定常委会主任、副主任工作分工：主任叶世林主持市人大常委会全面工作，兼管办公室工作；副主任林济晚分管教育科学文化卫生工作委员会和市人大常委会机关老干部工作；副主任姚松鹤分管城乡建设环境保护工作委员会工作；副主任王建东分管法制工作委员会和市人大常委会信访工作；副主任江孟甫分管财政经济工作委员会工作；副主任金爱忠分管代表工作委员会工作；副主任薛小平分管农村经济和资源保护工作委员会工作。研究确定专职委员联系分工；研究人事任免事项；研究确定第一次常委会会议的时间、建议议题。

第二次会议于2012年2月15日召开。研究人事任免事项；听取、讨论市人大常委会各工委（办）2012年工作安排和拟任命、聘任的各工委委员，财政预（决）算咨询顾问等有关事项；研究确定市人大常委会2012年度监督工作计划和各次例会主要议题安排；研究市人大常委会2012年工作要点；研究市十五届人大一次会议代表提出的议案和建议重点督办件，关于设立市第十五届人大常委会代表资格审查委员，代表辞职等事项；研究确定《关于加强和规范市人大代表闭会期间活动的若干意见》《关于瑞安市人大常委会组成人员联系市人大代表的意见》《关于开展代表建议办理工作评议活动的意见》等工作制度。

第三次会议于2012年3月5日召开。听取、讨论《瑞安市人民代表大会常务委员会议事规则》修订草案的说明和各工委关于工委委员人选的报告；研究人事任免事项；研究确定第二次常委会会议的时间、建议议题。

第四次会议于2012年3月31日召开。听取、讨论关于瑞安市金融机构服务实体经济发展的报告，关于瑞安市镇街卫生院在实施国家基本药物制度后运行情况的报告、关于平原绿化工作的报告及关于跟踪督查垃圾焚烧发电厂建设、保障房建设和管理、集镇供水工作的报告；学习贯彻第十七届中央纪委第七次全会精神。

第五次会议于2012年4月24日召开。研究人事任免事项；听取、讨论市财政局关于财政预算结转指标清理及重新安排使用的报告；讨论市人大常委会2012年政府投资重点建设项目监督方案；听取、讨论瑞安市城市近期建设规划的报告；讨论市人大常委会《主任会议议事规则》《讨论、决定重大事项的规定》《任免国家工作人员的办法》《街道人大工委工作规则》等有关规章制度文本修订草案；研究确定第三次常委会会议的时间、建议议题。

第六次会议于2012年5月15日召开。听取、讨论市公安局关于提请许可对个别市人大代表采取刑事拘留措施、取保候审措施的报告。

第七次会议于2012年6月13日召开。听取、讨论市财政局关于2012年度争取开工项目预算细化情况的报告；听取、讨论关于优先发展公交事业的报告，关于《中华人民共和国矿山安全法》执法检查的报告，关于《中华人民共和国归侨侨眷权益保护法》执法检查有关情况、关于《中华人民共和国食品安全法》联动执法检查安排情况的报告；讨论研究关于《讲理说法》电视栏目选题情况的报告；研究确定关于《瑞安市城市近期建设规划》的审议意见；研究确定第四次常委会会议的时间、建议议题。

第八次会议于2012年7月8日召开。讨论确定关于优先发展公交事业专项工作报告的审议意见、关于《中华人民共和国归侨侨眷权益保护法》《中华人民共和国矿山安全法》执法检查报告的审议意见；研究2012年度重大项目建设攻坚专项行动督查工作。

第九次会议于2012年8月17日召开。研究人事任免事项；听取、讨论市政府关于二轮电动车管理工作的报告；听取、讨论市财政局关于视频监控中心暨社会应急联动中心建设资金预算方案的报告、关于2011年地方财政决算报告、地方政府性债务计划执行情况的报告；听取、讨论关于建立市人大代表履职情况登记制度，开展代表建议办理工作评议活动，2012年上半年政情通报会代表建议汇总等情况的报告；讨论确定食品安全专题询问工作方案；研究确定第五次常委会会议的时间、建议议题。

第十次会议于2012年8月30日召开。学习贯彻胡锦涛总书记“7·23”重要讲话精神；听取、讨论各工委（办）关于上半年工作情况和下半年工作计划的报告；讨论确定关于市人大代表工作站建设的意见（试行）文本的说明，关于市十五届人大一次会议“加快旅游业发展，推进幸福瑞安建设”议案办理情况的视察方案。

第十一次会议于2012年9月13日召开。讨论确定关于瑞安市2011年度本级财政预算执行和其他财政收支情况审计工作报告的审议意见，关于市重点工程建设情况的下阶段视察安排；研究确定《浙江省温瑞塘河保护管理条例》执法检查方案、食品安全工作专题询问会方案；研究确定第六次常委会会议的时间、建议议题。

第十二次会议于2012年10月17日召开。研究人事任免事项；听取、讨论关于代表辞职情况的报告；听取、讨论市财政局关于提请调整2012年度地方预算的报告、关于民间借贷及非法集资类案件处理调研情况的报告，关于《浙江省温瑞塘河保护管理条例》执法检查情况的报告，关于政府性投资重大项目视察情况的报告，关于“加快旅游业发展，推进幸福瑞安建设”议案落实视察情况的报告；研究确定第七次常委会会议的时间、建议议题。

第十三次会议于2012年10月29日召开。研究人事任免事项。

第十四次会议于2012年11月16日召开。听取、讨论市委组织部关于温州市人大代表补选和街道人大工委人事任职有关情况的说明；听取、讨论市公安局关于提请许可对个别市人大代表采取刑事拘留强制措施的报告；讨论确定关于民间借贷及非法集资案件处理情况报告的审议意见，《浙江省温瑞塘河保护管理条例》执法检查报告的审议意见，关于政府性投资重大项目完成情况报告的审议意见，市十五届人大一次会议议案落实情况报告的审议意见；研究确定第八次常委会会议的时间、建议议题。

第十五次会议于2012年12月10日召开。听取、讨论关于市人大代表辞职、补选、增选等情况的说明；听取、讨论关于《瑞安市人民代表大会议案处理办法》制定情况，《瑞安市人民代表大会代表建议、批评和意见处理办法》及《瑞安市人大常委会信访工作规则》修改情况的报告；讨论确定《瑞安市人民代表大会代表述职办法（试行）》《瑞安市人大常委会关于开展优秀市人大代表和先进代表小组评选活动的意见》；研究关于市十五届人大二次会议召开时间、日程安排及筹备工作等有关事项；讨论市人大常委会工作报告稿（征求意见稿）；研究确定第九次常委会会议的时间、建议议题。

第十六次会议于2012年12月26日召开。听取、讨论市发改局关于2012年国民经济和社会发展计划执行情况与2013年国民经济和社会发展计划编制情况的报告，市财政局关于2012年地方预算执行情况和2013年地方预算编制情况的报告，市人力社保局和市人防办关于2013年部门预算编制情况的报告；研究关于市十五届人大二次会议主席团和秘书长、计划预算审查委员会、各代表团召集人等建议名单；研究关于市十五届人大代表变动情况和增、补选代表资格审查的报告，市十五届人大二次会议列席人员范围及名单等草案；研究关于市十五届人大二次会议日程安排、筹备工作等有关事项；讨论市人大常委会工作报告稿和市人大常委会2013年工作要点；研究确定第十次常委会会议的时间、建议议题。

第十七次会议于2013年1月24日召开。研究人事任免事项；研究市十五届人大二次会议代表提出的建议，讨论确定建议重点督办件。研究确定市人大常委会2013年度监督工作计划和各次例会主要议题安排。

第十八次会议于2013年2月19日召开。研究人事任免事项；讨论市旧城办、瑞安江南新区管委会、市住建局关于瑞安市林垟省级历史文化名镇保护规划的报告；听取市经信局关于瑞安市实体经济运行情况的专题讲座；研究确定第十一次常委会会议的时间、建议议题。

第十九次会议于2013年3月11日召开。讨论确定关于瑞安市林垟省级历史文化名镇保护规划的审议意见；讨论关于瑞安市人大常委会工作评议试行办法；研究市人大常委会关于开展“转作风、强监督、增实效”调研月活动有关事项。

第二十次会议于2013年4月11日召开。研究人事任免事项；听取、讨论市政府关于2011年度财政同级审审议意见整改落实情况的报告；关于科学技术进步法执法检查情况的报告，关于污水处理工作监督情况的报告，关于殡葬改革（公墓建设管理）工作监督情况的报告；研究确定第十二次常委会会议的时间、建议议题。

第二十一次会议于2013年5月7日召开。讨论确定关于《中华人民共和国科技进步法》执法检查报告的审议意见、关于城镇污水处理专项工作报告的审议意见；研究关于开展食品安全工作跟踪监督的方案；讨论确定关于对市教育局、市环保局开展工作评议的实施方案。

第二十二次会议于2013年5月23日召开。研究人事任免事项；听取、讨论市检察院关于请求许可对个别市人大代表采取取保候审强制措施的议案；听取、讨论市政府关于污水、垃圾处理工作情况以及关于九一村违章建筑处理情况的报告，市财政局关于非税收入考核激励政策的报告；讨论关于对市教育局、市环保局开展工作评议的报告；研究确定第十三次常委会会议的时间、建议议题。

第二十三次会议于2013年6月14日召开。研究人事任免事项；听取、讨论市财政局关于2013年度财政清理资金重新安排使用情况的报告，市发改局关于2013年度固定资产投资计划、重点建设项目调整有关情况的报告；市温瑞塘河管委会关于瑞安市温瑞塘河保护规划制定情况的报告。研究关于民间借贷及非法集资案件处理工作报告审议意见落实情况满意度测评工作的有关事项说明；听取、讨论关于《中华人民共和国归侨侨眷权益保护法》执法检查报告审议意见落实督查情况的报告，关于优先发展公交事业专项工作报告审议意见落实督查情况的报告。

第二十四次会议于2013年7月8日召开。听取、讨论市公安局关于提请对个别市人大代表采取刑事拘留强制措施的报告；听取、讨论关于2013年度财政清理资金重新安排使用相关项目监督情况的报告；讨论确定关于瑞安市温瑞塘河保护规划的审议意见；听取、讨论关于地方金融改革工作情况的调研报告；研究关于开展代表建议办理“回头看”活动的有关事项。

第二十五次会议于2013年7月29日召开。研究人事任免事项；听取、讨论各工委（办）关于2013年上半年工作情况和下半年工作安排的汇报；研究确定第十四次常委会会议的时间、建议议题。

第二十六次会议于2013年8月12日召开。听取、讨论市财政局关于2012年本级财政决算的报告，市审计局关于2012年度本级财政预算执行和其他财政收支情况的审计工作报告；听取、讨论关于民间借贷及非法集资案件处理工作报告审议意见落实监督情况的报告，关于《中华人民共和国矿山安全法》执法检查报告审议意见落实监督情况的报告；研究关于组织代表开展“关心母亲河溪，查找水源污染，恪守代表职责”活动的有关事项；传达贯彻省委书记、省人大常委会主任夏宝龙在全省市县人大常委会主任读书会上的讲话精神。

第二十七次会议于2013年9月2日召开。讨论确定关于瑞安市2012年度本级预算执行和其他财政收支审计工作报告的审议意见；听取、讨论市人大常委会工作评议调查组关于市教育局和市环保局工作评议调查情况的报告；听取、讨论浙江远见旅游设计公司关于瑞安市旅游发展规划制定情况的说明，市风景旅游局关于瑞安市旅游发展规划的报告；讨论关于市十五届人大一次、二次会议大会议案落实情况的视察安排方案；传达贯彻温州市委十一届四次全会、瑞安市委十三届五次全会精神。

第二十八次会议于2013年9月16日召开。研究人事任免事项；听取、讨论市发改局关于“十二五”规划纲要实施中期评估情况及2014年重点工程项目安排情况的报告；研究确定第十五次常委会会议的时间、建议议题。

第二十九次会议于2013年10月8日召开。讨论确定关于瑞安市“十二五”规划纲要实施中期评估情况报告的审议意见；讨论确定市人大常委会关于市教育局、市环保局的工作评议意见；传达贯彻瑞安市抗灾救灾工作动员会议精神。

第三十次会议于2013年10月14日召开。研究人事任免事项；听取、讨论市财政局关于提请调整2013年度地方财政预算议案的报告；讨论确定关于《中华人民共和国道路交通安全法》执法检查有关情况的报告；研究确定第十六次常委会会议的时间、建议议题。

第三十一次会议于2013年11月13日召开。听取、讨论市财政局关于2013年地方财政预算调整的报告；讨论确定关于“加大美丽乡村建设力度”议案办理情况报告的审议意见，关于2013年度政府性投资重大项目建设情况报告的审议意见，关于《中华人民共和国道路交通安全法》执行情况报告的审议意见；学习传达党的十八届三中全会精神。

第三十二次会议于2013年11月27日召开。研究人事任免事项；讨论市人大代表补选、增选有关事项；听取、讨论市法院关于提请许可对个别市人大代表采取司法拘留强制措施的报告；学习《中共中央关于全面深化改革若干重大问题的决定》精神；研究确定第十七次常委会会议的时间、建议议题。

第三十三次会议于2013年12月20日召开。听取、讨论市委组织部关于市十五届人大三次会议主席团和秘书长等各项名单草案和温州市人大代表补选等有关情况的说明；听取、讨论关于市十五届人大三次会议列席人员范围的报告；研究确定2013年代表活动先进小组、优秀代表、优秀代表建议；听取、讨论关于市十五届人大三次会议筹备工作的报告；讨论市教育局、市环保局工作评议意见的整改情况报告；听取、讨论关于市国土资源局、市风景旅游局2014年部门预算审查情况的报告；讨论市人大常委会工作报告稿及2014年工作要点送审稿；研究确定第十八次常委会会议的时间、建议议题。

第三十四次会议于2014年1月13日召开。讨论确定市人大常委会2014年监督工作计划和各次例会主要议题安排。

第三十五次会议于2014年2月17日召开。研究人事任免事项；听取、讨论市公安局关于对个别市人大代表采取刑事拘留、行政拘留强制措施的报告；听取、讨论市政府办公室关于2012年度财政同级审审议意见整改落实情况的报告；讨论关于市十五届人大三次会议议案处理和建议重点督办件情况；讨论瑞安市人大常委会关于促进全面深化改革的决定草案，关于审议意见办理试行办法修改草案；研究确定第十九次常委会会议的时间、建议议题。

第三十六次会议于2014年4月1日召开。研究人事任免事项；听取、讨论市审计局关于2014年财政同级审工作方案的报告；讨论确定市人大常委会2014年度工作评议实施方案；研究确定第二十次常委会会议的时间、建议议题。

第三十七次会议于2014年5月9日召开。研究关于召开温州市各县（市、区）人大常委会第63次联席会议的有关事项；讨论关于配合省人大常委会开展“查找不适应全面深化改革要求的法律法规条文”主题活动的有关事项；讨论市十五届人大常委会第二十一次会议相关议题。

第三十八次会议于2014年6月4日召开。研究人事任免事项；听取、讨论市公安局关于提请许可对个别市人大代表采取取保候审强制措施的报告；讨论研究市政府及市财政局、市国投集团关于龙丽温高速瑞安至文成段投融资情况的报告；听取、讨论关于《温州城市总体规划（2003—2020）》修订情况的报告；研究确定第二十一次常委会会议的时间、建议议题。

第三十九次会议于2014年6月17日召开。研究人事任免事项；听取、讨论市财政局关于2014年切块预留财政专项资金细化方案的报告，关于非税考核预留经费细化安排的报告；讨论确定关于瑞安市政府性债务及其他融资情况的视察报告。

第四十次会议于2014年7月2日召开。听取、讨论省人大常委会关于《开展检验“五水共治”成果，申报可游泳河段活动》的报告；讨论确定关于地方性政府债务管理情况报告的审议意见，关于《中华人民共和国气象法》执法检查报告的审议意见；听取、讨论各工委（办）关于2014年上半年工作情况和下半年工作安排的汇报。

第四十一次会议于2014年7月14日召开。听取、讨论滨海新区管委会关于瑞安滨海文化科技创意小微园的报告及华东勘测设计院公司、中国联合工程公司关于创意园设计方案的说明，认为要在园区规划、产业定位等方面作进一步深度分析和科学论证，并提出相关建议。

第四十二次会议于2014年7月21日召开。研究人事任免事项；听取、讨论关于瑞安市工业经济发展情况的调研报告，关于市公安局、市国土资源局工作评议调查组情况的报告；研究确定第二十二次常委会会议的时间、建议议题。

第四十三次会议于2014年7月30日召开。研究人事任免事项。

第四十四次会议于2014年8月11日召开。讨论确定关于瑞安市工业经济发展情况的审议意见；听取、讨论对市政府、奖励资金安排政策的依据审查情况；讨论确定关于市公安局、市国土资源局工作的评议意见；讨论确定关于食品安全人大代表问政工作方案；听取、讨论关于2014年度政情通报会等事项；研究确定第二十三次常委会会议的时间、建议议题。

第四十五次会议于2014年8月22日召开。听取、讨论市审计局关于2013年度本级预算执行和其他收支审计的报告；讨论关于《中华人民共和国禁毒法》执法检查的报告；讨论确定关于对市十五届人大二次、三次会议议案落实情况进行视察的有关事项；讨论瑞安市人大常委会党组关于加强和改进人大调研工作的意见；听取关于2014年上半年政情通报会各代表中心组提出的意见建议汇总情况报告。

第四十六次会议于2014年9月5日召开。听取、讨论市政府及相关部门关于代表建议重点督办件办理情况的报告；讨论确定关于《中华人民共和国禁毒法》执法检查报告的审议意见，关于2013年度本级预算执行和其他财政收支情况审计工作报告的审议意见；听取、讨论关于对市公安局、市国土资源局审计情况的报告。

第四十七次会议于2014年9月25日召开。听取、讨论市住建局及规划设计单位关于飞云西路和丰湖街历史文化街区规划设计方案的报告；研究人事任免事项；听取、讨论市财政局关于2014年度财政预算调整的报告；听取、讨论关于《中华人民共和国水污染防治法》执法检查情况的报告，关于代表建议办理工作评议的报告。

第四十八次会议于2014年10月16日召开。研究人事任免事项；听取、讨论瑞安商城改造提升建设指挥部关于瑞安商城改造提升项目招商引资情况的报告；听取、讨论关于考察学习人大任命法官与检察官履职评议工作的报告，关于代表建议办理工作情况的报告，关于市十五届人大三次会议议案办理视察情况的报告；研究确定第二十四次常委会会议的时间、建议议题。

第四十九次会议于2014年10月26日召开。研究人事任免事项。

第五十次会议于2014年11月3日召开。研究人事任免事项；听取、讨论市公安局关于提请对个别市人大代表予以治安拘留处罚的报告；听取、讨论安阳中心城区关于安阳C区开发项目土地收储经费支出情况的报告和冯金考副市长，市财政局、市国土资源局及市政府法律顾问就该项目经费支出的合法性、必要性、安全性等有关情况的说明；讨论确定关于水污染防治“一法一条例”执法检查报告的审议意见和市十五届人大三次会议“关于推进系统治水、加快美丽水乡建设”议案办理情况报告的审议意见。

第五十一次会议于2014年11月17日召开。研究人事任免事项；听取、讨论市公安局关于提请对市十五届人大代表池某某予以行政拘留处罚的报告；听取、讨论市发改局（重点办）关于2015年市重点建设工程项目安排有关情况的报告，讨论确定关于人大任命法官、检察官履职评议工作有关情况的报告，《瑞安市人大常委会对市人民法院部分法官开展履职评议的实施方案》；听取、讨论关于代表辞职有关情况的报告；研究确定第二十五次常委会会议的时间、建议议题。

第五十二次会议于2014年12月3日召开。听取、讨论各工委（办）关于重点建设项目分组视察情况的报告；讨论确定关于医药卫生体制改革情况报告的审议意见，关于农村住房拆改建情况报告的审议意见。

第五十三次会议于2014年12月22日召开。研究人事任免事项；听取、讨论市政府关于2013年度财政同级审报告审议意见整改落实情况的报告，关于代表辞职有关情况的报告；研究确定第二十六次常委会会议的时间、建议议题。

第五十四次会议于2015年1月8日召开。研究人事任免事项；听取、讨论市教育局工作评议意见整改落实情况的报告；讨论市人大常委会2014年工作报告稿；传达贯彻省委关于进一步加强人大工作，充分发挥人大作用的意见。

第五十五次会议于2015年1月29日召开。研究人事任免事项；听取、讨论市公安局关于提请许可对个别市人大代表采取行政拘留强制措施的报告；听取、讨论关于代表辞职有关情况的报告；讨论研究市人大常委会工作报告稿、2015年工作要点（送审稿）；研究确定第二十七次常委会会议的时间、建议议题。

第五十六次会议于2015年2月27日召开。讨论关于召开市十五届人大四次会议的决定草案；研究人事任免事项；听取、讨论市委组织部关于市十五届人大四次会议机构人事安排方案的说明；听取、讨论关于市十五届人大四次会议列席人员范围的说明，关于市十五届人大代表变动和补选代表资格审查情况的报告及2014年代表活动先进小组、优秀代表等情况的报告；研究关于市十五届人大四次会议日程安排等有关事项；研究确定第二十八次常委会会议的时间、建议议题。

第五十七次会议于2015年3月2日召开。讨论关于提请决定陈胜峰代理瑞安市人民政府市长职务的有关事项，研究确定副主任薛尧弟分管法制工委工作和信访工作。

第五十八次会议于2015年3月27日召开。听取、讨论市审计局关于2014年度财政同级审方案；讨论2015年度代表建议重点督办件有关情况；讨论确定市人大常委会2015年监督工作计划、各次例会建议议题安排；讨论《关于选举任命国家机关工作人员向宪法宣誓暂行办法》，关于配合省人大上下联动开展“已治理河流监督活动”有关事项；研究确定第二十九次常委会会议的时间、建议议题。

第五十九次会议于2015年4月17日召开。研究人事任免事项；听取、讨论市公安局关于提请许可对个别市人大代表予以行政拘留处罚的报告；听取、讨论市政府关于飞云西路和丰湖街历史街区保护规划的报告，关于2013年度财政同级审审议意见整改落实情况的报告；讨论关于市人大代表联络站建设意见的修改稿，关于市经信局、市住建局工作评议实施方案；研究确定第三十次常委会会议的时间、建议议题。

第六十次会议于2015年5月11日召开。讨论确定关于《飞云西路历史文化街区保护规划》《丰湖街历史文化街区保护规划》的审议意见。

第六十一次会议于2015年6月2日召开。研究人事任免事项；听取、讨论市公安局关于提请许可对个别市人大代表采取刑事拘留强制措施的报告；讨论研究关于开展食品安全重点工作"一对一"监督的实施方案；听取、讨论关于对市法院部分法官开展履职评议工作的报告；讨论研究关于对瑞安市公检法司机关工作人员依法履职、公正司（执）法情况开展专项监督的实施方案；研究确定第三十一次常委会会议的时间、建议议题。

第六十二次会议于2015年6月9日召开。研究人事任免事项。

第六十三次会议于2015年6月11日召开。讨论关于提请决定宣章良代理瑞安市人民检察院检察长职务的有关事项。

第六十四次会议于2015年6月18日召开。讨论确定关于瑞安市《中华人民共和国献血法》执法检查报告的审议意见，关于瑞安市安置留地建设与城中村改造专项工作报告的审议意见、关于对部分法官履职情况的评议意见。

第六十五次会议于2015年7月22日召开。研究人事任免事项；听取、讨论市政府关于环境功能区划编制情况的说明；研究确定第三十二次常委会会议的时间、建议议题。

第六十六次会议于2015年7月31日召开。研究人事任免事项；学习贯彻省人大常委会《关于组织全省各级人大代表开展转型升级十大组合拳落实情况主题监督活动的通知》精神，讨论确定《关于组织全市各级人大代表开展转型升级十大组合拳落实情况主题监督活动的实施方案》；学习贯彻省委人大宣传工作会议精神。

第六十七次会议于2015年7月31日召开。讨论关于提请决定鞠海亭代理瑞安市人民法院院长职务的有关事项。

第六十八次会议于2015年8月7日召开。听取、讨论市政府关于农贸城迁建后未使用的有关情况，市城市管理与行政执法局职能履行情况的报告；讨论确定关于瑞安市环境功能区划的审议意见。

第六十九次会议于2015年8月13日召开。研究人事任免事项；听取、讨论市发改局关于2015年上半年国民经济和社会发展计划执行情况的报告，市财政局关于2015年上半年预算执行情况的报告、关于2014年度本级财政决算有关情况的报告，市审计局关于2014年度本级预算执行和其他收支审计有关情况的报告；听取、讨论市人大常委会工作评议调查组关于市经信局和市住建局工作评议调查情况的报告；讨论《瑞安市人民代表大会常务委员会关于政府重大投资项目监督办法（草案）》；研究确定第三十三次常委会会议的时间、建议议题。

第七十次会议于2015年9月1日召开。讨论确定关于2014年度本级预算执行和其他财政收支审计工作报告的审议意见；讨论确定关于市经信局、市住建局工作的评议意见。

第七十一次会议于2015年9月18日召开。研究人事任免事项；听取、讨论市政府关于代表建议重点督办件办理情况的报告；讨论确定关于市十五届人大四次会议议案办理落实情况的视察方案；听取、讨论关于司法机关依法履职和公正司（执）法专项督查活动情况的报告；研究确定第三十四次常委会会议的时间、建议议题。

第七十二次会议于2015年10月16日召开。讨论确定关于“加快产城融合发展，争创省级工业强市”议案办理情况报告的审议意见，关于市检察院不捕不诉案件处理情况报告的审议意见。

第七十三次会议于2015年10月26日召开。研究人事任免事项；听取、讨论市发改局关于“十三五”规划编制的报告，市民政局关于瑞安市部分乡镇（街道）行政区划调整建议方案的说明；研究确定第三十五次常委会会议的时间、建议议题。

第七十四次会议于2015年11月16日召开。听取、讨论市人大常委会考察组关于人大预算监督、行政村规模调整、“五水共治”、美丽乡村、旅游发展等外出学习考察情况的报告；讨论研究《关于瑞安市行政村规模调整专项调研实施方案》；研究确定第三十六次常委会会议的时间、建议议题。

第七十五次会议于2015年11月27日召开。研究提出《瑞安市人大常委会关于召开瑞安市第十五届人民代表大会第五次会议的决定（草案）》。

第七十六次会议于2015年11月30日召开。讨论确定关于瑞安市财政专项资金使用绩效评价情况报告的审议意见；听取、讨论各工委（办）关于2015年工作总结与2016年工作思路，关于基层人大工作走访调研情况的报告。

第七十七次会议于2015年12月14日召开。研究人事任免事项；听取、讨论市财政局关于瑞安市2015年地方政府债务限额及在建项目地方政府债券预算调整方案的报告，市政府关于2014年财政同级审审议意见落实情况的报告；听取、讨论关于瑞安市组织实施宪法宣誓制度办法草案的说明，关于代表辞职有关情况的报告；讨论确定关于2015年度优秀代表、先进代表小组、优秀代表建议等名单；研究确定第三十七次常委会会议的时间、建议议题。

第七十八次会议于2015年12月28日召开。研究人事任免事项；听取、讨论关于市人大常委会工作报告起草情况的报告，关于市十五届人大五次会议筹备工作的报告；听取、讨论关于市十五届人大五次会议列席范围的报告；讨论确定2015年度先进市人大代表联络站；研究确定第三十八次常委会会议的时间、建议议题。

第七十九次会议于2016年1月4日召开。讨论确定2016年市人大常委会会议主要议题预安排；听取、讨论关于市十五届人大五次会议筹备工作的报告；讨论关于要求设立乡镇街道人大办事机构的请示。

第八十次会议于2016年1月20日召开。讨论确定市人大常委会2016年监督工作计划和各次例会主要议题预安排；讨论市人大常委会2016年工作要点、关于政府重大投资项目监督暂行办法；讨论确定关于新春走访慰问市人大代表活动安排、关于组织瑞安市各级人大开展查找“短板”专项活动方案；学习贯彻中央纪委六次全会精神和中央组织部关于“三严三实”专题教育情况通报。

第八十一次会议于2016年2月1日召开。学习传达省十二届人大四次会议精神；听取、讨论各工委（办）关于查找“短板”专项活动的报告；讨论确定《瑞安市人大常委会对市人民检察院部分检察官开展履职评议的实施方案》。

第八十二次会议于2016年2月17日召开。研究人事任免事项；讨论确定2016年度重点代表建议；听取、讨论关于设立潘岱、云周街道人大工委的报告；研究确定第三十九次常委会会议的时间、建议议题。

第八十三次会议于2016年3月11日召开。讨论确定关于听取和审议市人民法院执行工作情况的工作方案及关于组织开展对市财政地税局、市民政局工作评议的实施方案；讨论2016年市人大常委会重点跟踪监督议题安排。

第八十四次会议于2016年3月24日召开。研究人事任免事项；听取、讨论市公安局关于提请许可对个别市人大代表采取刑事拘留强制措施的报告；研究确定第四十次常委会会议的时间、建议议题。

第八十五次会议于2016年4月11日召开。听取、讨论市审计局关于近年来审计查明问题整改情况、2016年审计工作重点安排情况的报告，市“三改一拆”办关于瑞安市城市发展空间、功能定位等有关情况的报告。

第八十六次会议于2016年4月25日召开。研究人事任免事项；听取、讨论市政府关于农贸城迁建、商城集团股权交易和改造提升、瑞祥新区经济适用房土地出让金收缴等有关情况的报告；听取、讨论关于2015年市人大代表建议办理工作“回头看”活动的报告；研究确定第四十一次常委会会议的时间、建议议题。

第八十七次会议于2016年5月20日召开。研究人事任免事项；讨论研究关于新一届乡（镇）人民代表大会代表名额和结构、设立乡（镇）选举委员会、乡（镇）人民代表大会主席团组成人员名额和结构等决定（草案）；讨论研究《瑞安市人民代表大会常务委员会街道工作委员会工作规则（草案）》；听取、讨论关于部分检察官履职评议情况的报告；研究确定第四十二次常委会会议的时间、建议议题。

第八十八次会议于2016年6月8日召开。讨论确定关于瑞安市学前教育专项工作报告的审议意见、关于《生猪屠宰管理条例》执法检查报告的审议意见、关于部分检察官履职情况的评议意见；讨论研究《瑞安市人民代表大会常务委员会街道工作委员会工作规则（草案）》；讨论关于成立乡镇人大换届选举工作指导组的有关事项。

第八十九次会议于2016年7月6日召开。学习传达全省县乡两级人大换届选举工作学习会精神；听取、讨论各工委关于开展市人大代表建议办理工作“回头看”活动情况的报告；讨论研究各乡镇选举委员会部分成员的辞职报告；研究确定第四十三次常委会会议的时间、建议议题。

第九十次会议于2016年7月14日召开。研究人事任免事项；听取、讨论市审计局关于2015年度本级预算执行和其他收支审计有关情况的报告；听取、讨论关于市财政地税局、市民政局工作评议调查情况的报告。

第九十一次会议于2016年7月28日召开。讨论确定关于扶贫开发工作情况报告的审议意见、关于瑞安市2015年地方财政决算和市本级预算执行及其他财政收支审计工作报告的审议意见，关于市财政地税局、市民政局工作的评议意见。

第九十二次会议于2016年8月11日召开。研究人事任免事项；听取、讨论市公安局关于提请许可对个别市人大代表采取行政拘留处罚的报告；学习传达全省各级人大常委会主任读书会精神；研究确定第四十四次常委会会议的时间、建议议题。

第九十三次会议于2016年9月19日召开。研究确定第四十五次常委会会议的时间、建议议题。

第九十四次会议于2016年10月11日召开。听取、讨论市政府关于2016年代表重点建议办理情况及2015年代表建议“回头看”督办件办理情况的报告；听取、讨论市财政局关于瑞安市2016年地方政府债务限额及财政预算调整方案的报告；讨论确定关于政府性重大投资项目建设情况报告的审议意见、关于市法院执行工作情况报告的审议意见；研究确定第四十六次常委会会议的时间、建议议题。

第九十五次会议于2016年10月27日召开。学习传达温州市人大常委会主任会议与温州市人大换届选举工作会议精神；研究人事任免事项；听取、讨论市公安局关于提请许可对个别市人大代表采取刑事拘留强制措施的报告，市司法局关于瑞安市“七五”普法规划有关情况的报告；讨论研究关于设立市、塘下镇选举委员会和乡镇、街道、市直属系统选举办事处等5个决定草案。

第九十六次会议于2016年11月24日上午召开。研究人事任免事项；听取、讨论市财政局关于财政统筹暂存资金预算安排方案；研究确定第四十七次常委会会议的时间、建议议题。

第九十七次会议于2016年11月24日下午召开。讨论关于提请决定麻胜聪代理瑞安市人民政府市长职务的有关事项。

第九十八次会议于2016年12月7日召开。研究人事任免事项；讨论研究关于调整瑞安市选举委员会部分成员的事项；研究确定第四十八次常委会会议的时间、建议议题。

第九十九次会议于2016年12月19日召开。听取、讨论市政府关于“大拆大整”专项工作情况（危旧房改造）的报告；讨论研究市、塘下镇选举委员会相关成员的辞职报告；研究确定第四十九次常委会会议的时间、建议议题。

第一百次会议于2017年2月4日召开。讨论研究市十六届人大一次会议主席团和秘书长、计划预算审查委员会成员、各代表团召集人等建议名单，列席人员范围等；讨论关于实施市政府民生实事代表票决制的决定草案和关于市监察委员会副主任、委员任免工作的决定草案；讨论研究市十六届人大一次会议议程草案、日程安排草案；讨论研究市人大常委会法制工作委员会更名为市人大常委会法制内务司法工作委员会有关事宜；研究确定第五十次常委会会议的时间、建议议题。

第四节　第十六届常委会主任会议

第一次会议于2017年2月20日召开。研究确定常委会主任、副主任工作分工：主任叶建辉主持市人大常委会全面工作，兼管办公室工作；副主任江孟甫分管财政经济（工作）委员会、预算工作委员会和市人大常委会机关党建、老干部工作；副主任方小梅分管教育科学文化卫生工作委员会工作；副主任陈世尧分管城乡建设环境保护工作委员会工作；副主任金爱忠分管代表工作委员会工作；副主任薛小平分管农村经济和资源保护工作委员会工作；副主任薛尧弟分管法制内务司法（工作）委员会和市人大常委会信访工作。研究人事任免事项；研究确定第一次常委会会议的时间、建议议题。

第二次会议于2017年3月17日召开。研究人事任免事项；听取、讨论市财政局关于2017年财政统筹暂存资金预算安排方案的报告、市审计局关于2016年度财政同级审重点内容的报告；讨论研究《瑞安市人民代表大会代表约见国家机关负责人暂行办法（草案）》；讨论确定关于听取和审议瑞安市“剿灭劣Ⅴ类水”工作情况报告的实施方案、关于组织全市各级人大代表开展“剿灭劣Ⅴ类水、人大代表在行动”主题活动的实施方案；讨论确定市人大常委会领导联系监督议案办理工作有关事项；讨论研究《瑞安市人大常委会议事规则（修订草案）》和《瑞安市人大常委会主任会议议事规则（修订草案）》；讨论确定市人大常委会2017年工作要点、监督工作计划、常委会会议主要议题预安排；研究确定第二次常委会会议的时间、建议议题。

第三次会议于2017年4月6日召开。讨论确定2017年市政府民生实事项目监督工作的实施方案；研究确定第三次常委会会议的时间、建议议题。

第四次会议于2017年4月25日召开。学习传达温州市十三届人大一次会议精神；研究人事任免事项；讨论研究市人大常委会有关工委委员和各街道人大工委委员名单草案；讨论确定2017年代表建议重点件；讨论研究关于提请设立市十六届人大常委会代表资格审查委员会的议案；讨论确定2017年部门工作评议候选单位。

第五次会议于2017年5月15日召开。讨论确定市人大常委会组织开展对市水利局、市卫生计生局、市市场监管局工作评议的实施方案；讨论确定2017年部门工作评议动员会有关事项；讨论确定市人大常委会工委委员宪法宣誓仪式安排方案。

第六次会议于2017年5月31日召开。听取、讨论市人大常委会代表资格审查委员会关于市81选区代表选举无效的有关情况报告；听取、讨论关于城市停车场规划建设情况的报告，市发改局关于2017年政府重大投资项目计划调整方案的报告；研究确定第四次常委会会议的时间、建议议题。

第七次会议于2017年6月21日召开。研究人事任免事项；听取、讨论关于市级领导干部代表、市人大常委会组成人员进代表联络站开展活动的报告；讨论确定关于将监督“最多跑一次”改革工作列为主任会议监督议题。

第八次会议于2017年7月5日召开。讨论确定关于省级工业强市创建工作报告的审议意见、关于“剿灭劣Ⅴ类水”工作报告的审议意见；讨论确定市人大常委会机关干部疗休养、体检等安排方案；通报市人大常委会办公室人事秘书科、信息中心干部统筹安排使用方案。

第九次会议于2017年7月25日召开。学习传达全省各级人大常委会主任学习会精神；听取、讨论市发改局关于2017年重大投资项目计划调整方案的报告；听取、讨论关于养老服务业发展，严重损害司法权威和社会诚信犯罪行为处置等2个专项监督工作方案的报告；研究确定第五次常委会会议的时间、建议议题。

第十次会议于2017年8月7日召开。听取、讨论市政府关于2017年民生实事项目进展情况的报告，市审计局关于2016年度市本级财政执行和其他财政收支审计情况的报告；讨论研究关于深化代表建议办理工作评议意见的报告，关于省内部分县（市、区）街道民生实事会商制的考察情况汇报。

第十一次会议于2017年8月11日召开。研究人事任免事项；讨论研究关于召开2017年上半年政情通报会的有关事项。

第十二次会议于2017年9月6日召开。研究人事任免事项；讨论确定关于瑞安市2016年地方财政决算和市本级预算执行及其他财政收支审计工作报告的审议意见，关于城市停车场规划建设报告的审议意见；听取、讨论关于市市场监管局、市卫生计生局、市水利局工作评议调查情况的报告；听取、讨论关于部分法官履职评议有关情况的报告，关于建立街道民主议政会议制度实施意见的报告；听取、讨论市政府关于将环西砚山团块改造列入“十三五”规划和2017年度计划的报告；研究确定第六次常委会会议的时间、建议议题。

第十三次会议于2017年9月27日召开。讨论确定关于市水利局、市卫生计生局、市市场监管局的部门工作评议意见及关于部分法官履职情况的评议意见；讨论研究关于开展《中华人民共和国农产品质量安全法》执法检查工作方案，关于召开2017年人大代表建议办理工作评议会的有关事项；研究确定第七次常委会会议的时间、建议议题。

第十四次会议于2017年10月17日召开。研究人事任免事项；听取、讨论市政府关于2017年代表重点建议办理情况的报告，市财政局关于瑞安市2017年地方政府债务限额及财政预算调整方案有关情况的报告。

第十五次会议于2017年11月3日召开。听取、讨论市政府关于2017年代表重点建议办理情况的报告；讨论确定关于“推进城市有机更新、打造至美瑞安”议案办理情况报告的审议意见、关于基本公共卫生服务工作报告的审议意见、关于养老服务业发展工作报告的审议意见、关于政府和社会资本合作项目实施情况报告的审议意见；讨论研究集镇、农村供水安全专项监督工作；研究确定第八次常委会会议的时间、建议议题。

第十六次会议于2017年11月13日召开。听取、讨论市政府关于2017年代表重点建议办理情况的报告；听取、讨论关于《中华人民共和国农产品质量安全法》执法检查的报告。

第十七次会议于2017年12月7日召开。听取、讨论市政府关于2018年政府民生实事候选项目征集初定情况的报告；讨论确定关于严重损害司法权威、社会诚信违法犯罪行为处置工作情况报告的审议意见及关于《中华人民共和国农产品质量安全法》贯彻实施情况报告的审议意见；讨论研究关于政府民生实事人大代表票决项目监督暂行办法；听取、讨论关于2017年职务代表变动和增补选情况的报告，各工委（办）关于2017年工作亮点和2018年工作思路的报告；研究确定第九次常委会会议的时间、建议议题。

第十八次会议于2017年12月28日召开。听取、讨论市政府关于2018年政府民生实事候选项目的报告、市发改局关于2018年重点建设计划的报告、市财政局关于2018年财政预算安排的报告；讨论市十六届人大二次会议日程安排草案、市十六届人大二次会议列席人员范围；讨论确定2017年度市人大先进代表小组、先进代表联络站、优秀市人大代表、优秀代表建议；讨论研究瑞安市政府民生实事票决测评办法草案；讨论市人大常委会工作报告稿；研究确定第十次常委会会议的时间、建议议题。

第十九次会议于2018年1月8日召开。讨论研究市十六届人大二次会议主席团和秘书长、各代表团召集人等建议名单，列席人员范围等；听取、讨论市公安局关于提请许可对个别市人大代表采取刑事强制措施有关情况的报告。

第二十次会议于2018年2月5日召开。学习传达浙江省第十三届人民代表大会第一次会议精神；讨论确定市人大常委会2018年工作要点、监督工作计划、常委会会议主要议题预安排；讨论研究市人大常委会领导参加街道第一届民主议政会第一次会议安排、2018年度部门工作评议有关事项；讨论2018年监督工作计划；研究确定第十一次常委会会议的时间、建议议题。

第二十一次会议于2018年2月28日召开。研究人事任免事项；听取、讨论市审计局关于2018年审计工作重点安排的报告；讨论确定2018年度部门工作评议候选单位；学习传达温州市、瑞安市营商环境提升年行动动员大会精神。

第二十二次会议于2018年3月20日召开。讨论确定关于开展“助推营商环境提升人大代表在行动”主题监督活动的实施方案和组织开展对市人力社保局、市综合执法局、市国税局工作评议的实施方案；讨论确定2018年度部门工作评议动员会的有关事项；讨论确定2018年代表建议重点件；讨论确定2018年市政府民生实事项目联系监督安排方案；学习传达中共中央办公厅《关于人大预算审查监督重点向支出预算和政策拓展的指导意见》《中华人民共和国宪法修正案》等文件精神；学习传达第十三届全国人民代表大会第一次会议、市纪委十四届三次全体会议精神。

第二十三次会议于2018年4月3日召开。研究人事任免事项；学习传达温州市第十三届人民代表大会第三次会议精神；讨论研究《瑞安市组织实施宪法宣誓制度办法（修订草案）》；研究确定第十二次常委会会议的时间、建议议题。

第二十四次会议于2018年4月24日召开。讨论确定关于开展固体废物污染环境防治“一法一条例”执法检查的实施方案；学习传达温州市人大常委会开展《浙江省温瑞塘河保护管理条例》执法检查暨2018年度温瑞塘河开发建设动员部署会精神。

第二十五次会议于2018年5月21日召开。讨论确定2018年度检察官履职评议实施方案，瑞安市“最多跑一次”改革工作专项监督的实施方案；研究确定第十三次常委会会议的时间、建议议题。

第二十六次会议于2018年6月7日召开。研究人事任免事项；听取、讨论关于市人力社保局、市综合执法局、市国税局工作评议调查情况的报告。

第二十七次会议于2018年7月4日召开。讨论确定关于固体废物污染环境防治“一法一条例”执法检查情况报告的审议意见，关于市人力社保局、市综合执法局、市国税局工作的评议意见。

第二十八次会议于2018年7月19日召开。研究人事任免事项；研究确定第十四次常委会会议的时间、建议议题。

第二十九次会议于2018年8月8日召开。听取、讨论市审计局关于2017年度本级预算执行和其他财政收支审计情况的报告，市财政局关于2018年新增地方政府债券资金预算安排的报告；讨论确定2018年上半年政情通报会安排；听取、讨论关于生态环境状况报告向乡镇延伸的制度。

第三十次会议于2018年8月31日召开。研究人事任免事项；听取、讨论市公安局关于提请许可对个别市人大代表采取刑事拘留强制措施的报告、市财政局关于瑞安市2018年地方政府债务限额及市级财政预算调整方案的报告；讨论确定关于“最多跑一次”（自然人、法人和非法人组织向行政机关申请办理一件事，申请材料齐全、符合法定形式的，从提出申请到收到办理结果全程，只需一次上门或者零上门）改革工作情况报告的审议意见，关于瑞安市2017年地方财政决算和市本级预算执行及其他财政收支审计工作报告的审议意见；传达全省深化民生实事项目人大代表票决制工作座谈会和全省各级人大常委会主任学习会精神；研究确定第十五次常委会会议的时间、建议议题。

第三十一次会议于2018年9月21日召开。讨论确定关于检查《中华人民共和国建筑法》实施情况报告的审议意见、关于市检察院部分检察官履职情况的评议意见。

第三十二次会议于2018年10月8日召开。研究人事任免事项；讨论确定2018年人大代表建议办理工作评议会安排；讨论市人大常委会2019年工作重点；研究确定第十六次常委会会议的时间、建议议题。

第三十三次会议于2018年10月29日召开。研究人事任免事项；听取、讨论市政府关于2018年代表重点建议办理情况的报告；讨论研究市人大常委会2019年重点监督议题。

第三十四次会议于2018年11月6日召开。讨论确定关于“加快农村饮用水安全工程建设、助力瑞安市全面建成小康社会”议案办理情况报告的审议意见，关于企业上市工作情况报告的审议意见，关于检查《浙江省学前教育条例》实施情况报告的审议意见；讨论确定2018年度市人大先进代表联络站、优秀市人大代表、优秀代表建议评选活动方案；研究确定第十七次常委会会议的时间、建议议题。

第三十五次会议于2018年12月3日召开。研究人事任免事项；讨论研究关于召开瑞安市第十六届人民代表大会第三次会议的决定（草案）；听取、讨论关于2018年职务代表变动和补选情况的报告；传达温州市人大常委会学习贯彻习近平总书记关于坚持和完善人民代表大会制度重要思想的座谈会会议精神。

第三十六次会议于2018年12月19日召开。听取、讨论市公安局关于提请许可对个别市人大代表采取取保候审强制措施的报告；听取、讨论市政府关于2019年政府民生实事候选项目征集情况的报告，市发改局关于2019年重点建设计划情况的报告，市财政局关于2019年财政预算安排情况的报告；讨论研究市人大常委会工作报告稿、市十六届人大三次会议日程安排草案；研究确定第十八次常委会会议的时间、建议议题。

第三十七次会议于2019年1月2日召开。听取、讨论市公安局关于提请许可对个别市人大代表采取取保候审强制措施的报告；听取、讨论市政府关于2019年政府民生实事候选项目的报告、市财政局关于瑞安市2018年地方政府债务预算调整方案的报告；讨论研究市十六届人大三次会议列席人员范围，市人大常委会工作报告稿。

第三十八次会议于2019年1月19日召开。研究人事任免事项；研究确定第十九次常委会会议的时间、建议议题。

第三十九次会议于2019年2月14日召开。研究人事任免事项；讨论确定市人大常委会2019年工作要点、监督工作计划、常委会主要议题预安排；讨论确定2019年度部门工作评议候选单位；研究确定第二十次常委会会议的时间、建议议题。

第四十次会议于2019年2月25日召开。研究人事任免事项；听取、讨论关于个别代表资格审查的报告；研究确定各专工委对口联系部门的事项。

第四十一次会议于2019年3月14日召开。研究人事任免事项；听取、讨论市审计局关于2019年审计工作重点安排的报告；讨论确定市十六届人大三次会议代表建议重点督办件，关于开展促进民营经济高质量发展专项监督的实施方案，对市发改局、市教育局、温州市生态环境局瑞安分局开展工作评议的实施方案；讨论研究2019年度部门工作评议动员会有关事项。

第四十二次会议于2019年3月29日召开。研究人事任免事项；讨论确定2019年市政府民生实事项目联系监督安排方案；讨论《瑞安市人民代表大会常务委员会组成人员守则（修订草案）》；研究确定第二十一次常委会会议的时间、建议议题。

第四十三次会议于2019年4月25日召开。讨论确定固体废物污染环境防治专题询问会方案；讨论研究《瑞安市人民代表大会常务委员会组成人员守则（修订草案）》；研究确定第二十二次常委会会议的时间、建议议题。

第四十四次会议于2019年5月21日召开。研究人事任免事项；讨论确定关于组织全市各级人大代表开展助力乡村振兴主题监督活动的实施方案、关于听取和审议食品药品环境保护领域违法犯罪行为处置工作情况的实施方案；听取、讨论关于促进民营经济高质量发展工作调研情况的报告。

第四十五次会议于2019年6月10日召开。听取、讨论市委组织部关于人事任免情况的说明和市检察院关于人事免职情况的报告；听取、讨论关于市发改局、市教育局、温州市生态环境局瑞安分局工作评议调查情况的报告；研究确定第二十三次常委会会议的时间、建议议题。

第四十六次会议于2019年7月5日召开。讨论确定关于促进民营经济高质量发展情况报告的审议意见、关于乡村产业发展情况报告的审议意见；讨论确定关于市发改局、市教育局、温州市生态环境局瑞安分局工作评议意见的报告。

第四十七次会议于2019年7月29日召开。听取、讨论市公安局关于提请许可对个别市人大代表采取取保候审强制措施的报告；听取、讨论温州市生态环境局瑞安分局关于瑞安市生态文明建设规划情况的报告，市审计局关于2018年度本级预算执行和其他财政收支审计情况的报告；研究确定第二十四次常委会会议的时间、建议议题。

第四十八次会议于2019年8月16日召开。研究人事任免事项；听取、讨论市发改局关于2019年重点建设计划调整方案的报告；传达省委人大工作会议、全省各级人大常委会主任学习会精神和《中共浙江省委关于高水平推进新时代人大工作和建设的意见》精神；调整市十六届人大常委会第二十四次会议时间、建议议题。

第四十九次会议于2019年9月5日召开。讨论确定关于瑞安市2018年地方财政决算和市本级预算执行及其他财政收支审计工作报告的审议意见，关于食品药品环境保护领域违法犯罪行为处置工作情况报告的审议意见，关于瑞安市生态文明建设规划（2018—2025年）的审议意见；研究确定第二十五次常委会会议的时间、建议议题。

第五十次会议于2019年9月18日召开。研究人事任免事项；听取、讨论市政府关于2019年代表建议重点件办理情况的报告。

第五十一次会议于2019年9月26日召开。讨论关于提请决定胡丕敢代理瑞安市人民法院院长职务的有关事项。

第五十二次会议于2019年10月8日召开。讨论确定关于工业用地有效供给工作报告的审议意见、关于财政扶持工业经济发展政策资金绩效情况报告的审议意见，关于检查《全民健身条例》实施情况报告的审议意见；研究确定第二十六次常委会会议的时间、建议议题。

第五十三次会议于2019年10月23日召开。研究人事任免事项；讨论《瑞安市人民代表大会常务委员会讨论决定重大事项的规定（修订稿）》。

第五十四次会议于2019年11月12日召开。研究人事任免事项；讨论确定关于“健全养老服务体系促进瑞安市养老服务业发展”议案办理情况报告的审议意见，关于2018年度全市国有资产管理情况综合报告及企业国有资产管理情况专项报告的审议意见；讨论研究关于设立市人大常委会社会建设工作委员会有关事项；研究确定第二十七次常委会会议的时间、建议议题。

第五十五次会议于2019年11月21日召开。讨论确定《瑞安市人大代表活动经费管理使用的意见》。

第五十六次会议于2019年12月10日召开。研究人事任免事项；听取、讨论市政府关于2020年政府民生实事候选项目征集情况的报告，关于2019年职务代表变动和辞补情况的报告；讨论确定2019年度先进人大代表联络站、优秀市人大代表、优秀代表建议评选活动方案；讨论研究关于召开瑞安市第十六届人民代表大会第四次会议的决定（草案）；研究确定第二十八次常委会会议的时间、建议议题。

第五十七次会议于2019年12月13日召开。讨论关于提请决定秦肖代理瑞安市人民政府市长职务的有关事项。

第五十八次会议于2019年12月26日召开。讨论确定2019年度先进人大代表联络站、优秀市人大代表、优秀代表建议；讨论市十六届人大四次会议列席人员范围；听取、讨论市发改局关于2019年重点建设计划实施情况和2020年重点建设计划安排情况的报告，市财政局关于2019年预算执行情况和2020

年预算安排情况的报告；讨论市人大常委会工作报告稿、市十六届人大四次会议日程安排草案；研究确定第二十九次常委会会议的时间、建议议题。

第五十九次会议于2020年1月3日召开。听取、讨论市委组织部关于温州市人大代表辞职、补选情况的说明；听取、讨论关于瑞安市人大代表辞职情况的说明；调整市十六届人大常委会第二十九次会议时间、建议议题。

第六十次会议于2020年4月15日召开。研究人事任免事项；听取、讨论市政府关于提请将瑞安市人民医院万松院区门诊楼扩建项目增补列入市“十三五”规划的报告；听取、讨论市人大常委会、市政府工作报告稿和计划、预算报告修改情况的说明；听取、讨论关于市十六届人大四次会议日程安排（草案）调整、列席人员范围调整情况的报告；听取、讨论关于个别委员免职情况的说明；讨论确定2020年度部门工作评议候选单位；研究确定第三十次常委会会议的时间、建议议题。

第六十一次会议于2020年5月13日召开。研究人事任免事项；听取、讨论关于市人大代表联络总站项目概况、管理体制和启用等有关事项的报告；讨论确定市人大常委会2020年工作要点、监督工作计划、常委会会议主要议题预安排；讨论确定2020年市政府民生实事项目联系监督安排方案，对市交通运输局、市农业农村局、市文化和广电旅游体育局开展工作评议的实施方案；研究确定第三十一次常委会会议的时间、建议议题。

第六十二次会议于2020年6月4日召开。研究人事任免事项；讨论确定市十六届人大四次会议代表建议重点督办件；讨论确定《关于建立市人大常委会领导与市人大代表定期座谈机制的实施办法》。

第六十三次会议于2020年7月13日召开。研究人事任免事项；讨论确定关于新冠疫情应急处置工作报告的审议意见；听取、讨论关于“依法取得的国有划拨工业用地不动产因现行城市规划不符无法进行转让问题”调研情况的报告；研究确定第三十二次常委会会议的时间、建议议题。

第六十四次会议于2020年8月4日召开。研究人事任免事项；听取、讨论市财政局关于瑞安市2020年地方政府债务预算调整方案和抗疫特别国债等资金预算调整方案的报告，市审计局关于2019年度瑞安本级预算执行和其他财政收支审计工作的报告，关于市交通运输局、市农业农村局、市文化和广电旅游体育局工作评议情况的报告。

第六十五次会议于2020年8月25日召开。讨论确定关于数字经济引领实体经济发展情况报告的审议意见，关于野生动物保护工作报告的审议意见，关于瑞安市2019年地方财政决算和市本级预算执行及其他财政收支审计工作报告的审议意见，关于市交通运输局、市农业农村局、市文化和广电旅游体育局工作的评议意见；研究确定第三十三次常委会会议的时间、建议议题。

第六十六次会议于2020年9月14日召开。听取、讨论市住建局关于瑞安历史文化名城保护规划修编情况的报告。

第六十七次会议于2020年9月23日召开。研究人事任免事项；讨论确定关于检查《中华人民共和国公共文化服务保障法》实施情况报告的审议意见，关于检查《中华人民共和国海洋环境保护法》实施情况报告的审议意见，关于市检察院认罪认罚从宽制度实施情况报告的审议意见，关于《瑞安历史文化名城保护规划（修编）》的审议意见；研究确定第三十四次常委会会议的时间、建议议题。

第六十八次会议于2020年10月19日召开。研究人事任免事项；听取、讨论市政府关于2020年代表重点建议办理情况的报告，市发改局关于“十三五”规划纲要执行与“十四五”规划纲要编制情况的报告，市财政局关于2020年市级财政预算调整情况的报告，安阳中心城区开发建设中心关于集云山公园建设情况的报告；听取、讨论关于《瑞安市人民代表大会常务委员会关于加强检察公益诉讼工作的决定（草案）》起草情况的报告。

第六十九次会议于2020年11月6日召开。讨论确定关于“加快集云山公园建设 满足市民日益增长的休闲健身需求”议案办理情况报告的审议意见，关于2019年度全市国有资产管理情况综合报告及行政事业性国有资产管理情况专项报告的审议意见。

第七十次会议于2020年12月11日召开。研究人事任免事项；听取、讨论市政府关于2021年政府民生实事项目征集情况的报告，市发改局关于瑞安市国民经济和社会发展第十四个五年规划和2035年远景目标纲要编制情况的报告；讨论确定2019年审计查出问题整改落实情况的专题询问方案；听取、讨论关于2020年职务代表变动和辞补方案的报告；讨论确定2020年度全市先进人大代表联络站、优秀市人大代表、优秀代表建议（案）名单；讨论研究关于召开瑞安市第十六届人民代表大会第五次会议的决定（草案）；研究确定第三十五次常委会会议的时间、建议议题。

第七十一次会议于2020年12月16日召开。讨论关于提请决定李辅正代理瑞安市监察委员会主任职务的有关事项。

第七十二次会议于2021年1月11日召开。研究人事任免事项；听取、讨论永嘉县公安局关于提请许可对个别市人大代表采取取保候审强制措施有关情况的报告，关于部分职务代表变动情况的报告；讨论确定关于开发区人大试点工作的实施方案；讨论研究市人大常委会工作报告稿；讨论研究关于推迟召开瑞安市第十六届人民代表大会第五次会议的决定（草案）；研究确定第三十六次常委会会议的时间、建议议题。

第七十三次会议于2021年1月22日召开。听取、讨论市政府关于赵山渡库区移民有关政策的说明；研究确定瑞安市第十六届人民代表大会第五次会议召开时间（授权）；讨论确定2021年春节前市人大代表走访慰问方案；研究确定第三十七次常委会会议的时间、建议议题。

第七十四次会议于2021年2月8日召开。研究人事任免事项；听取、讨论市发改局关于“十四五”及2021年重点建设计划安排情况的报告，市财政局关于2020年预算执行及2021年预算草案编制情况的报告；讨论市十六届人大五次会议列席人员范围，市十六届人大五次会议日程安排草案。

第七十五次会议于2021年3月12日召开。研究人事任免事项；听取、讨论市公安局关于提请许可对个别市人大代表采取取保候审强制措施的报告；讨论确定市人大常委会2021年工作要点、监督工作计划、常委会会议主要议题预安排及2021年部门工作评议候选单位；研究确定第三十八次常委会会议的时间、建议议题。

第七十六次会议于2021年3月24日召开。研究人事任免事项。

第七十七次会议于2021年4月2日召开。讨论确定对市公安局、市自然资源和规划局、市住建局开展工作评议的实施方案。

第七十八次会议于2021年4月28日召开。讨论确定市十六届人大五次会议代表建议重点督办件、2021年市政府民生实事项目联系监督安排方案；研究确定第三十九次常委会会议的时间、建议议题。

第七十九次会议于2021年5月25日召开。听取、讨论关于市公安局、市自然资源和规划局、市住建局工作评议情况的报告。

第八十次会议于2021年6月3日召开。研究人事任免事项；讨论确定关于瑞安经济开发区经济社会发展工作情况报告的审议意见，关于市公安局、市自然资源和规划局、市住建局工作的评议意见；传达县乡人大换届工作有关精神。

第八十一次会议于2021年7月6日召开。研究人事任免事项；听取、讨论市财政局关于2021年市级地方政府债务预算调整方案情况的报告，讨论确定关于《瑞安市人民代表大会常务委员会规范性文件备案审查暂行办法》修订情况的报告，瑞安市人大数字化改革工作实施方案；研究确定第四十次常委会会议的时间、建议议题。

第八十二次会议于2021年8月4日召开。讨论确定关于检查《浙江省粮食安全保障条例》实施情况报告的审议意见，关于检查未成年人保护“一法一条例”实施情况报告的审议意见，关于义务教育阶段中小学生减负工作报告的审议意见，关于城镇老旧小区改造工作情况报告的审议意见，关于机械装备行业培育提升工作情况报告的审议意见；研究确定第四十一次常委会会议的时间、建议议题。

第八十三次会议于2021年8月23日召开。听取、讨论市审计局关于2020年度市本级预算执行和其他财政收支审计工作的报告；讨论研究关于促进和保障争当高质量发展建设共同富裕示范区先行标兵的决定（草案）；传达省、温州市人大数字化改革工作会议精神；听取、讨论各工委（办）关于瑞安市人大常委会机关数字化改革应用场景谋划建设情况的报告。

第八十四次会议于2021年9月9日召开。讨论确定关于市法院行政审判工作报告的审议意见及需要市政府研究处理的有关事项；讨论确定关于瑞安市2020年地方财政决算和市本级预算执行及其他财政收支审计工作报告的审议意见；研究确定第四十二次常委会会议的时间、建议议题。

第八十五次会议于2021年10月14日召开。研究人事任免事项；听取、讨论市政府关于2021年代表重点建议办理情况的报告，市司法局关于“七五”普法工作总结和“八五”普法工作部署情况的报告，市财政局关于2021年市级财政预算调整的报告；讨论研究关于设立市、乡镇选举委员会，设立街道、市直属系统选举办事处，确定新一届乡（镇）人民代表大会代表名额和结构，确定新一届乡（镇）人民代表大会主席团组成人员名额和结构等6个决定（草案）。

第八十六次会议于2021年10月29日召开。讨论确定关于2020年度全市国有资产管理情况综合报告及国有自然资源资产管理情况专项报告的审议意见。

第八十七次会议于2021年12月7日召开。研究人事任免事项；听取、讨论市公安局关于提请许可对个别市人大代表采取刑事拘留强制措施的报告，市财政局关于2021年地方政府债务预算调整有关情况的报告，市住建局关于林垟省级历史文化名镇保护规划修编情况的报告；讨论确定关于市选举委员会部分成员调整情况的报告，关于《瑞安市人民代表大会常务委员会任免国家机关工作人员办法》修订情况的报告；研究确定第四十三次常委会会议的时间、建议议题。

第八十八次会议于2021年12月9日召开。讨论关于提请决定朱建芳代理瑞安市监察委员会主任职务、朱捷代理瑞安市人民检察院检察长职务的有关事项。

第八十九次会议于2021年12月16日召开。讨论研究市、乡镇选举委员会相关成员的辞职报告；讨论确定关于《瑞安市林垟省级历史文化名镇保护规划（2021—2035）》的审议意见。

第九十次会议于2022年1月4日召开。听取、讨论市政府关于2021年民事实事项目完成情况及2022年民生实事项目征集情况的报告；研究确定第四十四次常委会会议的时间、建议议题。

第九十一次会议于2022年1月26日召开。传达省十三届人大六次会议精神；听取、讨论市公安局关于提请许可对个别市人大代表行政拘留有关情况的报告，市发改局关于2022年重点建设计划的报告，市财政局关于2021年预算执行及2022年预算草案编制情况的报告；讨论关于市十七届人大代表辞职的报告、市十七届人大一次会议列席人员范围，市人大常委会工作报告稿、讨论市十七届人大一次会议日程安排草案；研究确定第四十五次常委会会议的时间、建议议题。

第九十二次会议于2022年1月29日召开。听取、讨论市委组织部关于市十七届人大一次会议主席团和秘书长、计划预算审查委员会成员、各代表团召集人等建议名单的说明。

第三章　常委会会议

市人民代表大会常务委员会会议是人大常委会依法行使职权的基本形式。根据《地方组织法》的规定，市人大常委会会议每两个月至少举行一次，必须有常委会全体组成人员的过半数出席，方可举行；常委会会议由主任召集并主持，主任可以委托副主任主持会议。人大常委会会议开会日期由主任会议决定，会议议程草案由主任会议拟订，并提请常委会会议决定。从市第十三届至第十六届满止，共举行人大常委会会议179次，其中第十三届37次、第十四届47次、第十五届50次、第十六届45次。市人大常委会举行会议时，市政府、市监察委员会、市法院、市检察院及有关单位负责人列席会议；不是常委会组成人员的办公室和专（工）委负责人列席会议；根据会议需要，邀请乡镇人大主席、街道人大工委主任、部分市人大代表等列席会议。市人大常委会会议在听取职权范围的议案和“一府一委两院”负责人或市政府委托有关部门负责人所作的各项议题报告、说明后，逐项进行审议，在充分发扬民主、集体行使职权的基础上，对相关议案、报告作出决议、决定或审议意见。

第一节　第十三届常委会会议

2003年4月29日，第一次会议举行，常委会组成人员27人出席会议。会议听取、审议关于《中华人民共和国献血法》审议意见落实情况的报告；审议通过市人大常委会2003年工作要点、《瑞安市人大常委会关于任免国家机关工作人员办法》，市十三届人大常委会代表资格审查委员会成员名单、市十三届人大一次会议议案处理意见的决定；听取《学习地方组织法，加强地方政权建设》的辅导。

2003年5月8日，第二次会议举行，常委会组成人员29人出席会议。会议审议通过人事任免事项，并举行颁发任命书仪式。温州市委常委、瑞安市委书记、市人大常委会主任钱建民作讲话。

2003年7月8日—9日，第三次会议举行，常委会组成人员24人出席会议。会议听取、审议关于瑞安市近期建设规划编制情况的报告及关于《瑞安市2003—2007年近期建设规划编制方案》的情况介绍，关于贯彻实施《中华人民共和国农业法》的情况报告及其视察报告，关于进一步推进依法治市进程实施方案的报告，关于调研瑞安市依法治市实施情况的报告，关于落实基础教育的改革与发展决定情况的报告，并就上述议题相应通过决议（决定）、提出审议意见。会议审议通过《瑞安市人民代表大会常务委员会评议工作暂行规定》《瑞安市人民代表大会常务委员会议事规则》《瑞安市人民代表大会常务委员会主任会议议事规则》《瑞安市人大常委会关于讨论、决定本市重大事项的规定》《瑞安市人大常委会监督司法机关工作办法》《瑞安市人大常委会组成人员守则》《瑞安市人大常委会信访工作规则》；审议通过人事任免事项。

2003年9月2日—3日，第四次会议举行，常委会组成人员23人出席会议。会议听取、审议关于贯彻实施《中华人民共和国人口与计划生育法》情况报告及其视察报告，关于市总体规划的议案，关于贯彻实施《浙江省社会治安综合治理条例》情况报告及其视察报告，关于贯彻实施《中华人民共和国劳动法》和《中华人民共和国安全生产法》的情况报告及其视察报告，关于接受国家开发银行授信贷款的议案，关于瑞安市1月—7月国民经济和社会发展计划执行情况的报告，关于瑞安市1月—8月地方财政预算执行情况的报告，关于《浙江省人口与计划生育条例》的学习辅导报告，并就上述议题相应通过决议（决定）、提出审议意见。会议审议通过关于组织市人大代表评议市环保局、市水利局执法工作的决定，关于审判人员和检察人员实行任前公示的意见；审议通过人事任免事项。

2003年10月30日—31日，第五次会议举行，常委会组成人员24人出席会议。会议听取、审议关于瑞安市贯彻执行《中华人民共和国职业病防治法》情况的报告及其视察报告，关于瑞安市司法机关贯彻执行《浙江省司法监督条例》情况的调研报告，关于市十三届人大一次会议代表建议、批评和意见办理情况的报告，关于扶贫开发工作审议意见落实情况的报告，关于《中华人民共和国职业病防治法》的学习辅导报告，并就上述议题相应提出审议意见。会议审议通过人事任免事项。

2003年11月4日，第六次会议举行，常委会组成人员20人出席会议。会议审议通过代表辞职事项。

2003年11月19日，第七次会议举行，常委会组成人员24人出席会议。会议听取、审议关于安阳镇撤镇建街方案的议案，关于政府授信贷款项目和分年度计划安排方案的议案，关于瑞安市重点工程建设情况的报告及其视察报告，并就上述议题相应通过决议（决定）、提出审议意见。会议审议通过关于加强审计工作监督的决定，关于建立瑞安市街道人大工作委员会的决定，关于瑞安市街道人大工作委员会工作规则（试行）。

2004年1月7日—8日，第八次会议举行，常委会组成人员27人出席会议。会议听取、审议关于“加快工业园区建设，缓解瑞安市中小企业用地难”议案办理情况的报告及其视察报告，关于“加快建设扶贫经济开发区、农产品加工园区与陶山（片）工业园区，促进中西部经济更快发展”议案办理情况的报告及其视察报告，关于贯彻实施新婚姻法情况的报告及其调查报告，关于人大代表评议市环保局执法工作整改情况的报告，关于人大代表评议市水利局执法工作整改情况的报告，并就上述议题相应提出审议意见。会议审议通过人事任免事项；许可对市十三届人大代表蔡某某采取刑事强制措施。

2004年2月23日—24日，第九次会议举行，常委会组成人员26人出席会议。会议审议通过市人大常委会工作报告稿和2004年工作要点，关于召开市十三届人大二次会议的决定，关于代表变动情况和补选代表资格审查的报告，市十三届人大二次会议相关人事建议名单，关于表彰2003年度代表活动先进小组和代表活动积极分子的决定；初步审议市政府、市法院、市检察院及计划、财政等报告；审议通过人事任免事项。

2004年4月29日，第十次会议举行，常委会组成人员24人出席会议，会议审议通过关于市十三届人大二次会议代表提出的议案处理意见的决定；审议通过人事任免事项。

2004年6月19日，第十一次会议举行，常委会组成人员16人出席会议。会议审议通过代表辞职事项；传达学习省人大工作会议精神。

2004年7月29日—30日，第十二次会议举行，常委会组成人员24人出席会议。会议听取、审议关于瑞安市生态市建设和《中华人民共和国环境保护法》执行情况的报告及其执法检查报告，关于市本级2003年财政预算执行情况及其他财政财务收支情况的审计工作报告，关于2003年财政决算的报告，关于贯彻执行《中华人民共和国刑事诉讼法》情况的报告及其执法检查报告，并就上述议题相应通过决议（决定）、提出审议意见。会议审议通过人事任免事项。

2004年9月28日—29日，第十三次会议举行，常委会组成人员25人出席会议。会议听取、审议关于瑞安市人民调解工作情况的报告及其调查报告，关于瑞安市贯彻执行《中华人民共和国食品卫生法》情况的报告，关于瑞安市农产品质量安全情况的报告及其视察报告，关于视察瑞安市贯彻执行《中华人民共和国食品卫生法》情况的报告，关于瑞安市重点工程建设情况的报告及其视察报告，关于计划、预算执行情况的报告，并就上述议题相应提出审议意见。会议决定接受李炳权辞去市人民法院院长职务，决定任命赵建华为市人民法院副院长、代理院长职务。

2004年11月2日—3日，第十四次会议举行，常委会组成人员25人出席会议。会议听取、审议市民政局、市国土资源局、市交通局、市文化局等四位局长的述职报告及其履职情况的调查报告、经济责任审计情况的报告，并就上述议题相应提出审议意见。会议决定接受林济晚辞去市人大常委会副主任职务；审议通过人事任免事项。

2004年12月2日—3日，第十五次会议举行，常委会组成人员23人出席会议。会议听取、审议关于贯彻实施《中华人民共和国职业教育法》情况的报告及其视察报告，关于《瑞安生态市建设规划》编写情况的报告，关于瑞安市开放型经济发展情况的报告及其视察报告，关于市十三届人大二次会议代表建议办理情况的报告，温州市人大代表冯蒋华、张爱萍的述职报告，关于《瑞安生态市建设规划》的议案，关于学习贯彻《中华人民共和国职业教育法》辅导报告，并就上述议题相应通过决议（决定）、提出审议意见。会议审议通过关于推进生态市建设的决定，关于召开市十三届人大三次会议的决定；审议通过人事任免事项。

2004年12月21日，第十六次会议举行，常委会组成人员23人出席会议。会议审议通过关于延期召开市十三届人大三次会议的决定；审议通过代表辞补事项。

2005年1月18日—19日，第十七次会议举行，常委会组成人员24人出席会议。会议听取、审议关于依法治市决议落实情况的报告，关于生态市建设和贯彻实施《中华人民共和国环境保护法》情况审议意见落实情况的报告，关于贯彻执行《中华人民共和国食品卫生法》情况审议意见落实情况的报告，关于市十三届人大二次会议议案办理情况的报告及其视察报告，并就上述议题相应提出审议意见。会议审议通过市人大常委会工作报告稿和2005年工作要点；初步审议市政府、市法院、市检察院及计划、财政等报告。会议审议通过人事任免事项；许可对市十三届人大代表戴某某、柯某某采取刑事强制措施。

2005年2月22日，第十八次会议举行，常委会组成人员24人出席会议。会议听取、审议关于政府统筹财力安排情况的报告，关于教育经费预算安排情况的报告，并相应提出审议意见。会议审议通过关于代表变动情况和补选代表资格审查的报告，市第十三届人民代表大会第三次会议相关人事建议名单及列席人员范围，关于表彰2004年度市人大代表活动“先进小组和积极分子”的决定，关于聘任财政预（决）算咨询顾问的议案；审议通过人事任免事项。

2005年3月18日，第十九次会议举行，常委会组成人员16人出席会议。会议许可对市十三届人大代表叶某某采取刑事拘留强制措施。

2005年4月7日—8日，第二十次会议举行，常委会组成人员25人出席会议。会议听取、审议“关于加强食品药品安全监管，切实维护人民群众健康的议案”的有关情况说明，关于土地出让金应缴未缴问题清理情况的报告，关于土地违法违纪案件处理情况的报告，市民政局、市国土资源局、市交通局、市文化局等四位局长述职评议整改意见落实情况的报告，并就上述议题相应提出审议意见。会议审议通过人事任免事项。

2005年6月7日—8日，第二十一次会议举行，常委会组成人员26人出席会议。会议听取、审议关于瑞安市创建全国农村中医工作先进县（市）工作情况的报告，关于贯彻实施《中华人民共和国行政诉讼法》情况的报告及其视察报告，关于贯彻实施《中华人民共和国水污染防治法》情况的报告及其视察报告，关于贯彻实施《中华人民共和国药品管理法》情况的报告及其视察报告，并就上述议题相应提出审议意见。会议审议通过人事任免事项；听取《中华人民共和国药品管理法》的辅导。

2005年8月3日—4日，第二十二次会议举行，常委会组成人员21人出席会议。会议听取、审议关于市本级2004年财政预算执行情况及其他财政财务收支情况的审计工作报告，关于2004年财政决算的报告，关于瑞安市旧城改造工作的报告及其视察报告，关于瑞安市贯彻执行“四五”普法决议情况的报告，关于乡镇（街道）乱发福利奖金专项清理活动开展情况的报告，并就上述议题相应通过决议（决定）、提出审议意见。会议审议通过开展述职评议和执法评议的实施方案及公民旁听试行办法；审议通过人事任免事项；分别许可对市十三届人大代表蔡某某、潘某某采取取保候审、治安拘留强制措施。

2005年8月18日，第二十三次会议举行，常委会组成人员23人出席会议。会议审议通过人事任免事项；许可对市十三届人大代表朱某某采取取保候审强制措施。

2005年9月20日—21日，第二十四次会议举行，常委会组成人员22人出席会议。会议听取、审议市规划建设局、市教育局、市农业（林业）局、市司法局等四位局长的述职报告及其履职情况的调查报告和经济责任审计情况的报告，关于要求调整市城市总体规划的议案，并就上述议题相应通过决议

（决定）、提出审议意见。会议审议通过人事任免事项。

2005年10月18日—19日，第二十五次会议举行，常委会组成人员20人出席会议。会议听取、审议关于《中华人民共和国海域使用管理法》贯彻执行情况的报告及其视察报告，关于2005年1月—9月国民经济和社会发展情况的报告，地方财政预算执行情况和2005年度地方财政预算部分变更草案的报告，关于瑞安市重点工程建设情况和“十件实事”办理情况的报告，关于代表建议办理情况的报告，全市党风廉政建设情况报告，并就上述议题相应通过决议（决定）、提出审议意见。会议审议通过人事任免事项；许可对市十三届人大代表李某某采取取保候审强制措施。通过人事任免事项。

2005年12月8日—9日，第二十六次会议举行，常委会组成人员25人出席会议。会议听取、审议关于市十三届人大三次会议议案办理情况的报告及其视察报告，关于依法治市决议落实情况的报告，关于加强生态市建设决定落实情况的报告，关于2005年度执法检查情况的报告，并就上述议题相应提出审议意见。会议审议通过关于召开市十三届人大四次会议的决定。

2006年1月5日，第二十七次会议举行，常委会组成人员23人出席会议。会议听取、审议关于贯彻实施《中华人民共和国水污染防治法》审议意见落实情况的报告，关于执法评议整改意见落实情况的报告，市规划建设局、市教育局、市农业（林业）局、市司法局局长述职评议整改意见落实情况的报告，并就上述议题相应提出审议意见。会议审议通过市人大常委会工作报告稿和2006年工作要点，关于市十三届人大代表变动情况的报告，市十三届人大四次会议相关人事建议名单、列席人员范围；初步审议市政府、市法院、市检察院及计划、财政等报告；审议通过人事任免事项。

2006年2月6日，第二十八次会议举行，常委会组成人员25人出席会议。会议审议通过关于延期召开市十三届人大四次会议的决定；决定接受钱建民辞去市十三届人大常委会主任职务，推选副主任孔素素代理市十三届人大常委会主任职务。

2006年3月10日，第二十九次会议举行，常委会组成人员26人出席会议。会议审议通过关于代表变动情况的报告；许可对市十三届人大代表郭某某采取取保候审强制措施。

2006年4月7日，第三十次会议举行，常委会组成人员21人出席会议。会议听取、审议关于贯彻实施《中华人民共和国道路交通安全法》情况的报告，关于贯彻实施《中华人民共和国药品管理法》《中华人民共和国海域使用管理法》审议意见落实情况的报告，并就上述议题相应提出审议意见，举办《中华人民共和国道路交通安全法》法律辅导讲座，会议审议通过人事任免事项。

2006年6月6日—7日，第三十一次会议举行，常委会组成人员23人出席会议。会议听取、审议关于贯彻实施安全生产法律法规情况的报告及其视察报告，关于贯彻实施《中华人民共和国档案法》情况的报告及其视察报告，关于贯彻实施《中华人民共和国野生动物保护法》情况的报告及其视察报告，关于政府性债务规模和重点工程建设资金情况的报告，并就上述议题相应提出审议意见。会议审议通过《瑞安市人民代表大会代表建议、批评和意见处理办法》。会议决定接受程兰生辞去市人民检察院检察长职务；审议通过其他人事任免事项；许可对市十三届人大代表周某某采取取保候审强制措施。

2006年6月12日，第三十二次会议举行，常委会组成人员18人出席会议。会议决定黄清钰代理市人民检察院检察长职务。

2006年7月20日，第三十三次会议举行，常委会组成人员27人出席会议。会议决定接受叶春江辞去市人民政府市长职务，决定任命蒋珍明为市人民政府副市长、代理市长职务。

2006年8月9日，第三十四次会议举行，常委会组成人员14人出席会议。会议许可对市十三届人大代表董某某采取刑事拘留强制措施。

2006年9月27日—28日，第三十五次会议举行，常委会组成人员25人出席会议。会议听取、审议关于瑞安市重点工程建设情况的报告及其视察报告，关于2005年度本级财政预算执行和其他财政收支的审计工作报告，关于2005年财政决算的报告，关于瑞安市2006年1月—8月国民经济计划执行情况的报告，关于贯彻实施《红十字会法》情况的报告，并就上述议题相应通过决议（决定）、提出审议意见。会议审议通过关于市、乡（镇）两级人民代表大会换届选举时间的决定，关于设立市乡（镇）选举委员会的决定，关于新一届乡（镇）人民代表大会代表名额的决定；审议通过人事任免事项。

2006年11月28日—29日，第三十六次会议举行，常委会组成人员24人出席会议。会议听取、审议关于代表建议办理情况的报告，关于代表建议督办情况的报告，关于生态市建设决定落实情况的报告，关于依法治市决议落实情况的报告，关于“五五”普法规划制定情况的报告，关于提请同意对飞云江三桥及接线工程贷款进行担保并将贷款款项纳入市财政综合预算的议案，并就上述议题相应通过决议（决定）、提出审议意见。会议审议通过人事任免事项；许可对市十三届人大代表陈某某采取刑事拘留强制措施。

2006年12月30日，第三十七次会议举行，常委会组成人员24人出席会议。会议审议通过关于召开市十四届人大一次会议的决定，市十四届人大一次会议相关人事建议名单、列席人员范围，市十四届人大代表资格审查报告，市人大常委会工作报告稿；初步审议市政府、市法院、市检察院及计划、财政等报告。

第二节　第十四届常委会会议

2007年3月14日，第一次会议举行，常委会组成人员34人出席会议。会议审议通过市人大常委会2007年工作要点，关于市十四届人大一次会议代表议案处理的决定，关于聘任财政预（决）算咨询顾问的议案。会议开展《中华人民共和国各级人民代表大会常务委员会监督法》的学习辅导，审议通过人事任免事项，并举行颁发任命书仪式。

2007年4月11日，第二次会议举行，常委会组成人员34人出席会议。会议审议通过关于提请调整市“十一五”规划纲要部分指标的议案，关于2006年政府性债务情况及2007年政府性债务计划的议案；审议通过人事任免事项。

2007年6月11日，第三次会议举行，常委会组成人员34人出席会议。会议听取、审议关于瑞安市农村公共卫生工作情况的报告及其视察报告，并提出审议意见。会议审议通过关于设立市十四届人大常委会代表资格审查委员会的决定；审议通过人事任免事项。

2007年8月9日—10日，第四次会议举行，常委会组成人员33人出席会议。会议听取、审议关于2006年地方财政决算的报告，关于2006年度市本级财政预算执行和其他财政收支的审计工作报告，关于上半年计划、预算执行情况的报告，关于瑞安市教育工作情况的报告，关于《中华人民共和国行政许可法》《中华人民共和国科技进步法》执法检查情况的报告，并就上述议题相应通过决议（决定）、提出审议意见。

2007年9月28日，第五次会议举行，常委会组成人员28人出席会议。会议听取、审议关于建设“法治瑞安”决议落实情况的报告，关于瑞安市重点工程建设情况的报告，关于加强生态市建设决定落实情况的报告，关于代表建议办理情况的报告，关于公安工作情况的报告，关于提请局部调整城市总体规划的议案，并就上述议题相应通过决议（决定）、提出审议意见。会议审议通过人事任免事项。

2007年11月14日—15日，第六次会议举行，常委会组成人员30人出席会议。会议听取、审议关于非诉行政案件执行情况的报告，关于废塑料加工业整治情况的报告，关于《中华人民共和国畜牧法》执法检查情况的报告，关于市十四届人大一次会议代表议案办理情况的报告及其督办报告，关于市卫生局2006年度预算资金使用情况的调查报告，关于农林工作情况的报告，并就上述议题相应提出审议意见。

2008年1月9日—10日，第七次会议举行，常委会组成人员27人出席会议。会议听取、审议关于规划建设工作情况的报告，并提出审议意见。会议审议通过关于召开市十四届人大二次会议的决定，市人大常委会工作报告稿，2008年工作要点；初步审议市政府、市法院、市检察院及计划、财政等报告；审议通过人事任免事项；许可对市十四届人大代表张某某、薛某某采取取保候审强制措施。

2008年1月29日，第八次会议举行，常委会组成人员29人出席会议。会议审议通过关于代表变动情况和补选代表资格审查的报告，市十四届人大二次会议相关人事建议名单、列席人员范围；审议通过人事任免事项。

2008年3月19日，第九次会议举行，常委会组成人员32人出席会议。会议专题邀请全国人大代表尤小平传达全国两会精神。

2008年5月5日，第十次会议举行，常委会组成人员30人出席会议。会议听取、审议关于市人口和计划生育工作情况的报告，关于废塑料加工业整治审议意见落实情况的报告，关于对2006年度市本级财政预算执行和其他财政收支涉及问题整改落实情况的报告，关于瑞安市建设沿海产业带规划思路的报告，并就上述议题相应提出审议意见。会议审议通过关于市十四届人大二次会议议案处理的决定；审议通过人事任免事项。

2008年6月17日，第十一次会议举行，常委会组成人员32人出席会议。会议听取、审议关于非诉行政案件执行工作审议意见落实情况的报告，关于《中华人民共和国行政许可法》执法检查审议意见落实情况的报告，关于司法行政工作情况的报告，并就上述议题相应提出审议意见。会议审议通过人事任免事项。

2008年8月12日—13日，第十二次会议举行，常委会组成人员32人出席会议。会议听取、审议关于垃圾无害化处理情况的报告，关于2007年地方财政决算的报告，关于2007年度市本级财政预算执行和其他财政收支的审计工作报告，关于上半年计划、预算执行情况的报告，关于瑞安市环境保护工作情况的报告，并就上述议题相应通过决议（决定）、提出审议意见。会议审议通过人事任免事项；许可对市十四届人大代表林某某采取刑事拘留强制措施。

2008年9月18日，第十三次会议举行，常委会组成人员32人出席会议。会议审议通过《瑞安市市域总体规划》。

2008年9月26日，第十四次会议举行，常委会组成人员27人出席会议。会议听取、审议关于涉黑涉恶及“两抢一盗”犯罪打击处理工作情况的报告及其视察报告，关于瑞安市创建全国文化先进县（市）工作情况的报告，部分温州市人大代表述职报告，并就上述议题相应提出审议意见。

2008年11月18日，第十五次会议举行，常委会组成人员32人出席会议。会议听取、审议关于全市重点工程建设情况的报告，并提出审议意见。会议审议通过《瑞安市人民代表大会常务委员会规范性文件备案审查暂行办法》。会议决定接受蒋珍明辞去市人民政府市长职务，决定任命陈建明为市人民政府副市长、代理市长职务；决定接受赵建华辞去市人民法院院长职务，决定任命戎小平为市人民法院副院长、代理院长职务。

2008年12月25日，第十六次会议举行，常委会组成人员26人出席会议。会议听取、审议关于市十四届人大一、二次会议议案办理情况的报告，关于代表建议办理情况的报告，关于《中华人民共和国农产品质量安全法》贯彻实施情况的报告及其执法检查报告，关于“十一五”规划纲要中期评估报告的报告，关于《中华人民共和国科技进步法》执法检查报告审议意见落实情况的报告，关于农村公共卫生工作审议意见落实情况的报告，关于“五五”普法决议落实情况的报告，关于审计工作的情况的报告，并就上述议题相应提出审议意见。会议审议通过关于召开市十四届人大三次会议的决定；审议通过人事任免事项；许可对市十四届人大代表丁某某采取取保候审强制措施。

2009年1月21日，第十七次会议举行，常委会组成人员32人出席会议。会议审议通过关于代表变动情况和补选代表资格审查的报告、市十四届人大三次会议相关人事建议名单、列席人员范围，市人大常委会工作报告稿和2009年工作要点；初步审议市政府、市法院、市检察院及计划、财政等报告；审议通过代表辞职事项。

2009年3月23日，第十八次会议举行，常委会组成人员30人出席会议。会议听取、审议关于经贸工作情况的报告，并提出审议意见。会议审议通过关于市十四届人大三次会议代表议案处理的决定，关于四川省青川县桥楼乡灾后援建资金的议案。

2009年5月20日，第十九次会议举行，常委会组成人员29人出席会议。会议听取、审议关于涉黑、涉恶及“两抢一盗”打击处理工作审议意见落实情况的报告，关于《中华人民共和国律师法》贯彻实施情况的报告及其执法检查报告，关于2007年度财政同级审报告审议意见整改落实情况的报告及其审查报告，关于终止代表资格的审查报告，关于开展对“霸王搬运”专项整治的建议，并就上述议题相应通过决议（决定）、提出审议意见。会议审议通过瑞安市人大常委会议事规则（修改草案）；审议通过人事任免事项。

2009年6月26日，第二十次会议举行，常委会组成人员27人出席会议。会议听取、审议关于城镇供水工作的报告及其视察报告，关于瑞安市义务教育的报告及其视察报告，关于侦查监督工作情况的报告及其调研报告，关于2009年地方政府性债务偿债计划资金来源情况的报告，关于安全生产监管工作情况的报告，关于2008年政府性债务情况及2009年政府性债务计划的议案，关于发行地方政府债券后相应调整年初预算的议案，关于将部分财政暂付款转列支出等事项的议案，并就上述议题相应通过决议（决定）、提出审议意见。会议审议通过市人大常委会关于讨论、决定本市重大事项的规定（修改草案）；审议通过人事任免事项。

2009年8月20日—21日，第二十一次会议举行，常委会组成人员29人出席会议。会议听取、审议关于2008年度本级财政预算执行和其它财政收支的审计工作报告，关于2008年地方财政决算报告，关于2009年上半年计划、预算执行情况的报告，关于红砖窑治理工作的报告及其视察报告，并就上述议题相应通过决议（决定）、提出审议意见。会议审议通过代表职务罢免、人事任免事项。

2009年10月21日，第二十二次会议举行，常委会组成人员26人出席会议。会议听取、审议关于未成年人犯罪审判工作情况的报告及其调研报告，关于重点工程建设情况的报告及其视察报告，关于《中华人民共和国农产品质量安全法》执法检查报告审议意见落实情况的报告，关于市十四届人大三次会议代表建议办理情况的报告，关于落实义务教育学校绩效工资奖金及相应预算收支调整的议案，关于卫生支出预算项目调整的议案，并就上述议题相应通过决议（决定）、提出审议意见。会议审议通过代表辞职、人事任免事项。

2009年11月25日，第二十三次会议举行，常委会组成人员26人出席会议。会议审议通过人事任免事项。

2009年12月10日，第二十四次会议举行，常委会组成人员29人出席会议。会议听取、审议关于青山白化整治工作情况的报告，关于《中华人民共和国律师法》执法检查审议意见落实情况的报告，关于农村公共卫生工作报告审议意见落实情况的报告，关于调整财政预（决）算咨询顾问的议案，并就上述议题相应通过决议（决定）、提出审议意见。会议审议通过关于召开市十四届人大四次会议的决定；审议通过代表补选事项。

2009年12月11日，第二十五次会议举行，常委会组成人员19人出席会议。会议许可对市十四届人大代表陈某某采取刑事拘留强制措施。

2009年12月30日，第二十六次会议举行，常委会组成人员30人出席会议。会议听取、审议关于瑞安市创建全国文化先进市工作审议意见落实情况的报告，并提出审议意见。会议审议通过关于代表变动情况和补选代表资格审查报告、市十四届人大四次会议相关人事建议名单、列席人员范围，市人大常委会工作报告稿和2010年工作要点；初步审议市政府、市法院、市检察院及计划、财政等报告；审议通过人事任免事项。

2010年1月23日，第二十七次会议举行，常委会组成人员35人出席会议。会议审议通过代表辞补事项。

2010年3月23日，第二十八次会议举行，常委会组成人员30人出席会议。会议听取、审议关于市房管局和市水利局2010年部门预算的说明，关于未成年人犯罪审判工作报告审议意见落实情况的报告，关于2008年度市本级财政预算执行和其他财政收支审计涉及问题整改落实情况的报告，关于确定人民陪审员名额的议案，并就上述议题相应通过决议（决定）、提出审议意见。会议审议通过市十四届人大四次会议代表议案处理的决定；许可对市十四届人大代表倪某某、林某某实施行政拘留处罚。

2010年4月15日，第二十九次会议举行，常委会组成人员34人出席会议。会议听取、审议关于侦查监督工作审议意见落实情况的报告，部分温州市人大代表的述职报告，关于交通工作情况的报告，并就上述议题相应提出审议意见。会议审议通过人事任免事项。

2010年5月19日，第三十次会议举行，常委会组成人员22人出席会议。会议许可对市十四届人大代表李某某采取刑事拘留强制措施。

2010年6月8日，第三十一次会议举行，常委会组成人员23人出席会议。会议许可对市十四届人大代表谢某某采取刑事拘留强制措施。

2010年7月6日，第三十二次会议举行，常委会组成人员30人出席会议。会议听取、审议关于完善和规范房地产市场的报告及其调研报告，关于城镇供水工作报告审议意见落实情况的报告及其调查报告，关于红砖窑治理工作审议意见落实情况的报告，关于开展“霸王搬运”专项整治决议执行情况的报告及其视察报告，关于提请批准市财政安排飞云江三桥北延伸线项目代建资金并列入年度财政预算的议案，关于2009年政府性债务情况及2010年政府性债务计划的议案，并就上述议题相应通过决议（决定）、提出审议意见。会议决定接受盛志荣辞去市人大常委会副主任职务；审议通过人事任免事项。

2010年8月31日，第三十三次会议举行，常委会组成人员25人出席会议。会议听取、审议关于《中华人民共和国食品安全法》贯彻实施情况的报告及其执法检查报告，关于《中华人民共和国农业机械化促进法》贯彻实施情况的报告及其执法检查报告，关于职务犯罪查处专项工作情况的报告及其视察报告，关于2009年度本级财政预算执行和其他财政收支的审计工作报告，关于瑞安市2009年度地方财政决算报告，关于2010年上半年计划、预算执行情况的报告，关于监察工作情况的报告，并就上述议题相应通过决议（决定）、提出审议意见。会议审议通过人事任免事项。

2010年10月27日，第三十四次会议举行，常委会组成人员25人出席会议。会议听取、审议关于瑞安市贯彻实施《中华人民共和国人民防空法》情况的报告及其执法检查报告，关于瑞安市“十一五”政府性重大投资项目完成情况的报告及其视察报告，关于“加快实施农村饮用水安全工程”议案办理情况的报告及其视察报告，关于义务教育专项工作审议意见落实情况的报告，关于代表建议办理情况的报告，关于“五五普法”工作验收情况的报告，关于市政府人事工作情况的报告，并就上述议题相应提出审议意见。会议审议通过人事任免事项。

2010年12月7日，第三十五次会议举行，常委会组成人员26人出席会议。会议审议通过关于召开市十四届人大五次会议的决定，关于申请发行地方政府债券相应调整2010年年度预算的议案；审议通过人事任免事项。

2010年12月30日，第三十六次会议举行，常委会组成人员27人出席会议。会议审议通过市十四届人大五次会议相关人事建议名单、列席人员范围，关于调整市十四届人大常委会代表资格审查委员会组成人员的议案，关于代表变动情况和补选代表资格审查的报告，市人大常委会工作报告稿和2011年工作要点，关于要求调整国有土地使用权出让收支预算的议案，关于要求增加国有企业计划亏损退库的议案；初步审议市“十二五”规划纲要和市政府、市法院、市检察院及计划、财政等报告；会议决定接受黄清钰辞去市人民检察院检察长职务，决定任命王美鹏为市人民检察院副检察长、代理检察长职务；审议、通过其他人事任免事项。

2011年2月25日，第三十七次会议举行，常委会组成人员29人出席会议。会议听取、审议关于2009年度财政同级审报告审议意见落实情况的报告，关于2011年度市房管局、市水利局和市民政局等3个部门预算编制情况的报告，关于2011年度部门预算审查有关情况的报告，关于人民调解体系建设情况的报告，关于财政预算结转指标清理及重新安排使用的议案，并就上述议题相应通过决议（决定）、提出审议意见。会议审议通过关于市十四届人大五次会议代表议案处理的决定；许可对市人大代表实施行政拘留处罚。

2011年3月22日，第三十八次会议举行，常委会组成人员28人出席会议。会议审议通过《关于瑞安市乡镇行政区划调整的决议》。

2011年4月22日，第三十九次会议举行，常委会组成人员25人出席会议。会议听取、审议关于行政审判工作情况的报告及其调研报告，并提出审议意见。会议审议通过人事任免事项。

2011年5月9日，第四十次会议举行，常委会组成人员27人出席会议。会议审议通过人事任免事项。

2011年6月8日，第四十一次会议举行，常委会组成人员31人出席会议。会议审议通过关于市域总体规划和中心城区总体规划的议案，关于设立陶山镇等4个镇选举委员会的决定，关于讨论确定新一届镇人民代表大会代表名额和代表结构的决定；审议通过人事任免事项；许可对市十四届人大代表林某某予以行政拘留处罚。

2011年7月6日，第四十二次会议举行，常委会组成人员26人出席会议。会议审议通过人事任免事项；许可对市十四届人大代表林某某采取强制措施。

2011年7月14日，第四十三次会议举行，常委会组成人员26人出席会议。会议审议通过关于召开市十四届人大六次会议的决定、市十四届人大六次会议相关人事建议名单、列席人员范围，关于市十四届人大代表变动情况的审查报告。会议决定接受张女珍辞去市人大常委会主任职务。

2011年8月19日，第四十四次会议举行，常委会组成人员30人出席会议。会议听取、审议关于《中华人民共和国食品安全法》执法检查审议意见落实情况的报告及其调查报告，关于完善和规范房地产市场专项工作审议意见落实情况的报告及其调查报告，关于《中华人民共和国人民防空法》执法检查审议意见落实情况的报告及其调查报告，关于职务犯罪查处工作审议意见落实情况的报告及其调查报告，关于市“六五”普法规划制定情况的报告，关于2010年度地方财政决算报告，关于2010年度本级财政预算执行和其他财政收支的审计工作报告，关于2011年上半年计划、预算执行情况的报告，并就上述议题相应通过决议（决定）、提出审议意见。会议审议通过关于进一步加强法制宣传教育的决议；审议通过人事任免事项；许可对市十四届人大代表胡某某予以行政拘留处罚。

2011年10月18日，第四十五次会议举行，常委会组成人员28人出席会议。会议听取、审议关于代表建议办理情况的报告，关于“加快实施农村饮用水安全工程”“切实解决农村垃圾问题”“加快农房改造，推进新农村建设”议案办理情况的报告，关于2011年度全社会固定资产投资计划完成情况的报告，关于要求调整部分财政支出项目预算保障重点工程建设资金的议案，关于发行地方政府债券相应调整2011年度预算的议案，关于要求调整国有土地使用权出让收支预算的议案，关于民政支出预算项目调整的议案，并就上述议题相应通过决议（决定）、提出审议意见。会议审议通过关于设立市选举委员会、塘下镇选举委员会的决定，关于成立市直属系统、乡镇、街道选举工作领导小组的决定。会议决定接受王庆秋辞去市人大常委会副主任职务。

2011年11月24日，第四十六次会议举行，常委会组成人员28人出席会议。会议审议通过关于召开市十五届人大一次会议的决定。会议决定接受陈建明辞去市人民政府市长职务，决定任命李无文为市人民政府副市长、代理市长职务；决定接受戎小平辞去市人民法院院长职务，决定任命张毅为市人民法院副院长、代理院长职务。审议通过其他人事任免事项。

2011年12月26日，第四十七次会议举行，常委会组成人员27人出席会议。会议听取、审议关于2010年度财政同级审报告审议意见落实情况的报告。会议审议通过关于市十五届人大代表资格的审查报告，市十五届人大一次会议相关人事建议名单、列席人员范围，市人大常委会工作报告稿；初步审议市政府、市法院、市检察院及计划、预算等报告。

第三节　第十五届常委会会议

2012年1月16日，第一次会议举行，常委会组成人员32人出席会议。会议审议通过人事任免事项，并举行颁发任命书仪式。

2012年3月9日，第二次会议举行，常委会组成人员33人出席会议。会议审议通过瑞安市人大常委会议事规则（修订稿）、2012年工作要点，关于市十五届人大一次会议代表议案处理意见的决定，设立市十五届人大常委会代表资格审查委员会的议案、关于聘任财政预（决）算咨询顾问的议案；审议通过人事任免事项。

2012年5月3日，第三次会议举行，常委会组成人员31人出席会议。会议听取、审议关于行政审判工作审议意见落实情况的报告及其视察报告，关于《浙江省全民健身条例》贯彻落实情况的报告，关于财政预算结转指标清理及重新安排使用的议案，关于瑞安市城市近期建设规划的议案，并就上述议题相应通过决议（决定）、提出审议意见。会议审议通过市人大常委会主任会议议事规则，讨论决定本市重大事项的规定，任免国家机关工作人员办法，街道工委工作规则；审议通过人事任免事项。

2012年6月28日，第四次会议举行，常委会组成人员28人出席会议。会议听取、审议关于优先发展公交事业的报告及其调研报告，关于《中华人民共和国归侨侨眷权益保护法》《中华人民共和国矿山安全法》贯彻落实情况的报告及其执法检查报告，并就上述议题相应提出审议意见。会议审议通过市人大常委会关于审议意见办理的试行办法；审议通过人事任免事项；分别许可对市十五届人大代表韩某某采取刑事拘留、取保候审强制措施。

2012年8月27日，第五次会议举行，常委会组成人员29人出席会议。会议审查通过关于2011年度地方财政决算报告，关于2011年度本级财政预算执行和其他财政收支情况的审计工作报告，关于2012上半年计划、预算执行情况的报告，关于地方政府性债务计划执行情况的报告，关于2012年上半年政情通报会代表建议处理方案的报告，并就上述议题相应通过决议（决定）、提出审议意见。会议审议通过人事任免事项。

2012年9月20日，第六次会议举行，常委会组成人员27人出席会议。会议对食品安全工作进行专题询问，审议通过关于进一步加强食品安全工作的决议。

2012年10月31日，第七次会议举行，常委会组成人员30人出席会议。会议听取、审议关于民间借贷及非法集资类案件处理情况的报告及其调研报告，关于《浙江省温瑞塘河保护管理条例》贯彻实施情况的报告及其执法检查报告，关于政府性投资重大项目完成情况的报告，关于“加快旅游业发展，推进幸福瑞安建设”议案办理情况的报告及其视察报告，关于代表建议办理情况的报告，关于2012年度地方预算调整（草案）的议案，并就上述议题相应通过决议（决定）、提出审议意见。会议审议通过人事任免事项。

2012年11月22日，第八次会议举行，常委会组成人员31人出席会议。会议审议通过关于召开市十五届人大二次会议的决定；审议通过代表辞补、人事任免事项；许可对市十五届人大代表林某某采取刑事拘留强制措施。

2012年12月14日，第九次会议举行，常委会组成人员26人出席会议。会议审议通过市十五届人大二次会议召开时间调整的决定，《瑞安市人民代表大会议案处理办法》《瑞安市人民代表大会代表建议、批评和意见处理办法（修订稿）》《瑞安市人大常委会信访工作规则（修订稿）》；审议通过代表辞职事项。

2012年12月28日，第十次会议举行，常委会组成人员27人出席会议。会议听取、审议关于食品安全审议意见落实情况的报告，并提出审议意见。会议审议通过市十五届人大二次会议相关人事建议名单、列席人员范围，关于市十五届人大代表变动情况和增、补选代表资格审查的报告，市人大常委会工作报告稿和2013年工作要点；初步审议市政府、市法院、市检察院及计划、预算等报告，市人力社保局、人防办2013年部门预算。

2013年2月28日，第十一次会议举行，常委会组成人员30人出席会议。会议审议通过关于瑞安市林垟省级历史文化名镇保护规划的议案；审议通过人事任免事项。

2013年4月23日，第十二次会议举行，常委会组成人员30人出席会议。会议听取、审议关于2011年度财政同级审审议意见整改落实情况的报告，关于《中华人民共和国科学技术进步法》贯彻实施情况的报告及其执法检查报告，关于城镇污水处理工作情况的报告及其调研报告，关于殡葬改革（公墓建设管理）工作情况的报告及其调研报告，并就上述议题相应提出审议意见；对2011年度财政同级审审议意见整改落实情况进行满意度测评，测评结果为基本满意。会议审议通过《瑞安市人大常委会工作评议试行办法》；审议、通过人事任免事项。

2013年6月21日，第十三次会议举行，常委会组成人员30人出席会议。会议听取、审议关于优先发展公交事业专项工作报告审议意见落实情况的报告，关于《中华人民共和国归侨侨眷权益保护法》执法检查审议意见落实情况的报告，关于2013年度财政清理资金重新安排使用情况的议案，关于温瑞塘河保护规划的议案，并就上述议题相应通过决议（决定）、提出审议意见。会议审议通过人事任免事项；许可对市十五届人大代表王某某采取取保候审强制措施。

2013年8月20日，第十四次会议举行，常委会组成人员30人出席会议。会议听取、审议关于《中华人民共和国矿山安全法》执法检查审议意见落实情况的报告，关于民间借贷及非法集资案件处理工作审议意见落实情况的报告，关于2013年上半年计划、预算执行情况的报告，关于2012年度本级财政预算执行和其他财政收支情况的审计工作报告，关于2012年本级财政决算的报告，并就上述议题相应通过决议（决定）、提出审议意见。对《中华人民共和国矿山安全法》执法检查审议意见落实情况、民间借贷及非法集资案件处理工作审议意见落实情况进行满意度测评，测评结果均为基本满意。会议审议通过人事任免事项；许可对市十五届人大代表陈某某采取刑事拘留强制措施。

2013年9月26日，第十五次会议举行，常委会组成人员30人出席会议。会议听取、审议关于“十二五”规划纲要实施中期评估情况的报告，关于提请调整市“十二五”规划纲要部分指标的议案，市教育局、市环保局工作自查情况的报告及其调查报告，并就上述议题相应通过决议（决定）、提出审议意见中。对市教育局、市环保局进行满意度测评，测评结果均为基本满意。会议审议通过人事任免事项。

2013年11月5日，第十六次会议举行，常委会组成人员31人出席会议。会议听取、审议关于“加大美丽乡村建设力度”议案办理情况的报告及其视察报告，关于“加快旅游业发展，推进幸福瑞安建设”议案办理审议意见落实情况的报告，关于2013年度政府性投资重大项目建设完成情况的报告，关于《中华人民共和国道路交通安全法》贯彻实施情况的报告及其执法检查报告，关于《浙江省温瑞塘河保护管理条例》执法检查审议意见落实情况的报告及其调查报告，关于进一步加强食品安全工作决议落实情况的报告，关于代表建议办理工作情况的报告，关于国有资产监督管理情况的报告，关于2013年地方预算调整方案（草案）的议案，并就上述议题相应通过决议（决定）、提出审议意见。对《浙江省温瑞塘河保护管理条例》执法检查审议意见落实情况进行满意度测评，测评结果为基本满意。会议审议通过人事任免事项。

2013年12月4日，第十七次会议举行，常委会组成人员29人出席会议。会议审议通过关于召开市十五届人大三次会议的决定；审议通过人事任免事项；许可对市十五届人大代表项某某采取司法拘留强制措施。

2013年12月27日，第十八次会议举行，常委会组成人员30人出席会议。会议听取、审议关于市教育局、市环保局工作评议意见整改情况的报告及相关问题研究处理情况的报告，并相应提出审议意见，同时进行满意度测评，测评结果均为基本满意。会议审议通过市十五届人大三次会议相关人事建议名单、列席人员范围，关于代表变动情况和增、补选代表资格审查的报告，市人大常委会工作报告稿，2014年工作要点；初步审议市政府、市法院、市检察院及计划、预算等报告，市国土资源局、市风景旅游局2014年部门预算；审议通过代表补选事项。

2014年2月27日，第十九次会议举行，常委会组成人员34人出席会议。会议听取、审议关于2012年度财政同级审审议意见整改落实情况的报告，并相应提出审议意见，同时进行满意度测评，测评结果为基本满意。会议审议通过关于促进全面深化改革的决定，关于审议意见办理的试行办法修改稿，市十五届人大三次会议代表议案处理的决定；确定市公安局、市国土资源局为2014年部门工作评议对象。会议审议通过人事任免事项；分别许可对市十五届人大代表林某某、王某某予以行政拘留处罚、采取刑事拘留强制措施。

2014年4月25日，第二十次会议举行，常委会组成人员31人出席会议。会议听取、审议关于《中华人民共和国科技进步法》执法检查报告审议意见落实情况的报告，关于污水处理工作情况报告审议意见落实情况的报告及其调查报告，关于“关于推进系统治水、加快美丽水乡建设”议案办理情况的报告，并相应提出审议意见，同时进行满意度测评，测评结果均为基本满意。会议审议通过人事任免事项。

2014年6月24日，第二十一次会议举行，常委会组成人员29人出席会议。会议听取、审议关于政府性债务情况的报告及其调研报告，关于《中华人民共和国气象法》实施情况的报告及其执法检查报告，并就上述议题相应提出审议意见。会议审议通过关于2014年切块预留财政专项资金细化方案的议案；审议通过人事任免事项；许可对市十五届人大代表蔡某某采取取保候审强制措施。

2014年8月5日，第二十二次会议举行，常委会组成人员30人出席会议。会议听取、审议关于瑞安市工业经济发展情况的报告及其调研报告，市公安局、市国土资源局工作自查情况的报告及其调查报告，并就上述议题相应提出审议意见，同时对市公安局、市国土资源局进行满意度测评，测评结果均为基本满意。会议审议通过人事任免事项。

2014年8月28日，第二十三次会议举行，常委会组成人员29人出席会议。会议听取、审议关于2014年上半年计划、预算执行情况的报告，关于2013年度本级财政决算的报告，关于2013年度本级财政预算执行和其他财政收支情况的审计工作报告，关于《中华人民共和国禁毒法》实施情况的报告及其执法检查报告，并就上述议题相应通过决议（决定）、提出审议意见。

2014年10月27日，第二十四次会议举行，常委会组成人员30人出席会议。会议听取、审议关于水污染防治“一法一条例”贯彻实施情况的报告及其执法检查报告，关于“推进系统治水、加快美丽水乡建设”议案办理情况的报告及其视察报告，关于“加大美丽乡村建设力度”议案审议意见落实情况的报告，关于代表建议办理工作情况的报告，关于2014年地方财政预算调整方案（草案）的议案，并就上述议题相应通过决议（决定）、提出审议意见。会议审议通过人事任免事项。

2014年11月28日，第二十五次会议举行，常委会组成人员28人出席会议。会议听取、审议关于医药卫生体制改革情况的报告及其视察报告，关于《中华人民共和国道路交通安全法》执法检查审议意见落实情况的报告及其调查报告，关于农村住房拆改建情况的报告及其调查报告，并就上述议题相应提出审议意见。会议审议通过人事任免事项；许可对市十五届人大代表戴某某予以行政拘留处罚。

2014年12月20日，第二十六次会议举行，常委会组成人员27人出席会议。会议听取、审议关于工业经济发展情况审议意见落实情况的报告，关于地方性债务管理审议意见落实情况的报告，并就上述议题相应提出审议意见。会议审议通过人事任免事项。

2015年2月6日，第二十七次会议举行，常委会组成人员29人出席会议。会议审议通过市人大常委会工作报告稿和2015年工作要点；审议通过人事任免事项；许可对市十五届人大代表朱某某予以行政拘留处罚。

2015年3月2日，第二十八次会议举行，常委会组成人员30人出席会议。会议审议通过关于召开市十五届人大四次会议的决定，关于代表变动情况和增、补选代表资格审查的报告，市十五届人大四次会议相关人事建议名单、列席人员范围；初步审议市政府、市法院、市检察院及计划、预算等报告。会议决定接受李无文辞去市人民政府市长职务，决定任命陈胜峰为市人民政府副市长、代理市长职务，决定接受王建东辞去市人大常委会副主任职务。

2015年3月31日，第二十九次会议举行，常委会组成人员32人出席会议。会议审议通过关于选举任命国家机关工作人员向宪法宣誓暂行办法；确定市经信局、市住建局为2015年部门工作评议对象。

2015年4月29日，第三十次会议举行，常委会组成人员28人出席会议。会议听取、审议关于2013年度财政同级审审议意见整改落实情况的报告，关于2014年度科学技术进步工作和经费使用、完成情况的报告，关于飞云西路和丰湖街历史街区保护规划的议案，并就上述议题相应通过决议（决定）、提出审议意见。会议审议通过人事任免事项；许可对市十五届人大代表叶某某予以行政拘留处罚。

2015年6月11日，第三十一次会议举行，常委会组成人员32人出席会议。会议听取、审议关于《中华人民共和国献血法》贯彻实施情况的报告及其执法检查报告，关于《中华人民共和国气象法》执法检查审议意见落实情况的报告，关于《中华人民共和国禁毒法》执法检查审议意见落实情况的报告，关于安置留地建设与城中村改造情况的报告及其调研报告，五位被评议法官的履职报告及其调查报告，关于生猪定点屠宰场建设情况的报告，并就上述议题相应提出审议意见。对被评议法官进行满意度测评，测评结果均为满意。会议决定接受王美鹏辞去市人民检察院检察长职务，决定任命宣章良为市人民检察院副检察长、代理检察长职务。会议审议通过其他人事任免事项；许可对市十五届人大代表朱某某采取刑事拘留强制措施。

2015年7月31日，第三十二次会议举行，常委会组成人员30人出席会议。会议审议通过关于瑞安市环境功能区划的议案。会议决定接受张毅辞去市人民法院院长职务，决定任命鞠海亭为市人民法院副院长、代理院长职务；审议、通过其他人事任免事项。

2015年8月28日，第三十三次会议举行，常委会组成人员29人出席会议。会议听取、审议关于2014年本级财政决算的报告，关于2014年度本级财政预算执行和其他财政收支情况的审计工作报告，关于2015年上半年计划、预算执行情况的报告，市经信局、市住建局自查工作报告及其调查报告，关于市公安局、市国土资源局工作评议意见落实情况的报告及其相关问题研究处理情况的报告，并就上述议题相应通过决议（决定）、提出审议意见。对市经信局、市住建局进行满意度测评，测评结果均为基本满意；对市公安局、市国土资源局进行满意度测评，测评结果均为通过。会议审议通过人事任免事项。

2015年10月10日，第三十四次会议举行，常委会组成人员24人出席会议。会议听取、审议关于《中华人民共和国水污染防治法》执法检查报告审议意见落实情况的报告，关于“加快产城融合发展，争创省级工业强市”议案办理情况的报告，关于“推进系统治水，加快美丽水乡建设”议案审议意见落实情况的报告，关于2015年地方财政预算调整方案（草案）的议案，关于不捕不诉案件处理情况的报告及其调查报告，并就上述议题相应通过决议（决定）、提出审议意见。会议审议通过代表补选、人事任免事项。

2015年10月30日，第三十五次会议举行，常委会组成人员27人出席会议。会议听取、审议关于2015年度代表建议办理情况的报告，关于部分乡镇（街道）行政区划调整方案的议案，并就上述议题相应通过决议（决定）、提出审议意见。会议审议通过代表补选、人事任免事项。

2015年11月27日，第三十六次会议举行，常委会组成人员22人出席会议。会议听取、审议关于瑞安市“十三五”规划编制情况的说明，关于财政专项资金使用绩效评价情况的报告，关于农村住房拆改建专项工作审议意见落实情况的报告，关于医药卫生改革专项工作审议意见落实情况的报告，关于环境状况和环境保护目标完成情况的报告，关于司法专项监督整改落实情况的报告，并就上述议题相应提出审议意见；对市法院、市检察院、市公安局、市司法局进行满意度测评，测评结果均为通过。

2015年12月18日，第三十七次会议举行，常委会组成人员30人出席会议。会议听取、审议关于2014年度财政同级审审议意见落实情况的报告，2015年地方政府债务限额及在建项目地方政府债券预算调整方案的议案，并就上述议题相应通过决议（决定）、提出审议意见。会议审议通过瑞安市组织实施宪法宣誓制度办法；审议通过人事任免事项。

2015年12月31日，第三十八次会议举行，常委会组成人员30人出席会议。会议审议通过市十五届人大五次会议相关人事建议名单、列席人员范围，关于代表变动情况和补选代表资格审查的报告，市人大常委会工作报告稿；初步审议市政府、市法院、市检察院及计划、预算等报告，“十三五”规划纲要；审议通过人事任免事项。

2016年2月24日，第三十九次会议举行，常委会组成人员32人出席会议。会议审议通过市人大常委会2016年工作要点，关于政府重大投资项目监督暂行办法，关于设立潘岱、云周街道人大工作委员会的决定，确定市财政地税局、市民政局为2016年部门工作评议对象；审议通过人事任免事项。

2016年3月31日，第四十次会议举行，常委会组成人员30人出席会议。会议审议通过人事任免事项；许可对市十五届人大代表林某某采取刑事拘留强制措施。

2016年4月29日，第四十一次会议举行，常委会组成人员29人出席会议。会议听取、审议关于“加快旅游业发展，推进幸福瑞安建设”“加大美丽乡村建设力度”“推进系统治水，加快美丽水乡建设”等议案落实情况的报告，关于2015年度科学技术进步工作和经费使用、完成情况的报告，关于财政专项资金使用绩效评价审议意见落实情况的报告，并就上述议题相应提出审议意见。会议审议通过人事任免事项。

2016年5月31日，第四十二次会议举行，常委会组成人员29人出席会议。会议听取、审议关于学前教育工作情况的报告及其调查报告，关于生猪屠宰管理条例贯彻实施情况的报告及其执法检查报告，关于安置留地建设与城中村改造专项工作报告审议意见落实情况的报告，关于政府性债务及财政对外借款有关情况的报告，市检察院不捕不诉案件处理工作报告审议意见落实情况的报告，四位被评议检察官的履职报告及其调查报告，并就上述议题相应提出审议意见。对被评议检察官进行满意度测评，测评结果均为满意。会议审议通过关于新一届乡（镇）人民代表大会代表名额和结构的决定，关于乡（镇）人民代表大会主席团组成人员名额和结构的决定，关于设立乡（镇）选举委员会的决定，街道工作委员会工作规则修正草案；审议通过人事任免事项。

2016年7月22日，第四十三次会议举行，常委会组成人员29人出席会议。会议听取、审议关于扶贫开发工作情况的报告及其调研报告，关于《中华人民共和国献血法》执法检查审议意见落实情况的报告，关于2015年本级财政决算的报告，关于2015年度本级财政预算执行和其他财政收支情况的审计工作报告，市财政地税局、市民政局自查工作报告及其调查报告，市经信局、市住建局工作评议意见落实情况的报告，并就上述议题相应通过决议（决定）、提出审议意见。对市财政地税局、市民政局进行满意度测评，测评结果均为基本满意；对市经信局、市住建局进行满意度测评，测评结果均为通过。会议审议通过人事任免事项。

2016年8月26日，第四十四次会议举行，常委会组成人员31人出席会议。会议听取、审议关于上半年全市经济社会发展情况和下半年政府工作的报告，关于上半年计划、预算执行情况的报告，市法院、市检察院上半年工作情况的报告，并就上述议题相应提出审议意见。会议审议通过人事任免事项；许可对市十五届人大代表王某某予以行政拘留处罚。

2016年9月26日，第四十五次会议举行，常委会组成人员27人出席会议。会议听取、审议关于政府性重大投资项目建设情况的报告及其调研报告，关于市人民法院执行工作情况的报告及其调研报告，并就上述议题相应提出审议意见。会议决定接受姚松鹤辞去市人大常委会副主任职务。

2016年11月1日，第四十六次会议举行，常委会组成人员27人出席会议。会议听取、审议关于2016年代表建议办理工作情况的报告，关于“加快产城融合发展，争创省级工业强市”审议意见落实情况的报告，关于环境状况和环境保护目标完成情况的报告，关于2016年地方政府债务限额及市级财政预算调整方案（草案）的议案，关于瑞安市“七五”普法规划有关情况的说明，并就上述议题相应通过决议（决定）、提出审议意见。会议审议通过关于设立市、塘下镇选举委员会和乡镇、街道、市直属系统选举办事处等5个决定；审议通过人事任免事项；许可对市十五届人大代表池某某采取刑事拘留强制措施。

2016年11月24日，第四十七次会议举行，常委会组成人员30人出席会议。会议决定接受陈胜峰辞去市人民政府市长职务，决定任命麻胜聪为市人民政府副市长，代理市长职务。

2016年12月9日，第四十八次会议举行，常委会组成人员30人出席会议。会议审议通过人事任免事项。

2017年1月13日，第四十九次会议举行，常委会组成人员29人出席会议。会议听取、审议关于2015年度财政同级审整改落实情况的报告。会议审议通过关于召开市十六届人大一次会议的决定，市人大常委会工作报告稿，关于市十六届人大代表资格审查情况的报告；初步审议市政府、市法院、市检察院及计划、预算等报告。

2017年2月7日，第五十次会议举行，常委会组成人员共28人出席会议。会议审议通过市十六届人大一次会议相关人事建议名单、列席人员范围，关于实施市人民政府民生实事代表票决制的决定，关于市监察委员会副主任、委员任免工作的决定，关于调整市人大常委会法制工作委员会名称的决定。

第四节　第十六届常委会会议

2017年2月20日，第一次会议举行，常委会组成人员45人出席会议。会议审议通过人事任免事项，并举行颁发任命书仪式。

2017年3月24日，第二次会议举行，常委会组成人员44人出席会议。会议听取、审议关于2017年财政统筹暂存资金预算安排情况的报告。会议审议通过市人民代表大会常务委员会议事规则（修订稿），主任会议议事规则（修订稿），市人大代表约见国家机关负责人暂行办法；审议通过人事任免事项。

2017年4月27日，第三次会议举行，常委会组成人员44人出席会议。会议听取、审议关于市财政地税局工作评议意见落实情况的报告及其调查报告，关于2016年政府性重大投资项目建设情况审议意见落实情况的报告及其调查报告，关于2016年度科学技术进步工作和经费使用、完成情况的报告及其调研报告，关于设立市十六届人大常委会代表资格审查委员会的议案，并就上述议题相应通过决议（决定）、提出审议意见。对市财政地税局进行满意度测评，测评结果为通过。会议确定市卫生计生局、市市场监管局、市水利局为2017年部门工作评议对象，审议通过人事任免事项。

2017年6月23日，第四次会议举行，常委会组成人员42人出席会议。会议听取、审议关于省级工业强市创建工作的报告及其调研报告，关于“剿灭劣Ⅴ类水”工作情况的报告及其调研报告，关于将安阳中心城区南门广场团块一期、二期与西门河头团块改造工程列入市“十三五”规划与2017年国民经济和社会发展年度计划的议案，关于市第81选区选举结果无效的报告，关于扶贫开发工作、学前教育工作审议意见落实情况的报告及其调查报告，关于市民政局工作评议意见落实情况的报告及其调查报告，并就上述议题相应通过决议（决定）、提出审议意见。对扶贫开发工作、学前教育工作、市民政局工作评议等审议意见落实情况进行满意度测评，测评结果均为通过。会议审议通过人事任免事项。

2017年8月23日，第五次会议举行，常委会组成人员43人出席会议。会议听取、审议关于2016年本级财政决算的报告，关于2016年度本级财政预算执行和其他财政收支的审计工作报告，关于上半年计划、预算执行情况的报告，关于瑞安市城市停车场规划和建设情况的报告及其调研报告，关于2017年重点建设计划调整方案（草案）的议案，关于法院执行工作审议意见落实情况的报告及其调查报告，并就上述议题相应通过决议（决定）、提出审议意见，同时对法院执行工作审议意见落实情况进行满意度测评，测评结果为通过。会议审议通过人事任免事项。

2017年9月22日，第六次会议举行，常委会组成人员41人出席会议。会议听取、审议市水利局、市卫生计生局、市市场监管局自查工作报告及其调查报告，五位被评议法官的履职报告及其调查报告，关于将环西岘山团块改造工程列入市“十三五”规划和2017年国民经济和社会发展年度计划的议案，并就上述议题相应通过决议（决定）、提出审议意见。对市水利局、市卫生计生局、市市场监管局部门工作及被评议法官进行满意度测评，测评结果：三个部门均为基本满意，被评议法官均为满意。会议审议通过人事任免事项。

2017年10月31日，第七次会议举行，常委会组成人员40人出席会议。会议听取、审议关于“推进城市有机更新、打造至美瑞安”议案办理情况的报告及其视察报告，关于基本公共卫生服务工作的报告及其调研报告，关于养老服务业发展工作情况的报告及其调研报告，关于政府和社会资本合作项目实施情况的报告及其调研报告，关于2017年代表建议办理工作的报告，关于2017年地方政府债务限额及市级财政预算调整（草案）的议案，并就上述议题相应通过决议（决定）、提出审议意见。会议审议通过人事任免事项。

2017年11月24日，第八次会议举行，常委会组成人员41人出席会议。会议听取、审议关于严重损害司法权威、社会诚信违法犯罪行为处置工作情况的报告及其调研报告，关于《中华人民共和国农产品质量安全法》贯彻实施情况的报告及其执法检查报告，关于环境状况和环境保护目标完成情况的报告，并就上述议题相应提出审议意见。会议审议通过人事任免事项。

2017年12月22日，第九次会议举行，常委会组成人员44人出席会议。会议听取、审议关于市2016年地方财政决算和市本级预算执行及其他财政收支审计工作审议意见落实情况的报告，关于打击整治食品药品环境违法犯罪情况的报告，并就上述议题相应提出审议意见。会议审议通过关于召开市十六届人大二次会议的决定，关于政府民生实事人大代表票决项目监督暂行办法；审议通过人事任免事项。

2018年1月9日，第十次会议举行，常委会组成人员42人出席会议。会议审议通过市人大常委会工作报告稿，市十六届人大二次会议相关人事建议名单、列席人员范围，2018年政府民生实事候选项目，关于市十六届人大代表变动情况和部分代表资格审查的报告；初步审议市政府、市法院、市检察院及计划、预算等报告，市经信局、市科技局等10个单位2018年部门预算草案。会议许可对市十六届人大代表姜某某采取刑事强制措施。

2018年3月6日，第十一次会议举行，常委会组成人员40人出席会议。会议听取、审议关于“剿灭劣V类水”工作审议意见落实情况的报告及其调查报告，关于省级工业强市创建工作审议意见落实情况的报告及其调查报告，关于2017年度科学技术进步工作和经费使用、完成情况的报告，并就上述议题相应提出审议意见。会议确定市综合执法局、市人力社保局、市国税局为2018年部门工作评议对象；审议通过人事任免事项。

2018年4月26日，第十二次会议举行，常委会组成人员42人出席会议。会议听取、审议关于基本公共卫生服务工作情况报告审议意见落实情况的报告及其调查报告，关于市水利局、市卫生计生局、市市场监管局工作评议意见落实情况的报告及其调查报告，并就上述议题相应提出审议意见，同时对市水利局、市卫生计生局、市市场监管局进行满意度测评，测评结果均为通过。会议审议通过组织实施宪法宣誓制度办法（修订稿）；审议通过人事任免事项。

2018年6月26日，第十三次会议举行，常委会组成人员上午42人、下午40人出席会议。会议听取、审议关于固体废物污染环境防治“一法一条例”贯彻实施情况的报告及其执法检查报告，关于《中华人民共和国农产品质量安全法》执法检查审议意见落实情况的报告及其调查报告，关于政府和社会资本合作项目实施情况报告审议意见落实情况的报告及其调查报告，市人力社保局、市综合执法局、市国税局自查工作报告及其调查报告，并就上述议题相应提出审议意见。对市人力社保局、市综合执法局、市国税局进行满意度测评，测评结果均为基本满意。会议审议通过人事任免事项。

2018年8月17日，第十四次会议举行，常委会组成人员41人出席会议。会议听取、审议关于“最多跑一次”改革工作情况的报告及其调研报告，关于2017年地方财政决算报告，关于2017年度本级预算执行和其他财政收支的审计工作报告，关于上半年计划、预算执行情况的报告，关于城市停车场规划和建设审议意见落实情况的报告及其调查报告、公检法关于严重损害司法权威、社会诚信违法犯罪行为处置工作情况审议意见落实情况的报告及其调查报告，并就上述议题相应通过决议（决定）、提出审议意见。会议审议通过人事任免事项。

2018年9月20日，第十五次会议举行，常委会组成人员40人出席会议。会议听取、审议关于2018年政府民生实事代表票决项目实施情况的报告，关于《中华人民共和国建筑法》实施情况的报告及其执法检查报告，关于养老服务业发展情况审议意见落实情况的报告及其调查报告，四位被评议检察官的履职报告及其调查报告，关于市2018年市级财政预算调整（草案）的议案，并就上述议题相应通过决议（决定）、提出审议意见。对被评议检察官进行满意度测评，测评结果均为满意。会议审议通过人事任免事项；许可对市十六届人大代表高某某采取刑事拘留强制措施。

2018年10月30日，第十六次会议举行，常委会组成人员42人出席会议。会议听取、审议关于“加快农村饮用水安全工程建设助力瑞安市全面建成小康社会”议案办理情况的报告及其视察报告，关于“推进城市有机更新 打造至美瑞安”议案办理情况报告审议意见落实情况的报告及其调查报告，关于企业上市工作情况的报告及其调研报告，关于《浙江省学前教育条例》实施情况的报告及其执法检查报告，关于代表建议办理情况的报告，关于提请确定人民陪审员名额的议案，并就上述议题相应通过决议（决定）、提出审议意见。会议审议通过人事任免事项。

2018年12月14日，第十七次会议举行，常委会组成人员41人出席会议。会议听取、审议市监察委员会工作报告，关于市2017年地方财政决算和市本级预算执行及其他财政收支审计工作审议意见落实情况的报告，关于市人力社保局、市税务局工作评议意见落实情况的报告及其调查报告，并就上述议题相应提出审议意见。对市人力社保局、市国税局进行满意度测评，测评结果均为通过。会议审议通过关于召开市十六届人大三次会议的决定；审议通过人事任免事项。

2019年1月7日，第十八次会议举行，常委会组成人员43人出席会议。会议审议通过市人大常委会工作报告稿，市十六届人大三次会议相关人事建议名单、列席人员范围，关于市十六届人大代表变动情况和部分代表资格审查的报告，2019年政府民生实事候选项目，2018年地方政府债务预算调整方案；初步审议市政府、市法院、市检察院及计划、预算等报告，市检察院、市教育局等10个单位2019年预算草案。会议审议通过人事任免事项；分别许可对市十六届人大代表林某某、朱某某采取取保候审强制措施。

2019年1月19日，第十九次会议举行，常委会组成人员45人出席会议。会议审议通过人事任免事项。

2019年2月27日，第二十次会议举行，常委会组成人员40人出席会议。会议听取、审议关于2018年度科学技术进步工作和经费使用、完成情况的报告，关于2018年度环境状况和环境保护目标完成情况的报告，并就上述议题相应提出审议意见。会议审议通过个别代表的代表资格审查报告；确定市发改局、市教育局、温州市生态环境局瑞安分局为2019年部门工作评议对象；审议通过人事任免事项。

2019年4月4日，第二十一次会议举行，常委会组成人员39人出席会议。会议听取、审议关于“最多跑一次”改革工作审议意见落实情况的报告及其调查报告，关于市综合行政执法局工作评议意见落实情况的报告及其调查报告，并就上述议题相应提出审议意见。对市综合行政执法局进行满意度测评，测评结果为通过。会议审议通过人事任免事项。

2019年5月24日，第二十二次会议举行，常委会组成人员38人出席会议。会议听取、审议关于固体废物污染环境防治“一法一条例”执法检查审议意见落实情况的报告及其调查报告，并提出审议意见。会议对固体废物污染环境防治工作进行专题询问。会议审议通过市人大常委会组成人员守则；审议通过人事任免事项。

2019年6月28日，第二十三次会议举行，常委会组成人员42人出席会议。会议听取、审议关于促进民营经济高质量发展情况的报告及其调研报告，关于乡村产业发展情况的报告及其调研报告，市发改局、市教育局、温州市生态环境局瑞安分局自查工作报告及其调查报告，并就上述议题相应提出审议意见。对市发改局、市教育局、温州市生态环境局瑞安分局进行满意度测评，测评结果均为基本满意。会议审议通过人事任免事项。

2019年8月29日—30日，第二十四次会议举行，常委会组成人员42人出席会议。会议听取、审议2019年上半年政府工作报告，关于上半年计划、预算执行情况的报告，2018年地方财政决算报告，关于

2018年度市本级预算执行和其他财政收支的审计工作报告，关于食品药品环境保护领域行政执法工作的报告，公检法关于食品药品环境保护领域违法犯罪行为处置工作的报告及其调研报告，关于企业上市工作审议意见落实情况的报告，关于生态文明建设规划（2018—2025年）的议案，关于2019年重点建设计划调整的议案，关于个别代表的代表资格审查报告，并就上述议题相应通过决议（决定）、提出审议意见。会议审议通过人事任免事项；许可对市十六届人大代表蔡某某采取取保候审强制措施。

2019年9月26日，第二十五次会议举行，常委会组成人员41人出席会议。会议听取、审议关于2019年政府民生实事代表票决项目实施情况的报告，关于工业用地有效供给情况的报告及其调研报告，关于财政扶持工业经济发展政策资金绩效情况的报告及其调研报告，关于《全民健身条例》实施情况的报告及其执法检查报告，关于检查《中华人民共和国建筑法》实施情况审议意见落实情况的报告，关于2019年市级财政预算调整方案及地方政府债务限额的议案，并就上述议题相应通过决议（决定）、提出审议意见。会议决定接受鞠海亭辞去市人民法院院长职务，决定任命胡丕敢为市人民法院副院长、代理院长职务。

2019年10月30日，第二十六次会议举行，常委会组成人员41人出席会议。会议听取、审议关于“健全养老服务体系 促进瑞安市养老服务业发展”议案办理情况的报告及其视察报告，关于“加快农村饮用水安全工程建设 助力瑞安市全面建成小康社会”议案办理审议意见落实情况的报告，关于“推进城市有机更新 打造至美瑞安”议案办理进展情况的报告，2018年度全市国有资产管理情况的综合报告，关于2018年度全市企业国有资产管理情况的专项报告及其调研报告，关于《浙江省学前教育条例》实施情况审议意见落实情况的报告，关于市十六届人大三次会议代表建议办理工作的报告，并就上述议题相应提出审议意见。会议审议通过市人大常委会讨论决定重大事项的规定；审议通过人事任免事项。

2019年11月25日，第二十七次会议举行，常委会组成人员40人出席会议。会议审议通过关于提请设立市人大常委会社会建设工作委员会的议案；审议通过代表辞职、人事任免事项。

2019年12月13日，第二十八次会议举行，常委会组成人员36人出席会议。会议听取、审议关于市2018年地方财政决算和市本级预算执行及其他财政收支审计工作审议意见落实情况的报告，关于市发改局、市教育局、温州市生态环境局瑞安分局工作评议意见落实情况的报告及其调查报告，并就上述议题相应提出审议意见。对市发改局、市教育局、温州市生态环境局瑞安分局进行满意度测评，测评结果均为通过。会议审议通过关于召开市十六届人大四次会议的决定；会议决定接受麻胜聪辞去市人民政府市长职务，决定任命秦肖为市人民政府副市长、代理市长职务；审议、通过其他人事任免事项。

2020年1月8日，第二十九次会议举行，常委会组成人员37人出席会议。会议审议通过市人大常委会工作报告稿，市十六届人大四次会议相关人事建议名单、列席人员范围等，2020年政府民生实事候选项目；初步审议市政府、市法院、市检察院及计划、预算报告稿，市司法局等10个单位2020年预算草案；审议通过人事任免事项，市十六届人大代表变动和部分代表资格审查的报告。

2020年4月16日，第三十次会议举行，常委会组成人员38人出席会议。会议审议通过关于召开市十六届人大四次会议的决定，市十六届人大四次会议列席人员范围，市十六届人大四次会议日程安排

（草案）调整方案，关于提请将市人民医院万松院区门诊楼扩建项目工程增补列入市“十三五”规划的议案；听取市人大常委会工作报告，市政府工作报告、计划和预算草案报告修改情况的说明；确定市交通运输局、市文化和广电旅游体育局、市农业农村局为2020年部门工作评议对象；审议通过人事任免事项。

2020年6月10日，第三十一次会议举行，常委会组成人员44人出席会议。会议听取、审议关于新冠疫情应急处置工作的报告，关于2019年度科学技术进步工作和经费使用、完成情况的报告，关于2019年环境状况和环境保护目标完成情况的报告，关于促进民营经济高质量发展审议意见落实情况的报告，关于乡村产业发展审议意见落实情况的报告，关于食品药品环境保护领域行政执法工作审议意见落实情况的报告，公检法关于食品药品环境保护领域违法犯罪行为处置工作审议意见落实情况的报告，关于财政扶持工业经济发展政策资金绩效情况报告审议意见落实情况的报告，关于2018年度全市国有资产管理情况综合报告及企业国有资产管理情况专项报告审议意见落实情况的报告，并就上述议题相应提出审议意见。会议审议通过人事任免事项。

2020年8月12日，第三十二次会议举行，常委会组成人员43人出席会议。会议听取、审议市政府、市法院、市检察院2020年上半年工作报告，上半年计划、预算执行情况的报告，2019年地方财政决算报告，关于2019年度市本级预算执行和其他财政收支的审计工作报告，关于数字经济引领实体经济发展情况的报告及其调研报告，关于野生动物保护工作的报告及其调研报告，关于2020年市级地方政府债务预算调整方案（草案）及地方政府债务限额的议案，关于2020年抗疫特别国债等资金预算调整方案（草案）的议案，市交通运输局、市农业农村局、市文化和广电旅游体育局的自查工作报告及其调查报告，并就上述议题相应通过决议（决定）、提出审议意见。对市交通运输局、市农业农村局、市文化和广电旅游体育局进行满意度测评，测评结果均为基本满意。会议审议通过人事任免事项。

2020年9月16日，第三十三次会议举行，常委会组成人员41人出席会议。会议听取、审议关于《中华人民共和国公共文化服务保障法》实施情况的报告及其执法检查报告，关于《中华人民共和国海洋环境保护法》实施情况的报告及其执法检查报告，关于认罪认罚从宽制度实施情况的报告及其调研报告，关于工业用地有效供给工作审议意见落实情况的报告，关于《瑞安历史文化名城保护规划（修编）》的议案，并就上述议题相应通过决议（决定）、提出审议意见。

2020年10月22日—23日，第三十四次会议举行，常委会组成人员43人出席会议。会议听取、审议关于“十三五”规划纲要执行情况和“十四五”规划纲要编制情况的报告，关于“加快集云山公园建设 满足市民日益增长的休闲健身需求”议案办理情况的报告，关于“健全养老服务体系 促进瑞安市养老服务业发展”议案办理审议意见落实情况的报告，关于市2019年度法治政府建设工作情况的报告，2019年度全市国有资产管理情况的综合报告，关于2019年度全市行政事业性国有资产管理情况的专项报告及其调研报告，关于《全民健身条例》实施情况审议意见落实情况的报告，关于2020年政府民生实事代表票决项目实施情况的报告，关于代表建议办理情况的报告，关于2020年市级财政预算调整方案（草案）的议案，部分温州市人大代表的履职情况报告，并就上述议题相应通过决议（决定）、提出审议意见。会议审议通过关于加强检察公益诉讼工作的决定；审议通过人事任免事项。

2020年12月16日，第三十五次会议举行，常委会组成人员40人出席会议。会议听取、审议部分温州市人大代表的履职报告，关于市2019年地方财政决算和市本级预算执行及其他财政收支审计工作审议意见落实情况的报告，并就上述议题相应提出审议意见。会议对同级审未整改落实问题进行专题询问。会议审议通过关于召开市十六届人大五次会议的决定，关于个别代表的代表资格审查报告。会议决定接受陈朴顺辞去市监察委员会主任职务，决定任命李辅正为市监察委员会副主任、代理主任职务；审议、通过其他人事任免事项。

2021年1月15日，第三十六次会议举行，常委会组成人员38人出席会议。会议听取、审议部分温州市人大代表的履职情况报告。会议审议通过关于推迟召开市十六届人大五次会议的决定，市人大常委会工作报告稿，关于个别代表的代表资格审查报告；初步审议市法院、市检察院工作报告；会议审议通过人事任免事项；许可对市十六届人大代表张某某采取取保候审强制措施。

2021年2月8日，第三十七次会议举行，常委会组成人员38人出席会议。会议听取、审议部分温州市人大代表的履职报告。会议审议通过市十六届人大五次会议人事名单、列席人员范围，关于市十六届人大代表变动情况和部分代表资格审查的报告，2021年政府民生实事候选项目；初步审议政府，“十四五”规划，计划、预算等报告，市发改局等10个单位2021年预算草案；审议通过人事任免事项。

2021年3月25日，第三十八次会议举行，常委会组成人员42人出席会议。会议听取、审议关于2020年度科学技术进步工作和经费使用、完成情况的报告，部分温州市人大代表的履职报告，关于2020年环境状况和环境保护目标完成情况的报告，关于市交通运输局、市农业农村局、市文化和广电旅游体育局工作评议意见落实情况的报告及其调查报告，并就上述议题相应提出审议意见。对市交通运输局、市农业农村局、市文化和广电旅游体育局进行满意度测评，测评结果均为通过。会议确定市公安局、市自然资源和规划局、市住建局为2021年部门工作评议对象；审议通过人事任免事项；许可对市十六届人大代表董某某采取取保候审强制措施。

2021年5月28日，第三十九次会议举行，常委会组成人员41人出席会议。会议听取、审议关于瑞安经济开发区经济社会发展工作情况的报告及其调研报告，关于2020年度法治政府建设工作情况的报告，关于野生动物保护工作情况报告审议意见落实情况的报告，关于2019年度全市国有资产管理情况综合报告及行政事业性国有资产管理情况专项报告审议意见落实情况的报告及其调查报告，关于认罪认罚从宽制度实施情况报告审议意见落实情况的报告，部分温州市人大代表的履职报告，市公安局、市自然资源和规划局、市住建局自查工作报告及其调查报告，并就上述议题相应提出审议意见。对市公安局、市自然资源和规划局、市住建局进行满意度测评，测评结果均为基本满意。

2021年7月28日，第四十次会议举行，常委会组成人员41人出席会议。会议听取、审议关于《浙江省粮食安全保障条例》实施情况的报告及其执法检查报告，关于未成年人保护“一法一条例”实施情况的报告及其执法检查报告，关于义务教育阶段中小学生减负工作的报告及其调研报告，关于城镇老旧小区改造情况的报告及其调研报告，关于机械装备行业培育提升工作的报告及其调研报告，关于检查《中华人民共和国海洋环境保护法》实施情况审议意见落实情况的报告，关于2021年地方政府债务等预算调整方案（草案）的议案，并就上述议题相应通过决议（决定）、提出审议意见。会议对机械装备行业培育提升工作进行专题询问。会议审议通过市人大常委会规范性文件备案审查办法（修订案）；审议通过人事任免事项和议案。

2021年8月27日，第四十一次会议举行，常委会组成人员42人出席会议。会议听取、审议2021年上半年市政府、市法院、市检察院等工作报告，2021年上半年计划、预算执行情况的报告，2020年地方财政决算报告，市司法局等10个单位2020年决算报告，关于2020年度市本级预算执行和其他财政收支的审计工作报告，关于行政审判工作的报告及其调研报告，关于《中华人民共和国公共文化服务保障法》实施情况审议意见落实情况的报告，关于数字经济引领实体经济发展情况审议意见落实情况的报告，关于促进和保障争当高质量发展建设共同富裕示范区先行标兵的决定起草情况的说明，并就上述议题相应通过决议（决定）、提出审议意见。市委书记麻胜聪参加会议并作讲话。

2021年10月21日，第四十二次会议举行，常委会组成人员40人出席会议。会议听取、审议2020年度全市国有资产管理情况的综合报告，关于2020年度全市国有自然资源资产管理情况的专项报告及其调研报告，关于“七五”普法工作总结和“八五”普法工作部署情况的报告，关于“加快集云山公园建设 满足市民日益增长的休闲健身需求”议案办理情况审议意见落实情况的报告，关于“健全养老服务体系 促进瑞安市养老服务业发展”议案办理情况的报告，关于瑞安经济开发区经济社会发展情况审议意见落实情况的报告，关于市公安局、市自然资源和规划局、市住建局工作评议意见落实情况的报告及其调查报告，关于2021年政府民生实事代表票决项目实施情况的报告，关于代表建议办理工作情况的报告，关于2021年市级财政预算调整方案（草案）及地方政府债务限额的议案，并就上述议题相应通过决议（决定）、提出审议意见。对市公安局、市自然资源和规划局、市住建局进行满意度测评，测评结果均为通过。会议审议通过关于设立市、乡（镇）选举委员会的决定，关于设立街道市直属系统选举办事处的决定，关于讨论确定新一届乡（镇）人民代表大会代表名额和结构的决定，关于讨论确定新一届乡（镇）人民代表大会主席团组成人员名额和结构的决定；审议通过人事任免事项。

2021年12月9日，第四十三次会议举行，常委会组成人员42人出席会议。会议听取、审议关于《瑞安市林垟省级历史文化名镇保护规划（2021—2035）》的议案，关于2021年地方政府债务预算调整方案（草案）的议案，并就上述议题相应通过决议（决定）。会议审议通过《瑞安市人民代表大会常务委员会组成人员守则（修订案）》，关于调整市选举委员会部分成员的决定；许可对市十六届人大代表王某某采取刑事拘留强制措施。会议决定接受李辅正辞去市监察委员会主任职务，决定任命朱建芳为市监察委员会副主任、代理主任职务；决定接受宣章良辞去市人民检察院检察长职务，决定任命朱捷为市人民检察院副检察长、代理检察长职务。会议决定接受薛尧弟辞去市人大常委会副主任职务；审议通过其他人事任免事项。

2022年1月10日，第四十四次会议举行，常委会组成人员42人出席会议。会议听取、审议关于2020年地方财政决算和市本级预算执行及其他财政收支审计工作审议意见落实情况的报告，关于市十七届人大代表资格审查的报告，并就上述议题相应通过决议（决定）、提出审议意见。会议审议通过关于召开市十七届人大一次会议的决定。

2022年1月29日，第四十五次会议举行，常委会组成人员39人出席会议。会议审议通过关于调整市十七届人大一次会议会期的决定，市人大常委会工作报告稿，市十七届人大一次会议人事建议名单、列席人员范围，2022年政府民生实事候选项目，关于市十七届人大代表资格审查和代表变动情况的报告；初步审议市政府、市法院、市检察院及计划、预算等报告，市农业农村局等10个单位2022年预算草案。会议审议通过代表辞职、人事任免事项；许可对市十六届人大代表潘某某采取行政拘留强制措施。

第四章 讨论、决定重大事项

市第十三届至第十六届人大常委会依法讨论、决定本行政区域的政治、经济、教育、科学、文化、卫生、生态环境保护、自然资源、城乡建设、民政、社会保障等工作的重大事项，作出决议、决定352项。按届别分：第十三届79项，第十四届91项，第十五届96项，第十六届86项；按内容分：法制建设方面19项，财政经济方面71项，教科文卫方面1项，城乡建设环境保护方面7项，人大工作和建设方面216项。另外，市人大常委会自身建设方面有关制定、修正规章制度的决定38项，列入第十一章常委会建设记述。

第一节 第十三届讨论、决定重大事项

市十三届人大常委会共讨论、决定重大事项79项：法治建设方面6项，财政经济方面9项，城乡建设环境保护方面5项，人大工作和建设方面47项。另有制定、修正常委会规章的决定12项，列入第十一章常委会建设记述。

一、法治建设方面

通过《关于加快推进依法治市进程的决议》 2003年7月9日，为认真贯彻党的十六大精神和依法治国基本方略，全面落实《瑞安市第三个五年依法治市工作纲要》，促进依法行政和公正司法，市十三届人大常委会第三次会议听取和审议市政府、市法院、市检察院《关于加快推进依法治市进程的实施方案的报告》，作出《关于加快推进依法治市进程的决议》。决议要求：（一）统一思想认识，深入开展法制宣传教育，把思想统一到维护宪法和法律的权威上，不断增强全社会的依法管理能力。（二）坚持依法行政、公正司法，提高法治水平，进一步加强政府法制建设，进一步推进司法改革，健全保障司法公正的长效机制。（三）加强基层民主政治建设，推进基层依法治理，全力推进农村和街道基层的民主法治建设，加大人民群众参与决定基层事务的力度。（四）加大监督力度，注重监督实效，积极探索法律监督与党内监督、民主监督、群众监督和舆论监督有机结合的方法和经验。

（五）加强组织领导，保证全面落实依法治市各项任务，必须在党委统一领导下，各部门、各系统齐抓，形成合力。

批准"一府两院"加快推进依法治市进程实施方案　2003年7月9日，市十三届人大常委会第三次会议听取和审议市政府、市法院、市检察院《关于加快推进依法治市进程实施方案的报告》，作出《批准瑞安市人民政府关于加快推进依法治市进程实施方案的决定》《批准瑞安市人民法院关于加快推进依法治市进程实施方案的决定》《批准瑞安市人民检察院关于加快推进依法治市进程实施方案的决定》，由市政府、市法院、市检察院分别组织实施。

通过《关于组织市人大代表评议市环保局、市水利局执法工作的决定》　2003年9月3日，为进一步推进依法治市进程，加强监督工作，促进国家行政机关切实转变职能和工作作风，进一步推进现代化新瑞安建设，市十三届人大常委会第四次会议决定于2003年8月开始，组织人大代表对市环保局、市水利局执法工作进行评议。决定要求，市环保局、市水利局要以评议执法工作为契机，既要看到成绩，又要找出存在问题的原因，诚恳接受人大代表评议，注重实效，抓好整改；各位人大代表要从讲政治的高度，充分认识这次评议工作的必要性和重要性，以党的十六大精神和"三个代表"重要思想为指导，以宪法和法律为依据，把握重点，实事求是，客观公正地把市环保局、市水利局执法工作评议好，整改工作监督好，圆满完成评议工作任务。

通过《关于同意瑞安市安阳镇撤镇建街方案的决定》　2003年11月19日，市十三届人大常委会第七次会议听取、审议市政府《关于提请审议安阳镇撤镇建街方案的议案》，决定同意市政府提出的安阳镇撤镇建街方案，即撤销安阳镇建制，设立安阳、玉海、锦湖、东山、上望、潘岱等6个街道，并按照有关法定程序上报审批。

通过《关于建设"法治瑞安"的决议》　2006年11月29日，为全面贯彻落实《中共瑞安市委关于建设法治瑞安的决定》，提高瑞安市经济、政治、文化和社会的法治化水平，加快建设民主健全、法制完备、公共权力运行规范、公民权益得到切实保障的法治社会，市十三届人大常委会第三十六次会议听取和审议市政府、市法院、市检察院关于贯彻落实市十三届人大常委会第三次会议《关于加快推进依法治市进程的决议》情况的报告，作出《关于建设"法治瑞安"的决议》。决议要求：（一）建立有效机制，循序渐进，坚持不懈地推进"法治瑞安"建设。（二）积极推进政府职能转变，推进决策科学化、民主化，提高依法办事、依法管理的能力和水平。（三）严格规范司法审判行为和检察执法行为，健全司法纠错机制，提高办案的质量和效率，不断完善法律服务体系。（四）进一步健全民主制度，扩大公民有序政治参与，依法保障各类经济活动主体的经济利益，加强社会治安综合治理工作，维护社会和谐稳定。（五）大力宣传宪法和国家基本法律制度，进一步增强全民法律意识，提高全民法律素质。（六）切实加强对"法治瑞安"建设的领导，建立健全领导机制、考核机制、监督机制和保障机制，确保宪法和法律法规的正确实施。

通过《关于在全市公民中加强法制宣传教育的决议》　2006年11月29日，市十三届人大常委会第三十六次会议听取、审议市政府《关于瑞安市"五五"普法规划制定情况的报告》，作出《关于在全市公民中加强法制宣传教育的决议》。决议要求：（一）围绕中心，确定法制宣传教育的重点内容。（二）突出重点，增强不同对象法制宣传教育的针对性。（三）结合实践，全面提高社会法治化管理水平。（四）创新形式，有效整合法制宣传教育资源。（五）加强领导，确保五五普法规划落到实处。

二、财政经济方面

通过《关于批准市人民政府接受国家开发银行授信贷款的决定》　2003年9月3日，市十三届人大常委会第四次会议听取、审议市政府《关于提请审议接受国家开发银行授信贷款的议案》，决定批准市政府接受国家开发银行授信贷款。决定要求，授信贷款项目的确定必须在市政府提出的“三种项目”范围之内，要坚持科学、合法、保值、高效的原则；授信贷款额度核准以后，由市国有资产投资公司作为借款主体，实行统借统还，封闭运行；授信贷款的使用和还本付息必须制订年度计划，按程序报市人大常委会审议批准，并接受全过程监督。

通过《关于批准市人民政府〈关于政府授信贷款项目和分年度计划安排方案〉的决定》　2003年11月19日，市十三届人大常委会第七次会议听取、审议市政府《关于提请审议政府授信贷款项目和分年度计划安排方案的议案》，原则同意市政府提出的授信贷款项目和分年度计划安排方案。决定认为，还本付息计划必须进一步深化，除土地储备出让收入外，应考虑资本经营收入、国有资金盘活收入及财政安排的公建项目基本建设预算拨款等多途径统筹安排。修改后的还本付息计划，应及时向市人大常委会主任会议汇报。

通过《关于加强审计工作监督的决定》　2003年11月19日，为加强对审计工作的监督，根据《中华人民共和国宪法》《中华人民共和国审计法》及有关法律、法规规定，市十三届人大常委会第七次会议作出《关于加强审计工作监督的决定》。决定要求：（一）市审计机关要坚持依法审计，规范审计行为，确保审计质量，充分发挥审计监督在瑞安市财政经济秩序中的维护作用。（二）市人大常委会依法对审计工作行使监督职权。（三）市审计机关制定年度审计工作计划时，应当征求市人大常委会主任会议的意见。（四）市审计机关要按照真实、合法和效益的原则，为经济和社会事业发展提供有效的服务。（五）抓好审计意见和处理、处罚决定的落实。（六）市人民政府要加强对审计工作的领导和支持。（七）审计机关要加强自身建设。（八）健全信息通报制度。

通过《关于批准2003年市级财政决算的决议》　2004年7月30日，市十三届人大常委会第十二次会议经过审查，决定批准市政府提出的2003年市级财政决算，同意市财政局局长江孟甫《关于2003年瑞安市财政决算的报告》。

通过《关于聘任财政预（决）算咨询顾问的决定》　2005年2月22日，为加强财政预（决）算审查监督工作，市十三届人大常委会第十八次会议决定聘任杨锦炎、吴日发、陈培荣等三人为财政预（决）算咨询顾问。

通过《关于批准2004年市级财政决算的决议》　2005年8月4日，市十三届人大常委会第二十二次会议经过审查，决定批准市政府提出的2004年市级财政决算，同意市财政局局长江孟甫《关于2004

年瑞安市财政决算的报告》。

通过《关于批准调整2005年地方财政预算的决定》　2005年10月19日，市十三届人大常委会第二十五次会议经过审查，决定批准市政府提出的2005年度地方财政预算调整方案，同意市财政局局长蒋良奉《关于瑞安市2005年1月—9月地方预算执行情况和2005年度地方预算部分变更草案的报告》。

通过《关于批准2005年市级财政决算的决议》　2006年9月28日，市十三届人大常委会第三十五次会议经过审查，决定批准市政府提出的2005年市级财政决算，同意市财政局局长蒋良奉《关于2005年瑞安市财政决算的报告》。

通过《关于同意对飞云江三桥及接线工程贷款进行担保并将担保款项纳入市财政综合预算的决议》　2006年11月29日，市十三届人大常委会第三十六次会议经过审查，决定同意市政府《关于要求同意对飞云江三桥及接线工程贷款进行担保并将担保款项纳入市财政综合预算的议案》。

三、城乡建设环境保护方面

通过《关于同意批报〈瑞安市2003—2007年近期建设规划〉的决定》　2003年7月9日，市十三届人大常委会第三次听取、审议市政府关于《瑞安市2003—2007年近期建设规划》的情况报告，决定同意批报《瑞安市2003—2007年近期建设规划》。

通过《关于批准〈瑞安市总体规划〉的决定》　2003年9月3日，市十三届人大常委会第四次会议听取、审议市政府《关于提请审议〈瑞安市总体规划〉的议案》，认为《瑞安市总体规划》的修编，以瑞安市市情和社会经济发展需要为依据，确定瑞安市近期和中远期城市规模和发展方向，提升城市综合功能，符合瑞安市社会经济发展目标，既有适度前瞻性，又有实际可行性，为瑞安市全面建设更高水平的现代化城市提供良好的基础。决定批准《瑞安市总体规划》。

通过《关于同意瑞安生态市建设规划的决定》　2004年12月3日，市十三届人大常委会第十五次会议听取、审议市政府《关于提请审议〈瑞安生态市建设规划〉的议案》，作出《关于同意瑞安生态市建设规划的决定》。决定认为，该规划体现科学发展观的精神，符合《浙江生态省建设规划纲要》的要求以及瑞安经济社会发展的实际，规划内容全面，确定的目标明确，划定的生态功能区基本可行，提出的重点任务和生态环境重点工程项目基本符合瑞安市生态市建设的需要。

通过《关于推进生态市建设的决定》　2004年12月3日，市十三届人大常委会第十五次会议听取、审议市政府《关于开展生态市建设情况的报告》，作出《关于推进生态市建设的决定》。决定认为，瑞安推进生态市建设，是贯彻“三个代表”重要思想和党的十六届三中全会精神的实际行动，是瑞安全面建设小康社会，提前基本实现现代化的重要战略举措，是一项功在当代、造福子孙的民心工程，意义重大而深远。决定要求：（一）统一思想认识，按照人与自然统筹发展的要求，高度重视生态市建设，努力实现经济社会发展和生态环境保护的“双赢”。（二）科学编制规划，明确生态市建设的目标任务，保证生态市建设有序、顺利进行。（三）围绕重点领域，打造八大领域60项生态环境工程，扎实推进生态市建设各项工作。（四）坚持改革创新，为生态市建设提供有效的保障，建立目标责任制和责任追究制，改进和完善考核机制、投融资机制。（五）加强法制建设，坚决制止和查处各类破坏生态环境的违法行为，推动生态环境保护的监督检查，为生态市建设创造良好的法治环境。

通过《关于同意瑞安市城市总体规划局部调整的决定》　2005年9月20日，市十三届人大常委会第二十四次会议听取、审议市政府《关于要求调整市城市总体规划的议案》及其情况说明，决定同意《瑞安市城市总体规划》作局部调整。

四、人大工作和建设方面

通过《关于设立市十三届人大常委会代表资格审查委员会的决定》　2003年4月29日，市十三届人大常委会第一次会议决定，设立市十三届人大常委会代表资格审查委员会，并通过组成人员名单。

通过《关于设立瑞安市街道人大工作委员会的决定》　2003年11月19日，市十三届人大常委会第七次会议决定，根据《地方组织法》和《代表法》等有关规定，设立安阳、玉海、锦湖、东山、上望、潘岱等6个街道人大工作委员会，作为市人大常委会派出机构。

通过关于召开市十三届人民代表大会第二次至第四次会议、十四届人民代表大会第一次会议的决定　共6项：2004年2月24日，常委会第九次会议决定：瑞安市第十三届人民代表大会第二次会议于2004年3月17日—20日在瑞安召开，并提出会议的建议议程。2004年12月3日，常委会第十五次会议决定：瑞安市第十三届人民代表大会第三次会议于2005年2月18日至21日在瑞安召开，并提出会议的建议议程。2004年12月21日，常委会第十六次会议决定：瑞安市十三届人民代表大会第三次会议延至2005年3月9日—12日召开。2005年12月9日，常委会第二十六次会议决定：瑞安市第十三届人民代表大会第四次会议于2006年2月14日—17日在瑞安召开，并提出会议的建议议程。2006年2月6日，常委会第二十八次会议决定：瑞安市第十三届人民代表大会第四次会议延至2006年3月14日—17日召开。2006年12月30日，常委会第三十七次会议决定：瑞安市第十四届人民代表大会第一次会议于2007年1月23日—27日在瑞安召开，并提出会议的建议议程。

通过关于市第十三届人民代表大会第一次至第三次会议代表议案处理的决定　共3项：2003年4月29日，常委会第一次会议审议，决定将薛尧弟、刘进国、林建巧等31位代表提出的“关于加快工业园区建设，缓解瑞安市中小企业用地难的议案”和黄金良、陈仕潘、林步猛、金少隆、陈智勇、陈世尧等72位代表提出的“关于加快建设扶贫经济开发区、农产品加工园区与陶山（片）工业园区，促进中西部经济更快发展的议案”列为市十三届人大一次会议的议案，交市政府办理。要求市政府制订具体实施方案，于6月底报市人大常委会备案，并认真组织实施，将实施结果报告市人大常委会和市十三届人民代表大会第二次会议。2004年4月29日，常委会第十次会议审议，决定将高长泉、周晓华、王让式等34位代表提出的“关于建立有序高效供电机制，基本保证城乡居民生活用电的议案”列为市十三届人大二次会议的议案，交市人民政府办理。要求市人民政府制定具体实施方案，于6月底报市人大常委会备案，并认真组织实施，将实施结果报告市人大常委会和市十三届人民代表大会第三次会议。2005年4月8日，常委会第二十次会议审议，决定将张国华、南小华等23位代表提出的“关于加强食品药品安全监管，切实维护人民群众健康的议案”列为市十三届人大三次会议的议案，交由市人民政府办理。要求市人民政府制订具体实施方案，于5月10日前报市人大常委会备案，并认真组织实施，将实施结果报告市人大常委会和市十三届人民代表大会第四次会议。

通过关于市、乡镇人民代表大会换届选举时间、设立选举委员会和乡镇人大代表名额的决定　共4项：2006年9月28日，常委会第三十五次会议根据《选举法》和上级有关文件的要求，经报请市委同意，就市、乡镇人民代表大会换届选举时间，设立选举委员会和乡镇人大代表名额决定如下：（一）2006年10月—12月，市、乡（镇）两级人民代表大会代表进行同步换届选举，12月18日为选举日。2007年1月15日前召开新一届乡（镇）人民代表大会第一次会议，1月底召开新一届市人民代表大会第一次会议。（二）设立市选举委员会，并通过组成人员名单。（三）设立塘下镇等31个乡（镇）选举委员会，并通过组成人员名单。（四）31个乡（镇）人民代表大会代表名额1863名，分别为：塘下镇130名、汀田镇71名、莘塍镇97名、荆谷乡55名、飞云镇95名、顺泰乡47名、仙降镇67名、龙湖镇53名、马屿镇85名、高楼乡52名、曹村镇57名、宁益乡46名、梅屿乡55名、枫岭乡44名、大南乡49名、碧山镇64名、平阳坑镇64名、湖岭镇58名、营前乡49名、永安乡50名、东岩乡47名、金川乡53名、陶山镇69名、潮基乡47名、桐浦乡65名、北麂乡43名、芳庄乡58名、北龙乡42名、林溪乡58名、鹿木乡49名、桂峰乡44名。

通过关于决定代理市人大常委会主任、市长、法院院长、检察长和接受辞去市人大常委会主任、市长、副市长、法院院长、检察长职务的决定　共10项：2004年9月29日，常委会第十三次会议审议，决定接受李炳权辞去瑞安市人民法院院长、审判委员会委员职务，并报市十三届人大三次会议备案；决定赵建华代理瑞安市人民法院院长职务。2004年11月3日，常委会第十四次会议审议，决定接受张加波、项力克辞去瑞安市人民政府副市长职务，并报市十三届人大三次会议备案。2005年2月22日，常委会第十八次会议审议，决定接受徐晓辞去瑞安市人民政府副市长职务，并报市十三届人大三次会议备案。2006年2月6日，常委会第二十八次会议审议，决定接受钱建民辞去瑞安市第十三届人大常委会主任职务，并报市十三届人大四次会议备案；决定推选孔素素为瑞安市第十三届人大常委会代理主任。2006年6月7日，常委会第三十一次会议审议，决定接受程兰生辞去瑞安市人民检察院检察委员会委员、检察长职务，报市十四届人大一次会议备案，并报温州市人大常委会批准。2006年6月12日，常委会第三十二次会议审议，决定黄清钰代理为瑞安市人民检察院检察长职务，并报温州市人民检察院和温州市人大常委会备案。2006年7月20日，常委会第三十三次会议审议，决定接受叶春江辞去瑞安市人民政府市长职务，并报市十四届人大一次会议备案；决定任命蒋珍明为瑞安市人民政府副市长，代理市长职务。2006年11月29日，常委会第三十六次会议审议，决定接受彭永松辞去瑞安市人民政府副市长职务，并报市十四届人大一次会议备案。

通过关于接受辞去市十三届人大常委会副主任、委员和人大代表职务的决定　共8项：2003年11月4日，常委会第六次会议审议，决定接受陈余春辞去瑞安市第十三届人大代表职务。2004年1月8日，常委会第八次会议审议，决定接受胡永快辞去瑞安市第十三届人大常委会委员职务，并报市十三届人大二次会议备案；决定接受朱荣姆、王建东辞去瑞安市第十三届人大代表职务。2004年6月19日，常委会第十一次会议审议，决定接受张维荣辞去瑞安市第十三届人大代表职务。2004年11月3日，常委会第十四次会议审议，决定接受林济晚辞去瑞安市第十三届人大常委会副主任职务，并报市十三届人大三次会议备案。2004年12月21日，常委会第十六次会议审议，决定接受林济晚、陈仕潘、王永明辞去瑞安市第十三届人大代表职务；接受林步猛辞去瑞安市第十三届人大代表职务。2005年6月8日，常委会第二十一次会议审议，决定接受曾一松辞去瑞安市第十三届人大常委会委员职务，并报市十三届人大四次会议备案。

通过《关于表彰二〇〇三年度市人大代表活动先进小组和代表活动积极分子的决定》　2004年2月24日，市十三届人大常委会第九次会议审议，决定对安阳代表团第1组等10个代表活动先进小组和张爱萍等32名积极分子予以通报表彰。

通过《关于表彰二〇〇四年度市人大代表活动先进小组和代表活动积极分子的决定》　2005年2月22日，市十三届人大常委会第十八次会议审议，决定对安阳代表团第4组等10个代表活动先进小组和南小华等32名积极分子予以通报表彰。

通过许可对市人大代表依法采取限制人身自由措施的决定　共12项：2003年3月至2007年1月，根据温州市人民检察院、瑞安市公安局、苍南县公安局、德清县公安局的报告，依照《代表法》第三十二条的规定，市第十三届人大常委会先后作出许可对12名市人大代表依法采取强制措施的决定。

第二节　第十四届讨论、决定重大事项

市十四届人大常委会共讨论、决定重大事项91项：法治建设方面4项，财政经济方面26项，城乡建设环境保护方面2项，人大工作和建设方面56项。另有制定、修正常委会规章制度的决定3项，列入第十一章常委会建设记述。

一、法治建设方面

通过《关于开展"霸王搬运"专项整治的决议》　2009年5月20日，为有效解决人民群众反响强烈、社会影响恶劣的"霸王搬运"问题，市十四届人大常委会第十九次会议听取和审议市政府、市法院、市检察院《关于涉黑、涉恶及"两抢一盗"打击处理工作审议意见落实情况的报告》与常委会法制工委《关于开展对"霸王搬运"专项整治的建议》，作出《关于开展"霸王搬运"专项整治的决议》。决议要求：（一）要充分认识专项整治的必要性和紧迫性。"霸王搬运"是一种具有强迫交易性质的违法犯罪，严重扰乱市场秩序，破坏经济建设软环境，侵犯法律尊严，对"霸王搬运"进行专项整治已是刻不容缓的任务。（二）要有序、高效地开展专项整治工作。市政府要高度重视专项整治工作，成立专项整治领导小组，制定详细的整治方案，落实有效措施；各有关单位要各司其职、相互配合、主动参与，公安机关要继续深化对"霸王搬运"的打击处理，严厉打击掺杂其中的"恶势力团

伙”；要建立整治活动和长效管理的问责制度。（三）决议执行情况于2009年10月底前向市人大常委会报告。

通过《关于确定人民陪审员名额的决定》　2010年3月23日，市十四届人大常委会第二十八次会议听取、审议市法院《关于提请要求确定人民陪审员名额的议案》，决定确定瑞安市人民陪审员名额为72名。

通过《关于同意瑞安市乡镇行政区划调整方案的决议》　2011年3月22日，市十四届人大常委会第三十八次会议听取、审议市政府《关于提请审议瑞安市乡镇行政区划调整建议方案的议案》和市区划办关于瑞安市乡镇行政区划调整建设方案的说明，作出《关于同意瑞安市乡镇行政区划调整方案的决议》，并按照有关法定程序上报审批。

通过《关于进一步加强法制宣传教育的决议》　2011年8月19日，为进一步树立依法治市理念，提高全民法律素质，市十四届人大常委会第四十四次会议听取、审议市司法局《关于瑞安市“六五”普法规划制定情况的报告》，作出《关于进一步加强法制宣传教育的决议》。决议要求：（一）深入学习宣传以宪法为核心的中国特色社会主义法律体系。（二）突出重点，增强法制宣传教育的针对性和实效性。（三）不断创新，丰富法制宣传教育的形式和方法。（四）增强互动，坚持法制宣传教育与法治实践相结合。（五）强化保障，完善法制宣传教育的组织领导和保障机制。（六）加强监督，确保本决议的贯彻落实。

二、财政经济方面

通过《关于聘任财政预（决）算咨询顾问的决定》　2007年3月14日，为加强财政预（决）算审查监督工作，市十四届人大常委会第一次会议决定聘任杨锦炎、吴日发、陈培荣等3人为财政预（决）算咨询顾问。

通过《关于同意调整瑞安市国民经济和社会发展第十一个五年规划纲要部分指标的决定》　2007年4月11日，市十四届人大常委会第二次会议听取、审议市政府《关于提请调整瑞安市国民经济和社会发展第十一个五年规划纲要部分指标的议案》，决定同意调整瑞安市国民经济和社会发展第十一个五年规划纲要部分指标。

通过《关于同意瑞安市2007年政府性债务计划的决定》　2007年4月11日，市十四届人大常委会第二次会议听取、审议市政府《关于提请审议瑞安市2006年政府性债务情况及2007年政府性债务计划的议案》，决定同意2007年政府性债务计划，要求市政府要加强对举债资金的监督管理，提高资金的使用效益，精准编制并认真实施还本付息计划，本着量力而行的原则，将债务指标控制在省政府规定的要求之内，以防政府财政风险。

通过《关于批准2006年地方财政决算的决议》　2007年8月10日，市十四届人大常委会第四次会议经过审查，决定批准市政府提出的2006年地方财政决算，同意市财政局局长苏德贤《关于2006年瑞安市地方财政决算的报告》。

通过《关于同意2008年教育部门教育费附加和地方教育附加安排及教育债务偿还计划的决定》 2008年8月13日，市十四届人大常委会第十二次会议经过审查，决定同意2008年教育部门教育费附加和地方教育附加安排及教育债务偿还计划。

通过《关于批准2007年地方财政决算的决议》 2008年8月13日，市十四届人大常委会第十二次会议经过审查，决定批准市政府提出的2007年地方财政决算，同意市财政局局长苏德贤《关于2007年瑞安市地方财政决算的报告》。

通过《关于同意安排四川省青川县桥楼乡灾后援建资金的决定》 2009年3月23日，市十四届人大常委会第十八次会议听取、审议市政府《关于安排四川省青川县桥楼乡灾后援建资金的议案》，决定同意在2009年地方财政预算中安排322.96万元、在2008年地方预算超收财力中安排1793.04万元用于四川省青川县桥楼乡灾后援建资金。

通过《关于同意瑞安市2008年政府性债务情况及2009年政府性债务计划的决定》 2009年6月26日，市十四届人大常委会第二十次会议听取、审议市政府《关于提请审议瑞安市2008年政府性债务情况及2009年政府性债务计划的议案》《关于瑞安市2009年地方政府性债务偿债计划资金来源情况的报告》，作出《关于同意瑞安市2009年政府性债务计划的决定》。决定要求市政府科学合理编制举还债计划，每年安排一定的土地指标拍卖出让，收入专项用于政府债务的偿还，且举债建设的重点工程项目要储备相应土地作为偿债来源。

通过《关于同意2009年地方预算调整的决定》 2009年6月26日，市十四届人大常委会第二十次会议听取、审议市政府《关于发行地方政府债券后相应调整年初预算的议案》，作出《关于同意2009年地方预算调整的决定》。

通过《关于同意市政府〈将部分财政暂付款转列支出等事项的议案〉中有关项目支出的决定》 2009年6月26日，市十四届人大常委会第二十次会议听取、审议市政府《关于将部分财政暂付款转列支出等事项的议案》，作出《关于同意市政府〈将部分财政暂付款转列支出等事项的议案〉中有关项目支出的决定》。决定要求，鉴于财政暂付款时间较久、情况较复杂，市政府要将历年来的财政暂付款进行全面清理，分清轻重缓急，提出分期分批处理意见，并将相关情况报告市人大常委会主任会议同意后再按有关程序逐步实施。

通过《关于同意义务教育学校绩效工资资金及相应预算收支调整的决定》 2009年10月21日，市十四届人大常委会第二十二次会议听取、审议市政府《关于落实义务教育学校绩效工资资金及相应预算收支调整的议案》，决定原则同意义务教育学校绩效工资总量的安排。决定要求市政府及财政部门要按照有关文件规定筹措所需资金、并对支出预算进行合理调整，确保资金到位；教育部门要对校网布局和师资配置进行适当调整，并对学校班级数进行合理设置，制定绩效考核办法，加强对学校内部考核的指导；人事和教育部门借这次工资改革之机，及时清理在编不在岗教师、整顿清理代课教师，并根据教师工作量和教育质量拉开奖励标准，真正体现绩效工资的目的。

通过《关于同意卫生支出预算项目调整的决定》 2009年10月21日，市十四届人大常委会第二十二次会议听取、审议市政府《关于卫生支出预算项目调整的议案》，决定原则同意卫生支出预算项目调整，要求市卫生局加强对市第三人民医院托管后的监管，使市财政资金投入充分发挥服务社会的效应。

通过《关于调整财政预（决）算咨询顾问的决定》 2009年12月10日，市十四届人大常委会第二十四次会议决定对财政预（决）算咨询顾问进行调整，聘任杨锦炎、陈培荣、郑道翔等3人为财政预（决）算咨询顾问。

通过《关于同意市水利局和市房地产管理局2010年部门预算草案的决定》 2010年3月23日，市十四届人大常委会第二十八次会议听取、审议市财政局《关于市房管局和市水利局2010年部门预算的报告》，决定原则同意两个局预算安排。

通过《关于同意市财政安排飞云江三桥北延伸线项目代建资金并列入年度财政预算的决定》 2010年7月6日，市十四届人大常委会第三十二次会议听取、审议市政府《关于提请批准市财政安排飞云江三桥北延伸线项目代建资金并列入年度财政预算的议案》，决定原则同意市财政安排飞云江三桥北延伸线项目代建资金并列入年度财政预算，要求市财政局要按照工程建设进度拨付代建资金，并对资金使用情况及时进行监管，确保资金使用效益。

通过《关于同意瑞安市2010年政府性债务计划的决定》 2010年7月6日，市十四届人大常委会第三十二次会议听取、审议市政府《关于提请审议瑞安市2009年政府性债务情况及2010年政府性债务计划的议案》，决定原则同意2010年政府性债务计划。决定要求：市政府要将水务集团融资纳入地方政府性债务计划，进一步核实举债规模，控制政府债务；认真落实去年财政同级审中发现的关于经济开发区支付银行贷款融资顾问费问题的整改意见；督促工商银行及时兑现滩涂围垦吹填项目贷款下浮利率的承诺；要充分利用财政存量资金的优势，科学调配举债资金，加强对资金使用监管，及时落实还款计划，切实防范财政风险。

通过《关于批准2009年度地方财政决算的决议》 2010年8月31日，市十四届人大常委会第三十三次会议经过审查，同意市财政局局长陈迪海《关于2009年度瑞安市地方财政决算报告》，决定批准市人民政府提出的2009年度地方财政决算。

通过《关于同意发行地方政府债券相应调整2010年年度预算的决定》 2010年12月7日，市十四届人大常委会第三十五次会议听取、审议市政府《关于发行地方政府债券，相应调整2010年年度预算的议案》，决定同意发行地方政府债券相应调整2010年年度预算。

通过《关于同意调整国有土地使用权出让收支预算的决定》 2010年12月30日，市十四届人大常委会第三十六次会议听取、审议市政府《关于提请调整国有土地使用权出让收支预算的议案》，决定同意调整国有土地使用权出让收支预算。

通过《关于同意增加国有企业计划亏损退库的决定》 2010年12月30日，市十四届人大常委会第三十六次会议听取、审议市政府《关于要求增加国有企业计划亏损退库的议案》，决定同意增加国有企业亏损退库计划5000万元。

通过《关于同意财政预算结转指标清理及重新安排使用的决定》　2011年2月25日，市十四届人大常委会第三十七次会议听取、审议市政府《关于提请审议瑞安市财政预算结转指标清理及重新安排使用的议案》，决定同意安排使用6439万元预算结转指标。

通过《关于批准2010年度地方财政决算的决议》　2011年8月19日，市十四届人大常委会第四十四次会议经过审查，同意市财政局《关于2010年度瑞安市地方财政决算报告》，决定批准市政府提出的2010年度地方财政决算。决议要求，市财政局要对年度预算执行率为零及过低的重点支出项目进行分析研究，提出改进措施，提高财政资金使用效益，并对年度专项结余资金进行清理，将重新安排使用情况报市人大常委会批准。

通过《关于同意调整2011年部分财政支出项目预算保障重点工程建设资金需要的决定》　2011年10月18日，市十四届人大常委会第四十五次会议听取、审议市政府《关于要求调整2011年部分财政支出项目预算，保障重点工程建设资金需要的议案》，同意使用年初人代会的项目预留专项资金2亿元（具体项目安排细化计划报财经工委备案）；同意调整项目预算39050万元，主要用于保障重点工程建设资金需要。

通过《关于同意发行地方政府债券相应调整2011年度预算的决定》　2011年10月18日，市十四届人大常委会第四十五次会议听取、审议市政府《关于发行地方政府债券，相应调整2011年度预算的议案》，同意发行地方政府债券1.3亿元，相应调整地方可用财力为35.8亿元、地方一般预算支出为38.5亿元。

通过《关于同意调整2011年国有土地使用权出让收支预算的决定》　2011年10月18日，市十四届人大常委会第四十五次会议听取、审议市政府《关于要求调整2011年国有土地使用权出让（本级统筹）收支预算的议案》，同意并增加的土地出让收入3.6388亿元，用于增加市人民医院瑞祥分院工程、温福铁路瑞安段工程、市客运中心站工程等三个项目的土地划拨成本预算支出。

通过《关于同意民政支出预算项目调整的决定》　2011年10月18日，市十四届人大常委会第四十五次会议听取、审议市政府《关于民政支出预算项目调整的议案》，决定同意2010年民政支出预算在结余资金中安排1000万元项目支出，其余资金收回，纳入2012年预算统筹安排。

三、城乡建设环境保护方面

通过《关于同意瑞安市城市总体规划局部调整的决定》　2007年9月28日，市十四届人大常委会第五次会议听取、审议市政府《关于提请局部调整城市总体规划的议案》，决定同意局部调整瑞安城市总体规划。

通过《关于同意瑞安市域总体规划和市中心城区总体规划的决议》　2011年6月8日，市十四届人大常委会第四十一次会议听取、审议市政府《关于提请审议瑞安市域总体规划和中心城区总体规划的议案》，决定原则同意瑞安市域总体规划和中心城区总体规划。决定要求市政府要按照《城乡规划法》有关规定，结合本次会议的审议意见，对市域总体规划和中心城区总体规划进行认真修改、充分完善，使其更加科学合理；要做好与上级规划及土地利用总体规划等其他规划的协调和衔接，进一步明晰与沿海产业带、海洋经济发展布局的关系；要注重体现瑞安地域人文特色，保护历史文化遗产和自然生态环境，合理布局中西部山区工业点；要明确在市域和中心城区加快发展港口、物流等现代服务业，加快落实规划的政策保障措施，促进瑞安建设宜居宜创业的现代化大城市战略的深入实施。

四、人大工作和建设方面

通过关于设立、调整市十四届人大常委会代表资格审查委员会的决定　共2项：2007年6月11日，常委会第三次会议决定，设立市十四届人大常委会代表资格审查委员会，并通过组成人员名单。2010年12月30日，常委会第三十六次会议因人事变动，决定调整市十四届人大常委会代表资格审查委员会组成人员。

通过关于召开市十四届人民代表大会第二次至第六次会议、十五届人民代表大会第一次会议的决定　共6项：2008年1月10日，常委会第七次会议决定：瑞安市第十四届人民代表大会第二次会议于2008年2月26日至29日在瑞安召开，并提出会议的建议议程。2008年12月25日，常委会第十六次会议决定：瑞安市第十四届人民代表大会第三次会议于2009年2月17日至20日在瑞安召开，并提出会议的建议议程。2009年12月10日，常委会第二十四次会议决定：瑞安市第十四届人民代表大会第四次会议于2010年1月20日至23日在瑞安召开，并提出会议的建议议程。2010年12月7日，常委会第三十五次会议决定：瑞安市第十四届人民代表大会第五次会议于2011年1月24日至27日在瑞安召开，并提出会议的建议议程。2011年7月14日，常委会第四十三次会议决定：瑞安市第十四届人民代表大会第六次会议于2011年7月17日至18日在瑞安召开，并提出会议的建议议程。2011年11月24日，常委会第四十六次会议决定：瑞安市第十五届人民代表大会第一次会议于2012年1月5日至9日在瑞安召开，并提出会议的建议议程。

通过关于市十四届人民代表大会第一次至第五次会议代表议案处理的决定　共5项：2007年3月14日，常委会第一次会议审议，决定将彭小锋、姜宗羽、钟锦强、林晋存、池万松、吴伟银、鲍仕光、刘海峰等代表提出的“关于加快实施农村饮用水安全工程”等议案列为市十四届人大一次会议的议案，交市人民政府办理。要求市人民政府制定具体实施方案，于6月底前报市人大常委会备案，并认真组织实施，将实施结果报告市人大常委会和市十四届人民代表大会第二次会议。2008年5月5日，常委会第十次会议审议，决定将马屿代表团龚德伏等12位代表提出的“关于切实解决好农村垃圾问题的议案”列为市十四届人大二次会议的议案，交市人民政府办理。要求市人民政府制定具体实施方案，于7月底前报市人大常委会备案，并认真组织实施，将实施结果报告市人大常委会和市十四届人民代表大会第三次会议。2009年3月23日，常委会第十八次会议审议，决定将市十四届人大三次会议期间代表提出的18件议案转为建议、批评和意见，交市人民政府办理，并负责答复代表。2010年3月23日，常委会第二十八次会议审议，决定将池志刚、贾建华、张爱芬、陈明仁等代表领衔提出的“关于加快农房改造、推进新农村建设”的4件议案合并为1件列为市十四届人大四次会议的议案，交市人民政府办理。要求市人民政府制订具体实施方案，于6月底前报市人大常委会备案，并认真组织实施，将实施结果报告市人大常委会和市十四届人大五次会议。2011年2月25日，常委会第三十七次会议审议，决定将瑞安市第十四届人民代表大会第五次会议期间代表提出的9件议案转为建议、批评和意见，交市人民政府及有关单位办理，并负责答复代表。

通过关于设立选举委员会、镇（街道）选举工作领导小组和镇人大代表名额的决定　共7项：2011年6月8日，常委会第四十一次会议根据《选举法》规定和上级有关文件的要求，经报请市委同意，决定：（一）设立陶山镇、湖岭镇、马屿镇、高楼镇选举委员会，并通过组成人员名单。（二）确定新一届镇人民代表大会代表名额为699名，分别为：塘下镇157名、马屿镇147名、高楼镇121名、陶山镇137名、湖岭镇137名。2011年10月18日，常委会第四十五次会议根据《选举法》的规定和上级有关文件的要求，经报请市委同意，决定：（一）设立瑞安市选举委员会，并通过组成人员名单；（二）设立塘下镇选举委员会，并通过组成人员名单；（三）成立市直属3个系统选举工作领导小组，并通过组成人员名单；（四）成立镇选举工作领导小组，分别为：陶山镇、湖岭镇、马屿镇、高楼镇，并通过组成人员名单；（五）成立街道选举工作领导小组，分别为：安阳街道、玉海街道、锦湖街道、东山街道、上望街道、莘塍街道、汀田街道、飞云街道、仙降街道、南滨街道，并通过组成人员名单。

通过关于决定代理市长、法院院长、检察长职务和接受辞去市人大常委会主任、市长、副市长、法院院长、检察长职务的决定　共14项：2008年11月18日，常委会第十五次会议审议，决定接受蒋珍明辞去瑞安市人民政府市长职务，并报市十四届人大三次会议备案；决定任命陈建明为瑞安市人民政府副市长、代理市长职务；决定接受赵建华辞去瑞安市人民法院院长、审判委员会委员职务，报市十四届人大三次会议备案；决定戎小平代理瑞安市人民法院院长职务。2009年11月25日，常委会第二十三次会议审议，决定接受郑邦良辞去瑞安市人民政府副市长职务，并报市十四届人大四次会议备案。2010年12月30日，常委会第三十六次会议审议，决定接受黄清钰辞去瑞安市人民检察院检察长、检察委员会委员职务，报市十四届人大五次会议备案，并报温州市人大常委会批准；决定王美鹏代理瑞安市人民检察院检察长职务，并报温州市人民检察院和温州市人大常委会备案。2011年5月9日，常委会第四十次会议审议，决定接受叶建辉辞去瑞安市人民政府副市长职务，并报市十四届人大六次会议备案。2011年7月14日，常委会第四十三次会议审议，决定接受张女珍辞去瑞安市第十四届人大常委会主任职务，并报市第十四届人大六次会议备案。2011年11月24日，常委会第四十六次会议审议，决定接受陈建明辞去瑞安市人民政府市长职务，并报市十五届人大一次会议备案；决定李无文代理瑞安市人民政府市长职务；决定接受蒋良奉辞去瑞安市人民政府副市长职务，并报市十五届人大一次会议备案。决定接受戎小平辞去瑞安市人民法院院长、审判委员会委员职务，并报市十五届人大一次会议备案；决定张毅代理瑞安市人民法院院长职务。

通过关于接受辞去市十四届人大常委会副主任、委员和人大代表职务的决定　共12项。2007年6月11日，常委会第三次会议审议，决定接受项贻康辞去瑞安市第十四届人大常委会委员职务，并报市十四届人大二次会议备案。2008年1月10日，常委会第七次会议审议，决定接受叶序锋、张金林、项贻康、钟锦强、黄长安、蒋良奉等6人辞去瑞安市第十四届人大代表职务，叶序锋的瑞安市第十四届人大常委会委员职务相应终止，并报市第十四届人大二次会议备案。2008年11月18日，常委会第十五次会议审议，决定接受池洪义、林建忠辞去瑞安市第十四届人大代表职务。2008年12月25日，常委会第十六次会议审议，决定接受张永芬、陈积龙、蒋朝阳、蔡爱东、谢炳禹等5人辞去瑞安市第十四届人大代表职务。2009年1月21日，常委会第十七次会议审议，决定接受冯金考、陈乃俊辞去瑞安市第十四届人大代表职务。2009年5月20日，常委会第十九次会议审议，决定终止王学镜的瑞安市第十四届人大代表资格、人大常委会委员职务。2009年10月21日，常委会第二十二次会议审议，决定接受王建平、陈贤略、胡允科、王育林、朱瑞宇、吴伟银、胡兴弟、孙锦声、陈宗成、陈庆凯、何如松、胡存瑞、林孙利、詹子佼、陈洋志、彭小锋、余良华、谢作星等18人辞去瑞安市第十四届人大代表职务。2009年12月30日，常委会第二十六次会议审议，决定接受金建宇辞去瑞安市十四届人大代表职务。2010年4月15日，常委会第二十九次会议审议，决定接受邵万姆、周逢玉辞去市十四届人大常委会委员职务，并报市十四届人大五次会议备案。2010年7月6日，常委会第三十二次会议审议，决定接受盛志荣辞去瑞安市十四届人大常委会副主任职务，并报市十四届人大五次会议备案。2010年12月7日，常委会第三十五次会议审议，决定接受邵万姆、陈明仁、周逢玉、苏德贤、蔡仁敏、陈荣臻、张春城、林德池、刘海峰、吴仕积、周晓东、刘光享、叶应东、杨宝胜、黄志勇等15人辞去瑞安市第十四届人民代表大会代表职务。2011年10月18日，常委会第四十五次会议审议，决定接受王庆秋辞去瑞安市第十四届人大常委会副主任职务，并报瑞安市人民代表大会备案。

通过许可对市人大代表依法采取限制人身自由措施的决定　共10项。2007年1月至2012年1月，根据市人民检察院、市公安局的报告，依照《代表法》第三十二条的规定，市第十四届人大常委会先后作出许可对12名市人大代表依法采取强制措施的决定。

第三节　第十五届讨论、决定重大事项

市十五届人大常委会共讨论、决定重大事项96项：法治建设方面5项，财政经济方面16项，教科文卫方面1项，人大工作和建设方面58项。另有制定、修正常委会规章制度的决定16项，列入第十一章常委会建设记述。

一、法治建设方面

通过《关于促进全面深化改革的决定》　2014年2月27日，为凝聚全面深化改革的智慧和力量，营造有利于改革创新的制度环境和社会环境，深入推进瑞安改革创新具体实践，当好温州赶超发展的排头兵、再创辉煌的顶梁柱，根据《中共瑞安市委关于认真学习贯彻党的十八届三中全会精神全面深化改革的实施意见》，结合瑞安市实际情况，市十五届人大常委会第十九次会议作出《关于促进全

面深化改革的决定》。决定指出：（一）广泛凝聚改革共识，全面深化改革是全市人民共同的目标任务。（二）牢牢把握改革要求，坚持社会主义市场经济改革方向，坚持以经济建设为中心，坚持问题导向，坚持人民主体地位。（三）全面落实改革任务，认真贯彻落实中央、省市委关于全面深化改革的决策部署和各项具体措施，大胆探索实践，勇争全面深化改革的“模范生”。（四）切实强化改革责任，全市上下齐心协力、各司其职、各尽所能，形成推进改革的强大合力。（五）大力营造改革氛围，进一步弘扬敢为人先、敢于改革、善于创新的精神，在全社会形成鼓励创新、允许探索、善待挫折、包容失误的良好风尚。

通过《关于同意瑞安市部分乡镇（街道）行政区划调整方案的决议》　2015年10月30日，市十五届人大常委会第三十五次会议听取、审议市政府《关于提请审议瑞安市部分乡镇（街道）行政区划调整方案的议案》，作出《关于同意瑞安市部分乡镇（街道）行政区划调整方案的决议》，并按照有关法定程序上报审批。

通过《关于开展第七个五年法治宣传教育的决议》　2016年11月1日，为深入学习宣传习近平总书记关于全面依法治国的重要论述，全面深化法治瑞安建设，不断提升全民法治修养，市十五届人大常委会第四十六次会议听取、审议市司法局《关于瑞安市“七五”普法规划有关情况的报告》，作出《关于开展第七个五年法治宣传教育的决议》。决议要求：（一）深入学习宣传《中华人民共和国宪法》和国家基本法律。（二）学习宣传瑞安市重点工作和重点领域的相关法律法规，依法推进重大决策部署的贯彻落实。（三）持续深入开展全民普法活动。（四）在全面坚持全民善法的基础上，加强重点对象学法守法用法。（五）推进富有瑞安特色的社会主义法治文化建设，促进法律的规范作用和普法、道德的教化作用相辅相成。（六）创新开展法治宣传教育，不断提高法治宣传教育的针对性和实效性。（七）深入推进多层次多领域依法治理，把法治宣传教育工作融入法治瑞安、平安瑞安建设的全过程。（八）健全完善党委领导、人大监督、政府实施、部门各负其责、全民共同参与的法治宣传教育工作体制机制。

通过《关于实施市人民政府民生实事人大代表票决制的决定》　2017年2月7日，市十五届人大常委会第五十次会议听取、审议市人大常委会办公室《关于实施市人民政府民生实事人大代表票决制的决定（草案）》的说明，作出《市人民政府民生实事人大代表票决制的决定》。决定认为，由人大代表对政府民生实事进行票决，是人大及其常委会决定重大事项、体现人民当家作主的具体实践，是深化公共预算改革、扩大政府民意基础的有效途径。市政府及其职能部门要广泛征求人大代表和社会各界的意见建议，切实做好民生实事项目的征集与遴选工作，并提请市人民代表大会会议审议决定。决定指出，市政府要抓好民生实事的组织实施与检查评估工作，主动接受人大代表和社会各界监督。市人大常委会要通过组织人大代表视察等方式，开展督查和评议工作，推动民生实事项目落到实处、取得成效。决定要求，市人大代表要积极参与政府民生实事项目建议征集、审议票决、监督检查等各环节工作，切实发挥主体作用，真正把人民群众的意愿和需求体现在政府民生实事中。市人大常委会办公室、市政府办公室要根据决定精神，制定具体操作办法，切实形成项目设置可票决、进展可监督、结果可评议、调整可动议、成效可检验的良性运行机制。

通过《关于市监察委员会副主任、委员任免工作的决定》　2017年2月7日，根据《全国人民代表大会常务委员会关于在北京市、山西省、浙江省开展国家监察体制改革试点工作的决定》和有关法律、法规规定，市十五届人大常委会第五十次会议就市监察委员会副主任、委员任免工作作出决定：一、市监察委员会副主任、委员，由市监察委员会主任提请市人大常委会任免。二、市监察委员会副主任、委员的任免，采用无记名投票的方式进行表决。三、通过任命的市监察委员会副主任、委员，由市人大常委会颁发任命书，任命书由市人大常委会主任或者委托的副主任颁发。市监察委员会委员的任命书，可以委托市监察委员会主任颁发。四、市监察委员会主任依照法定程序产生后，由市人民代表大会会议主席团组织进行宪法宣誓。市监察委员会副主任、委员任命后，由市人大常委会主任会议组织进行宪法宣誓。五、市监察委员会副主任、委员任免工作中的其他事项，参照适用《瑞安市人民代表大会常务委员会任免国家机关工作人员办法》。决定自通过之日起施行。

二、财政经济方面

通过《关于聘任财政预（决）算咨询顾问的决定》　2012年3月9日，为加强财政预（决）算审查监督工作，市十五届人大常委会第二次会议决定，聘任郑道翔、陈培荣、林元众等三人为财政预（决）算咨询顾问。

通过《关于同意财政预算结转指标清理及重新安排使用的决定》　2012年5月3日，市十五届人大常委会第三次会议听取、审议市政府《关于瑞安市财政预算结转指标清理及重新安排使用的议案》，决定同意将清理收回的7962万元预算结转指标重新安排使用3217万元。

通过《关于批准2011年度地方财政决算的决议》　2012年8月27日，市十五届人大常委会第五次会议听取、审议市财政局《关于瑞安市2011年度地方财政决算报告》，决定批准市政府提出的2011年度地方财政决算。决议要求，市政府要高度重视预算执行率不高，暂付款数额过大、时间过长等问题及审计查明的相关问题，严格执行《中华人民共和国预算法》和市人大常委会关于讨论、决定本市重大事项所规定的报批程序，严格执行预算管理制度，加强财政风险防范，提高资金使用效率。

通过《关于同意2012年度地方预算调整方案的决定》　2012年10月31日，市十五届人大常委会第七次会议听取、审议市政府《关于提请审议2012年度地方预算调整方案（草案）的议案》，决定同意市人民政府提出的2012年地方预算调整方案。

通过《关于同意2013年度财政清理资金重新安排使用的决定》　2013年6月21日，市十五届人大常委会第十三次会议听取、审议市政府《关于提请审议2013年度瑞安市财政清理资金重新安排使用情况的议案》，决定同意安排清理结转指标2.35亿元。决定要求，市财政局要结合年初预算安排，注重资金安排的合理性与效益性，加强资金绩效管理，切实增强预算的严肃性。

通过《关于批准2012年度地方财政决算的决议》　2013年8月20日，市十五届人大常委会第十四次会议听取、审议市财政局《关于2012年度瑞安市地方财政决算报告》，决定批准市政府提出的2012

年度地方财政决算。

通过《关于批准市“十二五”规划纲要部分指标的决议》　2013年9月26日，市十五届人大常委会第十五次会议听取、审议市政府《关于提请调整瑞安市“十二五”规划纲要部分指标的议案》，决定批准市政府提出的调整方案，同意地区生产总值由年均增长10%调整为8.5%，人均生产总值由年均增长10%调整为8%，社会消费品零售总额由年均增长14%调整为12%。

通过《关于同意2013年地方预算调整方案的决定》　2013年11月5日，市十五届人大常委会第十六次会议听取、审议市政府《关于提请审议2013年地方预算调整方案（草案）的议案》，决定同意市政府提出的2013年地方预算调整方案。

通过《关于同意2014年切块预留财政专项资金细化方案的决定》　2014年6月24日，市十五届人大常委会第二十一会议听取、审议市政府《关于2014年切块预留财政专项资金细化方案的议案》，决定同意2014年切块预留财政专项资金细化方案。决定要求，财政专项资金改革要坚定信心、明确目的、理清思路、加强宣传，注重对相关政策文件的清理、整合，明确政策实施期限，加强专项资金绩效评价，切实提高财政资金的使用效益。根据市人大常委会《关于讨论、决定本市重大事项的规定》，方案中涉及奖励资金安排的预算安排政策依据，以及财政代编尚未分配的专项资金分配计划，向市人大常委会主任会议报告；其他专项资金进一步细化计划报财经工委备案。

通过《关于批准2013年度地方财政决算的决议》　2014年8月28日，市十五届人大常委会第二十三次会议听取、审议市财政局《关于瑞安市2013年地方财政决算报告》，决定批准市政府提出的2013年地方财政决算。决议要求，市政府要高度重视“收入增收基础尚不稳固、财政支出压力加大、资金使用效益不高”等问题以及审计查明的问题，严格执行《中华人民共和国预算法》和市人大常委会关于讨论、决定本市重大事项的有关规定，规范预算管理，严肃财经纪律，加强风险防范，提高资金使用效益。

通过《关于同意2014年地方财政预算调整方案的决定》　2014年10月27日，市十五届人大常委会第二十四次会议听取、审议市政府《关于提请审议2014年地方财政预算调整方案（草案）的议案》，决定同意市政府提出的2014年地方财政预算调整方案。

通过《关于批准2014年度地方财政决算的决议》　2015年8月28日，市十五届人大常委会第三十三次会议听取、审议市财政局《关于瑞安市2014年地方财政决算报告》，决定批准市政府提出的2014年地方财政决算。

通过《关于同意2015年地方财政预算调整方案的决定》　2015年10月10日，市十五届人大常委会第三十四次会议听取、审议市政府《关于提请审议2015年地方财政预算调整方案（草案）的议案》，决定同意市政府提出的2015年地方财政预算调整方案。决定要求，市财政部门要严格执行《中华人民共和国预算法》有关规定，加强预算编制前瞻性、科学性，严格预算执行，避免预算收支大幅波动；要规范政府性债务管理，切实防范财政支付风险和中长期风险；要强化预算送审程序，细化预算报告事项，提高预算报告完整性、可读性。

通过《关于同意2015年地方政府债务限额及在建项目地方政府债券预算调整方案的决定》 2015年12月18日，市十五届人大常委会第三十七次会议听取、审议市政府《关于提请审议瑞安市2015年地方政府债务限额及在建项目地方政府债券预算调整方案的议案》，决定原则同意市政府提出的2015年地方政府债务限额69.6亿元及在建项目地方政府债券预算调整方案。

通过《关于批准2015年度地方财政决算的决议》 2016年7月22日，市十五届人大常委会第四十三次会议听取、审议市财政局《关于瑞安市2015年地方财政决算报告》，决定批准市政府提出的2015年地方财政决算。

通过《关于同意2016年地方政府债务限额及市级财政预算调整方案的决定》 2016年11月1日，市十五届人大常委会第四十六次会议听取、审议市政府《关于提请审议瑞安市2016年地方政府债务限额及市级财政预算调整方案（草案）的议案》，决定原则同意市政府提出的2016年地方政府债务限额及市级财政预算调整方案。决定要求，市政府及财政部门要严格执行《中华人民共和国预算法》等有关规定，规范预算调整程序，提高预算编制科学性，加强国库资金管理，认真研究政府债务偿还机制，确保瑞安市财政预算收支平稳运行。

三、教科文卫方面

通过《关于进一步加强食品安全工作的决议》 2012年9月20日，为认真贯彻实施《中华人民共和国食品安全法》，切实提高人民群众对食品安全工作的满意度和获得感，市十五届人大常委会第六次会议听取、审议市人民政府《关于食品安全法执法检查报告审议意见落实情况的报告》，并开展食品安全工作专题询问，作出《关于进一步加强食品安全工作的决议》。决议指出：（一）进一步提高认识，深入贯彻落实《中华人民共和国食品安全法》，增强做好食品安全工作的责任感和使命感，提高监管和执法水平，创造良好的舆论氛围和社会环境。（二）进一步加强监管，不断提高食品安全保障水平。市、乡镇政府负总责，监管部门各司其职，实现食品安全全过程、全方位的“无缝”监管。（三）进一步强化措施，努力提升食品安全工作成效，建立落实食品安全工作领导责任制、责任追究制，进一步整合资源，建立安全、高效的检验检测机构，建立健全食品安全联动执法机制、社会监督机制。

四、人大工作和建设方面

通过《关于设立市十五届人大常委会代表资格审查委员会的决定》 2012年3月9日，常委会第二次会议根据《地方组织法》第五十条规定，决定设立瑞安市第十五届人民代表大会常务委员会代表资格审查委员会，并通过组成人员名单。

通过《关于设立潘岱街道人大工作委员会、云周街道人大工作委员会的决定》 2016年2月24日，市十五届人大常委会第三十九次会议根据《地方组织法》第五十三条规定和工作需要，决定设立潘岱街道人大工作委员会、云周街道人大工作委员会。

通过《关于市人大常委会法制工作委员会更名的决定》　2017年2月7日，市十五届人大常委会第五十次会议根据中共浙江省委《关于进一步加强人大工作和建设 充分发挥人大作用的意见》文件精神和温州市人大常委会办公室《关于调整县（市、区）人大常委会法制工作委员会名称的通知》要求，决定将常委会法制工作委员会更名为常委会法制内务司法工作委员会，原编制、职数不变。

通过关于召开市十五届人民代表大会第二次至第五次会议、十六届人民代表大会第一次会议的决定　共6项：2012年11月22日，常委会第八次会议决定：瑞安市第十五届人民代表大会第二次会议于2013年1月5日至8日在瑞安召开，并提出会议的建议议程。2012年12月14日，常委会第九次会议决定：瑞安市第十五届人民代表大会第二次会议召开时间调整为2012年1月9日。2013年12月4日，常委会第十七次会议决定：瑞安市第十五届人民代表大会第三次会议于2014年1月6日在瑞安召开，并提出会议的建议议程。2015年3月2日，常委会第二十八次会议决定：瑞安市第十五届人民代表大会第四次会议于2015年3月18日在瑞安召开，并提出会议的建议议程。2015年11月27日，常委会第三十六次会议决定：瑞安市第十五届人民代表大会第五次会议于2016年1月8日在瑞安召开，并提出会议的建议议程。2017年1月13日，常委会第四十九次会议决定：瑞安市第十六届人民代表大会第一次会议于2017年2月16日在瑞安召开，并提出会议的建议议程。

通过关于市第十五届人民代表大会第一次、第三次会议代表议案处理的决定　共2项：2012年3月9日，常委会第二次会议审议，决定对代表10人以上联名提出的52件议案作如下处理：将陶山、湖岭、马屿、高楼代表团张筱珍等代表领衔提出的“关于加快旅游业发展、推进幸福瑞安建设”等相关的6件议案合并为1件，作为大会的议案，交市人民政府办理。其余46件转为建议、批评和意见办理。市人民政府制定议案办理的实施方案并组织实施。实施方案于2012年6月底前报市人大常委会备案，实施结果向市人大常委会和市十五届人大二次会议报告。2014年2月27日，常务委员会第十九次会议审议，决定对代表10人以上联名提出的30件议案作如下处理：将塘下、陶山、湖岭、马屿、滨海、市直等6个代表团的王让式、夏光荣、吴大春、阮棉聪、孙志忠、虞峰云、林德池、孙健明等8位代表领衔提出的有关加快推进浙南美丽水乡建设的8件议案合并为“关于推进系统治水、加快美丽水乡建设”的议案，交市人民政府办理；其余22件转为建议、批评和意见办理。市人民政府制定议案办理的实施方案并组织实施。实施方案于2014年6月底前报市人大常委会备案，实施结果向市人大常委会和市十五届人大四次会议报告。

通过关于设立选举委员会、选举办事机构和确定乡镇人大代表名额等事项的决定　共8项：2016年5月31日，根据《选举法》规定和上级有关文件的要求，常委会第四十二次会议决定：（一）设立陶山镇、桐浦镇、湖岭镇、林川镇、马屿镇、曹村镇、高楼镇、平阳坑镇、芳庄乡、北麂乡等乡镇选举委员会，并通过组成人员名单。（二）确定新一届乡（镇）人民代表大会代表名额为907名，分别为：塘下镇159名；陶山镇107名；桐浦镇63名；湖岭镇87名；林川镇65名；马屿镇121名；曹村镇58名；高楼镇97名；平阳坑镇52名；芳庄乡55名；北麂乡43名。（三）确定新一届乡（镇）人民代表大会主席团组成人员名额为：塘下镇17人；陶山镇15人；桐浦镇11人；湖岭镇13人；林川镇11人；马屿镇15人；曹村镇11人；高楼镇13人；平阳坑镇9人；芳庄乡9人；北麂乡7人。2016年11月1日，根据选举法有关规定，经报请市委同意，常委会第四十六次会议决定：（一）设立瑞安市选举委员会、塘下镇选举委员会，并通过组成人员名单。（二）设立陶山镇、桐浦镇、湖岭镇、林川镇、马屿镇、曹村镇、高楼镇、平阳坑镇、芳庄乡、北麂乡等乡镇选举办事处，并通过组成人员名单。（三）设立安阳街道、玉海街道、锦湖街道、潘岱街道、东山街道、上望街道、莘塍街道、汀田街道、飞云街道、仙降街道、云周街道、南滨等街道选举办事处，并通过组成人员名单。（四）设立市直属各系统选举办事处，即第一直属系统选举办事处（党群、政法、宣教文卫体）、第二直属系统选举办事处（市政府综合部门、农口、城建、工商、财政）、第三直属系统选举办事处（发改、经信），并通过组成人员名单。2016年12月9日，常委会第四十八次会议因市选举委员会部分成员工作变动和选举委员会实际工作需要，根据《选举法》有关规定，决定对市选举委员会部分成员进行调整。

通过关于决定代理市长、监委主任、法院院长、检察长和接受辞去市长、副市长、法院院长、检察长职务的决定　共10项：2015年3月2日，常委会第二十八次会议审议，决定接受李无文辞去瑞安市人民政府市长职务，并报市十五届人大四次会议备案；决定陈胜峰代理瑞安市人民政府市长职务。2015年6月11日，常委会第三十一次会议审议，决定接受方晖辞去瑞安市人民政府副市长职务，并报市十五届人大五次会议备案；决定接受王美鹏辞去瑞安市人民检察院检察长、检察委员会委员职务，报市十五届人大五次会议备案，并报温州市人大常委会批准；决定宣章良代理瑞安市人民检察院检察长职务，并报温州市人民检察院和温州市人大常委会备案。2015年7月31日，常委会第三十二次会议审议，决定接受张毅辞去瑞安市人民法院院长、审判委员会委员职务，并报市十五届人大五次会议备案；决定鞠海亭代理瑞安市人民法院院长职务。2016年11月24日，常委会第四十七次会议审议，决定接受陈胜峰辞去瑞安市人民政府市长职务，并报市人民代表大会备案；决定麻胜聪代理瑞安市人民政府市长职务。2016年12月9日，常委会第四十八次会议审议，决定接受冯金考辞去瑞安市人民政府副市长职务，并报市人民代表大会备案。

通过关于接受辞去市十五届人大常委会副主任、委员和人大代表职务的决定　共14项：2012年3月9日，常委会第二次会议审议，决定接受郑康良辞去瑞安市第十五届人大代表职务。2012年11月22日，常委会第八次会议审议，决定接受陈银姆辞去瑞安市第十五届人大代表职务，其市第十五届人大常委会委员职务相应终止。2012年12月14日，常委会第九次会议决定接受陈世尧、张榜桃、项金敏、金建宇、夏杰、林权龙等6人辞去瑞安市第十五届人大代表职务。2013年12月4日，常委会第十七次会议审议，决定接受邵晓萍、戴美东、蒋兆友、郑光春、刘玉庭、曾建文、池万好、陈彪、吴顺进、黄文光、林朝进、叶应东、陈国荣、刘光享、曾爱慧、陈慧、涂小平、贾建华、黄秀杰、缪德泉、李洪星、蔡伟红等22人辞去瑞安市第十五届人大代表职务。2014年6月24日，常委会第二十一次会议审议，决定接受沈永锋辞去瑞安市第十五届人大代表职务，其市第十五届人大常委会委员职务相应终止。2014年11月28日，常委会第二十五次会议审议，决定接受薛存苗、郑光春、周晓华、张筱珍、林德池、姜宗羽、谢骁、苏尚国、陈阿杰、张蕙娜、王式林、林立峰、陈彪、陈阿朋、贾建华等15人辞去瑞安市第十五届人大代表职务，张蕙娜的市第十五届人大常委会委员职务相应终止。2014年12月30日，常委会第二十六次会议审议，决定接受池志刚、王昌宁、赵建成、郑希鸿、陈显泼、胡仲林等6人辞去瑞安市第十五届人大代表职务。2015年2月6日，常委会第二十七次会议审议，决定接受徐守洋辞去瑞安市第十五届人大代表职务。2015年3月2日，常委会第二十八次会议审议，决定接受王建东辞去瑞安市第十五届人大常委会副主任职务，报瑞安市第十五届人大四次会议备案。2015年7月31日，常委会第三十二次会议审议，决定接受黄陈跃辞去瑞安市第十五届人大代表职务，其市第十五届人大常委会委员职务相应终止。2015年12月18日，常委会第三十七次会议审议，决定接受王建东、施巨耀、项金敏、刘海峰、廖仕旺、曾大冲、夏光荣、沈长城、许道火、池万松、许良伍、周识马、黄志勇、金晓昆等14人辞去瑞安市第十五届人大代表职务。2015年12月31日，常委会第三十八次会议审议，决定接受张中晦、周佐胜2人辞去瑞安市第十五届人大常委会委员职务，报市第十五届人大五次会议备案。2016年7月22日，常委会第四十三次会议审议，决定接受陈胜泉辞去瑞安市第十五届人大常委会委员、市第十五届人大财政经济委员会副主任委员职务，报市人民代表大会备案。2016年9月26日，常委会第四十五次会议审议，决定接受姚松鹤辞去瑞安市第十五届人大常委会副主任职务，报市人民代表大会备案。

通过许可对市人大代表依法采取限制人身自由措施的决定　共15项。2012年1月至2017年2月，根据市人民法院、市人民检察院、市公安局的报告，依照《代表法》第三十二条的规定，市第十五届人大常委会先后作出许可对13名市人大代表依法采取强制措施的决定。

第四节　第十六届讨论、决定重大事项

市十六届人大常委会共讨论、决定重大事项86项：法治建设方面4项，财政经济方面20项，人大工作和建设方面55项。另有制定、修正常委会规章制度的决定7项，列入第十一章常委会建设记述。

一、法治建设方面

通过《关于确定人民陪审员名额的决定》　2018年10月30日，市十六届人大常委会第十六次会议听取、审议市法院《关于提请讨论确定人民陪审员名额的议案》，根据《中华人民共和国人民陪审员法》《人民陪审员选任办法》有关规定，结合市人民法院审判工作需求，决定同意确定市人民法院人民陪审员名额为400名。

通过《关于加强检察公益诉讼工作的决定》　2020年10月22日，为进一步加强瑞安市检察公益诉讼工作，维护国家利益和社会公共利益，促进依法行政，助力高水平推进市域治理现代化，根据《中华人民共和国民事诉讼法》《中华人民共和国行政诉讼法》等有关法律规定，结合本市实际，市十六届人大常委会第三十四次会议作出《关于加强检察公益诉讼工作的决定》，对公益诉讼案件范围、检察机关调查核实权及妨碍检察调查的处置、诉前检察建议的送达和跟进监督等方面，做了明确规定，

对相关单位、组织和个人支持配合检察机关公益诉讼工作提出总体要求。

通过《关于促进和保障争当高质量发展建设共同富裕示范区先行标兵的决定》 2021年8月27日，为贯彻落实中共瑞安市委十四届十一次全会精神，市十六届人大常委会第四十一次会议作出《关于促进和保障争当高质量发展建设共同富裕示范区先行标兵的决定》。决定指出：（一）要切实把思想和行动统一到中央、省委、温州市委和瑞安市委的决策部署上来，积极主动并创造性地参与共同富裕美好社会建设。（二）奋力打造“体制机制高效灵活、经济高质量发展、构建橄榄型社会、公共服务优质共享、文化更加自信自强、全域美丽绿色发展、社会治理平安和谐”等七大示范标杆。（三）全力建设“五区五城”，全力构建共同富裕八大新路径。（四）市人大常委会、市人民政府、市监察委员会、市人民法院、市人民检察院各司其职，一体化推进，形成推动共同富裕的强大合力。（五）全市人民要牢固树立主人翁意识，不断激发争当高质量发展建设共同富裕示范区先行标兵的积极性、主动性、创造性。

通过《关于开展第八个五年法治宣传教育的决议》 2021年10月21日，市十六届人大常委会第四十二次会议根据全国、省、温州市人大常委会关于开展第八个五年法治宣传教育的决议精神，结合瑞安市实际，作出《关于开展第八个五年法治宣传教育的决议》。决议要求：（一）以习近平法治思想引领全民普法工作。（二）深入开展中国特色社会主义法律体系宣传教育。（三）持续提升公民法治素养。（四）全面加强社会主义法治文化建设。（五）着力提高普法工作的针对性和实效性。（六）积极推进普法与依法治理有机融合。（七）切实加强组织实施和监督检查。

二、财政经济方面

通过《关于同意2017年财政统筹暂存资金预算安排方案的决定》 2017年3月24日，市十六届人大常委会第二次会议听取、审议市财政局《关于2017年财政统筹暂存资金预算安排情况的报告》，决定同意市财政局提出的2017年财政统筹暂存资金预算安排方案。

通过《关于同意市安阳中心城区南门广场团块一期、二期与西门河头团块改造工程列入市第十三个国民经济和社会发展规划与2017年国民经济和社会发展年度计划的决定》 2017年6月23日，市十六届人大常委会第四次会议听取、审议市政府《关于提请审议玉海街道南门广场团块一期、二期以及西门河头团块改造工程列入市第十三个国民经济和社会发展规划与2017年度国民经济和社会发展年度计划的议案》，决定同意市安阳中心城区南门广场团块一期、二期与西门河头团块改造工程列入市十三个国民经济和社会发展规划与2017年国民经济和社会发展年度计划。

通过《关于批准2016年度地方财政决算的决议》 2017年8月23日，市十六届人大常委会第五次会议听取、审议市财政局《关于瑞安市2016年地方财政决算报告》，决定批准市政府提出的2016年地方财政决算。

通过《关于同意2017年重点建设计划调整方案的决定》 2017年8月23日，市十六届人大常委会第五次会议听取、审议市政府《关于提请审议瑞安市2017年重点建设计划调整方案（草案）的议案》，决定同意瑞安市2017年重点建设计划调整方案。决定要求市政府要深化重点建设计划前期工作，科学谋划年度政府性重大投资项目，进一步厘清职能部门与相关镇街的工作职责，确保项目顺利推进。

通过《关于同意2017年地方政府债务限额及市级财政预算调整方案的决定》 2017年10月31日，市十六届人大常委会第七次会议听取、审议市政府《关于提请审议瑞安市2017年地方政府债务限额及市级财政预算调整方案（草案）的议案》，决定同意市政府提出的2017年地方政府债务限额及市级财政预算调整方案。决定要求，市政府及财政部门要严格执行《预算法》等有关规定，科学编制年初预算方案，加强收入预测分析，优化支出管理服务，做好债务风险防控，确保瑞安市财政预算收支平稳运行。

通过《关于批准2017年度地方财政决算的决议》 2018年8月17日，市十六届人大常委会第十四次会议听取、审议市财政局《关于瑞安市2017年地方财政决算报告》，决定批准市政府提出的2017年地方财政决算。

通过《关于同意2018年市级财政预算调整方案的决定》 2018年9月20日，市十六届人大常委会第十五次会议听取、审议市政府《关于提请审议瑞安市2018年市级财政预算调整方案（草案）的议案》，决定同意市政府提出的2018年市级财政预算调整方案。决定要求，市政府及财政部门要严格执行预算法等有关规定，科学编制年初预算方案，减少年中调整幅度，加强收入预测分析，优化支出管理服务，提高财政资金使用绩效，积极防范和化解隐性债务风险。

通过《关于同意2018年地方政府债务预算调整方案的决定》 2019年1月7日，市十六届人大常委会第十八次会议听取、审议市政府《关于提请审议瑞安市2018年地方政府债务预算调整方案（草案）的议案》，决定同意市政府提出的2018年地方政府债务预算调整方案。

通过《关于批准2018年地方财政决算的决议》 2019年8月30日，市十六届人大常委会第二十四次会议听取、审议市财政局《关于瑞安市2018年地方财政决算报告》，决定批准市政府提出的2018年地方财政决算。

通过《关于同意2019年重点建设计划调整方案的决定》 2019年8月30日，市十六届人大常委会第二十四次会议听取、审议市政府《关于提请审议瑞安市2019年重点建设计划调整方案（草案）的议案》，决定同意瑞安市2019年重点建设计划调整方案。

通过《关于同意2019年市级财政预算调整方案及地方政府债务限额的决定》 2019年9月26日，市十六届人大常委会第二十五次会议听取、审议市政府《关于提请审议瑞安市2019年市级财政预算调整方案（草案）及地方政府债务限额的议案》，决定同意市政府提出的2019年市级财政预算调整方案及地方政府债务限额。

通过《关于同意市人民医院万松院区门诊楼扩建项目列入市第十三个国民经济和社会发展规划的决定》 2020年4月16日，市十六届人大常委会第三十次会议听取、审议市政府《关于提请将瑞安市人民医院万松院区门诊楼扩建项目工程增补列入市第十三个国民经济和社会发展规划的议案》，决定同意市人民医院万松院区门诊楼扩建项目列入市第十三个国民经济和社会发展规划。

通过《关于批准2019年地方财政决算的决议》　2020年8月12日，市十六届人大常委会第三十二次会议听取、审议市财政局《关于瑞安市2019年地方财政决算报告》，决定批准市政府提出的2019年地方财政决算。

通过《关于同意2020年市级地方政府债务预算调整方案及地方政府债务限额的决定》　2020年8月12日，市十六届人大常委会第三十二次会议听取、审议市政府《关于提请审议瑞安市2020年市级地方政府债务预算调整方案（草案）及地方政府债务限额的议案》，决定同意市政府提出的2020年市级地方政府债务预算调整方案及地方政府债务限额。

通过《关于同意2020年抗疫特别国债等资金预算调整方案的决定》　2020年8月12日，市十六届人大常委会第三十二次会议听取、审议市政府《关于提请审议瑞安市2020年抗疫特别国债等资金预算调整方案（草案）的议案》，决定同意市政府提出的2020年抗疫特别国债等资金预算调整方案。

通过《关于同意2020年市级财政预算调整方案的决定》　2020年10月23日，市十六届人大常委会第三十四次会议听取、审议市政府《关于提请审议瑞安市2020年市级财政预算调整方案（草案）的议案》，决定同意市政府提出的2020年市级财政预算调整方案。

通过《关于同意2021年地方政府债务等预算调整方案的决定》　2021年7月28日，市十六届人大常委会第四十次会议听取、审议市政府《关于提请审议瑞安市2021年地方政府债务等预算调整方案（草案）的议案》，决定同意市政府提出的2021年地方政府债务等预算调整方案。

通过《关于批准2020年地方财政决算的决议》　2021年8月27日，市十六届人大常委会第四十一次会议听取、审议市财政局《关于瑞安市2020年地方财政决算报告》，决定批准市政府提出的2020年地方财政决算。

通过《关于同意2021年市级财政预算调整方案及地方政府债务限额的决定》　2021年10月21日，市十六届人大常委会第四十二次会议听取、审议市政府《关于提请审议瑞安市2021年市级财政预算调整方案（草案）及地方政府债务限额的议案》，决定同意市政府提出的2021年市级财政预算调整方案及地方政府债务限额。

通过《关于同意2021年地方政府债务预算调整方案的决定》　2021年12月9日，市十六届人大常委会第四十三次会议听取、审议市政府《关于提请审议瑞安市2021年地方政府债务预算调整方案（草案）的议案》，决定同意市政府提出的2021年地方政府债务预算调整方案。决定要求，市政府及有关部门要严格按照上级相关文件要求，进一步加强政府债券项目全过程监管，切实提高政府债券资金使用绩效。

三、人大工作和建设方面

通过《关于设立市十六届人大常委会代表资格审查委员会的决定》　2017年4月27日，常委会第三次会议决定，设立市第十六届人大常委会代表资格审查委员会，并通过组成人员名单。

通过《关于设立市人大常委会社会建设工作委员会的决定》 2019年11月25日，市第十六届人大常委会第二十七次会议决定，设立市人大常委会社会建设工作委员会。

通过关于召开市十六届人民代表大会第二次至第五次会议、十七届人民代表大会第一次会议的决定 共8项：2017年12月22日，常委会第九次会议决定：瑞安市十六届人民代表大会第二次会议于2018年1月19日—21日在瑞安召开，并提出会议的建议议程。2018年12月14日，常委会第十七次会议决定：市十六届人民代表大会第三次会议于2019年1月16日—19日在瑞安召开，并提出会议的建议议程。2019年12月13日，常委会第二十八次会议决定，市第十六届人民代表大会第四次会议于2020年2月4日—7日在瑞安召开，并提出会议的建议议程。2020年4月16日，常委会第三十次会议决定，市第十六届人民代表大会第四次会议调整为4月27日—29日在瑞安召开。2020年12月16日，常委会第三十五次会议决定，市第十六届人民代表大会第五次会议于2021年1月20日—22日召开，并提出会议的建议议程。2021年1月15日，常委会第三十六次会议决定，根据上级要求，推迟召开瑞安市第十六届人民代表大会第五次会议。具体开会时间授权市人大常委会主任会议研究确定（注：市十六届人大第五次会议于2021年2月23日—25日召开）。2022年1月10日，常委会第四十四次会议决定，市十七届人民代表大会第一次会议于2022年2月17日—20日在瑞安召开，并提出会议的建议议程。2022年1月29日，常委会第四十五次会议决定，市十七届人民代表大会第一次会议调整为2022年2月18日—20日召开。

通过关于市、乡镇人民代表大会代表换届选举时间、设立选举委员会、选举办事机构、代表名额等事项的决定 共7项：2021年10月21日，根据《中华人民共和国选举法》规定和上级有关文件的要求，经报请市委同意，常委会第四十二次会议决定：（一）设立瑞安市选举委员会，并通过组成人员名单。（二）设立各乡（镇）选举委员会，并通过组成人员名单。（三）设立各街道选举办事处，并通过组成人员名单。（四）设立市直属各系统选举办事处，即第一直属系统选举办事处（党群、政法、宣教文卫体）、第二直属系统选举办事处（市政府综合部门、农口、城建、市监、财税）、第三直属系统选举办事处（发改、经信），并通过组成人员名单。（五）确定新一届乡（镇）人民代表大会代表名额为塘下镇160名、陶山镇111名、桐浦镇68名、湖岭镇91名、林川镇69名、马屿镇124名、曹村镇63名、高楼镇102名、平阳坑镇56名、芳庄乡59名、北麂乡48名。（六）确定新一届乡（镇）人民代表大会主席团组成人员名额为塘下镇17名、陶山镇15名、桐浦镇11名、湖岭镇13名、林川镇11名、马屿镇15名、曹村镇11名、高楼镇13名、平阳坑镇9名、芳庄乡9名、北麂乡7名。2021年12月9日，常委会第四十三次会议因市选举委员会部分成员工作变动和选举委员会实际工作需要，根据选举法有关规定，决定对市选举委员会部分成员进行调整。

通过关于决定代理市长、监委主任、法院院长、检察长和接受辞去市长、副市长、监委主任、法院院长、检察长职务的决定 共14项：2019年1月19日，常委会第十九次会议审议，决定接受曾瑞华辞去瑞安市人民政府副市长职务，并报瑞安市人民代表大会备案。2019年4月4日，常委会第二十一次会议审议，决定接受项金敏辞去瑞安市人民政府副市长职务，并报瑞安市人民代表大会备案。2019

年9月26日，常委会第二十五次会议审议，决定接受鞠海亭辞去瑞安市人民法院院长、审判委员会委员、审判员职务，并报瑞安市人民代表大会备案；决定胡丕敢代理瑞安市人民法院院长职务。2019年12月13日，常委会第二十八次会议审议，决定接受麻胜聪辞去瑞安市人民政府市长职务，并报瑞安市人民代表大会备案；决定秦肖代理瑞安市人民政府市长职务。2020年4月16日，常委会第三十次会议审议，决定接受张蕙娜辞去瑞安市人民政府副市长职务，并报瑞安市人民代表大会备案。2020年12月16日，常委会第三十五次会议审议，决定接受陈朴顺辞去瑞安市监察委员会主任职务，报瑞安市人民代表大会备案；决定李辅正代理瑞安市监察委员会主任职务。2021年12月9日，常委会第四十三次会议审议，决定接受张榜桃、林增丰辞去瑞安市人民政府副市长职务，并报瑞安市人民代表大会备案；决定接受李辅正辞去瑞安市监察委员会主任职务，决定朱建芳代理市监察委员会主任职务；决定接受宣章良辞去瑞安市人民检察院检察长、检察委员会委员、检察员职务，报瑞安市人民代表大会备案，并报温州市人大常委会批准；决定朱捷代理市人民检察院检察长职务，并报温州市人民检察院和温州市人大常委会备案。

通过关于接受辞去市十六届人大常委会副主任、委员和人大代表职务的决定　共15项：2017年12月22日，常委会第九次会议审议，决定接受叶序锋、刘玉庭、刘建敏、刘淑英、张平、张晓勇、陈阿朋、林朝进、练华伟、贾建华、谢骁、谢钦巨、虞峰云等13人辞去瑞安市第十六届人大代表职务。2018年9月20日，常委会第十五次会议审议，决定接受陈光兴辞去瑞安市第十六届人大常委会委员职务，并报瑞安市人民代表大会备案。2018年12月14日，常委会第十七次会议审议，决定接受叶秀敏、李明达、吴晓宇、张海飞、陈光兴、薛颖等6人辞去瑞安市第十六届人大代表职务，李明达的瑞安市第十六届人大常委会委员职务相应终止，并报瑞安市人民代表大会备案。2019年1月19日，常委会第十九次会议审议，决定接受包振明、施世通、黄大千、黄陈跃等4人辞去瑞安市第十六届人大代表职务，包振明的瑞安市第十六届人大常委会委员、人大财政经济委员会副主任委员职务，施世通的瑞安市第十六届人大财政经济委员会副主任委员职务，黄大千的瑞安市第十六届人大法制监察司法委员会副主任委员职务相应终止，并报瑞安市人民代表大会备案。2019年6月28日，常委会第二十三次会议审议，决定接受杨圣远辞去瑞安市第十六届人大代表职务，其市第十六届人大常委会委员职务相应终止，并报瑞安市人民代表大会备案。2019年8月30日，常委会第二十四次会议审议，决定接受邵万姆辞去瑞安市第十六届人大代表职务，其瑞安市第十六届人大常委会委员、人大财政经济委员会副主任委员职务相应终止，并报瑞安市人民代表大会备案。2019年11月25日，常委会第二十七次会议审议，决定接受郑光德、卢秀英、任武等3人辞去瑞安市第十六届人大代表职务，其瑞安市第十六届人大常委会委员职务相应终止，并报瑞安市人民代表大会备案。2019年12月13日，常委会第二十八次会议审议，决定接受王心海、包正碧、刘建敏、刘剑波、张震宇、陈白羽、邵晓萍、林权龙、罗晓伟、金朝春、周仕荣、赵宏亮、姜宗选、黄隽燚、龚德伏、彭佩辉、戴安丰等17人辞去瑞安市第十六届人大代表职务。2020年1月8日，常委会第二十九次会议审议，决定接受陈光林、高原众2人辞去瑞安市第十六届人大代表职务。2020年8月12日，常委会第三十二次会议审议，决定接受林圣赞辞去瑞安市第十六届人大代表职务，其瑞安市第十六届人大常委会委员职务相应终止，并报瑞安市人民代表大会备案。2020年10月23日，常委会第三十四次会议审议，决定接受吴学彬、蔡树勇、马可煊、诸葛志勇、林祝兴等5人辞去瑞安市第十六届人大代表职务，吴学彬的瑞安市第十六届人大常委会委员、人大社会建设委员会副主任委员职务，蔡树勇的瑞安市第十六届人大常委会委员、人大法制监察司法委员会副主任委员职务，马可煊的瑞安市第十六届人大常委会委员、人大财政经济委员会副主任委员职务，诸葛志勇的瑞安市第十六届人大常委会委员、人大社会建设委员会副主任委员职务，林祝兴的瑞安市第十六届人大财政经济委员会副主任委员职务相应终止，并报瑞安市人民代表大会备案。2020年12月16日，常委会第三十五次会议审议，决定接受张海飞、陈继昌、黄文祥、林明玉等4人辞去瑞安市第十六届人大代表职务，陈继昌的瑞安市第十六届人大常委会委员，黄文祥的瑞安市第十六届人大常委会委员、人大社会建设委员会副主任委员职务相应终止，并报瑞安市人民代表大会备案。2021年3月25日，常委会第三十八次会议审议，决定接受黄笃远、汪黎明等2人辞去瑞安市第十六届人大代表职务，其市第十六届人大常委会委员职务相应终止，并报瑞安市人民代表大会备案。2021年12月9日，常委会第四十三次会议审议，决定接受薛尧弟辞去瑞安市第十六届人大常委会副主任职务，并报瑞安市人民代表大会备案。2022年1月29日，常委会第四十五次会议审议，决定接受孙学盛、孙耿彪辞去瑞安市第十七届人大代表职务。

通过许可对市人大代表依法采取限制人身自由措施的决定　共9项。2017年2月至2022年2月，根据瑞安市公安局、永嘉县公安局的报告，依照《代表法》第三十二条的规定，市第十六届人大常委会先后作出许可对9名市人大代表依法采取强制措施的决定。

第五章　　听取、审议工作报告

市第十三届至第十六届人大常委会依法监督市人民政府、市监察委员会、市人民法院和市人民检察院的工作，共举行常委会会议179次，听取和审议有关专项工作报告337个（含同一专项工作多家报告或多次报告）。按内容分：法治建设方面64个，财政经济方面118个，教科文卫与社会建设方面58个，农资与城建环保方面90个，其他方面8个。对市政府、市监察委员会、市法院和市检察院专项工作提出审议意见231件。其中，第十三届举行常委会会议37次，听取和审议专项工作报告58个，提出审议意见49件；第十四届举行常委会会议47次，听取和审议专项工作报告77个，提出审议意见51件；第十五届举行常委会会议50次，听取和审议专项工作报告90个，提出审议意见57件；第十六届举行常委会会议45次，听取和审议专项工作报告112个，提出审议意见74件。

第一节　第十三届听取、审议工作报告

一、法治建设方面

听取、审议《浙江省社会治安综合治理条例》贯彻实施情况的报告　2003年9月3日，常委会第四次会议听取、审议市政府副市长张加波《关于贯彻实施〈浙江省社会治安综合治理条例〉》的报告和常委会视察组的视察报告。常委会组成人员认为，在有关部门的共同努力下，社会治安综合治理取得了一定的社会效益。但是现阶段社会治安情况仍然十分严峻，刑事案件高发，吸毒人数增多，社会不稳定因素仍然存在。会议提出审议意见：提高认识，统一思想，形成齐抓共管的社会治安综合治理局面；突出重点，强化防范，推动社会治安综合治理不断深入；加强基层基础工作，整合各种治安防范力量，切实维护治安秩序和社会稳定；加强领导，严格实行责任制，全面落实社会治安综合治理各项措施。

听取、审议新《中华人民共和国婚姻法》贯彻实施情况的报告　2004年1月7日，常委会第八次会议听取、审议市委统战部部长赵智展《关于贯彻实施新〈中华人民共和国婚姻法〉情况的报告》，市法院副院长戴贤信《关于贯彻实施新〈中华人民共和国婚姻法〉情况的报告》和常委会视察组的视察

报告。常委会组成人员认为，瑞安市在贯彻实施新婚姻法中做了大量工作，为促进精神文明发展和社会进步发挥了重要作用，但仍存在着一些问题。会议提出审议意见：加大对新《中华人民共和国婚姻法》的宣传力度，真正使新《中华人民共和国婚姻法》家喻户晓；深入调研，确保新《中华人民共和国婚姻法》的贯彻执行；切实保护弱势群体的利益，严厉打击违法犯罪行为；加强队伍和硬件建设，为新《中华人民共和国婚姻法》的正确实施提供有力保障。

听取、审议《中华人民共和国刑事诉讼法》贯彻实施情况的报告　2004年7月29日，常委会第十二次会议听取、审议市法院、市检察院、市公安局《关于贯彻执行〈中华人民共和国刑事诉讼法〉情况的报告》和常委会执法检查组的执法检查报告。常委会组成人员认为，刑诉法修改以来，特别是近几年，瑞安市公检法机关在贯彻实施方面做了大量工作，依法办案意识不断增强和办案质量明显提高，违法犯罪分子受到有力打击，公民权利得到进一步保障，对维护司法公正起到了积极的作用。但也存在着办案超期，不文明执法，法律手续不完备，制度执行不严格，办案经费、设施不足等情况。会议提出审议意见：提高思想认识，牢固树立程序法与实体法并重的观念；严格执行制度，正确适用法律；加强执法监督，促进司法公正；加强队伍建设，着力提高干警素质；增加经费投入，确保工作需要。

听取、审议人民调解工作情况的报告　2004年9月29日，常委会第十三次会议听取、审议市司法局局长马可煊《关于瑞安市人民调解工作情况的报告》和常委会视察组的视察报告。常委会组成人员认为，近几年，瑞安市人民调解组织得到加强，人民调解的职能和作用得到较好发挥，取得一定的成绩。但是在新形势下还存在着一些突出的矛盾和问题，影响社会稳定的因素仍然存在。会议提出审议意见：提高认识，增强做好新时期人民调解工作的责任感和使命感；强化素质，推进人民调解队伍建设；加强指导，促进人民调解规范化建设；加大投入，保障人民调解工作经费。

听取、审议依法治市决议落实情况的报告　2005年1月18日至19日，常委会第十七次会议听取、审议市司法局局长马可煊《关于依法治市决议落实情况的报告》和市法院、市检察院《关于依法治市决议落实情况的报告》。常委会组成人员认为，“一府两院”认真落实依法治市决议，以依法治市战略为核心，努力采取有效措施，积极开展依法治市工作，取得一定成绩，但仍存在一些问题。会议提出审议意见：切实加强对依法治市工作的领导，狠抓执法队伍建设，加大普法宣传力度，努力提高依法治市工作水平。2005年12月8日，常委会第二十六次会议听取、审议市政府常务副市长叶建辉、市法院副书记杨育夫、市检察院副检察长林长汉《关于依法治市决议落实情况的报告》。常委会组成人员认为，“一府两院”认真落实依法治市决议，以依法治市战略为核心，努力采取有效措施，积极开展依法治市工作，取得了一定成绩，但依法治市工作任务仍十分艰巨。会议提出审议意见：切实加强对依法治市工作的领导，加大普法宣传力度，狠抓执法队伍建设，努力提高依法治市工作水平。

2006年11月28日，常委会第三十六次会议听取、审议市政府常务副市长叶建辉、市法院副院长陈积业、市检察院代检察长黄清钰分别作的《关于依法治市决议落实情况的报告》。常委会组成人员认为，本届以来，“一府两院”认真落实依法治市决议，积极开展依法治市工作，取得一定成绩，但依法治市工作任务仍十分艰巨。会议提出审议意见：切实加强对依法治市工作的领导，加大普法宣传力度和执法力度，努力提高依法治市工作水平。审议通过关于建设“法治瑞安”的决议。

听取、审议《中华人民共和国行政诉讼法》贯彻实施情况的报告　2005年6月7日，常委会第二十一次会议听取、审议市法院副院长戴贤信《关于贯彻实施〈行政诉讼法〉情况的报告》和常委会视察组的视察报告。常委会组成人员认为，市政府、市法院及行政执法部门认真履行各自职责，有力促进依法行政，但在贯彻实施中还存在不少问题或不足。会议提出审议意见：加强宣传，营造良好的法制环境；健全制度，规范执法行为；强化措施，全力破解执行难；增加投入，加强办案机构和力量。

听取、审议贯彻执行“四五”普法决议情况的报告　2005年8月3日，常委会第二十二次会议听取、审议市政府常务副市长叶建辉《关于瑞安市贯彻执行“四五”普法决议情况的报告》。常委会组成人员认为，市政府重视“四五”普法工作，认真贯彻“四五”普法决议，取得了较好的成效，但仍存在一些问题和不足。会议提出审议意见：要继续加大普法教育力度，特别是要努力提高外来务工人员的法律意识，增强普法教育内容的针对性和实用性，提高普法教育的整体水平和实际效果。

听取、审议《中华人民共和国道路交通安全法》贯彻实施情况的报告　2006年4月7日，常委会第三十次会议听取、审议市政府办公室副主任陈迪海《关于贯彻实施〈中华人民共和国道路交通安全法〉情况的报告》和常委会视察组的视察报告。常委会组成人员认为，各级政府和有关部门重视道路交通安全法的贯彻实施，公安交管部门依法强化道路交通安全管理工作，坚持严格执法，科学管理；交通、规划、市政等部门及司法机关各司其职，积极履行法定的职责和义务。但管理合力未形成，设施建设滞后，警力、经费不足等问题比较突出。会议提出审议意见：加强宣传，营造法制环境；健全机制，形成工作合力；加大投入，改善交通条件；强化管理，维护交通秩序。

听取、审议“五五”普法规划制定情况的报告　2006年11月28日，常委会第三十六次会议听取、审议市司法局局长马可煊《关于“五五”普法规划制定情况的报告》和常委会视察组的视察报告。常委会组成人员认为，瑞安市第四个法制宣传教育五年规划实施成效较好，第五个法制宣传教育五年规划是根据上级有关要求、结合瑞安实际制定的符合瑞安市经济社会发展战略需求。会议审议通过关于在全市公民中加强法制宣传的决议。

二、财政经济方面

听取、审议2003年1月—7月国民经济和社会发展计划执行情况的报告　2003年9月2日，常委会第四次会议听取、审议市发展计划局局长苏德贤《关于瑞安市1月—7月国民经济和社会发展计划执行情况的报告》。常委会组成人员认为，瑞安市经济承接了2002年以来较快的增长态势，经济增长的内在动力和结构调整的综合效应已逐步显现。但是经济运行情况还存在一些问题，如：重点工程建设难度加大，电力等部分生产要素供需矛盾有所加剧，拓展国际市场的压力增大，三产的宏观调控和规划定位不足，城乡居民收入差距进一步拉大等。会议提出审议意见：市人民政府要针对经济发展中存在的困难，采取有力措施，保持经济发展的良好势头。

听取、审议2003年1月—8月地方财政预算执行情况的报告　2003年9月2日，常委会第四次会议听取、审议市财政局局长江孟甫《关于瑞安市1月—8月地方财政预算执行情况的报告》。常委会组成人员认为，2003年财政收支形势比较严峻，预算平衡难度很大。会议提出审议意见：市政府要积极组织财税收入，严格控制财政支出，加强监管，加大扶持经济发展力度，充分发挥财政资金“四两拨千斤”的杠杆作用，促进瑞安市经济发展。

听取、审议《中华人民共和国劳动法》和《中华人民共和国安全生产法》贯彻实施情况的报告 2003年9月3日，常委会第四次会议听取、审议市政府常务副市长张加波《关于贯彻实施〈中华人民共和国劳动法〉和〈中华人民共和国安全生产法〉的情况汇报》及常委会视察组的视察报告。常委会组成人员认为，近年来，市政府及其职能部门认真贯彻实施两法，切实维护劳动者合法权益，积极发展劳动保障各项事业，取得了较好的成绩。但是在贯彻实施两法中还存在一些问题，如没有及时足额支付劳动工资，超时重负荷劳动，劳动合同不规范、签订率不达标、安全生产形势依然严峻，各类事故时有发生等现象仍然存在。会议提出审议意见：进一步宣传、贯彻《中华人民共和国劳动法》和《中华人民共和国安全生产法》；进一步完善劳动保障和安全生产工作机制；深入开展劳动保障和安全生产专项整治工作；切实加强劳动保障和安全生产执法队伍建设。

听取、审议2003年度市重点工程建设情况的报告 2003年11月19日，常委会第七次会议听取、审议市政府常务副市长张加波《关于瑞安市重点工程建设情况的报告》和常委会视察组的视察报告。常委会组成人员认为，2003年瑞安市重点工程投资规模大、项目数量多、影响范围广，市政府对重点工程十分重视，积极采取措施，加大督查力度，着力解决建设中碰到的困难和问题，取得一定的成绩。但是也存在较大的问题，如部分工程进展缓慢、完成投资计划率低，部分工程无法开工建设等。会议提出审议意见：市政府要在健全机制、落实责任、强化监管等方面狠下功夫，推进重点工程建设；重点工程建设必须要事先经过科学论证，量力而行，并主动做好与温州市大都市规划的衔接。

听取、审议“加快工业园区建设，缓解瑞安市中小企业用地难”议案办理情况的报告 2004年1月7日，常委会第八次会议听取、审议市政府常务副市长张加波《关于“加快工业园区建设，缓解瑞安市中小企业用地难”议案办理情况的报告》和常委会视察组的视察报告。常委会组成人员认为，市政府对该议案的办理工作思想重视、态度认真、措施有力，但受国家宏观政策调整等因素影响，议案办理进度缓慢，离议案要求还有较大差距。会议提出审议意见：要细化实施方案，强化措施，创新方法，加快议案办理进度，多渠道、多途径解决中小企业用地难问题。

听取、审议“加快建设扶贫经济开发区、农产品加工园区与陶山（片）工业园区，促进中西部经济更快发展”议案办理情况的报告 2004年1月7日，常委会第八次会议听取、审议市政府常务副市长张加波《关于“加快建设扶贫经济开发区、农产品加工园区与陶山（片）工业园区，促进中西部经济更快发展”议案办理情况的报告》和常委会视察组的视察报告。常委会组成人员认为，市政府十分重视该议案的办理工作，积极采取措施，促进办理进度，取得一定成绩，但仍存在着办理难度大、困难多等问题。会议提出审议意见：采取切实可行的措施，积极克服国家宏观政策调整带来的困难，加大投入力度和优惠政策倾斜力度，推进中西部地区的工业园区建设，促进中西部地区经济快速发展。

听取、审议市本级2003年财政预算执行情况及其他财政财务收支情况的审计工作报告　2004年7月29日，常委会第十二次会议听取、审议市审计局副局长叶际煜《关于市本级2003年财政预算执行情况及其他财政财务收支情况的审计工作报告》。常委会组成人员认为，2003年市级财政预算执行情况比预期要好，决算数与向市十三届人大二次会议报告的预算执行数基本相符，与市审计局对市级2003年财政预算执行情况的审计结果也相一致。市审计局根据《中华人民共和国审计法》的规定和市人大常委会的要求，认真开展对2003年度市级预算执行和其他财政收支的审计，取得明显成效。但通过审计发现，2003年市级财政预算执行和其他财政收支仍存在一些问题。会议提出审议意见：坚持依法征收、依法理财，强化监督和管理；分类清理，依法处置，认真搞好审计查明问题的整改工作；求真务实，开拓创新，进一步提高审计工作质量。

听取、审议国民经济和社会发展计划、财政预算执行情况的报告　2004年9月29日，常委会第十三次会议听取、审议市发展计划局局长苏德贤《关于瑞安市2004年上半年国民经济和社会发展计划执行情况的报告》和市财政局局长江孟甫《关于瑞安市财政预算执行情况的报告》。2005年10月18日，常委会第二十五次会议听取、审议市发展和改革局局长苏德贤《关于瑞安市2005年1月—9月国民经济和社会发展情况的报告》和市财政局局长蒋良奉《关于瑞安市2005年1月—9月地方财政预算执行情况的报告》。2006年9月27日，常委会第三十五次会议听取、审议市发展和改革局局长苏德贤《关于瑞安市2006年1月—8月国民经济计划执行情况的报告》。听取、审议市财政局局长蒋良奉《关于瑞安市2006年1月—8月财政预算执行情况的报告》。

听取、审议2004年度市重点工程建设情况的报告　2004年9月29日，常委会第十三次会议听取、审议市委常委叶建辉《关于瑞安市重点工程建设情况的报告》和常委会视察组的视察报告。常委会组成人员认为，市政府在重点工程建设中，对建设资金筹措难、政策处理难、土地审批难、原材料上涨等问题，采取各项积极有效的措施，做了大量的工作。但是重点工程在建设中仍面临诸多困难。会议提出审议意见：积极主动，实事求是，努力完成重点工程建设任务；深入研究，充分论证，提高重大项目的决策水平；统筹兼顾，合理调度，保证重点工程建设资金的需要；注重配合，加强协调，创造良好的重点工程建设环境。

听取、审议开放型经济发展情况的报告　2004年12月2日，常委会第十五次会议听取、审议市政府副市长徐晓《关于瑞安市开放型经济发展情况的报告》和常委会视察组的视察报告。常委会组成人员认为，近年来，瑞安市开放型经济发展取得积极成果，并继续保持较好的发展态势。但是与全国、全省一些先进地区相比，瑞安市对外开放水平还不高，利用外资“短腿”的状况没有根本改变，外贸出口粗放式增长、外贸抵御风险的能力较弱，对外开放的环境不容乐观。会议提出审议意见：努力形成促进开放型经济发展的工作合力；花大力气抓好招商引资工作；千方百计促进外贸、外经互动发展；全力优化开放型经济的发展环境。

听取、审议政府统筹财力安排情况的报告与教育经费预算安排情况的报告　2005年2月22日，常委会第十八次会议听取、审议市财政局局长江孟甫《关于政府统筹财力安排情况的报告》和市教育局局长叶耀国《关于教育经费预算安排情况的报告》。常委会组成人员认为，2005年地方财政预算安排能够坚持“一保吃饭、二保稳定、三促发展”原则，保证法定支出的增长，确保重点支出的需要，统筹安排其他支出，力争实现财政收支平衡并略有结余的目标。但由于受国家宏观经济调控、出口退税机制改革、财政体制调整等政策因素的影响，财政收支运行面临异常突出的矛盾，完成2005年财政预算安排有一定难度。会议提出审议意见：努力解决财政收入方面的问题，进一步优化财政支出结构，确保预算执行任务的顺利实现。关于教育经费预算安排情况，常委会组成人员认为，2005年教育经费预算能够根据上级有关文件精神，坚持“保吃饭、保运转、促发展”的原则安排，在财力较紧的情况下，教育经费占财政经常性支出比重达到32.7%，比上年增长1.2%，符合法定要求；但离教育部门的经费预算安排尚有缺口。会议提出审议意见：市政府做好协调衔接，妥善安排教育经费。

听取、审议本级2004年财政预算执行情况及其他财政财务收支情况的审计工作报告　2005年8月3日，常委会第二十二次会议听取、审议市审计局副局长林建瑞《关于市本级2004年财政预算执行情况及其他财政财务收支情况的审计工作报告》。常委会组成人员认为，从审计情况看，2004年市级财政预算执行总体情况较好，但仍存在一些不容忽视的问题。会议提出审议意见：加强财务管理，切实提高财政管理水平；明确责任，积极落实相应的整改措施；优化教育支出结构，努力提高财政资金的使用效益；依法加强审计监督工作，力求突出审计重点。

听取、审议乡镇（街道）乱发福利奖金专项清理活动开展情况的报告　2005年8月3日，常委会第二十二次会议听取、审议市“乡镇（街道）乱发福利奖金”专项清理工作领导小组办公室主任程鸿伟《关于乡镇（街道）乱发福利奖金专项清理活动开展情况的报告》。常委会组成人员认为，对乡镇（街道）乱发福利奖金进行专项清理很有必要。从清查情况看，乡镇（街道）在财政严重赤字的情况下，超财力、超标准甚至挪用专项资金发放福利奖金现象较为普遍。会议提出审议意见：乱发的福利奖金，要严格按方案清退，对于严重违法乱纪的案件责任人应追究相关责任；要建立健全规范乡镇福利奖金发放机制；乡镇长（街道办事处主任）、财务人员要认真学习财经纪律知识，切实提高理财、理账水平；乡镇（街道工委）人大要切实加强对乡镇（街道）财政支出的监督。

听取、审议2005年度市重点工程建设情况和“十件实事”办理情况的报告　2005年10月19日，常委会第二十五次会议听取、审议市政府副市长姚松鹤《关于瑞安市重点工程建设情况和“十件实事”办理情况的报告》及常委会视察组的视察报告。常委会组成人员认为，市政府针对建设资金筹措难、政策处理难、土地审批难、原材料价格上涨等问题，采取了各项积极有效的措施，做了大量的工作。但是重点工程在建设中仍面临诸多困难。会议提出审议意见：市政府要充分认识建设任务的艰巨性，认真梳理项目，深入研究、充分论证、统筹兼顾、加强协调、加快重点工程实施进度。关于“十件实事”办理情况，常委会组成人员认为，市政府十分重视“十件实事”办理，项目进展比较顺利，但是其中食品安全的形势不容乐观。会议提出审议意见：市政府及有关部门要加大对食品市场的检测力度，确保食品卫生安全。

听取、审议政府性债务规模和重点工程建设资金有关情况的报告　2006年6月6日，常委会第三十一次会议听取、审议市财政局局长蒋良奉《关于政府性债务规模和重点工程建设资金有关情况的报告》。常委会组成人员认为，政府适度举债对解决社会公共事业投入不足、促进经济发展能起到积极作用，但政府举债要根据瑞安市经济社会发展的实际需要，本着“量入为出、量力而行”的原则，严格按照省人民政府规定的举债三项指标，合理讨论、确定债务规模。市财政局在编制年度地方预算草案计划的同时，还要编制地方政府性债务收支计划，明确政府性负债建设项目、投资规模和还贷计划，经人代会通过后依法执行。如遇特殊情况需对举债计划进行调整或另行增加贷款额超1000万元以上的，须经市人大常委会批准同意后方可实施，确保举债计划的严肃性。市人大常委会将加强对政府债务管理的监督，进一步规范融资行为，并适时开展对政府性负债项目的视察和监督。

听取、审议安全生产法律法规贯彻实施情况的报告　2006年6月7日，常委会第三十一次会议听取、审议市政府常务副市长叶建辉《关于贯彻实施安全生产法律法规情况的报告》和常委会视察组的视察报告。常委会组成人员认为，各级政府和有关部门重视安全生产法律法规的贯彻实施，建立健全监管机构，严格履行监管职能，切实加大监管力度，安全生产态势基本平稳。但是在政府相关部门协调和配合、生产经营单位主体责任落实、安全生产有关配套制度建设等方面仍存在不少问题和薄弱环节。会议提出审议意见：提高认识，把安全生产监督管理工作摆上重要的议事日程；加大宣传力度，提高全社会对安全生产重要性的认知度；突出重点，集中精力抓好整治工作；增强监管力量，加强安全生产监管工作。

听取、审议2005年度本级财政预算执行和其他财政收支的审计工作报告　2006年9月27日，常委会第三十五次会议听取、审议市审计局局长郑银鹏《关于瑞安市2005年度本级财政预算执行和其他财政收支的审计工作报告》。常委会组成人员认为，从审计情况看，2005年市级财政预算执行总体情况较好，但也存在一些不容忽视的问题。会议提出审议意见：改进预算编制和管理工作；加强对政府性投资项目的管理；强化财政支出管理；认真做好整改工作。

听取、审议2006年度市重点工程建设情况的报告　2006年9月27日，常委会第三十五次会议听取、审议市政府副市长朱荣姆《关于瑞安市重点工程建设情况的报告》和常委会视察组的视察报告。常委会组成人员认为，市政府对重点工程建设工作非常重视，采取积极有效的措施，着力解决建设中遇到的困难和问题，建设取得了较好的成绩。但是还存在政策难处理、用地指标难落实、建设资金难到位等问题。会议提出审议意见：增强责任意识，加快重点工程建设进度；统筹财力安排，确保重点工程建设资金的需要；加大整治力度，优化重点工程建设环境；注重前期研究，提高重大项目的决策水平。

三、教科文卫与社会建设方面

听取、审议《中华人民共和国献血法》贯彻实施审议意见落实情况的报告　2003年4月29日，常委会第一次会议听取、审议市政府副市长朱荣姆《关于〈中华人民共和国献血法〉贯彻实施审议意见落实情况的报告》。常委会组成人员认为，市政府落实市人大常委会的审议意见思想重视、措施有力、成效较好。

听取、审议《基础教育的改革与发展决定》贯彻实施情况的报告　2003年7月8日，常委会第三次会议听取、审议市政府副市长朱荣姆《关于落实〈基础教育的改革与发展决定〉情况的报告》。常委会组成人员认为，该报告不符合市人大常委会会前提出的要求，市政府没有针对市人大常委会关于《瑞安市基础教育的改革与发展决定》审议意见作出汇报。会议提出审议意见：市政府按照有关要求重新向市人大常委会主任会议作汇报。

听取、审议《中华人民共和国人口与计划生育法》贯彻实施情况的报告　2003年9月3日，常委会第四次会议听取、审议市政府副市长朱荣姆《关于贯彻实施〈中华人民共和国人口与计划生育法〉的情况汇报》和常委会视察组的视察报告。常委会组成人员认为，《中华人民共和国人口与计划生育法》施行一年多来，市政府及有关部门有效贯彻落实法律要求，全市广大干部群众的婚育观念逐步转变，计划生育工作逐步走上规范化、法制化的轨道。但是当前瑞安市的人口与计划生育形势仍然十分严峻，抓好《中华人民共和国人口与计划生育法》和省实施条例的贯彻实施任务还很艰巨。会议提出审议意见：加大宣传力度，不断转变群众婚育观念；加强法制建设，不断提高依法管理水平；推进综合改革，不断提高群众满意程度；坚持齐抓共管，不断强化综合治理机制；加强队伍建设，不断提高自身整体素质。

听取、审议《中华人民共和国职业病防治法》贯彻实施情况的报告　2003年10月30日，常委会第五次会议听取、审议市政府办公室副主任郑光德《关于瑞安市贯彻执行〈中华人民共和国职业病防治法〉情况的报告》和常委会视察组的视察报告。常委会组成人员认为，《中华人民共和国职业病防治法》施行一年多来，市政府及卫生行政部门大力宣传、认真贯彻，坚持以预防为主、防治结合的方针，积极开展职业卫生监督和职业卫生技术服务，推进了职业卫生法制建设，保护了劳动者的健康权益，促进了瑞安市经济的稳定发展。但是职业病防治是一项艰巨而长期的任务，目前瑞安市职业病防治工作还存在着全社会职业卫生意识差、职业卫生执法监管力度不够、职业卫生执法水平不强、卫生监督专业人员不够及职业病防治工作责任制不健全等问题。会议提出审议意见：切实加强领导，进一步落实职业病防治工作责任制；加大宣传力度，进一步提高全社会的职业卫生意识；坚持预防为主，进一步加大职业卫生执法监管力度；加强队伍建设，进一步提高职业卫生执法水平。

听取、审议《中华人民共和国食品卫生法》贯彻实施情况及审议意见落实情况的报告　2004年9月29日，常委会第十三次会议听取、审议市政府副市长朱荣姆《关于瑞安市贯彻执行〈中华人民共和国食品卫生法〉情况的报告》和市政府副市长彭永松《关于瑞安市农产品质量安全情况的报告》及常委会视察组的视察报告。常委会组成人员认为，食品卫生、农产品质量安全两项工作事关人民群众的身体健康和生命安全，事关城乡经济和社会的稳定、协调、发展大局，是全社会普遍关注的热点问题。近年来，市政府及有关部门在贯彻执行食品卫生法和农产品质量安全等方面做了大量工作，使瑞安市生产经营假冒伪劣食品的势头有所遏制，食品卫生、农产品质量安全工作取得了一定的成效。但是食品卫生和农产品质量安全形势仍然十分严峻，违法经营现象屡禁不止，有害有毒食品时有出现，卫生、质量安全意识淡薄，质量检测检疫力量薄弱，生产销售组织化程序低，管理执法不到位等问题仍然存在。会议提出审议意见：加大宣传力度，进一步提高食品卫生安全意识；切实加强领导，进一步健全食品卫生工作责任制；加大经费投入，进一步提高食品卫生执法水平。

2005年1月18日—19日，常委会第十七次会议听取、审议市政府副市长林济晚《关于贯彻执行〈中华人民共和国食品卫生法〉情况审议意见落实情况的报告》。

听取、审议《中华人民共和国职业教育法》贯彻实施情况的报告　2004年12月2日，常委会第十五次会议听取、审议市政府副市长林济晚《关于贯彻实施〈中华人民共和国职业教育法〉情况的报告》和常委会视察组的视察报告。常委会组成人员认为，市政府及有关职能部门在《中华人民共和国职业教育法》贯彻实施中做了大量工作，职业教育事业有了较大发展，为瑞安市经济建设和社会发展发挥了积极作用。但也存在着认识不到位、校网布局不合理、筹资渠道不畅通、优质教育资源缺乏等问题。会议提出审议意见：加强宣传引导，切实提高对职业教育重要性的认识；多方合力扶助职业教育，为职业教育创造良好的办学环境；加强职业教育教师队伍建设，进一步提高师资整体素质；大力开展职业教育培训，严格执行劳动就业准入制度；修订全市职业教育规划，优化职业教育资源配置。

听取、审议“加强食品药品安全监管，切实维护人民群众健康”议案办理情况的报告　2005年4月8日，常委会第二十次会议听取、审议市政府《关于“加强食品药品安全监管，切实维护人民群众健康”的议案办理情况的报告》和常委会代表工委的有关情况报告。常委会组成人员认为，食品药品安全关系到人民群众身体健康和生命安全，关系到经济发展和社会稳定。议案选题十分准确，但是办理难度较大，涉及部门、法律、环节多，需要时间长、投入大。会议提出审议意见：市政府要加强领导与协调，各有关部门要各司其职、形成合力，进一步完善、细化实施方案，全面提高食品药品安全监管水平，切实保障人民群众饮食用药安全。审议通过关于“加强食品药品安全监管，切实维护人民群众健康的议案”的审议意见。

听取、审议创建全国农村中医工作先进县（市）工作情况的报告　2005年6月7日，常委会第二十一次会议听取、审议市政府副市长林济晚《关于瑞安市创建全国农村中医工作先进县（市）工作情况的报告》。

听取、审议《中华人民共和国药品管理法》贯彻实施情况及审议意见落实情况的报告　2005年6月8日，常委会第二十一次会议听取、审议市政府常务副市长叶建辉《关于瑞安市贯彻实施〈中华人民共和国药品管理法〉情况的报告》和常委会视察组的视察报告。常委会组成人员认为，市政府及药品监管部门做了大量工作，药品市场得以有序发展。但在宣传教育、基层涉药单位药品管理、无证和超范围经营、监管经费投入等方面还存有不少问题。会议提出审议意见：加大传宣教育力度，进一步提高全社会法制意识；认真履行职责，进一步规范监管工作和市场秩序；加强部门协调，进一步促进药品市场有序发展；加大经费投入，进一步加强药监队伍建设。

2006年4月7日，常委会第三十次会议听取、审议市食品药品监督管理局局长林伟光《关于贯彻实施〈药品管理法〉审议意见落实情况的报告》。常委会组成人员认为，市政府重视该审议意见的落实工作，取得了一定成效。会议要求，要继续抓好落实工作，特别是要加大药品虚假广告的管理力度，加强对药店从业人员的管理。

听取、审议《中华人民共和国档案法》贯彻实施情况的报告　2006年6月6日，常委会第三十一次会议听取、审议市政府副市长林济晚《关于贯彻实施〈中华人民共和国档案法〉情况的报告》和常委会视察组的视察报告。常委会组成人员认为，瑞安市各级政府和有关部门重视《中华人民共和国档案法》的贯彻实施，着眼于档案事业的发展，在加强领导、加大投入力度、强化服务等方面做了大量工作，取得了一定的成效。但档案意识淡薄、档案设施建设滞后、档案工作经费不足、档案工作力量不强等方面问题仍然比较突出。会议提出审议意见：进一步加强领导，增强全社会的档案意识；进一步加大投入，促进档案事业协调发展；进一步优化队伍，提高档案综合服务水平。

听取、审议《中华人民共和国红十字会法》贯彻实施情况的报告　2006年9月27日，常委会第三十五次会议听取、审议市政府副市长林济晚《关于瑞安市贯彻实施〈中华人民共和国红十字会法〉情况的报告》。常委会组成人员认为，市政府认真贯彻《中华人民共和国红十字会法》，红十字会组织建设发展快，宣传工作力度大，工作成绩较为显著。但目前人员配置、机构设置、经费投入等还不适应红十字会事业的发展需要，有关部门与红十字会之间的协调配合也有待加强。会议提出审议意见：市政府要进一步加强领导，加大支持力度，努力理顺体制，积极推动红十字事业的全面发展。

四、农资与城建环保方面

听取、审议《中华人民共和国农业法》贯彻实施情况的报告　2003年7月8日，常委会第三次会议听取、审议市政府副市长彭永松《关于贯彻实施〈中华人民共和国农业法〉的情况汇报》和常委会视察组的视察报告。常委会组成人员认为，《中华人民共和国农业法》自颁布实施十年以来，市政府加大宣传力度，农村经济改革得到进一步深化，农业结构、农业生产条件有了明显改善，农民收入逐年增加。但部分领导干部认识上不够重视、政府投入不足、农民合法权益得不到保护、农民增产不增收、农技队伍建设薄弱等问题仍普遍存在。会议提出审议意见：牢固树立农业法制观念，进一步加大对《中华人民共和国农业法》的宣传力度；加快农业产业结构调整，推进农业产业化经营；落实优惠政策，加大对农业的投入力度；推进农业科技进步，加强农技队伍建设。

听取、审议生态市建设和《中华人民共和国环境保护法》执行情况及审议意见落实情况的报告　2004年7月29日，常委会第十二次会议听取、审议市政府副市长姚松鹤《关于瑞安市生态市建设和环境保护法执行情况的报告》及常委会执法检查组的执法检查报告。常委会组成人员认为，近年来，市政府及有关职能部门坚持可持续发展的战略观念，认真贯彻实施《中华人民共和国环境保护法》，不断增强广大干部群众的生态环境意识和法制观念，认真查处各类违法案件，重点区域、重点行业污染的综合整治取得初步成效，生态市建设发展态势良好。但是也存在一些问题，如环保法律法规和生态市建设宣传力度不够，各职能部门之间协调不够、尚未形成合力，重点区域、重点行业污染源治理不彻底、治标不治本，行政管理和执法水平有待进一步提高，生态市建设和环保管理体制不顺等。生态市建设尚处于起步阶段，工作机制、协调配合、科技支撑、财力支持等方面尚需进一步强化。会议提出审议意见：加大宣传力度，动员全民参与生态建设和环境保护工作；加大执法力度，有效遏制重点区域、重点行业的污染；加大监管力度，建立生态建设和环境保护的长效管理机制；加大投入力度，加强生态市基础设施建设和环保执法队伍建设。

2005年1月18日—19日，常委会第十七次会议听取、审议市政府办公室副主任陈迪海《关于生态市建设和贯彻实施〈中华人民共和国环境保护法〉情况审议意见落实情况的报告》。

听取和审议农产品质量安全工作情况的报告　2004年9月29日，常委会第十三次会议听取、审议市政府副市长彭永松《关于瑞安市农产品质量安全工作情况的汇报》。常委会组成人员认为，近年来，市政府十分重视农产品质量安全工作，在建设无公害农产品基地、农业标准体系、农产品质量安全检测等方面做了大量工作，取得了初步成效。但是农产品质量安全还存在农产品生产者和消费者的质量安全意识淡漠，质量检测体系不完善，生产销售的组织化程度较低，部门之间多头管理、执法不到位，基层检疫力量和经费严重不足等问题。会议提出审议意见：加大宣传力度，增强全社会农产品质量安全意识；建立农产品安全生产标准体系，严把农产品生产和市场准入环节；大力推广实施农业标准化，提高生产经营组织化程度；明确职责，形成合力，加大执法力度；加大投入力度，加强基础设施建设。

听取、审议土地出让金应缴未缴问题清理情况的报告　2005年4月8日，常委会第二十次会议听取、审议市政府副市长姚松鹤《关于土地出让金应缴未缴问题清理情况的报告》。常委会组成人员认为，土地出让金追缴工作量大面广，情况比较复杂。市政府高度重视，措施有力，成效显著，基本完成追缴任务；同时，为切实防止土地出让金拖欠、流失，制定出台了系列规定和措施，建立土地出让金长效管理机制，进一步加强和规范了土地出让金的收缴工作。会议提出审议意见：市政府对历史欠账部分的核销要依法、慎重、具体核销情况需向市人大常委会主任会议汇报。

听取、审议土地违法违纪案件处理情况的报告　2005年4月8日，常委会第二十次会议听取、审议市监察局局长虞希鹏《关于土地违法违纪案件处理情况的报告》。常委会组成人员认为，土地违法违纪案件情况复杂，市监察局做了大量调查工作，案件事实基本清楚，但涉及法律问题和处理意见仍不明确。会议提出审议意见：市政府牵头协调好有关部门，尽快对该案件进行依法处理，并将处理结果向市第十三届人大常委会第二十一次会议汇报。

听取、审议《中华人民共和国水污染防治法》贯彻实施情况及审议意见落实情况的报告　2005年6月8日，常委会第二十一次会议听取、审议市政府常务副市长叶建辉《关于瑞安市贯彻实施〈中华人民共和国水污染防治法〉情况的报告》和常委会视察组的视察报告。常委会组成人员认为，市政府重视水污染防治工作，并取得初步成效。但是全市水污染防治任务仍然十分艰巨。会议提出审议意见：以科学发展观为指导，把水污染防治工作放到突出位置；整治和保护并重，努力促进水污染防治工作的深入开展；加大宣传力度，进一步提高水资源保护的意识；加强综合治理，加大执法监督力度。

2006年1月5日，常委会第二十七次会议听取、审议市政府常务副市长叶建辉《关于〈中华人民共和国水污染防治法〉审议意见落实情况的报告》。常委会组成人员认为，市政府在水污染防治方面做了大量工作，取得一定成绩，但是存在的问题仍不少，特别是环城河源头、西岙、牛伏岭等地方的环境治理情况仍很不理想。会议要求，市政府务必要高度重视，将环城河源头的环境整治列为2006年的

“十件实事”之一，切实抓好、抓出成效。

听取、审议旧城改造工作情况的报告　2005年8月3日，常委会第二十二次会议听取、审议市政府副市长姚松鹤《关于瑞安市旧城改造工作情况的报告》和常委会视察组的视察报告。常委会组成人员认为，近年来市政府坚持保护和建设并举，有效地推进旧城改造步伐。但随着经济社会的不断发展，旧城改造步伐趋缓、旧城改造缺乏配套的规划体系、旧城改造环境不理想等问题日趋显现。会议提出审议意见：充分认识旧城改造的重要性，进一步加大旧城改造工作力度；加强旧城改造的规范化建设，梯次推进旧城改造步伐；以科学发展观来统筹旧城改造工作，全力打造旧城改造精品；深入细致地做好群众工作，加大旧城改造政策的执行力度。

听取、审议《中华人民共和国海域使用管理法》贯彻实施情况及审议意见落实情况的报告　2005年10月19日，常委会第二十五次会议听取、审议市政府副市长彭永松《关于〈中华人民共和国海域使用管理法〉贯彻执行情况的报告》和常委会视察组的视察报告。常委会组成人员认为，《中华人民共和国海域使用管理法》颁布三年来，市政府重视该法的贯彻落实，做了大量富有成效的工作。全市海洋综合管理工作由弱到强、由点到面不断拓展，管理机制不断创新，初步形成依法用海、管海较为科学、规范的管理框架。但是在贯彻执行该法的过程中还存在部分群众蓝色国土意识比较淡薄，涉海部门之间多头管理、职能交叉，海洋监察执法网络不健全等问题。会议提出审议意见：严格执行海洋功能区划，实现科学用海、管海；完善海洋综合管理体制，加强海域协调管理；加强海洋环境保护，提高海洋综合管理水平；提高群众的蓝色国土意识，依法执行海域有偿使用制度。

2006年4月7日，常委会第三十次会议听取、审议市政府副市长彭永松《关于贯彻实施〈中华人民共和国海域使用管理法〉审议意见落实情况的报告》。常委会组成人员认为，市政府重视该审议意见的落实工作，采取一系列行之有效的工作措施，相关问题、建议得到了解决、落实。会议要求，市政府要继续抓落实，促进该法更好地贯彻实施。

听取、审议加强生态市建设决定落实情况的报告　2005年12月8日，常委会第二十六次会议听取、审议市政府常务副市长叶建辉《关于加强生态市建设决定落实情况的报告》。常委会组成人员认为，市政府及有关职能部门认真落实加强生态市建设决定，不断增强广大干部群众的生态意识和法制观念。认真查处违法案件，重点区域、重点行业污染的综合整治取得一定成效，生态市建设态势良好，但是与生态市建设指标差距仍较大。主要表现在生态市建设宣传力度不大，职能部门之间协调不够，生态基础设施建设滞后，综合整治和生态市建设合力尚未形成等方面。会议提出审议意见：要进一步强化工作机制、协调配合、科技支撑、财力支持等，扎实推进生态市建设。

2006年11月28日，常委会第三十六次会议听取、审议市政府常务副市长叶建辉《关于生态市建设决定落实情况的报告》。常委会组成人员认为，市政府及有关职能部门认真落实加强生态市建设决定，加大环境整治力度和财政投入力度，重点区域、重点行业污染的综合整治取得一定成效，生态基础设施建设得到加强。但是生态基础设施建设总体上仍较滞后，行业污染、区域污染依然比较严重，综合整治和生态市建设合力还不够强。会议提出审议意见：要进一步加强领导、加大投入、加快步伐，扎实推进生态市建设。

听取、审议《中华人民共和国野生动物保护法》贯彻实施情况的报告　2006年6月6日，常委会第三十一次会议听取、审议市政府副市长彭永松《关于贯彻实施〈中华人民共和国野生动物保护法〉情况的报告》和常委会视察组的视察报告。常委会组成人员认为，市政府和有关部门重视《野生动物保护法》的贯彻实施。野生动物保护意识有所增强，管理力度不断加大，取得一定成效。但部分群众的野生动物保护法制观念淡薄，全市有效的保护网络尚未形成，保护经费投入严重不足等问题亟待解决。会议提出审议意见：继续抓好宣传教育工作，提高全民的野生动物保护意识；严格执行法律法规，严惩破坏野生动物资源及其栖息环境的犯罪行为；加大经费投入力度，抓好野生动物资源保护开发工作。

第二节　第十四届听取、审议工作报告

一、法治建设方面

听取、审议建设“法治瑞安”决议落实情况的报告　2007年9月28日，常委会第五次会议听取、审议市政府办公室主任金爱忠、市法院副院长陈积业、市检察院检察长黄清钰《关于建设“法治瑞安”决议落实情况的报告》。

听取、审议非诉行政案件执行工作情况及审议意见落实情况的报告　2007年11月14日，常委会第六次会议听取、审议市法院副院长陈积业《关于非诉行政案件执行情况的专项工作报告》和常委会视察组的视察报告。常委会组成人员认为，近年来，市法院十分重视非诉行政案件执行工作，在加强执行力量、改善执行环境、加大执行力度等方面做了大量工作，并取得一定的成效。但是也存在案多人少矛盾突出、实际执行率仍然较低、协调机制建设有待加强、行政手段运用不够充分等问题。会议提出审议意见：市法院要进一步强化工作措施，提高执行效率；市政府及有关行政部门要进一步依法履行职责，共同推进执行工作；市法院同市政府及有关行政部门要进一步加强协调配合，形成执行合力。

2008年6月17日，常委会第十一次会议听取、审议市政府常务副市长叶建辉《关于非诉行政案件执行工作审议意见落实情况的报告》和市法院副院长陈积业《关于非诉行政案件执行工作审议意见落实情况的报告》。常委会组成人员认为，市政府、市法院重视对该审议意见的落实工作，在加强组织领导、促进协调配合、强化工作措施等方面做了大量工作，取得一定的成效。但是有效执结率仍然较低；市法院与有关部门之间协调机制，特别是土地案件执行协调机制仍未建立；行政执法部门在执行过程中的配合、协调仍明显不足；行政责任追究制度没有得到很好落实。会议要求，市政府要加强对有强制执行权的部门的执行工作到位情况进行监督，切实解决好土地没收案件接管单位难落实问题，重视环保前置审批等有关问题；市法院要想方设法提高有效执结率，尽快建立土地案件等执行工作协调机制，扎实推进加处罚款的执行工作，及时总结、完善“委托执行”的经验和做法，并做好推广工作。充分发挥市政府和市法院之间协调机制的作用，有力推进瑞安非诉行政案件执行工作。市人大常

委会法制工委在2008年年底前对上述有关问题和意见的整改落实情况做好跟踪监督工作。

听取、审议《中华人民共和国行政许可法》执法检查报告审议意见落实情况的报告　2008年6月17日，常委会第十一次会议听取、审议市政府常务副市长叶建辉《关于〈中华人民共和国行政许可法〉执法检查报告审议意见落实情况的报告》。常委会组成人员认为，市政府重视审议意见的落实工作，加大对违章建筑的拆除力度，全面清理公共资源许可项目，在整合行政执法资源的基础上实行联合执法，有效地整治非法采砂、无序采砂问题，取得一定的工作成效。但是仍存在行政执法责任制的落实工作不到位，市行政审批中心建设没有取得实质性进展等问题。会议要求，市政府要切实落实行政责任制，严厉查处行政许可中的乱作为、不作为问题，切实按照“扩容、强能、提效”的要求，抓好行政审批中心建设。市人大常委会法制工委在2008年年底前对上述有关问题和意见的整改落实情况做好跟踪监督工作。

听取、审议司法行政工作情况的报告　2008年6月17日，常委会第十一次会议听取、审议市司法局局长项贻康《关于司法行政工作情况的报告》。常委会组成人员认为，2007年以来，市司法局在加大工作力度、突出工作重点、创新工作载体等方面做了大量富有成效的工作，取得了较好成绩。会议提出审议意见：要继续在基础工作、普法宣传、规范服务、队伍建设等方面，加大力度、强化措施，进一步做好司法行政工作。

听取、审议涉黑涉恶及“两抢一盗”犯罪打击处理工作情况及审议意见落实情况的报告　2008年9月26日，常委会第十四次会议听取、审议市公安局局长姜迪清、市法院院长赵建华、市检察院检察长黄清钰分别所作的《关于涉黑涉恶及“两抢一盗”犯罪打击处理工作情况的报告》和常委会视察组的视察报告。常委会组成人员认为，市“一府两院”对涉黑涉恶及“两抢一盗”犯罪活动的打击处理，做了大量工作，取得了一定成效，为维护社会治安总体平稳作出了积极努力。但盗抢案件高发、涉恶犯罪突出、办案质量不高等问题依然存在。会议提出审议意见：市政府要强化防控，全力遏制刑事发案；强化打击，有力震慑犯罪分子；强化建设，切实增强工作保障。市法院要充分认识对黑恶势力严厉打击的必要性；正确把握自首、立功刑事政策；规范非法所得的追缴和财产刑的执行；加强工作机制创新。市检察院要主动参战，强化协作；健全机制，强化监督。

2009年5月20日，常委会第十九次会议听取、审议市政府常务副市长叶建辉、市法院副院长吴荣者、市检察院检察长黄清钰分别所作的《关于涉黑、涉恶及“两抢一盗”打击处理工作审议意见落实情况的报告》。常委会组成人员认为，市政府、市法院和市检察院重视对该审议意见的落实工作，在加强组织领导、促进协调配合、强化工作措施、加大打击力度等方面做了大量工作，社会治安状况有所好转，取得了一定成效。但是社会治安形势依然严峻，仍存在协警队伍建设有待加强、村级巡防工作长期处于瘫痪状态、群防群治力量相对薄弱、“两抢一盗”案件总量居高不下等问题。会议要求，市政府要进一步探索打击和防范工作规律，健全有效的长效机制，市法院要进一步将审议意见深化到审判实践中；市检察院要进一步强化协作、健全机制；公检法要密切配合，形成强大合力。

听取、审议“五五”普法决议落实情况的报告　2008年12月25日，常委会第十六次会议听取、审议市司法局局长项贻康《关于“五五”普法决议落实情况的报告》和市“一府两院”《关于“法治瑞安”决议落实情况的报告》（书面）。

听取、审议侦查监督工作情况及审议意见落实情况的报告　2009年6月26日，常委会第二十次会议听取、审议市检察院检察长黄清钰《关于侦查监督工作情况的报告》和常委会调研组的调研报告。常委会组成人员认为，瑞安检察机关认真履行审查逮捕、刑事立案监督和侦查活动监督等职能，侦查监督工作的机制有所完善，渠道进一步拓宽，水平不断提高。但是监督意识有待加强、监督的广度深度不够、监督机制不完善、法律规范缺位等问题仍然存在。会议提出审议意见：深化认识，树立正确的监督理念；完善机制，增强监督的实效；积极探索，解决工作中遇到的实际问题。

2010年4月15日，常委会第二十九次会议听取、审议市检察院副检察长林长汉《关于侦查监督工作报告审议意见落实情况的报告》。常委会组成人员认为，市检察院、市公安局根据审议意见的要求，着力加强和改善侦查监督工作，取得一定的实效。会议要求，深化和完善对“久侦未结，立而不侦”案件的监督机制；市检察院、市公安局要做好对接，加强对另案处理案件的监督机制；进一步健全重点信访件初查、受理的立案监督机制。

听取、审议未成年人犯罪审判工作情况及审议意见落实情况的报告　2009年10月21日，常委会第二十二次会议听取、审议市法院副院长吴荣者《关于未成年人犯罪审判工作情况的报告》和常委会调研组的调研报告。常委会组成人员认为，市法院的未成年人犯罪刑事审判工作取得一定成效，但在庭审保护、办理机制、判决书说理、综合治理等方面仍存在不足。会议提出审议意见：形成共识，强化对未成年人的特殊保护；形成机制，提高未成年人轻微刑事案件的办理速度；形成合力，共同做好未成年罪犯的教育和挽救工作。

2010年3月23日，常委会第二十八次会议听取、审议市法院副院长吴荣者《关于未成年人犯罪审判工作报告审议意见落实情况的报告》。常委会组成人员认为，市法院未成年人犯罪刑事审判工作取得一定成效，并在部门联动预防未成年人犯罪方面提出了很好的建议，但对照审议意见的要求，整改工作并未完全落实到位，特别是在强化庭审保护、提高轻微刑事案件办理速度方面的机制建设仍然欠缺。会议要求，市法院要按照审议意见的要求进一步做好整改落实，并在6月底前向市人大常委会主任会议汇报。

听取、审议《中华人民共和国律师法》贯彻实施情况及审议意见落实情况的报告　2009年5月20日，常委会第十九次会议听取、审议市司法局局长项贻康《关于〈中华人民共和国律师法〉贯彻实施情况的报告》和常委会执法检查组的执法检查报告。常委会组成人员认为，《中华人民共和国律师法》颁布实施以来，瑞安律师事业不断发展，律师的思想政治素质不断提高，服务领域进一步拓宽，服务质量进一步提高，取得了较好的成绩。但是律师执业环境有待改善，律师队伍的职业道德水准有待提高，法律市场和律师监管工作有待加强等问题仍然存在。会议提出审议意见：加强《中华人民共和国律师法》宣传教育，提高对律师职能作用的认识；进一步改善律师执业环境，保障律师执业权利；加强律师队伍建设和监管，预防和制止违法违纪行为发生。

2009年12月10日，常委会第二十四次会议听取、审议市司法局局长项贻康《关于〈中华人民共和国律师法〉执法检查报告审议意见落实情况的报告》。常委会组成人员认为，目前《中华人民共和国律师法》的贯彻实施情况总体较好，但律师执业环境有待改善，主管部门的监督工作有待加强。会议要求，相关部门要正确认识律师的重要作用，改善律师执业环境，加强法律服务市场的监督。

听取、审议青山白化整治工作情况的报告 2009年12月10日，常委会第二十四次会议听取、审议市政府副市长管秀云《关于青山白化整治工作情况的报告》。常委会组成人员认为，市政府重视青山白化治理工作，采取有力措施，取得一定成效，但仍存在治理工作不平衡、不彻底，治理后回潮现象严重等问题。会议提出审议意见：市政府要进一步强化工作措施，改变运动式治理的方式，建立长效机制，加强责任追究，彻底遏制回潮现象，同时要加强对公益性墓地的规范建设管理工作。

听取、审议开展“霸王搬运”专项整治决议执行情况的报告 2010年7月6日，常委会第三十二次会议听取、审议市政府副市长方晖《关于开展“霸王搬运”专项整治决议执行情况的报告》和常委会视察组的视察报告。常委会组成人员认为，市政府对市人大常委会作出的决议比较重视，专题召开动员大会并制订整治方案，特别是市公安局、市房管局和瑞安经济开发区管委会三个部门认识到位，措施有力，部分领域的前阶段整治取得一定成效。但部分政府部门和乡镇在认识上还不到位，思想上有畏难情绪，行动迟缓，甚至存在推诿和不作为行为。会议提出审议意见：市政府要对前阶段整治不力、成效不明显的原因进行反思，开展责任倒查，并制订长期整治计划；进一步明确各部门和乡镇的责任，健全责任追究制度，完善长效管理机制，始终保持高压严打态势。市政府要在2010年11月向市人大常委会主任会议汇报决议落实情况。

听取、审议职务犯罪查处和审判专项工作情况及审议意见落实情况的报告 2010年8月31日，常委会第三十三次会议听取、审议市检察院副检察长林长汉《关于职务犯罪查处工作情况的报告》和市法院副院长吴荣者《关于职务犯罪审判专项工作情况的报告》及常委会视察组的视察报告。常委会组成人员认为，近年来“两院”高度重视职务犯罪查处和审判工作，取得了一定成效，但在查处力度、办案质量、相互间的执法协调和轻刑化定罪等方面有待进一步加强和提高。会议提出审议意见：提高认识，加大惩处力度；加强沟通，形成打击合力；规范建设，增强惩处实效。

2011年8月19日，常委会第四十四次会议听取、审议市检察院检察长王美鹏《关于职务犯罪查处工作审议意见落实情况的报告》和市法院副院长吴荣者《关于职务犯罪审判专项工作审议意见落实情况的报告》及常委会督查组的督查报告。会议肯定“两院”对职务犯罪查处和审判专项工作报告的审议意见的整改落实，同时要求“两院”进一步规范职务犯罪查处和审判工作，在司法实践中进一步明确“礼”“贿”“债”的认定原则；进一步加大对土地规划违章、环境保护和工程管理中玩忽职守行为及重大责任事故中渎职行为的查处力度，切实排除案外因素干扰，维护司法公正。

听取、审议监察工作情况的报告 2010年8月31日，常委会第三十三次会议听取、审议市监察局局长钱世安《关于监察工作情况的报告》。会议提出审议意见：市监察局要加强国家工作人员廉洁从政教育，深入开展土地违法、工程建设等领域突出问题专项整治，加大案件查办力度，切实提高行政监察工作水平。

听取、审议“五五”普法工作验收情况的报告　2010年10月27日，常委会第三十四次会议听取、审议市司法局局长项贻康《关于“五五”普法工作验收情况的报告》和市政府、市法院和市检察院《关于“法治瑞安”决议落实情况的报告》。

听取、审议人民调解体系建设情况的报告　2011年2月25日，常委会第三十七次会议听取、审议市司法局局长项贻康《关于人民调解体系建设情况的报告》。常委会组成人员认为，市司法局近年来在构建人民调解工作体系方面做了大量工作，人民调解在化解人民内部矛盾、维护社会稳定等方面发挥重要作用。会议提出审议意见：不断完善人民调解工作体系，健全人民调解工作机制，加强人民调解队伍建设，提高人民调解工作水平，突出工作重点，加大各种矛盾纠纷的调解力度，积极应对瑞安社会矛盾纠纷调处的客观需求，推进“平安瑞安”建设。

听取、审议行政审判工作情况的报告　2011年4月22日，常委会第三十九次会议听取、审议市法院院长戎小平《关于行政审判工作情况的报告》和常委会调研组的调研报告。常委会组成人员认为，近年来市法院坚持为大局服务、为人民司法，依法履行行政审判职责，努力提高行政审判工作水平，积极发挥行政审判职能作用，为推进“法治瑞安”建设作出积极贡献。但行政审判工作仍存在职能作用发挥不够充分、质量和效能有待提高、非诉行政执行工作有待加强、司法环境有待进一步优化等问题。会议提出审议意见：以维护人民群众的合法权益为根本，落实司法为民要求；以严格监督、依法维护为原则，推动依法行政工作；以强化调查研究为抓手，切实提高行政审判工作质量；以主动接受监督为依托，着力改善行政审判司法环境。

审议法治瑞安决议落实情况的书面报告　2011年10月18日，常委会第四十五次会议审议市政府、市法院、市检察院《关于法治瑞安决议落实情况的书面报告》。常委会组成人员认为，建设“法治瑞安”是落实依法治国基本方略的重大举措，是建设社会主义法治国家在瑞安的具体实践，是依法治市工作的进一步深化和发展。会议提出审议意见：市政府、市法院、市检察院要牢固树立社会主义法治理念，进一步推进法治政府建设，提高依法行政的能力；要进一步维护司法公正，切实保障人民群众的合法权益，切实把市人大常委会关于建设“法治瑞安”决议的各项要求落到实处。

二、财政经济方面

听取、审议2006年度本级财政预算执行和其他财政收支情况的审计工作及审议意见落实情况的报告　2007年8月10日，常委会第四次会议听取、审议市审计局局长郑银鹏《关于2006年度市本级财政预算执行和其他财政收支的审计工作报告》。常委会组成人员认为，从审计情况看，2006年度瑞安市本级财政预算执行总体情况较好，顺利完成市十三届人大四次会议批准的预算任务，但仍存在不容忽视的问题。会议提出审议意见：加强预算编制和管理工作；提高专项资金使用效益；依法征缴财政性资金；认真整改查明的问题。

2008年5月5日，常委会第十次会议听取、审议市政府副市长蒋良奉《关于对2006年度市本级财政预算执行和其他财政收支涉及问题整改落实情况的报告》。常委会组成人员认为，市政府多次召开整改专题会议，大部分问题得到了较好的整改。会议提出审议意见：市政府要科学合理使用财政专项资金，避免资金滞留提高资金使用绩效；要进一步完善土地出让金收缴程序，严格执行时限要求，对于欠缴的土地出让金要按规定收取滞纳金。市财政局要将养老保险基金利息清算补收情况于6月底前向市人大常委会报告。

听取、审议国民经济和社会发展计划、财政预算执行情况的报告　2007年8月9日，常委会第四次会议听取、审议市发展和改革局局长陈荣臻《关于上半年国民经济和社会发展计划执行情况的报告》和市财政局局长苏德贤《关于2007年上半年地方财政预算执行情况的报告》。2008年8月12日，常委会第十二次会议听取、审议市发展和改革局局长陈荣臻《关于上半年国民经济和社会发展计划执行情况的报告》，市财政局副局长陈胜泉《关于上半年地方财政预算执行情况的报告》。2009年8月20日，常委会第二十一次会议听取、审议市发改局局长陈荣臻《关于瑞安市2009上半年国民经济和社会发展计划执行情况的报告》，会议要求，要正确把握当前经济形势，加快经济转型升级，加大投资力度，加强对企业的帮扶，促进经济更好发展。听取、审议市财政局局长苏德贤《关于瑞安市2009年上半年地方财政预算执行情况的报告》。2010年8月31日，常委会第三十三次会议听取、审议市发改局局长池万好《关于2010上半年国民经济和社会发展计划执行情况的报告》和市财政局局长陈迪海《关于2010年上半年地方财政预算执行情况的报告》。2011年8月19日，常委会第四十四次会议听取、审议市发改局局长池万好《关于瑞安市2011上半年国民经济和社会发展计划执行情况的报告》和市财政局副局长陈胜泉《关于瑞安市2011年上半年地方财政预算执行情况的报告》。

听取、审议市卫生局2006年度预算资金使用情况的调查报告　2007年11月15日，常委会第六次会议听取、审议财经工委主任张中姆《关于市卫生局2006年度预算资金使用情况的调查报告》。常委会组成人员认为，市卫生局2006年部门预算资金执行总体情况较好，但在预算执行过程中还存在卫生事业经费投入相对不足、公共卫生服务专项资金被挤占、项目资金使用效益不明显等问题。会议提出审议意见：进一步加大对卫生事业的投入力度；充分发挥卫生资金的使用效益；进一步深化医疗卫生体制改革。

听取、审议2007年度本级财政预算执行和其他财政收支情况的审计工作及审议意见落实情况的报告　2008年8月13日，常委会第十二次会议听取、审议市审计局局长郑银鹏《关于2007年度市本级财政预算执行和其他财政收支的审计工作报告》。常委会组成人员认为，从审计情况看，2007年度市本级财政预算执行总体情况较好，顺利完成市十四届人大一次会议批准的预算任务，但仍存在一些不容忽视的问题。会议提出审议意见：进一步加强预算管理；进一步加强部门资金使用管理；进一步加强对国有资产的监管；进一步落实完善责任机制。

2009年5月20日，常委会第十九次会议听取、审议市财政局局长苏德贤《关于2007年度财政同级审报告审议意见整改落实情况的报告》和财经工委主任张中姆《关于2007年度财政同级审报告审议意见整改落实情况审查情况的报告》。常委会组成人员认为，市政府非常重视整改落实工作，措施有效，整改比较到位。但是预算指标收回重新安排涉及年初人代会上通过的部门预算安排变化，没有按规定报批的做法不妥，同时偿债率超过警戒线，举债风险加大和财政资金闲置并存的问题不容忽视。会议提出审议意见：市政府在今后的工作中要认真加以改正，需要报批的必须严格按照法定程序，报市人大常委会审查批准。这次预算指标和专项清余资金收回直接安排情况向市人大常委会作书面说明。

听取、审议2008年度全市重点工程建设情况的报告　2008年11月18日，常委会第十五次会议听取、审议市政府副市长蒋良奉《关于全市重点工程建设情况的报告》。常委会组成人员认为，市政府及有关部门积极克服不利因素，强力推进工程进度，全市重点工程建设取得较好的成绩，但是也存在工程建设进展不平衡、政策处理任务艰巨、部门沟通协调需要加强等问题。会议提出审议意见：市政府及有关部门要紧紧围绕年初讨论确定的工作目标，采取有力的工作措施，确保全年工作任务顺利完成。

听取、审议“十一五”规划纲要中期评估报告的报告　2008年12月25日，常委会第十六次会议听取、审议市发展和改革局局长陈荣臻《关于“十一五”规划纲要中期评估报告》。常委会组成人员认为，“十一五”规划纲要实施以来，瑞安认真落实科学发展观、积极实施“六大战略”，较好地完成了各项目标任务，经济社会保持平稳较快发展。但同时也存在要素制约矛盾凸显、产业转型升级压力加剧、节能降耗任务艰巨等问题。会议提出审议意见：深入落实“十一五”规划纲要；确保固定资产任务落实到位；大力推进产业转型升级；着力解决民生问题。

听取、审议审计工作情况的报告　2008年12月25日，常委会第十六次会议听取、审议市审计局局长郑银鹏《关于审计工作情况的报告》。常委会组成人员认为，瑞安审计工作紧紧围绕市委、市政府的中心任务，开拓创新、与时俱进、依法审计，工作中亮点频出，成效明显，较好地发挥了审计监督和服务的职能。

听取、审议经贸工作情况的报告　2009年3月23日，常委会第十八次会议听取、审议市经贸局局长陈迪海《关于经贸工作情况的报告》。常委会组成人员认为，市经贸局面对严峻的宏观经济形势，做了大量富有成效的工作，取得一定成绩。会议提出审议意见：要进一步抓好“保增长、促升级”有关政策措施的落实工作，切实提高工作效率和服务水平；要进一步提振发展信心，深入调研，努力发掘有利因素并积极加以利用，切实增强发展信心；要进一步加大引导、协调和依法管理力度，大力扶持具有发展潜力的成长型企业，坚决淘汰高能耗、重污染的“低、小、散”企业。

听取、审议安全生产监管工作情况汇报　2009年6月26日，常委会第二十次会议听取、审议市安监局局长包振明《关于安全生产监管工作情况汇报》。常委会组成人员认为，市安监局认真贯彻落实安全生产法律法规，切实加强安全生产法制体制机制、安全生产保障能力、安全生产监管队伍“三项建设”，加大监管力度，创新监管方式，努力防范安全事故发生。但是安全生产形势仍然比较严峻。会议提出审议意见：要进一步强化整治措施、加大执法力度、深入宣传引导、健全管理机制。

听取、审议2008年度本级财政预算执行和其他财政收支情况的审计工作及审议意见落实情况的报告　2009年8月20日，常委会第二十一次会议听取、审议市审计局局长郑银鹏《关于2008年度本级财政预算执行和其他财政收支的审计工作报告》；会议审查和批准了市财政局局长苏德贤《关于2008年地方财政决算报告》。会议对审计工作报告总体给予肯定，但审计查明和反映的问题也是不容忽视的。会议提出审议意见：加强预算和资金管理；规范政府投资项目管理；理顺政府性债务管理体制；认真整改审计查明的具体问题。

2010年3月23日，常委会第二十八次会议听取、审议市政府副市长蒋良奉《关于2008年度市本级财政预算执行和其他财政收支审计涉及问题整改落实情况的报告》。常委会组成人员认为，市政府重视同级审报告，在整改落实上做了大量工作，并专门召开了整改落实事项交办会。会议提出审议意见：市政府对同级审报告中指出的问题，要吸取教训，完善制度，引以为戒。

听取、审议重点工程建设情况的报告　2009年10月21日，常委会第二十二次会议听取、审议市重点办主任刘进国《关于重点工程建设情况的报告》和常委会视察组的视察报告。常委会组成人员认为，市政府积极贯彻落实中央“保增长、扩内需”的方针，努力克服各种困难，工作扎实有力，建设项目取得阶段性成果。但是存在开工率不高、政策处理难、资金压力大、单位间协调不够等问题。会议提出审议意见：市政府要高度重视未开工项目的开工问题，想方设法缓解要素瓶颈制约，认真抓好2010年重点项目的可行性认证工作，加强对重点工程建设的督查和管理工作。

听取、审议市房管局和市水利局2010年部门预算的报告　2010年3月23日，常委会第二十八次会议听取、审议市财政局副局长陈胜泉《关于市房管局和市水利局2010年部门预算的说明》。会议提出审议意见：市财政局、市水利局、市房管局要针对预算执行中存在的问题认真加以整改落实，及时做好历年结余资金的清理工作。市政府要根据市房管局工作职能变化的需要，对自收自支事业编制人员工资待遇及所需工作经费问题，在调查研究的基础上给予落实。市政府及市财政局要将相关意见落实和资金清理情况形成书面材料，于2010年5月底前向市人大常委会报备。

听取、审议2009年度本级财政预算执行和其他财政收支情况的审计工作及审议意见落实情况的报告　2010年8月31日，常委会第三十三次会议听取、审议市审计局局长金邦义《关于2009年度本级财政预算执行和其他财政收支的审计工作报告》；会议审查和批准了市财政局局长陈迪海《关于2009年度地方财政决算报告》。常委会组成人员认为，2009年度地方财政预算执行总体情况较好，但存在一些不容忽视的问题。会议提出审议意见：进一步规范财政预算管理；加强对部门和乡镇财政资金使用的监管；严格政府投资项目的监管；认真整改审计查明的具体问题。

2011年2月25日，常委会第三十七次会议听取、审议市政府副市长蒋良奉《关于2009年度财政同级审报告审议意见落实情况的报告》。会议要求，市政府要认真吸取教训，并在今后的工作中整改好尚未落实的问题。

听取、审议“十一五”政府性重大投资项目完成情况的报告　2010年10月27日，常委会第三十四次会议听取、审议市政府副市长蒋良奉《关于“十一五”政府性重大投资项目完成情况的报告》和常委会视察组的视察报告。常委会组成人员认为，“十一五”规划期间，瑞安克服种种不利因素，狠抓政府性重大项目建设，有力助推经济社会发展，但是仍存在部分项目决策科学性不够、政策处理有待加强、工程质量管理不到位等问题。会议提出审议意见：再接再厉完成“十一五”规划的重大项目建设目标；加强和完善重大项目建设保障机制；积极谋划“十二五”规划的政府性重大投资项目。

听取、审议人事工作情况的报告　2010年10月27日，常委会第三十四次会议听取、审议市人事局局长王永旺《关于人事工作情况的报告》。常委会组成人员认为，近年来瑞安人事工作按照经济社会转型发展的需要，围绕中心、服务大局，主动转变职能，在人才智力开发服务、公务员队伍建设、事业单位人员管理规范、分配制度改革等方面均取得了一定成效，但事业单位人员管理制度不健全、机关事业单位临时工使用等问题也不容忽视。会议提出审议意见：市政府要积极稳妥推进机构改革工作，大力提升公务员队伍能力素质，推动人才工作创造新发展。

听取、审议2011年度市房管局、市水利和市民政局等三个部门预算编制情况的报告　2011年2月25日，常委会第三十七次会议听取、审议市财政局局长陈迪海《关于2011年度房管、水利和民政等三个部门预算编制情况的报告》。会议提出审议意见：市政府要提高资金使用效率，逐步改变部门资金二次分配现象；市财政局、市水利局、市民政局要完善制度，改进方法，继续清理2010年度结余资金，并作出相应处理意见于2011年6月底前报财经工委审查；市财政局要安排“福利企业安全生产培训”和“殡仪馆停车场建设”等项目资金以及2011年中塘河治理建设的缺口资金。此外，市财政局要向财经工委报备以下重点支出项目专项资金的细化计划：乡镇财政专项转移支付，生态补偿机制、执法补助支出、医疗机构修购补助经费，平原绿化工程、规划编制和全球眼视频监控及中心建设经费等。

听取、审议2010年度本级预算执行和其他财政收支情况的审计工作及审议意见落实情况的报告　2011年8月19日，常委会第四十四次会议听取、审议市审计局局长金邦义《关于2010年度本级预算执行和其他财政收支情况审计工作报告》。常委会组成人员认为，2010年度地方财政预算执行和其他财政收支情况总体较好，但预算执行中还存在着多头存款、存贷脱节、财政性存款资金未能充分发挥应有的效应，政府投资项目前期工作不规范和建设管理不到位，对土地使用监管不力，乡镇资金使用不当等问题。会议提出审议意见：认真做好政府融资工作；着力做好政府性投资项目的监管工作；进一步规范乡镇资金的使用；加强对国有资产的管理工作；认真整改审计查明的其他问题。

2011年12月26日，常委会第四十七次会议听取、审议市政府常务副市长方晖《关于2010年度财政同级审报告审议意见落实情况的报告》。常委会组成人员认为，市政府高度重视整改落实工作，措施有力，整改比较到位，但整改的时效性和深入程度还有待加强。会议要求，市政府要进一步完善相关政策措施和规章制度，并对个别未整改到位的问题延迟处置时间向市人大常委会报告。

听取、审议2011年度全社会固定资产投资计划完成情况的报告　2011年10月18日，常委会第四十五次会议听取、审议市发改局局长池万好《关于2011年度全社会固定资产投资计划完成情况的报告》。常委会组成人员认为，加大投资力度是2011年市委市政府重要工作，市政府在宏观调控制约和行政区划调整影响的双重不利因素条件下，克难攻坚，奋力推进，固定资产投资工作依然取得较大成绩，但要完成全年投资目标依然任务艰巨。会议提出审议意见：市人大常委会各工作部门要严格按照年初制定的《关于2011年政府投资工作监督方案》要求，对各个重大工程项目建设开展持续深入的跟踪监督，密切把握工程建设动态，督促和支持市政府兑现承诺、落实任务。

三、教科文卫与社会建设方面

听取、审议农村公共卫生工作情况及审议意见落实情况的报告 2007年6月11日，常委会第三次会议听取、审议市政府副市长林济晚《关于农村公共卫生工作情况的报告》和常委会视察组的视察报告。常委会组成人员认为，市政府重视农村公共卫生工作，在加强领导、健全机制、强化措施等方面做了大量工作并取得一定成效，但在乡镇卫生院建设和新型农村合作医疗工作中仍存在较多问题。会议提出审议意见：加强领导，充分发挥政府的主导作用；加大投入，大力提高乡镇卫生院服务功能；强化措施，进一步完善新农医保障制度。

2009年12月10日，常委会第二十四次会议听取、审议市卫生局局长廖仕旺《关于农村公共卫生工作审议意见落实情况的报告》和常委会督查报告。常委会组成人员认为，市政府高度重视农村公共卫生工作，取得一定成效，但目前乡镇卫生院医疗卫生人员的配置还不够合理，新型城乡合作医疗制度还不够完善。会议提出审议意见：市政府要制定实施方案，加快乡镇公共卫生资源整合优化，逐步完善新型城乡合作医疗制度。

听取、审议人口和计划生育工作情况的报告 2008年5月5日，常委会第十次会议听取、审议市人口和计划生育局局长林永杰《关于人口和计划生育工作情况的报告》。常委会组成人员认为，全市人口和计划生育工作，除性别比外其他各项指标均完成上级下达的责任指标要求，取得一定的成效。会议提出审议意见：市政府及有关部门要进一步加大力度，强化措施，努力使瑞安人口和计划生育工作再上一个新台阶。

听取、审议创建全国文化先进县（市）工作情况及审议意见落实情况的报告 2008年9月26日，常委会第十四次会议听取、审议市政府副市长管秀云《关于瑞安创建全国文化先进县（市）工作情况的报告》和常委会视察组的视察报告。常委会组成人员认为，瑞安创建全国文化先进市的总体态势较好，但还存在经费投入不足、体制改革缓慢、创先意识不强等问题。会议提出审议意见：统一思想、加强领导，充分认识创建工作深刻意义；精心组织，狠抓落实，确保创先工作健康有序进行；增加投入，加快发展，推进公共文化服务体系建设；整合资源，健全网络，促进文化市场的健康和繁荣。

2009年12月30日，常委会第二十六次会议听取、审议市文化局局长黄友金《关于瑞安创建全国文化先进市工作审议意见落实情况的报告》。常委会组成人员认为，市政府比较重视创建工作，但与创建目标仍有较大的差距，存在实施意见尚未出台，部门职责不明确，创建氛围不浓，文化经费投入不足，设施建设有待加强等问题。会议要求，市政府要坚持以人为本和长远发展的理念，出台创建实施方案，加强宣传工作，加大政府投入，加快文化设施建设。

听取、审议《科技进步法》执法检查审议意见落实情况的报告 2008年12月25日，常委会第十六次会议听取、审议市政府副市长方晖《关于〈中华人民共和国科技进步法〉执法检查报告审议意见落实情况的报告》和市卫生局局长郑顺昆《关于农村公共卫生工作审议意见落实情况的报告》。常委会组成人员认为，市政府对市人大常委会审议意见的落实，有方案、有措施、有实效，科技进步法贯彻实施、农村公共卫生等工作均取得较为明显的成效。会议要求，市政府要继续抓好以上两项工作，特别是农村公共卫生工作，要进一步理顺卫生管理体制、增加投入、提升服务，真正让群众得到实惠。

听取、审议义务教育专项工作情况及审议意见落实情况的报告　2009年6月26日，常委会第二十次会议听取、审议市教育局局长王育伦《关于义务教育专项工作报告》和常委会视察组的视察报告。常委会组成人员认为，市政府及相关部门非常重视教育工作，认真贯彻义务教育法，敢为人先创造性地实践，建立保障机制，加强队伍建设，推进素质教育，推进均衡发展，使瑞安教育事业快速发展。但是义务教育与瑞安经济发展水平、人民群众需求、城市化建设步伐不适应，存在着思想认识不到位、校网布局不科学、经费投入不合理、教育管理不规范等问题。会议提出审议意见：科学规划，调整布局，大力推进教育均衡发展；完善制度，提升素质，努力提高教育教学质量；增加投入，强化管理，积极提高经费使用效益。

2010年10月27日，常委会第三十四次会议听取、审议市教育局局长王育伦《关于义务教育专项工作审议意见落实情况的报告》和常委会督查组的督查报告。常委会组成人员认为，市政府对如何落实好审议意见，思想重视，举措扎实，重点突出，取得一定的成效。会议要求，市政府要提高认识，认真贯彻落实《教育规划纲要》精神，以改革创新理念谋划瑞安教育长期发展规划，加大力度优化调整校网布局，完善培养体制，加强师德师风和学校管理队伍建设，健全完善准入、流动和退出等各项机制推进教师队伍建设，推进素质教育。同时，要进一步完善财力保障机制，加大资金投入力度，力争在2012年实现财政性教育经费支出达到GDP的4%；调整支出结构，使生均公用经费达到省级中等水平；加强对教育经费使用、监管与绩效评估，尽快完善教师绩效工资实施方案，确保投入效率和效益。

听取、审议《中华人民共和国食品安全法》贯彻实施情况及审议意见落实情况的报告　2010年8月31日，常委会第三十三次会议听取、审议市政府副市长方晖《关于〈中华人民共和国食品安全法〉贯彻实施情况的报告》和常委会执法检查组的执法检查报告。常委会组成人员认为，市政府在推进食品安全工作上切实履行职责，取得了比较显著的成效，但瑞安食品安全仍存在生产安全隐患比较突出、监管工作存在疏漏和监管体制改革尚未到位等问题。会议提出审议意见：加强领导、明确职责，大力促进《中华人民共和国食品安全法》的贯彻实施；整合资源、完善机制，努力推进保障体系和长效机制建设；加大执法、优化环境，积极推动食品产业健康协调发展。

2011年8月19日，常委会第四十四次会议听取、审议市政府副市长方晖《关于〈中华人民共和国食品安全法〉执法检查审议意见落实情况的报告》。常委会组成人员认为，市政府认真落实审议意见，加强组织领导，深入宣传教育，突出重点整治，平稳有序地推进瑞安食品安全工作，但食品安全监管工作仍存在疏漏，食品生产安全隐患依然突出，重点问题整改成效不明显。会议要求，市政府及相关职能部门要进一步提高认识，切实增强贯彻落实《中华人民共和国食品安全法》的法律意识和责任意识；要进一步理顺监管体制机制，明确监管职责，突出监管重点，建立协调、统一、高效的检测检验机构，组建食品安全综合执法队伍；要优化发展环境，合理布局，建立食品工业园区，推动产业转型升级，并尽快落实生猪定点安全屠宰等政策措施。

四、农资与城建环保方面

听取、审议废塑料加工业整治工作情况及审议意见落实情况的报告 2007年11月15日，常委会第六次会议听取、审议市政府常务副市长叶建辉《关于废塑料加工业整治情况的专项工作报告》和常委会视察组的视察报告。常委会组成人员认为，市政府对废塑料加工业整治工作高度重视，整治方案切实可行。但声势不大，氛围不浓，许多生产经营户的思想还未真正改变。会议提出审议意见：加强领导，建立机构，形成强有力的整治合力；深入调研，制定政策，形成标本兼治的工作方案；强化宣传，统一思想，形成坚决取缔的治理决心；明确责任，狠抓落实，形成科学长效的管理机制。

2008年5月5日，常委会第十次会议听取、审议市政府常务副市长叶建辉《关于废塑料加工业整治工作审议意见落实情况的报告》。常委会组成人员认为，市政府高度重视废塑料加工业整治工作，专项整治期间措施得力、成效明显，但取缔之后的反弹压力很大。会议要求，市政府要明确责任，建立责任追究制度，要从根源上制止废塑料加工场点死灰复燃和分散转移情况的发生。

听取、审议规划建设工作情况的报告 2008年1月9日，常委会第七次会议听取、审议市规划建设局局长倪希杰《关于规划建设工作情况的报告》。常委会组成人员认为，2007年市规划建设局做了大量富有成效的工作，其中拆除违章工作力度大、成效明显。会议提出审议意见：要切实加大日常监管力度，及时遏制违法、违章建设行为，确保规划工作取得成效。

听取、审议垃圾无害化处理情况的专项工作报告 2008年8月13日，常委会第十二次会议听取、审议市政府常务副市长叶建辉《关于垃圾无害化处理情况的专项工作报告》常委会视察组的视察报告。常委会组成人员认为，垃圾问题已经成为影响人居环境、危害群众健康、社会反响强烈的热点问题，垃圾无害化处理是一项任务艰巨、意义重大的民生工程。会议提出审议意见：加强宣传，切实提高群众的环境卫生意识；统筹规划，加快建设垃圾收集系统；加强管理，不断完善监督管理体制；增加投入，着力提升无害化处理能力；高度重视，加快启动垃圾焚烧发电厂建设。

听取、审议《中华人民共和国农产品质量安全法》贯彻实施情况及审议意见落实情况的报告 2008年12月25日，常委会第十六次会议听取、审议市政府副市长郑邦良《关于〈中华人民共和国农产品质量安全法〉贯彻实施情况的报告》和常委会执法检查组视执法报告。常委会组成人员认为，瑞安贯彻落实《中华人民共和国农产品质量安全法》的总体情况较好，但还存在执法经费投入不足、农产品质量安全意识淡薄、产地环境污染严重等问题。会议提出审议意见：加强宣传，提高农产品质量安全意识；整合资源，完善农产品质量安全执法监管体系；强化监管，加大农产品质量安全违法案件处罚力度；严格检测，建立农产品市场准入制度；积极探索，加快农业标准化建设步伐；加大投入，推进农产品质量安全工作。

2009年10月21日，常委会第二十二次会议听取、审议市政府副市长张本锋《关于〈中华人民共和国农产品质量安全法〉执法检查报告审议意见落实情况的报告》。常委会组成人员认为，市政府积极落实《中华人民共和国农产品质量安全法》审议意见，取得良好成效，农产品质量总体安全、放心，但仍存在安全意识不强、经费投入不足、产地环境污染较重、监管机制不够完善等问题。会议要求，市政府要加大力度，增加投入，强化责任，综合治理，努力保障农产品质量安全。

听取、审议城镇供水工作情况及审议意见落实情况的报告 2009年6月26日，常委会第二十次会议听取、审议市政府常务副市长叶建辉《关于城镇供水工作的专项工作报告》和常委会视察组的视察报告。常委会组成人员认为，市政府高度重视城镇供水工作，把解决饮用水问题作为民生之首来抓，实施“3721工程”，取得一定成效。但是城镇供水还难以满足群众生活、生产的用水需求，存在水源不足、资金不够、进度不快、体制不顺、产权不清等问题。会议提出审议意见：市政府要加强领导，加快建设、加大投入、加速改革、切实把城镇供水工程抓好。

2010年7月6日，常委会第三十二次会议听取、审议市政府常务副市长叶建辉《关于城镇供水工作审议意见落实情况的报告》和常委会督查组的督查报告。常委会组成人员认为，市政府高度重视审议意见的落实工作，目标明确，措施有力，取得较好成效。但仍存在工作合力有待加强、新水厂建设进度缓慢、管网铺设难度较大、管网漏失率仍然很高等问题。会议要求，市政府要切实加强领导，加强协调工作，从快从简办理审批手续；要加大投入力度，增加投资比例，降低村民负担，顺利推进村级管网改造工作，提高供水经济效益；要加快建设进度，抓紧做好乡镇新水厂的选址、征地、报批等前期工作，争取早日开工建设，并加快一、二级管网建设进度，确保年内完成工作任务。

听取、审议红砖窑治理工作情况及审议意见落实情况的报告 2009年8月20日，常委会第二十一次会议听取、审议市政府常务副市长叶建辉《关于红砖窑治理工作的专项工作报告》和常委会视察组的视察报告。常委会组成人员认为，近期以来市政府加大非法红砖窑治理力度，加强领导，周密部署，大力宣传，集中拆除，取缔一大批非法红砖窑，一定程度上遏制了非法红砖窑蔓延势头。但是非法红砖窑点多面广，好拆难管，反弹快速，一些干部对此思想麻木，有畏难情绪；政府部门、乡镇职责不清，打击不力；缺乏有效的规划布局，耕地破坏严重。会议提出审议意见：加强教育，统一认识；明确职责，严肃追究；合理规划，满足需求；推广经验，退窑复耕。

2010年7月6日，常委会第三十二次会议听取、审议市国土资源局副局长林玉胜《关于红砖窑治理工作审议意见落实情况的报告》。常委会组成人员认为，市政府加大对红砖窑的整治力度，在一定时期一定区域内取得一定成效，但总体打击和整治工作没有达到预期效果，非法红砖窑死灰复燃非常严重。会议要求，市政府要建立各部门和乡镇之间有效的协调监管机制，明确责任，痛下决心，加大对非法红砖窑的打击力度；要建立堵疏结合的长效机制，合理规划布局，满足市场需求，并对受非法红砖窑破坏的土地复耕提供保障。

听取、审议交通工作情况的报告 2010年4月15日，常委会第二十九次会议听取、审议市交通局党委书记邵万姆《关于交通工作情况的报告》。常委会组成人员认为，全市近年来以实现半小时交通圈为目标，强势推进交通基础设施和综合交通运输体系建设，为经济社会发展起到了良好的支持和推动作用。会议提出审议意见：市交通局要合理规划、加强建设，努力缓解“停车难、行车难”问题；要严把工程质量关，做好竣工质量验收和建成后维护等工作。

听取、审议完善和规范房地产市场专项工作情况及审议意见落实情况的报告 2010年7月6日，常委会第三十二次会议听取、审议市政府常务副市长叶建辉《关于完善和规范房地产市场的专项工作报告》和常委会调研组的调研报告。常委会组成人员认为，市政府及有关部门重视房地产业发展，但目前仍存在房价偏高、土地有效供应不足、住房保障建设滞后、监督缺位乏力等问题。会议提出审议意见：制定产业发展规划；加强住房保障建设；加大土地有效供应；强化市场监管工作。

2011年8月19日，常委会第四十四次会议听取、审议市政府常务副市长李无文《关于完善和规范房地产市场专项工作报告审议意见落实情况的报告》和常委会督查组的督查报告。常委会组成人员认为，市政府及有关部门认真落实市人大常委会的审议意见，在制定住房保障规划、加大土地供应、加强市场监管、推进旧村改造和安置留地建设等方面取得一定成效。会议要求，市政府要将房地产业发展作为系统工程来抓，制定出台完善的房地产业发展规划；要进一步加大土地有效供应和存量土地建设速度，加快推进旧城旧村改造、安置留地建设步伐；要继续强化市场监管工作，有效抑制各类投资性购房，促进房地产市场健康有序发展。

听取、审议《中华人民共和国农业机械化促进法》贯彻实施情况的报告　2010年8月31日，常委会第三十三次会议听取、审议市政府副市长张本锋《关于〈中华人民共和国农业机械化促进法〉贯彻实施情况的报告》和常委会执法检查组的执法检查报告。会议提出审议意见：进一步深入学习和宣传促进法；采取切实有效的措施解决实际问题；加强农业机械社会化服务体系建设。

听取、审议《中华人民共和国人民防空法》贯彻实施情况及审议意见落实情况的报告　2010年10月27日，常委会第三十四次会议听取、审议市人防办主任张春城《关于瑞安贯彻实施〈中华人民共和国人民防空法〉情况的报告》和常委会执法检查组的执法检查报告。常委会组成人员认为，近年来瑞安人防工作加强宣传、推进工程建设、强化工作机构力量，取得一定成效，但也存在思想认识不到位、人防基础设施滞后、组织机构建设比较薄弱等问题。会议提出审议意见：提高认识，明确责任，营造人防工作氛围；加快建设，完善设施，增强人防保障能力；加大力度，严格执法，坚决查处违法行为。

2011年8月19日，常委会第四十四次会议听取、审议市人防办主任张春城《关于〈中华人民共和国人民防空法〉执法检查审议意见落实情况的报告》和常委会督查组的督查报告。会议要求，各级政府和有关部门要进一步提高思想认识，居安思危，切实把人防工作摆上重要工作日程；要大力推进人防工程建设，健全完善工作制度和工作预案，做好各项人防应急准备；要进一步加大执法力度，维护人防法律法规的严肃性。

听取、审议"加快实施农村饮用水安全工程"议案办理情况的报告　2010年10月27日，常委会第三十四次会议听取、审议市政府副市长张本锋《关于"加快实施农村饮用水安全工程"议案办理情况的报告》和常委会视察组的视察报告。常委会组成人员认为，自2007年市十四届人大一次会议将"加快实施饮用水安全工程"列为议案以来，市政府高度重视，迅速在全市范围内全面开展农村饮用水安全工程建设，不断加大政策倾斜和资金投入力度，取得了较大成效，但少数村庄尚未解决饮水问题，部分村庄饮用水水质不达标，区域性缺水和建后管理职责不明确等问题仍较突出。会议提出审议意见：深入调查摸底，细化实施方案；切实加快进度，提高工程质量；明确工作职责，加强建后管理。

第三节　第十五届听取、审议工作报告

一、法治建设方面

听取、审议行政审判工作审议意见落实情况的报告　2012年5月3日，常委会第三次会议听取、审议市政府常务副市长方晖、市法院院长张毅分别所作的《关于行政审判工作审议意见落实情况的报告》和常委会视察组的视察报告。常委会组成人员认为，市政府、市法院严守“司法为民、执法为民”宗旨，积极贯彻落实审议意见要求，切实维护人民群众合法权益，有力推动法治政府建设。会议要求，市法院要进一步加强行政审判队伍建设，提高队伍整体素质；进一步强化调查研究工作，提升行政审判工作实效。市政府、市法院要进一步强化行政审判监督职能，严格贯彻落实行政败诉责任追究制度；进一步加强沟通协调，切实破解土地类非诉行政执行难问题。

听取、审议民间借贷及非法集资类案件处理情况及审议意见落实情况的报告　2012年10月31日，常委会第七次会议听取、审议市政府常务副市长方晖、市法院副院长陈光琳、市检察院检察长王美鹏分别所作的《关于民间借贷及非法集资类案件处理情况的报告》和常委会调研组的调研报告。常委会组成人员认为，集中爆发的民间借贷纠纷和非法集资案件的处置工作，事关瑞安市经济社会健康发展，也是能否实现社会稳定和公平正义的重大问题。会议提出审议意见：进一步建立健全应急处置机制；进一步加大对债权人、受害人合法权益的保护力度；进一步加大对非法集资等违法犯罪行为的查处力度；切实做好民间金融秩序和信用体系的重建工作。

2013年8月20日，常委会第十四次会议听取、审议市政府市长李无文、市法院副院长吴荣者、市检察院检察长王美鹏分别作的《关于民间借贷及非法集资案件处理工作审议意见落实情况的报告》及常委会督查组的督查报告，书面审议了市公安局对该项审议意见落实情况的报告，并就审议意见落实情况对市政府、市法院、市检察院和市公安局进行满意度测评，测评结果为：市政府满意10票、基本满意7票、不满意13票；市人民法院满意11票、基本满意11票、不满意8票；市人民检察院满意14票、基本满意7票、不满意9票；市公安局满意6票、基本满意11票、不满意13票。常委会组成人员认为，“一府两院”在处理民间借贷及非法集资案件方面，做了大量工作，并取得一定成效，但在打击逃废债、追赃和维护债权人合法权益方面的工作还需加强。会议要求，市政府要进一步强化群发性民间借贷纠纷及非法集资案件的综合处置工作，牵头做好财务审计、追赃等措施，最大程度减少受害人的损失；司法机关要进一步加大对“逃废债”、虚假诉讼、拒不执行法院判决裁定等违法犯罪行为的打击力度，切实维护司法权威；“一府两院”要积极支持金融创新，进一步拓宽中小企业融资渠道，积极支持、指导出险企业进行破产兼并重组，减小金融风波对瑞安市实体经济的冲击。同时，要进一步强化宣传教育，积极引导各类借贷主体增强法律意识和风险防范意识。

听取、审议《中华人民共和国道路交通安全法》贯彻实施情况及审议意见落实情况的报告　2013

年11月5日，常委会第十六次会议听取、审议市政府常务副市长方晖《关于〈中华人民共和国道路交通安全法〉贯彻实施情况的报告》和常委会执法检查组的执法检查报告。常委会组成人员认为，《中华人民共和国道路交通安全法》及其实施条例颁布实施以来，市政府及其有关职能部门高度重视，做了大量工作，并取得一定成效，但仍然存在交通综合治理机制不完善、道路交通设施建设相对滞后、日常执法监管力度不强、市民文明出行意识淡薄等问题。会议提出审议意见：强化组织领导，深化相关要素保障；完善交通规划，优化城市业态布局；加强设施建设，提高道路通行能力；创新管理手段，强化日常监管工作；强化宣传教育，增强交通安全意识。

2014年11月28日，常委会第二十五次会议听取、审议市政府副市长冯金考《关于〈中华人民共和国道路交通安全法〉执法检查审议意见落实情况的报告》和常委会视察组的视察报告。常委会组成人员认为，市政府重视审议意见的整改落实，取得一定成效，市区交通拥堵情况有所好转。但仍存在交通治堵合力不足、设施建设进度不一、日常监管仍需加强、交通乱点整治不力等问题。会议提出审议意见：市政府及相关部门进一步加大整改落实力度，强化交通综合治理，加快交通设施建设，强化日常执法监管，加强交通乱点整治。市人大常委会将于2015年第二季度再次听取、审议市政府关于该项审议意见落实情况的报告。

听取、审议《中华人民共和国禁毒法》贯彻实施情况及审议意见落实情况的报告　2014年8月28日，常委会第二十三次会议听取、审议市政府常务副市长方晖《关于〈中华人民共和国禁毒法〉实施情况的报告》和常委会执法检查组的执法检查报告。常委会组成人员认为，市政府及有关职能部门在贯彻落实《中华人民共和国禁毒法》及其实施条例方面做了大量工作，取得一定成效，但目前瑞安市毒情形势依然严峻，基层基础仍较薄弱，戒毒工作仍需规范。会议提出审议意见：市政府及相关部门要加强组织领导，严格落实禁毒工作职责；深化宣传教育，营造全民禁毒防毒良好氛围；坚持堵源截流，进一步打击毒品违法犯罪活动；创新管理手段，进一步规范戒毒康复工作。

2015年6月11日，常委会第三十一次会议听取、审议市政府副市长冯金考《关于〈中华人民共和国禁毒法〉执法检查审议意见落实情况的报告》和常委会视察的视察报告。常委会组成人员认为，市政府重视审议意见的整改落实，取得一定的成效，但仍存在禁毒工作重视程度不够、基层基础薄弱、要素保障和禁毒队伍建设有待加强等问题。会议要求，市政府要进一步夯实基层基础，加大禁毒工作保障，强化禁毒队伍建设，切实整改落实到位。

听取、审议不捕不诉案件处理情况及审议意见落实情况的报告　2015年10月10日，常委会第三十四次会议听取、审议市检察院代检察长宣章良《关于不捕不诉案件处理情况的报告》和常委会调查组的调查报告。常委会组成人员认为，市人民检察院充分发挥审查逮捕、审查起诉职能作用，严厉打击各类刑事犯罪，积极落实宽严相济刑事政策，依法维护当事人合法权益，相关工作取得较好的成效，但在维护司法权威、打击热点案件以及办案规范化等方面仍存在不足。会议提出审议意见：进一步转变司法理念，提升司法效果；进一步规范司法行为，提升办案质量；进一步强化热点案件打击，提升工作质效；进一步强化队伍建设，提升司法能力。

2016年5月31日，常委会第四十二次会议听取、审议市检察院检察长宣章良《关于不捕不诉案件处理工作审议意见落实情况的报告》和常委会调查组的调查报告。常委会组成人员认为，市人民检察院重视审议意见的落实工作，认真研究制定整改方案，逐项进行整改落实，取得较好的社会成效。会议要求，市人民检察院要进一步牢固树立法治理念，继续规范司法行为，继续加大虚假诉讼、“逃废债”等热点案件打击力度。

听取、审议司法专项监督整改落实情况的报告　2015年11月27日，常委会第三十六次会议听取、审议市法院、市检察院、市公安局、市司法局《关于司法专项监督整改落实情况的报告》，并对4个单位进行满意度测评，测评结果均为基本满意。常委会组成人员认为，市“公检法司”重视司法专项监督工作，积极做好整改意见的落实，但在打击“逃废债”、化解执行难等方面仍存在不足。会议提出审议意见：市“公检法司”部门要进一步统一思想认识，加强侦查力量，强化侦查监督，切实提升打击“逃废债”工作实效。市人民法院要进一步加强执行队伍建设，切实创新执行手段，积极提升执行效果，有效化解“执行难”问题；市公安局要进一步提升服务能力，严格落实各项户籍制度改革措施，切实做好户籍管理工作，对于群众确因办事需要而申请公安机关出具有关证明的，应从方便群众办事的角度妥善处理。

审议市法院、市检察院2016年上半年工作情况的报告　2016年8月26日，常委会第四十四次会议审议市法院、市检察院《关于2016年上半年工作情况的报告》。会议提出审议意见：市法院、市检察院要进一步创新工作举措，努力做好审判和法律监督工作，为全市各项工作的顺利推进提供坚强的司法保障，切实维护公平正义与社会和谐。

听取、审议市法院执行工作情况的报告　2016年9月26日，常委会第四十五次会议听取、审议市法院副院长吴荣者《关于市人民法院执行工作情况的报告》和常委会调研组的调研报告。常委会组成人员认为，近年来市法院认真履行执行工作职责，不断探索破解执行难新措施，取得了较好成效，但“执行难”问题仍未得到根本解决，距离群众期望还有一定差距。会议提出审议意见：进一步加大执行工作力度，提升执行质效；进一步规范日常执行行为，提升工作质量；进一步强化打击涉执犯罪，提升执行环境；进一步完善执行工作机制，提升服务水平。

二、财政经济方面

听取、审议2011年度本级财政预算执行和其他财政收支情况的审计工作及审议意见落实情况的报告　2012年8月27日，常委会第五次会议听取、审议市审计局局长金邦义《关于瑞安市2011年度本级财政预算执行和其他财政收支的审计工作报告》。常委会组成人员认为，审计部门认真贯彻落实审计法律法规，切实履行同级财政预算执行和收支情况的审计，对查明问题提出处理意见，督促被审计单位进行整改，充分发挥审计监督作用。从审计结果看，2011年度地方财政预算执行和其他财政收支情况总体较好，财政经济运行健康平稳，顺利完成市十四届人大五次会议确定的预算任务。会议提出审议意见：提高预算编制的科学性；强化预算执行；加强国有资产监管；强化政府投资管理；切实抓好问题整改。

2013年4月23日，常委会第十二次会议听取、审议市政府副市长冯金考《关于2011年度财政同级审审议意见整改落实情况的报告》，并进行满意度测评，测评结果为基本满意。常委会组成人员认为，审计查明重要问题整改落实的时效性还有待加强，近年来审计报告多次提到的人社和民政社会保障资金管理不完善等问题还需作深入整改。会议要求，市政府及相关部门要按照整改报告承诺的各项时间要求，进一步抓好整改落实工作，2013年10月向市人大常委会作关于国有资产管理情况的专项工作报告，同时汇报被侵占国有资产问题的整改情况；要进一步强化制度建设，尽快出台国有资产管理制度文件，理顺国资监管体制，充分发挥市国有资产监督管理委员会的监管职能，建立规范国有企业运行的长效机制；建立健全社会保障管理体系，杜绝管理漏洞。检察机关和监察部门要依据审计发现的线索，主动介入，依法严肃查处违法违规行为，追究相关人员责任。

听取、审议国民经济和社会发展计划、财政预算执行情况的报告 2012年8月27日，常委会第五次会议听取、审议市发改局局长池万好《关于瑞安市2012上半年国民经济和社会发展计划执行情况的报告》，市财政局局长薛尧弟《瑞安市2012年上半年地方财政预算执行情况的报告》。

2013年8月20日，常委会第十四次会议听取、审议市发改局局长项金敏《关于瑞安市2013年上半年国民经济和社会发展计划执行情况的报告》，市财政局局长薛尧弟《关于瑞安市2013年上半年预算执行情况的报告》。

2014年8月28日，常委会第二十三次会议听取、审议市发改局局长项金敏《关于2014年上半年国民经济和社会发展计划执行情况的报告》和市财政局局长薛尧弟《关于2014年上半年预算执行情况的报告》。

2015年8月28日，常委会第三十三次会议听取、审议市发改局局长项金敏《关于2015年上半年国民经济和社会发展计划执行情况的报告》和市财政局局长林政洪《关于2015年上半年预算执行情况的报告》。

听取、审议地方政府性债务计划执行情况的报告 2012年8月27日，常委会第五次会议听取、审议市财政局局长薛尧弟《关于地方政府性债务计划执行情况的报告》。会议提出审议意见：市财政局要切实做好地方政府性债务管理工作，严格控制债务规模，积极防范和化解债务风险，提高债务资金使用效率，妥善处理好债务偿还和在建投资项目的后续资金保障问题。

听取、审议政府性投资重大项目完成情况的报告 2012年10月31日，常委会第七次会议听取、审议市政府常务副市长方晖《关于政府性投资重大项目完成情况的报告》和常委会视察组的视察报告。常委会组成人员认为，市政府及各功能区、镇街、部门按照市委“2012破难攻坚大行动”的总体部署，以重大项目建设攻坚专项行动为载体，克服宏观形势不利、要素制约、政策处理难等因素影响，努力推进重点项目建设，有力地推动瑞安市经济社会发展。会议提出审议意见：提高项目决策科学性；强化要素保障能力；破解政策处理难题；注重发挥投资效益。

听取、审议2012年度本级财政预算执行和其他财政收支情况的审计工作及审议意见落实情况的

报告　2013年4月23日，常委会第十四次会议听取、审议市审计局局长金邦义《关于2012年度本级财政预算执行和其他财政收支情况的审计工作报告》。会议提出审议意见：强化预算编制和执行，深化全口径预算编制；严格控制新增支出和政府性债务规模，提高资金使用绩效；加强国有资产监管，及时盘活利用闲置的国有资源性资产；拓展审计的深度，增强审计权威性，更好地发挥审计监督的预防预警作用；切实抓好审计工作报告查明具体问题的整改。

2014年2月27日，常委会第十九次会议听取、审议市政府市长李无文《关于2012年度财政同级审审议意见整改落实情况的报告》。常委会组成人员认为，市政府重视审议意见整改落实工作，对审计查明的多数问题都作了整改落实，但是有关问题还需作进一步调研后进行深入整改。会议要求，要切实强化审计监督意识，为审计部门开展工作创造有利条件，支持审计机关依法独立行使审计职能；要进一步提升审计工作质量，抓住重要领域和关键环节的问题深入开展审计监督；要切实深化审计监督成果，加快建立审计整改联动机制，对审计发现的典型和共性问题，特别是屡查屡犯的行为，要深刻反思，从制度层面建章立制。

听取、审议“十二五”规划纲要实施中期评估情况的报告　2013年9月26日，常委会第十五次会议听取、审议市政府常务副市长方晖《关于“十二五”规划纲要实施中期评估情况的报告》。常委会组成人员认为，“十二五”规划以来，瑞安市全面落实规划纲要提出的目标任务，规划执行基本情况较好，全市经济社会发展总体保持平稳发展态势。因国际国内发展环境发生重大变化，特别是金融风波对实体经济造成重大影响，导致经济增速放缓，部分重要经济指标完成未能达到进度要求。会议提出审议意见：加大力度，努力完成目标任务；突出重点，切实振兴实体经济；强化投入，着力提升项目投资效益；改善民生，促进各项社会事业发展。

听取、审议国有资产监督管理情况的报告　2013年11月5日，常委会第十六次会议听取、审议市政府常务副市长方晖《关于国有资产监督管理情况的报告》。常委会组成人员认为，近年来，市政府重视国有资产监管工作，制定比较完善的国有资产监管制度，同时针对2011年财政同级审提出的国有资产被侵占问题，深入整改、破难攻坚、妥善处置，取得明显成效，但是国有资产管理中还存在管理体制不顺、国有企业改革进程缓慢、监督管理不到位等问题。会议提出审议意见：市政府及相关部门要进一步明确监管职责，继续推进国有企业改革工作，加快盘活存量国有资产，狠抓国有资产监管制度的落实。

听取、审议2013年度政府性投资重大项目建设完成情况的报告　2013年11月5日，常委会第十六次会议听取、审议市政府常务副市长方晖《关于2013年度政府性投资重大项目建设完成情况的报告》。常委会组成人员认为，年初以来，市政府及各有关单位努力克服要素制约、政策处理等困难，克难攻坚，狠抓落实，加快推进重点项目建设，1月—10月政府性投资重大项目完成投资53.5亿元，占年度投资计划82%，有力地推动瑞安市经济社会发展。会议提出审议意见：突出重点，强化项目攻坚；挖掘潜力，强化要素保障；规范管理，强化投资绩效；充分论证，强化项目前期。

听取、审议政府性债务情况的报告　2014年6月24日，常委会第二十一次会议听取、审议市政府常务副市长方晖《关于政府性债务情况的报告》和常委会调研组的调研报告。常委会组成人员认为，近年来，市政府认真落实积极的财政政策，通过适度举债，有力推动全市基础设施建设，促进园区发展和产业优化升级，加快社会事业发展；瑞安市债务规模适度，投向合理，效益较好，风险可控。但也存在债务总额增长过快、债务违约风险正在积累、债务管理尚未到位等问题。会议提出审议意见：加强投资决策；防范债务风险；完善债务管理。

听取、审议工业经济发展情况及审议意见落实情况的报告　2014年8月5日，常委会第二十二次会议听取、审议市政府副市长陈荣臻《关于瑞安市工业经济发展情况的报告》和常委会调研组的调研报告。常委会组成人员认为，近年来，市政府及有关部门积极应对宏观经济形势复杂变化和温州局部金融风险的严峻挑战，强化政策推动、项目带动、服务促动，全市工业经济保持平稳发展态势。但受宏观经济环境等因素影响，各项指标增速趋缓，工业经济发展存在发展后劲乏力、金融风险继续蔓延、产业转型提升缓慢、土地要素制约明显、企业生产经营困难、发展软环境还需改进等问题。会议提出审议意见：统一思想，真正把发展工业经济摆在重要位置；多措并举，全力化解企业“两链”问题；科学谋划，加快推进产业转型升级和布局优化；破解难题，切实解决工业用地要素制约；大力扶持工业，全面优化工业经济发展软环境。

2014年12月30日，常委会第二十六次会议听取、审议市政府副市长陈荣臻《关于工业经济发展情况报告审议意见落实情况的报告》。常委会组成人员认为，市政府及职能部门较好地落实市人大常委会的审议意见，积极推进工业强市建设，取得一定成效。会议要求，市政府要进一步提高对工业经济发展重要性的认识，树立工业经济是“第一经济”的战略思想，加大产业规划布局、企业金融风险处置、小微创业园建设、经济发展软环境等方面的工作力度，认真对照市人大常委会的审议意见做好落实，力促瑞安市工业经济稳步发展。

听取、审议2013年度本级财政预算执行和其他财政收支情况的审计工作及审议意见落实情况的报告　2014年8月28日，常委会第二十三次会议听取、审议市审计局局长金邦义《关于2013年度本级财政预算执行和其他财政收支情况的审计工作报告》。常委会组成人员认为，2013年，市政府及有关部门进一步夯实财源基础，强化增收节支，优化资金投向，深化财税改革，较好地完成了年度各项预算收支任务。审计部门依法履行职责，认真开展相关审计事项，揭示了存在的问题，并将有关案件线索移交相关职能部门，深挖细查，发挥了审计应有的积极作用。会议提出审议意见：提高预算管理水平；规范预算收支管理；加大审计监督力度；切实抓好问题整改。

2015年4月29日，常委会第三十次会议听取、审议市政府副市长陈荣臻《关于2013年度财政同级审审议意见整改落实情况的报告》。常委会组成人员认为，市政府重视人大常委会审议意见和审计发现问题的整改落实工作，但是有关问题还需深入整改。会议要求，市政府及相关部门要按照审议意见和审计问题整改清单进一步抓好整改落实工作，尤其是对瑞祥新区经济适用房土地出让金收缴入库问题、原市工商局将几处国有资产处置收益给华都大酒店使用问题、市区集镇供水指挥部建设的经济开发区给水干管工程标底质量低下影响工程造价控制问题、编外人员管理问题等要高度重视，切实进行整改，并将整改进程和结果及时向常委会财经工委通报。

听取、审议地方性债务管理审议意见落实情况的报告　2014年12月30日，常委会第二十六次会议听取、审议市政府副市长陈荣臻《关于地方性债务管理审议意见落实情况的报告》。常委会组成人员认为，市政府及职能部门认真落实市人大常委会的审议意见，在加强投资决策、强化债务监管、防范债务风险方面做了大量工作，瑞安市政府性债务情况总体较好。会议要求，市政府要按照中央和国务院部署，科学分析甄别债务、摸清家底、制订还款计划；要建立债务借、用、还规划，界定举债范围，防范债务风险；要深化改革，积极探索PPP等新筹资模式，加强制度基础研究；要强化过渡期融资管理，及早研究提高政府债券资金使用效率以及市政府经营性项目融资管理等问题，切实发挥债务资金使用效益。

听取、审议2014年度本级财政预算执行和其他财政收支情况的审计工作及审议意见落实情况的报告　2015年8月28日，常委会第三十三次会议听取、审议市审计局局长金邦义《关于2014年度本级财政预算执行和其他财政收支情况的审计工作报告》。常委会组成人员认为，2014年，市政府及财税部门依法组织收入，合理配置公共资源，扎实推进各项预算改革，积极发挥财税支撑、保障和引导职能，财政运行总体平稳，促进了全市经济和社会健康发展。审计部门依法履行职责，突出对重点领域、重大项目和重要资金的审计监督，督促被审计单位进行整改，并将案件线索移交有关部门，取得较好成效。会议提出审议意见：继续加强增收节支；持续深化财税改革；积极防范财政风险；努力拓展审计深度；切实强化问题整改。

2015年12月18日，常委会第三十七次会议听取、审议市政府常务副市长王忠宝《关于2014年度财政同级审审议意见落实情况的报告》。常委会组成人员认为，市政府重视市人大常委会的审议意见，突出问题导向，落实整改责任，审计查明的多数问题已整改到位，取得较好的成效。会议要求，市政府及相关部门要注重从源头上加强财政资金的监督管理，从体制机制上解决“屡审屡犯”的老问题；突出抓好明镜公园等重点工程建设管理中存在问题的整改落实，做到举一反三，推进其他重点建设项目运行规范有序；认真落实审计问责制度，跟踪督办、逐项“销号”，对审计发现的违法违纪问题，坚决做到违纪必查、违法必究，切实维护审计的严肃性。

听取、审议“关于加快产城融合发展，争创省级工业强市”议案办理情况及审议意见落实情况的报告　2015年10月10日，常委会第三十四次会议听取、审议市政府副市长朱卓瑶《“关于加快产城融合发展，争创省级工业强市”议案办理情况的报告》和常委会视察组的视察报告。常委会组成人员认为，市政府及相关部门重视议案办理工作，以2016年底创成省级工业强市为奋斗目标，出台一系列有力措施，取得一定的成效。但仍存在创建任务艰巨、资金风险严峻、资产重组进展不快、转型升级步伐缓慢、小微园建设推进不力、发展软环境还需优化等问题。会议提出审议意见：市政府及相关部门要进一步夯实创建省级工业强市基础，加大议案办理落实力度；着力破解企业“两链”风险，加快企业资产重组与产业转型升级；加快推进小微园建设，提升园区配套服务水平；加大政策优惠力度，进一步优化发展软环境。

2016年11月1日，常委会第四十六次会议听取、审议市政府副市长陈荣臻《关于“加快产城融合发展，争创省级工业强市”审议意见落实情况的报告》。常委会组成人员认为，市政府及有关部门围绕创建省级工业强市目标，强措施、夯基础、促转型，取得较好成效，但还存在发展后劲不强、综合服务能力有待提升等问题。会议要求，市政府及有关部门要正确认识工业经济的战略地位，坚定发展的信心和决心，进一步发挥工业经济对瑞安市经济社会发展的“压舱石”；要坚持问题导向和需求导向，进一步夯实创建省级工业强市的各项举措，加快推动产业转型升级；要进一步加强工业扶持政策的梳理整合，提高服务意识和办事效率，不断优化发展软环境。

听取、审议财政专项资金使用绩效评价情况及审议意见落实情况的报告　2015年11月27日，常委会第三十六次会议听取、审议市财政局局长林政洪《关于财政专项资金使用绩效评价情况的报告》。常委会组成人员认为，市财政局选取部分财政专项资金开展绩效评价工作，对提高财政科学化、精细化管理水平，完善专项资金分配管理制度，提高资金使用效益，具有重要意义。会议提出审议意见：牢固树立预算绩效管理理念；进一步加强绩效评价工作；加大绩效评价结果应用力度；认真抓好问题整改落实。

2016年4月29日，常委会第四十一次会议听取、审议市财政局局长林政洪《关于财政专项资金使用绩效评价审议意见落实情况的报告》。常委会组成人员认为，市政府重视市人大常委会审议意见，积极整改、狠抓落实，总体成效较好，但还存在资金使用绩效不高、后续监管不够到位等问题。会议要求，市政府及有关部门要进一步树立“要钱必问绩、花钱必问效、无效必追责”的绩效理念，着力构建全过程预算绩效管理机制；要进一步加强财政资金绩效评价工作，健全财政资金监管长效机制；要进一步明确绩效评价的重点，强化绩效评价结果运用，确保预算绩效管理取得实效。

听取、审议政府性债务及财政对外借款有关情况的报告　2016年5月31日，常委会第四十二次会议听取、审议市财政局副局长黄亚平《关于政府性债务及财政对外借款有关情况的报告》。常委会组成人员认为，瑞安市政府性债务总体规模可控、债务结构逐步优化、资金成本较低，发挥了债务资金的积极作用。会议提出审议意见：市政府及财政部门要进一步加强和规范对政府性债务的全口径、全方位管理，对需要政府兜底的国有公司建设项目融资、财政支出分期兑付形成的隐性债务以及PPP项目，都要纳入瑞安市地方政府性债务统计范围；要严格政府举债计划报批规定，对瑞安市全口径地方政府性债务计划要及时提交市人大常委会审议批准；要坚持可持续发展理念，强化PPP项目监管，健全地方政府债务风险防控机制。同时，市政府及财政部门要加大对外借款的清理力度，并加强日常管理，避免造成资金损失。

听取、审议2015年度本级财政预算执行和其他财政收支情况的审计工作及审议意见落实情况的报告　2016年7月22日，常委会第四十三次会议听取、审议市审计局局长金邦义《关于2015年度本级财政预算执行和其他财政收支情况的审计工作报告》。常委会组成人员认为，市政府及财政等部门深化公共财政预算改革，积极发挥财政职能作用，扶持实体经济发展，财政收入稳定增长，财政支出保障有力，较好地完成市人大批准的2015年地方财政预算。审计部门依法开展审计监督，及时发现问题，督促整改落实，取得较好成效。会议提出审议意见：继续改进预算决算编报；健全政府债务管理机制；全面推进预算绩效管理；切实发挥审计监督作用。

2017年1月13日，常委会第四十九次会议听取、审议市政府常务副市长曾瑞华《关于2015年度财政同级审整改落实情况的报告》。常委会组成人员认为，市政府坚持问题导向，落实整改责任，审计查明的多数问题已整改到位，取得较好的成效，但部分问题仍需要继续整改落实。会议提出审议意见：市政府要进一步加强重点建设项目安排的科学性和合理性，切实提升项目开工率；要进一步健全重点工程项目建设、监管、使用机制，从源头上解决项目开工缓慢、后续管理薄弱的问题；要健全审计查明问题整改的长效机制，严格落实审计问责制度，切实维护审计的严肃性。

听取、审议2016年上半年全市经济社会发展情况和下半年政府工作及计划、预算执行情况的报告　2016年8月26日，常委会第四十四次会议听取、审议市政府市长陈胜峰《关于上半年全市经济社会发展情况和下半年政府工作的报告》、市发改局局长吴功宜《关于上半年国民经济和社会发展计划执行情况的报告》、市财政局局长林政洪《关于上半年地方财政预算执行情况的报告》。常委会组成人员认为，市政府面对经济下行压力和区域竞争，以省级工业强市创建为重要抓手，抓重点、破难点、创亮点，各项工作都取得良好成效，但仍存在产业转型升级不快、城市建设水平不高、民生工作有待改善等问题。会议提出审议意见：市政府及相关部门要坚定发展信心，进一步增强担当意识，全力抓好“落实”这一关键环节，确保全面完成全年目标任务；要真抓实干、克难攻坚，不断健全工作机制，进一步补好“实体经济发展、重点项目建设、税源培育”等方面的短板；要高度关注民生问题，及时出台相关政策，着力研究解决“三旧”改造、环境治理、交通道路建设等代表与群众反映强烈的重点民生问题，办好年初确定的十件民生实事。

听取、审议政府性重大投资项目建设情况的报告　2016年9月26日，常委会第四十五次会议听取、审议市政府常务副市长王忠宝《关于政府性重大投资项目建设情况的报告》和常委会调研组的调研报告。常委会组成人员认为，市政府及相关部门重视重大投资项目建设，措施有效，推进有力，工程总体进展情况良好，但仍存在项目进度不够平衡、建管机制有待完善、要素制约仍旧突出等问题。会议提出审议意见：明确目标，强化项目攻坚；充分论证，强化项目前期；规范管理，强化投资绩效；多措并举，强化要素保障。

三、教科文卫与社会建设方面

听取、审议《浙江省全民健身条例》贯彻实施情况的报告　2012年5月3日，常委会第三次会议听取、审议市政府副市长郑海洁《关于〈浙江省全民健身条例〉贯彻实施情况的报告》。会议提出审议意见：市政府要加大对《浙江省全民健身条例》的贯彻实施力度，强化经费投入，健全工作网络，做好国民体质监测；加强设施规划、建设、管理和维护工作，整合资源，合理布局，提高利用率；加强活动组织，发挥各类社会团体作用，精心策划各类活动赛事，推动社区、企业、学校、机关等单位健身活动蓬勃开展；加强健身宣传指导，营造政府管理、社会支持、群众参与的全民健身浓厚氛围。

听取、审议《中华人民共和国归侨侨眷权益保护法》《浙江省实施〈中华人民共和国归侨侨眷权益保护法〉办法》贯彻实施情况及审议意见落实情况的报告　2012年6月28日，常委会第四次会议听取、审议市政府常务副市长方晖《关于归侨侨眷权益保护法“一法一办法”贯彻落实情况的报告》和常委会执法检查组的执法检查报告。常委会组成人员认为，近年来市政府认真贯彻实施涉侨法律法规，在积极维护华侨权益、凝聚侨心、发挥侨力等方面做了大量工作。但是仍存在侨法宣传不广、重视不足等问题。会议提出审议意见：加强组织领导，增强护侨意识；大力做好服务，为侨办好实事；深化侨界联谊，促进侨心凝聚；强化工作保障，提高为侨能力。

2013年6月21日，常委会第十三次会议听取、审议市政府市长李无文《关于〈中华人民共和国归侨侨眷权益保护法〉执法检查审议意见落实情况的报告》。常委会组成人员认为，市政府及有关部门认真落实审议意见，举措得当、重点突出、成效明显。会议要求，市政府要进一步加强对侨务工作的领导，整合市侨办、市侨联与市外事办等机构，及时了解新形势下侨务工作中出现的新问题，并制定切实可行的政策措施，妥善加以解决；要健全服务机制，加大引资、引智力度，完善在外瑞安人回乡创业投资的服务政策和机制，及时为回乡投资的侨胞排忧解难；要进一步增强依法维护归侨侨眷合法权益的意识，特别要重视并及时处理华侨户籍、档案手续、华侨子女财产继承手续办理等问题。

听取、审议食品安全审议意见落实情况的报告　2012年12月28日，常委会第十次会议听取、审议市政府常务副市长方晖《关于食品安全审议意见落实情况的报告》，并就食品安全工作专题询问会议上提出问题的整改落实情况，对市政府及市教育局、市公安局、市农林局、市海洋渔业局、市商务局、市卫生局（食安办）、市审计局、市食品药品监管局、市市政园林局、市工商局、市质监局等部门进行了满意度测评。

听取、审议殡葬改革（公墓建设管理）工作情况的报告　2013年4月23日，常委会第十二次会议听取、审议市政府副市长冯金考《关于殡葬改革（公墓建设管理）工作情况的报告》和常委会调研组的调研报告。常委会组成人员认为，公墓建设管理仍然存在公墓布点规划不均、管理制度不完善、违章建墓现象普遍、公墓价格过高、执法监管力度不够等问题。会议提出审议意见：市政府及相关部门要进一步完善公墓管理制度，强化公墓布点规划和立项审批工作；进一步加大日常执法监管力度，严肃查处公墓建设违法行为；切实落实公墓管理“334”制度，进一步强化公墓价格管理，保证公墓的公益性，防止公墓价格过高。

听取、审议《中华人民共和国科学技术进步法》贯彻实施情况及审议意见落实情况的报告　2013年4月23日，常委会第十二次会议听取、审议市政府副市长冯金考《关于〈中华人民共和国科学技术进步法〉贯彻实施情况的报告》和常委会执法检查组的执法检查报告。常委会组成人员认为，近年来，市政府及有关职能部门认真贯彻实施科技进步法，大力发展高新技术产业，先后出台一系列科技支持政策，有效推动产业转型升级和经济社会发展。同时，还存在科技创新引领不够、高新技术产业规模不大、科技投入不足、人才支撑能力不强等问题。会议提出审议意见：依靠科技进步，大力推进经济社会转型发展；致力平台建设，着力壮大高新技术产业规模；增加科技投入，有效保障科技进步财力支撑；优化人才环境，不断提高科技进步服务水平。

2014年4月25日，常委会第二十次会议听取、审议市政府市长李无文《关于〈中华人民共和国科技进步法〉执法检查审议意见落实情况的报告》，并就市政府对审议意见的落实情况进行了满意度测评。常委会组成人员认为，在当前瑞安实体经济发展遇到困难的情况下，通过科技发展引领经济转型提升尤为关键。会议要求，市政府及相关部门要进一步提升科技理念，健全科技管理机制，致力创新平台建设，改善科学创新环境，并将2013年度科技经费使用完成的详细情况报教科文卫工委。

听取、审议进一步加强食品安全工作决议落实情况的报告　2013年11月5日，常委会第十六次会议听取、审议市政府常务副市长方晖《关于进一步加强食品安全工作决议落实情况的报告》。常委会组成人员认为，市政府及其相关职能部门能够认真落实市人大常委会的决议，切实履行工作职责，在食品安全管理体制、检测体系建设和技术支撑等方面做了大量工作，全市食品安全工作得到明显改观。会议提出审议意见：市政府及相关职能部门进一步加强食品安全日常监管；对食品安全违法犯罪行为加大打击力度，依法从快从重严惩；强化食品安全检测体系，加快完成市食品检验检测中心建设；大力推进农贸市场改造提升和生猪定点屠宰场建设，严管流动摊贩和非法占道经营，切实把好食品安全各个关口。

听取、审议医药卫生体制改革情况及审议意见落实情况的报告　2014年11月28日，常委会第二十五次会议听取、审议市委常委、市政府副市长冯金考《关于医药卫生体制改革情况的报告》和常委会视察组的视察报告。常委会组成人员认为，市政府紧紧围绕创建省“卫生强市”工作目标，保基本、强基层、建机制，不断深化医药卫生体制改革，加快医疗卫生三级服务网络建设，医疗卫生服务能力和水平逐年提升。但是仍存在医改配套政策未到位、卫技人才力量严重缺乏、基层医疗单位建设有待加强、财政保障力度不足等问题。会议提出审议意见：健全医改配套措施，保障卫生事业健康发展；加强卫技队伍建设，提高医疗机构服务能力；完善财政投入机制，突出医改工作公益方向；加强政策宣传教育，营造深化医改良好环境。

2015年11月27日，常委会第三十六次会议听取、审议市政府副市长郑海洁《关于医药卫生改革专项工作审议意见落实情况的报告》。常委会组成人员认为，市政府及相关部门对照审议意见，认真落实相关举措，取得一定成效。会议要求，市政府及相关部门要加快医疗卫生资源整合，优化医疗卫生资源布局；推进实施分级诊疗，加快公立医院改革进程；加大对基层医疗卫生机构的投入力度，注重培育基层医疗卫生力量。

听取、审议2014年度科学技术进步工作和经费使用、完成情况的报告　2015年4月29日，常委会第三十次会议听取、审议市政府副市长陈荣臻《关于2014年度科学技术进步工作和经费使用、完成情况的报告》。会议提出审议意见：市政府要加强对科技经费使用的监督，提升科技经费使用绩效，促进科技成果转化，加快发展高新技术产业，更好地发挥科技支持和引领经济社会发展的重要作用。

听取、审议《中华人民共和国献血法》贯彻实施情况及审议意见落实情况的报告　2015年6月11日，常委会第三十一次会议听取、审议市委常委、市政府副市长冯金考《关于〈中华人民共和国献血法〉贯彻实施情况的报告》和常委会执法检查组的执法检查报告。常委会组成人员认为，自《中华人民共和国献血法》颁布以来，市政府及相关职能部门做了大量的工作，采供血量逐年稳步增长，较好的保障了全市医疗临床用血的需求和安全，但仍存在法律法规宣传教育力度不大、工作部门协作机制不完善、采供血能力和采供血安全工作有待加强等问题。会议提出审议意见：进一步加大学习宣传力度，营造全社会共同参与的良好氛围；进一步加强采供血服务体系建设，确保临床用血需要和质量安全；进一步加强经费保障和人才队伍建设，提高服务能力和水平。

2016年7月22日，常委会第四十三次会议听取、审议市政府副市长郑海洁《关于〈中华人民共和国献血法〉执法检查审议意见落实情况的报告》。常委会组成人员认为，市政府审议意见查缺补漏，逐一整改，取得一定的成效，但献血工作仍存在发展不平衡、采供血工作协调难等问题。会议要求，市政府要进一步强化主导作用，进一步完善采供血机制建设，进一步加大宣传教育力度。

听取、审议2015年度科学技术进步工作和经费使用、完成情况的报告　2016年4月29日，常委会第四十一次会议听取、审议市政府副市长倪希杰《关于2015年度科学技术进步工作和经费使用、完成情况的报告》。会议提出审议意见：市政府要切实提升科技经费使用绩效，加大科技成果转化力度，着力改善人才发展环境，吸引更多外来科技人才常住瑞安市。

听取、审议学前教育工作情况的报告　2016年5月31日，常委会第四十二次会议听取、审议市政府副市长陈荣臻《关于学前教育工作情况的报告》和常委会调查组的调查报告。常委会组成人员认为，市政府及有关部门思想重视、强化管理，学前教育稳步发展，但仍存在财政投入不足、入园政策不公平、规划布局不合理、教师队伍素质不高等问题。会议提出审议意见：提高认识，进一步重视学前教育发展；统筹规划，完善幼儿园布局和建设；政策扶持，积极鼓励社会力量参与；提升素质，进一步加强教师队伍建设；规范办学，强化学前教育管理职能。

四、农资与城建环保方面

听取、审议优先发展公交事业工作情况及审议意见落实情况的报告　2012年6月28日，常委会第四次会议听取、审议市政府常务副市长方晖《关于优先发展公交事业的专项工作报告》和常委会调研组的调研报告。常委会组成人员认为，市政府及有关部门比较重视优先发展公交事业工作，对城乡公交一体化改造工作多次进行研究、拟订方案，做了大量工作。但是仍存在投入严重不足、硬件设施滞后、管理体制不顺等问题。会议提出审议意见：高度重视发展公交；科学编制公交规划；理顺公交运营体制；切实强化要素保障；不断提高服务质量。

2013年6月21日，常委会第十三次会议听取、审议市政府市长李无文《关于优先发展公交事业专项工作审议意见落实情况的报告》。常委会组成人员认为，市政府及有关职能部门重视审议意见落实，做了大量的工作，取得一些成效，特别是启动公交一体化改造，组建瑞安市城乡公交公司，开通塘下至市区、火车站至市区两条公交线路。但是，在重视程度、管理体制、资金投入、站场建设等方面仍有待加强。会议要求，市政府要加强领导，抓紧制定好公交发展规划，科学定位，确保完成各年度公交一体化建设任务，按期兑现承诺，并做好各条线路优化调整；要强化要素保障，加大财政资金投入力度；要加快建设，大力改善硬件设施，抓紧做好公交总站、站场、港湾式停靠站的选址建设；

要尽快对尾气排放不达标的公交车辆进行更新。

听取、审议《中华人民共和国矿山安全法》贯彻实施情况及审议意见落实情况的报告　2012年6月28日，常委会第四次会议听取、审议市政府常务副市长方晖《关于〈中华人民共和国矿山安全法〉贯彻实施情况的报告》和常委会执法检查组的执法检查报告。常委会组成人员认为，由于瑞安市建设规模急剧扩大造成的市场需求、合法采石的规划和审批工作滞后、执法部门监管不到位，致使非法采石行为到处蔓延，难以遏制。会议提出审议意见：加大宣传；科学疏导；依法整治；严格管理；适时修复。

2013年8月20日，常委会第十四次会议听取、审议市政府市长李无文《关于〈中华人民共和国矿山安全法〉执法检查审议意见落实情况的报告》，并就审议意见落实情况对市政府进行满意度测评。常委会组成人员认为，市政府及其有关部门重视审议意见的落实，在加强矿山综合治理、严厉打击非法采矿、科学管理矿山资源等方面取得阶段性成效，但仍存在采矿权出让政策处理滞后、整治成果巩固难等问题。会议要求，市政府及相关职能部门要科学规划合法采矿，加快政策处理进度，确保如期完成采矿权出让；加强联合执法，全力打击非法采矿，健全动态巡查、监督举报和责任追究机制，依法严肃追究非法采矿相关人员尤其是幕后操纵者的责任；强化生态治理理念，做好生态修复措施，恢复矿山生态环境。

听取、审议《浙江省温瑞塘河保护管理条例》贯彻实施情况及审议意见落实情况的报告　2012年10月31日，常委会第七次会议听取、审议市政府常务副市长方晖《关于〈浙江省温瑞塘河保护管理条例〉贯彻实施情况的报告》和常委会执法检查组的执法检查报告。常委会组成人员认为，市政府及有关职能部门、镇街认真贯彻实施条例，切实加大塘河整治力度，扎实推进塘河整治工作，塘河环境治理和建设取得阶段性成效。会议提出审议意见：理顺管理机制；严格规划控制；大力截污治污；加大执法力度；强化要素保障。

2013年11月5日，常委会第十六次会议听取、审议市政府常务副市长方晖《关于〈浙江省温瑞塘河保护管理条例〉执法检查审议意见落实情况的报告》和常委会督查组的督查报告，并对市政府落实审议意见情况进行了满意度测评。常委会组成人员认为，市政府及市温瑞塘河管委会等有关单位，在加强机构机制建设、加大污染整治力度、推进基础设施建设和十大督办项目落实等方面取得一定成效，但仍存在污染整治不彻底、截污纳管建设滞后、日常监管较薄弱、督办项目进展缓慢等问题。会议要求，市政府及相关部门要进一步加强环境污染整治，加快截污纳管建设，加大监管执法力度，加速落实温瑞塘河治理十大“督办项目”。

听取、审议“关于加快旅游业发展，推进幸福瑞安建设”议案办理情况及审议意见落实情况的报告　2012年10月31日，常委会第七次会议听取、审议市府办副主任王俊《关于“加快旅游业发展，推进幸福瑞安建设”议案办理情况的报告》和常委会视察组的视察报告。常委会组成人员认为，市政府认真研究制定议案办理的实施方案，提出目标任务，推进一些工作。议案办理初见成效。但是仍存在规划相对滞后，旅游开发较为松散，资金、体制和基础配套设施要素制约明显等问题。会议提出审议意见：深化认识，科学编制规划；夯实基础，打造旅游品牌；加大投入力度，优化发展环境。加强宣传，扩大对外影响；理顺体制，提升管理水平；加强保护，促进持续发展。

2013年11月5日，常委会第十六次会议听取、审议市政府副市长倪希杰《关于“加快旅游业发展，推进幸福瑞安建设”议案办理审议意见落实情况的报告》。会议要求，市政府及相关部门要针对审议意见，进一步提高认识、凝聚共识，突出重点、狠抓落实；结合美丽乡村建设工作，充分发掘旅游优势，整合旅游资源，强化项目建设，提升配套功能，大力推进旅游产业转型升级。

听取、审议城镇污水处理工作情况及审议意见落实情况的报告　2013年4月23日，常委会第十二次会议听取、审议市政府副市长冯金考《关于城镇污水处理工作情况的报告》和常委会调研组的调研报告。常委会组成人员认为，近年来，市政府及有关职能部门重视污水处理工作，加大污水处理厂、污水管网的建设力度，取得一定成效。但是，仍存在污水整治不到位、管理体制不顺、规划体系不全、设施建设滞后、资金投入不足等问题。会议提出审议意见：市政府及相关部门要加大治理力度、理顺管理体制、完善系统规划、加快工程进度、强化要素保障，切实解决好全市污水处理工作中存在的问题。

2014年4月25日，常委会第二十次会议听取、审议市政府市长李无文《关于污水处理工作审议意见落实情况的报告》和常委会督查组的督查报告，并就市政府对审议意见的落实情况进行满意度测评。常委会组成人员认为，市政府高度重视城镇污水处理工作，在理顺机制、强化协调、落实责任、要素保障等方面采取有力措施，取得积极成效。针对目前存在的污水处理率较低、管网建设滞后、工程进展不协调等问题，会议要求，市政府及相关部门要科学规划，强势推进，统筹协调，注重效益，确保该项审议意见落实到位。

听取、审议“加大美丽乡村建设力度”议案办理情况及审议意见落实情况的报告　2013年11月5日，常委会第十六次会议听取、审议市政府副市长倪希杰《关于“加大美丽乡村建设力度”议案办理情况的报告》和常委会视察组的视察报告。常委会组成人员认为，议案办理工作总体成效尚不明显，仍存在规划方案不够完善、宣传发动不够充分、建设进展不平衡、整体合力未形成、要素整合待加强等问题。会议提出审议意见：坚持因地制宜，进一步完善美丽乡村建设的规划方案；深入宣传发动，进一步营造美丽乡村建设的浓厚氛围；突出建设重点，进一步提升美丽乡村建设的实际效果；注重产业联动，进一步推进美丽乡村建设的持续发展；创新工作机制，进一步健全美丽乡村建设的保障体系。

2014年10月27日，常委会第二十四次会议听取、审议市政府副市长倪希杰《“关于加大美丽乡村建设力度”议案审议意见落实情况的报告》和常委会视察组的视察报告。会议要求，市政府及相关部门要针对审议意见提出的要求，进一步提高认识、把握重点、扎实推进，切实做到因地制宜、整合资源、多方投入，健全瑞安市美丽乡村建设长效机制。

听取、审议“推进系统治水、加快美丽水乡建设”议案办理情况及审议意见落实情况的报告　2014年4月25日，常委会第二十次会议听取、审议市政府市长李无文《关于“推进系统治水、加快美丽水乡建设”议案办理方案的报告》。会议提出审议意见：市政府及相关部门要细化任务指标、科学把握进度，精准发力，久久为功，全力推进“五水共治”工作；会议要求，全市各级人大代表要进一步提高思想认识，切实增强推进“五水共治”的责任感和使命感，言传身教，当好全民治水的引领者。要发动群众、组织群众，引导群众发挥主人翁作用，努力增强“五水共治”的凝聚力和创造力；

要积极发挥镇街人大的联动作用，以人大工作的整体性、协同性，形成推进“五水共治”强大合力。

2014年10月27日，常委会第二十四次会议听取、审议市政府副市长倪希杰《关于“推进系统治水、加快美丽水乡建设”议案办理情况的报告》和常委会视察组的视察报告。常委会组成人员认为，市政府及相关部门重视议案办理工作，目标明确，发动广泛，措施有力，有序推进治水工作。但仍存在统筹规划不完善、要素保障难度大、河道及设施管理不到位、全民治水氛围不浓厚等问题。会议提出审议意见：进一步坚定“五水共治”决心；进一步推进治污项目建设；进一步加大执法监管力度；进一步健全多元投入机制，进一步发动全社会参与治水。

2015年10月10日，常委会第三十四次会议听取、审议市政府副市长朱卓瑶《关于市十五届人大三次会议关于“推进系统治水，加快美丽水乡建设”议案审议意见落实情况的报告》。会议要求，市政府及相关部门要针对审议意见提出的要求，进一步坚定决心、强化措施、有序推进，加快实施截污纳管，切实保障瑞安市治水成效。

听取、审议《中华人民共和国气象法》贯彻实施情况及审议意见落实情况的报告　2014年6月24日，常委会第二十一次会议听取、审议市政府常务副市长方晖《关于〈中华人民共和国气象法〉实施情况的报告》和常委会执法检查组的执法检查报告。常委会组成人员认为，市政府高度重视气象事业发展，通过强保障、优服务、严管理等一系列措施，各项工作都取得初步成效。但是瑞安市目前的气象服务能力与经济社会发展水平、人民群众日益提高的气象服务需求相比，依然存在一定差距。会议提出审议意见：市政府及相关部门要提高认识，加快提升气象现代化水平；加强服务，推进公共气象服务均等化；完善机制，增强气象灾害防御能力；强化建设，提升气象部门依法行政水平。

2015年6月11日，常委会第三十一次会议听取、审议市政府副市长冯金考《关于〈中华人民共和国气象法〉执法检查审议意见落实情况的报告》。常委会组成人员认为，市政府重视审议意见的整改落实，取得一定的成效，但仍存在气象执法力量薄弱、气象观测站周边环境保护不够、防灾减灾体系仍需健全等问题。会议要求，市政府要加强气象队伍建设，加大气象探测环境保护力度，加快气象防灾减灾体系建设，切实整改落实到位。

听取、审议《中华人民共和国水污染防治法》《浙江省水污染防治条例》贯彻实施情况及审议意见落实情况的报告　2014年10月27日，常委会第二十四次会议听取、审议市政府副市长倪希杰《关于水污染防治“一法一条例”贯彻实施情况的报告》和常委会执法检查组的执法检查报告。常委会组成人员认为，市政府及有关职能部门、镇街认真贯彻实施水污染防治“一法一条例”，在水污染控制和水环境整治方面取得一定的成效。但是，仍存在思想认识不到位、污染整治不彻底、设施建设太滞后、执法监管需加强等问题。会议提出审议意见：加大宣传教育力度；推进污染整治工作；加快实施截污纳管；加大执法监管力度；强化水源保护工作。

2015年10月10日，常委会第三十四次会议听取、审议市政府副市长朱卓瑶《关于〈中华人民共和国水污染防治法〉执法检查审议意见落实情况的报告》。会议要求，市政府及相关部门要加快推进污染整治，加速实施截污纳管，加大联动执法力度，进一步巩固扩大水污染防治成效。

听取、审议农村住房拆改建情况及审议意见落实情况的报告 2014年11月28日，常委会第二十五次会议听取、审议市政府副市长冯金考《关于农村住房拆改建情况的报告》和常委会视察组的视察报告。常委会组成人员认为，市政府高度重视农房拆改建工作，部署落实各项措施，统筹指导推进，瑞安市农村住房条件有了较大改善。但是仍存在建房指标十分紧缺、审批烦琐问题突出、相关政策有待完善等问题。会议提出审议意见：加强领导，理顺工作机制；把握重点，完善政策规划；强化保障，落实供地指标；明确责任，严格管理监督。

2015年11月27日，常委会第三十六次会议听取、审议市政府副市长郑海洁《关于农村住房拆改建专项工作审议意见落实情况的报告》和常委会调查组的调查报告。常委会组成人员认为，市政府及有关部门重视审议意见的有效落实，积极出台举措，取得较好的工作成效，一定程度上缓解了山区、半山区村民的住房困难，但仍存在政策执行不够到位、人员缺编现象普遍、规划限制矛盾突出、政策仍需调整完善等问题。会议要求，市政府及有关部门要严格执行相关政策，积极盘活存量土地；系统解决规划限制，分层分类解决村庄规划问题；优化审批手续流程，努力方便办事群众；完善细化相关政策，强化宅基地用地指标、基层审批力量等要素保障。

听取、审议安置留地建设与城中村改造情况及审议意见落实情况的报告 2015年6月11日，常委会第三十一次会议听取、审议市政府副市长冯金考《关于安置留地建设与城中村改造情况的报告》和常委会调研组的调研报告。常委会组成人员认为，市政府及有关职能部门做了大量工作，取得一定的工作成效，但仍存在政策处理十分艰难、资金短缺问题突出、项目监管较为薄弱、政策仍需调整完善、工作合力有待加强等问题。会议提出审议意见：加强领导，形成工作合力；总结经验，科学合理推进；完善政策，推动项目建设；强化监管，确保平稳有序。

2016年5月31日，常委会第四十二次会议听取、审议市政府副市长陈荣臻《关于安置留地建设与城中村改造专项工作报告审议意见落实情况的报告》和常委会调查组的调查报告。常委会组成人员认为，市政府及有关部门重视人大审议意见，积极协调解决两类项目建设中的难点问题，取得阶段性成效。会议要求，市政府及有关部门要在历史遗留问题破解、资金筹集、项目监管、部门镇街联动等方面下功夫。进一步转变思路，调整、完善安置留地政策，形成强大的工作合力；要把握建设过程中的关键环节，尽快出台两类项目安置房预登记政策，有效解决按揭贷款问题；相关职能部门要加大协调沟通与服务指导力度，组织开展有针对性、专业性的业务培训，确保项目建设顺利进行。

听取、审议市十五届人大第一、二、三次会议议案落实情况的报告 2016年4月29日，常委会第四十一次会议听取、审议市政府副市长倪希杰《关于市十五届人大“加快旅游业发展，推进幸福瑞安建设”“加大美丽乡村建设力度”和“关于推进系统治水，加快美丽水乡建设”等议案落实情况的报告》。常委会组成人员认为，市政府及有关部门思想重视、措施有力、分工明确，各项议案办理工作都取得了较好的成效。会议要求，市政府及有关部门要突出旅游项目建设重点，开发特色旅游项目，加快景区周边配套设施建设，着力提升瑞安市旅游业的档次与品位；要进一步优化美丽乡村建设规划，加快推进整乡连片建设，注重美丽乡村建设与产业支撑的有效结合，加强财政资金使用绩效管理，推进美丽乡村建设可持续发展；要进一步理顺“五水共治”工作体制，认真抓好截污纳管、清淤泥工程质量和建设进度，提升治水项目资金使用绩效，预防急功近利的工作心态，健全治水长效机制。

听取、审议《生猪屠宰管理条例》贯彻实施情况的报告　2016年5月31日，常委会第四十二次会议听取、审议市政府副市长陈荣臻《关于〈生猪屠宰管理条例〉贯彻实施情况的报告》和常委会执法检查组的执法检查报告。常委会组成人员认为，市政府及相关部门、乡镇街道认真贯彻实施《生猪屠宰管理条例》，加强执法监管与宣传发动，取得一定的工作成效，但仍存在行业“低、小、散”严重、屠宰场布局不合理、新屠宰场项目建设严重滞后、监管责任落实不到位等问题。会议提出审议意见：市政府及相关部门要加快行业规划，加快大型生猪屠宰场建设；加强清理整顿，推进生猪屠宰法治化建设；狠抓队伍建设，提高生猪屠宰执法监管能力；强化联合执法，加大私屠滥宰整治力度；加强监督审查，提升行业管理信息化水平。

听取、审议扶贫开发工作情况的报告　2016年7月22日，常委会第四十三次会议听取、审议市政府副市长郑海洁《关于扶贫开发工作情况的报告》和常委会调研组的调研报告。常委会组成人员认为，市政府及有关部门重视扶贫开发工作，依法履职、加大投入，取得一定成效，但仍存在扶贫工作缺乏系统性、扶贫对象缺乏精准性、机制运行缺乏整体性、扶贫监管缺乏有效性等问题。会议提出审议意见：市政府及相关部门要强化认识，抓紧编制瑞安市“十三五”扶贫工作发展规划；强化实效，做好扶贫基础数据更新与动态管理；强化基础，出台各项精准扶贫政策措施；强化支撑，完善扶贫开发长效机制。

听取、审议环境状况和环境保护目标完成情况的报告　2016年11月1日，常委会第四十六次会议听取、审议市环保局局长丁良才《关于环境状况和环境保护目标完成情况的报告》。常委会组成人员认为，近年来市政府及环保部门大力开展治水、治气、控污、减排工作，环境总体状况稳中向好。会议提出审议意见：市政府及环保部门要继续对照环境保护目标，狠抓落实，补齐短板，科学布局环境指标监测点，提高各项监测数据的真实性和可靠性，加大截污纳管、工业废渣治理、河道清淤等工作力度，保障瑞安市环境状况和环境保护水平持续进步。

五、人大工作方面

听取、审议2012年上半年政情通报会及代表建议处理方案的报告　2012年8月27日，常委会第五次会议听取、审议市政府常务副市长方晖《关于2012年上半年政情通报会及代表建议处理方案的报告》。常委会组成人员认为，市政府高度重视政情通报会上代表提出的各项建议，认真梳理，分解任务，制定方案，力抓落实，体现出了高度的责任感和积极的工作态度。会议提出审议意见：市政府要将建议办理工作摆上重要的工作日程，加强领导，落实责任，强化督办，务求实效。

听取、审议2012年度代表建议办理工作情况的报告　2012年10月31日，常委会第七次会议听取、审议市政府常务副市长方晖《关于代表建议办理情况的报告》，书面审议了市人大常委会关于市十五届人大一次会议代表建议督办情况的报告。常委会组成人员认为，代表建议量大面广，办理工作任务繁重，各办理单位思想重视、责任到位、制度健全、细致规范，代表建议办理工作取得较好成效，但仍存在联办机制不够健全、办理质量参差不齐、落实情况不够理想等问题。会议提出审议意见：市政府及有关单位要进一步提高对办理工作重要性的认识，健全办理工作机制，提高办理人员的业务水平，加大督查力度，努力提高建议办理工作实效。

听取、审议2013年度代表建议办理工作情况的报告　2013年11月5日，常委会第十六次会议听取、审议市政府常务副市长方晖《关于代表建议办理工作情况的报告》。常委会组成人员认为，代表建议办理工作耗时长、工作量大，通过市政府及各承办单位的积极努力，所有建议均在规定时限内办理完毕，办理质量总体尚好。但是，建议答复质量和落实情况还不尽如人意，建议“回娘家”等现象仍未杜绝。会议提出审议意见：市政府及各承办单位要进一步完善建议办理程序和办理机制，提高办理工作规范性和交办准确性；强化与代表的沟通面商协调，加强办理工作互动性，提高办理工作实效；继续加大督查力度，督促建议后续办理工作，对落实不力的单位启动问责机制。

听取、审议2014年度代表建议办理工作情况的报告　2014年10月27日，常委会第二十四次会议听取、审议市政府常务副市长方晖《关于代表建议办理工作情况的报告》。会议提出审议意见：市政府及各承办单位要确保责任落实到位，不断完善办理工作责任制和办理机制；确保解决问题到位，狠抓落实，切实提高问题解决率；确保面商沟通到位，加强办理工作的双向互动，提高办理工作实效；确保跟踪督办到位，深化重点建议件督办，强化督查机制。

听取、审议2015年度代表建议办理工作情况的报告　2015年10月30日，常委会第三十五次会议听取、审议市政府副市长钱定荣《关于2015年度代表建议办理工作情况的报告》。会议提出审议意见：市政府及各承办单位要高度重视建议办理工作，不断完善建议办理工作机制；注重面商沟通，提高办理工作实效；强化跟踪督办，确保建议落到实处。

听取、审议2016年度代表建议办理工作情况的报告　2016年11月1日，常委会第四十六次会议听取、审议市政府副市长陈荣臻《关于2016年度代表建议办理工作情况的报告》。常委会组成人员认为，市政府及各承办单位围绕“办结率、落实率、满意率”三大指标，积极拓展建议办理的深度和广度，取得较好办理成效，但还存在与代表的面商沟通不够、建议落实率有待提高等问题。会议提出审议意见：市政府及各承办单位要进一步深化认识，切实增强办理代表建议的责任感和使命感；要认真总结本届以来建议办理工作经验，不断完善重点建议领导领办、面商沟通等办理机制；要进一步狠抓落实，将办理工作从答复型向落实型转变，推动建议办理落到实处。

第四节　第十六届听取、审议工作报告

一、法治建设方面

听取、审议执行工作审议意见落实情况的报告　2017年8月23日，常委会第五次会议听取、审议

市法院副院长吴荣者《关于执行工作审议意见落实情况的报告》和常委会调查组的调查报告，并对审议意见落实情况进行了满意度测评。常委会组成人员认为，市人民法院高度重视市人大常委会审议意见，认真整改落实，成效明显。会议要求，市法院要继续健全执行协同处置机制，全方位、多渠道地解决执行工作中存在的问题；要继续加大涉执违法犯罪打击力度，严惩失信行为和规避执行行为；要继续推进执行工作规范化建设，着力提升执行队伍的综合素质和业务水平，强化执行为民意识。

听取、审议严重损害司法权威、社会诚信违法犯罪行为处置工作情况及审议意见落实情况的报告 2017年11月24日，常委会第八次会议听取、审议市法院院长鞠海亭、市检察院检察长宣章良、市公安局局长王小甫分别作的《关于严重损害司法权威、社会诚信违法犯罪行为处置工作情况的报告》和常委会调研组的调研报告。常委会组成人员认为，近年来，市法院、市检察院、市公安局高度重视该项工作，不断转变司法理念、规范司法行为，严厉打击严重损害司法权威、社会诚信违法犯罪行为，做了大量工作并取得较好成效，但在司法理念、热点案件打击效果方面仍有较大提升空间。会议提出审议意见：市法院、市检察院、市公安局要建立常态化的沟通协调机制，及时统一执法理念和执法尺度，避免同类案件处理不平衡；市公安局要切实强化经侦人员力量，严格内部监督，及时受理、全面查证犯罪事实，严厉打击以“逃废债”为典型代表的经济类违法犯罪；市检察院要进一步发挥法律监督职能，特别是加强对损害司法权威、社会诚信类犯罪案件的监督；市法院切实发挥司法对社会诚信体系建设的引领示范作用，依法从重打击和有效震慑相关违法犯罪行为。

2018年8月17日，常委会第十四次会议听取、审议市检察院检察长宣章良、市法院副院长吴荣者、市公安局副局长吴亮分别作的《关于严重损害司法权威、社会诚信违法犯罪行为处置工作审议意见落实情况的报告》和常委会调查组的调查报告。常委会组成人员认为，市法院、市检察院、市公安局重视市人大常委会审议意见，认真研究制定整改方案，全面开展整改落实工作，严厉打击“逃废债”、涉执、串通投标等严重损害司法权威、社会诚信的违法犯罪行为，取得较好成效。会议提出审议意见：市法院要进一步严厉打击涉执和串通投标等严重损害司法权威、社会诚信的违法犯罪，有效震慑相关违法犯罪行为；市检察院要进一步发挥法律监督职能，严把案件质量关；市公安局要进一步做好“逃废债”等经济类犯罪案件的查处工作，依法打击妨害公务违法犯罪。

听取、审议打击整治食品药品环境违法犯罪情况的报告 2017年12月22日，常委会第九次会议听取、审议市公安局副局长何茂林《关于打击整治食品药品环境违法犯罪情况的报告》。常委会组成人员认为，市公安局重视食品药品环境安全工作，在打击该类违法犯罪方面做了大量工作，取得较好成效，但在强化工作合力、完善长效机制方面仍有较大提升空间。会议提出审议意见：市政府及有关部门要进一步明确责任分工、强化工作举措、加强配合协作，形成打击食品药品环境违法犯罪的强大合力；要坚持标本兼治，健全完善长效机制，对食品药品环境违法犯罪保持高压严打态势；要进一步加强宣传引导，构建群防群控的工作格局，营造全社会齐抓共管的良好氛围。

听取、审议“最多跑一次”改革工作情况及审议意见落实情况的报告 2018年8月17日，常委会第十四次会议听取、审议市政府副市长项金敏《关于“最多跑一次”改革工作情况的报告》和常委会调研组的调研报告。常委会组成人员认为，市政府及有关部门高度重视“最多跑一次”改革工作，精心组织、扎实推进、紧盯重点、注重创新，工作成效明显，但仍存在全科无差别受理不科学、信息化建设有待加强、承诺备案制监管不力等问题。会议提出审议意见：要深化改革认识；要强化信息化建设；要严格执法监管；要优化服务保障。

2019年4月4日，常委会第二十一次会议听取、审议市政府常务副市长张榜桃《关于“最多跑一次”改革工作审议意见落实情况的报告》和常委会调查组的调查报告。常委会组成人员认为，市政府及有关部门重视市人大常委会审议意见，认真研究制定整改方案，积极抓好整改落实，“最多跑一次”改革工作取得较好成效。会议要求，市政府及有关部门要健全疑难复杂申请事项分级处置机制，完善跨部门审批事项协调和督办机制，进一步提高审批服务质量；强化承诺备案制后续监管，督促企业按照审批要求规范建设，及时依法查处违反承诺备案制的失信行为。

听取、审议市监察委员会工作报告　2018年12月14日，常委会第十七次会议听取、审议市监察委员会主任陈朴顺《市监察委员会工作报告》。常委会组成人员认为，市监察委员会深入贯彻落实全面从严治党要求，扎实推进监察体制改革，认真开展监察执纪各项工作，加强监察干部队伍建设，取得良好的政治效果、社会效果和法纪效果。会议提出审议意见：市监察委员会要继续保持良好的工作作风，着力营造风清气正的政治生态，为瑞安市改革发展大局保驾护航。

听取、审议食品药品环境保护领域行政执法和违法犯罪行为处置工作情况及审议意见落实情况的报告　2019年8月29日，常委会第二十四次会议听取、审议市政府副市长林政洪《关于食品药品环境保护领域行政执法工作情况的报告》，市法院院长鞠海亭、市检察院检察长宣章良、市公安局副局长何茂林分别所作的《关于食品药品环境保护领域违法犯罪行为处置工作情况的报告》和常委会调查组的调查报告。常委会组成人员认为，近年来，“一府两院”及有关部门重视食品药品安全和环境保护工作，强化日常执法监管，积极查处食药环领域违法犯罪行为，做了大量工作并取得较好成效，但在日常执法监管、刑事打击力度、执法司法衔接等方面仍存在不足。会议提出审议意见：提高认识，切实转变执法理念；完善机制，切实规范执法行为；严厉打击，有效震慑违法行为；强化对接，切实增强工作合力。

2020年6月10日，常委会第三十一次会议听取、审议市政府副市长池万松《关于食品药品环境保护领域行政执法工作情况报告审议意见落实情况的报告》，市法院副院长诸葛伟、市检察院副检察长姜瑞生、市公安局副局长何茂林分别作的《关于食品药品环境保护领域违法犯罪行为处置工作审议意见落实情况的报告》和常委会调查组的调查情况报告。常委会组成人员认为，市政府和市法院、市检察院、市公安局重视市人大常委会审议意见，认真制定方案，积极整改落实，瑞安市食品药品安全和环境保护管理水平进一步提高。会议要求，市政府和相关职能部门要继续加大监管执法力度，强化食品溯源管理，市法院、市检察院、市公安局要充分发挥各自职能作用，进一步加大联动协同力度，形成食药环领域违法犯罪打击合力。

审议市法院、市检察院2020年上半年工作报告　2020年8月12日，常委会第三十二次会议审议市法院、市检察院《2020年上半年工作报告》。常委会组成人员认为，上半年，“两院”认真履行法定职责，致力维护社会公平正义，为“重要窗口”建设作出了积极贡献。会议提出审议意见：“两院”要致力服务经济社会发展大局，继续围绕扎实做好“六稳”“六保”工作依法履职，为加快打造“产、城、人”融合发展的至美瑞安提供更加有力的司法保障。

听取、审议认罪认罚从宽制度实施情况及审议意见落实情况的报告　2020年9月16日，常委会第三十三次会议听取、审议市检察院副检察长林正览《关于认罪认罚从宽制度实施情况的报告》和常委会调研组的调研报告。常委会组成人员认为，认罪认罚从宽制度作为一项崭新的司法制度，市检察院为该制度的贯彻落实做了大量富有成效的工作，实现提高刑事诉讼效率、案件繁简分流和优化司法资源配置的初步目的，但在瑞安市司法实践中仍存在适用不严谨、量刑规范化精准性有待加强、权利保障不到位等问题。会议提出审议意见：深化思想认识，提升司法公信力；规范量刑标准，提高量刑精准度；健全工作机制，加大保障力度。

2021年5月28日，常委会第三十九次会议听取、审议市检察院副检察长林正览《关于认罪认罚从宽制度实施情况审议意见落实情况的报告》和常委会调查组的调查报告。常委会组成人员认为，市人民检察院高度重视审议意见落实工作，致力更新司法理念，优化司法资源配置，有效推动了认罪认罚从宽制度在瑞安市的贯彻实施。会议要求，市检察院要准确把握新时代群众需求和刑事犯罪发展态势，有针对性地加强和改进工作方式方法，提升认罪认罚从宽制度适用质效，为瑞安市经济社会高质量发展提供优质检察司法保障。

听取、审议2019年度法治政府建设工作情况的报告　2020年10月22日，常委会第三十四次会议听取、审议市政府副市长孙寒星《关于市2019年度法治政府建设工作情况的报告》。常委会组成人员认为，2019年，市政府大力推进依法行政、公开施政、诚信施政，法治政府建设成效较好。会议提出审议意见：市政府要坚持问题导向，聚力短板整改，进一步提升依法行政的能力和水平，为瑞安市“城人产”融合发展提供更加有力的法治保障。

听取、审议2020年度法治政府建设工作情况的报告　2021年5月28日，常委会第三十九次会议听取、审议市政府副市长周晓华《关于2020年度法治政府建设工作情况的报告》。常委会组成人员认为，2020年，市政府深入推进依法行政，全面落实法治责任，法治政府建设取得较好成效。会议提出审议意见：市政府要坚持问题导向，聚力短板整改，进一步提升依法行政的能力和水平，为高水平打造“青春都市·幸福瑞安”提供坚强有力的法治保障。

审议市法院、市检察院2021年上半年工作报告　2021年8月27日，常委会第四十一次会议审议了《市法院、市检察院2021年上半年工作报告》。常委会组成人员认为，上半年，“两院”认真履行法定职责，维护社会公平正义，为高水平打造“青春都市·幸福瑞安”作出积极贡献。会议提出审议意见：“两院”要致力服务经济社会发展大局，坚持司法为民、公正司法，为瑞安市争当“共同富裕”先行标兵营造良好法治环境。

听取、审议行政审判工作情况的报告　2021年8月27日，常委会第四十一次会议听取、审议市法院院长胡丕敢《关于行政审判工作情况的报告》和常委会调研组的调研报告。常委会组成人员认为，市法院切实履行宪法和法律赋予的行政审判职责，为维护社会稳定、促进社会和谐、推动依法行政等方面做出积极贡献，但在行政审判质效、行政非诉执行、队伍建设等方面仍存在一些问题和不足。会议提出审议意见：强化行政审判监督，提高审判质效；强化行政非诉执行，维护法制权威；强化审判队伍建设，提升履职能力。

听取、审议"七五"普法工作总结和"八五"普法工作部署的报告　2021年10月21日，常委会第四十二次会议听取、审议市政府副市长周晓华《关于"七五"普法工作总结和"八五"普法工作部署情况的报告》，作出关于开展第八个五年法治宣传教育的决议。会议提出审议意见：市政府要深入学习宣传贯彻习近平法治思想，全面推进新时代法治瑞安建设，为瑞安市开启高水平全面建设社会主义现代化新征程、争当高质量发展建设共同富裕示范区先行标兵提供坚实的法治保障。

二、财政经济方面

听取、审议2016年政府性重大投资项目建设审议意见落实情况的报告　2017年4月27日，常委会第三次会议听取、审议市发改局副局长姜光焕《关于2016年政府性重大投资项目建设情况审议意见落实情况的报告》和常委会调查组的调查报告。常委会组成人员认为，市政府重视市人大常委会审议意见，认真整改落实，取得较好成效。会议要求，市政府要科学谋划重大建设项目，做深做细项目前期工作，严格项目开工依法决策程序；强化要素保障，着力解决重点建设项目的用地、资金等问题；理顺工程建管机制，完善事后评估和追责机制，确保工程质量；强化项目绩效评估，不断提高财政资金投资效益。

听取、审议省级工业强市创建工作情况及审议意见落实情况的报告　2017年6月23日，常委会第四次会议听取、审议市政府副市长林政洪《关于省级工业强市创建工作情况的报告》和常委会调研组的调研报告。常委会组成人员认为，市政府围绕创建目标，深化供给侧结构性改革，全市工业经济发展质量和效益有了明显提升。会议提出审议意见：要破解资源要素制约；要加速产业转型升级；要优化助企扶工服务。

2018年3月6日，常委会第十一次会议听取、审议市政府副市长林政洪《关于省级工业强市创建工作情况审议意见落实情况的报告》和常委会调查组的调查情况报告。常委会组成人员认为，市政府及有关职能部门重视市人大常委会审议意见，强化工作举措，工业经济发展总体情况较好。会议要求，市政府要深刻认识工业经济对瑞安市经济社会发展的"压舱石"作用，进一步强化要素支撑、优化产业结构、加快动能转换、提升营商环境，深入实施工业强基和战略性新兴产业培育工程，推动瑞安市工业经济高质量发展。

听取、审议2016年度本级财政预算执行和其他财政收支情况的审计工作及审议意见落实情况的报告　2017年8月23日，常委会第五次会议听取、审议市审计局局长金邦义《关于2016年度本级财政预算执行和其他财政收支的审计工作报告》。会议提出审议意见：市政府及财政部门要改进决算编报，继续拓展细化报告内容，积极回应各方关切；要强化预算管理，严格预算支出执行，及时清理整合专项资金，提高资金使用绩效；要健全全口径政府性债务（融资）监管机制，规范政府与社会资本合作模式的推广和监管，切实防范和控制财政风险；要做好问题整改，对审计查出的问题要依法依规严肃处理，并健全管理长效机制。

2017年12月22日，常委会第九次会议听取、审议市政府常务副市长曾瑞华《关于市2016年地方财政决算和市本级预算执行及其他财政收支审计工作审议意见落实情况的报告》。常委会组成人员认为，市政府重视市人大常委会的审议意见，制定整改方案，落实整改措施，审计查明的多数问题已整改完毕，但仍存在就事论事、整改不深不透等问题。会议要求，市政府和相关部门要继续加大整改力度，进一步规范民办学校办学行为，加强对政府和社会资本合作模式的投融资项目的评估与审计，保障各项整改措施落到实处；要坚持标本兼治，健全问题整改的长效机制，定期进行“回头看”，切实解决“屡审屡犯”的老问题。

听取、审议2017年上半年国民经济和社会发展计划、财政预算执行情况的报告　2017年8月23日，常委会第五次会议听取、审议市发改局局长叶序锋《关于上半年国民经济和社会发展计划执行情况的报告》、市财政局局长吴功宜《关于上半年地方财政预算执行情况的报告》。常委会组成人员认为，上半年以来市政府坚持稳中求进工作总基调，全市经济社会发展呈现平稳运行、协调发展的态势，但仍存在企业生产经营环境不优、经济新动能培育不足、有效投资不多等问题。会议提出审议意见：市政府及相关部门要坚定不移走“产城人”融合发展之路，确保全面完成全年目标任务；要以融合发展为目标，打造大平台、招引大项目、培育大产业；要以大拆大整为契机，整出转型空间、消除安居隐患、促进“新陈代谢”；要以项目建设为路径，狠抓项目引领、狠抓项目攻坚、狠抓项目保障；要以科技创新为动力，优化产业发展平台、加快产业升级步伐；要以深化改革为切入点，持续推进“最多跑一次”改革、深化资源要素市场化配置改革、深化企业减负改革。

听取、审议政府和社会资本合作项目实施情况及审议意见落实情况的报告　2017年10月31日，常委会第七次会议听取、审议市政府副市长孔庆吉《关于政府和社会资本合作项目实施情况的报告》和常委会调研组的调研报告。常委会组成人员认为，经过近几年的实践，市政府和社会资本合作项目在缓解财政支付压力、提高项目实施效率、激活民间投资等方面发挥了一定的积极作用，但还存在项目适用范围不清晰、前期准备不充分、采购过程不规范、监管责任不到位、相关制度建设不健全等问题。会议提出审议意见：科学谋划项目前期；规范项目采购过程；加强项目实施监管；强化管理制度建设。

2018年6月26日，常委会第十三次会议听取、审议市政府常务副市长曾瑞华《关于政府和社会资本合作项目实施情况审议意见落实情况的报告》和常委会调查组的调查报告。常委会组成人员认为，市政府及有关职能部门重视市人大常委会审议意见，认真组织整改落实，政府和社会资本合作（PPP）模式规范化水平明显提升。会议要求，市政府要进一步强化风险预警与项目管控，防止PPP规模增长过快，促进PPP项目顺利实施，发挥PPP模式积极作用，推动地方经济发展。

听取、审议“十三五”规划纲要实施中期评估的报告　2018年8月17日，常委会第十四次会议听取、审议市政府副市长项金敏《关于“十三五”规划纲要实施中期评估的报告》。常委会组成人员认为，市政府及有关部门高度重视“十三五”规划纲要实施，全力抓好各项指标及重大工程、重大项目的落实工作，绝大部分指标都圆满完成中期目标，但仍存在新旧动能接续转换不畅、产业发展缺少大项目支撑、优质公共资源供给不平衡不充分等问题。会议提出审议意见：市政府要进一步深化举措、加大力度，不断提升规划纲要实施的质量和水平，力争完成预期目标；切实推进高质量发展，着力打造大平台、谋划大项目，积极培育经济发展新动能；加快补齐民生短板，促进社会事业优质均衡发展，进一步增强人民群众的获得感、幸福感。

听取、审议2017年度本级预算执行和其他财政收支情况的审计工作及审议意见落实情况的报告　2018年8月17日，常委会第十四次会议听取、审议市审计局局长金邦义《关于2017年度本级预算执行和其他财政收支的审计工作报告》。常委会组成人员认为，市政府紧紧围绕市委中心工作，认真落实市十六届人大一次会议决议精神，主动适应经济发展新常态，实施积极财政政策，调整优化收支结构，防控财政运行风险，保障重点民生支出，较好完成市人大批准的2017年地方财政预算。审计部门依法开展审计监督，及时发现问题，督促整改落实，取得较好成效。会议提出审议意见：增强财政资金保障能力；提高预算编制和执行水平；完善预算绩效考核管理机制；强化政府性债务风险防控；健全问题整改长效机制。

2018年12月14日，常委会第十七次会议听取、审议市政府副市长项金敏《关于市2017年地方财政决算和市本级预算执行及其他财政收支审计工作报告审议意见落实情况的报告》。常委会组成人员认为，市政府重视市人大常委会审议意见，制订方案，狠抓落实，审计查明的多数问题已整改完毕，取得一定成效。会议要求，市政府和相关部门要继续加大工作力度，进一步做好未整改到位问题的后续工作；注重举一反三，强化建章立制，避免同类问题“屡审屡犯”；定期进行“回头看”，确保审计发现问题整改到位。

听取、审议2018年上半年国民经济和社会发展计划、财政预算执行情况的报告　2018年8月17日，常委会第十四次会议听取、审议市发改局局长叶序锋《关于上半年国民经济和社会发展计划执行情况的报告》、市财政局局长吴功宜《关于上半年地方财政预算执行情况的报告》。常委会组成人员认为，上半年以来，市政府坚持稳中求进工作总基调，实施积极财政政策，聚焦聚力高质量发展，全市经济社会发展呈现平稳运行、协调发展的态势，但仍存在新动能培育不足、重大项目谋划不深、社会事业优质资源不多等问题。会议提出审议意见：市政府要坚持新发展理念，落实高质量发展要求，推动“产城人”融合发展，确保完成全年目标任务；加快推进产业平台建设，着力实施、引进一批重大产业项目，扶持培育战略性新兴产业，不断积蓄发展新动能；深入推进要素市场化配置、国资管理、社会征信体制等重点领域改革，深化“最多跑一次”改革，进一步优化政务服务，不断改善营商环境；全面践行共享发展理念，加快推进基本公共服务均衡发展，切实补齐民生短板，促进社会公平正义。

听取、审议企业上市工作情况及审议意见落实情况的报告　2018年10月30日，常委会第十六次会议听取、审议市政府副市长林增丰《关于企业上市工作情况的报告》和常委会调研组的调研报告。常委会组成人员认为，市政府重视企业上市工作，在宣传引导、筛选培育、搭建平台、政策帮扶等方面做了大量工作，取得一定成效，但还存在工作成效不突出、服务保障不到位、后备资源匮乏等问题。会议提出审议意见：深化认识，进一步凝聚思想共识；强化措施，进一步提高服务能力；落实责任，进一步加大攻坚力度。

2019年8月29日，常委会第二十四次会议听取、审议市政府副市长林政洪《关于企业上市工作情况审议意见落实情况的报告》和常委会调查组的调查报告。常委会组成人员认为，市政府及有关部门重视市人大常委会审议意见，认真抓好整改落实，有力推进了企业上市工作进程。会议要求，市政府及有关部门要进一步健全企业上市工作长效机制、强化后备企业培育、做好精准服务，尽快实现企业上市工作新突破。

听取、审议促进民营经济高质量发展情况及审议意见落实情况的报告　2019年6月28日，常委会第二十三次会议听取、审议市政府副市长池万松《关于促进民营经济高质量发展情况的报告》和常委会调研组的调研报告。常委会组成人员认为，市政府及有关部门认真贯彻落实省市委相关决策部署，在破解民营经济发展难题、营造良好发展环境等方面做了大量工作，取得积极成效，但还存在政务效能有待提升、工业用地利用效益有待提高、融资难题有待化解、创新驱动力度有待加大等问题。会议提出审议意见：持续优化发展环境，提高政务服务水平；强化工业用地管理，提高土地利用效率；强化金融服务创新，破解企业融资难题；加大科创支持力度，提高科技创新能力。

2020年6月10日，常委会第三十一次会议听取、审议市政府副市长池万松《关于促进民营经济高质量发展情况审议意见落实情况的报告》和常委会调查组的调查报告。常委会组成人员认为，市政府及有关部门重视市人大常委会审议意见，做了大量富有成效的工作，瑞安市民营经济发展的质量和效益都得到一定提升。会议要求，市政府及有关部门要进一步优化营商环境，着力破解小微企业融资难、融资贵问题，加快推动传统制造业整合提升，奋力开创瑞安市民营经济高质量发展新局面。

听取、审议市政府2019年上半年工作报告　2019年8月29日，常委会第二十四次会议听取、审议市政府市长麻胜聪《关于市政府2019年上半年工作报告和下半年工作计划》。常委会组成人员认为，市政府紧紧围绕市十六届人大三次会议讨论确定的目标任务，真抓实干，开拓创新，认真抓好经济增长、有效投资、大建大美、乡村振兴、民生实事等各方面工作并取得较好成效，提出的下半年工作计划目标明确、措施有力，但还存在新旧动能转换任务艰巨、经济指标增长乏力、民生短板有待补齐等问题。会议提出审议意见：市政府要按照市委十四届七次全会统一部署，综合开展“三助三红”专项活动，奋力抓好经济平稳增长、城市品质提升、民生福祉改善，确保高质量完成全年各项目标任务。

听取、审议2019年上半年国民经济和社会发展计划、财政预算执行情况的报告　2019年8月29日，常委会第二十四次会议听取、审议市财政局局长吴功宜《关于上半年地方财政预算执行情况的报告》，审议了上半年国民经济和社会发展计划执行情况的报告。常委会组成人员认为，市政府坚持稳中求进工作总基调，实施积极财政政策，全市经济社会发展呈现平稳运行、协调发展的态势，但仍存在经济新动能培育不快、城市能级不强、公共服务供给不足等问题。会议提出审议意见：市政府要继续坚持新发展理念，走“产城人”融合发展之路，进一步加快新动能培育、城市能级提升、社会事业发展，全力推动经济社会高质量发展。

听取、审议2018年度本级预算执行和其他财政收支情况的审计工作及审议意见落实情况的报告 2019年8月29日，常委会第二十四次会议听取、审议市审计局局长林德池《关于2018年度市本级预算执行和其他财政收支的审计工作报告》。常委会组成人员认为，2018年，市政府深入贯彻市委决策部署，认真执行市十六届人大二次会议决议，紧扣高质量发展要求和供给侧结构性改革主线，持续深化财税体制改革，认真落实积极财政政策，加大保障重点支出力度，推进预算绩效管理，妥善应对各类风险挑战，促进经济社会持续健康发展，较好完成市人大批准的2018年地方财政预算。审计部门认真履职，依法开展审计监督，取得了较好成效。会议提出审议意见：注重发展实体经济，着力优化财力结构；强化预算管理，提高资金配置效率；推进预算绩效管理，注重资金使用绩效；加强政府债务管理，积极防控财政风险；健全问题整改长效机制，充分发挥审计作用。

2019年12月13日，常委会第二十六次会议听取、审议市政府常务副市长张榜桃《关于市2018年地方财政决算和市本级预算执行及其他财政收支审计工作审议意见落实情况的报告》。常委会组成人员认为，市政府重视市人大常委会审议意见，制定问题整改方案，认真抓好整改工作，审计发现的问题大部分已整改完毕，取得一定成效。会议要求，市政府和相关部门要继续加大工作力度，进一步做好未整改到位问题后续工作；定期开展问题整改“回头看”，确保历年审计发现问题整改到位。

听取、审议工业用地有效供给工作情况及审议意见落实情况的报告 2019年9月26日，常委会第二十五次会议听取、审议市政府副市长周晓华《关于工业用地有效供给工作情况的报告》和常委会调研组的调研报告。常委会组成人员认为，市政府及有关部门重视该项工作，在增加工业用地供给数量、提高工业用地利用效率等方面，取得一定成效，但还存在工业用地供给不平衡、利用效率不高、项目管理不到位、小微园建管滞后等问题。会议提出审议意见：进一步保障工业用地有效供给；进一步提高工业用地利用效率；进一步加强工业供地项目综合管理；进一步加大小微园建设管理力度。

2020年9月16日，常委会第三十三次会议听取、审议市政府副市长林增丰《关于工业用地有效供给工作审议意见落实情况的报告》和常委会调研组的调研报告。常委会组成人员认为，市政府重视审议意见办理落实工作，在工业用地供给提质、利用提效、建设提速、管理提升等方面做了大量工作，取得一定成效。会议要求，市政府要认真贯彻落实温州市政府关于《进一步加强工业用地高质量利用全周期管理的若干意见》，进一步强化工业用地总量管控和工业项目履约监管，积极探索市场化的供地模式，切实提高瑞安市工业用地保护和利用水平。

听取、审议财政扶持工业经济发展政策资金绩效情况及审议意见落实情况的报告 2019年9月26日，常委会第二十五次会议听取、审议市政府副市长周晓华《关于财政扶持工业经济发展政策资金绩效情况的报告》和常委会调研组的调研报告。常委会组成人员认为，近年来，市政府及有关部门认真贯彻落实有关扶工政策，做好政策清理整合，优化奖补资金拨付机制，开展政策资金绩效评价，取得一定成效，但在政策制定、政策落地、产业基金运作、资金绩效管理等方面仍存在不足。会议提出审议意见：切实转变观念，充分发挥财政资金的产业导向作用；改进工作方法，确保工业扶持政策执行到位；强化绩效管理，注重绩效评价结果的运用与监督。

2020年6月10日，常委会第三十一次会议听取、审议市政府副市长池万松《关于财政扶持工业经济发展政策资金绩效情况审议意见落实情况的报告》和常委会调查组的调查报告。常委会组成人员认为，市政府认真抓好审议意见办理落实工作，在政策制定与落地、产业基金运作、资金绩效管理等方面做了大量工作，取得一定成效。会议要求，市政府要进一步整合清理产业政策、推进政府产业基金运作、提高政策资金使用绩效，为瑞安市工业经济高质量发展提供更加有力的政策资金支持。

听取、审议2018年度全市国有资产管理情况的综合报告及企业国有资产管理情况及审议意见落实情况的报告　2019年10月30日，常委会第二十六次会议听取、审议市政府副市长池万松《关于2018年度全市国有资产管理情况的综合报告》《关于2018年度全市企业国有资产管理情况的专项报告》和常委会调研组的调研报告。常委会组成人员认为，近年来，市政府不断加强和改进国有资产管理，国有企业改革扎实推进，资产质量和效益不断提高，但在资产底数、管理体制、运营能力、监管水平等方面仍存在不足。会议提出审议意见：进一步摸清国有资产底数；进一步理顺企业国有资产管理体制；进一步提高国资国企经营效益；进一步规范企业国有资产监督管理。

2020年6月10日，常委会第三十一次会议听取、审议市政府副市长池万松《关于2018年度全市国有资产管理情况综合报告及企业国有资产管理情况专项报告审议意见落实情况的报告》。常委会组成人员认为，市政府重视市人大常委会审议意见，认真抓好整改落实，有力推进瑞安市国有资产管理工作。会议要求，市政府要进一步摸清底数、理顺管理体制、提升运营绩效、完善监管体系，推动瑞安市国有资产管理工作再上新台阶。

听取、审议市政府2020年上半年工作报告　2020年8月12日，常委会第三十二次会议听取、审议市政府市长秦肖《关于市政府2020年上半年工作报告》。常委会组成人员认为，上半年，市政府紧紧围绕市十六届人大四次会议讨论确定的目标任务，在常态化疫情防控、“六稳”（稳就业、稳金融、稳外贸、稳外资、稳投资、稳预期）、“六保”（保居民就业、保基本民生、保市场主体、保粮食能源安全、保产业链供应链稳定、保基础运转）、有效投资、精建精美、城乡融合、民生保障等方面做了大量卓有成效的工作，有力推动经济社会回归高质量发展正常轨道；提出的下半年工作计划充分贯彻市委十四届九次全会精神，目标明确，措施有力。会议提出审议意见：市政府要继续真抓实干，克难攻坚，全力以赴把疫情对瑞安市经济社会发展造成的影响降到最低，加快打造“城人产”融合发展的至美瑞安，努力在“重要窗口”建设中敢于领跑、做好示范、当好旗手。

听取、审议2020年上半年国民经济和社会发展计划、地方财政预算执行情况的报告　2020年8月12日，常委会第三十二次会议听取、审议市财政局局长吴功宜《2020年上半年地方财政预算执行情况的报告》，审议了上半年国民经济和社会发展计划执行情况的报告。常委会组成人员认为，市政府紧扣“两手都要硬、两战都要赢”的工作目标，全面落实“六稳”“六保”工作部署，全市经济社会逐步复苏，但仍存在经济复苏压力大、新旧动能转换衔接不畅、公共服务供给不足、税收收入增长乏力等问题。会议提出审议意见：市政府要认真贯彻落实市委十四届九次全会精神，坚持稳中求进工作总基调，进一步振兴实体经济、加快动能转换、强化民生保障、优化财政收支结构，全力推动瑞安市经济社会高质量发展。

听取、审议2019年度市本级预算执行和其他财政收支情况的审计工作及审议意见落实情况的报告　2020年8月12日，常委会第三十二次会议听取、审议市审计局局长林德池《关于2019年度市本级预算执行和其他财政收支的审计工作报告》。常委会组成人员认为，市政府及财政部门要增强可持续发展理念，切实保障重点领域和民生支出，深化财政绩效管理，加强财政运行风险防控；认真抓好审计发现问题整改，健全问题整改长效机制。会议提出审议意见：增强可持续发展理念；切实保障重点领域和民生支出；深化财政绩效管理；加强财政运行风险防控；建立健全审计整改机制。

2020年12月16日，常委会第三十五次会议听取、审议市政府副市长林政洪《关于2019年本级预算执行及其他财政收支审计工作审议意见落实情况的报告》，并进行专题询问。常委会组成人员认为，市政府及有关部门重视市人大常委会审议意见，认真抓好整改落实，做了大量富有成效的工作，当年审计发现的问题大部分已整改完毕。会议要求，市政府及相关部门要进一步加大工作力度，对本届以来尚未整改到位的问题进行"回头看"，确保审计发现问题全部整改到位；强化建章立制、举一反三，避免同类问题"屡审屡犯"。

听取、审议数字经济引领实体经济发展情况及审议意见落实情况的报告　2020年8月12日，常委会第三十二次会议听取、审议市政府副市长周晓华《关于数字经济引领实体经济发展情况的报告》和常委会调研组的调研报告。常委会组成人员认为，市政府重视数字经济"一号工程"的实施，扎实推进数字经济发展五年倍增行动计划，但仍存在体制机制不够完善、发展相对滞后、内生动力不足、环境有待优化等问题。会议提出审议意见：进一步重视数字经济发展，强化顶层设计；进一步推动数字经济和实体经济深度融合发展，提升产业能级；进一步发挥企业在数字经济发展中的主体作用，加快数字化转型；进一步优化数字经济发展环境，强化软硬件支撑。

2021年8月27日，常委会第四十一次会议听取、审议市政府副市长池万松《关于数字经济引领实体经济发展审议意见落实情况的报告》和常委会调查组的调查报告。常委会组成人员认为，市政府及有关部门重视市人大常委会审议意见，认真抓好整改落实，数字经济发展速度和引领实体经济发展水平得到提升。会议要求，市政府要进一步完善数字化改革保障体系，充分发挥企业在数字经济发展中的主体作用，不断补齐瑞安市数字经济发展短板，着力构筑具有瑞安特色的数字产业。

听取、审议"十三五"规划纲要执行情况和"十四五"规划纲要编制情况的报告　2020年10月22日，常委会第三十四次会议听取、审议市政府副市长孙寒星《关于"十三五"规划纲要执行情况和"十四五"规划纲要编制情况的报告》。常委会组成人员认为，"十三五"以来，市政府及各部门、乡镇街道认真贯彻上级决策部署，坚持稳中求进工作总基调，着力兴实体、攻项目、优环境、惠民生、强改革，"十三五"规划纲要确定的主要指标和各项任务完成情况总体较好，但个别指标离预期目标还存在一定差距。会议提出审议意见：市政府及有关部门要高度重视"十四五"规划纲要编制工作，充分考虑国际国内宏观形势变化特别是疫情造成的影响，立足瑞安市实际，精准谋划瑞安市

“十四五”发展思路、举措，确保高质量、高标准完成“十四五”规划纲要编制工作。

听取、审议2019年度全市国有资产管理情况的综合报告及行政事业性国有资产管理情况及审议意见落实情况的报告　2020年10月22日，常委会第三十四次会议听取、审议市政府副市长孙寒星《关于2019年度全市国有资产管理情况的综合报告》《关于2019年度全市行政事业性国有资产管理情况的专项报告》和常委会调研组的调研报告。常委会组成人员认为，近年来，市政府进一步理顺管理体制，构建比较规范的管理制度框架，全市国有资产综合管理及行政事业性国有资产管理工作取得初步成效，但在具体管理工作中还存在思想认识不到位、机制运行不够通畅、基础管理力量薄弱、资产底数掌握不清、资产权属登记和利用效率低下等问题。会议提出审议意见：切实提高对国有资产报告制度重要性的认识；完善国有资产管理体制机制；积极解决历史遗留国有资产权属登记问题；加大国有资产监管力度。

2021年5月28日，常委会第三十九次会议听取、审议市政府副市长周晓华《关于2019年度全市国有资产管理情况及行政事业性国有资产管理情况审议意见落实情况的报告》和常委会调查组的调查情况报告。常委会组成人员认为，市政府及有关部门重视审议意见落实工作，在完善国有资产管理机制、排摸资产底数、推进历史遗留国有资产权属登记、加强国有资产监管等方面做了大量工作，取得一定成效。会议要求，市政府及相关部门要进一步夯实国有资产管理基础，加快解决国有资产权属登记历史遗留问题，扎实推进瑞安市国有资产管理工作。

听取、审议瑞安经济开发区经济社会发展工作情况及审议意见落实情况的报告　2021年5月28日，常委会第三十九次会议听取、审议市政府副市长周晓华《关于瑞安经济开发区经济社会发展工作情况的报告》和常委会调研组的调研报告。常委会组成人员认为，瑞安经济开发区以争创“国家级经济开发区”为目标，在平台建设、项目盯引、产业升级、营商环境优化等方面做了大量工作，取得较好成效，但仍存在产业培育不够精准、供地导向不够科学、基础配套亟待完善、体制机制有待创新等问题。会议提出审议意见：着力抓好产业培育；优化土地资源供给；加快完善基础配套；加强体制机制创新。

2021年10月21日，常委会第四十二次会议听取、审议瑞安经济开发区管委会主任林朝进《关于瑞安经济开发区经济社会发展工作审议意见落实情况的报告》和常委会调查组的调查报告。常委会组成人员认为，市政府及瑞安经济开发区管委会重视审议意见办理工作，认真制定方案，逐项整改落实，目前已取得初步成效。会议要求，市政府要进一步加强产业合同管理，科学讨论确定各细分行业产业合同约定的亩均产值和税收；进一步加快配套设施建设，切实解决园区企业生产生活实际困难。

听取、审议机械装备行业培育提升工作情况的报告　2021年7月28日，常委会第四十次会议听取、审议市政府副市长林政洪《关于机械装备行业培育提升工作情况的报告》和常委会调研组的调研报告，并进行了专题询问。常委会组成人员认为，市政府大力推进重振机械装备行业雄风战略，在企业培育、产业链提升、用地保障、助企“三服务”等方面做了大量工作，取得较好成效，但瑞安市机械行业仍存在产业集群发展滞后、土地要素保障不足、产业配套能力不强等问题。会议提出审议意见：加快机械产业平台建设；科学制定行业扶持政策；重点培育机械龙头企业。

听取、审议2020年度全市国有资产管理情况的综合报告及国有自然资源资产管理情况专项报告 2021年10月21日，常委会第四十二次会议听取、审议市政府副市长周晓华《关于2020年度全市国有自然资源资产管理情况的专项报告》和常委会调研组的调研报告，审议了2020年度全市国有资产管理情况的综合报告。常委会组成人员认为，两个报告体现了中央和省委、市委有关文件精神，报告范围和内容基本符合建立国有资产报告制度要求。近年来，市政府及相关部门深入学习贯彻习近平生态文明思想，深化自然资源管理体制改革，在摸清自然资源家底、促进节约集约利用、保护自然资源生态环境等方面做了大量扎实有效的工作，但仍存在监管制度还不健全、配置效率有待提升、资源生态向好基础仍未稳固等问题。会议提出审议意见：进一步夯实自然资源管理基础；进一步促进自然资源高效利用；进一步守牢自然资源生态安全底线。

听取、审议2021年上半年国民经济和社会发展计划、财政预算执行情况的报告 2021年8月27日，常委会第四十一次会议听取、审议市财政局局长叶序锋《2021年上半年地方财政预算执行情况的报告》，审议了2021年上半年国民经济和社会发展计划执行情况的报告。常委会组成人员认为，上半年，市政府围绕高水平打造“青春都市·幸福瑞安”战略导向，聚焦“敢担当、勇争先、创新局”主题主线，全力推进“六重六比”（重大项目、重大平台、重大产业、重大改革、重大政策、重点要素；比质量、比位次、比创新、比项目、比环境、比担当）专项攻坚行动，经济社会发展实现“半年红”。会议提出审议意见：市政府要认真贯彻落实市委十四届十一次全会精神，全力做好稳增长、促改革、城乡融合、以文兴城、全域美丽、优质共享等文章，持续抓好财政稳收促支各项工作，推动经济持续回升向好发展。

听取、审议市政府2021年上半年工作报告 2021年8月27日，常委会第四十一次会议听取、审议市政府市长秦肖《市政府2021年上半年工作报告》。常委会组成人员认为，上半年，市政府紧紧围绕市十六届人大五次会议讨论确定的目标任务，在“六稳”“六保”及创新驱动、都市跃迁、改革开放、平安建设、共建共享等方面做了大量卓有成效的工作，交出了“半年红”的高分报表；提出的下半年工作计划充分贯彻市委十四届十一次全会精神，目标明确，措施有力。会议提出审议意见：市政府要继续锚定目标，真抓实干，围绕“青春都市·幸福瑞安”发展导向，持续推进“六重六比”专项攻坚行动、“十大责任捆绑攻坚”行动，全力夺取“十四五”开局首胜，奋力争当“共同富裕”先行标兵。

三、教科文卫与社会建设方面

听取、审议学前教育工作审议意见落实情况的报告 2017年6月23日，常委会第四次会议听取、审议市政府副市长林政洪《关于学前教育工作情况审议意见落实情况的报告》和常委会调查组的调查报告，并对学前教育工作情况报告审议意见落实情况进行满意度测评，测评结果为通过。常委会组成人员认为，市政府及教育部门重视市人大常委会审议意见，认真整改落实，取得较好成效。会议要求，市政府及教有关部门要以贯彻实施《浙江省学前教育条例》为契机，深入调研，科学分析，尽快制定出台市学前教育布局专项规划，全面执行市住宅小区配套幼儿园建设管理办法规定，合理制定公办幼儿园建设三年计划，进一步提高学前教育资金占比，着力提升瑞安市学前教育整体水平。

听取、审议基本公共卫生服务工作情况及审议意见落实情况的报告 2017年10月31日，常委会第七次会议听取、审议市政府副市长孔庆吉《关于基本公共卫生服务工作情况的报告》和常委会调研组的调研报告。常委会组成人员认为，近年来，市政府及有关职能部门以“医疗卫生体制改革”为契机，不断完善机制、加大投入，基本公共卫生各项工作取得一定成效，但还存在基础设施不完善、人员力量不匹配、经费效益不够高、部分服务不到位等问题。会议提出审议意见：加强领导，进一步完善工作体系；夯实基础，进一步加大保障力度；多措并举，进一步加强人才队伍建设；强化管理，进一步提高资金使用绩效；深化宣教，进一步倡导公共卫生理念。

2018年4月26日，常委会第十二次会议听取、审议市政府副市长张蕙娜《关于基本公共卫生服务工作审议意见落实情况的报告》和常委会调查组的调查报告。常委会组成人员认为，市政府及有关职能部门、乡镇街道重视市人大常委会审议意见，认真抓好整改落实，基本公共卫生服务工作取得较好成效。会议要求，市政府要把基本公共卫生服务工作作为一项重要的民生工程来抓，进一步加快基础设施建设、强化资源配置、提高服务质量，不断提高人民群众的获得感与满意度。

听取、审议养老服务业发展工作情况及审议意见落实情况的报告 2017年10月31日，常委会第七次会议听取、审议市政府副市长孔庆吉《关于养老服务业发展工作情况的报告》和常委会调研组的调研报告。常委会组成人员认为，近年来，市政府及相关职能部门重视养老服务业发展，做了大量工作并取得较好成效，但仍存在养老服务工作职能发挥不够、敬老院供养能力不强、民办养老机构发展水平不高、居家养老服务运行效果不佳、村老人公寓安全隐患突出等问题。会议提出审议意见：进一步强化认识，不断增强养老服务工作合力；进一步强化扶持，不断提升养老服务水平；进一步强化监管，引导养老产业有序发展；进一步强化创新，积极破解养老服务难题。

2018年9月20日，常委会第十五次会议听取、审议市政府副市长项金敏《关于养老服务业发展工作审议意见落实情况的报告》和常委会调查组的调查报告。常委会组成人员认为，市政府及有关部门重视审议意见整改工作，认真研究制定整改方案，积极落实整改措施，成效较为明显。但瑞安市养老服务有效供给难以满足，服务水平亟待提高等矛盾仍然存在。会议要求，市政府要健全完善多层次养老服务体系，科学制定阶段性工作计划，推动养老服务业高质量发展；着力提升和规范居家养老服务，多措并举，创新模式，切实提高居家养老服务中心运行成效；着力推进养老服务市场培育，强化要素保障，落实相关扶持政策，力促养老服务大项目落地；继续推进医疗卫生与养老服务深度融合，进一步提升敬老院供养服务能力，加快推进村级老人公寓整治，严格养老项目用地批后监管。

听取、审议2017年度科学技术进步工作和经费使用、完成情况的报告 2018年3月6日，常委会第十一次会议听取、审议市科技局局长林德池《关于2017年度科学技术进步工作和经费使用、完成情况的报告》。会议提出审议意见：市政府要坚持以创新驱动助推高质量发展，着力改善人才引育环境，加快打造政产学研合作互动的科创平台，进一步加大科创项目和科技企业扶持培育力度，推动瑞安市科技创新工作向更高水平发展。

听取、审议《浙江省学前教育条例》贯彻实施情况及审议意见落实情况的报告　2018年10月30日，常委会第十六次会议听取、审议市政府副市长林增丰《关于〈浙江省学前教育条例〉贯彻实施情况的报告》和常委会执法检查组的执法报告。常委会组成人员认为，市政府及有关部门积极贯彻《浙江省学前教育条例》，在扩大学前教育资源、强化幼儿园规范建设、加强依法监管等方面做了大量工作，但仍存在资源供给不足、师资力量不够、政策落实不到位等问题。会议提出审议意见：坚持对标定责，加快推进幼儿园建设；坚持公民办并举，努力扩大学前教育资源供给；坚持优化队伍，着力提升学前教育质量。

2019年10月30日，常委会第二十五次会议听取、审议市政府副市长池万松《关于检查〈浙江省学前教育条例〉贯彻实施报告审议意见落实情况的报告》和常委会调查组的调查报告。常委会组成人员认为，市政府及有关部门重视市人大常委会审议意见，在推进公办幼儿园建设、扩大学前教育资源供给、提高学前教育质量等方面做了大量工作，取得一定成效。会议要求，市政府要进一步加大幼儿园建设力度、强化普惠性幼儿园建设与监管、加强幼儿园教师队伍建设，促进瑞安市学前教育事业持续健康发展。

听取、审议2018年度科学技术进步工作和经费使用、完成情况的报告　2019年2月27日，常委会第二十次会议听取、审议市科技局局长曾爱慧《关于2018年度科学技术进步工作和经费使用、完成情况的报告》。常委会组成人员认为，市政府强化科技政策引导，加大经费投入，加快平台建设，取得一定成效。会议提出审议意见：市政府要紧紧抓住温州国家自主创新示范区“瑞安园”建设机遇，加大科创平台支撑力度，提高科技经费使用效率，改善科技人才引育环境，促进科技成果更快转化，以创新驱动助推瑞安市民营经济高质量发展。

听取、审议《浙江省全民健身条例》贯彻实施情况及审议意见落实情况的报告　2019年9月26日，常委会第二十五次会议听取、审议市政府副市长周晓华《关于全民健身条例实施情况的报告》和常委会执法检查组的执法报告。常委会组成人员认为，市政府及有关部门认真贯彻落实全民健身条例，着力推进体育设施建设、组织网络建设和体育活动开展，但仍存在体育场地设施供给不足、保障力度不够、服务体系不健全等问题。会议提出审议意见：提高工作站位，加强全民健身工作领导；加快设施建设，扩大全民健身资源供给；完善保障机制，凝聚全民健身工作合力；健全服务体系，提升全民健身服务能力。

2020年10月22日，常委会第三十四次会议听取、审议市政府副市长孙寒星《关于检查省全民健身条例贯彻实施情况审议意见落实情况的报告》和常委会调查组的调查报告。常委会组成人员认为，市政府及有关部门重视市人大常委会审议意见，在扩大全民健身资源供给、提升服务能力、完善保障机制等方面做了大量工作，取得一定成效。会议要求，市政府要继续贯彻全民健身国家战略，进一步提高重视程度、加快设施建设、加大保障力度，着力提升全民健身公共服务水平。

听取、审议“关于健全养老服务体系 促进瑞安市养老服务业发展”议案办理情况及审议意见落实

情况的报告 2019年10月30日，常委会第二十六次会议听取、审议市政府副市长池万松《关于“健全养老服务体系 促进瑞安市养老服务业发展”议案办理情况的报告》和常委会视察组的视察报告。常委会组成人员认为，市政府及有关部门高度重视议案办理，做了大量富有成效的工作，但就现状来看，瑞安市养老服务业在服务供给、服务水平等方面仍存在不足。会议提出审议意见：进一步推进机构养老设施建设；进一步强化养老服务管理；进一步提升居家养老服务成效；进一步规范敬老院公建民营工作；进一步破解医养融合政策瓶颈。

2020年10月22日，常委会第三十四次会议听取、审议市政府副市长孙寒星《关于“健全养老服务体系 促进瑞安市养老服务业发展”议案办理情况审议意见落实情况的报告》和常委会调查组的调查情况报告。常委会组成人员认为，市政府及有关部门、乡镇街道重视审议意见办理落实工作，在要素保障、机构建设、强化服务等方面做了大量工作并取得较好成效。会议提出审议意见：市政府要进一步强化要素保障，加强养老设施建设，推进医养护融合发展，着力完善养老服务体系，推动瑞安市养老服务业发展再上新台阶。

2021年10月21日，常委会第四十二次会议听取、审议市政府副市长周晓华《关于“健全养老服务体系 促进瑞安市养老服务业发展”议案办理进展情况的报告》。常委会组成人员认为，市政府大力支持养老服务业发展，着力夯实基础、完善政策、创新工作，瑞安市养老服务体系建设取得较好成效。会议提出审议意见：市政府要进一步加快养老设施建设，强化养老服务管理，推进医养融合发展，着力提升老年人的获得感与幸福感。

听取、审议新冠疫情应急处置工作的报告 2020年6月10日，常委会第三十一次会议听取、审议市政府副市长池万松《关于新冠疫情应急处置工作情况的报告》。常委会组成人员认为，市政府认真贯彻落实习近平总书记关于疫情防控重要指示精神和上级相关工作部署要求，坚持疫情防控与复工复产两手抓、两手硬，真抓实干，慎终如始，取得较好成效，但仍存在一些问题和不足。会议提出审议意见：坚持底线思维，统筹推进疫情防控与经济社会发展；健全长效机制，进一步加强应急体系建设；优化资源配置，着力补齐公共卫生短板；夯实基层基础，不断发挥群防群治作用。

听取、审议2019年度科学技术进步工作和经费使用、完成情况的报告 2020年6月10日，常委会第三十一次会议听取、审议市政府副市长池万松《关于2019年度科学技术进步工作和经费使用、完成情况的报告》。常委会组成人员认为，市政府深入贯彻创新驱动发展战略，大力推进“两区一廊”建设，加强工作引导，加大经费投入力度，深化平台建设，取得一定成效。会议提出审议意见：市政府要坚持把科技创新作为实体经济高质量发展的主动力，进一步提高科技经费使用效率，加快科技成果转化，加强创新主体培育，持续提升科技创新水平。

听取、审议《中华人民共和国公共文化服务保障法》贯彻实施情况及审议意见落实情况的报告 2020年9月16日，常委会第三十三次会议听取、审议市政府副市长林增丰《关于〈中华人民共和国公共文化服务保障法〉实施情况的报告》和常委会执法检查组的执法检查报告。常委会组成人员认为，市政府及有关部门认真贯彻实施《中华人民共和国公共文化服务保障法》，在加强文化设施建设、开展文化惠民活动、优化政策环境等方面做了大量工作，取得一定成效，但仍存在基础设施建设滞后、保障机制有待完善、队伍力量薄弱等问题。会议提出审议意见：提高思想认识，加强组织领导；加快设施建设，增强服务效能；健全保障机制，完善服务体系；强化队伍建设，提升服务能力。

2021年8月27日，常委会第四十一次会议听取、审议市政府副市长池万松《关于检查〈中华人民共和国公共文化服务保障法〉贯彻实施情况审议意见落实情况的报告》和常委会调查组的调查报告。常委会组成人员认为，市政府重视审议意见办理工作，在加强组织领导、加快设施建设、健全保障机制、强化队伍建设等方面做了大量工作，取得一定成效。会议要求，市政府要进一步推进公共文化设施建设、提升公共文化服务能力，推动瑞安市公共文化服务高质量发展。

听取、审议2020年度科学技术进步工作和经费使用、完成情况的报告　2021年3月25日，常委会第三十八次会议听取、审议市政府副市长林增丰《关于2020年度科学技术进步工作和经费使用、完成情况的报告》。常委会组成人员认为，市政府大力实施创新首位战略，加强工作引导，强化要素保障，优化科创生态，取得一定成效。会议提出审议意见：市政府要继续坚持以科技创新引领高质量发展，进一步提高科技经费使用效益，加快科创平台成果转化，强化科技创新政策激励，致力打造高水平创新型城市。

听取、审议义务教育阶段中小学生减负工作的报告　2021年7月28日，常委会第四十次会议听取、审议市政府副市长林政洪《关于义务教育阶段中小学生减负工作情况的报告》和常委会调研组的调研报告。常委会组成人员认为，近年来，市政府重视学生减负工作，在贯彻上级减负工作政策精神、出台相关措施方面做了大量力所能及的工作，取得一定成效，但还存在减负工作缺乏共识、负担过重仍然突出、减负措施执行不严等问题。会议提出审议意见：注重导向，完善教育评价；突出重点，提高教学质量；坚守底线，严格管控措施。

听取、审议《中华人民共和国未成年人保护法》《浙江省未成年人保护条例》贯彻实施情况的报告　2021年7月28日，常委会第四十次会议听取、审议市政府副市长林政洪《关于未成年人保护"一法一条例"实施情况的报告》和常委会执法检查组的执法检查报告。常委会组成人员认为，市政府及有关单位重视未成年人保护工作，认真贯彻实施《中华人民共和国未成年人保护法》《浙江省未成年人保护条例》，在优化未成年人成长环境、加强未成年人权益保障等方面取得一定成效，但在普法宣传、工作合力、关爱特殊未成年人、群体司法保护创新等方面还有待进一步加强。会议提出审议意见：加强宣传普及，营造社会氛围；明确工作职责，落实主体责任；紧扣突出问题，强化职责履行；推进机制创新，加强司法保护。

四、农资与城建环保方面

听取、审议扶贫开发工作审议意见落实情况的报告　2017年6月23日，常委会第四次会议听取、审议市政府副市长林政洪《关于扶贫开发工作情况审议意见落实情况的报告》和常委会调查组的调查报告。常委会组成人员认为，市政府及有关职能部门重视市人大常委会审议意见，认真整改落实，扶贫开发工作取得了较好成效。会议要求，市政府要积极探索扶贫工作新模式新路径，充分发挥帮扶政策、项目、资金等各方面的聚合效应，致力推进低收入农户收入倍增，进一步完善扶贫工作机制，着力构建机关、企业、社会组织相结合的社会扶贫格局。

听取、审议“剿灭劣Ⅴ类水”工作情况及审议意见落实情况的报告　2017年6月23日，常委会第四次会议听取、审议市政府副市长林政洪《关于“剿灭劣Ⅴ类水”工作情况的报告》和常委会调研组的调研报告。常委会组成人员认为，市政府按照既定目标，全面部署、全力攻坚，强化举措、务求实效，取得阶段性成果。会议提出审议意见：要紧盯目标，确保如期“剿灭劣Ⅴ类水”；要标本兼治，加快治污基础设施建设；要持之以恒，保持监管执法高压态势；要上下联动，营造全民治水良好氛围。

2018年3月6日，常委会第十一次会议听取、审议市政府副市长林政洪《关于“剿灭劣Ⅴ类水”工作审议意见落实情况的报告》和常委会调查组的调查报告。常委会组成人员认为，市政府及有关职能部门、乡镇（街道）重视市人大常委会审议意见，认真抓好整改落实，剿劣工作取得阶段性成效。会议要求，市政府要坚持把剿劣治水作为一项长期性、战略性任务来抓，加快推进截污纳管工作与环卫基础设施建设，严厉查处环境违法行为，进一步完善治水长效机制，防止河道污染反弹回潮，确保瑞安市水环境质量持续改善。

听取、审议城市停车场规划建设情况及审议意见落实情况的报告　2017年8月23日，常委会第五次会议听取、审议市政府副市长项金敏《关于瑞安市城市停车场规划建设情况的报告》和常委会调研组的调研情况报告。常委会组成人员认为，近年来市政府重视城市停车场规划建设，分解任务，督促落实，在规划编制、项目建设、资金保障等方面做了大量工作，也取得了一定的进展，但还存在历史欠账较多、规划刚性不强、工作深度不够、体制机制不顺等问题。会议提出审议意见：科学规划布局，强化城市停车设施专项规划调控；深化前期工作，进行充分的可行性研究；注重建管并举，发挥好停车场使用效能；强化组织协调，为停车场规划建设提供政策、土地、资金等保障。

2018年8月17日，常委会第十四次会议听取、审议市政府副市长项金敏《关于城市停车场规划建设审议意见落实情况的报告》和常委会调查组的调查报告。常委会组成人员认为，市政府及有关部门重视市人大常委会审议意见，认真抓好整改落实，在停车场建设方面做了大量工作并取得阶段性成效。会议要求，市政府要进一步加快项目建设，确保按期完成公共停车场年度建设任务；进一步做好前瞻性规划，充分利用新建公建项目的地下空间资源；进一步完善保障机制，在政策、土地、资金等方面优先予以保障。

听取、审议“关于推进城市有机更新、打造至美瑞安”议案办理情况及审议意见落实情况的报告　2017年10月31日，常委会第七次会议听取、审议市政府副市长孔庆吉《关于“推进城市有机更新、打造至美瑞安”议案办理情况的报告》和常委会视察组的视察报告。常委会组成人员认为，市政府高度重视议案办理，在规划编制、政策制定、政策处理等方面做了大量富有成效的工作，但还存在整体推进不够快、项目谋划不够深、责任落实不够严、攻坚决心不够强等问题。会议提出审议意见：加强领导，明确职责；着眼长远，精心谋划；注重品质，打造精品；全力提速，强势推进。

2018年10月30日，常委会第十六次会议听取、审议市政府副市长林增丰“关于推进城市有机更新打造至美瑞安”议案办理情况审议意见落实情况的报告和常委会调查组的调查报告。常委会组成人员认为，市政府及有关部门、街道重视市人大常委会审议意见，在加强领导、强化保障、合力攻坚、深入谋划等方面做了大量富有成效的工作，取得较好成效，但还存在主体作用发挥不充分、拆改政策不系统、各团块进度不平衡等问题。会议要求，市政府要进一步加快城市有机更新进度，加大滞后团块攻坚力度，争取尽快取得实质性进展；相关街道要进一步发挥责任主体作用，集中精力，克难攻坚，按时落实好议案办理要求；重点团块改造要牢固树立精品意识，坚持连片改造、大区块改造设计，着力打造精品建筑、品质团块。

2019年10月30日，常委会第二十六次会议听取、审议市政府副市长池万松《关于“推进城市有机更新 打造至美瑞安”议案办理进展情况的报告》。常委会组成人员认为，近三年来，市政府及有关部门、街道在“六大”团块拆改方面做了大量工作，城市有机更新工作总体较好，但部分团块拆改进度离议案的要求和代表的期望还有一定差距。会议要求，市政府要加大对复杂问题、历史遗留问题的研究解决力度，相关街道要狠下决心、克难攻坚，切实加快滞后团块拆改进度。

听取、审议《中华人民共和国农产品质量安全法》贯彻实施情况及审议意见落实情况的报告 2017年11月24日，常委会第八次会议听取、审议市政府副市长林增丰《关于〈中华人民共和国农产品质量安全法〉贯彻实施情况的报告》和常委会执法检查组的执法检查报告。常委会组成人员认为，市政府及有关部门重视农产品质量安全工作，注重法规宣传、体系建设、“三品一标”（无公害农产品、绿色食品、有机农产品和农产品地理标志）认证，瑞安市农产品质量安全水平总体平稳、逐步向好，但仍存在安全责任意识不强、质量监管力度不大、产地环境保护不力、产品流通管控不严等问题。会议提出审议意见：加大宣传教育力度，强化农产品质量安全意识；优化产地环境，构筑农产品质量安全屏障；严格准出准入，提高农产品质量追溯能力；强化执法监管，确保农产品质量安全。

2018年6月26日，常委会第十三次会议听取、审议市政府常务副市长曾瑞华《关于〈中华人民共和国农产品质量安全法〉执法检查情况审议意见落实情况的报告》和常委会调查组的调查报告。常委会组成人员认为，市政府及有关职能部门重视市人大常委会审议意见，认真抓好整改落实，并取得一定成效。会议要求，市政府要继续转变职能、创新机制，进一步强化突出问题、重点领域排查整治，健全农产品质量安全监管体系，完善智慧化技防机制，不断提高瑞安市农产品质量安全水平。

听取、审议环境状况和环境保护目标完成情况的报告 2017年11月24日，常委会第八次会议听取、审议市环保局局长丁良才《关于环境状况和环境保护目标完成情况的报告》。常委会组成人员认为，市政府在剿劣治水、治气治土、环境执法、环保助企、生态建设等方面做了大量工作并取得较好成效。会议提出审议意见：市政府及环保部门要继续对照环境保护目标，狠抓落实，查补短板，保障瑞安市环境状况和环境保护水平持续进步。

听取、审议《中华人民共和国固体废物污染环境防治法》《浙江省固体废物污染环境防治条例》贯彻实施情况及审议意见落实情况的报告 2018年6月26日，常委会第十三次会议听取、审议市政府常务副市长曾瑞华《关于固体废物污染环境防治“一法一条例”贯彻实施情况的报告》和常委会执法检查组的执法检查报告。常委会组成人员认为，市政府及有关部门重视固废污染防治工作，认真贯彻“一法一条例”，取得一定成效，但还存在思想认识有待提高、处理终端建设滞后、执法监管不够有力、工作机制有待完善等问题。会议提出审议意见：加大宣传力度，强化固废污染防治责任意识；加快设施建设，提升固废污染防治处置能力；完善工作机制，提高固废污染防治管理水平；提升工作合力，强化固废污染防治执法监管。

2019年5月24日，常委会第二十二次会议听取、审议市政府副市长林增丰《关于固体废物污染环境防治“一法一条例”执法检查审议意见落实情况的报告》和常委会调查组的调查报告，并进行了专题询问。常委会组成人员认为，市政府及有关部门重视市人大常委会审议意见，认真抓好整改落实，固废污染防治工作取得一定成效。会议要求，市政府及有关部门要深化责任意识、持续精准发力，常抓不懈，久久为功，全力抓好中央环保督政问题整改，大力推进渣土消纳场、飞灰填埋场和建筑垃圾资源化利用项目等基础设施建设，健全完善工业危废、医疗废物收集处置体系，加快病死动物无害化处理场整治提升，切实还清固废污染防治各类“历史欠账”。

听取、审议《中华人民共和国建筑法》贯彻实施情况及审议意见落实情况的报告　2018年9月20日，常委会第十五次会议听取、审议市政府副市长项金敏《关于〈中华人民共和国建筑法〉贯彻实施情况的报告》和常委会执法检查组的执法检查报告。常委会组成人员认为，近年来市政府及有关部门重视《中华人民共和国建筑法》的实施，注重法律宣传教育，加大串通投标违法犯罪打击力度，着力提升建筑工程质量安全水平，工作成效明显，但还存在招投标市场乱象严重、监管执法力度不大、体制机制有待完善、扶持政策落实不到位等问题。会议提出审议意见：严厉整治招投标市场；加大监管执法力度；切实完善体制机制；大力扶持行业发展。

2019年9月26日，常委会第二十五次会议听取、审议市政府副市长周晓华《关于检查〈中华人民共和国建筑法〉实施情况审议意见落实情况的报告》和常委会调查组的调查报告。常委会组成人员认为，市政府及有关部门重视市人大常委会审议意见，认真抓好整改落实，有力推动建筑法在瑞安市的贯彻实施。会议要求，市政府及有关部门要进一步强化监管执法，规范招投标市场秩序；进一步加大建筑行业扶持力度，促进建筑行业规范、有序、健康发展。

听取、审议“加快农村饮用水安全工程建设 助力瑞安市全面建成小康社会”议案办理情况及审议意见落实情况的报告　2018年10月30日，常委会第十六次会议听取、审议市政府副市长林增丰《关于“加快农村饮用水安全工程建设 助力瑞安市全面建成小康社会”议案办理情况的报告》和常委会视察组的视察报告。常委会组成人员认为，市政府重视议案办理工作，在规划调整、政策制定、资金保障、工程建设等方面做了大量工作，总体进展情况良好，但还存在工程进度不快、责任落实不严、协同机制不畅、工程监管不力等问题。会议提出审议意见：紧盯目标，如期完成任务；压实责任，形成攻坚合力；加强监管，确保质量安全。

2019年10月30日，常委会第二十六次会议听取、审议市政府副市长池万松《“关于加快农村饮用

水安全工程建设 助力瑞安市全面建成小康社会”议案办理情况报告审议意见落实情况的报告》和常委会调查组的调查报告。常委会组成人员认为，市政府及有关部门重视市人大常委会审议意见，在加强领导、强化督考、理顺机制等方面做了大量工作，取得较好成效，但在工程施工、政策处理、运行维护等方面还存在不少问题。会议要求，市政府要加快工程进度，确保工程质量，健全长效管护机制，做好城镇供水扩面工作，确保高质量按时完成年度任务。

听取、审议2018年度环境状况和环境保护目标完成情况的报告 2019年2月27日，常委会第二十次会议听取、审议温州市生态环境局瑞安分局局长池志刚《关于2018年度环境状况和环境保护目标完成情况的报告》。常委会组成人员认为，市政府重视环保工作，在中央环保督察问题整改、剿劣治水、治气治土、环境执法、污染源普查、生态建设等方面做了大量工作并取得较好成效。会议提出审议意见：市政府及环保部门要全力打好污染防治攻坚战，着力推进中央环保督察问题整改，强化污染源排查整治，进一步加快环保基础设施建设，完善环境执法体制机制，扎实推进治水、治气、治土三大行动，促进瑞安市生态环境持续改善。

听取、审议乡村产业发展情况及审议意见落实情况的报告 2019年6月28日，常委会第二十三次会议听取、审议市政府副市长池万松《关于乡村产业发展情况的报告》和常委会调研组的调研报告。常委会组成人员认为，市政府认真贯彻落实中央、省市委全面实施乡村振兴战略部署要求，在丰富产业形态、挖掘产业潜力、强化产业支撑等方面做了大量工作，取得较好成效，但仍存在产业项目谋划不够深入、特色产业发展质量不高、产业融合层次有待提升、产业发展要素保障不够等问题。会议提出审议意见：聚焦产业振兴，优化布局规划；抓住关键环节，激活发展动力；推进产业融合，增强发展合力；强化要素支撑，确保项目落地。

2020年6月10日，常委会第三十一次会议听取、审议市政府副市长池万松《关于乡村产业发展情况报告审议意见落实情况的报告》和常委会调查组的调查报告。常委会组成人员认为，市政府重视审议意见办理落实工作，在加强规划引领、推进项目建设、推动区域品牌创建、强化要素保障等方面做了大量工作，取得较好成效。会议要求，市政府要切实强化组织领导，积极破解要素制约，确保重大项目落地，着力推进瑞安市乡村产业高质量发展。

听取、审议2019年环境状况和环境保护目标完成情况的报告 2020年6月10日，常委会第三十一次会议听取、审议市政府副市长池万松《关于2019年环境状况和环境保护目标完成情况的报告》。常委会组成人员认为，市政府重视环保工作，在各级环保督察问题整改、污染防治、执法监管、环保改革等方面做了大量工作，较好完成年度各项目标任务。会议提出审议意见：市政府要进一步巩固环保督察问题整改成效，继续全力抓好污染防治工作，扎实推进治水、治气、治土三大行动，推动瑞安市生态环境持续改善。

听取、审议野生动物保护工作情况及审议意见落实情况的报告 2020年8月20日，常委会第三十二次会议听取、审议市政府副市长周晓华《关于野生动物保护工作情况的报告》和常委会调研组的调研报告。常委会组成人员认为，近年来，市政府及有关部门深入贯彻落实习近平生态文明思想，积极开展野生动物保护管理工作，严厉打击乱捕滥猎和非法交易野生动物行为，取得一定成效，但在宣传发动、联合执法、防护投入、处置管理等方面仍存在不足。会议提出审议意见：加大宣传，提升保护意识；完善机制，强化执法监管；摸清底数，夯实工作基础；强化保障，破解防护难题。

2021年5月28日，常委会第三十九次会议听取、审议市政府副市长周晓华《关于野生动物保护工作审议意见落实情况的报告》和常委会调查组的调查报告。常委会组成人员认为，市政府重视审议意见办理工作，在完善机制、强化保障、摸清底数、加大宣传等方面做了大量工作并取得一定成效。会议要求，市政府及相关部门要进一步加大普法宣传力度，持续强化执法监管，健全完善长效机制，推动瑞安市野生动物保护工作取得更大成效。

听取、审议《中华人民共和国海洋环境保护法》贯彻实施情况及审议意见落实情况的报告　2020年9月16日，常委会第三十三次会议听取、审议市政府副市长林增丰《关于〈中华人民共和国海洋环境保护法〉贯彻实施情况的报告》和常委会执法检查组的执法检查报告。常委会组成人员认为，市政府及有关部门重视海洋生态环境保护工作，在海洋生态环境保护、海洋环境污染整治等方面取得积极成效，但仍存在海洋环境保护意识较为薄弱、近岸海域环境污染问题突出、体制机制尚未完全建立健全等问题。会议提出审议意见：坚持规划先行，加强理念引导；落实源头管控，严防污染入海；强化协同共治，形成保护合力。

2021年7月28日，常委会第四十次会议听取、审议市政府副市长林政洪《关于检查〈中华人民共和国海洋环境保护法〉贯彻实施情况审议意见落实情况的报告》和常委会调查组的调查报告。常委会组成人员认为，市政府重视审议意见办理工作，在加强理念引导、落实源头管控、强化协同共治等方面做了大量工作，取得较好成效。会议要求，市政府及相关部门要继续加强陆源污染防控工作，强化飞云江两岸环境污染整治，进一步改善海洋生态环境质量。

听取、审议"关于加快集云山公园建设 满足市民日益增长的休闲健身需求"议案办理情况及审议意见落实情况的报告　2020年10月22日，常委会第三十四次会议听取、审议市政府副市长孙寒星《关于"加快集云山公园建设 满足市民日益增长的休闲健身需求"议案办理情况的报告》。常委会组成人员认为，市政府高度重视议案办理工作，制定议案办理方案，明确职责、落实任务，在空间规划、政策制定、资金保障、工程建设等方面做了大量工作，总体进展情况良好，但仍存在工程进度不快、沟通对接不充分等问题。会议提出审议意见：优化规划，彰显文化特色；紧盯目标，加快工程进度；强化领导，形成工作合力。

2021年10月21日，常委会第四十二次会议听取、审议市政府副市长周晓华《关于"加快集云山公园建设 满足市民日益增长的休闲健身需求"议案办理情况审议意见落实情况的报告》和常委会调查组的调查报告。常委会组成人员认为，市政府高度重视集云山公园建设，在空间规划、政策制定、工程建设等方面做了大量工作，总体进展情况良好。会议要求，市政府要进一步加大政策处理力度、细化规划设计方案，抓好前期督查发现问题的整改落实，加快打造集云山生态公园。

听取、审议2020年环境状况和环境保护目标完成情况的报告　2021年3月25日，常委会第三十八次会议听取、审议市政府副市长林增丰《关于2020年环境状况和环境保护目标完成情况的报告》。常委会组成人员认为，市政府重视环保工作，在中央生态环境督察问题整改、各类污染防治、执法监管、环保改革等方面作了大量工作，较好完成各项目标任务。会议提出审议意见：市政府要继续加强生态文明建设，高标准打好污染防治攻坚战，大力开展新一轮蓝天碧水净土清废行动，推动瑞安市生态环境持续改善。

听取、审议城镇老旧小区改造工作情况的报告　2021年7月28日，常委会第四十次会议听取、审议市政府副市长林政洪《关于城镇老旧小区改造工作的报告》和常委会调研组的调研报告。常委会组成人员认为，2020年以来，市政府将老旧小区改造工程作为民生实事项目和“六重”清单项目进行捆绑攻坚，在项目推进、资金保障等方面做了大量工作并取得初步成效，但仍存在体制机制不够完善、改造成效不够明显、服务监督不够有力等问题。会议提出审议意见：健全完善工作机制；细化整体推进举措；优化过程服务指导。

听取、审议《浙江省粮食安全保障条例》贯彻实施情况的报告　2021年7月28日，常委会第四十次会议听取、审议市政府副市长林政洪《关于〈浙江省粮食安全保障条例〉实施情况的报告》和常委会执法检查组的执法检查报告。常委会组成人员认为，近年来，市政府及有关部门认真贯彻实施省粮食安全保障条例，扎实推进粮食安全保障体系和保障能力现代化建设，取得较好成效，但在稳定粮食播种面积、培育粮食生产新型主体、保障粮食质量安全等方面还存在一些问题与不足。会议提出审议意见：提升思想认识，不断强化责任落实；推动藏粮于地，持续提升粮食产能；加大科技投入，挖掘粮食增产潜力；加强监督管理，保障粮食质量安全；强化应急能力，健全粮食应急体系。

五、人大工作方面

听取、审议2021年政府民生实事代表票决项目实施情况的报告　2021年10月21日，常委会第四十二次会议听取、审议市政府副市长周晓华《关于2021年政府民生实事代表票决项目实施情况的报告》。常委会组成人员认为，市政府认真抓好民生实事项目办理工作，精心组织，务求实效，十大民生实事项目总体完成情况较好。会议提出审议意见：市政府及有关责任单位要紧盯目标、加快进度，进一步提高办理的质量和实效，向全体代表交上一份满意的答卷。

听取、审议市十六届人大五次会议代表建议办理工作情况的报告　2021年10月21日，常委会第四十二次会议听取、审议市政府副市长周晓华《关于市十六届人大五次会议代表建议办理工作情况的报告》和常委会督查组督办情况报告。常委会组成人员认为，市政府重视代表建议办理工作，精心组织，科学交办，高效推进，取得一定成效。会议提出审议意见：市政府要进一步深化认识、加强引导、完善机制、狠抓落实，确保代表建议办理工作取得实实在在的效果。

第六章　执法检查和视察工作

执法检查和视察工作是人大法律监督和工作监督的重要方式。市十三届至十六届人大常委会认真组织开展执法检查和视察工作，常委会会议共听取、审议51部法律法规贯彻实施情况的报告，保证宪法、法律、行政法规和上级人民代表大会及其常务委员会决议在本行政区域的遵守和执行，大力推进法治建设和各项事业发展。

第一节　第十三届执法检查和视察工作

一、法治建设方面

检查《中华人民共和国劳动法》和《中华人民共和国安全生产法》贯彻实施情况　2003年6月17日—20日，常委会执法检查组分别对40多家企业的安全生产、工资支付、劳动合同制度等三方面内容进行依法检查。执法检查组采取听汇报、查资料、看现场、个别谈话、明察暗访等方式，了解掌握瑞安市采掘业、建筑业、化工业、印染业、服装针织业、制鞋业、机械制造业等行业对《中华人民共和国劳动法》和《中华人民共和国安全生产法》贯彻实施情况及其存在的问题，并听取市劳动和社会保障局、市安全办关于执法工作自查自纠的汇报。执法检查组认为，市政府及有关职能部门认真贯彻实施劳动法，切实维护劳动者合法权益，积极发展劳动保障各项事业，为促进瑞安市社会和经济发展做了大量工作。存在问题：劳资双方法律意识淡薄尤其是劳动者自我保护意识不强，违法行为普遍存在，劳动监察执法力量和经费不足、难以适应形势的需要等。常委会会议结合执法检查组建议作出审议意见。

检查《浙江省社会治安综合治理条例》贯彻实施情况　2003年8月13日—15日，常委会执法检查组分别到安阳镇、塘下镇、汀田镇、马屿镇、飞云镇等地就贯彻实施《浙江省社会治安综合治理条例》情况开展视察检查。执法检查组认为，各镇能认真贯彻落实、深入推进“严打”整治斗争，落实社会治安综合治理各项措施，努力做好基层基础工作，取得较为明显的成效。存在问题：刑事案件仍处于高发态势，禁毒工作形势严峻，社会不稳定因素大量存在，基层基础工作比较薄弱，齐抓共管的综治局面还未真正形成，综治保障力度还不够等。常委会会议结合执法检查组建议作出审议意见。

检查《浙江省各级人民代表大会常务委员会监督司法机关工作条例》贯彻实施情况 2003年10月13日—14日，常委会执法检查组分别到市法院、市检察院、市公安局、市司法局等单位，开展《浙江省各级人民代表大会常务委员会监督司法机关工作条例》贯彻实施情况视察检查。执法检查组认为，各司法机关能认真贯彻执行，主动接受人大监督，不断改进工作，在促进公正司法、维护社会稳定和保障法律正确实施等方面取得较大成绩。存在问题：市司法机关自觉接受监督的意识有待进一步加强，接受人大监督的渠道和方式需进一步拓宽，司法机关内部启动监督程序力度有待进一步加大，错案责任追究工作不尽如人意，开展司法个案监督工作因国家尚无具体法律而存在一定难度等。10月30日，常委会第五次会议听取、审议常委会调研组《关于瑞安市司法机关贯彻执行〈浙江省司法监督条例〉情况的调研报告》，会议结合执法检查组建议提出审议意见：市司法机关要继续深入学习《浙江省司法条例》，增强接受监督意识，正确认识、处理与人大的关系，积极拓宽接受人大监督的渠道和方式。

检查《中华人民共和国刑事诉讼法》贯彻实施情况 2004年6月7日—10日，常委会执法检查组到市法院、市检察院、市公安局，分别听取其2001年至2003年贯彻实施《中华人民共和国刑事诉讼法》情况汇报，查阅部分案卷材料，视察检查市公安局看守所并召开座谈会。执法检查组认为，市公检法机关在贯彻刑诉法方面做了大量工作，依法办案意识和办案质量有明显提高，公民的权利得到进一步保障，违法犯罪分子受到有力打击，对维护司法公正起到积极的作用。存在问题：办案超期仍然存在，不文明执法行为还有发生，诉讼监督手段乏力，法律手续不完备，制度执行不严格，取证工作不规范，执法条件不乐观等。常委会会议结合执法检查组建议作出审议意见。

视察人民调解工作 2004年9月6日—8日，常委会视察组分别到玉海街道办事处、马屿镇、汀田镇、塘下镇、湖岭镇等地听取汇报、开展座谈、查看台账并走访部分村居。视察组认为，市政府十分重视人民调解工作，努力发挥人民调解在化解民间纠纷、开展社会治安综合治理、维护社会稳定中的重要作用。存在问题：对人民调解工作的重要性、必要性和紧迫性认识不足，协调沟通机制还没有完全建立起来、相关工作关系尚未理清，人民调解队伍的整体素质还难以适应新时期人民调解工作的需要，调解工作的经费得不到保障等。常委会会议结合视察组建议作出审议意见。

检查《中华人民共和国行政诉讼法》贯彻实施情况 2005年5月19日—24日，常委会执法检查组对市法院、市公安局、市国土资源局、市规划建设局、市环保局、市计生局、市政府法制办等单位就《中华人民共和国行政诉讼法》的贯彻实施情况进行视察检查。听取上述单位的情况汇报，开展座谈，并抽查部分案件。执法检查组认为，市法院认真履行职责，较好地发挥了行政审判和非诉行政执行职能作用；市政府及其行政执法部门对行政诉讼制度重要性的认识逐步提高，努力改进工作，有力地推进依法行政。存在问题：法院审结案件上诉率较高，行政负责人出庭应诉率低，强制执行难日益突出，部门法制建设较为薄弱，行政立法与执法环境不甚理想等。常委会会议结合执法检查组建议作出审议意见。

检查《中华人民共和国道路交通安全法》贯彻实施情况　2006年3月2日—8日，常委会执法检查组对市公安局、市交通局、市检察院、市法院、市规划建设局、市市政园林局等单位就贯彻实施《中华人民共和国道路交通安全法》交通法情况进行视察检查。执法检查组听取上述单位的情况汇报，并开展座谈、实地察看等活动。执法检查组认为，市政府和有关部门十分重视，切实加强领导，认真贯彻实施。公安交警部门依法强化道路交通安全的管理工作，坚持严格执法，科学管理；交通、规划、市政等部门及司法机关各司其职，积极履行法定的职责和义务，交通法在全市得到较好的贯彻实施。存在问题：管理部门尚未形成合力，道路设施建设比较滞后，管理方式手段仍较局限，警力经费不足问题凸显等。常委会会议结合执法检查组建议作出审议意见。

二、财政经济方面

视察2003年度市重点工程建设情况　2003年11月5日—6日，常委会视察组实地视察飞云江三桥、56省道、凤山水厂、瑞安广场、市区道路整合、温瑞塘河与环城河综合治理、滨江大道等9处工程现场，听取各有关工程指挥部和主管局关于工程进展情况的汇报，并召开瑞枫公路、东新公路等15家工程指挥部负责人座谈会，了解工程前期工作与工程进展中碰到的困难。视察组认为，市政府和有关单位及各施工单位做了大量的工作，重点工程建设取得一定成绩，部分工程完成预定计划任务。存在问题：部分项目前期准备工作不够充分，人力、财力难以适应重点工程建设需要，有关部门对重点工程建设支持力度不够等。常委会会议结合视察组建议作出审议意见。

视察“加快建设扶贫经济开发区、农产品加工园区与陶山（片）工业园区，促进中西部经济更快发展”议案办理情况　2003年12月3日，常委会视察组实地视察市西工业园区、市扶贫经济开发区，集中听取市政府议案办理情况的汇报。视察组认为，市政府对议案的办理非常重视，做了许多工作，取得了一定成绩。存在问题：受当前宏观政策影响，园区建设明显放慢甚至出现停滞现象，园区建设用地问题存在“三难”现象，对中西部园区建设给予政策倾斜、扶持力度不够等。常委会会议结合视察组建议作出审议意见。

视察2004年度市重点工程建设情况　2004年9月7日—8日，常委会视察组实地察看飞云江三桥及接线工程、污水处理工程、市三中迁建工程、瑞枫公路、东新路、东经变电所等12处工程现场，听取各有关工程指挥部和主管局关于工程进展情况的汇报，了解工程前阶段工作情况、工程进展中遇到的困难以及今后的工作安排。视察组认为，2004年的重点工程建设尽管遇到的困难较多，但在市政府的重视和各部门、乡镇的密切配合下，取得较好的成绩。存在问题：土地审批问题管控严，政策处理任务重，资金筹措难度加大，建设环境不容乐观，前期工作深度不够等。常委会会议结合视察组建议作出审议意见。

视察“加快工业园区建设 缓解瑞安市中小企业用地难”议案办理情况　2004年12月2日，常委会视察组实地视察瑞安经济开发区、市东工业园区、市北工业园区，并听取3个园区负责人的汇报，视察组还集中听取市政府的汇报。视察组认为，市政府对议案的办理思想重视，态度诚恳，工作努力，并取得一定的成效。存在问题：企业用地供需矛盾仍然十分突出，征地拆迁难度大、后续工作十分繁杂，个别工业园区对企业入区把关不严等。常委会会议结合视察组建议作出审议意见。

视察“建立有序高效供电机制，基本保证城乡居民生活用电”议案办理情况　2005年8月9日，常委会视察组对议案办理情况进行视察，并听取市供电局关于议案办理情况的汇报，市政府及有关部门负责人与代表和委员就议案办理情况进行面对面的交流。视察组认为，政府高度重视，把保证城乡居民生活用电作为工作的重中之重来抓。存在问题：电力供需矛盾仍然突出，电网建设力度不够，宣传深度和广度不够，山区农民的用电得不到保障等。常委会会议结合视察组建议作出审议意见。

检查《中华人民共和国安全生产法》等安全生产法律法规贯彻实施情况　2006年4月17日—19日，常委会执法检查组对企业安全生产和危险化学品的安全管理情况进行视察。执法检查组深入现场察看万松加油站、化建公司剧毒品仓库、海阔天空娱乐城、耀华塑料制品厂等十一家单位，检查安全生产方面的台账资料，并听取有关职能部门关于安全生产法律法规执行情况的汇报。执法检查组认为，市政府高度重视，建立健全安全生产监督管理机构，严格履行安全生产监督管理职能，加大资金投入力度，深入广泛地开展安全生产宣传教育活动，依法查处各类责任事故，全市安全生产工作取得明显成效。存在问题：部分行业安全生产前景堪忧，安全生产工作基础薄弱，安全生产监管力量相对缺乏等。常委会会议结合执法检查组建议作出审议意见。

视察2006年度市重点工程建设进度情况　2006年8月22日—23日，常委会视察组实地察看飞云江三桥、瑞枫公路、东新公路、温福铁路瑞安段、污水处理5处工程建设现场，听取各工程指挥部和职能部门关于工程进展的情况汇报，着重了解重点工程在建设过程存在的困难和问题。视察组认为，2006年的重点工程项目计划安排比较科学、合理、务实，尽管在建设过程中遇到诸多困难，但在有关部门、乡镇及指挥部的共同努力下，仍然取得较好的成绩，特别是开展“凝心聚力·克难攻坚”百日大行动以来，重点工程建设进度明显加快。存在问题：政策处理难度较大，资金筹措难度加大，建设环境不容乐观等。常委会会议结合视察组建议作出审议意见。

三、教科文卫与社会建设方面

检查《中华人民共和国人口与计划生育法》贯彻实施情况　2003年7月22日，常委会执法检查组到市计划生育局视察检查，听取贯彻实施《中华人民共和国人口与计划生育法》工作情况的汇报。8月6日—7日，实地视察市法院、市公安局、市卫生局、塘下镇、汀田镇、马屿镇、桐浦镇等单位，了解情况，听取意见。执法检查组认为，市政府及有关职能部门认真学习法律，大力宣传法律，更章易制，及时转轨，有效贯彻落实法律的要求，计划生育工作逐步走上规范化、法制化的轨道。存在问题：宣传学习不够全面深入，违反计划生育规定的现象仍有存在，依法征收社会抚养费难度较大，流动人口计划生育管理难度大，村自为战和优质服务工作进展缓慢等。常委会会议结合执法检查组建议作出审议意见。

检查《中华人民共和国职业病防治法》贯彻实施情况　2003年10月9日—10日，常委会执法检查组分别对莘塍镇、仙降镇等7家有职业病危害的企业进行检查，并听取有关企业和部门的汇报。执法检查组认为，市政府及卫生行政部门大力宣传、认真贯彻，坚持以“预防为主、防治结合”的方针，积极开展职业卫生监督和技术服务，推进职业卫生法制建设，保护劳动者的健康权益，促进瑞安经济的稳定发展。存在问题：社会职业卫生意识相对淡薄，相关部门沟通、协调不多，卫生执法力度需进一步加大等。常委会会议结合执法检查组建议作出审议意见。

检查《中华人民共和国婚姻法》贯彻实施情况　2003年12月9日—11日，常委会执法检查组对市法院、市民政局、塘下镇、马屿镇、湖岭镇等单位婚姻登记服务中心进行实地视察检查，并听取工作情况汇报。执法检查组认为，市民政局、各乡镇政府对新《中华人民共和国婚姻法》的贯彻实施工作高度重视，依法办理婚姻登记，建立健全各项制度。市法院坚持综合整治，依法维护当事人的合法权益，促进社会稳定，保证新婚姻法的贯彻实施。存在问题：个别单位负责人对婚姻登记工作重视不够，个别乡镇政府在办理婚姻登记时仍存在附加条件，离婚案件普遍存在举证难、探视难、妇女财产权保护难、离婚妇女户口落实难等问题，家族暴力的救济不尽如人意，农村妇女的土地权益得不到保护，婚姻登记办公场地短缺，市婚姻登记中心的场所办公条件、工作人员不足等。常委会会议结合执法检查组建议作出审议意见。

检查《中华人民共和国食品卫生法》贯彻实施情况　2004年8月19日—20日，常委会执法检查组分别到百好乳品有限公司、江北水厂、华瑞水业有限公司、厨工酿造有限公司、瑞安顶味食品有限公司、温州金旺达食品有限公司、五洲超市、水产城、花园大酒店等单位进行视察检查并召开座谈会，听取市卫生局贯彻执行《中华人民共和国食品卫生法》情况的汇报。对原东源酿酒厂、一红豆制品店、新纪元水业有限公司以及安阳实验小学、开元高级中学、瑞安第四中学等3所学校的食堂进行明察暗访。执法检查组认为，市政府及有关部门在贯彻执行食品卫生法中做了大量工作，取得一定成效。存在问题：违法经营屡禁不止，执法力量不足、监测手段落后，执法不严、违法不究问题仍然存在等。常委会会议结合执法检查组建议作出审议意见。

检查《中华人民共和国职业教育法》贯彻实施情况　2004年9月17日—18日，常委会执法检查组分别对瑞安市轻工学校、永久机电学校、莘塍镇成人文化技术学校、市计算机职业学校、市职业中专等几所职业学校进行视察检查，听取学校领导的有关汇报。常委会领导召开由市府办、市教育局等12个单位有关领导和8所职业学校校长参加的座谈会，就瑞安市职业教育工作存在的问题提出建议意见。执法检查组认为，市政府及市教育局、市人事局、市劳动和社会保障局等有关职能部门在《中华人民共和国职业教育法》贯彻实施过程中做了大量工作，瑞安市职业教育事业有较大的发展，为瑞安市经济建设和社会发展发挥积极作用。存在问题：对发展职业教育的认识不足；职业教育资源不足特别是优质教育及品牌专业缺少，职业教育经费投入不足，渠道狭窄，双证书与就业准入制度落实不到位，职业教育还缺乏全市性统一、科学的规划等。常委会会议结合执法检查组建议作出审议意见。

检查《中华人民共和国药品管理法》贯彻实施情况　2005年5月18日—19日，常委会执法检查组分别到瑞安医药公司、汀田卫生院、飞云镇延龄堂药店、浙江天瑞药业有限公司、隆山社区服务中心、养寿堂药店、蔡开顺诊所、玉海大药房、九洲大药房等几家涉药单位进行视察检查。召开由市政府领导及药品监督、工商等8个有关部门领导参加的座谈会，听取市食品药品监督管理局贯彻执行情况的汇报，并进行座谈讨论。执法检查组认为，市政府及药品监督管理部门始终把贯彻执行《中华人民共和国药品管理法》工作放在重要的位置，做了大量卓有成效的工作，使瑞安市药品市场得到有序发展，药监工作走上法制化轨道。存在问题：宣传教育工作不够深入全面，基层涉药单位药品管理条件差，无证和超范围经营现象禁而不止，监管经费投入相对不足等。常委会会议结合执法检查组建议作出审议意见。

视察"加强食品药品安全监管，切实维护人民群众健康"议案办理情况　2005年11月23日—24日，常委会视察组对议案实施方案的落实情况进行视察，听取市政府及有关部门的情况汇报，就议案办理情况进行讨论交流。视察组认为，议案交办后，市政府高度重视，加强领导，投入较多的人力财力来健全食品安全检测体系，努力提高群众的食品药品安全意识。深入开展食品安全专项整治检查行动，在食品源头污染治理、打击制售假劣食品违法活动方面都取得明显的成效。存在问题：食品安全的源头管理问题不容忽视，农村食品药品安全工作相对薄弱，监管刚性不强、合力尚未形成，政府投入、宣传广度和深度不够等。常委会会议结合视察组建议作出审议意见。

检查《中华人民共和国档案法》贯彻实施情况　2006年4月27日，常委会执法检查组分别视察检查市工商行政管理局、市水利局、市劳动和社会保障局、市档案局等单位的档案室，并听取汇报、进行座谈讨论。执法检查组认为，市政府及相关单位重视档案工作，强化档案设施、资源建设和信息化建设，不断增强档案服务经济社会发展和人民群众的能力。存在问题：档案意识比较淡薄，档案执法存在一定难度；档案管理和利用跟不上经济社会发展的需要，档案干部队伍建设仍需加强，经费不足，新馆建设工作步伐缓慢等。常委会会议结合执法检查组建议作出审议意见。

四、农资与城建环保方面

检查《中华人民共和国农业法》贯彻实施情况　2003年6月17日—21日，常委会执法检查组到鹿木乡马蹄笋基地，梅屿乡番茄专业合作社，高楼乡杨梅、茄子基地，云周办事处蓝田农业科学研究所、宋家埭雪菜加工厂和飞云江农场工厂化高效农业示范园区等单位视察检查，听取市农业（林业）局关于《中华人民共和国农业法》贯彻实施情况的汇报，并进行座谈讨论。执法检查组认为，市政府及职能部门切实加强对农业和农村工作的组织领导，加大农业投入力度，推进农业结构调整和产业化经营，改善农业发展条件，有力地促进了瑞安市农业和农村经济的发展。存在问题：学习贯彻农业法的力度还不够，农业社会化服务体系不够健全，农业产业化发展还不适应农业结构调整的需要，政策不够到位、资金投入相对不足等。常委会会议结合执法检查组建议作出审议意见。

检查生态市建设和《中华人民共和国环境保护法》贯彻实施情况　2004年4月15日—23日，常委会执法检查组赴各地对江河污染治理、城市大气污染治理和重点区域、重点行业污染治理及生态市建设进行重点检查。检查采取听汇报、查资料、看现场等明察暗访的方式，听取市环保局和市生态办关于《中华人民共和国环境保护法》实施情况和生态市建设情况汇报，进一步部署执法检查和整改工作，做到执法检查与宣传指导、现场整改相结合。执法检查组认为，市政府及有关职能部门认真贯彻实施《中华人民共和国环境保护法》，切实维护人民群众切身利益和身体健康，积极进行生态建设，为促进瑞安市经济和社会的可持续发展、人居环境的改善做了大量工作。存在问题：环保法律法规和生态市建设宣传力度不够，部门之间配合协调不够，重点污染源治理不彻底，生态环保经费投入不足等。常委会会议结合执法检查组建议作出审议意见。

视察农产品质量安全工作　2004年9月7日—8日，常委会视察组对瑞安市农产品质量安全、质量检测、无公害生产基地、农药的销售和使用情况进行视察。视察组认为，市政府十分重视农产品质量安全工作，在建设无公害农产品基地、农业标准体系、农产品质量安全等方面做了大量的工作。存在问题：生猪屠宰市场管理混乱，肉品质量存在严重安全隐患，牲畜交易市场管理松散，流通市场农产品质量安全问题突出等。常委会会议结合视察组建议作出审议意见。

检查《中华人民共和国水污染防治法》贯彻实施情况　2005年4月，常委会执法检查组实地到温瑞塘河、环城河、瑞平塘河、江北水厂、江南水厂、赵山渡水库、吴界山取水口、桐溪水库和林溪水库视察检查，并专题听取各单位和指挥部的汇报。执法检查组认为，市政府认真贯彻实施《中华人民共和国水污染防治法》，坚持走可持续发展的道路，水污染防治工作取得明显成效。存在问题：飞云江水系存在市区生产、生活污水直排和垃圾倾倒现象，温瑞塘河水体污染严重、各断面水质均为劣V类，环城河整个水体有机污染仍然严重，瑞平塘河水体污染严重，饮用水源保护情况仍未到位等。常委会会议结合执法检查组建议作出审议意见。

视察旧城改造进展情况　2005年7月，常委会视察组对城市防洪三期、玉海文化游览区一期、邮电路改造、仪表团块改建等旧城改造项目工程进行视察，并专题召开有关单位座谈会，并邀请玉海办事处的市人大代表参加视察活动和讨论。视察组认为，近年来以打造山水特色的历史文化名城为目标，坚持保护和建设并举，有效推进了旧城改造步伐。存在问题：旧城改造进展趋缓，缺乏完整配套的规划，建设资金筹措难，建设环境不理想等。常委会会议结合视察组建议作出审议意见。

检查《中华人民共和国海域使用管理法》贯彻实施情况　2005年9月22日—23日，常委会执法检查组对《中华人民共和国海域使用管理法》情况进行视察检查。听取市海洋与渔业局的情况汇报，实地察看阁巷海涂围垦、东山渔港码头、北麂避风港和北龙风力发电等项目的海域使用情况。执法检查组认为，市政府和有关部门对海域的使用管理做了大量卓有成效的工作，初步形成依法用海、管海的较为科学、规范的管理框架，促进全市海洋经济持续、稳定、健康发展。存在问题：海洋国土意识有待进一步提高，涉海部门之间的协调有待进一步加强，海洋监察执法有待进一步完善等。常委会会议结合执法检查组建议作出审议意见。

检查《中华人民共和国野生动物保护法》贯彻实施情况　2006年5月23日，常委会执法检查组实地察看城关望江菜市场、马屿镇旦弟野味酒家、马屿镇上京村野生白鹭栖息地、市绿谷农牧实验野生动物养殖场等视察检查，并分别听取市农林局、市海洋与渔业局贯彻执行情况的汇报。执法检查组认为，市政府及野生动物保护行政主管部门做了大量工作，野生动物保护管理力度不断加大，捕捉、捕捞野生动物的行为基本得到遏制，成效较为显著。存在问题：野生动物保护的法制观念有待提高；有效的野生动物保护网络尚未形成；野生动物保护经费投入严重不足；野生动物资源与环境保护形势依然严峻等。常委会会议结合执法检查组建议作出审议意见。

第二节　第十四届执法检查和视察工作

一、法治建设方面

检查《中华人民共和国行政许可法》贯彻实施情况　2007年6月20日—22日，常委会执法检查组分别对市卫生局、市公安局、市质监局、市环保局、市市政园林局、市交通局、市工商局、市房管局、市规划局、市农林局、市水利局、市国土资源局等12个单位进行检查，听取上述单位的情况汇报，并察看有关现场，开展座谈，抽查部分案件。执法检查组认为，市政府及有关职能部门十分重视《中华人民共和国行政许可法》的贯彻实施，总体情况较好。全市各行政部门行政许可行为较为规范，执法人员的法律意识、服务意识和责任意识不断增强，行政执法水平有了较大提高。存在问题：实施程序不够规范，监管工作比较薄弱，部门之间缺乏协调，审批中心建设滞后等。8月9日，常委会第四次会议听取、审议法制工委主任李国民《关于〈中华人民共和国行政许可法〉执法检查情况的报告》，会议结合执法检查组建议提出审议意见：加强学习宣传，提高思想认识；规范许可程序，促进依法行政；强化部门协调，形成工作合力；加大监管力度，增强执法效果。

视察非诉行政案件执行工作情况　2007年7月31日至8月6日，常委会视察组分别对市法院、市国土资源局、市规划建设局、市环保局、市计生局、市国税局、市工商局等25个单位进行视察。听取上述单位关于非诉行政案件执行工作情况的汇报并开展座谈。视察组认为，市法院十分重视非诉行政案件执行工作，总体情况较好。行政执法部门协助执行意识有所增强，协调配合工作得到加强，执行合力逐步形成，执法水平逐步提高，从源头上控制了向法院申请执行的非诉行政案件数量。存在问题：案多人少矛盾突出，实际执行率仍然较低，执行不到位问题依然存在，协调机制建设有待加强，行政手段运用不够充分等。常委会会议结合视察组建议作出审议意见。

视察涉黑涉恶及“两抢一盗”打击处理工作情况　2008年6月19日至7月3日，常委会视察组对瑞安市涉黑涉恶（黑社会组织犯罪、恶势力团伙犯罪）及“两抢一盗”（抢劫、抢夺和盗窃犯罪）的打击处理工作进行专项视察，并听取市“一府两院”的工作汇报。分赴全市各片区听取汇报、召集座谈、问卷调查，先后到公、检、法等单位进行专项检查、调阅有关案件卷宗。视察组认为，“一府两院”高度重视对涉黑涉恶及“两抢一盗”刑事犯罪活动的打击处理，做了大量工作，取得一定成效，为维护社会治安总体平稳作出积极的努力。存在问题：防控建设不足、盗抢案件仍然高发，打击力度不够、涉恶犯罪问题突出，工作保障不强、办案质量仍然不高，抗诉运用不力、法律监督作用不大，政策把握不准、社会效果体现不够等。常委会会议结合视察组建议作出审议意见。

检查《中华人民共和国律师法》贯彻实施情况　2009年5月，常委会执法检查组听取市司法局的工作汇报，检查相关工作台账，调阅部分案卷，召开市法院、市检察院、市公安局和律师事务所等单位负责人座谈会，听取有关意见。执法检查组认为，各实施单位重视《中华人民共和国律师法》的贯彻实施，律师队伍思想政治和业务素质不断提高，服务领域进一步拓宽，服务观念进一步增强，在依法治市、维护当事人合法权益、促进司法公正、维护社会和谐等方面都发挥着重要作用。存在问题：律师制度和律师工作认识有待深化，律师执业环境有待改善，律师队伍的职业道德水准有待提高，法律市场和律师执业的监管工作有待加强等。常委会会议结合执法检查组建议作出审议意见。

视察"霸王搬运"专项整治情况　2010年5月，常委会视察组分别召开座谈会，听取市政府及其职能部门的工作汇报，了解整治工作开展情况；听取工业企业主代表、社区代表及新建住宅小区业主代表意见，了解专项整治的实际效果。视察组认为，市政府印发瑞安市打击"霸王搬运"专项整治方案，明确指导思想，严厉打击"霸王搬运"违法犯罪行为，逐步实现搬运行业的市场化。房管、公安、经济开发区三部门认识到位，在各自的工作领域为整治"霸王搬运"做了许多有益的工作，整治取得一定成效。存在问题：认识不够到位，工作不够到位，成效不够明显，长效机制尚未真正建立等。常委会会议结合视察组建议作出审议意见。

视察职务犯罪查处和审判专项工作情况　2010年7月上旬，常委会视察组对瑞安市职务犯罪查处和审判工作情况进行专项视察。听取市检察院、市法院的工作汇报，并召开由市监察局、市信访局、市公安局、市司法局、市审计局等单位参加的座谈会。视察组认为，近年来，市检察院不断完善职务犯罪线索传递机制，规范侦查行为，强化内部监督制约，完善工作制度，有效地打击和遏制国家工作人员的职务犯罪行为，取得较为满意的社会效果；市法院重视职务犯罪审判工作，积极贯彻宽严相济的刑事司法政策，不断健全定罪量刑的工作制度，坚持审判工作与帮教工作相结合，注重延伸刑事审判的社会教育效果。存在问题：查处力度有待进一步加大，执法工作有待进一步协调，办案质量有待进一步提高，轻刑化情况较为突出等。常委会会议结合视察组建议作出审议意见。

视察行政审判工作情况　2011年4月上旬，常委会视察组对瑞安市行政审判工作进行专项视察检查。听取市法院行政审判工作汇报，并征询市纪委、市委政法委、市检察院，市政府办公室、市公安局、市监察局、市信访局、市国土资源局、市规划建设局、市房管局、市工商局、市劳动保障局等单位负责人及部分人大代表、律师对行政审判工作的意见建议。视察组认为，市法院围绕改革发展稳定大局，深入贯彻落实科学发展观，坚持"为大局服务、为人民司法"工作主题，依法履行行政审判职责，努力提高行政审判工作水平。存在问题：行政审判职能作用的发挥还不适应人民群众的司法需求，行政审判工作的质量与效能有待进一步提高，非诉行政执行工作有待进一步改进，行政机关依法行政的意识和能力有待进一步加强，行政审判的司法环境有待进一步优化等。常委会会议结合视察组建议作出审议意见。

二、财政经济方面

视察2007年度市重点工程建设进展情况　2007年9月13日，常委会视察组分别察看瑞枫公路、飞云江堤防和飞云江三桥等工程建设现场，听取有关部门的情况汇报，并进行座谈。视察组认为，市政府非常重视重点工程建设，明确政策处理工作职责，加强工程建设管理。存在问题：政策处理难度加大，土地要素制约明显，建设资金到位率低，工程标后管理相对滞后等。常委会会议结合视察组建议作出审议意见。

视察2008年度市重点工程建设情况　2008年10月17日，常委会视察组实地察看瑞枫公路、污水收集管网、滨江大道三期等3个工程建设现场，听取三个工程指挥部和重点办关于工程进展情况的汇报，着重了解重点工程建设过程中存在的困难和问题。视察组认为，2008年的重点工程项目计划安排比较科学、合理、务实，市政府在重点工程建设过程中，克服了宏观调控、政策处理、原材料价格上涨等不利因素，特别是“双月攻坚”活动以来，重点工程建设进度明显加快。存在问题：工程建设进展不平衡，政策处理任务依然艰巨，部门沟通协调尚需加强等。常委会会议结合视察组建议作出审议意见。

视察2009年度市重点工程建设情况　2009年9月下旬，常委会视察组分别前往瑞枫公路改建工程、飞云江大桥大修及拼宽工程、温福铁路瑞安段工程等18个项目施工现场进行视察，向各工程指挥部和主管局了解工程进展、存在困难和问题等相关情况，并在视察后召开汇报会议，集中听取市政府和各视察组的情况汇报。视察组认为，2009年以来全市上下积极贯彻落实中央“保增长、扩内需”的政策，努力克服各种困难，强力推进重点工程建设。存在问题：开工率不足拖累整体进度，政策处理情况复杂，建设资金压力依然较大，部门之间的协调性不够等。常委会会议结合视察组建议作出审议意见。

视察“十一五”政府性重大投资项目建设情况　2010年10月中旬，常委会视察组分别前往丁山二期、现代物流园区、塘下大道、体育中心等16个工程施工现场进行视察，向各工程指挥部和主管单位了解工程进展、存在的困难问题和个别工程未开工原因等相关情况，并在视察后召开汇报会，听取市政府和各视察组的情况汇报。视察组认为，“十一五”期间，瑞安市克服金融危机、国家宏观调控政策变化带来的种种不利影响，上下齐心协力，狠抓重大项目建设，有力地推动瑞安市经济社会发展。存在问题：部分项目决策科学性不够，部分项目政策处理力度有待加大，部门之间的协调性不够，部分项目受土地、人才等要素制约比较严重，部分项目工程质量管理不到位等。常委会会议结合视察组建议作出审议意见。

三、教科文卫与社会建设方面

视察农村公共卫生工作情况　2007年4月中旬，常委会视察组对全市农村公共卫生工作的两个重点即乡镇卫生院建设情况和新型农村合作医疗推行情况进行视察。视察组先后听取市卫生局关于《加强农村卫生工作的决定》情况的汇报，查阅有关文书资料，察看10家医疗卫生单位，走访40多户村民，收回问卷调查表200多份，召开13个座谈会。视察组认为，瑞安市新型农村合作医疗工作试点扩面以来，市政府及有关职能部门加强对新农医工作的领导，在各乡镇（街道）的积极配合下，取得显著的成效。存在问题：农村合作医疗推行步履维艰，乡镇卫生院建设相对滞后，政府的主导作用未能凸显等。常委会会议结合视察组建议作出审议意见。

检查《中华人民共和国科技进步法》贯彻实施情况　2007年7月16日—17日，常委会执法检查组对浙江博德汽车电子有限公司、长城换向器有限公司和梅屿蔬菜合作社等7家企业进行视察检查，并听取相关企业负责人的汇报；7月18日召开11家企业负责人座谈会，听取意见并进行讨论；7月19日走访瑞安市的科技创业中心。执法检查组认为，市政府及科技主管部门实施科教兴市战略，努力转变经济增长方式，开展科技交流合作，积极引进科技人才，把科技创新和科技进步贯穿到经济和社会发展中，为促进瑞安市经济和社会协调发展做了大量卓有成效的工作，并先后取得“国家科技进步考核先进县市”“国家地震工作先进县市”和省首批科技强市等多种荣誉称号。存在问题：资源和环境制约严重，制度创新能力不强，科技进步基础薄弱，科技创新缺乏动力等。常委会会议结合执法检查组建议作出审议意见。

视察创建全国文化先进市工作情况　2008年7月30日至8月4日，常委会视察组对瑞安市创建“全国文化先进县（市）”工作进行专项视察。听取市文化局的汇报，并深入各乡镇开展听取汇报、座谈讨论、实地查看等视察活动。视察组认为，市政府围绕创建“全国文化先进县（市）”，加强领导，促进文化事业健康有序发展；保障到位，公共文化服务网络不断完善；特色鲜明，群众性文化活动日趋丰富。存在问题：领导重视不够、创先意识不强，经费投入不足、阵地建设落后，体制改革缓慢、队伍建设滞后等。常委会会议结合视察组建议作出审议意见。

视察义务教育工作情况　2009年3月31日至4月8日，常委会视察组对瑞安市义务教育工作情况进行专项视察，分别听取市政府关于瑞安市义务教育工作情况的汇报，走访34所义务教育阶段的学校，召开11个座谈会，听取多方面意见、发放220份问卷调查、查阅有关文书资料等，对专项视察有关情况进行讨论、汇总。视察组认为，近年来市政府及相关部门非常重视教育工作，认真贯彻义务教育法，以敢为人先创造性的实践，促进瑞安市教育事业迅速发展，取得令人瞩目的成绩，总体上解决了“有书读”的问题，并逐步向高标准、高质量的教育普及发展。存在问题：思想认识不到位，校网布局不科学，经费投入不合理，教育管理不规范等。常委会会议结合视察组建议作出审议意见。

检查《中华人民共和国食品安全法》贯彻实施情况　2010年6月23日—25日，常委会执法检查组走访温州香海食品有限公司、瑞安市多多福食品有限公司、望江菜市场、安阳菜市场、新东海大酒店、飞云定点屠宰场、阿国饭庄等20多家与食品相关的企业或单位。视察检查，并召开由部分街道办事处、社区、食品行业协会、市场农贸等单位负责人参加的座谈会，听取建议意见，并就执法检查有关情况进行汇报汇总。执法检查组认为，市政府及相关部门紧紧围绕人民群众饮食安全这一重大民生问题，按照《中华人民共和国食品安全法》相关规定，切实履行职责，稳妥地推进食品安全的各项工作，取得了比较显著的成效。存在问题：食品安全监管体制改革尚未到位，食品安全监管工作仍然存在疏漏，食品行业生产安全隐患比较突出等。常委会会议结合执法检查组建议作出审议意见。

四、农资与城建环保方面

视察废塑料加工业整治情况 2007年8月14日—17日，常委会视察组对全市涉及废塑料加工业的8个乡镇（街道）进行视察检查。活动采取进村入户，现场视察，实地记录的方式；听取汇报，梳理意见；总结情况，分析问题，提出建议等。视察组认为，瑞安市废塑料加工业始于20世纪80年代，至今已有20多年的历史，形成了回收、洗涤、拆线、加工、销售、运输“一条龙”的生产方式。随着废塑料加工业日益扩散，环境污染和产业落后问题逐步暴露。特别是近年来，该行业在瑞安呈迅速扩张、快速蔓延的趋势，已严重污染环境、破坏生态，危害到群众的身心健康。存在问题：职能部门监管不力，联动执法机制不健全，条块工作合力难形成等。常委会会议结合视察组建议作出审议意见。

检查《中华人民共和国畜牧法》贯彻实施情况 2007年9月6日—7日，常委会执法检查组分别对莘塍镇上沙塘村养猪场、上望畜禽交易市场、宁益乡南二村养猪小区、湖岭镇菜牛交易市场和潘岱街道孙义珍养鸡场等单位进行检查，听取有关部门的情况汇报并进行座谈。执法检查组认为，市政府和有关部门对《中华人民共和国畜牧法》的贯彻实施高度重视，认真开展学习宣传，积极组织贯彻落实，使畜牧业发展逐步进入依法管理轨道。存在问题：畜牧业经费投入不足，基础设施建设比较薄弱，畜牧业用地瓶颈突出，违章建设现象屡见不鲜，畜牧业安全意识淡薄，环境污染形势依然严峻，动物防疫体系还需完善，生产档案管理亟待规范等。11月15日，常委会第六次会议听取、审议农资工委主任周佐胜《关于〈中华人民共和国畜牧法〉执法检查情况的报告》，会议结合执法检查组建议提出审议意见：加大投入，促进发展；统筹规划，分类指导；整治污染，保护环境；依法治牧，科技兴牧。

视察“加快实施农村饮用水安全工程”议案办理情况 2007年11月8日，常委会视察组现场察看鹿木乡青山村、潮基乡路头村、陶山镇荣垟村、塘下镇上马村等地的蓄水点及水管铺设情况；听取市政府及市水利局、市市政园林局、塘下镇、陶山镇、潮基乡、鹿木乡等单位负责人的汇报，并进行座谈讨论。视察组认为，市政府对市十四届人大一次会议的议案办理高度重视，特别是市政府、市水利局、市市政园林局及塘下镇、陶山镇、潮基乡等有关乡镇等单位做了大量工作，取得一定的成绩。存在问题：工作进度不平衡，水厂改制进度慢，资金压力比较大，技术力量难保障等。常委会会议结合视察组建议作出审议意见。

视察垃圾无害化处理工作情况 2008年6月中旬，常委会视察组分组对全市7个片区、30个乡镇（街道）开展视察。视察组认为，市政府、有关部门及各乡镇的领导对垃圾收集处理工作比较重视，责任有分工、人员有配备、垃圾有清运，经费有落实。但是农村垃圾收集处理工作离无害化的要求差距仍然较大。存在问题：宣传不到位、群众环保意识淡薄，体制不到位、垃圾处理难度大，资金不到位、乡镇卫生费收取困难，设施不到位、垃圾无害化处理程度低等。常委会会议结合视察组建议作出审议意见。

检查《中华人民共和国农产品质量安全法》贯彻实施情况　2008年9月9日—11日，常委会执法检查组分别对瑞安市水产城、部分农资连锁店、农业特色基地、蔬菜合作社及两家农业龙头企业等单位视察检查，听取市委农办、市农林局、市海洋与渔业局、市工商局、市供销社等单位的汇报。执法检查组认为，市政府对落实《中华人民共和国农产品质量安全法》比较重视，并采取一系列措施推进该法在瑞安市贯彻落实。存在问题：农产品质量安全意识有待提高，农产品质量安全工作经费投入不足，执行市场准入制难度较大，产地环境污染不容忽视，农产品监管机制尚需理顺等。常委会会议结合执法检查组建议作出审议意见。

视察城镇供水工作情况　2009年5月中旬，常委会视察组分7个视察小组对瑞安市城镇供水工作情况进行视察。视察组认为，市政府把解决“人人得益、天天受益”的饮用水安全问题作为头等民生大事来抓，实施“3721工程”，取得一定的成效。存在问题：水源不足，资金不够，进度不快，体制不顺，产权不清等。常委会会议结合视察组建议作出审议意见。

视察红砖窑整治情况　2009年5月下旬，常委会视察组分3组对瑞安市上望街道、东山街道、塘下镇、莘塍镇、汀田镇、飞云镇、陶山镇、碧山镇等地毁田制砖情况严重的区域开展视察。视察组认为，近年来市政府多次组织红砖窑专项整治，但前拆后建死灰复燃十分严重，成效不佳。存在问题：日常监管不到位，打击不力处罚轻，职责不清管理难等。常委会会议结合视察组建议作出审议意见。

检查《中华人民共和国农业机械化促进法》贯彻实施情况　2010年4月，常委会执法检查组分别赴塘下镇、桐浦镇、马屿镇、飞云镇等地检查农机合作社、水稻机插现场、农机经销商店等，召开汇报会，听取市农林局、有关乡镇、农机合作社、种粮大户的情况汇报，并进行座谈讨论。执法检查组认为，市政府及有关单位认真贯彻实施《中华人民共和国农业机械化促进法》，强势推进农业机械化发展，取得明显成效。存在问题：农机购置补贴资金缺口较大，拨付资金到位较慢，农机用地用房严重不足等。常委会会议结合执法检查组建议作出审议意见。

检查《中华人民共和国人民防空法》贯彻实施情况　2010年9月14日，常委会执法检查组对瑞安市贯彻实施《中华人民共和国人民防空法》情况进行检查。听取市人防办关于《中华人民共和国人民防空法》贯彻实施情况的汇报，并召开由市财政局、市民政局、市规划建设局、市国土资源局、市文化局、市教育局、市房管局、瑞安日报、瑞安电视台等单位参加的座谈会。执法检查组认为，近年来，市人民防空的机构力量得到加强，率全省之先组建瑞安市警报管理民防志愿者队伍，为瑞安市更好开展人防工作提供强有力的人员力量保障，并坚持把人防知识教育纳入国防教育体系，不断深入开展人民防空法律法规的宣传教育工作，增强广大群众人防意识和法律知识，促进人防工作的顺利开展。存在问题：思想认识不够到位，基础设施比较滞后，体系建设不够完善等。常委会会议结合执法检查组建议作出审议意见。

视察全市山区半山区饮用水安全工程建设情况　2010年10月20日—21日，常委会组织4个视察组，重点对山区半山区的农村饮用水安全工程进行视察。现场察看有关乡镇、村居的水厂建设情况，听取市水利局、乡镇政府负责人的汇报，并进行座谈讨论。视察组认为，市政府把农村饮用水安全工程作为本届工作的重中之重来抓，多次召开专题会议研究，连续几年将其列为市政府“为民办实事”工程。市水利局等单位认真开展议案办理，做了大量工作，取得明显的成效。存在问题：思想认识不到位，工作进展较缓慢，政策处理有难度等。常委会会议结合视察组建议作出审议意见。

第三节　第十五届执法检查和视察工作

一、法治建设方面

检查《中华人民共和国道路交通安全法》贯彻实施情况　2013年6月下旬至10月上旬，常委会执法检查组在全市范围内开展《中华人民共和国道路交通安全法》检查活动，分别听取市政府及有关职能部门关于贯彻落实《中华人民共和国道路交通安全法》及其实施条例相关工作情况的汇报，实地查看道路通行情况及部分交通设施，查阅有关材料，并征询有关单位及部分人大代表的意见。执法检查组认为，市政府及有关职能部门高度重视《中华人民共和国道路交通安全法》及其实施条例的贯彻落实，做了大量工作，并取得一定成效。道路通行条件不断改善，广大群众交通守法意识逐渐增强，交通管理执法水平不断提高，道路交通安全形势持续平稳。存在问题：交通综合治理机制有待健全，道路交通设施建设仍然滞后，日常执法监管工作仍需加强，市民文明出行意识仍显薄弱等。常委会会议结合执法检查组建议作出审议意见。

检查《中华人民共和国禁毒法》贯彻实施情况　2014年6月—8月，常委会执法检查组在全市范围内开展《中华人民共和国禁毒法》检查活动，听取市政府及有关职能部门关于贯彻落实《中华人民共和国禁毒法》工作情况的汇报，召开由镇（街）政法副书记、公安派出所负责人、禁毒社工、社区及村居禁毒工作人员等人参加的座谈会，听取对瑞安市禁毒工作的意见建议，实地视察市戒毒所、市禁毒教育基地，查阅有关资料、台账，并征询部分人大代表的意见。执法检查组认为，市政府及有关职能部门重视《中华人民共和国禁毒法》及其实施条例的贯彻落实，做了大量工作，并取得一定成效。新增吸毒人员年均增幅低于全省平均增幅，且实有吸毒人数逐年减少。存在问题：毒情形势依然严峻；禁毒机制体制有待完善；基层基础仍较薄弱；戒毒工作仍需规范等。常委会会议结合执法检查组建议作出审议意见。

二、财政经济方面

视察“加快旅游业发展，推进幸福瑞安建设”议案办理情况　2012年9月3日—14日，常委会视察组分六组对五镇八街的旅游业发展情况进行实地视察，召开相关座谈会和视察情况汇报会，听取市政府关于议案落实情况的汇报和各视察组关于视察情况的汇报，相关单位、镇街负责人和议案领衔代表参加会议。视察组认为，市政府高度重视，认真研究，加强领导，制订出台议案办理实施方案，提出落实议案的目标任务，明确项目实施的具体要求。旅游资源较为丰富的中西部地区，以议案办理为契机，开发新的旅游景点，加强基础设施建设，打造当地特色旅游产业，旅游业发展尤为明显。存在问题：宣传不够、瑞安旅游知名度有待提高，规划滞后、旅游开发和发展较为松散无序，特色缺乏、旅游资源有待挖掘和整合，保障不力、要素制约影响旅游业进一步发展等。常委会会议结合视察组建议作出审议意见。

视察督查政府性投资重大项目情况　2012年10月，常委会建立7个视察督查组，以分组、分块、分阶段的形式对全市112个重点项目建设情况进行视察督查，全面“会诊”项目建设存在的问题，有的放矢地提出相关建议意见。视察督查组认为，全市各功能区、镇街、部门按照市委“2012破难攻坚大行动”的总体部署，以重大项目建设攻坚专项行动为载体，克服宏观形势不利、要素紧张、政策处理难等因素影响，深抓项目前期，力抓项目开工，抢抓项目进度，努力推进重点项目建设。存在问题：前期工作不够充分，要素保障制约明显，政策处理相对滞后，体制机制亟待理顺等。常委会会议结合视察督查组建议作出审议意见。

视察“加快产城融合发展，争创省级工业强市”议案办理情况　2015年9月21日—25日，常委会视察组为推进议案落实，提高议案办理质量，专门成立7个视察组，会同相关职能部门，到有关镇街就议案办理情况进行实地视察并召开视察情况汇报会，听取市经信局等有关单位关于议案办理落实情况的汇报。视察组认为，市政府及相关部门高度重视议案办理工作，以2016年底创成省级工业强市为奋斗目标，破难题抓扶持、调结构促提升、抓平台攻项目、增活力强创新，打好“四换三名双百”“三转一市”及小微创业园建设等一系列组合拳，完成了阶段性工作目标。存在问题：强市创建任务艰巨，资金风险仍很严峻，资产重组进展不快，转型升级步伐缓慢，小微园建设推进不力，发展软环境还需优化等。常委会会议结合视察组建议作出审议意见。

三、教科文卫与社会建设方面

检查《中华人民共和国归侨侨眷权益保护法》《浙江省实施〈归侨侨眷权益保护法〉办法》贯彻实施情况　2012年5月中旬，常委会执法检查组分别走访高楼镇、湖岭镇、塘下镇、陶山镇、玉海街道、莘塍街道等地听取当地政府及侨联负责人的情况介绍，并与侨界人士进行座谈讨论；听取市侨办、市侨联、市公安局、市司法局、市教育局等部门关于瑞安市落实侨法工作情况汇报。执法检查组认为，侨务工作坚持以人为本、为侨服务的宗旨，强化服务意识，营造护侨氛围，构建工作平台，创新工作机制，维护归侨侨眷的合法权益，有效提高工作水平，为瑞安市的对外开放、现代化建设和构建和谐社会发挥积极作用。存在问题：涉侨法律法规宣传普及面还不广泛，依法护侨在少数执法部门和社会上还没有引起足够的重视，吸引、鼓励海外华侨华人来瑞创业投资发展的配套政策、环境还不够完善，侨务部门人员、经费满足不了现代侨务工作的需要等。常委会会议结合执法检查组建议作出审议意见。

检查《中华人民共和国科技进步法》贯彻实施情况　2013年3月中旬，常委会执法检查组对《中华人民共和国科技进步法》贯彻落实情况进行检查。分别对华峰、胜华波、华盛等8家高新技术企业、田野蔬菜农场等3家农业企业，市人民医院等单位进行实地察看。召开由市政府分管领导，市财政地税局、市科技局、市经济开发区、塘下镇（塘下新区）等15家单位负责人汇报会，听取市科技局等相关部门情况汇报，并进行座谈讨论。执法检查组认为，市政府能认真贯彻落实科技进步法，努力实施“科教兴市”战略和发展高新技术产业，工作高度重视、认识和工作到位、能严格执行各种税收优惠政策，对科技创新投入都达到高新技术企业要求，科技进步对瑞安市经济发展贡献明显增长。存在问题：科技意识有待增强，科技经费投入不足，创新潜力有待提高等。常委会会议结合执法检查组建议作出审议意见。

视察医药卫生体制改革情况　2014年9月下旬，常委会视察组对瑞安市深化医疗改革工作进行专项视察。视察组分别到市三医、高楼卫生院、仙降卫生院、云江中医医院和部分村级卫生室等单位进行实地查看，并与相关单位负责人进行座谈交流。召开市级医疗单位、基层医疗单位、人大代表和社区居民、相关部门和部分镇街等单位座谈会。视察组认为，瑞安市在基层医疗机构全面实施国家基本药物制度，对实施基本药物制度的基层医疗卫生机构实行药品差价补助政策，并制订出台慢性病、非传染性疾病综合防控示范区创建工作方案，启动慢性病综合防控示范区创建，推进重大公共卫生妇幼项目等工作。存在问题：医改配套政策还未到位，卫技人才力量严重缺乏，基层医疗单位建设有待加强，财政保障力度有待加大等。常委会会议结合视察组建议作出审议意见。

检查《中华人民共和国献血法》贯彻实施情况　2015年4月下旬，常委会执法检查组分别到塘下镇、陶山镇、仙降街道、市血站、市人民医院等单位视察检查，召开由市卫生局、市财政局、市旅游局、市交通局（公交公司）、市红十字会、市文明办、市机关工委、市委考绩办等单位参加的汇报会，听取市卫生局及相关单位的汇报，并进行座谈讨论。执法检查组认为，市政府及相关职能部门做了大量工作，取得可喜成效，全市各医院临床用血100%来自无偿献血，采供血量逐年稳步增长，较好地保障全市医疗临床用血的需求和安全。存在问题：法律法规宣传教育还不够广泛深入，无偿献血工作部门协作机制还不完善，采供血能力尚需进一步提高，采供血安全工作还需进一步加强等。常委会会议结合执法检查组建议作出审议意见。

四、农资与城建环保方面

检查《中华人民共和国矿山安全法》贯彻实施情况　2012年5月中旬，常委会执法检查组对全市《中华人民共和国矿山安全法》贯彻落实情况开展执法检查。根据瑞安市实际情况，本次检查将非法采石作为监督重点，在检查前召开法律知识培训会议，并听取各相关部门的工作汇报。执法检查组认为，市委、市政府高度重视，要求各执法部门加大对非法采石行为的打击力度，并确保解决好重大项目建设的石料供应问题。相关部门多次组织力量对全市非法采矿点开展集中整治，一定程度上缓解了非法采矿疯狂蔓延势头等。存在问题：人员伤亡等安全问题触目惊心，自然生态环境遭受严重破坏，暴力抗法等阻挠执法行为猖獗，执法不力和监管不到位问题突出等。常委会会议结合执法检查组建议作出审议意见。

检查《浙江省温瑞塘河保护管理条例》贯彻实施情况　2012年10月10日，常委会执法检查组实地查看塘河整治情况，召开由市政府分管领导及市塘河办、市环保局、市住建局、市国土资源局、市农林局、市市政园林局与有关镇街等单位负责人参加的座谈会，听取市政府关于贯彻实施《浙江省温瑞塘河保护管理条例》情况的汇报，并进行座谈。执法检查组认为，市政府及有关职能部门、镇街认真贯彻实施塘河条例，切实加大塘河整治力度，扎实推进塘河整治工作，塘河环境治理和建设取得阶段性成效。存在问题：思想认识有待加强，设施建设比较滞后，日常监管仍然薄弱，违章拆除仍需加快等。常委会会议结合执法检查组建议作出审议意见。

视察“加大美丽乡村建设力度”议案办理情况　2013年7月16日至8月15日，常委会视察组通过实地查看、听取专项汇报、召开座谈会等形式，对五镇十街的美丽乡村创建情况进行全面深入的视察。9月初又分7组专题开展议案办理落实情况的视察活动，并听取市政府关于议案办理情况的专题报告。视察组认为，议案交办以来，市政府高度重视美丽乡村建设，紧紧围绕“打造品质之城、建设幸福瑞安”的目标，以农村环境综合整治为基础，以历史文化村落保护利用、美丽乡村精品村精品线建设、幸福社区培育和文化礼堂建设为着力点，全面推进美丽乡村建设，各项工作取得初步成效。存在问题：认识不深，氛围难形成；标准粗放，创建难规范，要素制约、工作难推进，条块分割、合力难形成，机制不全、成果难维护等。常委会会议结合视察组建议作出审议意见。

检查《中华人民共和国气象法》贯彻实施情况　2014年4月中旬，常委会执法检查组对瑞安市《中华人民共和国气象法》贯彻落实情况进行检查。分别到马鞍山气象观测站和东山气象防汛大楼实地察看瑞安市国家基本气象观测站气象探测环境和气象基础设施建设情况，听取市政府和市气象局的相关工作汇报，并与参加会议的市发改局、市水利局、市国土资源局、市农林局、市海洋与渔业局等单位负责人及各镇街分管负责人进行座谈。执法检查组认为，市政府高度重视，把气象服务作为政府公共服务的一项重要内容来抓，加大财政投入，始终坚持“公共气象”服务方向，大力推进气象现代化建设。存在问题：气象设施的建设和信息共享还存在诸多问题，气象灾害预警和应急处置还存在薄弱环节，气象探测环境的保护与城市化快速发展之间的矛盾日益突出，气象执法力量难以适应依法行政的需要等。常委会会议结合执法检查组建议作出审议意见。

检查《中华人民共和国水污染防治法》《浙江省水污染防治条例》贯彻实施情况　2014年8月19日至9月2日，常委会执法检查组实地视察检查江北污水处理厂二期建设运行情况、上望街道畜禽养殖污染情况、塘下罗凤等地“洗铜砂”污染情况；并分别召开重点污染行业企业代表座谈会和部门、镇街座谈会；抽查了市环保局、市水利局、市市政园林局涉水行政执法案卷。执法检查组认为，市政府及市环保局等有关职能部门、镇街认真贯彻实施水污染防治“一法一条例”，坚持预防为主、防治结合、综合治理的原则，大力实施工业、生活、养殖业和农业面源污染整治，在水污染控制和水环境整治方面取得一定的成效。存在问题：思想认识不到位，污染整治不彻底，设施建设仍滞后，执法监管需加强等。常委会会议结合执法检查组建议作出审议意见。

视察“推进系统治水、加快美丽水乡建设”议案办理情况　2014年9月1日—12日，常委会领导、各工委负责人和市人大代表组成7个视察组，会同相关职能部门，分赴全市五镇十街，采取听取汇报、座谈、实地检查等形式深入开展视察活动，了解实际情况，分析总结问题，提出意见建议，并召开视察情况汇报会，听取各相关职能部门关于议案办理落实工作情况的汇报。视察组认为，自年初议案交办以来，市政府及相关部门高度重视议案办理工作，结合省委省政府作出的“五水共治”重大战略决策，将议案办理落实作为重点工作列入议事日程，目标明确，发动广泛，措施有力，有序推进治水工作，取得阶段性成效。存在问题：统筹规划不完善；资金保障压力较大；河道及设施管理不到位；审批管理机制不健全；全民治水氛围不浓厚等。常委会会议结合视察组建议作出审议意见。

视察农村住房拆改建情况　2014年10月22日—24日，常委会视察组对瑞安市农村住房拆改建工作情况进行视察。视察组分别到湖岭镇、陶山镇、高楼镇、马屿镇进行实地视察，并听取市政府办公室、市农住建办、市住建局、市国土资源局等单位的意见。视察组认为，受省、温州市政策影响，农村住房拆改建政策几经反复，在某种程度上加剧了农村住房困难问题，但市政府及有关职能部门、镇街一直致力于破解农村住房困难问题，并做了许多工作。存在问题：建房指标十分紧缺，审批烦琐问题突出，相关政策有待完善等。常委会会议结合视察组建议作出审议意见。

检查《生猪屠宰管理条例》贯彻实施情况　2016年4月底至5月上旬，常委会执法检查组分别实地视察检查马屿镇、仙降街道生猪定点屠宰场质量安全管理制度执行情况，马屿镇私屠滥宰违法行为查处情况，市五联肉类食品有限公司生猪机械化屠宰运行及异地搬迁临时安置工作落实情况等，并召开座谈会，听取市政府办公室及市农林局、市市场监管局、市公安局等有关部门的工作情况汇报，并进行深入讨论。执法检查组认为，市政府及农林畜牧等有关职能部门、乡镇街道认真贯彻实施条例，加强组织领导、强化执法监管、广泛宣传发动，使瑞安市生猪屠宰管理工作走上法制化、规范化的运行轨道，取得一定的社会效益。存在问题：行业发展“低、小、散”问题突出，现有屠宰场规划布局不合理，新屠宰场项目建设严重滞后，执法监管责任落实仍不到位等。常委会会议结合执法检查组建议作出审议意见。

第四节　第十六届执法检查和视察工作

一、法治建设方面

检查《中华人民共和国未成年人保护法》《浙江省未成年人保护条例》贯彻实施情况　2021年6月—8月，常委会组织执法检查组深入安阳街道、江南新区和高楼镇等地的中小学校、村社、社会组织，进行实地检查、座谈交流，召开相关部门专题座谈会，对全市贯彻实施《中华人民共和国未成年人保护法》《浙江省未成年人保护条例》情况进行检查。执法检查组认为，有关部门单位认真推动未成年人保护工作，基本形成家庭保护、学校保护、社会保护、网络保护、政府保护、司法保护的未成年人保护工作格局。存在问题：法律法规普及不够，工作合力有待形成，重点问题依然突出，司法保护仍需加强等。常委会会议结合执法检查组建议作出审议意见。

二、教科文卫与社会建设方面

检查《浙江省学前教育条例》贯彻实施情况　2018年8月—9月，常委会执法检查组实地视察检查塘下镇、芳庄乡、飞云镇、玉海街道等16个乡镇（街道）的部分公办和民办幼儿园，听取市教育局、市财政局、市住建局等部门关于条例贯彻实施情况的汇报，并与相关部门、乡镇街道、幼儿园园长进行座谈。执法检查组认为，市政府及有关部门积极贯彻实施条例，在扩大学前教育资源、强化幼儿园规范建设、加强依法监管等方面做了大量工作，取得一定的成效。存在问题：资源供给不足，政策落实不力，师资力量不够等。常委会会议结合执法检查组建议作出审议意见。

检查《全民健身条例》贯彻实施情况　2019年8月—9月，常委会执法检查组对全市贯彻实施《全民健身条例》情况进行检查。检查组重点针对全民健身设施建设、体育产业发展、基层体育组织培育及学校体育工作等方面情况，到全市各乡镇（街道）进行实地察看，听取市文广旅体局、市旅体中心、市教育局等单位关于条例贯彻实施情况的汇报，并与相关部门负责人、乡镇街道分管领导、体育协会代表进行了座谈。执法检查组认为，市政府及有关部门贯彻落实条例精神，着力推进体育设施建设、组织网络建设和体育活动开展，全民健身工作取得一定进展。存在问题：场地设施供给不足，保障力度不够，体制机制不顺，服务体系不健全等。常委会会议结合执法检查组建议作出审议意见。

视察“健全养老服务体系 促进瑞安市养老服务业发展”议案办理情况　2019年10月26日—30日，常委会视察组多次视察养老服务业发展情况，通过听取汇报、实地走访视察、座谈交流等方式，深入了解养老服务业发展议案办理情况，积极督促市政府及有关部门认真做好议案办理工作。视察组认为，市政府高度重视养老服务业发展议案办理工作，多次专题研究，牵头制定议案办理方案，认真组织实施，相关工作有序推进。存在问题：部分养老扶持政策未有效落地，民办养老机构建设过程中的融资难等问题仍然突出，服务效能不高、政策补助兑现慢，管理不到位、养老机构“低小散”问题仍然突出等。常委会会议结合视察组建议作出审议意见。

检查《中华人民共和国公共文化服务保障法》贯彻实施情况　2020年6月，常委会执法检查组对全市贯彻实施《中华人民共和国公共文化服务保障法》情况开展执法检查。检查组实地视察检查除北麂乡以外的22个乡镇（街道）的文化场所，听取市委宣传部、市发改局、市财政局、市文广旅体局、市旅体中心等单位关于《中华人民共和国公共文化服务保障法》贯彻实施情况的汇报，并与相关部门、乡镇街道、协会负责人及部分人大代表进行座谈。执法检查组认为，市政府及有关部门认真贯彻实施《中华人民共和国公共文化服务保障法》，在加强设施建设、开展文化惠民活动、优化政策环境等方面做了大量工作，取得一定的成效。存在问题：基础设施建设滞后，保障机制有待完善，队伍力量薄弱等。常委会会议结合执法检查组建议作出审议意见。

三、农资与城建环保方面

视察“推进城市有机更新、打造至美瑞安”议案办理情况　2017年9月18日—27日，常委会视察组分别带领6个小组，以看现场、听汇报、开座谈会等方式对6个团块进行视察。集中听取市府办议案办理情况的汇报，并听取市住建局、市旧城办、安阳中心城区管委会及安阳街道、玉海街道、锦湖街道、东山街道的意见。视察组认为，市政府高度重视议案办理工作，多次专题研究议案办理工作，并制定议案办理方案，明确职责、落实任务、规定时限。在规划编制、政策制定、政策处理等方面做了大量富有成效的工作，总体进展情况良好。存在问题：整体推进不够快，项目谋划不够深，责任落实不够严，攻坚决心不够强等。常委会会议结合视察组建议作出审议意见。

检查《中华人民共和国农产品质量安全法》贯彻实施情况　2017年9月—10月，常委会执法检查组分别到农资店、蔬菜生产基地、水产养殖企业、畜牧养殖场、农产品加工企业、生猪屠宰场、菜市场等进行实地检查，听取市政府和市农林局、市海洋渔业局、市市场监督管理局等部门工作汇报，并与相关部门、乡镇街道、企业负责人进行座谈。执法检查组认为，市政府及有关部门重视农产品质量安全工作，农产品质量安全水平总体平稳、逐步向好。存在问题：农产品质量安全责任意识仍需加强，农产品质量安全监管力度亟待加大，农产品产地环境保护措施不容忽视，农产品准出准入制度体系有待完善等。常委会会议结合执法检查组建议作出审议意见。

检查《中华人民共和国固体废物污染环境防治法》《浙江省固体废物污染环境防治条例》贯彻实施情况　2018年4月—5月，常委会执法检查组下设4个检查小组，重点就工业固废、农业固废污染防治情况、医疗废物收集处置情况、建筑垃圾（渣土、泥浆）城乡垃圾分类收集处理情况等相关工作开展情况进行检查，并现场反馈检查意见。听取市环保局、市综合执法局、市农林局、市农办、市卫生计生局、市发改局、市经信局、市公安局、市住建局、市商务局、市市场监管局等部门贯彻实施情况的汇报，并与相关部门、乡镇（街道）、企业负责人、市人大代表等进行座谈。执法检查组认为，市政府高度重视固废污染防治工作，认真贯彻“一法一条例”，并取得了一定的成效。存在问题：思想认识有待提高，设施建设仍然滞后，执法监管不够有力，工作机制有待完善等。常委会会议结合执法检查组建议作出审议意见。

检查《中华人民共和国建筑法》贯彻实施情况　2018年8月—9月，常委会执法检查组对《中华人民共和国建筑法》贯彻实施情况进行检查。检查组重点就监管执法情况、建筑项目执行法定程序情况、建筑市场秩序和工程招投标情况、建筑工程质量安全状况和工程监理情况等相关工作开展情况进行检查，现场查看质监站巡查记录、处罚情况台账和公共资源交易平台运行情况，并反馈检查意见。听取市住建局、市市政公用建设局、市综合执法局、市公共资源交易管理办公室、市法院、市公安局等单位关于建筑法贯彻情况的汇报，并与相关部门、部分人大代表、相关行业协会和建筑公司负责人等进行座谈。执法检查组认为，市政府及其相关部门对建筑法的贯彻实施做了大量工作，取得较好成效。存在问题：招投标市场乱象严重，监管执法仍较薄弱，体制机制有待理顺，行业扶持政策有待落实等。常委会会议结合执法检查组建议作出审议意见。

视察“加快农村饮用水安全工程建设 助力瑞安市全面建成小康社会”议案办理情况　2018年10月，常委会视察组多次带领相关工委到市政公用建设局、公用集团和高楼镇、湖岭镇、陶山镇、马屿镇等地视察检查农村饮用水安全工程建设工作，听取部门、乡镇（街道）汇报，并就城镇供水扩面、资金补助政策调整、加强单村供水工程建后管理等方面提出意见建议。视察组认为，市政府高度重视议案办理工作，多次专题研究议案办理工作，并制定议案办理方案，明确职责、落实任务。在规划修编、政策制定等方面做了大量富有成效的工作，总体进展情况良好。存在问题：工程进度不快，责任落实不严，协同机制不畅，工程监管不力等。常委会会议结合视察组建议作出审议意见。

检查《中华人民共和国海洋环境保护法》贯彻实施情况　2020年8月—9月，常委会执法检查组重点就近岸海域污染、海洋生态环境监管、海上联合执法等相关工作开展情况进行检查，现场查看海岸工程建设项目，入海排（污）口，海洋飘浮垃圾清理，飞云江沿岸堤坝外砂、石、煤、废铁堆场等，并反馈检查意见；听取温州市生态环境局瑞安分局、市自然资源和规划局、市农业农村局、市交通运输局、市瓯飞开发建设管理中心、温州飞云江海事处等单位贯彻情况的汇报，并与相关部门、街道负责人等进行座谈。执法检查组认为，市政府及相关部门重视海洋生态环境保护工作，认真贯彻实施《中华人民共和国海洋环境保护法》，不断加大工作力度，在海洋生态环境保护、海洋环境污染整治等方面取得积极成效。存在问题：海洋环境保护意识较为薄弱，近岸海域环境污染问题突出，体制机制尚未完全建立健全等。常委会会议结合执法检查组建议作出审议意见。

检查《浙江省粮食安全保障条例》贯彻实施情况　2021年4月—6月，常委会执法检查组通过听取汇报、实地走访、座谈交流等方式，对《浙江省粮食安全保障条例》在瑞安市的贯彻实施情况开展执法检查。执法检查组认为，近年来，市政府认真贯彻实施《浙江省粮食安全保障条例》，扎实推进粮食安全保障体系和保障能力现代化，粮食安全保障工作取得较好成效，获评省“河姆渡”杯粮食生产先进市、省“粮食五优联动”示范市等称号。存在问题：稳定粮食播种面积压力较大，粮食生产新型主体培育不足，粮食质量安全隐患不容忽视，粮食安全宣传教育仍需加强等。常委会会议结合执法检查组建议作出审议意见。

第七章　工作评议和专题询问

本章所指“工作评议”，包括述职评议、行政执法评议、“两官”履职评议和部门工作评议。《中华人民共和国各级人民代表大会常务委员会监督法》出台前，市人大常委会对任命干部进行述职评议和组织市人大代表对行政执法机关进行评议，简称“两项评议”，是市人大常委会对任命干部和“一府两院”执法和廉政情况进行监督的有效方式，先后对市环保局、市水利局、市国税局、市人口与计划生育局执法工作进行评议，对市民政局、市国土资源局、市交通局、市文化局、市规划建设局、市教育局、市农业（林业）局、市司法局等8家单位的局长进行述职评议。《中华人民共和国各级人民代表大会常务委员会监督法》出台后，为规范评议工作，进一步加强对瑞安市国家行政机关、审判机关、检察机关的监督，2013年4月23日市十五届人大常委会第十二次会议通过《瑞安市人民代表大会常务委员会工作评议试行办法》。此后，相继对市教育、环保、公安、国土资源、经信、住建、财政地税、民政、水利、卫生计生、市场监管、人力社保、综合执法、国税、发改、教育、温州市生态环境局瑞安分局、交通运输、农业农村、文化和广电旅游体育等23个部门进行工作评议。2015年开始进一步拓宽评议方式，对“两院”法官、检察官履职情况进行评议，称为“两官”履职评议，是人大监督司法工作、实现任命和监督干部有机结合、推进司法工作和提升司法水平的重要实践，先后对10位法官、8位检察官进行履职评议。2009年尝试对专题询问这一监督方式进行初步探索，2012年专题询问工作进入规范化，其主要做法：常委会会议期间针对某一特定问题或者特定工作领域进行专题询问。至2021年已先后对土地规划类违法案件、食品安全、食药安全监管、固废污染防治、同级审问题整改、机械设备行业培育提升进行专题询问。

第一节　行政执法评议和述职评议

一、行政执法评议

2003年9月3日，根据市委《转发市人大常委会党组〈关于组织市人大代表评议市环保局、市水利局执法工作的实施方案〉的通知》精神，市十三届人大常委会第四次会议通过《关于组织市人大代表评议市环保局、市水利局执法工作的决定》，决定于2003年8月开始组织人大代表对市环保局、市水利局执法工作进行评议，同时印发实施方案和评议工作行事历，实施方案对评议的指导思想、评议内容、方法步骤、评议原则、组织领导和阶段安排作了明确规定。9月5日，市人大常委会召开评议工作动员会议，市委领导作动员讲话，市人大常委会领导作工作部署，市环保局、市水利局局长作表态发言。会后，各片区（市直系统）分别组织所辖范围的省、温州市及瑞安市人大代表学习评议工作相关的法律法规知识，开展调查、走访、视察等活动了解情况，听取各方面意见；市人大常委会组织调查组赴市级有关部门和各乡镇调查研究，指导人大代表准备评议发言材料；市环保局、市水利局全面开展自查自纠，撰写自查报告。2003年10月15日，市人大常委会召开人大代表对市环保局、市水利局执法工作评议会议，市环保局、市水利局局长作自查自纠情况报告，市人大代表作评议发言，市环保局、市水利局领导作表态发言，市人大常委会、市委领导讲话。10月下旬，市人大常委会主任会议交办评议意见，市环保局、市水利局制订措施整改，常委会财经工委、农经工委跟踪监督评议整改工作。2004年1月7日，市十三届人大常委会第八次会议听取和审议市环保局、市水利局关于评议意见整改情况的报告，会议认为，市环保局对人大代表评议执法工作重视，态度认真，措施有力，取得一定成绩，但也存在整改工作有待深入，整改措施尚待进一步落实，整改成果尚待进一步提高等问题；市水利局重视执法评议工作，评议期间能积极主动开展自查自纠，认真听取代表意见，努力实施整改方案，成效比较显著，但在增加水利工作的透明度，严格水利执法，水利经费安排等方面存在薄弱环节，有待加强和改进。会议通过关于人大代表评议市环保局、市水利局执法工作整改情况的审议意见。

2005年6月8日，市十三届人大常委会第二十一次会议通过《关于开展执法评议和述职评议的实施方案》，确定对市国税局、市人口和计划生育局进行执法评议，明确执法评议的指导思想、评议主要内容、方法步骤和时间安排、组织领导等。8月10日，市人大常委会召开市国税局、市人口和计划生育局执法评议工作动员会议。8月中旬至9月上旬，设立意见箱，公开征求对被评议单位的建议、批评和意见；市人大常委会各评议小组通过个别谈话、座谈走访、查阅案卷资料、询问、发征求意见函等形式，听取广大代表和市国税局、市人口和计划生育局干部职工的意见；各片区（市直）分别组织所辖地的省、温州市、本市人大代表学习与评议工作相关的法律法规知识，通过调查、走访、座谈、视察等形式，了解情况，听取意见。9月15日，召开市人大代表评议市国税局、市人口和计划生育局执法工作会议，会议议程：市国税局、市人口和计划生育局作自查自纠情况报告，市人大代表作评议发言，市国税局、市人口和计划生育局局长作表态发言，市人大常委会领导讲话。9月下旬，市人大常委会主任会议根据评议情况，研究确定对被评议单位的主要评议意见，督促整改办理；被评议单位根据市人大常委会通过的评议意见和指出存在的问题，整改落实。2006年1月5日，常委会第二十七次会议听取和审议市国税局、市人口和计划生育局关于执法评议整改意见落实情况的报告。会议认为，市国税局、市人口和计划生育局思想重视，态度诚恳，整改措施有力，成效显著。会议要求，市国税局、市人口和计划生育局要继续抓好整改提高，切实巩固好整改成果。

二、述职评议

2004年9月1日，根据市委《关于同意对市民政局、市国土资源局、市交通局、市文化局局长开展述职评议的批复》精神，市人大常委会印制《关于对市民政局、市国土资源局、市交通局、市文化局局长开展述职评议工作的实施意见》，明确述职评议的指导思想，评议主体和内容、方法步骤、评议原则和要求、评议结果的处理、组织领导等。9月9日市人大常委会召开述职评议工作动员会议，市委副书记黄寿龙作动员讲话，市人大常委会副主任孔素素作工作部署。9月中旬开始，述职评议4个调查组在市人大常委会副主任的带领下，分别赴各片区、有关单位对4位局长的履职情况、廉洁自律情况、单位作风建设情况等开展调查、走访、座谈等活动；各调查组又分别主持召开4位局长向本单位述职报告会，并进行了民主测评，各自形成评议调查综合情况报告。2004年11月2日，市十三届人大常委会第十四次会议听取和审议市民政局、市国土资源局、市交通局、市文化局作的述职报告，听取和审议市人大常委会评议办公室所作的关于池万好等4位局长履职情况的调查报告和市审计局所作的关于4位局长经济责任审计情况的报告。会议认为，开展述职评议是市人大常委会对任命干部的执法和廉政情况进行监督的有效形式。4位局长的述职报告客观真实；评议办公室的调查报告比较全面地反映4位局长的履职情况，作出比较客观公正的评价；审计报告公正如实地反映出4位局长的经济责任情况。会议肯定4位局长在各自的工作岗位上所取得的成绩，同时也指出不足，提出意见和建议。4位局长就常委会组成人员提出的问题和意见作了表态发言。经过测评，4位局长述职评议测评结果均为称职。2005年4月8日，常委会第二十次会议听取和审议市民政局、市国土资源局、市交通局、市文化局局长所作的关于述职评议整改意见落实情况的报告。会议认为，4位局长思想重视，态度诚恳，整改措施有力，成效显著。会议要求，4位局长要继续抓好整改提高，切实巩固好整改成果。

2005年6月8日，市十三届人大常委会第二十一次会议通过《关于开展执法评议和述职评议的实施方案》，确定对市规划建设局、市教育局、市农业（林业）局、市司法局局长进行述职评议，明确述职评议的指导思想、评议主要内容、方法步骤和时间安排、组织领导等。8月10日，市人大常委会召开市规划建设局、市教育局、市农业（林业）局、市司法局局长述职工作动员会议。8月中旬—9月上旬，设立意见箱，公开征求对被评议单位和个人的建议、批评和意见；市人大常委会各评议小组通过个别谈话、座谈走访、查阅案卷资料、询问、发征求意见函等形式，听取广大代表市规划建设局、市教育局、市农业（林业）局、市司法局等部门干部职工的意见；4个评议小组又分别主持召开4位局长向本单位述职报告会并进行民主测评。各片区（市直）分别组织所辖地的省、温州市、本市人大代表学习与评议工作相关的法律法规知识，通过调查、走访、座谈、视察等形式，了解情况，听取意见。9月20日，常委会第二十四次会议听取和审议市规划建设局、市教育局、市农业（林业）局、市司法局作的述职报告，分别听取和审议市人大常委会评议办公室对4位局长履职情况的调查报告和市审计局对4位局长经济责任审计情况的报告。会议认为，开展述职评议是市人大常委会对任命干部的执法和廉政情况进行监督的有效形式。4位局长的述职报告客观真实；评议办公室的调查报告对4位局长的履职情况作出比较客观公正的评价；审计报告公正如实地反映出4位局长的经济责任情况。会议肯定4位局长在各自的工作岗位上所取得的成绩，同时也指出不足，提出意见和建议，并要求认真制定措施，切实抓好整改。4位局长就常委会组成人员提出的问题和意见作表态发言。经过测评，4位局长胜任度测评结果均为称职。9月下旬，市人大常委会主任会议根据评议情况，研究确定对被评议个人的主要评议意见，督促整改办理；被评议个人根据市人大常委会通过的评议意见和指出的存在的问题，整改落实。2006年1月5日，常委会第二十七次会议听取和审议市规划建设局、市教育局、市农业（林业）局、市司法局局长关于述职评议整改意见落实情况的报告。会议认为，4位局长思想重视，态度诚恳，整改措施有力，成效显著。会议要求，4位局长要继续抓好整改提高，切实巩固好整改成果。

第二节　部门工作评议

一、第十五届

2013年5月24日，市人大常委会办公室印发《瑞安市人大常委会组织开展对市教育局、市环保局工作评议实施方案》，实施方案对工作评议的总体要求、主要内容、方法步骤、工作原则、评议调查组等作了明确规定；5月30日，市人大常委会召开市教育局、市环保局工作评议动员会议；6月—9月，市人大常委会两个工作评议调查组采取专题座谈、个别谈话、明察暗访、查阅资料、问卷调查等方式，了解情况、听取意见，对市教育局、市环保局2012年以来履行职能、服务经济社会发展等情况

2013年5月30日，市人大常委会召开市教育局、市环保局工作评议动员会，市人大常委会主任叶世林参加会议并讲话

作了较为全面、深入的调查；市教育局、市环保局制定工作方案，全面动员部署，认真开展自查自纠。9月26日，常委会第十五次会议对市教育局、市环保局进行了工作评议。会议听取和审议市教育局、市环保局2012年以来工作情况的自查报告和市人大常委会评议调查组的调查报告，并对其工作情况进行了满意度测评，测评结果为：市教育局满意10票，基本满意13票，不满意6票，弃权1票；市环保局满意10票，基本满意14票，不满意6票。会议要求，市教育局、市环保局要根据市人大常委会评议意见，认真研究制定整改方案和措施，切实组织落实，市人大常委会将对被评议单位的整改情况进行跟踪监督。12月27日，常委会第十八次会议听取和审议市教育局、市环保局工作评议意见整改情况的报告，听取和审议市政府关于市教育局、市环保局工作评议相关问题研究处理情况的报告，并对其评议意见整改情况进行了满意度测评，测评结果为：市教育局满意16票，基本满意12票，不满意0票；市环保局满意17票，基本满意11票，不满意0票。

2014年3月28日，市人大常委会办公室印发《瑞安市人大常委会组织开展对市公安局、市国土资源局工作评议实施方案》，实施方案对工作评议的总体要求、主要内容、方法步骤、工作原则、评议调查组等作了明确规定。4月，市人大常委会分别召开市公安局、市国土资源局工作评议动员会议。4月—6月，市人大常委会两个工作评议调查组采取专题座谈、个别谈话、明察暗访、查阅资料、问卷调查等方式，了解情况、听取意见，对市公安局、市国土资源局2013年以来履行职能、服务经济社会发展等情况作了较为全面、深入的调查；市公安局、市国土资源局制订工作方案，全面动员部署，认真开展自查自纠。8月5日，常委会第二十二次会议对市公安局、市国土资源局进行工作评议，会议听取和审议市公安局、市国土资源局2013年以来工作情况的自查报告和市人大常委会工作评议调查组的调查报告，并对其工作情况进行了满意度测评。市公安局满意20票，基本满意9票，不满意1票，测评结果为基本满意；市国土资源局满意15票，基本满意13票，不满意2票，测评结果为基本满意。会议要求，市公安局、市国土资源局要正确对待市人大常委会评议意见，认真研究制定整改方案和措施，全力抓好整改落实，市人大常委会将对被评议单位的整改情况进行跟踪监督。2015年8月28日，常委会第三十三次会议听取和审议市公安局、市国土资源局关于工作评议意见落实情况的报告和市政府关于市公安局、市国土资源局工作评议相关问题研究处理情况的报告，听取和审议市人大常委会评议调查组的调查报告，并对其评议意见落实情况进行了满意度测评：市公安局满意12票，基本满意15票，不满意1票，测评结果为通过；市国土资源局满意9票，基本满意18票，不满意1票，测评结果为通过。会议要求，市公安局要继续加强警力配备、队伍管理等基层基础建设，继续加强接处警、立案、侦查等规范执法工作，继续加大对“霸王搬运”“村霸、地霸”和“逃废债”等热点案件的打击力度；市国土资源局要加强土地执法管理、规范执法行为、强化执法效果，依法依规处置历史遗留问题，并加强队伍建设，合理使用各年龄段干部。

2015年4月20日，市人大常委会办公室印发《瑞安市人大常委会组织开展对市经信局、市住建局工作评议实施方案》，实施方案对工作评议的总体要求、主要内容、方法步骤、工作原则、评议调查组等作明确规定。4月24日，市人大常委会召开市经信局、市住建局工作评议动员会议。5月—7月，市人大常委会两个工作评议调查组采取专题座谈、个别谈话、明察暗访、查阅资料、问卷调查等方式，了解情况、听取意见，对市经信局、市住建局2014年以来履行职能、服务经济社会发展等情况作较为全面、深入的调查；市经信局、市住建局制定工作方案，全面动员部署，认真开展自查自纠。8月28日，常委会第三十三次会议对市经信局、市住建局进行工作评议。会议听取和审议市经信局、市住建局关于接受市人大常委会评议的自查工作报告和市人大常委会评议调查组的调查报告，并对其工作情况进行满意度测评：市经信局满意4票，基本满意22票，不满意2票，测评结果为基本满意；市住建局满意7票，基本满意20票，不满意1票，测评结果为基本满意。会议要求，市经信局、市住建局要正确对待市人大常委会评议意见，认真研究制定整改方案和措施，全力抓好整改落实，市人大常委会将对被评议单位的整改情况进行跟踪监督。2016年7月22日，常委会第四十三次会议听取和审议市经信局、市住建局所作的关于工作评议意见落实情况的报告，书面审议市人大常委会评议调查组的调查报告，并对其评议意见落实情况进行满意度测评：市经信局满意18票，基本满意10票，不满意1票，测评结果为通过；市住建局满意21票，基本满意8票，不满意0票，测评结果为通过。会议要求，市经信局要继续加强服务意识与责任意识，进一步加快两化融合步伐，推动化解企业两链风险；市住建局要更加注重制度创新，加大对建筑业的扶持力度，继续抓好队伍建设。

2016年3月14日，市人大常委会办公室印发《瑞安市人大常委会组织开展对市财政地税局、市民政局工作评议实施方案》，实施方案对工作评议的总体要求、主要内容、方法步骤、工作原则、评议调查组等作了明确规定。3月23日，市人大常委会召开市财政地税局、市民政局工作评议动员会议。4月—6月，市人大常委会两个工作评议调查组采取专题座谈、个别谈话、明察暗访、查阅资料、问卷调查等方式，了解情况、听取意见，对市财政地税局、市民政局2015年以来履行职能、服务经济社会发展等情况作较为全面、深入的调查；市财政地税局、市民政局制定工作方案，全面动员部署，认真开展自查自纠。7月22日，常委会第四十三次会议对市财政地税局、市民政局进行工作评议。会议听取和审议市财政地税局、市民政局关于接受市人大常委会评议的自查工作报告和市人大常委会评议调查组的调查报告，并对其工作情况进行了满意度测评：市财政地税局满意17票，基本满意9票，不满意3票，测评结果为基本满意；市民政局满意18票，基本满意9票，不满意2票，测评结果为基本满意。会议要求，市财政地税局、市民政局要正确对待市人大常委会评议意见，认真研究制定整改方案和措施，全力抓好整改落实，市人大常委会对被评议单位的整改情况进行跟踪监督。2017年4月27日，市十六届人大常委会第三次会议听取和审议市财政地税局关于工作评议意见落实情况的报告和市人大常委会调查组的调查报告，并对其评议意见落实情况进行了满意度测评：满意18票，基本满意22票，不满意4票，测评结果为通过。会议认为，市财政地税局重视人大评议意见，认真整改落实，取得较好成效。会议要求，市财政地税局要继续在严格欠税管理、促进税负公平、加强乡镇（街道）转移支付资金和PPP项目管理、健全信息报送机制以及强化队伍建设上下功夫，为深化产城融合、打造至美瑞安作出更大贡献。2017年6月23日，常委会第四次会议听取和审议市民政局关于工作评议意见落实情况的报告和市人大常委会评议调查组的调查报告，并对其评议意见落实情况进行满意度测评：

满意37票，基本满意4票，不满意1票，测评结果为通过。会议认为，市民政局高度重视评议意见整改落实，做了大量工作，取得比较明显成效。会议要求，市民政局要继续在公墓建设管理、丧事扰民问题整治、民办养老机构治理提升上下功夫，健全长效工作机制，不断提升为民服务水平。

二、第十六届

2017年5月15日，市人大常委会办公室印发《瑞安市人大常委会组织开展对市水利局、市卫生计生局、市市场监管局工作评议实施方案》，实施方案对工作评议的总体要求、主要内容、方法步骤、工作原则、评议调查组等作明确规定；5月15日，市人大常委会召开市水利局、市卫生计生局、市市场监管局工作评议动员会议。6月—7月，市人大常委会3个工作评议调查组采取专题座谈、个别谈话、明察暗访、查阅资料、问卷调查等方式，了解情况、听取意见，对市水利局、市卫生计生局、市市场监管局2016年以来履行职能、服务经济社会发展等情况作了较为全面、深入的调查；市水利局、市卫生计生局、市市场监管局制定工作方案，全面动员部署，认真开展自查自纠。9月22日，常委会第六次会议听取和审议市水利局、市卫生计生局、市市场监管局关于接受市人大常委会评议的自查工作报告和市人大常委会评议调查组的调查报告，并对其工作情况进行了满意度测评：市水利局满意25票，基本满意13票，不满意2票，弃权1票，测评结果为基本满意；市卫生计生局满意17票，基本满意17票，不满意6票，弃权1票，测评结果为基本满意；市市场监管局满意23票，基本满意11票，不满意6票，弃权1票，测评结果为基本满意。2018年4月26日，常委会第十二次会议听取和审议市水利局、市卫生计生局、市市场监管局关于工作评议意见落实情况的报告和市人大常委会评议调查组的调查报告，并对其评议意见落实情况进行满意度测评：市水利局满意29票，基本满意13票，不满意0票；市卫生计生局满意25票，基本满意17票，不满意0票；市市场监管局满意24票，基本满意16票，不满意2票，测评结果均为通过。会议认为，3个部门重视评议意见整改落实工作，并取得较好成效。会议要求，市水利局要继续巩固治水剿劣成果，按期完成农村饮用水安全提升工程，加快推进水利防洪减灾工程建设；市卫生计生局要持续深化医药卫生体制改革，推进卫生计生深度融合，提高基本公共卫生服务质量；市市场监管局要进一步加强食品安全工作，规范涉企执法行为，深化“最多跑一次”改革，助力瑞安市营商环境提升。

2018年3月21日，市人大常委会办公室印发《瑞安市人大常委会组织开展对市人力社保局、市综合执法局、市国税局工作评议实施方案》，实施方案对工作评议的总体要求、主要内容、方法步骤、工作原则、评议调查组等作明确规定。3月22日，市人大常委会召开市人力社保局、市综合执法局、市国税局工作评议动员会议。4月—5月，市人大常委会3个工作评议调查组采取专题座谈、个别谈话、明察暗访、查阅资料、问卷调查等方式，了解情况、听取意见，对市人力社保局、市综合执法局、市国税局2017年以来履行职能、服务经济社会发展等情况作较为全面、深入的调查；市人力社保局、市综合执法局、市国税局制定工作方案，全面动员部署，认真开展自查自纠。6月26日，常委会第十三次会议听取和审议市人力社保局、市综合执法局、市国税局关于接受市人大常委会评议的自查工作报告和市人大常委会评议调查组的调查报告，并对其工作情况进行满意度测评：市人力社保局满意23票，基本满意11票，不满意6票，弃权0票，测评结果为基本满意；市综合执法局满意13票，基本满意21票，不满意6票，弃权0票，测评结果为基本满意；市国税局满意16票，基本满意21票，不满意3票，弃权0票，测评结果为基本满意。12月14日，常委会第十七次会议听取和审议市人力社保局、市税务局关于工作评议意见落实情况的报告和市人大常委会评议调查组的调查报告，并对其评议意见落实情况进行满意度测评：市人力社保局满意34票，基本满意6票，不满意1票；市税务局满意22票，基本满意15票，不满意4票，测评结果均为通过。会议认为，市人力社保局、市税务局重视市人大常委会评议意见，认真抓好整改落实，取得较好成效。会议要求，市人力社保局要进一步推进内部整合、提高办事效率、规范办事规程，推动瑞安市人力社保事业再上新台阶；市税务局要进一步强化税源培育、提高征管水平、优化纳税服务，促进瑞安市税收事业高质量发展。2019年4月4日，常委会第二十一次会议听取和审议市综合行政执法局关于工作评议意见落实情况的报告和常委会法制内司工委的调查报告，并对其评议意见落实情况进行满意度测评：满意22票，基本满意16票，不满意1票，测评结果为通过。会议认为，市综合行政执法局重视市人大常委会评议意见，积极整改落实，取得阶段性成效。会议要求，市综合行政执法局要进一步加强人行道管理、深化“一把扫帚”改革、强化瓶装燃气管理，切实提升行政执法水平和城市管理成效。

2019年3月15日，市人大常委会办公室印发《瑞安市人大常委会组织开展对市发改局、市教育局、温州市生态环境局瑞安分局工作评议实施方案》，实施方案对工作评议的总体要求、主要内容、方法步骤、工作原则、评议调查组等作明确规定。3月15日，市人大常委会召开市发改局、市教育局、温州市生态环境局瑞安分局工作评议动员会议。4月—5月，市人大常委会3个工作评议调查组采取专题座谈、个别谈话、明察暗访、查阅资料、问卷调查等方式，了解情况、听取意见，对市发改局、市教育局、温州市生态环境局瑞安分局2018年以来履行职能、服务经济社会发展等情况作较为全面、深入的调查；市发改局、市教育局、温州市生态环境局瑞安分局制定工作方案，全面动员部署，认真开展自查自纠。6月28日，常委会第二十三次会议听取和审议市发改局、市教育局、温州市生态环境局瑞安分局的关于接受市人大常委会评议的自查工作报告和市人大常委会评议调查组的调查报告，并对其工作情况进行满意度测评：市发改局满意20票，基本满意20票，不满意2票，弃权0票，测评结果为基本满意；市教育局满意24票，基本满意16票，不满意2票，弃权0票，测评结果为基本满意；温州市生态环境局瑞安分局满意19票，基本满意20票，不满意3票，弃权0票，测评结果为基本满意。12月13日，常委会第二十八次会议听取和审议市发改局、市教育局、温州市生态环境局瑞安分局工作评议意见落实情况的报告和市人大常委会各评议调查组的调查报告，并对其评议意见落实情况进行满意度测评：市发改局满意21票，基本满意14票，不满意1票；市教育局满意27票，基本满意9票，不满意0票，温州市生态环境局瑞安分局满意20票，基本满意14票，不满意2票，测评结果均为通过。

2020年5月14日，市人大常委会办公室印发《瑞安市人大常委会组织开展对市交通运输局、市农业农村局、市文化和广电旅游体育局工作评议实施方案》，实施方案对工作评议的总体要求、主要内容、方法步骤、工作原则、评议调查组等作明确规定；5月，市人大常委会分别召开市交通运输局、市农业农村局、市文化和广电旅游体育局瑞安分局工作评议动员会议；5月—7月，市人大常委会3个工作评议调查组采取专题座谈、个别谈话、明察暗访、查阅资料、问卷调查等方式，了解情况、听取意见，对市交通运输局、市农业农村局、市文化和广电旅游体育局瑞安分局2019年以来履行职能、服务经济社会发展等情况作较为全面、深入的调查；市交通运输局、市农业农村局、市文化和广电旅游体育局制订工作方案，全面动员部署，认真开展自查自纠。8月12日，常委会第三十二次会议听取和审议市交通运输局、市农业农村局、市文化和广电旅游体育局关于接受市人大常委会评议的自查工作报告和市人大常委会评议调查组的调查报告，并对其工作情况进行满意度测评：市交通运输局满意21票，基本满意20票，不满意2票，测评结果为基本满意；市农业农村局满意18票，基本满意20票，不满意5票，测评结果为基本满意；市文化和广电旅游体育局满意18票，基本满意23票，不满意2票，测评结果为基本满意。2021年3月25日，常委会第三十八次会议听取和审议市交通运输局、市农业农村局、市文化和广电旅游体育局关于工作评议意见落实情况的报告和市人大常委会评议调查组的调查报告，并对其评议意见落实情况进行满意度测评：市交通运输局满意24票，基本满意18票，不满意0票；市农业农村局满意22票，基本满意18票，不满意2票，市文化和广电旅游体育局满意18票，基本满意22票，不满意2票，测评结果均为通过。

2021年4月6日，市人大常委会办公室印发《瑞安市人大常委会组织开展对市公安局、市自然资源和规划局、市住建局工作评议实施方案》，实施方案对工作评议的总体要求、主要内容、方法步骤、工作原则、评议调查组等作明确规定；4月，市人大常委会分别召开市公安局、市自然资源和规划局、市住建局工作评议动员会议。4月—5月，市人大常委会3个工作评议调查组采取专题座谈、个别谈话、明察暗访、查阅资料、问卷调查等方式，了解情况、听取意见，对市公安局、市自然资源和规划局、市住建局2020年以来履行职能、服务经济社会发展等情况作了较为全面、深入的调查；市公安局、市自然资源和规划局、市住建局制订工作方案，全面动员部署，认真开展自查自纠。5月28日，常委会第三十九次会议听取和审议市公安局、市自然资源和规划局、市住建局关于接受市人大常委会评议的自查工作报告和市人大常委会评议调查组的调查报告，并对其工作情况进行满意度测评：市公安局满意31票，基本满意9票，不满意1票，测评结果为满意；市自然资源和规划局满意25票，基本满意16票，不满意0票，测评结果为基本满意；市住建局满意20票，基本满意15票，不满意6票，测评结果为基本满意。10月21日，常委会第四十二次会议听取和审议市公安局、市自然资源和规划局、市住建局关于工作评议意见落实情况的报告和市人大常委会评议调查组的调查报告，并对其评议意见落实情况进行满意度测评：市公安满意31票，基本满意8票，不满意1票；市自然资源和规划局满意29票，基本满意11票，不满意0票；市住建局满意29票，基本满意10票，不满意1票，测评结果均为通过。

第三节　法官、检察官履职评议

一、法官履职评议

2014年12月24日，市人大常委会办公室向市人民法院发出《关于印发〈瑞安市人大常委会对部分法官开展履职评议的实施方案〉的通知》，实施方案对评议的总体要求、对象与内容、时间安排、方法步骤、工作要求作了明确规定。2015年1月15日，市人大常委会召开法官履职评议动员会，对法官履职评议工作进行动员部署，并通过随机抽签的方式确定马康宁、陈金春、涂圣通、李进、夏克明等5位法官为评议对象。4月—9月，市人大常委会法官履职评议调查组通过个别谈话、查阅案卷、旁听案件庭审、民主测评、征求意见等方式，对评议对象2013年以来的政治业务素质、依法履职、自觉接受监督、勤政廉洁等情况进行深入细致的调查了解。2015年6月11日，市十五届人大常委会第三十一次会议听取和审议以上5位被评议法官所作的履职报告，听取和审议市人大常委会法制工委所作的关于部分法官履职情况的调查报告，并分别对5位被评议法官进行了满意度测评，测评结果均为满意。

2017年3月7日，市人大常委会办公室向市人民法院发出《关于印发〈瑞安市人大常委会对部分法官开展履职评议的实施方案〉的通知》，实施方案对评议的总体要求、对象与内容、时间安排、方法步骤、工作要求作了明确规定。3月14日，市人大常委会召开法官履职评议动员会，对法官履职评议工作进行动员部署，并通过随机抽签的方式确定诸葛伟、朱文亮、詹应国、蔡丽娜、潘胜华5位法官为评议对象。4月—9月，市人大常委会法官履职评议调查组通过个别谈话、查阅案卷、旁听案件庭审、民主测评、征求意见等方式，对评议对象2015年以来的政治业务素质、依法履职、自觉接受监督、勤政廉洁等情况进行深入细致的调查了解。2017年9月22日，市十六届人大常委会第六次会议听取和审议以上5位被评议法官所作的履职报告和市人大常委会法官履职评议工作组所作的关于对部分法官开展履职评议的调查报告，并分别对5位被评议法官进行了满意度测评，测评结果均为满意。会议认为，该5位法官政治立场坚定，能够依法履职、公正办案，总体评价较好。会议要求，5位法官要以履职评议为契机，进一步提高审判业务能力，增强创新意识，提升审判质效，为维护社会公平正义、促进司法公正作出应有贡献。

二、检察官履职评议

2016年2月3日，市人大常委会办公室向市人民检察院发出《关于印发〈瑞安市人大常委会对部分检察官开展履职评议的实施方案〉的通知》，实施方案对评议的总体要求、对象与内容、时间安排、方法步骤、工作要求作了明确规定。2月23日，市人大常委会召开检察官履职评议动员会，对检察官履职评议工作进行动员部署，并通过随机抽签的方式确定谢华周、林志秋、郑玲玲、赵丹等4位检察官为评议对象。3月—5月，市人大常委会检察官履职评议调查组通过个别谈话、查阅案卷、旁听案件庭审、民主测评、征求意见等方式，对评议对象2014年以来的政治业务素质、依法履职、自觉接受监督、勤政廉洁等情况进行深入细致的调查了解。2016年5月31日，市十五届人大常委会第四十二次会议听取和审议以上4位被评议检察官所作的履职报告和市人大常委会法制工委所作的关于部分检察官履职情况的调查报告，并分别对4位被评议检察官进行了满意度测评，测评结果均为满意。

2018年5月23日，市人大常委会办公室向市人民检察院发出《关于印发〈瑞安市人大常委会对部分检察官开展履职评议的实施方案〉的通知》，实施方案对评议的总体要求、对象与内容、时间安排、方法步骤、工作要求作了明确规定。5月29日，市人大常委会召开检察官履职评议动员会，对检察官履职评议工作进行动员部署，并通过随机抽签的方式确定林晓洁、吴晓萍、潘培东、傅蝶蝶等4位检察官为评议对象。6月—9月，市人大常委会检察官履职评议调查组通过个别谈话、查阅案卷、旁听案件庭审、民主测评、征求意见等方式，对评议对象2016年以来的政治业务素质、依法履职、自觉接受监督、勤政廉洁等情况进行深入细致的调查了解。2018年9月20日，市十六届人大常委会第十五次会议听取和审议以上4位被评议检察官所作的履职报告和市人大常委会检察官履职评议工作组关于对部分检察官开展履职评议的调查报告，并对4位被评议检察官进行了满意度测评，测评结果均为满意。会议认为，4位检察官政治立场坚定，能够依法履职、公正办案，总体评价较好。会议要求，4位检察官要以履职评议为契机，认真对待评议意见，强化整改落实，以点带面推动检察官队伍建设。

第四节　专题询问

一、第十四届专题询问

根据市十四届人大常委会工作安排，确定土地规划类违法案件处理工作为2009年常委会专题询问议题。12月22日，市十四届人大常委会举行土地规划类违法案件情况专题询问会，市政府分管副市长、市政府办公室、市法制办、市国土局、市规划建设局等25个单位参加了会议。会前，常委会组成专门调研组，从信访、效能中心、市长公开热线、市法院等单位的业务数据中筛选，现场踏勘，调阅案卷，深入调研，广泛听取多方面意见和建议。会上，听取责任执法部门《关于案件查处情况报告》和常委会调研组《关于行政部门执法问题的调研报告》，组成人员和人大代表就凤山水厂周边违章建设案、安阳高级中学东首雅儒村违章建设案、九一村返回地“佳欣城”违法建设案、瑞安市顺发船舶修造有限公司违法建设案等4个案件突出问题，面对面向市政府及其相关部门负责人进行询问和追问，市政府及其相关部门负责人分别做认真回答。市政府分管副市长就下一步如何整改落实作表态发言。会议要求市政府查处有关责任人员，妥善处理典型违法案件，并反馈情况。

二、第十五届专题询问

根据市十五届人大常委会工作安排，确定食品安全工作为2012年常委会专题询问议题。9月20

日，市十五届人大常委会第六次会议举行食品安全工作专题询问会，市政府市长李无文、副市长毛建翔，市人民法院、市人民检察院、市政府办公室、市卫生局（食安办）等24个部门单位参加会议，各镇、街道人大（工委）负责人，部分省、温州市、瑞安市人大代表列席会议。会前，常委会组成专门调研组，结合省市县三级人大联动食品安全执法检查，对瑞安市食品安全环境进行调查、现场踏勘、调阅案卷、深入调研，广泛听取多方面意见和建议。会上，组成人员和人大代表就食品安全工作中存在的突出问题，面对面向市政府及其相关部门负责人进行询问和追问，市政府及其相关部门负责人分别做认真回答。市长李无文就下一步如何整改落实作表态发言。常委会主任叶世林提出六点要求：理顺工作机制，明确监管责任；盯住突出问题，开展专项整治；坚持重典治乱，加大处罚力度；注重常态管理，建立长效机制；强化工作保障，狠抓基层监管；全面宣传发动，营造浓厚氛围。会议表决通过了《关于进一步加强食品安全工作的决议》。

根据市十五届人大常委会工作安排，确定食品药品安全监管工作为2014年常委会专题询问议题。9月23日，市人大常委会首次举行食品药品安全监管工作代表问政会暨专题询问会，市政府副市长陈荣臻和相关职能部门及60余名市人大代表参加会议。会前，常委会组建由部分市人大代表和市民、新闻媒体记者参加的食品安全监督团，现场踏勘，调阅案卷，深入调研，广泛听取多方面意见和建议。会上，组成人员和人大代表就园内食品安全、餐饮具清洗消毒、水产养殖等20多个突出问题，面对面向市政府及其市市场监管局、市食品药品监管局、市农业（林业）局、市海洋与渔业局、市卫生局、市质监局、市教育局、市公安局、市市政园林局等相关部门负责人进行询问和追问，市政府及其相关部门负责人分别做认真回答。市政府副市长陈荣臻就下一步如何整改落实作表态发言。常委会主任叶世林提出四点要求：坚持“守土有责”，强化责任意识；坚持“重拳出击”，强化严打态势；坚持“重典治乱”，强化机制建设；坚持“群防群控”，强化社会共治。会议对食品药品安全监管工作的9个职能部门进行了满意度测评，结果为基本满意。

三、第十六届专题询问

根据市十六届人大常委会工作安排，确定固废污染防治工作为2019年常委会专题询问议题。5月24日，市十六届人大常委会第二十二次会议举行固废污染防治工作专题询问会，市政府副市长林增丰及市卫生健康局、市农业农村局、市综合行政执法局、温州市生态环境局瑞安分局等相关部门单位参加会议。会前，常委会组成专门调研组，结合全省三级人大联动开展固体废物污染环境防治“一法一条例”执法检查活动，现场踏勘，调阅案卷，深入调研，广泛听取多方面意见和建议。会上，组成人员和人大代表就中央环保督政涉改项目进展如何、建筑垃圾资源化利用项目进展情况、丁山三期渣土消纳场有关情况、医疗垃圾中转站建设情况、病死动物无害化处理厂整改提升工程何时完工投运、塘下工业危废收集处置机制等6个方面的10个突出问题，面对面向市政府及其相关部门负责人进行询问和追问，市政府及其相关部门负责人分别做认真回答。市政府副市长林增丰就下一步如何整改落实作表态发言。常委会主任叶建辉提出3点要求：要深化责任意识，以更强的责任感和使命感，全力打好治污攻坚战，推动美丽瑞安建设取得更好成效；要持续精准发力，力争通过2—3年努力，基本还清固废污染防治的各类“历史欠账”；要坚持常抓不懈，逐步建立各项规范管理制度，促进固废污染防治工作常态化、长效化。

根据市十六届人大常委会工作安排，确定同级审发现问题整改工作为2020年常委会专题询问议题。12月16日，市十六届人大常委会第三十五次会议举行同级审发现问题整改工作专题询问会，市政府副市长林政洪及市发改局、市经信局、市财政局等相关部门参加会议。会前，常委会组成专门调研组，现场踏勘，调阅案卷，深入调研，广泛听取多方面意见和建议。会上，组成人员和代表就企业双合同监管、部分土地出让金逾期滞纳金、国有资产常态化管理、政府投资（EPC）成本过高、水利工程资产运管和移交机制缺失等5个方面的12个突出问题，面对面向市政府及其相关部门负责人进行询问和追问，市政府及其相关部门负责人分别做认真回答。市政府副市长林政洪就下一步如何整改落实作表态发言。常委会主任叶建辉提出两点要求：对同级审查明问题进行“回头看”，对本届以来尚未整改到位的问题进行持续跟踪监督，防止问题回潮；注重建章立制、举一反三，从机制上防止屡审屡犯问题的发生，并以已发现问题为切入点，主动查摆不同单位的类似问题，做到自查自纠、立行立改。

根据市十六届人大常委会工作安排，确定机械装备行业培育提升工作为2021年常委会专题询问议题。7月28日，市十六届人大常委会第四十次会议举行机械装备行业培育提升工作专题询问会，市政府副市长林政洪及瑞安经济开发区、江南新区、市经信局等相关部门参加会议。会前，常委会组成专门调研组，通过座谈交流、实地走访、听取汇报等方式，广泛听取多方面意见和建议，并首次在会前调研中引入“第三方力量”，委托市融媒体中心对全市150家机械电子行业规上企业及部分规下优质企业开展线上问卷调查。会上，组成人员和代表就高成长型优质企业流失、产业扶持培育政策、资源要素保障、产业链配套等4个方面的14个突出问题，面对面向市政府及其相关部门负责人进行询问和追问，市政府及其相关部门负责人分别做认真回答。市政府副市长林政洪就下一步如何整改落实作表态发言。常委会主任叶建辉提出要求：要加快产业平台建设，科学制定行业扶持政策，重点培育龙头企业，推动瑞安市机械装备行业高质量发展。

第八章　人事任免工作

市十三届至十六届人大常委会始终坚持党管干部与人大依法任免有机统一，先后修订《瑞安市人民代表大会常务委员会任免国家机关工作人员办法》，严格按照法定工作程序，不断完善拟任人员任前资格审查、法律知识考试、任前公示、任前表态发言、颁发任命书等环节，认真做好人事任免工作，共依法任免国家机关工作人员和其他人员2562人次，其中第十三届341人次、第十四届418人次、第十五届759人次、第十六届1044人次。2015年市人大常委会制定《瑞安市组织实施宪法宣誓制度办法》，认真落实市人大常委会任命人员的宪法宣誓制度，共组织340人次国家工作人员进行宪法宣誓，增强国家工作人员宪法意识、法治意识和责任意识。

第一节　第十三届人事任免工作

一、任免市人大及其常委会办事机构、工作机构人员

2003年5月8日，常委会第二次会议通过，免去江小娜的常委会教科文卫工委主任职务，沈寿松的常委会财经工委主任职务；任命曾一松为常委会教科文卫工委主任，赵锦泓为常委会财经工委主任；免去高邦月的常委会办公室副主任职务。

2003年7月9日，常委会第三次会议通过，免去杨润金的常委会代表工作委员会副主任职务，程鸿伟的常委会法制工作委员会副主任职务；任命杨小红为常委会代表工作委员会副主任，吴旭华为常委会法制工作委员会副主任。

2003年9月3日，常委会第四次会议通过，免去陈徐雷的常委会农村经济工作委员会委员职务。

2004年1月8日，常委会第八次会议通过，任命吴芸香为常委会安阳街道工作委员会主任，叶碎弟为常委会安阳街道工作委员会副主任，陈国荣为常委会玉海街道工作委员会主任，卢生可为常委会玉海街道工作委员会副主任，张春城为常委会锦湖街道工作委员会主任，冯康启为常委会锦湖街道工作委员会副主任，王式林为常委会东山街道工作委员会主任，林品香为常委会东山街道工作委员会副主

任，陈积龙为常委会上望街道工作委员会主任，潘竹平为常委会上望街道工作委员会副主任；周象勇为常委会潘岱街道工作委员会主任，黄福听为常委会潘岱街道工作委员会副主任。

2004年2月24日，常委会第九次会议通过，免去张建新的常委会财政经济工作委员会副主任职务。

2004年4月29日，常委会第十次会议通过，任命吴福录、吴连菊、孙锋为常委会安阳街道工作委员会委员，林祥武为常委会玉海街道工作委员会委员，叶志美为常委会锦湖街道工作委员会委员，林海为常委会东山街道工作委员会委员，杨圣树为常委会上望街道工作委员会委员，夏泽尧为常委会潘岱街道工作委员会委员。

2004年7月30日，常委会第十二次会议通过，免去张春城的常委会锦湖街道工作委员会主任职务，陈积龙的常委会上望街道工作委员会主任职务。任命傅志礼为常委会农村经济和资源保护工作委员会主任，陈传品为常委会农村经济和资源保护工作委员会副主任，黄淼为常委会财政经济工作委员会副主任，叶松、周莉娜、金大春、林化飞、林志录、郑金武为常委会农村经济和资源保护工作委员会委员，金国锐为常委会法制工作委员会委员。

2004年11月3日，常委会第十四次会议通过，决定接受林济晚辞去市人大常委会副主任职务。

2005年6月8日，常委会第二十一次会议通过，免去曾一松的常委会教育科学文化卫生工作委员会主任职务，戴胜益的常委会教育科学文化卫生工作委员会副主任职务，周象勇的常委会潘岱街道工作委员会主任职务；任命戴胜益为常委会教育科学文化卫生工作委员会主任，陈光顺为常委会教育科学文化卫生工作委员会副主任，周莉娜为常委会办公室副主任，王学顺为常委会锦湖街道工作委员会主任，蔡树勇为常委会潘岱街道工作委员会主任。

2005年8月4日，常委会第二十二次会议通过，免去陈传品的常委会农村经济和资源保护工作委员会副主任职务，黄淼的常委会代表工作委员会委员职务，周莉娜的常委会农村经济和资源保护工作委员会委员职务，陈徐雷的常委会财政经济工作委员会委员职务，冯康启的常委会锦湖街道工作委员会副主任职务，黄福听的常委会潘岱街道工作委员会副主任职务；任命陈绍华为常委会农村经济和资源保护工作委员会副主任，陈积龙为常委会上望街道工作委员会主任，王珠为常委会潘岱街道工作委员会副主任。

2005年9月20日，常委会第二十四次会议通过，免去石亮的常委会办公室副主任职务，任命张棪清、余建木、郭波为常委会财政经济工作委员会委员。

2006年2月6日，常委会第二十八次会议通过，决定接受钱建民辞去市人大常委会主任职务，推选副主任孔素素代理市人大常委会主任的职务。

2006年9月28日，常委会第三十五次会议通过，免去吴芸香的常委会安阳街道工作委员会主任职务，叶碎弟的常委会安阳街道工作委员会副主任职务，陈国荣的常委会玉海街道工作委员会主任职务，王式林的常委会东山街道工作委员会主任职务，林品香的常委会东山街道工作委员会副主任职务，陈积龙的常委会上望街道工作委员会主任职务，蔡树勇的常委会潘岱街道工作委员会主任职务。任命尤碎林为常委会代表工作委员会副主任，周佐胜为常委会农村经济和资源保护工作委员会副主任，吴存滔为常委会办公室副主任，林国正为常委会代表工作委员会委员，胡迪年为常委会安阳街道工作委员会主任，郑永清、蔡红英为常委会安阳街道工作委员会副主任，苏尚国为常委会玉海街道工作委员会主任，黄秀平为常委会玉海街道工作委员会副主任，卢建华为常委会东山街道工作委员会主任，刘建光、林赛赛为常委会东山街道工作委员会副主任，胡存瑞为常委会上望街道工作委员会主任，毛爱英为常委会上望街道工作委员会副主任，郑光林为常委会潘岱街道工作委员会主任，王步水为常委会潘岱街道工作委员会副主任，郑锡文、潘礼林为常委会锦湖街道工作委员会副主任。

2006年11月29日，常委会第三十六次会议通过，免去陈绍华的常委会农村经济和资源保护工作委员会副主任职务；任命李国民为常委会法制工作委员会副主任，张中姆为常委会财政经济工作委员会副主任，石亮为常委会代表工作委员会副主任，潘贻高为常委会办公室副主任，谢思孝为常委会教育科学文化卫生工作委员会副主任。

二、决定任免市政府及其工作部门人员

2003年5月8日，常委会第二次会议通过，决定任命：苏德贤为市发展计划局（粮食局）局长，唐晓华为市经济贸易局局长，叶耀国为市教育局局长，项其法为市科学技术局局长，吴瑞平为市民族宗教事务局局长，叶望庆为市公安局局长，虞希鹏为市监察局局长，池万好为市民政局局长，马可煊为市司法局局长，江孟甫为市财政局局长，程金松为市人事局局长，彭希超为市劳动和社会保障局局长，林宝录为市国土资源局局长，倪希杰为市规划建设局局长，张银华为市交通局局长，郑邦良为市水利局局长，王永旺为市农业局（林业局）局长，陈志明为市海洋与渔业局局长，尤碎林为市文化局局长，郑顺昆为市卫生局局长，金爱忠为市计划生育局局长，郑银鹏为市审计局局长，陈荣臻为市统计局局长，孙兴隆为市环境保护局局长，王国伟为市人民政府侨务办公室主任。

2003年10月31日，常委会第五次会议通过，决定免去项其法的市科学技术局局长职务。

2004年1月8日，常委会第八次会议通过，决定免去郑邦良的市水利局局长职务，决定任命黄玲香为市科学技术局局长、金邦义为市水利局局长。

2004年7月30日，常委会第十二次会议通过，决定免去吴瑞平的市民族宗教事务局局长职务，决定任命胡志酬为市民族宗教事务局局长。

2004年11月3日，常委会第十四次会议通过，决定接受张加波、项力克辞去市人民政府副市长职务，决定任命叶建辉、林济晚为市人民政府副市长。

2005年1月19日，常委会第十七次会议通过，决定任命张正良为市安全生产监督管理局局长。

2005年2月22日，常委会第十八次会议通过，决定接受徐晓辞去市人民政府副市长职务；决定免去唐晓华的市经济贸易局局长职务，陈荣臻的市统计局局长职务，决定任命陈荣臻为市经济贸易局局长。

2005年4月8日，常委会第二十次会议通过，决定任命陈林为市人民政府副市长，决定任命尤碎林为市文化广电新闻出版局局长、免去其市文化局局长职务。

2005年6月8日，常委会第二十一次会议通过，决定任命曾其松为市统计局局长。

2005年8月18日，常委会第二十三次会议通过，决定免去苏德贤的市发展计划局（粮食局）局长职务，金爱忠的市计划生育局局长职务，彭希超的市劳动和社会保障局局长职务；决定任命武爱民为市人民政府副市长、苏德贤为市发展和改革局（粮食局）局长、金爱忠为市劳动和社会保障局局长、林永杰为市人口和计划生育局局长。

2005年9月20日，常委会第二十四次会议通过，决定免去江孟甫的市财政局局长职务，决定任命蒋良奉为市财政局局长。

2006年1月5日，常委会第二十七次会议通过，决定任命吴娜丽为市人民政府副市长。

2006年7月20日，常委会第三十三次会议通过，决定接受叶春江辞去市人民政府市长职务，决定任命蒋珍明为市人民政府副市长、代理市长职务。

2006年9月28日，常委会第三十五次会议通过，决定免去尤碎林的市文化广电新闻出版局局长职务，胡志酬的市民族宗教事务局局长职务，决定任命李志林为市文化广电新闻出版局局长、周晓华为市民族宗教事务局局长。

2006年11月29日，常委会第三十六次会议通过，决定接受彭永松辞去市人民政府副市长职务；决定免去虞希鹏的市监察局局长职务，决定任命钱世安为市监察局局长。

三、任免市人民法院审判人员及人民陪审员

2004年2月24日，常委会第九次会议通过，免去张加梁的市人民法院塘下人民法庭庭长职务，季飞熊的市人民法院仙降人民法庭庭长职务，钟瑞松的市人民法院审判监督庭庭长职务，周美琛的市人民法院马屿人民法庭庭长职务，薛中卫的市人民法院执行庭副庭长职务，夏爱福的市人民法院高楼人民法庭副庭长职务，曹启巧的市人民法院执行庭副庭长职务，戴大良的市人民法院陶山人民法庭副庭长职务，李钱胜的市人民法院立案庭副庭长职务，曾国相的市人民法院民事审判庭副庭长职务，高顺明的市人民法院湖岭人民法庭副庭长职务，蔡邦建的市人民法院塘下人民法庭副庭长职务，叶挺友的市人民法院经济审判庭庭长职务，赵旺弟的市人民法院行政审判庭庭长职务。任命张加梁为市人民法院民事审判第一庭庭长，季飞熊为市人民法院民事审判第二庭庭长，钟瑞松为市人民法院行政审判庭庭长，周美琛为市人民法院审判监督庭庭长，薛中卫为市人民法院塘下人民法庭庭长，夏爱福为市人民法院马屿人民法庭庭长，曹启巧为市人民法院陶山人民法庭庭长，戴大良为市人民法院民事审判第一庭副庭长，李钱胜为市人民法院民事审判第二庭副庭长，曾国相为市人民法院立案庭副庭长，高顺明为市人民法院执行庭副庭长，蔡邦建为市人民法院执行庭副庭长，李冰为市人民法院塘下人民法庭副庭长，林波为市人民法院马屿人民法庭副庭长，王俊为市人民法院陶山人民法庭副庭长。

2004年4月29日，常委会第十次会议通过，任命刘玉明、戴卫国、朱小微、陈文忠、陈巾帼、孟海峰、朱李江、邱曙剑、蔡木义、陈金春、郑慎勇、涂圣通等12人为市人民法院审判员。

2004年9月29日，常委会第十三次会议通过，决定接受李炳权辞去市人民法院院长、审判委员会委员职务；任命赵建华为市人民法院副院长、审判委员会委员，决定代理院长职务。

2004年12月3日，常委会第十五次会议通过，免去叶胜的市人民法院莘塍人民法庭庭长职务。

2005年1月19日，常委会第十七次会议通过，免去曾国相的市人民法院立案庭副庭长职务，张英妹的市人民法院立案庭副庭长职务；任命曾国相为市人民法院刑事审判庭副庭长，张英妹为市人民法院民事审判第一庭副庭长。

2005年4月8日，常委会第二十次会议通过，免去王俊的市人民法院陶山人民法庭副庭长职务；任命薛箴言、丁瑞芳、蔡丽娜、黄其宁、马庆可、涂波、夏克明、林瑞东、董学认、张锦钢、钟运珍、倪国敏、魏杨豹、陈万敏14人为市人民法院审判员；王志欢、吴孔衡、狄吟雪、戈金华、江建明、陈瑞荣、吴贤娜、南小华、李伟国、陈继业、吴雪梅、何国辉、林仕胜、单锡、吴献贵、黄秀华、陆永海、陈建弟、池仁龙、刘光松、王雪梅、何玉英、余贤涤、秦传光、陈国琴、孙亨、鲍英存、金品育、谢炳珍、杨仁忠、林自标、张维泽、黄晓燕、陈延章、林爱华、蔡媛妹、蔡悦梅、王银兰、南瑞咸、杨协敏、徐协金、叶信者、潘光兴、吴小珠、郑丹丹、潘协星等46人为市人民陪审员。

2005年9月20日，常委会第二十四次会议通过，任命叶胜、包晓春为市人民法院审判员。

2006年4月7日，常委会第三十次会议通过，免去叶航的市人民法院立案庭副庭长职务，张英妹的市人民法院民事审判第一庭副庭长职务，季飞熊的市人民法院民事审判第二庭庭长职务，戴银模的市人民法院塘下人民法庭副庭长职务，高顺明的市人民法院执行庭副庭长职务；任命薛光伟为市人民法院民事审判第二庭庭长，叶航为市人民法院民事审判第一庭副庭长，张英妹为市人民法院立案庭副庭长，胡爱华为市人民法院民事审判第二庭副庭长，李震宇为市人民法院执行庭副庭长，吴婉如为市人民法院塘下人民法庭副庭长，张德朝为市人民法院马屿人民法庭副庭长，周新弟为市人民法院陶山人民法庭副庭长，诸葛伟为市人民法院陶山人民法庭副庭长，季飞熊、戴银模、何建荣、张婉仪、连永考为市人民法院审判员。

2006年9月28日，常委会第三十五次会议通过，免去戴贤信的市人民法院副院长、审判委员会委员职务，叶挺友、赵旺弟的市人民法院审判委员会委员职务，胡绍良的市人民法院刑事审判庭庭长职务，周林平的市人民法院执行庭庭长职务，蔡邦建的市人民法院执行庭副庭长职务；任命吴荣者为市人民法院副院长，陈光琳、张加梁为市人民法院审判委员会委员，周林平为市人民法院刑事审判庭庭长，蔡邦建为市人民法院刑事审判庭副庭长。

四、任免市人民检察院检察人员

2003年5月8日，常委会第二次会议通过，免去黄建安的市人民检察院副检察长、检察委员会委员职务，毛顺汉的市人民检察院副检察长、检察委员会委员职务，彭永丰的市人民检察院检察委员会委员职务；任命赵卫华为市人民检察院副检察长、检察委员会委员，林长汉、潘玉红为市人民检察院副检察长，钟莲莲为市人民检察院检察委员会委员，肖美新、缪建胜、杨晓斌、林正览、潘晓勇、曾建忠、汤建荣为市人民检察院检察员。

2003年7月9日，常委会第三次会议通过，免去杨建金、林显权、金锦水、潘玉铃的市人民检察院检察员职务。

2003年9月3日，常委会第四次会议通过，任命王争峰为市人民检察院检察委员会委员。

2003年10月31日，常委会第五次会议通过，免去潘晓勇的市人民检察院检察员职务。

2004年1月8日，常委会第八次会议通过，任命姜瑞生为市人民检察院检察委员会委员，陈磊、林志秋、翁元浩、蔡国成、黄相迪、李盛哲为市人民检察院检察员。

2004年7月30日，常委会第十二次会议通过，任命柳洲业为市人民检察院副检察长、检察委员会委员，应维新为市人民检察院检察委员会委员。

2005年1月19日常委会第十七次会议通过，免去李若团、王木根、洪顺果、鲍莹莹的市人民检察院检察员职务。

2005年4月8日，常委会第二十次会议通过，免去钟莲莲的市人民检察院检察委员会委员、检察员职务。

2005年10月19日，常委会第二十五次会议通过，任命叶月兰、朱琴弟、沈晓亮、张黎明、陈添友、林景晗、黄龙彬、潘光顺为市人民检察院检察员。

2006年6月7日，常委会第三十一次会议通过，决定接受程兰生辞去市人民检察院检察长、检察委员会委员职务；任命黄清钰为市人民检察院副检察长、检察委员会委员；免去柳洲业的市人民检察院副检察长、检察委员会委员职务，吴向东、池秀荣、林友进的市人民检察院检察员职务。

2006年6月12日，常委会第三十二次会议通过，决定黄清钰代理市人民检察院检察长职务。

2006年11月29日，常委会第三十六次会议通过，免去赵卫华的市人民检察院副检察长、检察委员会委员职务，彭永丰的市人民检察院检察员职务；任命包识途为市人民检察院检察员。

五、辞去和补选温州市人大代表

2004年2月24日，常委会第九次会议补选李泽明为温州市第十届人民代表大会代表。

2004年12月21日，常委会第十六次会议补选黄长安为温州市第十届人民代表大会代表；决定接受林步猛辞去温州市第十届人大代表。

第二节　第十四届人事任免工作

一、任免市人大及其常委会办事机构、工作机构人员

2007年3月14日，常委会第一次会议通过，任命吴存滔为常委会办公室主任，李国民为常委会法制工作委员会主任，张中娒为常委会财政经济工作委员会主任，陈光顺为常委会教育科学文化卫生工作委员会主任，周佐胜为常委会农村经济和资源保护工作委员会主任，尤碎林为常委会代表工作委员会主任，周莉娜、潘贻高为常委会办公室副主任，吴旭华为常委会法制工作委员会副主任，黄淼为常

委会财政经济工作委员会副主任，谢思孝为常委会教育科学文化卫生工作委员会副主任，石亮为常委会代表工作委员会副主任，王育伦、冯蒋华、许乙川、吴福英、林德洧、黄金良、韩忠华、虞建忠为常委会法制工作委员会委员，王永清、余建木、余建勇、张棪清、林学凑、林振光、戴长春为常委会财政经济工作委员会委员，王志成、刘松峰、陈晖、张存法、南小华为常委会教育科学文化卫生工作委员会委员，李启林、林化飞、林建华、金振钱、谢公荣、潘凤春为常委会农村经济和资源保护工作委员会委员，毛式全、张力成、陈阿杰、何茂林、陈金林、吴学彬、李盛华为常委会代表工作委员会委员。

2008年1月10日，常委会第七次会议通过，任命徐军凯为常委会代表工作委员会委员。

2009年5月20日，常委会第十九次会议通过，免去潘贻高的常委会办公室副主任职务；任命胡志跃为常委会城乡建设环境保护工作委员会主任，潘贻高为常委会农村经济和资源保护工作委员会副主任，邵万延为常委会办公室副主任，金国锐为常委会城乡建设环境保护工作委员会副主任。

2009年6月26日，常委会第二十次会议通过，免去胡存瑞的常委会上望街道工作委员会主任职务，任命黄文光为常委会上望街道工作委员会主任。

2009年8月21日，常委会第二十一次会议通过，免去张棪清、林学凑的常委会财政经济工作委员会委员职务；任命林圣赞、吴方建为常委会法制工作委员会委员，池仁川、林昌洪、林德清为常委会财政经济工作委员会委员，朱国荣、张棪清、林学凑、周锡友、项旭东、南秀红、黄万青为常委会城建环保工作委员会委员。

2009年10月21日，常委会第二十二次会议通过，免去卢生可、黄秀平的常委会玉海街道工作委员会副主任职务，潘竹平的常委会上望街道工作委员会副主任职务；任命王瑞玲、刘杰为常委会玉海街道工作委员会副主任，周永斌为常委会上望街道工作委员会副主任。

2010年7月6日，常委会第三十二次会议通过，决定接受盛志荣辞去市人大常委会副主任职务。

2010年8月31日，常委会第三十三次会议通过，免去刘建光的常委会东山街道工作委员会副主任职务，何茂林的常委会代表工作委员会委员职务，谢公荣的常委会农村经济和资源保护工作委员会委员职务；任命陈宝淦为常委会东山街道工作委员会副主任，吴学权为常委会法制工作委员会委员，李斌为常委会代表工作委员会委员。

2010年12月30日，常委会第三十六次会议通过，免去吴旭华的常委会法制工作委员会副主任职务，任命张加梁为常委会法制工作委员会副主任。

2011年6月8日，常委会第四十一次会议通过，任命胡迪年为常委会安阳街道工作委员会主任，王重斗、林可盛、郑永清为常委会安阳街道工作委员会副主任，苏尚国为常委会玉海街道工作委员会主任，刘杰、董秀洁为常委会玉海街道工作委员会副主任，郑光林为常委会锦湖街道工作委员会主任，王步水、欧阳世锦、林盛森为常委会锦湖街道工作委员会副主任，杨方林为常委会东山街道工作委员会主任，周永斌、陈宝淦、林赛赛为常委会东山街道工作委员会副主任，卢建华为常委会上望街道工作委员会主任，毛爱英、杨朱玲、潘光华为常委会上望街道工作委员会副主任，周识马为常委会莘塍街道工作委员会主任，王挺、林侠、陈连香为常委会莘塍街道工作委员会副主任，陈阿杰为常委会汀田街道工作委员会主任，虞君林、邱献林、王焕达为常委会汀田街道工作委员会副主任，余兆芬为常委会飞云街道工作委员会主任，周宗清、林友弟、兰芳为常委会飞云街道工作委员会副主任，李洪星为常委会仙降街道工作委员会主任，阙瑞东、姚东民、宋乃锐为常委会仙降街道工作委员会副主任，胡仲林为常委会南滨街道工作委员会主任，卢克锋、张成斌、陈昌贤为常委会南滨街道工作委员会副主任。

2011年7月14日，常委会第四十三次会议通过，决定接受张女珍辞去市人大常委会主任职务。

2011年10月18日，常委会第四十五次会议通过，决定接受王庆秋辞去市人大常委会副主任职务。

二、决定任免市政府及其工作部门人员

2007年3月14日，常委会第一次会议通过，决定任命武爱民为市人民政府副市长。

2007年4月11日，常委会第二次会议通过，决定任命：陈林为市人民政府副市长，陈荣臻为市发展和改革局（粮食局）局长，陈迪海为市经济贸易局局长，叶耀国为市教育局局长，黄玲香为市科学技术局局长，周晓华为市民族宗教事务局局长，叶望庆为市公安局局长，钱世安为市监察局局长，王永旺为市民政局局长，项贻康为市司法局局长，苏德贤为市财政局局长，程金松为市人事局局长，陈志明为市劳动和社会保障局局长，倪希杰为市规划建设局局长，池万好为市交通局局长，金邦义为市水利局局长，张金林为市农业局（林业局）局长，周靖为市海洋与渔业局局长，黄友金为市文化广电新闻出版局局长，郑顺昆为市卫生局局长，林永杰为市人口和计划生育局局长，郑银鹏为市审计局局长，曾其松为市统计局局长，马可煊为市环境保护局局长，王国伟为市人民政府侨务办公室主任，张正良为市安全生产监督管理局局长。

2008年1月10日，常委会第七次会议通过，决定免去程金松的市人事局局长职务，决定任命林宝录为市人事局局长。

2008年6月17日，常委会第十一次会议通过，决定免去张正良的市安全生产监督管理局局长职务，决定任命包振明为市安全生产监督管理局局长。

2008年8月13日，常委会第十二次会议通过，决定免去叶望庆的市公安局局长职务；决定任命冯金考为市人民政府副市长，姜迪清为市公安局局长。

2008年11月18日，常委会第十五次会议通过，决定接受蒋珍明辞去市人民政府市长职务，决定任命陈建明为市人民政府副市长、代理市长职务。

2009年5月20日，常委会第十九次会议通过，决定免去叶耀国的市教育局局长职务、郑顺昆的市卫生局局长职务，决定任命王育伦为市教育局局长、廖仕旺为市卫生局局长。

2009年8月21日，常委会第二十一次会议通过，决定任命张本锋、王状武为市人民政府副市长。

2009年11月25日，常委会第二十三次会议通过，决定接受郑邦良辞去市人民政府副市长职务，决定免去陈林的市人民政府副市长职务。

2010年4月15日，常委会第二十九次会议通过，决定免去池万好的市交通局局长职务，陈迪海的市经济贸易局局长职务，王永旺的市民政局局长职务，周晓华的市民族宗教事务局局长职务，金邦义的市水利局局长职务，郑银鹏的市审计局局长职务，陈荣臻的市发展和改革局（粮食局）局长职务，苏德贤的市财政局局长职务，林宝录的市人事局局长职务，曾其松的市统计局局长职务，倪希杰的市规划建设局局长职务，林永杰的市人口和计划生育局局长职务；决定任命池万好为市发展和改革局（粮食局）局长，金少隆为市经济贸易局局长，周逢玉为市民族宗教事务局局长，郑光德为市民政局局长，陈迪海为市财政局局长，王永旺为市人事局局长，薛尧弟为市规划建设局局长，邵万姆为市交通局局长，蔡桂友为市水利局局长，周晓华为市人口和计划生育局局长，金邦义为市审计局局长，苏正旺为市统计局局长。

2010年12月30日，常委会第三十六次会议通过，决定免去周逢玉的市民族宗教事务局局长职务。

2011年5月9日，常委会第四十次会议通过，决定接受叶建辉辞去市人民政府副市长职务，决定任命李无文为市人民政府副市长。

2011年6月8日，常委会第四十一次会议通过，决定免去周晓华的市人口和计划生育局局长职务，决定任命陈立林为市人口和计划生育局局长、林昌勋为市民族宗教事务局局长。

2011年7月6日，常委会第四十二次会议通过，决定接受王状武辞去市人民政府副市长职务，决定任命耿滔、毛建翔为市人民政府副市长。

2011年11月24日，常委会第四十六次会议通过，决定接受陈建明辞去市人民政府市长职务；决定李无文代理市人民政府市长职务；决定接受蒋良奉辞去市人民政府副市长职务。

三、任免市人民法院审判人员及人民陪审员

2007年6月11日，常委会第三次会议通过，任命陈光琳为市人民法院副院长。

2007年9月28日，常委会第五次会议通过，免去周林平的市人民法院审判委员会委员、刑庭庭长职务，任命夏爱福为市人民法院审判委员会委员，肖美新为市人民法院审判员。

2008年1月29日，常委会第八次会议通过，免去夏爱福的市人民法院马屿人民法庭庭长职务，周美琛的市人民法院审判监督庭庭长职务，何小云的市人民法院刑事审判庭副庭长职务，李钱胜的市人民法院民事审判第二庭副庭长职务，诸葛伟的市人民法院陶山人民法庭副庭长职务，吴婉如的市人民法院塘下人民法庭副庭长职务，李冰的市人民法院塘下人民法庭副庭长职务，林波的市人民法院马屿人民法庭副庭长职务，周新弟的市人民法院陶山人民法庭副庭长职务，叶航的市人民法院民事审判第一庭副庭长职务，林瑞鸿的市人民法院少年法庭庭长职务，冯康和的市人民法院审判监督庭副庭长职务，李震宇的市人民法院执行庭副庭长职务，张德朝的市人民法院马屿人民法庭副庭长职务；任命夏爱福为市人民法院刑事审判庭庭长，周美琛为市人民法院民事审判第二庭庭长，何小云为市人民法院少年法庭庭长，李钱胜为市人民法院审判监督庭庭长，诸葛伟为市人民法院马屿人民法庭副庭长，吴婉如为市人民法院刑事审判庭副庭长，李冰为市人民法院少年法庭副庭长，林波为市人民法院民事审

判第一庭副庭长，葛建敏为市人民法院民事审判第二庭副庭长，周新弟为市人民法院行政审判庭副庭长，叶航为市人民法院审判监督庭副庭长，何建荣为市人民法院执行庭副庭长，薛箴言为市人民法院塘下人民法庭副庭长，涂圣通为市人民法院塘下人民法庭副庭长，马庆可为市人民法院马屿人民法庭副庭长，董学认为市人民法院马屿人民法庭副庭长，陈文忠为市人民法院陶山人民法庭副庭长，邢建为市人民法院陶山人民法庭副庭长，丁朝桃为市人民法院审判员。

2008年5月5日，常委会第十次会议通过，任命诸葛伟为市人民法院马屿人民法庭庭长，免去其市人民法院马屿人民法庭副庭长职务。

2008年8月13日，常委会第十二次会议通过，任命苏子文、陈谦雁、林孟、陈学箭为市人民法院审判员。

2008年11月18日，常委会第十五次会议通过，决定接受赵建华辞去市人民法院院长、审判委员会委员职务；任命戎小平为市人民法院副院长、审判委员会委员，决定代理院长职务。

2009年5月20日，常委会第十九次会议通过，免去金品育的市人民陪审员职务，任命叶其仁、李明、彭洁莹、蔡永林、潘伟巨、朱晶鑫、张昕彪为市人民陪审员。

2009年8月21日，常委会第二十一次会议通过，免去陈积业的市人民法院副院长、审判委员会委员、审判员职务，马康宁的市人民法院立案庭庭长职务，陈文忠的市人民法院陶山人民法庭副庭长职务，李冰的市人民法院少年法庭副庭长职务，薛箴言的市人民法院塘下人民法庭副庭长职务；任命胡绍良为市人民法院副院长，马康宁为市人民法院执行庭庭长，陈文忠为市人民法院立案庭庭长，倪国敏为市人民法院塘下人民法庭副庭长，陈金春为市人民法院陶山人民法庭副庭长，苏子文为市人民法院马屿人民法庭副庭长，邱曙剑为市人民法院少年法庭副庭长，黄其宁为市人民法院审判监督庭副庭长，林孟为市人民法院民事审判第三庭副庭长。

2010年7月6日，常委会第三十二次会议通过，任命南小华、吴小珠、南瑞咸、杨协敏、金振钱、林德平、黄小英、陈春燕、林祝波、阮旭华、潘霄剑、黄振、薛迪清、薛宽妹、卢刚、王志栋、何美香、夏建、尤志伟、林孝东、张微萍、吴雪梅、戈金华、宋微微、孙晓秋、张爱萍、潘孝熙、鲍红梅、陈光星、陈晓洁、叶玲玲、陈康雄、何玉英、陈继业、孙亨、狄吟雪、吴大春、吴光寿、徐小云、单锡娒、陈朝勇、陈玲同、余秀勇、李德雄、刘良忠、池仁龙、黄秀华、陆永海、林志寅、黄仕灶、施书赞、林兴飞、沈德尧、王增亨、姜宗省、陈义静、丁爱慈、黄发挺、林晋存、邵小岳、陈建弟、陈纪水、黄树贤、陈海乐等64人为市人民陪审员。

2010年7月6日，常委会第三十二次会议通过，免去马庆可的市人民法院马屿法庭副庭长、审判员职务，赵旺弟、夏祥松、阮洪迪、郑贤舞、钟兆衍的市人民法院审判员职务。

2010年8月31日，常委会第三十三次会议通过，免去项光浓的市人民法院副院长、审判委员会委员职务。

2010年10月27日，常委会第三十四次会议通过，免去夏爱福的市人民法院刑事审判庭庭长职务；任命夏爱福为市人民法院副院长，周林平为市人民法院审判委员会委员。

2010年12月30日，常委会第三十六次会议通过，免去张加梁的市人民法院审判委员会委员、民事审判第一庭庭长、审判员职务，任命吴旭华为市人民法院审判员、审判委员会委员。

2011年4月22日，常委会第三十九次会议通过，免去曹启巧的市人民法院陶山人民法庭庭长职务，薛中卫的市人民法院塘下人民法庭庭长职务，诸葛伟的市人民法院马屿人民法庭庭长职务，李钱胜的市人民法院审判监督庭庭长职务，马康宁的市人民法院执行庭庭长职务，钟瑞松的市人民法院行政审判庭庭长职务，林波的市人民法院民事审判第一庭副庭长职务，陈金春的市人民法院陶山人民法庭副庭长职务，戴大良的市人民法院民事审判第一庭副庭长职务，涂圣通的市人民法院塘下人民法庭副庭长职务，邢建的市人民法院陶山人民法庭副庭长职务，倪国敏的市人民法院塘下人民法庭副庭长职务，周新弟的市人民法院行政审判庭副庭长职务，叶航的市人民法院审判监督庭副庭长职务，叶挺友、周则善的市人民法院审判员职务，吴雪梅、陈海乐的市人民法院人民陪审员；任命曹启巧为市人民法院审判委员会委员，薛中卫为市人民法院审判委员会委员、刑事审判庭庭长，诸葛伟为市人民法院塘下人民法庭庭长，李钱胜为市人民法院马屿人民法庭庭长，薛箴言为市人民法院陶山人民法庭庭长，马康宁为市人民法院民事审判第一庭庭长，钟瑞松为市人民法院民事审判第四庭庭长，林波为市人民法院行政审判庭庭长，张德朝为市人民法院审判监督庭庭长，陈金春为市人民法院执行庭庭长，戴大良为市人民法院民事审判第四庭副庭长，涂圣通为市人民法院民事审判第一庭副庭长，邢建为市人民法院民事审判第一庭副庭长，陈建昌为市人民法院行政审判庭副庭长，傅爱芬、苏其训为市人民法院陶山人民法庭副庭长、审判员，李进、张浩杰为市人民法院塘下人民法庭副庭长、审判员，金秀哲为市人民法院马屿人民法庭副庭长、审判员，邹丽雅、戴亦蕾、冯余芳为市人民法院审判员，林士红、沈兴国为市人民法院人民陪审员。

2011年11月24日，常委会第四十六次会议通过，决定接受戎小平辞去市人民法院院长、审判委员会委员职务；任命张毅为市人民法院副院长、审判委员会委员，决定代理院长职务。

四、任免市人民检察院检察人员

2007年6月11日，常委会第三次会议通过，任命张力东为市人民检察院副检察长；免去王争峰的市人民检察院检察委员会委员、检察员职务，杨晓斌的市人民检察院检察员职务。

2007年9月28日，常委会第五次会议通过，免去肖美新市人民检察院检察员职务。

2008年1月10日，常委会第七次会议通过，任命季敬聚、郑洁、徐本仲为市人民检察院检察员。

2008年6月17日，常委会第十一次会议通过，任命张天煜为市人民检察院检察委员会委员。

2008年8月13日，常委会第十二次会议通过，任命鲍莹莹为市人民检察院检察员。

2008年12月25日，常委会第十六次会议通过，免去金黎平、徐本仲的市人民检察院检察员职务。

2009年12月30日，常委会第二十六次会议通过，免去叶月兰、赵娟的市人民检察院检察员职务，任命吴风云、吴晓萍、林德楷、郑英超为市人民检察院检察员。

2010年10月27日，常委会第三十四次会议通过，免去陈冬梅的市人民检察院检察委员会委员职务；

任命姜瑞生为市人民检察院副检察长、检察委员会委员，林小明为市人民检察院检察委员会委员。

2010年12月30日，常委会第三十六次会议通过，决定接受黄清钰辞去市人民检察院检察长、检察委员会委员职务；决定任命王美鹏为市人民检察院副检察长、检察委员会委员，决定代理检察长职务；免去林长汉的市人民检察院副检察长、检察委员会委员职务。

2011年6月8日，常委会第四十一次会议通过，任命叶桂芳、金城峰、周志华、桂淑娟为市人民检察院检察员。

2011年8月19日，常委会第四十四次会议通过，任命谢华周、潘培东为市人民检察院检察员。

2011年11月24日，常委会第四十六次会议通过，免去周祖鹏的市人民检察院检察员职务。

五、辞去、罢免和补选温州市人大代表

2009年8月21日，常委会第二十一次会议通过，决定罢免戴国森的温州市第十一届人民代表大会代表职务。

2009年12月10日，常委会第二十四次会议补选周少政、王彩莲为温州市第十一届人民代表大会代表。

2010年1月23日，常委会第二十七次会议通过，决定接受陈宝宣辞去温州市第十一届人民代表大会代表职务，补选吴兴荣为温州市第十一届人民代表大会代表。

2010年10月27日，常委会第三十四次会议补选方勇军为温州市第十一届人民代表大会代表。

2010年12月30日，常委会第三十六次会议决定接受应国权辞去温州市第十一届人民代表大会代表职务。

2011年11月24日，常委会第四十六次会议决定接受叶际仁、肖健雄辞去温州市第十一届人民代表大会代表职务。

第三节　第十五届人事任免工作

一、任免市人大及其常委会办事机构、工作机构人员

2012年1月16日，常委会第一次会议通过，任命郑光德为常委会办公室主任，李国民为常委会法制工作委员会主任，张中海为常委会财政经济工作委员会主任，林伟光为常委会教育科学文化卫生工作委员会主任，周佐胜为常委会农村经济和资源保护工作委员会主任，吴存滔为常委会代表工作委员会主任，胡志跃为常委会城乡建设环境保护工作委员会主任，周莉娜为常委会办公室副主任，邵万延为常委会办公室副主任，张加梁为常委会法制工作委员会副主任，黄淼为常委会财政经济工作委员会副主任，黄文祥为常委会教育科学文化卫生工作委员会副主任，谢思孝为常委会教育科学文化卫生工作委员会副主任，黄陈跃为常委会农村经济和资源保护工作委员会副主任，潘贻高为常委会农村经济

和资源保护工作委员会副主任，石亮为常委会代表工作委员会副主任，陈光兴为常委会城乡建设环境保护工作委员会副主任，金国锐为常委会城乡建设环境保护工作委员会副主任。

2012年3月9日，常委会第二次会议通过，任命王上胜、王争峰、冯蒋华、许乙川、吴方建、吴学权、林德洧、韩忠华为常委会法制工作委员会委员，丁建设、池仁川、杨开铭、余建勇、陈月华、林德清、金美福、徐芳、潘贻成为常委会财政经济工作委员会委员，丁良贵、丁彩霞、张建国、陈伟志、金洁丹、钱顺青、黄玉昆、曹高峻、潘明瑞为常委会教育科学文化卫生工作委员会委员，王孔群、王志成、陈永真、陈建仁、林建华、金振钱、周忠育、周爱凤、姜振宇为常委会农村经济和资源保护工作委员会委员，毛式全、刘锋、刘万斌、李盛华、杨宝胜、林丽、郑建俊、徐军凯、谢成本为常委会代表工作委员会委员，张棪清、陈锋、林蓉、林永杰、林孝树、郑建州、南秀红、柴剑锋、韩旭阳为常委会城建环保工作委员会委员。

2012年5月3日，常委会第三次会议通过，免去潘贻高的常委会农村经济和资源保护工作委员会副主任职务；任命胡小珍为常委会农村经济和资源保护工作委员会副主任，林国正为常委会代表工作委员会委员，杨晖为常委会财政经济工作委员会委员。

2012年10月31日，常委会第七次会议通过，任命林显亮为常委会法制工作委员会委员。

2012年11月22日，常委会第八次会议通过，任命沈勇为常委会玉海街道工作委员会副主任。

2013年6月21日，常委会第十三次会议通过，免去张加粱的市第十五届人大常委会法制工作委员会副主任职务，任命洪越明为常委会代表工作委员会副主任。

2013年8月20日，常委会第十四次会议通过，免去虞君林的常委会汀田街道工作委员会副主任职务，林可盛的常委会安阳街道工作委员会副主任职务，李洪星的常委会仙降街道工作委员会主任职务，宋乃锐的常委会仙降街道工作委员会副主任职务；任命虞君林为常委会安阳街道工作委员会副主任，林可盛为常委会汀田街道工作委员会副主任。

2013年9月26日，常委会第十五次会议通过，免去毛爱英的常委会上望街道工作委员会副主任职务，卢克锋的常委会南滨街道工作委员会副主任职务。

2013年12月4日，常委会第十七次会议通过，免去董秀洁的常委会玉海街道工作委员会副主任职务，陈连香的常委会莘塍街道工作委员会副主任职务，林友弟的常委会飞云街道工作委员会副主任职务；任命李晓霞为常委会玉海街道工作委员会副主任，陈伟锋为常委会莘塍街道工作委员会副主任，周旭丽为常委会飞云街道工作委员会副主任。

2014年4月25日，常委会第二十次会议通过，任命吴风云为常委会法制工作委员会委员，余国荣为常委会农村经济和资源保护工作委员会委员。

2014年6月24日，常委会第二十一次会议通过，任命张加粱为常委会办公室副主任，免去杨朱玲的常委会上望街道工作委员会副主任职务。

2014年10月27日，常委会第二十四次会议通过，免去苏尚国的常委会玉海街道工作委员会主任职务，陈阿杰的常委会汀田街道工作委员会主任职务，洪越明的常委会代表工作委员会副主任职务，虞君林的常委会安阳街道工作委员会副主任职务；任命林绍达为常委会玉海街道工作委员会主任，刘淑英为常委会汀田街道工作委员会主任，蔡凤飞为常委会仙降街道工作委员会主任，林元众为常委会财政经济工作委员会副主任。

2014年12月30日，常委会第二十六次会议通过，免去胡仲林的常委会南滨街道工作委员会主任职务，欧阳世锦的常委会锦湖街道工作委员会副主任职务，林赛赛的常委会东山街道工作委员会副主任职务，陈伟锋的常委会莘塍街道工作委员会副主任职务，林可盛的常委会汀田街道工作委员会副主任职务，周旭丽的常委会飞云街道工作委员会副主任职务；任命曾定煜为常委会代表工作委员会副主任，金林为常委会安阳街道工作委员会副主任，张维巧为常委会东山街道工作委员会副主任，夏映林为常委会上望街道工作委员会副主任，涂迪群为常委会莘塍街道工作委员会副主任，戴其盛为常委会汀田街道工作委员会副主任，朱财弟为常委会飞云街道工作委员会副主任，苏小丽为常委会南滨街道工作委员会副主任。

2015年3月2日，常委会第二十八次会议通过，决定接受王建东辞去市人大常委会副主任职务。

2015年4月29日，常委会第三十次会议通过，免去周识马的常委会莘塍街道工作委员会主任职务，周永斌的常委会东山街道工作委员会副主任职务；任命王力为常委会南滨街道工作委员会主任。

2015年6月11日，常委会第三十一次会议通过，免去张中娒的常委会财政经济工作委员会主任职务，刘杰的常委会玉海街道工作委员会副主任职务；任命邵万娒为常委会财政经济工作委员会主任。

2015年7月31日，常委会第三十二次会议通过，免去黄陈跃的常委会农村经济与资源保护工作委员会副主任职务，夏映林的常委会上望街道工作委员会副主任职务，王焕达的常委会汀田街道工作委员会副主任职务；任命诸葛志勇为常委会农村经济与资源保护工作委员会副主任。

2015年8月28日，常委会第三十三次会议通过，任命陈胜泉为常委会预算工作委员会主任。

2015年10月10日，常委会第三十四次会议通过，免去张成斌的常委会南滨街道工作委员会副主任职务。

2015年12月31日，常委会第三十八次会议通过，免去周佐胜的常委会农村经济和资源保护工作委员会主任职务，林元众的常委会财政经济工作委员会副主任职务，张加梁的常委会办公室副主任职务；任命陈继昌为常委会农村经济和资源保护工作委员会主任，林元众为常委会预算工作委员会副主任。

2016年3月31日，常委会第四十次会议通过，免去胡迪年的常委会安阳街道工作委员会主任职务，王重斗、郑永清、金林的常委会安阳街道工作委员会副主任职务，林绍达的常委会玉海街道工作委员会主任职务，沈勇、李晓霞的常委会玉海街道工作委员会副主任职务，郑光林的常委会锦湖街道工作委员会主任职务，王步水、林盛森的常委会锦湖街道工作委员会副主任职务，杨方林的常委会东山街道工作委员会主任职务，张维巧、陈宝淦的常委会东山街道工作委员会副主任职务，卢建华的常委会上望街道工作委员会主任职务，潘光华的常委会上望街道工作委员会副主任职务，王挺、林侠的常委会莘塍街道工作委员会副主任职务，邱献林的常委会汀田街道工作委员会副主任职务，余兆芬的常委会飞云街道工作委员会主任职务，周宗清、朱财弟的常委会飞云街道工作委员会副主任职务，姚东民的常委会仙降街道工作委员会副主任职务；任命阮忠星为常委会安阳街道工作委员会主任，郑余章为常委会安阳街道工作委员会副主任，杨圣远为常委会玉海街道工作委员会主任，许礼和为常委会玉海街道工作委员会副主任，李洪星为常委会锦湖街道工作委员会主任，孙治荣为常委会锦湖街道工作委员会副主任，王小锋为常委会潘岱街道工作委员会主任，洪成国为常委会潘岱街道工作委员会副主任，黄建忠为常委会东山街道工作委员会主任，张聪棉为常委会东山街道工作委员会副主任，虞瑞江为常委会上望街道工作委员会主任，郑祥钏为常委会上望街道工作委员会副主任，郭振伟为常委会莘塍街道工作委员会主任，龚德伏为常委会飞云街道工作委员会主任，朱邦荣为常委会云周街道工作委员会主任，董衍胜为常委会云周街道工作委员会副主任。

2016年4月29日，常委会第四十一次会议通过，免去胡小珍的常委会农村经济和资源保护工作委员会副主任职务，任命张朝银为常委会农村经济和资源保护工作委员会副主任。

2016年5月31日，常委会第四十二次会议通过，免去黄文祥的常委会教育科学文化卫生工作委员会副主任职务，陈光兴的常委会城乡建设环境保护工作委员会副主任职务，诸葛志勇的常委会农村经济和资源保护工作委员会副主任职务。

2016年7月22日，常委会第四十三次会议通过，免去陈胜泉的常委会预算工作委员会主任职务，苏小丽的常委会南滨街道工作委员会副主任职务；任命金林为常委会安阳街道工作委员会副主任，林琴为常委会玉海街道工作委员会副主任，陈德顺为常委会锦湖街道工作委员会副主任，金春杰为常委会莘塍街道工作委员会副主任，夏志东为常委会仙降街道工作委员会副主任。

2016年8月26日，常委会第四十四次会议通过，免去周莉娜的常委会办公室副主任职务，黄淼的常委会财政经济工作委员会副主任职务，石亮的常委会代表工作委员会副主任职务；任命虞锋为常委会财政经济工作委员会副主任，杨晖为常委会代表工作委员会副主任。

2016年9月26日，常委会第四十五次会议通过，决定接受姚松鹤辞去市人大常委会副主任职务。

二、决定任免市政府及其工作部门人员

2012年3月9日，常委会第二次会议通过，决定任命耿滔、毛建翔为市人民政府副市长；决定任命：施巨耀为市人民政府办公室（法制办公室）主任，池万好为市发展和改革局（粮食局）局长，金少隆为市经济和信息化局局长，王育伦为市教育局局长，项贻康为市科学技术局局长，林昌勋为市民族宗教事务局局长，姜迪清为市公安局局长，钱世安为市监察局局长，陈智勇为市民政局局长，蔡虎弟为市司法局局长，薛尧弟为市财政局局长，王永旺为市人力资源和社会保障局局长，李志林为市住房和城乡规划建设局局长，邵万娒为市交通运输局局长，蔡桂友为市水利局局长，张金林为市农业局（林业局）局长，吴学彬为市海洋与渔业局局长，陈继昌为市商务局局长，黄友金为市文化广电新闻出版局局长，廖仕旺为市卫生局局长，陈立林为市人口和计划生育局局长，金邦义为市审计局局长，苏正旺为市统计局局长，包振明为市环境保护局局长，周靖为市人民政府侨务办公室主任，蔡金良为市安全生产监督管理局局长，蔡树勇为市食品药品监督管理局局长。

2012年5月3日，常委会第三次会议通过，决定免去姜迪清的市公安局局长职务，决定任命林振江为市公安局局长。

2012年8月27日，常委会第五次会议通过，决定接受耿滔辞去市人民政府副市长职务，决定任命王桂厅为市人民政府副市长。

2013年4月23日，常委会第十二次会议通过，决定免去陈继昌的市商务局局长职务，苏正旺的市统计局局长职务，池万好的市发展和改革局（粮食局）局长职务，廖仕旺的市卫生局局长职务；决定任命项金敏为市发展和改革局（粮食局）局长，陈继昌为市卫生局局长，苏正旺为市商务局局长，涂秀明为市统计局局长。

2013年8月20日，常委会第十四次会议通过，决定接受毛建翔辞去市人民政府副市长职务，决定任命冯华东为市人民政府副市长。

2013年9月26日，常委会第十五次会议通过，决定接受王桂厅辞去市人民政府副市长职务。

2014年2月27日，常委会第十九次会议通过，决定免去吴学彬的市海洋与渔业局局长职务，蔡树勇的市食品药品监督管理局局长职务，陈立林的市人口和计划生育局局长职务，王育伦的市教育局局长职务，蔡桂友的市水利局局长职务；决定任命金建中为市市场监督管理局局长，吴学彬为市教育局局长，蔡树勇为市海洋与渔业局局长，陈立林为市水利局局长。

2014年6月24日，常委会第二十一次会议通过，决定任命吴功宜为市质量技术监督局局长，项光浓为市城市管理与行政执法局局长。

2014年8月5日，常委会第二十二次会议通过，决定任命朱卓瑶为市人民政府副市长。

2014年10月27日，常委会第二十四次会议通过，决定免去项贻康的市科学技术局局长职务，包振明的市环境保护局局长职务；决定任命林德池为市科学技术局局长，周晓华为市环境保护局局长。

2015年2月6日，常委会第二十七次会议通过，决定接受冯华东辞去市人民政府副市长职务。

2015年3月2日，常委会第二十八次会议通过，决定接受李无文辞去市人民政府市长职务，决定任命陈胜峰为市人民政府副市长、代理市长职务。

2015年4月29日，常委会第三十次会议通过，决定任命阿里木江·依干拜地为市人民政府副市长。

2015年6月11日，常委会第三十一次会议通过，决定接受方晖辞去市人民政府副市长职务；决定免去吴功宜的市质量技术监督局局长职务，蔡金良的市安全生产监督管理局局长职务，金少隆的市经济和信息化局局长职务，薛尧弟的市财政局局长职务，邵万媳的市交通运输局局长职务，陈继昌的市卫生局局长职务；决定任命王忠宝为市人民政府副市长，吴功宜为市经济和信息化局局长，林政洪为市财政局局长，蔡金良为市交通运输局局长，池万松为市卫生和计划生育局局长，周晓东为市安全生产监督管理局局长。

2015年7月31日，常委会第三十二次会议通过，决定任命余侠军为市人民政府副市长。

2015年8月28日，常委会第三十三次会议通过，决定免去周靖的市人民政府侨务办公室主任职务，决定任命周靖为市人民政府外事侨务办公室主任。

2015年10月10日，常委会第三十四次会议通过，决定免去项金敏的市发展和改革局（市粮食局）局长职务，苏正旺的市商务局局长职务；决定任命项金敏为市发展和改革局局长，苏正旺为市商务局（市粮食局）局长。

2015年10月30日，常委会第三十五次会议通过，决定免去周晓华的市环境保护局局长职务，施巨耀的市人民政府办公室（法制办公室）主任职务，项金敏的市发展和改革局局长职务；决定任命周晓华为市人民政府办公室（法制办公室）主任。

2015年12月31日，常委会第三十八次会议通过，决定免去吴功宜的市经济和信息化局局长职务，涂秀明的市统计局局长职务，陈智勇的市民政局局长职务，蔡虎弟的市司法局局长职务，张金林的市农业局（林业局）局长职务，黄友金的市文化广电新闻出版局局长职务；决定任命吴功宜为市发展和改革局局长，涂秀明为市经济和信息化局局长，涂小平为市民政局局长，陈智勇为市司法局局长，姜宗羽为市农业局（市林业局）局长，李刃为市文化广电新闻出版局局长，丁良才为市环境保护局局长。

2016年2月24日，常委会第三十九次会议通过，决定免去林昌勋的市民族宗教事务局局长职务，决定任命胡存炯为市统计局局长、许锦业为市民族宗教事务局局长。

2016年5月31日，常委会第四十二次会议通过，决定接受阿里木江·依干拜地辞去市人民政府副市长职务；决定免去钱世安的市监察局局长职务，决定任命吴学权为市监察局局长。

2016年7月22日，常委会第四十三次会议通过，决定接受朱卓瑶辞去市人民政府副市长职务，决定任命蒋承杰为市人民政府副市长。

2016年8月26日，常委会第四十四次会议通过，决定免去蔡树勇的市海洋与渔业局局长职务。

2016年11月24日，常委会第四十七次会议通过，决定接受陈胜峰辞去市人民政府市长职务，决定任命麻胜聪为市人民政府副市长、代理市长职务。

2016年12月9日，常委会第四十八次会议通过，决定接受王忠宝、冯金考辞去市人民政府副市长职务，决定免去林振江的市公安局局长职务；决定任命曾瑞华、林增丰为市人民政府副市长，王小甫为市公安局局长。

三、任免市人民法院审判人员及人民陪审员

2012年5月3日，常委会第三次会议通过，免去戴大良的市人民法院民事审判第四庭副庭长职务，涂圣通的市人民法院民事审判第一庭副庭长职务，吴旭华的市人民法院审判委员会委员职务；任命戴大良为市人民法院民事审判第一庭副庭长，涂圣通为市人民法院民事审判第四庭副庭长。

2012年6月28日，常委会第四次会议通过，免去邱曙剑的市人民法院少年法庭副庭长、审判员职务，林祝波、余秀勇的市人民陪审员职务；任命邵金荣、竺飞升为市人民陪审员。

2012年10月31日，常委会第七次会议通过，免去陆永海的市人民陪审员职务，任命江迪彪、陈心、张自毅、林蓉为市人民陪审员。

2013年2月28日，常委会第十一次会议通过，免去周林平的市人民法院审判员、审判委员会委员职

务，薛中卫的市人民法院刑事审判庭庭长职务，胡爱华的市人民法院民事审判第二庭副庭长、审判员职务，戴贤信、胡权灿的市人民法院审判员职务；任命马康宁、钟瑞松为市人民法院审判委员会委员。

2013年4月23日，常委会第十二次会议通过，免去何小云的市人民法院少年法庭庭长职务，陈文忠的市人民法院立案庭庭长职务，林孟的市人民法院民事审判第三庭（知识产权审判庭）副庭长职务，涂圣通的市人民法院民事审判第四庭（交通事故损赔审判庭）副庭长职务，何建荣的市人民法院执行庭副庭长职务，董学认的市人民法院马屿人民法庭副庭长职务，林志寅的市人民法院人民陪审员职务，张德朝的市人民法院审判监督庭庭长职务，黄其宁的市人民法院审判监督庭副庭长职务，金秀哲的市人民法院马屿人民法庭副庭长职务；任命何小云为市人民法院刑事审判庭庭长，陈文忠为市人民法院少年法庭庭长，林孟为市人民法院民事审判第三庭（知识产权审判庭）庭长，涂圣通为市人民法院立案庭庭长，何建荣为市人民法院审判监督庭庭长，魏杨豹为市人民法院民事审判第一庭副庭长，蔡木义为市人民法院民事审判第二庭副庭长，董学认为市人民法院民事审判第四庭（交通事故损赔审判庭）副庭长，周昕昕为市人民法院民事审判第四庭（交通事故损赔审判庭）副庭长、审判员，戴亦蕾为市人民法院塘下人民法庭副庭长，夏克明为市人民法院马屿人民法庭副庭长，朱文亮为市人民法院陶山人民法庭副庭长、审判员。

2013年6月21日，常委会第十三次会议通过，免去傅爱芬的市人民法院陶山人民法庭副庭长职务，张浩杰的市人民法院塘下人民法庭副庭长职务，张英妹的市人民法院立案庭副庭长职务；任命傅爱芬、张浩杰为市人民法院立案庭副庭长，潘胜华、张丽平、余海瑞、李延锁、王萍萍、萧方训、詹应国、吴晓初、林振宇、黄萍萍、黄益强为市人民法院审判员，唐品存、金飞云、傅斌、陈爱梅、林玲、唐敬英、虞品木、姜江汝为市人民陪审员。

2013年11月5日，常委会第十六次会议通过，免去蔡木义的市人民法院民事审判第二庭副庭长职务，薛迪清的市人民陪审员职务；任命蔡木义为市人民法院金融审判庭副庭长，杨伟荣为市人民法院审判员，沈聪慧、王肖、许道彩、林邦昌、戴玉兰、林少华、吴礼岳、李熊熊、蔡瑞丹、陈志静、董学辉、应峰雷为市人民陪审员。

2014年2月27日，常委会第十九次会议通过，免去周美琛的市人民法院民事审判第二庭庭长职务，陈金春的市人民法院执行庭庭长职务，涂圣通的市人民法院立案庭庭长职务，戴大良的市人民法院民事审判第一庭副庭长职务，冯康和的市人民法院审判员职务；任命周美琛为市人民法院立案庭庭长，陈金春为市人民法院民事审判第二庭庭长，涂圣通为市人民法院执行庭庭长，戴大良为市人民法院民事审判第四庭副庭长，陈谦雁为市人民法院民事审判第一庭副庭长。

2014年4月25日，常委会第二十次会议通过，免去张锦钢的市人民法院审判员职务，虞品木的市人民陪审员职务；任命刘万斌、薛阿仁、阮棉聪、林友信、李秀金、孙健明、黄瑞芬、沈娟娟、黄福祥、黄安平、徐可钱、何调波、孙正树、孙启银、叶少东、项宗南、吴学军、陈钦益、林慧、黄文豪、叶伟东、陈丽华、周高钦、詹小珍、周丽君、王毅、徐余、陈云岚、王小丽、余剑波、黄启山、向世平、胡爱武、黄万兵、王朝奉、李士朴、曹高锋、周洪林、张永跃、陈建宽、陈足柱、高明永、吴建华、方丽明、陈秀飞、潘光荣、孙晓颖、胡超权、叶秀微、项宇鹏、潘建斌等51人为市人民陪审员。

2014年10月27日，常委会第二十四次会议通过，任命蔡永林、何允泽、贾起、方玲飞、林华平、金崇剑、林朝华、谢海丽、陈茂丰、杜宗余、蔡春弟、缪金如、徐启杰、李海燕、王素琴、李成林、翁国平、林庆波、张昕彪、彭洁莹、陈建武、陈继苗、张梅、吴品旺、吴卓进、叶岩安、欧玉峰、潘旖旎、曾伟、刘超卿、马永满、卓德汝、祝小平、林巧、李明、叶其仁、潘春琴、林孝余、徐素、叶传武、缪秋建、王小燕、陈小平、戴小娜、赵庆友、柳小平、林建华、刘海彬、胡怀彪、李伟国、余晓东、钟增伟、吴贤娜、赵雅馨、叶毅、陈晓寅、朱晶鑫、陈美颖、王建新、柳晓斐、黄林庆、刘晓光、李向阳、阮小珍、阮强华、朱丽英、杨仁忠、林道萍、曹隆金、林晓江、贾瑞新、陈萍萍、潘志坚、林德光、董锡林、潘玉荣、陈云华、吴耀煌、董森森、张朝龙等80人为市人民陪审员。

2014年11月28日，常委会第二十五次会议通过，任命何小云为市人民法院审判委员会委员。

2015年2月6日，常委会第二十七次会议通过，免去朱文亮的市人民法院陶山人民法庭副庭长职务，魏杨豹的市人民法院民事审判第一庭副庭长职务，何建荣的市人民法院审判监督庭庭长职务，吴婉如的市人民法院刑事审判庭副庭长职务，张浩杰的市人民法院立案庭副庭长职务；任命金秀哲为市人民法院金融审判庭庭长，李延锁为市人民法院刑事审判庭副庭长，余海瑞为市人民法院民事审判第一庭副庭长，朱文亮为市人民法院民事审判第二庭副庭长，黄萍萍为市人民法院民事审判第三庭副庭长，吴晓初为市人民法院金融审判庭副庭长，魏杨豹为市人民法院马屿人民法庭副庭长，冯余芳为市人民法院陶山人民法庭副庭长，张小清为市人民法院陶山人民法庭副庭长、审判员，张坚键、尹志望、吴国豪、黄儒、孙娟娟、董跃绵为市人民法院审判员。

2015年4月29日，常委会第三十次会议通过，免去戴大良的市人民法院民事审判第四庭副庭长职务，林瑞鸿、刘玉明的市人民法院审判员职务，黄文豪的市人民陪审员职务；任命南小华、吴小珠、杨协敏、金振钱、黄小英、陈春燕、薛宽妹、何美香、夏建、林孝东、张微萍、孙晓秋、潘孝熙、鲍红梅、陈光星、陈晓洁、叶玲玲、何玉英、陈继业、孙亨、狄吟雪、单锡海、陈玲同、黄秀华、施书赞、林兴飞、沈德尧、王增亨、姜宗省、丁爱慈、林晋存、陈纪水、黄树贤、陈祎、池邦义、徐建萍、王飞连、赵威、魏贤西、张伟林、宋慧玲、陈义阔、张宝社、洪海燕、苏琼慧、邵金锡、周钧、薛秋霞、章李娜、池洪义、林红、胡可可、胡晓茹、蔡丽雅、孙建华、金伟星、金素同、林学珍、陈王平、蒋彬格、郑招敏、朱东风、林晓妹、陈荣华、刘秋萍、吴锋洁、项其华、林大进、潘孝东、朱蓓蕾、陈岩金、胡允祝、徐爱香、黄瑞茂、陈兰妹、伍思慈、娄海涛、潘孝春、钟锦兰、蔡瑜莹、潘周妹、王雨雪、杨可可、林文雅、戴丽平、李佩如、鲍志君、何金海、钱文文、魏正峰、林晨曲、董淼、林德存、贾挺国、贾晓琴、郭传荣、柯成建、王志成等98人为市人民陪审员。

2015年6月11日，常委会第三十一次会议通过，免去蔡木义的市人民法院金融审判庭副庭长职务，董学认的市人民法院民事审判第四庭副庭长职务；任命蔡木义为市人民法院民事审判第四庭副庭长，董学认为市人民法院金融审判庭副庭长。

2015年7月31日，常委会第三十二次会议通过，决定接受张毅辞去市人民法院院长、审判委员会委员职务；任命鞠海亭为市人民法院副院长、审判委员会委员、审判员，决定代理院长职务。

2016年3月31日，常委会第四十次会议通过，免去金秀哲的市人民法院金融审判庭庭长职务，李进的市人民法院塘下人民法庭副庭长职务，魏杨豹的市人民法院马屿人民法庭副庭长职务，余海瑞的市人民法院民事审判第一庭副庭长职务，薛中卫的市人民法院审判委员会委员、审判员职务，马康宁的市人民法院民事审判第一庭庭长职务，钟瑞松的市人民法院民事审判第四庭庭长职务，何小云的市人民法院刑事审判庭庭长职务，蔡邦建的市人民法院刑事审判庭副庭长职务，葛建敏的市人民法院民事审判第二庭副庭长职务，黄萍萍的市人民法院民事审判第三庭副庭长、审判员职务，钱昭广、王萍萍、萧方训、邹丽雅的市人民法院审判员职务。任命金秀哲为市人民法院刑事审判庭庭长，李进为市人民法院民事审判第一庭庭长，陈万敏为市人民法院民事审判第四庭庭长，张德朝为市人民法院金融审判庭庭长，黄其宁为市人民法院审判监督庭庭长，魏杨豹为市人民法院民事审判第一庭副庭长，詹应国为市人民法院民事审判第三庭副庭长，余海瑞为市人民法院马屿人民法庭副庭长，黄鸥翔、倪松华为市人民法院审判员，赵珍为市人民陪审员。

2016年5月31日，常委会第四十二次会议通过，免去李延锁的市人民法院刑事审判庭副庭长、审判员职务，张德余的市人民法院审判员职务。

2016年7月22日，常委会第四十三次会议通过，免去薛箴言的市人民法院陶山人民法庭庭长职务，周昕昕的市人民法院民事审判第四庭副庭长职务，陈谦雁的市人民法院民事审判第一庭副庭长职务，诸葛伟的市人民法院塘下人民法庭庭长职务；任命薛箴言为市人民法院塘下人民法庭庭长，倪国敏为市人民法院陶山人民法庭庭长，周昕昕为市人民法院民事审判第一庭副庭长，陈谦雁为市人民法院塘下人民法庭副庭长。

四、任免市人民检察院检察人员

2012年3月9日，常委会第二次会议通过，任命万晓琰、王少天、陈锋、陈瑜娜、金亮亮、赵丹、黄品松、黄荷为市人民检察院检察员。

2012年5月3日，常委会第三次会议通过，免去潘玉红的市人民检察院副检察长职务，任命陈学志为市人民检察院副检察长、检察委员会委员。

2012年10月31日，常委会第七次会议通过，任命林小明为市人民检察院副检察长，林祝峰、林正览、汤建荣、季敬聚为市人民检察院检察委员会委员。

2013年4月23日，常委会第十二次会议通过，免去林庆初、王国良的市人民检察院检察员职务；任命叶晓莲、阮晓静、李秀琴、陈首捷、陈静敏为市人民检察院检察员。

2013年6月21日，常委会第十三次会议通过，免去潘玉红的市人民检察院检察委员会委员职务，任命虞爱玲为市人民检察院检察员。

2013年8月20日，常委会第十四次会议通过，免去陈学志的市人民检察院副检察长职务；任命应维新为市人民检察院副检察长，陈文雅、陈卡特、季国尧、金如玲、郑玲玲、谢盈盈为市人民检察院检察员。

2014年2月27日，常委会第十九次会议通过，免去虞可伟、陈文雅、陈首捷、吴风云的市人民检察院检察员职务，任命孙仲、刘海军、金濛梦为市人民检察院检察员。

2014年4月25日，常委会第二十次会议通过，免去陈冬梅的市人民检察院检察员职务。

2014年8月5日，常委会第二十二次会议通过，免去郑英超、黄品松的市人民检察院检察员职务。

2014年10月27日，常委会第二十四次会议通过，免去陈卡特的市人民检察院检察员职务；任命沈晓亮为市人民检察院检察委员会委员，蔡永节、郑庆雷、涂益棉、傅蝶蝶为市人民检察院检察员。

2015年2月6日，常委会第二十七次会议通过，任命蔡乐为、郭丽香、胡凯、林如倩、项鸿鹏为市人民检察院检察员。

2015年6月11日，常委会第三十一次会议通过，决定接受王美鹏辞去市人民检察院检察长、检察委员会委员职务；任命宣章良为市人民检察院副检察长、检察委员会委员、检察员，决定代理检察长职务；任命林仙芝、欧阳一凡、袁小丽为市人民检察院检察员。

2015年7月31日，常委会第三十二次会议通过，免去陈学志的市人民检察院检察委员会委员、检察员职务。

2016年3月31日，常委会第四十次会议通过，任命陈成淼为市人民检察院检察员。

2016年11月1日，常委会第四十六次会议通过，免去鲍莹莹、陈成淼的市人民检察院检察员职务。

五、补选温州市人大代表

2012年11月22日，常委会第八次会议补选胡纲高为温州市第十二届人民代表大会代表。

2013年12月27日，常委会第十八次会议补选宋志恒为温州市第十二届人民代表大会代表。

2015年10月10日，常委会第三十四次会议补选陈胜峰为温州市第十二届人民代表大会代表。

2015年10月30日，常委会第三十五次会议补选余梅生为温州市第十二届人民代表大会代表。

2015年12月31日，常委会第三十八次会议补选罗军为温州市第十二届人民代表大会代表。

第四节　第十六届人事任免工作

一、任免市人大及其常委会办事机构、工作机构人员

2017年2月20日，常委会第一次会议通过，任命郑光德为常委会办公室主任，黄笃远为常委会代表工作委员会主任，李国民为常委会法制内务司法工作委员会主任，邵万姆为常委会财政经济工作委员会主任，吴学彬为常委会教育科学文化卫生工作委员会主任，张金林为常委会农村经济和资源保护工作委员会主任，陈继昌为常委会城乡建设环境保护工作委员会主任，包振明为常委会预算工作委员会主任。

2017年3月24日，常委会第二次会议通过，任命陈晓洁为常委会办公室副主任，林显亮为常委会法制内务司法工作委员会副主任。

2017年4月27日，常委会第三次会议通过，任命曾定煜为常委会办公室副主任，虞锋为常委会财政经济工作委员会副主任，彭小锋为常委会教育科学文化卫生工作委员会副主任，谢世虎为常委会农村经济和资源保护工作委员会副主任，杨晖为常委会代表工作委员会副主任，金国锐为常委会城乡建设环境保护工作委员会副主任，林元众为常委会预算工作委员会副主任，丁彩霞、王沈敏、王金龙、华小波、何调豹、应辉辉、陈钦益、金晓涛、赵旭春、黄玉昆、潘权威为常委会教育科学文化卫生工作委员会委员，王孔群、王荣弟、林建华、陈勋弟、陈蕾蕾、周忠育、郑永开、游世栋、蔡阿者为常委会农村经济和资源保护工作委员会委员，白舒婷、朱邦荣、张晓勇、陈安平、高晓欢、唐之宇、谢晶晶、蔡友弟、潘贻成为常委会代表工作委员会委员，孔万钦、林蓉、林靖、应生伟、余维洪、刘新亭、郑建洲、姜忠、韩丽华为常委会城乡建设环境保护工作委员会委员，王雨雪、林伟锋、庄小东、李群微、李秀金、张福荣、南洪富为常委会安阳街道工作委员会委员，王雪丹、戈振华、李咏梅、陈冲、金蔚、姜江汝、邹雪松为常委会玉海街道工作委员会委员，孙仁爱、张元龙、陈康进、夏小锋、董晶晶为常委会锦湖街道工作委员会委员，张雪琴、张健、陈璐璐、郑金雨、谢荣斌为常委会潘岱街道工作委员会委员，林宇鹏、朱建波、李新祥、吴智伟、郑雄、夏蒙为常委会东山街道工作委员会委员，林友信、林建肖、陈元锋、陈万清、薛行丰为常委会上望街道工作委员会委员，林侠、阮立胜、吴胜勇、陈余国、陈冬岚、张定焕为常委会莘塍街道工作委员会委员，王树花、李作俊、余宇峰、杨鑫龙、曹阳翔为常委会汀田街道工作委员会委员，王芬、范聪、杨海洁、杨春国、郑小虎为常委会飞云街道工作委员会委员，林帆、余作成、应纪蕴、陈志青、黄克豹为常委会云周街道工作委员会委员，冯小微、余仁业、余中苏、孙小燕、薛孝甫为常委会仙降街道工作委员会委员，张国锋、张春梅、陈士波、陈学军、金振钱、郭飞、薛孝瑞为常委会南滨街道工作委员会委员。

2017年6月23日，常委会第四次会议通过，免去阮忠星的常委会安阳街道工作委员会主任职务。

2017年8月23日，常委会第五次会议通过，免去刘淑英的常委会汀田街道工作委员会主任职务，王力的常委会南滨街道工作委员会主任职务，孙治荣的常委会锦湖街道工作委员会副主任职务；任命胡汝楷为常委会安阳街道工作委员会主任，陈白羽为常委会汀田街道工作委员会主任。

2017年10月31日，常委会第七次会议通过，任命陈士勇为常委会飞云街道工作委员会副主任，蔡坚为常委会云周街道工作委员会副主任。

2017年11月24日，常委会第八次会议通过，免去虞瑞江的常委会上望街道工作委员会主任职务，阙瑞东的常委会仙降街道工作委员会副主任职务；任命赵宏亮为常委会上望街道工作委员会主任，吴世鲁为常委会上望街道工作委员会副主任，孔德财为常委会东山街道工作委员会副主任，鲍树锋为常委会汀田街道工作委员会副主任，林玲海为常委会仙降街道工作委员会副主任。

2018年4月26日，常委会第十二次会议通过，免去曾定煜的常委会办公室副主任职务，任命潘小伟为常委会南滨街道工作委员会主任。

2018年9月20日，常委会第十五次会议通过，任命李景节为常委会办公室副主任。

2018年12月14日，常委会第十七次会议通过，免去许礼和的常委会玉海街道工作委员会副主任职务，任命李辉为常委会玉海街道工作委员会副主任。

2019年1月19日，常委会第十九次会议通过，免去张金林的常委会农村经济和资源保护工作委员会主任职务，包振明的常委会预算工作委员会主任职务；任命陈智勇为常委会农村经济和资源保护工作委员会主任，蔡金良为常委会预算工作委员会主任。

2019年2月27日，常委会第二十次会议通过，任命周靖为市人大法制监察司法委员会副主任委员，陈宗成为市人大财政经济委员会副主任委员。

2019年4月4日，常委会第二十一次会议通过，免去龚德伏的常委会飞云街道工作委员会主任职务，陈白羽的常委会汀田街道工作委员会主任职务，陈昌贤的常委会南滨街道工作委员会副主任职务；任命龚德伏为常委会汀田街道工作委员会主任，林南斌为常委会飞云街道工作委员会主任，李小章为常委会南滨街道工作委员会副主任。

2019年6月28日，常委会第二十三次会议通过，免去陈晓洁的常委会办公室副主任职务，杨圣远的常委会玉海街道工作委员会主任职务，赵宏亮的常委会上望街道工作委员会主任职务，涂迪群的常委会莘塍街道工作委员会副主任职务；任命陈晓洁为常委会玉海街道工作委员会主任，张宏飞为常委会上望街道工作委员会主任，郑贤辉为常委会莘塍街道工作委员会副主任。

2019年8月30日，常委会第二十四次会议通过，免去邵万姆的常委会财政经济工作委员会主任职务；任命蔡仁敏为市人大社会建设委员会副主任委员，薛颖为常委会办公室副主任。

2019年11月25日，常委会第二十七次会议通过，免去郑光德的常委会办公室主任职务，蔡金良的常委会预算工作委员会主任职务，陈宗成的市人大财政经济委员会副主任委员职务，薛颖的常委会办公室副主任职务；任命蔡金良为常委会办公室主任，张加梁为常委会财政经济工作委员会主任、市人大财政经济委员会副主任委员，陈宗成为常委会预算工作委员会主任，薛颖为常委会社会建设工作委员会主任。

2020年4月16日，常委会第三十次会议通过，免去王荣弟的常委会农村经济和资源保护工作委员会委员职务。

2020年6月10日，常委会第三十一次会议通过，任命刘海峰为市人大财政经济委员会副主任委员。

2020年8月12日，常委会第三十二次会议通过，免去金春杰的常委会莘塍街道工作委员会副主任职务，戴其盛的常委会汀田街道工作委员会副主任职务；任命杨圣树为常委会锦湖街道工作委员会副主任，李芝德为常委会上望街道工作委员会副主任，周永胜为常委会莘塍街道工作委员会副主任，黄慧芳为常委会汀田街道工作委员会副主任。

2020年10月23日，常委会第三十四次会议通过，免去吴学彬的常委会教育科学文化卫生工作委员会主任职务，谢世虎的常委会农村经济和资源保护工作委员会副主任职务，虞锋的常委会财政经济工作委员会副主任职务；任命涂秀明为常委会教育科学文化卫生工作委员会主任，谢世虎为市人大财政经济委员会副主任委员，吴风云为常委会农村经济和资源保护工作委员会副主任。

2020年12月16日，常委会第三十五次会议通过，免去陈继昌的市常委会城乡建设环境保护工作委员会主任职务，彭小锋的常委会教育科学文化卫生工作委员会副主任职务，金国锐的常委会城乡建设环境保护工作委员会副主任职务，张朝银的市人大社会建设委员会副主任委员职务；任命曾爱慧为常委会城乡建设环境保护工作委员会主任，薛颖为市人大社会建设委员会副主任委员，彭小锋为市人大社会建设委员会副主任委员，孙仕元为市人大社会建设委员会副主任委员，金国锐为常委会教育科学文化卫生工作委员会副主任。

2021年1月15日，常委会第三十六次会议通过，免去杨晖的常委会代表工作委员会副主任职务、陈晓洁的常委会玉海街道工作委员会主任职务；任命许良伍为市人大财政经济委员会副主任委员，杨晖为常委会社会建设工作委员会副主任，孙克军为常委会代表工作委员会副主任。

2021年3月25日，常委会第三十八次会议通过，免去黄笃远的常委会代表工作委员会主任职务，任命顾荣华为常委会城乡建设环境保护工作委员会副主任。

2021年7月28日，常委会第四十次会议通过，免去谢世虎的市人大财政经济委员会副主任委员职务，张宏飞的常委会上望街道工作委员会主任职务；任命谢骁为常委会代表工作委员会主任。

2021年10月21日，常委会第四十二次会议通过，免去蔡金良的常委会办公室主任职务，尤光娒的市人大法制监察司法委员会副主任委员职务，蔡仁敏、郑祥圣的市人大社会建设委员会副主任委员职务，林显亮的常委会法制内务司法工作委员会副主任职务，顾荣华的常委会城乡建设环境保护工作委员会副主任职务，胡汝楷的常委会安阳街道工作委员会主任职务，金林的常委会安阳街道工作委员会副主任职务，林琴的常委会玉海街道工作委员会副主任职务，李洪星的常委会锦湖街道工作委员会主任职务，陈德顺、杨圣树的常委会锦湖街道工作委员会副主任职务，王小锋的常委会潘岱街道工作委员会主任职务，洪成国的常委会潘岱街道工作委员会副主任职务，黄建忠的常委会东山街道工作委员会主任职务，张聪棉的常委会东山街道工作委员会副主任职务，郑祥钏、李芝德的常委会上望街道工作委员会副主任职务，郭振伟的常委会莘塍街道工作委员会主任职务，周永胜的常委会莘塍街道工作委员会副主任职务，龚德伏的常委会汀田街道工作委员会主任职务，鲍树锋的常委会汀田街道工作委员会副主任职务，兰芳、陈士勇的常委会飞云街道工作委员会副主任职务，朱邦荣的常委会云周街道工作委员会主任职务，董衍胜的常委会云周街道工作委员会副主任职务，蔡凤飞的常委会仙降街道工作委员会主任职务，夏志东、林玲海的常委会仙降街道工作委员会副主任职务，潘小伟的常委会南滨街道工作委员会主任职务，李小章的常委会南滨街道工作委员会副主任职务；任命林绍达为常委会办公室主任，包正碧为市人大法制监察司法委员会副主任委员，林昌勋为市人大社会建设委员会副主任委员，李双双为常委会城乡建设环境保护工作委员会副主任，薛翔晔为常委会安阳街道工作委员会主任，李开展为常委会玉海街道工作委员会主任，林海安为常委会锦湖街道工作委员会主任，王法琼为常委会锦湖街道工作委员会副主任，缪志捷为常委会潘岱街道工作委员会主任，周旭东为常委会东山街道工作委员会主任，林成银为常委会上望街道工作委员会主任，夏荣听为常委会上望街道工作委员会副主任，陈小芳为常委会莘塍街道工作委员会主任，黄春阳为常委会汀田街道工作委员会主任，钱作亨为常委会飞云街道工作委员会副主任，张澄永为常委会云周街道工作委员会主任，叶翔为常委会仙降街道工作委员会主任，鲁仁德为常委会仙降街道工作委员会副主任，陈枫为常委会南滨街道工作委员会主任。

2021年12月9日，常委会第四十三次会议通过，决定接受薛尧弟辞去市人大常委会副主任职务。

二、决定任免市政府及其工作部门人员

2017年3月24日，常委会第二次会议通过，决定任命：蒋承杰、余侠军为市人民政府副市长，吴功宜为市财政局局长，林朝进为市人民政府办公室（市人民政府法制办公室）主任，姜宗羽为市教育局局长，林邦虎为市人力资源和社会保障局局长，傅小锋为市住房和城乡规划建设局局长，陈哲为市海洋与渔业局局长，曾爱慧为市安全生产监督管理局局长。

2017年4月27日，常委会第三次会议通过，决定任命：孔庆吉为市人民政府副市长，王小甫为市公安局局长，叶序锋为市发展和改革局局长，涂秀明为市经济和信息化局局长，林德池为市科学技术局局长，许锦业为市民族宗教事务局局长，涂小平为市民政局局长，陈智勇为市司法局局长，蔡金良为市交通运输局局长，贾建华为市水利局局长，谢钦巨为市农业局（市林业局）局长，苏正旺为市商务局（市粮食局）局长，李刃为市文化广电新闻出版局局长，虞峰云为市卫生和计划生育局局长，金邦义为市审计局局长，胡存炯为市统计局局长，丁良才为市环境保护局局长，周靖为市人民政府外事侨务办公室主任，金建中为市市场监督管理局局长，项光浓为市综合行政执法局局长。

2017年6月23日，常委会第四次会议通过，决定免去项光浓的市综合行政执法局局长职务，决定任命刘玉庭为市综合行政执法局局长。

2017年9月22日，常委会第六次会议通过，决定接受余侠军辞去市人民政府副市长职务。

2017年10月31日，常委会第七次会议通过，决定任命宁华荣为市人民政府副市长。

2017年11月24日，常委会第八次会议通过，决定免去金建中的市市场监督管理局局长职务，决定任命叶昌隆为市市场监督管理局局长。

2018年3月6日，常委会第十一次会议通过，决定任命章平为市人民政府副市长。

2018年6月26日，常委会第十三次会议通过，决定接受孔庆吉、宁华荣辞去市人民政府副市长职务。

2018年8月17日，常委会第十四次会议通过，决定接受蒋承杰辞去市人民政府副市长职务，决定任命陈良为市人民政府副市长。

2018年9月20日，常委会第十五次会议通过，决定免去涂小平的市民政局局长职务，决定任命吴晓宇为市民政局局长。

2019年1月19日，常委会第十九次会议通过，决定接受曾瑞华辞去市人民政府副市长；决定免去林朝进的市人民政府办公室（市人民政府法制办公室）主任职务，曾爱慧的市安全生产监督管理局局

长职务，胡存炯的市统计局局长职务，陈哲的市海洋与渔业局局长职务，傅小锋的市住房和城乡规划建设局局长职务，丁良才的市环境保护局局长职务，谢钦巨的市农业局（市林业局）局长职务，苏正旺的市商务局（市粮食局）局长职务，虞峰云的市卫生和计划生育局局长职务，林德池的市科学技术局局长职务，许锦业的市民族宗教事务局局长职务，陈智勇的市司法局局长职务，蔡金良的市交通运输局局长职务，李刃的市文化广电新闻出版局局长职务，刘玉庭的市综合行政执法局局长职务，周靖的市外事侨务办公室主任职务；决定任命林朝进为市人民政府办公室主任，曾爱慧为市科学技术局局长，刘剑波为市民族宗教事务局局长，胡存炯为市司法局局长，陈哲为市自然资源和规划局局长，傅小锋为市住房和城乡建设局局长，丁良才为市交通运输局局长，谢钦巨为市农业农村局局长，苏正旺为市商务局局长，陈健为市文化和广电旅游体育局局长，虞峰云为市卫生健康局局长，徐军凯为市退役军人事务局局长，刘光享为市应急管理局局长，黄秀杰为市统计局局长，池益华为市医疗保障局局长，朱小波为市综合行政执法局局长。

2019年2月27日，常委会第二十次会议通过，决定任命张榜桃为市人民政府副市长，决定免去金邦义的市审计局局长职务，决定任命林德池为市审计局局长。

2019年4月4日，常委会第二十一次会议通过，决定接受项金敏辞去市人民政府副市长职务，决定任命池万松为市人民政府副市长。

2019年5月24日，常委会第二十二次会议通过，决定接受章平辞去市人民政府副市长职务，决定任命周晓琳为市人民政府副市长。

2019年12月13日，常委会第二十八次会议通过，决定接受麻胜聪辞去市人民政府市长职务，决定任命秦肖为市人民政府副市长、代理市长职务。

2020年4月16日，常委会第三十次会议通过，决定接受张蕙娜辞去市人民政府副市长职务。

2020年6月10日，常委会第三十一次会议通过，决定接受周晓琳辞去市人民政府副市长职务，决定任命孙寒星为市人民政府副市长。

2020年8月12日，常委会第三十二次会议通过，决定接受陈良辞去市人民政府副市长职务，决定免去林朝进的市人民政府办公室主任职务，决定任命林圣赞为市人民政府办公室主任。

2020年10月23日，常委会第三十四次会议通过，决定免去叶昌隆的市市场监督管理局局长职务，涂秀明的市经济和信息化局局长职务；决定任命叶昌隆为市经济和信息化局局长，彭佩辉为市市场监督管理局局长。

2020年12月16日，常委会第三十五次会议通过，决定免去曾爱慧的市科学技术局局长职务，林邦虎的市人力资源和社会保障局局长职务；决定任命王文光为市科学技术局局长。

2021年2月8日，常委会第三十七次会议通过，决定免去谢钦巨的市农业农村局局长职务，决定任命谢钦巨为市人力资源和社会保障局局长，谢骁为市农业农村局局长。

2021年3月25日，常委会第三十八次会议通过，决定免去叶序锋的市发展和改革局局长职务，贾建华的市水利局局长职务，吴功宜的市财政局局长职务，丁良才的市交通运输局局长职务；决定任命潘永华为市发展和改革局局长，叶序锋为市财政局局长，贾建华为市交通运输局局长，舒建忠为市水利局局长。

2021年7月28日，常委会第四十次会议通过，决定免去谢骁的市农业农村局局长职务，决定任命张翔为市农业农村局局长。

2021年10月21日，常委会第四十二次会议通过，决定免去苏正旺的市商务局局长职务，决定任命曹轼为市商务局局长。

2021年12月9日，常委会第四十三次会议通过，决定免去王小甫的市公安局局长职务；决定任命邱忠瑜、郑章辉、麻素挺、包朝阳、陈鹏、陈寒艳为市人民政府副市长，郑章辉为市公安局局长。

2021年12月9日，常委会第四十三次会议通过，决定接受张榜桃、林增丰辞去市人民政府副市长职务。

三、任免市监察委员会组成人员

2017年2月20日，常委会第一次会议通过，任命吴学权、陈良春为市监察委员会副主任，薛嘉言、缪茂盛、章俊俏、林祝峰为市监察委员会委员。

2018年4月26日，常委会第十二次会议通过，免去薛嘉言的市监察委员会委员职务，任命何允海为市监察委员会委员。

2020年12月16日，常委会第三十五次会议通过，决定接受陈朴顺辞去市监察委员会主任职务；任命李辅正为市监察委员会副主任，决定代理主任职务。

2021年12月9日，常委会第四十三次会议通过，决定接受李辅正辞去市监察委员会主任职务；任命朱建芳为市监察委员会副主任，决定代理主任职务。

四、任免市人民法院审判人员及人民陪审员

2017年2月20日，常委会第一次会议通过，任命诸葛伟为市人民法院审判委员会委员。

2017年3月24日，常委会第二次会议通过，免去戴大良、叶航、季飞熊的市人民法院审判员职务。

2017年6月23日，常委会第四次会议通过，免去胡绍良的市人民法院副院长、审判委员会委员、审判员职务，林孝东、张听彪的市人民陪审员职务。

2017年8月23日，常委会第五次会议通过，免去薛箴言的市人民法院塘下人民法庭庭长职务，倪国敏的市人民法院陶山人民法庭庭长职务，陈金春的市人民法院民事审判第二庭庭长职务，涂圣通的市人民法院执行庭庭长职务，詹应国的市人民法院民事审判第三庭副庭长职务，董学认的市人民法院金融审判庭副庭长职务，戴亦蕾的市人民法院塘下人民法庭副庭长职务，魏杨豹的市人民法院民事审判第一庭副庭长职务，陈建昌的市人民法院行政审判庭副庭长职务，冯余芳的市人民法院陶山人民法庭副庭长职务，朱文亮的市人民法院民事审判第二庭副庭长职务，夏克明的市人民法院马屿人民法庭副庭长职务，吴晓初的市人民法院金融审判庭副庭长职务；任命曹启巧为市人民法院副院长，薛箴言

为市人民法院审判委员会委员，倪国敏为市人民法院塘下人民法庭庭长，陈金春为市人民法院陶山人民法庭庭长，涂圣通为市人民法院民事审判第二庭庭长，张浩杰为市人民法院执行庭庭长，詹应国为市人民法院刑事审判庭副庭长，董学认为市人民法院民事审判第一庭副庭长，戴亦蕾为市人民法院民事审判第二庭副庭长，魏杨豹为市人民法院民事审判第三庭副庭长，陈建昌为市人民法院金融审判庭副庭长，冯余芳为市人民法院金融审判庭副庭长，朱文亮为市人民法院金融审判庭副庭长，夏克明为市人民法院行政审判庭副庭长，张丽平为市人民法院塘下人民法庭副庭长，黄益强为市人民法院马屿人民法庭副庭长，孙娟娟为市人民法院陶山人民法庭副庭长。

2017年10月31日，常委会第七次会议通过，任命蔡芳芳、陈成益、张勉、陈也峰、毛小雨、娄晓钦、陈学滨、张小玲、薛远芳、李秋霞、薛林敏、江文杰、董海东、赵章瑜、余谍、林爱玉等16人为市人民法院审判员；免去柳晓斐、林庆波、狄吟雪的市人民陪审员职务。

2018年3月6日，常委会第十一次会议通过，免去叶胜、黄鸥翔的市人民法院审判员职务。

2018年8月17日，常委会第十四次会议通过，免去张小清的市人民法院陶山人民法庭副庭长职务，张坚键的市人民法院审判员职务；任命方飞潮为市人民法院副院长，唐敬英、傅斌、陈爱梅、金飞云为市人民陪审员。

2018年10月30日，常委会第十六次会议通过，免去陈光琳的市人民法院副院长、审判委员会委员职务，马康宁的市人民法院审判委员会委员职务，金秀哲的市人民法院刑事审判庭庭长职务，张英妹、戴大喜、毛小雨的市人民法院审判员职务，陈万敏的市人民法院民事审判第四庭庭长职务，钟瑞松、何小云的市人民法院审判委员会委员职务，周美琛的市人民法院立案庭庭长职务；任命诸葛伟、薛箴言为市人民法院副院长，李钱胜、陈万敏为市人民法院审判委员会委员，钟瑞松、何小云、周美琛、蔡蕾、林瑞、金丹、潘仁珠、王建群为市人民法院审判员。

2018年12月14日，常委会第十七次会议通过，免去苏其训的市人民法院陶山人民法庭副庭长职务，詹应国的市人民法院刑事审判庭副庭长职务，周昕昕的市人民法院民事审判第一庭副庭长职务，余海瑞的市人民法院马屿人民法庭副庭长职务，倪国敏的市人民法院塘下人民法庭庭长职务，李钱胜的市人民法院马屿人民法庭庭长职务；任命金秀哲为市人民法院审判委员会委员，苏其训为市人民法院刑事审判庭庭长，詹应国为市人民法院民事审判第四庭庭长，周昕昕为市人民法院立案庭庭长，尹志望为市人民法院刑事审判庭副庭长，余海瑞为市人民法院民事审判第一庭副庭长，黄儒为市人民法院执行庭副庭长，董跃绵为市人民法院马屿人民法庭副庭长，娄晓钦为市人民法院陶山人民法庭副庭长。

2019年1月19日，常委会第十九次会议通过，任命张浩杰为市人民法院塘下人民法庭庭长，吴晓初为市人民法院马屿人民法庭庭长。

2019年4月4日，常委会第二十一次会议通过，免去张浩杰的市人民法院执行庭庭长职务，张德朝的市人民法院金融审判庭庭长职务；任命张海燕、陈万君、薛迪茅、庄小飞、林勇、金力、陈芳芳、潘孝敏、吴世华、胡立东、任新新、邹渊杰、胡秀微、周武、段玲、王键、胡晓波、林金萍、蔡名剑、余彬茹、张宋华、林魏、胡兰福、叶林学、蔡仁杰、周建光、张丽星、郑丽清、李依、李淑津、夏建松、林华清、杨晓丽、陈余成、陈丹、杨州、蔡常亮、苏尚坚、姜永安、章禄、周安丽、林荣存、叶修修、郑超、洪娟弟、陈敏、王建、杨蔓蔓、鲍巨德、何艳娇、林小珍、黄其伟、吴丽丽、金云莲、朱蓓蕾、陈晓如、陈伟、余建东、金素敏、苏德炯、李明枫、刘小梅、潘明蕾、江松云、蔡海东、蔡晓琴、林飞娜、王冲、王孝松、陈文武、方小华、李秀燕、蔡欢欢、叶强盛、杨少玲、黄华媚、陈锟、林筱丹、钟晓峰、阮文忠、郑拥拥、周成忠、陈珏、黄少娜、杨小艳、温兴班、周玉丹、夏林冬、薛伟庆、孙杰、黄建峰、陈宁、蔡丽平、徐祥建、蔡忠友、陈静、徐扬、周红梅、肖玉锋、陈瑶、丁晓春、陈文华、戴化妆、郑希勇、何雪莲、南展宇、郑顺敏、王强、薛迪朝、黄逢捷、余望、王荣荣、陈志海、张丫丫、张夔夔、林万易、庄晓红、尤小华、林芳芳、林小芬、娄崇斌、黄建秋、金雪、叶文雅、杨娥、高玲玲、杨维健、高王丽、金立遇、章晓龙、李海锋、张雷、郑崇明、徐国静、黄鑫、陈震江、陈建设、陈小新、李福飘、林富、林晓春、应峰雷、洪端艮、林邦昌、竺飞升、林海平、陈志静、李平、虞盛华、吴文庆、王定荣、蔡晓红、卢成平、孙治星、何宵云、孔祥松、张叶三、董德凯、郑国武、陆永海、林建泉、谢美玲、孙钰岷、彭蕾、王肖、谢海燕、夏瑞弟、李熊熊、林则考、雷蕾、蔡国龙、狄吟雪、徐崇水、梁锋、张士布等175人为市人民陪审员。

2019年5月24日，常委会第二十二次会议通过，免去李进的市人民法院民事审判第一庭庭长职务，涂圣通的市人民法院民事审判第二庭庭长职务，林孟的市人民法院民事审判第三庭庭长职务，詹应国的市人民法院民事审判第四庭庭长职务，冯余芳的市人民法院金融审判庭副庭长职务，陈文忠的市人民法院少年法庭庭长职务，黄其宁的市人民法院审判监督庭庭长职务，邢建的市人民法院民事审判第一庭副庭长职务，董学认的市人民法院民事审判第一庭副庭长职务，陈建昌的市人民法院金融审判庭副庭长职务，余海瑞的市人民法院民事审判第一庭副庭长职务，戴亦蕾的市人民法院民事审判第二庭副庭长职务，魏杨豹的市人民法院民事审判第三庭副庭长职务，蔡木义的市人民法院民事审判第四庭副庭长职务，朱文亮的市人民法院金融审判庭副庭长职务，夏克明的市人民法院行政审判庭副庭长职务，黄儒的市人民法院执行庭副庭长职务，傅爱芬的市人民法院立案庭副庭长职务，张丽平的市人民法院塘下人民法庭副庭长、审判员职务；任命李进为市人民法院民事审判一庭庭长，涂圣通为市人民法院民事审判二庭庭长，林孟为市人民法院民事审判三庭（知识产权审判庭）庭长，詹应国为市人民法院民事审判四庭（破产审判庭）庭长，冯余芳为市人民法院综合审判庭（金融审判庭）庭长，陈文忠为市人民法院刑事审判庭副庭长，黄其宁为市人民法院行政审判庭副庭长，邢建为市人民法院民事审判一庭副庭长，董学认为市人民法院民事审判一庭副庭长，陈建昌为市人民法院民事审判一庭副庭长，余海瑞为市人民法院民事审判一庭副庭长，戴亦蕾为市人民法院民事审判二庭副庭长，魏杨豹为市人民法院民事审判三庭（知识产权审判庭）副庭长，蔡木义为市人民法院民事审判四庭（破产审判庭）副庭长，朱文亮为市人民法院综合审判庭（金融审判庭）副庭长，夏克明为市人民法院综合审判庭（金融审判庭）副庭长，黄儒为市人民法院塘下人民法庭副庭长。

2019年9月26日，常委会第二十五次会议通过，决定接受鞠海亭辞去市人民法院院长、审判委员会委员、审判员职务；任命胡丕敢为市人民法院副院长、审判委员会委员、审判员，决定代理院长职务。

2019年10月30日，常委会第二十六次会议通过，免去陈国荣、黄福明的市人民法院审判员职务；任命阮芳芳、蔡振宇、李伟、林江舟、赵依依、高艳为市人民法院审判员。

2020年4月16日，常委会第三十次会议通过，免去吴荣者的市人民法院副院长、审判委员会委员职务；任命马庆可为市人民法院副院长、审判委员会委员、审判员。

2020年6月10日，常委会第三十一次会议通过，任命戴余余、叶剑、陈杰、郑慕杰、杨温、章茹茹、陈建华、王荣华、应晓明、许一雷、袁仁能、蔡倩倩、吴志飞、虞高伟、吕欣欣、黄晓春、陈瑞平、胡晓东、陈蓓蓓、胡慧君、周金荣、金凯、林雷雷、刘德武、薛杏伟、林立铭、周南翔、傅时杰、林茂村、吴静雪、冯鹏、林群娟、韩静、朱勇、孙蓓蕾、陈冬冬、叶凯、朱南环、陈志传、贾兆胜、江少锋、陈乐凡、李国本、潘一洋、叶晓伟、黄文敏、李晓微、施荣、张剑、余文武、林冬香、杨晓青、薛华东、陈晓秋、张伶、潘建海、张异聪、朱晓红、夏勤、许建华、林秋亮、项自强、蔡尔丹、潘传显、胡苑玉、潘东生、林慧静、薛孝利、张云桥、胡林雪、木小敏、陈小如、张婷如、张伟、黄少丽、何国鑫、程鸿鑫、金建燕、熊昌敬、王颖钦、童忠义、王步学、陈晓微、李利芬、冯教俊、郑晓蕾、虞若珍、胡立忠、林长国、王国华、周春云、陈春、金小红、叶云云、倪冬梅、彭苏柱、虞希法、贾小蓉、杨圣泽、陈青云、陈利平、谢作清、朱秀鸟、孙余统、陈道存、钟金宽、叶建挺、徐顺杰、戴成余、涂文乐、蒋海峰、姜希、吴益敏、曹高锋、李明、蔡永林、戴文、林英、何积建、朱虹、孙孝理、徐思思、黄卫星、陈晓东、陈锡蒙、陈实、丁政武、钱和萍、宋奕佩等129人为市人民陪审员。

2020年8月12日，常委会第三十二次会议通过，免去林振宇、吴婉如、朱小微的市人民法院审判员职务。

2020年10月23日，常委会第三十四次会议通过，免去陈金春的市人民法院陶山人民法庭庭长职务，李进的市人民法院民事审判一庭庭长职务，潘仁珠的市人民法院审判员职务；任命陈金春、苏其训为市人民法院审判委员会委员，李进为市人民法院陶山人民法庭庭长，陈丽霞为市人民法院审判员。

2020年12月16日，常委会第三十五次会议通过，免去冯余芳的市人民法院综合审判庭（金融审判庭）庭长职务，黄益强的市人民法院马屿人民法庭副庭长职务，朱文亮的市人民法院综合审判庭（金融审判庭）副庭长职务，陈谦雁的市人民法院塘下人民法庭副庭长职务，孙娟娟的市人民法院陶山人民法庭副庭长职务，魏杨豹的市人民法院民事审判三庭（知识产权审判庭）副庭长职务，方飞潮的市人民法院副院长职务，董学认的市人民法院民事审判一庭副庭长职务，陈建昌的市人民法院民事审判一庭副庭长职务，戴亦蕾的市人民法院民事审判二庭副庭长职务，董跃绵的市人民法院马屿人民法庭副庭长职务；任命冯余芳为市人民法院民事审判一庭庭长，黄益强为市人民法院综合审判庭（金融审判庭）庭长，朱文亮为市人民法院飞云人民法庭副庭长，薛林敏为市人民法院民事审判一庭副庭长，赵章瑜为市人民法院民事审判三庭（知识产权审判庭）副庭长，阮芳芳为市人民法院立案庭（诉讼服务中心）副庭长，蔡振宇为市人民法院刑事审判庭副庭长，陈谦雁为市人民法院民事审判一庭副庭长，孙娟娟为市人民法院民事审判二庭副庭长，魏杨豹为市人民法院综合审判庭（金融审判庭）副庭长，蔡芳芳为市人民法院马屿人民法庭副庭长。

2021年3月25日，常委会第三十八次会议通过，任命陈旭、张荷荷为市人民法院审判员；免去林芳芳、林华清、郑超、黄逢捷、虞若珍、袁仁能、周春云的市人民陪审员职务。

2021年7月28日，常委会第四十次会议通过，免去李秋霞的市人民法院审判员职务。

2021年10月21日，常委会第四十二次会议通过，任命王国春、缪伟剑、朱伟伟、白蒋强、赵骅一、陈娜、陈春燕、王丽丹、戴晓静、谢作月、胡克钦、余海英、陈胜利、李一华、潘成智、叶文静、周小婕、王秀丹、杨万锋、陈安琴、徐爱华、陈晓波、张欢庭、李志武、戴磊、吴建玲、王程鹏、蔡海锋、叶余、肖力、潘光华、李志海、张小新、林孝华、林一程、潘丰海、阮建益、林善锡、张仁爱、黄兆斌、林甲健、谢丙巧、金银芳、潘琴、蔡青新、孙勇、黄奕畅、苏抗抗、南慧丹、翁宵燕、陈丽君、王圣卫、薛磊、周建军、陈亮、郑朝阳、苏仕业、杜小林、傅光锋、杨风、黄爱芬、蔡小祥、陈晓燕、陈士宝、姜雄飞、张沪、黄佳非、叶建燕、陈斌、李丽飞、苏克、林培伟、张一格、詹斯伟、黄亮、余丽妹、黄上武、许杰骇、黄小英、曾步汉、陈尔敏、潘孝东、余雷、郑晓春、黄秀华、杨协敏、陈岩金、郑昌杰、林晓妹、张小英、胡海娜、汪徐华、王丽伟、陈小琴、贾晓琴、林素莲、吴忠献等97人为市人民陪审员。

2021年12月9日，常委会第四十三次会议通过，任命温望望、李梦霞、曹婧为市人民法院审判员。

2022年1月29日，常委会第四十五次会议通过，任命方蓓蓓为市人民法院审判员。

五、任免市人民检察院检察人员

2017年8月23日，常委会第五次会议通过，免去季敬聚的市人民检察院检察委员会委员、检察员职务，叶永贵、林海平、项鸿鹏、郑晓明的市人民检察院检察员职务。

2017年11月24日，常委会第八次会议通过，任命杨奔、潘梦君为市人民检察院检察员。

2018年3月6日，常委会第十一次会议通过，免去张力东、应维新的市人民检察院副检察长、检察委员会委员职务，林祝峰、汤建荣的市人民检察院检察委员会委员职务；任命张天煜、林正览为市人民检察院副检察长。

2018年8月17日，常委会第十四次会议通过，任命金传拉为市人民检察院副检察长、检察委员会委员、检察员。

2018年10月30日，常委会第十六次会议通过，任命陈伊为市人民检察院检察员。

2019年4月4日，常委会第二十一次会议通过，免去潘玉红、郑华、黄龙彬、吴存雪、虞爱玲的市人民检察院检察员职务。

2019年6月28日，常委会第二十三次会议通过，免去林祝峰、汤建荣、林德楷、郑庆雷、蔡国成、周志华、叶萌、包识途、欧阳一凡的市人民检察院检察员职务。

2019年10月30日，常委会第二十六次会议通过，免去李盛哲的市人民检察院检察员职务，任命黄丹、林琼、项馨仪为市人民检察院检察员。

2019年12月13日，常委会第二十八次会议通过，免去金传拉的市人民检察院副检察长、检察委员会委员、检察员职务。

2020年10月23日，常委会第三十四次会议通过，任命缪建胜、翁元浩、陈静敏为市人民检察院检察委员会委员，叶渊、林海珍、林胜超为市人民检察院检察员。

2021年1月15日，常委会第三十六次会议通过，免去叶晓莲的市人民检察院检察员职务。

2021年7月28日，常委会第四十次会议通过，免去林海珍的市人民检察院检察员职务。

2021年12月9日，常委会第四十三次会议通过，决定接受宣章良辞去市人民检察院检察长、检察委员会委员、检察员职务；任命朱捷为市人民检察院副检察长、检察委员会委员、检察员，决定代理检察长职务。

2022年1月29日，常委会第四十五次会议通过，免去杨奔、林胜超、蔡永节的市人民检察院检察员职务；任命郑法梁、张章、何成义为市人民检察院检察员。

六、辞去和补选温州市人大代表

2019年1月19日，常委会第十九次会议决定接受许道火、林永杰辞去温州市第十三届人民代表大会代表职务，补选朱小波、张海飞、郑希鸿为温州市第十三届人民代表大会代表。

2019年5月24日，常委会第二十二次会议决定接受朱荣姆辞去温州市第十三届人民代表大会代表职务。

2020年1月8日，常委会第二十九次会议决定接受陈胜峰辞去温州市第十三届人民代表大会代表职务，补选秦肖、王忠宝为温州市第十三届人民代表大会代表。

第九章　代表工作

人大代表是人民代表大会的主体，是国家权力机关的组成人员，代表人民的利益和意志，依法参与行使国家权力。做好代表工作，充分发挥代表作用，是提高人大工作质量和水平的重要抓手。市十三届至十六届人大常委会坚持人民代表主体地位，把代表工作摆在重要位置，健全完善联系代表机制，不断加强和改进代表工作，加强代表履职培训，拓宽代表履职渠道，激发代表履职活力，强化代表议案建议办理实效，为代表依法履行职权努力做好服务保障工作。

第一节　代表建议批评意见办理

市十三届人大第一次会议至十六届人大第五次会议期间，收到代表10人以上联名提出的议案687件，经大会全体会议表决决定或市人大常委会审议决定的代表议案15件（76件代表议案组合），交市政府办理并报告办理结果。其余转为代表建议处理，连同收到的代表建议共9702件，其中确定重点督办的代表建议169件。按照“既要重结果，又要重过程”的要求，不断完善代表建议“提、办、督、评”全过程管理机制，开展代表建议办理工作评议、“不满意件”的再办理、重点建议“回头看”等活动，建议办理实效不断提升。

一、第十三届人大常委会

常委会相继建立代表建议办理制度，2003年联合市政府和市政协，制订出台《办理人大代表建议和政协委员提案规定》，2006年修订《瑞安市人民代表大会代表建议、批评和意见处理办法》，进一步明确代表建议、批评和意见的基本要求及建议交办、办理和督查的责任，建议办理工作进一步得到规范，形成办理、监督、激励环环相扣的工作机制。常委会坚持办理前联系代表了解想法、办理中联系代表求计问策、办理后联系代表进一步征询建议意见，必要时邀请代表进行现场办理、共同研究对策和措施的“三联系一邀请”的办理程序。每年确定5件代表建议为重点督办内容，由常委会领导督办。通过扩大督办主体、推行网上跟踪督办、组织代表约见督办等多种方式，督办成效较为明显。如马屿代表小组就

"部分村间道路受56省道改建工程建设影响不能通行，给群众生产、生活带来很大不便"，约见56省道工程建设指挥部负责人，该问题引起高度重视，并很快得到解决。代表对建议的办理情况表示满意和基本满意的每年均在98%以上。开展评选代表建议办理工作先进单位和先进个人活动。

二、第十四届人大常委会

常委会强化督办、健全机制，着力增强建议办理实效。5年来，常委会针对代表提出的2471件议案、建议、意见，及时对其进行整理分类，移交"一府两院"办理，并每年从中筛选出7至10件作为重点督办内容。为了更好地督促这些议案建议的办理和落实，常委会不断健全督办机制，通过召开建议交办会交办，由常委会领导和各工委对口督办，在人大、政府网站建立人大建议管理系统进行实时跟踪督办等形式，加大催办督办力度，提高办理时效和质量，切实解决一批群众关注的热点难点问题。针对2009年代表强烈呼吁的建立生态补偿机制问题，常委会高度重视并召集有关单位商议提出相应建议，推动市政府制定出台生态补偿专项资金管理办法，有力支持欠发达地区经济社会发展与生态环境保护。针对2010年代表提出的关于加快农房改造、推进新农村建设的建议，常委会将其作为重要的民生问题，要求市政府加快推进农房改造建设，使这项工作走在温州市前列。

三、第十五届人大常委会

常委会健全完善代表建议办理制度。2012年修订《瑞安市人民代表大会代表建议、批评和意见处理办法》，主任会议通过确定《关于开展代表建议办理工作评议活动的意见》，不断强化代表建议办

2012年9月28日，市人大常委会首次召开代表建议办理工作评议会

理机制制度化、规范化，有力地推进代表建议办理实效，建议“回娘家”现象明显减少。每年确定9至10件代表建议作为重点督办内容，由常委会领导和各工委对口督办，分管副市长领办。每年进行建议办理工作评议，组织代表对10家建议承办单位进行集中评议和量化打分，促使建议办理质量逐年提高。狠抓“不满意件”的再次办理，开展重点建议“回头看”活动，办理实效得到进一步提升。本届，市人大代表共提出各类议案建议2338件，代表满意度保持在95%以上，推动一批代表关心、群众关注的问题得到有效落实。

四、第十六届人大常委会

常委会不断完善代表建议“提、办、督、评”全过程管理机制，5年来提出的2400多件代表建议均在规定时限内办理完毕，办理面商率和问题解决率不断提升，代表满意率保持在95%以上。加强代表建议撰写的培训和指导，着力提升代表建议质量。加强重点建议件督办，每年精选12至16件建议重点件，由常委会领导牵头、工委对口督办、分管副市长领办，以重点件办理推动重点问题解决。加强建议办理工作评议，每年组织代表对10家建议承办重点单位进行集中评议，促使建议办理质量逐年提高。狠抓“不满意件”和具备条件而未完全落实的B类建议的再次办理，切实提高问题解决率。

瑞安市十三届人大第一次会议至十六届人大第五次会议代表建议、批评意见办理情况一览表

表3-6

届次	会议	数量（件）	承办单位（个）	已解决和基本解决情况		正在解决和计划解决		难以解决和留作参考		满意率(％)	党委等其他系统办理量（件）
				（件）	占比(％)	（件）	占比(％)	（件）	占比(％)		
十三届	一次	703	53	282	40.1	382	54.3	39	5.6	96.3	28
	二次	666	57	289	43.0	211	32.0	166	25.0	97.6	22
	三次	478	65	331	69.2	126	26.4	21	4.4	98.0	3
	四次	523	78	137	26.2	216	41.3	170	32.5	98.5	23
十四届	一次	589	56	143	24.2	294	49.9	152	25.9	97.6	71
	二次	418	61	117	28.0	205	49.1	96	22.9	99.5	53
	三次	477	53	209	43.8	180	37.7	88	18.5	98.7	52
	四次	443	64	150	33.9	229	51.7	64	14.4	97.9	33
	五次	307	50	112	36.5	162	52.8	33	10.7	99.0	29
十五届	一次	576	52	246	42.7	210	36.5	120	20.8	98.4	—
	二次	483	70	193	39.8	221	45.9	69	14.3	95.4	—
	三次	441	73	130	29.5	250	56.7	61	13.8	95.9	—
	四次	420	65	130	30.9	243	57.9	47	11.2	96.9	—
	五次	412	57	157	38.1	207	50.3	48	11.6	97.6	—
十六届	一次	506	52	178	35.2	281	55.5	47	9.3	94.5	—

续表 3-6

届次	会议	数量（件）	承办单位（个）	已解决和基本解决情况		正在解决和计划解决		难以解决和留作参考		满意率(%)	党委等其他系统办理量（件）
				（件）	占比(%)	（件）	占比(%)	（件）	占比(%)		
十六届	二次	477	60	187	36.3	257	53.8	33	6.9	96.1	—
	三次	475	51	221	46.5	213	44.9	41	8.6	99.4	—
	四次	482	49	264	54.8	182	37.7	36	7.5	99.3	—
	五次	512	57	289	56.4	154	30.1	69	13.5	99.2	—
合计		9388		3765		4223		1400			314

说明：第十三届、十四届的数据为市政府关于代表建议办理工作情况的报告；第十五届、十六届的数据为市人大常委会代表工委关于代表建议督办情况的报告

瑞安市十五届人大代表优秀议案建议一览表

表3-7

年度—编号	案　由	领衔代表
2012	关于加快旅游业发展推进幸福瑞安建设的议案	张筱珍等6位代表
2012—358	关于正确引导与扶植中小型企业平稳健康发展的建议	王少波
2012—11	关于要求切实解决陶山镇农民住房问题的建议	阮棉聪
2012—285	关于要求切实保障人民群众饮水安全的建议	鲁建丽
2012—384	关于加快万松东路延伸工程建设的建议	吴胜勇
2012—278	关于加快林垟湿地保护和开发的建议	余　凯
2012—398	关于加强江南水系保护的建议	余兆芬
2013	关于加大美丽乡村建设力度的议案	林德池
2013—41	关于塘河支流治理的建议	刘万斌
2013—67	关于加强违法建筑拆后土地利用的建议	王让式
2013—80	关于加强新瑞枫公路交通安全设施建设和安全整治的建议	郑光华
2013—163	关于组建政策性农业融资担保机构帮助解决农业融资难问题的建议	林志寅
2013—478	关于要求解决瓯海“飞地”问题的建议	林克理
2013—11	关于打造中西部山区“天然自行车绿道”网络，助推乡村旅游业发展的建议	何调波
2013—23	关于解决农村住房困难问题的建议	陈茂丰
2013—293	关于解决城市社区居家养老场地的建议	张爱萍
2013—323	关于要求加速对青松路进行拓宽改造的建议	戈振华
2013—339	关于加快建设市老年大学、老干部活动中心的建议	江小娜
2013—341	关于要求尽快启动东山横河黑臭河道综合整治的建议	葛碎仕
2013—403	关于要求加快建设燃气管道和天然气汽车气站的建议	陈碎平
2013—413	关于加强工业垃圾处置的建议	缪德泵
2014	关于推进系统治水，加快美丽水乡建设的议案	王让式等8位代表

续表 3-7

年度一编号	案　由	领衔代表
2014—21	关于禁止使用鞋厂边角料做燃烧原料的建议	李秀金
2014—337	关于规范民办幼儿园办学行为做到持有效证件办学的建议	温　暖
2014—412	关于完善美丽乡村建设的建议	杜左勇
2015	关于加快产城融合发展，争创省级工业强市的议案	刘万斌等2位代表
2015—124	关于加大禁渔期私自捕鱼行为监督力度的建议	吴小珠
2015—137	关于尽快恢复上安农业灌溉引水口的建议	周月清
2015—143	关于农药集中配送保障农产品质量安全的建议	林志寅
2015—155	关于切实加强瑞安市师生应急救护知识培训的建议	周莉娜
2015—178	关于五水共治要从源头治起的建议	何调波
2015—193	关于要求加快村级居家养老照料中心（老人公寓）建设项目的建议	吴胜勇
2015—195	关于加快违法违章用地拆后利用进度的建议	林祥武
2015—250	关于陶山镇针织小微企业创业园建设要求落实用地指标的建议	季光龙
2015—269	关于医保管理的建议	卢章霞
2015—286	关于加强乡镇农贸市场食品安全监管的建议	欧美玲
2015—343	关于打造“美丽曹村千年古镇”的建议	庞子财
2015—356	关于进一步加大对农村住房建设规划和用地指标支持力度的建议	王学满
2015—382	关于解决陶山镇碧山片飞云江流域非法采砂问题的建议	凌传成
2015—388	关于加快推广企业互助还贷增信机制的建议	项春潮
2015—429	关于在56省道延伸线中的104国道至飞云江三桥路段安装公路隔离护栏及路灯等交通安全设施的建议	施经馆
2015—474	关于大力推进休闲农业旅游发展的建议	叶序锋
2015—480	关于大力培育民办社会工作机构，满足人民群众服务需求的建议	孙健明

瑞安市十六届人大代表优秀议案建议一览表

表3-8

年度一编号	案　由	领衔代表
2017	关于推进城市有机更新、打造至美瑞安的议案	王让式等12位代表
2017—459	关于加大陈傅良文化研究和宣传力度的建议	陈金林
2017—528	关于要求市财政局尽快解决征地款拖欠的建议	王让式
2017—529	关于要求尽快实施塘岙底隧道开工建设的建议	王让式
2017—125	关于要求在桐浦镇外桐片增设公交站点的建议	陈红梅
2017—305	关于加大山区美丽乡村建设的建议	黄益卢
2017—387	关于要求足额落实湖岭镇潮基至桂峰农村公路水毁修复暨美丽公路创建工程建设资金的建议	张克勃
2017—540	关于马屿承接温州眼镜产业 打造眼镜“特色小镇”的建议	王小华
2017—337	关于进一步加强农村饮用水安全工作的建议	钱慧娜

续表 3-8

年度—编号	案　由	领衔代表
2017—380	关于解决农村建房审批难的建议	沈振锁
2017—453	关于要求加快飞云江防洪堤平阳坑段建设的建议	凌传栋
2017—109	关于进一步加强老旧小区下水道排污基础设施维护和管理的建议	王雨雪
2017—327	关于瑞安市实验小学改造提升的建议	刘筱静
2017—425	关于借大拆大整之机，加快推进旧城区百年老校有机更新的建议	潘权威
2017—003	关于推进城市有机更新、打造至美瑞安的建议	陈光兴
2017—152	关于加快政策处理，厘清合同纠纷，推进铜盘岛旅游开发的建议	黄建忠
2017—222	关于上望街道启动佳顿华庭和嘉南锦园两证办理的建议	潘孝土
2017—242	关于加快林垟历史文化名镇开发保护的建议	金振钱
2017—310	关于要求将仙降集镇区域保洁纳入市统一管理的建议	余仁业
2017—567	关于加快建设工业专用垃圾消纳场的建议	李学祥
2018	关于加快农村饮用水建设，助力瑞安市全面建成小康社会的议案	吴小春等4位代表
2018—168	关于推进雨污分流管网建设的建议	戴利收
2018—491	关于加强乡镇卫生院改造提升的建议	王让式
2018—447	关于强烈要求打击陶山煤气价格垄断的建议	郑光秀
2018—446	关于加快公益性公墓建设 切实解决群众丧葬难问题的建议	吴炳光
2018—445	关于提高临聘教师待遇的建议	欧美玲
2018—544	关于将林屿线岭头段至瞿湖路吴坑段联网公路列入2018年建设项目的建议	吴献叨
2018—11	关于加快农村饮用水建设的建议	陈忠辉
2018—1	关于加快农村饮用水建设 助力瑞安市全面建成小康社会的建议	林志寅
2018—239	关于解决曹村镇底片三个村农村饮用水问题的建议	连正淡
2018—510	关于解决农村住房困难问题的建议	王　朋
2018—163	关于再次迫切抓紧落实丰湖街危旧房改造的建议	姜江汝
2018—252	关于加快新能源汽车推广及充电基础设施建设的建议	潘贻成
2018—130	关于加快汀田街道校园网调整合理配置教育资源的建议	鲍欢乐
2018—122	关于要求落实上望针织小微园工业地产政策的建议	林友信
2018—572	关于加快建设养老基础设施补齐社会保障发展短板的建议	范　聪
2018—418	关于加快侨贸小镇建设的建议	吴晓宇
2018—433	关于改善云周中小学办学条件的建议	应纪蕴
2018—241	关于改善校园周边交通状况，确保师生安全出行的建议	涂芳芳
2019	关于加快发展养老服务业的议案	王晓妘等10位代表
2019—103	关于规划新能源汽车充电基础设施的建议	徐象龙
2019—107	关于早日构建瑞安社会心理健康体系的建议	陈冬岚
2019—135	关于适当放宽新居民子女义务阶段入学条件 缓解企业招工困难的建议	翁　升
2019—152	关于加快建设瑞安市海洋经济小微创业园的建议	李新祥
2019—166	关于公共交通行车安全的建议	李学祥

续表 3-8

年度一编号	案　由	领衔代表
2019—185	关于打造湖岭镇三十三溪美丽河道的建议	黄洪珍
2019—252	关于建立农村饮用水工程建后管理长效机制的建议	钱慧娜
2019—347	关于要求加大时尚智造小微园土地保障力度的建议	蔡凤飞
2019—358	关于加快推进公园路历史文化街区改造提升工程的建议	吴建国
2019—424	关于要求将开放式小区绿化纳入市政绿化养护管理的建议	王雨雪
2019—482	关于要求市有关部门通力合作 助推桐溪景区开发和提升的建议	鲁建丽
2019—500	关于充分利用村级闲置建设用地的建议	林志寅
2020	关于加快集云山公园建设 满足市民日益增长的休闲健身需求的议案	陈继昌等6位代表
2020—108	关于打造十亿级智能智造机械创业园的建议	应纪蕴
2020—145	关于要求进一步落实学校体育设施向社会开放工作的建议	石　亮
2020—232	关于在单位、小区施行“微循环”停车的建议	李群微
2020—255	关于取消瑞安市公交IC卡年审制度的建议	虞君忠
2020—277	关于推进历史文化名城保护与建设工作的建议	林绍达
2020—313	关于加强瑞安市城市建筑外立面管理工作的建议	郭　雷
2020—323	关于及早出台民宿特色村（集群）帮扶政策的建议	沈振锁
2020—331	关于加强非机动车管理的建议	胡艳琼
2020—334	关于进一步加强保障瑞安市儿童健康权益的建议	涂芳芳
2020—379	关于规范瑞安市国旗使用行为的建议	陈爱雪
2020—393	关于扶持社会组织（社会服务机构）和专业社工人才培养的建议	陈　云
2020—442	关于完善城乡公共体育设施与场地的建议	林志寅
2020—457	关于助推瑞安市制造业高质量发展的建议	李作俊
2020—522	关于塘下镇土地资源出让要与基础设施和公共配套设施建设相同步的建议	戴利收

说明：市十三届、十四届人大代表优秀议案建议无评选文件资料；市十五届、十六届的第五次会议人大代表优秀议案建议无评选文件资料

第二节　闭会期间代表活动

市人大常委会把支持、规范和保障代表依法履职统一起来，探索代表在市人大闭会期间履职尽责、发挥作用的有效途径，组建代表中心组和代表小组，建立代表联络站，制定《关于加强和规范市人大代表闭会期间活动的若干意见》，制定年度活动指导意见，为代表活动的经常性开展提供服务保障。

一、第十三届人大代表活动

2003年，组织代表议案视察组，分别对《加快工业园区建设，缓解瑞安市中小企业用地难》《加

快建设扶贫经济开发区、农业产品加工园区与陶山（片）工业园区，促进中西部经济更快发展》两件议案办理情况进行了视察；温州、瑞安两级代表就赵山渡库区经济可持续发展和飞云江流域治理情况开展会前视察；精心组织代表开展市环保局、市水利局执法工作评议活动，广大代表积极发挥主体作用，对两局执法工作以及执法队伍建设等方面存在的问题，提出100多条意见和建议。

2003年10月15日，市人大常委会召开人大代表评议市环保局、市水利局执法工作会议

2004年，组织代表分4组对《建立有序高效供电机制，基本保证城乡居民生活用电》议案办理情况进行视察；由瑞安市、乐清市、洞头县的省人大代表组成的省十届人大代表温州中心组第二小组视察飞云江流域综合治理和飞云江三桥工程建设情况，提出要尽快解决飞云江沿岸滑坡严重的问题和要求取消潘山翻水站的建议；成立行政执法评议工作领导小组，组织在瑞的温州代表对温州市卫生局行政执法工作进行评议；组织代表对温州市人代会关于推进生态市建设决议落实情况开展视察活动，提出了要加快明确生态市建设总体目标等4条建议；邀请部分代表参加《中华人民共和国环境保护法》《中华人民共和国职业教育法》和《中华人民共和国文物保护法》等法律法规贯彻实施情况的执法检查；组织部分人大代表向原选区选民或选举单位述职，首次安排温州代表在市人大常委会上作述职报告。

2005年，组织代表依法运用较为严厉的监督方式，对政府工作进行监督与推进，人代会期间，湖岭代表团代表就省重点工程的瑞枫公路改建工程存在开工不动工问题依法提出质询案，市长承诺全力以赴如期完成工程，取得较好的监督效果；组织代表参加水污染防治法、中医发展条例、科技进步法等法律法规贯彻实施情况的执法检查活动；对市重点工程建设、10件政府民生实事和林垟片群众吃水难等问题进行视察调研；对《关于加强食品药品安全监管，切实维护人民群众健康的议案》落实情况组织了560余人次的代表视察活动，提出相关的意见和建议。

2006年，组织代表小组长组织活动能力的培训，制定《闭会期间的代表活动指导意见》，规范代表学习和活动，规定全年代表集体活动不少于4次；对人口与计划生育法等法律法规贯彻实施以及新农村建设、为民办实事项目、食品药品安全、职业教育等群众关心的热点难点问题，组织代表执法检查、视察和调研活动，提出切实有效的工作建议；组织代表开展对市环保局、市水利局、市国税局、市人口和计划生育局等4个局的执法评议；对全市“三沿整治情况”，开展了温州、瑞安、乡镇三级代表联合视察活动。

二、第十四届人大代表活动

2007年，建立常委会主任、副主任接待代表和群众来访制度。组织代表开展27次视察、检查、调研活动，视察农村饮用水安全工程实施情况、义务教育审议意见落实情况、“霸王搬运”专项整治决议落实情况以及规范房地产市场、红砖窑治理、垃圾焚烧发电厂建设、废塑料加工整治、无障碍环境建设、夏粮生产和入库、泥石流灾害治理等工作，切实维护了人民群众利益；组织在瑞的省、温州市人大代表视察康庄工程后续工作情况；塘下镇人大组织40多名市、镇两级代表先后两次对本镇教育均衡发展问题进行调查，向市教育局领导提出了约见。

2008年，组织代表开展27次视察、检查、调研活动，组织部分温州市、瑞安市人大代表对丁山10万亩围垦工程建设、温瑞塘河瑞安段综合治理、交通道路建设、医院的建设发展，废塑料加工整治情况、垃圾无害化处理、打黑除恶、创建文化先进市等情况以及行政许可法等法律法规实施情况进行了视察和检查；组织乐清、永嘉、洞头、瑞安等县（市）的省十一届人大代表第三小组会前视察活动；针对马屿镇部分代表到市人大集体来访，反映56省道收费站的设置给马屿片的投资软环境带来较大影响、存在安全隐患等问题，市人大常委会组织有关部门合力解决，该收费站于2009年2月撤销。

2008年10月17日，市人大常委会组织市人大代表视察检查全市废塑料加工整治情况

2009年，组织代表开展38次视察、检查、调研活动，对律师法实施情况和市“两院”规范执法行为、促进司法公正工作听取代表意见，对义务教育工作、瑞安火车站站前物流园区建设、企业应对金

融危机、金银花种植业带动村域经济、市区咪表停车管理、红砖窑治理、集云山公园建设等方面情况邀请部分代表进行了视察；组织代表调研驮庵民族村经济发展情况，40多位省、温州、瑞安人大代表共捐资约30万元，资助民族村建设、救治白血病患者和慰问困难代表；汶川大地震发生后，各级代表纷纷捐款捐物，累计向灾区捐赠一千多万元。

2010年，组织代表对“十一五”时期政府性投资项目、房地产市场、食品安全、高桐公路、农房改造和生态村建设等方面以及开展农业机械化促进法等法律法规贯彻实施情况，开展48次视察、检查、调研活动；对本届一次、二次、四次人代会提出的关于解决农村垃圾处理问题、加快农房建设、加快农村饮用水安全工程建设的议案落实情况进行了专题视察和“回头看”，向市政府提出了要加快落实议案实施方案的意见；安排部分代表参观看守所、参加市区域调整座谈会，积极参政议政。

2011年，围绕当地经济社会发展重大事项和群众关注的民生问题，组织代表开展会前视察，倾听民意，收集建议，为参加人代会做好准备，编制《代表风采》，并举行发行仪式，组织代表视察检查“关于加快农房改造、推进新农村建设的议案”办理情况，抓好建议办理工作的督查落实，对重点建议中涉及的问题组织有关代表跟踪督办，组织新当选的市人大代表进行《代表法》培训。

三、第十五届人大代表活动

2012年，制定《关于市人大常委会组成人员联系市人大代表的若干意见》。组织代表开展调研、视察和执法检查活动37次，常委会领导班子分组带领人大代表深入有关企业和单位调研，提出加强实体经济发展等建议意见；组织6个视察组对加快旅游业发展、推进幸福瑞安建设议案落实情况进行视察；对归侨侨眷权益保护法、矿山安全法、温瑞塘河保护管理条例等法律法规实施情况，组织代表进行执法检查；邀请代表列席人大常委会会议，安排代表参加法院庭审及有关部门工作座谈会，提高参政议政能力。

2013年，组织代表开展执法检查和调研、视察活动70多次，邀请代表围绕常委会审议的议题、各工委确定的监督计划和代表建议落实情况参加调研视察，开展食品安全跟踪监督，科技进步法执法检查和交通安全视察、殡葬改革调研等活动；开展省人大常委会统一部署的“关心母亲河溪，查找水污染源，恪尽代表职责”专项代表活动，省、温州、瑞安和镇四级千名人大代表积极参加，按照“就近、就地和便于活动”的原则，深入上百条母亲河溪开展持证视察和暗访，反映问题530多个，提出加快污水处理厂建设、截污纳管、垃圾处理、河道疏浚等方面的意见建议；部署代表中心组开展活动，组织代表对环保局和教育局的工作情况进行评议；组织在平阳、瑞安的省人大代表活动，视察高楼绿道建设和瓯飞工程建设情况。

2014年，组织代表开展执法检查和调研、视察活动80多次，相继组织代表开展“五水共治”、森林消防、社会养老服务体系、优先发展公交等建设情况的调研视察活动，组织气象法、科技进步法和“一水一条例”等法律法规贯彻实施情况的执法检查；组织省十二届人大代表温州中心组第三小组近15名代表赴马屿镇梅屿蔬菜示范园区、天井垟粮食生产功能区视察瑞安市农业“两区”建设情况；高度关注《关于进一步加强食品安全工作的决议》落实情况，直面“舌尖上的安全”，召开市人大代表食品安全问政会，组成市人大代表食品安全监督团，深入开展食品安全监督活动，先后出动代表200多人次，实地明察暗访100多处食品生产、销售点，梳理提交各类问题53条；邀请部分代表列席人大常委会会议，参加市公安局和市国土局评议工作座谈会等。组织代表参加瑞城治堵、公用自行车开通、矿山治理、陶山湖岭线公交通车、“三改一拆”等督查活动；配合省、温州人大开展“查找不适应全面深化改革要求的法律法规条文”主题活动。

2015年，组织代表对加快产城融合争创工业强市的议案、“转型升级十大组合拳”的落实情况开展问卷调查，推动重大项目建设、引导产业优化升级；全年组织开展执法检查和调研、视察活动80多次，组织代表对献血法、气象法等法律法规实施情况以及河流综合治理、食品安全、旧村改造等政府工作进行监督；组织开展水污染防治“一法一条例”、《浙江省温瑞塘河保护管理条例》等法律法规的执法检查活动，上下联动开展人大代表监督“已治理的河”主题活动；组织省十二届人大代表温州中心组第三小组代表视察城市规划和新农村建设工作；邀请部分代表参加市经信局、市住建局评议工作座谈会、市审管办加快审批制度改革座谈会、市纪委群众路线教育座谈会等。

2015年12月28日，市人大常委会召开食品安全代表评议会

2016年，组织代表开展执法检查和调研、视察活动70多次，对本届人大“加大美丽乡村建设力度”“推进系统治水、加快美丽水乡建设”议案审议意见落实情况进行视察；邀请代表列席常委会会议，安排代表参加食品安全评议会、部门预算听证会等重要监督活动；对照高水平全面建成小康社会的目标，组织全市各级人大代表开展查找“短板”专项活动，积极客观地提出补“短板”的意见建议，为党委科学民主决策提供依据；组织省十二届人大代表温州中心组第三小组代表视察城市规划、

新农村建设、职业教育等各项工作。

四、第十六届人大代表活动

2017年，组织代表视察调研“推进城市有机更新、打造至美瑞安”议案办理工作，针对议案列出的六大重点团块，常委会领导带队分组深入一线，进行“一对一”视察调研、督查指导；各代表中心组依托代表联络站平台，组织各级人大代表参与“剿灭劣Ⅴ类水、人大代表在行动”“助推最多跑一次改革”等代表主题监督活动，动员1200多名省、市、县、乡四级人大代表组成228个监督小组，认领各类河道开展分片督查，发现各类问题353个，提出意见建议281条；围绕瑞安市养老服务业发展状况、基本公共卫生服务工作、医药卫生体制改革、学前教育、扶贫开发、民生实事项目等常委会审议的议题和农产品质量安全法等法律法规实施情况，组织代表开展调查研究和执法检查；每次常委会会议邀请10—12名代表列席会议，力求让每位市人大代表在本届内至少列席人大常委会一次。

2017年3月31日至4月1日，市人大常委会组织市人大代表开展“剿灭劣Ⅴ类水，人大代表在行动”主题活动

2018年，组织代表深入西部乡镇，专题调研“加快农村饮用水安全工程建设 助力瑞安市全面建成小康社会”议案办理情况，并要求乡镇（街道）人大组织辖区内人大代表定期督查推进农村饮用水安全工程；针对停车难、学前教育薄弱、“四小车”整治难等群众反映强烈的难点热点问题，以及城市有机更新议案落实、美丽田园建设、推行“一把扫帚”等工作组织代表监督视察；发动全市各级人大代表组成70多个监督小组，就近开展十大民生实事视察，实时监督项目进展情况；联动开展“助推营商环境提升 人大代表在行动”主题监督活动，组织全市各级人大代表积极查找影响瑞安市营商环境的突出问题；邀请代表参加《中华人民共和国建筑法》《浙江省学前教育条例》《中华人民共和国监察法》等法律法规实施情况的执法检查；组织省人大代表温州中心组第三小组代表视察曹村田园综合体、龙丽温高速瑞安段等工作。

2019年，组织代表开展促进民营经济高质量发展专项监督，推动《浙江省保障“最多跑一次”改革规定》有效落实；上下联动开展“人大代表助力乡村振兴”主题监督活动，广泛动员全市各级人大代表，结合瑞安市4条乡村振兴示范带和22个乡村振兴产业项目内容开展调研、视察，查找出“乡村振兴”战略实施中存在的问题195个，提出意见建议207条，积极为乡村振兴出招献力。围绕常委会审议的议题、各工委确定的监督计划和代表建议落实情况，组织人大代表开展发展养老服务业议案办理、民生实事落实、瓶装燃气管理等专项监督活动，发动全市各级人大代表以代表小组活动的形式就近开展视察，共推民生实事项目落地见效；邀请代表参加《全民健身条例》执法检查，听取代表建议和意见；组织温州市人大代表瑞安中心组代表参加视察置信工业园、中塘河生态慢行廊道、赴文成考察乡村振兴等活动。

2020年，动员全市各级代表带头筹集物资、参与管理，助力瑞安市打赢疫情防控阻击战；聚焦疫情下全市实体经济发展面临的困难和挑战，组织代表专题视察调研高质量发展民营经济工作；邀请代表参加市交通运输局、市农业农村局、市文广旅体局3个部门工作评议和野生动物保护工作、公共卫生安全等专项监督，以及海洋环境保护“一法一条例”和《中华人民共和国公共文化服务保障法》执法检查活动；深化“两个联系”制度，17位市级领导干部代表进联络站开展助推营商环境建设主题活动；组织温州市人大代表瑞安中心组代表视察东新科创园、华峰温商回归项目、赴侨贸小镇和环大罗山科创走廊开展调研活动；组织省人大代表温州中心组第三小组代表视察潘岱街道农村饮用水项目、国旗教育馆和代表联络总站。

2021年，结合“聚民情、汇民智 助力‘十四五’开新局 喜迎建党百年”走访服务选民活动，组织各级人大代表、街道议政代表围绕“助推高水平创新型省份建设”主题，组织专题宣讲、视察调研、进代表联络站开展活动等方式，广泛听取意见建议，助推瑞安创新型城市建设；组织代表开展“学党史强能力 促履职”主题活动；组织代表视察检查食品安全、交通治堵等本年度政府十件民生实事项目办理情况；组织部分温州市第十三届人大代表瑞安中心组代表赴龙湾中国眼谷和瑞安东新科创园开展调研活动。

第三节　代表联系和履职服务保障

常委会始终把联系代表和服务保障代表依法履职摆在重要位置，密切联系代表和群众，重视代表培训学习，开辟代表知政参政渠道。建立健全工作制度，开展评先评优等活动，切实营造良好履职环境。

一、联系代表和群众

市人大常委会建立和完善常委会组成人员联系代表、代表联系群众的“双联系”制度，并随着实践的发展不断深化。第十三届27名常委会组成人员分5组，领导带队定期开展代表联系和走访，组织市人大代表开展“两项”评议，制定《市人大闭会期间代表活动指导意见》等；第十四届35名常委会组成人员分9组定向9个代表中心组开展定期联系代表群众活动，组织市人大代表开展专项视察检查活动，建立常委会主任、副主任接待代表和群众来访制度，推进代表向选民述职工作等；第十五届35名人大常委会组成人员编入原选举单位代表小组、代表联络站定期联系代表群众，制定《关于加强市人大常委会组成人员联系市人大代表的若干意见》《瑞安市人民代表大会代表述职办法（试行）》，组织市人大代表参加部门工作评议、“五水共治”等系列主题活动等；市十六届45名人大常委会组成人员编入原选举单位代表小组、代表联络站开展联系代表群众活动，制定印发《关于完善全市各级人大代表联系人民群众制度的实施意见》《关于市级领导干部人大代表赴代表联络站开展联系人民群众主题活动的通知》，全面推进代表联络站规范化建设和正常运行，实现全市各级人大代表进站全覆盖，建立市人大常委会领导与市人大代表定期座谈制度，到2021年底共召开12次座谈会，参加代表103人，常委会主任叶建辉等领导认真听取代表意见建议等。促进常委会组成人员加强与代表的联系，听取代表的建议、批评和意见，接受代表监督；促进代表深入群众、收集民意、有效履职、接受监督，充分发挥代表主体作用，做好市人大及其常委会各项工作。

2018年10月9日，市委书记陈胜峰以一名普通人大代表身份，走进塘下人大代表联络站，与基层一线的人大代表、群众代表面对面座谈交流

二、代表培训

市十三届人大以来，常委会重视代表履职能力的提高，坚持多种方式抓代表学习和培训。坚持每届至少一次集中培训，每次人大换届之后，组织新当选的全体代表学习代表法、人民代表大会制度的基本理论等，使新一届代表熟悉掌握履职知识。坚持每年举办一至二期人大代表培训班，邀请人大相关法律和理论的专家、领导以及优秀人大代表，为代表讲授法律法规和代表履职知识；组织部分代表赴北戴河全国人大培训中心、中共浙江省委党校、浙江大学、绍兴人大培训基地等参加培训，力求全体代表每届至少轮训一次。2005年，在市委党校召开市人大代表培训会；2007年，在市委党校举办新一届人大代表培训班；2009年，成立人大代表培训讲师团，邀请冯蒋华代表结合自身履职体会，对全

市人大代表如何有效履行人大代表职责授课培训；2010年，在市政会议中心对全市人大代表进行集中培训；2011年，对新当选的陶山、湖岭、马屿和高楼等4个镇人大代表进行《代表法》等知识培训；2012年，在杭州举办代表中心组、代表小组组长培训班；2013年，在高楼举办市人大代表培训班；在省委党校举办加强代表工作、提高代表履职能力培训班；2014年，组织代表工作站站长、乡镇街人大干部和部分代表在绍兴举办代表培训班；2015年，在省委党校组织二期市人大知识培训班，对乡镇街人大干部和代表进行相关业务培训；2017年，组织人大代表55人在省委党校培训学习代表履职、代表联络站建设等代表工作知识；组织60名乡镇街人大干部在绍兴进行培训；2018年，在市政会议中心首次对全体街道议政会代表进行培训，在浙江大学组织部分人大干部和代表培训班，在湖南大学组织40名代表参加党性教育和代表履职知识培训班；2019年，组织百余名代表在浙江大学举办两期市人大代表提升履职能力与思维创新专题培训班；2020年，组织135名人大干部和代表分别在浙江大学和厦门大学举办两期市人大代表培训班。

2017年1月13日，市人大常委会举办第十六届人大代表培训会

三、知政议政

为切实拓宽人大代表知情知政渠道，促进人大代表履职尽责，常委会于2005年首次实行“一府两院”半年工作通报制度，搭建人大代表与“一府两院”沟通交流的有效平台，之后每年召开“一府两院”半年度政情通报会，组织代表听取上半年“一府两院”工作情况，了解下半年的工作思路和工作重点。2014年，常委会又对政情通报会内容进行探索和创新，会前从“一府两院”在市人代会上提出的工作任务中筛选出事关全局和民生的若干重点工作，由各代表中心组进行分组视察和审议；会上由各代表中心组指定代表作中心发言，针对性地提出意见和建议；会后，市人大常委会汇总代表审议意见，函告市政府予以办理，并将结果反馈给代表。2019年开始，“一府两院”半年度政情通报会改在

人大常委会会议上进行。同时，常委会认真落实邀请代表列席常委会会议和其他重要会议制度，有计划地组织代表参加视察检查、评议听证、督办议案建议等活动；定期向人大代表寄送杂志、会刊、资料等，代表知政、议政、督政创造条件。

四、制度保障

常委会坚持落实组成人员联系代表制度，定期不定期走访代表，认真听取代表的意见和呼声；坚持完善议案建议处理办法、履职补助、列席常委会会议座谈会等制度，有力保障代表参政议政的积极性。2003年，建立代表辞职制度，对调离原选区的职务代表依法进行辞补；启用代表视察约见书，对市人大代表约见市"一府两院"及市政府所属部门负责人的情形和使用程序进行规范。2008年，召开温州市、瑞安人大代表各中心组小组长会议和全市人大代表述职工作会议暨塘下镇述职报告现场会，全面推开代表向选民述职工作。2012年，制定《关于加强和规范市人大代表闭会期间活动的若干意见》《瑞安市人民代表大会代表述职办法（试行）》。同年，建立代表履职登记制度，对代表履职情况进行登记和定期考核通报，作为推荐连任、奖惩的依据。2017年，制定《关于政府民生实事人大代表票决项目监督暂行办法》《瑞安市人民代表大会代表约见国家机关负责人暂行办法》《关于完善全市各级人大代表联系人民群众制度的实施意见》《关于市级领导干部人大代表赴代表联络站开展联系人民群众主题活动的通知》等，进一步提高人大代表工作规范化水平，密切人大代表同人民群众的联系。

五、评先评优

为进一步增强代表意识，激发代表履职热情，常委会制定了优秀市人大代表、先进代表小组、先进代表联络站和优秀代表建议等评选活动的意见。市十三届人大以来，开展以履行职责好、参加活动好、联系选民好、学习宣传好、完成任务好、廉洁自律好等"六个好"为标准的优秀市人大代表评选活动，共有562名市人大代表被评为优秀市人大代表。此外，市人大常委会每年还开展先进代表小组、先进代表联络站和优秀代表建议等评选活动，共评选出98个先进代表小组、32个先进代表联络站和110件优秀代表建议。进行《代表风采》编辑和媒体访谈，通过表彰先进，宣传典型来带动瑞安市代表履职水平的整体提升。

第四节　代表联络站建设

一、代表联络站

推进代表联络站建设，既是落实《代表法》的重要举措，也是顺应党对人大和代表工作提出新要求的需要。2011年，常委会主任会议研究确定《关于完善人大代表联系人民群众制度的实施意见》，提出全市各乡镇街道人大应在辖区范围内至少建立一个代表工作站的意见，8月率温州之先在塘下建立首个市人大代表工作站。2012年—2013年，出台《瑞安市人大代表工作站建设的试行意见》，明确人员配备、组织架构、工作职责等相关制度；全市各乡镇街人大陆续推进这项工作，并根据实际情况选择学校、村居、企业等集体场所，创建了29个代表工作站。2014年，根据省人大有关代表联络站建设的意见要求，将全部代表工作站更名为代表联络站，按照有场地、有牌子、有制度、有经费、有活动、有台账等“六个有”标准，强化力量配置，规范工作制度，加大经费补助力度，实现“身边有站、站内有人、群众有诉、代表有应”。2015年初，制定《关于进一步推进全市人大代表联络站建设工作的通知》；5月，召开全市人大代表联络站建设推进会，总结推广4个代表联络站建设的先进经验，提出加强代表联络站“五个化”（推进代表进站全员化、联系活动长效化、联系工作网络化、活动机制规范化、推进舆论宣传多样化）建设；7月，开展建立网上联络站的试点工作。2016年12月，省委副书记、代省长车俊一行到安阳街道人大代表联络站开展联系人民群众主体活动，对瑞安市代表联络站建设工作予以充分肯定。2017年3月—4月，市人大常委会领导分组率队进代表联络站，组织各级代表开展“剿灭劣Ⅴ类水，人大代表在行动”主题活动。6月，召开全市代表联络站建设工作推进会，对全市代表联络站设置、安排五级人大代表进站、加强代表联络站建设等工作进行全面部署，提升建设标准，全市共设34个实体代表联络站，部分代表联络站下设若干代表联络点，开通34个网上代表联络站，进一步拓宽人大代表收集社情民意的渠道；7月，制定《关于市级领导干部人大代表和人大常委会组成人员进代表联络站开展活动的通知》，要求市级领导干部人大代表每年进代表联络站开展活动1次以上，人大常委会组成人员每年进代表联络站开展活动2次以上。2018年5月，召开乡镇、街道人大工作座谈会，专题研究推进代表联络站规范化建设工作；9月，市委书记陈胜峰带头以人大代表身份来到塘下人大代表联络站，与基层一线的人大代表、群众代表座谈交流，专题作出重要批示，要求各相关部门回应群众关切，抓好代表和群体提出的相关问题答复和解决；2018年17名市级领导干部人大代表陆续走进各地人大代表联络站，以代表身份联系群众，以领导身份处理问题，深受人

2018年9月17日，温州市人大常委会主任葛益平（左三）到瑞安调研人大代表联络站工作

民群众的欢迎。2019年，召开全市人大代表联络站建设优化提升工作会议，贯彻落实全国人大常委会委员长栗战书在浙江调研地方人大工作时强调的建设"四好"代表联络站的要求，聚焦主责主业；9月，市委下发《关于市级领导干部人大代表赴代表联络站开展助力温州"打造一流营商环境 建设全国民营经济示范城市"主题活动的通知》，省级以上（含）人大代表和县级以上（含）领导干部人大代表共36人进站开展主题活动。建立联络站评先评优机制，规定每年每个代表中心组评选出1个先进代表联络站，2015年—2021年，共评出54个先进代表联络站。

二、代表联络总站

2019年5月，根据浙江省人大常委会《关于深化全省人大代表联络站工作和建设的指导意见》"设区的市或县（市、区）人大常委会可以根据实际情况，建立本地代表联络总站"的要求，结合瑞安实际，市人大常委会党组会议研究决定建设市人大代表联络总站。2020年5月，温州全市首家县（市、区）级市人大代表联络总站——瑞安市人大代表联络总站举行揭牌仪式，总站作为宣传人大制度的阵地、传递社情民意的窗口、代表依法履职的平台、代表学习交流的园地、指导基层人大的场所，面向省、温州市以及瑞安市人大代表全面开放。9月21日，温州市人民政府市长姚高员在联络总站与人大代表、群众代表共话营商环境建设，对瑞安市人大代表联络站建设工作给予充分肯定。2021年5月13日，各代表中心组负责人以及各代表联络站站长，在市人大代表联络总站开展"学党史 强能力 促履职"主题教育活动。市人大代表联络总站投用以来，全面系统地记述瑞安市人民代表大会的建立、完善和发展的历史轨迹，通俗易懂地宣传人民代表大会制度，展现人民代表大会制度在瑞安生动实践，其完善的功能设置吸引了全市各乡镇（街道）、部门单位及省内外人大前来参观考察、开展活动，至2022年2月共接待56批超过1000人次。

2020年5月18日，瑞安市人大代表联络总站举行揭牌成立仪式

第十章　重要日常工作

市第十三届至第十六届人大常委会主动适应形势任务的发展变化，认真做好常委会重要日常工作，注重调查研究，抓好人大宣传信息工作，加强人大理论和工作研究，把好规范性文件合法合规审查，重视群众来信来访，健全对乡镇人大工作的指导机制和街道人大工作的领导机制，提高常委会依法履职能力和全市人大工作整体水平。

第一节　调查研究工作

《地方组织法》规定，对属于本级人民代表大会及其常务委员会职权范围内或同各工作机构有关的问题，进行调查研究，提出建议，是市人大及其常委会工作机构的一项经常性工作。市人大及其常委会坚持围绕中心、服务大局，根据市委部署，围绕监督、重大事项决定、民生实事、代表工作等开展调查研究。在市人大常委会统一安排下，主任会议成员每年都牵头主持重点课题调研，形成调研报告提交市委决策或人大常委会会议审议参考；市人大及其常委会工作机构的调研（调查）报告，为常委会会议、专门委员会全体会议审议和主任会议决定提供参考。2013年3月，市人大常委会机关开展以“转作风、强监督、增实效”为主题的调研月活动，由常委会正、副主任带队深入基层第一线，课题调研、监督问计、工作创新，提升履职水平。2014年8月，市人大常委会党组印发《关于加强和改进人大调研工作的意见》。指出，调查研究是市人大及其常委会充分履行宪法和法律赋予职权的基本前提，也是密切联系代表群众、创新人大工作方法、增强监督工作实效效益的重要保障。要以调研工作的高质量确保人大工作整体水平的全面提升。2003年3月至2022年2月，十三届至十六届市人大常委会共安排调查研究1148次，撰写专题调研（调查）报告351份。

市十三届市人大常委会及工作机构开展调查研究192次。涉及每次人代会审议（审查）报告、常委会审议议题、执法工作评议、依法治市、政府“十件实事”办理、“非典”防治、村民委员会成员罢免等。

市十四届市人大常委会及工作机构开展调查研究262次。涉及每次人代会审议（审查）报告、常委会审议议题、国际金融危机对瑞安市的影响、飞云江大桥改建、政府性债务管理、万松东路延伸工程、船舶工业发展、建立生态补偿机制等。

市十五届市人大常委会及工作机构开展调查研究306次。涉及每次人代会审议（审查）报告、常委会审议议题、工作评议、“五水共治”、金融机构服务实体经济发展、重大项目建设、行政村规模调整、食品安全、企业“逃废债”问题、查找“基层群众审批办事难事项”等。

市十六届市人大常委会及工作机构开展调查研究388次。涉及每次人代会审议（审查）报告、常委会审议议题、优化营商环境、共同富裕示范区建设、乡村振兴、最多跑一次改革、新冠疫情防控与经济社会发展、政府民生实事、养老服务业、交通治堵、废旧线杆清理等。

瑞安市十三届至十六届人大常委会调查研究报告篇目选辑一览表

表3-9

届次	序号	标题	作者	撰写时间
十三届	1	《农业法》在执行过程中存在的主要问题及其对策	孔素素	2003年1月
	2	关于瑞安市高中阶段普及教育问题的调查报告	林济晚	2003年1月
	3	对当前瑞安市刑事案件高发问题的思考	盛志荣	2003年11月
	4	瑞安市城市道路交通状况及其改善对策	王庆秋	2003年1月
	5	试论建立市人大代表辞职制度	江小娜	2003年11月
	6	关于瑞安市珊溪水库移民安置问题的调研报告	孔素素	2004年1月
	7	关于“村官”罢免问题的调研报告	盛志荣	2004年1月
	8	加强调研和监督 积极推进瑞安市重点工程建设	王庆秋	2004年1月
	9	谈议案、建议督办工作的创新	江小娜	2004年1月
	10	如何发挥代表作用 进一步增强人大及其常委会的监督实效	孔素素	2005年4月
	11	瑞安市减刑假释监外执行情况的调研报告	盛志荣	2005年4月
	12	瑞安市旧城改造存在问题及对策措施	王庆秋	2005年4月
	13	发展职业教育 培育合格的劳动者——瑞安市职业教育现状调研报告	江小娜	2005年4月
	14	涉农资金不能按时下达的问题调研报告	高　潮	2005年4月
	15	浅谈乡镇人大工作存在的若干问题	孔素素	2006年4月
	16	关于贿选等破坏选举行为查处工作的几点意见	盛志荣	2006年8月
	17	关于瑞安市重点工程建设情况的视察调研的报告	王庆秋	2006年9月
	18	关于瑞安市精神卫生工作的调研报告	江小娜	2006年5月
	19	关于提高人大代表素质的思考	高　潮	2006年5月
十四届	20	关于山区农民脱贫致富的对策研究	张女珍	2007年6月
	21	论村民自治的法律缺位	盛志荣	2007年6月
	22	牛伏岭村旧村改造存在问题及思考	姚松鹤	2007年6月
	23	浅谈财政专项资金使用中存在的问题与对策建议	王庆秋	2007年6月
	24	关于农村公共卫生建设的思考	江小娜	2007年6月
	25	结合重点工程建设 加快旧村改造步伐	王建东	2007年6月

续表 3-9

届次	序号	标题	作者	撰写时间
十四届	26	关于瑞安市新型农村合作医疗存在的问题和对策	高　潮	2007年6月
	27	做好“山”字文章　促进“山”农增收	张女珍	2008年1月
	28	关于学习贯彻《监督法》若干问题的思考	盛志荣	2008年7月
	29	关于瑞安市垃圾无害化处理情况的调研报告	姚松鹤	2008年7月
	30	瑞安在外企业考察启示	王庆秋	2008年12月
	31	关于瑞安市农村公共卫生工作的调查与思考	江小娜	2008年7月
	32	围绕提高党的执政能力 切实加强人大常委会自身建设	王建东	2008年7月
	33	关于新型农村合作医疗工作的思考	高　潮	2008年7月
	34	瑞安市服务业发展的特色优势解析及建议	张女珍	2009年11月
	35	关于未成年人犯罪审判工作情况的调研报告	盛志荣	2009年1月
	36	关于瑞安市城镇供水工作情况的调研报告	姚松鹤	2009年5月
	37	关于人大预算审查监督的实践与思考	王庆秋	2009年4月
	38	关于瑞安市计划生育技术服务管理条例实施情况的调研报告	江小娜	2009年8月
	39	关于侦查监督工作情况的调研报告	王建东	2009年6月
	40	关于林溪水库防洪安全的调研报告	高　潮	2009年1月
	41	推进审议意见和建议督办，增强人大监督实效	张女珍	2010年5月
	42	关于完善和规范房地产市场工作情况的调研报告	姚松鹤	2010年6月
	43	关于瑞安市“十一五”政府性重大投资项目建设情况的视察调研情况的报告	王庆秋	2010年1月
	44	关于瑞安市非物质文化遗产保护工作情况的调研报告	江小娜	2010年7月
	45	积极开展“双联”活动 有效推进人大代表工作	王建东	2010年7月
	46	关于“加快实施农村饮用水安全工程”议案办理情况的视察调研情况的报告	高　潮	2010年1月
	47	浅谈当前乡镇人大工作存在的问题及对策	金爱忠	2010年4月
	48	敢于监督，善于发力，充分履行宪法、法律赋予的职权	叶世林	2011年9月
	49	关于瑞安市工业企业运行情况的调查报告	姚松鹤	2011年11月
	50	关于瑞安市科技企业孵化器运行情况的调研报告	江小娜	2011年8月
	51	关于瑞安市行政审判工作情况的调研报告	王建东	2011年8月
	52	试论以制度创新全面推进人大代表工作	金爱忠	2011年11月
	53	关于瑞安市非法红砖窑专项治理情况的调研报告	薛小平	2011年9月
十五届	54	依法履职，为民用权，开创瑞安人大工作的新局面	叶世林	2012年6月
	55	关于瑞安市新瑞安人中少数民族群众生活状况的调研报告	林济晚	2012年11月
	56	关于优先发展公交事业工作情况的调研报告	姚松鹤	2012年6月
	57	关于民间借贷及非法集资类案件处理工作情况的调研报告	王建东	2012年1月
	58	关于瑞安市金融机构服务实体经济发展情况的调研报告	江孟甫	2012年5月
	59	做好街道人大工作 加强基层民主政治建设	金爱忠	2012年12月
	60	关于平原绿化工作情况的视察调研报告	薛小平	2012年3月
	61	优化服务，强化创新，着力发挥人大代表的主体作用	叶世林	2013年6月
	62	关于瑞安市归侨侨眷权益保护工作情况的调研报告	林济晚	2013年11月

续表 3-9

届次	序号	标题	作者	撰写时间
十五届	63	关于污水处理工作情况的调研报告	姚松鹤	2013年4月
	64	关于瑞安市公墓管理工作情况的调研报告	王建东	2013年5月
	65	关于地方金融改革工作情况的调研报告	江孟甫	2013年7月
	66	创新机制 搭建平台 强化服务 充分发挥人大代表闭会期间的作用	金爱忠	2013年4月
	67	如何规范和落实基层人大的监督权	薛小平	2013年3月
	68	做好人大监督工作的实践与思考	办公室	2013年3月
	69	关于瑞安市人大监督工作情况的调研报告	叶世林	2014年12月
	70	关于瑞安市医药卫生体制改革情况的调研报告	林济晚	2014年11月
	71	关于瑞安市农村住房拆改建情况的调研报告	姚松鹤	2014年11月
	72	关于瑞安市禁毒法贯彻实施情况的调研报告	王建东	2014年4月
	73	关于瑞安市政府性债务及其他融资情况的调研报告	江孟甫	2014年7月
	74	建议督办抓实效 代表作用“接地气”	金爱忠	2014年8月
	75	关于瑞安市矿山资源管理的调查与思考	薛小平	2014年3月
	76	关于瑞安市争创省级工业强市有关情况的调研报告	叶世林	2015年3月
	77	关于瑞安市食品安全相关工作情况的调研报告	林济晚	2015年12月
	78	关于安置留地建设与城中村改造情况的调研报告	姚松鹤	2015年6月
	79	关于瑞安市镇街财政管理体制运行情况的调研报告	江孟甫	2015年6月
	80	关于“加快产城融合发展，争创省级工业强市”议案办理情况的调研报告	金爱忠	2015年5月
	81	瑞安市土地资源管理存在的问题与对策	薛小平	2015年6月
	82	关于瑞安市人民法院执行工作情况的调研报告	薛尧弟	2015年6月
	83	关于加强和规范乡镇（街道）人大工作和建设的思考	叶世林	2016年6月
	84	关于瑞安市学前教育发展情况的调研报告	林济晚	2016年6月
	85	关于乡镇人大加强同级财政预算监督的研究	江孟甫	2016年12月
	86	浅析新形势下市镇人大换届选举工作存在的问题及对策	金爱忠	2016年6月
	87	关于瑞安市扶贫开发工作情况的调研报告	薛小平	2016年7月
	88	瑞安市房票安置制度实践中问题分析和对策研究	薛尧弟	2016年12月
十六届	89	推进城市有机更新 打造宜居宜业瑞安	叶建辉	2017年1月
	90	关于瑞安市企业减税降费政策落实情况的调研报告	江孟甫	2017年12月
	91	加强基层医疗卫生机构建设 提升瑞安市公共卫生服务能力	方小梅	2017年1月
	92	关于瑞安市市区交通治堵情况的调研报告	陈世尧	2017年1月
	93	瑞安市深化代表联络站建设的实践与思考	金爱忠	2017年7月
	94	瑞安市农产品质量安全问题的思考	薛小平	2017年1月
	95	浅议法院案件执行难的原因及对策	薛尧弟	2017年11月
	96	浅谈历史文化街区的保护与开发	叶建辉	2018年8月
	97	关于瑞安市企业上市工作的几点思考	江孟甫	2018年11月
	98	瑞安市基本公共卫生工作现状分析与对策建议	方小梅	2018年8月
	99	关于瑞安市固体废物防治工作情况的调研报告	陈世尧	2018年12月

续表 3-9

届次	序号	标题	作者	撰写时间
十六届	100	推进实施民生实事项目人大代表票决制的调查与思考	金爱忠	2018年12月
	101	浅析瑞安市农业龙头企业发展中存在的问题及对策建议	薛小平	2018年8月
	102	关于社区矫正工作情况的调研报告	薛尧弟	2018年8月
	103	浅谈人大如何围绕党委中心工作依法履职	叶建辉	2019年1月
	104	正确使用人大监督的“权杖”	江孟甫	2019年8月
	105	瑞安市《浙江省学前教育条例》实施情况分析和对策建议	方小梅	2019年1月
	106	关于瑞安市综合交通规划发展的调研报告	陈世尧	2019年1月
	107	关于瑞安市街道民主议政会议制度的实践与思考	金爱忠	2019年1月
	108	培育村集体经济发展的思路和举措研究	薛小平	2019年1月
	109	关于瑞安市食药环境保护领域违法犯罪行为处置工作情况的调研报告	薛尧弟	2019年1月
	110	瑞安市“十四五”温瑞一体化融合发展研究	叶建辉	2020年11月
	111	瑞安市“十四五”智能汽车关键零部件产业发展路径研究	江孟甫	2020年11月
	112	瑞安市“十四五”养老服务业发展研究	方小梅	2020年11月
	113	瑞安市“十四五”海洋功能区域陆海统筹发展研究	陈世尧	2020年11月
	114	关于深化政府数字化转型的对策建议	金爱忠	2020年12月
	115	关于对海洋环境保护工作情况的调研报告	薛小平	2020年11月
	116	关于检察院认罪认罚从宽制度实施情况的调研报告	薛尧弟	2020年11月
	117	关于“加快集云山公园建设 满足市民日益增长的休闲及健身需求”议案办理情况报告审议意见落实情况的调查报告	叶建辉	2021年1月
	118	关于机械装备行业培育提升工作情况调研报告	江孟甫	2021年7月
	119	关于义务教育阶段中小学生减负工作情况的调研报告	方小梅	2021年7月
	120	关于城镇老旧小区改造情况的调研报告	陈世尧	2021年7月
	121	关于市乡镇人大换届选举工作的调研报告	金爱忠	2021年1月
	122	关于全市农村人居环境状况的调研报告	薛小平	2021年8月
	123	关于市人民法院行政审判工作情况的调研报告	薛尧弟	2021年8月

第二节　人大宣传信息和理论研究工作

一、人大宣传信息工作

市人大常委会重视和加强人大宣传信息工作，不断探索新形势下人大宣传信息工作的特点和规律，改进宣传方式，强化宣传效果，健全常委会党组领导、办公室主管、专人（信息中心）具体负责、媒体协同的工作格局，向全社会宣传人民代表大会制度和常委会的工作。每年人民代表大会，大会秘书处设宣传组，组织各新闻单位对大会作全过程报道。市人大常委会召开会议或开展重要工作，也及时组织宣传报道。定期召开全市人大宣传信息工作会议，建立完善宣传信息工作人员培训学习、考核激励、评先评优的机制，出台关于加强人大宣传信息工作的意见，有力促进人大宣传信息工作发展进步。2012年8月设立瑞安市人大信息中心，具体负责人民代表大会会议、常委会会议、主任会议和市人大常委会机关重要活动的新闻宣传与瑞安人大网站、微信公众号的信息审核、发布，《瑞安人大》杂志的编辑、刊发等工作，夯实人大宣传信息工作的基础。认真办好人大门户网站、《瑞安人大》期刊、《讲理说法》电视栏目、瑞安人大微信公众号、《代表聚焦》报纸专栏等宣传平台和监督类栏目，加大人大监督力度，增强实效，提高人大工作的影响力。

2012年5月29日，市人大常委会举行全市人大宣传信息工作会议暨《瑞安人大》发行仪式

编发人大信息 2003年创办《瑞安人大信息》纸质刊物，其间不定期编发人大信息，2007年停办。2008—2021年采用网上编发人大信息，每年均被评为温州市信息工作先进单位；2007年被评为省信息工作先进单位；2012—2020年连续8年被评为省信息工作先进单位。

2008—2021 年瑞安市人大信息编发录用情况表

表3-10　　单位：条

年 份	瑞安编发	温州录用	省录用
2008	170	65	多条
2009	119	53	20
2010	235	63	19
2011	150	74	多条
2012	192	74	19

续表 3-10

年 份	瑞安编发	温州录用	省录用
2013	232	101	27
2014	201	95	20
2015	207	133	29
2016	123	120	37
2017	326	143	19
2018	463	417	28
2019	453	310	26
2020	384	217	28
2021	277	158	29

瑞安人大网站 2006年6月注册开通，是瑞安人大的对外宣传窗口，先后经过4次改版，涵盖人大概况、新闻中心、重要发布、监督工作、代表之窗和自身建设等主栏目，下设人大要闻、镇街动态、决定决议、审议意见、监督计划、选举任免等18个栏目，及时报道宣传人大各方面工作及成效，图文并茂，内容丰富，可读性强，可以让网民及时了解瑞安人大工作动态，查阅法律法规和人大工作制度。

瑞安人大微信公众号（gh_74e832946f72） 2016年8月4日正式开通，是一个集信息发布、宣传教育、互动交流和民主监督于一体的平台。包括会议信息、代表风采、监督工作、公告决议、人事任免、学习交流等栏目。通过多种形式和渠道，传递人大监督的声音和主张，推动人民代表大会制度的完善和发展，促进公民参与民主决策和民主监督。截至2022年2月，已发布1300余条信息。

编辑出版《瑞安人大》期刊 《瑞安人大》创办于2012年3月，是市人大常委会机关刊物，由市人大常委会办公室主办。办刊宗旨是坚持以宣传人民代表大会制度和社会主义民主法制建设为宗旨，紧紧围绕弘扬民主法治主旋律，围绕市人大常委会中心工作，力求使刊物成为传播人大工作信息、展示代表风采、研讨人大理论、反映社情民意的窗口。刊物设置有卷首语、人大要闻、监督视野、人大聚焦、热点关注、代表风采、理论园地、镇街巡礼、信息传递、八面来风、双月事记、图片报道等栏目。是瑞安市人大常委会唯一纸质公开对外宣传的平台和窗口。《瑞安人大》期刊从2012年3月正式创刊以来，每年出刊6期，每期逢单月底出刊。发送范围为市人大代表、“一府一委两院”、各乡镇（街道）、部门（单位），以及全省县（市、区）人大常委会机关。期刊每年刊发消息100余条，监督动态20余篇，理论文章10余篇，图片360余幅，其中反映代表风采的文章6篇，反映乡镇（街道）文章30余篇，简讯20余篇。《瑞安人大》出刊以来，每年召开期刊工作会议，及时总结前阶段工作，布置下一步工作任务，对持续认真、严谨做好期刊工作，提高供稿和编辑质量，适应新形势，发挥刊物的应有作用提出要求。

创办人大监督类栏目 《讲理说法》栏目创办于2012年3月，是市人大常委会机关与市融媒体中心联办的法治监督类电视节目，也是浙江省第一个由县（市、区）人大常委会主办的电视栏目。2015年进行改版升级，从每年6期，增至每年12期，一月一播，每期节目长度15分钟，在瑞安电视台新闻综合频道播出。该栏目坚持以“关注热点、反映民意、引导舆论、监督解决”为宗旨，围绕常委会监督工作，聚焦经济社会发展重点和民生热点，通过以案以事说法的方式，释法明理，引导舆论，普及法律知识，促进法治瑞安建设。同时，积极引导人大代表参与栏目制作，促进人大监督与舆论监督有机融合，提高监督工作实效，努力打造一个干部群众关注的、喜闻乐见的精品法治监督栏目。截至2022年2月，已播出103期。其中播出的《“剿灭劣V类水” 人大在行动》获温州市第十七届人大新闻奖三等奖；《人行道成停车场“人车之争”何时休》获温州市第十八届人大新闻奖三等奖；《全市53万辆二轮电动车期盼安全充电》获温州市第二十届人大新闻奖三等奖。

《代表聚焦》栏目创办于2020年12月，由市人大常委会机关与瑞安日报社合作开设《代表聚焦》专栏，定位为舆论监督类节目，每月一期，在《瑞安日报》上刊登。该栏目特点是人大代表督政和媒体舆论监督的结合，突出人大代表履职，聚焦民生问题、热点难点问题，督促市政府及有关部门解决问题。截至2022年2月，已刊发“人大代表走进外卖商家后厨一探究竟”“全市53万辆二轮电动车期盼安全充电”“让代表建议‘落地’让群众期待‘结果’”“人大代表长效监督见成效”“把实事办到群众心坎上”等11期。

二、理论研究

市人大常委会重视人大理论研究，随着人大工作发展进步，理论研究不断深化，通过课题调研、研讨会、座谈会、纪念会及人大期刊、人大讲坛等平台载体，每年均形成理论文章发表或讲演、成果转化，助推人大工作与时俱进、创新发展。2004年6月16日，为庆祝瑞安市人民代表大会成立50周年，市十三届人大常委会首次召开全市人大工作理论研讨会，市人大常委会副主任孔素素主持研讨会并讲话，理论研讨会涉及依法行使职权、推进依法治市进程、如何提高常委会会议质量、人大选举、代表工作、自身建设等方面，共评出获奖论文23篇，其中13篇在温州市第三届人大理论研讨会中获奖。2005年、2006年两次组织参加温州市人大理论研讨会论文评选，均获得温州市人大理论研讨会论文评选活动组织奖。并且有20篇论文获奖。2003年—2006年人大研究论文在报刊发表的有《论坚持和完善人民代表大会制度》《试论建立市人大代表辞职制度》《如何发挥代表作用 进一步增强人大及其常委会的监督实效》《关于加强地方人大司法监督工作的思考》《论执政党和国家政权的关系》等文章。2009年12月24日，市十四届人大常委会举行纪念地方人大设立常委会三十周年座谈会，市人大常委会主任张女珍作《着力推进人大工作高水平发展》的讲话，阐述做好人大工作必须增强政治意识、宗旨意识、大局意识、创新意识的思维逻辑。2007年—2011年，人大研究论文在报刊发表的有《关于学习贯彻〈监督法〉若干问题的思考》《围绕提高党的执政能力 切实加强人大常委会自身建设》《推进审议意见和建议督办 增强人大监督实效》《敢于监督 善于发力 充分履行宪法和法律赋予的职权》《试论以制度创新全面推进人大代表工作》等文章。2012年1月16日，市人大常委会主任叶世林在第十五届人大常委会组成人员培训会上，作《如何做好人大常委会工作》的讲话，阐述要正确把握定位，务求履职有序；要依法行使权力，务求履职有效；要抓住关键环节，务求履职有力；要强化自身建设，务求履职有效等“四有”工作理念。2012年至2016年，人大研究论文在报刊发表的有《依法履职 为民用权 开创瑞安人大工作的新局面》《浅谈做好街道人大工作 加强基层民主政治建设》《做好人大监督工作的实践与思考》《关于加强和规范乡镇（街道）人大工作和建设的思考》《浅析新形势下市镇人大换届选举工作存在的问题及对策》等文章。2018年12月15日，市十六届人大常委会召开学习贯彻习近平总书记关于坚持和完善人民代表大会制度的重要思想座谈会，围绕坚持党的领导、依法履职行权、正确有效监督、密切联系群众、乡镇人大工作和建设、街道人大规范化建设等方面，6位人大干部交流了理论思考文章。2021年8月2日，市人大常委会主任叶建辉在第十六届人大常委会会议上，作《增强制度自信，毫不动摇坚持人民代表大会制度》的讲话，围绕人民代表大会制度的发展历程、政治制度的对比、为什么要坚持人民代表大会制度等，阐述了坚持人民代表大会制度的必然性、先进性、优越性。2017年至2021年人大研究论文在报刊发表的有《浅谈人大如何围绕党委中心工作依法履职》《人大要旗帜鲜明讲政治》《正确使用人大监督的“权杖”》《推进实施政府民生实事项目人大代表票决制的调查与思考》《瑞安市街道民主议政会议制度的实践与思考》等文章。

2014年3月26日，市人大常委会召开“践行党的群众路线，推动人大工作与时俱进”专题研讨会

市人大常委会在开展理论研究工作中，坚持理论联系实际的原则，着眼于工作的前瞻性，把工作中遇到的亟待解决的问题作为研究课题。监督工作是常委会的基础性工作，为了更好地履行监督职权，提高监督实效，对监督的内容、重点、方式、程序等，设置课题，深入探讨。市十三届人大常委会2004年就代表评议工作、2005年就干部述职评议进行调查研究，取得共识，由党组报经市委批准，

分别开展人大代表对行政机关进行执法评议和对任命干部的述职评议（简称“两项评议”），从而在监督工作上取得突破。2013年，市十五届人大常委会就监督法实施的评议工作进行理论研讨、深入调查，形成工作评议即听取和审议专项工作报告的共识，制订《瑞安市人大常委会工作评议办法》，开展部门工作评议，把对工作的监督和对人的监督有机地统一起来，更好地体现人大常委会监督的特点和优势，彰显人大监督的“刚性”。2017年初，市人大常委会就政府民生实事项目代表票决工作进行理论研究，按照合法性、全面性、可行性的原则，围绕政府民生实事代表票决制的程序和有关办法开展专题研讨，协助市委出台《关于推行政府民生实事项目代表票决制工作的通知》，审议作出《关于实施市政府民生实事项目代表票决制工作的决定》及有关办法等，从而推动瑞安市域内政府民生实事项目由“代民作主”向“由民作主”的转变。2017年8月，市十六届人大常委会就街道建立民主议政会议制度进行理论思考和调查研究，制定出台《关于建立街道民主议政会议制度的指导意见》，推动社会主义协商民主在瑞安基层的生动实践。

第三节　规范性文件备案审查和信访工作

一、规范性文件备案审查

《中华人民共和国各级人民代表大会常务委员会监督法》（简称《监督法》）所称的规范性文件，是指宪法和法律外的以下两类文件：一是行政法规、地方性法规、自治条例和单行条例、国务院部门规章、地方政府规章。二是上述文件之外，其他由国家机关制定的决议、决定、命令和司法解释等。《监督法》所称的备案审查，指的是上述两类规范性文件在生效后，要按法定期限报法定机关备案，由接受备案的机关进行分类、存档，在规范性文件的有效期间，依法对其决定审查活动。《监督法》第五章第三十条规定：县级以上地方各级人民代表大会常务委员会对下一级人民代表大会及其常务委员会作出的决议、决定和本届人民政府发布的决定、命令，经审查，认为有下列不适当的情形之一的，有权予以撤销：（一）超越法定权限，限制或剥夺公民、法人和其他组织的合法权利，或者增加公民、法人和其他组织的义务的；（二）同法律、法规规定相抵触的；（三）有其他不适当的情形，应当予以撤销的。

2008年上半年，市人大常委会启动规范性文件备案审查工作，确定常委会法制工作委员会为规范性文件备案，审查的接收登记机构；设立规范性文件备案审查科具体负责审查；同年11月18日，市十四届常委会第十五次会议通过《瑞安市人民代表大会常务委员会规范性文件备案审查暂行办法》，瑞安市规范性文件备案审查工作步入规范化轨道。2021年7月28日，市十六届人大常委会第四十次会议对暂行办法作出修订，通过了《瑞安市人民代表大会常务委员会规范性文件备案审查暂行办法》。暂行办法不分章节，共23条，自通过之日起施行。暂行办法明确了适用范围，列举式规定备案对象，具体规范备案期限、报送机构、报送要求、接收登记和分送审查、目录备查、撤销情形、审查要求和审查建议、审查方式、纠错程序以及其他相关内容。市人大常委会确定把“适当性”作为规范性文件的审查原则和标准，具体包括“合法”“合理”“规范”三方面。“合法”“合理”是对内容的要求，主要审查规范性文件否超越法定权限，限制或者剥夺公民、法人和其他组织合法权利，或者增加公民、法人和其他组织义务，是否同法律、法规、规章或上级人大及其常委会的决议、决定相抵触，是否客观、公正、适度，符合本行政区域的具体情况和实现需要等“规范”则是针对表现形式，主要审查规范性文件的结构是否准确，文字表述是否恰当等。

2008年7月以来，市人大常委会贯彻落实监督法等相关法律和省人大常委会规定精神，按照《瑞安市人民代表大会常务委员会规范性文件备案审查暂行办法》，认真开展规范性文件备案审查工作，由不完善逐步走向规范、完善，对存在不适当问题的规范性文件，经交流沟通，由制定机关及时修改纠正，其重要性日益受到重视，报送规范性文件流程，越来越完备，据不完全统计，2008—2021年，市人民政府、市人民法院、市人民检察院共备案规范性文件506件（提出审查修改意见5件）。

其中，2008年，市政府报送的备案有《关于推进企业上市的若干政策意见》《关于印发瑞安市重点建设项目管理办法的通知》《关于印发瑞安市行政规范性文件制定管理办法的通知》等39件。2009年，市政府报送的备案有《关于印发瑞安市国有建设用地公开出让预申请暂行规定的通知》《关于印发瑞安市中心城区旧村改造管理办法的通知》《关于进一步加快瑞安市服务业发展的若干意见》等31件。2010年，市政府报送的备案有《关于印发瑞安市困难群众临时救助制度实施办法的通知》《关于印发瑞安市城市建筑垃圾（建筑泥浆）管理办法的通知》《关于促进瑞安市中心城区功能转变和产业结构优化的实施意见（试行）》等34件。2011年，市政府报送的备案有《关于印发瑞安市促进开发型经济发展若干扶持措施的通知》《关于印发瑞安市行政执法指导规则（试行）的通知》《关于印发瑞安市城市规划管理技术规定的通知》等28件。2012年，市政府报送的备案有《关于进一步提高工业项目建设用地集约利用的实施意见（试行）》《关于鼓励企业整合重组的实施意见》《关于印发瑞安市城中村改造管理办法的通知》等42件。2013年，市政府报送的备案有《瑞安市人民政府关于瑞安市农村土地综合整治工作实施意见（试行）》《瑞安市人民政府关于推进扶工兴贸工作的意见》《瑞安市人民政府关于促进小微工业企业转型升级为规模以上工业企业的若干意见》等49件。2014年，市政府报送的备案有《关于印发瑞安市政府行政规范性文件管理办法的通知》《关于被征地农民转保职工基本养老保险的实施意见》《瑞安市征收农民集体所有土地管理办法（修订）》等23件。2015年，市政府报送的备案有《瑞安市城乡居民基本养老保险实施办法的通知》《关于进一步加强土地整治工作的实施意见》《关于加快推进养老服务业发展的实施意见》等41件。2016年，市政府报送的备案有《关于进一步促进投资（基金）类企业发展的若干意见》《关于进一步推进户籍制度改革的实施意见》《关于加快推进残疾人全面小康进程的实施意见》等69件。2017年，市政府报送的备案有《瑞安市人民政府关于印发瑞安市企业降本减负新政二十条的通知》《瑞安市人民政府关于调整部分征地补偿安置政策的通知》《瑞安市人民政府关于印发瑞安市加快学前教育发展十条举措的通知》等55件。2018年，市政府报送的备案有《瑞安市人民政府关于鼓励企业并购重组进军资本市场的实施意见》《瑞安市人民政府关于印发瑞安市促进信息化发展扶持政策的通知》《瑞安市人民政府关于进一步减轻企业负担促进企业健康发展的若干意见》等29件。2019年，市政府报送的备案有《瑞安市加快推进工业经济高质量发展的若干政策意见等产业政策文本》《瑞安市人民政府关于修订瑞安市市长质量奖评审管理办法的通知》《瑞安市人民政府关于进一步深化综合改革促进民办教育健康发展的实施意见》等21件。2020年，市政府报送的备案有《瑞安市人民政府关于印发瑞安市加快制造业高质量回升新七条政策措施的通知》《瑞安市人民政府关于调整瑞安市征地补偿区片综合地价的通知》《瑞安市人民政府关于公布瑞安市国有土地上房屋征收临时安置费和搬迁费标准的通知》等22件。2021年，市政府报送的备案有《瑞安市人民政府关于加强工业用地高质量利用全周期管理的实施意见》《瑞安市人民政府关于进一步加快现代服务业高质量发展的若干政策意见》《瑞安市人民政府关于印发瑞安市农业农村农民扶持若干政策（修订）的通知》等24件。此外，2021年开始，市人民法院、市人民检察院联合行文报送规范性文件1件。

二、信访工作

根据《地方组织法》规定，地方人大常委会受理人民群众对“一府两院”和国家工作人员的申诉和意见。信访工作是宪法和法律赋予地方人大常委会的一项重要职责，是人大及其常委会联系人民群众的窗口，了解、汇集社情民意的信息渠道，也是公民维护合法权益的途径。2002年2月，市人大常委会办公室设立信访科，配备工作人员，负责受理、接转人民群众向市人大及其常委会的来信来访，做好对重要信访的报告及处理情况的检查，督促、反馈工作等职能。2007年7月和2012年12月，市人大常委会两次修订《瑞安市人民代表大会常务委员会信访工作规则》，健全信访工作机制，推进人大信访工作制度化、规范化。2003—2021年市十三至十六届人大常委会期间共受理接待人民群众来信来访7194件（次），按照“依法办理、谁主管谁负责”的原则，交“一府两院”办理，对重要信访件的办理，加强督促检查，并要求承办单位向市人大常委会报告办理结果。同时还承办了上级人大转交的信访件，通过交办、督办促使信访得到及时有效解决，化解社会矛盾，维护群众合法权益。

第十三届　常委会重视人民群众来信来访及申诉、控告。为了切实抓好信访工作，常委会根据省、温州市人大信访工作会议精神，及时请示市委就信访科科长高配等进行了落实，进一步健全了信访机构与机制。四年里，共接待上访人员2082人次，受理人民群众来信来访1752件（次）。在受理信访时注意从大量的来信来访中发现线索，特别是对一些影响较大、群众反响强烈、久拖不决的突出问题，除常委会主要领导亲自批阅、相关工委认真督办外，还把处理信访件与常委会依法行使监督权有机结合，使一些带有倾向性、苗头性的问题及时得到解决，对一些群众反映比较集中、迫切要求解决的问题，加强协调和督促落实，有力地维护了群众的合法权益。

第十四届　常委会坚持把信访工作作为贯彻落实监督法、维护人民群众利益的重要途径，进一步加强和改进信访工作。五年里，共受理、接待人民群众来信来访1610件（次）群众信访，按照“分别受理、综合分析、统一交办、定期反馈、严格督查”的要求，进行专函交办、牵头联办和重点督办，努力化解矛盾，较好地维护了群众合法权益。

第十五届　常委会及时修订信访工作规则，明确人大信访工作重点和各委办信访工作职责，不断加大人大信访工作监督力度，为维护群众合法权益发挥了重要作用。五年里，共受理、接待人民群众来信来访1200件（次），对200多件重点信访件进行跟踪监督，做到了件件有登记、事事有落实。特别是针对可能存在违法、执法不公行为的重点信访件，常委会深度介入处置化解工作，督促“一府两院”严格依法行政、公正司法。

第十六届　常委会健全完善信访受理、转办、督办、联席会议等制度，逐步使信访工作走上法制化、规范化轨道。认真处理初信初访事项，及时把问题解决在萌芽阶段。加大督办力度，采取专题督办、限期督办、跟踪督办等方式，推动涉法涉诉等重点信访问题的解决，维护群众合法权益。五年里，共受理、接待人民群众来访来信550件（次），做到件件有登记、有落实、有答复；共办理信访督办件100多件，积极推动瑞安商城、东山肖宅旧村改造等重点信访件的化解。

第四节　指导乡镇（街道）人大工作

市人大常委会建立健全工作机制，加强对乡镇人大工作的联系和指导，重视对街道人大工作的领导和监督，支持乡（镇）、街道人大依法开展工作。

一、第十三届人大常委会

四年里，共组织约20次的全市中心镇人大主席联席会议和各片区人大主席例会。2003年5月30日，在塘下镇召开了全市中心镇人大主席联席会议，各乡镇人大主席围绕“闭会期间如何开展代表活动，发挥代表作用”中心议题作了发言和经验交流，塘下镇人大主席的发言“坚持代表活动制度，充分发挥代表作用”以会议纪要的形式，印发给全市各乡镇人大主席团学习和借鉴；2003年7月，因安阳、塘下、飞云、仙降已于2000年进行行政区划调整和人大换届选举，市人大常委会向省人大常委会办公厅提出要求推迟“撤扩并”镇人大换届选举的请示，省十届人大常委会第五次会议决定：“因行政区划调整而换届选举时间不一致的乡镇，其换届选举调整到与全省乡镇人民代表大会换届选举同步进行”；当年下半年，市人大常委会组织对撤镇建街后的街道办事处进行调研，就人大机构设置、人员配备、所需经费等方面提出了意见，并设立了安阳等6个街道人大工作委员会；第十三届人大常委会第七次会议通过《瑞安市街道人大工作委员会工作规则》，加强了市人大常委会在街道的工作。2004年6月，在飞云镇召开全市中心镇人大主席联席会议，围绕“乡镇换届选举中存在的问题与对策”这个中心议题进行了探讨交流，莘塍镇人大副主席张光中、塘下镇人大主席周兴明的发言稿分别获得了瑞安市人大理论研讨会一等奖和三等奖。2005年建立街道人大工委主任联席会议制度，规定一般每季度召开一次联席会议，加强各人大街道工委的相互联系和经验交流，探索和促进街道人大工作；6月—7月，因乡镇领导班子进行较大范围调整，市人大常委会积极指导乡镇人大开好人代会，帮助乡镇人大起草选举办法、安排会议议程及纠正一些不规范、不合法的做法。2006年9月至2007年1月，指导全市31个乡镇进行了市、乡镇两级人大同步换届选举工作，产生乡镇级代表1821人，顺利召开新一届乡镇人代会。

二、第十四届人大常委会

五年内共召开36次例会，对人大常委会联系代表制度、乡镇人大补选工作、代表述职工作和开展代表活动等方面进行经验交流和工作指导，收到了较好的成效。2007年，进一步完善乡镇（街道）人大主席（主任）例会制度，将全市乡镇、街道分4片设4个小组分别召开例会，要求各小组每年至少召开两次例会，就履行人大工作职责、落实工作任务等方面，通报工作情况，交流工作经验。2008年，召开人大代表工作研讨会，交流探讨人大代表工作经验和做法，听取有关人大代表工作意见和建议；10月在塘下镇召开全市人大代表述职工作会议暨塘下镇述职报告现场会，对全市人大代表述职工作进行部署，要求各乡镇、街道人大负责组织市人大代表本届任期内至少向选民述职一次，至12月止，全市有25个乡镇（街道）人大开展87名代表述职。2009年，专题召开职务代表变动补选工作会议，开展相关业务指导，就法律理解和实际操作中碰到的问题进行研讨和明确，同时，为乡镇人代会起草议程提纲，安排市人大常委会领导、专职委员联系乡镇人代会，到会予以指导和把关。2011年，根据市委和上级人大有关要求，市人大常委会第四十一次会议通过区划调整后的陶山、湖岭、马屿和高楼等镇人大代表名额699名及代表结构、镇选举委员会名单的决定；6月，召开培训会，成立联系指导组，精心指导和严格监督各镇选举委员会依法推进换届选举工作，7月6日依法选举产生镇人大代表515名，尚有27名空缺。10月下旬开始，指导各镇、街道全面铺开市人大代表与未作调整的塘下镇人大代表两级人大同步换届选举工作。

三、第十五届人大常委会

多次召开镇街人大工作座谈会和镇（街）人大主席（主任）例会，部署镇街人大组织代表培训、召开人代会、创建代表工作站，开展代表活动、先进评选、代表建议督办和代表视察等工作，研讨代表工作制度，交流工作经验。每年年底召开代表补选工作会议，对职务代表辞职、补选或增选工作进行说明和部署。2012年5月和2016年6月，市十五届人大常委会第三次和四十二次会议分别修正《瑞安市人大常委会街道工作委员会工作规则》，规范街道人大工作。2013年上半年，市人大常委会领导陆续走访全市各镇、街人大，了解代表工作站的建设和运行情况，要求每个乡镇街至少建一个代表工作站。2014年3月中旬，市人大常委会召开“践行党的群众路线，推动人大工作与时俱进”专题研讨会，陶山、汀田等镇街人大主席（主任）分别就加强人大宣传信息工作、完善代表履职平台、规范完善监督权、展望人大工作前景等方面作交流发言。以贯彻落实《浙江省乡镇人大工作条例》为契机，加强对乡镇街人大工作程序和质量的监督，提高乡镇人大主席团工作水平，推进乡镇人大工作规范化建设，如规范乡镇人代会议程，明确要求乡镇人代会一般每年举行2次，会期不少于2天，探索乡镇人大实行“参与式预算监督”“政府重大工程项目代表票决制”等。2015年10月，市十五届人大常委会第三十五次会议通过了同意市人民政府提请的区划调整方案的决定，拟将瑞安市原有的5镇10街道调整为9个镇12个街道2个乡，涉及乡镇行政区划调整后人大事项，及时报获省人大常委会批准。市人大常委会组织对行政区划调整后的乡镇运行和换届选举准备工作情况进行调研，对干部配备、经费保障不到位问题和困难，提出要理顺关系、早作准备和依法落实等意见。2016年5月，制定出台《2016年乡镇（街道）人大工作目标考核意见》，对乡镇街道人大年度工作进行量化考核。2016年初开始，精心指导乡镇人大换届选举工作，7月中旬顺利完成除塘下镇之外的10个行政区划调整乡镇的乡镇人大代表选举工作；10月，周密部署市、塘下镇两级人大换届选举工作，两个阶段的换届选举共选出新一届市人大代表381名，乡镇人大代表879名。叶世林主任在全省各级人大常委会主任读书会上作专题交流发言，瑞安市的乡镇人大换届选举工作受到好评，浦江、海宁、磐安等9个其他县（市、区）人大纷纷来瑞安市考察交流人大换届选举工作。

四、第十六届人大常委会

严格依照《浙江省乡镇人民代表大会工作条例》和省委《关于实施民生实事项目人大代表票决制工作的意见》有关规定，制作下发了可操作性强的乡镇人代会议程模板，指导乡镇依法顺利地开好一年两次的人代会。2017年根据中共瑞安市委办《关于全面深化民生实事项目人大代表票决制工作的意见》精神，探索试行市政府民生实事项目代表票决制，尝试建立街道民主议政会议制度。2018年要求乡镇人大全面推开政府民生实事项目代表票决制工作，进一步完善街道民主议政会议制度，制定《关于建立街道民主议政会议制度的指导意见》和一系列街道推行民生实事项目合议制工作的实施办法、项目征集公告、操作流程图等模板文本，供各街道实施参考。2019年，率温州之先推动全市12个街道建立民主议政会议制度，共推荐产生议政会代表697名，并对全市的议政会代表进行集中培训，3月底前各街道首次召开街道民主议政会议，实现全市街道民主议政会议制度和民生实事项目合议制的“全覆盖”。依托乡镇人代会和街道民主议政会议平台，11个乡镇人代会票决产生民生实事64项，12个街道通过合议制的方式确定民生实事79项，合计共143项，民生实事的项目质量和可操作性明显提升，形成全市县乡两级全面覆盖、纵深实践、规范完善的良好局面。2019年4月，制定民生实事项目监督实施方案，实行动态跟踪监督，百姓民生福祉得到有效改善。完善乡镇（街道）人大工作目标考核办法，突出议案办理、重点监督议题、民生实事项目、创新工作等内容，增加人大工作在市委市政府年度考绩工作中的比重。推动落实乡镇（街）人大主席（主任）享受乡镇党政正职待遇，将乡镇（街）人大干部纳入干部队伍整体培训计划，促进基层人大更好发挥作用。

第十一章　　常委会建设

市人大常委会坚持党的领导、人民当家作主、依法治国有机统一，坚持人民至上、依法履职的理念，坚持以党的建设为统领，全面推进常委会及机关的思想政治建设、党风廉政建设、组织队伍建设和履职能力建设，把制度建设贯穿其中，全面加强自身建设，努力成为自觉坚持中国共产党领导的政治机关、保证人民当家作主的国家权力机关、全面担负宪法法律赋予的各项职责的工作机关、始终同人民群众保持密切联系的代表机关。

第一节　党的组织

市人大常委会全面落实党的领导，加强党的建设，持续推动党组织全面进步，把坚持党的领导贯穿于人大工作的全过程各方面，现设有市人大常委会党组、人大常委会机关党组、人大常委会机关党委和机关各党支部（含离退休党支部）。

一、常委会党组

市人大常委会党组是中国共产党在瑞安市人大常委会设立的领导机构，其主要职责是认真履行政治领导责任，做好理论武装和思想政治工作，负责学习宣传、贯彻执行党的理论和路线方针政策，贯彻落实党中央和上级党组织的决策部署，发挥好把方向、管大局、保落实的重要作用。党组设书记1人、副书记和成员若干人，由中共瑞安市委任命。

2003年3月，市十三届人大一次会议选举产生市第十三届人大常委会。市人大常委会党组在人大换届选举前后进行了调整。

书　记：胡毓淦（2001年1月至2003年5月）
　　　　孔素素（女，2003年5月至2007年2月）

成　员：盛志荣（2003年5月至2007年2月）　　王庆秋（2003年5月至2007年2月）
　　　　江小娜（女，2003年5月至2007年2月）　苏尚乐（2003年5月至2007年2月）

2007年1月，市十四届人大一次会议选举产生市第十四届人大常委会。市人大常委会党组在人大换届选举前后进行了调整。

书　记：张女珍（女，2007年2月至2011年6月）

叶世林（2011年6月至2012年1月）

成　员：盛志荣（2007年2月至2010年6月）　姚松鹤（2007年2月至2012年1月）

王庆秋（2007年2月至2011年10月）　江小娜（女，2007年2月至2012年1月）

王建东（2007年2月至2012年1月）　金爱忠（2010年3月至2012年1月）

薛小平（2010年11月至2012年1月）　吴存滔（2007年2月至2012年1月）

2012年1月，市十五届人大一次会议选举产生市第十五届人大常委会。市人大常委会党组在人大换届选举前后进行了调整。

书　记：叶世林（2012年1月至2016年12月）

成　员：姚松鹤（2012年1月至2016年7月）　王建东（2012年1月至2015年4月）

江孟甫（2011年11月至2017年2月）　金爱忠（2012年1月至2017年2月）

薛小平（2012年1月至2017年2月）　薛尧弟（2015年3月至2017年2月）

吴存滔（2012年1月至2017年1月）　郑光德（2012年1月至2017年2月）

2017年2月，市十六届人大一次会议选举产生市第十六届人大常委会。市人大常委会党组在人大换届选举前后进行了调整。

书　记：叶建辉（2016年12月至2021年12月）

副书记：江孟甫（2017年3月至2022年3月）（2017年2月为成员）

成　员：陈世尧（2017年1月至2022年3月）　金爱忠（2017年2月至2022年3月）

薛小平（2017年2月至2022年3月）　薛尧弟（2017年2月至2021年12月）

郑光德（2017年2月至2019年11月）　黄笃远（2017年1月至2021年3月）

蔡金良（2019年11月至2021年10月）　林绍达（2021年10月至2022年3月）

2022年2月，市十七届人大一次会议选举产生市第十七届人大常委会。市人大常委会党组在人大换届选举前后进行了调整。

书　记：应希克（2021年12月起）

副书记：项金敏（2021年12月起）

成　员：周晓华（2022年3月起）　吴功宜（2022年3月起）

张海飞（女，2022年3月起）　池万松（2022年3月起）　林绍达（2022年3月起）

二、常委会机关党组

人大常委会机关党组是中共瑞安市委在瑞安市人大常委会机关设立的领导机构，接受市委和市人大常委会党组的领导，其主要职责是履行常委会机关全面从严治党的主体责任，贯彻党管干部原则，讨论决定机关内部机构设置、职责、重大决策和重要人事任免等事项。

2019年3月，经中共瑞安市委批准同意，设立市人大常委会机关党组。机关党组设书记1人、成员若干人，由中共瑞安市委任命。

书　记：郑光德（2019年3月至2019年11月）
蔡金良（2019年11月至2021年10月）
林绍达（2021年10月起）

成　员：邵万嗨（2019年3月至2019年8月）　陈智勇（2019年3月起）
李国民（2019年3月起）　吴学彬（2019年3月至2020年9月）
陈继昌（2019年3月至2020年11月）　黄　淼（女，2019年3月至2020年11月）
张加梁（2019年11月起）　陈宗成（2019年11月起）
涂秀明（2020年9月起）　曾爱慧（女，2020年11月起）
薛　颖（女，2020年11月起）

三、常委会机关党委

2017年7月，因市人大常委会机关（含离退休）党员人数超出100人，为进一步加强机关党的建设，根据《中国共产党和国家机关基层组织工作条例》，经中共瑞安市直属机关工作委员会批准同意，成立中共瑞安市人大常委会机关委员会，中共瑞安市人大常委会机关纪律检查委员会，其主要职责是宣传、贯彻落实和组织学习党的创新理论、路线方针政策和决议，对党员进行教育、管理、监督和服务，密切联系群众等。

2017年7月，召开机关党员大会，选举产生市人大常委会机关委员会委员、纪律检查委员会委员。

党委书记：郑光德
党委副书记：林　津
专职副书记：张远程
党委委员：诸葛志勇　周莉娜（女）邵万延　陈晓洁（女）
纪委书记：林　津
纪委委员：金国锐　杨　晖

2021年3月，机关党委换届改选。

党委书记：蔡金良
党委副书记：林　津
专职副书记：张远程
党委委员：李国民　张加梁　陈智勇　涂秀明
纪委书记：林　津
纪委副书记：李景节
纪委委员：金国锐　林元众　杨　晖

四、常委会机关党支部

2002年7月，机关党支部换届改选。

书　记：苏尚乐

副书记：戴胜益

委　员：徐　雄　　林志录（女）潘贻高

2005年1月，机关党支部换届改选。

书　记：苏尚乐

副书记：戴胜益

委　员：潘贻高　　陈徐雷　　林志录（女）

2007年6月，机关党支部换届改选。

书　记：吴存滔

副书记：王学教

委　员：石　亮（女）黄　淼（女）金国锐

2012年4月，机关党支部换届改选。

书　记：郑光德

副书记：石　亮（女）邵万延

委　员：张加梁　　谢思孝　　金国锐　　杨　晖

2016年10月，机关党支部换届改选。

书　记：郑光德

副书记：周莉娜（女）金国锐

委　员：林元众　　杨　晖　　林显亮　　彭婉淑（女）

2017年7月，市人大常委会机关党委成立后，设7个机关党支部和1个离退休党支部。

办公室党支部

书　记：林　津

委　员：涂俊伟　　张美华（女）

法制内司党支部

书　记：邵万延

委　员：吴风云（女）张远程

财经预算党支部

书　记：诸葛志勇

委　员：虞　锋　　林元众　　陈　宇

教科文卫工委党支部

书　记：张朝银

农资工委党支部

书　记：周莉娜（女）

委　员：谢世虎　　　陈蕾蕾（女）

代表工委党支部

书　记：石　亮（女）

委　员：杨　晖　　　谢晶晶（女）

城建环保工委党支部书记先后有：陈光兴　　　黄志勇

2021年3月，市人大常委会机关党委换届后，整合原7个机关党支部为5个机关党支部，保留1个离退休党支部。

办公室党支部

书　记：蔡金良

委　员：李景节　　　陈　纪

法制城建党支部

书　记：李国民

委　员：孙仕元　　　王珏轶

财经预算党支部

书　记：张加梁

委　员：林元众　　　陈　宇

教科文卫社会党支部

书　记：涂秀明

委　员：金国锐　　　杨　晖

农资代表党支部

书　记：陈智勇

委　员：吴风云（女）孙克军

五、离退休党支部

2002年4月，离退休党支部换届改选。

书　记：李学宪

副书记：郑玉柱（2002年4月至2002年12月）　　　李孟光（2003年1月任职）

委　员：李孟光　　　吴守平　　　黄岳龄　　　陈菁菁（女）

2005年12月，离退休党支部换届改选。

书　记：李学宪

副书记：李孟光　　　吴守平

委　员：吴守平　　　孙中存　　　吴高福　　　黄岳龄　　　陈菁菁（女）

2011年9月，离退休党支部换届改选。

书　记：李孟光

副书记：孔素素（女）吴守平

委　员：林镜鸿　　　苏尚乐

2018年5月，离退休党支部换届改选。

书　记：李孟光

副书记：林镜鸿

委　员：孔素素（女）盛志荣　　　苏尚乐

2021年3月，离退休党支部换届改选。

书　记：叶世林

副书记：张中姆　　　林　津（派任）

委　员：盛志荣　　　尤碎林　　　胡小珍（女）

2022年7月，退休第二党支部成立

书　记：叶建辉

副书记：郑光德

委　员：邵万姆　　　林祝兴　　　陈继昌（2023年6月任职）

第二节　学习教育

市人大常委会及机关认真贯彻落实中央、省委、温州市委和瑞安市委相关文件精神与部署要求，结合人大实际，积极开展一系列学习实践、主题教育活动，全面加强自身建设。

一、第十三届人大常委会及机关

开展“三树一创”教育实践活动　2004年10月至2005年4月，市人大常委会党组及机关开展“三树一创”教育实践活动及深化“效能革命”、开展“整顿作风、提升素质”活动，分学习教育，对照检查、评议整改，总结提高三个阶段进行，深入组织学习“三个代表”重要思想，认真学习和领会胡锦涛总书记重要讲话和论述，深刻认识科学的发展观、正确的政绩观和牢固的群众观的理论基础、精神实质和指导意义，引导帮助领导班子成员、机关干部树立起科学的发展观、正确的政绩观、牢固的群众观，创造经得起实践、历史和群众检验的政绩，进一步形成好的学风、好的领导作风、好的工作作风、好的生活作风，真正以突出的业绩造福于民，以优良的作风取信于民，以良好的形象感召于民，促进瑞安市经济社会更快更好的发展。

开展保持共产党员先进性教育活动　2005年1月—6月，市人大常委会党组及机关开展保持共产党员先进性教育活动，分学习教育、分析评议、整改提高三个阶段进行，以学习实践“三个代表”重要思想为主线，以提高党的执政能力为根本着眼点，贯彻党要管党、从严治党的方针，领导干部带头，高标准、严要求，围绕“提高党员素质、服务人民群众、促进各项工作”的总体目标，着力查找和解决党组织与党员在思想、组织、作风、工作方面存在的突出问题，教育引导党员牢固树立和落实科学发展观、正确政绩观，保持共产党员先进性，进一步提高服务水平，为瑞安市的改革开放和现代化建设，为圆满完成人大常委会机关的各项任务，提供坚强的政治和组织保证。

开展“知荣辱、优服务，争做人民满意公务员”主题实践活动　2006年4月，市人大常委会机关开展“知荣辱、优服务，争做人民满意公务员”主题实践活动，以专题学习讨论、廉政文化建设、“节约型机关”创建、抓好信访工作为重点内容，深入学习胡锦涛总书记提出的以社会主义荣辱观为主要内容的社会主义荣辱观深刻内涵和基本精神，教育全体党员、干部牢固树立正确的世界观、人生观、价值观，牢固树立公仆意识和群众观念，对照社会主义荣辱观，从思想、工作、作风上寻找差距，切实转变作风，提高服务水平和服务能力。

二、第十四届人大常委会及机关

开展“作风建设年”活动　2007年3月—12月，市人大常委会机关开展“作风建设年”活动，分思想动员、提高认识，查找问题、边整边改，建章立制、总结提高三个阶段进行，深入学习邓小平理论和“三个代表”重要思想，全面贯彻落实科学发展观和构建社会主义和谐社会的各项要求，认真学习贯彻胡锦涛总书记在中央纪委第七次全会上的重要讲话精神，全面加强思想作风、学风、工作作风、领导作风和干部生活作风建设，弘扬新风正气，抵制歪风邪气，着力解决人大干部在作风建设中存在的突出问题，促进机关作风进一步好转，为建设“三个瑞安”，实现“率先发展、跨越发展”创造良好的环境。

开展深入学习实践科学发展观活动　2009年3月—8月，市人大常委会及机关开展深入学习实践科学发展观活动，分学习调研、分析检查、整改落实三个阶段进行，紧紧围绕“党员干部受教育、科学发展上水平、人民群众得实惠”的总要求和“提高思想认识、凝聚转型共识，解决突出问题、实现共建共享，创新体制机制、激活发展潜力，推进科学发展、走在时代前列”的总目标，紧密结合市委提出的“合心合力应对严峻挑战、创业创新推动科学发展”这一实践总载体，以“完善监督机制体制，助推瑞安科学发展”作为市人大常委会机关学习活动的实践载体，以副科级以上党员领导干部为重点，紧密结合科学发展观的新要求、发展阶段的新变化、人民群众的新期待，把科学发展观全面落实到市人大常委会及其机关的学习实践活动中去。

开展“转作风优环境”活动　2010年2月—12月，市人大常委会机关开展“转作风优环境”活动，以加强教育、提高思想，深入监督、增强实效，走进矛盾、破解难题，强化督查、改善作风为主任务，分三个阶段实施，活动以科学发展观为指导，认真贯彻落实党的十七届四中全会和中央、省、温州市纪委全会精神，以“转变作风、优化环境”为主题，以密切党群干群关系为核心，以走进矛盾、破解难题、治庸治懒为重点，以切实解决“群众办事难、工作推进难”为落脚点，深入开展学习和调查研究，切实加强人大监督工作，增强人大监督实效，发挥代表作用，全面加强干部作风建设，努力建设一支“勤勉、廉洁、务实、高效”的干部队伍，为加快建设宜居宜创业的现代化大城市提供坚强保证。

开展创建“责任型、服务型、效率型、学习型、廉洁型”机关活动　2011年10月，市人大常委会机关开展创建“责任型、服务型、效率型、学习型、廉洁型”机关活动，以“为民、务实、清廉、高效”的机关文化为引领，扎实开展“五型”机关创建，引导广大机关工作人员牢固树立全心全意为人民服务的宗旨，机关干事创业的责任感进一步增强，服务质量进一步优化，工作效率进一步提高，队伍素质进一步提升，廉洁意识进一步强化，群众满意度大幅提升，不断提高机关工作的整体水平，努力建设“行为规范、运转协调、公正透明、廉洁高效”的机关。

三、第十五届人大常委会及机关

参加全国人大北戴河培训　2012年6月1日—6日，市人大常委会部分组成人员和机关干部参加全国人大北戴河培训基地承办的县市级人大干部培训班学习，全国人大领导和知名专家面授宪法和人民代表大会制度、代表法和代表工作、监督法和人大监督工作、中国特色社会主义法律体系等课程。参训人员表示，通过培训学习，丰富了人民代表大会制度理论和人大工作专业知识，增强了依法履职能力。

开展党的群众路线教育实践活动　2014年1月—9月，市人大常委会党组及机关深入开展党的群众路线教育实践活动，全面贯彻党的十八大和习近平总书记系列重要讲话精神以及省委、温州和瑞安

2014年3月6日，市人大常委会党组及机关召开党的群众路线教育实践活动动员部署会议

市委会议精神，牢牢把握“照镜子、正衣冠、洗洗澡、治治病”的总要求，以为民务实清廉为主要内容，以常委会党组成员及机关科级领导干部为重点，以发挥好人大密切联系群众优势为着力点，在常委会领导班子成员和机关全体党员干部中，深入开展党的群众路线教育实践活动，主要抓好学习教育、听取意见，查摆问题、开展批评，整改落实、健全机制等三个环节和十个步骤，补精神之“钙”、除“四风”之害、祛行为之垢、立为民之制，以作风建设的新成效推进人大依法监督、代表服务等各项工作，进一步提升人大工作水平。教育引导党员干部树立群众观念，坚持群众路线，弘扬优良作风，保持清廉本色，提升服务质量，突出解决形式主义、官僚主义、享乐主义、奢靡之风等“四风”问题，努力成为群众冷暖的贴心人、群众利益的代言人、群众幸福的圆梦人。

开展“三严三实”专题教育 2015年5月—12月，市人大常委会党组及机关开展“三严三实”专题教育，学深、悟透、践行习近平总书记多次强调的党员干部特别是领导干部要“严以修身、严以用权、严以律己，谋事要实、创业要实、做人要实”。专题教育不分批次、不划阶段、不设环节，主要抓好专题党课、专题学习研讨、专题民主生活会和组织生活会“四个关键动作”，常委会班子领导带头示范，科级和其他党员干部努力跟上，着力解决机关内或多或少存在的“不严不实”问题。在“三严”方面，做到严字当头，着力强化自身建设：严以修身、心正身正，严以用权、敬结重民，严以律己、慎微慎独；在“三实”方面，做到实字当先，着力强化担当精神：谋事要实、履职须事事从实际出发，创业要实、履职须处处从实处落脚，做人要实、履职要讲老实话干老实事，争做“三严三实”的好干部。

开展“为官不正、为官不为、为官乱为”专项整治活动 2015年8月—12月，市人大常委会机关开展“为官不正、为官不为、为官乱为”专项整治活动，贯彻落实中央全面从严治党的部署要求，紧密结合“三严三实”专题教育，深化机关作风效能建设，按照“严字当头、标本兼治、推动工作”的工作思路，以治“庸”提能力、治“懒”提精神、治“散”严规矩、治“拖”增效率、治“贪”清风气为主要任务，重点查找整治“庸懒散拖贪”等问题，进一步正作风、提效能、优环境，助推瑞安科学发展、赶超发展。

开展作风建设暨深化“为官不正、为官不为、为官乱为”专项整治活动 2016年2月—12月，市人大常委会机关开展作风建设暨深化“为官不正、为官不为、为官乱为”专项整治活动，分宣传发动、查摆问题，集中整治、立行立改，巩固提升、完善机制等三个阶段进行，按照“迅速治标、制度治本、推动工作”的工作思路，重点查找整治“纪律松弛、执行不力，缺乏担当、推诿扯皮，不思进取、私心作祟，是非不分、明哲保身”等“四个方面”问题，进一步正作风、提效能、优环境，助推瑞安科学发展、赶超发展。

开展“两学一做”学习教育活动 2016年3月—12月，市人大常委会党组及机关开展“学党章党规、学系列讲话、学法律业务，争创一流业绩、争当法治标杆、争做优秀党员”学习教育活动，采取六个专题5项措施，贯彻落实中央《关于在全体党员中开展“学党章党规、学系列讲话，做合格党员”学习教育方案》的精神，把党的思想建设放在首位，以尊崇党章、遵守党规为基本要求，以用习近平总书记系列重要讲话精神武装头脑为根本任务，教育引导党员自觉按照党员标准规范言行，进一步坚定理想信念，提高党性觉悟；进一步增强政治意识、大局意识、核心意识、看齐意识，坚定正确政治方向；进一步树立清风正气，严守政治纪律政治规矩；进一步强化宗旨观念，勇于担当作为，在工作、学习和社会生活中起先锋模范作用。

开展“不忘初心·实干担当”廉政主题教育宣传月活动　2016年9月上旬至10月上旬，市人大常委会机关开展“不忘初心·实干担当”廉政主题教育宣传月活动，以廉政主题教育“八个一”为载体，通过开展一系列主旨鲜明、内容丰富、形式多样的活动，实现对全体机关党员干部特别是党员领导干部廉政教育的全覆盖，切实增强机关党员干部的纪律规矩意识和实干担当意识。

四、第十六届人大常委会及机关

推进“两学一做”学习教育常态化制度化　2017年6月19日，中共瑞安市人大常委会党组印发《瑞安市人大常委会机关推进“两学一做”学习教育常态化制度化的实施方案》。机关党组织和全体党员以“两学一做”为基本内容，执行“三会一课”基本制度，落实“十个一”举措，坚持学做互进，推进“两学一做”学习教育常态化制度化，具体如下：（一）每月一次集中学习会；（二）每月一次党员固定活动日活动；（三）每月一次支部委员会；（四）每季度一次党员大会；（五）每年一次重温入党誓词；（六）每年一次党内谈心交心；（七）每年一次廉政主题教育；（八）每年一次民主评议党员工作；（九）每年一次党支部组织生活会；（十）每年一次党组民主生活会。

开展“清廉瑞安·清风启航”主题宣传月活动　2017年10月中旬至11月中旬，市人大常委会机关开展“清廉瑞安·清风启航”主题宣传月活动，坚持“机关带头、干部率先”的原则，通过开展主题宣传月“八个一”活动，加大宣传教育力度，营造强大声势，全面开启市人大常委会机关“清廉瑞安”建设新征程，努力在机关中形成崇清尚廉的风气，使清廉风气渗透到全体机关干部工作、学习、生活等各个方面，着力推进“清廉机关、清正干部、清朗家风”建设。

开展“清廉瑞安·清风相伴”主题教育宣传月活动　2018年9月，市人大常委会机关开展“清廉瑞安·清风相伴”主题教育宣传月活动，通过开展主题教育宣传月“六个一”活动，不断增强机关党员干部的党性意识、法纪意识和廉洁意识，使清廉风气渗透到每一名机关干部的工作、学习、生活等各个方面，全面推进清廉人大常委会机关建设。

参加深圳人大干部培训中心学习　2018年11月8日—13日，市人大常委会组成人员第二期培训班在深圳人大干部培训中心举办。市人大常委会主任叶建辉、副主任薛尧弟等30名市人大常委会组成人员及人大常委会机关工作人员参加培训，分别听取“人民代表大会制度的理论与实践、粤港澳大湾区现在与未来、新时代人大对预算的审查监督、人大执法检查的实践与思考、人大常委会自身建设与常委会委员履职、监察法解读”等专题讲座。参训人员表示，通过学习增长了知识、开阔了视野、拓宽了思路、增强了信心，进一步加深领会习近平总书记关于坚持和完善人民代表大会制度的重要思想，发扬理论联系实际的学风，切实提高政治站位，强化使命担当，围绕中心、服务大局，努力完成新时代赋予人大的新使命。

参加井冈山“不忘初心、牢记使命”主题教育培训　2019年5月13日—18日，市人大常委会组织机关党员干部和乡镇（街道）人大主席（主任）约60人赴井冈山开展“不忘初心、牢记使命”主题教育培训。市人大常委会主任叶建辉，副主任陈世尧、薛小平、薛尧弟等参加培训。学员们专题学习《井冈山斗争与井冈山精神》《从党的奋斗史中感悟“不忘初心、牢记使命”》，深入了解井冈山斗争历史，感受“井冈山”精神；参观毛泽东旧居、小井村红军医院、井冈山革命博物馆，祭扫小井红军烈士墓、曾志同志墓、井冈山革命烈士陵园等，追寻红色足迹，追忆“初心”历程；重走朱毛挑粮小道，聆听革命先烈后代讲述先辈的英勇事迹，接受思想洗礼，体验“初心”力量。学员们纷纷表示，通过对井冈山精神的学习、体验，进一步坚定了自身的理想信念，强化了担当意识，激发了尽心履职的责任感，同时也提高依法履职的能力和水平。

开展“不忘初心、牢记使命”主题教育　2019年9月—11月，市人大常委会及机关开展“不忘初心、牢记使命”主题教育，把深入学习贯彻习近平新时代中国特色社会主义思想作为根本任务，全面把握“守初心、担使命，找差距、抓落实”的总要求，以彻底的自我革命精神解决违背初心和使命的各种问题。主题教育不划阶段、不分环节，把学习教育、调查研究、检视问题、整改落实贯穿主题教育全过程，以常委会班子领导为重点，引导党员干部原原本本学，在学懂弄通做实习近平新时代中国特色社会主义思想上下功夫，以理论滋养初心，以理论引领使命，增强“四个意识”、坚定“四个自信”、做到“两个维护”。突出问题导向，既着力解决党员干部自身存在的问题特别是思想根子问题，坚守理想信念、初心使命不动摇，又着力推动解决群众最关心最直接最现实的利益问题，力戒形式主义、官僚主义。努力实现理论学习有收获、思想政治受洗礼、干事创业敢担当、为民服务解难题、清正廉洁作表率。

2019年9月12日，市人大常委会及机关召开“不忘初心、牢记使命”主题教育动员部署会

开展党史学习教育　2021年3月—12月，市人大常委会及机关开展党史学习教育，全面把握“学史明理、学史增信、学史崇德、学史力行”的总要求，组织机关党员干部学习党史、新中国史、改革开放史、社会主义发展史，扎实开展“跟着总书记学党史”专题学习、“追寻真理的味道”专题宣讲、“忆

党史 守初心 建窗口”专题宣传教育、“办实事、解难题、减负担”专题实践、召开专题组织生活会等五大专题活动，组织开展政治建设专题培训、集中学党史、青年党员干部讲党史、走访服务选民、强监督惠民生、助推企业解难题、人大风采宣传等七项特色主题活动，教育引导全体党员增强“四个意识”、坚定“四个自信”、做到“两个维护”。“学党史、悟思想、办实事、开新局”，以“青春都市·幸福瑞安”为发展导向，全力建设“五区五城”，争当学史悟思、增信崇德、为民办事、勇开新局的排头兵，交出人大履职尽责高分答卷，以实际行动和优异成绩庆祝中国共产党成立100周年。

第三节　制度建设

市人大常委会根据宪法和法律有关规定，结合人大履职行权的实际，制订切实可行的工作制度，随着工作经验的积累，一系列制度不断修订、充实，日趋完善，把宪法和法律赋予地方人大常委会职权具体化、将行之有效的工作方式方法制度化，保证人大职权有效行使。共有各种规章制度50余项，使人大工作更加规范化、制度化。

一、第十三届人大常委会

2003年4月29日，第一次会议制定《瑞安市人民代表大会常务委员会任免国家机关工作人员办法》。2003年7月9日，第三次会议修订《瑞安市人民代表大会常务委员会议事规则》《瑞安市人民代表大会常务委员会主任会议议事规则》《瑞安市人大常委会关于讨论、决定本市重大事项的规定》《瑞安市人民代表大会常务委员会组成人员守则》《瑞安市人民代表大会常务委员会信访工作规则》，制定《瑞安市人民代表大会常务委员会监督司法机关工作办法》《瑞安市人民代表大会常务委员会评议工作暂行规定》。2003年9月3日，第四次会议制定《瑞安市人大常委会关于审判人员和检察人员实行任前公示的意见》。2003年11月19日，第七次会议制定《瑞安市街道人大工作委员会工作规则（试行）》。2005年8月4日，第二十二次会议制定《瑞安市人民代表大会常务委员会会议公民旁听试行办法》。2006年6月7日，第三十一次会议制定《关于瑞安市人民代表大会代表建议、批评和意见处理办法的决定》。

二、第十四届人大常委会

2008年11月18日，第十五次会议制订《瑞安市人民代表大会常务委员会规范性文件备案审查暂行办法》。2009年5月20日，第十九次会议第五次修订《瑞安市人民代表大会常务委员会议事规则》。2009年6月26日，第二十次会议修订《瑞安市人大常委会关于讨论、决定本市重大事项的规定》。

三、第十五届人大常委会

2012年2月15日，第二次主任会议通过《关于加强和规范市人大代表闭会期间活动的若干意见》

《关于市人大常委会组成人员联系市人大代表的若干意见》《关于开展代表建议办理工作评议活动的意见》。2012年3月9日，第二次会议修订《瑞安市人民代表大会常务委员会议事规则》。2012年5月3日，第三次会议修订《瑞安市人民代表大会常务委员会主任会议议事规则》《瑞安市人民代表大会常务委员会关于讨论、决定本市重大事项的规定》《瑞安市人民代表大会常务委员会任免国家机关工作人员办法》《瑞安市人大常委会街道工作委员会工作规则》。2012年6月28日，第四次会议制定《瑞安市人民代表大会常务委员会关于审议意见办理的试行办法》。2012年12月10日，第十五次主任会议通过《瑞安市人民代表大会代表述职办法（试行）》。2012年12月14日，第九次会议制定《瑞安市人民代表大会代表议案处理办法》，修订《瑞安市人民代表大会代表建议、批评和意见处理办法》《瑞安市人民代表大会常务委员会信访工作规则》。2013年4月23日，第十二次会议制定《瑞安市人大常委会工作评议试行办法》。2014年2月27日，第十九次会议修订《瑞安市人民代表大会常务委员会关于审议意见办理的试行办法》。2014年8月28日，市人大常委会党组研究通过《关于加强和改进人大调研工作的意见》。2015年3月31日，第二十九次会议制定《瑞安市人民代表大会常务委员会关于选举任命国家机关工作人员向宪法宣誓暂行办法》。2015年12月18日，第三十七次会议制定《瑞安市组织实施宪法宣誓制度办法》。2016年2月24日，第三十九次会议制定《瑞安市人大常委会关于政府重大投资项目监督暂行办法》。2016年5月31日，第四十二次会议修订《瑞安市人民代表大会常务委员会街道工作委员会工作规则》。2016年7月15日，市人大常委会党组研究通过《中共瑞安市人大常委会党组工作规则》。2017年2月7日，第五十次会议制定《瑞安市人大常委会关于市监察委员会副主任、委员任免工作的决定》。

四、第十六届人大常委会

2017年3月24日，第二次会议修订《瑞安市人民代表大会常务委员会议事规则》《瑞安市人民代表大会常务委员会主任会议议事规则》，制定《瑞安市人民代表大会代表约见国家机关负责人暂行办法》。2017年4月5日，市人大常委会党组研究通过《关于完善全市各级人大代表联系人民群众制度的实施意见》。2017年9月6日，第十二次主任会议通过《关于建立街道民主议政会议制度的指导意见》。2017年12月22日，第九次会议制定《关于政府民生实事人大代表票决项目监督暂行办法》。2018年4月26日，第十二次会议修订《瑞安市组织实施宪法宣誓制度办法》。2018年5月22日，市人大常委会党组研究通过《关于加强人大调查研究工作的意见》。2019年5月13日，市人大常委会机关党组研究通过《中共瑞安市人大常委会机关党组工作规则》。2019年5月24日，第二十二次会议修订《瑞安市人民代表大会常务委员会组成人员守则》。2019年10月30日，第二十六次会议修订《瑞安市人民代表大会常务委员会讨论决定重大事项的规定》。2021年12月9日，第四十三次会议修订《瑞安市人民代表大会常务委员会任免国家机关工作人员办法》。

第四编　乡镇人民代表大会与市人大常委会街道工作委员会

乡镇人民代表大会是在乡镇行政区域内行使国家权力的中国政权体系中最基层的国家权力机关，是集中和体现乡镇人民利益和意志的人民代表机构，是中国人民代表大会制度的组成部分，在乡镇国家政权机关中处于首要地位。

乡镇人民代表大会行使下列职权：（一）在本行政区域内，保证宪法、法律、行政法规和上级人民代表大会及其常务委员会决议的遵守和执行；（二）在职权范围内通过和发布决议；（三）根据国家计划，决定本行政区域内的经济、文化事业和公共事业的建设计划和项目；（四）审查和批准本行政区域内的预算和预算执行情况的报告，监督本级预算的执行，审查和批准本级预算的调整方案，审查和批准本级决算；（五）决定本行政区域内的民政工作的实施计划；（六）选举本级人民代表大会主席、副主席；（七）选举乡长、副乡长，镇长、副镇长；（八）听取和审议乡、民族乡、镇的人民政府的工作报告；（九）听取和审议乡、民族乡、镇的人民代表大会主席团的工作报告；（十）撤销乡、民族乡、镇的人民政府的不适当的决定和命令；（十一）保护社会主义的全民所有的财产和劳动群众集体所有的财产，保护公民私人所有的合法财产，维护社会秩序，保障公民的人身权利、民主权利和其他权利；（十二）保护各种经济组织的合法权益；（十三）铸牢中华民族共同体意识，促进各民族广泛交往交流交融，保障少数民族的合法权利和利益；（十四）保障宪法和法律赋予妇女的男女平等、同工同酬和婚姻自由等各项权利。

人大街道工作委员会是市人大常委会在街道设立的工作机构，在市人大常委会和街道党工委的领导下开展工作，负责做好联系本辖区内的各级人大代表，组织代表开展活动，反映代表和群众的建议、批评和意见，办理市人大及其常委会交办的监督、选举以及推进基层民主法治建设等工作，并向市人大常委会报告工作。

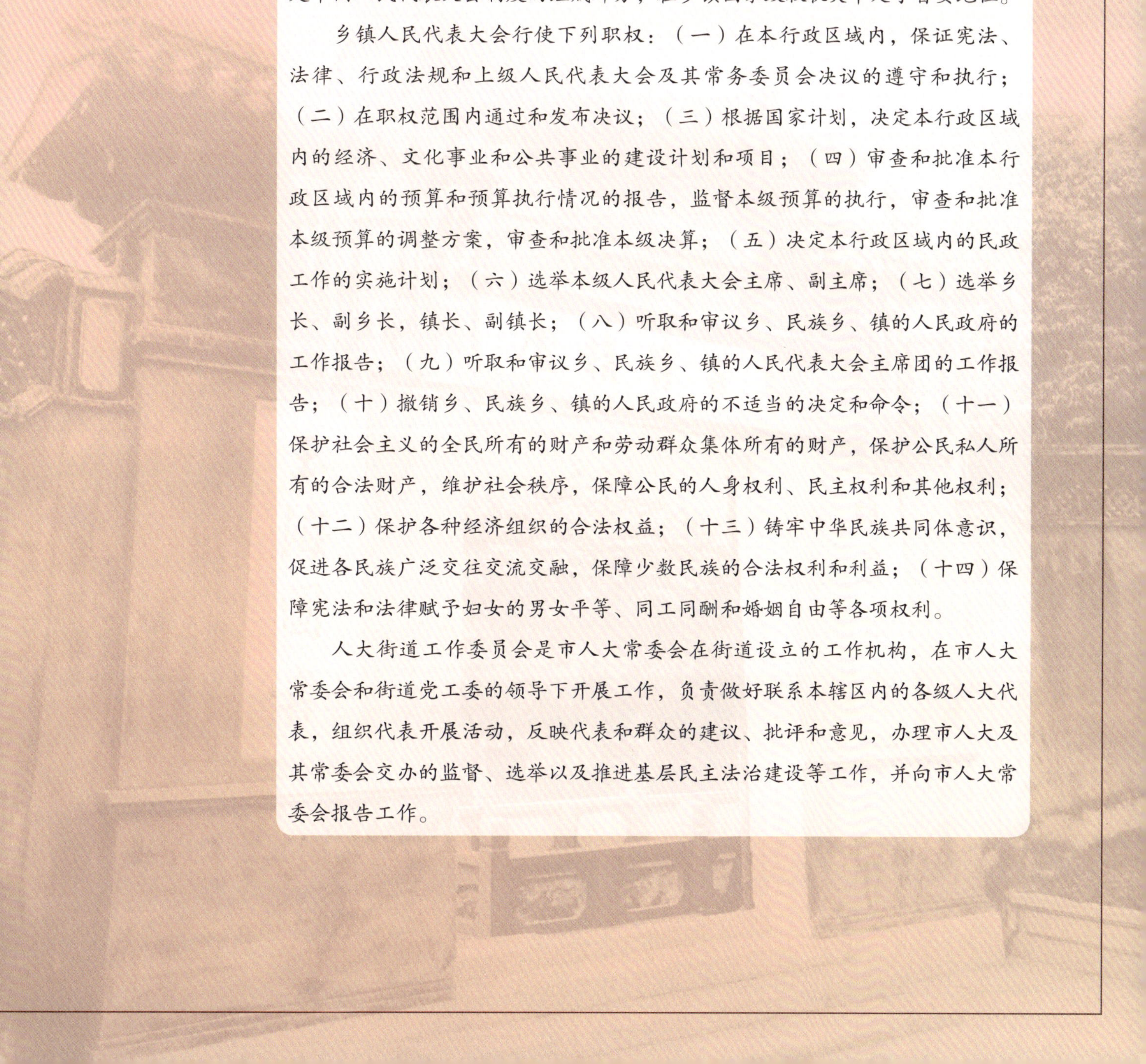

第一章　乡镇人民代表大会

瑞安市（县）乡镇人民代表大会于1954年7月建立，至2021年底，境内乡镇（人民公社）人民代表大会经历18届，走过初建、成长、曲折、发展和完善的历程。1954年7月至1958年春经历第一届至第三届，人民公社化至“文化大革命”前的1966年春，乡镇（人民公社）人民代表大会经历第四届至第六届，之后因“文化大革命”停止活动。1980年3月，全县各人民公社、镇分别召开第七届人民代表大会第一次会议，使中断的人民代表大会制度得到恢复。1984年4月，公社管委会改为乡镇人民政府，乡镇召开第八届人民代表大会第一次会议。至2021年底届满第十七届（因乡镇行政区划调整关系，人民代表大会的届次不同）。第一届至第六届，乡镇人民代表大会每届任期2年，第七届至第十四届每届任期3年，第十五届始每届任期5年。第一届至第八届由乡镇人民政府（人民委员会、人民公社管理委员会）召集，第九届始由人大主席团召集。

各乡镇人民代表大会会议每年至少举行一次会议，2016年7月始乡镇人民代表大会会议一般每年年初和年中各举行一次《浙江省乡镇人民代表大会工作条例》规定。会议听取和审议本级人民政府工作报告，审查和批准本级预算和预算执行情况报告，听取和审议本级人大主席团工作报告，讨论、决定本行政区域内的重大事项以及其他法定职权范围内的事项，选举本级人民代表大会主席、副主席和乡长、副乡长，镇长、副镇长，并提交议案、建议、批评和意见。

第一节　乡镇行政区划历史沿革和乡镇人民代表大会发展历程

一、乡镇行政区划历史沿革

1949年5月10日瑞安解放后，县人民政府宣布废除保甲制，实行区、乡、村（居）组制。同年9月，全县设8个区1个镇66个乡，即城区、塘下、莘塍、仙降、马屿、高楼、陶山、湖岭8个区，辖城关镇和66个乡。

1950年，改大乡为小乡，全县辖95个乡、镇。

1952年8月，增建仙岩区、平阳坑区。

1955年3月，增建北麂区，同年6月，该区划属洞头县管理。

1956年2月，全县调整为4个镇36个乡，同年10月，撤城区及城郊乡并入城关镇。

1957年8月，北麂、北龙两乡由洞头县复归瑞安县。同年12月，撤仙岩区，所属乡仍并入塘下区；城关镇增置横山乡，全县共62个乡、镇。

1958年10月，因文成县并入，同时，区改为人民公社（政社合一），全县共16个人民公社，辖123个生产大队（乡、镇）。

1959年，塘下、莘塍、马屿、陶峰、湖岭、大峃、玉壶、珊溪（后3个大队原属文成县）8个生产大队改为镇建制，连城关镇全县共9个建制镇。全县16个人民公社下辖126个管理区（乡、镇）。

1961年9月，恢复文成县建制，原并入瑞安县的7个人民公社重新划归文成县；同年9月，撤区级公社，恢复9个区建制；调整人民公社规模，以管理区（大队）建人民公社，全县共64个人民公社。

1965年，全县人民公社调整为74个（塘下区联社增建一批人民公社）。

1966年，撤平阳坑区。

1984年，恢复乡、镇建制，全县置14个镇、60个乡、5个农林场，下辖4个街道办事处、36个居民区、924个行政村。

1987年4月15日，撤县设市，辖区不变。石龙乡改为龙湖镇。

1988年，全市1个直属镇（辖8个街道办事处）。

1989年，江溪乡改镇。

1990年1月，莘民乡并入莘塍镇。

1992年6月，瑞安市撤区扩镇并乡，撤销了7个区公所和北麂工作委员会，全市原70个乡镇扩并为22个镇24个乡。

2000年8月，瑞安市原城关等17个乡镇建制撤销，合并组建安阳等5个镇，全市原46个乡镇调整为34个乡镇，即安阳镇、北龙乡、北麂乡、莘塍镇、汀田镇、塘下镇、丽岙镇、仙岩镇、飞云镇、仙降镇、陶山镇、桐浦乡、碧山镇、马屿镇、曹村镇、大南乡、荆谷乡、梅屿乡、顺泰乡、湖岭镇、鹿木乡、潮基乡、林溪乡、金川乡、芳庄乡、永安乡、桂峰乡、龙湖镇、平阳坑镇、高楼乡、营前乡、宁益乡、东岩乡、枫岭乡。

2001年8月，瑞安市丽岙镇、仙岩镇划属温州市瓯海区，塘下镇梅头办事处划属温州市龙湾区。全市辖13个镇、19个乡。

2003年12月，瑞安市安阳镇建制撤销，设立安阳、锦湖、玉海、潘岱、东山、上望6个街道。全市辖6个街道、12个镇和19个乡。

2011年4月，瑞安市调整部分乡镇、街道行政区划。全市原37个乡镇街道调整为5个镇10个街道，即塘下、陶山、湖岭、马屿、高楼5个镇和安阳、玉海、锦湖、东山、上望、莘塍、汀田、飞云、仙降、南滨10个街道。

2016年1月，瑞安市原有5个镇10个街道调整为9个镇12个街道2个乡，即塘下、陶山、桐浦、湖岭、林川、马屿、曹村、高楼、平阳坑9个镇；安阳、玉海、锦湖、潘岱、东山、上望、莘塍、汀田、飞云、仙降、南滨、云周12个街道和芳庄、北麂2个乡。

瑞安市解放后乡镇行政区划沿革对照（1949年8月至2000年6月）

表4–1

1949年8月		1958年10月		1961年9月		1984年4月后		1992年6月9日至2000年6月19日	
城区		城关公社（城关镇）		城区	城关镇	城关镇	城北街道办事处	城关镇	城北街道办事处
							城东街道办事处		
							城南街道办事处		城南街道办事处
							城西街道办事处		
							大桥街道办事处		
					隆山公社		隆山街道办事处		隆山街道办事处
		莘塍（先锋）公社	城郊大队（管理区） 横山大队（管理区） 东山大队（管理区） 莘塍大队（管理区） 莘周大队（管理区） 莘民大队（管理区） 民公大队（管理区） 董田大队（管理区） 汀田大队（管理区） 里学大队（管理区） 上望大队（管理区） 薛里大队（管理区）		红旗公社		红旗街道办事处		红旗街道办事处
塘下区	横山乡				横山公社		横山街道办事处		
	东山乡			莘塍区	东山公社	莘塍区	东山镇		东山街道办事处
	莘塍镇				莘塍镇		莘塍镇	莘塍镇	莘塍办事处
	民公乡				莘民公社		莘民乡1990年1月并入莘塍镇		莘民办事处
					民公公社		民公乡		民公办事处
	董田乡				董田公社		董田乡		董田办事处
	汀田乡				汀田公社		汀田乡	汀田镇	
							里学乡 1985年从汀田中析出		
	里学乡						大典下乡		
	上望乡				上望公社		上望乡	上望镇	
							九里乡		
	双里乡						薛里乡		
	塘下乡	塘下公社	塘下大队（管理区）	塘下区	塘下公社	塘下区	塘下镇	塘下镇	
	双垟乡						三都乡		
	鲍田乡		鲍田大队（管理区）		鲍田公社		鲍田镇	鲍田镇	
	新华乡						新华乡		
	仙岩乡		仙岩大队（管理区）		仙岩公社		仙岩镇	仙岩镇（梓岙乡的8个村并入）	
	梓岙乡		丽岙大队（管理区）		梓岙公社		梓岙乡		
	白门乡						丽岙镇	丽岙镇（梓岙乡的6个村并入）	
					丽岙公社		白门乡		
	罗南乡		罗南大队（管理区）		罗南公社		罗南乡	罗凤乡（1995年乡改镇）	
							凤山乡		

续表 4-1

<table>
<tr><th colspan="2">1949 年 8 月</th><th colspan="2">1958 年 10 月</th><th colspan="2">1961 年 9 月</th><th colspan="2">1984 年 4 月后</th><th>1992 年 6 月 9 日至
2000 年 6 月 19 日</th></tr>
<tr><td rowspan="3">塘下区</td><td rowspan="2">海安乡</td><td rowspan="3">塘下公社</td><td rowspan="2">场桥大队（管理区）</td><td rowspan="3">塘下区</td><td rowspan="2">场桥公社</td><td rowspan="3">塘下区</td><td>场桥镇</td><td>场桥镇</td></tr>
<tr><td>海安乡</td><td>海安乡（1993年乡改镇）</td></tr>
<tr><td>梅头乡</td><td>梅头大队（管理区）</td><td>梅头公社</td><td>梅头镇</td><td>梅头镇</td></tr>
<tr><td rowspan="2">莘塍区</td><td>北麂乡</td><td rowspan="2">城关公社</td><td>北麂大队（管理区）</td><td rowspan="2">城区</td><td>北麂公社</td><td rowspan="2">北麂工委</td><td>北麂乡</td><td>北麂乡</td></tr>
<tr><td>北龙乡</td><td>北龙大队（管理区）</td><td>北龙公社</td><td>北龙乡</td><td>北龙乡</td></tr>
<tr><td rowspan="9">仙降区</td><td>林垟乡</td><td rowspan="9">海滨（仙降）公社</td><td>林垟大队（管理区）</td><td rowspan="9">仙降区</td><td>林垟公社</td><td rowspan="9">仙降区</td><td>林垟镇</td><td>林垟镇</td></tr>
<tr><td>阁巷乡</td><td>阁巷大队（管理区）</td><td>阁巷公社</td><td>阁巷乡</td><td>阁巷乡
（1994年乡改镇）</td></tr>
<tr><td>吴桥乡</td><td>吴桥大队（管理区）</td><td>吴桥公社</td><td>飞云镇</td><td rowspan="2">飞云镇</td></tr>
<tr><td>孙桥乡</td><td>孙桥大队（管理区）</td><td>孙桥公社</td><td>孙桥乡</td></tr>
<tr><td>云江乡</td><td>云江大队（管理区）</td><td>云江公社</td><td>云江乡</td><td rowspan="2">云周乡</td></tr>
<tr><td rowspan="2">仙降乡</td><td>周苌大队（管理区）</td><td>周苌公社</td><td>周苌乡</td></tr>
<tr><td>仙降大队（管理区）</td><td>仙降公社</td><td>仙降乡</td><td rowspan="3">仙降镇</td></tr>
<tr><td>新江乡</td><td rowspan="2">新江大队（管理区）</td><td rowspan="2">新江公社</td><td rowspan="2">新江乡</td></tr>
<tr><td>江浦乡</td></tr>
<tr><td rowspan="12">马屿区</td><td>马屿乡</td><td rowspan="9">马屿公社</td><td>马屿大队（管理区）</td><td rowspan="9">马屿区</td><td>马屿公社</td><td rowspan="12">马屿区</td><td>马社镇</td><td rowspan="3">马屿镇</td></tr>
<tr><td>清祥乡</td><td>平阳坑清祥
（管理区）</td><td>平阳坑区
清祥公社</td><td>清祥乡</td></tr>
<tr><td rowspan="2">仙降区
江浦乡</td><td rowspan="2">江浦大队（管理区）</td><td>江浦公社</td><td>江浦乡</td></tr>
<tr><td>江溪公社</td><td>江溪乡（1989年改镇）</td><td>江溪镇</td></tr>
<tr><td>凤鸣乡</td><td>篁社大队（管理区）</td><td>篁社公社</td><td>篁社镇</td><td>篁社镇</td></tr>
<tr><td>曹许乡</td><td rowspan="2">曹村大队（管理区）</td><td rowspan="2">曹村公社</td><td rowspan="2">曹村镇</td><td rowspan="2">曹村镇</td></tr>
<tr><td>甲峰乡</td></tr>
<tr><td>梅屿乡</td><td>梅屿大队（管理区）</td><td>梅屿公社</td><td>梅屿乡</td><td>梅屿乡</td></tr>
<tr><td>荆谷乡</td><td>荆谷大队（管理区）</td><td>荆谷公社</td><td>荆谷乡</td><td>荆谷乡</td></tr>
<tr><td>环山乡</td><td rowspan="5">平阳坑公社</td><td rowspan="2">顺泰大队（管理区）</td><td rowspan="5">平阳坑区</td><td rowspan="2">顺泰公社</td><td rowspan="2">顺泰乡</td><td rowspan="2">顺泰乡</td></tr>
<tr><td>顺泰乡</td></tr>
<tr><td>大南乡</td><td>大南大队（管理区）</td><td>大南公社</td><td>大南乡</td><td>大南乡</td></tr>
<tr><td rowspan="2">高楼区</td><td>永和乡</td><td>永和（洋湾管理区）</td><td>永和公社</td><td rowspan="2">高楼区</td><td>永和乡
（1985年乡改称
平阳坑镇）</td><td rowspan="2">平阳坑镇</td></tr>
<tr><td>永新乡</td><td>凤翔大队（管理区）</td><td>凤翔公社</td><td>凤翔乡</td></tr>
</table>

续表 4-1

1949年8月		1958年10月		1961年9月		1984年4月后		1992年6月9日至2000年6月19日
高楼区	丰裕乡1951年改建石龙乡	高楼公社	石龙大队（管理区）	高楼区	石龙公社	高楼区	石龙乡（1987年改为龙湖镇）	龙湖镇
	高京乡		高楼大队（管理区）		高楼公社		高楼乡	高楼乡
	宁益乡（江隆）		宁益大队（管理区）		宁益公社		宁益乡	宁益乡
			枫岭大队（管理区）		枫岭公社		枫岭乡	枫岭乡
	营前乡		营前大队（管理区）		营前公社		营前乡	营前乡
	东梅乡		东岩大队（管理区）		东岩公社		东岩乡	东岩乡
陶山区	陶山乡白云乡	陶山公社	陶峰大队（管理区）	陶山区	陶峰公社	陶山区	陶峰镇	陶山镇
	丰和乡		丰和大队（管理区）		丰和公社		丰和乡	
	沿江乡（和平）山下乡		和平大队（管理区）		碧山公社		碧山乡	碧山镇
	浦西乡桐善乡		浦西大队（管理区）		浦西公社		浦西乡	桐浦乡（浦西的马屿、均岙、街路三村并入碧山镇，其余村并入桐浦乡）
	桐溪乡		桐溪大队（管理区）		桐溪公社		桐溪乡	
	北首乡		潘岱大队（管理区）		潘岱公社		潘岱乡	潘岱乡
湖岭区	湖岭乡	湖岭公社	湖屿桥大队（管理区）	湖岭区	湖屿桥公社	湖岭区	湖屿桥镇	湖岭镇
			坑源大队（管理区）		坑源公社		坑源乡	
	东源乡		林溪大队（管理区）		林溪公社		林溪乡	林溪乡
	岭雅乡		岭雅大队（管理区）		岭雅公社		岭雅乡	
	金川乡		金坪大队（管理区）		金坪公社		金坪乡	金川乡
	景和乡		川和大队（管理区）		川和公社		川和乡	
	咸芳乡		咸芳（洋湾管理区）		咸芳公社		咸芳乡	芳庄乡
	瑶庄乡		瑶庄大队（管理区）		瑶庄公社		瑶庄乡	
	桂峰乡		桂峰大队（管理区）		桂峰公社		桂峰乡	桂峰乡
	永安乡		永安大队（管理区）		永安公社		永安乡	永安乡
	潮基乡		潮基大队（管理区）		潮基公社		潮基乡	潮基乡
	鹿木乡		鹿木大队（管理区）		鹿木公社		鹿木乡	鹿木乡

二、乡镇人民代表大会发展历程

1949年瑞安县解放后，改旧制区、乡公所，境内建立城区、塘下、莘塍、仙降、马屿、高楼、陶山、湖岭8个区人民政府（后改区公所），为瑞安县人民政府派出机关。乡镇政权逐步建立，是年底共建成乡镇人民政府67个。每乡镇设乡镇长1名、副乡镇长1—2名（上级任命）。至1953年底，全县有一部分乡召开了各界人民代表会议，选举乡人民政府组成人员。

乡镇人民代表大会是中国基层国家权力机关。根据1949年9月29日制定的《中国人民政治协商会议共同纲领》和1953年1月13日中央人民政府委员会颁布的《关于召开全国人民代表大会及地方各级人民代表大会的决议》，全国进行第一次人大代表普选。按照1953年3月1日通过的《中华人民共和国全国人民代表大会及地方各级人民代表大会选举法》的规定，1953年7月，全县开展人大代表普选工作试点。1954年2月18日至3月18日，各乡镇先后成立了选举委员会，由选举委员会主持乡镇人民代表大会代表的选举工作，并承担筹备召开乡镇人民代表大会会议的有关事宜。同年3月，全县共选举产生乡镇人大代表4194名。同年7月，建立乡镇人民代表大会，各乡镇分别召开第一届乡镇人民代表大会第一次会议。

1954年9月，第一届全国人民代表大会第一次会议通过了中华人民共和国第一部宪法和地方组织法。宪法明确规定：乡镇设立人民代表大会和人民委员会。乡镇人民代表大会每届任期两年。

1956年2月，全县96个乡镇合并为40个乡镇。同年3月，乡镇人民政府改称为乡镇人民委员会。同年11月，全县共选举产生乡镇人大代表3239名，各乡镇分别召开第二届人民代表大会一次会议。

1958年5月，全县共选举产生乡镇人大代表3275名，各乡镇分别召开第三届人大一次会议。

1958年8月，中共中央作出《关于在农村建立人民公社问题的决议》，实行政社合一的体制。瑞安全县实现人民公社化，乡镇人民代表大会变成了人民公社社员代表大会。人民公社社员代表大会由公社管理委员会召集，公社管理委员会的主任、副主任和委员，由社员代表大会选举产生，任期两年，乡镇人大代表选举先于县人大代表选举。

1961年1月，全县第四届乡镇人大代表换届选举工作结束。同年2月，各人民公社（乡）镇分别召开第五届人大一次会议。

1963年6月，全县共选举产生乡镇人大代表9128名，各人民公社（乡）镇分别召开第四届人大一次会议。

1966年4月，全县共选举产生乡镇人大代表8681名，各人民公社（乡）镇分别召开第六届人大一次会议。

1966年下半年，“文化大革命”开始后，人民代表大会（社员代表大会）活动中断。

1969年1月，各区、公社、镇相继建立革命委员会。

1980年3月，根据全国人大五届二次会议通过的《选举法》和《地方组织法》，公社、镇恢复选举制度，由选民直接、差额选举人大（社员）代表，代表候选人应多于应选人数的1/3到1倍。是年恢复人大活动，全县各人民公社、镇分别召开第七届人大一次会议。

1982年4月，中共中央、国务院发出《关于〈宪法修改草案〉中规定农村人民公社政社分开问题的通知》，决定改变人民公社政社合一体制，实行政社分开，设立乡镇人民政府。公社社员代表大会恢复更名为乡镇人民代表大会。

1983年7月起，根据中共中央、国务院《关于实行政社分开建立乡政府的通知》，公社管委会改称乡人民政府，农村基层政权组织是乡镇人民代表大会。乡镇人民代表大会由乡镇村（居）民直接选举产生的乡镇人大代表组成，每届任期3年，由选举产生的主席团主持会议。农村基层行政机关是乡镇人民政府。乡镇人民政府是本级人民代表大会的执行机关，同时向本级人民代表大会和上级人民政府负责并报告工作，受上一级人民政府的直接领导。乡镇人民政府设乡镇长、副乡镇长。1984年4月，瑞安县68个人民公社管理委员会统一改为乡镇人民政府，各乡镇分别召开第八届人大一次会议。

1986年12月2日，第六届全国人大常委会第十八次会议第二次修正《地方组织法》，明确乡镇人民代表大会由乡镇人大主席团负责召集和主持，更有利于发挥乡镇人大的作用。按照《地方组织法》的规定，乡镇人民代表大会每届任期3年。1987年开始，各乡镇人民代表大会会议由上一次人大会议的主席团召集，同年4月，境内15个镇、59个乡分别召开第九届人大一次会议。

1990年4月，全市各乡镇分别召开第十届人大一次会议，依法设立乡镇人大主席团常务主席。

1992年，中央下发关于加强乡镇人民代表大会建设的文件，提出总结和完善乡镇人大主席团、常务主席设置的要求。同时，省委也下发文件，指出乡镇人大主席团可以设立专职常务主席，并列入乡镇干部编制序列。1992年6月，全市撤区扩镇并乡后的46个乡镇分别召开第十届人大四次会议，在选举正副乡镇长的同时，选举产生人民代表大会主席团常务主席。

1993年3月，境内22个镇、24个乡分别召开第十一届人大一次会议。

1995年2月28日，第八届全国人大常委会第十二次会议修正的《地方组织法》，规定乡镇人民代表大会设主席、副主席，由本级人民代表大会在代表中选举产生，任期同本届人民代表大会，主席、副主席为人大主席团成员。乡镇人民代表大会主席、副主席的设置，既保证主席团在人民代表大会会议期间依法履行职责，又有利于在闭会期间做好联系代表、组织代表活动、反映和交办代表意见、召集主席团会议讨论本级行政区域的重大问题等工作，充分发挥乡镇人大作用。

1996年3月，境内22个镇、24个乡分别召开第十二届人大一次会议。依法设立乡镇人大主席、副主席。

1999年1月，境内22个镇、24个乡分别召开第十三届人大一次会议。

2000年10月，新组建的安阳镇召开首届人大一次会议；塘下、飞云、仙降、马屿等4个镇因行政区划调整，分别召开第十四届人大一次会议。

2002年底，全市32个乡镇（除安阳、塘下、飞云、仙降、马屿等镇外），分别召开第十四届人大一次会议。

2004年10月17日，第十届全国人大常委会第十二次会议修正的《地方组织法》规定，乡镇人民代表大会任期由3年改为5年。2006年下半年，选举法修改后首次实行城乡按相同人口比例选举人大代表。根据《全国人大常委会关于县乡两级人大代表选举时间的决定》，瑞安市、乡（镇）两级人民代表大会代表进行同步换届选举。

2007年1月，境内12个镇、19个乡分别召开第十五届人大一次会议。

2011年上半年，原有37个乡镇街道调整为5个镇10个街道。根据《中华人民共和国全国人民代表大会和地方各级人民代表大会选举法》《中华人民共和国地方各级人民代表大会和地方各级人民政府组织法》的规定及有关文件要求，新组建的陶山、湖岭、马屿、高楼等4个镇同年7月完成人大代表选举工作，相继召开第一届人大一次会议。保留行政区域不变的塘下镇于2012年1月召开第十六届人大一次会议。

2015年6月23日，中共中央转发《中共全国人大常委会党组关于加强县乡人大工作和建设的若干意见》的通知，提出“乡镇人民代表大会会议一般每年举行2次，乡镇人大会议不少于1天；支持和保障乡镇人大主席团依法行使职权”等要求。8月29日第十二届全国人大常委会第十二次修正的《地方组织法》，明确“主席团在本级人民代表大会闭会期间，每年选择若干关系本地区群众切身利益和社会普遍关注的问题，有计划地安排代表听取和讨论本级人民政府的专项工作报告，对法律、法规实施情况进行检查，开展视察、调研等活动；听取和反映代表和群众对本级人民政府工作的建议、批评和意见”等规定，对于推动加强乡镇人民代表大会的工作和建设，完善乡镇人民代表大会制度，具有里程碑意义。

2016年上半年，原有5个镇10个街道调整为9个镇12个街道2个乡。根据省人大批复文件精神，区划调整后，原陶山、马屿、湖岭和高楼等4个镇的人大代表资格提前终止，新组建的陶山、桐浦、马屿、曹村、湖岭、林川、高楼、平阳坑等8个镇和芳庄、北麂等2个乡选举产生新的乡镇人大代表，7月底召开新一届人民代表大会第一次会议。被拆分的陶山镇、湖岭镇、马屿镇、高楼镇，人民代表大会届次延续为第二届；新设置的林川镇人民代表大会届次，从第一届开始计算。新设置、恢复2011年区划调整前名称的桐浦镇、芳庄乡、曹村镇、平阳坑镇、北麂乡的人民代表大会届次顺延为第十六届。保留行政区域不变的塘下镇人民代表大会届次延续，并与全省县乡两级人大同步换届，同年12月召开第十七届人大一次会议。

2021年12月，全市乡镇人大换届选举工作完成，境内9个镇、2个乡分别召开新一届人民代表大会第一次会议，届次不尽相同，届次不中断、延续的为第十八届。

第二节　乡镇人大代表选举

乡镇人民代表大会代表是地方国家权力机关组成人员，代表人民的权益和意志，依法参加行使国家权力。从1953年7月开始的全县人大代表普选工作试点，至2021年12月，瑞安乡镇人大代表换届选举已有18届次（因行政区划调整乡镇不同而届次不同），每次人大代表换届选举，均成立乡镇选举委员会，具体负责换届选举工作，在方法上多数采取先试点后全面铺开的方法。从1953年第一次到1966年第六次，由选民无记名投票或举手表决直接等额选举。从1980年第七次基层选举开始，乡镇人大代表实行由选民无记名投票直接差额选举。

市人大常委会对乡镇选举委员会的组成人员、乡镇人大代表名额及换届选举等作出决定后，部署人大代表换届选举工作。乡镇人大代表换届选举，在乡镇选举委员会领导组织下，通过宣传发动、选区划分、选民登记、候选人推荐与确定及投票选举等阶段工作，依法选举产生乡镇新一届人大代表。

一、乡镇第十四届人大代表选举

全市32个乡镇，其中安阳、塘下、飞云、马屿、仙降等镇于2000年9月选举第十四届人大代表，余下莘塍等27个乡镇于2002年1月25日选举第十四届人大代表。全市乡镇人大代表名额1484名，实选代表1462名（缺额22名），选举工作资料缺失。

二、乡镇第十五届人大代表选举

2006年9月至2007年1月，市、乡镇二级人大代表进行同步换届选举工作。全市31个乡镇，总人口1134206人，划分1059个选区，共登记选民741994人，参加投票的选民691311人，参选率为93.17%。31个乡镇人大代表名额1863名，提名推荐初步代表候选人2974名，确定正式代表候选人2921名，选举产生乡镇人大代表1821名（缺额42名），其中政党、人民团体提名推荐的823名，占45.19%；选民联名推荐的996名，占54.70%；非候选人当选的2名，占0.10%；妇女313名，占17.19%；35周岁以下的462名，占25.37%（选举工作资料不齐）。

三、2011 年各镇人大代表选举

2011年6月，因乡镇行政区划调整，陶山、湖岭、马屿、高楼4镇人大代表提前换届，选举产生4个镇第一届人大代表。同年12月13日，塘下镇第十六届人大代表选举和市第十五届人大代表同步换届选举。塘下等5个镇划分选区483个，共登记选民584801人，参加投票的选民517296人，参选率为88.45%。5个镇人大代表名额699名，提名推荐初步代表候选人1198名，确定正式代表候选人1178名，选举产生镇人大代表665名（缺额34名）。新一届镇人大代表中，工人32名，占4.81%；农民461名，占69.32%；专业技术人员21名，占3.16%；公务员89名，占13.38%；企业单位负责人38名，占5.71%；事业单位负责人8名，占1.20%；其他12名，占1.80%。妇女109名，占16.39%；非中共党员384名，占57.74%。从代表文化程度来看，大学本科及以上的代表71名，占10.67%，大专及高职的代表89名，占13.38%，中专、职高及高中的代表143名，占21.50%，初中及以下的代表362名，占54.44%。从代表的年龄结构来看，35周岁以下的代表126名，占18.95%，36周岁至55周岁的代表共503名，占75.64%，56周岁以上的代表36名，占5.41%。

四、2016 年乡镇人大代表选举

2016年初，瑞安市原有5个镇10个街道调整为9个镇12个街道2个乡。同年6月—7月，涉及乡镇行政区划调整的陶山等10个乡镇的人大代表提前换届选举。同年12月15日，塘下镇第十七届人大代表选举和市第十六届人大代表同步换届选举。全市11个乡镇划分为585选区，共登记选民595504人，参加投票的选民526618人，参选率为88.43%。11个乡镇人大代表名额907名，提名推荐初步代表候选人1428名，确定正式代表候选人1305名，选举产生乡镇人大代表879名（缺额28名）。新一届乡镇人大代表结构更趋合理，工农671名，占76.34%。领导干部133名，占15.13%；专业技术人员47名，占5.35%。妇女238名，占27.08%。非中共党员366名，占41.64%。年龄结构上，35岁以下143名，占16.29%。35岁至55岁的671名，占76.34%。文化程度上，大学本科及以上学历的156名，占17.75%。大专97名，占11.04%。中专高中203名，占23.09%。

五、2021年乡镇人大代表选举

全市11个乡镇，划分选区480个，共登记选民615497人；参加投票的选民568292人，参选率为92.33%。新一届乡镇人大代表名额951名，提名推荐初步代表候选人421名，其中政党、人民团体提名推荐764名，选民十人以上联名推荐657名，确定正式代表候选人1420名，选举产生乡镇人大代表940名（缺额11名）。当选的乡镇人大代表中，工农685名，占72.87%；妇女282名，占30%；党政领导干部70名，占7.45%；专业技术人员92名，占9.79%；非中共党员362名，占38.51%。大学本科及以上学历的占22.9%，比上届提高了5.16个百分点。年龄结构结构上，35岁以下的175名，占18.62%，35岁至55岁的683名，占72.66%。

瑞安市各乡镇人大代表选举情况调查情况表

表4-2

乡镇		人数（人）	选民登记（人）	代表名额（人）	划分选区（人）	代表初步候选（人）	正式代表候选（人）	参加投票（人）	参选率（%）	当选代表（人）
安阳镇	一									
塘下镇	十四									
	十五	177489	139857	130	94	226	226	134713	96	125
	十六	194604	173177	157	103	266	260	168283	97	150
	十七		176620	159	105	261	156	172120	97.5	156
	十八	180969	184924	160	101	259	158	177558	97.9	158
陶山镇	十四									
	十五	42622	35391	69	59	130	130	31808	89.9	67
	一	131686	110517	137	99	243	235			126
	二	100289	85090	107	82	190	189	72572	85.3	106
	三	101423	84959	111	52	162	162	78313	92.2	110
碧山镇	十四									
	十五	32346	26158	64	41	106	106	24549	93.8	59
荆谷乡	十四									
	十五	23180	17853	55	24	79	79	16070	90.0	55
桐浦镇（乡）	十四									64
	十五	33360	25330	63	41	104	104	23114	91.2	61

续表 4-2

乡镇		人数（人）	选民登记（人）	代表名额（人）	划分选区（人）	代表初步候选（人）	正式代表候选（人）	参加投票（人）	参选率（%）	当选代表（人）
桐浦镇（乡）	十六	35131	29524	63	41	105	105	25786	87.3	59
	十七	34441	29401	68	41	109	108	28395	96.6	67
湖岭镇	十四									
	十五	24740	23170	58	38	111	111	15720	67.8	55
	一	125884	101404	135	102	237	237	84170	83	133
	二	68886	54850	79	59	142	142	43006	78.4	79
永安乡	十四									
	十五	15827	11395	50	24	67	67	10014	87.8	50
桂峰乡	十四									
	十五	3406	2701	44	19	44	44	2252	83.3	44
潮基乡	十四									
	十五	10632	7527	47	22	67	65	6769	89.9	46
鹿木乡	十四									
	十五	12478	10733	49	21	65	68	8552	79.6	49
林川镇	一	36150	30929	65	48	113	113	27248	88.1	63
	二	35924	28885	69	36	105	105	25135	87	69
林溪乡	十四	23528		58	34	92	92			58
	十五	22652	17727	58	34	92	92	14851	83.7	56
金川乡	十四	15213		53	30	83	83			52
	十五	15850	11888	53	26	79	79	9069	76.2	53
芳庄乡	十四			58	35					57
	十五	22233	16585	58	34	91	91	13869	83.6	57
	十六	22183	18143	55	31	86	55			55
	十七	21438	17480	59	31	90	90	14024	80.2	59
马屿镇	十四			82		133	133			82
	十五	72470	57379	85	65	139	139	54142	94.3	83
	一	145233	124578	138	85	239	239	11566	92.8	138
	二	110375	94403	121	76	197	197	93248	95.9	119
	三	117853	105137	122	68	190	190	97945	93.2	122
大南乡	十四	12507	9929	49	22	86	86	7391	74.5	49
	十五	12259	9755	49	23	86	86	7378	75.6	49
梅屿乡	十四	23571	18708	55	28	97	97	14459	77.3	55
	十五	25008	19884	55	28	97	97	15578	78.3	55
顺泰乡	十四									

续表 4–2

乡镇		人数（人）	选民登记（人）	代表名额（人）	划分选区（人）	代表初步候选(人)	正式代表候选(人)	参加投票（人）	参选率（%）	当选代表（人）
顺泰乡	十五	10350	8295	47	21	83	83	4263	51.4	46
曹村镇	十四			57	28	85	85			57
	十五	26740	21092	57	27	84	84	19059	90.4	57
	十六	29419		58	25	83	83			58
高楼镇	一	97788	75070	121	95	213	213	59395	79.1	118
	二	83096	58198	97	75	171	171	34472	59.2	93
	三	84734	67231	102	47	147	147	52364	77.9	100
龙湖镇	十四									
	十五	20501	13295	53	28	81	81	12085	90.9	50
高楼乡	十四			52	27					52
	十五	18055	12655	52	26	72	72	10404	82.2	51
宁益乡	十四									
	十五	8700	5466	46	24	60	60	5086	93	46
枫岭乡	十四									
	十五	4352	2413	44	18	62	62	2395	99.2	44
营前乡	十四									
	十五	10482	8344	49	23	87	82	7506	89.9	48
东岩乡	十四									
	十五	8661	6408	47	19	67	67	4887	76.2	47
平阳坑镇	十四									
	十五	29894	23314	64	46	110	110	19150	82.1	60
	十六	17404	14324	52	27	76	44	12215	85.3	48
	十七	16709	14369	56	21	77	77	13741	95.6	50
北麂乡	十四			43	16				74.5	43
	十五	3944	3206	43	18	61	43	2572	80.2	43
	十六	4221	3534	43	18	60	43	2612	73.9	43
	十七	4198	3352	48	18	65	65	2832	84.5	47
莘塍镇	十四									92
	十五	81763	77002	97	64	168	165	66016	85.7	94
汀田镇	十四									
	十五	46030	36124	71	33	105	104	33246	92	69
飞云镇	十四									
	十五	177489	139857	130	94	226	226	134713	96	125
仙降镇	十四									
	十五	40888	32004	67	42	110	109	31749	99.2	67

续表 4-2

乡镇		人数（人）	选民登记（人）	代表名额（人）	划分选区（人）	代表初步候选(人)	正式代表候选(人)	参加投票（人）	参选率（%）	当选代表（人）
北龙乡	十四									
	十五	2287	1699	42	16	58	58	1550	91.2	42

说明：乡镇第十四届（安阳镇第一届）人大代表选举资料缺失

瑞安市各乡镇人大代表基本情况调查情况表

表4-3　　单位：人

乡镇		代表总数	性别		年龄			政治面貌		学历			职业构成			
			男	女	35岁以下	36至55岁	56岁以上	中共党员	民主党派及群众	大学本科及以上	大专及高职	中专、高中及以下	党政干部	工人、农民（企业负责人）	专业技术人员	其他
安阳镇	一															
塘下镇	十四															
	十五	125	109	16	25	97	3	68	57	13	14	43	30	86	3	6
	十六	150	127	23	24	123	3	90	60	14	33	103	26	113	7	4
	十七	156	108	48	49	103	4	117	39	30	29	58	30	117	6	3
	十八	158	112	46	31	117	10	108	50	57	30	71	29	88	35	5
陶山镇	十四															
	十五	67	56	11	14	51	2	43	24	8	15	44	14	49	4	0
	一	126	102	24	33	92	1	62	64	17	13	96	17	94	1	14
	二	106	79	27	13	81	12	55	51	14	5	87	8	88	10	0
	三	110	79	31	17	87	6	58	52	18	13	79	18	85	7	0
碧山镇	十四															
	十五	59	47	12	15	42	2	35	24	3	9	47	8	47	4	0
荆谷乡	十四															
	十五	55	43	12	4	46	5	33	22	1	8	46	7	46	2	0
桐浦镇（乡）	十四	64	50	14	29	33	2	28	36	1	8	55	8	54	2	
	十五	61	50	11	22	39	0	25	36	4	6	14	9	48	4	0
	十六	59	44	15	13	43	3	28	31	14	19	26	9	49	1	
	十七	67	48	19	11	47	9	39	1	17	10	17	8	5	6	
湖岭镇	十四															
	十五	55	45	10	13	40	2	37	18	6	9	40	12	34	5	4
	一	133	105	28	25	104	4	55	78	16	16	101	18	107	1	7
	二	79	58	21	10	59	10	47	32	12	10	67	17	60	1	1

续表 4-3

乡镇		代表总数	性别		年龄			政治面貌		学历			职业构成			
			男	女	35 岁以下	36 至 55 岁	56 岁以上	中共党员	民主党派及群众	大学本科及以上	大专及高职	中专、高中及以下	党政干部	工人、农民（企业负责人）	专业技术人员	其他
永安乡	十四															
	十五	50	43	7	19	27	4	26	24	3	7	40	6	43	1	0
桂峰乡	十四															
	十五	44	35	9	14	21	9	34	10	3	7	34	9	35	0	0
潮基乡	十四															
	十五	46	37	9	11	35	0	29	17	3	5	38	7	39	0	0
鹿木乡	十四															
	十五	49	41	8	9	40	0	16	33	3	9	37	11	38	0	0
林川镇	一	59	46	13	11	45	3	28	31	12	5	42	8	50	1	0
	二	69	48	21	12	53	4	42	27	10	8	51	9	57	3	0
林溪乡	十四	58	48	10	15	43	0	35	23	14		44	9	46	3	0
	十五	56	45	11	16	37	3	36	20	4	10	7	11	38	7	0
金川乡	十四	52	42	10	18	34	0	35	17	11		41	11	38	3	0
	十五	53	43	10	24	29	0	32	21	17		36	12	33	8	
芳庄乡	十四															
	十五	57	46	11	23	31	3	29	28	8	5	44	9	46	2	0
	十六	55	42	13	12	43	0	29	26	11	8	36	11	42	2	0
	十七	59	42	17	11	42	6	36	23	12	18	29	7	49	2	1
马屿镇	十四	84	66	18												
	十五	83	73	10	13	63	7	61	22	4	13	66	11	72	0	0
	一	138	115	23	15	98	25	90	48	10	14	114	15	105	6	12
	二	119	84	35	6	98	15	64	55	13	9	97	14	95	2	8
	三	122	85	37	21	91	10	75	47	19	18	85	14	94	5	9
大南乡	十四	49	40	9	9	35	5	28	21	0	9	40	7	39	0	3
	十五	49	41	8	12	28	9	31	18	3	5	41	7	42	0	0
梅屿乡	十四	55	43	12												
	十五	55	44	11	17	36	2	21	34	0	7	48	22	33	0	0
顺泰乡	十四	46	35	11	19	25	2	26	20	0	5	41	7	39	0	0
	十五	46	34	12	11	28	7	36	10	6	2	38	6	39	1	10
曹村镇	十四	57	42	15	19	35	3	39	18	3	6	48	9	46	2	0

续表 4-3

乡镇		代表总数	性别		年龄			政治面貌		学历			职业构成			
			男	女	35 岁以下	36 至 55 岁	56 岁以上	中共党员	民主党派及群众	大学本科及以上	大专及高职	中专、高中及以下	党政干部	工人、农民（企业负责人）	专业技术人员	其他
曹村镇	十五	57	48	9	13	38	6	45	12	4	9	44	8	47	2	0
	十六	58	42	16	9	46	3	32	26	9	3	46	6	44	2	6
高楼镇	一	118	107	11	29	86	3	57	61	14	13	91	11	104	2	1
	二	93	70	23	7	84	2	54	39	21	12	60	18	68		
	三	100	69	31	14	75	11	60	40	24	10	66	6	77	10	7
龙湖镇	十四															
	十五	50	43	7	9	40	1	31	19	6	7	37	9	40	1	0
高楼乡	十四	52	43	9	9	37	6	34	18	0	8	44	11	41	0	0
	十五	51	38	13	13	34	30	26	25	4	5	42	11	40	0	0
宁益乡	十四															
	十五	46	41	5	8	32	6	37	9	5	2	39	5	39	1	1
枫岭乡	十四															
	十五	44	41	3	8	25	11	34	10	0	7	37	7	36	1	0
营前乡	十四															
	十五	48	40	8	11	32	5	27	21	4	6	38	4	36	3	5
东岩乡	十四															
	十五	47	42	5	8	28	11	38	9	7	6	34	9	37	1	0
平阳坑镇	十四															
	十五	60	49	11	13	43	4	34	0	7	6	3	8	46	0	0
	十六	48	33	15	5	38	5	24	0	9	4	35	9	37	2	0
	十七	56	41	15	9	42	5	33	0	9	11	21	9	38	2	0
	十八															
北麂乡	十四	43	31	12	16	27	24	19	7	36	7	34	2			
	十五	43	34	9	17	26	0	30	13	4	9	8	9	30	2	2
北麂乡	十六	43	33	10	4	38	1	26	17	12	31	7	36	0	0	
	十七	47	33	14	10	31	6	28	19	10	5	32	8	37	2	0
莘塍镇	十四	92														
	十五	94	83	11	11	79	4	56	38		25	69	17	73	4	
汀田镇	十四															
	十五	69											12	51	3	

续表 4–3

乡镇		代表总数	性别		年龄			政治面貌		学历			职业构成			
			男	女	35 岁以下	36 至 55 岁	56 岁以上	中共党员	民主党派及群众	大学本科及以上	大专及高职	中专、高中及以下	党政干部	工人、农民（企业负责人）	专业技术人员	其他
飞云镇	十四															
	十五	93	81	12	29	63	1	66	27	7	17	69	20	68	3	2
仙降镇	十四															
	十五	67	54	13	25	39	3	41	26	7	9	51	11	53	2	1
北龙乡	十四															
	十五	42	33	9	13	27	2	35	7	3	6	12	8	31		2

说明：乡镇第十四届（安阳镇第一届）人大代表选举资料缺失

第三节　乡镇人民代表大会会议

本节以2021年末乡镇名称立目，以习惯排列为序，简述各乡镇概况、乡（镇）第十四届以来人民代表大会会议概况，本志断限内撤销建制的乡镇平行设目其后，按当时习惯排列简述乡镇人民代表大会会议概况。乡镇行政区域保留不变的乡镇人民代表大会会议届次延续，新组建的从第一届开始计算，拆分恢复区划调整前名称的届次顺延。

一、塘下镇人民代表大会会议

塘下镇地处瑞安市东北部沿海平原，北接温州大都市区，南融瑞安市主城区，东临东海，辖区面积108.75平方千米。塘下镇是全国小城镇综合改革试点镇、浙江省小城市培育试点镇、省工业强镇。2021年末，全镇户籍人口17.76万人，常住人口31.7万人，地区生产总值达234.2亿元，财政总收入21.54亿元，城镇、农村常住居民人均可支配收入分别达71034元和48316元。明嘉靖时分属帆游乡3都（一都至三都）和崇泰乡4都（四都至七都）。1931年分属塘下镇和鼎凤乡，1943年，塘下镇改乡。1952年8月，改为建制镇，1958年称塘下管理区，1964年称塘下人民公社，1984年复置塘下乡，1985年撤乡设镇，1992年三都乡并入塘下镇。2000年6月，塘下、鲍田、海安、场桥、梅头、罗凤6镇合并设立新的塘下镇，2001年8月，原塘下镇梅头办事处所辖各村划属温州市龙湾区。2021年塘下镇下辖69个行政村，14个社区。塘下镇（乡）自1954年举行第一届人民代表大会第一次会议，至2021年底，共经历一届至十七届人民代表大会和十八届人大一次会议。

镇十四届人大会议　2000年9月29日、2001年4月19日、2002年3月15日、2003年4月30日、2003年9月28日、2004年3月9日、2005年6月2日、2006年6月，塘下镇召开人民代表大会会议8次，听取和审查镇人民政府工作报告7个、镇人大主席团工作报告7个、本级财政预决算报告7个、其他报告1个，通过决议、决定22项，选举地方国家机关领导人员19人次，收到代表建议批评意见487件。其中，第一次会议选举戴春连为镇人民代表大会主席，周兴明为副主席；选举王建东为镇人民政府镇长，邵万姆、留少敏、李玉迪、葛晓清、林松焕为副镇长。第二次会议选举蒋朝阳为镇人民政府副镇长。第三次会议选举周兴明为镇人民代表大会主席，选举任武为镇人民政府副镇长。第四次会议选举蒋良奉为镇人民政府镇长。第五次会议选举钱世安为镇人民政府镇长，陈仕潘、涂秀明、陈大中为副镇长。第六次会议选举谢秀华（女）为镇人民代表大会副主席。第七次会议选举韩光寿、叶笃清、余列权为镇人民政府副镇长。

镇十五届人大会议　2007年1月10日、2008年3月6日、2009年3月5日、2010年3月11日、2011年3月18日，塘下镇召开人民代表大会会议5次，听取和审查镇人民政府工作报告5个、镇人大主席团工作报告5个、本级财政预决算报告5个、其他报告1个，通过决议、决定16项，选举地方国家机关领导人员13人次，收到代表议案1件、建议批评意见537件。其中，第一次会议选举薛存苗为镇人民代表大会主席，邵万延、徐新安为副主席；选举陈世尧为镇人民政府镇长，叶笃清、余列权、陈大中、韩光寿、温作荣为副镇长。第二次会议选举尹玉琛为镇人民政府副镇长。第四次会议选举陈学宪为镇人民代表大会副主席，选举邵晓萍（女）为镇人民政府副镇长。第五次会议选举金建宇为镇人民政府副镇长。

镇十六届人大会议　2012年1月3日、2013年1月24日、2014年1月16日、2015年1月29日、2016年6月24日，塘下镇召开人民代表大会会议5次，听取和审查镇人民政府工作报告5个、镇人大主席团工作报告5个、本级财政预决算报告5个、其他报告1个，通过决议、决定16项，选举地方国家机关领导人员21人次，收到代表建议批评意见499件。其中，第一次会议选举薛存苗为镇人民代表大会主席，陈学宪、胡忠义、徐新安为副主席；选举陈世尧为镇人民政府镇长，金建宇、邵晓萍（女）、尹玉琛、池志刚、戴安丰、陈晓锋为副镇长。第二次会议选举廖仕旺为镇人民政府镇长。第三次会议选举岑慎键、张云、戴美东为镇人民政府副镇长。第四次会议选举林津为镇人民代表大会主席，选举蒋兆友为镇人民政府副镇长。第五次会议选举许道火为镇人民政府镇长，王昌宁、何如松、陈直伦为副镇长。

镇十七届人大会议　2016年12月25日、2017年9月21日、2018年6月22日、2018年9月21日、2019年9月28日、2020年5月28日、2021年3月26日，塘下镇召开人民代表大会会议7次，听取和审查镇人民政府工作报告7个、镇人大主席团工作报告5个、本级财政预决算报告7个、镇环境状况和环境保护目标完成情况报告4个、其他报告1个，通过决议、决定24项，票决30件政府民生实事项目，选举地方国家机关领导人员19人次，收到代表建议批评意见534件。其中，第一次会议选举林津为镇人民代表大会主席，陈学宪、胡忠义为副主席；选举许道火为镇人民政府镇长，何如松、张云、王昌宁、陈直伦为副镇长。第二次会议选举邵晓萍（女）为镇人民代表大会主席，选举龚方听、高晓斌为镇人民政府副镇长。第三次会议选举张海飞（女）为镇人民政府镇长。第五次会议选举张中杰为镇人民代表大会主席，何克龙、戴丁光为副主席；选举叶翔、黄学彩、郑国勇为镇人民政府副镇长。第七次会议选举叶秀敏为镇人民政府镇长。

镇十八届人大会议　2021年12月26日，塘下镇召开第十八届人民代表大会第一次会议，听取和审查镇人民政府工作报告、镇人大主席团工作报告、本级财政预决算报告、镇环境状况和环境保护目标完成情况报告及其他报告，通过决议、决定5项，票决10件2022年镇政府十大民生实事项目。会议选举薛中卫为镇人民代表大会主席，戴丁光为副主席；选举叶秀敏为镇人民政府镇长，舒定来、郑国勇、肖玉彩、蒋宁民、罗建、林一宁为副镇长。

2021年12月26日，塘下镇第十八届人民代表大会举行第一次会议

二、陶山镇人民代表大会会议

陶山镇位于瑞安市中西部，飞云江北岸。境内有被道教称为天下第二十八福地的福泉山，因南北朝时期“山中宰相”陶弘景来此隐居，得名“陶山”。截至2021年底，辖区面积约103.1平方千米，下辖47个行政村，户籍人口9.86万人，常住人口7.1万人。陶山镇工业以铸造、锻造和针织为三大主导产业，2021年末实现规模以上工业总产值29.16亿元，限上批发（零售）业销售额5.12亿元，财政收入1.84亿元，农村常住居民人均可支配收入3.1万元。1946年，以陶山命名置区，1949年8月湖岭区从陶山析出。1992年6月，陶山区撤销，置陶山镇，辖原来的陶峰镇、丰和乡。2011年5月，撤原乡、镇建制，置陶山中心镇，原碧山、桐浦、荆谷划归陶山镇管辖，潘岱乡并入锦湖街道。陶山镇下设陶山、碧山、桐浦、荆谷4个办事处。2012年5月9日，撤销陶山、碧山、桐浦、荆谷4个办事处。2016年1月行政区划调整后，析置桐浦镇。陶山镇（乡）自1954年举行第一届人民代表大会第一次会议，至2011年4月底，经历一至十五届人民代表大会。2011年5月全市区划调整，新组建后的陶山镇人民代表大会届次，从第一届开始计算，至2021年底，经历一、二届人民代表大会和三届人大一次会议。

镇十四届人大会议 2002年2月28日、2003年4月17日、2003年10月11日、2004年3月9日、2005年6月22日、2006年4月13日，陶山镇召开人民代表大会会议6次，听取和审查镇人民政府工作报告5个、镇人大主席团工作报告5个、本级财政预决算报告5个、其他报告3个，通过决议、决定15项，选举地方国家机关领导人员14人次，收到代表议案5件、建议批评意见211件。其中，第一次会议选举陈世尧为镇人民代表大会主席，叶克泽、黄龙培为副主席；选举林步猛为镇人民政府镇长，张宏献、钱定荣、张琳、陈海峰为副镇长。第二次会议选举蔡永考为镇人民政府副镇长。第三次会议选举林步猛为镇人民代表大会主席，选举虞锋为镇人民政府镇长。第四次会议选举廖伟建为镇人民政府副镇长。第五次会议选举冯金考为镇人民代表大会主席，选举林圣强为镇人民政府副镇长。

镇十五届人大会议 2007年1月10日、2008年4月8日、2009年4月8日、2009年11月27日、2010年3月5日，陶山镇召开人民代表大会会议5次，听取和审查镇人民政府工作报告4个、镇人大主席团工作报告4个、本级财政预决算报告3个、其他报告5个，通过决议、决定11项，选举地方国家机关领导人员14人次，收到代表议案4件、建议批评意见129件。其中，第一次会议选举周仕荣为镇人民代表大会主席，胡小月（女）、黄龙培为副主席；选举金建宇为镇人民政府镇长，张宏献、陈元强、林圣强、廖伟建为副镇长。第四次会议选举郑木弟为镇人民代表大会副主席，选举潘小伟、赵晓东、曾建文、诸葛建豹为镇人民政府副镇长。第五次会议选举林朝进为镇人民政府镇长。

镇一届人大会议　2011年7月10日、2012年3月30日、2013年4月27日、2013年9月6日、2014年5月8日、2014年7月8日、2015年3月13日，陶山镇召开人民代表大会会议7次，听取和审查镇人民政府工作报告5个、镇人大主席团工作报告5个、本级财政预决算报告5个、其他报告10个，通过决议、决定17项，选举地方国家机关领导人员18人次，收到代表议案5件、建议批评意见289件。其中，第一次会议选举李明侠为镇人民代表大会主席，蔡其才、胡小月（女）、陈健（女）为副主席；选举张筱珍（女）为镇人民政府镇长，曾建文、罗晓伟、诸葛建豹、包正碧、王斌为副镇长。第四次会议选举赵建成、王焕瑞、黄益光为镇人民政府副镇长。第五次会议选举余海燕（女）为镇人民代表大会副主席。第六次会议选举陈阿朋为镇人民政府镇长。第七次会议选举何东为镇人民代表大会副主席，选举孔德财、余海燕（女）为镇人民政府副镇长。

镇二届人大会议　2016年7月21日、2017年3月17日、2017年9月19日、2018年3月16日、2018年9月12日、2019年3月31日、2019年9月24日—25日、2020年5月29日、2021年3月30日，陶山镇召开人民代表大会会议9次，听取和审查镇人民政府工作报告9个、镇人大主席团工作报告6个、本级财政预决算报告9个、其他报告21个，通过决议、决定31项，票决45件政府民生实事项目，选举地方国家机关领导人员15人次，收到代表建议批评意见105件。其中，第一次会议选举周仕荣为镇人民代表大会主席，卢继豪、何东为副主席；选举余洁为镇人民政府镇长，陈凡、陈光星、陈余杰、周胜峰为副镇长。第四次会议选举黄益光为镇人民政府镇长，金明舞为副镇长。第七次会议选举包正碧为镇人民代表大会主席；选举龚方听为镇人民政府镇长，陈磊为副镇长。第九次会议选举林娜（女）为镇人民政府镇长，洪万领为副镇长。

2018年3月16日，陶山镇第二届人民代表大会举行第四次会议

镇三届人大会议　2021年12月24日—25日，陶山镇召开第三届人民代表大会第一次会议，听取和审查了镇人民政府工作报告、镇人大主席团工作报告、镇财政预决算报告、环境状况报告、政府民生实事项目完成情况报告等，并作出相应的决议，票决5件政府民生实事项目，收到代表建议批评意见27件。会议选举何尚通为镇人民代表大会主席，卢继豪为副主席；选举林娜（女）为镇人民政府镇长，金明舞、郑小虎、秦振炜、李广、王洁为副镇长。

三、桐浦镇（乡）人民代表大会会议

桐浦镇位于瑞安中西部，东南邻潘岱街道，南濒飞云江，西接陶山镇，北界瓯海区，距温州、瑞安市区均为16千米，辖区面积48.5平方千米，辖21个行政村，辖区内桐溪风景名胜区属国家AAA级旅游区、温州市级风景名胜区。2021年地区生产总值17.73亿元，财政总收入7220万元，户籍人口约3.5万人，农村常住居民人均可支配收入3.94万元。明嘉靖时属集善乡二十五、二十六和二十七部都。1935年属桐岭乡，1934年分属桐溪、浦西2个乡。1949年改置桐溪乡，1959年称桐溪管理区，1961年称桐溪人民公社，1984年称桐溪乡，1992年6月，浦西乡和桐溪乡合并，设置桐浦乡。2011年4月，撤销桐浦乡建制，原桐浦乡转为桐浦办事处，归陶山镇管理。2016年1月，复置桐浦镇。桐浦乡自1954年月举行第一届人民代表大会第一次会议，至2011年4月底，经历一至十五届人民代表大会。2011年4月因全市区划调整，桐浦乡撤销建制，并入陶山镇，人民代表大会中断一届；2016年7月桐浦镇恢复建制，人民代表大会届次顺延。至2021年底，共经历一至十六届人民代表大会和十七届人大一次会议。

乡十四届人大会议　2002年3月1日、2003年3月14日、2004年3月9日、2005年7月8日、2006年3月30日，桐浦乡召开人民代表大会会议5次，听取和审查乡人民政府工作报告5个、乡人大主席团工作报告5个、本级财政预决算报告5个，通过决议、决定15项，选举地方国家机关领导人员10人次，收到代表建议批评意见89件。其中，第一次会议选举陈时泽为乡人民代表大会主席，孙品树为副主席；选举郑敏华（女）为乡人民政府乡长，张协昆、陈锦海、林权龙为副乡长。第四次会议选举卢则光为乡人民代表大会副主席；选举张筱珍（女）为乡人民政府乡长，吴云秋（女）、戴安兴为副乡长。

乡十五届人大会议　2007年1月6日、2008年4月、2009年11月12日、2010年3月23日，桐浦乡召开人民代表大会会议4次。听取和审查乡人民政府工作报告4个、乡人大主席团工作报告4个、本级财政预决算报告4个、其他报告1个，通过决议、决定5项，选举地方国家机关领导人员12人次，收到代表建议批评意见67件。其中，第一次会议选举金国岳为乡人民代表大会主席，卢则光为副主席；选举张筱珍（女）为乡人民政府乡长，吴云秋（女）、林传兴、高元龙、戴安兴为副乡长。第三次会议选举高元龙为乡人民代表大会副主席；陈成虎为乡人民政府乡长，黄国士、丁星杰、陈丰为副乡长。2011年4月，桐浦乡撤销建制，并入陶山镇，桐浦乡人民代表大会就此结束。

镇十六届人大会议　2016年7月21日、2017年3月11日、2017年9月15日、2018年3月22日、2018年6月8日、2018年9月22日、2019年4月10日、2019年9月19日、2020年5月29日、2021年3月26日，桐浦镇召开人民代表大会会议10次。听取和审查镇人民政府工作报告10个、镇人大主席团工作报告6个、本级财政预决算报告6个、其他报告4个，通过决议、决定7项，票决22件政府民生实事项目，选举地方国家机关领导人员18人次，收到代表建议批评意见34件。其中，第一次会议选举包正碧为镇人民代表大会主席，章存桂、张冷双为副主席；选举余海燕（女）为镇人民政府镇长，倪海东、黄国士、陈阿东、林长国为副镇长。第三次会议选举曾建文为镇人民政府镇长，选举余平为镇人民代表大会副主席。第四次会议选举泮舒为镇人民政府副镇长。第五次会议听取了总体规划暨桐浦镇区控制性详细规划的汇报。第七次会议选举黄国士为镇人民代表大会副主席，选举黄其伟为镇人民政府副镇长。第八次会议选举鲁光敏为镇人民代表大会主席；选举叶有富、周文俊为镇人民政府副镇长。第十次会议选举徐慧敏（女）为镇人民政府镇长；选举叶漪漪（女）为镇人民代表大会副主席。

2016年7月21日，桐浦镇第十六届人民代表大会举行第一次会议

镇十七届人大会议　2021年12月23日—24日，桐浦镇召开第十七届人民代表大会第一次会议。会议听取和审查了镇人民政府工作报告、镇人大主席团工作报告和镇上半年财政预决算报告；听取镇2021年度全面落实环境状况和环境保护目标的报告；会议票决5个2022年民生实事项目，收到代表建议意见批评4件；会议选举胡美锡为镇人民代表大会主席，黄其伟为副主席；选举徐慧敏（女）为镇人民政府镇长，泮舒、周文俊、叶漪漪（女）、刘毅为副镇长。

四、湖岭镇人民代表大会会议

湖岭镇地处瑞安市西北部，东临陶山镇，南、西南与马屿镇、高楼镇毗邻，西北与丽水市青田县汤洋乡接壤，北、东北接瓯海区泽雅镇、瞿溪街道、潘桥街道，境内金鸡山（巾子山）主峰海拔1320.7米，为瑞安市最高峰。辖区面积166.9平方千米。湖岭镇拥有“国家卫生城镇”“中国工艺礼品生产基地”“省级文明镇”“省级生态镇”“省级文化强镇”“省级旅游强镇”“省级马蹄笋特色基地”等多张金名片。至2021年末，全镇户籍数18076户，常住人口6.8万人，规上工业产值20.63亿元，财政总收入3.67亿元，城镇、农村常住居民人均可支配收入分别达73762元和39424元。明嘉靖间属芳山乡三十二都、三十三都。1931年称湖岭乡。1953年改湖岭镇，1958年称湖屿桥管理区，1961年称湖岭人民公社，1984年置湖屿桥镇。1992年坑源乡并入，称湖岭镇。2011年4月，永安乡、桂峰乡、芳庄乡、林溪乡、金川乡、潮基乡、鹿木乡并入湖岭镇。2016年1月林溪乡、金川乡土地析出置林川镇；芳庄乡土地从湖岭镇析出置芳庄乡。2021年10月，湖岭镇下辖1个社区、29个行政村。湖岭镇自1954年举行第一届人民代表大会第一次会议，至2011年4月底，经历一至十五届人民代表大会。2011年4月全市区划调整，新组建后的湖岭镇人民代表大会届次，从第一届开始计算，至2021年底，经历一、二届人民代表大会和三届人大一次会议。

镇十四届人大会议　2002年3月7日、2003年3月5日、2003年6月16日、2004年4月16日、2005年3月8日、2006年3月30日，湖岭镇召开人民代表大会会议6次，听取和审查镇人民政府工作报告6个、镇人大主席团工作报告5个、本级财政预决算报告6个，通过决议、决定17项，选举地方国家机关领导人员6人次，收到代表议案3件、建议批评意见203件。其中，第一次会议选举傅启树为镇人民代表大会主席，蒋理发为副主席；选举曾长福为镇人民政府镇长，陈捷亮、郑传祥、金建和为副镇长。第四次会议选举金建宇为镇人民政府镇长。第六次会议选举姚品锡为镇人民代表大会主席，选举郑祥钏为镇人民政府副镇长。

镇十五届人大会议　2007年1月6日、2008年3月20日、2009年3月24日、2010年3月9日，湖岭镇召开人民代表大会会议4次，听取和审查镇人民政府工作报告4个、镇人大主席团工作报告4个、本级财政预决算报告4个，通过决议、决定12项，选举地方国家机关领导人员7人次，收到代表议案3件、建议批评意见124件。其中，第一次会议选举吴仕积为镇人民代表大会主席，胡国锡为副主席；选举余良华为镇人民政府镇长，郑传祥、王焕瑞、郑祥钏、张平弟为副镇长。第四次会议选举陈彪为镇人民政府镇长，夏小开为副镇长。

镇一届人大会议　2011年7月8日、2012年11月4日、2013年7月13日、2014年6月25日、2015年6月12日，湖岭镇召开人民代表大会会议5次，听取和审查镇人民政府工作报告5个、镇人大主席团工作报告5个、本级财政预决算报告5个，通过决议、决定15项，选举地方国家机关领导人员14人次，收到代表建议批评意见214件。其中，第一次会议选举金国岳为镇人民代表大会主席，胡国锡、马可道、张杰颖为副主席；选举陈彪为镇人民政府镇长，吴顺进、陈显泼、郑祥钏、章迎春（女）、张平为副镇长。第三次会议选举刘光享为镇人民政府镇长，沈林海、廖象游、陈国宪为副镇长。

镇二届人大会议　2016年7月21日、2017年3月16日、2017年9月8日、2018年3月29日、2018年9月17日、2019年3月29日、2019年9月25日、2020年5月28日、2021年4月16日，湖岭镇召开人民代表大会会议9次，听取和审查镇人民政府工作报告9个、镇人大主席团工作报告6个、本级财政预决算报告9个、镇政府环境状况和环境保护目标完成情况报告6个，通过决议、决定30项，票决30件政府民生实事项目，选举地方国家机关领导人员12人次，收到代表议案5件、建议批评意见232件。其中，第一次会议选举蒋兆贵为镇人民代表大会主席，陈国宪、杨宗剑为副主席；选举张平为镇人民政府镇长，陈国锋、陈立猛、吴金海、吴瑞骥为副镇长。第四次会议选举林南青为镇人民政府镇长，陈永法为副镇长。第七次会议选举何月龙、蒋晓剑为镇人民政府副镇长。

2019年3月29日，湖岭镇第二届人民代表大会举行第六次会议

镇三届人大会议　2021年12月25日，湖岭镇召开第三届人民代表大会第一次会议，会议听取和审

议了镇人民政府工作报告、镇人大主席团工作报告、镇政府环境状况和环境保护目标完成情况报告、镇财政预决算报告，并作出相应的决议；票决5件2022年镇政府民生实事项目；收到代表建议批评意见45件。会议选举何月龙为镇人民代表大会主席，蔡启敏为副主席；选举孔万钦为镇人民政府镇长，宋德光、蒋晓剑、涂伟忠、叶陈杰、傅成武为副镇长。

五、林川镇人民代表大会会议

林川镇地处瑞安市西部山区，北接温州市瓯海区瞿溪街道，辖区面积69.2平方千米。林川镇是浙江省美丽乡村示范乡镇、浙江省森林城镇、温州市“四好农村路”示范乡镇，2021年末，全镇户籍人口3.54万人，常住人口约1.2万人，近半数村民在瓯海瞿溪（瑞安飞地）等地生活，规上工业产值1.51亿元，外贸出品0.93亿元。林川镇历史上曾设川和、景和、东源、岭雅、金坪等乡，1992年撤扩并时，岭雅乡并入林溪乡，金坪与川和两乡合并为金川乡；2011年区划调整后，林溪乡、金川乡均并入湖岭镇，设林溪、金川办事处，2012年5月改称社区；2016年1月行政区划调整，将原湖岭镇林溪社区与金川社区合并，设立林川镇，2021年下辖14个行政村。2016年1月，新组建的林川镇人民代表大会届次从第一届开始计算，至2021年底，经历一届人民代表大会和二届人大一次会议。

镇一届人大会议　2016年7月28日、2017年3月14日、2017年9月6日、2018年3月28日、2018年9月19日、2019年3月28日、2019年9月25日、2020年5月22日、2021年4月15日，林川镇召开人民代表大会会议9次，听取和审查镇人民政府工作报告9个、镇人大主席团工作报告6个、本级财政预决算报告6个、镇政府环境状况和环境保护目标完成情况报告3个、其他报告3个，通过决议、决定18项，票决23件政府民生实事项目，选举地方国家机关领导人员17人次，收到代表建议批评意见51件。其中，第一次会议选举金朝春为镇人民代表大会主席，陈洪贤、郑国勇为副主席；选举谷礼澜为镇人民政府镇长，陈冰、凌光海、王仕宪、孙孟为副镇长。第四次会议选举叶宇飞为镇人民政府镇长，南一鸣为副镇长。第七次会议选举陈冬梅（女）为镇人民代表大会主席，王珏蔚为副主席；选举陈冰为镇人民政府镇长，林波、胡晓燕（女）为副镇长。第九次会议选举倪凌颖为镇人民代表大会副主席，选举董耀为镇人民政府副镇长。

2017年3月14日，林川镇第一届人民代表大会举行第二次会议

镇二届人大会议　2021年12月23日，林川镇召开第二届人民代表大会第一次会议，听取和审查镇人民政府工作报告、镇人大主席团工作报告、本级财政预决算报告、镇环境状况和环境目标完成情况报告及其他报告，通过决议、决定3项，票决教育资源提质等6件政府民生实事项目，收到代表建议批

评意见26件。其中，第一次会议选举陈盛国为镇人民代表大会主席，章仕永为副主席；选举林汝为镇人民政府镇长，郑如帆、何德志、陈冠昕、潘智妙为副镇长。

六、芳庄乡人民代表大会会议

芳庄乡，地处瑞安市西北部山区，东邻林川镇，南界湖岭镇，西临青田县，北与瓯海区泽雅镇接壤。辖区面积43.8平方千米。2021年末，全乡户籍人口2.14万人，常住人口约5700人。芳庄乡是国家级卫生乡、浙江省卫生乡（镇）、温州市级卫生乡、温州市无违建乡。明嘉靖时属芳山乡三十二都。芳庄乡1946年前曾为瑶庄乡、咸芳乡；1949年称咸芳乡、瑶庄乡；1958年属湖岭公社瑶庄大队、咸芳大队；1961年称瑶庄公社、咸芳公社；1984年改设瑶庄乡、咸芳乡；1992年瑶庄乡并入咸芳乡，改称芳庄乡；2011年撤销芳庄乡，并入湖岭镇；2016年，从湖岭镇析置新设芳庄乡。芳庄乡自1954年举行第一届人民代表大会第一次会议，至2011年4月底，经历一至十五届人民代表大会。2011年4月全市区划调整，芳庄乡撤销建制，并入湖岭镇，人民代表大会中断一届；2016年7月，芳庄乡恢复建制，人民代表大会届次顺延。至2021年底，共经历十六届人民代表大会和第十七届人大一次会议。

乡十四届人大会议　2002年3月8日、2003年2月19日、2003年6月、2004年4月、2005年7月7日、2006年3月22日，芳庄乡召开人民代表大会会议6次，听取和审查乡人民政府工作报告6个、乡人大主席团工作报告6个、本级财政预决算报告6个，通过决议、决定1项，收到代表议案2件、建议批评意见13件。其中，第一次会议选举黄文祥为乡人民代表大会主席，娄建华为副主席；选举林孙利为乡人民政府乡长，黄少林、王斌为副乡长。第四次会议选举王顺绿为乡人民代表大会副主席。第五次会议选举林孙利为乡人民代表大会主席；选举池志刚为乡人民政府乡长，廖象游为副乡长。

乡十五届人大会议　2007年1月4日、2008年4月11日、2009年3月31日、2009年11月12日、2010年5月26日，2010年11月22日，芳庄乡召开人民代表大会会议6次，听取和审查乡人民政府工作报告6个、乡人大主席团工作报告6个、本级财政预决算报告6个，收到代表议案1件、建议批评意见12件。其中，第一次会议选举林孙利为乡人民代表大会主席，吴金海为副主席；选举池志刚为乡人民政府乡长，廖象游、何顺村、黄雋燚为副乡长。第四次会议选举池志刚为乡人民代表大会主席，选举吴顺进为乡人民政府乡长。

2016年7月28日，芳庄乡第十六届人民代表大会举行第一次会议

乡十六届人大会议　2016年7月28日、2017年3月15日、2017年9月11日、2018年3月28日、2018年9月18日、2019年3月26日、2019年9月23日、2020年6月19日、2021年3月25日，芳庄乡召开人民

代表大会会议9次，听取和审查乡人民政府工作报告9个、乡人大主席团工作报告7个、乡环境状况和环境目标完成情况报告3个、本级财政预决算报告9个、其他报告6个，通过决议、决定1项，票决30件乡政府民生实事项目，选举地方国家机关领导人员12人次，收到代表建议批评意见78件。其中，第一次会议作出关于进行“移风易俗，文明殡葬”改革的决定，选举薛颖（女）为乡人民代表大会主席，池晓锋、孔万钦为副主席；选举张嘉祥为乡人民政府乡长，黄英豪、郑建胜、潘作雷、彭跃龙为副乡长。第四次会议选举薛颖（女）为乡人民政府乡长，黄龙雷、王伟利为副乡长。第五次会议选举林明玉为乡人民代表大会主席。第七次会议选举林明玉为乡人民政府乡长。第九次会议选举金少锋为乡人民代表大会主席，选举陈奔为乡人民政府副乡长。

乡十七届人大会议　2021年12月24日，芳庄乡第十七届人民代表大会第一次会议召开，应到代表59人，实到59人。会议听取和审查乡人民政府工作报告、乡人大主席团工作报告、乡2021年上半年预决算情况的报告、乡全面落实环境状况和环境保护目标的报告，作出相应的决议；票决产生芳庄乡联村供水工程等5件民生实事项目；收到代表议案1件、建议批评意见10件。会议选举金少锋为乡人民代表大会主席，选举洪万领为乡人民政府乡长，虞上崇、张华、黄玲玲（女）、朱佩伟为副乡长。

七、马屿镇人民代表大会会议

马屿镇拥有多张城市名片，是国家重点镇、全国文明镇、国家级生态镇，省级中心镇、园林镇、卫生镇、信用镇、农业强镇、美丽城镇样板镇，浙江省第三批小城市培育试点镇。2021年末，辖区面积153.2平方千米，下辖60个行政村，1个社区，户籍人口11.79万人，常住人口8.02万人，全年地区生产总值达34.9亿元，财政总收入1.7亿元。明嘉靖（1522—1566）时属来暮乡三十九、四十、四十一都和安仁乡四十二都、四十三都、四十四都，当时的马屿已成为浙南重要商埠。1930年属来安区，1931年置马屿乡。1935年分属来安、凤鸣、沿厚乡。1946年建立马屿镇，地并属锦浦、清垟乡。1949年5月称马屿镇，属马屿区。1952年8月分为马屿乡和马屿镇两个行政区。1956年，马屿、凤鸣、篁社三乡均归并本辖区，统称马屿镇。同年10月，凤鸣、篁社乡又析出。1958年为马屿管理区，1961年体制调整，改称马屿人民公社。1984年改称马屿乡，1985年5月撤乡建镇。1992年撤区扩镇并乡，清垟乡、江浦乡并入马屿镇。2000年区划调整，篁社镇并入。2011年区划调整，曹村镇、梅屿乡、顺泰乡、大南乡并入。马屿镇自1954年举行第一届人民代表大会第一次会议，至2011年4月底，经历一至十五届人民代表大会。2011年4月全市区划调整，新组建后的马屿镇人民代表大会届次，从第一届开始计算，至2021年底，经历一、二届人民代表大会和三届人大一次会议。

镇十四届人大会议　2000年9月26日、2000年12月15日、2001年3月8日、2002年2月1日、2003年4月3日、2003年6月25日、2004年3月15日、2005年6月2日、2006年3月22日，马屿镇召开人民代表大会会议9次，听取和审查镇人民政府工作报告9个、镇人大主席团工作报告9个、本级财政预决算报告9个、其他报告1个，通过决议、决定34项；选举地方国家机关领导人员24人次，收到代表议案97件、建议批评意见149件。其中，第一次会议选举郑庆芳为镇人民代表大会主席，李福弟为副主席；选举吴学权为镇人民政府镇长，林绍达、孔万美、陈建光、虞希姆、黄道开为副镇长。第四次会议选举吴学权为镇人民代表大会主席，林其辉、李显存为副主席；选举陈仕潘为镇人民政府镇长，涂小平、易会钏、周琦为副镇长。第五次会议选举尹华为镇人民政府副镇长。第六次会议听取和审议马屿中心区规划、马屿镇城市总体规划、马屿镇城镇重点规划、马屿镇通村公路规划、马屿镇五甲村旧村改造规划等报告，并通过相应决议；选举张榜桃为镇人民政府镇长。第七次会议选举张维巧为镇人民代表大会副主席；选举陈朝华、尹华为镇人民政府副镇长。第八次会议选举张榜桃为镇人民代表大会主席；选举姜宗羽为镇人民政府镇长，姜宗选、林立峰为副镇长。

镇十五届人大会议　2007年1月10日、2008年3月19日、2009年10月30日、2010年4月29日、2010年8月9日、2011年2月27日，马屿镇召开人民代表大会会议6次，听取和审查镇人民政府工作报告6个、镇人大主席团工作报告6个、本级财政预决算报告6个，通过决议、决定19项；选举地方国家机关领导人员13人次，收到代表议案137件、建议批评意见208件。其中，第一次会议审议通过关于“五五”普法规划的决议，选举龚德伏为镇人民代表大会主席，黄佩玲（女）、张维巧为副主席；选举姜宗羽为镇人民政府镇长，董晓伟、姜宗选、孙兴年、林周未为副镇长。第三次会议选举贾建华为镇人民政府镇长，郑希鸿为副镇长。第五次会议选举季雯雯（女）为镇人民政府镇长，陈端跃为副镇长。第六次会议选举项爱光为镇人民政府副镇长。

镇一届人大会议　2011年7月8日、2012年3月6日、2012年6月12日、2013年3月28日、2013年9月12日、2014年3月20日、2015年2月5日，马屿镇召开人民代表大会会议7次，听取和审查镇人民政府工作报告7个、镇人大主席团工作报告7个、本级财政预决算报告7个，通过决议、决定22项，选举地方国家机关领导人员16人次，收到代表议案191件、建议批评意见307件。其中，第一次会议选举黄文光为镇人民代表大会主席，张维巧、陈朝华、金丽云（女）为副主席；选举叶序锋为镇人民政府镇长，吴永建、林权龙、郑希鸿、项爱光、姜宗选为副镇长。第二次会议审议通过马屿镇2012年重点项目建设计划及决议。第三次会议选举胡美锡为镇人民政府副镇长。第六次会议选举李洪星为镇人民代表大会主席，选举金丽云（女）为镇人民政府副镇长。第七次会议选举陈端豹为镇人民代表大会副主席；选举吴晓宇为镇人民政府镇长，周旭东、徐贤明为副镇长。

镇二届人大会议　2016年7月21日、2017年3月27日、2017年9月27日、2018年3月19日、2018年9月21日、2019年3月29日、2019年9月3日、2020年5月21日、2021年3月24日，马屿镇召开人民代表大会会议9次，听取和审查镇人民政府工作报告9个、镇人大主席团工作报告9个、本级财政预决算报告9个、镇全面落实

2017年3月27日，马屿镇第二届人民代表大会举行第二次会议

环境状况和环境保护目标的报告5个、其他报告5个，通过决议、决定38项，票决民生实事项目46件，选举地方国家机关领导人员15人次，收到代表议案142件、建议批评意见277件。其中，第一次会议选举练华伟为镇人民代表大会主席，陈端豹、林雪强为副主席；选举王俊为镇人民政府镇长，胡美锡、金丽云（女）、彭兆伟、周小鑫为副镇长。第二次会议审议通过《关于实施马屿镇小城市培育试点三年行动计划的情况说明》的决定。第三次会议选举郑希鸿为镇人民政府镇长。第四次会议选举姜宗选为镇人民代表大会主席；选举郑永卓为镇人民政府副镇长。第五次会议选举唐长青为镇人民政府副镇长。第七次会议选举胡美锡为镇人民代表大会主席；选举项爱光为镇人民政府镇长，徐良辉、彭孔放为副镇长。第九次会议选举潘建余为镇人民政府副镇长。

镇三届人大会议　2021年12月25日，马屿镇召开第三届人民代表大会第一次会议。会议听取和审查镇人民政府工作报告、镇人大主席团工作报告、镇财政预决算报告、镇全面落实环境状况和环境保护目标的报告、政府民生实事项目完成情况报告，并作出相应决议；票决民生实事项目10件。会议选举虞希宠为镇人民代表大会主席，姜宗省为副主席；选举陈早为镇人民政府镇长，宋家斌、潘建余、林建讯、蔡常亮、包必勇为副镇长。

八、曹村镇人民代表大会会议

曹村镇地处瑞安市中南部，东南与平阳县接壤，西、北邻马屿镇，南宋时走出20多名曹姓进士。曹村镇先后获全国先进基层党组织、全国乡村治理示范镇、国家级卫生镇、国家农业公园、省美丽城镇样板镇等20余项省级以上荣誉。辖区面积36.2平方千米，下辖14个行政村。2021年末，户籍人口2.76万人，常住人口1.8万人，地区生产总值突破20亿元，财政总收入1.33亿元，农村常住居民人均可支配收入3.3万元。明嘉靖时，曹村隶属来暮乡三十七都、三十八都。1931年，分为甲岙、许峰、曹川和许协4个乡；1935年，分属甲峰、曹许两乡；1946年，两乡合并为曹村乡；1949年，再次分立为甲峰、曹许两乡；同年3月复称曹村乡；1950年，分为曹村、上都两乡；1956年，曹村、上都、甲峰三乡合并称曹村乡，1958年改称曹村管理区，1961年更名为曹村人民公社，1984年复为曹村乡，1987年撤乡设镇。2011年5月，曹村镇并入马屿镇区域；2016年1月，重新恢复曹村镇建制。曹村镇自1954年举行第一届人民代表大会第一次会议，至2011年4月底，经历一至十五届人民代表大会。2011年4月因全市区划调整，曹村镇撤销建制，并入马屿镇，人民代表大会中断一届；2016年7月，曹村镇恢复建制，人民代表大会届次顺延。至2021年底，共经历一至十六届人民代表大会和十七届人大一次会议。

镇十四届人大会议　2002年2月、2003年3月、2004年4月21日、2005年5月22日、2006年3月30日，曹村镇召开人民代表大会会议5次，听取和审查镇人民政府工作报告5个、镇人大主席团工作报告5个、本级财政预决算报告5个、其他报告6个，通过决议、决定21项，选举地方国家机关领导人员11人次，收到代表议案5件、建议批评意见68件。其中，第一次会议选举林德池为镇人民代表大会主席，王昌喜为副主席；选举林式其为镇人民政府镇长，孔万美、曾旺兰、欧阳世国为副镇长。第三次会议选举连正照为镇人民政府副镇长。第四次会议选举涂小平为镇人民政府镇长，刘玉庭、陈桂雷为副镇长。第五次会议选举林式其为镇人民代表大会主席。

镇十五届人大会议　2007年1月9日、2008年3月10日、2009年10月29日、2010年4月13日、2010年11月4日，曹村镇召开人民代表大会会议5次，听取和审查镇人民政府工作报告5个、镇人大主席团工作报告5个、本级财政预决算报告5个、其他报告4个，通过决议、决定24项，选举地方国家机关领导人员10人次，收到代表议案54件、建议批评意见8件。其中，第一次会议选举王孔伏为镇人民代表大会主席，林化春为副主席；选举涂小平为镇人民政府镇长，陈桂雷、吴永建、胡章锋、吴成立为副镇长。第三次会议选举陈桂雷为镇人民政府镇长，彭兆伟为副镇长。第五次会议选举瞿晓华为镇人民政府副镇长。

镇十六届人大会议　2016年7月26日、2017年3月15日、2017年9月26日、2018年3月28日、2018年9月21日、2019年4月11日、2019年9月20日、2020年5月29日、2021年5月29日，曹村镇召开人民代表大会会议9次，听取和审查镇人民政府工作报告9个、镇人大主席团工作报告9个、本级财政预决算报告9个、镇全面落实环境状况和环境保护目标报告3个、其他报告5个，通过决议、决定44项，票决20件政府民生实事项目，选举地方国家机关领导人员13人次，收到代表议案6件、建议批评意见125件。其中，第一次会议选举丁朝发为镇人民代表大会主席，林化春、金波为副主席；选举郑希鸿为镇人民政府镇长，何顺村、林成银、蔡晓东为副镇长。第二次会议审议通过《镇开展法治宣传教育第七个五年规划（2016—2020）》的决定。第三次会议选举何志友为镇人民政府镇长。第四次会议选举胡从来、洪万领为曹村镇人民政府副镇长。第五次会议选举刘瑞林为镇人民政府副镇长。第六次会议选举肖玉彩为镇人民代表大会副主席。第七次会议选举王少华为镇人民政府镇长。

2018年3月28日，曹村镇第十六届人民代表大会举行第四次会议

镇十七届人大会议　2021年12月23日，曹村镇召开第十七届人民代表大会第一次会议，听取和审查镇人民政府工作报告、镇人大主席团工作报告、本级财政预决算报告及其他报告3个等，通过决议、决定9项，票决11件政府民生实事项目。会议选举陈国锋为镇人民代表大会主席，夏婉雅（女）为副主席；选举吴小国为镇人民政府镇长，苏杰凯、卢策、吴风平、林叶琴（女）为副镇长。会议收到代表议案2件、建议批评意见69件。

九、高楼镇人民代表大会会议

高楼镇地处瑞安市西部山区，东邻马屿镇，东南毗连平阳坑镇，西靠文成县，南与平阳县为界，北接湖岭镇，是瑞安市辖区面积最大、所辖村居最多的西部山区中心镇。全镇森林覆盖率达70%以上，境内花岩国家森林公园森林覆盖率达98%以上，是国家森林旅游试验示范区及天然氧吧。辖区面积248.6平方千米，下辖38个行政村、1个居民区，约有3万名华侨、分布在世界30多个国家和地区。2021年末，全镇户籍人口8.48万人，常住人口4.85万人，地区生产总值18.51亿元。高楼古称“三港”，元朝初年始置三港巡检司，1998年7月，建立高楼片区管理委员会，下辖龙湖、平阳坑2个镇和高楼、营前、宁益、东岩、枫岭5个乡。2011年4月，行政区划调整，撤销龙湖镇、平阳坑镇、高楼乡、宁益乡、枫岭乡、营前乡、东岩乡建制，其行政区域合并设立高楼镇。2016年1月，行政区划调整析置平阳坑镇、高楼镇，下辖龙湖、凤翔、高楼、宁益、枫岭、营前、东岩7个农村社区。2011年4月，新组建的高楼镇人民代表大会届次从第一届开始计算。至2022年1月，高楼镇经历一、二届人民代表大会和三届人大一次会议。

镇一届人大会议　2011年7月9日、2012年5月29日、2013年7月23日、2014年3月28日，高楼镇召开人民代表大会会议4次，听取和审查镇人民政府工作报告4个、镇人大主席团工作报告4个、本级财政预决算报告4个、其他报告3个，通过决议、决定12项，选举地方国家机关领导人员14人次，收到代表议案4件，建议批评意见210件。其中，第一次会议选举曹启凑为镇人民代表大会主席，王孔伏、胡志平、王增斌为副主席；选举陈桂雷为镇人民政府镇长，袁宏毅、张隆、施昌聪、陈德顺、郭晓国为副镇长。第二次会议选举金建宇为镇人民政府镇长，周克诚为副镇长。第三次会议选举张士数、陈显培为镇人民政府副镇长。

镇二届人大会议　2016年7月27日、2017年3月7日、2018年3月29日、2018年10月28日、2019年3月29日、2019年9月29日、2020年9月14日、2021年4月30日，高楼镇召开人民代表大会会议8次，听取和审查镇人民政府工作报告8个、镇人大主席团工作报告5个、本级财政预决算报告6个、其他报告12个，通过决议、决定22项，票决20件政府民生实事项目，选举地方国家机关领导人员15人次，收到代表议案5件、建议批评意见332件。其中，第一次会议选举张晓勇为镇人民代表大会主席，王孔伏、陈连敏为副主席；选举张士数为镇人民政府镇长，陈显培、林启宇、叶有富、林绍胜为副镇长。第三次会议选举林敏为镇人民代表大会主席；选举王照敢为镇人民政府镇长，王仕一为副镇长。第四次会议选举连克周为镇人民政府副镇长。第七次会议选举陈凡为镇人民政府镇长，张晓伟、杨哲豪为副镇长。

2021年12月25日，高楼镇第三届人民代表大会举行第一次会议

镇三届人大会议　2021年12月25日，高楼镇召开第三届人民代表大会第一会议，听取和审查镇人民政府工作报告、镇人大主席团工作报告、本级财政

预决算报告和镇全面落实环境状况和环境保护目标报告等，通过决议、决定4项，票决5件政府民生实事项目，收到代表议案1件、建议批评意见43件。会议选举林长国为镇人民代表大会主席，谢作余为副主席；选举郑永卓为镇人民政府镇长，郑炜、连克周、张晓伟、薛茜（女）、孙志祥为副镇长。

十、平阳坑镇人民代表大会会议

平阳坑镇地处飞云江中下游交接处，东邻马屿镇，西南毗邻平阳县，西北接高楼镇。2021年末，下辖8个行政村，辖区面积27.1平方千米，户籍人口16467人，地区生产总值3.38亿元，农村常住居民人均可支配收入2.61万元。素有“二十里山水长廊，八百年文化之乡”之美誉，拥有万亩竹海、“最美”绿道、千年驿道半岭堂、南山索面、世界“非遗”木活字印刷术等资源。平阳坑镇先后获得省非遗主题小镇、省AAA级景区镇、省级卫生镇、省级森林城镇、省级体育强镇、浙江省美丽乡村建设示范乡镇等荣誉称号。明嘉靖时属安红乡四十四都和广化乡四十七都。1931年属第四区（西区），分属江华、江平、江文、江凤4个乡；1924年属平华、文凤两乡；1935年属高楼区文华乡。1949年文华乡析置永新、永和两乡，1955年两乡合并为永和乡；1958年为永和管理区，1961年为永和人民公社，1984年复置永和乡，1985年撤乡设平阳坑镇，1992年凤翔乡并入平阳坑镇。2011年4月，撤平阳坑镇建制，与龙湖镇等乡镇合并组建高楼镇。2016年1月，复置平阳坑镇。平阳坑镇自1954年举行第一届人民代表大会第一次会议，至2011年4月底，经历一至十五届人民代表大会。2011年4月因全市区划调整，平阳坑镇撤销建制，并入高楼镇，人民代表大会中断一届；2016年3月，平阳坑镇恢复建制，人民代表大会届次顺延。至2021年底，共经历一至十六届人民代表大会和第十七届人大一次会议。

镇十四届人大会议　2002年3月15日、2003年3月27日、2004年3月10日、2005年7月7日、2006年3月29日，平阳坑镇召开人民代表大会会议5次，听取和审查镇人民政府工作报告5个、镇人大主席团工作报告5个、本级财政预决算报告5个，通过决议、决定16项，选举地方国家机关领导人员10人次。其中，第一次会议选举胡志跃为镇人民代表大会主席，林大贵为副主席；选举张士洁为镇人民政府镇长，夏荣听、曹启凑、李志敬为副镇长。第四次会议选举叶应东为镇人民政府镇长，陈德顺、王建华为副镇长。

镇十五届人大会议　2007年1月8日、2008年3月27日、2009年3月15日、2009年11月12日，平阳坑镇召开人民代表大会会议4次，听取和审查镇人民政府工作报告4个、镇人大主席团工作报告4个、本级财政预决算报告4个，通过决议、决定4项，选举地方国家机关领导人员4人次，收到代表议案26件、建议批评意见246件。其中，第一次会议选举章步印为镇人民代表大会主席，徐启电为副主席；选举欧阳世国为镇人民政府镇长，王建华、陈德顺、曹轼、戴丁光为副镇长。第四次会议选举缪德泵为镇人民政府镇长，陈士勇、周克诚为副镇长。

镇十六届人大会议　2016年7月29日、2017年3月10日、2017年8月31日、2018年3月15日、2018年9月21日、2019年4月17日、2019年9月19日、2020年5月8日、2021年4月9日，平阳坑镇召开人民代表大会会议9次，听取和审查镇人民政府工作报告9个、镇人大主席团工作报告9个、本级财政预决算报告9

2018年3月15日，平阳坑镇第十六届人民代表大会举行第四次会议

个、镇环境状况和环境目标完成情况的报告3个、其他报告2个，通过决议、决定10项，票决35件政府民生实事项目，选举地方国家机关领导人员12人次，收到代表议案69件、建议批评意见73件。其中，第一次会议选举谢炳聪为镇人民代表大会主席，李频艳（女）、韩光伟为副主席；选举林长春为镇人民政府镇长，夏灵机、陈朝波、陈永亨、唐长青为副镇长。第四次会议选举韩光伟为镇人民代表大会副主席。第五次会议选举蔡斌为镇人民政府副镇长。第六次会议选举鲁云高为镇人民代表大会副主席；选举陈白羽（女）为镇人民政府镇长，韩光伟为副镇长。第九次会议选举林牧樵为镇人民政府镇长。

镇十七届人大会议　2021年12月23日，平阳坑镇召开第十七届人民代表大会第一次会议。会议听取和审议了镇人民政府工作报告、镇人大主席团工作报告、镇财政预决算报告，并作出相应决议；审议和通过了平阳坑镇2021年生态环境状况和环境保护目标完成情况的报告的决定等；票决政府民生实事5件，收到代表议案6件，建议、批评、意见20件。会议选举余锋付为镇人民代表大会主席；林牧樵为镇人民政府镇长，瞿磊、冯怡宇、张中正、张钰为副镇长。

十一、北麂乡人民代表大会会议

北麂以岛建乡，是瑞安市唯一的海岛乡，距离瑞安市区东南方向38海里，东临太平洋，南接南麂，西靠北龙，北连洞头。主要由16个岛屿组成，其中有人岛3个，岛屿面积6.34平方千米，现辖行政村4个，2021年户籍人口1434户、4176人，常住人口600人。北麂渔场是浙江省重点渔场之一。北麂岛一名北岐山，又名东洛。1924年属海岛区，1920年属第一区海岛乡，1935年属塘下区海岛乡。1949年称北麂乡（含大北列岛）属莘塍区，1950年8月解放后分置北麂、北龙2个乡。1952年初被国民党占领。1955年初再度解放后，属洞头县。1957年8月划归瑞安县。1958年11月归城关公社称北麂管理区，1961年称北麂公社，1984年称北麂乡。2011年北麂乡并入东山街道。2016年1月，瑞安市调整部分行政区划，东山街道析置北麂乡。北麂乡自1955年举行第一届人民代表大会第一次会议，至2011年4月底，经历一至十五届人民代表大会。2011年4月因全市区划调整，北麂乡撤销建制，并入东山街道，人民代表大会中断一届；2016年2月，北麂乡恢复建制，人民代表大会届次顺延。至2021年底，共经历一至十六届人民代表大会和十七届人大一次会议。

乡十四届人大会议　2002年3月13日、2003年3月16日、2004年2月18日、2005年6月18日、2006年3月26日，北麂乡召开人民代表大会会议5次，听取和审查乡人民政府工作报告5个、乡人大主席团工作报告5个、本级财政预决算报告5个、其他报告1个，通过决议、决定5项，选举地方国家机关领导人员9人次，收到代表议案5件、建议批评意见98件。其中，第一次会议听取和审议乡“四五”普法规划，并作出相应决议。其中，第一次会议选举余列权为乡人民代表大会主席；选举谢作仁为乡人民政府乡长，白金绿、戴安兴为副乡长。第三次会议选举林津为乡人民政府副乡长。第四次会议选举谢作仁为乡人民代表大会主席；选举林津为乡人民政府乡长，林南斌、孙治荣为副乡长。

乡十五届人大会议　2007年1月8日、2009年7月2日、2009年10月28日，北麂乡召开人民代表大会会议3次，听取和审查乡人民政府工作报告3个、乡人大主席团工作报告3个、本级财政预决算报告3个，通过决议、决定3项，选举地方国家机关领导人员8人次，收到代表议案3件、建议批评意见47件。其中，第一次会议选举谢作仁为乡人民代表大会主席，李国敏为副主席；选举林津为乡人民政府乡长，林云峰、张澄永为副乡长。第二次会议选举林津为乡人民代表大会主席，选举颜光明为乡人民政府乡长。第三次会议选举施经敢为乡人民政府副乡长。

乡十六届人大会议　2016年7月30日、2017年3月11日、2017年9月8日、2018年3月10日、2018年9月20日、2019年3月16日、2019年9月24日、2020年5月21日、2021年4月25日，北麂乡召开人民代表大会会议9次，听取和审查乡人民政府工作报告9个、乡人大主席团工作报告4个、本级财政预决算报告9个、其他报告14个，通过决议、决定22项，票决24件政府民生实事项目，选举地方国家机关领导人员12人次，收到代表议案5件、建议批评意见79件。其中，第一次会议选举潘永新为乡人民代表大会主席；选举夏晓静（女）为乡人民政府乡长，张平弟、黄学彩、余远为副乡长。第七次会议选举李锋翰为北麂乡人民政府乡长，叶清在为副乡长。

乡十七届人大会议　2021年12月22日，北麂乡召开第十七届人民代表大会第一次会议。会议听取和审议了乡人民政府工作报告、乡人大主席团工作报告、财政预决算情况的报告，并作出相应决议；听取十六届人大九次会议代表议案和建议办理情况的报告；会议票决4件2022年度民生实事项目；会议选举吴永建为乡人民代表大会主席；选举黄盛亮为乡人民政府乡长，龚宁磊、陈卫洪、陈余为副乡长；会议收到代表建议批评意见10件。

2021年12月22日，北麂乡第十七届人民代表大会举行第一次会议

十二、安阳镇人民代表大会会议

自1954年举行第一届人民代表大会第一次会议，至2003年4月底，安阳镇（城关镇）经历十四届

人民代表大会。2000年8月，瑞安市撤销17个乡镇建制，设立新的安阳镇等5个乡镇。2003年12月，撤销安阳镇建制，设置街道，其行政区域改由瑞安市政府直辖，安阳镇人民代表大会就此结束。

安阳镇分别在2000年10月、2001年年中、2002年3月、2003年4月，举行镇第一届人民代表大会会议4次，听取和审查镇人民政府工作报告4个、镇人大主席团工作报告4个、财政预决算报告4个，通过决议、决定24个，选举地方国家机关领导人员17人次，收到代表建议51件。其中，第一次会议选举金邦京为镇人民代表大会主席，金善秋（女）为副主席；章方存为镇人民政府镇长，钟永光、叶世洒、戴日龙、叶正双为副镇长。第二次会议选举余卫兴为镇人民政府副镇长。第三次会议选举叶世洒为镇人民代表大会副主席，选举吴芸香（女）、陈安力为镇人民政府副镇长；第四次会议选举高克喜为镇人民政府镇长，周晓华为副镇长。

十三、北龙乡人民代表大会会议

自1955年举行第一届人民代表大会第一次会议，至2011年4月底，北龙乡经历一至十五届人民代表大会。2011年4月全市区划调整，北龙乡撤销建制，并入东山街道，北龙乡人民代表大会就此结束。2002年3月至2011年4月，北龙乡经历十四届、十五届人民代表大会，共举行人民代表大会会议10次，听取和审查乡人民政府工作报告10个、乡人大主席团工作报告10个、财政预决算报告10个、其他报告1个，通过决议、决定22项。

乡十四届人大会议　2002年3月、2003年3月、2004年4月、2005年5月、2006年3月，北龙乡召开人民代表大会会议5次，听取和审查乡人民政府工作报告5个、乡人大主席团工作报告5个、本级财政预决算报告5个、其他报告1个，通过决议、决定12项，选举地方国家机关领导人员3人次，收到代表议案5件、建议批评意见64件。其中，第一次会议选举杨方林为乡人民代表大会主席；选举谢作靖为乡人民政府乡长，黄建忠、曾文权为副乡长。第二次会议选举吴顺进为乡人民政府副乡长。

乡十五届人大会议　2007年1月6日、2008年4月14日、2009年3月23日、2010年6月21日、2010年10月24日，北龙乡召开人民代表大会会议5次，听取和审查乡人民政府工作报告5个、乡人大主席团工作报告5个、本级财政预决算报告5个，通过决议、决定10项，选举地方国家机关领导人员7人次，收到代表议案15件、建议批评意见137件。其中，第一次会议选举金宗龙为乡人民代表大会主席，张聪棉为副主席；选举杨方林为乡人民政府乡长，林鹏、朱训区为副乡长。第五次会议选举杨方林为乡人民代表大会主席；选举戴佳为乡人民政府乡长。

十四、莘塍镇人民代表大会会议

自1954年举行第一届人民代表大会第一次会议，至2011年4月底，莘塍镇经历一至十五届人民代表大会。2011年4月因全市区划调整，莘塍镇撤销建制，设立街道办事处，莘塍镇人民代表大会就此结束。2002年3月至2010年12月，莘塍镇经历十四届、十五届人民代表大会，共举行人民代表大会会议9次，听取和审查镇人民政府工作报告9个、镇人大主席团工作报告9个、财政预决算报告9个、其他报告6个，通过决议、决定24项。

镇十四届人大会议　2002年3月30日、2003年4月3日、2004年2月10日、2005年6月20日、2006年3月，莘塍镇召开人民代表大会会议5次，听取和审查镇人民政府工作报告5个、镇人大主席团工作报告5个、本级财政预决算报告5个、其他报告3个，通过决议、决定6项，选举地方国家机关领导人员17人次，收到代表议案9件、建议批评意见165件。其中，第一次会议选举张永芬为镇人民代表大会主席，陈万友、张光中为副主席；冯金考为镇人民政府镇长，蔡桂来、王挺、蔡仁敏、王银德、王章成为副镇长。第二次会议选举蔡之波为镇人民代表大会主席，选举陈美茶为镇人民政府副镇长。第三次会议选举许锦业、钱华为镇人民政府副镇长。第四次会议选举蔡桂来为镇人民代表大会主席，王挺为副主席；选举刘进国为镇人民政府镇长，李孝生、杜豪杰为副镇长。

镇十五届人大会议　2007年1月8日、2008年3月19日、2008年11月、2009年5月，莘塍镇召开人民代表大会会议4次，听取和审查镇人民政府工作报告4个、镇人大主席团工作报告4个、本级财政预决算报告4个、其他报告3个，通过决议、决定4项，选举地方国家机关领导人员10人次，收到代表议案8件、建议批评意见189件。其中，第一次会议选举周识马为镇人民代表大会主席，王挺、张光中为副主席；选举蒋朝阳为镇人民政府镇长，王章成、许良伍、李孝生、洪爱选、钱华为副镇长。第三次会议选举张爱芬（女）为镇人民政府镇长。第四次会议选举郑圣学、陈海鸣（女）、林权龙为镇人民政府副镇长。

十五、汀田镇人民代表大会会议

自1954年举行第一届人民代表大会第一次会议，至2011年4月底，汀田镇经历一至十五届人民代表大会。2011年4月因全市区划调整，汀田镇撤销建制，设立街道办事处，汀田镇人民代表大会就此结束。2002年3月至2011年4月，汀田镇经历十四届、十五届人民代表大会，共举行人民代表大会会议11次，听取和审查镇人民政府工作报告11个、镇人大主席团工作报告11个、财政预决算报告11个、其他报告3个，通过决议、决定25项。

镇十四届人大会议　2002年2月27日、2003年3月、2004年11月、2005年6月、2006年10月，汀田镇召开人民代表大会会议5次。听取和审查镇人民政府工作报告5个、镇人大主席团工作报告5个、本级财政预决算报告5个、其他报告1个，通过决议、决定11项，收到代表建议批评意见46件。其中，第一次会议选举徐晓（女）为镇人民代表大会主席，庄步益、丁养好为副主席；刘进国为镇人民政府镇长，邱献林、黄长星、余良华、张筱珍（女）为副镇长。第二次会议选举张金林为镇人民代表大会主席。第三次会议选举陈明仁为镇人民政府镇长。第四次会议选举陈阿杰为镇人民代表大会副主席，朱邦荣、林正华、陈慕林为镇人民政府副镇长。第五次会议选举陈阿杰为镇人民代表大会主席，虞君林为副主席。

镇十五届人大会议　2007年1月15日、2007年5月、2009年8月、2010年8月，汀田镇召开人民代表大会会议4次，听取和审查镇人民政府工作报告4个、镇人大主席团工作报告4个、本级财政预决算报告4个、其他报告2个，通过决议、决定14项，选举地方国家机关领导人员12人次，收到代表建议批评意见33件。其中，第一次会议选举陈阿杰为镇人民代表大会主席，虞君林为副主席；陈明仁为镇人民政府镇长，朱邦荣、邱献林、陈慕林、林正华为副镇长。第二次会议选举项金敏为镇人民政府镇长。第三次会议选举陈国荣为镇人民政府镇长。第四次会议选举王焕达为镇人民代表大会副主席；选举黄志勇为镇人民政府镇长，孙雄、曹轼为副镇长。

十六、飞云镇人民代表大会会议

自1954年举行第一届人民代表大会第一次会议，至2011年4月底，飞云镇经历一至十五届人民代表大会。2011年4月因全市区划调整，飞云镇撤销建制，设立街道办事处，飞云镇人民代表大会就此结束。2000年10月至2011年4月，飞云镇经历十四届、十五届人民代表大会，共举行人民代表大会会议13次，听取和审查镇人民政府工作报告12个、镇人大主席团工作报告12个、财政预决算报告12个，通过决议、决定36项。

镇十四届人大会议　2000年10月20日、2001年4月28日、2002年2月27日、2003年5月28日、2004年5月31日、2005年6月29日、2006年3月24日，飞云镇召开人民代表大会会议7次，听取和审查镇人民政府工作报告7个、镇人大主席团工作报告7个、本级财政预决算报告7个，审议并通过决议、决定21项，选举地方国家机关领导人员20人次，收到代表议案20件、建议批评意见270件。其中，第一次会议选举郑积元为镇人民代表大会主席，陈洋志为副主席；选举陈仕潘、蔡甫光、周鸣为镇人民政府副镇长。第二次会议选举应希克为镇人民政府镇长。第三次会议选举马可煊为镇人民代表大会主席，徐邦清为副主席；选举胡小珍（女）、钟波、林群峰为镇人民政府副镇长。第四次会议选举李志林为镇人民代表大会主席；选举刘海峰为镇人民政府镇长。第五次会议选举郑万金为镇人民政府副镇长。第六次会议选举陈洋志为镇人民代表大会主席，陈良崇为副主席；选举谢作星为镇人民政府镇长，胡仲林、周宗清、陈永良为副镇长。

镇十五届人大会议　2007年1月8日、2008年3月25日、2009年3月31日、2009年11月13日、2010年8月9日、2011年3月22日，飞云镇召开人民代表大会会议6次，听取和审查镇人民政府工作报告5个、镇人大主席团工作报告5个、本级财政预决算报告5个，审议并通过决议、决定15项，选举地方国家机关领导人员19人次，收到代表议案15件、建议批评意见207件。其中，第一次会议选举陈洋志为镇人民代表大会主席，陈良崇、林昌明为副主席；选举谢作星为镇人民政府镇长，何志武、陈阿朋、周宗清、郑万金、胡仲林为副镇长。第四次会议选举余兆芬为镇人民代表大会主席，郑万金、周宗清为副主席；选举项金敏为镇人民政府镇长，刘玉庭、沈长城、蒋兆贵、张中杰为副镇长。第五次会议选举贾建华为镇人民政府镇长。第六次会议选举李卫东为镇人民政府副镇长。

十七、仙降镇人民代表大会会议

自1954年举行第一届人民代表大会第一次会议，至2011年4月底，仙降镇经历一至十五届人民代表大会。2011年4月因全市区划调整，仙降镇撤销建制，设立街道办事处，仙降镇人民代表大会就此结束。2000年9月至2011年4月，仙降镇经历十四届、十五届人民代表大会，共举行人民代表大会会议16次，听取和审查镇人民政府工作报告16个、镇人大主席团工作报告11个、财政预决算报告11个、其他报告2个，通过决议、决定46项。

镇十四届人大会议　2000年9月26日、2001年4月16日、2002年1月22日、2002年11月20日、2003年1月22日、2003年9月16日、2004年2月27日、2004年11月19日、2005年6月15日、2005年10月19日、2005年12月18日，仙降镇召开人民代表大会会议11次，听取和审查镇人民政府工作报告11个、镇人大主席团工作报告11个、本级财政预决算报告11个、其他报告1个，通过决议、决定34项，选举地方国家机关领导人员19人次，收到代表建议案56件。其中，第一次会议选举陈立林为镇人民代表大会主席，徐邦清、赖良申为副主席；选举黄兆山为镇人民政府镇长，郭振伟、陈宗成、杨宝胜、彭小锋为副镇长。第二次会议选举郑邦良为镇人民代表大会主席。第三次会议选举白洪泼为镇人民代表大会主席；选举陈哲为镇人民政府镇长，陈书满、林迪进为副镇长。第四次会议选举黄文虎为镇人民代表大会主席。第六次会议选举涂克国为镇人民政府副镇长。第七次会议选举李洪星为镇人民政府副镇长。第八次会议选举林政洪为镇人民代表大会主席。第九次会议选举谢世乐为镇人民代表大会副主席；选举余兆芬、陈学仕、陈昌贤为镇人民政府副镇长。第十次会议选举余兆芬为镇人民政府副镇长。

镇十五届人大会议　2007年1月5日、2008年3月23日、2009年3月20日、2009年11月13日、2010年3月26日，仙降镇召开人民代表大会会议5次，听取和审查镇人民政府工作报告5个、镇人大主席团工作报告5个、本级财政预决算报告5个、其他报告2个，通过决议、决定12项，选举地方国家机关领导人员8人次，收到代表建议批评意见69件。其中，第一次会议选举彭小锋为镇人民代表大会主席，谢世乐、魏学武为副主席；选举余兆芬为镇人民政府镇长，李洪星、陈昌贤、陈学仕、蔡凤飞为副镇长。第四次会议选举林迪进、曾旺兰（女）为镇人民代表大会副主席；选举彭小锋为镇人民政府镇长，李志敬、叶秀敏为副镇长。

十八、碧山镇人民代表大会会议

镇十四届人大会议　2002年3月9日、2003年4月25日、2004年4月21日、2005年7月8日、2006年3月28日，碧山镇召开人民代表大会会议5次，听取和审查镇人民政府工作报告5个、镇人大主席团工作报告5个、本级财政预决算报告5个，通过决议、决定15项，选举地方国家机关领导人员16人次，收到代表议案5件、建议批评意见240件。其中，第一次会议选举丁福良为镇人民代表大会主席，叶克水为副主席；选举陈绍华为镇人民政府镇长，洪成国、钟慧文、俞彪为副镇长。第二次会议选举陈绍华为镇人民代表大会主席，选举朱瑞宇为镇人民政府镇长。第三次会议选举金林、施昌兰为镇人民政府副镇长。第四次会议选举朱瑞宇为镇人民代表大会主席，蔡其才为副主席；选举许锦业为镇人民政府镇长，周永胜、陈仕楷、黄云（女）为副镇长。

镇十五届人大会议　2007年1月9日、2008年4月29日、2009年4月16日、2009年11月19日、2010年3月31日，碧山镇召开人民代表大会会议5次，听取和审查镇人民政府工作报告4个、镇人大主席团工作报告4个、本级财政预决算报告3个，通过决议、决定11项，选举地方国家机关领导人员11人次，收到代表议案4件、建议批评意见188件。其中，第一次会议选举蔡其才为镇人民代表大会主席；选举许锦业为镇人民政府镇长，陈一展、陈仕楷、王斌、黄云（女）为副镇长。第二次会议选举董衍胜为镇人民政府副镇长。第四次会议选举陈昌贤为镇人民代表大会副主席；选举王心海为镇人民政府镇长，孔德财、林杰为副镇长。2011年5月，撤销碧山镇建制，并入陶山镇，碧山镇人民代表大会就此结束。

十九、大南乡人民代表大会会议

乡十四届人大会议　2002年3月6日、2003年3月14日、2004年4月23日、2005年6月22日、2006年10月13日，大南乡召开人民代表大会会议5次，听取和审查乡人民政府工作报告5个、乡人大主席团工作报告5个、本级财政预决算报告5个，通过决议、决定15项，选举地方国家机关领导人员11人次，收到代表议案6件、建议批评意见25件。其中，第一次会议选举胡兴弟为乡人民代表大会主席，黄君佩为副主席；选举黄文光为乡人民政府乡长，苏德宏、吴跃莲（女）为副乡长。第五次会议选举黄文光为乡人民代表大会主席，周旭东为副主席；选举陈国华为乡人民政府乡长，姚东民、林南青、林义成为副乡长。

乡十五届人大会议　2007年1月9日、2008年4月8日、2009年3月27日、2010年4月10日、2011年3月25日，大南乡召开人民代表大会会议5次，听取和审查乡人民政府工作报告5个、乡人大主席团工作报告5个、本级财政预决算报告5个，通过决议、决定15项，选举地方国家机关领导人员8人次，收到代表议案47件、建议批评意见107件。其中，第一次会议选举黄文光为乡人民代表大会主席，周旭东为副主席；选举陈国华为乡人民政府乡长，姚东民、林南青、林义成为副乡长。第四次会议选举欧阳世国为乡人民代表大会主席。第五次会议选举周旭东为副乡长。2011年4月，撤销大南乡建制，并入马屿镇，大南乡人民代表大会就此结束。

二十、荆谷乡人民代表大会会议

乡十四届人大会议　2002年2月5日、2003年3月14日、2004年4月30日、2005年6月22日、2006年3月28日，荆谷乡召开人民代表大会会议5次，听取和审查乡人民政府工作报告5个、乡人大主席团工作报告5个、本级财政预决算报告5个、其他报告3个，通过决议、决定17项，选举地方国家机关领导人员10人次，收到代表议案5件、建议批评意见302件。其中，第一次会议选举姜宗羽为乡人民代表大会主席，柯华斌为副主席；选举陈伟东为乡人民政府乡长，林尚信、陈兴核、诸葛启初为副乡长。第四次会议选举胡兴弟为乡人民代表大会主席，肖纪听为副主席；选举杨圣远为乡人民政府乡长，张隆为副乡长。

乡十五届人大会议　2007年1月8日、2008年4月16日、2009年3月26日、2009年11月25日、2010年8月25日、2010年12月28日，荆谷乡召开人民代表大会会议6次，听取和审查乡人民政府工作报告4个，乡人大主席团工作报告4个，本级财政预决算报告3个，其他报告5个，通过决议、决定11项，选举地方国家机关领导人员11人次，收到代表议案4件、建议批评意见177件。其中，第一次会议选举胡兴弟为乡人民代表大会主席，肖纪听为副主席；选举杨圣远为乡人民政府乡长，池万克、张隆、张海飞（女）为副乡长。第四次会议选举李明侠为乡人民代表大会主席；石卫东为乡人民政府乡长，陈健（女）为副乡长。第五次会议选举黄益光为乡人民政府副乡长。第六次会议选举周胜峰为乡人民政府副乡长。2011年5月，撤销荆谷乡建制，并入陶山镇，荆谷乡人民代表大会就此结束。

二十一、梅屿乡人民代表大会会议

乡十四届人大会议　2002年3月8日、2003年4月2日、2003年9月30日、2004年3月12日、2005年6月22日、2006年3月28日，梅屿乡召开人民代表大会会议6次，听取和审查乡人民政府工作报告6个、乡人大主席团工作报告6个、本级财政预决算报告6个，通过决议、决定19项，选举地方国家机关领导人员7人次，收到代表议案27件、建议批评意见38件。其中，第一次会议审议通过《“四五”普法规划》等决定，选举项庆节为乡人民代表大会主席，黄良姆为副主席；选举孙朝晓为乡人民政府乡长，吴天相、吴章林、施书赞为副乡长。第二次会议选举胡章锋、徐贤明为乡人民政府副乡长。第三次会议选举孙朝晓为乡人民代表大会主席，选举贾建华为乡人民政府乡长。第五次会议选举贾建华为乡人民代表大会主席，选举曾爱慧（女）为乡人民政府乡长。

乡十五届人大会议　2007年3月8日、2008年4月18日、2009年4月10日、2009年11月18日、2010年3月18日、2011年3月25日，梅屿乡召开人民代表大会会议6次，听取和审查乡人民政府工作报告6个、乡人大主席团工作报告6个、本级财政预决算报告6个，通过决议、决定20项，选举地方国家机关领导人员9人次，收到代表议案4件、建议批评意见79件。其中，第一次会议审议通过《“五五”普法规划》《梅屿乡农业产业发展规划》等决定，选举贾建华为乡人民代表大会主席，施书赞为副主席；选举曾爱慧（女）为乡人民政府乡长，包正碧、连正照、胡美锡为副乡长。第四次会议选举曾爱慧（女）为乡人民代表大会主席；选举陈阿朋为乡人民政府乡长，金丽云（女）为副乡长。2011年4月，撤销梅屿乡建制，并入马屿镇，梅屿乡人民代表大会就此结束。

二十二、顺泰乡人民代表大会会议

乡十四届人大会议　2002年3月15日、2003年3月18日、2004年3月12日、2005年6月29日、2006年3月27日，顺泰乡召开人民代表大会会议5次，听取和审查乡人民政府工作报告5个、乡人大主席团工作报告5个、本级财政预决算报告5个，通过决议、决定15项，选举地方国家机关领导人员9人次，收到代表议案5件、建议批评意见39件。其中，第一次会议选举陈光兴为乡人民代表大会主席，陈国权为副主席；选举孙锦声为乡人民政府乡长，苏立飞、何夏梦（女）为副乡长。第三次会议选举陈伟东为乡人民代表大会主席。第四次会议选举孙锦声为乡人民代表大会主席，范定敏为副主席；选举潘晓勇为乡人民政府乡长，吴爱霜（女）为副乡长。

乡十五届人大会议　2007年1月10日、2008年4月18日、2009年4月8日、2009年11月18日、2010

年3月5日、2011年3月25日，顺泰乡召开人民代表大会会议6次，听取和审查乡人民政府工作报告6个、乡人大主席团工作报告6个、本级财政预决算报告6个，通过决议、决定19项，选举地方国家机关领导人员9人次，收到代表建议批评意见69件。其中，第一次会议审议通过《“五五”普法规划》等决定，选举孙锦声为乡人民代表大会主席，范定敏为副主席；选举潘晓勇为乡人民政府乡长，朱焕铰、吴爱霜（女）、王瑞旻为副乡长。第四次会议选举吴晓宇为乡人民代表大会主席；选举郭振伟为乡人民政府乡长，吴海可为副乡长。2011年4月，撤销顺泰乡建制，并入马屿镇，顺泰乡人民代表大会就此结束。

二十三、鹿木乡人民代表大会会议

乡十四届人大会议　2002年3月7日、2003年6月6日、2004年3月11日、2005年3月、2005年7月8日、2006年7月20日，鹿木乡召开人民代表大会会议6次，听取和审查乡人民政府工作报告6个、乡人大主席团工作报告5个、本级财政预决算报告6个，通过决议、决定17项；选举地方国家机关领导人员6人次，收到代表议案4件、建议批评意见108件。其中，第一次会议选举卓志信为乡人民代表大会主席，朱崇树为副主席；选举姚品锡为乡人民政府乡长。第二次会议选举张新察、赵华弟为乡人民政府副乡长。第五次会议选举陈捷亮为乡人民政府乡长。

乡十五届人大会议　2007年1月5日、2008年3月13日、2009年3月9日、2009年8月21日、2010年4月9日，鹿木乡召开人民代表大会会议5次，听取和审查乡人民政府工作报告5个、乡人大主席团工作报告4个、本级财政预决算报告5个，通过决议、决定14项，选举地方国家机关领导人员9人次，收到代表议案5件、建议批评意见86件。其中，第一次会议选举吴伟银为乡人民代表大会主席，朱崇树为副主席；选举陈捷亮为乡人民政府乡长、陈国宪、阮建国、马燕晓（女）为副乡长。第四次会议选举苏志楚为乡人民政府乡长。第五次会议选举陈捷亮为乡人民代表大会主席；选举陈朝钦为乡人民政府副乡长。选举2011年4月，撤销鹿木乡建制，并入湖岭镇，鹿木乡人民代表大会就此结束。

二十四、潮基乡人民代表大会会议

乡十四届人大会议　2002年2月28日、2002年7月、2003年4月、2004年4月16日、2005年7月4日、2006年3月，潮基乡召开人民代表大会会议6次，听取和审查乡人民政府工作报告6个、乡人大主席团工作报告5个、本级财政预决算报告6个，通过决议、决定17项，选举地方国家机关领导人员6人次，收到代表议案5件、建议批评意见89件。其中，第一次会议选举吴清弟为乡人民代表大会主席，陈瑞姆为副主席；选举朱瑞宇为乡人民政府乡长，金银华、黄秀英（女）为副乡长。第三次会议选举郑海洁（女）为乡人民政府乡长。第五次会议选举郑海洁（女）为乡人民代表大会主席；选举吴晓宇为乡人民政府乡长，马可道、徐贤东为副乡长。

乡十五届人大会议　2007年1月5日、2008年3月13日、2009年3月18日、2009年8月22日、2010年8月20日，潮基乡召开人民代表大会会议5次，听取和审查乡人民政府工作报告5个、乡人大主席团工作报告4个、本级财政预决算报告5个，通过决议、决定14项，选举地方国家机关领导人员7人次，收到代表议案4件、建议批评意见95件。其中，第一次会议选举郑海洁（女）为乡人民代表大会主席，黄少林为副主席；选举吴晓宇为乡人民政府乡长，马可道、徐贤东、张平为副乡长。第三次会议选举黄秀勇为乡人民代表大会主席。第五次会议选举黄隽燚为乡人民政府乡长，黄林东为副乡长。2011年4月，撤销潮基乡建制，并入湖岭镇，潮基乡人民代表大会就此结束。

二十五、林溪乡人民代表大会会议

乡十四届人大会议　2002年3月8日、2003年2月24日、2004年3月4日、2005年3月10日、2005年7月1日、2006年11月18日，林溪乡召开人民代表大会会议6次，听取和审查乡人民政府工作报告6个、乡人大主席团工作报告5个、本级财政预决算报告5个，通过决议、决定16项，选举地方国家机关领导人员14人次，收到代表议案5件、建议批评意见82件。其中，第一次会议听取“四五”普法规划，作出相应的决议，选举尹玉琛为乡人民代表大会主席，高北忠为副主席；选举郭文安为乡人民政府乡长，卓作江、周永胜为副乡长。第三次会议选举蔡爱东为乡人民政府乡长。第五次会议选举蔡爱东为乡人民代表大会主席，应永海为副主席；选举金晓昆为乡人民政府乡长，廖剑伟为副乡长。第六次会议选举章仕永为乡人民代表大会副主席，选举郑文俊、沈林海、周琼（女）为乡人民政府副乡长。

乡十五届人大会议　2007年1月4日、2008年3月14日、2009年11月6日、2010年4月9日，林溪乡召开人民代表大会会议4次，听取和审查乡人民政府工作报告4个、乡人大主席团工作报告4个、本级财政预决算报告4个，通过决议、决定14项，选举地方国家机关领导人员9人次，收到代表议案3件、建议批评意见38件。其中，第一次会议选举蔡爱东为乡人民代表大会主席，章仕永为副主席；选举金晓昆为乡人民政府乡长，郑文俊、沈林海、周琼（女）为副乡长。第三次会议选举金晓昆为乡人民代表大会主席；选举张宏献为乡人民政府乡长，吴直欣为副乡长。2011年4月，撤销林溪乡建制，并入湖岭镇，林溪乡人民代表大会就此结束。

二十六、金川乡人民代表大会会议

乡十四届人大会议　2002年3月25日、2003年4月17日、2004年3月4日、2005年8月12日、2006年4月7日，金川乡召开人民代表大会会议5次，听取和审查乡人民政府工作报告5个、乡人大主席团工作报告5个、本级财政预决算报告5个，通过决议、决定17项，选举地方国家机关领导人员6人次，收到代表议案3件、建议批评意见105件。其中，第一次会议选举王育林为乡人民代表大会主席，张伯进为副主席；选举詹子佼为乡人民政府乡长。第二次会议选举陈一展、张聪棉为乡人民政府副乡长。第四次会议选举詹子佼为乡人民代表大会主席，选举陈锦海为乡人民政府乡长。

乡十五届人大会议　2007年1月4日、2008年3月20日、2009年3月25日、2009年11月12日、2010年3月31日、2010年11月17日，金川乡召开人民代表大会会议6次，听取和审查乡人民政府工作报告6个、乡人大主席团工作报告4个、本级财政预决算报告4个，通过决议、决定16项，选举地方国家机关领导人员9人次，收到代表议案3件、建议批评意见79件。其中，第一次会议选举詹子佼为乡人民代表大会主席，郑建胜为副主席；选举陈锦海为乡人民政府乡长，卢继豪、贾东升、杨宗剑为副乡长。第四次会议选举陈锦海为乡人民代表大会主席；选举吴建汉为乡人民政府乡长。第六次会议选举潘作雷为乡人民政府副乡长。2011年4月，撤销金川乡建制，并入湖岭镇，金川乡人民代表大会就此结束。

二十七、永安乡人民代表大会会议

乡十四届人大会议　2002年3月8日、2003年3月10日、2004年5月14日、2005年3月9日、2006年3月8日，永安乡召开人民代表大会会议5次，听取和审查乡人民政府工作报告5个、乡人大主席团工作报告5个、本级财政预决算报告5个，通过决议、决定15项，选举地方国家机关领导人员7人次，收到代表议案4件、建议批评意见119件。其中，第一次会议选举周识马为乡人民代表大会主席；选举金国岳为乡人民政府乡长，胡汝楷、黄小彬为副乡长。第三次会议选举郑文俊为乡人民政府副乡长。第五次会议选举金银华为乡人民代表大会副主席；选举曾建荣、黄志斌为乡人民政府副乡长。

乡十五届人大会议　2007年1月6日、2008年5月13日、2009年4月2日、2009年11月10日、2010年3月9日，永安乡召开人民代表大会会议5次，听取和审查乡人民政府工作报告5个、乡人大主席团工作报告4个、本级财政预决算报告5个，通过决议、决定14项，选举地方国家机关领导人员8人次，收到代表议案4件、建议批评意见98件。其中，第一次会议选举刘光享为乡人民代表大会主席，凌光海为副主席；选举曾建荣为乡人民政府乡长，金洲、金洁丹（女）、黄志斌为副乡长。第五次会议选举陈显泼为乡人民政府乡长。2011年4月，撤销永安乡建制，并入湖岭镇，永安乡人民代表大会就此结束。

二十八、桂峰乡人民代表大会会议

乡十四届人大会议　2002年3月5日、2003年3月8日、2004年3月9日、2005年3月9日、2006年3月25日，桂峰乡召开人民代表大会会议5次，听取和审查乡人民政府工作报告5个、乡人大主席团工作报告5个、本级财政预决算报告5个，通过决议、决定15项，选举地方国家机关领导人员6人次，收到代表议案4件、建议批评意见125件。其中，第一次会议选举吴伟银为乡人民代表大会主席；选举郑瑞亮为乡人民政府乡长，吴秀萍（女）、陈玉斌为副乡长。第五次会议选举胡汝楷为乡人民政府乡长。

乡十五届人大会议　2007年1月2日、2008年3月13日、2009年3月12日、2010年3月13日、2010年10月4日，桂峰乡召开人民代表大会会议5次，听取和审查乡人民政府工作报告5个、乡人大主席团工作报告4个、本级财政预决算报告5个，通过决议、决定14项，选举地方国家机关领导人员7人次，收到代表议案4件、建议批评意见89件。其中，第一次会议选举苏立宪为乡人民代表大会主席，张杰颖为副主席；选举胡汝楷为乡人民政府乡长，黄春阳、陈国锋为副乡长。第四次会议选举罗晓伟为乡人民政府乡长。第五次会议选举张嘉祥为乡人民政府副乡长。2011年4月，撤销桂峰乡建制，并入湖岭镇，桂峰乡人民代表大会就此结束。

二十九、龙湖镇人民代表大会会议

镇十四届人大会议　2002年3月6日、2003年4月8日、2004年3月11日、2005年7月8日、2006年3月30日，龙湖镇召开人民代表大会会议5次，听取和审查镇人民政府工作报告5个、镇人大主席团工作报告5个、本级财政预决算报告5个、其他报告1个，通过决议、决定15项，选举地方国家机关领导人员12人次，收到代表议案5件、代表建议批评意见233件。其中，第一次会议选举金少隆为镇人民代表大会主席，章步印为副主席；选举陈宗成为镇人民政府镇长，王步水、王敏、王心海为副镇长。第二次会议选举何志武为镇人民政府副镇长。第三次会议选举胡永快为镇人民代表大会主席。第四次会议选举陈宗成为镇人民代表大会主席；选举朱小波为镇人民政府镇长，蔡文勇、黄亮为副镇长。

镇十五届人大会议　2007年1月5日、2008年3月11日、2009年3月20日、2009年11月、2011年2月，龙湖镇召开人民代表大会会议5次，听取和审查镇人民政府工作报告5个、镇人大主席团工作报告5个、本级财政预决算报告5个、其他报告1个，通过决议、决定15项，选举地方国家机关领导人员11人次，收到代表建议批评意见134件。其中，第一次会议选举谢炳聪为镇人民代表大会主席，林启宇为副主席；选举朱小波为镇人民政府镇长，张震宇、施昌聪、黄亮、蔡文勇为副镇长。第四次会议选举黄秀杰为镇人民政府镇长，夏灵机、缪志捷为副镇长。第五次会议选举林启宇为镇人民政府副镇长。2011年4月，撤销龙湖镇建制，龙湖镇人民代表大会就此结束。

三十、高楼乡人民代表大会会议

乡十四届人大会议　2002年3月11日、2003年3月14日、2004年4月23日、2005年6月、2006年3月28日，高楼乡召开人民代表大会会议5次，听取和审查乡人民政府工作报告5个、乡人大主席团工作报告5个、本级财政预决算报告5个、其他报告1个，通过决议、决定15项，选举地方国家机关领导人员11人次，收到代表议案5件、代表建议批评意见177件。其中，第一次会议听取和审议乡“四五”普法规划制定情况的报告，并作出相应决议；会议选举谢作星为乡人民代表大会主席，张士尧为副主席；选举王学教为乡人民政府乡长，林德生、颜统培为副乡长。第四次会议选举陈庆凯为乡人民代表大会主席，王增斌为副主席；选举潘哲夫为乡人民政府乡长，郑贤辉为副乡长。

乡十五届人大会议　2007年1月10日、2008年3月21日、2009年3月25日、2009年11月、2010年9月，高楼乡召开人民代表大会会议5次，听取和审查乡人民政府工作报告5个、乡人大主席团工作报告5个、本级财政预决算报告5个、其他报告1个，通过决议、决定15项，选举地方国家机关领导人员10人次，收到代表议案5件、代表建议批评意见196件。其中，第一次会议听取和审议“五五”普法规划报告，并作出相应决议；会议选举陈庆凯为乡人民代表大会主席，王增斌为副主席；选举潘哲夫为乡人民政府乡长，郑希鸿、郑贤辉、舒时龙为副乡长。第四次会议选举潘哲夫为乡人民代表大会主席；选举张晓丽（女）为乡人民政府乡长，郑道满为副乡长。第五次会议选举张士数为乡人民政府副乡长。2011年4月，撤销高楼乡建制，高楼乡人民代表大会就此结束。

三十一、宁益乡人民代表大会会议

乡十四届人大会议　2002年3月6日、2003年3月、2004年3月31日、2005年7月12日、2006年3月，宁益乡召开人民代表大会会议5次，听取和审查乡人民政府工作报告5个、乡人大主席团工作报告5个、本级财政预决算报告5个、其他报告1个，通过决议、决定15项，选举地方国家机关领导人员5人次，收到代表议案4件，代表建议批评意见152件。其中，第一次会议选举王学顺为乡人民代表大会主席，陈逢齐为副主席；选举谢炳禹为乡人民政府乡长，林华弟、何顺村为副乡长。

乡十五届人大会议　2007年1月7日、2008年3月、2009年4月7日、2009年11月19日、2010年3月，宁益乡召开人民代表大会会议5次，听取和审查乡人民政府工作报告5个、乡人大主席团工作报告5个、本级财政预决算报告5个、其他报告1个，通过决议、决定15项，选举地方国家机关领导人员8人次，收到代表议案4件、代表建议批评意见107件。其中，第一次会议选举谢炳禹为乡人民代表大会主席，陈逢齐为副主席；选举缪德泵为乡人民政府乡长，孙雄、吴应玉为副乡长。第三次会议选举杨建瑞为乡人民代表大会主席。第四次会议选举张海飞（女）为乡人民政府乡长，陈朝波为副乡长。2011年4月，撤销宁益乡建制，宁益乡人民代表大会就此结束。

三十二、枫岭乡人民代表大会会议

乡十四届人大会议　2002年3月12日、2003年3月、2004年3月31日、2005年2月、2006年10月，枫岭乡召开人民代表大会会议5次，听取和审查乡人民政府工作报告5个、乡人大主席团工作报告5个、本级财政预决算报告5个，通过决议、决定15项，选举地方国家机关领导人员11人次，收到代表议案4件、代表建议批评意见96件。其中，第一次会议选举周象勇为乡人民代表大会主席，张维松为副主席；选举胡迪年为乡人民政府乡长，丁朝发、杨煌筑为副乡长。第四次会议选举胡迪年为乡人民代表大会主席；选举潘李淡为乡人民政府乡长。第五次会议选举黄志勇为乡人民代表大会主席，吕德茶为副主席；选举吴晓燕（女）、陈朝波为乡人民政府副乡长。

乡十五届人大会议　2007年1月4日、2008年4月10日、2009年3月26日、2010年3月31日、2010年10月15日，枫岭乡召开人民代表大会会议5次，听取和审查乡人民政府工作报告5个、乡人大主席团工作报告5个、本级财政预决算报告5个、其他报告1个，通过决议、决定15项，选举地方国家机关领导人员7人次，收到代表议案4件、代表建议批评意见128件。其中，第一次会议选举黄志勇为乡人民代表大会主席，吕德茶为副主席；选举潘李淡为乡人民政府乡长，吴晓燕、陈朝波为副乡长。第五次会议选举潘李淡为乡人民代表大会主席；选举袁宏毅为乡人民政府乡长。2011年4月，撤销枫岭建制，枫岭乡人民代表大会就此结束。

三十三、营前乡人民代表大会会议

乡十四届人大会议　2002年3月1日、2003年3月14日、2004年1月、2005年7月、2006年3月，营前乡召开人民代表大会会议5次，听取和审查乡人民政府工作报告5个、乡人大主席团工作报告5个、本级财政预决算报告5个、其他报告1个，通过决议、决定15项，选举地方国家机关领导人员8人次，收到代表议案5件，代表建议批评意见127件。其中，第一次会议选举张维巧为乡人民代表大会主席，梁其汤为副主席；选举何如松为乡人民政府乡长，吴应玉、董雯雯（女）为副乡长。第三次会议选举王学教为乡人民代表大会主席。第四次会议选举兰芳（女）、施昌聪为乡人民政府副乡长。

乡十五届人大会议　2007年1月9日、2008年3月20日、2009年3月、2009年11月18日、2010年12月，营前乡召开人民代表大会会议5次，听取和审查乡人民政府工作报告5个、乡人大主席团工作报告5个、本级财政预决算报告5个、其他报告1个，通过决议、决定15项，选举地方国家机关领导人员9人次，收到代表议案3件、代表建议批评意见96件。其中，第一次会议选举何如松为乡人民代表大会主席，梁其汤为副主席；选举曹启凑为乡人民政府乡长，杜林钗（女）、陈月标、郑献智为副乡长。第四次会议选举曹启凑为乡人民代表大会主席，选举张震宇为乡人民政府乡长。第五次会议选举陈华林为乡人民政府副乡长。2011年4月，撤销营前乡建制，营前乡人民代表大会就此结束。

三十四、东岩乡人民代表大会会议

乡十四届人大会议　2002年3月9日、2003年3月、2004年3月9日、2005年7月12日、2006年10月，东岩乡召开人民代表大会会议5次，听取和审查乡人民政府工作报告5个、乡人大主席团工作报告5个、本级财政预决算报告5个、其他报告1个，通过决议、决定15项，选举地方国家机关领导人员12人次，收到代表议案5件、建议批评意见163件。其中，第一次会议选举胡允科为乡人民代表大会主席，胡志平为副主席；选举兰芳（女）为乡人民政府乡长，沈振锋、吴寿海为副乡长。第三次会议选举岑慎键为乡人民代表大会主席。第四次会议选举杨宝胜为乡人民政府乡长，陈永亨、陈显泼为副乡长。第五次会议选举杨宝胜为乡人民代表大会主席，梁海华（女）为副主席；选举吴寿海为乡人民政府乡长。

乡十五届人大会议　2007年1月8日、2008年3月26日、2009年3月31日、2010年12月25日，东岩乡召开人民代表大会会议4次，听取和审查乡人民政府工作报告4个、乡人大主席团工作报告4个、本级财政预决算报告4个，通过决议、决定12项，选举地方国家机关领导人员7人次，收到代表议案3件、代表建议批评意见148件。其中，第一次会议选举杨宝胜为乡人民代表大会主席，梁海华（女）为副主席；选举吴寿海为乡人民政府乡长，陈永亨、蔡坚为副乡长。第四次会议选举吴寿海为乡人民代表大会主席，选举张隆为乡人民政府乡长。2011年4月，撤销东岩乡建制，东岩乡人民代表大会就此结束。

瑞安市乡镇人民代表大会主席、副主席（含提名候选人）一览表

表4-4

乡镇	届次	主席	任职时间	副主席	任职时间
塘下镇	十四届	戴春连 周兴明 薛存苗	2000年9月至2002年1月 2002年3月至2006年8月 （提名候选人， 2006年11月至2007年1月）	周兴明 谢秀华（女）	2000年9月至2002年1月 2004年3月至2006年9月
	十五届	薛存苗	2007年1月至2012年1月	邵万延 徐新安 陈学宪 胡忠义	2006年11月至2009年5月 2006年11月至2012年1月 2010年3月至2012年1月 （提名候选人， 2011年5月至2012年1月）
	十六届	薛存苗 林　津	2012年1月至2014年8月 2014年9月至2016年12月	陈学宪 胡忠义 徐新安	2012年1月至2016年12月 2012年1月至2016年12月 2012年1月至2014年5月
	十七届	林　津 邵晓萍（女） 张中杰	2016年12月至2017年5月 2017年5月至2019年8月 2019年8月至2021年9月	陈学宪 胡忠义 何克龙 戴丁光	2016年12月至2019年8月 2016年12月至2019年8月 2019年8月至2021年9月 2019年8月至2021年12月
	十八届	薛中卫	2021年9月起	戴丁光	2021年12月起
陶山镇	十四届	陈世尧 林步猛 冯金考	2002年2月至2003年10月 2003年10月至2005年6月 2005年6月至2006年10月	叶克泽 黄龙培	2002年2月至2006年9月 2002年2月至2007年1月
	十五届	周仕荣	2007年1月至2011年5月	胡小月（女） 黄龙培 郑木弟	2007年1月至2011年5月 2007年1月至2009年3月 2009年11月至2011年5月
	一届	李明侠 周仕荣	2011年7月至2016年1月 （提名候选人， 2016年1月至2016年7月）	蔡其才 胡小月（女） 陈　健（女） 余海燕（女） 何　东	2011年7月至2013年11月 2011年7月至2015年5月 2011年7月至2012年9月 2013年11月至2014年11月 2014年11月至2016年7月
	二届	周仕荣 包正碧	2016年7月至2019年8月 2019年8月至2021年9月	何　东 卢继豪	2016年7月至2021年9月 2016年6月至2021年12月
	三届	何尚通	2021年9月起	卢继豪	2021年12月起
桐浦镇（乡）	十四届	陈时泽	2002年3月至2006年8月	孙品树 卢则光	2002年3月至2005年5月 2005年7月至2007年1月
	十五届	金国岳	2007年1月至2011年5月	卢则光 高元龙	2007年1月至2011年5月 2009年11月至2011年5月
	十六届	包正碧 鲁光敏	2016年1月至2019年8月 2019年8月至2021年9月	章存桂 张冷双 余　平 黄国士 叶漪漪（女）	2016年6月至2019年3月 2016年3月至2017年9月 2017年9月至2020年11月 2019年3月至2021年9月 2020年11月至2021年9月
	十七届	胡美锡	2021年9月起	黄其伟	2021年9月起

续表 4-4

乡镇	届次	主席	任职时间	副主席	任职时间
湖岭镇	十四届	傅启树 姚品锡	2002年3月至2005年7月 2005年7月至2006年8月	蒋理发	2002年3月至2005年5月
	十五届	吴仕积 卓作江	2007年1月至2010年9月 2010年9月至2011年5月	胡国锡	2007年1月至2011年5月
	一届	金国岳 蒋兆贵	2011年7月至2015年11月 （提名候选人， 2016年1月至2016年7月）	胡国锡 马可道 张杰颖	2011年7月至2015年12月 2011年7月至2016年1月 2011年7月至2015年11月
	二届	蒋兆贵	2016年7月至2021年4月	杨宗剑 陈国宪	2016年6月至2021年9月 2016年3月至2021年9月
	三届	何月龙	2021年9月起	蔡启敏	2021年9月起
林川镇	一届	金朝春 陈冬梅（女）	2016年1月至2019年5月 2019年5月至2021年9月	陈洪贤 郑国勇 王珏蔚 倪凌颖（女）	2016年1月至2019年9月 2016年1月至2019年8月 2019年5月至2021年9月 2020年11月至2021年9月
	二届	陈盛国	2021年9月起	章仕永	2021年9月起
芳庄乡	十四届	黄文祥 林孙利	2002年3月至2005年7月 2005年7月至2007年1月	娄建华 王顺绿（女）	2002年3月至2003年11月 2004年3月至2006年9月
	十五届	林孙利 池志刚	2007年1月至2009年5月 2009年11月至2011年5月	吴金海	2007年1月至2011年5月
	十六届	薛　颖（女） 林明玉 金少锋	2016年1月至2018年9月 2018年5月至2019年8月 2020年11月至2021年12月	孔万钦 池晓锋	2016年6月至2021年9月 2016年6月至2021年9月
	十七届	金少锋	2021年12月起		
马屿镇	十四届	郑庆芳 吴学权 张榜桃	2000年9月至2002年1月 2002年2月至2004年10月 2004年11月至2007年1月	李福弟 林其辉 李显存 张维巧	2000年9月至2002年1月 2002年2月至2004年1月 2002年2月至2007年1月 2003年12月至2007年1月
	十五届	龚德伏	2007年1月至2011年5月	张维巧 黄佩玲（女）	2007年1月至2011年5月 2007年1月至2011年5月
	一届	黄文光 李洪星 练华伟	2011年7月至2013年6月 2013年6月至2016年1月 （提名候选人， 2016年1月至2016年7月）	张维巧 陈朝华 金丽云（女） 陈端豹	2011年7月至2014年12月 2011年7月至2013年6月 2011年7月至2013年11月 2014年11月至2016年7月
	二届	练华伟 姜宗选 胡美锡	2016年7月至2018年3月 2018年3月至2019年5月 2019年5月至2021年9月	陈端豹 林雪强	2016年7月至2021年9月 2016年6月至2021年9月
	三届	虞希宠	2021年9月起	姜宗省	2021年9月起
曹村镇	十四届	林德池 林式其	2002年2月至2004年2月 2005年6月至2006年8月	王昌喜	2002年2月至2007年1月
	十五届	王孔伏	2007年1月至2010年7月	林化春	2007年1月至2011年5月
	十六届	丁朝发（回族）	2016年1月至2021年9月	林化春 金　波 肖玉彩	2016年3月至2019年3月 2016年3月至2021年9月 2019年3月至2021年9月
	十七届	陈国锋	2021年9月起	夏婉雅（女）	2021年9月起

续表 4-4

乡镇	届次	主席	任职时间	副主席	任职时间
高楼镇	一届	曹启凑 张晓勇	2011年7月至2016年1月 （提名候选人， 2016年1月至2016年7月）	王孔伏 胡志平 王增斌	2011年7月至2016年7月 2011年7月至2015年12月 2011年7月至2013年9月
	二届	张晓勇 林　敏	2016年7月至2018年3月 2018年3月至2021年9月	王孔伏 陈连敏	2016年7月至2021年9月 2016年6月至2021年9月
	三届	林长国	2021年9月起	谢作余	2021年9月起
平阳坑镇	十四届	胡志跃	2002年3月至2006年9月	林大贵	2002年3月至2006年9月
	十五届	章步印 王孔伏	2007年1月至2010年10月 2010年10月至2011年5月	徐启电	2007年1月至2011年5月
	十六届	谢炳聪	2016年1月至2021年9月	韩光伟 李频艳（女） 鲁云高	2016年6月至2019年3月 2016年6月至2021年6月 2019年3月至2021年9月
	十七届	余锋付	2021年9月起		
北麂乡	十四届	余列权 谢作仁	2002年3月至2005年6月 2005年6月至2007年1月		
	十五届	谢作仁 林　津	2007年1月至2009年1月 2009年7月至2011年5月	李国敏	2007年1月至2011年5月
	十六届	潘永新	2016年5月至2021年9月		
	十七届	吴永建	2021年9月起		
安阳镇	一届	金邦京	2000年10月至2003年12月	金善秋（女） 叶世酒	2000年10月至2002年3月 2002年3月至2003年12月
北龙乡	十四届	杨方林	2002年3月至2007年1月		
	十五届	金宗龙 杨方林	2007年1月至2010年6月 2010年10月至2011年5月	张聪棉	2007年1月至2011年5月
莘塍镇	十四届	张永芬 蔡之波 蔡桂来 周识马	2002年2月至2003年4月 2003年3月至2005年2月 2005年2月至2006年8月 2006年8月至2007年1月	陈万友 张光中 王　挺	2002年2月至2004年3月 2002年2月至2007年1月 2004年3月至2007年1月
	十五届	周识马	2007年1月至2011年5月	王　挺 张光中	2007年1月至2011年5月 2007年1月至2011年5月
汀田镇	十四届	徐　晓（女） 张金林 陈阿杰	2002年2月至2003年1月 2003年3月至2006年10月 （提名候选人， 2006年10月至2007年1月）	庄步益 丁养姆 陈阿杰	2002年2月至2006年10月 2002年2月至2006年10月 2005年6月至2006年10月
	十五届	陈阿杰	2007年1月至2011年5月	虞君林 王焕达	2006年10月至2011年5月 2010年8月至2011年5月
飞云镇	十四届	郑积元 马可煊 李志林 陈洋志	2000年10月至2001年1月 2002年2月至2003年5月 2003年5月至2005年6月 2005年6月至2007年1月	陈洋志 徐邦清 陈良崇	2000年10月至2005年6月 2002年2月至2005年6月 2005年6月至2007年1月
	十五届	陈洋志 余兆芬	2007年1月至2009年11月 2009年11月至2011年5月	陈良崇 林昌明 郑万金 周宗清	2007年1月至2008年3月 2007年1月至2009年11月 2009年11月至2011年5月 2009年11月至2011年5月

续表 4-4

乡镇	届次	主席	任职时间	副主席	任职时间
仙降镇	十四届	陈立林 郑邦良 黄文虎 林政洪 彭小锋	2000年9月至2001年1月 2001年3月至2002年9月 2002年11月至2004年9月 2004年9月至2006年4月 （提名候选人， 2006年5月至2007年1月）	徐邦清 赖良申 白洪泼 谢世乐 魏学武	2000年9月至2002年1月 2000年9月至2005年5月 2002年1月至2006年5月 2005年5月至2007年1月 2006年5月至2007年1月
	十五届	彭小锋	2007年1月至2009年11月	谢世乐 魏学武 林迪进 曾旺兰（女）	2007年1月至2008年11月 2007年1月至2011年5月 2009年9月至2011年5月 2009年9月至2011年5月
碧山镇	十四届	丁福良 陈绍华 朱瑞宇	2002年3月至2002年12月 2003年3月至2004年2月 2005年7月至2007年1月	叶克水 蔡其才	2002年3月至2005年6月 2005年7月至2007年1月
	十五届	蔡其才	2007年1月至2011年5月	陈昌贤	2009年11月至2011年5月
大南乡	十四届	胡兴弟 黄文光	2002年3月至2005年5月 2006年10月至2007年1月	黄君佩	2002年3月至2005年12月
	十五届	黄文光 欧阳世国	2007年1月至2009年5月 2010年4月至2011年5月	周旭东	2006年11月至2011年3月
荆谷乡	十四届	姜宗羽 胡兴弟	2002年2月至2005年4月 2005年6月至2007年1月	柯华斌 肖纪听	2002年2月至2005年6月 2005年6月至2007年1月
	十五届	胡兴弟 李明侠	2007年1月至2009年5月 2009年11月至2011年5月	肖纪听	2007年1月至2009年12月
梅屿乡	十四届	项庆节 孙朝晓 贾建华	2002年3月至2003年5月 2003年9月至2004年12月 2005年7月至2007年1月	黄良姆	2002年3月至2006年9月
	十五届	贾建华 曾爱慧（女）	2007年1月至2009年6月 2009年11月至2011年5月	施书赞	2007年1月至2011年5月
顺泰乡	十四届	陈光兴 陈伟东 孙锦声	2002年3月至2003年12月 2004年1月至2005年5月 2005年5月至2007年1月	陈国权 范定敏	2002年3月至2005年5月 2005年5月至2007年1月
	十五届	孙锦声 吴晓宇	2007年1月至2009年5月 2009年11月至2011年5月	范定敏	2007年1月至2011年5月
鹿木乡	十四届	卓志信	2002年3月至2006年8月	朱崇树	2002年3月至2007年1月
	十五届	吴伟银 陈捷亮	2007年1月至2009年5月 2009年11月至2011年5月	朱崇树 赵华弟	2007年1月至2008年8月 （提名候选人， 2010年7月至2011年5月）
潮基乡	十四届	吴清弟 郑海洁（女）	2002年2月至2005年7月 2005年7月至2007年1月	陈瑞姆 黄少林	2002年2月至2006年9月 2006年9月至2007年1月
	十五届	郑海洁（女） 黄秀勇	2007年1月至2008年8月 2009年3月至2011年5月	黄少林	2007年1月至2011年5月
林溪乡	十四届	尹玉琛 蔡爱东	2002年3月至2005年7月 2005年7月至2007年1月	高北忠 应永海	2002年3月至2003年6月 2005年7月至2007年1月
	十五届	蔡爱东 金晓昆	2007年1月至2009年11月 2009年11月至2011年5月	章仕永	2006年11月至2011年5月

续表 4–4

乡镇	届次	主席	任职时间	副主席	任职时间
金川乡	十四届	王育林 詹子佼	2002年3月至2005年8月 2005年8月至2007年1月	张伯进	2002年3月至2005年8月
	十五届	詹子佼 陈锦海	2007年1月至2009年5月 2009年11月至2011年5月	郑建胜	2007年1月至2011年5月
永安乡	十四届	周识马	2002年3月至2005年7月	金银华	2005年7月至2006年9月
	十五届	刘光享 陈道明	2007年1月至2010年6月 2010年10月至2011年5月	凌光海	2007年1月至2011年5月
桂峰乡	十四届	吴伟银	2002年3月至2007年1月		
	十五届	苏立宪	2007年1月至2011年5月	张杰颖	2007年1月至2009年9月
龙湖镇	十四届	金少隆 胡永快 陈宗成	2002年3月至2004年3月 2004年3月至2005年7月 2005年7月至2007年1月	章步印	2002年3月至2007年1月
	十五届	谢炳聪	2007年1月至2011年5月	林启宇	2007年1月至2011年2月
高楼乡	十四届	谢作星 陈庆凯	2002年3月至2005年6月 2005年6月至2007年1月	张士尧 王增斌	2002年3月至2005年12月 2005年6月至2007年1月
	十五届	陈庆凯 潘哲夫	2007年1月至2009年5月 2009年11月至2011年5月	王增斌	2007年1月至2011年5月
宁益乡	十四届	王学顺	2002年3月至2005年7月	陈逢齐	2002年3月至2007年1月
	十五届	谢炳禹 杨建瑞	2007年1月至2008年8月 2009年4月至2011年5月	陈逢齐	2007年1月至2009年12月
枫岭乡	十四届	周象勇 胡迪年 黄志勇	2002年3月至2003年5月 2005年2月至2006年10月 2006年10月至2007年1月	张维松	2002年3月至2006年10月
	十五届	黄志勇 潘李淡	2007年1月至2010年6月 2010年10月至2011年5月	吕德茶	2006年10月至2011年5月
营前乡	十四届	张维巧 王学教	2002年3月至2004年1月 2004年1月至2007年1月	梁其汤	2002年3月至2007年1月
	十五届	何如松 曹启凑	2007年1月至2009年5月 2009年11月至2011年5月	梁其汤	2007年1月至2011年5月
东岩乡	十四届	胡允科 岑慎键 杨宝胜	2002年3月至2003年5月 2003年6月至2006年9月 （提名候选人， 2006年10月至2007年1月）	胡志平	2002年3月至2006年9月
	十五届	杨宝胜 吴寿海	2007年1月至2010年9月 2010年12月至2011年5月	梁海华（女）	2006年10月至2011年5月

镇属办事处人大联络员一览表

表4-5

镇名称	办事处	人大联络员	任期时间
安阳镇	东山	谢明花（女）	2002年1月至2003年12月
		蔡桂荣	2000年8月至2002年1月
	隆山	郑兆爱	2002年1月至2003年12月
	红旗	李启松	2002年1月至2003年12月
	城南	夏传仕	2002年1月至2003年12月
	城北	林大钦	2002年1月至2003年12月
		魏君发	2000年8月至2002年1月
	上望	薛瑞龙	2000年8月至2003年12月
	潘岱	郑道横	2000年8月至2003年12月
	安阳	周建国	2002年1月至2003年12月
塘下镇	塘下	陈顺开	2000年8月至2002年1月
		徐新安	2002年1月至2006年9月
		何继岚	2006年9月至2009年12月
		张忠云	2010年7月至2014年5月
	鲍田	董裕者	2000年8月至2002年1月
		张玉林	2002年1月至2002年7月
		金淑珍（女）	2005年6月至2006年9月
		张忠云	2006年9月至2010年7月
		周宗益	2010年7月至2011年5月
		李时华	2011年5月至2016年3月
	海安	沈上林	2000年8月至2003年12月
		张忠云	2003年12月至2006年9月
		陈供和	2006年9月至2009年3月
		蔡云贵	2009年9月至2016年3月
	场桥	陈万兴	2000年8月至2005年6月
		项秋銮（女）	2005年6月至2009年12月
		杜林钗（女）	2010年7月至2015年11月
	梅头	王春生	2000年8月至2001年8月
	罗凤	戴绍舟	2000年8月至2005年6月
		孙正设	2005年6月至2009年3月
		徐济才	2009年9月至2016年3月

续表 4-5

镇名称	办事处	人大联络员	任期时间
飞云镇	飞云	吴逢建	2002年1月至2006年9月
		吴瑞雁	2006年9月至2011年5月
	阁巷	何顺祝	2000年8月至2005年6月
		吴跃莲（女）	2010年7月至2011年5月
	云周	吴瑞雁	2003年8月至2006年9月
		林友弟	2006年9月至2011年5月
	林垟	陈志光	2000年8月至2002年1月
		卢克锋	2006年9月至2011年5月
马屿镇	江溪	孔德地	2000年8月至2003年12月
		范德虎	2000年8月至2002年1月
		郑贤新	2003年12月至2005年11月
	篁社	李福存	2002年1月至2005年5月

第四节　乡镇人大主席团主要工作

1954年开始，建立乡镇人民代表大会制度，乡镇人民代表大会会议由乡镇人民政府（人民委员会、人民公社管理委员会）召集，会议开始时代表选举产生大会主席团，由主席团主持会议，会议结束，主席团完成使命，主席团不属于常设机构。1986年12月2日，六届全国人大常委会第十八次会议修改的《地方组织法》第十四条规定："乡、民族乡、镇的人民代表大会举行会议时候，选举主席团，由主席团主持会议，并召集下一次的本级人民代表大会会议。"第十八条规定："乡、民族乡、镇的人民代表大会代表向本级人民代表大会提出的各方面工作的建议、批评和意见，由本级人民代表大会主席团交有关机关和组织研究处理并答复。"1989年12月29日，浙江省七届人大常委会第十三次会议通过《浙江省乡镇人民代表大会主席团组织条例》，条例第三条规定"乡、民族乡、镇人民代表大会主席团成员的名额为五人至九人，人口特多的乡、民族乡、镇不超过十一人"，第八条规定"乡、民族乡、镇人民代表大会主席团设常务主席一人，由主席团提名，提请本级人民代表大会会议通过"。据此，全市各乡镇于1990年3月—4月相继建立人民代表大会主席团，境内19个镇、51个乡分别召开第十届人大第一会议，选举产生人大主席团成员，通过主席团常务主席70人。1992年6月，瑞安市撤区扩镇并乡，原70个乡镇扩并为22镇24乡，对原各乡镇选举产生、任期未满的人大代表，人大代表资格继续有效。6月下旬，境内46个乡镇分别召开第十届人大四次会议，选举产生新的人大主席团成员，通过主席团常务主席46人。

1995年2月28日，八届全国人大常委会第十二次会议修改的《地方组织法》规定："乡、民族乡、镇的人民代表大会设主席，并可设副主席1—2人。主席、副主席由本级人民代表大会代表中选出。”1995年4月29日，浙江省八届人大常委会第十八次会议修改的《浙江省乡镇人民代表大会主席团组织条例》规定：“乡、民族乡、镇人民代表大会主席团成员的名额为七人至十三人，人口特多的乡、民族乡、镇不超过十七人。”据此，1996年3月，22个镇24个乡分别召开第十二届人大第一次会议，选举产生人大主席团成员，选举产生乡镇人民代表大会主席46人、副主席40人。2011年上半年，全市原有37个乡镇街道调整为5个镇10个街道。新组建的陶山、湖岭、马屿、高楼等4个镇同年7月分别召开第一届人大一次会议；保留行政区域不变的塘下镇于2012年1月召开第十六届人大一次会议，选举产生新一届人大主席团成员，选举产生人大主席5人、副主席15人。2016年上半年，全市原有5镇10街道调整为9镇12街道2乡，新组建的陶山、桐浦、马屿、曹村、湖岭、林川、高楼、平阳坑等8镇和芳庄、北麂等2乡，于同年7月分别召开新一届人民代表大会第一次会议；保留行政区域不变的塘下镇于同年12月召开第十七届人大一次会议，选举产生新一届人大主席团成员，选举产生人大主席11人、副主席8人。

1990年开始设立乡镇人民代表大会主席团，设人大主席团常务主席（主席），按正乡（镇）级干部职务配备专职常务主席（主席），或由乡镇党委书记兼任人大常务主席（主席），2011年起人大主席团主席全部专职配备。1995年起设人大副主席，全部按副乡（镇）级干部职务专职配备。乡镇人大主席团产生和人大主席、副主席设立，对于加强社会主义民主和法治建设，健全和完善乡镇人民代表大会制度起到重要作用。乡镇人大主席团每年至少一次或二次负责召集和主持乡镇人民代表大会会议，行使法律、法规规定的职权；主席团在人民代表大会闭会期间，负责处理日常工作，这里以本志断限内存续过乡镇名称立目，按行政区划历史沿革脉络，以习惯排列为序，简述各乡镇第十四届以来人大主席团工作概况。

一、塘下镇人民代表大会主席团

第十四届　镇人大主席团共召开主席团会议25次，听取和讨论专项工作报告18个，组织代表开展全镇村委会换届选举、水厂抗非防控、水源消毒、安全生产、环境卫生、塘下北工业园区、塘下中心区、塘下大道、陈岙新农村建设等工作的视察调研；开展基层站所行风评议等主题活动；开展《中华人民共和国城市规划法》《中华人民共和国土地管理法》《中华人民共和国义务教育法》《中华人民共和国安全生产法》《中华人民共和国环境保护法》《中华人民共和国林业法》等法律实施情况的执法检查。

第十五届　镇人大主席团共召开主席团会议20次，听取和讨论专项工作报告22个，组织代表开展塘下教育发展、学校和餐饮业食品安全、废塑料洗涤加工、校园周边环境、城镇供水工程建设、镇重点工程建设等工作的视察调研；开展《中华人民共和国农业机械化促进法》贯彻落实情况的执法检查；开展居民用水生态消费体验活动等主题活动；2011年8月31日，塘下镇人大代表工作站正式揭牌。

第十六届　镇人大主席团共召开主席团会议22次，听取和讨论专项工作报告25个，组织代表开展食品安全、违章拆除、“五水共治”、罗山大道改建工程建设、塘下新区建设、陈岙村农房集聚建设、低效土地二次开发利用、截污纳管、乡村环境提升、下垟农田渣土乱倾倒、驮山片危旧房、出租房消防安全等工作的视察调研；开展“关心母亲河、溪，查找水污染源，恪尽代表职责”“已治理河流”和“转型升级十大组合拳”等落实情况的代表督查主题活动；检查督促10件政府民生实事办理；2013年7月举行人大代表联络站授牌仪式；2015年创新监督形式，召开人大代表食品安全问政会。

第十七届　镇人大主席团共召开主席团会议24次，听取和讨论专项工作报告17个，组织代表开展消防安全、“五水共治”、餐饮业整治、“最多跑一次”改革、重点交通项目建设、新冠疫情防控、美丽田园整治、环境综合整治、高速复线工程防汛影响、镇域公交线路优化、罗凤安置房建设、土地拆后利用等工作的视察调研；开展《中华人民共和国食品安全法》等法律实施情况的执法检查；开展“剿灭劣Ⅴ类水，人大代表在行动”“促进民营经济高质量发展”“开门荐警·代表进警营”等代表主题活动；开展塘下教育发展、美丽城镇创建等代表问政活动；检查督促10件政府民生实事办理；设立瑞安市首个镇人大代表中心联络站，建成瑞安首个镇级人大主题公园。

2020年11月9日，塘下镇人大主席团首次召开人大问政会，人大代表“麻辣”问政助力美丽城镇创建

二、陶山镇人民代表大会主席团

第十四届　镇人大主席团共召开主席团会议20次，组织代表开展工业、农业水利、文教卫生、城镇基础设施建设、社会治安等重要工作的视察活动；全面监督工业园区等重大工业项目建设、“千百工程”、“康庄工程”等重大城镇项目建设情况，对企业执行《中华人民共和国安全生产法》情况进行执法检查；开展基层站所行风监督、镇政府工作评议活动。

第十五届　镇人大主席团共召开主席团会议20次，组织代表对康庄工程建设、村庄整治工作、经济强镇建设、政府民生实事落实情况进行监督；组织开展代表向选民述职和选民评议代表活动；高度重视“三农”问题，多次提出要加大农业产业结构调整力度，推进农业产业化经营。

第一届　镇人大主席团共召开主席团会议20次，累计听取绕城高速西南线、104国道复线的建设等政府项目重要工作汇报16次；开展生态环境、食品药品安全、殡葬改革、社会保障等专项督查30余次；组织开展陶山水厂违章、养猪棚拆除、“四边三化”等执法检查10余次；创新五水共治考核机制，将人大代表对河道保洁的督查结果直接与河道保洁公司佣金挂钩；建立镇代表建议办理工作评议制度，每件建议答复的满意度测评结果直接与科室考绩考核挂钩。

第二届　镇人大主席团共召开主席团会议20次，组织代表开展《中华人民共和国反家庭暴力法》等实施情况的执法检查；开展小城镇环境综合整治、“五水共治”、河道保洁、美丽田园建设、国家级卫生镇创建、一把扫帚、燃气价格、食品安全、陶山快递价格起底等工作视察调研；举办“快乐工作 从心开始”、《中华人民共和国民法典》、党史学习教育专题讲座；组织代表前往永嘉、平阳、曹村、泰顺考察学习乡村振兴、青山白化、村账镇代理等工作；检查督促30件镇政府民生实事项目办理；累计开展专项督查20余次，执法检查10余次，调研10余次。

三、桐浦镇（乡）人民代表大会主席团

第十四届　乡人大主席团共召开主席团会议20次，听取和讨论专项工作报告22个。主席团紧紧围绕经济建设这个中心，听取和审议乡政府关于桐溪山体滑坡治理问题、2002—2020年乡总体规划等报告。开展对桐溪水库迎水坡除土加固建设、下番村安排线路改造、董夏等三村的有线电视接通的督促视察工作；组织人大代表对《中华人民共和国人口与计划生育法》《浙江省人口与计划生育条例》《中华人民共和国土地法》《中华人民共和国义务教育法》《中华人民共和国婚姻法》《中华人民共和国未成年人保护法》《中华人民共和国行政许可法》《中华人民共和国人口与计划生育法》《中华人民共和国农业技术推广法》等有关法律实施情况的执法检查。

第十五届　乡人大主席团共召开主席团会议17次，听取和讨论专项工作报告20个。组织代表对废塑料洗涤加工业、“千村整治、百村示范”工程、“村村通”道路网工程、生态村创建等进行视察调研。组织代表开展调研、评议和安全生产执法检查等。对土地管理、规划控制、审批建房、弱势群体的扶贫帮困、“五保户”集中供养等进行重点监督。

第十六届　镇人大主席团共召开主席团会议23次，听取和讨论专项工作报告56个，组织代表开展绕城高速西南线高架建设、美丽乡村建设、创文创卫、出租房隐患整治、美丽田园建设、农村生活垃圾分类、小城镇环境综合整治、学前教育等工作的视察调研；开展小岭溪剿劣、政府办事作风、美丽全域、“一把扫帚扫到底”环卫体制改革落实情况等代表主题督查活动；开展对学区内超经营范围的托管机构进行联合执法检查；跟踪督查饮用水工程、美丽田园和康养工程等30件民生实事项目的落实办理；发挥代表作用，协调解决固废超载车辆处理、村企用地纠纷等问题，宣传推动能源“双控”和“减煤”工作等。2017年建成镇人大代表联络站。2019年7月，镇人大多方协调，促成镇公办幼儿园项目落地，占地面积达0.90公顷。

四、湖岭镇人民代表大会主席团

第十四届　镇人大主席团共召开主席团会议20次，听取和讨论专项工作报告12个，召集和主持镇人民代表大会会议6次，开展视察调研、主题监督等60多次。镇人大主席团组织代表开展三十二溪下者段防洪堤和造田造地可行性意向工程、市扶贫园区、项洋村土地整理项目等视察活动，开展对湖岭派出所办证大厅、湖岭规划所拆违、房管所房产证办理、劳动和社会保障所窗口服务等工作的明察暗

访，对龙井风景区开发详细规划编制、三十四溪防洪堤源口段政策处理情况进行调研，对湖东等7村的村委会工作、镇中等4所学校的德育工作、三十三溪盐店等重点工程的在建情况开展走访督查。

第十五届　镇人大主席团共召开主席团会议18次，听取和讨论专项工作报告5个，召集和主持镇人民代表大会会议5次，组织代表围绕“三农”问题，针对群众关注的非法采砂、教育卫生工作、三十四溪左岸防洪堤等重点工程等开展视察调研、主题监督活动等50多次，实地视察新垟菜牛特色产业基地、大岭垟肉鸡养殖基地、盘龙山等村白鸽养殖基地，推动畜禽养殖业走上规范化规模化，对建筑民工进行慰问等。

第一届　镇人大主席团共召开主席团会议20次，听取和讨论专项工作报告10个，召集和主持镇人民代表大会会议5次，组织代表开展视察调研、主题监督等80多次，对集镇的交通、保洁工作情况进行专项视察；组织代表督查农房改造集聚建设、镇公共服务中心、永瑞公路一期等重点工程、三十三溪三十四溪综合治理、美丽乡村创建等；助力督促“五水共治”“四边三化”“三改一拆”农副产品加工园区建设情况等镇中心工作；聚焦群众关心的湖岭牛肉制品食品卫生安全、村民住房难等问题，协调多方予以解决落实。

第二届　镇人大主席团共召开主席团会议20次，听取和讨论专项工作报告12个，召集和主持乡人民代表大会会议9次，组织代表开展视察调研、主题监督等70多次，对东坑龙井风景区、黄林均路文化古村落、岭上崖居、美丽河道、乡村振兴示范带沿途景观及省重点产业温泉项目等建设情况进行视察调研；对湖岭镇卫生监督所关于打击“非法行医”工作完成情况进行了专题调研；组织开展“提升营商环境，人大代表在行动”、助推“最多跑一次”改革、助推“剿灭劣Ⅴ类水”等代表主题活动；对金鸡山至青田白捻坳联网公路、永瑞公路二期工程、美丽乡村创建工程和三十一溪湖岭镇段综合治理工程、农村饮用水工程等重点工程进展情况进行督查；助力促成新垟滩牛主题文化创意街区和农副产品加工产业园初具雏形、大岭垟高端养老中心年内落地开工、示范带二期、绿道四期主体成功完成等工作。

五、林川镇人民代表大会主席团

2015年11月，撤销林溪乡、金川乡建制，合并组建林川镇。新组建的林川镇人民代表大会届次从第一届开始计算。镇人大主席团共召开主席团会议22次，听取和讨论专项工作报告13个，组织代表对消防安全、小城镇综合整治、“五水共治”、环境综合整治、汛期防汛工作、重点交通项目建设、新冠疫情等工作开展视察调研；开展“剿灭劣Ⅴ类水，人大代表在行动”“我为群众办实事”“聚民情、汇民智，助力‘十四五’开新局，喜迎建党百年”走访服务选民等代表主题活动，开展国家卫生城市创建、美丽乡村示范村创建等代表问政活动；检查督促23件政府民生实事办理。

六、芳庄乡人民代表大会主席团

第十四届　乡人大主席团共召开主席团会议20次，听取和讨论专项工作报告5个，召集和主持乡人民代表大会会议5次，组织代表开展视察、调研、主题监督等8次。开展法制宣传教育，组织视察活动，完成人大代表换届选举工作。

第十五届　乡人大主席团共召开主席团会议17次，听取和讨论专项工作报告8个，召集和主持乡人民代表大会会议6次，组织代表开展视察、调研、主题监督等11次。对全乡的康庄工程、水利工程、村庄整治工程等建设情况专题听取汇报并进行实地视察，对《中华人民共和国食品卫生法》《中华人民共和国环境保护法》的实施情况开展执法检查，发动代表协助“两查两保”专项整治活动，接待处理群众来访、来信。

第十六届　乡人大主席团共召开主席团会议27次，听取和讨论专项工作报告15个，召集和主持乡人民代表大会会议9次，组织代表开展视察、调研、主题监督等24次。乡人大主席团组织代表开展新冠疫情防控、“五水共治”、美丽乡村建设、环境综合整治、乡重点交通项目、生态旅游发展、农业项目落地等工作视察调研；开展“五水共治”、农户大棚房拆除整治整改等专项督查；跟踪督促交通道路、农污工程等26项政府民生实事办理；开展“剿灭劣Ⅴ类水”专项督查活动、增殖放流等代表主题活动；撰写《芳庄乡畜禽业污染整治调研报告》《芳庄乡美丽乡村建设调研报告》等多个调研报告；设立人大代表联络站，对代表和群众提出的建议、意见进行整理和登记，逐件办理落实。

七、马屿镇人民代表大会主席团

第十四届　镇人大主席团共召开主席团会议26次，听取和讨论专项工作报告34个，召集和主持镇人民代表大会会议9次，组织代表开展视察调研、主题监督等80多次。镇人大主席团组织代表开展重点项目建设、工业用地规划调整、产业扶优治劣、小城镇建设、企业安全生产、环境综合整治、农业生产、农业基础设施建设、教育基础设施建设等工作的视察调研，认真做好群众来信来访接待、代表批评建议案督办、行风评议监督、重点工程建设和部分单位部门账目审核等工作。

第十五届　镇人大主席团共召开主席团会议18次，听取和讨论专项工作报告18个，召集和主持镇人民代表大会会议6次，组织代表开展视察调研、主题监督等60多次。镇人大主席团组织代表开展消防安全、重点交通项目建设、镇域公交线路优化、农业工业项目建设、小城镇建设、环境综合整治、农房改造、农村联网公路工程建设、青山白化治理、文教卫生等工作的视察调研，认真做好群众来信来访接待、代表批评建议案督办、行风评议监督等工作，参与民主法治建设，组织代表学习。

第一届　镇人大主席团共召开主席团会议20次，听取和讨论专项工作报告15个，召集和主持镇人民代表大会会议7次，组织代表开展视察调研、主题监督等70多次。镇人大主席团组织代表开展重点项目建设、农房集聚点项目建设、旧村改造、消防安全、企业安全生产、食品安全、“五水共治”、环境综合整治、土地拆后利用等工作的视察调研，认真做好群众来信来访接待、代表批评建议案督

2017年1月20日，市人大代表马屿中心组开展人代会会前视察活动

办、行风评议监督等工作，重点对城镇基础设施建设、依法行政、普法教育、基层民主法治建设等工作进行监督，检查督促10件政府民生实事办理。

第二届　镇人大主席团共召开主席团会议19次，听取和讨论专项工作报告37个，召集和主持镇人民代表大会会议9次，组织代表开展视察调研、主题监督等70多次。镇人大主席团组织代表开展小城市建设、美丽城镇建设、重点项目建设、“五水共治”、“最多跑一次”改革、新冠疫情防控、美丽田园整治、环境综合整治、团块拆改、镇域公交线路优化等工作的视察调研，认真做好群众来信来访接待、代表批评建议案督办、行风评议监督等工作，重点对城镇基础设施建设、依法行政、基层民主法治建设等工作进行监督；检查督促8件政府民生实事办理。

八、曹村镇人民代表大会主席团

第十四届　镇人大主席团召开主席团会议18次，召集和主持镇人民代表大会会议5次，开展视察调研、执法检查、主题活动等37次。镇人大主席团组织代表视察底片小溪流治理工程、镇三小建设工程、环镇公路工程、两曹公路底片工程、甲峰片农业示范园区工程、标准农田建设等重点项目建设；推进依法治镇进程，完善执法责任制和执法监督制约机制；做好人大代表议案、建议、批评、意见的交办和督办工作；高度重视科教文卫社会事业建设，多次听取教育、卫生、治安、环境等工作汇报；注重政治理论水平提升，重点学习“三个代表”重要思想和“七一”重要讲话等。

第十五届　镇人大主席团召开主席团会议17次，召集和主持镇人民代表大会会议5次，听取和讨论专项工作报告12个，组织视察调研、执法检查、主题活动等33次。镇人大主席团围绕镇委“创优环境、创强产业、创活文化、创深文明”发展战略，组织代表重点监督基础设施建设，持续跟进曹村至大南、许南至宋岙、许北至大板桥等联网公路建设；调查研究钱马线曹村段道路规划扩初、梅龙溪风景区详细规划、垃圾中转站等重点项目；检查督促政府十大民生工程，紧盯青山白化、3座生态化粪池、2800米排污管网、集镇水厂改制、11处全民健身点、专职协管员队伍规范化、许北村日本甜瓜种植基地、丁凤村环丰杨梅合作社等项目进度，推进社会保障、经济发展、平安维稳等中心工作。

第十六届　镇人大主席团召开主席团会议19次，召集和主持镇人民代表大会会议9次，听取和讨论专项工作报告12个，开展视察调研、执法检查、主题活动等35次。组织食品安全、环境保护等代表专题视察活动，加强对天井垟综合治理、15个村生活污水处理、农房集聚申购、“三改一拆”、美丽乡村建设、全域景观化建设、滑翔伞基地、房车基地、游艇基地等重大工程建设的督查；针对甲峰片集镇供水工程、底片三村排污工程、碗窑南堡农村饮用水等民生焦点开展专题调研；围绕曹川路综合改造、双许路改造、“五村一线”等，大力推进“乡村振兴，人大代表在行动”主题活动；积极融入抗疫大局，推出“代表联络点+互联网”模式；建立代表履职情况登记制度、镇人大代表述职制度，打造提升曹村镇人大代表联络站，落实“八个一”管理制度，以“分类办理”“回头看”等方式，提高代表议案建议的办结率和满意率。

九、高楼镇人民代表大会主席团

2011年4月，撤销龙湖镇、平阳坑镇、高楼乡、宁益乡、枫岭乡、营前乡、东岩乡建制，合并组建高楼镇。新组建的高楼镇人民代表大会届次从第一届开始计算。

第一届 镇人大主席团共召开主席团会议20次，共听取和讨论专项工作报告16个，听取和审议镇政府关于高楼镇总体规划修编、寨寮溪风景名胜区规划修编等重大事项的报告；共开展专项督查30余次、调研10余次，组织视察农村生活污水处理、美丽乡村建设、自来水工程、垃圾分类处理、集镇水厂等重点工程建设，调研赵山渡水源保护地中养猪棚拆除难的问题；共开展执法检查10余次，选择《中华人民共和国归侨侨眷权益保护法》《中华人民共和国矿山安全法》等法律法规实施情况开展执法检查；共征集代表建议492件，涉及经济发展、村镇建设、文化教育、基础设施建设等多个方面，建议答复率100%。建立人大代表联络站，做好代表履职服务平台建设和推广应用。

第二届 镇人大主席团共召开主席团会议24次，召集和主持镇人民代表大会会议8次，组织代表开展视察调研、主题监督、专项汇报等活动30多次。组织调研全镇农村住房拆改建情况，农村饮用水安全、农村垃圾分类工作，举行设置单行线听证会等。跟踪监督每年5项的镇政府民生实事项目办理情况，督促代表建议办理的落实。

十、平阳坑镇人民代表大会主席团

第十四届 镇人大主席团共召开主席团会议21次，听取和讨论专项工作报告15个，召集和主持镇人民代表大会会议7次，组织代表开展视察、调研、主题监督等20余次。如开展法制宣传教育，落实代表联系制度，开展议政和视察活动，完成人大代表换届选举工作。

第十五届 镇人大主席团共召开主席团会议20次，听取和讨论专项工作报告16个，召集和主持镇人民代表大会会议5次，组织代表开展视察调研、主题监督等30多次；开展监督调研五水共治、农村住房拆改建、寨寮溪客运站、绿道工程建设、农村生活污水处理工程、龙丽温高速建设、56和57省道改建工程建设等重点项目建设；开展基层站所“绿剑行动”等主题代表活动；协助开展“无毒社区”等整治活动；协助开展“领导班子成员五个联”“驻村干部群众接待日”“走进矛盾、破解难题”和“合力攻坚·破解难题”百日大会战等系列活动；组织代表对村企、政策处理、重点工程等进行督查。

第十六届 镇人大主席团共召开主席团会议27次，听取和讨论专项工作报告24个，召集和主持镇人民代表大会会议9次，组织代表开展视察调研、主题监督等30多次。镇人大主席团组织代表开展食品安全、安全生产和环境保护的执法检查，建议办理“回头看”等活动；开展“剿灭劣Ⅴ类水”治理、“助推环境整治提升·人大代表在行动”等代表主题活动；组织代表开展平阳坑菜市场改建工程、呈佛山隧道工程项目、高速上河头工地污染周边绿道环境情况、高速项目沿线与幼儿园建设项目、集镇供水三级管网建设工程、“活字古韵·休闲绿道”乡村振兴示范带建设等专题视察活动；赴泰顺实地考察竹里、柳峰、雅阳3个乡镇观光农业、民宿开发和竹文化及制品产业旅游开发；定期对财政预算执行情况进行审查。

十一、北麂乡人民代表大会主席团

第十四届　乡人大主席团共召开主席团会议18次，听取和讨论专项工作报告16个，提出代表建议96件。乡人大主席团组织代表加强对经济和社会重大事项的监督，把乡第十四届人代会各次会议确定的主要经济指标执行情况和重点工程建设项目等作为人大监督工作的重点，对发展海岛旅游、改善海岛基础设施、发展海洋牧场组织代表视察和调查，促进全乡经济和重大决策的贯彻落实。严格依法监督村两委换届选举、人大代表选举工作，确保换届选举工作圆满完成。围绕建设“和谐北麂”“法治北麂”的目标要求，加强执法监督，有重点地对《中华人民共和国人口计划生育法》《中华人民共和国教育法》《中华人民共和国渔业法》等法律法规实施情况和派出所、渔政站等站所执法工作进行检查。发挥代表作用，协助解决渔用码头建设、饮用水困难、道路建设等群众热点问题；做好代表建议办理的督办工作，使这些建议能够件件有落实，事事有答复。

第十五届　乡人大主席团共召开主席团会议19次，听取和讨论专项工作报告15个。乡人大主席团围绕全乡工作中心，听取和审议政府重要工作，密切关注重大工程建设，围绕创业创新、民生保障等主题，组织代表调研视察。坚持和完善代表联系选民工作，组织代表培训，提高履职能力和素质。把乡主要经济指标执行情况和重点工程建设项目等作为人大监督工作的重点，对财政预算执行情况、农业建设项目的执行情况和资金使用情况及惠农政策的落实情况进行检查和监督。协助做好全乡的法制宣传教育和行政村班子换届选举工作，依法进行全程监督。开展《中华人民共和国安全生产法》《中华人民共和国食品卫生法》《中华人民共和国人口与计划生育法》《中华人民共和国义务教育法》《中华人民共和国渔业法》等法律法规实施情况的执法检查，对派出所、渔政站等站所执法工作进行检查，并提出一些意见和建议。

第十六届　乡人大主席团共召开主席团会议19次，听取和讨论专项工作报告12个。乡人大主席团强化对小城镇环境综合整治乡、国家级卫生乡创建工作监督，组织代表对乡域内的环境综合治理工作进行视察；提前介入海水淡化工程、家庭适老化改造、海岛会客厅建设等民生工程建设过程，帮助解决施工中的问题和矛盾。协助落实疫情防控各项措施，共同筑牢疫情防控的坚固屏障。组织代表开展农村人居环境“六清”行动，不定期开展抽查、督查，海岛环境面貌得到较大改观。同时组织代表进村入户调研，对低保金、救济款发放进行监督，让低收入家庭感受社会温暖。

十二、安阳镇人民代表大会主席团

安阳镇人大主席团共召开主席团会议14次，听取和讨论专项工作报告5个，召集和主持镇人民代表大会会议4次，对工商执法、计划生育、消防安全、镇域公交线路优化等工作组织代表开展视察调研、主题监督等12次。

十三、北龙乡人民代表大会主席团

第十四届　乡人大主席团共召开主席团会议17次，听取和讨论专项工作报告16个，乡人大主席团将经济发展和社会民生等重大事项作为人大监督的重点工作，聚焦重点工程建设和主要经济指标执行情况强化监督，组织代表针对完善海岛基础设施、畅通海岛交通组织、发展海岛旅游等方面开展代表调研视察活动，发挥代表作用协助解决用水用电、道路建设、教育支持等群众关心的民生热点问题。

第十五届　乡人大主席团共召开主席团会议18次，听取和讨论专项工作报告16个，乡人大主席团密切关注重大工程建设，围绕民生保障、农业建设、重大工程项目、环境整治等主题组织代表开展调研视察活动，不定期组织召开代表恳谈会和代表培训会，指导代表在市人代会中提出《关于要求尽快启动凤凰头大型风力发电场项目的建议》等20余条建议。

十四、莘塍镇人民代表大会主席团

第十四届　镇人大主席团共召开主席团会议20次，听取和讨论专项工作报告24个，召集和主持镇人民代表大会会议5次。组织代表开展东新公路等项目视察和督查，对重点工程建设代表分组进行“回头看”，组织主席团成员赴云南考察温州商会，组织人大干部和代表业务知识培训，提高代表履职能力。

第十五届　镇人大主席团共召开主席团会议16次，听取和讨论专项工作报告19个，召集和主持镇人民代表大会会议5次。组织召开人大代表恳谈会，举行人大代表培训会，组织召开莘塘片区人大主席例会，做好代表意见建议的交办和落实。

十五、汀田镇人民代表大会主席团

第十四届　镇人大主席团共召开主席团会议20次，听取和讨论专项工作报告13个，组织代表对工业生产、农业农村工作、飞云江三桥北接线工程、旧村改造、塘河沿线驳坎工程、环境整治、文教卫生、被征地农民生活保障、大典下110千伏变电所选址及征地、后里公墓征地等开展视察调研，开展市人大代表述职活动，开展汀田教育发展、沿海防护林体系工程、农业示范园配套道路建设等代表问政活动；会同有关部门做好矛盾化解工作，累计接待群众来访300余次，办理群众来信30件。

第十五届　镇人大主席团共召开主席团会议18次，听取和讨论专项工作报告18个，组织代表开展工业、农业、环境卫生管理、温瑞塘河综合整治、社会治安等工作的视察调研；开展青山白化、红砖窑治理、旧村改造、环境整治、道路建设、工业经济等代表问政活动；开展市人大代表述职活动。

十六、飞云镇人民代表大会主席团

第十四届　镇人大主席团共召开主席团会议25次，召集和主持镇人民代表大会会议7次。对会议收到的290件建议案进行跟踪督办。组织代表开展视察调研、主题监督等200多次，对全镇的农业、工业、教育、交通和社会治安等作视察调研，并撰写报告反映发展方向和需要防止的问题，为镇政府制定和调整工作措施提供依据；创办“代表之家”，为人大代表提供学习、培训的阵地、联系交流的桥梁。

第十五届　镇人大主席团共召开主席团会议20次，召集和主持镇人民代表大会会议6次，对会议收到的222件建议案进行跟踪督办。组织代表开展视察调研、督查180余次，开展林垟川河街改建等实事工程进度督查，组织代表对飞云新区、江南物流园区、阁巷新区、火车站站前区、堤防工程、水网改造等项目进行视察，配合市人大开展公正司法、“法治瑞安”建设的监督，对涉黑涉恶、“两抢一盗”等打击工作落实情况，土地、规划、环保等依法行政情况进行检查。

十七、仙降镇人民代表大会主席团

第十四届　镇人大主席团共召开主席团会议25次，听取和讨论专项工作报告15个，召集和主持镇人民代表大会会议11次，组织代表开展视察调研等活动25次。组织代表对镇规划、供电、自来水、治安等工作开展视察调研，对国税、计划生育工作开展执法评议，对教育局、规划建设局、农林局、司法局等四家单位进行述职工作评议；组织代表督查政府部门执行市政府“三沿”整治工作、胶鞋工业园区优惠政策落实情况以及镇政府办公楼、抛江护岸、洋林路、江瑶路等工程建设情况，了解仙碧大桥规划进展情况；开展法律法规知识宣传活动，加强“代表之家”的建设。

第十五届　镇人大主席团共召开主席团会议22次，听取和讨论专项工作报告15个，召集和主持镇人民代表大会会议5次，组织代表开展视察调研、视察等活动46次。组织代表开展镇工业功能区建设、自来水工程建设及水厂改制、江溪片千百工程连片整治等视察活动，组织代表实地视察自来水水质问题、工业功能区脏乱、交通不畅、老江溪水闸桥老化等问题，调研企业安全生产工作、社会主义新农村、企业做大做强等工作，对集镇环境整治、社会治安、文化、卫生等工作开展多次专项检查和督查；召开代表建议、意见、批评交办会，市级人大代表述职报告会，通报代表建议意见办理和答复的情况；组织市人大代表开展会前视察和讨论。

十八、碧山镇人民代表大会主席团

第十四届　镇人大主席团共召开主席团会议20次，听取镇人民政府对经济工作及重点工程、农业产业化、效能革命等方面情况的汇报；组织人大代表对公安、交警、工商、法庭行政执法工作进行评议；开展《中华人民共和国食品安全法》《中华人民共和国安全生产法》等法律法规实施情况执法检查、农业和农村基层工作监督工作；视察调研碧山工业园区和街碧公路等工程建设、文教卫生工作；针对农业结构调整、减轻农民负担等提出建议和意见。

第十五届　镇人大主席团共召开主席团会议20次，组织开展体育强镇创建、示范中学创建、红砖窑整治、违法用地违法建设整治、青山白化整治等代表视察活动；开展垃圾无害化处理、生态墓建设、生态镇建设、工业功能区落实等执法检查；协同纪委组织对职能部门站所的行风进行评议；转交10件信访案件，督促镇政府有关部门依法进行办理；组织代表外出福建考察，参观厦门等地新农村建设情况。2011年5月，撤销碧山镇建制，并入陶山镇，碧山镇人民代表大会就此结束。

十九、大南乡人民代表大会主席团

第十四届　乡人大主席团共召开主席团会议20次，听取和讨论专项工作报告15个，召集和主持乡人民代表大会会议5次，组织代表开展视察调研、主题监督等30多次。乡人大主席团组织代表开展森林防火、环境综合整治、农业基础设施建设、乡校网设置、圣井旅游开发、安全生产等工作的视察调研，认真做好群众来信来访接待、代表批评建议案督办等工作。

第十五届　乡人大主席团共召开主席团会议17次，听取和讨论专项工作报告15个，召集和主持乡人民代表大会会议5次，组织代表开展视察调研、主题监督等30多次。乡人大主席团组织代表开展森林防火、农村联网公路工程建设、圣井旅游开发、粮食生产、农民饮用水工程建设、村容村貌连片整治、青山白化治理等工作的视察调研，认真做好群众来信来访接待、代表批评建议案督办等工作。2011年4月，撤销大南乡建制，并入马屿镇，大南乡人民代表大会就此结束。

二十、荆谷乡人民代表大会主席团

第十四届　乡人大主席团共召开主席团会议20次，组织人大代表重点督办环乡柏油路、五地垟土地整理工程、环乡河疏浚工程、山南片6个村的农业综合开发、苏山、潘岙两村康庄工程等建设情况；开展各部门单位评议工作；开展以“优质服务、优良秩序、优美环境、当好人民满意公仆”为主题的代表活动；协助筹建荆谷乡白银豆合作社；协助完成中小学校网撤并工作、成立荆谷乡校、上马学校操场建设等项目；协助完成金潮港33.33公顷土地整理；协助完成山南片533.33公顷中低产田改造以及11千米的沿江防洪堤塘全线闭合。

第十五届　乡人大主席团共召开主席团会议20次，组织人大代表开展生态乡创建、环境卫生整治、道路交通整治、违法用地整治、重点规划建设、教育医疗卫生行业、农业围垦建设、水电改造项目等工作视察调研；检查督促各村民主法制建设及村级财务、宅基地审批、计划生育等有关情况及时公布。2011年5月，撤销荆谷乡建制，并入陶山镇，荆谷乡人民代表大会就此结束。

二十一、梅屿乡人民代表大会主席团

第十四届　乡人大主席团共召开主席团会议20次，听取和讨论专项工作报告19个，召集和主持乡人民代表大会会议6次，组织代表开展视察调研、主题监督等30多次。乡人大主席团开展消防安全、农村路桥建设、农业基础设施建设、中小学教育、新农村建设等工作视察调研，认真做好群众来信来访、代表批评建议案办理等工作。

第十五届　乡人大主席团共召开主席团会议17次，听取和讨论专项工作报告20个，召集和主持乡人民代表大会会议6次，组织代表开展视察调研、主题监督等30多次。乡人大主席团组织代表开展农业生产、消防安全、农业基地园区建设、农村合作“三位一体”规范化建设、教育基础设施建设、环境综合整治、道路建设等工作的视察调研，认真做好群众来信来访接待、代表批评建议案督办等工作。2011年4月，撤销梅屿乡建制，并入马屿镇，梅屿乡人民代表大会就此结束。

二十二、顺泰乡人民代表大会主席团

第十四届　乡人大主席团共召开主席团会议20次，听取和讨论专项工作报告18个，召集和主持乡人民代表大会会议5次，组织代表开展视察调研、主题监督等30多次。乡人大主席团组织代表开展消防安全、重点工程建设、农业生产、农业基础设施建设、森林防火、新农村建设、文教卫生、青山白化等工作的视察调研，认真做好群众来信来访接待、代表批评建议案督办等工作。

第十五届　乡人大主席团共召开主席团会议17次，听取和讨论专项工作报告19个，召集和主持乡人民代表大会会议6次，组织代表开展视察调研、主题监督等30多次。乡人大主席团组织代表开展消防安全、农村路网建设、农业基础设施建设、文教卫生、环境综合整治等工作的视察调研，认真做好群众来信来访接待、代表批评建议案督办等工作。2011年4月，撤销顺泰乡建制，并入马屿镇，顺泰乡人民代表大会就此结束。

二十三、鹿木乡人民代表大会主席团

第十四届　乡人大主席团共召开主席团会议20次，听取和讨论专项工作报告6个，召集和主持乡人民代表大会会议6次，组织代表开展视察调研、主题监督等40多次。乡人大主席团就农业产业结构调整、农业技术推广、农业基础设施、文化公园建设、三十四溪小流域治理、前坑溪与缸窑溪治理等方面组织代表进行实地调研和视察，提出一些建议和意见。在《代表法》颁布纪念日和人民代表大会制度建立50周年庆祝活动中，组织代表学习与座谈，总结交流经验。建立健全各项规章制度，进一步完善主席团成员联系代表小组、代表小组活动、代表闭会期视察、代表联系选民等制度。

第十五届　乡人大主席团共召开主席团会议17次，听取和讨论专项工作报告5个，召集和主持乡人民代表大会会议5次，组织代表开展视察调研、主题监督等20多次。乡人大主席团重视对农业和农村基础设施建设的监督；对《中华人民共和国食品卫生法》《中华人民共和国环境保护法》的实施情况开展执法检查；组织代表开展消防安全、农业工业项目建设、环境综合整治、农房改造、青山白化治理、文教卫生等工作的视察调研；组织代表评议政府工作和有关部门工作，积极推进依法治乡等工作。2011年4月，撤销鹿木乡建制，并入湖岭镇，鹿木乡人民代表大会就此结束。

二十四、潮基乡人民代表大会主席团

第十四届　乡人大主席团共召开主席团会议20次，听取和讨论专项工作报告6个，召集和主持乡人民代表大会会议6次，组织代表开展视察调研、主题监督等40多次。发动代表宣传《中华人民共和国宪法》和《中华人民共和国劳动法》《中华人民共和国安全生产法》《中华人民共和国老年人权益保障法》等法律法规，组织送法进企业校园，教育学生远离黄、赌、毒，监督对文化市场的清理，为老年人开展法律服务。组织代表对粮食直补、良种补贴等工作进行全面的督促检查，对农业产业结构调整、中心村建设、三十一溪小流域治理、陶溪段建设等情况开展视察调研。

第十五届　乡人大主席团共召开主席团会议17次，听取和讨论专项工作报告5个，召集和主持乡人民代表大会会议5次，组织代表开展视察调研、主题监督等30多次。做好“生态立乡，工业兴乡”的方略规划的实施督查工作；围绕中心村建设、康庄工程、社会综治、瑞枫公路（潮基段）政策处理、小流域治理等人民群众关心的问题加大监督力度；深入贯彻《代表法》，密切镇人大与人大代表、人大代表与人民群众的“双联系”工作，推行乡人大主席团成员分片区联系代表，指导代表活动小组开展活动等。组织代表到洞头考察，学习先进工作经验。2011年4月，撤销潮基乡建制，并入湖岭镇，潮基乡人民代表大会就此结束。

二十五、林溪乡人民代表大会主席团

第十四届　乡人大主席团共召开主席团会议20次，组织人大代表对《浙江省计划生育条例》《中华人民共和国新土地法》《中华人民共和国义务教育法》《中华人民共和国婚姻法》《中华人民共和国未成年人保护法》《中华人民共和国老年人权益保障法》等法律、法规实施情况进行执法检查和审议；组织代表对西吴坑绿茶基地、金山水泥路、梅岸水泥路、繁盛养殖场、三十一溪小流域治理、“三沿”整治、安全生产等进行调研；视察溪坦林光尾地段，解决住房困难户宅基地问题；组织代表学习《选举法》《代表法》《地方组织法》等。

第十五届　乡人大主席团共召开主席团会议17次，听取和讨论政府专项工作报告10个，组织代表对康庄工程建设、村庄整治及岭雅片、陈雅山前村、上园、林源、桥头等5个食草动物饲养基地等建设情况进行实地视察调研；对《中华人民共和国食品卫生法》《中华人民共和国环境保护法》的实施情况进行跟踪监督。

二十六、金川乡人民代表大会主席团

第十四届　乡人大主席团共召开主席团会议20次，多次组织代表听取乡政府关于经济发展运行情况、经济和社会发展计划执行情况与财政预算执行情况的汇报，并提出建立宏观调控体系，加强对经济工作的指导和服务，改善硬软投资环境等意见和建议；组织代表对交通、教育、卫生和效益农业、村务公开等内容进行调研，突出重点建设项目，对群众反映的“热点”问题，如公路路基和路面工程建设等项目加强监督；组织代表举办法制讲座，对WTO、市场经济理论和法律知识进行学习。

第十五届　乡人大主席团共召开主席团会议20次，组织代表对生态乡村建设、基础设施建设项目、政务公开、村务公开等进行监督；认真做好群众来信来访接待、代表批评建议案督办等工作，参与民主法治建设，对《中华人民共和国食品卫生法》《中华人民共和国环境保护法》的实施情况进行跟踪监督。

二十七、永安乡人民代表大会主席团

第十四届　乡人大主席团共召开主席团会议20次，听取和讨论专项工作报告5个，召集和主持乡人民代表大会会议5次，组织代表开展视察调研、主题监督等30多次。乡人大主席团重视对农业和农村基础设施建设的监督；对西瓜园区、三十三溪小流域治理三个分段、造田造地项目等开展视察调研活动；组织代表评议政府工作和有关部门工作，推进依法治乡等工作。

第十五届　乡人大主席团共召开主席团会议17次，听取和讨论专项工作报告5个，召集和主持乡人民代表大会会议5次，组织代表开展视察调研、主题监督等40多次。乡人大主席团推进“生态立乡、旅游兴乡”新农村建设，加强“法治永安”建设情况的监督；对食品卫生法、环境保护法的实施情况进行跟踪监督；对康庄工程、水利工程、千百整治工程等重点项目建设工作听取情况汇报和进行专题视察。2011年4月，撤销永安乡建制，并入湖岭镇，永安乡人民代表大会就此结束。

二十八、桂峰乡人民代表大会主席团

第十四届　乡人大主席团共召开主席团会议20次，听取和讨论专项工作报告5个，召集和主持乡人民代表大会会议5次，组织代表开展视察调研、主题监督等30多次。乡人大主席团开展对《中华人民共和国行政许可法》《中华人民共和国土地法》《中华人民共和国水土保持法》等法律法规贯彻执行情况的检查；开展普法教育，督促乡政府认真抓好以领导干部和执法人员为重点的法律知识教育，为全年“五五”普法奠定基础；参与坳河柏油路、金鸡山公路、上龙、瓦窑头、黄林、康庄工程等重大建设项目的设计施工方案的讨论，提出工程要实施招投标制度、加强对工程质量的管理和监督等建议。

第十五届　乡人大主席团共召开主席团会议17次，听取和讨论专项工作报告5个，召集和主持乡人民代表大会会议5次，组织代表开展视察调研、主题监督等30多次。乡人大主席团围绕中心村建设、社会综治等人民群众关心的问题，组织代表视察调研；组织开展美丽乡村建设、重点工程建设等代表督查活动；深入贯彻《代表法》，密切联系人大代表，推行乡人大主席团成员分片区联系代表、指导代表活动小组开展活动等制度。2011年4月，撤销桂峰乡建制，并入湖岭镇，桂峰乡人民代表大会就此结束。

二十九、龙湖镇人民代表大会主席团

第十四届　镇人大主席团共召开主席团会议20次，召集和主持镇人民代表大会会议5次，组织人大代表视察监督石龙溪小流域治理二期、镇府办公大楼、创建文明城镇有关项目建设情况，督查57省道政策处理、康庄工程、村庄整治、旅游镇和生态镇建设等重大工程建设项目的进度、质量、资金运作情况，专题视察飞云江石龙段江滩受到严重冲刷和毁林情况，实地调研了寨寮溪无序采砂、加快发展效益农业等问题，提出了整改措施；开展环境卫生大整治、土锅炉整治等代表主题活动。

第十五届　镇人大主席团共召开主席团会议17次，召集和主持镇人民代表大会会议5次。组织人大代表检查督促56省道复线改造工程、57省道改建工程、飞云江龙湖段防洪堤工程、石龙客货运中心工程建设；实地调研镇中教学问题；督查镇幼扩建、新水厂建设等民生实事办理；组织到福建一带考察，学习当地人大工作和经济发展的做法。2011年4月，撤销龙湖镇建制，龙湖镇人民代表大会就此结束。

三十、高楼乡人民代表大会主席团

第十四届　乡人大主席团共召开主席团会议20次，召集和主持乡人民代表大会会议5次，组织代表开展视察调研、主题监督等30多次。乡人大主席团组织代表开展农业水利、文教卫生、农村基础设施建设、社会治安等重要工作的视察活动，开展《中华人民共和国食品安全法》《中华人民共和国安全生产法》《中华人民共和国土地法》等法律法规实施情况的执法检查；针对农业产业结构落后的问题，提出加快发展效益农业的整改措施；开展环境卫生大整治、土锅炉整治等代表主题活动。

第十五届　乡人大主席团共召开主席团会议17次，召集和主持乡人民代表大会会议5次。组织代表开展视察调研、主题监督等30多次。乡人大主席团组织代表开展现代农业发展、村集体经济发展、农民收入状况、农业补贴政策执行情况的专题调研，提出制订现代农业发展规划、培育产业化龙头企业、加强新型农民培训等建议；开展《中华人民共和国农业机械化促进法》贯彻落实情况的执法检查。2011年4月，撤销高楼乡建制，高楼乡人民代表大会就此结束。

三十一、宁益乡人民代表大会主席团

第十四届　乡人大主席团共召开主席团会议20次，召集和主持乡人民代表大会会议5次，组织代表开展视察调研、主题监督等30多次。乡人大主席团组织代表开展农村路桥建设、中小学教育、农村水利、社会治安等情况的视察活动，对公安、市监、工商等部门执法工作进行评议；加强对创建生态文明村工作的监督；开展环境卫生大整治、土锅炉整治等主题活动。

第十五届　乡人大主席团共召开主席团会议17次，召集和主持乡人民代表大会会议5次。组织代表开展视察调研、主题监督等30多次。乡人大主席团组织代表开展生活环境、劳动保障、医疗卫生、教育状况、公共安全等方面的视察活动；开展《中华人民共和国农业机械化促进法》贯彻落实情况的执法检查。2011年4月，撤销宁益乡建制，宁益乡人民代表大会就此结束。

三十二、枫岭乡人民代表大会主席团

第十四届　乡人大主席团共召开主席团会议20次，召集和主持乡人民代表大会会议5次，组织代表开展视察调研、主题监督等30多次。乡人大主席团组织代表开展中小学教育、农村基础设施建设、环境整治等重要工作的视察活动，对农网改造项目工程、康庄工程等项目的质量和进度开展监督；加强代表的培训学习，学习现阶段党在农村的路线、方针、政策和市场经济知识；开展环境卫生大整治、土锅炉整治等主题活动。

第十五届　乡人大主席团共召开主席团会议17次，召集和主持乡人民代表大会会议5次，组织代表开展视察调研、主题监督等30多次。乡人大主席团组织代表开展经济发展、村镇建设、文化教育、基础设施建设等多个方面工作的视察活动；开展《中华人民共和国食品安全法》贯彻落实情况的执法检查；认真学习党的十七大、十七届五中全会精神，学习人民代表大会制度理论和法律法规，提高代表依法履职的能力和水平。2011年4月，撤销枫岭乡建制，枫岭乡人民代表大会就此结束。

三十三、营前乡人民代表大会主席团

第十四届　乡人大主席团共召开主席团会议20次，召集和主持乡人民代表大会会议5次，组织代表开展视察调研、主题监督等30多次。乡人大主席团组织代表开展农业技术推广、农村水利、环境整治等重要工作的视察活动；开展《中华人民共和国土地管理法》执法检查和调查研究，听取工作报告，开展了督查工作；开展贯彻落实宪法、“四五”普法重要内容的主题学习活动。

第十五届　乡人大主席团共召开主席团会议17次，召集和主持乡人民代表大会会议5次，组织代表开展视察调研、主题监督等30多次。乡人大主席团组织代表开展水电改造项目、农业围垦建设、交通道路整治等重要工作的视察活动；开展《中华人民共和国农业机械化促进法》贯彻落实情况的执法检查。2011年4月，撤销营前乡建制，营前乡人民代表大会就此结束。

三十四、东岩乡人民代表大会主席团

第十四届　乡人大主席团共召开主席团会议20次，召集和主持乡人民代表大会会议5次，组织代表开展视察调研、主题监督等30多次。乡人大主席团组织代表开展农业技术推广、新农村建设、乡校网设置、环境整治等重要工作的视察活动；加强对滥占耕地、破坏粮食安全行为的执法检查，加快农村和农业经济结构调整。

第十五届　乡人大主席团共召开主席团会议17次，召集和主持乡人民代表大会会议5次，组织代表开展视察调研、主题监督等30多次。乡人大主席团组织代表开展水电改造项目、农业围垦建设、交通道路整治等工作的视察活动；开展《中华人民共和国食品安全法》《中华人民共和国安全生产法》《中华人民共和国环境保护法》等法律法规实施情况的执法检查；认真学习党的十七大、十七届五中全会精神，学习人民代表大会制度理论和法律法规，提高依法履职的能力和水平。2011年4月，撤销东岩乡建制，东岩乡人民代表大会就此结束。

第二章　常委会街道工作委员会

根据市行政区划调整情况和人大工作需要，2003年11月19日，瑞安市第十三届人大常委会第七次会议通过《瑞安市人大常委会街道工作委员会工作规则》，市人大常委会首次在安阳、锦湖、玉海、潘岱、东山和上望等6个街道派设人大工作委员会，此后分别于2011年、2016年，在莘塍、汀田、飞云、仙降、南滨、潘岱、云周等街道设立人大工作委员会。市人大常委会街道工作委员会由主任、副主任、委员组成，配备专（兼）职工作人员一名。主任、副主任人选由市人大常委会任命。

人大街道工委根据《中华人民共和国地方各级人民代表大会和地方各级人民政府组织法》和《浙江省街道人大工作条例》规定，履行下列工作职责：（一）宣传和贯彻宪法、法律、法规和县级以上人民代表大会及其常务委员会的决议、决定；（二）联系街道辖区内的人民代表大会代表，反映代表的建议、批评和意见；（三）加强代表联络站建设，为代表联系群众提供服务保障；（四）组织街道辖区内的县级人民代表大会代表，对街道辖区内经济社会文化发展方面的重大事项、社会普遍关注的问题开展视察和专题调研；（五）为街道辖区内的县级人民代表大会代表出席人民代表大会提供服务保障，协助代表提出议案、建议、批评和意见；（六）督促街道办事处和县级人民政府有关部门、司法机关派驻街道工作机构办理县级人民代表大会代表建议、批评和意见；（七）对街道预算草案提出意见；（八）组织成立街道居民议事组织，组织召开街道居民议事组织会议，联系街道居民议事组织成员；（九）受理和接待来信来访，反映群众的建议、批评和意见；（十）依法承担的其他工作。

第一节　街道人大工委主要工作

一、安阳街道人大工委主要工作

安阳街道位于瑞安市中心城区，地处飞云江入海口，五山（万松山、隆山、集云山、马鞍山、烟墩山）环绕，1条主塘河和17条河流蜿蜒流淌，属市人民政府所在地，是瑞安市政治、文化、商贸中心，辖区面积15平方千米。2021年末户籍人口10.52万人，常住人口18.1万人，下辖16个社区，17个经济合作社，规上工业产值5.61亿元，限上批零住餐企业销售额108.6亿元。1961年9月称隆山公社，属城区；1984年4月改称隆山乡；1990年称隆山街道办事处，属城关镇。2000年6月，城关镇与上望镇、潘岱乡合并建安阳镇，2003年12月，撤安阳镇建制，设安阳、玉海、锦湖、东山、上望、潘岱6个街道办事处，2011年4月，将原莘塍镇红星、西岙等9个行政村划入安阳街道。

2004年—2006年　共召开人大街道工委全体会议12次，听取和讨论街道办事处工作及其他专项工作报告9个，听取和初审街道财政预决算报告3个，并提出相应意见。制订年度工作计划和人大代表活动方案15个。组织代表对市国税局、计划生育局等2个部门执法工作和市民政局、市国土资源局、市交通局、市文化局、市规划建设局、市教育局、市农业（林业）局、市司法局等8位局长述职进行评议，组织代表学习培训。开展社会治安管理、“三沿”环境大整治、安全生产管理等情况的视察、检查活动。配合市人大常委会做好人大代表换届选举工作、每年人代会会前视察和代表提出建议的准备工作等。

2007年—2011年　共召开人大街道工委全体会议20次，听取和讨论街道办事处工作及其他专项工作报告15个，听取和初审街道财政预决算报告5个，并提出相应意见。制订年度工作计划和人大代表活动方案25个，组织代表学习培训、履职述职活动。开展城市公共卫生整治、重点工程建设、校园门口交通秩序、瑞祥新社区建设等情况的视察、检查活动。配合市人大常委会做好人大代表换届选举工作、每年人代会会前视察和代表提出建议的准备工作等。

2012年—2016年　共召开人大街道工委全体会议21次，听取和讨论街道办事处工作及其他专项工作报告16个，听取和初审街道财政预决算报告5个，并提出相应意见。制订年度工作计划和人大代表活动方案26个，组织代表学习培训、履职述职活动，做好街道辖区人大代表联络站的建设和组织管理。组织代表对市教育局、环保局、公安局等8个部门工作进行评议，开展代表建议办理评议活动，开展城市交通治堵、水污染防治、重点工程建设、食品安全管理、“五水共治”、民办教育等情况的视察、检查活动。配合市人大常委会做好人大代表换届选举工作、每年人代会会前视察和代表提出建议的准备工作等。

2017年4月，安阳街道人大工委组织市人大代表视察学校截污纳管情况

2017年—2021年　共召开人大街道工委全体会议22次，听取和讨论街道办事处工作及其他专项工作报告17个，听取和初审街道财政预决算报告5个，并提出相应意见。制订年度工作计划和人大代表活动方案25个，组织代表学习培训、履职述职活动，做好街道辖区人大代表联络站规范化建设和运行，安排省、温州、瑞安三级主要领导进安阳人大联络站开展活动，开通民情直通车，创建“和事佬e站”平台，打造矛盾纠纷调处化解“最多跑一地”的安阳样板。开展代表建议办理评

议活动，开展“剿灭劣V类水，人大代表在行动”、助力“万组千干破百难”、“打造一流营商环境，建设全国民营经济示范城市”等代表主题活动，开展停车难、餐饮业污染、校园食堂食品安全、重点工程建设、五水共治、新建村改居业委会建设、小区管理、学前教育、社区居家养老、城镇重点团块拆改、垃圾分类、高层建筑小区消防安全等情况的视察、检查活动，组织代表对城市书房、“四点半学校”、周湖村万春水库景观带建设、全国文明城市创建、防洪抗台工作和“无违建”创建等情况进行督查。配合市人大常委会做好人大代表换届选举工作、每年人代会会前视察、部门工作评议和代表提出建议的准备工作等。

二、玉海街道人大工委主要工作

玉海街道是瑞安市老城区，是瑞安的商业、文化中心，辖区面积6.94平方千米。2021年末户籍人口6.4万人，常住人口7.2万人，财政总收入31225.14万元，城镇常住居民人均可支配收入73762元，限上批零住餐企业销售额45.03亿元。玉海街道拥有浙江省四大私家藏书楼之一的玉海楼、全国最早采用西方方式办学的利济医学堂、我国最早公共图书馆之一的心兰书社以及宋代的东塔、四贤祠亭、硐桥等众多古迹。玉海是钟灵毓秀的灵杰厚土，哺育了被郭沫若誉为“启后承先一巨儒”的孙诒让、永嘉学派集大成者叶适、“洋状元”项骧、历史学家周予同、“国旗设计者”曾联松等仁人志士。1948年8月置城区。1958年，称城关人民公社。1959年，称城关镇。1992年6月，东山镇并入城关镇。2000年6月，城关镇、上望镇、潘岱乡合并设立安阳镇。2003年12月，撤安阳镇，在原安阳镇的城北、城南街道办事处辖地设立玉海街道。2011年，玉海街道设17个社区和2个村民委员会，2019年5月，撤村并居后，现下辖10个社区。

2004年—2006年　共召开人大街道工委全体会议12次，听取和讨论街道办事处工作及其他专项工作报告9个，听取和初审街道财政预决算报告3个，并提出相应意见。制订年度工作计划和人大代表活动方案15个，组织代表学习培训。组织代表对市国税局、计划生育局等2个部门执法工作和市民政局、市国土资源局、市交通局、市文化局、市规划建设局、市教育局、市农业（林业）局、市司法局等8位局长述职进行评议。开展西门河头菜市场运营、安全生产、公立幼儿园创办、“二千六”沿江新村小区改建、环境卫生整治、计划生育、安济门诊部改建、环城河排污治理、西门自来水厂沉污物排放、飞云江沿江污水排放堵塞河道等情况的视察、检查活动。配合市人大常委会做好人大代表换届选举工作、每年人代会会前视察和代表提出建议的准备工作等。

2007年—2011年　共召开人大街道工委全体会议21次，听取和讨论街道办事处工作及其他专项工作报告15个，听取和初审街道财政预决算报告5个，并提出相应意见。制订年度工作计划和人大代表活动方案25个，组织代表学习培训、履职述职活动。开展万松西路餐饮店油烟及污水排放、社区办公场地困难、环城河排污治理、万松山脚的违章建筑整治、玉海文化游览区建设、无证菜市场整顿、节前安全生产、重点工程建设等情况的视察、检查活动。配合市人大常委会做好人大代表换届选举工作、每年人代会会前视察和代表提出建议的准备工作等。

2012年—2016年　共召开人大街道工委全体会议21次，听取和讨论街道办事处工作及其他专项工作报告16个，听取和初审街道财政预决算报告5个，并提出相应意见。制订年度工作计划和人大代表活动方案26个，组织代表学习培训、履职述职活动，做好街道辖区人大代表联络站的建设和组织管理。组织代表对市教育局、市环保局、市公安局等8个部门工作进行评议，组织代表评议建议办理情况。开展菜市场整治、食品安全、解放路住宅楼外墙脱落、万松山公园文化提升、“二千六”沿江新村危房改建、国家卫生城市创建、河道保洁、沿江新村腾退房建设、民办托老所及社区居家养老服务等情况的视察、检查活动。配合市人大常委会做好人大代表换届选举工作、每年人代会会前视察和代表提出建议的准备工作等。

2017年—2021年　共召开人大街道工委全体会议22次，听取和讨论街道办事处工作及其他专项工作报告17个，听取和初审街道财政预决算报告5个，并提出相应意见。制订年度工作计划和人大代表活动方案25个，组织代表学习培训、履职述职活动，做好街道辖区人大代表联络站规范化建设和运行。组织代表建议评议办理情况。开展“剿灭劣V类水，人大代表在行动”“打造一流营商环境，建设全国民营经济示范城市”等代表主题活动，开展未成年人保护、学前教育、社区“创文”、“剿劣”、丰湖街危旧房改造、河道整治、商城西路餐饮行业的污染整治、环城河玉海段五水共治、西门周转房建设、截污纳管工程推进、沿江新村危旧房改造、全国文明城市测评迎检、“美丽社区”建设、养老服务中心建设、“无违建”创建、安全生产隐患排查、校园周边安全、民生实事办理、村社规模优化后社区工作、白岩桥断面水质提升等情况的视察、检查活动。配合市人大常委会做好人大代表换届选举工作、每年人代会会前视察、部门工作评议和代表提出建议的准备工作等。

2019年1月10日，玉海街道人大工委组织市人大代表开展公园路历史文化街区改造提升督查活动

三、锦湖街道人大工委主要工作

锦湖街道位于瑞安市区西北部，辖区面积32.4平方千米，下辖8个社区、19个经济合作社。2021年末户籍人口2.6万人，常住人口5.31万人。财政总收入16640.2万元，规上工业总产值58.1亿元，限上批零住餐企业销售额60.86亿元。2003年底，设立锦湖街道（前身为安阳镇红旗街道办事处），管理范围为原安阳镇沙河等19个行政村。2011年4月，撤销潘岱街道，并入锦湖街道，辖1个社区、40个行政村。2016年1月，恢复潘岱街道，调整锦湖街道管辖范围，锦湖街道辖1个社区、19个行政村。2019年4月，锦湖街道经村规模优化调整后，撤销所有行政村，建立瑞湖等8个社区。

2004年—2006年　共召开人大街道工委全体会议12次，听取和讨论街道办事处工作及其他专项工作报告9个，听取和初审街道财政预决算报告4个，并提出相应意见。制订年度工作计划和人大代表活动方案15个，组织代表学习培训。组织代表对市国税局、市计划生育局等2个部门执法工作和市民政局、市国土资源局、市交通局、市文化局、市规划建设局、市教育局、市农业（林业）局、市司法局等8位局长述职进行评议。开展环城河治理、万松西路餐饮业污染整治、旧村改造、安全生产、有序高效用电、“三沿”环境大整治、瑞枫公路锦湖段工程建设等情况的视察、检查活动。配合市人大常委会做好人大代表换届选举工作、每年人代会会前视察和代表提出建议的准备工作等。

2007—2011年　共召开人大街道工委全体会议20次，听取和讨论街道办事处工作及其他专项工作报告15个，听取和初审街道财政预决算报告5个，并提出相应意见。制订年度工作计划和人大代表活动方案25个，组织代表学习培训、履职述职活动。开展康庄工程、旧村改造、计划生育、“三沿”环境整治、环境卫生整治、安全生产等情况的视察、检查活动。配合市人大常委会做好人大代表换届选举工作、每年人代会会前视察和代表提出建议的准备工作等。

2012—2016年　共召开人大街道工委全体会议21次，听取和讨论街道办事处工作及其他专项工作报告16个，听取和初审街道财政预决算报告5个，并提出相应意见。制订年度工作计划和人大代表活动方案26个，组织代表学习培训、履职述职活动，做好街道辖区人大代表联络站的建设和组织管理。组织代表对市教育局、市环保局、市公安局等8个部门工作进行评议，开展代表建议办理评议活动，开展环境卫生整治、省卫生城市复评、“四边三化”、旧村改造、交通治堵、食品安全管理、高速出口重点区块综合提升工程、“五水共治”、民办教育、食品安全等情况的视察、检查活动。配合市人大常委会做好人大代表换届选举工作、每年人代会会前视察和代表提出建议的准备工作等。

2017—2021年　共召开人大街道工委全体会议22次，听取讨论街道办事处工作及其他专项工作报告17个，听取和初审街道财政预决算报告5个，并提出相应意见。制订年度工作计划和人大代表活动方案25个，组织代表学习培训、履职述职活动，做好街道辖区人大代表联络站规范化建设和运行。开展代表建议办理评议活动。开展文明城市创建、西岙村创文共建、社区养老服务、食品安全、城中村改造、文化公园及福泉路城市更新、助推营商环境提升、村规模优化调整、消防安全整治、食品安全、街道美丽田园建设、消防安全“百日攻坚”专项整治、街道文化建设、“扫黄打非”、住宅小区电动车充电桩设置与管理、集云山环境整治等情况的视察、检查活动。配合市人大常委会做好人大代表换届选举工作、每年人代会会前视察、部门工作评议和代表提出建议的准备工作等。

2019年8月21日，锦湖街道人大工委组织市人大代表视察西门瓦窑社区，助推城市有机更新

四、潘岱街道人大工委主要工作

潘岱街道地处飞云江北岸，辖区面积28.9平方千米，2021年末户籍人口2.08万人，常住人口2.7万人。地区生产总值达32.1亿元，财政收入1.85亿元，农村常住居民人均可支配收入超过3万元。明嘉靖时属集善乡二十四、二十五两都。民国20年（1931）建潘岱乡，民国24年（1935）分属北首、北善两乡，民国35年（1946）属陶山区首善乡。1949年分属北首、桐善两乡，1950年8月复置潘岱乡，1959年称潘岱管理区，1961年称潘岱人民公社，1984年复置潘岱乡。2000年6月与城关镇、上望镇合置安阳镇。2003年12月撤安阳镇，分置安阳街道、锦湖街道、玉海街道、潘岱街道、东山街道、上望街道。2011年4月并入锦湖街道。2016年1月从锦湖街道析置，复置潘岱街道。街道下辖21个行政村，2019年4月，经全市行政规模优化调整，21个行政村改为5个社区。2021年辖5个社区。

2004年—2006年　共召开人大街道工委全体会议12次，听取和讨论街道办事处工作及其他专项工作报告9个，听取和初审街道财政预决算报告4个，并提出相应意见。制订年度工作计划和人大代表活动方案20个，组织代表学习培训。组织代表对市国税局、计划生育局等2个部门执法工作和市民政局、市国土资源局、市交通局、市文化局、市规划建设局、市教育局、市农业（林业）局、市司法局等8位局长述职进行评议。开展环境卫生整治、计划生育、防汛防台、沿街餐饮店污染、食品药品安全、“三沿”环境大整治、河道治理、旧村改造、安全生产等情况的视察、检查活动。配合市人大常委会做好人大代表换届选举工作、每年人代会会前视察和代表提出建议的准备工作等。

2007年—2011年4月　共召开人大街道工委全体会议17次，听取和讨论街道办事处工作及其他专项工作报告12个，听取和初审街道财政预决算报告4个，并提出相应意见。制订年度工作计划和人大代表活动方案25个，组织代表学习培训、履职述职活动。开展飞云江潘岱段污水排放、瑞枫公路改建工程、温福铁路等工程征地拆迁、长河综合整治、食品安全法、黑臭河垃圾河治理、前垟安置房建设、农村公共卫生、农村饮用水安全工程、垃圾无害化处理等情况的视察、检查活动。配合市人大常委会做好人大代表换届选举工作、每年人代会会前视察和代表提出建议的准备工作等。

2019年8月27日，潘岱街道人大工委组织市人大代表助力集镇供水扩面三级管网建设工程

2016年—2021年　共召开人大街道工委全体会议24次，听取和讨论街道办事处工作及其他专项工作报告20个，听取和初审街道财政预决算报告5个，并提出相应意见。制订年度工作计划和人大代表活动方案25个，组织代表学习培训、履职述职活动，做好街道辖区人大代表联络站规范化建设和运行。组织

代表评议建议办理情况。开展“剿灭劣V类水，人大代表在行动”代表主题活动，开展养老服务业、小城镇环境综合整治、食品安全“一法一条例”、农村饮用水安全工程、瑞枫线综合立面改造提升工程、生活垃圾分类、安全生产、食品安全、集镇供水扩面、三级管网建设、企业复工复产、防汛准备工作、沿河企业排污、秸秆禁烧，美丽田园建设、低保户现状、铁路沿线生产生活安全、燃气安全隐患整治等情况的视察、检查活动。配合市人大常委会做好人大代表换届选举工作、每年人代会会前视察、部门工作评议和代表提出建议的准备工作等。

五、东山街道人大工委主要工作

东山街道地处飞云江下游入海口北岸，是瑞安市唯一下辖海岛和陆地的街道，辖区面积25.32平方千米。东山街道作为瑞安拥江发展的桥头堡，渔业资源丰富，工业经济发达，民国时期浙南机械工业奠基人之一李毓蒙先生在此兴办实业。改革开放后，瑞安市经济开发区选址东山，产生强大工业辐射效应。2021年辖5个社区和2个行政村，户籍人口3.54万人，常住人口11.2万人，全年规上工业产值74.22亿元，财政总收入7104.42万元，农村常住居民人均可支配收入63229元。1958年称东山管理区，1961年称东山公社，1984年改置为东山乡，1988年改为东山镇。1992年6月，东山镇并入城关镇，设东山街道办事处。2000年6月，城关镇与上望镇、潘岱乡合并建安阳镇，下辖东山等7个街道办事处。2003年12月，撤安阳镇建制，分设东山等6个街道办事处。2011年4月，北麂乡、北龙乡并入东山街道。2016年，从原东山街道析置北麂乡。

2004年—2006年　共召开人大街道工委全体会议12次，听取和讨论街道办事处工作及其他专项工作报告9个，听取和初审街道财政预决算报告4个，并提出相应意见。制订年度工作计划和人大代表活动方案20个，组织代表学习培训。组织代表对市国税局、计划生育局等2个部门执法工作和市民政局、市国土资源局、市交通局、市文化局、市规划建设局、市教育局、市农业（林业）局、市司法局等8位局长述职进行评议。开展东山下埠水闸防御工作、防汛抗台安全生产、瑞光大道等重点工程建设、环境卫生整治、计划生育、食品药品安全、“三沿”环境大整治、河道排污治理、旧村改造等情况的视察、检查活动。配合市人大常委会做好人大代表换届选举工作、每年人代会会前视察和代表提出建议的准备工作等。

2007年—2011年　共召开人大街道工委全体会议20次，听取和讨论街道办事处工作及其他专项工作报告15个，听取和初审街道财政预决算报告5个，并提出相应意见。制订年度工作计划和人大代表活动方案25个，组织代表学习培训、履职述职活动。开展新河清淤、环境卫生整治、改善交通拥堵、提升居民生活环境、莘阳大道东山段建设、自来水管改造、瑞光大道照明工程建设、烟墩山路建设、下埠村现代化新农村试点工程、工业企业安全生产、无证无照生产经营整治、北麂片渔船安全生产、北麂中心幼儿园前期建设、垃圾无害化处理等情况的视察、检查活动。配合市人大常委会做好人大代表换届选举工作、每年人代会会前视察和代表提出建议的准备工作等。

2012年—2016年　共召开人大街道工委全体会议21次，听取和讨论街道办事处工作及其他专项工作报告16个，听取和初审街道财政预决算报告5个，并提出相应意见。制订年度工作计划和人大代表活动方案26个，组织代表学习培训、履职述职活动，做好街道辖区人大代表联络站的建设和组织管理。组织代表对市教育局、市环保局、市公安局等8个部门执法工作进行评议，组织代表评议建议办理情况。开展违章建筑"七必拆"、重点工程建设、安置留地建设、旧村改造、乡风文明建设、"春泥计划"落实、下埠浦驳坎工程、车头村罗阳大道段城管整治、壳菜岙村文化广场建设、海岛民生工程建设、村返回地分配历史遗留问题、安全生产隐患排查、合力扶企、"四边三化"、500kv输变电工程东山段"清零"行动、海岛客渡船的更新技改、危险货运业及码头渔港船舶安全生产工作、生产经营单位"三位一体"创建、河流环境保洁等情况的视察、检查活动。配合市人大常委会做好人大代表换届选举工作、每年人代会会前视察和代表提出建议的准备工作等。

2017年—2021年　共召开人大街道工委全体会议22次，听取和讨论街道办事处工作及其他专项工作报告17个，听取和初审街道财政预决算报告5个，并提出相应意见。制订年度工作计划和人大代表活动方案25个，组织代表学习培训、履职述职活动，做好街道辖区人大代表联络站规范化建设和运行。组织代表评议建议办理情况。开展液氨制冷企业安全生产、"剿灭劣V类水"、城市有机更新巾子山团块建设、北龙海岛建设、民生实事工程落实、食品安全、工业企业复工复产、S2线45亩配套用地征收、全国文明城市复评、烟花禁放，抗台排涝、城中村改造、消防安全整治、美丽街道建设、环境大整治等情况的视察、检查活动。配合市人大常委会做好人大代表换届选举工作、每年人代会会前视察、部门工作评议和代表提出建议的准备工作等。

2019年9月9日，东山街道人大工委组织市人大代表开展中秋、国庆节前食品安全检查

六、上望街道人大工委主要工作

上望街道地处飞云江下游北岸，辖区面积24.5平方千米，辖18个行政村，2021年末户籍人口5.41万人，常住人口6.36万人。2021年实现规上工业产值42.05亿元，财政总收入5.88亿元。明嘉靖间属清泉乡九都，民国20年（1931）属雅望乡，民国24年（1935）属前里乡（前南、薛里、雅望、九里乡合并），民国27年（1938）属民权乡，民国35年（1946）属东望乡。1949年分属上望、双里乡，1958年为上望管理区，1961年为上望人民公社，1984年复置上望乡。1992年原九里、薛里两乡并入，置上望建制镇。2000年6月，撤销城关镇、上望镇、潘岱乡建制，合并设立安阳镇。2003年12月，撤销安阳镇建制，设立安阳、锦湖、玉海、潘岱、东山、上望6个街道办事处。

2004年—2006年　共召开人大街道工委全体会议12次，听取和讨论街道办事处工作及其他专项工作报告9个，听取和初审街道财政预决算报告4个，并提出相应意见。制订年度工作计划和人大代表活动方案20个，组织代表学习培训。组织代表对市国税局、计划生育局等2个部门执法工作和市民政局、市国土资源局、市交通局、市文化局、市规划建设局、市教育局、市农业（林业）局、市司法局等8位局长述职进行评议。开展环境卫生综治、蔡宅薛里工业聚集点安全生产、垃圾填埋场、垃圾焚烧发电项目建设、东山下埠水闸防御工作、防汛抗台、瑞光大道等重点工程建设、计划生育、食品药品安全、“三沿”环境大整治、河道排污治理、旧村改造等情况的视察、检查活动。配合市人大常委会做好人大代表换届选举工作、每年人代会会前视察和代表提出建议的准备工作等。

2007年—2011年　共召开人大街道工委全体会议20次，听取和讨论街道办事处工作及其他专项工作报告15个，听取和初审街道财政预决算报告5个，并提出相应意见。制订年度工作计划和人大代表活动方案25个，组织代表学习培训、履职述职活动。开展河道治理、沿街环境整治、出租房消防安全、垃圾中转站建设、上望片截污纳管一期工程推进、村安置房建设、食品安全、现代化新农村试点工程、无证无照生产经营整治等情况的视察、检查活动。配合市人大常委会做好人大代表换届选举工作、每年人代会会前视察和代表提出建议的准备工作等。

2012年—2016年　共召开人大街道工委全体会议21次，听取和讨论街道办事处工作及其他专项工作报告16个，听取和初审街道财政预决算报告5个，并提出相应意见。制订年度工作计划和人大代表活动方案26个，组织代表学习培训、履职述职活动，做好街道辖区人大代表联络站的建设和组织管理。组织代表对市教育局、市环保局、市公安局等8个部门工作进行评议，组织代表评议建议办理情况。开展城乡环境综合整治、上横河新横河治理、隆山东路上望段改造提升、“五水共治”、雅儒菜市场食品安全、违章建筑乱搭建、重点工程建设、城中村改造、道路交通治堵等情况的视察、检查活动。配合市人大常委会做好人大代表换届选举工作、每年人代会会前视察和代表提出建议的准备工作等。

2017年—2021年　共召开人大街道工委全体会议22次，听取和讨论街道办事处工作及其他专项工作报告17个，听取初审街道财政预决算报告5个，并提出相应意见。制订年度工作计划和人大代表活动方案25个，组织代表学习培训、履职述职活动，做好街道辖区人大代表联络站规范化建设和运行。组织代表评议建议办理情况。开展全国文明（卫生）城市“两创”工作、“剿灭劣V类水”、上望小微园区建设、小城镇综合治理、河道治理保洁、东安村旧村

2019年11月1日，上望街道人大工委组织市人大代表视察环境卫生，助力“一把扫帚”扫到底

改造拆迁工作、进港公路二期工程建设、交通安全管理、校园和餐饮单位食品安全、老人公寓建设、上望中学改建等民生实事项目落实、城市门户新形象建设、生活垃圾分类、交通基础设施建设等情况的视察、检查活动。配合市人大常委会做好人大代表换届选举工作、每年人代会会前视察、部门工作评议和代表提出建议的准备工作等。

七、莘塍街道人大工委主要工作

莘塍街道地处瑞安市东部，位于飞云江下游海滨冲积平原，距温州机场24千米，辖区面积20.50平方千米，东濒东海（海岸线长4.5千米），是浙江东南沿海集镇群中一座有较强区域辐射能力的工贸重镇。2020年，村（居）规模优化调整为8个行政村、11个社区，全年财政收入11.03亿元。2021年户籍人口7.75万人，外来人口5.56万人，规上工业总产值250.32亿元。1990年1月，莘民乡并入莘塍镇。1992年6月，董田乡、民公乡并入莘塍镇，下设莘塍、莘民、董田、民公4个办事处。2011年4月19日，撤莘塍镇建制，划出原属莘塍镇的红星、西岙、双岙、上沙塘、下沙塘、渔墩、西垟、上山根、红光村并入安阳镇，改设莘塍街道办事处。

2011年—2016年 共召开人大街道工委全体会议23次，听取和讨论街道办事处工作及其他专项工作报告18个，听取和初审街道财政预决算报告6个，听取讨论代表批评和意见建议办理情况报告6个，并提出相应意见。制订年度工作计划和人大代表活动方案12个，组织代表学习培训，做好街道辖区人大代表联络站的建设和组织管理。开展食品卫生、消防安全等视察检查活动，约见相关部门站所，提出意见和建议，配合市人大常委会做好《中华人民共和国职业病防治法》执法检查、人大代表换届选举工作、每年人代会会前视察、部门工作评议和代表提出建议的准备工作等。

2017年—2021年 共召开人大街道工委全体会议22次，听取和讨论街道办事处工作及其他专项工作报告17个，听取和初审街道财政预决算报告5个，听取讨论代表批评和意见建议办理情况报告5个，并提出相应意见。制订年度工作计划和人大代表活动方案10个，组织代表学习培训，做好街道辖区人大代表联络站规范化建设和运行。开展食品安全、饮用水工程建设、“三改一拆”、“五河共治”等情况的视察、检查活动，开展“最多跑一次”改革工作和“大拆大整、大建大美”等代表专题调研，配合市人大常委会做好人大代表换届选举工作、每年人代会会前视察、部门工作评议和代表提出建议的准备工作等。

2021年10月24日，莘塍街道人大工委组织议政会议代表视察街道民生实事项目

八、汀田街道人大工委主要工作

汀田街道地处瑞安市东部，作为瑞安城市向东发展的“产城联接走廊”，辖区内东新产城是环大罗山科创走廊南部高峰板块的重要组成部分。辖区面积21.2平方千米，2021年末户籍人口5.08万人，常住人口6.3万人，规上工业总产值达21.22亿元，财政总收入1.34亿元，城镇、农村常住居民人口可支配收入分别达73762元和39424元。汀田街道为瑞安市的一个工业重镇，主导产业有泵业、机械、织带、不锈钢、阀门等。1985年6月，析置里学乡、大典下2乡；1992年6月，汀田、里学、大典下3乡合并为汀田镇；2011年4月，撤汀田镇设汀田街道，2021年辖3个社区、22个行政村。

2011年—2016年　共召开人大街道工委全体会议23次，听取和讨论街道办事处工作及其他专项工作报告18个，听取和初审街道财政预决算报告6个，听取讨论代表批评和意见建议办理情况报告6个，并提出相应意见。制订年度工作计划和人大代表活动方案12个，组织代表学习培训，做好街道辖区人大代表联络站的建设和组织管理。开展城镇建设、河道治理、消防安全、经济发展、平安维稳、环境整治、大拆大整等情况的视察、检查活动，开展“督查已治理的河”代表主题活动，配合市人大常委会做好人民调解工作情况调研、《中华人民共和国药品管理法》执法检查、人大代表换届选举工作、每年人代会会前视察、部门工作评议和代表提出建议的准备工作等。

2017年—2021年　共召开人大街道工委全体会议22次，听取和讨论街道办事处工作及其他专项工作报告17个，听取和初审街道财政预决算报告5个，听取讨论代表批评和意见建议办理情况报告5个，并提出相应意见。制订年度工作计划和人大代表活动方案10个，组织代表学习培训，做好街道辖区人大代表联络站规范化建设和运行。开展交通治堵、五水共治、环境卫生综合整治、消防安全、大拆大整、“六稳”“六保”、民营企业发展等情况的视察、检查活动。开展“营商环境提升年”“东新产城汀田区块拆建”“小城镇环境综合整治”“文明城市创建”“卫生城市复查”等代表主题活动，配合市人大常委会做好人大代表换届选举工作、每年人代会会前视察、部门工作评议和代表提出建议的准备工作等。

2019年7月31日，汀田街道人大工委开展助力乡村振兴主题监督活动

九、飞云街道人大工委主要工作

飞云街道地处飞云江下游南岸，南接平阳县万全镇，辖区面积25.3平方千米。2021年末户籍人口3.92万人，常住人口7.54万人，规上工业产值50.08亿元，财政总收入7.75亿元。1992年6月9日至2000

年6月19日，属飞云镇和云周乡；2000年6月，撤销飞云镇、林垟镇、阁巷镇、云周乡建制，合并成立新的飞云镇。2011年4月，撤销飞云镇建制，在其行政区域设立飞云、南滨2个街道办事处。调整后，辖5个居民区、53个行政村。2016年1月，调整飞云街道管辖范围，飞云街道辖5个居民区、28个行政村。2019年5月，撤销部分村民委员会，设立社区居民委员会，调整后，辖12个社区、7个行政村。

2011年—2016年　共召开人大街道工委全体会议23次，听取和讨论街道办事处工作及其他专项工作报告18个，听取和初审街道财政预决算报告6个，听取讨论代表批评和意见建议办理情况报告6个，并提出相应意见。制订年度工作计划和人大代表活动方案12个，组织代表学习培训，做好街道辖区人大代表联络站的建设和组织管理。开展食品卫生、消防安全、环境卫生整治、塘河综合整治、交通治堵、五水共治等情况的视察、检查活动，对104国道飞云段绿化提升工程和"四边三化"整改情况进行督查，配合市人大常委会做好《浙江省社会治安综合治理条例》执法检查、人大代表换届选举工作、每年人代会会前视察、部门工作评议和代表提出建议的准备工作等。

2017年—2021年　共召开人大街道工委全体会议22次，听取和讨论街道办事处工作及其他专项工作报告17个，听取和初审街道财政预决算报告5个，听取讨论代表批评和意见建议办理情况报告5个，并提出相应意见。制订年度工作计划和人大代表活动方案10个，组织代表学习培训，做好街道辖区人大代表联络站规范化建设和运行。开展农贸市场改造提升、文化礼堂建设、疫情防控、百姓健身房建设等情况的视察、检查活动。组织开展养老服务业发展情况、最多跑一次、学前教育等专题调研，配合市人大常委会做好《中华人民共和国公共文化服务保障法》《全民健身条例》执法检查，以及人大代表换届选举工作、每年人代会会前视察、部门工作评议和代表提出建议的准备工作等。

2019年10月25日，飞云街道人大工委组织市人大代表视察农贸市场改造提升等民生实事项目

十、仙降街道人大工委主要工作

仙降街道地处瑞安市东南部飞云江下游南岸，南靠平阳县万全镇，辖区面积34.1平方千米，是"中国胶鞋名城""中国箱包名城"的主要生产基地。2021年末，户籍人口4.59万人，常住人口10.08万人，工业总产值92.5亿元，财政总收入5.46亿元。明嘉靖年间，属涨西乡廿二都，民国20年（1931），属仙乐镇，民国24年（1935），属仙岙乡，民国35年（1946），为仙降乡。1958年9月称仙降管理区，1961年9月改称仙降公社，1984年4月复称仙降乡。1985年撤乡设镇，1992年6月至2000年6月19日，分属仙降镇、江溪镇。2000年6月，仙降镇、江溪镇合并为仙降镇。2011年4月，撤仙降

镇建制，设仙降街道办事处，下辖40个村。2019年5月，经过村规模优化调整，辖21个村，3个社区。

2011年—2016年　共召开人大街道工委全体会议23次，听取讨论街道办事处工作及其他专项工作报告18个，听取和初审街道财政预决算报告6个，听取讨论代表批评和意见建议办理情况报告6个，并提出相应意见。制订年度工作计划和人大代表活动方案12个，组织代表学习培训，做好街道辖区人大代表联络站的建设和组织管理。开展助推"浙商回归"优化软环境、"五水共治"、"三改一拆"、安全生产、仙降中心区建设、箱包园区建设、旧村改造工程、新型农村社区建设、"四边三化"环境整治、优先发展公交事业等情况的视察、检查活动，配合市人大常委会做好《中华人民共和国职业病防治法》等执法检查，以及人大代表换届选举工作、每年人代会会前视察、部门工作评议和代表提出建议的准备工作等。

2017年—2021年　共召开人大街道工委全体会议22次，听取和讨论街道办事处工作及其他专项工作报告17个，听取和初审街道财政预决算报告5个，听取讨论代表批评和意见建议办理情况报告5个，并提出相应意见。制订年度工作计划和人大代表活动方案10个，组织代表学习培训，做好街道辖区人大代表联络站规范化建设和运行。开展食品安全生产、重点工程项目建设、山皇古寨的开发利用、环境综合整治等情况的视察、检查活动，组织代表开展"剿灭劣V类水"督查、"五水共治"工作回头看、"村规模优化调整"、"千人百场"大联动等主题活动，配合市人大常委会做好人大代表换届选举工作、每年人代会会前视察、部门工作评议和代表提出建议的准备工作等。

2017年4月20日，仙降街道人大工委组织市人大代表开展"剿灭劣V类水"督查活动

十一、云周街道人大工委主要工作

云周街道地处飞云江下游南岸，瑞安市西南部，全境系河谷平原水网地带。辖区面积25.5平方千米。2021年末，街道户籍人口2.7万人，常住人口4.8万人。2021年末，云周街道财政收入为2.26亿元，规上工业生产总值为28.4亿元。侨贸小镇所在地，是温州市首个获省级验收命名的特色小镇，也是全省唯一以"侨"字为主题的特色小镇。1992年6月9日，原云江乡、周苌乡合并为云周乡，2000年8月并入飞云镇。2016年1月8日，调整飞云街道管辖范围，增设云周街道。2016年4月12日，正式挂牌成立云周街道办事处，下辖25个行政村。2019年5月，经村社规模优化调整，辖10个行政村，3个社区。

2016年—2021年　共召开人大街道工委全体会议24次，听取和讨论街道办事处工作及其他专项工作报告18个，听取和初审街道财政预决算报告6个，听取讨论代表批评和意见建议办理情况报告

6个，并提出相应意见。制订年度工作计划和人大代表活动方案12个，组织代表学习培训，做好街道辖区人大代表联络站规范化建设和运行。开展“五水共治”、出租房消防安全、安全生产、农村饮用水、环境综合整治、“非农化”、“非粮化”情况等情况的视察、检查活动。组织人大代表开展“促进民营经济高质量发展”、乡村振兴、“抗击疫情，云周人大代表在行动”、“优化营商环境、助力小微企业”、老旧民房电气线路改造、出租房消防百日攻坚等主题活动，配合市人大常委会做好人大代表换届选举工作、每年人代会会前视察、部门工作评议和代表提出建议的准备工作等。

2019年10月28日，云周街道人大工委组织市人大代表助力侨贸小镇建设

十二、南滨街道人大工委主要工作

南滨街道位于飞云江江口南岸，西南与平阳县万全镇相接壤，是南戏鼻祖高则诚诞生地，辖区内建有阁巷产业发展新区366.67公顷，林垟湿地是瑞安唯一的城市湿地。辖区面积28.5平方千米，2021年户籍人口3.5万人，外来人口3万人。2021年规上工业总产值116.75亿元，财政收入1.50亿元。1984年4月，为阁巷乡、林垟乡地。1986年林垟乡改镇；1994年阁巷乡改镇。2000年6月19日，飞云镇、林垟镇、阁巷镇、云周乡合并，成立新的飞云镇，下设飞云、云周、林垟、阁巷办事处。2011年4月，瑞安市撤销飞云镇建制，在原飞云镇林垟片12个行政村和阁巷片8个行政村范围内设立南滨街道，下辖20个行政村。2021年辖2个社区（其中七洲社区2.8万人全部为外来人口，户籍不在南滨）、15个村。

2011年—2016年 共召开人大街道工委全体会议23次，听取和讨论街道办事处工作及其他专项工作报告18个，听取和初审街道财政预决算报告6个，听取讨论代表批评和意见建议办理情况报告6个，并提出相应意见。制订年度工作计划和人大代表活动方案12个，组织代表学习培训，做好街道辖区人大代表联络站的建设和组织管理。开展优先发展公交事业、开发区高新技术产业园区公租房项目、消防安全、水乡古镇、龙舟基地、工业企业发展、食品安全及环境整治等情况的视察、检查活动。配合市人大开展食品安全执法检查、人大代表换届选举工作、每年人代会会前视察、部门工作评议和代表提出建议的准备工作等。

2017年—2021年 共召开人大街道工委全体会议22次，听取和讨论街道办事处工作及其他专项工作报告17个，听取和初审街道财政预决算报告5个，讨论代表批评和意见建议办理情况报告5个，并提出相应意见。制订年度工作计划和人大代表活动方案10个，组织代表学习培训，做好街道辖区人大代表联络站规范化建设和运行。开展养老服务、消防安全食品安全、316乡道改造提升工程、阁一村爱心驿站、“四个平台”综合信息指挥室等情况的视察、检查活动。配合市人大常委会做好人大代表换届选举工作、每年人代会会前视察、部门工作评议和代表提出建议的准备工作等。

2021年11月，南滨街道人大工委组织市人大代表督查年度民生实事项目进展情况

瑞安市街道人大工委主任、副主任一览表

（2004 年 1 月至 2021 年 10 月）

表4-6

街道名称	主　任	任职时间	副主任	任职时间
安阳街道	吴芸香（女）	2004年1月至2006年9月	叶碎弟	2004年1月至2006年9月
	胡迪年	2006年9月至2016年3月	郑永清	2006年9月至2016年3月
	阮忠星	2016年3月至2017年6月	蔡红英（女）	2006年9月至2011年6月
	胡汝楷	2017年8月至2021年10月	王重斗	2011年6月至2016年3月
	薛翔晔（女）	2021年10月起	林可盛	2011年6月至2013年8月
			虞君林	2013年8月至2014年10月
			金　林	2014年12月至2016年3月
			郑余章	2016年3月起
			金　林	2016年7月至2021年10月
玉海街道	陈国荣	2004年1月至2006年9月	卢生可	2004年1月至2009年10月
	苏尚国	2006年9月至2014年10月	黄秀平（女）	2006年9月至2009年10月
	林绍达	2014年10月至2016年3月	王瑞玲（女）	2009年10月至2011年6月
	杨圣远	2016年3月至2019年6月	刘　杰	2009年10月至2015年6月
	陈晓洁（女）	2019年6月至2021年1月	董秀洁（女）	2011年6月至2013年12月
	李开展	2021年10月起	沈　勇	2012年11月至2016年3月
			李晓霞（女）	2013年12月至2016年3月
			许礼和	2016年3月至2018年12月
			林　琴（女）	2016年7月至2021年10月
			李　辉	2018年12月起
锦湖街道	张春城	2004年1月至2004年7月	冯康启	2004年1月至2005年8月
	王学顺	2005年6月至2011年6月	郑锡文	2006年9月至2011年6月

续表 4-6

街道名称	主　任	任职时间	副主任	任职时间
锦湖街道	郑光林	2011年6月至2016年3月	潘礼林	2006年9月至2011年6月
	李洪星	2016年3月至2021年10月	王步水	2011年6月至2016年3月
	林海安	2021年10月起	欧阳世锦	2011年6月至2014年12月
			林盛森	2011年6月至2016年3月
			孙治荣	2016年3月至2017年8月
			陈德顺	2016年7月至2021年10月
			杨圣树	2020年8月至2021年10月
			王法琼	2021年10月起
潘岱街道	周象勇	2004年1月至2005年6月	黄福听	2004年1月至2005年8月
	蔡树勇	2005年6月至2006年9月	王　珠（女）	2005年8月至2011年6月
	郑光林	2006年9月至2011年6月	王步水	2006年9月至2011年6月
	王小锋	2016年3月至2021年10月	洪成国	2016年3月至2021年10月
	缪志捷	2021年10月起		
东山街道	王式林	2004年1月至2006年9月	林品香（女）	2004年1月至2006年9月
	卢建华	2006年9月至2011年6月	刘建光	2006年9月至2010年8月
	杨方林	2011年6月至2016年3月	林赛赛	2006年9月至2014年12月
	黄建忠	2016年3月至2021年10月	陈宝淦	2010年8月至2016年3月
	周旭东	2021年10月起	周永斌	2011年6月至2015年4月
			张维巧	2014年12月至2016年3月
			张聪棉	2016年3月至2021年10月
			孔德财	2017年11月起
上望街道	陈积龙	2004年1月至2004年7月	潘竹平（女）	2004年1月至2009年10月
	陈积龙	2005年8月至2006年9月	毛爱英（女）	2006年9月至2013年9月
	胡存瑞	2006年9月至2009年6月	周永斌	2009年10月至2011年6月
	黄文光	2009年6月至2011年6月	杨朱玲（女）	2011年6月至2014年6月
	卢建华	2011年6月至2016年3月	潘光华	2011年6月至2016年3月
	虞瑞江	2016年3月至2017年11月	夏映林	2014年12月至2015年7月
	赵宏亮	2017年11月至2019年6月	郑祥钏	2016年3月至2021年10月
	张宏飞	2019年6月至2021年7月	吴世鲁	2017年11月至2019年11月
	林成银	2021年10月起	李芝德	2020年8月至2021年10月
			夏荣听	2021年10月起
莘塍街道	周识马	2011年6月至2015年4月	王　挺	2011年6月至2016年3月
	郭振伟	2016年3月至2021年10月	林　侠	2011年6月至2016年3月

续表 4-6

街道名称	主　任	任职时间	副主任	任职时间
莘塍街道	陈小芳（女）	2021年10月起	陈连香（女）	2011年6月至2013年12月
			陈伟锋	2013年12月至2014年12月
			涂迪群（女）	2014年12月至2019年6月
			金春杰	2016年7月至2020年8月
			郑贤辉	2019年6月起
			周永胜	2020年8月至2021年10月
汀田街道	陈阿杰	2011年6月至2014年10月	虞君林	2011年6月至2013年8月
	刘淑英（女）	2014年10月至2017年8月	邱献林	2011年6月至2016年3月
	陈白羽（女）	2017年8月至2019年4月	王焕达	2011年6月至2015年7月
	龚德伏	2019年4月至2021年10月	林可盛	2013年8月至2014年12月
	黄春阳	2021年10月起	戴其盛	2014年12月至2020年8月
			鲍树锋	2017年11月至2021年10月
			黄慧芳（女）	2020年8月起
飞云街道	余兆芬	2011年6月至2016年3月	周宗清	2011年6月至2016年3月
	龚德伏	2016年3月至2019年4月	林友弟	2011年6月至2013年12月
	林南斌	2019年4月起	兰　芳（女）	2011年6月至2021年10月
			周旭丽（女）	2013年12月至2014年12月
			朱财弟	2014年12月至2016年3月
			陈士勇	2017年10月至2021年10月
			钱作亭	2021年10月起
仙降街道	李洪星	2011年6月至2013年8月	阙瑞东	2011年6月至2017年11月
	蔡凤飞	2014年10月至2021年10月	姚东民	2011年6月至2016年3月
	叶　翔	2021年10月起	宋乃锐	2011年6月至2013年8月
			夏志东	2016年7月至2021年10月
			林玲海	2017年11月至2021年10月
			鲁仁德	2021年10月起
云周街道	朱邦荣	2016年3月至2021年10月	董衍胜	2016年3月至2021年10月
	张澄永	2021年10月起	蔡　坚	2017年10月起
南滨街道	胡仲林	2011年6月至2014年12月	卢克锋	2011年6月至2013年9月
	王　力	2015年4月至2017年8月	张成斌	2011年6月至2015年10月
	潘小伟	2018年4月至2021年10月	陈昌贤	2011年6月至2019年4月
	陈　枫	2021年10月起	苏小丽（女）	2014年12月至2016年7月
			李小章	2019年4月至2021年10月

第二节　街道民主议政会议

2017年，根据省委《关于实施民生实事项目人大代表票决制工作的意见》、瑞安市委《关于全面深化民生实事项目人大代表票决制工作的意见》等有关文件精神，瑞安市人大常委会研究建立街道民主议政会议制度，制定《关于建立街道民主议政会议制度的指导意见》，明确街道议政会制度是在街道党工委的领导下，由街道议政会代表按照民主集中制原则组成，讨论商议本行政区域的经济社会发展等重大事项，参与民主管理，落实工作监督的制度。议政会代表总额不得超过50名，经各村（社区）、企事业单位党组织推荐、街道人大工委和街道党委研究确定，由本街道的村（社区）、企事业单位和社会各界人士组成，街道辖区内的各级人大代表、不是人大代表的街道人大工委组成人员为本街道议政会的当然代表，不占议政会代表的名额。议政会每届任期五年，一般与市人大代表换届同步，议政会会议一般每年年初和年中各召开一次，议政会会议、闭会期间活动由街道人大工委组织召开、召集。街道议政会的主要任务：（一）定期听取街道办事处对本行政区域的经济社会发展、资金使用、重点项目等安排及其执行情况的通报，并进行讨论，提出意见、建议；（二）合议确定民生实事项目，并开展监督评估；（三）开展调查研究，及时听取并反映广大人民群众对本街道工作的意见、建议，助推街道工作；（四）参与街道人大工委组织的各类专项工作视察、监督和建议督办集体面商等活动。

2018年3月，全市12个街道建立民主议政会议制度，推荐确定街道议政会代表697名，召开第一届民主议政会议第一次会议，实现全市街道民主议政会议制度和民生实事项目合议制的“全覆盖”。2018年至2021年，12个街道召开第一届民主议政会议共73次，听取、讨论街道办事处工作、街道人大工委工作、街道财政预算、生态环境等报告255个，合议票荐民生实事325项，提出建议意见413件。

一、安阳街道第一届民主议政会议

2018年2月28日、8月10日，2019年3月21日、9月30日，2020年5月21日，2021年3月27日，召开民主议政会议6次，听取和讨论街道办事处工作报告4个、人大街道工委工作报告4个、街道预决算报告4个、民生实事项目完成情况的报告4个、督查辖区食品安全工作情况、在建工地排水排污情况的通报等报告2个，并形成相应的意见，票荐街道民生实事项目28项。

2018年2月28日，安阳街道第一届民主议政会议召开第一次会议

二、玉海街道第一届民主议政会议

2018年3月20日、9月29日，2019年4月23日、9月29日，2020年5月12日，2021年4月29日，召开民主议政会议6次，听取和讨论街道办事处工作报告6个、人大街道工委工作报告6个、街道预决算报告6个、民生实事项目完成情况的报告4个、街道生态环境报告2个，并形成相应的意见，票荐街道民生实事项目31件。

三、锦湖街道第一届民主议政会议

2018年3月16日、9月19日，2019年4月11日、9月19日，2020年5月8日，2021年3月10日、9月21日，召开民主议政会议7次，听取和讨论街道办事处工作报告7个、人大街道工委工作报告7个、街道预决算报告7个、民生实事项目完成情况的报告4个、街道生态环境报告2个，并形成相应的意见，票荐街道民生实事项目20件，收到议政代表的建议意见7件。

四、潘岱街道第一届民主议政会议

2018年3月16日、9月21日，2019年3月7日、9月27日，2020年5月29日，2021年3月26日，召开民主议政会议6次，听取和讨论街道办事处工作报告6个、人大街道工委工作报告6个、街道预决算报告6个、街道生态环境报告2个、民生实事项目完成情况报告5个、议政代表建议办理情况报告5个，并形成相应的意见，票荐街道民生实事项目20件，收到议政代表的建议意见7件。

五、东山街道第一届民主议政会议

2018年3月21日、9月21日，2019年3月1日、9月27日，2020年5月20日，2021年4月30日，召开民主议政会议6次，听取和讨论街道办事处工作报告6个、人大街道工委工作报告6个、街道预决算报告6个、街道生态环境报告5个、民生实事项目完成情况报告5个，并形成相应的意见，票荐街道民生实事项目31件，收到议政代表的建议意见33件。

六、上望街道第一届民主议政会议

2018年3月16日、9月30日，2019年3月22日、9月29日，2020年5月26日，2021年5月21日，召开民主议政会议6次，听取和讨论街道办事处工作报告6个、人大街道工委工作报告6个、街道预决算报告6个、街道生态环境报告5个、民生实事项目完成情况报告5个，并形成相应的意见，票荐街道民生实事项目33件，收到议政代表的建议意见44件。

七、莘塍街道第一届民主议政会议

2018年3月20日、9月14日，2019年3月22日、9月24日，2020年5月22日，2021年4月27日，召开民

主议政会议6次，听取和讨论街道办事处工作报告6个、人大街道工委工作报告6个、街道预决算报告6个、街道生态环境报告4个、民生实事项目完成情况报告3个，并形成相应的意见，票荐街道民生实事项目20件，收到议政代表的建议意见25件。

八、汀田街道第一届民主议政会议

2018年3月21日、9月27日，2019年3月20日、9月18日，2020年5月28日，2021年3月26日，召开民主议政会议6次，听取和讨论街道办事处工作报告6个、人大街道工委工作报告6个、街道预决算报告6个、街道生态环境报告4个、民生实事项目完成情况报告3个，并形成相应的意见，票荐街道民生实事项目20件，收到议政代表的建议意见68件。

九、飞云街道第一届民主议政会议

2018年3月22日、9月18日，2019年4月24日、11月11日，2020年5月28日，2021年4月27日，召开民主议政会议6次，听取和讨论街道办事处工作报告6个、人大街道工委工作报告6个、街道预决算报告6个、街道生态环境报告2个、民生实事项目完成情况报告5个，并形成相应的意见，票荐街道民生实事项目25件，收到议政代表的建议意见32件。

十、仙降街道第一届民主议政会议

2018年3月21日、9月20日，2019年4月19日、10月12日，2020年5月29日，2021年4月30日，召开民主议政会议6次，听取和讨论街道办事处工作报告6个、人大街道工委工作报告6个、街道预决算报告6个、民生实事项目完成情况报告3个，并形成相应的意见，票荐街道民生实事项目20件。

十一、云周街道第一届民主议政会议

2018年3月22日、9月17日，2019年3月22日、9月17日，2020年5月15日，2021年3月14日，召开民主议政会议6次，听取和讨论街道办事处工作报告6个、人大街道工委工作报告6个、街道预决算报告6个、街道生态环境报告3个、民生实事项目完成情况报告5个，并形成相应的意见，票荐街道民生实事项目30件，收到议政代表的建议意见36件。

十二、南滨街道第一届民主议政会议

2018年4月10日、9月21日，2019年3月22日、9月25日，2020年5月28日，2021年4月3日，召开民主议政会议6次，听取和讨论街道办事处工作报告6个、人大街道工委工作报告6个、街道预决算报告6个、街道生态环境报告2个、民生实事项目完成情况报告2个，并形成相应的意见，票荐街道民生实事项目20件，收到议政代表的建议意见23件。

瑞安市各街道民主议政会议情况调查一览表

表4-7

街道		代表总数（人）	妇女比例（%）	非中共党员比例（%）	代表构成				
					村（社区）负责人（人）	企事业单位负责人（人）	社会各界人士（人）	各级人大代表（人）	工委组成人员（人）
安阳街道	一	64	29.7	18.8	41	5	9	16	4
玉海街道	一	60	45	1.6	2	4	23	28	3
玉海街道	二	74	45	31	20	17	13	22	2
锦湖街道	一	47	27.6	34	18	7	4	8	2
锦湖街道	二	41	31.7	26.8	24	8	1	6	2
潘岱街道	一	49	24.49	28.57	21	5	13	6	4
东山街道	一	49	18	21	16	7	15	11	4
上望街道	一	67	23.9	34.3	41.8	25.4	32.8	17.9	10.4
莘塍街道	一	81	11.6	58.7	33	16	15	24	9
汀田街道	一	67	20.9	31.3	30	5	11	16	8
飞云街道	一	54	24.1	29.6	29	0	11	14	5
仙降街道	一	66	11	11	39	1	9	13	4
云周街道	一	53	22.6	28.3	15	10	8	8	5
南滨街道	一	43	18.6	30.4	16	7	8	7	5

第五编　人　物

本编内容分“人物简介”和“人物名录”两部分，各设一章。

人物简介：记载瑞安市第十三届至第十七届人民代表大会常务委员会主任、副主任、委员；第十一届、十二届全国人民代表大会代表和浙江省第十届至第十三届人民代表大会代表。编写先后按届次和选举公布的顺序排列，届内增补选、辞职的注明任期，简历从参加工作起简略记载至各自在人民代表大会及其常务委员会任职期满时止，人物简介不重复记载。

人物名录：市选举产生的温州市第十届至第十四届人民代表大会代表名单，均按届次收录；每届第一次会议出席代表名单，排名不分先后排列，在任期间辞职或补选的代表名单按代表辞职或代表选出的时间先后为序排列。瑞安市第十三届至第十七届人民代表大会及其常务委员会各组织机构的组成人员名单，按会议公布文件收录；瑞安市第十三届至第十七届人民代表大会代表名单，在本志书第一编“市人民代表大会代表”内收录。瑞安市第十三届至第十七届人民代表大会及其常务委员会选举、任命的市人民政府组成人员和市监察委员会主任、副主任、委员，市人民法院院长、副院长，市人民检察院检察长、副检察长名单，按届次和选举、任命公布顺序排列。收录的全部名单中，凡是女性或少数民族的，均在括号内注明。

第一章　人物简介

第一节　市人民代表大会常务委员会主任、副主任

钱建民　男，汉族，1957年3月出生，浙江温州人，在职研究生学历，副教授，中国共产党党员。

1972年12月参加工作，历任：温州贝雕工艺厂工人，温州师范专科学校学生、校党委宣传部干事，温州师范学院团委书记、党委委员、系党总支书记兼副主任，温州师范学院党委委员、宣传部部长、党办主任、科技经济开发处处长（兼）、统战部部长（兼），温州师范学院党委副书记，永嘉县委副书记（正县职级）、代县长、县长，瑞安市委副书记、代市长、市长，瑞安市委书记，温州市委常委、瑞安市委书记、瑞安市第十三届人大常委会主任（任期：2003年3月至2006年2月）。

张女珍　女，汉族，1951年3月出生，浙江瑞安人，大学学历，中教一级，中国共产党党员。

1970年7月参加工作，历任：瑞安县碧山广播站广播员，杭州大学生物系学生，瑞安县碧山中学教师，县教育局人事股干事，瑞安县（市）委常委、纪委书记，市委常委、市政府副市长，市政府副市长、党组成员，政协第十届瑞安市委员会主席、党组书记，瑞安市第十四届人大常委会主任（任期：2007年1月至2011年7月）、党组书记。

叶世林 男，汉族，1958年11月出生，浙江瑞安人，在职大学学历，中国共产党党员。

1977年12月参加工作，历任：瑞安县路教队队员，横山公社文书，隆山公社经营管理员、管委会副主任，北麂乡党委书记，红旗乡党委书记，北麂工委副书记（主持工作），塘下区委副书记，塘下镇党委书记，温州市赵山渡引水工程建设指挥部副指挥（副县级），瑞安市委常委、城关镇党委书记，市委常委、安阳镇党委书记，市委副书记、政法委书记，市委副书记（正县级）、政法委书记，瑞安市第十四届人大常委会主任（2011年7月任职）、党组书记，第十五届人大常委会主任、党组书记。

叶建辉 男，汉族，1962年4月出生，浙江文成人，大专学历，中国共产党党员。

1979年12月参加工作，历任：瑞安县人民照相馆职工，瑞安县（市）商业局秘书、秘书股副股长、股长、团委书记，宁益乡党委副书记（挂职），瑞安市委办公室秘书、秘书科副科长、调研室主任、市委政研室副主任，市委办公室副主任兼政研室副主任，市委办公室主任，瑞安市委常委、安阳镇党委书记，市委常委、常务副市长，温州生态园管理委员会副主任（兼），温州市规划局局长、党组书记，温州市测绘与地理信息局局长，瑞安市第十六届人大常委会主任、党组书记。

应希克 男，汉族，1967年3月出生，浙江瑞安人，在职研究生学历，高级工商管理硕士学位，中国共产党党员。

1987年9月参加工作，历任：瑞安市莘塍区中学、仙降区中学教师，仙降区委秘书，飞云镇党政办主任，宁益乡政府公安员，瑞安团市委副书记、党组成员，阁巷镇党委副书记，碧山镇党委副书记、镇长，飞云镇党委副书记、镇长，高楼片区工委书记，温州市委政策研究室（市政府经济研究中心）副主任，文成县委常委、常务副县长，温州市商务局副局长、党组副书记、调研员，温州市住房公积金管理中心主任、党组书记，温州市商务局局长、党组书记，温州市网络经济局局长，温州市人大常委会副秘书长，瑞安市第十七届人大常委会主任、党组书记。

孔素素　女，汉族，1948年7月出生，浙江平阳人，高中学历，中国共产党党员。

1969年6月参加工作，历任：内蒙古生产建设兵团一师四团班长、排长、副指导员、指导员，国营内蒙古巴彦淖尔盟太阳庙农场一连指导员、政治处副主任、党委副书记兼政治处主任，平阳县纪委办事员、纪委委员，苍南县纪委委员，瑞安县委组织部、老干部局干事，瑞安县（市）人事局副局长、党组成员，市人事局局长、党组副书记，瑞安市委常委、组织部部长，市十一届、十二届人大常委会副主任、党组成员，瑞安市第十三届人大常委会党组书记、副主任（任期：2003年3月至2007年1月）、代理主任（任期：2006年2月至2007年1月）。

林济晚　男，汉族，1958年8月出生，浙江瑞安人，大学学历，高级讲师，中国民主促进会会员。

1976年8月参加工作，历任：瑞安县曹村中学教师，浙江师范学院学生，瑞安县高楼中学、城关一中教师，瑞安县（市）教育局教研室教研员，浙江大学、德国迪林根教育学院进修，瑞安市教师进修学校教师、副校长，市十一届人大常委会委员，市十二届人大常委会副主任，民进瑞安市总支副主委、主委，瑞安市第十三届人大常委会副主任（任期：2003年3月至2004年11月），市政府副市长，市政府副市长（正县级），民进温州市委会副主委、瑞安市基层委主委、浙江省委员会委员，瑞安市第十五届人大常委会副主任。

盛志荣　男，汉族，1950年3月出生，浙江温州人，大学学历，中国共产党党员。

1968年4月参加工作，部队服役。转业后历任：瑞安县红旗公社党委委员，瑞安县检察院刑检二科书记员、助理检察员、副科长，瑞安市检察院办公室主任、党组成员、调研科科长、副检察长、党组副书记，平阳县检察院副检察长、代检察长、检察长、党组书记，瑞安市第十三届人大常委会副主任、党组成员，第十四届人大常委会副主任（任期：2007年1月至2010年7月）、党组成员。

王庆秋 男，汉族，1951年8月出生，浙江瑞安人，中专学历，中国共产党党员。

1967年7月参加工作，瑞安县木材公司职工，部队服役。转业后历任：瑞安市民政局局长、党组书记，市财税局局长、党组书记，市外经贸委主任、党组书记，市政府办公室主任、党组书记，塘下镇党委书记（副县级），瑞安市第十三届人大常委会副主任、党组成员，第十四届人大常委会副主任（任期：2007年1月至2011年10月）、党组成员。

江小娜 女，汉族，1954年5月出生，浙江瑞安人，大专学历，中国共产党党员。

1970年12月参加工作，历任：瑞安百好乳品厂工人、工会副主席、党办副主任、工会主席、党办主任，瑞安县委党校学员，瑞安百好乳品厂党委副书记，瑞安市纪委副书记，市外事侨务办公室主任、党组书记，市人大常委会教科文卫工委副主任、主任，市十二届人大常委会委员，瑞安市第十三届人大常委会副主任、党组成员，第十四届人大常委会副主任（任期：2007年1月至2012年1月）、党组成员。

姚松鹤 男，汉族，1956年1月出生，浙江瑞安人，大专学历，中国共产党党员。

1975年9月参加工作，历任：瑞安县湖岭中学教师，瑶庄公社办事员，湖岭区团委书记，湖岭公社党委副书记、主任，湖岭区委副书记、区长，马屿区委副书记、区长，瑞安市乡镇企业管理局副局长，市规划土地局局长、党组书记，浙江省委党校大专班学员，市经济体制改革委员会主任、党组书记，瑞安市政府副市长、党组成员，瑞安市第十四届人大常委会副主任、党组成员，第十五届人大常委会副主任（任期：2012年1月至2016年9月）、党组成员。

王建东　男，汉族，1957年2月出生，山东临沭人，在职大专学历，中国共产党党员。

1978年11月参加工作，历任：平阳县公安局治安股干警、钱库派出所副所长、县公安局秘书科副科长，瑞安市党史干部，市政府办公室法制科科长，市政府办公室副主任、党组成员兼市政府城管办主任，马屿镇党委书记，马屿片区工委书记、主任兼马屿镇党委第一书记，市委办公室主任，塘下镇党委副书记、镇长（副县级）、党委书记，市第十届政协副主席、市东海滩涂围垦工程建设指挥部指挥，瑞安市第十四届人大常委会副主任、党组成员，第十五届人大常委会副主任（任期：2012年1月至2015年3月）、党组成员，市第十二届政协副主席、党组副书记。

高　潮　男，汉族，1956年3月出生，浙江瑞安人，大学学历，农工党党员。

1973年9月参加工作，历任：瑞安县马屿卫生院中医学徒，温州医学院医疗专业学生，瑞安县（市）人民医院眼科医师、主治医师、副主任医师、副院长，市人民医院副院长、农工民主党瑞安总支主委，市十届政协副主席，农工民主党瑞安市总支主委，瑞安市第十三届人大常委会副主任（2005年3月任职），第十四届人大常委会副主任（任期：2007年1月至2011年4月）。

金爱忠　男，汉族，1962年9月出生，浙江温州人，在职大学学历，中国共产党党员。

1983年9月参加工作，历任：瑞安县（市）种子公司技术员、技术组组长，市政府办公室秘书、督查信息科科长、秘书科科长、秘书二科科长，市政府办公室副主任、党组成员、党组副书记，市计划生育局局长、党组书记，市劳动和社会保障局局长、党委书记，市政府办公室主任、市法制办公室主任（兼）、党组书记，市政府党组成员，瑞安市第十四届人大常委会副主任（2010年1月任职）、党组成员，第十五届、十六届人大常委会副主任、党组成员。

薛小平　男，汉族，1963年9月出生，江苏金坛人，大学学历，中国共产党党员。

1981年10月参加工作，部队服役。转业后历任：瑞安市人武部部长，瑞安市第十四届人大常委会副主任（2011年1月任职）、党组成员，第十五届、十六届人大常委会副主任、党组成员。

江孟甫　男，汉族，1962年2月出生，浙江瑞安人，在职大学学历，中国共产党党员。

1978年11月参加工作，历任：瑞安县仪表厂工人，塘下财税所专管员，瑞安县（市）财税局科员、副科长、科长，市财政局副局长、党组成员，局长、党组书记，市财政局（地税局）局长、党委书记，市委办公室主任，瑞安市委常委、塘下镇党委书记、塘下北市区党委书记，瑞安市第十五届人大常委会副主任、党组成员，第十六届人大常委会副主任、党组副书记。

薛尧弟　男，汉族，1961年11月出生，浙江瑞安人，在职大学学历，中国共产党党员。

1980年9月参加工作，历任：瑞安县阁巷公社团前小学教师，阁巷公社（乡）水利员、财政总会计，仙降镇党委副书记，云周乡组织委员，马屿镇副镇长、党委副书记，平阳坑镇党委书记、人大主席，安阳镇上望办事处党委书记，安阳镇党委副书记，安阳街道党工委书记，瑞安市外经贸局局长、党组书记，市外事办公室主任，市规划建设局局长、党委书记，市财政（地税）局局长、党委书记，瑞安市第十五届人大常委会副主任（2015年3月任职）、党组成员，第十六届人大常委会副主任（任期：2017年2月至2021年12月）、党组成员。

方小梅　女，汉族，1962年3月出生，浙江平阳人，大学学历，九三学社社员。

1983年8月参加工作，历任：瑞安县水产局驻莘塍区公所渔业管理与技术干部、县水产局生产科科员、副科长，瑞安市科学技术委员会副主任，市科技局副局长，市监察局副局长，九三学社瑞安（第五、六、七届）市委会主委，市第十一届、十二届政协副主席，温州市第八届政协常委，瑞安市第十六届人大常委会副主任。

陈世尧　男，汉族，1963年5月出生，浙江瑞安人，在职大专学历，中国共产党党员。

1984年11月参加工作，历任：瑞安县莘民乡共青团干部，汀田乡公安员、副乡长、党委副书记、乡长，里学乡党委副书记、乡长，上望镇副镇长、党委副书记，莘塍镇党委副书记、镇长，城关镇隆山街道党委副书记、办事处主任、党委书记，安阳镇党委副书记，陶山镇党委书记、人大主席，瑞安经济开发区党委委员、副主任、党委副书记，塘下镇党委副书记、镇长、市工业项目办主任，塘下镇党委副书记、镇长（副县长级），塘下新区党委副书记、主任，瑞安市委常委、统战部长，瑞安市第十六届人大常委会副主任、党组成员。

项金敏　男，汉族，1970年4月出生，浙江瑞安人，硕士研究生学历，中国共产党党员。

1991年8月参加工作，历任：瑞安团市委学少部部长、常委、办公室主任，市委组织部干部教育科科员，城关镇东山街道党委委员，安阳镇潘岱办事处党委副书记、主任，东山街道办事处党委副书记、主任，塘下镇鲍田办事处党委副书记、主任，市工业项目办副主任、党组成员，汀田镇党委副书记、镇长，飞云镇党委副书记、镇长、党委书记，江南新区管委会主任、党委副书记，市委政法委常务副书记、市平安办主任，市发改局（粮食局）局长、党委书记，市委办公室主任，市政府副市长、党组成员，市委常委、统战部部长，瑞安市第十七届人大常委会副主任、党组副书记。

周晓华　男，汉族，1968年6月出生，浙江瑞安人，在职研究生学历，中国共产党党员。

1988年8月参加工作，历任：瑞安市莘塍区农技站农经员、农经站长，市农经总站干部，市体改委副科长，上望镇副镇长、党委副书记，安阳镇上望办事处党委副书记、主任，东山街道党委书记，安阳镇副镇长，玉海街道党工委书记，市民宗局局长、党组书记兼市委统战部副部长，市人口计生局局长、党组书记，陶山镇党委书记，市环保局局长、党组书记兼市生态办主任，市政府办公室（法制办）主任、党组书记、市政府党组成员，市政府副市长、党组成员，瑞安市第十七届人大常委会副主任、党组成员。

吴功宜　男，汉族，1970年12月出生，浙江瑞安人，大学学历，中国共产党党员。

1991年8月参加工作，历任：瑞安市技术监督局管理股科员、质检所与计量所副所长、质监股副股长、稽查队队长、标准计量科科长，市质监局副局长、党委委员，文成县质监局局长、党组书记，瑞安市质监局局长、党委书记，市经信局局长、党委书记，市发展和改革局（物价局）局长、党委书记，市第十三届政协副主席、党组成员，兼市财政局（地税）局局长、党委书记、国资办主任，瑞安市第十七届人大常委会副主任、党组成员。

黄陈跃　男，汉族，1968年10月出生，浙江瑞安人，大学学历，中国民主促进会会员。

1990年8月参加工作，历任：瑞安市水产局渔监渔检站干部，市水产局（海洋与渔业局）渔船检验站副站长、站长，市北麂渔港工程建设指挥部副指挥，市政协副秘书长、市政协经济科技委兼职副主任，市船舶工业领导小组办公室副主任，市农村能源办公室副主任，市人大常委会农资工委副主任，市十五届人大常委会委员，市审管办主任，民进瑞安市基层委主委，市第十三届政协副主席，文成县副县长（挂职），民进温州市委会副主委，瑞安市第十七届人大常委会副主任。

张海飞　女，汉族，1977年1月出生，浙江瑞安人，在职研究生学历，中国共产党党员。

1997年12月参加工作，历任：瑞安市房产管理局职员、办公室副主任，塘下房管所副所长，陶山房管所所长，市房管局物业维修资金管理中心主任，莘塍（汀田）房管所所长，荆谷乡副乡长，宁益乡党委副书记、乡长，马屿镇党委副书记、两新工委书记，安阳街道党工委副书记、办事处主任、党工委书记，塘下镇党委副书记、镇长，浙南产业集聚区瑞安塘下分区管委会党委副书记、主任（副县长级），文成县副县长（挂职），瑞安市第十七届人大常委会副主任、党组成员。

池万松　男，汉族，1970年5月出生，浙江瑞安人，在职大学学历，中国共产党党员。

1991年8月参加工作，历任：瑞安市瑶庄（芳庄）乡团委书记、司法助理员，汀田镇党政办秘书、副主任、主任，瑞安团市委副书记、书记、党组书记，市十三届人大常委会委员，湖岭镇党委书记，仙降镇党委书记，莘塍街道党工委书记兼滨海新区党委副书记，市卫生计生局局长、党委书记，市委办公室（市委政研室）主任，市政府副市长、党组成员，瑞安市第十七届人大常委会副主任、党组成员。

第二节　市人民代表大会常务委员会委员

王学镜　男，汉族，1952年4月出生，浙江瑞安人，大专学历，中国共产党党员。

1973年8月参加工作，历任：瑞安县龙湖镇小学教师，温州师范学校学生，瑞安师范学校团委副书记、秘书、人保副主任，瑞安县（市）人大常委会法制工委委员、副主任、主任，市十二届人大常委会委员，瑞安市第十三届人大常委会委员，第十四届人大常委会委员（任期：2007年1月至2009年5月）。

杨小红 女，汉族，1960年6月出生，浙江瑞安人，在职大学学历，中国共产党党员。

1978年8月参加工作，历任：瑞安县云江公社中心学校教师，云江公社妇联主任，孙桥乡团委书记，温州大学学生，瑞安市妇联秘书、副主席，市直机关工委副书记，市文化局副局长、党委委员，市人大常委会代表工委副主任、主任科员，瑞安市第十三届、十四届人大常委会委员。

杨开铭 男，汉族，1965年1月出生，浙江瑞安人，高中学历，中国共产党党员。

1983年9月参加工作，历任：温州数控厂车工，瑞安市二轻机械厂职工，温州南方银行机具有限公司总经理，温州铭锐电子有限公司董事长，浙江铭锐电子有限公司董事长，瑞安市企业联合会、企业家联合会副会长，瑞安市第十三届、十四届人大常委会委员。

杨润金 男，汉族，1949年11月出生，浙江瑞安人，大专学历，中国共产党党员。

1968年2月参加工作，浙江省二〇三矿（文成县）动力工，部队服役。退伍后历任：瑞安县农药厂车间负责人，县工业局办事员，瑞安电子仪表工业公司党委委员、劳资科长，瑞安二轻局五金工具公司代经理，市人大常委会办公室副主任，市外事侨务办公室副主任、党组成员，市人大常委会代表工委副主任，瑞安市第十三届人大常委会委员。

苏尚乐　男，汉族，1948年2月出生，浙江瑞安人，高中学历，中国共产党党员。

1968年4月参加工作，部队服役。转业后历任：泰顺县人武部参谋、秘书，瑞安县（市）人武部秘书、副科长、办公室主任，市劳动局局长、党组书记，市社会保险事业管理局局长（兼），市人大常委会党组成员，办公室副主任、主任，市十二届人大常委会委员，瑞安市第十三届人大常委会委员。

李国斌　男，汉族，1956年2月出生，浙江瑞安人，高中学历，中国共产党党员。

1972年4月参加工作，历任：瑞安县汀田农机厂职工，汀田印刷机械厂金工车间主任、副厂长、厂长，瑞安县（市）水泵厂厂长、党支部书记，市水泵二厂厂长，温州嘉利特泵业有限公司董事长、党支部书记，浙江嘉利特实业股份有限公司董事长、党支部书记，市十二届人大常委会委员，瑞安市第十三届人大常委会委员。

何振兴　男，汉族，1948年11月出生，浙江瑞安人，大学学历，中国共产党党员。

1970年4月参加工作，历任：黑龙江省梧桐河农场文书兼统计，广东化工学院（华南理工大学）学生，陕西省895厂化工计划员，瑞安县钾氮肥联合工程指挥部技术员、人事科副科长，瑞安华侨电瓷开关厂副厂长，瑞安县（市）委组织部干部科干事、干部审查科副科长、科长，市委组织部干部科科长、干部一科科长、部务成员，市委组织部副部长，市人大常委会代表工委副主任、主任，市十二届人大常委会委员，瑞安市第十三届人大常委会委员。

张晓平　男，汉族，1962年9月出生，浙江瑞安人，大专学历，群众。

1976年10月参加工作，历任：瑞安县塑料机械厂职工、车间主任，县仪表厂职工、团支部书记，浙江瑞立集团有限公司董事长兼总经理，瑞立集团有限公司董事长，市十二届人大常委会委员，瑞安市第十三届人大常委会委员。

陈银姆　男，汉族，1966年7月出生，浙江瑞安人，大学学历，中国民主同盟盟员。

1988年9月参加工作，历任：瑞安市仙岩中学教师、团书记，梅头中学教师、政教主任、教导主任，塘下一中教师、教导主任，塘下二中校长，瑞安市第二职业高中校长，市教育局塘下学区主任，瑞安市第十三届人大常委会委员，第十五届人大常委会委员（任期：2012年1月至2012年11月）。

陈善平　男，汉族，1959年2月出生，浙江瑞安人，初中学历，群众。

1976年4月参加工作，历任：瑞安县董田插西渔业大队渔民，董田渔工商联合公司供销员，瑞安水产市场经营水产品批发，瑞安市华盛水产品加工厂厂长，瑞安市第十三届人大常委会委员。

周大林　男，汉族，1956年8月出生，浙江瑞安人，在职大专学历，中国共产党党员。

1973年7月参加工作，历任：瑞安城关医院医生（1979年3月至1980年9月温州附一医、温八医进修骨伤科），瑞安市红十字医院骨科主任、副院长、院长、党支部书记，瑞安市第十三届人大常委会委员。

周忠育　男，汉族，1969年4月出生，浙江瑞安人，在职大学学历，高级工程师，中国共产党党员。

1986年1月参加工作，历任：瑞安县（市）林溪水电站车间副主任、主任，浙江省水电学校学生，市林溪水电站副站长、站长、党支部副书记，林溪水库工程管理处副主任，市江北灌区管理中心副主任、主任，瑞安市第十三届、十四届人大常委会委员。

周逢玉　女，汉族，1968年10月出生，浙江瑞安人，在职大学学历，中国共产党党员。

1989年4月参加工作，历任：瑞安市丰和乡计生员，陶山镇计生专干、计生服务站站长，陶山镇副镇长、党委副书记、镇长，市妇联副主席、党组副书记（主持工作），市妇联主席、党组书记，瑞安市第十三届人大常委会委员，第十四届人大常委会委员（任期：2007年1月至2010年4月）。

项春潮 男，汉族，1955年10月出生，浙江瑞安人，在职大专学历，中国共产党党员。

1974年9月参加工作，历任：瑞安县工艺编织厂技术员、副厂长、厂长，瑞安县（市）工艺编织联营厂厂长、董事长，新潮集团股份有限公司董事长兼总经理，兼任瑞安新潮进出口贸易公司董事长、上海春潮实业有限公司董事长、芜湖新潮实业有限公司董事长、上海通领汽车饰件有限公司董事长、瑞安国际大酒店有限公司董事长、瑞安市李尔汽车面料有限公司董事长、瑞安市企业联合会、企业家协会会长，市十二届人大常委会委员，瑞安市第十三届、十四届、十五届人大常委会委员。

项贻康 男，汉族，1963年1月出生，浙江瑞安人，在职大学学历，中国共产党党员。

1982年8月参加工作，历任：瑞安县（市）湖岭区农技站副站长、站长，永安乡党委副书记（挂职），市农业局经作站站长，市农业局副局长、党委委员，市政府办公室副主任、党组成员，市总工会主席、党组书记，瑞安市第十三届人大常委会委员，第十四届人大常委会委员（任期：2007年1月至2007年6月）。

胡永快 男，汉族，1970年2月出生，浙江瑞安人，大学学历，中国共产党党员。

1988年8月参加工作，历任：瑞安市委组织部办事员、科员，城关镇团委书记，市委组织部干事、副科级组织员、党员电化教育中心主任，共青团瑞安市委书记、党组书记，市十二届人大常委会委员，瑞安市第十三届人大常委会委员（任期：2003年3月至2004年1月）。

赵锦泓　男，汉族，1950年1月出生，河南省开封市人，大专学历，中国共产党党员。

1969年12月参加工作，历任：金华地区交通局汽修厂职工，金华军分区金华县中队副班长，瑞安农机实验厂职工，瑞安县总工会工人俱乐部负责人、工人文化宫主任，县（市）总工会宣教部部长，市总工会副主席、主席、党组书记，市十一届人大常委会委员，市经济委员会副主任、党委委员，市技术监督局局长、党组副书记、党组书记，市政府办公室副主任、党组成员，市府办党组副书记、56省道改建工程常务副指挥，市人大常委会财经工委主任，瑞安市第十三届人大常委会委员。

黄则强　男，汉族，1950年11月出生，浙江瑞安人，初中学历，中国共产党党员。

1979年11月参加工作，历任：瑞安县梅屿公社底三甲村委会主任，梅屿公社底三甲村党支部书记，梅屿乡公路养路班班长，梅屿乡底三甲村党支部书记，梅屿蔬菜合作社主任、梅屿乡敬老院院长，梅屿蔬菜合作社理事长，瑞安市第十三届、十四届人大常委会委员。

董红卫　女，汉族，1966年5月出生，浙江瑞安人，在职大学学历，群众。

1983年7月参加工作，历任：瑞安县（市）无纺布厂生产科长，塘下区工业办公室统计员，浙江红旭实业有限公司董事长兼总经理，红旭集团股份公司董事长，温州市汽车行业流通协会副会长，温州市女企业家协会执行会长，瑞安市工商联副主席，瑞安市第十三届、十四届人大常委会委员。

傅志礼　男，汉族，1948年9月出生，浙江瑞安人，高中学历，中国共产党党员。

1972年3月参加工作，历任：瑞安县江浦公社党委委员、农科站站长兼龟山下大队党支部书记，江浦公社党委副书记、革委会副主任、党委书记、管委会主任，马屿区委书记，瑞安市委组织部副部长、部务成员，市十一届人大常委会委员，市农办主任、党组书记，市人大常委会农经（农资）工委副主任、主任，市十二届人大常委会委员，瑞安市第十三届人大常委会委员。

温兴荣　男，汉族，1952年1月出生，浙江瑞安人，大专学历，中国共产党党员。

1973年1月参加工作，历任：瑞安县荆谷乡中学民办教师，温州师范专科学校学生，温州师范学院图书馆办事员、流通组组长，瑞安市委组织部干部科科员、知识分子工作科副科长（主持工作）、干部三科副科长、科长、部务成员，市委组织部副部长，市十二届人大常委会委员，瑞安市第十三届人大常委会委员。

曾一松　男，汉族，1951年2月出生，浙江瑞安人，在职大学学历，高级政工师，中国共产党党员。

1968年4月参加工作，部队服役。转业后历任：瑞安县文化局办事员，县委宣传部“543”办公室副主任，瑞安市文化局副局长、党组副书记、局长、党委书记，市政府办公室副主任、党组成员，市卫生局局长、党委书记，市人大常委会教科文卫工委主任，瑞安市第十三届人大常委会委员（任期：2003年3月至2005年6月）。

戴胜益　男，汉族，1950年8月出生，浙江瑞安人，高中学历，中国共产党党员。

1973年8月参加工作，历任：瑞安县陶山丰和小学教师，陶峰公社宣传干事、副书记，陶山区委组织委员、副区长，碧山镇党委书记，陶山片区工委副书记，市人大常委会教科文卫工委副主任、主任，瑞安市第十三届人大常委会委员。

王上胜　男，汉族，1957年2月出生，浙江瑞安人，在职研究生学历，硕士学位，电气工程师，中国民主建国会会员。

1975年8月参加工作，历任：洞头县五金厂技术员，瑞安县塘下新坊村会计，瑞安市精工电器厂厂长，胜华波集团有限公司董事长、浙江胜华波电器股份有限公司董事长，市第十届政协常委，市工商联（总商会）副会长，市企业家协会常务副会长，瑞安市第十四届人大常委会委员。

王小玲　女，汉族，1963年7月出生，浙江瑞安人，在职大学学历，中国农工民主党党员。

1981年9月参加工作，历任：瑞安市人民医院护士、手术室护士长、护理部副主任（2005年全国巾帼建功标兵），市人民医院办公室主任，市政协办公室副主任科员，瑞安市第十四届人大常委会委员。

王学教 男，汉族，1958年9月出生，浙江瑞安人，在职大学学历，中国共产党党员。

1976年12月参加工作，部队服役。退伍后历任：瑞安县高楼区供销社供销员，石龙公社文化站专职干部，高楼区文化站副站长，上望乡文化站站长、团委书记、公安员、司法助理员、副乡长，董田乡党委副书记，城关镇东山街道党委纪检委员，城南街道办事处副主任，东山街道办事处副主任，安阳镇城北街道办事处副主任，高楼乡党委副书记、乡长，营前乡党委书记、人大主席，市人大常委会办公室主任科员，瑞安市第十四届、十五届人大常委会委员。

尤碎林 男，汉族，1954年11月出生，浙江瑞安人，中专学历，中国共产党党员。

1972年11月参加工作，部队服役。转业后历任：瑞安县（市）横山乡党委副书记，市委组织部干事、副科长、办公室主任、部务成员，桐浦乡党委书记、人大主席，市委宣传部副部长、部务成员，市文化局局长、党委书记，市文化广电新闻出版局局长、党委书记，市人大常委会代表工委副主任、主任，瑞安市第十四届人大常委会委员。

石益康 男，汉族，1955年3月出生，浙江瑞安人，在职大专学历，中国共产党党员。

1974年9月参加工作，历任：瑞安县云江公社、周苌公社中学编制代课教师，县委路线教育工作队队员，周苌公社团委书记，阁巷公社团委书记，仙降区公所文书，瑞安县（市）纪委科员、纪委控申室副主任、宣教室主任，市旅游局副局长、党组成员，市文明办副主任，市人大常委会办公室主任科员，瑞安市第十四届人大常委会委员。

叶序锋 男，汉族，1973年12月出生，浙江瑞安人，大学学历，中国共产党党员。

1995年8月参加工作，历任：瑞安报社记者，瑞安市委办公室科员、综合科副科长，市委农办副主任，市委保密委员会办公室主任，共青团瑞安市委书记、党组书记，瑞安市第十四届人大常委会委员（任期：2007年1月至2008年1月）。

任 玮 女，汉族，1957年10月出生，江苏溧水人，在职大学学历，中国共产党党员。

1974年1月参加工作，历任：瑞安县马屿医院妇产科医士，县（市）妇幼保健所医生、副所长、所长，市卫生局党委委员、纪检组组长、副局长、党委副书记，市人大常委会办公室主任科员，瑞安市第十四届人大常委会委员。

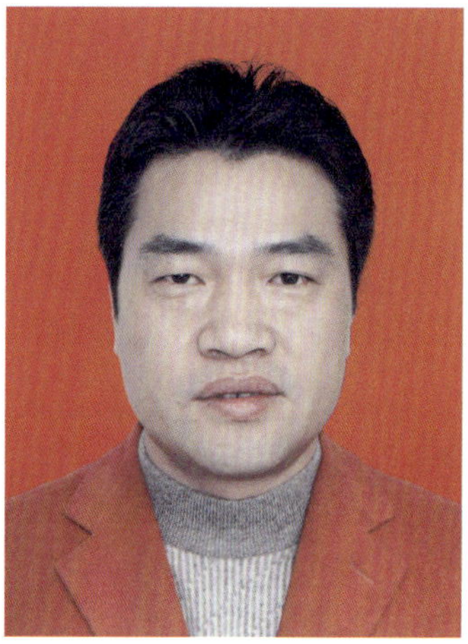

阮立聪 男，汉族，1963年8月出生，浙江瑞安人，高中学历，群众。

1982年9月参加工作，历任：瑞安县螺丝钉厂技工，莘塍车木厂技工，莘塍红狮鞋厂总经理，浙江邦赛鞋业有限公司董事长兼总经理，瑞安市企业联合会、企业家协会副会长，瑞安市第十四届人大常委会委员。

李国民　男，汉族，1965年3月出生，浙江瑞安人，在职大学学历，中国共产党党员。

1983年11月参加工作，历任：瑞安县汀田镇文化站长，莘民乡财政会计，莘塍镇党委委员兼财政会计，莘塍镇团委书记、综治办主任，莘塍镇民公办事处主任、莘民办事处书记，莘塍镇党委副书记、镇长，市司法局副局长、党组成员，兼市北工业园区建设指挥部常务副指挥，市人大常委会法制工委副主任、主任，兼市农村住房改造建设办公室主任，市人大法制、法制内务司法、法制监察司法委员会副主任委员，瑞安市第十四届、十五届、十六届人大常委会委员，第十七届人大常委会委员（任期：2022年2月至2023年8月）。

吴存滔　男，汉族，1959年6月出生，浙江瑞安人，在职大学学历，中国共产党党员。

1982年10月参加工作，历任：温州市委党校青干班学员，瑞安县（市）北麂乡司法助理员、文书、党委副书记，横山乡副乡长，城关镇隆山街道办事处副主任，城关镇红旗街道党委副书记，安阳镇潘岱办事处党委副书记、主任、党委书记，东山街道党工委副书记、办事处主任，市人大常委会办公室副主任、主任，市人大常委会代表工委主任，瑞安市第十四届、十五届人大常委会委员、党组成员。

张中姆　男，汉族，1957年3月出生，浙江瑞安人，大专学历，中国共产党党员。

1974年2月参加工作，历任：瑞安县阁巷团前中学教师，杭州大学地理气象专业学生，北麂气象站副站长，瑞安县（市）纪委办公室主任，市水利局副局长、党组成员，市农业局副局长、党委委员，市民政局副局长、党组副书记，市人大常委会财经工委副主任、主任，瑞安市第十四届人大常委会委员，第十五届人大常委会委员（任期：2012年1月至2015年12月）。

陈光顺　男，汉族，1955年8月出生，浙江瑞安人，大学学历，中国民主同盟盟员。

1978年8月参加工作，历任：瑞安县（市）林垟中学、三中（原塘中）、十中（原城关一中）教师，市教委教研室教研员，市委统战部科员，市卫生局副局长，市人大常委会教科文卫工委副主任、主任，瑞安市第十四届人大常委会委员。

邵万姆　男，汉族，1961年7月出生，浙江温州人，在职大学学历，中国共产党党员。

1982年10月参加工作，历任：温州市委党校青干班学员，瑞安县罗南乡公安员、团委书记，仙岩镇副镇长，白门乡党委副书记、乡长，罗凤乡党委副书记，梅头镇党委副书记，鲍田镇党委副书记，塘下镇党委副书记、镇长，塘下镇常务副镇长、党委副书记，莘塍镇党委书记，瑞安市委组织部常务副部长，市第十四届人大常委会委员，市交通局局长、党委书记，市交通运输局局长、党委书记，市人大常委会财经工委主任，市人大财政经济委员会副主任委员，瑞安市第十五届人大常委会委员（2015年3月任职），第十六届人大常委会委员（任期：2017年2月至2019年8月）。

周佐胜　男，汉族，1957年7月出生，浙江文成人，在职大专学历，中国共产党党员。

1971年5月参加工作，历任：瑞安县越剧团演员，水利电力部第十二工程局水电学校学生、第十二工程局办事员，瑞安县（市）对外贸易局副股长、股长，营前乡乡长助理（挂职），市外贸局党组成员、副经理，市商业局副局长、党委委员，市粮食局局长、党委书记，市环保局局长、党组书记，市体育事业发展局局长、党组书记，市人大常委会农资工委副主任、主任，瑞安市第十四届人大常委会委员，第十五届人大常委会委员（任期：2012年1月至2015年12月）。

郑锦钗（法名：释传一） 女，汉族，1950年1月出生，浙江瑞安人，小学学历，群众。

1968年4月参加工作，历任：瑞安县电机厂工人，锦湖街道联星村本寂寺主持，市佛教协会副会长，瑞安市第十四届人大常委会委员。

郑耀庭 男，汉族，1945年11月出生，浙江瑞安人，高中学历，群众。

1961年8月参加工作，历任：瑞安县枫岭公社邮递员，枫岭乡团委副书记、党委委员、副乡长、信用社主任，出国定居意大利米兰市，意大利中国和平统一促进会主席、米兰华侨华人工商联合会名誉会长，瑞安市海外联谊会常务副会长、意大利环球集团贸易进出口有限公司董事长，瑞安市第十四届、十五届人大常委会委员。

胡志跃 男，汉族，1959年2月出生，浙江瑞安人，在职大学学历，中国共产党党员。

1976年12月参加工作，部队服役。退伍后历任：瑞安县化肥厂保卫股干事、水质化验员、团书记、车间主任、厂办主任，瑞安县（市）华侨电瓷开关厂党支部副书记，市物资局纪检监察员、劳资统计员、人事保卫股副股长、办公室主任兼化建总公司总经理，市物资局副局长、党委委员，陶山镇副镇长（挂职），平阳坑镇党委书记、人大主席，市人大常委会城建工委主任，瑞安市第十四届、十五届人大常委会委员。

黄发彩 男，汉族，1956年12月出生，浙江瑞安人，在职大学学历，中国共产党党员。

1973年8月参加工作，历任：瑞安县高楼学校初中教师、校团委书记，温州师范专科学校学生、班团委书记，高楼区中学教师、校团委书记，瑞安城关四中教师、副校长兼教务主任，城关学区干部、党总支委员，市安阳实验中学校长、党支部书记，瑞安市第十四届人大常委会委员。

尤光姆 男，汉族，1963年9月出生，浙江瑞安人，在职大专学历，中国共产党党员。

1984年11月参加工作，历任：瑞安县（市）民公乡经营管理员、公安员、党委委员、副乡长，汀田镇副镇长，仙岩镇党委副书记、镇长、党委书记，市环保局副局长、党组成员兼温瑞塘河整治工程指挥部副指挥，马屿片区工委书记，市总工会主席、党组书记，市人大法制、法制内务司法委员会副主任委员，瑞安市第十四届人大常委会委员（2008年2月任职），第十五届、十六届人大常委会委员。

周晓东 男，汉族，1965年7月出生，浙江瑞安人，在职大学学历，中国共产党党员。

1984年8月参加工作，历任：瑞安县（市）电视台技术员、新闻记者、广告部主任，市电视台副台长，四川省南部县大坪区副书记、副主任、升钟管理区副区长（挂职），营前乡党委副书记、书记，市广电局（台）副局（台）长、党组成员，市移民办主任、党组书记，市委统战部副部长、部务成员、市工商联党组书记，瑞安市第十四届人大常委会委员（任期：2008年2月至2010年1月）。

施经馆 男，汉族，1976年10月出生，浙江瑞安人，在职大学学历，中国共产党党员。

1998年8月参加工作，历任：瑞安市龙湖镇团委书记、党政办副主任，瑞安团市委常委、学少部部长、市少工委副主任，市青少年活动中心主任（兼），团市委副书记、党组成员，团省委宣传部部长助理（挂职），瑞安团市委书记、党组书记，瑞安市第十四届人大常委会委员（2008年2月任职）。

林 聪 男，汉族，1959年9月出生，浙江瑞安人，大学学历，中国共产党党员。

1975年7月参加工作，历任：瑞安县隆山模具厂工人，东北大学金属材料专业学生，浙江兰溪机床厂技术员、副厂长，瑞安市政府办公室秘书、综合科副科长、科长，104国道、飞云江大桥改造工程指挥部指挥，市交通局副局长、党委委员，市发改局（发展计划局）副局长、党委委员，市高速公路工程指挥部副总指挥（主持工作），温福铁路瑞安段工程建设指挥部常务副指挥、党组书记，市人大常委会办公室主任科员，瑞安市第十四届人大常委会委员（2010年1月任职）。

郑海洁 女，汉族，1975年8月出生，浙江瑞安人，大学学历，中国共产党党员。

1993年8月参加工作，历任：瑞安市荆谷乡妇联干事、主席、乡长助理，瑞安团市委常委、青农部部长，团市委副书记、党组成员，潮基乡党委副书记、乡长、党委书记、人大主席，湖岭镇党委书记，市妇联主席、党组书记，瑞安市第十四届人大常委会委员（2011年1月任职）。

黄笃远　男，汉族，1963年1月出生，浙江瑞安人，在职大学学历，中共党 员。

1986年8月参加工作，历任：瑞安县（市）委组织部办公室、干部审查科、干部科科员，川和乡乡长助理（挂职），市委组织部干部一科副科长、干部教育科科长、参照办副主任，市委组织部干部三科科长、干部一科科长，市委组织部副部组织员、副部长，市第十一届政协常委，市委组织部常务副部长，市编委办主任、室务成员，市人大常委会代表工委主任，瑞安市第十四届人大常委会委员（2011年1月任职），第十五届人大常委会委员，第十六届人大常委会委员（任期： 2017年2月至2021年3月）、党组成员。

石　亮　女，汉族，1969年6月出生，浙江丽水人，在职大学学历，中国共产党党员。

1989年12月参加工作，历任：瑞安市北龙乡妇女主任，市人大常委会办公室秘书兼出纳，市人大常委会财经工委科员、工委委员，市人大常委会办公室副主任，市协作办副主任、党组成员，市人大常委会代表工委副主任，瑞安市第十五届、十六届人大常委会委员。

沈永锋　男，汉族，1963年4月出生，浙江温州人，大专学历，中国共产党党员。

1982年8月参加工作，历任：瑞安县海安乡文书、团委书记，城关镇宣传干事、团委书记、办公室主任，城关镇红旗街道党委副书记、纪检委员、办事处副主任，安阳镇东山街道办事处副主任，安阳镇安阳街道党委副书记、办事处主任，安阳镇上望办事处党委书记，上望街道党工委副书记、办事处主任、党工委书记，市档案局（馆）长、党组书记，市委统战部副部长，市台办主任，市工商联党组书记、第一副主席，市总商会第一副会长，瑞安市第十五届人大常委会委员（任期：2012年1月至2014年6月）。

陈光兴 男，汉族，1960年12月出生，浙江瑞安人，在职大学学历，中国共产党党员。

1976年12月参加工作，历任：瑞安县建筑工程公司工人，县建设局工管股管理员，县（市）建筑工程公司工程处副主任、主任、总经理、党委书记，市招标投标监理处主任，枫岭乡党委书记、人大主席，顺泰乡党委书记、人大主席，市招投标管委会办公室副主任、副书记、招投标中心主任，市公共资源管委会党组副书记、公共资源交易中心主任，市安置留地建设管理工作领导小组办公室主任，市级机关事务管理局党组副书记、副局长，市人大常委会城建工委副主任，瑞安市第十五届人大常委会委员，第十六届人大常委会委员（任期：2017年2月至2018年9月）。

林志寅 男，汉族，1972年6月出生，浙江瑞安人，在职大学学历，群众。

1991年9月参加工作，历任：瑞安市印刷机械厂工人，吉林省珲春市经商，瑞安市顺泰乡村头村务农，市顺泰毛芋专业合作社负责人、理事长，市谷歌农家乐种养开发有限公司总经理，马屿镇村头村村委会主任，市农业技术联盟协会副会长兼秘书长，市第三届青联副主席，市社联会会长，温州市第十三届人大常委会委员，瑞安市第十五届、十六届、十七届人大常委会委员。

林伟光 男，汉族，1958年10月出生，浙江瑞安人，在职大学学历，中国共产党党员。

1976年3月参加工作，部队服役。退伍后历任：瑞安县碧山镇涂厂村党支部副书记，温州市委党校青干班学员，桐溪乡公安员，陶山区委秘书，陶峰镇党委副书记、镇长，潘岱乡党委书记，陶山镇党委书记，市计生委副主任、党组副书记，市供销总社主任，市药品监督管理局局长、党组书记，市食药监局局长、党组书记，市人大常委会教科文卫工委主任，瑞安市第十五届人大常委会委员。

林学凑　男，汉族，1962年12月出生，浙江瑞安人，在职研究生学历，中国共产党党员。

1979年2月参加工作，历任：瑞安县工艺画帘厂设计师，瑞安县（市）工艺装饰品厂副厂长，市民族工艺品厂厂长，浙江奥光工艺品制造有限公司董事长，奥光集团有限公司董事长、浙江奥光工艺品制造有限公司董事长，瑞安市第十五届人大常委会委员。

林振光　男，汉族，1967年3月出生，浙江瑞安人，高中学历，中国共产党党员。

1987年8月参加工作，历任：宁夏银川市经商，瑞安市飞跃鞋业有限公司董事长，飞云镇（街道）繁荣村党支部书记，瑞安市第十五届人大常委会委员。

周莉娜　女，汉族，1972年8月出生，浙江瑞安人，在职研究生学历，中国共产党党员。

1992年8月参加工作，历任：瑞安市莘塍镇一中教师，市技工学校教师，市人大常委会办公室人事秘书科秘书、副科长、科长，市人大常委会农资工委委员，市人大常委会办公室副主任，市人大社会建设委员会副主任委员，瑞安市第十五届、十六届、十七届人大常委会委员。

郑光德　男，汉族，1961年11月出生，浙江瑞安人，在职大学学历，中国共产党党员。

1977年12月参加工作，历任：温州市委党校青干班学员，瑞安县梅头镇团委书记、党委委员，塘下区团委书记，新华乡党委书记、人大主席，梅头镇党委书记、人大主席，梅头镇党委副书记、镇长，镇党委书记、人大主席，瑞安市委办公室副主任兼市委、市政府信访局局长，市外经贸局局长、党组书记，市政府办公室副主任、党组副书记，市扶贫办主任（兼），市民政局局长、党组书记，市人大常委会党组成员、办公室主任、机关党组书记，瑞安市第十五届人大常委会委员，第十六届人大常委会委员（任期：2017年2月至2019年11月）。

涂芳芳　女，汉族，1972年7月出生，浙江瑞安人，在职大学学历，主任医师，中国民主同盟盟员。

1992年12月参加工作，历任：瑞安市人民医院儿科医师、儿科副主任兼儿科教研室副主任，市人民医院儿童医院副院长兼门诊部主任兼新生儿科主任，市人民医院医务科副科长、儿科副主任兼小儿内分泌科主任兼儿童门诊主任，温州医学院兼职副教授，瑞安市第十五届人大常委会委员。

黄　淼　女，汉族，1967年9月出生，浙江瑞安人，大学学历，工业经济师，中国共产党党员。

1988年8月参加工作，历任：瑞安市发展计划局（计委）综合计划科科员、副科长，丰和乡乡长助理（挂职），市发展计划局综合计划科科长，市人大常委会财经工委副主任，市人大财政经济委员会副主任委员，瑞安市第十五届人大常委会委员。

黄文祥　男，汉族，1963年10月出生，浙江瑞安人，在职大学学历，中国共产党党员。

1984年11月参加工作，历任：瑞安县永安乡团委书记，咸芳乡团委书记，永安乡副乡长、党委委员，金川乡副乡长，桂峰乡乡长、党委副书记，芳庄乡党委书记、人大主席，市民宗局副局长、党组成员，市人大常委会教科文卫工委副主任，市人大社会建设委员会副主任委员，瑞安市第十五届人大常委会委员，第十六届人大常委会委员（任期：2017年2月至2020年12月）。

韩玉明　男，汉族，1962年1月出生，浙江瑞安人，在职大学学历，中国共产党党员。

1982年6月参加工作，历任：瑞安县（市）振达缸盖厂董事长，塘下镇韩田村村委会主任、党支部书记，浙江瑞明汽车部件有限公司董事长，瑞明集团有限公司董事长，瑞明控股有限公司董事长，温州瑞明工业股份有限公司董事长，中国铸造协会常务副会长，温州市、瑞安市汽摩配协会荣誉会长，瑞安市第十五届人大常委会委员。

潘基础　男，汉族，1965年1月出生，浙江瑞安人，在职大学学历，中国共产党党员。

1983年6月参加工作，历任：瑞安远东罐头厂厂长办公室主任，瑞安市轻纺工业总公司办公室主任，市政府办公室综合一科副科长，市委办公室综合科副科长，安阳新区管委会主任助理，瑞安经济开发区管委会副主任，瑞安经济开发区发展总公司总经理，浙江华峰氨纶股份有限公司董事、副总经理、常务副总经理、总经理，华峰集团副总裁，瑞安市第十五届、十六届人大常委会委员。

李明达 男，汉族，1983年3月，浙江瑞安人，大学学历，中国共产党党员。

2004年8月参加工作，历任：瑞安市枫岭乡政府文书、公安员、党政办副主任、综治办副主任、党政办主任、团委书记，市政府办公室督查室科员、综合二科科员、副科长，市政府办公室党组成员、市长公开电话受理中心主任，瑞安团市委副书记、党组成员，团市委书记、党组书记，瑞安市第十五届人大常委会委员（2016年1月任职），第十六届人大常委会委员（任期：2017年2月至2018年12月）。

陈胜泉 男，汉族，1961年8月出生，浙江瑞安人，在职大学学历，中国共产党党员。

1977年8月参加工作，历任：瑞安县烟花总厂、制药厂工人，瑞安县（市）财税局仙降财税所办事员，市财税局办公室办事员、农财股办事员、副股长，市财务开发公司经营部副经理，市财税局资产管理科科长、行政事业科科长、预算科科长，市财政局总会计师、副局长、党委委员，市财政局副局长、党委委员、党委副书记，市人大财政经济委员会副主任委员，市人大常委会预算工作委员会主任，瑞安市第十五届人大常委会委员（任期：2016年1月至2016年7月）。

陈继昌 男，汉族，1962年10月出生，浙江瑞安人，在职大学学历，中国共产党党员。

1981年8月参加工作，历任：瑞安县人民医院放射科医师，县（市）卫生局秘书、团委书记，高楼乡乡长助理（挂职），市卫生局办公室副主任、主任、党委委员，市卫生局副局长、党委委员，市政府办公室副主任、党组成员，市新区建设管理委员会常务副主任、主任、党组书记，市外经贸局局长、党组书记，市商务局局长、党组书记，市卫生局局长、党委书记，市人口计生局党组书记，市人大常委会农资工委主任、城建工委主任，瑞安市第十五届人大常委会委员（2016年1月任职），第十六届人大常委会委员（任期：2017年2月至2020年12月）。

诸葛志勇　男，汉族，1962年8月出生，浙江瑞安人，在职大学学历，中国共产党党员。

1981年9月参加工作，历任：瑞安县林溪乡中心小学代课教师，林溪乡公安员、副乡长，岭雅乡乡长，金川乡乡长，城关镇城南街道办事处主任，安阳镇潘岱办事处党委书记，瑞安市文化局副局长、党委委员，市文化广电新闻出版局副局长、党委委员，市残联理事长、党组书记，市审管办主任、党组书记，市人大常委会农资工委副主任，市人大社会建设委员会副主任委员，瑞安市第十五届人大常委会委员（2016年1月任职），第十六届人大常委会委员（任期：2017年2月至2020年10月）。

李学祥　男，汉族，1966年11月出生，浙江瑞安人，在职大学学历，中国共产党党员。

1983年10月参加工作，部队服役。转业后历任：瑞安市委宣传部党教科科员、宣传科副科长、文明办副主任，市委宣传部党员教育科科长、办公室主任，市文明办副主任，市政协副秘书长、办公室主任，市工商联党组书记、常务副主席兼市委统战部副部长、部务成员，瑞安市第十五届人大常委会委员（2015年3月任职），第十六届人大常委会委员。

卢秀英　女，汉族，1966年5月出生，浙江瑞安人，在职研究生学历，中国共产党党员。

1987年8月参加工作，历任：瑞安中学教师、教科研处副主任、主任，浙江广播电视大学瑞安分校副校长，瑞安市侨联副主席、党组成员，市侨联主席、党组成员，市妇联主席、党组书记，瑞安市第十五届人大常委会委员（2013年1月任职），第十六届人大常委会委员（任期：2017年2月至2019年11月）。

张蕙娜　女，男，汉族，1982年3月出生，浙江瑞安人，在职大学学历，中国共产党党员。

2004年6月参加工作，历任：宏瑞集团有限公司综合科职员，瑞安市梅屿乡团委书记、文书兼组宣干事，瑞安团市委副书记、党组成员，团市委书记、党组书记，市青联主席，玉海街道党工委书记，瑞安市第十五届人大常委会委员（2013年1月至2014年11月）。

丁文翔　女，汉族，1991年6月出生，浙江瑞安人，大学学历，群众。

2014年2月参加工作，历任：瑞安市塘下镇党政办文书，塘下镇财政局预算总会计，瑞安市第十六届人大常委会委员。

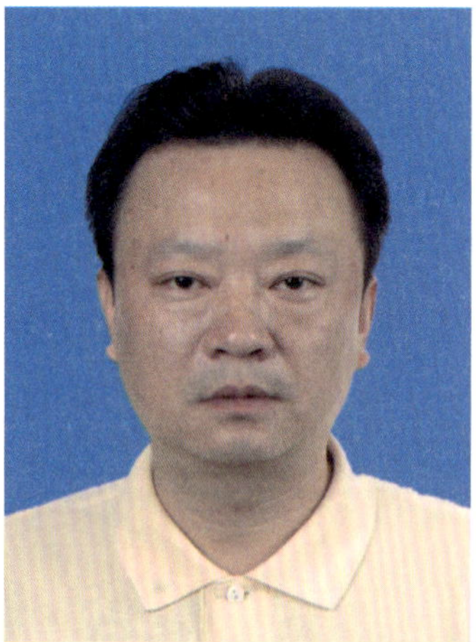

马可煊　男，汉族，1962年9月出生，浙江瑞安人，在职大专学历，中国共产党党员。

1982年7月参加工作，历任：瑞安县湖岭区公所干部，温州市委党校青干班学员，金坪乡团委书记、副乡长，湖岭区委秘书、宣传委员，金川乡党委书记，莘塍镇党委副书记，上望镇党委书记、人大主席，飞云镇党委书记、人大主席，市司法局局长、党组书记，市环保局局长、党组书记，生态办主任（兼）、市府办副主任（兼），瑞安经济开发区管委会主任、党委副书记兼飞云新区建设管理办公室主任，市人大财政经济委员会副主任委员，瑞安市第十六届人大常委会委员（任期：2017年2月至2020年10月）。

王云桧　男，汉族，1959年10月出生，浙江瑞安人，高中学历，群众。

1978年1月参加工作，历任：瑞安市枫岭乡西龙村会计，枫岭乡副乡长，高楼乡副乡长，旅居西班牙经商，西班牙瑞安经贸总会创会会长，西班牙瑞安经贸总会永久名誉会长，瑞安市海外交流协会执行会长，市侨商会执行会长，瑞安市第十六届人大常委会委员。

包振明　男，汉族，1961年10月出生，浙江瑞安人，大专学历，中国共产党党员。

1977年10月参加工作，历任：浙江丝绸工学院干修班学员，文成县乡镇工业局生产技术股股长，峃口区公所副区长、区委委员，文成县二轻总公司副经理、党总支委员，瑞安市人事局人才服务中心主任，陶山镇党委副书记，桐浦乡党委副书记、乡长，莘塍片区工委副书记、管委会副主任，高楼片区工委副书记、管委会副主任，市能源办主任，市协作办主任、党组书记、市三山公园建设指挥部常务副指挥，市安监局局长、党组书记，市环保局局长、党组书记，市第十二届政协秘书长、党组成员，市人大财政经济委员会副主任委员，市人大常委会预算工委主任，瑞安市第十六届人大常委会委员（任期：2017年2月至2019年1月）。

任　武　男，汉族，1961年10月出生，浙江温州人，在职大学学历，中国共产党党员。

1982年8月参加工作，历任：瑞安县横山公社公安员，隆山乡政府（办事处）文书、司法助理员、副乡长、副主任，隆山办事处党委副书记，城关镇城西街道办事处党委副书记，红旗街道办事处副主任，仙岩镇党委副书记，塘下镇鲍田办事处党委书记，塘下镇副镇长、党委副书记，市工业项目建设协调管理领导小组办公室主任、党组书记，市风景旅游局局长、党组书记，市十二届政协常委、城乡建设委员会主任，瑞安市第十六届人大常委会委员（任期：2017年2月至2019年11月）。

杜文君 女，汉族，1971年2月出生，浙江瑞安人，大学学历，主任医师，中国共产党党员。

1994年8月参加工作，历任：瑞安市人民医院妇产科医师、教研室副主任，市人民医院妇幼分院妇产科主任、妇幼分院副院长，市妇幼保健院副院长、院长，市人民医院妇幼分院院长，市人民医院党委委员、妇幼分院院长、市妇幼保健院党总支书记，温州医科大学兼职教授，市人民医院党委委员、副院长、院长，党委副书记，瑞安市第十六届人大常委会委员。

杨圣远 男，汉族，1964年2月出生，浙江瑞安人，在职大学学历，中国共产党党员。

1980年12月参加工作，历任：瑞安县曹村公社水利员，县水利电力局调查员，大南水库工程指挥部施工员、机电组长，福建省水电学校继电保护专业学员，荆谷乡水利员，瑞安市水电局江南水电物资公司经理，马屿镇水利站站长，篁社镇副镇长，曹村镇副镇长，荆谷乡党委副书记、乡长，上望街道党工委副书记，政协玉海街道联络主任，玉海街道党工委副书记、玉海街道人大工委主任，瑞安市第十六届人大常委会委员（任期：2017年2月至2019年6月）。

李治学 女，汉族，1981年8月出生，浙江瑞安人，在职大学学历，中国共产党党员。

2001年1月参加工作，历任：瑞安市公安局办公室科员、政治处宣教科干事，宁益乡乡长助理，乡党委委员，马屿镇党委委员，马屿镇党委委员、两新工委副书记，高楼镇党委副书记、两新工委书记，市妇联主席、党组书记，瑞安市第十六届人大常委会委员。

吴学彬　男，汉族，1962年3月出生，浙江瑞安人，在职大学学历，中国共产党党员。

1978年8月参加工作，历任：瑞安县孙桥学校教师，县五中教师，杭州大学教育管理专业学生，瑞安市五中教师、教导处副主任、主任、校长，市十中校长，市教委副主任、党委委员，市教育局副局长、党委委员，瑞安中学校长、党总支书记，市教育局党委委员、瑞安中学校长、党委副书记、党委书记，市海洋与渔业局局长、党委书记，市教育局局长、党委书记，市人大常委会教科文卫工委主任，市人大社会建设委员会副主任委员，瑞安市第十六届人大常委会委员（任期：2017年2月至2020年10月）。

汪黎明　男，汉族，1962年12月出生，浙江永嘉人，在职大学学历，中国共产党党员。

1978年12月参加工作，历任：瑞安县仪表厂技术员、计量室主任，瑞安县（市）飞云江渡口管理所文书、统计组长，市公路运管稽征所股长、副所长，市交通局副局长、党委委员、兼东新公路指挥部常务副指挥，市交通局副局长、党委副书记、兼飞云江三桥工程建设指挥部常务副指挥、滨海大道瑞安段工程建设指挥部常务副指挥，市交通运输局副局长、党委副书记，市人大财政经济委员会副主任委员，瑞安市第十六届人大常委会委员（任期：2017年2月至2021年3月）。

张加梁　男，汉族，1966年1月出生，浙江温州人，大学学历，中国共产党党员。

1984年12月参加工作，历任：瑞安县（市）法院书记员、审判员、刑庭副庭长，塘下法庭庭长，市法院民一庭庭长、审委会委员，市法院审委会专职委员，市人大常委会法制工委副主任，市农住建办党组副书记、副主任、党组书记、主任，市人大常委会办公室副主任，市人大法制、法制内务司法、财政经济委员会副主任委员，市人大常委会财经工委主任，瑞安市第十六届人大常委会委员，第十七届人大常委会委员（任期：2022年2月至2024年4月）。

张朝银　男，汉族，1963年10月出生，浙江瑞安人，在职大学学历，中国共产党党员。

1981年8月参加工作，历任：瑞安县林垟中学教师，孙桥中学教师、团书记，温州教育学院数学专业大专班学员，瑞安市孙桥中学教导主任，市第五中学教研室组长、教导、副校长、副书记、校长，新疆和田洛浦县教育局副局长（援疆挂职），市教委副主任、党委委员，市教育局副局长、党委委员，市委党史研究室主任，市档案局（馆）长、党组书记，市人大常委会农资工委副主任，市人大社会建设委员会副主任委员，瑞安市第十六届人大常委会委员。

陈爱雪　女，汉族，1971年9月出生，浙江瑞安人，大专学历，无党派人士。

1994年4月参加工作，历任：温州永生工艺品有限公司总经理，董事长，温州永好进出口有限公司董事长，浙江永正人力资源有限公司董事长，温州永正信息科技有限公司董事长，温州市永正商业运营管理有限公司董事长，温州人力资源服务业协会副会长，瑞安市第十六届、十七届人大常委会委员。

陈康进　男，汉族，1962年5月出生，浙江瑞安人，大专学历，中国共产党党员。

1982年7月参加工作，历任：瑞安第二机床厂技术员、技术负责人，瑞立集团电器分厂厂长，瑞立集团有限公司副总经理兼党委副书记，瑞立集团有限公司总经理兼党委书记，瑞安市第十六届人大常委会委员。

林　津　男，汉族，1965年12月出生，浙江瑞安人，在职大学学历，中国共产党党员。

1985年10月参加工作，部队服役。退伍后历任：塘下区文化站辅导员，上望镇政府办事员、文化站站长、党政办副主任兼秘书、城建办主任，安阳镇上望办事处城建办主任，北麂乡党委组宣委员、副乡长、党委副书记、乡长、党委书记、人大主席，滨海新城区（滨海新区）党委委员、管委会副主任，塘下镇人大主席，瑞安市第十六届人大常委会委员，第十七届人大常委会委员（任期：2022年2月至2023年12月）。

林昌勋　男，汉族，1968年4月出生，浙江瑞安人，大学学历，中国共产党党员。

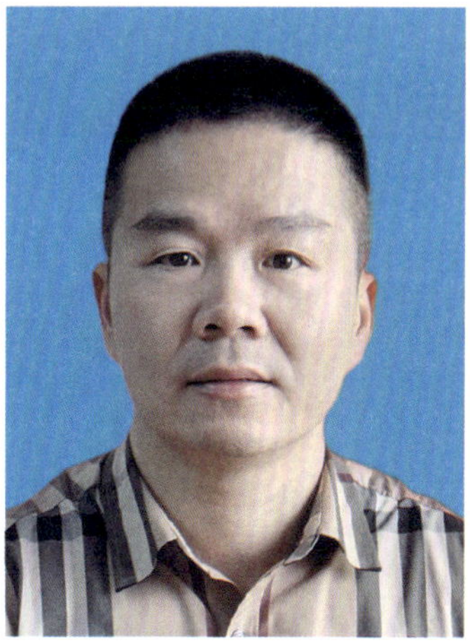

1990年8月参加工作，历任：瑞安市乡镇企业管理局科员、办公室副主任，市委办公室科员、秘书一科副科长、科长，市委办公室副主任，市审计局副局长、党组副书记，市民宗局局长、党组书记兼市委统战部副部长、部务成员，市总工会主席、党组书记，市人大社会建设委员会副主任委员，瑞安市第十六届、十七届人大常委会委员。

欧美玲　女，汉族，1980年11月出生，浙江瑞安人，大学学历，中国民主促进会会员。

2003年8月参加工作，历任：瑞安市荆谷乡学校教师、专职团干，陶山镇荆谷学校政教处主任、校办主任，瑞安市第十六届人大常委会委员。

金振钱 男，汉族，1963年2月出生，浙江瑞安人，在职大专学历，中国共产党党员。

1978年10月参加工作，历任：瑞安县五金工具厂职工、生产科长，瑞安县（市）精密机床厂生产供应部部长、副厂长，飞云镇林北村村委会主任、党支部书记，浙江利邦智能传动有限公司董事长，瑞安市十六届人大常委会委员。

郑祥圣 男，汉族，1963年7月出生，浙江瑞安人，在职大学学历，中国民主促进会会员。

1981年8月参加工作，历任：文成县医药公司技术员、业务课长、副经理，县药品监督检验所中药师、县药品监督员，瑞安市第二人民医院中药师、中药部副主任，市药品监督检验所主管中药师、副所长，市食品药品监督管理局副局长，民进瑞安市基层委副主委，市食药监局副局长，市食品安全办副主任（兼），市科协主席兼市科技局副局长，民进瑞安市基层委副主委，市十届、十一届、十二届政协常委，市人大社会建设委员会副主任委员，瑞安市第十六届人大常委会委员。

胡颖媛 女，汉族，1976年4月出生，浙江瑞安人，大学学历，九三学社社员。

1998年9月参加工作，历任：农行瑞安市莘塍支行柜员，农行瑞安市支行职员、金融超市会计主管、个人客户经理、理财经理、营业中心经理助理兼大堂经理，农行瑞安市玉海支行副行长、行长、万松支行行长，农行瑞安市支行三农业务部经理，瑞安市第十六届人大常委会委员。

徐象龙　男，汉族，1964年1月出生，浙江温州人，大学学历，中国共产党党员。

1985年7月参加工作，历任：瑞安县（市）公安局侦查员、技术人员，塘下派出所副所长，市公安局刑侦大队中队长、副大队长，红旭集团股份有限公司董事兼总裁，瑞安市汽车流通行业协会会长，温州市机动车维修行业协会会长，瑞安市第十六届人大常委会委员。

蔡树勇　男，汉族，1962年6月出生，浙江瑞安人，在职大学学历，中国共产党党员。

1981年3月参加工作，历任：瑞安县东山公社会计辅导员，上望乡经联社副主任，九里乡党委副书记、乡长，里学乡党委副书记、乡长，民公乡党委副书记，城关镇城东办事处党委宣传委员，城北街道党委组织委员、党委副书记，安阳镇隆山街道党委副书记、办事处主任，潘岱街道党工委副书记、办事处主任、党工委书记兼人大工委主任、党工委书记，安阳街道党工委书记，市直机关工委书记兼市委组织部副部长，市食药监局局长、党组书记，市海洋与渔业局局长、党委书记，市人大法制内务司法委员会副主任委员，瑞安市第十六届人大常委会委员（任期：2017年2月至2020年10月）。

林圣赞　男，汉族，1973年8月出生，浙江瑞安人，在职大学学历，中国共产党党员。

1993年8月参加工作，历任：瑞安市梅屿乡党政办秘书、主任，马屿片区工委秘书、办公室主任，市委办公室综合科秘书、秘书一科副科长，市委农办副主任，市委督查室主任，市委政法委副书记，市社科联主席兼市委宣传部副部长，市文明办主任兼市委宣传部副部长，市委两新工委书记兼市委组织部副部长，市委组织部常务副部长，瑞安市第十六届人大常委会委员（任期：2019年1月至2020年8月）。

黄志勇　男，汉族，1964年5月出生，浙江瑞安人，在职大学学历，中国共产党党员。

1984年11月参加工作，历任：瑞安县碧山乡公安员、副乡长，碧山镇副镇长，陶山镇副镇长，桐浦乡党委副书记，马屿镇党委副书记，枫岭乡党委书记、人大主席，汀田镇党委副书记、镇长，汀田街道党工委副书记、办事处主任、兼滨海新区管委会副主任，汀田街道党工委书记、兼滨海新区党委副书记，市政府办公室党组成员、副主任，兼市人防办（民防局）主任（局长），瑞安市第十六届人大常委会委员（任期：2019年1月任职）。

陈宗成　男，汉族，1965年10月出生，浙江瑞安人，在职大学学历，中国共产党党员。

1985年1月参加工作，历任：瑞安县周苌乡农科站站长，新江乡财政总会计，林垟镇财政会计、副镇长，江溪镇党委副书记，仙降镇党委委员、副镇长，龙湖镇党委副书记、镇长、党委书记兼人大主席、党委书记，市环保局党组副书记、生态办副主任，市移民办党组书记、主任，市委统战部副部长兼市台办主任，市人大财政经济委员会副主任委员，市人大常委会预算工委主任，瑞安市第十六届人大常委会委员（2020年4月任职），第十七届人大常委会委员（任期：2022年2月至2023年12月）。

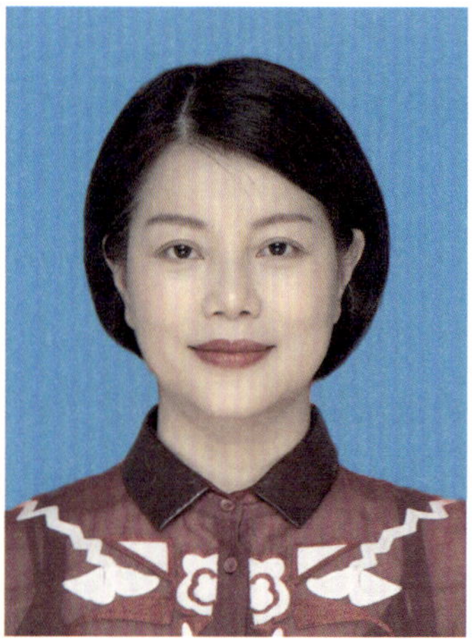

陈晓洁　女，汉族，1975年6月出生，浙江瑞安人，在职大学学历，中国共产党党员。

1996年8月参加工作，历任：瑞安市潮基乡政府财政会计，市委办公室秘书二科科员、副科长、科长，市委办公室社工科科长，市人大常委会办公室副主任，玉海街道人大工委主任，瑞安市第十六届人大常委会委员（2020年4月任职），第十七届人大常委会委员。

陈智勇　男，汉族，1966年12月出生，浙江瑞安人，在职大学学历，中国共产党党员。

1987年8月参加工作，历任：瑞安市纪委干事，川和乡乡长助理（挂职），北京大学国际政治系93级干部专修班学生，市纪委、监察局纪检监察二室干事、纪检监察一室主任，市纪委常委、监察局副局长，湖岭片区工委书记，市扶贫园区指挥，市市级机关事务管理局党组书记、局长，市民政局党组书记、局长，市司法局党组书记、局长，市人大常委会农资工委主任，瑞安市第十六届人大常委会委员（2020年4月任职），第十七届人大常委会委员。

周　靖　男，汉族，1965年2月出生，浙江瑞安人，在职大学学历，中国共产党党员。

1983年8月参加工作，历任：瑞安县（市）司法局干事、科长，永安乡乡长助理（挂职），市政府办公室法制科副科长、科长，市城管办常务副主任，龙湖镇党委书记，市委办公室副主任兼市委、市政府信访局局长，市海洋与渔业局党委书记、局长，市委统战部副部长，市侨办主任，市外事侨务办主任，市人大法制监察司法委员会副主任委员，瑞安市第十六届人大常委会委员（2020年4月任职）。

蔡仁敏　男，汉族，1964年10月出生，浙江瑞安人，在职大专学历，中国共产党党员。

1982年9月参加工作，历任：瑞安县东山中学教师，东山乡文化员，九里乡文化站站长兼团委书记，汀田乡党委宣传委员，上望乡副乡长，汀田镇党委宣传委员，上望镇副镇长，莘塍镇党委组织委员、副镇长、常务副镇长、党委副书记，曹村镇党委书记，塘下镇党委副书记、两新工委书记兼瑞安塘下新区党委副书记，市供销联社（农合社）党委书记、主任，理事会主任，市档案局党组书记，市档案局（馆）局（馆）长，市人大社会建设委员会副主任委员，瑞安市第十六届人大常委会委员（2020年4月任职）。

蔡金良　男，汉族，1964年12月出生，浙江瑞安人，硕士研究生学历，中国共产党党员。

1986年8月参加工作，历任：瑞安县（市）统计局农调队统计师，瑶庄乡乡长助理（挂职），市委督查室副主任、主任，市委610办副主任，市委政法委副书记、市委610办主任，瑞安经济开发区党委副书记、飞云江三桥指挥部常务副指挥，市审管办党组书记、副主任，市安监局党组书记、局长，市交通运输局党委书记、局长，市人大常委会预算工委主任，市人大常委会党组成员、办公室主任，机关党组书记，瑞安市第十六届人大常委会委员（2020年4月任职）。

许良伍　男，汉族，1967年8月出生，浙江瑞安人，在职大学学历，中国共产党党员。

1986年10月参加工作，部队服役。退伍后历任：瑞安市梓岙乡人武部副部长，梅头镇人武部干事、副部长、党委委员、人武部长，莘塍镇党委委员、人武部长、副镇长、党委副书记，莘塍街道党工委副书记、办事处副主任、办事处主任兼滨海新区管委会副主任，市审管办党组书记、副主任，市委统战部副部长、部务成员，市人大财政经济委员会副主任委员，瑞安市第十六届人大常委会委员（2021年2月任职），第十七届人大常委会委员。

张中杰　男，汉族，1966年2月出生，浙江瑞安人，在职大学学历，中国共产党党员。

1988年12月参加工作，历任：瑞安市塘下镇城建监察副中队长、中队长，塘下镇城镇建设局副局长兼城建监察中队长，塘下镇城建委建设科负责人，瑞安市建设局塘下分局副局长、局长兼镇联合执法中心常务副主任，塘下镇塘下办事处副主任，飞云镇副镇长，塘下镇塘下办事处党委副书记、办事处主任，塘下新区党委委员、管委会副主任，浙南产业集聚区瑞安塘下分区管委会党委委员、常务副主任，市委第二巡察组组长，塘下镇人大主席，瑞安市第十六届人大常委会委员（2021年2月任职），第十七届人大常委会委员（任期：2022年2月至2024年4月）。

林邦虎　男，汉族，1968年12月出生，浙江瑞安人，在职大学学历，中国共产党党员。

1989年10月参加工作，历任：瑞安市公安局马屿派出所民警、梅屿派出所副所长、曹村派出所所长、陶山派出所所长，莘塍派出所所长、莘塍镇党委委员，市公安局基础管理大队大队长，塘下镇党委副书记，市信访局局长、党组书记兼市委办副主任，市考绩办主任兼市委办副主任，市人力资源和社会保障局党委书记、局长兼市委组织部副部长，市委组织部常务副部长、部务成员，瑞安市第十六届人大常委会委员（2021年2月任职）。

涂秀明　男，汉族，1965年9月出生，浙江温州人，大学学历，中国共产党党员。

1989年9月参加工作，历任：瑞安市鲍田镇农办副主任、城建办副主任、司法助理员、党政办主任，鲍田镇党委委员、副镇长、党委副书记，塘下镇塘下办事处党委副书记、主任、党委书记，塘下镇副镇长、党委副书记，市信访局局长、党组书记，兼市委办副主任，市统计局党组书记、局长，市经信局党委书记、局长，兼市二轻联社党委书记，市人大常委会教科文卫工委主任，瑞安市第十六届人大常委会委员（2021年2月任职），第十七届人大常委会委员（任期：2022年2月至2023年12月）。

黄隽燚　男，汉族，1974年12月出生，浙江瑞安人，大专学历，中国共产党党员。

1996年8月参加工作，历任：瑞安市湖岭镇纪检干事、党政办秘书，芳庄乡党政办主任，湖岭镇副科组织员，芳庄乡副乡长，潮基乡党委委员、副书记、乡长，湖岭镇党委委员、纪委书记兼潮基办事处党委书记，湖岭镇党委副书记，林川镇党委书记，市工商联党组书记、常务副主席，兼市委统战部副部长、市委两新工委副书记，瑞安市第十六届人大常委会委员（2021年2月任职），第十七届人大常委会委员。

曾爱慧 女，汉族，1970年4月出生，浙江瑞安人，在职研究生学历，中国共产党党员。

1987年8月参加工作，历任：瑞安市机械厂团委副书记，杭州大学行政管理专业学生，瑞安团市委少工委秘书长、团市委副书记，市经委副科组织员、党委委员、局办公室主任，市医药公司第一党委书记（兼），梅屿乡党委副书记、乡长、党委书记、人大主席，汀田街道党工委书记兼滨海新区党委副书记，市经合办（招商局）党组书记、主任（局长），市安监局党组书记、局长，市科技局党组书记、局长，市人大常委会城建工委主任，瑞安市第十六届人大常委会委员（2021年2月任职），第十七届人大常委会委员（任期：2022年2月至2023年8月）。

薛　颖 女，汉族，1979年12月出生，浙江瑞安人，在职大学学历，中国共产党党员。

2000年8月参加工作，历任：瑞安市人事局办公室文书、人才培训中心副主任，平阳坑镇镇长助理、党委委员，锦湖街道党工委委员、两新工委副书记，办事处副主任，芳庄乡人大主席；乡党委副书记、乡长，市人大常委会办公室副主任，市人大常委会社会建设工委主任，市人大社会建设委员会副主任委员，瑞安市第十六届人大常委会委员（2021年2月任职），第十七届人大常委会委员。

王光领 男，汉族，1967年1月出生，浙江瑞安人，大学学历，中国共产党党员。

1992年8月参加工作，历任：瑞安市信用联社秘书、办公室副主任、塘下信用社主任，市信用联社主任助理、副主任，瑞安农村合作银行副行长、行长，平阳农村信用合作联社主任、理事长、党委书记，平阳农商银行董事长、党委书记，瑞安农商银行董事长、党委书记，瑞安市第十七届人大常委会委员（任期：2022年2月至2023年12月）。

尤若楠　女，汉族，1985年1月出生，浙江瑞安人，硕士研究生学历，群众。

2009年7月参加工作。历任：北京海问律师事务所律师，中邮电子商务有限公司法务，浩华咨询有限公司法务，百姓咨询（上海）有限公司法务，华峰集团副总裁，瑞安市工商联副主席（总商会副会长），瑞安市第十七届人大常委会委员。

叶应东　男，汉族，1965年5月出生，浙江瑞安人，在职大学学历，中国共产党党员。

1985年6月参加工作，历任：瑞安市仙降商业公司会计，云江乡政府财政总会计，云周乡政府财政总会计、乡党委委员，飞云镇云周办事处主任，飞云镇党委组织委员、党委副书记，平阳坑镇党委副书记、镇长、书记，玉海街道党工委副书记、办事处主任，市侨联党组书记、主席，市人大法制监察司法委员会副主任委员，瑞安市第十七届人大常委会委员（任期：2022年2月至2023年8月）。

刘海峰　男，汉族，1965年5月出生，浙江文成人，在职大学学历，中国共产党党员。

1984年11月参加工作，历任：瑞安县（市）物价检查所干部，市拍卖行副总经理，市物价局办公室主任，市瑞祥大道指挥部副指挥，飞云镇副镇长、党委副书记、镇长，市风景旅游局党组副书记、市三山公园工程建设指挥部副指挥，陶山镇党委书记，瑞安经济开发区党委副书记，市东海滩涂综合开发指挥部常务副指挥，市滨海新区党委副书记、管委会主任，市瓯飞管委会（瓯飞办）主任、党组书记，市瓯飞开发建设管理中心党组书记、主任，市人大财政经济委员会副主任委员，瑞安市第十七届人大常委会委员（任期：2022年2月至2023年8月）。

孙仕元　男，汉族，1968年3月出生，浙江瑞安人，在职大学学历，中国共产党党员。

1990年8月参加工作，历任：瑞安市规划土地管理局科员，市新区管委会干部、办公室主任、瑞祥新区开发建设指挥部办公室主任，市新区管委会党组成员、市扶贫园区副指挥、市工业项目办党组成员、主任助理、副主任，市汽摩配产业基地管委会副主任，瑞安经济开发区管委会党委委员、副主任，浙南产业集聚区瑞安阁巷分区管委会常务副主任、党委副书记，市人大社会建设委员会副主任委员，瑞安市第十七届人大常委会委员。

李伟良　男，汉族，1981年1月出生，浙江瑞安人，大学学历，无党派人士。

2005年9月参加工作，历任：温州市二医工作，宁波建峰学校企业管理专业学生，浙江胜华波电器股份有限公司总经理，瑞安市第十七届人大常委会委员。

吴大春　男，汉族，1966年10月出生，浙江瑞安人，高中学历，中国共产党党员。

1999年10月参加工作，历任：瑞安市陶山镇社下村村委会主任，个体工商户，陶山镇社下村村委会主任，村党支部书记，瑞安市第十七届人大常委会委员。

陈白羽　女，汉族，1986年10月出生，浙江长兴人，大学学历，中国共产党党员。

2008年9月参加工作，历任：瑞安市飞云镇政府秘书、综合办副主任，飞云街道办事处科员，江南新区管委会秘书、办公室副主任，玉海街道办事处副主任，市妇联副主席、党组成员，汀田街道人大工委主任，平阳坑镇党委副书记、镇长，林川镇党委书记，市政府办公室党组成员、副主任，市妇联主席、党组书记，瑞安市第十七届人大常委会委员。

陈良春　男，汉族，1968年3月出生，浙江瑞安人，在职大学学历，中国共产党党员。

1990年8月参加工作，历任：瑞安市农业局办事员，市农经总站副站长，市纪委科员、纪委（监察局）案件审理室副主任、党风廉政建设室主任，市行政效能监察中心主任、经济发展软环境投诉中心主任，市纪委（监察局）执法监察室主任，市纪委常委、正科级纪检员、市监察局副局长，市纪委副书记、市监察委员会副主任，市人大法制监察司法委员会副主任委员，瑞安市第十七届人大常委会委员。

陈晓宇　男，汉族，1975年6月出生，浙江瑞安人，大专学历，中国共产党党员。

1992年8月参加工作，历任：瑞安市调节阀厂厂长助理，浙江力诺流体控制科技股份有限公司董事长，瑞安机械行业电子协会会长，瑞安市青年企业家协会会长，市工商联副主席，市第十三届政协常委，瑞安市第十七届人大常委会委员。

林　帆　男，汉族，1989年6月出生，浙江瑞安人，大学学历，中国共产党党员。

2011年7月参加工作，历任：瑞安人才市场人事代理，马屿镇政府试用期人员、科员、党政办副主任，云周街道办事处科员、党政办主任、办事处副主任，温州团市委基层工作部副部长，瑞安团市委书记，瑞安市第十七届人大常委会委员。

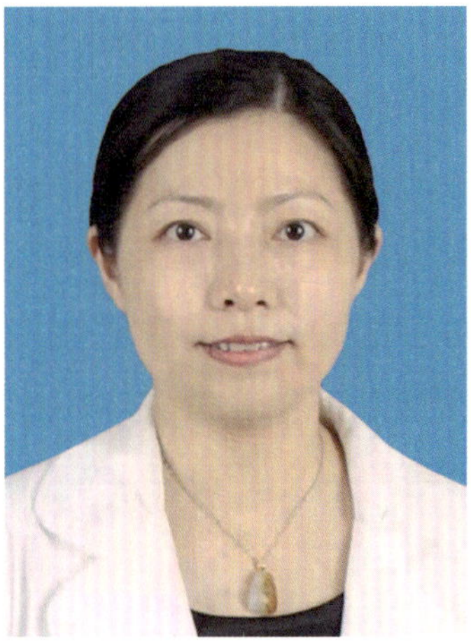

林　琳　女，汉族，1971年4月出生，浙江瑞安人，大学学历，中国民主同盟盟员。

1994年8月参加工作，历任：瑞安市人民医院妇产科医师、主治医师、教研室副主任、副主任医师、妇产科副主任、主任医师，市人民医院妇产科主任医师、科主任、教研室主任，瑞安市第十七届人大常委会委员。

林元众　男，汉族，1975年2月出生，浙江瑞安人，在职大学学历，中国共产党党员。

1996年8月参加工作，历任：瑞安市财税局高楼税务所税务管理员、马屿中心所税务管理员，市财政局预算科科员、副科长、科长，市财政局财政监督科科长、财政监督局副局长，市人大常委会财经工委副主任、预算工委副主任，文成县发改局党委委员、副局长（挂职），瑞安市第十七届人大常委会委员。

林绍达　男，汉族，1968年6月出生，浙江瑞安人，在职大学学历，中国共产党党员。

1989年4月参加工作，历任：瑞安市马屿区公所统计员、区委秘书，马屿镇党政办主任、党委宣传委员，篁社镇副镇长、党委副书记，马屿镇党委委员、副镇长，安阳镇上望办事处副主任，玉海街道办事处副主任、党工委委员、党工委副书记，玉海街道人大工委主任，玉海街道办事处主任、党工委书记，市人大常委会党组成员、办公室主任、机关党组书记，瑞安市第十七届人大常委会委员（任期：2022年2月至2023年8月）。

项纯坚　男，汉族，1987年6月出生，浙江瑞安人，硕士研究生学历，无党派人士。

2013年1月参加工作，历任：英仕国际教育咨询总经理，浙江通力传动科技股份有限公司外贸部经理，浙江通力传动科技股份有限公司副总经理、总经理，全国工商联青年企业家委员会委员，温州市青年企业家协会副会长，瑞安市欧美同学会会长，瑞安市第十七届人大常委会委员。

谢　骁　男，汉族，1975年4月出生，浙江瑞安人，在职大学学历，中国共产党党员。

1996年5月参加工作，历任：瑞安市有线电视台记者、编辑，市广播电视局秘书、团委副书记、办公室副主任，市交通局科员，市政府办公室科员、综合一科副科长、秘书一科科长，市政府督查室主任，市委督查室主任，市委办公室副主任、室务成员，玉海街道党工委书记，飞云街道党工委书记，市委宣传部常务副部长、部务成员，市农业农村局党委书记、局长，市人大常委会代表工委主任，瑞安市第十七届人大常委会委员（任期：2022年2月至2023年12月）。

虞安林 男，汉族，1962年2月出生，浙江瑞安人，高中学历，群众。

1978年10月参加工作，历任：瑞安县（市）红星弹簧厂职工、仙桥服装厂厂长、红星汽车配件厂厂长，莫斯科盛安有限公司董事长，温州市弘洲进出口有限公司董事长，俄罗斯浙江华人华侨联合会会长，欧洲华侨华人社团联合会青年委员会副主席，浙江省侨联副主席、中国侨联委员，浙江省驻俄罗斯商务代表，俄罗斯中国和平统一促进会主席、俄罗斯华侨华人联合总会主席，中国海外交流协会常务理事、瑞安市侨商会会长，温州市侨联副主席，浙江省第十届、十一届、十二届、十三届政协委员，瑞安市第十七届人大常委会委员。

薛中卫 男，汉族，1970年6月出生，浙江瑞安人，在职研究生学历，法律硕士学位，中国共产党党员。

1991年8月参加工作，历任：瑞安市法院陶山法庭书记员，市法院湖岭、塘下、城关法庭助理审判员，市法院湖岭法庭副庭长（主持工作）、执行庭副庭长兼执行局综合科科长，塘下法庭庭长（确定副科级），市法院审委会委员、刑庭庭长，市法院党组成员、审委会委员、执行局局长，市国资办副主任，市财政局党委委员、副局长兼市政府国有资产监督管理办公室副主任，塘下镇人大主席，瑞安市第十七届人大常委会委员。

薛翔晔 女，汉族，1984年10月出生，浙江瑞安人，大学学历，硕士学位，中国共产党党员。

2005年8月参加工作，历任：瑞安市安监局政策法规科案审员、办公室副主任、监察室主任，安阳街道党工委委员，南滨街道党工委委员、办事处副主任，安阳街道人大工委主任，瑞安市第十七届人大常委会委员。

戴美东　男，汉族，1970年1月出生，浙江瑞安人，在职大学学历，中国共产党党员。

1990年10月参加工作，历任：瑞安市场桥镇财政会计、财政办主任，场桥镇党委统战委员，塘下镇场桥办事处副主任、罗凤办事处党委副书记，塘下镇海安办事处党委副书记、主任，塘下镇塘下办事处党委副书记、主任、党委书记，塘下镇副镇长，市移民办党组成员、副主任，市民政局党组成员、副局长，市赵山渡库区农房集聚生态搬迁办公室负责人，市总工会党组书记、常务副主席，市人大常委会财经工委主任，市人大财政经济委员会副主任委员，瑞安市第十七届人大常委会委员。

瞿旭雅　女，汉族，1985年12月出生，浙江瑞安人，大学学历，中国民主同盟盟员。

2008年9月参加工作，历任：瑞安市莘塍二中教师，滨江小学教师，瑞安市外国语学校教师，高楼镇高楼学校教师，瑞安市第十七届人大常委会委员。

金建宇　男，汉族，1971年10月出生，浙江瑞安人，在职大学学历，中国共产党党员。

1990年8月参加工作，历任：瑞安市大南乡团委书记、公安员，阁巷镇团委书记、党委组织委员，云周乡党委统战委员，仙降镇党委委员、纪委书记，陶山镇党委副书记，湖岭镇党委副书记、镇长，陶山镇党委副书记、镇长，市汽摩配产业基地管委会副主任，塘下镇常务副镇长，兼塘下新区党委副书记、副主任，高楼镇党委副书记、镇长、党委书记，兼市赵山渡库区生态搬迁办公室主任，市委统战部常务副部长，市第十三届政协常委，市滨海新区党委书记、管委会主任，市委组织部常务副部长，瑞安市第十七届人大常委会委员（2023年2月任职）。

池益华 男，汉族，1968年9月出生，浙江瑞安人，大学学历，中国共产党党员。

1990年8月参加工作，历任：瑞安市环境监测站干部，市环保局办公室副主任、主任，市北工业园区指挥部指挥助理，市工业项目建设协调管理领导小组办公室党组成员、市建管中心副主任，市环保局党组成员、市建管中心副主任，市发改局（粮食局）党委委员，市建管中心常务副主任、主任，市公共资源交易管委办党组书记、主任，市金融办党组书记、主任，市医疗保障局党组书记、局长，市人大常委会城建环保工委主任，瑞安市第十七届人大常委会委员（2024年2月任职）。

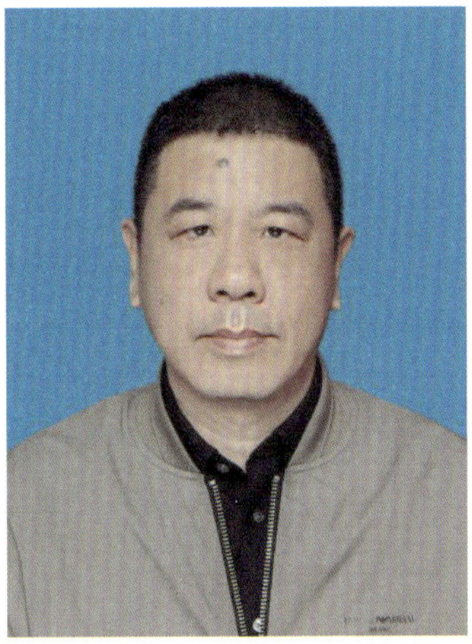

杨建瑞 男，汉族，1972年4月出生，浙江瑞安人，在职大学学历，中国共产党党员。

1992年8月参加工作，历任：瑞安市云周乡公安员，城关镇红旗街道党政办秘书、主任，安阳镇潘岱办事处党委宣传委员，潘岱街道党工委宣传委员、副书记兼瑞枫公路改建指挥部潘岱分指挥部常务副指挥，宁益乡党委书记、人大主席，江南新区党委委员、管委会副主任，市委办公室室务成员、市纪委监委派驻第一纪检监察组组长，市纪委市监委驻市委办公室纪检监察组组长，市人大法制监察司法委员会副主任委员，瑞安市第十七届人大常委会委员（2024年2月任职）。

吴晓宇 男，汉族，1968年8月出生，浙江瑞安人，在职大学学历，中国共产党党员。

1989年8月参加工作，历任：瑞安市司法局湖岭司法所职员，市司法局基层科科员、副科长、科长，市陶山镇党委副书记，潮基乡党委副书记、乡长，顺泰乡党委书记、人大主席，江南新区开发建设管委会副主任、党委委员，马屿镇党委副书记、镇长，云周街道党工委书记，市民政局党组书记、局长，市人大常委会教科文卫工委主任，瑞安市第十七届人大常委会委员（2024年2月任职）。

余列权　男，汉族，1968年10月出生，浙江瑞安人，大学学历，中国共产党党员。

1990年8月参加工作，历任：瑞安市新华乡文书，鲍田镇司法助理员、综治办主任、党委统战委员，塘下镇党委组织委员，北麂乡党委副书记、乡长，乡党委书记、人大主席，塘下镇副镇长，兼塘下中心区开发建设指挥部指挥，江南新区党委副书记、纪委书记、管委会副主任，市建管中心主任、党组书记兼市发改局（粮食局）党委委员，市政府办公室党组副书记、副主任，市委政法委常务副书记、平安办主任，市委编办主任兼市委组织部副部长，市人大常委会党组成员、办公室主任、机关党组书记，瑞安市第十七届人大常委会委员（2024年2月任职）。

陈　哲　男，汉族，1968年10月出生，浙江瑞安人，在职大学学历，中国共产党党员。

1990年9月参加工作，历任：瑞安市林垟镇团委书记，市委办公室综合科秘书、副科长、科长，市委政研室副主任、主任，仙降镇党委副书记、镇长，市市政园林局党委副书记兼市污水处理、城镇供水工程建设指挥部常务副指挥，市供销联社党委副书记、主任、党委书记，市机关事务管理局党组书记、局长，市海洋与渔业局党委书记、局长，市自然资源和规划局党委副书记、局长、党委书记，市人大常委会预算工委主任，市人大财经委员会副主任委员，瑞安市第十七届人大常委会委员（2024年2月任职）。

林权龙　男，汉族，1973年4月出生，浙江瑞安人，在职大学学历，中国共产党党员。

1994年8月参加工作，历任：瑞安市桐浦乡文书、党政办副主任，城建办、综治办副主任兼团委副书记，综治办主任兼司法所所长，桐浦乡副乡长，莘塍镇莘民办事处党委书记，莘塍镇副镇长，马屿镇常务副镇长、党委副书记，上望街道党工委副书记、办事处主任、党工委书记，市机关事务管理中心党组书记、主任，市人大财经委员会副主任委员，瑞安市第十七届人大常委会委员（2024年2月任职）。

胡存炯 男，汉族，1970年7月出生，浙江瑞安人，在职大学学历，中国共产党党员。

1990年8月参加工作，历任：瑞安市农业局畜种站干部，市农业局办公室秘书、副主任，市政府办公室秘书、综合一科副科长，市纪委监察局办公室副主任、主任，市府办党组成员、副主任，市打私口岸办主任，市府办党组副书记、副主任，市统计局党组书记、局长，市司法局党组书记、局长，市人大法制监察司法委员会副主任委员，瑞安市第十七届人大常委会委员（2024年2月任职）。

胡荣安 男，汉族，1977年3月出生，浙江温州人，在职大学学历，中国共产党党员。

1996年12月参加工作，2006年5月后，历任：龙湾农合行办公室、董（监）事会办公室主任，龙湾农合行办公室、党委办公室主任，龙湾农合行副行长，龙湾农商银行副行长，龙湾农商银行行长、党委委员，苍南农商银行党委书记、董事长，瑞安农商银行党委书记、董事长，瑞安市第十七届人大常委会委员（2024年2月任职）。

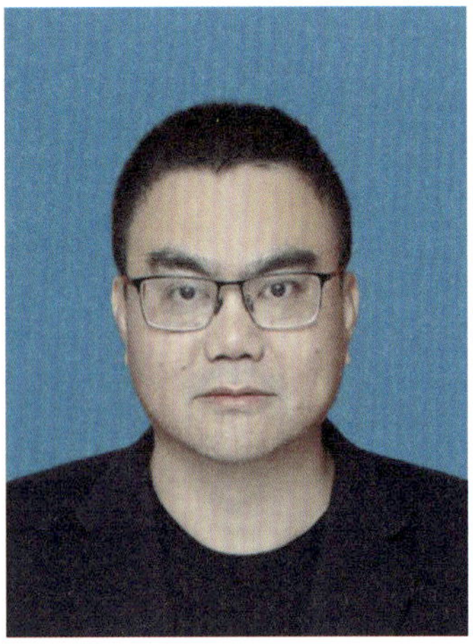

胡晓秋 男，汉族，1968年10月出生，浙江温州人，在职研究生学历，中国共产党党员。

1988年8月参加工作，历任：瑞安市商业信托公司职员，瑞安饭店总经理助理，市委组织部办公室科员、干部监督室副主任、组织科科长、党员电教中心主任，市委党建办主任，市社工委副书记，市商务局党组副书记兼市委两新工委委员，市委组织部部务成员，市纪委监委派驻第三纪检监察组（驻市委组织部）组长，市委两新工委书记兼市委组织部副部长，市文化和广电旅游体育局党委书记、局长，市人大常委会代表工委主任，瑞安市第十七届人大常委会委员（2024年2月任职）。

谢思孝　男，汉族，1971年4月出生，浙江瑞安人，在职大学学历，中国共产党党员。

1994年8月参加工作，历任：瑞安市北麂乡文书、团书记、党政办主任，市人大常委会教科文卫工委秘书、工委委员、副主任，市文联党组书记，市人大财政经济委员会副主任委员，瑞安市第十七届人大常委会委员（2024年2月任职）。

第三节　瑞安市出席全国、省人民代表大会代表

第十一届、十二届全国人民代表大会代表

尤小平　男，汉族，1958年1月出生，浙江瑞安人，大专学历，中级经济师，中国共产党党员。

1974年8月参加工作，历任：瑞安县（市）畜产化工厂工人，县（市）塑料七厂副厂长，市塑料十一厂厂长，华峰集团有限公司董事长、浙江华峰氨纶股份有限公司董事长、上海华峰超纤股份有限公司董事长，中国石油和化工工业联合会副会长，华峰集团董事局主席、上海华峰超纤股份有限公司董事长、华峰集团党委书记，获评全国优秀中国特色社会主义事业建设者、全国优秀企业家、中国石油化工行业“改革开放40年·突出贡献人物”、浙江省劳动模范。第十一届、十二届全国人大代表。

浙江省第十至十三届人民代表大会代表

王道冲　男，汉族，1948年10月出生，浙江瑞安人，中专学历，中国共产党党员。

1968年12月参加工作，部队服役，退伍后历任：瑞安梅屿发电厂班长，温州电业局基建科主办科员，温州电业局变电工区主任，苍南供电局局长，瑞安市供电局局长，获评全国第二批农村水电初级电器化县建设先进工作者、浙江省电力系统优秀质检员、温州市劳动模范，浙江省第十届人大代表。

叶春江　男，汉族，1956年5月出生，浙江温岭人，在职大学学历，中国共产党党员。

1974年8月参加工作，部队服役，转业后历任：温州市生产资料公司业务员，温州市物资局人事科干事、团总支书记，温州市生产资料公司党支部书记，温州市物资总公司（局）组织宣传科科长、机关党支部书记、业务管理科科长、副总经理（副局长）、党委委员兼温州国贸总经理、温州机电设备总公司经理，温州市商业局局长、党委书记，瑞安市委副书记、代市长、市长，浙江省第十届人大代表。

李荣光　男，汉族，1955年6月出生，浙江瑞安人，高中学历，群众。

1975年3月参加工作，历任：个体工商户，瑞安市健美胶鞋厂厂长，浙江荣光集团公司董事长，中国荣光集团有限公司董事长兼总经理，瑞安市第十二届人大常委会委员，浙江省第十届人大代表。

张力成　男，汉族，1955年12月出生，浙江瑞安人，大学学历，主任医师、硕士生导师，中国共产党党员。

1972年4月参加工作，历任：瑞安县人民医院放射科医生，温州医学院临床医学专业学生，瑞安县人民医院普通外科医生，温州医学院附二骨科进修，瑞安县（市）人民医院骨科医师、骨科主任，市人民医院院长，国务院政府特殊津贴专家，省医学会骨科分会委员，温州医学会骨科分会副会长。获评温州市第三轮、第四轮专业技术拔尖人才，浙江省第十届、十一届人大代表。

陈良明　男，汉族，1962年5月出生，浙江瑞安人，大学学历，高级教师、中学特级教师，中国民主同盟盟员。

1983年8月参加工作，历任：瑞安中学教师、政治教研组长、教科研处副主任、主任，瑞安中学副校长，民盟瑞安市委会主委，瑞安中学校长，浙江省新课程专家组成员，省中学政治课教学研究会常务理事、温州市副会长，民盟瑞安市会主委，瑞安市第十、十一届政协副主席。获评温州市师德楷模，省优秀教师，浙江省第十届、十一届人大代表。

丁文宣　男，汉族，1963年12月出生，浙江缙云人，大学学历，工程师，中国共产党党员。

1980年11月参加工作，历任：温州东屿发电厂工人，温州电力实业总公司电力检修分公司生产科长，温州电力实业总公司制造部主管，温州电业局电力检修工区副主任，主任，瑞安市供电局局长，浙江省电力行业协会常务理事，温州电力工程学会常务理事，浙江省第十一届人大代表。

冯蒋华　男，汉族，1965年10月出生，浙江瑞安人，大学学历，四级律师，中国共产党党员。

1985年5月参加工作，历任：瑞安县塘下区司法办员工，塘下区委办公室秘书，瑞安市律师事务所律师，浙江玉海律师事务所律师、副主任、主任，温州市律师协会理事，瑞安市律师协会副会长，瑞安市经济决策咨询委员会委员。温州市第九届、十届、十一届、十二届、十三届人大代表，温州市第十届人大“十佳代表”，2003年温州市“十佳律师”，第五届“瑞安市十佳青年”，浙江省第十一届、十二届、十三届人大代表。

陈众芳　男，汉族，1963年5月出生，浙江瑞安人，高中学历，中国共产党党员。

1980年5月参加工作，历任：瑞安市场桥电瓷开关厂供销员，瑞安市长城酒店用品厂厂长，塘下镇陈岙村村委会主任，塘下镇陈岙村党支部书记兼村委会主任，温州市十一届人大代表，获评瑞安市十佳村委会主任，温州市为民好书记，浙江省第十一届、十二届人大代表。

秦玉辉　女，汉族，1963年5月出生，四川邻水人，中专学历，无党派人士。

1987年2月参加工作，历任：宁益乡幼儿园教师，温州幼儿师范学院学生，宁益乡幼儿园教师，瑞安市九潭金银花种植加工场总经理，温州市第十一届人大代表。获评省“双学双比”女能手，温州市三八红旗手，瑞安市 先进生产（工作）者，浙江省第十一届人大代表。

蒋珍明　男，汉族，1962年6月出生，浙江东阳人，大学学历，中国共产党党员。

1984年8月参加工作，历任：义乌县田心乡干部、党委副书记、乡长，义乌市团委书记，义乌市物价局副局长、党组成员、局长、党组书记，义乌市粮食局局长、党组书记，金华市物价局局长、党组书记，金华市政府副秘书长、办公室主任、党组副书记，金华市经济贸易委员会主任、党委书记，兰溪市委副书记、代市长、市长，瑞安市委副书记、代市长、市长，瑞安市委书记，浙江省第十一届人大代表。

陈建明　男，汉族，1964年6月出生，浙江文成人，在职研究生学历，硕士学位，中国共产党党员。

1983年8月参加工作，历任：文成团县委干部、副书记，大峃镇党委委员、副镇长、副书记、镇长、书记，文成县委办主任，县委常委、宣传部部长，县委副书记、宣传部部长，泰顺县委副书记、副县长、代县长、县长，瑞安市委副书记、代市长、市长，瑞安市委书记，浙江省第十一届人大代表。

白皎皎　女，汉族，1962年10月出生，浙江瑞安人，在职大学学历，图书资料研究员，中国共产党党员。

1980年9月参加工作，历任：瑞安市图书馆阅览室职员，市图书馆采编室主任，市图书馆副馆长兼党支部书记，市图书馆馆长兼党支部书记（任职期间：2003年3月至2005年2月，华南师范大学汉语言文学专业学员），市图书馆馆长，浙江省第十二届人大代表。

李无文 男，汉族，1967年1月出生，浙江青田人，中央党校研究生学历，中国共产党党员。

1984年5月参加工作，历任：永嘉县工商局检查站干部、清水埠工商所干部、瓯北工商所干部，鹿城区监察局干部、监察科副科长、案审科科长，鹿城区纪委案审室副主任、主任，鹿城区纪委常委、案审室主任、执法监察室主任，鹿城区蒲鞋市街道党工委副书记、办事处主任，鹿城区藤桥镇党委书记，鹿城区副区长、新疆民丰县委副书记，瓯海区委常委、新疆民丰县委副书记，瓯海区委常委、常务副区长，温州市生态园管理委员会副主任（兼）、温州市高教园区建设管理委员会副主任，瑞安市委常委、常务副市长，温州市生态园管理委员会副主任（兼），瑞安市委副书记、代市长、市长，瑞安市委书记，浙江省第十二届人大代表。

金晓涛 女，汉族，1969年5月出生，浙江瑞安人，在职大学学历，教育硕士，中学高级教师，中国民主同盟盟员。

1988年8月参加工作，历任：瑞安市四中语文教师，瑞安中学教科研副主任，选任为温州市人民检察院人民监督员，获评省第十届特级教师，温州市名教师，浙江省第十二届、十三届人大代表。

韩明锦 女，汉族，1975年2月出生，浙江瑞安人，在职大学学历，中国共产党党员。

1994年9月参加工作，历任：中国银行瑞安市支行信用卡部柜员、营业部柜员、业务发展部客户经理、塘下分理处主任（任职期间：2001年9月至2005年11月湖南大学金融学专业学习），中国银行瑞安解放路支行行长，中国银行瑞安市支行公司业务部主任、塘下支行行长，中国银行瑞安支行副行长、党总支书记、瑞安支行行长，温州市第十一、十二、十三届人大代表。获评中国银行浙江省分行系统先进工作者，温州市第十一届人大履职优秀代表，浙江省第十二届人大代表。

谢 淼 女，汉族，1970年2月出生，浙江瑞安人，大学学历，新闻编辑，群众。

1992年8月参加工作，历任：瑞安市电视台新闻部记者、编辑，市电视台新闻部午间新闻制片人，瑞安电视台新闻报道部副主任，瑞安市广播电视台电视中心编辑部主任，市电视台新闻部主任。获评浙江卫视外宣合作二等奖，浙江省第十二届人大代表。

尤飞宇 男，汉族，1980年6月出生，浙江瑞安人，在职研究生学历，工商管理硕士学位，群众。

2005年1月参加工作，历任：杭州博志科技有限公司常务副总经理，杭州赤月科技有限公司董事长、杭州控客信息技术有限公司CEO（任职期间：2009年3月至2011年3月复旦大学管理学院工商管理专业在职学员），华峰集团有限公司副总经理，华峰集团有限公司董事长，中国石油和化学工业联合会副会长。获评浙江省新时代中国特色社会主义事业优秀建设者， 浙江省第十三届人大代表。

卢学勉　男，汉族，1963年9月出生，浙江瑞安人，大学学历，医学学士，中国共产党党员。

1985年8月参加工作，历任：瑞安市人民医院内科住院医师、主治医师，市人民医院内分泌科主任、副主任医师、主任医师，市人民医院副院长、党委委员，市人民医院院长、党委副书记，温州医科大学硕士研究生导师、教授，温州医科大学中美糖尿病研究所瑞安中心主任，浙江省医学会内分泌分会常务委员，瑞安市人民医院院长、党委书记，市科协副主席（兼），市人民医院党委书记、市科协副主席（兼）。温州市第十一届人大代表，获评全国卫计系统先进工作者、温州市杰出人才，浙江省第十三届人大代表。

杨小秋　女，汉族，1985年12月出生，浙江瑞安人，大学学历，中国共产党党员。

2008年9月参加工作，历任：瑞安市枫岭学校助教，高楼镇垟岙村大学生村官、村民委员会主任助理，高楼镇岙口村村委会委员，高楼镇东龙村大学生村官、党支部委员、计生员，高楼镇岙口村党支部书记，浙江省第十三届人大代表。

黄丽生　女，汉族，1968年5月出生，浙江瑞安人，在职大专学历，群众。

1992年2月参加工作，历任：瑞安市登峰蔬菜种苗有限公司副总经理，市农村女能手联谊会副会长，浙江庆一种苗有限公司总经理，瑞安市巾帼农林种苗场负责人。温州市第十三届人大代表，获评全国“双学双比”女能手，浙江省第十三届人大代表。

附件

第十一届、十二届全国人民代表大会代表名单

（2008 年 3 月至 2018 年 3 月）

尤小平

浙江省第十届人民代表大会代表名单

（2003 年 1 月至 2008 年 1 月，排名不分先后）

王道冲 尤小平 叶春江 李荣光 张力成 陈良明 钱建民

浙江省第十一届人民代表大会代表名单

（2008 年 1 月至 2013 年 1 月，排名不分先后）

丁文宣 冯蒋华 张力成 张女珍（女）张晓平 陈众芳 陈良明
秦玉辉（女）蒋珍明 陈建明（2008年调入瑞安）

浙江省第十二届人民代表大会代表名单

（2013 年 1 月至 2018 年 1 月，排名不分先后）

白皎皎（女）冯蒋华 李无文 陈众芳 金晓涛（女）韩玉明 韩明锦（女）
谢　淼（女）

浙江省第十三届人民代表大会代表名单

（2018 年 1 月至 2023 年 1 月，排名不分先后）

尤飞宇 卢学勉 叶建辉 冯蒋华 杨小秋（女）金晓涛（女）黄丽生（女）

第二章　人物名录

第一节　市人民代表大会

会议主席团、常务主席、秘书长、副秘书长和委员会组成人员名录

市第十三届人民代表大会第一次会议主席团、常务主席、秘书长、副秘书长和委员会名单

（2003 年 3 月）

主席团（44名，排名不分先后）

马可煊　王中毅　王庆秋　王学镜　方海金　孔素素（女）叶世林
叶世涛　叶建辉　叶春江　朱荣娒　江小娜（女）刘贤奎　李国斌
李荣光　李炳权　苏尚乐　吴定兴　何振兴　张女珍（女）张加波
张茂松　张晓平　陈世尧　陈庆忠　陈智勇　邵万娒　林济晚
周大林　周逢玉（女）郑耀庭　项贻康　项春潮　胡永快　胡毓淦
钱建民　高克喜　黄则强　黄寿龙　盛志荣　程兰生　傅志礼
温兴荣　蔡永旺

常务主席

钱建民　叶春江　黄寿龙　叶世林　王中毅　胡毓淦　孔素素（女）
叶世涛　林济晚　吴定兴　盛志荣　王庆秋　江小娜（女）刘贤奎

秘 书 长：孔素素（女，兼）

副秘书长：蔡永旺　苏尚乐　黄长安　温兴荣　林永杰

财政预决算审查委员会

主 任 委 员：叶世涛

副主任委员：赵锦泓

委　　员：（排名不分先后）

王建东　冯金考　苏德贤　应希克　张茂松　陈仕潘
陈宗成　林步猛　章方存　傅志礼　曾一松　曾长福

市第十三届人民代表大会第二次会议主席团、常务主席、秘书长、副秘书长和委员会名单

（2004年3月）

主席团（47名，排名不分先后）

王中毅　王庆秋　王学镜　尤光姆　方海金　孔素素（女）叶世林
叶建辉　刘贤奎　江小娜（女）池万松　苏尚乐　杨小红（女）杨开铭
杨润金　李国斌　李志林　何振兴　张女珍（女）张晓平　陈智勇
陈善平　陈银姆　邵万姆　林济晚　林步猛　周大林　周忠育
周逢玉（女）郑邦良　郑耀庭　赵锦泓　项贻康　项春潮　胡毓淦
钟锦强　钱建民　黄则强　黄寿龙　盛志荣　董红卫（女）蒋良奉
傅志礼　温兴荣　曾一松　薛尧弟　戴胜益

常务主席

钱建民　黄寿龙　叶世林　王中毅　刘贤奎　孔素素（女）林济晚
盛志荣　王庆秋　江小娜（女）

秘 书 长：林济晚（兼）

副秘书长：郑邦良　苏尚乐　黄长安　温兴荣　林永杰

计划与财政预算审查委员会

主任委员：王庆秋

副主任委员：赵锦泓

委　　员：（排名不分先后）

王永旺　冯金考　杨润金　张银华　张榜桃　陈宗成
陈　哲　郑银鹏　胡锦翔　钱世安　黄金良　黄玲香（女）
傅志礼　曾一松　虞　锋　虞利巧

市第十三届人民代表大会第三次会议主席团、常务主席、秘书长、副秘书长和委员会名单

（2005年3月）

主席团（47名，排名不分先后）

干建华　王中毅　王庆秋　王学镜　尤光姆　孔素素（女）叶世林

冯金考　刘贤奎　江小娜（女）池万松　苏尚乐　杨小红（女）杨文龙
杨开铭　杨润金　李国斌　李志林　何振兴　张女珍（女）张晓平
陈善平　陈银娒　邵万娒　周大林　周忠育　周逢玉（女）郑邦良
郑耀庭　赵锦泓　项贻康　项春潮　胡毓淦　钟锦强　钱建民
黄则强　黄寿龙　黄金良　高　潮　盛志荣　董红卫（女）蒋良奉
傅志礼　温兴荣　曾一松　薛尧弟　戴胜益

常务主席

钱建民　孔素素（女）盛志荣　王庆秋　江小娜（女）

秘 书 长：盛志荣（兼）

副秘书长：郑邦良　苏尚乐　黄长安　温兴荣　林永杰

计划与财政预算审查委员会

主任委员：王庆秋

副主任委员：赵锦泓

委　　员：（排名不分先后）

王永旺　包振明　刘进国　刘海峰　杨润金　张银华
张榜桃　陈宗成　郑银鹏　钱世安　黄金良　黄玲香（女）
彭希超　傅志礼　曾一松　虞　锋　虞利巧

市第十三届人民代表大会第四次会议主席团、常务主席、秘书长、副秘书长和委员会名单

（2006年3月）

主席团（44名，排名不分先后）

王庆秋　王学镜　尤光娒　孔素素（女）尹玉琛　叶世林　冯金考
刘贤奎　江小娜（女）江孟甫　池万松　苏尚乐　杨小红（女）杨文龙
杨开铭　杨润金　李国斌　李志林　何振兴　张女珍（女）张晓平
陈连丰　陈银娒　陈善平　邵万娒　周大林　周忠育　周逢玉（女）
郑邦良　郑耀庭　赵锦泓　项贻康　项春潮　胡毓淦　钟锦强
黄则强　黄寿龙　高　潮　盛志荣　葛益平　董红卫（女）傅志礼
温兴荣　戴胜益

常务主席

葛益平　孔素素（女）盛志荣　王庆秋　江小娜（女）高　潮

秘 书 长：王庆秋（兼）

副秘书长：江孟甫　苏尚乐　黄长安　温兴荣

计划与财政预算审查委员会

主 任 委 员： 王庆秋

副主任委员： 赵锦泓

委　　　员：（排名不分先后）

王永旺　包振明　刘进国　池万松　吴存滔　张银华

姜宗羽　杨润金　陈宗成　郑银鹏　钱世安　黄玲香（女）

傅志礼　谢作星　虞　锋　戴胜益

市第十四届人民代表大会第一次会议主席团、常务主席、秘书长、副秘书长和委员会名单

（2007年1月）

主席团（53名，排名不分先后）

王上胜　王小玲（女）王庆秋　王其华　王学教　王学镜　王建平

王建东　尤光姆　尤碎林　孔素素（女）石益康　叶世林　叶序锋

叶建辉　白一帆　冯金考　冯蒋龙　任　玮（女）刘海峰　江小娜（女）

江孟甫　阮立聪　杨小红（女）杨开铭　李国民　吴存滔　张女珍（女）

张中姆　张永芬　陈光顺　邵万姆　周佐胜　周忠育　周逢玉（女）

郑锦钗（女）郑耀庭　项国生　项春潮　项贻康　胡志跃　赵建华

钟锦强　姚松鹤　夏　杰　高　潮　黄发彩　黄则强　黄清钰

盛志荣　葛益平　董红卫（女）蒋珍明

常务主席

葛益平　蒋珍明　孔素素（女）张女珍（女）叶世林　叶建辉　项国生

盛志荣　姚松鹤　王庆秋　江小娜（女）王建东　高　潮

秘 书 长： 江小娜（女，兼）

副秘书长： 吴存滔　陈艳秋（女）周　靖　留少敏　黄笃远

计划预算审查委员会

主 任 委 员： 王庆秋

副主任委员： 张中姆

委　　　员：（排名不分先后）

王小玲（女）朱小波　吴伟红（女）余良华　陈世尧　陈光顺

金建宇　周佐胜　胡迪年　姜宗羽　夏旭祺　蒋朝阳

傅银松　谢作星　蔡永华　蔡光东

市第十四届人民代表大会第二次会议主席团、常务主席、秘书长、副秘书长和委员会名单

（2008 年 2 月）

主席团（54名，排名不分先后）

王上胜　王小玲（女）王庆秋　王其华　王学教　王学镜　王建平
王建东　尤光姆　尤碎林　孔素素（女）石益康　叶世林　叶建辉
白一帆　冯金考　冯蒋龙　任　玮（女）刘海峰　江小娜（女）江孟甫
阮立聪　杨小红（女）杨开铭　李国民　吴存滔　张女珍（女）张中姆
张永芬　张榜桃　陈光顺　陈宗成　邵万姆　周佐胜　周忠育
周晓东　周逢玉（女）郑锦钗（女）郑耀庭　项国生　项春潮　胡志跃
赵建华　施经馆　姚松鹤　夏　杰　高　潮　黄发彩　黄则强
黄清钰　盛志荣　葛益平　董红卫（女）蒋珍明

常务主席

葛益平　张女珍（女）蒋珍明　叶世林　叶建辉　项国生　盛志荣
姚松鹤　王庆秋　江小娜（女）王建东　高　潮

秘 书 长：王建东（兼）

副秘书长：孙兴隆　吴存滔　金爱忠　陈艳秋（女）　黄笃远

计划预算审查委员会

主 任 委 员：王庆秋

副主任委员：张中姆

委　　员：（排名不分先后）

王小玲（女）朱小波　吴伟红（女）余良华　陈世尧　陈光顺
金建宇　周佐胜　胡迪年　姜宗羽　夏旭祺　蒋朝阳
傅银松　谢作星　蔡永华　蔡光东

市第十四届人民代表大会第三次会议主席团、常务主席、秘书长、副秘书长和委员会名单

（2009 年 2 月）

主席团（53名，排名不分先后）

王上胜　王小玲（女）王庆秋　王学教　王学镜　王建平　王建东
尤光姆　尤碎林　孔素素（女）石益康　叶世林　叶建辉　白一帆
戎小平　任　玮（女）刘海峰　江小娜（女）江孟甫　阮立聪　杨小红（女）

杨开铭 李国民 吴存滔 张女珍（女）张中海 张榜桃 陈光顺
陈宗成 陈建明 邵万海 林政洪 周佐胜 周忠育 周晓东
周逢玉（女）郑海洁（女）郑锦钗（女）郑耀庭 项国生 项春潮 胡志跃
施经馆 姜宗羽 姚松鹤 夏 杰 高 潮 黄发彩 黄则强
黄清钰 盛志荣 董红卫（女）蒋珍明

常务主席

蒋珍明 张女珍（女）陈建明 叶世林 叶建辉 项国生 盛志荣
姚松鹤 王庆秋 江小娜（女）王建东 高 潮

秘 书 长：盛志荣（兼）

副秘书长：孙兴隆 吴存滔 金爱忠 陈艳秋（女） 黄笃远

计划预算审查委员会

主 任 委 员：王庆秋

副主任委员：张中海

委 员：（排名不分先后）

丁建设 王小玲（女）朱小波 余良华 狄大夫 张爱芬
陈世尧 陈光顺 金建宇 周佐胜 胡迪年 施小鳞
姜宗羽 傅银松 谢作星 蔡光东

市第十四届人民代表大会第四次会议主席团、常务主席、秘书长、副秘书长和委员会名单

（2010年1月）

主席团（55名，排名不分先后）

王上胜 王小玲（女）王庆秋 王学教 王建东 尤光海 尤碎林
孔素素（女）石益康 叶世林 叶建辉 白一帆 戎小平 任 玮（女）
刘海峰 江小娜（女）江孟甫 朱小波 阮立聪 杨小红（女）杨开铭
李国民 吴存滔 张女珍（女）张中海 张榜桃 陈光顺 陈建明
邵万海 林 聪 林政洪 周佐胜 周忠育 周晓东 周逢玉（女）
郑海洁（女）郑锦钗（女）金爱忠 郑耀庭 项国生 项春潮 胡志跃
施经馆 姜宗羽 姚松鹤 夏 杰 高 潮 黄发彩 黄则强
黄清钰 盛志荣 董红卫（女）蒋珍明 蔡树勇 薛小平

常务主席

蒋珍明 张女珍（女）陈建明 叶世林 叶建辉 项国生 盛志荣
姚松鹤 王庆秋 江小娜（女）王建东 高 潮 金爱忠

秘 书 长：姚松鹤（兼）

副秘书长：孙兴隆　吴存滔　金爱忠　林国华　黄笃远

计划预算审查委员会

主 任 委 员：王庆秋

副主任委员：张中娒

委　　员：（排名不分先后）

丁建设	王小玲（女）	苏尚国	狄大夫	陈　彪	陈世尧
陈光顺	张爱芬	周仕荣	周佐胜	项金敏	胡迪年
贾建华	黄发彩	黄秀杰	鲍仕光	蔡光东	

市第十四届人民代表大会第五次会议主席团、常务主席、秘书长、副秘书长和委员会名单

（2011 年 1 月）

主席团（54名，排名不分先后）

王上胜	王小玲（女）	王庆秋	王学教	王建东	王美鹏	尤光娒
尤碎林	孔素素（女）	石益康	叶世林	叶建辉	白一帆	戎小平
朱小波	任　玮（女）	江小娜（女）	江孟甫	阮立聪	杨小红（女）	杨开铭
李国民	吴存滔	张女珍（女）	张中娒	陈　彪	陈光顺	陈建明
林　聪	林政洪	金爱忠	周佐胜	周忠育	郑海洁（女）	郑锦钗（女）
郑耀庭	项国生	项金敏	项春潮	胡志跃	施经馆	姜宗羽
姚松鹤	夏　杰	高　潮	黄发彩	黄则强	黄笃远	董红卫（女）
蒋珍明	虞峰云	蔡伟红	蔡树勇	薛小平		

常务主席

蒋珍明	张女珍（女）	陈建明	叶世林	叶建辉	项国生	姚松鹤
王庆秋	江小娜（女）	王建东	高　潮	金爱忠	薛小平	

秘 书 长：王庆秋（兼）

副秘书长：陈荣臻　吴存滔　张榜桃　林国华　黄笃远

计划预算审查委员会

主 任 委 员：王庆秋

副主任委员：张中娒

委　　员：（排名不分先后）

丁建设	王小玲（女）	张爱芬	狄大夫	陈世尧	陈光顺
林立峰	季雯雯（女）	周仕荣	周佐胜	胡迪年	贾建华

黄发彩　　黄秀杰　　鲍仕光　　蔡光东

市第十五届人民代表大会第一次会议主席团、常务主席、秘书长、副秘书长和委员会名单

（2012 年 1 月）

主席团（53名，排名不分先后）

王学教　　王建东　　王美鹏　　尤光姆　　方　晖　　石　亮（女）叶世林
白一帆　　江小娜（女）江孟甫　　许道火　　李无文　　李国民　　吴存滔
沈永锋　　张　毅　　张女珍（女）张中姆　　张本锋　　张榜桃　　陈光兴
陈明仁　　陈建明　　陈胜峰　　陈银姆　　林伟光　　林志寅　　林学凑
林政洪　　林济晚　　林振光　　林德池　　金爱忠　　周佐胜　　周莉娜（女）
周晓华　　郑光德　　郑耀庭　　项春潮　　胡志跃　　姜宗羽　　姚松鹤
徐琮琦　　涂芳芳（女）黄　淼（女）黄文祥　　黄陈跃　　黄笃远　　韩玉明
虞峰云　　蔡伟红　　潘基础　　薛小平

常务主席

陈建明　　叶世林　　李无文　　陈胜峰　　方　晖　　徐琮琦　　张本锋
林济晚　　姚松鹤　　江小娜（女）王建东　　江孟甫　　金爱忠　　薛小平

秘 书 长：王建东（兼）

副秘书长：陈荣臻　　吴存滔　　张榜桃　　林国华　　黄笃远

计划预算审查委员会

主 任 委 员：姚松鹤

副主任委员：张中姆

委　　　员：（排名不分先后）

叶序锋　　许良伍　　吴荣华（女）张筱珍（女）陈　彪　　陈世尧
陈桂雷　　陈银姆　　林朝进　　金品棉　　周佐胜　　赵雅馨（女）
胡志跃　　施永林　　黄　淼（女）黄秀杰

市第十五届人民代表大会第二次会议主席团、常务主席、秘书长、副秘书长和委员会名单

（2013 年 1 月）

主席团（54名，排名不分先后）

王学教　　王建东　　王美鹏　　尤光姆　　方　晖　　石　亮（女）叶世林
卢秀英（女）白一帆　　江孟甫　　池万好　　李无文　　李国民　　吴存滔

沈永锋	张　毅	张女珍（女）	张中海	张本锋	张蕙娜（女）	陈光兴
陈明仁	陈建明	陈胜峰	林伟光	林志寅	林学凑	林政洪
林济晚	林振光	林德池	金爱忠	周佐胜	周莉娜（女）	周晓华
郑光德	郑耀庭	项春潮	胡志跃	施巨耀	姜宗羽	姚松鹤
徐琮琦	涂芳芳（女）	黄　淼（女）	黄文祥	黄陈跃	黄笃远	韩玉明
虞峰云	蔡伟红	潘基础	薛小平	薛存苗		

常务主席

陈建明	叶世林	李无文	陈胜峰	方　晖	徐琮琦	张本锋
林济晚	姚松鹤	王建东	江孟甫	金爱忠	薛小平	

秘 书 长：江孟甫（兼）

副秘书长：张榜桃　郑光德　施巨耀　夏　杰　黄笃远

计划预算审查委员会

主任委员：江孟甫

副主任委员：张中海

委　　员：（排名不分先后）

叶序锋	许良伍	吴荣华（女）	张筱珍（女）	陈　彪	林伟光
林朝进	金建宇	金品棉	周佐胜	胡志跃	赵雅馨（女）
施永林	黄　淼（女）	黄秀杰	廖仕旺	戴如意（女）	

市第十五届人民代表大会第三次会议主席团、常务主席、秘书长、副秘书长和委员会名单

（2014年1月）

主席团（54名，排名不分先后）

王学教	王建东	王美鹏	尤光海	方　晖	石　亮（女）	叶世林
卢秀英（女）	白一帆	江孟甫	池万好	李无文	李国民	吴存滔
沈永锋	张　毅	张女珍（女）	张中海	张本锋	张蕙娜（女）	陈光兴
陈明仁	陈建明	陈胜峰	林伟光	林志寅	林学凑	林政洪
林济晚	林振光	林德池	金爱忠	周佐胜	周莉娜（女）	周晓华
郑光德	郑耀庭	项春潮	胡志跃	施巨耀	姜宗羽	姚松鹤
徐守洋	徐琮琦	涂芳芳（女）	黄　淼（女）	黄文祥	黄陈跃	黄笃远
韩玉明	虞峰云	潘基础	薛小平	薛存苗		

常务主席

陈建明	叶世林	李无文	陈胜峰	方　晖	徐琮琦	张本锋

林济晚　　姚松鹤　　王建东　　江孟甫　　金爱忠　　薛小平

秘 书 长：金爱忠（兼）

副秘书长：张榜桃　　郑光德　　施巨耀　　夏　杰　　黄笃远

计划预算审查委员会

主 任 委 员：江孟甫

副主任委员：张中姆

委　　　员：（排名不分先后）

王心海　　叶序锋　　刘光享　　许良伍　　吴荣华（女）张海飞（女）

张筱珍（女）林伟光　　金建宇　　周佐胜　　胡志跃　　赵雅馨（女）

施永林　　黄　淼（女）廖仕旺　　戴如意（女）

市第十五届人民代表大会第四次会议主席团、常务主席、秘书长、副秘书长和委员会名单

（2015 年 3 月）

主席团（54名，排名不分先后）

王学教　　王建东　　王美鹏　　尤光姆　　方　晖　　石　亮（女）叶世林

叶序锋　　卢秀英（女）白一帆　　江孟甫　　池万好　　李无文　　李国民

李学祥　　吴存滔　　张　毅　　张女珍（女）张中姆　　张本锋　　陈光兴

陈明仁　　陈胜峰　　邵万姆　　林　津　　林伟光　　林志寅　　林学凑

林政洪　　林济晚　　林振光　　金孝平　　金建宇　　金爱忠　　周佐胜

周莉娜（女）郑光德　　郑耀庭　　项春潮　　胡志跃　　施巨耀　　姚松鹤

贾建华　　徐琮琦　　涂芳芳（女）黄　淼（女）黄文祥　　黄陈跃　　黄笃远

韩玉明　　虞峰云　　潘基础　　薛小平　　薛尧弟

常务主席

李无文　　叶世林　　陈胜峰　　方　晖　　徐琮琦　　张本锋　　林济晚

姚松鹤　　王建东　　江孟甫　　金爱忠　　薛小平

秘 书 长：薛小平（兼）

副秘书长：张榜桃　　郑光德　　施巨耀　　夏　杰　　黄笃远

计划预算审查委员会

主 任 委 员：江孟甫

副主任委员：张中姆

委　　　员：（排名不分先后）

王心海　　刘光享　　许良伍　　吴荣华（女）吴晓宇　　金建宇

张海飞（女）陈阿朋　林伟光　周佐胜　胡志跃　赵雅馨（女）
施永林　黄　淼（女）廖仕旺　戴如意（女）

市第十五届人民代表大会第五次会议主席团、常务主席、秘书长、副秘书长和委员会名单

（2016年1月）

主席团（55名，排名不分先后）

木　维　王忠宝　王学教　尤光姆　方　晖　石　亮（女）叶世林
叶序锋　卢秀英（女）白一帆　江孟甫　池万好　李无文　李明达
李国民　李学祥　吴存滔　张女珍（女）张榜桃　陈光兴　陈明仁
陈胜泉　陈胜峰　陈继昌　邵万姆　林　津　林伟光　林志寅
林学凑　林济晚　林振光　金孝平　金建宇　金爱忠　周莉娜（女）
周晓华　郑光德　郑耀庭　项春潮　胡志跃　宣章良　姚松鹤
贾建华　徐琮琦　涂芳芳（女）诸葛志勇　黄　淼（女）黄文祥　黄笃远
韩玉明　虞峰云　潘基础　薛小平　薛尧弟　鞠海亭

常务主席

李无文　叶世林　陈胜峰　方　晖　王忠宝　徐琮琦　张榜桃
林济晚　姚松鹤　江孟甫　金爱忠　薛小平　薛尧弟

秘 书 长：薛尧弟（兼）

副秘书长：项金敏　郑光德　周晓华　黄笃远　陈锦海

计划预算审查委员会

主 任 委 员：江孟甫

副主任委员：邵万姆　陈胜泉

委　　员：（排名不分先后）

王心海　刘光享　许道火　吴荣华（女）吴晓宇　张海飞（女）
陈阿朋　陈继昌　林伟光　胡志跃　赵雅馨（女）施永林
施昌聪　黄　淼（女）彭佩辉　戴如意（女）

市第十六届人民代表大会第一次会议主席团、常务主席、秘书长、副秘书长和委员会名单

（2017年2月）

主席团（64名，排名不分先后）

丁文翔（女）马可煊　王云桧　王忠宝　尤光姆　方小梅（女）石　亮（女）

叶世林 叶序锋 叶建辉 卢秀英（女）包振明 任 武 江孟甫
杜文君（女）杨圣远 李明达 李国民 李治学（女）李学祥 吴学彬
汪黎明 张加梁 张海飞（女）张朝银 张榜桃 陈 漫 陈世尧
陈朴顺 陈光兴 陈胜峰 陈爱雪（女）陈继昌 陈康进 邵万姆
邵德鹏 林 津 林志寅 林昌勋 林朝进 欧美玲（女）金振钱
金爱忠 周莉娜（女）郑光德 郑祥圣 胡颖媛（女）宣章良 贾建华
徐象龙 诸葛志勇 黄文祥 黄笃远 麻胜聪 曾瑞华 谢 骁
谢钦巨 虞峰云 蔡树勇 管秀云（女）潘基础 薛小平 薛尧弟
鞠海亭

常务主席

陈胜峰 叶世林 麻胜聪 叶建辉 王忠宝 陈朴顺 曾瑞华
张榜桃 邵德鹏 江孟甫 方小梅（女）陈世尧 金爱忠 薛小平
薛尧弟

秘 书 长：江孟甫（兼）

副秘书长：项金敏 郑光德 周晓华 黄笃远 陈锦海

计划预算审查委员会

主 任 委 员：江孟甫

副主任委员：邵万姆 包振明

委　　　员：（排名不分先后）

马可煊 王让式 池海鹤 许道火 吴学彬 张 平
张晓勇 陈茂丰 陈继昌 林祝兴 周仕荣 练华伟
施世通 郭振伟 龚德伏 蔡永杰

市第十六届人民代表大会第二次会议主席团、常务主席、秘书长、副秘书长名单

（2018 年 1 月）

主席团（65名，排名不分先后）

丁文翔（女）马可煊 王 毅 王云桧 王忠宝 尤光姆 方小梅（女）
石 亮（女）叶世林 叶建辉 卢秀英（女）包振明 任 武 刘建敏
江孟甫 杜文君（女）杨圣远 李明达 李国民 李治学（女）李学祥
吴学彬 汪黎明 张士数 张加梁 张海飞（女）张朝银 张榜桃
陈 漫 陈世尧 陈朴顺 陈光兴 陈阿朋 陈胜峰 陈爱雪（女）
陈继昌 陈康进 邵万姆 邵晓萍（女）邵德鹏 林 津 林志寅

林昌勋　欧美玲（女）金振钱　金爱忠　周莉娜（女）郑光德　郑祥圣
胡颖媛（女）宣章良　徐象龙　诸葛志勇　黄文祥　黄笃远　麻胜聪
彭佩辉　曾瑞华　蔡树勇　管秀云（女）潘永华　潘基础　薛小平
薛尧弟　鞠海亭

常务主席

陈胜峰　叶建辉　麻胜聪　王忠宝　陈朴顺　曾瑞华　张榜桃
邵德鹏　江孟甫　方小梅（女）陈世尧　金爱忠　薛小平　薛尧弟

秘 书 长：方小梅（女，兼）

副秘书长：池万松　郑光德　林朝进　林圣赞　谢　骁

市第十六届人民代表大会第三次会议主席团、常务主席、秘书长、副秘书长名单

（2019 年 1 月）

主席团（64名，排名不分先后）

丁文翔（女）马可煊　王　毅　王云桧　王忠宝　尤光海　方小梅（女）
石　亮（女）卢秀英（女）叶世林　叶建辉　包振明　任　武　刘建敏
江孟甫　杜文君（女）杨圣远　李国民　李治学（女）李学祥　吴学彬
汪黎明　张士数　张加梁　张朝银　张榜桃　陈　漫　陈世尧
陈朴顺　陈阿朋　陈胜峰　陈爱雪（女）陈继昌　陈康进　邵万海
邵晓萍（女）邵德鹏　林　津　林圣赞　林志寅　林昌勋　欧美玲（女）
金振钱　金爱忠　周莉娜（女）郑光德　郑祥圣　胡颖媛（女）宣章良
徐象龙　诸葛志勇　黄文祥　黄志勇　黄笃远　麻胜聪　彭佩辉
蔡永杰　蔡树勇　管秀云（女）潘永华　潘基础　薛小平　薛尧弟
鞠海亭

常务主席

陈胜峰　叶建辉　麻胜聪　王忠宝　陈朴顺　张榜桃　邵德鹏
江孟甫　方小梅（女）陈世尧　金爱忠　薛小平　薛尧弟

秘 书 长：陈世尧（兼）

副秘书长：池万松　郑光德　林朝进　林圣赞　谢　骁

市第十六届人民代表大会第四次会议主席团、常务主席、秘书长、副秘书长名单

（2020 年 4 月）

主席团（65名，排名不分先后）

丁文翔（女）　马可煊　王　毅　王云桧　尤光痗　方小梅（女）　石　亮（女）　叶世林　叶建辉　江孟甫　杜文君（女）　李国民　李治学（女）　李学祥　连正坚　吴学彬　汪黎明　张士数　张中杰　张加梁　张朝银　张榜桃　陈　漫　陈世尧　陈朴顺　陈阿朋　陈宗成　陈晓洁（女）　陈爱雪（女）　陈继昌　陈康进　陈智勇　邵德鹏　林　津　林圣赞　林志寅　林昌勋　欧美玲（女）　金振钱　金爱忠　周　靖　周莉娜（女）　郑希鸿　郑祥圣　胡丕敢　胡立左　胡颖媛（女）　宣章良　秦　肖　徐象龙　诸葛志勇　黄文祥　黄志勇　黄笃远　曹　轼　麻胜聪　蔡仁敏　蔡永杰　蔡金良　蔡树勇　管秀云（女）　潘永华　潘基础　薛小平　薛尧弟

常务主席

麻胜聪　叶建辉　秦　肖　胡立左　陈朴顺　张榜桃　邵德鹏　连正坚　江孟甫　方小梅（女）　陈世尧　金爱忠　薛小平　薛尧弟

秘 书 长：金爱忠（兼）

副秘书长：刘建敏　蔡金良　林朝进　林圣赞　谢　骁

市第十六届人民代表大会第五次会议主席团、常务主席、秘书长、副秘书长名单

（2021 年 2 月）

主席团（64名，排名不分先后）

丁文翔（女）　王云桧　尤光痗　方小梅（女）　石　亮（女）　叶世林　叶建辉　刘建敏　江孟甫　许良伍　杜文君（女）　李辅正　李国民　李治学（女）　李学祥　汪黎明　张士数　张中杰　张加梁　张朝银　张榜桃　沈长城　陈　漫　陈世尧　陈宗成　陈晓洁（女）　陈爱雪（女）　陈康进　陈智勇　邵德鹏　林　津　林邦虎　林志寅　林昌勋　欧美玲（女）　金振钱　金爱忠　周　靖　周莉娜（女）　郑希鸿　郑祥圣　胡丕敢　胡立左　胡颖媛（女）　宣章良　秦　肖　徐象龙　涂秀明　黄志勇　黄笃远　黄隽燚　曹　轼　龚方听　麻胜聪　曾爱慧（女）　蔡仁敏

蔡永杰 蔡金良 管秀云（女）潘永华 潘基础 薛 颖（女）薛小平
薛尧弟

常务主席

麻胜聪 叶建辉 秦 肖 胡立左 张榜桃 邵德鹏 李辅正
刘建敏 江孟甫 方小梅（女）陈世尧 金爱忠 薛小平 薛尧弟

秘 书 长：薛小平（兼）

副秘书长：王 毅 蔡金良 林圣赞 林邦虎 曾大冲

市第十七届人民代表大会第一次会议主席团、常务主席、秘书长、副秘书长和委员会名单

（2022 年 2 月）

主席团（68名，以姓名笔画为序）

王光领 尤若楠（女）方小梅（女）叶应东 叶建辉 朱 捷（女）朱建芳（女）
刘建敏 刘海峰 江孟甫 池万松 许良伍 孙仕元 李伟良
李国民 李辅正 吴大春 吴功宜 邱忠瑜 应希克 张中杰
张加梁 张海飞（女）陈 凡 陈世尧 陈白羽（女）陈良春 陈宗成
陈晓宇 陈晓洁（女）陈爱雪（女）陈智勇 邵建乐 林 帆 林 津
林 琳（女）林元众 林长春 林远利 林志寅 林昌勋 林绍达
林南青 金爱忠 周莉娜（女）周晓华 项纯坚 项金敏 项爱光
胡丕敢 胡剑锋 施巨耀 秦 肖 涂秀明 黄陈跃 黄隽燚
龚方听 麻胜聪 曾爱慧（女）谢 骁 虞安林 薛 颖（女）薛小平
薛中卫 薛翔晔（女）戴 铭 戴美东 瞿旭雅（女）

常务主席

麻胜聪 叶建辉 秦 肖 应希克 李辅正 朱建芳（女）邵建乐
邱忠瑜 刘建敏 江孟甫 项金敏 方小梅（女）陈世尧 金爱忠
薛小平 周晓华 吴功宜 黄陈跃 张海飞（女）池万松

秘 书 长：江孟甫（兼）

副秘书长：林圣强 林绍达 潘永华 胡晓秋 陈智杰

计划预算审查委员会

主 任 委 员：江孟甫

副主任委员：张加梁 陈宗成

委 员：（排名不分先后）

尤若楠（女）刘海峰 许良伍 何月龙 何尚通 余锦瑞（女）

陈小芳（女）	陈晓洁（女）	陈智勇	林元众	林长国	林昌勋
林南斌	金振钱	徐象龙	涂秀明	曾爱慧（女）	虞希宠
薛 颖（女）	薛中卫	薛翔晔（女）			

会议各代表团团长、副团长名录

市第十三届人民代表大会第一次会议各代表团团长、副团长名单

（2003 年 3 月）

安阳代表团（含双北）	团长	叶建辉	副团长	章方存	金邦京
塘下代表团	团长	王庆秋	副团长	王建东	周兴明
莘塍代表团	团长	邵万姆	副团长	冯金考	刘进国
仙降代表团	团长	马可煊	副团长	黄文虎	应希克
马屿代表团	团长	朱荣姆	副团长	吴学权	林德池
高楼代表团	团长	高克喜	副团长	金少隆	胡志跃
陶山代表团	团长	陈世尧	副团长	陈绍华	陈时泽
湖岭代表团	团长	陈智勇	副团长	黄金良	尹玉琛
市直机关代表团	团长	蔡永旺	副团长	苏德贤	郑邦良

市第十三届人民代表大会第二次会议各代表团团长、副团长名单

（2004 年 3 月）

安阳代表团（含双北）	团长	薛尧弟	副团长	周晓华	
塘下代表团	团长	蒋良奉	副团长	钱世安	周兴明
莘塍代表团	团长	邵万姆	副团长	冯金考	刘进国
仙降代表团	团长	李志林	副团长	黄文虎	
马屿代表团	团长	尤光姆	副团长	吴学权	
高楼代表团	团长	钟锦强	副团长	胡永快	胡志跃
陶山代表团	团长	林步猛	副团长	陈绍华	陈时泽
湖岭代表团	团长	陈智勇	副团长	黄金良	尹玉琛
市直机关代表团	团长	郑邦良	副团长	黄长安	苏德贤

市第十三届人民代表大会第三次会议各代表团团长、副团长名单

（2005 年 3 月）

安阳代表团（含双北）	团长	薛尧弟	副团长	周晓华	
塘下代表团	团长	蒋良奉	副团长	钱世安	周兴明
莘塍代表团	团长	邵万姆	副团长	张金林	刘进国
仙降代表团	团长	李志林	副团长	陈　哲	
马屿代表团	团长	尤光姆	副团长	张榜桃	
高楼代表团	团长	钟锦强	副团长	胡永快	胡志跃
陶山代表团	团长	冯金考	副团长	陈时泽	
湖岭代表团	团长	黄金良	副团长	尹玉琛	
市直机关代表团	团长	郑邦良	副团长	黄长安	苏德贤

市第十三届人民代表大会第四次会议各代表团团长、副团长名单

（2006 年 3 月）

安阳代表团（含双北）	团长	陈连丰	副团长	周晓华	
塘下代表团	团长	郑邦良	副团长	钱世安	周兴明
莘塍代表团	团长	邵万姆	副团长	张金林	刘进国
仙降代表团	团长	李志林	副团长	陈洋志	赖良申
马屿代表团	团长	尤光姆	副团长	项庆节	
高楼代表团	团长	钟锦强	副团长	陈宗成	胡志跃
陶山代表团	团长	冯金考	副团长	陈时泽	
湖岭代表团	团长	尹玉琛	副团长	池万松	
市直机关代表团	团长	江孟甫	副团长	黄长安	苏德贤

市第十四届人民代表大会第一次会议各代表团团长、副团长名单

（2007 年 1 月）

塘下代表团	团长	江孟甫	副团长	陈世尧	薛存苗
莘塍代表团	团长	冯蒋龙	副团长	张金林	周识马
仙降代表团	团长	冯金考	副团长	林政洪	陈洋志

马屿代表团	团长	尤光姆	副团长	张榜桃	蔡仁敏
高楼代表团	团长	钟锦强	副团长	陈宗成	叶应东
陶山代表团	团长	刘海峰	副团长	朱瑞宇	陈乃俊
湖岭代表团	团长	张永芬	副团长	池万松	吴伟银
市直第一代表团	团长	王建平	副团长	林德池	陈积龙
市直第二代表团	团长	夏　杰	副团长	张春城	蔡树勇

市第十四届人民代表大会第二次会议各代表团团长、副团长名单

（2008 年 2 月）

塘下代表团	团长	江孟甫	副团长	陈世尧	薛存苗
莘塍代表团	团长	冯蒋龙	副团长	陈明仁	周识马
仙降代表团	团长	冯金考	副团长	林政洪	陈洋志
马屿代表团	团长	张榜桃	副团长	蔡仁敏	龚德伏
高楼代表团	团长	陈宗成	副团长	叶应东	谢炳聪
陶山代表团	团长	刘海峰	副团长	朱瑞宇	陈乃俊
湖岭代表团	团长	张永芬	副团长	池万松	吴伟银
市直第一代表团	团长	王建平	副团长	林德池	陈积龙
市直第二代表团	团长	夏　杰	副团长	张春城	蔡树勇

市第十四届人民代表大会第三次会议各代表团团长、副团长名单

（2009 年 2 月）

塘下代表团	团长	江孟甫	副团长	陈世尧	薛存苗
莘塍代表团	团长	林政洪	副团长	陈明仁	周识马
仙降代表团	团长	张榜桃	副团长	池万松	陈洋志
马屿代表团	团长	姜宗羽	副团长	蔡仁敏	龚德伏
高楼代表团	团长	陈宗成	副团长	叶应东	谢炳聪
陶山代表团	团长	刘海峰	副团长	朱瑞宇	张筱珍（女）
湖岭代表团	团长	郑海洁（女）	副团长	吴伟银	吴仕积
市直第一代表团	团长	王建平	副团长	林德池	陈立林
市直第二代表团	团长	夏　杰	副团长	张春城	蔡树勇

市第十四届人民代表大会第四次会议各代表团团长、副团长名单

（2010 年 1 月）

塘下代表团	团长	江孟甫	副团长	陈世尧	薛存苗
莘塍代表团	团长	林政洪	副团长	陈明仁	周识马
仙降代表团	团长	张榜桃	副团长	池万松	余兆芬
马屿代表团	团长	姜宗羽	副团长	蔡仁敏	龚德伏
高楼代表团	团长	朱小波	副团长	叶应东	谢炳聪
陶山代表团	团长	刘海峰	副团长	许锦业	张筱珍（女）
湖岭代表团	团长	郑海洁（女）	副团长	金晓昆	吴仕积
市直第一代表团	团长	蔡树勇	副团长	林德池	陈立林
市直第二代表团	团长	夏　杰	副团长	张春城	涂小平

市第十四届人民代表大会第五次会议各代表团团长、副团长名单

（2011 年 1 月）

塘下代表团	团长	江孟甫	副团长	陈世尧	薛存苗
莘塍代表团	团长	林政洪	副团长	许道火	周识马
仙降代表团	团长	项金敏	副团长	池万松	余兆芬
马屿代表团	团长	姜宗羽	副团长	谢钦巨	龚德伏
高楼代表团	团长	朱小波	副团长	陈桂雷	谢炳聪
陶山代表团	团长	虞峰云	副团长	许锦业	张筱珍（女）
湖岭代表团	团长	陈　彪	副团长	金晓昆	卓作江
市直第一代表团	团长	蔡树勇	副团长	陈立林	王式林
市直第二代表团	团长	夏　杰	副团长	陈国荣	涂小平

市第十五届人民代表大会第一次会议各代表团团长、副团长名单

（2012 年 1 月）

塘下代表团	团长	张本锋	副团长	陈世尧	薛存苗
陶山代表团	团长	周晓华	副团长	张筱珍（女）	李明侠
湖岭代表团	团长	虞峰云	副团长	陈　彪	金国岳

马屿代表团	团长	林德池	副团长	叶序锋	黄文光	
高楼代表团	团长	姜宗羽	副团长	陈桂雷	曹启凑	
安阳代表团	团长	许道火	副团长	夏　杰	陈国荣	
滨海新区代表团	团长	林政洪	副团长	王式林	涂小平	池万松
				曾爱慧（女）		
江南新区代表团	团长	陈明仁	副团长	贾建华	金晓昆	施经馆
市直代表团	团长	张榜桃	副团长	吴　皓	毛式全	

市第十五届人民代表大会第二次会议各代表团团长、副团长名单

（2013 年 1 月）

塘下代表团	团长	张本锋	副团长	廖仕旺	薛存苗	
陶山代表团	团长	周晓华	副团长	张筱珍（女）	李明侠	
湖岭代表团	团长	虞峰云	副团长	陈　彪	金国岳	
马屿代表团	团长	林德池	副团长	叶序锋	黄文光	
高楼代表团	团长	姜宗羽	副团长	金建宇	曹启凑	
安阳代表团	团长	池万好	副团长	许道火	谢　骁	陈国荣
滨海代表团	团长	林政洪	副团长	王式林	涂小平	池万松
				曾爱慧（女）		
江南代表团	团长	陈明仁	副团长	贾建华	金晓昆	施经馆
市直代表团	团长	施巨耀	副团长	吴　皓	毛式全	

市第十五届人民代表大会第三次会议各代表团团长、副团长名单

（2014 年 1 月）

塘下代表团	团长	张本锋	副团长	廖仕旺	薛存苗	
陶山代表团	团长	周晓华	副团长	张筱珍（女）	李明侠	
湖岭代表团	团长	虞峰云	副团长	刘光享	金国岳	
马屿代表团	团长	林德池	副团长	叶序锋	李洪星	
高楼代表团	团长	姜宗羽	副团长	金建宇	曹启凑	
安阳代表团	团长	池万好	副团长	许道火	谢　骁	林朝进
滨海代表团	团长	林政洪	副团长	王式林	陈　慧	池万松
				黄志勇		

江南代表团	团长	陈明仁	副团长	陈　彪	金晓昆	施经馆
市直代表团	团长	施巨耀	副团长	吴　皓	毛式全	

市第十五届人民代表大会第四次会议各代表团团长、副团长名单

（2015 年 3 月）

塘下代表团	团长	张本锋	副团长	廖仕旺	林　津	
陶山代表团	团长	贾建华	副团长	陈阿朋	李明侠	
湖岭代表团	团长	虞峰云	副团长	刘光亨	金国岳	
马屿代表团	团长	叶序锋	副团长	吴晓宇	李洪星	
高楼代表团	团长	金建宇	副团长	曹启凑		
安阳代表团	团长	池万好	副团长	许道火	张蕙娜（女）	林朝进
滨海代表团	团长	林政洪	副团长	刘建敏	陈　慧	池万松
				黄志勇		
江南代表团	团长	陈明仁	副团长	谢　骁	金晓昆	施经馆
市直代表团	团长	施巨耀	副团长	吴　皓	毛式全	

市第十五届人民代表大会第五次会议各代表团团长、副团长名单

（2016 年 1 月）

塘下代表团	团长	张榜桃	副团长	许道火	林　津	
陶山代表团	团长	贾建华	副团长	陈阿朋	李明侠	
湖岭代表团	团长	虞峰云	副团长	刘光亨	金国岳	
马屿代表团	团长	叶序锋	副团长	吴晓宇	李洪星	
高楼代表团	团长	金建宇	副团长	施昌聪	曹启凑	
安阳代表团	团长	池万好	副团长	张海飞（女）	张蕙娜（女）	林朝进
滨海代表团	团长	木　维	副团长	刘建敏	林权龙	谢钦巨
				刘玉庭		
江南代表团	团长	陈明仁	副团长	谢　骁	金华明	陈　健
市直代表团	团长	周晓华	副团长	毛式全		

市第十六届人民代表大会第一次会议各代表团团长、副团长名单

（2017 年 2 月）

塘下代表团	团长	张榜桃	副团长	许道火	林 津	
陶山代表团	团长	贾建华	副团长	陈阿朋	周仕荣	
湖岭代表团	团长	虞峰云	副团长	黄隽燚	罗晓伟	
马屿代表团	团长	叶序锋	副团长	王心海	练华伟	
高楼代表团	团长	林朝进	副团长	戴安丰	张晓勇	
安阳代表团	团长	张海飞（女）	副团长	刘剑波	张震宇	杨圣远
滨海代表团	团长	谢钦巨	副团长	刘建敏	陈显泼	林权龙
				刘玉庭		
江南代表团	团长	谢 骁	副团长	吴晓宇	金华明	金晓武
市直代表团	团长	李学祥	副团长	杜文君（女）		

市第十六届人民代表大会第二次会议各代表团团长、副团长名单

（2018 年 1 月）

塘下代表团	团长	张榜桃	副团长	许道火	邵晓萍（女）	
陶山代表团	团长	陈阿朋	副团长	余 洁	周仕荣	
湖岭代表团	团长	潘永华	副团长	黄隽燚	罗晓伟	
马屿代表团	团长	刘建敏	副团长	王心海	姜宗选	
高楼代表团	团长	张士数	副团长	戴安丰	林 敏	
安阳代表团	团长	张海飞（女）	副团长	林绍达	刘剑波	张震宇
滨海代表团	团长	彭佩辉	副团长	林圣强	李明达	林权龙
				曾大冲		
江南代表团	团长	王 毅	副团长	吴晓宇	沈长城	王 力
市直代表团	团长	李学祥	副团长	杜文君（女）		

市第十六届人民代表大会第三次会议各代表团团长、副团长名单

（2019 年 1 月）

塘下代表团	团长	张榜桃	副团长	张海飞（女）	邵晓萍（女）

陶山代表团　团长　陈阿朋　副团长　余　洁　周仕荣
湖岭代表团　团长　潘永华　副团长　黄隽燚　罗晓伟
马屿代表团　团长　刘建敏　副团长　王心海　姜宗选
高楼代表团　团长　张士数　副团长　戴安丰　林　敏
安阳代表团　团长　蔡永杰　副团长　林绍达　刘剑波　张震宇
滨海代表团　团长　彭佩辉　副团长　林圣强　李明达　林权龙　曾大冲
江南代表团　团长　王　毅　副团长　李志敬　沈长城　王　力
市直代表团　团长　李学祥　副团长　杜文君（女）

市第十六届人民代表大会第四次会议各代表团团长、副团长名单

（2020 年 4 月）

塘下代表团　团长　连正坚　副团长　张海飞（女）张中杰
陶山代表团　团长　陈阿朋　副团长　余　洁　包正碧
湖岭代表团　团长　潘永华　副团长　叶宇飞（女）张　挺
马屿代表团　团长　郑希鸿　副团长　何志友　胡美锡
高楼代表团　团长　张士数　副团长　林长春　林　敏
安阳代表团　团长　蔡永杰　副团长　林绍达　张　翔　林正华
滨海代表团　团长　曹　轼　副团长　林圣强　李明达　谷礼澜　曾大冲
江南代表团　团长　王　毅　副团长　李志敬　沈长城　夏晓静（女）
市直代表团　团长　李学祥　副团长　杜文君（女）

市第十六届人民代表大会第五次会议各代表团团长、副团长名单

（2021 年 2 月）

塘下代表团　团长　刘建敏　副团长　叶秀敏　张中杰
陶山代表团　团长　龚方听　副团长　余　洁　包正碧
湖岭代表团　团长　潘永华　副团长　叶宇飞（女）张　挺
马屿代表团　团长　郑希鸿　副团长　何志友　胡美锡
高楼代表团　团长　张士数　副团长　林长春　林　敏

安阳代表团	团长	蔡永杰	副团长	林绍达	张　翔	林正华
滨海代表团	团长	曹　轼	副团长	林圣强	张嘉祥	谷礼澜
				龚德伏		
江南代表团	团长	沈长城	副团长	李志敬	夏晓静（女）	林南斌
市直代表团	团长	李学祥	副团长	杜文君（女）		

市第十七届人民代表大会第一次会议各代表团团长、副团长名单

（2022 年 2 月）

塘下代表团	团长	刘建敏	副团长	薛中卫		
陶山代表团	团长	龚方听	副团长	陈伟锋	何尚通	
湖岭代表团	团长	林南青	副团长	陈　冰	张　挺	
马屿代表团	团长	项爱光	副团长	高泉印	虞希宠	
高楼代表团	团长	陈　凡	副团长	王少华（女）	林长国	
安阳代表团	团长	戴　铭	副团长	曾海英（女）	徐贤明	周调和（女）
滨海代表团	团长	林长春	副团长	张嘉祥	陈　力	张晓勇
				周旭东		
江南代表团	团长	林远利	副团长	吴海可	何志友	竺成伟
市直代表团	团长	黄隽燚	副团长	郑志强		

专门委员会组成人员名录

市第十五届人民代表大会专门委员会

（2016 年 1 月至 2017 年 2 月）

法制委员会

主 任 委 员：薛尧弟

副主任委员：李国民　　张金林　　尤光姆　　张加梁

委　　　员：（排名不分先后）

王　力　　王学满　　卢秀英（女）刘万斌

说明：市十五届人大五次会议设立。

财政经济委员会

主 任 委 员：江孟甫

副主任委员：邵万侮　陈胜泉（2016年1月至2016年7月）　马可煊　汪黎明
黄　淼（女）

委　　员：（排名不分先后）
李学祥　项春潮　施永林　潘基础

说明：市十五届人大五次会议设立。

市第十六届人民代表大会专门委员会

（2017年2月至2022年2月）

法制内务司法委员会（2019年1月更名为法制监察司法委员会，其组成人员不变）

主任委员：薛尧弟

副主任委员：尤光侮（2017年2月至2021年10月）　李国民　邵万延
黄大千（2017年2月至2019年1月）　蔡树勇（2017年2月至2020年10月）
周　靖（2019年2月任职）　包正碧（2021年10月任职）

委　　员：王　力　王晓妘（女）李明达　李治学（女）张庆和　林昌勋

财政经济委员会

主任委员：江孟甫

副主任委员：马可煊（2017年2月至2020年10月）　包振明（2017年2月至2019年1月）
邵万侮（2017年2月至2019年8月）　林祝兴（2017年2月至2020年10月）
施世通（2017年2月至2019年1月）　陈宗成（2019年2月至2019年11月）
张加梁（2019年11月任职）　刘海峰（2020年6月任职）
谢世虎（2020年10月至2021年7月）　许良伍（2021年1月任职）

委　　员：阮立胜　李学祥　余仁业　陈康进　胡颖媛（女）徐象龙
蔡　琰（女）潘基础

社会建设委员会（2019年1月设立）

主任委员：方小梅（女）

副主任委员：吴学彬（2019年1月至2020年10月）　张朝银（2019年1月至2020年12月）
郑祥圣（2019年1月至2021年10月）　诸葛志勇（2019年1月至2020年10月）
黄文祥（2019年1月至2020年12月）　蔡仁敏（2019年8月至2021年10月）
薛　颖（女，2020年12月任职）　彭小锋（2020年12月任职）
孙仕元（2020年12月任职）　林昌勋（2021年10月任职）

委　　员：王云桧　杜文君（女）李治学（女）林昌勋　欧美玲（女）徐飞婕（女）

说明：市十六届人大一次会议、三次会议表决产生的各专门委员会副主任委员、委员排名不分先后排列，在大会闭会期间，常委会任免的副主任委员名单按任命时间先后为序排列。

市第十七届人民代表大会专门委员会

（2022 年 2 月起）

法制监察司法委员会

主 任 委 员：项金敏

副主任委员：叶应东（2022年2月至2023年8月） 包正碧 李国民（2022年2月至2023年8月）

陈良春 顾荣华 杨建瑞（2024年1月任职） 胡存炯（2024年1月任职）

委 员：丁云峰 王 朋 卢 晓（女）刘万斌 李开展 余锋付

张庆和 林成银

财政经济委员会

主 任 委 员：吴功宜

副主任委员：刘海峰（2022年2月至2023年8月） 许良伍 张加梁（2022年2月至2024年4月）

陈宗成（2022年2月至2023年12月） 谢思孝 陈 哲（2024年1月任职）

林权龙（2024年1月任职） 戴美东（2024年4月任职）

委 员：李伟良 余中苏 余锦瑞（女）张璐霞（女）林德喜

金 蔚（女）金振钱 徐象龙 黄余良 黄隽燚

社会建设委员会

主 任 委 员：周晓华（2022年2月至2023年12月） 张海飞（女，2024年2月任职）

副主任委员：孙仕元 林昌勋 周曦之 郑 洁（女，2022年2月至2023年8月）

薛 颖（女）周莉娜（女，2023年8月任职）

委 员：陈 辉 陈白羽（女）林 帆 林 琳（女）欧美玲（女）

徐飞婕（女）虞安林 戴美东

说明：市十七届人大各专门委员会副主任委员、委员排名不分先后排列。在大会闭会期间，常委会任免的副主任委员名单按任命时间先后为序排列。

第二节　市人民代表大会常务委员会

市第十三届人大常委会办公室和工作委员会主任、副主任名录

（2003 年 3 月至 2007 年 1 月）

办公室

主　任：苏尚乐

副主任：石　亮（女，2003年3月至2005年9月）　周莉娜（女，2005年6月任职）

吴存滔（2006年9月任职）　潘贻高（2006年11月任职）

法制工作委员会

主　任：王学镜

副主任：程鸿伟（2003年3月至2003年7月）　吴旭华（女，2003年7月任职）

李国民（2006年11月任职）

财政经济工作委员会

主　任：赵锦弘

副主任：张建新（2003年3月至2004年2月）　黄　淼（女，2004年7月任职）

张中海（2006年11月任职）

教育科学文化卫生工作委员会

主　任：曾一松（2003年5月至2005年6月）　戴胜益（2005年6月任职）

副主任：戴胜益（2003年3月至2005年6月）　陈光顺（2005年6月任职）

谢思孝（2006年11月任职）

农村经济工作委员会（2004年1月更名为农村经济和资源保护工作委员会）

主　任：傅志礼（2003年3月至2004年7月）

副主任：陈传品（2003年3月至2004年7月）

农村经济和资源保护工作委员会

主　任：傅志礼（2004年7月任职）

副主任：陈传品（2004年7月至2005年8月）　陈绍华（2005年8月至2006年11月）

周佐胜（2006年9月任职）

代表工作委员会

主　任：何振兴

副主任：杨润金（2003年3月至2003年7月）　杨小红（女，2003年7月任职）

尤碎林（2006年9月任职）　石　亮（女，2006年11月任职）

市第十四届人大常委会办公室和工作委员会主任、副主任名录

（2007 年 1 月至 2012 年 1 月）

办公室

主　任：吴存滔

副主任：周莉娜（女）　潘贻高（2007年3月至2009年5月）　邵万延（2009年5月任职）

法制工作委员会

主　任：李国民

副主任：吴旭华（女，2007年3月至2010年12月）　张加梁（2010年12月任职）

财政经济工作委员会

主　任：张中姆

副主任：黄　淼（女）

教育科学文化卫生工作委员会

主　任：陈光顺

副主任：谢思孝

农村经济和资源保护工作委员会

主　任：周佐胜

副主任：潘贻高（2009年5月任职）

代表工作委员会

主　任：尤碎林

副主任：石　亮（女）

城乡建设环境保护工作委员会（2009年4月设立）

主　任：胡志跃（2009年5月任职）

副主任：金国锐（2009年5月任职）

市第十五届人大常委会办公室和工作委员会主任、副主任名录

（2012 年 1 月至 2017 年 2 月）

办公室

主　任：郑光德

副主任：周莉娜（女，2012年1月至2016年8月）　邵万延　张加梁（2014年6月至2015年12月）

法制工作委员会

主　任：李国民

副主任：张加梁（2012年1月至2013年6月）

财政经济工作委员会

主　任：张中姆（2012年1月至2015年6月）　邵万姆（2015年6月任职）

副主任：黄　淼（女，2012年1月至2016年8月）　林元众（2014年10月至2015年12月）

虞　锋（2016年8月任职）

教育科学文化卫生工作委员会

主　任：林伟光

副主任：黄文祥（2012年1月至2016年5月）　谢思孝

农村经济和资源保护工作委员会

主　任：周佐胜（2012年1月至2015年12月）　陈继昌（2015年12月任职）

副主任：黄陈跃（2012年1月至2015年7月）　潘贻高（2012年1月至2012年5月）

胡小珍（女，2012年5月至2016年4月）　诸葛志勇（2015年7月至2016年5月）

张朝银（2016年4月任职）

代表工作委员会

主　任：吴存滔

副主任：石　亮（女，2012年1月至2016年8月）　洪越明（2013年6月至2014年10月）

曾定煜（2014年12月任职）　杨　晖（2016年8月任职）

城乡建设环境保护工作委员会

主　任：胡志跃

副主任：陈光兴（2012年1月至2016年5月）　金国锐

预算工作委员会（2015年4月设立）

主　任：陈胜泉（2015年8月至2016年7月）

副主任：林元众（2015年12月任职）

市第十六届人大常委会办公室和工作委员会主任、副主任名录

（2017 年 2 月至 2022 年 2 月）

办公室

主　任：郑光德（2017年2月至2019年11月）　蔡金良（2019年11月至2021年10月）

林绍达（2021年10月任职）

副主任：陈晓洁（女，2017年3月至2019年6月）　曾定煜（2017年4月至2018年4月）

李景节（2018年9月任职） 薛 颖（女，2019年8月至2019年11月）

法制内务司法工作委员会

主 任：李国民

副主任：林显亮（2017年3月至2021年10月）

财政经济工作委员会

主 任：邵万姆（2017年2月至2019年8月） 张加梁（2019年11月任职）

副主任：虞 锋（2017年4月至2020年10月）

教育科学文化卫生工作委员会

主 任：吴学彬（2017年2月至2020年10月） 涂秀明（2020年10月任职）

副主任：彭小锋（2017年4月至2020年12月） 金国锐（2020年12月任职）

农村经济和资源保护工作委员会

主 任：张金林（2017年2月至2019年1月） 陈智勇（2019年1月任职）

副主任：谢世虎（2017年4月至2020年10月） 吴风云（女，2020年10月任职）

代表工作委员会

主 任：黄笃远（2017年2月至2021年3月） 谢 骁（2021年7月任职）

副主任：杨 晖（2017年4月至2021年1月） 孙克军（2021年1月任职）

城乡建设环境保护工作委员会

主 任：陈继昌（2017年2月至2020年12月） 曾爱慧（女，2020年12月任职）

副主任：金国锐（2017年4月至2020年12月） 顾荣华（2021年3月至2021年10月）

李双双（女，2021年10月任职）

预算工作委员会

主 任：包振明（2017年2月至2019年1月） 蔡金良（2019年1月至2019年11月）

陈宗成（2019年11月任职）

副主任：林元众（2017年4月任职）

社会建设工作委员会（2019年11月设立）

主 任：薛 颖（女，2019年11月任职）

副主任：杨 晖（2021年1月任职）

市第十七届人大常委会办公室和工作委员会主任、副主任名录

（2022年3月起）

办公室

主 任：林绍达（2022年3月至2023年9月） 余列权（2023年12月任职）

副主任：李景节（2022年3月至2024年1月）　董　耀（2024年1月任职）

法制内务司法工作委员会（2023年12月更名为法制监察司法工作委员会）

主　任：陈良春（2022年3月至2023年12月）

副主任：张凌鲲（2022年3月至2023年12月）

法制监察司法工作委员会

主　任：陈良春（2023年12月任职）

副主任：张凌鲲（2023年12月任职）

财政经济工作委员会

主　任：张加梁（2022年3月至2024年4月）　戴美东（2024年4月任职）

副主任：涂俊伟

教育科学文化卫生工作委员会

主　任：涂秀明（2022年3月至2023年12月）　吴晓宇（2023年12月任职）

副主任：金国锐

农村经济和资源保护工作委员会

主　任：陈智勇

副主任：吴风云（女）

代表工作委员会

主　任：谢　骁（2022年3月至2023年12月）　胡晓秋（2023年12月任职）

副主任：孙克军

城乡建设环境保护工作委员会

主　任：曾爱慧（女，2022年3月至2023年6月）　池益华（2023年6月任职）

副主任：李双双（女）

预算工作委员会

主　任：陈宗成（2022年3月至2023年12月）　陈　哲（2023年12月任职）

副主任：林晓芳（女）

社会建设工作委员会

主　任：薛　颖（女）

副主任：杨　晖

第三节　市人民政府

市第十三届人民代表大会及其常委会选举、任命的市人民政府组成人员名录

（2003 年 3 月至 2007 年 1 月）

市　长：叶春江（2003年3月至2006年7月）

蒋珍明（2006年7月至2007年1月任副市长、代市长）

副市长：张加波（2003年3月至2004年11月）　叶建辉（2004年11月任职）

项力克（2003年3月至2004年11月）　姚松鹤

彭永松（2003年3月至2006年11月）　徐　晓（女，2003年3月至2005年2月）

朱荣海　林济晚（2004年11月任职）　陈　林（挂职，2005年4月任职）

武爱民（挂职，2005年8月任职）　吴娜丽（女，2006年1月任职）

市人民政府办公室主任：黄长安

市发展计划局（粮食局）局长：苏德贤（2003年5月至2005年8月）

市发展和改革局（粮食局）局长：苏德贤（2005年8月任职）

市经济贸易局局长：唐晓华（2003年5月至2005年2月）　陈荣臻（2005年2月任职）

市教育局局长：叶耀国

市科学技术局局长：项其法（2003年5月至2003年10月）　黄玲香（女，2004年1月任职）

市民族宗教事务局局长：吴瑞平（2003年5月至2004年7月）　胡志酬（2004年7月至2006年9月）

周晓华（2006年9月任职）

市公安局局长：叶望庆

市监察局局长：虞希鹏（2003年5月至2006年11月）　钱世安（2006年11月任职）

市民政局局长：池万好

市司法局局长：马可煊

市财政局局长：江孟甫（2003年5月至2005年9月）　蒋良奉（2005年9月任职）

市人事局局长：程金松

市劳动和社会保障局局长：彭希超（2003年5月至2005年8月）金爱忠（2005年8月任职）

市国土资源局局长：林宝录

市规划建设局局长：倪希杰

市交通局局长：张银华

市水利局局长：郑邦良（2003年5月至2004年1月）　金邦义（2004年1月任职）

市农业局（林业局）局长：王永旺

市海洋与渔业局局长：陈志明

市文化局局长：尤碎林（2003年5月至2005年4月）

市文化广电新闻出版局局长：尤碎林（2005年4月至2006年9月）　李志林（2006年9月任职）

市卫生局局长：郑顺昆

市计划生育局局长：金爱忠（2003年5月至2005年8月）

市人口和计划生育局长：林永杰（2005年8月任职）

市审计局局长：郑银鹏

市统计局局长：陈荣臻（2003年5月至2005年2月）　曾其松（2005年6月任职）

市环境保护局局长：孙兴隆

市人民政府侨务办公室主任：王国伟

市安全生产监督管理局局长：张正良（2005年1月任职）

市第十四届人民代表大会及其常委会选举、任命的市人民政府组成人员名录

（2007 年 1 月至 2012 年 1 月）

市　长：蒋珍明（2007年1月至2008年11月）

陈建明（2008年11月至2009年2月任副市长、代市长，2009年2月至2011年11月任市长）

李无文（2011年11月任代市长）

副市长：叶建辉（2007年1月至2011年5月）　李无文（2011年5月至2011年11月）

郑邦良（2007年1月至2009年11月）　林济晚　蒋良奉（2007年1月至2011年11月）

管秀云（女）　方　晖　冯金考（2008年8月任职）

张本锋（2009年8月任职）　武爱民（挂职，2007年3月至2007年5月）

陈　林（2007年4月至2009年11月）　王状武（挂职，2009年8月至2011年7月）

耿　滔（挂职，2011年7月任职）　毛建翔（挂职，2011年7月任职）

市发展和改革局（粮食局）局长：陈荣臻（2007年4月至2010年4月）

池万好（2010年4月任职）

市经济贸易局局长：陈迪海（2007年4月至2010年4月）　金少隆（2010年4月任职）

市教育局局长：叶耀国（2007年4月至2009年5月）　王育伦（2009年5月任职）

市科学技术局局长：黄玲香（女）

市民族宗教事务局局长：周晓华（2007年4月至2010年4月）

周逢玉（女，2010年4月至2010年12月）

林昌勋（2011年6月任职）

市公安局局长：叶望庆（2007年4月至2008年8月）　姜迪清（2008年8月任职）

市监察局局长：钱世安

市民政局局长：王永旺（2007年4月至2010年4月）　　郑光德（2010年4月任职）

市司法局局长：项贻康

市财政局局长：苏德贤（2007年4月至2010年4月）　　陈迪海（2010年4月任职）

市人事局局长：程金松（2007年4月至2008年1月）　　林宝录（2008年1月至2010年4月）
王永旺（2010年4月任职）

市劳动和社会保障局局长：陈志明

市规划建设局局长：倪希杰（2007年4月至2010年4月）　薛尧弟（2010年4月任职）

市交通局局长：池万好（2007年4月至2010年4月）　　邵万姆（2010年4月任职）

市水利局局长：金邦义（2007年4月至2010年4月）　　蔡桂友（2010年4月任职）

市农业局（林业局）局长：张金林

市海洋与渔业局局长：周　靖

市文化广电新闻出版局局长：黄友金

市卫生局局长：郑顺昆（2007年4月至2009年5月）　　廖仕旺（2009年5月任职）

市人口和计划生育局局长：林永杰（2007年4月至2010年4月）
周晓华（2010年4月至2011年6月）
陈立林（2011年6月任职）

市审计局局长：郑银鹏（2007年4月至2010年4月）　　金邦义（2010年4月任职）

市统计局局长：曾其松（2007年4月至2010年4月）　　苏正旺（2010年4月任职）

市环境保护局局长：马可煊

市人民政府侨务办公室主任：王国伟

市安全生产监督管理局局长：张正良（2007年4月至2008年6月）
包振明（2008年6月任职）

市第十五届人民代表大会及其常委会选举、任命的市人民政府组成人员名录

（2012年1月至2017年2月）

市　长：李无文（2012年1月至2015年3月）
陈胜峰（2015年3月任副市长、代市长，2015年3月至2016年11月任市长）
麻胜聪（2016年11月至2017年2月任副市长、代市长）

副市长：方　晖（2012年1月至2015年6月）　王忠宝（2015年6月至2016年12月）
曾瑞华（2016年12月任职）　　冯金考（2012年1月至2016年12月）
倪希杰　　陈荣臻　　郑海洁（女）钱定荣　　林增丰（2016年12月任职）

耿　滔（挂职，2012年3月至2012年8月）　毛建翔（挂职，2012年3月至2013年8月）
王桂厅（挂职，2012年8月至2013年9月）　冯华东（挂职，2013年8月至2015年2月）
朱卓瑶（女，挂职，2014年8月至2016年7月）
阿里木江·依干拜地（挂职，2015年4月至2016年5月）
余侠军（挂职，2015年7月任职）　蒋承杰（挂职，2016年7月任职）

市人民政府办公室（法制办公室）主任：施巨耀（2012年3月至2015年10月）
周晓华（2015年10月任职）

市发展和改革局（粮食局）局长：池万好（2012年3月至2013年4月）
项金敏（2013年4月至2015年10月）

市发展和改革局局长：项金敏（2015年10月10日至2015年10月30日）
吴功宜（2015年12月任职）

市经济和信息化局局长：金少隆（2012年3月至2015年6月）
吴功宜（2015年6月至2015年12月）　涂秀明（2015年12月任职）

市教育局局长：王育伦（2012年3月至2014年2月）　吴学彬（2014年2月任职）

市科学技术局局长：项贻康（2012年3月至2014年10月）　林德池（2014年10月任职）

市民族宗教事务局局长：林昌勋（2012年3月至2016年2月）　许锦业（2016年2月任职）

市公安局局长：林振江（2012年5月至2016年12月）　王小甫（2016年12月任职）

市监察局局长：钱世安（2012年3月至2016年5月）　吴学权（2016年5月任职）

市民政局局长：陈智勇（2012年3月至2015年12月）　涂小平（2015年12月任职）

市司法局局长：蔡虎弟（2012年3月至2015年12月）　陈智勇（2015年12月任职）

市财政局局长：薛尧弟（2012年3月至2015年6月）　林政洪（2015年6月任职）

市人力资源和社会保障局局长：王永旺

市住房和城乡规划建设局局长：李志林

市交通运输局局长：邵万姆（2012年3月至2015年6月）　蔡金良（2015年6月任职）

市水利局局长：蔡桂友（2012年3月至2014年2月）　陈立林（2014年2月任职）

市农业局（林业局）局长：张金林（2012年3月至2015年12月）　姜宗羽（2015年12月任职）

市海洋与渔业局局长：吴学彬（2012年3月至2014年2月）蔡树勇（2014年2月至2016年8月）

市商务局局长：陈继昌（2012年3月至2013年4月）　苏正旺（2013年4月至2015年10月）

市商务局（市粮食局）局长：苏正旺（2015年10月任职）

市文化广电新闻出版局局长：黄友金（2012年3月至2015年12月）　李　刃（2015年12月任职）

市卫生局局长：廖仕旺（2012年3月至2013年4月）　陈继昌（2013年4月至2015年6月）

市人口和计划生育局局长：陈立林（2012年3月至2014年2月）

市卫生和计划生育局局长：池万松（2015年6月任职）

市审计局局长：金邦义

市统计局局长：苏正旺（2012年3月至2013年4月） 涂秀明（2013年4月至2015年12月） 胡存炯（2016年2月任职）

市环境保护局局长：包振明（2012年3月至2014年10月） 周晓华（2014年10月至2015年10月） 丁良才（回族，2015年12月任职）

市人民政府侨务办公室主任：周 靖（2012年3月至2015年8月）

市人民政府外事侨务办公室主任：周 靖（2015年8月任职）

市安全生产监督管理局局长：蔡金良（2012年3月至2015年6月） 周晓东（2015年6月任职）

市食品药品监督管理局局长：蔡树勇（2012年3月至2014年2月）

市市场监督管理局局长：金建中（2014年2月任职）

市质量技术监督局局长：吴功宜（2014年6月至2015年6月）

市城市管理与行政执法局局长：项光浓（2014年6月任职）

市第十六届人民代表大会及其常委会选举、任命的市人民政府组成人员名录

（2017 年 2 月至 2022 年 2 月）

市 长：麻胜聪（2017年2月至2019年12月）

秦 肖（2019年12月至2020年4月任副市长、代市长，2020年4月任市长）

副市长：曾瑞华（2017年2月至2019年1月） 林增丰（2017年2月至2021年12月）

周晓华 项金敏（2017年2月至2019年4月）

林政洪 张蕙娜（女，2017年2月至2020年4月）

张榜桃（2019年2月至2021年12月） 蒋承杰（挂职，2017年3月至2018年8月）

余侠军（挂职，2017年3月至2017年9月） 孔庆吉（挂职，2017年4月至2018年6月）

宁华荣（挂职，2017年10月至2018年6月） 章 平（2018年3月至2019年5月）

陈 良（挂职，2018年8月至2020年8月） 池万松（2019年4月任职）

周晓琳（挂职，2019年5月至2020年6月） 孙寒星（2020年6月任职）

邱忠瑜（2021年12月任职） 郑章辉（2021年12月任职）

麻素挺（2021年12月任职） 包朝阳（2021年12月任职）

陈 鹏（2021年12月任职） 陈寒艳（女，2021年12月任职）

市人民政府办公室（法制办公室）主任：林朝进（2017年3月至2019年1月）

市人民政府办公室主任：林朝进（2019年1月至2020年8月） 林圣赞（2020年8月任职）

市发展和改革局局长：叶序锋（2017年4月至2021年3月） 潘永华（2021年3月任职）

市经济和信息化局局长：涂秀明（2017年4月至2020年10月） 叶昌隆（2020年10月任职）

市教育局局长：姜宗羽

市科学技术局局长：林德池（2017年4月至2019年1月）
曾爱慧（女，2019年1月至2020年12月）　王文光（2020年12月任职）

市民族宗教事务局局长：许锦业（2017年4月至2019年1月）　刘剑波（2019年1月任职）

市公安局局长：王小甫（2017年4月至2021年12月）　郑章辉（2021年12月任职）

市民政局局长：涂小平（2017年4月至2018年9月）　吴晓宇（2018年9月任职）

市司法局局长：陈智勇（2017年4月至2019年1月）　胡存炯（2019年1月任职）

市财政局局长：吴功宜（2017年3月至2021年3月）　叶序锋（2021年3月任职）

市人力资源和社会保障局局长：林邦虎（2017年3月至2020年12月）　谢钦巨（2021年2月任职）

市自然资源和规划局局长：陈　哲（2019年1月任职）

市住房和城乡规划建设局局长：傅小锋（2017年3月至2019年1月）

市住房和城乡建设局局长：傅小锋（2019年1月任职）

市交通运输局局长：蔡金良（2017年4月至2019年1月）　丁良才（2019年1月至2021年3月）
贾建华（2021年3月任职）

市水利局局长：贾建华（2017年4月至2021年3月）　舒建忠（2021年3月任职）

市农业局（市林业局）局长：谢钦巨（2017年4月至2019年1月）

市农业农村局局长：谢钦巨（2019年1月至2021年2月）　谢　骁（2021年2月至2021年7月）
张　翔（2021年7月任职）

市海洋与渔业局局长：陈　哲（2017年3月至2019年1月）

市商务局（市粮食局）局长：苏正旺（2017年4月至2019年1月）

市商务局局长：苏正旺（2019年1月至2021年10月）　曹　轼（2021年10月任职）

市文化广电新闻出版局局长：李　刃（2017年4月至2019年1月）

市文化和广电旅游体育局局长：陈　健（2019年1月任职）

市退役军人事务局局长：徐军凯（2019年1月任职）

市应急管理局局长：刘光享（2019年1月任职）

市卫生和计划生育局局长：虞峰云（2017年4月至2019年1月）

市卫生健康局局长：虞峰云（2019年1月任职）

市医疗保障局局长：池益华（2019年1月任职）

市审计局局长：金邦义（2017年4月至2019年2月）　林德池（2019年2月任职）

市统计局局长：胡存炯（2017年4月至2019年1月）　黄秀杰（2019年1月任职）

市环境保护局局长：丁良才（2017年4月至2019年1月）

市人民政府外事侨务办公室主任：周　靖（2017年4月至2019年1月）

市安全生产监督管理局局长：曾爱慧（女，2017年3月至2019年1月）

市市场监督管理局局长：金建中（2017年4月至2017年11月）
叶昌隆（2017年11月至2020年10月）彭佩辉（2020年10月任职）
市综合行政执法局局长：项光浓（2017年4月至2017年6月）　刘玉庭（2017年6月至2019年1月）
朱小波（2019年1月任职）

市第十七届人民代表大会第一次会议选举的市长、副市长名录

（2022 年 2 月）

市　长：秦　肖
副市长：邱忠瑜　郑章辉　麻素挺　包朝阳　陈　鹏　陈寒艳（女）　林政洪

第四节　市监察委员会

市第十六届人民代表大会及其常委会选举、任命的市监察委员会主任、副主任、委员名录

（2017 年 2 月至 2022 年 2 月）

主　任：陈朴顺（2017年2月至2020年12月）
李辅正（2020年12月至2021年2月任副主任、代主任，2021年2月至2021年12月任主任）
朱建芳（女，2021年12月任副主任、代主任）
副主任：吴学权　陈良春
委　员：薛嘉言（2017年2月至2018年4月）　缪茂盛　章俊俏　林祝峰
何允海（2018年4月任职）

市第十七届人民代表大会选举的市监察委员会主任名录

（2022 年 2 月）

主　任：朱建芳（女）

第五节　市人民法院

市第十三届人民代表大会及其常委会选举、任命的市人民法院院长、副院长名录

（2003 年 3 月至 2007 年 1 月）

院　长：李炳权（2003年3月至2004年9月）
　　　　赵建华（2004年9月至2005年3月任副院长、代院长，2005年3月任院长）
副院长：戴贤信（2003年3月至2006年9月）　项光浓　陈积业　吴荣者（2006年9月任职）

市第十四届人民代表大会及其常委会选举、任命的市人民法院院长、副院长名录

（2007 年 1 月至 2012 年 1 月）

院　长：赵建华（2007年1月至2008年11月）
　　　　戎小平（2008年11月至2009年2月任副院长、代院长，2009年2月至2011年11月任院长）
　　　　张　毅（2011年11月至2012年1月任副院长、代院长）
副院长：项光浓（2007年1月至2010年8月）　陈积业（2007年1月至2009年8月）　吴荣者
　　　　陈光琳（2007年6月任职）　胡绍良（2009年8月任职）
　　　　夏爱福（2010年10月任职）

市第十五届人民代表大会及其常委会选举、任命的市人民法院院长、副院长名录

（2012 年 1 月至 2017 年 2 月）

院　长：张　毅（2012年1月至2015年7月）
　　　　鞠海亭（2015年7月至2016年1月任副院长、代院长，2016年1月任院长）
副院长：吴荣者　陈光琳　夏爱福　胡绍良

市第十六届人民代表大会及其常委会选举、任命的市人民法院院长、副院长名录

（2017 年 2 月至 2022 年 2 月）

院　长：鞠海亭（2017年2月至2019年9月）
　　　　胡丕敢（2019年9月至2020年4月任副院长、代院长，2020年4月任院长）
副院长：吴荣者（2017年2月至2020年4月）　陈光琳（2017年2月至2018年10月）

夏爱福　　胡绍良（2017年2月至2017年6月）
曹启巧（2017年8月任职）　　方飞潮（2018年8月至2020年12月）
诸葛伟（2018年10月任职）　　薛箴言（2018年10月任职）
马庆可（2020年4月任职）

市第十七届人民代表大会第一次会议选举的市人民法院院长名录

（2022年2月）

院　长：胡丕敢

第六节　市人民检察院

市第十三届人民代表大会及其常委会选举、任命的市人民检察院检察长、副检察长名录

（2003年3月至2007年1月）

检 察 长：程兰生（2003年3月至2006年6月）
黄清钰（2006年6月至2007年1月任副检察长、代检察长）
副检察长：赵卫华（2003年5月至2006年11月）　　林长汉（2003年5月任职）
潘玉红（女，2003年5月任职）　　柳洲业（2004年7月至2006年6月）

市第十四届人民代表大会及其常委会选举、任命的市人民检察院检察长、副检察长名录

（2007年1月至2012年1月）

检 察 长：黄清钰（2007年1月至2010年12月）
王美鹏（2010年12月至2011年1月任副检察长、代检察长，2011年1月任检察长）
副检察长：林长汉（2007年1月至2010年12月）　　潘玉红（女）　　张力东（2007年6月任职）
姜瑞生（2010年10月任职）

市第十五届人民代表大会及其常委会选举、任命的市人民检察院检察长、副检察长名录

（2012年1月至2017年2月）

检 察 长：王美鹏（2012年1月至2015年6月）
宣章良（2015年6月至2016年1月任副检察长、代检察长，2016年1月任检察长）

副检察长：潘玉红（女，2012年1月至2012年5月）　张力东　姜瑞生
陈学志（2012年5月至2013年8月）　林小明（2012年10月任职）
应维新（2013年8月任职）

市第十六届人民代表大会及其常委会选举、任命的市人民检察院检察长、副检察长名录

（2017 年 2 月至 2022 年 2 月）

检 察 长：宣章良（2017年2月至2021年12月）
朱　捷（女，2021年12月至2022年2月任副检察长、代检察长）
副检察长：张力东（2017年2月至2018年3月）　姜瑞生　林小明
应维新（2017年2月至2018年3月）　张天煜（2018年3月任职）
林正览（2018年3月任职）　金传拉（2018年8月至2019年12月）

市第十七届人民代表大会第一次会议选举的市人民检察院检察长名录

（2022 年 2 月）

检 察 长：朱　捷（女）

第七节　市选举产生的温州市人民代表大会代表

温州市第十届人民代表大会代表名录

（2003 年 3 月至 2007 年 1 月）

丁明龙（回）　王上胜　王永旺　王国伟　王建东　孔素素（女）　叶春江
卢秀英（女）　冯金考　冯蒋华　江孟甫　许乙川　孙裕强　杜军义
杨从登　杨伟锋　苏正旺　苏德贤　李华华（女）　李启林　李国斌
李爱钗（女）　吴学权　何冬梅（女）　何国胜　余小春　余碎斌　应希克
张小中　张加波　张丽萍（女）　张晓平　张爱萍（女）　张银华　张景海
张翠娥（女）　陈　丹（女）　陈则姆　陈宝宣　陈晓娩（女）　林步猛（2004年12月辞职）
林春华（女）　金　剑　金大春　金少隆　金邦京　周小丹（女）　周化荣
周以斌　周加峰　周筱云（女）　周德文　郑邦良　郑笑笑（女）　郑银鹏
赵建平　项剑萍（女）　胡小明　胡启多　胡毓淦　冒康夫　姚禧治
夏春弟　钱建民　徐上木　翁志斌　高　潮　黄金良　黄德康

曹华妹（女）韩玉明　蒋良奉　温邦彦　谢公荣　蔡曙春　潘玉红（女）
潘秀红（女）李泽明（2004年2月补选）　黄长安（2004年12月补选）

说明：出席温州市第十届人民代表大会第一次会议的代表名单排名不分先后排列，一次会议以后补选的代表名单按代表选出的时间先后为序排列。

温州市第十一届人民代表大会代表名录

（2007年1月至2012年1月）

王　秀（女）孔素素（女）卢月丽（女）卢秀英（女）卢学勉　叶际仁（2011年11月辞职）
叶建辉　叶挺宁　冯蒋华　全岳明　刘万斌　许乙川　孙维真（女）
孙景妙　杜军义　杨从登　苏立锁　苏德贤　李卜进　李启林
李国斌　李金楷　李泽明　肖健雄（2011年11月辞职）吴旭浩　何国胜
邱权光　余　丹（女）余安明　余康杰　余维洪　应国权（2010年12月辞职）
张女珍（女）张天煜　张丽萍（女）张步通　张晓平　张爱萍（女）张翠娥（女）
陈世尧　陈成坤　陈则林　陈众芳　陈宝宣（2010年1月辞职）　陈荣臻
陈钱林　陈积龙　陈崇喜　林坚强　卓高柱　金邦义　金振钱
周加峰　周化荣　郑　洁（女）郑　涛　郑海洁（女）胡小明　项剑萍（女）
赵文永　洪成磊　姜　忠　秦玉辉（女）倪希杰　徐　晓（女）涂雅洁（女）
黄　河　黄纯诚　韩永良　韩明锦（女）韩忠华　葛益平　董秀珍
蒋珍明　蒋美瑛（女）雷彩萍（女，畲族）　潘凤春（女）戴国森（2009年8月辞职）
戴逢萌　周少政（2009年12月补选）王彩莲（女，2009年12月补选）
吴兴荣（2010年1月补选）　方勇军（2010年10月补选）

说明：出席温州市第十一届人民代表大会第一次会议的代表名单排名不分先后排列，一次会议以后补选的代表名单按代表选出的时间先后为序排列。

温州市第十二届人民代表大会代表名录

（2012年1月至2017年2月）

方　晖　卢月丽（女）叶世林　叶序锋　叶挺宁　冯蒋华　朱忠明
朱定松　朱晶鑫　刘海峰　池万好　许乙川　孙正树　孙景妙
苏立锁　李卜进　李无文　李国斌　李金楷　吴伟红（女）吴兴荣
吴增业　邱权光　何调波　余忠传　余康杰　余维洪　谷献旦
张女珍（女）张晓平　张筱珍（女）陈　彪　陈月华（女）陈世尧　陈安平

陈建明	陈晓明	陈积贤	邵万娒	林　萍（女）	林　蓉（女）	林化飞
林华权	林建一	林济晚	林朝进	金振钱	金晓涛（女）	周玮静（女）
周健民	郑　洁（女）	郑忠勇	项金敏	南小华（女）	涂雅洁（女）	黄少林
黄玉昆	曹启凑	阎　健	彭佳学	董红卫（女）	韩明锦（女）	释了证
曾步望	谢成本	谢慧慧（女）	虞爱萍（女）	蔡甫静	蔡桂友	蔡建胜
颜锡伍	潘凤春（女）	薛尧弟	胡纲高（2012年11月补选）		宋志恒（2012年12月补选）	

陈胜峰（2015年10月补选）余梅生（2015年10月补选）罗　军（2015年12月补选）

说明：出席温州市第十二届人民代表大会第一次会议的代表名单排名不分先后排列，一次会议以后补选的代表名单按代表选出的时间先后为序排列。

温州市第十三届人民代表大会代表名录

（2017 年 2 月至 2022 年 2 月）

丁彩霞（女，回族）	丁福良（回族）	王　俊	王小芬（女）	王安国	叶世林
叶华平	叶育登	叶建辉	白舒婷（女）	冯蒋华	边楚女（女）
朱定松	朱荣娒（2019年5月辞职）		刘海彬	许乙川	
许道火（2019年1月辞职）		苏立锁	李伟良	李作俊	李频蕾（女）
吴功宜	吴礼庄	吴伟红（女）	吴寿国	吴筱珠（女）	邱建飞（女）
何　芸	余忠传	余维洪	应辉辉（女）	张克勃	张佳睿（女）
张斌斌	陈千富	陈建明	陈春兰（女）	陈胜峰（2020年1月辞职）	
陈积田	林　蓉（女）	林永杰（2019年1月辞职）		林志寅	林建一
林普人	林蓉蓉（女）	欧苗苗（女）	金　艳（女）	金爱忠	周世煊
周玮静（女）	胡利盛	胡剑谨（女）	施巨耀	夏美平（女）	钱　妍（女）
涂芳芳（女）	黄玉昆	黄丽生（女）	黄德康	麻胜聪	葛益平
韩　剑	韩明锦（女）	舒建忠	释了证	曾瑞华	谢小荣
雷　蕾（女，畲族）	蔡金良	蔡建武	蔡贻象	潘贻成	魏学勋

朱小波（2019年1月补选）　张海飞（女，2019年1月补选）

郑希鸿（2019年1月补选）　秦　肖（2020年1月补选）　王忠宝（2020年1月补选）

说明：出席温州市第十三届人民代表大会第一次会议的代表名单排名不分先后排列，一次会议以后补选的代表名单按代表选出的时间先后为序排列。

温州市第十四届人民代表大会第一次会议代表名录

（2022 年 2 月）

丁彩霞（女，回族） 丁福良（回族） 尤飞锋 卢才教 叶秀敏
叶昌隆 叶葱葱（女）冯协寿 朱良仕 池万松 池瑞伟 苏立锁
李　慧（女）李运敏 李晓红（女）李频蕾（女）杨建崇 杨胜杰 杨晓燕（女）
吴伟红（女）邱忠瑜 邱建飞（女）余列权 余丽娜（女）余爱玉（女）应希克
应继伟 应辉辉（女）汪丽燕（女）沈长城 张仁宇 张佳睿（女）张晓勇
陈　芬（女）陈万成 陈冬云（女）陈晓余（女）林　蓉（女）林文麟 林志寅
林晓荷（女）林普人 林蓉蓉（女）欧苗苗（女）金荣励 庞　健 郑　远
郑向京（女）单霞霞（女）胡永启 胡存炯 姜　正 秦　肖 夏美平（女）
钱　妍（女）徐贤明 黄文瑜（女）曹高峻 麻胜聪 梁　锋 葛益平
董邦云 释了证 谢小荣 雷　蕾（女，畲族） 蔡建林 蔡晓波
缪阿调（女）潘权威 潘孝雷 潘荣国 薛箴言 魏学勋

说明：出席温州市第十四届人民代表大会第一次会议的代表名单排名不分先后排列。

第六编　文　存

本编选录2003年3月至2022年2月，中共瑞安市委有关人大工作文件2个，市人民代表大会文件9个，市人大常委会规章制度13个，市人大常委会党组文件3个，市人大常委会决议决定6个，市人大常委会审议意见20个，其他重要资料5个。选录的原则：一是行使市人大及其常委会职权的规章制度；二是有特色、有参考价值的文件资料；三是最近作出的决议和最后一次修订的规章制度。

第一章　中共瑞安市委有关人大工作文件

中共瑞安市委关于认真贯彻落实中央文件精神加强人大工作和建设的意见

（2016年4月6日）

为认真贯彻落实中央和省委有关文件精神，切实加强瑞安市人大工作和建设，现提出如下意见：

一、依法做好人大代表选举工作

坚持党的领导、充分发扬民主、严格依法办事，明确工作职责，抓好组织落实，确保选举工作风清气正，确保选举结果人民满意。

落实党委对人大换届选举工作的领导责任。切实加强对代表选举工作的统一领导，将贯彻落实中央和省委、温州市委关于换届选举工作的部署要求和相关法律法规规定，作为党委特别是党委书记履行政治责任的重要内容。健全代表候选人提名推荐工作程序，进一步明确各方面工作分工和职责，建立责任分解、检查监督、倒查追究的责任机制。坚持按照标准和条件要求推荐提名，人选要听取所在单位或基层党组织意见，在广泛酝酿协商的基础上，由党委集体研究决定。组织部门会同有关方面提出代表候选人初步建议人选时，要充分发扬民主，广泛听取意见，切实承担代表候选人考察和审查工作责任，把好人大代表“入口关”。进一步规范代表候选人人选分类，党政干部、企业负责人不得挤占工人、农民和专业技术人员代表名额。市人大常委会党组和乡镇人大主席团要做好提名相关工作，根据代表政治素质和履职情况，向同级党委提出连任代表的建议人选，连任代表一般要占代表总数的三分之一以上。宣传部门要做好人大代表换届选举宣传工作，加强对热点问题的正确引导，及时应对和处置突发性舆情。

落实市人大常委会对人大换届选举工作的组织责任。依法加强对市、乡镇两级选举委员会的领导，会同组织、纪检、宣传、政法等相关单位和部门成立换届选举工作联席会议。加强选举组织工作，充分发扬民主，尊重选民意愿，依法做好选举各个环节工作。积极参与和推动建立全国联网的选民登记系统，进一步明确流动人口参选条件和程序，依法保障选民的选举权和被选举权。加强人大代表资格审查工作，完善代表资格审查委员会组织和制度建设，健全人大代表资格审查工作机制。

落实党委党风廉政建设主体责任和纪检监察机关监督责任。加强对选举全过程的监督，严格执行换届纪律规定，坚决查处选举中的不正之风和腐败问题。制定应对和处置换届选举中突发性事件的预案。市人大常委会要监督市、乡镇两级选举委员会依法履行职责，确保选举严格依法按程序进行。公安机关、司法机关要依法追究破坏选举行为的法律责任。

二、认真开好人大会议

市人民代表大会会议每年至少举行1次，必要时可以增加；市人大常委会会议每两个月至少举行1次。乡镇人民代表大会会议一般每年举行2次，年中乡镇人民代表大会会议主要听取和审议半年度政府工作报告以及其他法定事项。没有选举事项时，市人大会议不少于3天，乡镇人大会议不少于1天；有选举事项时，按照有关法律法规的规定适当增加会期。乡镇人大主席团在本级人大闭会期间，至少每三个月举行1次会议。

着力提高会议质量。健全议事规则，创新议事形式，完善审议程序，充实会议内容，集思广益、凝聚共识。依法按程序举行人民代表大会会议预备会议、全体会议及各次主席团会议，规范大会报告、审议、提出议案建议及表决等环节，提高议决质量。认真准备会议文件，并提前送达人大代表和人大常委会组成人员。人大代表和人大常委会组成人员应提前调研、认真准备，紧紧围绕议题审议发言，提高审议发言质量。认真组织好人民代表大会和人大常委会会议的专题询问活动，增强询问的针对性和实效性。审议各项报告和议案、开展询问活动时，有关国家机关和部门负责人应当到会听取意见、回答询问，会后认真研究、积极采纳人大代表和常委会组成人员提出的意见和建议，对工作中存在的问题应认真整改并及时反馈。

三、切实保障人大依法行使职权

支持和保证市、乡镇人大依法做好讨论决定重大事项工作。党委要增强依法执政观念，协调市人大及其常委会、“一府两院”和乡镇人大、政府，健全人大讨论决定重大事项具体制度，支持和保证人大及其常委会依法行使重大事项决定权。市、乡镇人民政府要制定重大决策出台前向本级人大报告的具体办法。人大及其常委会要完善讨论决定重大事项的具体办法，进一步明确重大事项范围，包括加强民主法治建设的重大措施以及区域发展总体规划、城镇建设、重大民生工程、重大建设项目等。市、乡镇人大依法作出决议、决定后，要加强监督检查和跟踪问效，保证人大决议、决定的贯彻落实。

支持和保证市、乡镇人大加强和改进监督工作。市、乡镇人大要加强对宪法和法律法规实施情况的监督，加大执法检查力度，保证宪法和法律法规在本行政区域内的有效实施。认真贯彻落实预算法，督促政府改进预算管理、严格预算执行，加强对政府全口径预算决算的审查和监督，实施全面规范、公开透明的预算和决算制度。深化国民经济和社会发展计划、政府重大投资项目等审查和监督。探索开展预算执行全过程监督，提高财政资金使用绩效，建立规范合理的政府性债务管理及风险预警机制。注重发挥审计对财政预算执行的监督作用，加强对审计查出来的问题整改情况的监督。进一步理顺监督体制，加强和规范对功能区、开发区的监督，加强和规范对垂直管理部门的监督。深化对司法工作的监督，督促落实司法工作责任制和错案责任追究制，完善对司法工作人员履职监督的办法，切实发挥检察机关法律监督职能作用，推动司法机关依法规范履职，促进公正司法。加强规范性文件备案审查工作，健全备案审查制度，切实维护国家法制统一。创新监督工作方式方法，完善工作机制，注重通过工作评议、专题询问、质询、特定问题调查等形式加强监督，增强监督实效。乡镇人大通过听取审议工作报告，组织代表开展视察、专题调研、执法检查等方式，对政府工作进行监督。

切实做好人事选举任免工作。党委提出国家机关组成人员人选时，应当及时向市人大常委会党组、乡镇人大主席团通报党委人事安排和被推荐人选的基本情况，听取意见建议。换届选举时，要统筹考虑国家机关领导人员的人选安排，注意做好干部人事安排与代表选举的衔接工作，特别是需要推荐担任代表的领导干部应及时到位。人民代表大会临时党组织、人大常委会党组和人大常委会组成人员、人大代表中的党员，应当认真贯彻党委人事安排意见，依法正确履行职责。规范和完善人事选举和任命程序，规范被推荐人选在会议选举或者投票表决前同人大代表、常委会组成人员见面的程序，提高选举任免工作制度化规范化水平。加强对人大选举和任命人员的监督。严格执行《全国人民代表大会常务委员会关于实行宪法宣誓制度的决定》和《瑞安市组织实施宪法宣誓制度办法》，结合实际对宣誓的具体事项作出规定，落实宪法宣誓制度，增强选举和任命人员的宪法意识。

四、充分发挥人大代表作用

市、乡镇人大要深化“两站一平台”建设，充分发挥代表联络站联系群众的重要渠道作用，深入推进代表履职服务网络平台的完善和运用。完善代表联系群众制度，健全代表联系群众意见建议的分层梳理和分类处理机制，提高联系人民群众的实效。围绕推动党委重大决策部署和中心工作，组织发动代表深入开展形式多样的主题活动，更好发挥代表就近就便开展监督的作用。加强地方国家机关同人大代表的联系，建立健全“一府两院”及其负责人联系代表、接待代表、定期通报工作情况等制度，通过多种形式广泛听取代表有关工作的意见建议。代表依法提出约见地方国家机关负责人的，人大应当及时进行联系和安排，有关地方国家机关负责人或者其委托的人员应当认真听取代表的意见建议。加强代表履职服务保障，认真落实保障代表知情权的各项措施，依法保障人大工作经费并逐步增加人大代表活动经费，建立完善代表履职补助制度。加强代表履职培训，注重利用代表履职网络平台进行学习培训。加强代表议案建议办理工作，明确承办单位的主体责任，建立“一把手”责任制，深化落实政府领导领衔办理、政府办公会议研究重点建议等工作。积极探索开展代表议案建议办理绩效评估工作。市、乡镇人大应当向社会公开代表议案建议的提出和办理情况，可以安排听取审议有关承办单位办理工作情况的报告。完善代表履职监督机制，健全代表述职制度，接受选民评议和监督。完善代表履职约束机制，建立代表履职档案，通过网络平台如实登记并逐步向社会公开履职情况，建立健全不称职代表退出机制。完善代表履职激励机制，加强代表履职先进事迹的宣传。加强代表思想、作风等建设，提高代表素质和履职水平。

五、加强市人大组织建设

根据修改后的地方组织法有关规定，市人大要设立法制（内务司法）、财政经济等专门委员会，适当增加人大常委会组成人员名额。增加的组成人员名额，应安排一定数量的乡镇（街道）人大（工委）专职主席（主任）为市人大常委会组成人员。优化市人大常委会组成人员结构，逐步将专职组成人员比例提高到60%以上。推进常委会组成人员年轻化、专业化，形成合理的年龄梯次结构。选配组成人员，应充分考虑知识结构搭配，增加懂法律、懂财经、懂科技、具有法治实践经验等方面的人选，增强人大常委会组成人员综合素质和履职能力。

要把人大干部的培养、选拔和任用纳入干部队伍建设总体规划，选派政治坚定、经验丰富、具备专业知识的干部担任乡镇人大主席、副主席（人大街道工委主任、副主任）。认真落实“人大常委会主任、副主任、秘书长和专职委员不占人大常委会机关和原所在部门的编制，在地方总编制中单列”的规定。加强人大常委会机关工作力量和能力建设，根据实际工作需要，适当增加市人大常委会机关编制。有计划地安排人大干部同党政部门、司法部门干部之间的合理交流。

六、加强乡镇人大建设

加强乡镇人大工作制度建设，提高工作规范化制度化水平。乡镇人大设专职主席1人，并提名为县级人大代表人选，列席同级党委会议；可设副主席1至2人。乡镇人大主席、副主席应把主要时间和精力放在人大工作上。有条件的地方要设立人大常委会办公室；其他乡镇可设立人大常委会办公室，或在相关综合办公室挂牌，并配备专职工作人员。要认真总结实践经验，鼓励基层人大工作创新，加大“参与式预算”“政府实事工程代表票决制”等的推广力度，试行人代会审查批准政府重大工程项目制度。支持和保障乡镇人大主席团依法行使职权，乡镇人大主席团或者乡镇人大主席、副主席在闭会期间，可以组织代表听取审议乡镇政府专项工作报告，对法律法规实施情况进行检查，联系和组织代表开展活动，听取和反映代表、群众的意见建议；开会时，向乡镇人民代表大会报告工作。乡镇人大主席团或者乡镇人大主席、副主席，应当将代表的审议意见和群众对政府工作的意见交由有关方面研究处理，有关方面应当及时反馈研究处理情况。乡镇人大主席团成员不担任乡镇政府的职务，主席团成员中工人、农民、专业技术人员和女性代表比例应提高。

七、加强人大街道工委建设

市人大常委会要加强对人大街道工委的领导，进一步加强和规范街道人大工作，把街道人大工作纳入市人大常委会工作总体安排，充分发挥人大街道工委的作用。人大街道工委要围绕市人大常委会工作安排和街道党工委中心工作，负责做好联系本辖区内的各级人大代表，组织代表开展活动，反映代表和群众的建议、批评和意见，办理市人大及其常委会交办的监督、选举以及推进基层民主法治建设等工作，并向市人大常委会报告工作。认真总结街道人大工作实践，进一步加强街道人大工作制度化建设。人大街道工委配备专职主任，并提名为县级人大代表人选，列席街道党工委会议；经济比较发达或人口比较多的街道应配备专职副主任。人大街道工委主任、副主任应把主要时间和精力放在人大工作上。街道可设立人大工委办公室，或在相关综合办公室挂牌，并配备专职工作人员。

八、完善党委领导人大工作机制

要把加强市、乡镇人大工作和建设纳入重要议事日程，通过听取工作汇报、召开人大工作会议、出台指导性文件、加强领导班子建设、加大考核权重等形式，支持和保证市、乡镇人大依法行使职权，帮助解决实际问题。加强市、乡镇人大思想政治建设，重视市人大常委会党组建设，充分发挥人大常委会党组的核心保证作用。依法由人大及其常委会决定和监督的事项，应避免党委和政府联合发文，为人大开展工作创造条件。政府、法院和检察院要按照人民代表大会制度的基本原则和宪法法律规定，依法接受人大监督。人大要自觉接受党委领导，对人大工作中的重大问题和重要事项，市人大常委会党组、乡镇人大主席要及时向本级党委请示报告。

中共瑞安市委关于高水平推进新时代人大工作和建设的意见

（2019年12月30日）

为深入贯彻习近平新时代中国特色社会主义思想和党的十九大、十九届四中全会精神，认真落实省委、温州市委人大工作会议和市委重大决策部署，更好发挥人大职能作用，根据《中共温州市委关于高水平推进新时代人大工作和建设的意见》（温委发〔2019〕41号）等精神，现就高水平推进新时代瑞安市人大工作和建设提出以下意见。

一、加强党对人大工作的全面领导

1. 牢牢把握推进新时代人大工作和建设的总体要求。推进新时代人大工作和建设，必须坚持以习近平新时代中国特色社会主义思想为指导，深入学习贯彻习近平总书记关于坚持和完善人民代表大会制度的重要思想，认真落实党中央和省委、温州市委关于人大工作的要求，支持和保障人大依法行使职权，创造性地做好监督、决定等工作，密切同人大代表和人民群众的联系，加强人大履职能力建设，更好地服务经济社会发展和改革攻坚，推动全市人大工作高质量高水平发展。

2. 把人大工作纳入党委工作总体部署。把加强人大工作和建设摆上重要议事日程，定期研究人大工作，及时答复问题请示，重视解决人大工作和建设中的重大问题。把党委领导人大工作、党委工作部门支持人大工作、“一府一委两院”自觉接受人大监督的情况纳入领导班子和领导干部实绩考核。人大常委会党组要发挥把方向、管大局、保落实的重要作用，严格执行重大事项请示报告制度，人大工作中的重大问题、重大事项、重要情况都要及时向同级党委请示报告。

3. 加强对人民代表大会制度和宪法的教育宣传。把习近平总书记关于坚持和完善人民代表大会制度的重要思想、人大制度理论、宪法及相关法律知识作为各级党委（党组）理论学习中心组学习的重要内容，纳入市委党校（行政学校、社会主义学校）的主体班次教学计划，列为党员干部、党外代表人士教育的必修课。有计划地对人大及其常委会选举任命干部开展人大制度理论和宪法知识的培训，将宪法学习纳入领导干部年度述职述法的重要内容。党委宣传部门要把人大工作的宣传纳入年度工作计划，定期研究、统筹部署人大宣传工作。加大主流媒体和新兴媒体对人大工作的宣传报道力度。

二、健全支持和保证人大依法履职的体制机制

4. 增强监督工作实效。支持和保障人大及其常委会行使监督职权，以“盯住法”“管好钱”“把牢图”为关键，完善监督机制，强化监督刚性，实行正确监督、有效监督。人大及其常委会要充分发挥执法检查“法律巡视”利剑作用，注重引入第三方评估，积极运用准确、翔实的案例和数据，增强执法检查的针对性和有效性。加强政府预算全口径审查、全过程监督，不断健全部门预算审议表决机制，强化审计查出问题整改情况的跟踪监督，探索开展预算联网监督。加强预算绩效审查，构建全方位、全过程、全覆盖的预算绩效体系，推进预算审查监督重点向支出预算和政策拓展。加强政府性债务的审查监督，建立健全政府债务管理情况向人大定期报告制度。认真落实国有资产监督制度，推进国有资产监督深化拓展、提质增效。加强对本行政区域内的经济社会发展规划、国土空间规划的编制和实施情况的监督，增强规划的有效性。依法履行备案审查职责，推进规范性文件合法性审查。支持人大常委会深化工作评议，改进审议意见形成和交办机制，探索运用质询、特定问题调查等法定监督方式，推进专题询问常态化。推动人大监督与党内监督有机结合，干部考察任用注重运用人大监督成果。

5. 推进讨论决定重大事项工作常态化。各级党委要善于把重大决策部署通过法定程序转化为国家意志，支持和保证人大依法行使重大事项决定权。人大及其常委会要健全讨论决定重大事项制度，及时根据党委重大决策部署和工作建议，依法对本行政区域内的重大事项作出决议决定，加强对贯彻执行情况的监督检查，确保决议、决定落到实处。市、乡镇人大要善于运用重大事项决定权。政府重大决策出台前向同级人大报告的事项，除需要由人民代表大会或人大常委会讨论决定的以外，可由人大相关专门委员会、人大常委会相关工作机构研究并提出意见和建议，经主任会议审定后向政府反馈。各级政府要严格落实重大决策出台前向本级人大报告的规定，加快制定相关工作制度，严格落实重大行政决策责任追究制度。

6. 保障人大依法行使选举任免权。坚持党管干部原则，做好人大选举任免工作，保证党组织推荐的人选通过法定程序成为国家机关领导人员。注重做好干部人事安排与人大选举的衔接工作，尊重和维护人大及其常委会选举和表决结果，选举和任命的干部在法定任期内要保持稳定。依法做好人大代表选举工作，继续实施三分之一连任代表由人大常委会党组和乡镇人大主席团向同级党委提出建议人选的做法。对人民法院、人民检察院提请人大常委会审议的拟任命人员，在其所在工作单位或系统内公示的同时，通过人大媒体向社会进行公示。鼓励和支持人大常委会加强对任命干部的任后监督。认真实施宪法宣誓制度，人大及其常委会选举和任命、“一府一委两院”及政府部门任命的国家工作人员，就职时要进行宪法宣誓。

三、推动人大工作创新发展

7. 依法加强对机构改革后政府相关工作的监督。重视和支持人大对归口党委职能部门领导或管理的政府部门开展监督，强化对行政权力的制约和监督。归口党委职能部门领导或管理的政府部门要主动向人大报告工作，切实增强接受人大监督的意识。政府垂直管理部门、派出机构要自觉接受所在地人大及其常委会的监督。

8. 重视加强对监察和司法机关工作的监督。支持人大常委会依法听取和审议同级监察委员会的专项工作报告、组织执法检查等工作，积极稳妥推进对监察委员会的监督。深化对司法机关工作的监督。注重对人民法院、人民检察院的监督与司法人员任免工作相结合，推进人大常委会对法官、检察官的履职评议。完善涉法涉诉信访件交办机制。

9. 深化民生实事项目人大代表票决制工作。不断完善民生实事项目征集、初选、票决、满意度测评等工作机制，推进票决制工作制度化规范化常态化。坚持目标导向、问题导向、质量导向、惠民导向，加大民生实事项目实施力度，强化全过程跟踪监督，切实把民生实事项目办成老百姓长期得实惠的民心工程。乡镇（街道）要全面深化民生实事项目票决（票选）工作。

10. 加强和规范乡镇（街道）人大工作。认真贯彻落实《浙江省街道人大工作条例》，支持和保证街道人大工委开展工作、发挥作用。健全人大常委会交办街道人大工委工作机制，加强街道预算审查监督，完善街道人大工委会议和工作制度。创造条件在乡镇人大、街道人大工委配备专职工作人员，设立人大常委会办公室。乡镇人大主席、副主席和街道人大工委主任、副主任应当把主要时间和精力放在人大工作上，享受同一职务层次级党政干部的同等待遇。落实“乡镇人民代表大会会议一般每年年初和年中各举行一次，每次不少于1天；乡镇人大主席团在本级人大闭会期间，至少每三个月举行1次会议”的规定。

四、充分发挥人大代表主体作用

11. 密切同代表和人民群众的联系。深化人大常委会组成人员联系代表、代表联系人民群众机制，加强与代表的直接联系，建立健全列席人大常委会会议的代表座谈机制。充分发挥代表联络总站作用，全面提升乡镇（街道）代表联络站建设水平，进一步扩展代表联络站的功能和成效，领导干部代表每年至少一次进联络站开展活动，国家机关及其工作人员要注重通过代表联络站听取意见、推进代表建议办理，健全代表反映群众意见处理反馈机制，推动解决群众最关心最直接最现实的利益问题。

12. 强化代表履职服务保障。人大代表和人大干部培训要纳入党委组织部门的整体培训计划。完善人大培训体系，提高培训工作的系统化专业化规范化水平。完善代表建议交办机制，落实代表建议办理单位“一把手”责任制，健全政府领导领办、人大常委会组成人员督办、建议办理考核等制度，通过代表合议、满意度测评、跟踪督办等方式，切实提高问题解决率。丰富代表活动的形式和内容，深入开展代表主题活动，支持代表约见国家机关负责人及基层站所负责人，提高代表履职实效。分级完善和提高代表活动经费标准，进一步明确经费的使用范围，建立健全代表联系人民群众的补助制度。对无固定收入的代表执行代表职务，根据实际情况由本级财政给予误工补贴。代表所在单位要保障代表依法履职。

13. 加强代表履职管理监督。完善代表履职监督机制，建立健全人大代表向原选区或原选举单位报告履职情况制度。完善代表履职约束机制，建立健全代表履职档案，逐步向社会公开履职情况。完善代表届中调整和退出机制，对不称职或因身体等原因不能履职或因工作变动不适宜继续执行代表职务的代表，由代表本人及时提出申请，按法定程序辞去代表职务。

五、着力加强人大及其常委会履职能力建设

14. 优化人大常委会组成人员结构。提高具有法律、财经、科技等专业知识背景的组成人员比例。专职人大常委会组成人员至少三分之一能在换届时连任，其中有部分人员能任满两届，保持人大工作的连续性稳定性。担任人大专门委员会主任委员、工作委员会主任一般能干满一届。注重从本级人大及其常委会工作机构、办事机构负责人中考虑人大常委会组成人员人选。

15. 加强人大及其常委会工作力量建设。加强市人大社会建设（工作）委员会建设，配齐配强预算审查和国有资产监督工作力量。增加专门委员会组成人员数量，提高工作委员会组成人员中的代表比例，扩大代表对专门（工作）委员会工作的参与。继续落实“人大常委会主任、副主任和专职委员不占人大常委会机关和原所在部门编制，在地方总编制中单列”的规定。加强人大干部队伍建设，逐步缓解人大常委会机关干部队伍年龄老化、梯次结构出现断层等问题，加大人大干部交流力度，有计划有重点地安排人大常委会机关干部对外交流任职，重点选拔培养中青年干部，不断增强人大工作的生机和活力。

16. 加强人大工作联系指导和交流协作。充分发挥全市人大的整体作用，加强乡镇（街道）人大工作联系和指导，增强人大工作整体实效。结合数字瑞安建设，整体推进人大系统信息化建设。鼓励基层工作创新，及时交流推广经验做法，推动全市人大工作创新发展。

第二章　市人民代表大会文件

瑞安市第十六届人民代表大会第一次会议选举办法

（2017年2月16日瑞安市第十六届人民代表大会第一次会议通过）

第一条　根据《中华人民共和国宪法》《中华人民共和国全国人民代表大会和地方各级人民代表大会选举法》《中华人民共和国地方各级人民代表大会和地方各级人民政府组织法》和《全国人民代表大会常务委员会关于在北京市、山西省、浙江省开展国家监察体制改革试点工作的决定》的规定，结合瑞安市实际，制定本办法。

第二条　瑞安市第十六届人民代表大会第一次会议选举：

瑞安市第十六届人民代表大会常务委员会主任1名，副主任6名，委员38名；

瑞安市人民政府市长1名，副市长6名；

瑞安市监察委员会主任1名；

瑞安市人民法院院长1名；

瑞安市人民检察院检察长1名；

瑞安市出席温州市第十三届人民代表大会代表73名，其中温州市名额12名，本市名额61名。

第三条　瑞安市第十六届人民代表大会常务委员会组成人员的候选人，必须是本届市人民代表大会代表。

第四条　代表候选人应当是拥护中国共产党的领导，拥护中国特色社会主义制度，模范遵守宪法和法律，密切联系群众，自觉遵守社会公德，廉洁自律，具备履职意愿和履职能力，具有良好社会形象的选民。

对于那些政治上有问题的，严重损害国家和人民利益的，与敌对势力相勾结或接受国（境）外组织、个人参选资助或培训的，品行不端、道德败坏的，有行贿受贿、权钱交易行为的，因严重违纪违法被给予组织处理、纪律处分或被判刑以及涉嫌违纪违法正在接受调查处理的，宗族势力、宗教势力、黑恶势力的，有拉票贿选或其他不正当竞争行为的，在身份上弄虚作假或身份与代表性不一致的，没有履职能力或当选后不尽责的、履职意愿不强的，不能推荐为温州市第十三届人民代表大会代表候选人。

第五条 市人民代表大会常务委员会组成人员的人选，市人民政府市长、副市长的人选，市监察委员会主任的人选，市人民法院院长的人选和市人民检察院检察长的人选，由大会主席团或代表10人以上联合提名。大会主席团提名的候选人人数，每一代表与其他代表联合提名的候选人人数，均不得超过应选名额。

第六条 市人民代表大会常务委员会主任、市人民政府市长、市监察委员会主任、市人民法院院长、市人民检察院检察长的候选人人数一般应多1名，进行差额选举；如果提名的候选人只有1名，也可以等额选举。市人民代表大会常务委员会副主任、市人民政府副市长的候选人人数应比应选名额多1名，进行差额选举。市人民代表大会常务委员会委员的候选人人数应比应选人数多7名，进行差额选举。

如果提名的候选人人数符合本办法规定的差额数，由大会主席团提交代表酝酿、讨论后，提交大会选举。如果提名的候选人人数超过本办法规定的差额数，由大会主席团将候选人名单提交代表酝酿、讨论后，进行预选。根据在预选中得票多少的顺序，按照本办法规定的差额数，确定正式候选人名单，提交大会选举。

第七条 瑞安市出席温州市第十三届人民代表大会代表的候选人，由各政党、各人民团体联合或者单独推荐；代表十人以上联名，也可以推荐代表候选人。各政党、各人民团体联合或者单独推荐的代表候选人的人数，每一代表参加联合推荐的代表候选人的人数，均不得超过应选代表的名额。

依法提出的瑞安市出席温州市第十三届人民代表大会代表候选人名单由大会主席团印发全体代表酝酿讨论。如果所推荐的候选人人数比应选代表名额多五分之一至二分之一差额比例的，直接提交大会选举。如果所推荐的候选人人数超过二分之一差额比例的，则进行预选。根据在预选中得票多少的顺序，按照比应选名额多五分之一的比例（15名），确定正式代表候选人名单，提交大会选举。

大会主席团应当向代表介绍代表候选人的情况。

第八条 代表依法联合提名（推荐）候选人，应使用大会统一制发的代表联合提名（推荐）候选人登记表，按表格项目要求逐项如实填写，各项候选人的提名（推荐）截止时间为2017年2月18日下午3时整，提名（推荐）登记表在截止时间前送交大会秘书处组织组的，提名（推荐）方才有效。

在确定正式候选人以前，如果提名（推荐）者要求撤回提名（推荐），并以书面形式提出，大会主席团应予同意；如果被提名（推荐）者本人不愿意接受提名（推荐）的，应当尊重被提名（推荐）者本人的意愿，可以不将其列入候选人名单，并由其本人向提名（推荐）的代表说明。

第九条 预选和正式选举时，参加选举的代表超过全体代表的半数，方可进行选举。收回的各种选票张数等于或少于发出的相应选票张数，选举有效；多于发出的选票张数，选举无效，应重新进行选举。

第十条 预选以代表团为单位进行，参加预选的代表应超过本代表团代表的半数，方可进行。预选工作由大会主席团委托各代表团团长主持。预选监票人由各代表团在不是各项预选候选人的代表中推选。计票工作人员由大会秘书处指定，在预选监票人监督下进行工作。预选时，各代表团分别投票，投票完毕后，预选监票人、计票工作人员应及时将预选选票清点签封后移送大会选举计票点，由大会秘书处统一计票。

第十一条　预选和正式选举时，一律采用无记名投票方式。选票上所列候选人名单按姓名笔画为序排列。其中，瑞安市出席温州市第十三届人民代表大会代表候选人名单，温州市推荐的候选人与本市推荐的候选人在一张选票上分别独立按姓名笔画为序排列。每次选举的具体安排，由大会主席团根据提名、酝酿、选举情况决定。

第十二条　代表对选票上的市人民代表大会常务委员会组成人员的候选人可以投赞成票，可以投反对票，可以另选本届市人民代表大会的其他代表，也可以弃权。

代表对选票上的市人民政府市长候选人、副市长候选人、市监察委员会主任候选人、市人民法院院长候选人、市人民检察院检察长候选人和瑞安市出席温州市第十三届人民代表大会代表候选人，可以投赞成票，可以投反对票，可以另选其他选民，也可以弃权。

对选票上所列候选人，表示赞成的，将候选人姓名栏右边的长方形白框涂满黑色；表示反对的，将候选人姓名栏右边的椭圆形白框涂满黑色；表示弃权的，不画任何符号；如另选他人的，在选票下方另选人姓名栏下的长方形空格内，写上另选人姓名，每一另选人只能占一个长方形空格。每张选票所赞成的人数，等于或少于应选人数的为有效票，多于应选人数的为无效票。代表填写选票统一使用专用笔，符号要准确，笔迹要清晰，填写后不要涂改。

第十三条　候选人获得全体代表过半数的选票时，始得当选。获得全体代表过半数选票的候选人人数超过应选名额时，以得票多的当选；如遇得票数相等不能确定当选人时，应当就票数相等的人再次投票，以得票多的当选。

第十四条　市人民代表大会常务委员会主任、市人民政府市长、市监察委员会主任、市人民法院院长、市人民检察院检察长的候选人未获得全体代表过半数选票时，是否另行提名候选人选举，由大会主席团提请大会决定。

获得全体代表过半数选票的市人民代表大会常务委员会副主任、委员的候选人，市人民政府副市长的候选人，少于应选名额时，不足的名额是否在本次大会另行选举，由大会主席团提请大会决定。另行选举时，可以根据在第一次投票时得票多少的顺序确定候选人。另行选举市人民代表大会常务委员会副主任、市人民政府副市长时，候选人人数应比应选人数多1人，进行差额选举；另行选举市人民代表大会常务委员会委员时，候选人人数应比应选人数多十分之一，进行差额选举。

获得全体代表过半数选票的瑞安市出席温州市第十三届人民代表大会代表的候选人，少于应选名额时，不足的名额另行选举。另行选举瑞安市出席温州市第十三届人民代表大会代表的候选人时，候选人人数应比应选人数多五分之一，进行差额选举。如果只选一人，候选人应为二人。

温州市推荐的代表候选人未能当选的，保留相应的名额数。获得全体代表过半数选票的温州市推荐的代表候选人，其得票数等于或者少于未当选的本市推荐的候选人的，不能当选。

第十五条 选举工作由大会主席团主持。大会选举设总监票人1名，副总监票人1名，监票人18名。总监票人、副总监票人和监票人在大会主席团的领导下，对选举工作的全过程进行监督。

监票人由各代表团在代表中协商推选，大会主席团通过。总监票人、副总监票人由大会主席团在代表中提名，提交大会通过。各项选举的候选人，不能担任总监票人、副总监票人和监票人。大会计票工作人员由大会秘书处指定，在总监票人领导下进行工作。

第十六条 选举会场共设投票箱4只。投票时，首先由总监票人、副总监票人、监票人投票，随后大会主席团成员和其他代表依次投票。大会不设流动票箱，不能委托他人投票。

第十七条 投票结束后，在监票人监督下当场开启票箱，清点选票张数，并由总监票人将发出和收回的选票张数报告大会执行主席，由大会执行主席宣布选举是否有效。

第十八条 每次选举，一次投票，分项计票。大会选举采用计算机选举系统计票，与会代表应严格按照《选票填写须知》规定的办法填写选票和投票。计算机系统认定为无效票的，由总监票人和副总监票人进行复核确认。如计算机选举系统出现故障不能计票，则在总监票人、副总监票人和监票人监督下，由计票工作人员进行人工计票。计票完毕，由总监票人向大会执行主席报告选举计票结果，由大会执行主席向大会宣布选举结果。

第十九条 依照《中华人民共和国全国人民代表大会和地方各级人民代表大会选举法》规定，当选代表不符合宪法、法律规定的代表基本条件的，或存在破坏选举和其他当选无效的违法行为的，或选举不符合法律规定的程序的，其当选无效。

第二十条 选举过程中如遇本办法未作规定的其他事项，由大会主席团依法处理；需由大会决定的，提请大会决定。

第二十一条 本选举办法经瑞安市第十六届人民代表大会第一次会议全体会议通过后施行。

瑞安市政府民生实事票决测评办法

（2018年1月20日瑞安市第十六届人民代表大会第二次会议通过）

第一条 根据《中华人民共和国地方各级人民代表大会和地方各级人民政府组织法》《中共瑞安市委关于全面深化民生实事项目人大代表票决制工作的意见》等有关规定，结合瑞安市实际，制定本办法。

第二条 瑞安市政府民生实事候选项目依照有关程序确定后，由市人民代表大会主席团（以下简称大会主席团）提请市人民代表大会全体会议进行差额表决。

瑞安市政府民生实事候选项目为12项，确定实施民生实事项目10项。

第三条 票决前，大会主席团应将市政府提交的民生实事候选项目形成情况报告及汇总表，分发给代表讨论审议。

第四条　代表可以就民生实事候选项目，以书面的形式提出具体意见建议，由大会主席团根据情况予以处理。

第五条　票决应在市人民代表大会全体会议上由代表采用按电子表决器方式进行。

票决必须在到会代表超过全体代表半数时方可进行。

第六条　代表对民生实事候选项目可以赞成，可以反对，也可以弃权。

每张表决票所赞成的项目数等于或少于10项的为有效票，多于10项的为无效票。

第七条　民生实事候选项目按照得赞成票数超过全体代表半数，从高到低选定正式项目，若不足10项或最后若干项目得赞成票数相等的，由大会主席团投票表决确定。票决结果由大会执行主席宣布。

第八条　市人民代表大会全体会议听取和审议政府上一年度民生实事项目完成情况报告，并对实施情况进行满意度测评。

第九条　满意度测评应在市人民代表大会全体会议上由代表采用按电子表决器方式进行。

第十条　满意度测评分为满意、基本满意、不满意3个档次，满意和基本满意票超过代表实到人数70%（含）的通过，否则视为未获通过，未获通过的按照《瑞安市人大常委会关于政府民生实事人大代表票决项目监督暂行办法》有关规定处理。测评结果由大会执行主席宣布。

第十一条　票决测评过程中如遇本办法规定以外的情况，由大会主席团依法决定；依法须由大会决定的，提请大会决定。

第十二条　本办法经瑞安市第十六届人民代表大会第二次会议通过后施行。

瑞安市第十七届人民代表大会第一次会议
关于政府工作报告的决议

（2022年2月20日瑞安市第十七届人民代表大会第一次会议通过）

瑞安市第十七届人民代表大会第一次会议，听取和审议了秦肖市长所作的政府工作报告。会议充分肯定了市人民政府过去五年及2021年所做的工作和取得的成效，同意报告提出的今后五年总体目标和主要任务及2022年主要工作安排，决定批准这个报告。

会议认为，过去五年，市人民政府在中共瑞安市委的坚强领导下，持之以恒实施十大责任捆绑攻坚行动，较好地完成了市十六届人大历次会议确定的目标任务，特别是2021年市人民政府成功应对了外部严峻形势、疫情常态化防控等重大挑战，系统建设“五区五城”，交出了一份统筹高质量发展和高水平安全的靓丽成绩单。

会议强调，2022年是党的二十大召开之年，是新一届政府开局之年。市人民政府要高举习近平新时代中国特色社会主义思想伟大旗帜，深入贯彻落实党的十九大和十九届历次全会精神，围绕统筹推进

"五位一体"总体布局、协调推进"四个全面"战略布局，坚持党的领导，坚持以人民为中心，坚持新发展理念，坚持改革开放，坚持系统观念，坚持稳中求进工作总基调，以推动高质量发展为主题，以深化供给侧结构性改革为主线，以改革创新为根本动力，以满足人民日益增长的美好生活需要为根本目的，全面贯彻省委忠实践行"八八战略"、奋力打造"重要窗口"和温州市委"续写创新史、走好共富路"的决策部署，主动服务和融入新发展格局，聚焦"文化文明高地、融合发展典范、共同富裕标杆"定位要求，全力建设"五区五城"，奋力推动产业振兴、创新驱动、城乡统筹、改革开放、文化建设、生态文明、共同富裕、整体智治实现"八个新跨越"，高水平打造"青春都市·幸福瑞安"、争当高质量发展建设共同富裕示范区先行标兵。

会议号召，全市人民要更加紧密地团结在以习近平同志为核心的党中央周围，在中共瑞安市委的坚强领导下，奋发有为干、奋楫争先干，为高水平打造"青春都市·幸福瑞安"、争当高质量发展建设共同富裕示范区先行标兵而努力奋斗，以优异成绩迎接党的二十大胜利召开。

瑞安市第十七届人民代表大会第一次会议
关于瑞安市2021年国民经济和社会发展计划执行情况与2022年国民经济和社会发展计划的决议

（2022年2月20日瑞安市第十七届人民代表大会第一次会议通过）

瑞安市第十七届人民代表大会第一次会议经过认真审查，并根据计划预算审查委员会的审查结果报告，决定批准市发展和改革局受市人民政府委托提出的《关于瑞安市2021年国民经济和社会发展计划执行情况与2022年国民经济和社会发展计划草案的报告》，批准瑞安市2022年国民经济和社会发展计划。

瑞安市第十七届人民代表大会第一次会议
关于瑞安市2021年预算执行情况及2022年预算的决议

（2022年2月20日瑞安市第十七届人民代表大会第一次会议通过）

瑞安市第十七届人民代表大会第一次会议经过认真审查，并根据计划预算审查委员会的审查结果报告，同意市财政局受市人民政府委托提出的《关于瑞安市2021年预算执行情况及2022年预算草案的报告》，决定批准瑞安市2022年预算。

瑞安市第十七届人民代表大会第一次会议
关于市人民代表大会常务委员会工作报告的决议

（2022年2月20日瑞安市第十七届人民代表大会第一次会议通过）

瑞安市第十七届人民代表大会第一次会议听取和审议了市人大常委会工作报告。会议充分肯定市人大常委会过去五年的工作，同意报告提出的今后五年工作的建议，决定批准这个报告。

会议认为，过去五年，市人大常委会在中共瑞安市委的坚强领导下，认真履行宪法和法律赋予的各项职权，在服务中心大局、促进民生改善、维护公平正义、发挥代表作用、加强自身建设等方面取得了良好成效，有力推动了瑞安市经济社会发展和民主法治建设。

会议要求，市人大常委会要继续高举习近平新时代中国特色社会主义思想伟大旗帜，全面贯彻习近平法治思想、习近平总书记关于坚持和完善人民代表大会制度的重要思想、中央人大工作会议精神，深入贯彻落实市第十五次党代会精神，坚持党的领导、人民当家作主、依法治国有机统一，紧紧围绕瑞安市“五区五城”建设和“八个新跨越”工作目标，立足“四个机关”职能定位，认真履行宪法法律赋予的各项职权，积极践行全过程人民民主，为瑞安市高水平打造“青春都市·幸福瑞安”、争当高质量发展建设共同富裕示范区先行标兵作出新的贡献，以优异成绩迎接党的二十大胜利召开。

瑞安市第十七届人民代表大会第一次会议
关于市人民法院工作报告的决议

（2022年2月20日瑞安市第十七届人民代表大会第一次会议通过）

瑞安市第十七届人民代表大会第一次会议听取和审议了市人民法院工作报告。会议充分肯定市人民法院过去五年的工作，同意报告提出的今后五年工作打算，决定批准这个报告。

会议认为，过去五年，市人民法院在中共瑞安市委的坚强领导下，立足全市中心工作，充分行使审判职能，深化司法体制改革，扎实推进队伍建设，为保障经济发展、促进社会稳定作出了积极贡献。

会议要求，市人民法院要高举习近平新时代中国特色社会主义思想伟大旗帜，全面贯彻习近平法治思想，深入贯彻落实市第十五次党代会精神，紧紧围绕瑞安市“五区五城”建设和“八个新跨越”工作目标，认真履行宪法法律赋予的职责，牢牢把握公正司法、司法为民工作主线，加快推进变革型现代化法院建设，为瑞安市高水平打造“青春都市·幸福瑞安”、争当高质量发展建设共同富裕示范区先行标兵提供更加有力的司法保障，以优异成绩迎接党的二十大胜利召开。

瑞安市第十七届人民代表大会第一次会议
关于市人民检察院工作报告的决议

（2022年2月20日瑞安市第十七届人民代表大会第一次会议通过）

瑞安市第十七届人民代表大会第一次会议听取和审议了市人民检察院工作报告。会议充分肯定市人民检察院过去五年的工作，同意报告提出的今后五年的工作思路，决定批准这个报告。

会议认为，过去五年，市人民检察院在中共瑞安市委的坚强领导下，紧扣全市经济社会发展大局，全面履行法律监督职能，不断深化检察改革，加强检察队伍建设，在护航安全稳定、服务保障高质量发展、呵护民生民利中发挥积极作用，取得良好成效。

会议要求，市人民检察院要高举习近平新时代中国特色社会主义思想伟大旗帜，全面贯彻习近平法治思想，深入贯彻落实市第十五次党代会精神，紧紧围绕瑞安市“五区五城”建设和“八个新跨越”工作目标，认真履行宪法和法律赋予的职责，牢牢把握公正司法、司法为民工作主线，不断提升“四大检察”法律监督工作质效，为瑞安市高水平打造“青春都市·幸福瑞安”、争当高质量发展建设共同富裕示范区先行标兵提供更加有力的司法保障，以优异成绩迎接党的二十大胜利召开。

瑞安市第十七届人民代表大会第一次会议
关于代表议案处理意见报告的决议

（2022年2月20日瑞安市第十七届人民代表大会第一次会议通过）

瑞安市第十七届人民代表大会第一次会议审议了大会主席团提出的《关于瑞安市第十七届人民代表大会第一次会议代表提出的议案处理意见的报告》，会议决定批准这个报告，将塘下代表团王冬敏、陶山代表团何尚通、湖岭代表团林南青、马屿代表团林志寅、高楼代表团张士布、滨海代表团陈小芳、江南代表团施敦梁等7位代表分别领衔提出的7件议案合并为《关于全市域推进乡村环境整治 高水平提升人居环境的议案》，作为本次大会议案，其余议案转为建议处理。

会议要求，市人民政府应将本次会议通过的大会议案的办理工作列入重要议事日程，认真办理落实；对转为代表建议的代表议案及代表向大会提出的其他建议，各承办单位要加强领导，落实责任，加强办理工作，在规定期限内答复代表，并认真抓好落实。

第三章　市人大常委会规章制度

瑞安市人民代表大会常务委员会议事规则

（1988 年 5 月 26 日瑞安市第九届人民代表大会常务委员会第七次会议通过；1992 年 1 月 17 日瑞安市第十届人民代表大会常务委员会第十一次会议第一次修订；1993 年 7 月 14 日瑞安市第十一届人民代表大会常务委员会第二次会议第二次修订；1998 年 6 月 18 日瑞安市第十二届人民代表大会常务委员会第三次会议第三次修订；2003 年 7 月 9 日瑞安市第十三届人民代表大会常务委员会第三次会议第四次修订；2009 年 5 月 20 日瑞安市第十四届人民代表大会常务委员会第十九次会议第五次修订；2012 年 3 月 9 日瑞安市第十五届人民代表大会常务委员会第二次会议第六次修订；2017 年 3 月 24 日瑞安市第十六届人民代表大会常务委员会第二次会议第七次修订）

目　录

第一章　总　则

第一条　根据《中华人民共和国宪法》《中华人民共和国地方各级人民代表大会和地方各级人民政府组织法》《中华人民共和国各级人民代表大会常务委员会监督法》和《浙江省各级人民代表大会常务委员会监督条例》等法律、法规的规定，结合本市实际，制定本规则。

第二条　市人民代表大会常务委员会实行民主集中制的原则，在进行各项议程时，应当充分发扬民主，严格依法办事，集体行使职权。

第二章　会议的召开

第三条　常务委员会会议每两个月至少举行一次；有特殊需要的时候，可以临时召集会议。

常务委员会会议由主任召集并主持，主任可以委托副主任召集并主持。

第四条　常务委员会会议必须有常务委员会全体组成人员过半数出席，方可举行。

第五条　常务委员会举行会议期间，常务委员会组成人员除因病或者其他特殊原因请假外，应当按时出席会议，依法行使职权，认真履行职责。

第六条　常务委员会会议时间由主任会议决定；会议议程和日程安排草案由主任会议拟定，并提请常务委员会全体会议决定。

常务委员会会议期间，需要临时调整议程的，由主任会议提请常务委员会全体会议决定。

第七条　常务委员会举行会议，应在会议举行的7日以前，由常务委员会办公室将主任会议决定的开会日期和建议会议讨论的主要事项，通知常务委员会组成人员和列席会议的人员，并提供会议相关材料。临时召集的常务委员会会议，临时通知。

对列入常务委员会会议的有关议题，应及时提交书面报告。属于市人民政府的报告，应经市长或市长授权分管副市长签署，由市长、副市长或者市人民政府委托的有关部门负责人报告。

属于市监察委员会的报告，应经主任签署，由主任或副主任报告。

属于市人民法院的报告，应经院长签署，由院长或者副院长报告。

属于市人民检察院的报告，应经检察长签署，由检察长或者副检察长报告。

第八条　下列人员列席常务委员会会议：

（一）市人民政府、市监察委员会、市人民法院、市人民检察院负责人；

（二）在岗原常务委员会领导，不是常务委员会组成人员的办公室、各工作委员会主任、副主任、正科级干部、主任科员和市人民代表大会各专门委员会副主任委员；

（三）乡镇人大主席或副主席，街道人大工委主任或副主任，有关的市人民代表大会代表；

（四）市人民政府有关部门的负责人；

（五）主任会议确定的其他人员。

列席人员有发言权，没有表决权。

第九条　常务委员会举行联组或分组会议审议议案和有关报告时，市人民政府及有关部门、市监察委员会、市人民法院、市人民检察院的负责人应到会听取意见，回答询问。

第十条　常务委员会举行会议期间，可安排全体会议和联组会议、分组会议。分组会议召集人由常务委员会组成人员轮流担任，由主任会议确定。

第十一条　常务委员会会议的内容，应当通过新闻媒介和其他途径及时向市人民代表大会代表通报并向社会公布。必要时，经主任会议决定，可以安排公民旁听。

第三章　议案的提出和审议

第十二条　主任会议可以向常务委员会提出属于常务委员会职权范围内的议案，由常务委员会会议审议决定。

市人民政府、市监察委员会、市人民法院、市人民检察院、市人民代表大会各专门委员会可以依法向常务委员会提出属于常务委员会职权范围内的议案，由主任会议决定提请常务委员会会议审议。或者先交市人民代表大会有关专门委员会审议、提出报告或委托有关的工作委员会调查研究、提出意见，再提请常务委员会会议审议。

常务委员会组成人员三人以上联名，可以依法向常务委员会提出属于常务委员会职权范围内的议案，由主任会议决定是否提请常务委员会会议审议，或者先交市人民代表大会有关专门委员会审议、提出报告或委托常务委员会办公室和有关工作委员会调查研究、提出意见，再由主任会议决定是否提请常务委员会会议审议；不提请常务委员会会议审议的，应当向常务委员会报告或向提议案人说明。

常务委员会组成人员可以书面向常务委员会提出人民群众关心的热点问题，由主任会议决定是否列入会议发言，必要时，可提请常务委员会会议审议。

第十三条　主任会议根据工作需要，可以委托市人民代表大会有关专门委员会和常务委员会办公室、有关工作委员会起草议案草案，并向常务委员会会议作说明。

第十四条　对列入常务委员会会议议程的议案，提议案人或常务委员会有关工作委员会，应当按规定在常务委员会会议举行前向常务委员会提供有关资料。

人事任免案应当附有拟任免人员的基本情况和任免理由；必要时，有关负责人应当到会回答询问。

第十五条　常务委员会全体会议听取提议案人对议案说明后，应当进行联组或分组会议审议。

市人民代表大会有关专门委员会、常务委员会办公室和有关工作委员会可以召集会议，对有关议案进行讨论或组织视察、调查、询问，并向主任会议或者常务委员会会议提出报告和建议意见。

第十六条　提请批准的决算报告和预算调整议案，先交预算工作委员会审查，由预算工作委员会向常务委员会会议提出审查结果的报告。

第十七条　依法提出议案的机关负责人和常务委员会组成人员，可以在常务委员会全体会议或联组会议、分组会议上对议案作补充说明。

第十八条　列入常务委员会会议议程的议案，在交付表决前，提议案人要求撤回的，由主任会议提出，经全体会议同意，该议案的审议即行终止。

第十九条　列入常务委员会会议议程的议案，在审议中有重大问题需要进一步研究的，由主任会议提出，经全体会议同意，可暂不予表决，由提议案人深入调查研究后，再提请审议，也可以由主任会议决定交有关专门委员会审议、提出意见或交常务委员会办公室、有关工作委员会进一步调查研究、提出意见后，再提请常务委员会会议审议决定。

第二十条　规范性文件的备案审查、询问和质询、特定问题的调查以及撤职案的审议和决定的具体程序，按照监督法等法律、法规的规定执行。

第四章　听取和审议工作报告

第二十一条　常务委员会全体会议听取市人民政府、市监察委员会、市人民法院、市人民检察院提出的专项工作报告，听取国民经济和社会发展计划、预算执行情况报告，听取决算报告和审计工作报告，听取常务委员会执法检查组提出的执法检查报告，听取其他报告。

市人民政府、市监察委员会、市人民法院、市人民检察院可以向常务委员会要求报告专项工作。是否提请常务委员会会议听取和审议，由主任会议决定。

第二十二条　市人民政府、市监察委员会、市人民法院、市人民检察院应当在常务委员会举行会议的20日前，将专项工作报告送交常务委员会有关工作委员会征求意见；常务委员会有关工作委员会应当在5日内将意见回复报告机关。市人民政府、市监察委员会、市人民法院、市人民检察院根据常务委员会工作机构的意见对报告进行修改后，在常务委员会举行会议的10日前送交常务委员会办公室。

常务委员会办公室应在常务委员会举行会议的7日前，将专项工作报告发给常务委员会组成人员。

第二十三条　常务委员会组成人员审议前，应当围绕监督议题开展调查研究工作。

常务委员会组成人员提出的审议意见，应当具有针对性和可行性。

第二十四条　常务委员会全体会议听取工作报告后，可以召开联组或分组会议进行审议。

第二十五条　常务委员会组成人员提出的审议意见，由常务委员会办公室或者有关工作委员会归纳整理。

归纳整理后的审议意见，经主任会议讨论通过后7日内，由常务委员会办公室交由市人民政府、市监察委员会、市人民法院、市人民检察院研究处理。必要时，可以召开审议意见交办会。

执法检查报告应当连同审议意见一并交由市人民政府、市监察委员会、市人民法院、市人民检察院研究处理。

审议意见交办时，可以根据需要附相关材料。

第二十六条　市人民政府、市监察委员会、市人民法院、市人民检察院应当自收到审议意见三个月或者主任会议指定的时间内，向常务委员会提出研究处理情况报告。

研究处理情况报告应当说明研究处理的过程、内容和其他需要说明的问题。

研究处理情况报告应当事先送常务委员会有关工作委员会征求意见。

第二十七条　常务委员会收到研究处理情况报告后，应当将研究处理情况报告印发常务委员会组成人员，并交常务委员会有关工作委员会进行研究。

主任会议认为必要时，可以决定将研究处理情况报告提请常务委员会审议。

常务委员会组成人员审议时，可以根据情况要求报告机关补充说明或者重新报告。

第二十八条　常务委员会在审议工作报告后，认为有必要的，可以作出决议或者决定。

市人民政府、市监察委员会、市人民法院、市人民检察院应当在决议规定的期限内，向常务委员会报告决议的执行情况。

第二十九条　常务委员会认为必要时，可以对审议意见和执法检查报告提出的意见的落实情况组织跟踪检查，也可以委托有关专门委员会或常务委员会有关工作委员会组织跟踪检查。

第五章　发言和表决

第三十条　常务委员会组成人员在常务委员会会议上的发言和表决不受法律追究。

列席会议的市人大代表在常务委员会会议上的发言不受法律追究。

第三十一条　常务委员会组成人员和列席会议人员在全体会议、联组会议上第一次发言不得超过15分钟，第二次对同一问题的发言不得超过10分钟；如有特殊需要，发言人事先提出要求，经会议主持人同意的，可以适当延长发言时间。发言内容与议题无关或者事先未经会议主持人同意而超过发言时间的，会议主持人应当予以制止。

第三十二条　议案经审议，需要交付表决的，由主任会议决定，提交常务委员会全体会议表决。

第三十三条　常务委员会会议对人事任免案和撤职案的表决采用无记名投票的方式。

常务委员会会议对决议、决定和有关事项的表决采用按表决器的方式，如表决器不能使用或使用过程中出现故障的，则改用举手表决的方式。

常务委员会会议通过常务委员会会议议程、日程、监票人等事项，采用鼓掌的方式。

常务委员会会议对个别特殊事项的表决方式由主任会议决定。

第三十四条　人事任免案逐人表决，根据情况可以合并进行。

第三十五条　表决事项必须由常务委员会全体组成人员的过半数通过。

表决结果由会议主持人当场宣布。

第六章　附　则

第三十六条　本规则由常务委员会负责解释。

第三十七条　本规则自通过之日起施行。

瑞安市人民代表大会常务委员会组成人员守则

（1998年6月18日瑞安市第十二届人民代表大会常务委员会第三次会议通过；2003年7月9日瑞安市第十三届人民代表大会常务委员会第三次会议第一次修订；2019年5月24日瑞安市第十六届人民代表大会常务委员会第二十二次会议第二次修订）

第一条　为了加强市人民代表大会常务委员会（以下简称常委会）自身建设，保障和规范常委会组成人员更好地依法履行职责，依据宪法和法律的有关规定，结合瑞安市实际，制定本守则。

第二条 常委会组成人员应当以马克思列宁主义、毛泽东思想、邓小平理论、“三个代表”重要思想、科学发展观、习近平新时代中国特色社会主义思想为指导，增强政治意识、大局意识、核心意识、看齐意识，坚定中国特色社会主义道路自信、理论自信、制度自信、文化自信，做到坚决维护习近平总书记的核心地位，坚决维护党中央权威和集中统一领导，坚持党的领导、人民当家作主、依法治国有机统一，坚持人民代表大会制度，坚定不移地走中国特色社会主义政治发展道路。

第三条 常委会组成人员应当认真学习贯彻习近平总书记关于坚持和完善人民代表大会制度的重要思想和党的路线、方针、政策，认真学习并模范遵守宪法和法律法规，掌握人大业务和行使职权所必备的知识，不断提高自身的政治思想水平和履职能力。

第四条 常委会组成人员应当维护国家和广大人民的根本利益和共同意志，坚持以人民为中心，致力于推进中国特色社会主义民主法治建设，自觉接受人大代表和人民群众的监督。

第五条 常委会组成人员应当坚持民主集中制原则，充分发扬民主，集体行使职权。

第六条 常委会组成人员应当切实履行宪法、法律赋予的职责，服从常委会工作安排，优先履行常委会组成人员职责。

第七条 常委会组成人员应按时出席常委会会议，一般不要请假。因健康或其他特殊原因不能出席常委会会议包括各次全体会议、分组会议，应当请假，由常委会办公室报常委会主任或主持工作的副主任同意。

一年内，三次以上（含三次）不出席常委会会议的常委会组成人员，应当辞去组成人员职务（身体原因例外）；出席常委会全体会议、分组会议的次数总计不足三分之二的常委会组成人员，应向主任会议作出说明。

常委会办公室将每次常委会会议的出席情况印发组成人员；每年将当年常委会组成人员出席会议的情况统计汇总，印发市人大代表，接受代表监督。

第八条 常委会会议举行前，组成人员要认真审阅提交常委会会议审议的有关资料，积极开展调查研究，为审议会议议题做好准备。

常委会组成人员在常委会分组会议上，应围绕会议议题积极发言，认真审议。联组会议上的发言人由常委会委员轮流担任。联组发言人发言时要全面、真实地反映本组审议情况。

第九条 常委会组成人员必须参加对议案的表决，并服从依法表决的结果。

会议主持人宣布议案交付表决后，常委会组成人员不得再对该议案发表意见，但与表决有关的程序问题，不在此限。

第十条 常委会组成人员应依照有关规定，认真参加常委会组织的视察、执法检查和专题调研等活动，并遵循不直接处理问题的原则，对发现的问题，交由常委会机关统一依法处理。

参加专门委员会和常委会工作部门的常委会组成人员，应积极从事专门委员会和常委会工作部门的工作，遵守相关的工作规则和制度。

第十一条　常委会组成人员要密切联系市人大代表和人民群众，广泛听取他们的意见和要求，并向市人大常委会报告情况。要保持与原选举单位的联系，积极参加原选举单位组织的活动。

第十二条　常委会组成人员要重视人民来信来访工作，按照规定程序和要求进行处理，涉及本人或亲属的，应按规定回避。

第十三条　常委会组成人员要认真贯彻落实中央八项规定实施细则精神和省市委实施办法有关规定，公正处事，清正廉洁，坚决抵制各种不正之风和腐败行为，不准利用职权谋取不正当利益。在开展视察、执法检查和专题调研等活动时，应勤勉务实，轻车简从，厉行节约。

第十四条　常委会组成人员要严守国家机密。凡属规定不应公开的内容，不得以任何方式传播。

第十五条　常委会组成人员在外事活动中，应模范遵守外事纪律，维护国家尊严和利益。

第十六条　常委会组成人员应严格遵守本守则，并接受监督。主任会议应采取措施，保证本守则的严格遵守。对违反本守则的，应督促其检查并改正。

第十七条　本守则自修订通过之日起施行。

瑞安市人民代表大会常务委员会讨论决定重大事项的规定

（1998 年 6 月 18 日瑞安市第十二届人民代表大会常务委员会第三次会议通过；
2019 年 10 月 30 日瑞安市第十六届人民代表大会常务委员会第二十六次会议修订）

第一条　为了保障和规范市人民代表大会常务委员会（以下简称市人大常委会）依法行使讨论、决定重大事项的职权，根据《中华人民共和国宪法》和《中华人民共和国地方各级人民代表大会和地方各级人民政府组织法》《中华人民共和国各级人民代表大会常务委员会监督法》《浙江省各级人民代表大会常务委员会讨论决定重大事项的规定》等有关法律法规的规定，结合本市实际，制定本规定。

第二条　市人大常委会讨论、决定本行政区域内经济建设、政治建设、文化建设、社会建设、生态文明建设中具有全局性、根本性、长远性的事项，以及与人民群众切身利益相关、社会普遍关注的重大事项，适用本规定。

第三条　市人大常委会讨论、决定重大事项，应当坚持党的领导、人民当家作主、依法治国有机统一，坚持民主集中制原则，坚持围绕中心服务大局，依照法定权限和程序行使职权，促进重大决策科学化、民主化、法治化。

第四条　下列重大事项，应当依法提请市人大常委会讨论、决定：

（一）保证宪法、法律、法规和上级人民代表大会及其常委会决议、决定的遵守和执行所采取的重大措施；

（二）根据中共瑞安市委重大决策部署和工作建议，需要市人大常委会作出相应决议或者决定的事项；

（三）加强社会主义民主法治建设的重大措施；

（四）市国民经济和社会发展五年规划、年度计划调整方案；

（五）市级预算调整方案、上一年度市级决算；

（六）确定或者调整本市永久性节庆日和市标、市树、市花等城市标识；

（七）授予或者撤销瑞安市荣誉市民等市级荣誉称号；

（八）组织关于特定问题的调查委员会；

（九）市人民检察院检察长因不同意检察委员会多数人的意见而报请市人大常委会决定的重大事项；

（十）撤销市人民政府不适当的决定和命令；

（十一）撤销乡镇人民代表大会不适当的决议、决定；

（十二）市人民代表大会授权市人大常委会讨论、决定的重大事项；

（十三）法律、法规规定应当由市人大常委会审议并作出决议或者决定的其他重大事项。

第五条　本行政区域内的下列重大事项，应当向市人大常委会报告，听取意见和建议；必要时，市人大常委会可以作出决议、决定：

（一）贯彻执行市人民代表大会及其常务委员会的决议、决定情况和办理市人大代表议案、意见和建议的情况；

（二）市国民经济和社会发展计划草案、政府重大投资项目计划草案；

（三）市本级预算草案和部门预算草案；

（四）市国民经济和社会发展计划执行情况、政府重大投资项目计划执行情况、国民经济和社会发展五年规划的中期评估情况；

（五）投资规模在5000万元以上的政府投资项目需要增加的和项目投资概算调整超过总投资额百分之十的情况；

（六）市本级预算执行情况；

（七）市本级预算执行和其他财政收支的审计情况及审计发现问题的整改情况；

（八）市本级政府债务的管理情况;

（九）市人民代表大会票决产生的民生实事项目实施情况；

（十）国有资产管理情况，加强国有资产管理的重大措施；

（十一）环境状况和环境保护目标完成情况，加强自然资源和生态环境保护的重大举措；

（十二）国土空间总体规划实施情况；

（十三）历史文化名城、风景名胜区保护和利用情况；

（十四）推进区域协调发展的重大措施；

（十五）推进城镇建设和乡村振兴的重大措施；

（十六）推进教育、科学技术、文化、医疗卫生、食品药品安全、社会保险、社会救助、养老、劳动保护、就业促进、住房保障等事业发展的重大措施；

（十七）涉及人民群众切身利益的重要领域和关键环节的重大改革举措和重大财政政策；

（十八）重大自然灾害、事故灾难、公共卫生事件和社会安全事件等突发性事件的应对处置情况；

（十九）市人大常委会组织的关于特定问题调查委员会的调查情况；

（二十）法律、法规规定应当向市人大常委会报告或者常委会主任会议认为需要报告的其他重大事项。

提请市人民代表大会代表票决的民生实事候选项目，应当经市人大常委会审议后，提请市人民代表大会全体会议票决。

第六条　本行政区域内的下列重大事项，应当依法经市人大常委会审议通过后，再按照审批权限报请批准，并将批准情况报市人大常委会备案：

（一）国土空间总体规划、历史文化名城规划的编制、修改方案；

（二）行政区域的调整方案和行政区域名称变更、人民政府驻地的迁移；

（三）同外国城市（地区）建立友好关系；

（四）法律、法规规定应当先经市人大常委会审议的其他重大事项。

第七条　市人民政府对事关本行政区域内经济社会发展全局、涉及人民群众切身利益的重大决策，应当依法在出台前向市人大常委会报告。

第八条　市人民政府重大决策出台前向市人大常委会报告的事项，除需要向市人民代表大会或者市人大常委会讨论决定的以外，可由市人大相关专门委员会或者市人大常委会相关工作机构研究并提出意见和建议，经常委会主任会议审定后向政府反馈。

第九条　市人大常委会办事机构应当根据市委的工作部署，结合本行政区域内经济社会发展中的突出问题和人民群众普遍关注的重大问题，研究提出年度讨论、决定的重大事项和市人民政府事先向市人大常委会报告的重大决策的意见，经常委会主任会议通过后，列入市人大常委会年度工作计划。

市人大常委会办事机构拟定年度讨论、决定的重大事项和市人民政府事先向市人大常委会报告的重大决策的意见，应当加强与人民政府、市监察委员会、市人民法院、市人民检察院等有关方面的沟通协调，并通过适当方式征求市人大代表、常委会组成人员和有关方面的意见。

年度讨论、决定的重大事项和市人民政府事先向市人大常委会报告的重大决策的议题，需要个别调整的或者报告的时间需要临时调整的，由市人大常委会办事机构报常委会主任会议决定。

第十条　本规定所列重大事项，应当以议案或者报告的形式提出。

有关重大事项的议案，除市人民代表大会交付的以外，由常委会主任会议、市人民政府、市人大专门委员会或者市人大常委会组成人员三人以上联名提出。

有关重大事项的报告，由常委会主任会议、市人民政府、市监察委员会、市人民法院、市人民检察院或者市人大专门委员会提出。

第十一条　需要提请市人大常委会作出决议、决定的重大事项，有关议案或者报告一般应当包括以下主要内容：

（一）重大事项的基本情况、必要性、需要解决的主要问题；

（二）重大事项的决策方案及其可行性的论证情况说明；

（三）有关法律、法规、规章和政策依据；

（四）公众参与、专家论证、风险评估、合法性审查和集体讨论、决定等情况；

（五）有关方面的意见、建议以及协调情况；

（六）市人大常委会认为需要提供的其他资料。

第十二条　有关重大事项的议案，一般应当在市人大常委会会议举行的三十日前提出；有关重大事项的报告，应当在市人大常委会会议举行的二十日前提出，因特殊情况需要临时报告的除外。

市人大常委会一般应当在收到议案或者报告之日起三个月内进行审议。

第十三条　有关重大事项的议案，按照下列规定提请市人大常委会会议审议：

（一）常委会主任会议提出的，直接提请常委会会议审议；

（二）市人民政府或者市人大专门委员会提出的，经常委会主任会议决定提请常委会会议审议，或者先交有关的专门委员会审议、提出报告，再决定提请常委会会议审议；

（三）市人大常委会组成人员依法联名提出的，由常委会主任会议决定是否提请常委会会议审议，或者先交有关的专门委员会审议、提出报告，再决定是否提请常委会会议审议；不提请常委会会议审议的，应当向提案人说明并向常委会报告。

第十四条　有关重大事项的报告，按照下列规定提请市人大常委会会议审议：

（一）常委会主任会议提出的，直接提请常委会会议审议；专门委员会提出的，经常委会主任会议决定提请常委会会议审议；

（二）市人民政府、市监察委员会、市人民法院、市人民检察院提出的，经常委会主任会议决定提请常委会会议审议，或者先交有关的专门委员会审议、提出报告，或者先交常委会有关工作机构研究、提出意见，再决定提请常委会会议审议。

第十五条　市人大有关专门委员会、常委会有关工作机构对有关重大事项的议案或者报告，应当加强必要性、合法性、可行性审查、研究，采取多种方式听取市人大代表、常委会组成人员意见，并可以通过下列方式听取社会公众和专家意见：

（一）对专业性技术性较强、需要进行可行性评价的重大事项，组织相关专家、智库、专业机构进行论证和评估；

（二）对存在重大意见分歧或者涉及利益关系重大调整的事项，召开听证会、沟通会等方式听取相关方面意见；

（三）对社会关注度高的重大事项，通过报刊、广播、电视、网络等媒体向社会征求意见。

第十六条　市人大常委会会议审议有关重大事项的议案或者报告时，提案人或者报告机关负责人应当到会作出说明，回答询问。

列入常委会会议议程的议案，在交付表决前，提案人要求撤回的，应当书面说明理由，经常委会主任会议同意，并向市人大常委会报告，对该重大事项议案的审议即行终止。

第十七条　市人大常委会对审议的重大事项，认为需要提交人民代表大会讨论、决定的，应当依照法定程序提交人民代表大会讨论、决定。

第十八条　市人大常委会就有关重大事项作出的决议、决定，具有法律效力，有关国家机关应当在决议、决定规定的时间内报告贯彻落实情况。

市人大常委会就有关重大事项进行审议，未作决议、决定的，市人大常委会办事机构可以将常委会组成人员的意见、建议形成审议意见，经常委会主任会议同意后转送报告机关研究处理。报告机关应当按照要求报告研究处理情况。

第十九条　市人民政府、市监察委员会、市人民法院、市人民检察院在执行市人大常委会关于重大事项的决议、决定过程中，认为需要变更决议、决定有关事项的，应当提请市人大常委会决定。

第二十条　市人大常委会可以通过听取专项工作报告、组织执法检查、询问、特定问题调查等方式，对市人民政府、市人民法院、市人民检察院贯彻落实决议、决定的情况进行监督；对不执行决议、决定或者执行不力造成严重后果的，市人大常委会可以通过质询、撤职等方式加强监督。

市人大常委会依照《中华人民共和国监察法》规定，对市监察委员会贯彻落实决议、决定的情况进行监督。

第二十一条　对依法应当由市人大常委会作出决议、决定的重大事项，有关机关擅自作出决定、命令的，市人大常委会应当责成其限期改正；逾期不改正的，可以依法撤销该决定、命令；对相关责任人员，由有权机关依法追究责任。

对依法应当向市人大常委会报告的重大事项或者重大决策，有关机关不按规定报告或者不按要求报告研究处理情况的，市人大常委会应当责成其限期改正；对相关责任人员，由有权机关依法追究责任。

第二十二条　市人大常委会讨论、决定重大事项的有关情况，应当向市人大代表通报，并向社会公布。

第二十三条　本规定自通过之日起施行。

瑞安市人民代表大会常务委员会任免国家机关工作人员办法

（2003 年 4 月 29 日瑞安市第十三届人民代表大会常务委员会第一次会议通过；
2012 年 5 月 3 日瑞安市第十五届人民代表大会常务委员会第三次会议修正）

第一章　总　则

第一条　为保证瑞安市人民代表大会常务委员会（以下简称市人大常委会）依法行使人事任免权，根据《中华人民共和国地方各级人民代表大会和地方各级人民政府组织法》《中华人民共和国人民法院组织法》《中华人民共和国人民检察院组织法》和《浙江省人大常委会任免国家机关工作人员条例》等法律和有关法规的规定，结合本市实际，制定本办法。

第二条　市人大常委会任免国家机关工作人员，应当全面贯彻革命化、年轻化、知识化、专业化方针，坚持德才兼备、以德为先的用人标准，充分发扬民主，严格依法办事。

第二章　任免范围

第三条　本市国家权力机关中的下列人员，由市人大常委会任免：

（一）在市人民代表大会闭会期间，市人大常委会主任因为健康情况不能工作或缺位时，由市人大常委会在副主任中推选一人代理主任的职务，直到主任恢复健康或市人民代表大会选出新的主任为止；

（二）根据市人大常委会主任会议提名，任免市人大常委会办公室主任、副主任；

（三）根据市人大常委会主任会议提名，任免市人大常委会工作委员会（街道工作委员会）主任、副主任、委员。

第四条　本市国家行政机关中的下列人员，由市人大常委会任免：

（一）在市人民代表大会闭会期间，市长因故不能担任职务时，根据市人大常委会主任会议提名，从副市长中决定代理人选；

（二）在市人民代表大会闭会期间，根据市长提名，决定副市长的个别任免；

（三）根据市长提名，决定市人民政府局长、主任的任免。

第五条　本市国家审判机关中的下列人员，由市人大常委会任免：

（一）在市人民代表大会闭会期间，市人民法院院长因故不能担任职务，根据市人大常委会主任会议提名，从市人民法院副院长中决定代理人选；

（二）根据市人民法院院长提名，任免市人民法院副院长、审判委员会委员、庭长、副庭长、审判员。

第六条　本市国家检察机关中的下列人员，由市人大常委会任免：

（一）在市人民代表大会闭会期间，市人民检察院检察长因故不能担任职务时，根据市人大常委会主任会议提名，从市人民检察院副检察长中决定代理人选，并报上一级人民检察院和人大常委会备案；

（二）根据市人民检察院检察长提名，任免市人民检察院副检察长、检察委员会委员、检察员。

第三章　辞职、撤职与任免程序

第七条　在市人民代表大会闭会期间，市人大常委会受理市人大常委会组成人员、市长、副市长、市人民法院院长、市人民检察院检察长提出的辞职请求，并决定是否接受辞职。市人大常委会决定接受其辞职后，报市人民代表大会备案。市人民检察院检察长的辞职，须报经上一级人民检察院检察长提请该级人大常委会批准。

第八条　在市人民代表大会闭会期间，市人大常委会决定撤销个别副市长的职务，决定撤销局长、主任的职务，决定撤销市人民法院副院长、审判委员会委员、庭长、副庭长、审判员的职务，决定撤销市人民检察院副检察长、检察委员会委员、检察员的职务。

撤职案一般由“一府两院”的正职提名，也可以由主任会议或常委会五分之一以上组成人员提出，依照法定程序提请人大常委会审议决定。

第九条　提请市人大常委会任免的国家机关工作人员，必须认真考核，由提请机关正职领导人签署，并附送拟任命人员有关材料或拟免职人员的免职理由，拟任命人员的有关材料应当反映拟任命人员的思想政治素质、业务能力、法律知识和法制观念等情况，不符合规定要求的由提请机关修改补充后再提请。

在市人大常委会会议审议前，根据干部管理权限的规定，常委会主任会议还应对本市管辖的“一府两院”拟任人员（本届内已参加同级拟任任前考试的除外）进行法律知识考试，并将考试成绩通报市人大常委会组成人员，未参加考试或考试不合格者，不得提请市人大常委会任命。

人事任免案应当在市人大常委会会议举行前7日提交。

第十条　人事任免案由市人大常委会主任会议决定是否提请市人大常委会会议审议。市人大常委会主任会议讨论人事任免案时，提请机关或有关部门应当派负责人到会说明。

第十一条　市人大常委会会议审议人事任免案时，提请机关的正职领导人应当到会作人事任免案的说明，并派员听取审议意见，回答询问。正职领导人因特殊情况不能到会的，应当说明原因，并委托副职领导人到会代作说明。

第十二条　市人大常委会任命市人民政府组成人员，市人民法院副院长、市人民检察院副检察长，表决前，拟任人员必须向市人大常委会作表态发言。

第十三条　人事任免案提出后至市人大常委会会议召开前，若有人民群众检举、揭发拟任免人员重大问题的，提请机关应当向主任会议或市人大常委会提出书面报告。市人大常委会在审议人事任免案过程中，发现拟任免人员有足以影响其任免的重要问题，提请机关应当尽快调查核实，提出书面报告。会议期间难以查清的，经主任会议提出，市人大常委会会议同意，可以暂不交付表决。问题查清后，提请机关应当提出书面报告，再由主任会议决定是否提交市人大常委会下次会议审议。

列入市人大常委会会议议程的人事任免案，在交付表决前，提请机关书面要求撤回的，该任免案的审议即行终止。

第十四条　对提请市人大常委会任命而未获得通过的人选，提请机关认为必要的，可以再次提请市人大常委会任命。经两次未获得通过的人选，在市人大常委会本届任期内，不得再提请任命其担任一职务。

第十五条　市人民代表大会换届后，市长应当在两个月内提请市人大常委会任命新一届市人民政府组成人员。

市人大常委会应当重新任命其办公室主任、副主任、各工作委员会主任、副主任、委员。上述人员如未被重新任命的，其原任职务自然免除，不再办理法律免职手续。

市人大常委会任命的人民法院审判人员、人民检察院检察人员，市人民代表大会换届后，其职务无变动的，不再重新任命。

第十六条 市人大常委会任命的人员，其所在的工作机构名称改变时，应当重新任命；工作机构撤销的，应当予以免职。

市人大常委会任命的人员办理离职或退休的，应当提请免除其职务。

第十七条 市人大常委会组成人员的代表职务被罢免的，其市人大常委会组成人员的职务相应撤销，同时予以公告；代表辞职被接受的，其市人大常委会组成人员的职务相应终止。

第四章 表决、公布与监督

第十八条 对下列人员的任免，采用无记名投票的方式进行表决：

（一）推选市人大常委会代理主任，决定接受市人大常委会主任、副主任、委员辞职；任免市人大常委会办公室主任、副主任，任免市人大常委会工作委员会主任、副主任、委员；

（二）决定市人民政府代理市长，任免市人民政府副市长，接受市长、副市长辞职，任免市人民政府局长、主任；

（三）决定市人民法院代理院长，接受市人民法院院长辞职，任免市人民法院副院长、庭长、副庭长、审判委员会委员、审判员；

（四）决定市人民检察院代理检察长，接受市人民检察院检察长辞职，任免市人民检察院副检察长、检察委员会委员、检察员；

（五）决定撤销市人民政府副市长、局长、主任、市人民法院副院长、市人民检察院副检察长的职务。

对其他人员的任免，可以采用按表决器的方式进行表决，必要时也可以采用其他方式进行表决。

第十九条 人事任免案应当逐人表决。人事任免案的表决，以市人大常委会全体组成人员的过半数通过。表决结果由会议主持人当场宣布。

第二十条 市人大常委会通过的人事任免，应当予以公告。

第二十一条 市人大常委会通过的任命人员，除代理职务的以外，由市人大常委会颁发任命书。

任命书由市人大常委会主任签署，主任或其委托的副主任颁发。市人民法院副院长、审判委员会委员、庭长、副庭长、审判员和市人民检察院副检察长、检察委员会委员、检察员的任命书，可以委托市人民法院院长、市人民检察院检察长颁发。

第二十二条 由市人大常委会任命的人员职务，在市人大常委会审议通过之前不得对外公布。

第二十三条 市人大常委会应当不断改进和完善任免工作，加强对被任命人员的监督，受理公民和单位对被任命人员的检举、揭发和控告并依法认真处理。市人大常委会通过听取汇报、视察工作、执法检查、提出询问和质询、组织工作评议、组织特定问题调查等方式，对被任命人员实施监督。

第二十四条 市人大常委会任命的人员受行政处分的，作出行政处分决定的机关应当将行政处分决定及时报送市人大常委会。

第二十五条 本办法自通过之日起施行。

瑞安市人民代表大会常务委员会主任会议议事规则

（1998年6月18日瑞安市第十二届人民代表大会常务委员会第三次会议通过；2003年7月9日瑞安市第十三届人民代表大会常务委员会第三次会议第一次修订；2012年5月3日瑞安市第十五届人民代表大会常务委员会第三次会议第二次修订；2017年3月24日瑞安市第十六届人民代表大会常务委员会第二次会议第三次修订）

第一条　为了使市人民代表大会常务委员会主任会议（以下简称主任会议）的工作制度化、规范化，根据《中华人民共和国地方各级人民代表大会和地方各级人民政府组织法》《中华人民共和国各级人民代表大会常务委员会监督法》等有关法律法规的规定，结合本市实际，制定本规则。

第二条　主任会议由市人大常委会主任、副主任组成，由主任召集和主持，主任可以委托副主任召集和主持会议。

第三条　主任会议每月至少举行一次，必要时可临时召集。

主任会议须有全体组成人员过半数出席，方能举行。

第四条　主任会议讨论决定问题，要坚持民主集中制原则，充分发扬民主，严格依法办事。

主任会议的决定，须由全体组成人员过半数同意。

第五条　主任会议处理市人大常委会下列重要日常工作：

（一）研究提出市人大常委会向市人民代表大会的工作报告草案和召开市人民代表大会会议有关准备事项的建议，提请市人大常委会会议审议。

（二）讨论和决定市人大常委会年度监督工作计划和工作要点。

（三）决定市人大常委会会议日期，拟定会议议程、日程安排草案，讨论相关议题内容。

（四）向市人大常委会提出属于其职权范围内的议案。

（五）对市人民政府、市监察委员会、市人民法院、市人民检察院向市人大常委会提出的属于市人大常委会职权范围内的议案进行研究，决定提请市人大常委会会议审议，或者先交市人大有关专门委员会、市人大常委会工作委员会调查研究，提出报告或意见，再决定提请市人大常委会会议审议。

对市人大常委会组成人员三人以上联名，向常委会提出属于其职权范围内的议案，研究决定是否提请常委会会议审议，或者先交市人大有关专门委员会、市人大常委会有关工作委员会调查研究、提出报告或意见，再决定是否提请常委会会议审议。对决定不提请常委会会议审议的议案，应当向市人大常委会报告或向提议案人说明。

（六）对市人大常委会组成人员三人以上联名，书面提出对市人民政府、市监察委员会、市人民法院、市人民检察院的质询案，研究决定交受质询机关答复。

（七）研究有关决议、决定草案，决定提交市人大常委会会议审议。

（八）受市人大常委会委托听取市人民政府、市监察委员会、市人民法院、市人民检察院有关专题报告和重大事项情况的汇报，并提出意见建议。

（九）讨论确定市人大常委会审议意见，交市人民政府、市监察委员会、市人民法院和市人民检察院研究处理。

（十）对市人大常委会会议审议的专项工作报告、执法检查报告及其他报告的有关审议意见整改落实情况，组织开展跟踪监督，提交常委会会议进行满意度测评。组织代表参与对市人民政府及其所属工作部门、市监察委员会、市人民法院、市人民检察院进行工作评议。

（十一）检查督促市人民代表大会及其常务委员会的决议、决定的贯彻执行，并听取有关决议、决定、审议意见贯彻落实情况的汇报，向有关部门直接提出意见建议或提请市人大常委会审议。

（十二）向市人大常委会提请任免市人大常委会办公室主任和副主任，各工作委员会组成人员；提请任免市人大专门委员会个别副主任委员和部分委员；以及依法应当由主任会议提请的其他人事任免事项。

讨论市人民政府、市监察委员会、市人民法院和市人民检察院提请市人大常委会任免、决定任免的事项，决定是否提请市人大常委会会议审议。

（十三）研究部署执法检查、视察、专题调研和代表主题活动等重要工作，指导、协调各专门委员会和常委会各工作机构的工作，听取有关重大问题汇报及执法检查、重要调查、视察等报告，提出处理意见，或提请市人大常委会会议审议。向市人大常委会提议组织关于特定问题的调查委员会，并提名调查委员会组成人员人选，提请市人大常委会全体会议通过。

（十四）听取、讨论有关机关提请对市人大代表采取逮捕、刑事审判以及法律规定的其他限制人身自由措施的报告，决定是否提请市人大常委会会议许可。

（十五）处理市人大常委会其他重要日常工作。

第六条　主任会议的日期、议题、列席人员由市人大常委会办公室主任在征求有关方面意见后提出建议，由主任或受委托的副主任确定。办公室应当在会议前1天将会议日期、议题等通知主任会议组成人员和列席人员，并将会议文件提前送主任会议组成人员审阅。

第七条　市人大常委会办公室、各工作委员会主要负责人和其他专职委员列席主任会议。根据议题需要，市人大常委会机关有关人员可以列席主任会议，具体由办公室主任确定。

经主任或受委托的副主任决定，邀请与主任会议议题有关的市人民政府、市监察委员会、市人民法院、市人民检察院负责人和有关部门负责人列席会议。

第八条　主任会议决定的事项，由市人大常委会办公室或有关工作委员会、有关专门委员会办理，重要事项由分管的常委会副主任组织实施，办理和实施情况应及时向主任会议汇报；需由市人民政府、市监察委员会、市人民法院、市人民检察院研究处理的，有关机关应在决定要求的期限内办理完毕，并报告结果。

第九条　主任会议由市人大常委会办公室负责记录并起草会议纪要，其中涉及专题审议的内容由相关工委提供。主任会议纪要经办公室主任审核后，由主任或者受委托的副主任签发。

第十条　本规则自通过之日起施行。

瑞安市人民代表大会代表议案处理办法

（2012年12月14日瑞安市第十五届人民代表大会常务委员会第九次会议通过）

第一章　总　则

第一条　为了保障市人民代表大会代表（以下简称代表）依法行使提出议案的权利，做好代表议案工作，发挥代表作用，根据宪法和有关法律，制定本办法。

第二条　代表提出议案是执行代表职务，参加行使国家权力的一项重要工作。

有关机关、组织应当履行法定职责，加强代表议案工作，提高议案处理工作实效。

市人民代表大会常务委员会（以下简称市人大常委会）应当为代表议案工作提供必要的条件。市人大常委会应当根据职能分工，及时确定相关工作委员会做好代表议案的落实情况的监督检查工作；市人大常委会代表工作委员会应当为代表议案工作提供服务。

第二章　代表议案的基本要求

第三条　代表议案应当符合下列条件：

（一）内容属于市人民代表大会及其常务委员会职权范围内的事项；

（二）由10人以上的代表联名向市人民代表大会提出；

（三）要求列入市人民代表大会及其常务委员会会议议程进行审议的事项。

第四条　下列事项可列为代表议案的范围：

（一）有关保证宪法、法律、法规以及上级和本级人民代表大会及其常务委员会决议、决定实施的事项；

（二）需要由市人民代表大会及其常务委员会决定或者批准的本行政区域内的重大事项；

（三）宪法和法律规定的属于市人民代表大会及其常务委员会职权范围内的其他事项。

第五条　代表议案应当有案由、案据和方案。案由应当明确清楚，案据应当充分合理，方案应当具体可行。

第六条　代表议案应当一事一案，使用统一印制的代表议案专用纸，并同时提交电子文本。

第三章　代表议案的提出

第七条　代表议案一般在大会会议期间提出。符合议案基本条件、准备成熟的，也可以在大会闭会期间提出。

第八条　代表应当通过多种形式，深入实际，调查研究，广泛听取意见，在认真酝酿并充分准备的基础上提出议案。

第九条　代表联名提出议案，领衔代表应当采取适当方式，使参加联名附议的代表了解议案内容。附议代表应当在审阅议案文本并同意后，再签名附议；有条件集体讨论的，应当经集体讨论取得一致意见后，再签名提出。

第十条　大会期间提出的代表议案，由各代表团在规定的议案截止时间前送交大会秘书处议案组。

大会秘书处议案组应当对代表议案进行整理、分类和分析。对不符合议案基本要求的代表议案，可以建议提议案代表进行修改完善或者撤回，也可以建议提议案代表以代表建议、批评和意见形式提出。

第十一条　在大会闭会期间提出的代表议案，代表可以直接送交市人大常委会代表工作委员会，市人大常委会代表工作委员会应当参照本办法第十一条第二款规定处理。

闭会期间提出的代表议案符合议案基本要求的，可以在下次大会会议举行时，送交大会秘书处，与会议期间提出的代表议案一并处理。

第四章　代表议案的处理

第十二条　大会秘书处议案组应当召集市人大常委会有关工作委员会负责人，召开代表议案处理意见工作会议，研究提出代表议案处理的具体意见，向大会主席团作出报告。

第十三条　大会主席团根据大会秘书处的报告，决定代表议案是否列入本次会议议程。

大会主席团决定不列入本次会议议程的代表议案，转作代表建议、批评和意见处理。

经大会主席团通过的关于代表议案处理意见的报告，应当印发大会全体代表。

第十四条　大会主席团决定列入本次会议议程的代表议案，由大会主席团提出相关的决议或决定草案，与代表议案一并交各代表团审议、讨论后，提请大会全体会议表决。

列入会议议程的代表议案，在交付表决前，提议案人要求撤回的，经大会主席团同意，会议对该项议案的审议即行终止。

第十五条　列入会议议程的议案，在审议中需进一步研究的，经大会主席团提出由大会全体会议决定，交市人民代表大会下次会议审议决定，或者交市人大常委会在闭会期间审议决定。

第十六条　对经大会全体会议表决决定或市人大常委会审议决定的代表议案，市人大常委会应做好议案的交办和督办工作。市人大常委会主任会议应根据议案内容，及时确定牵头督办的工作委员会，在大会闭会之日起1个月内组织征求落实议案的意见，相关工作委员会做好协助配合工作。

市人大常委会应当在大会闭会之日起3个月内对有关代表议案作出审议决定，并抄告提出议案的代表。

第十七条　承办单位应当在交办之日起6个月内将办理情况书面答复提出议案的代表，同时抄送市人大常委会代表工作委员会。

承办单位办理代表议案时，可以邀请部分提出议案的代表列席会议、发表意见，也可以采取邀请参加调研、座谈等方式，听取代表对议案办理的意见。

第十八条　承办单位应当于下一次市人民代表大会会议的2个月前向市人大常委会提出代表议案办

理结果报告，送交市人大常委会相关工作委员会征求意见后，提请市人大常委会会议审议。

代表议案办理结果报告应当包括议案的主要内容，听取和采纳有关机关、组织和提议案代表意见的情况，处理意见和办理结果等内容。必要时，可以附件作详细说明。

市人大常委会会议审议代表议案办理结果报告时，应当邀请部分提出议案的代表列席会议，参与审议。

第十九条　市人民代表大会及其常务委员会会议审议和市人大常委会相关工作委员会督办代表议案时，可以向有关机关、组织提出询问，有关机关、组织应当派人说明；涉及专业性问题时，可以邀请有关专业人员列席会议，发表意见。

第二十条　市人民代表大会及其常务委员会会议审议通过的与代表议案相关的决议或决定，有关机关、组织应当认真执行，并根据要求向市人民代表大会或市人大常委会报告执行情况。

第二十一条　市人大常委会及有关工作委员会对有关机关、组织办理代表议案和执行与议案相关的决议或决定的情况，应当加强监督和检查，促进代表议案和相关决议或决定的落实。

第二十二条　市人大常委会审议通过的与代表议案相关的决议或决定和市人民代表大会及其常务委员会相关决议或决定执行情况的报告，应当在下一次市人民代表大会会议上予以印发。

第二十三条　本办法自通过之日起施行。

瑞安市人民代表大会代表建议、批评和意见处理办法

（2006 年 6 月 7 日瑞安市第十三届人民代表大会常务委员会第三十一次会议通过；
2012 年 12 月 14 日瑞安市第十五届人民代表大会常务委员会第九次会议修正）

第一章　总　则

第一条　为了保障市人民代表大会代表（以下简称代表）依法行使提出建议、批评和意见的权利，做好代表建议、批评和意见的处理工作，发挥代表作用，根据有关法律、法规，结合本市实际，制定本办法。

第二条　本办法所称的代表建议、批评和意见，是指代表个人或者联名书面向市人民代表大会或者常务委员会提出的对各方面工作的建议、批评和意见：

（一）在市人民代表大会会议期间代表向市人民代表大会提出的建议、批评和意见；

（二）在市人民代表大会闭会期间代表向市人民代表大会常务委员会（以下简称市人大常委会）提出的建议、批评和意见；

（三）市人民代表大会主席团决定作为建议、批评和意见处理的议案。

（四）在市人民代表大会会议期间，超过议案截止时间提出的代表议案。

第三条　代表提出建议、批评和意见，是执行代表职务，参加管理国家事务、管理经济和文化事

业、管理社会事务的一项重要工作。有关机关、组织必须履行法定职责，认真研究处理代表建议、批评和意见并负责答复。

第四条　市人大常委会和各镇人民代表大会主席团、街道人大工委应当为代表建议、批评和意见工作提供必要的条件；市人大常委会代表工作委员会为代表建议、批评和意见处理工作提供服务。

第二章　代表建议、批评和意见的基本要求

第五条　代表应当围绕全市改革、发展、稳定的大局，政治、经济、文化、社会、生态中的重大问题和人民群众普遍关心的问题，提出建议、批评和意见。

第六条　下列情况不应当作为代表建议、批评和意见提出：

（一）涉及解决代表本人或者亲属个人问题的；

（二）代转人民群众来信或者具体案件材料的；

（三）属于学术探讨、产品推介的；

（四）没有实际内容的；

（五）其他不应当作代表建议、批评和意见的。

第七条　代表建议、批评和意见应当实事求是，简明扼要，做到有情况、有分析、有具体意见。

代表建议、批评和意见应当一事一议，使用统一印制的代表建议、批评和意见专用纸，并由代表亲笔签名，并同时提交电子文本。

第三章　代表建议、批评和意见的提出

第八条　代表应当通过视察、检查、评议、调研和代表小组活动等形式，深入实际、深入基层，了解人民群众的意见和要求，认真提出建议、批评和意见。

第九条　代表建议、批评和意见可由代表一人提出，也可由代表联名提出。联名提出的，领衔代表应当采取适当方式，使附议代表了解建议、批评和意见的内容。附议代表应当在确认建议、批评和意见内容能够真实表达自己的意愿后签名。

第十条　市人民代表大会会议期间的代表建议、批评和意见由大会秘书处统一受理；闭会期间的代表建议、批评和意见，由市人大常委会代表工作委员会受理。

代表提出建议、批评和意见不符合基本要求的，大会秘书处或市人大常委会代表工作委员会不予受理，并告知代表。

第四章　代表建议、批评和意见的交办

第十一条　代表建议、批评和意见，由市人大常委会代表工作委员会交由有关机关、组织研究办理并负责答复。代表在市人民代表大会会议期间提出的建议、批评和意见，在会议结束后的1个月内交办。

属于政府及其相关部门承办建议、批评和意见，由市人大常委会代表工作委员会和市人民政府办公

室共同交办，具体协调工作由市人民政府办公室负责；属市人民法院、市人民检察院及其他机关、组织承办的，由市人大常委会代表工作委员会直接交办。

第十二条　市人大常委会代表工作委员会应当对代表建议、批评和意见进行综合分析，在征求市人大常委会相关工作委员会、其他机关和组织意见的基础上，提出拟重点督办的代表建议、批评和意见，提交市人大常委会主任会议研究确定后，交由有关机关、组织重点研究办理。

第十三条　代表建议、批评和意见需要两个以上单位共同研究办理的，交办时应确定主办单位和会办单位，由主办单位会同会办单位研究办理。

第十四条　承办单位在接收交办的代表建议、批评和意见文本时，应及时逐件核对、签收、研究。如认为不属于本单位职权范围内的，应在交办之日起10日内，向交办机构说明情况，经交办机构审查同意后退回。交办机构应及时重新确定承办单位并交办。

第五章　代表建议、批评和意见的办理

第十五条　承办单位应当建立健全办理代表建议、批评和意见制度，实行单位负责人和具体承办人员分级负责制，规范办理程序，提高办理工作效率和水平。

第十六条　承办单位对代表建议、批评和意见应当进行分析，研究办理措施，拟定办理工作方案。对需要重点办理的代表建议、批评和意见，承办单位主要负责人应当直接负责组织办理。对政府及其所属部门承办的重点代表建议、批评和意见，市人民政府办公室应当加强协调或者直接组织办理。

第十七条　承办单位研究办理代表建议、批评和意见，应当加强与代表沟通、联系，采取走访、调研、座谈等方式听取意见。对重点办理的代表建议、批评和意见，应当邀请相关代表参与研究。办理代表建议、批评和意见时涉及国家秘密的，承办单位应当做好保密工作。

第十八条　两个以上承办单位会同办理的，主办单位应当主动与会办单位协商，会办单位应当在收到代表建议、批评和意见之日起2个月内将办理意见函告主办单位，由主办单位统一答复代表。必要时，主办单位有权召集会办单位及相关人员共同研究办理，会办单位应当积极配合。主办单位和会办单位意见不一致的，属市人民政府有关部门之间的，由市人民政府办公室进行协调；属其他机关、组织之间的，由市人大常委会代表工作委员会同有关机关、组织进行协调。

第十九条　承办单位办理代表建议、批评和意见，应当依照宪法、法律、法规和政策，坚持实事求是，注重解决实际问题。对能够及时解决的，应当予以落实；对应该解决但因客观条件限制一时难以解决的，应当列入工作计划、规划，逐步解决；对确实不能解决的，应当充分说明原因，给予详细答复；对办理中涉及的重要问题或重大事项，应当及时向上级机关报告。

第二十条　承办单位办理代表建议、批评和意见应实行跟踪办理制度。对已答复代表正在解决或者列入工作计划、规划逐步解决的，应当继续做好办理工作，在妥善解决后再次答复代表。不能按已答复要求解决的，应当及时向代表说明原因。

第二十一条　承办单位应在接到交办的代表建议、批评和意见后的3个月内将办理结果书面答复代

表，并录入瑞安人大网代表议案、建议、批评和意见信息管理系统。承办代表建议、批评和意见数量较多或者个别情况复杂的，经交办机构同意，可以延长至6个月内答复。

第二十二条　承办单位对代表建议、批评和意见的答复，应当按照统一格式行文，注明联系人和联系电话，在答复件右上角处，应根据办理情况作出不同标记。对代表建议、批评和意见所提问题，已经解决或基本解决的，用“A”标明；正在解决或计划逐步解决的，用“B”标明；因受条件限制难以解决或留作参考的，用“C”标明，由承办单位主要负责人审核签发并加盖本单位公章，以公文（函）的形式答复代表，并分别抄送市人大常委会代表工作委员会和代表所在市人大常委会街道工作委员会或镇人民代表大会主席团。承办单位为政府所属部门的，还应当将答复件同时抄送市人民政府办公室。对联名提出的代表建议、批评和意见的答复件，承办单位应当分别寄送答复每位代表或者商领衔代表同意后请领衔代表转复其他代表。

第二十三条　代表建议、批评和意见交办后，市人大常委会代表工作委员会应当向提出或领衔提出建议、批评和意见的代表发放办理情况征询意见表，征询对办理工作的意见。

第二十四条　代表应当按规定填写《代表建议、批评和意见办理情况征询意见表》，对办理情况作出客观评价，并在收到承办单位答复件之日起的10日内寄送市人大常委会代表工作委员会。市人大常委会代表工作委员会负责向市人民政府办公室和承办单位反馈代表对办理工作的意见。

第二十五条　承办单位全部办结代表建议、批评和意见后，应当及时向市人大常委会代表工作委员会报告办理情况。承办单位为政府有关部门的，还应当同时向市人民政府办公室报告。办理重点督办的代表建议、批评和意见以及办理代表建议、批评和意见总数在10件以上的承办单位，应当提交书面报告。

第二十六条　市人民政府及其办公室应确定专门机构或专人分管代表建议、批评和意见办理工作，负责对政府相关部门建议、批评和意见办理工作的指导、督查和协调。

第二十七条　代表对答复件的意见分满意、基本满意和不满意。凡属满意或基本满意的，承办单位应按答复件的承诺抓好落实。代表对答复不满意的，交办机构应督促承办单位再次研究办理，承办单位应当与提出或领衔提出建议、批评和意见的代表面商，认真研究办理，在1个月内重新书面答复代表。如确属按现有政策或条件不能解决的，应当向代表说明原因。并按第二十三条规定办理。

第六章　代表建议、批评和意见办理的检查督促

第二十八条　市人大常委会对代表建议、批评和意见办理工作进行检查督促，具体工作由市人大常委会代表工作委员会负责。

第二十九条　市人大常委会代表工作委员会应当加强与承办单位和相关代表的联系，督促代表建议、批评和意见办理工作的落实，并负责向市人大常委会提出代表建议、批评和意见督办情况的报告。对需要重点办理的代表建议、批评和意见，应当组织力量，跟踪督办，提高督办实效。

第三十条　市人大常委会建立代表建议、批评和意见联合督办制度，通过组织代表视察、专题调研、跟踪督办等形式，加强对代表建议、批评和意见的督办工作。市人大常委会各工作委员会可以选择

适量代表建议、批评和意见进行督办。代表或代表小组可以对建议、批评和意见办理情况进行调研、视察，对承办单位答复后的落实情况进行跟踪监督。

第三十一条　市人民政府、市人民法院、市人民检察院在每年代表建议、批评和意见全部办结后分别向市人大常委会报告代表建议、批评和意见办理工作情况。

代表建议、批评和意见办理工作报告经市人大常委会审议通过后，印发下次市人民代表大会会议或以其他形式印发代表。重点建议、批评和意见的办理情况可以专题报告。必要时，市人大常委会可组织代表选择若干承办单位，对代表建议、批评和意见办理工作情况进行集中评议。

第三十二条　市人民政府及其所属部门办理代表建议、批评和意见情况应当列入市直机关部门绩效考核内容，具体工作由市人民政府办公室负责，并列为市人大常委会选举任命干部的述职内容。

第三十三条　市人大常委会、市人民政府应当对办理代表建议、批评和意见工作成绩显著的单位和个人予以表彰和奖励。对推诿责任、敷衍塞责的单位或个人，予以通报批评，并责令改正，情节严重的，追究承办单位负责人的责任。由市人大常委会交有管辖权限的部门给予行政处分，并反馈处理结果。

第三十四条　对提出建议、批评和意见的代表进行打击报复的，按照情节轻重依法处理。

第七章　附　则

第三十五条　本办法自市人大常委会会议通过之日起施行。

瑞安市人大常委会工作评议试行办法

（2013 年 4 月 23 日瑞安市第十五届人民代表大会常务委员会第十二次会议通过）

第一条　为了增强市人大常委会监督工作的实效，促进国家行政机关、审判机关、检察机关依法行政、公正司法、勤政廉政，根据《中华人民共和国地方各级人民代表大会和地方各级人民政府组织法》《中华人民共和国各级人民代表大会常务委员会监督法》《浙江省各级人民代表大会常务委员会监督条例》等有关法律法规的规定，结合瑞安市实际，制定本办法。

第二条　本试行办法所称工作评议（以下简称评议），是指市人大常委会对本级国家行政机关、审判机关、检察机关和具有行政管理职能的其他部门工作进行评议的一种监督方式。评议坚持党的领导、依法办事、客观公正、民主公开、注重实效的原则。

第三条　市人大常委会对评议工作进行统筹安排，制定年度工作评议计划，报市委同意后组织实施，并向本级人大代表通报、向社会公布。

第四条　评议的主体：市人大常委会。

第五条　评议的对象：市人民政府组成部门、直属单位和本行政区域内的垂直管理部门。

第六条　评议的主要内容：

（一）贯彻执行国家法律法规，依法行政、公正司法的情况；

（二）贯彻执行市人大及其常委会的决议决定和办理市人大常委会审议意见的情况；

（三）依法履职和勤政廉政的情况；

（四）办理市人大代表议案和建议、批评、意见的情况；

（五）办理人民群众来信来访，解决人民群众普遍关心的热点、难点问题的情况；

（六）市人大常委会或常委会主任会议认为需要评议的其他事项。

第七条　评议分准备、调查、评议、整改四个阶段进行。

第八条　按照年度工作评议计划，市人大常委会有关工作机构制定评议工作实施方案，提交市人大常委会主任会议决定后组织实施。

第九条　组织开展评议，应成立评议调查组，由市人大常委会组成人员组成，可以根据评议内容和实际需要，邀请部分人大代表参加。

评议调查时，有关单位、个人应积极配合，如实介绍情况、反映意见和提供有关资料。

第十条　评议调查的主要方法：

（一）召开被评议单位工作座谈会、个别谈话、查阅资料，了解被评议单位开展工作的情况；

（二）征求被评议单位服务对象的意见建议；

（三）征求市委、市政府相关领导及有关部门的意见建议；

（四）征求市级以上人大代表对被评议单位工作情况的意见，并进行民主测评。

第十一条　评议调查组调查结束后，梳理掌握的情况和各类意见，写出调查报告。调查报告应当实事求是、客观公正，写明调查情况、被评议单位履行职责情况、存在的问题，并提出具体建议，经市人大常委会主任会议审定后，印发市人大常委会组成人员。

第十二条　被评议单位要按照评议实施方案规定的内容准备工作报告。工作报告应当实事求是，既要肯定成绩，又要找出存在的主要问题，并提出下步工作打算和具体措施。

第十三条　评议在市人大常委会会议上进行。被评议单位应在市人大常委会举行会议的20日前，将工作报告送交市人大常委会有关工作机构征求意见；被评议单位对工作报告修改后，在市人大常委会举行会议的10日前送交市人大常委会办公室；市人大常委会办公室应当在市人大常委会举行会议的7日前，将工作报告发给市人大常委会组成人员。

第十四条　参加评议调查的人大代表应列席评议会议，并可根据需要邀请与被评议单位工作相关的部门负责人列席评议会议或邀请公民旁听。

被评议单位的主要负责人应当到会报告工作，听取意见，回答询问。

第十五条　会议评议的主要程序：

（一）被评议单位主要负责人报告工作；

（二）评议调查组负责人作调查报告；

（三）市人大常委会组成人员作评议发言；

（四）对被评议单位的工作以无记名投票方式进行满意度测评。

第十六条　测评分“满意、基本满意、不满意”三个档次。凡满意票达参评人员70%及以上的为满意单位，不满意票超过参评人员30%的为不满意单位，其余为基本满意单位。测评结果当场公布。

第十七条　市人大常委会有关工作机构会同评议调查组对调查情况及会议评议情况进行汇总整理，形成书面评议意见，经市人大常委会主任会议审定后7日内，交由被评议单位研究处理。

第十八条　被评议单位应当认真研究评议意见，制定整改方案和措施，切实加强整改，评议意见没有明确整改时限的，应在3个月内向市人大常委会提交整改情况报告，常委会主任会议认为必要时提请常委会会议进行审议。

第十九条　市人大常委会对被评议单位的整改情况进行跟踪监督。采取检查、听取汇报等形式，组织参加评议的市人大常委会组成人员及人大代表对评议中提出的意见办理、相关工作落实和改进等情况进行检查。

对整改不力或不满意的，将责成被评议单位重新限期整改。对拒不落实评议意见、不整改或重新整改后仍不满意的，可依法提出质询或组织特定问题调查委员会进行调查，并依法作出相应的决定。

第二十条　被测评为不满意单位的，该单位本年度综合考绩不得评先评优，建议市委、市政府或其上级主管部门视情况调整该单位班子成员；对测评不满意票超过50%的，建议市委、市政府或其上级主管部门采取组织处理措施，并根据责任情况对部门班子成员给予相应的处理，对人大任命的干部启动撤职程序。

第二十一条　评议工作结束后，市人大常委会向市委作出评议工作书面报告，作为综合考绩和人事安排的参考依据，并向市人民政府、市人民法院、市人民检察院通报有关情况；属垂直管理部门的，书面函告其上级主管部门；评议工作结果，由市人大常委会向市人大代表通报，并采取一定形式向社会公布。

第二十二条　本办法由市人大常委会负责解释，自通过之日起施行。

关于审议意见办理的试行办法

（2012 年 6 月 28 日瑞安市第十五届人民代表大会常务委员会第四次会议通过；
2014 年 2 月 27 日瑞安市第十五届人民代表大会常务委员会第十九次会议第一次修正）

第一条　为了加强审议意见的办理工作，规范办理程序，增强办理实效，根据《中华人民共和国各级人民代表大会常务委员会监督法》（以下简称监督法）、《浙江省各级人民代表大会常务委员会监督条例》（以下简称省监督条例）的规定，结合本市人民代表大会常务委员会（以下简称市人大常委会）的工作实际，制定本办法。

第二条　本办法所称审议意见，是指市人大常委会组成人员审议市人民政府、市人民法院、市人民检察院（以下简称市“一府两院”）专项工作报告、计划预算执行情况报告、审计工作报告和常委会执法检查报告后，对市“一府两院”工作提出的意见和建议。

市人大常委会组成人员在审议上述报告前，应当认真开展调查研究，掌握真实全面情况，审议期间充分发表意见建议，可就不同意见进行讨论和交流，也可就有关问题向“一府两院”及政府有关部门进行询问，必要时，可就报告的工作进行测评，切实保障审议质量。

第三条　与审议议题有关的常委会工作机构应当在常委会会议结束后7日内，归纳整理常委会组成人员的审议意见，经办公室审核后，提请主任会议讨论确定。审议意见应当对工作提出原则要求和具体、明确的建议，具有针对性。

第四条　审议意见应当在主任会议通过后7日内，报常委会主任或分管副主任签发，由常务委员会办事机构交由市“一府两院”研究处理。

交办审议意见可以根据需要附送相关材料。

执法检查报告应当连同审议意见一并交由市“一府两院”研究处理。

第五条　市人大常委会认为必要时，可以召开审议意见交办会，约请市“一府两院”及有关部门负责人进行当面交办，提出办理的要求，研究落实的措施。

第六条　审议意见承办机关收到审议意见后，应当制定审议意见落实方案，认真研究改进工作的措施，在审议意见要求的时间内，向市人大常委会提出处理情况报告。审议意见没有明确完成时限的，应在3个月内向市人大常委会提出处理情况报告。

审议意见落实方案必须明确承办机关和完成的目标、时限。处理情况报告的内容应当包括审议意见的承办机关、办理工作的主要措施、办理结果及其他需要报告的事项。

落实方案和处理情况报告应当事先送交市人大常委会有关工作机构征求意见。

第七条　审议意见承办机关因特殊情况需要延长审议意见研究处理期限或因条件所限难以办理的，应在最后期限前10日内向市人大常委会报告处理方案或说明理由，经主任会议同意，可以适当延长期限或另行处理。

第八条　市人大常委会有关工作机构应当加强与审议意见承办机关的联系，掌握办理工作进度，督促承办机关按照规定时限反馈审议意见处理的结果。

第九条　市人大常委会收到审议意见处理情况报告后，应当将处理情况报告印发常委会组成人员，并交常委会有关工作机构进行研究。

主任会议认为必要时，可以决定将处理情况报告提请常委会会议审议。

常委会会议审议时，可以根据情况要求报告机关补充说明或者重新报告。

第十条　主任会议认为必要时，可以提请在常委会全体会议上对审议意见处理情况报告进行满意度测评。

对列入满意度测评的报告，应当组织对该项工作进行视察或者专题调查研究。

满意度测评采用无记名投票等方式进行。表决分为满意、基本满意、不满意3个档次，满意和基本满意票超过市人大常委会组成人员实到人数70%（含）的通过，否则视为未获通过。测评结果当场公布，并以书面形式反馈给报告机关。

若报告未获通过，报告机关必须重新研究处理，并在6个月内向常委会会议重新报告。重新处理情况报告应当再次提交常委会进行满意度测评。重新处理情况报告满意度测评仍未获得通过的，将按照监督法有关规定，启动质询或进行特定问题调查。

第十一条　市人大常委会认为必要时，可以就相关审议意见的办理情况作出决定、决议。

市"一府两院"应当在决定、决议规定的期限内，向常委会报告决定、决议的执行情况。

第十二条　市人大常委会认为必要时，可以对审议意见的落实情况组织跟踪检查，也可以委托有关工作机构组织跟踪检查。

常委会有关工作机构可以通过听取工作汇报、开展专题调研和组织人大代表视察等方式对审议意见的落实情况进行跟踪检查，对推诿、延误办理的，应当提出处理意见，向主任会议报告。

第十三条　审议意见以及处理情况报告向本级人大代表通报、向社会公布。

第十四条　市人大常委会作出的决议、决定的执行落实，按照本办法办理。

第十五条　本办法由市人大常委会办公室负责解释。

第十六条　本办法自通过之日起施行。

关于政府重大投资项目监督暂行办法

（2016年2月24日瑞安市第十五届人民代表大会常务委员会第三十九次会议通过）

第一条　为加强对政府重大投资项目监督，规范投资行为，提高投资效益，推进投资决策的民主化、科学化，根据《中华人民共和国各级人民代表大会常务委员会监督法》《浙江省各级人民代表大会常务委员会监督条例》及《瑞安市人民代表大会常务委员会关于讨论、决定本市重大事项的规定》，制定本办法。

第二条　本办法所指的政府重大投资项目，是指市人民政府（以下简称市政府）利用政府性资金（包括融资资金）且投资规模在5000万元以上（含本数）的固定资产投资项目。

必要时，市人大常委会可以对投资额低于上述标准的项目进行监督。

第三条　政府重大投资项目监督采取听取和审议报告、组织代表和市人大常委会组成人员视察、调研、听证、询问、质询、重大问题专项调查等方式。

第四条　政府重大投资项目实行年度计划管理。提请人大常委会审查的政府重大投资项目，应广泛征求意见，必要时可以采取听证会、征询会等形式来征集民意，推进民主决策。

市政府发改部门应当会同财政部门，依据国民经济和社会发展规划及全市财力状况，统一编制政府重大投资项目年度计划草案。

第五条　市政府应当每年按有关规定向市人大常委会报告上一年度政府重大投资项目计划执行情况

和本年度政府重大投资项目计划草案。

政府重大投资项目计划草案应当包括下列内容：

（一）项目基本情况（包括项目名称、实施单位、建设规模、总投资、资金来源、建设周期、本年度投资额等）；

（二）项目实施的必要性（包括经济效益、社会效益和生态效益预期）；

（三）项目实施的可行性（包括项目规划、土地预审、环境影响评估和政策处理情况等）；

（四）经过听证会、征询会的重大投资项目，还应提交听证、征询结论。

第六条　市人大常委会审查监督政府重大投资项目计划草案的主要内容：

（一）上一年计划执行情况是否符合本级人民代表大会有关决议的要求；

（二）是否符合国民经济和社会发展规划；

（三）是否符合城市总体规划、土地利用总体规划、市区环境功能区划和相关专项规划；

（四）决策过程是否规范、民主、科学；

（五）项目实施是否具有良好的经济效益、社会效益和生态效益；

（六）项目资金来源是否落实；

（七）项目实施条件是否成熟、建设周期安排是否恰当。

（八）与项目有关重要事项的论证是否科学。

第七条　政府重大投资项目计划草案应当在市人大常委会举行会议的四十五日前提交市人大财经委员会初审。

市人大财经委员会组织由代表、专家等人员组成审查组，对政府重大投资项目进行审查，并提出审查意见。

市人大常委会主任会议听取和审议市政府提交的政府重大投资项目计划草案和市人大财经委员会的初审意见，决定是否提请市人大常委会审议或直接向市政府提出审查意见。

第八条　市人大常委会对政府重大投资项目计划草案提出审议意见，并可以对若干事关全局、长远的重大项目进行表决。

在审查批准前，市人大常委会或财经委员会可以采取召开听证会、民意调查等形式，听取社会各界的意见。

第九条　对于事关全市经济社会发展的特别重大的政府投资项目，市人大常委会认为需要时，可依照法定程序提请市人民代表大会审查决定。

第十条　市政府在向市人大常委会报告上半年国民经济和社会发展计划执行情况时，应当同时报告上半年政府重大投资项目计划的执行情况。

第十一条　经过市人大常委会或者市人民代表大会审查通过的政府重大投资项目，必须严格执行，不得擅自调整。在执行中出现下列情况时，市政府应当将增减项目或者增减投资概算报告提请市人大常委会审议：

（一）需要增加或者撤销重大投资项目的；

（二）调增或调减项目投资概算超过总投资额百分之十五的。

市政府应当在市人大常委会审议前三十天提交增减项目或者调整投资概算报告。

市人大常委会审议后应当就是否同意增减政府重大投资项目或调整项目投资概算形成决定或审议意见。

调增或调减项目投资概算未超过总投资额百分之十五的，在概算调整后十个工作日内，报市人大常委会财经工委备案。

第十二条　市人大常委会可以确定若干政府重大投资项目，在实施过程中对项目资金的预算管理进行重点跟踪监督。必要时，可以组织市人大代表对政府重大投资项目的实施情况进行专题视察或者检查。

第十三条　市政府财政部门应当会同发改部门编制政府投资预算草案，按规定对项目预算进行控制，加强对招标控制价、工程变更、工程结算、竣工财务决算的管理、审查和监督。

市政府发改部门和财政部门应当逐步健全政府重大投资项目的后评价制度和绩效评价制度，重大投资项目后评价或绩效评价报告应当报市人大常委会备案。

第十四条　审计部门应当对政府重大投资项目的预算执行、项目竣工决算及绩效依法进行审计监督，审计结果和审计发现问题的整改处理情况应当向市人大常委会报告。

第十五条　市政府和有关部门违反本暂行办法规定的，市人大常委会可以根据情况，对市政府和有关部门进行询问、质询和责令改正，责令市政府对有关单位或者个人予以通报批评；情节严重的，责令市政府对负有直接责任的主管人员和其他直接责任人员给予行政处分；情节特别严重的，市人大常委会对由其任命的国家机关工作人员依法决定免职。

第十六条　本办法由市人大常委会负责解释。

第十七条　本办法自颁布之日起施行。

瑞安市人民代表大会常务委员会街道工作委员会工作规则

（2003 年 11 月 19 日瑞安市第十三届人民代表大会常务委员会第七次会议通过；
2012 年 5 月 3 日瑞安市第十五届人民代表大会常务委员会第三次会议第一次修正；
2016 年 5 月 31 日瑞安市第十五届人民代表大会常务委员会第四十二次会议第二次修正）

第一条　为进一步明确市人民代表大会常务委员会街道工作委员会（以下简称人大街道工委）的职责，发挥人大街道工委的作用，促进街道人大工作的制度化和规范化，根据地方组织法和代表法的有关规定，结合瑞安市实际，制定本规则。

第二条　人大街道工委是市人大常委会在街道设立的工作机构，在市人大常委会的领导下开展工作，并接受街道党工委的领导，同时分别向市人大常委会和街道党工委报告工作。

人大街道工委对外不是独立的监督主体，但经市人大常委会授权，可对街道办事处及市级部门派驻街道机构的工作实施监督。

第三条　人大街道工委履行以下法律授权及附随的职责：

（一）宣传、贯彻宪法、法律、法规和上级人大及其常委会的决议、决定，会同有关方面推进基层民主法治建设。

（二）对街道的政治建设、经济建设、文化建设、社会建设、生态文明建设和人民群众普遍关注的问题进行调查研究并向有关部门提出建议和意见。

（三）负责联系街道辖区各级人大代表，为人大代表依法执行职务提供服务和保障；丰富和活跃人大代表在闭会期间的活动，组织开展法律宣传、学习交流、走访调研和代表述职等活动。

（四）反映人大代表和群众的建议、批评和意见，并督促有关单位办理落实；协助市人大常委会做好涉及街道工作审议意见的检查落实和代表建议的督促办理。

（五）有关法律法规规定的其他事项。

第四条　人大街道工委办理以下市人大常委会授权的工作：

（一）选举工作。按照市人大常委会统一部署，做好选情调研、政策宣传、选区划分、选民登记、提名酝酿、候选人确定、投票选举等各项工作，保证人大代表的选举、补选及罢免依法有序。

（二）监督工作。具体办理以下一般性监督工作，并视情况提出监督建议：

1. 组织街道辖区市人大代表以代表小组名义采用视察、约见、检查、评议等方式，对街道办事处及市级部门派驻街道机构的工作进行监督；

2. 每年年初和年中组织街道辖区市人大代表听取和讨论街道办事处综合性工作报告或民生热点问题专题报告，不定期听取街道办事处及市级部门派驻街道机构的其他专项工作报告；监督检查街道办事处年度和专项工作计划及实施情况；

3. 组织人大代表参与征集、确定街道实事工程项目，并实施跟踪监督及绩效评价；

4. 调研、听取和初审街道办事处的预算编制、执行、调整情况和决算情况；

5. 检查、督促市级部门派驻街道机构的工作；

6. 监督街道办事处其他一般性政府工作。

上述之外的监督工作，必须有市人大常委会的特别授权方可办理。

（三）市人大常委会授权的其他工作。

第五条　人大街道工委负责街道辖区人大代表联络站的建设和组织管理，发挥代表联络站在闭会期间代表活动中的主体作用，促进人大代表更好联系和服务群众。

第六条　市人大代表人数较少的街道，经街道党工委批准，人大街道工委可试行街道选民议政制度，围绕民生热点开展专题议政，并注重选民议政活动与代表监督活动有机结合，弥补街道监督机制缺陷和力量不足。

第七条　人大街道工委由主任、副主任、委员组成，委员人数一般3至7人。下设人大街道工委办公室，或在相关综合办公室挂牌，并配备专职人员。

人大街道工委主任、副主任和委员人选按规定程序考察提名，由市人大常委会主任会议提请市人大常委会任命。

人大街道工委主任应推荐为市本级人大代表，主任、副主任不得担任国家行政机关职务，委员一般在市人大代表、人大工作者及选民议政代表中产生。人大街道工委组成人员中，市人大代表人数比例应在50%以上。

第八条　人大街道工委全体会议每季度至少举行一次，会议由主任或受其委托的副主任召集和主持。会议议定事项实行民主集中制原则，由全体组成人员的过半数通过。会议主要讨论研究下列事项：

（一）贯彻市人大常委会、街道党工委的决议、决定和有关会议精神。

（二）听取街道办事处及市级部门派驻街道机构的工作汇报，讨论街道办事处提请的重大事项，并提出建议和意见。

（三）讨论本辖区民生热点问题、重大项目实施、选民议政活动等重要事项以及需要向市人大常委会提出的工作建议。

（四）制订人大街道工委各项工作计划，以及组织代表走访、调查、视察、述职等活动方案。

（五）讨论人大代表建议、批评、意见办理情况和督办措施。

（六）需要在会议上讨论研究的其他事项。

第九条　人大街道工委举行会议时，根据工作需要，可邀请市人大常委会联系领导、相关工委负责人和有关的各级人大代表列席，可通知街道办事处及市级部门派驻街道机构负责人列席。

第十条　人大街道工委与街道办事处及市级部门派驻街道机构应建立工作通报和联系制度，街道办事处主任办公会议应邀请人大街道工委主任（或副主任）列席。

第十一条　人大街道工委受理街道辖区人大代表、选民议政代表和代表联络站（网上联络站）对街道办事处及市级部门派驻街道机构的建议、批评和意见，经审核属重要问题的，提交办事处或相关部门办理，相关单位须在三个月内将办理情况书面回复给人大街道工委和反映人。

第十二条　完善人大街道工委向市人大常委会报告工作制度，人大街道工委的年度工作计划及总结、重要活动情况和选民议政活动结果等应及时书面报告市人大常委会。市人大常委会可授权主任会议听取报告。

第十三条　人大街道工委年度工作报告应包含以下主要内容：

（一）组织代表活动及代表联络站活动主要情况；

（二）办理市人大常委会授权的选举、监督及其他工作情况；

（三）开展选民议政活动情况；

（四）督促街道办事处及市级部门派驻街道机构执行市人大及其常委会决议决定、处理市人大常委会审议意见和办理人大代表建议情况；

（五）提出列入市人大常委会下一年度监督议题的建议；

（六）其他需要报告的内容。

第十四条　人大街道工委每年年底向市人大常委会主任会议提出要求列入市人大常委会下一年度监督议题的建议，经主任会议确定一至两项在全市各街道具有普遍性或影响力的重要问题作为市人大常委会下一年度的监督议题，同时明确相关工委会同有关人大街道工委共同负责实施。

已列入市人大常委会监督议题的事项，一般不再授权人大街道工委单独办理。

第十五条　人大街道工委主任（或副主任）列席市人大常委会会议和相关主任会议，市人大常委会主任会议每年至少一次听取人大街道工委的工作汇报。

第十六条　人大街道工委工作及街道选民议政活动的经费列入街道财政预算。

第十七条　本规则自通过之日起施行。

瑞安市人民代表大会代表约见国家机关负责人暂行办法

（2017 年 3 月 24 日瑞安市第十六届人民代表大会常务委员会第二次会议通过）

第一条　为规范瑞安市人民代表大会代表（以下简称代表）约见国家机关负责人的活动，支持和保障代表依法行使职权，充分发挥代表主体作用，根据《中华人民共和国全国人民代表大会和地方各级人民代表大会代表法》和《浙江省实施〈中华人民共和国全国人民代表大会和地方各级人民代表大会代表法〉办法》的有关规定，结合瑞安市实际，制定本办法。

第二条　代表在闭会期间根据市人大常委会安排，对本级或者下级国家机关和有关单位的工作进行视察等活动，可以提出约见本级或者下级有关国家机关负责人。

第三条　本办法所称国家机关负责人，包括市人民政府及其工作部门、直属单位负责人，市监察委员会负责人，市人民法院负责人，市人民检察院负责人，各乡镇人民政府负责人，各街道办事处负责人，市政府各工作部门、直属单位基层站所负责人，省市垂直管理各单位负责人（以下简称被约见人）。

第四条　代表约见国家机关负责人的事项应当是本行政区域内且属于被约见人职权范围内的以下内容：

（一）宪法、法律、法规以及市人民代表大会及其常委会和上级人民代表大会及其常委会所作的决议、决定在本行政区域贯彻执行的有关事项；

（二）国民经济和社会发展计划及财政预算执行的有关事项；

（三）市人大常委会会议审议议题的有关事项；

（四）代表书面提出的议案、建议、批评和意见办理的有关事项；

（五）本行政区域经济社会发展中的重大事项；

（六）人民群众普遍关注、反映强烈的热点难点问题；

（七）代表职务范围内的其他有关事项。

与代表本人或者亲属有直接利害关系的，已进入司法程序、行政复议程序、仲裁程序的，不得列入约见内容。

第五条 代表认为需要约见国家机关负责人时，应以书面形式向市人大常委会代表工作委员会（以下简称代表工委）提出要求。约见要求应当实事求是、简明扼要，具体包括约见的对象、约见的内容以及相关的建议、意见等。

第六条 代表工委负责办理约见的具体事宜，在接到代表的约见要求后，应及时向市人大常委会主任或副主任报告，做好代表约见活动的组织和协调工作，根据约见内容邀请市人大常委会相关工作机构参加，并与市人大常委会办公室共同提供服务保障，确保约见活动依法有序进行。

第七条 代表应在拟约见日期前七个工作日将约见事项报代表工委，代表工委提前三个工作日将代表约见事项送达被约见人单位或被约见人，确定约见时间、地点，并通知提出约见要求的代表。

第八条 被约见人应当接受约见，并根据代表提出的约见事项和反映的问题，做好相关准备工作，按时参加约见活动，认真听取和如实回答代表提出的问题，不得拖延、推诿和回避。

第九条 约见活动由市人大常委会代表工委、乡镇人大主席团或街道人大工作委员会负责人主持。重要的约见活动由市人大常委会主任或分管副主任主持。

被约见人应积极回应代表提出的问题，认真听取代表的建议、批评和意见，能够当场答复的当场答复，不能当场答复的，应当在约见活动结束后一个月内，将办理情况书面答复提出约见的代表，并抄送代表工委备案。

第十条 代表工委负责对约见活动进行监督，对代表约见时所反映问题的办理情况进行跟踪督查。提出约见的代表对办理情况不满意的，由代表工委交被约见人重新办理；被约见人对约见进行拖延、搪塞，对代表提出的问题及建议、意见敷衍应付、不认真办理的，代表工委应及时向市人大常委会主任会议报告，由主任会议责令被约见人纠正。

第十一条 本办法由市人大常委会主任会议负责解释。

第十二条 本办法自通过之日起施行。

瑞安市组织实施宪法宣誓制度办法

（2015 年 12 月 18 日瑞安市第十五届人民代表大会常务委员会第三十七次会议通过；
2018 年 4 月 26 日瑞安市第十六届人民代表大会常务委员会第十二次会议修订）

第一条 根据《全国人民代表大会常务委员会关于实行宪法宣誓制度的决定》和《浙江省组织实施宪法宣誓制度办法》，结合瑞安市实际，制定本办法。

第二条 市、乡（镇）人民代表大会及市人民代表大会常务委员会选举或者决定任命的国家工作人员，以及市人民政府、市监察委员会，市人民法院、市人民检察院任命的国家工作人员，在就职时应当公开进行宪法宣誓。

第三条　宣誓誓词如下：

我宣誓：忠于中华人民共和国宪法，维护宪法权威，履行法定职责，忠于祖国、忠于人民，恪尽职守、廉洁奉公，接受人民监督，为建设富强民主文明和谐美丽的社会主义现代化强国努力奋斗！

第四条　市人民代表大会选举的常务委员会主任、副主任、委员，市人民政府市长、副市长，市监察委员会主任，市人民法院院长，以及市人民代表大会专门委员会主任委员、副主任委员、委员等，在依照法定程序产生后，进行宪法宣誓。宣誓仪式由市人民代表大会会议主席团组织。

市人民代表大会选举的市人民检察院检察长，经上一级人民代表大会常务委员会批准后，进行宪法宣誓。宣誓仪式由市人民代表大会常务委员会主任会议组织。

乡（镇）人民代表大会选举的乡（镇）人民代表大会主席、副主席，乡长、副乡长，镇长、副镇长，以及乡（镇）人民代表大会代表资格审查委员会主任委员、副主任委员、委员等，在依照法定程序产生后，进行宪法宣誓。宣誓仪式由乡（镇）人民代表大会会议主席团组织。

第五条　在市人民代表大会闭会期间，市人民代表大会常务委员会任命或者决定任命的个别副市长，市人民代表大会专门委员会个别副主任委员、部分委员，在依照法定程序产生后，进行宪法宣誓。宣誓仪式由市人民代表大会常务委员会主任会议组织。

第六条　市人民代表大会常务委员会任命或者决定任命的市人民代表大会常务委员会工作委员会主任、副主任、委员，市人民代表大会常务委员会办公室主任、副主任，市人民代表大会常务委员会街道工作委员会主任、副主任、委员，市人民代表大会常务委员会代表资格审查委员会主任委员、副主任委员、委员，市人民政府局长、主任等，在依照法定程序产生后，进行宪法宣誓。宣誓仪式由市人民代表大会常务委员会主任会议组织。

第七条　市人民代表大会常务委员会任命的市监察委员会副主任、委员，市人民法院副院长、审判委员会委员、庭长、副庭长、审判员，市人民检察院副检察长、检察委员会委员、检察员，在依照法定程序产生后，进行宪法宣誓。宣誓仪式由市监察委员会、市人民法院、市人民检察院等分别组织。

第八条　市人民政府、市监察委员会、市人民法院、市人民检察院任命的国家工作人员，在就职时进行宪法宣誓。宣誓仪式由任命机关组织。

第九条　宣誓仪式根据情况，可以采取单独宣誓或者集体宣誓的形式。单独宣誓时，宣誓人应当左手抚按《中华人民共和国宪法》，右手举拳，诵读誓词。集体宣誓时，由一人领誓，领誓人左手抚按《中华人民共和国宪法》，右手举拳，领诵誓词；其他宣誓人整齐排列，右手举拳，跟诵誓词。

宣誓场所应当庄重、严肃，悬挂中华人民共和国国旗或者国徽。宣誓仪式应当奏唱中华人民共和国国歌。

负责组织宣誓仪式的机关，可以根据本办法并结合实际情况，对宣誓的具体事项作出规定。

第十条　本办法自2018年4月26日起施行。

第四章　市人大常委会文件资料

第一节　市人大常委会党组文件

中共瑞安市人大常委会党组工作规则

（2016 年 7 月 15 日）

第一章　总　则

第一条　为进一步规范市人大常委会党组工作，推进党组工作的制度化、规范化、程序化，充分发挥党组在人大工作中的领导核心作用，根据《中国共产党章程》《中国共产党党组工作条例（试行）》及中央和省委、市委的有关精神，结合市人大实际，制定本规则。

第二条　人大常委会党组是市委的派出机构，受市委的统一领导，在人大工作中发挥领导核心作用，肩负保证中央和省委、市委的决定在人大履行职能中得到有效落实的重要责任。

第三条　党组履行职责应遵循以下原则：

（一）坚持党的领导，保证党的理论和路线方针政策贯彻落实。

（二）坚持全面从严治党，依据党章和其他党内法规开展工作。

（三）坚持民主集中制，确保党组的活力和团结统一。

（四）坚持党组发挥领导核心作用与市人大领导班子依法依章履行职责相统一，把党的主张通过民主程序转化为市人大领导班子的决定。

第二章　职　责

第四条　党组的主要职责：

（一）高举中国特色社会主义伟大旗帜，以邓小平理论、“三个代表”重要思想、科学发展观为指导，学习贯彻习近平总书记重要讲话精神，按照“四个全面”战略布局的要求，认真履行政治领导责任，做好理论武装和思想政治工作，负责学习、宣传、贯彻执行党的理论和路线方针政策，贯彻落实党中央和省、市委的决策部署，发挥好把方向、管大局、保落实的重要作用。

（二）负责党的路线、方针、政策在市人大及其常委会工作中的贯彻实施，负责市委重大决策在市人大常委会工作中贯彻落实，讨论市人大常委会依法履职中的重大问题。

（三）努力完成市委安排的党务工作和中心工作任务；指导市人大常委会机关党组织工作和群团工作。

（四）贯彻党管干部原则，按照信念坚定、为民服务、勤政务实、敢于担当、清正廉洁的好干部标准，加强干部队伍建设，完善干部培养选拔机制，加强干部教育培训，从严管理监督干部。

（五）认真履行党要管党、从严治党责任，加强对机关党组织及机关党的建设的领导，落实党建工作责任制。认真履行党风廉政建设主体责任，支持纪检监察机构履行监督责任。

（六）加强思想政治建设，坚定理想信念，严守政治纪律和政治规矩，切实增强践行“三严三实”要求的思想自觉和行动自觉。

（七）讨论和决定需向市委请示报告的重要事项；讨论和研究市人大常委会行使立法权、监督权、重大事项决定权、人事任免权等方面的重大问题；研究市人大常委会的人事工作及其办事机构、工作机构的设置、调整等事宜；研究决定队伍建设、意识形态工作、思想政治工作和精神文明建设、党风廉政建设和反腐败工作等方面的重要事项。

（八）完成市委交办的其他工作。

（九）其他应当由党组讨论和决定的重大问题。

第五条 党组书记主持党组全面工作，负责召集和主持党组会议，组织党组活动，签发党组文件。党组成员根据党组决定，按照授权负责有关工作，行使相关职权。

第三章 组织原则

第六条 党组必须坚决执行党中央和省、市委的指示和决定，坚决维护党中央权威，确保中央政令畅通。

第七条 建立健全党组向市委请示报告工作制度。每年至少作一次全面报告，遇有重大问题应当及时请示报告。

执行党中央和省、市委某项重要指示和决定的情况，应当进行专题报告。

第八条 党组对有关重要问题作出决定时，应当根据需要充分征求机关党支部和机关党员群众的意见。重要情况应当及时进行通报。

第九条 党组实行集体领导制度。凡属党组职责范围内的事项，应当按照少数服从多数原则，由党组成员集体讨论决定。

党组书记应当带头执行民主集中制。党组成员应当认真执行党组集体决定，勇于担当、敢于负责，切实履行职责。

第十条　以党组名义发布或者上报的文件、发表的文章，党组成员代表党组的讲话和报告，应当事先经党组集体讨论或者传批审定。党组成员署名发表的与工作有关的文章，应当事先经党组审定或者经党组书记批准。

党组成员在调查研究、检查指导工作或者参加其他活动时发表的个人意见，应当符合党组决定精神。

第十一条　党组成员对应该保密的会议内容和讨论情况，必须严守秘密，不得泄露。

第十二条　党组成员到市外参加公务活动，需经党组书记同意，并报市委。出国访问、因私出境经党组书记同意后按照规定程序报批。

第四章　议事决策

第十三条　党组议事决策应当坚持集体领导、民主集中、个别酝酿，会议决定、重大决策应当充分协商，实行科学决策、民主决策、依法决策。

第十四条　党组作出重大决策，一般应当在调查研究基础上提出方案，充分听取各方面意见，进行风险评估和合法合规性审查，经过集体讨论决定。

党组讨论决定人事任免事项，应当严格按照《党政领导干部选拔任用工作条例》执行。

第十五条　党组议事决策一般采用党组会议形式。

（一）党组会议一般每月召开一次，由党组书记召集并主持，遇有重要情况可以随时召开。

（二）党组会议的日期和议题，由党组书记确定；或由党组成员事先提出议题和建议，由党组书记确定。除临时召集的外，一般应提前通知党组成员。

（三）党组会议必须有党组成员半数以上到会方可召开，讨论决定干部任免事项必须有三分之二以上党组成员到会。党组成员因故不能参加会议的应当在会前向党组书记请假，对会议议题的重要意见可以用书面形式表达。党组会议议题涉及党组成员本人或其亲属以及存在其他需要回避情形的，有关党组成员应当回避。

根据工作需要，召开党组会议可以请不是党组成员的市人大常委会领导班子成员列席。会议召集人可以根据议题指定有关人员列席会议。根据需要，可请市委派员列席党组会议。

（四）党组会议议题提交表决前，应当进行充分讨论。对于少数人的不同意见，应当认真考虑。如对重要问题发生争论，双方人数接近，除在紧急情况下必须按多数意见执行外，应当暂缓作出决定，进一步调查研究、交换意见，下次再作决定。

表决可以采用口头、举手、无记名投票或者记名投票等方式进行，赞成票超过应到会党组成员半数为通过。未到会党组成员的书面意见不得计入票数。会议研究决定多个事项的，应当逐项进行表决。

党组会议由专门人员如实记录，并按照规定存档备查。

第十六条　党组决策一经作出，应当坚决执行。党组成员对党组决策有不同意见的，可以保留或者向上级党组织反映，但在党组决策改变前应当坚决执行。党组应当建立有效的督查和反馈机制，确保党组决策落实。

会议决定的事项，应在会后通报缺席的党组成员。

会议研究和决定的事项，可视情况会前征求和会后通报党外副主任或主任会议。

第十七条　对于党组会议决定的重要事项，有必要编印会议纪要的，可指定有关人员编印。会议纪要由党组书记签发，纪要分送范围根据内容由签发人确定。

第五章　思想作风建设

第十八条　党组及成员必须加强思想政治建设，在思想上、政治上、行动上与党中央保持高度一致，进一步坚定理想信念，严守政治纪律和政治规矩。坚持和健全党员领导干部民主生活会制度，按照规定开好民主生活会，以统一思想，改进作风，加强监督，增进团结，提高依靠自身力量解决问题和矛盾的能力。

党组召开民主生活会要切实保证质量。民主生活会的主题应当按照上级党组织的要求、针对党性党风方面存在的突出问题确定。党组成员在民主生活会上，应当针对自身存在的廉洁自律方面的问题以及党员、群众、领导班子其他成员和下级党组织提出的意见，负责任地作出检查或说明，积极开展批评和自我批评。

党组召开民主生活会，一般应提前向市委及市纪委、市委组织部报告，会后按规定向相关部门报送会议情况。

第十九条　党组应当将党建工作作为总体工作的重要组成部分，列入议事日程，每年安排时间专门听取党建工作汇报。

第二十条　党组成员严格落实中央关于改进工作作风、密切联系群众的各项规定，深入开展基层调查研究。到基层要轻车简从、减少陪同、简化接待，减轻基层负担。

第二十一条　党组成员是党风廉政建设的责任主体，要严格遵守《中国共产党廉洁自律准则》，自觉接受党组织和党员群众的监督。

第六章　责任追究

第二十二条　党组书记每年应向市委报告履职情况。党组及党组成员每年应当接受市委的履职考核。

第二十三条　党组成员有下列情形之一的，应当依据《中国共产党章程》和《中国共产党党组工作条例（试行）》及其他有关规定，追究有关责任：

（一）贯彻执行党的理论和路线方针政策、上级党组织指示和决定不及时不得力的。

（二）因违反决策程序或者决策失误造成重大损失或者恶劣影响的。

（三）干部选拔任用方面出现重大问题的。

（四）不认真履行从严治党责任，造成本单位党组织软弱涣散、党建工作削弱的。

（五）不履行党风廉政建设主体责任，造成严重后果的。

（六）擅自公开发表或者出版同中央和省委要求及党组决定不符的讲话、报告、文章、著作的，或者在互联网上发表同中央和省委要求及党组决定不符的言论的。

（七）泄露应当保密的会议内容和讨论情况的。

（八）对其他造成严重后果或者恶劣社会影响的行为负有责任的。

第七章　附　则

第二十四条　本规则自下发之日起施行。

中共瑞安市人大常委会党组关于加强和改进人大调研工作的意见

（2014 年 8 月 28 日）

调查研究是人大常委会充分履行宪法和法律赋予职权的基本前提，也是密切联系代表群众、创新人大工作方法、增强监督工作实效的重要保障。为促进市人大常委会围绕全市发展大局，履行好职能、行使好职权，充分发挥地方国家权力机关作用，现结合瑞安市实际，就加强和改进人大调研工作提出以下意见：

一、总体要求

深入贯彻落实党的十八大和十八届三中全会精神，紧紧围绕市委中心工作，抓住关系改革发展大局、群众切身利益和社会普遍关注的重点问题，认真开展调查研究，深入了解民情，充分反映民意，广泛集中民智，提出具有指导性、针对性、可操作性的意见和建议，为地方国家权力机关行使决定权、监督权、任免权创造条件，以调研工作的高质量确保人大工作整体水平的全面提升。

二、调研内容

1. 课题性调研。加强对关系全市经济社会发展的全局性、战略性、长期性重大问题的前瞻性研究，加强对市人大常委会工作思路的调研，立足当前，着眼长远，科学预测和把握形势发展变化，推动经济社会更好更快发展，彰显人大工作开拓性和创新性。

2. 专题性调研。根据市人大常委会年度工作要点和监督计划，围绕市委的决策、政府正在实施的重大事项，在已有发展思路和目标任务的基础上，结合听取和审议专项工作、执法检查等报告，进行深入细致调查研究，确保所提意见和建议针对性、可行性、操作性强，能产生较好的工作效果。

3. 针对性调研。把实现人民愿望、满足人民需要、维护人民利益作为调查研究的落脚点和归宿，从群众所盼、所急、所忧、所怨的问题入手，确定若干重点调研课题，研究解决关系群众切身利益的热点、难点、疑点问题，密切与人民群众的联系。

4. 跟踪性调研。围绕法律法规和上级重要文件精神的贯彻落实以及市委、市政府重要决策、重点工作部署，结合市人大常委会审议意见办理，开展跟踪调研（调查），督促各项工作落实。

5. 交办性调研。围绕市级领导重点调研课题以及上级人大和本级人大常委会领导交办的调研任务，认真扎实开展调查研究工作。

三、方法步骤

1. 选准调查对象。将调研工作相关的人大代表、专家学者、一线干部、基层群众作为基本调查对象，多层次、多方位、多渠道地调查了解情况，倾听群众呼声，集中群众智慧。

2. 拓宽调研渠道。要根据调查研究的不同内容，随时随势采用现场考察、跟踪调查、抽样调查、蹲点调查、明察暗访、听取汇报、个别访谈等多种方法，不仅要掌握面上，还要抓住点上，增强调研的真实性、科学性、系统性。

3. 写好调研报告。在全面了解掌握实情的基础上，认真进行分析研究，撰写出情况真实、分析中肯、思路正确、举措有力的调研（调查）报告，调研（调查）报告要体现监督的特点，做到主题明确、重点突出、找准问题，提出对策，能为市委决策、人大履职、政府行政提供有价值依据。

4. 转化调研成果。对于专题调研报告，不仅要为人大常委会会议或主任会议审议各项工作报告服务，还要与审议意见一起转交“一府两院”进行办理；对于一些经济社会发展宏观问题的调研报告，要及时报告同级党委、适时予以转发，充分发挥其作用；对一些具有借鉴意义的调研报告，可在有关媒体上公开发表，促进各地人大相互学习，共同提高。

四、保障措施

1. 加强领导。全市人大系统调查研究工作由市人大常委会主任会议领导，市人大常委会办公室负责具体组织工作。市人大常委会机关实行全员调研工作制度，市人大常委会及各工作机构、各镇人大和街道人大工委领导都要把调研作为做好人大工作的一项基本功，作为提高工作水平、改进工作方法、转变工作作风的一项经常性重要任务，积极开展调查研究，并亲自指导或撰写调研报告，确保调研时间、精力到位。

2. 健全机制。市人大常委会领导、各有关机构每年要确定并认真完成市级领导重点调研课题以及上级人大和本级人大常委会领导交办的调研任务；市人大常委会年度监督计划的每一项审议议题，有关工委（办）都要制定调研检查方案，组织调研（调查）力量，深入细致开展调查研究、视察检查，形成专题调研（调查）报告；常委会作出的每一项审议意见，有关工委（办）都要就贯彻落实情况开展跟踪督查，并撰写调查报告。各镇人大和街道人大工委都要积极开展调研，每年至少须向市人大常委会办公室报送1篇有关人大工作的调研文章。

3. 转变作风。坚持求真务实，深入实际、解剖麻雀，力戒表面文章；坚持全面、系统和发展的观点，勤学善思、懂行专业，力戒主观武断；做到简从高效，市人大常委会领导下基层调研，陪同的有关部门和单位负责人不超过2人，各功能区、镇街只安排1位负责同志陪同，主要负责同志可不陪同，召开调研汇报座谈会，部门、镇（街）负责人不超过8人；市人大常委会党组及机关领导干部每年累计下基层调研视察时间不少于3个月；做到勤政廉洁，厉行节约，维护人大干部良好形象。

关于完善全市各级人大代表联系人民群众制度的实施意见

（2017年4月5日中共瑞安市人大常委会党组研究通过）

完善代表联系群众制度，密切代表同人民群众的联系，是人民代表大会制度的内在要求，对于贯彻党的群众路线，充分发挥人民代表大会制度的优势，实现中华民族伟大复兴的中国梦，具有十分重要的意义。为深入贯彻党的十八大、十八届三中、四中、五中、六中全会精神和习近平总书记系列重要讲话精神，全面落实市第十四次党代会和市委人大工作会议的各项部署要求，根据全国、省人大常委会关于完善人大代表联系人民群众制度的文件精神和相关法律、法规，结合瑞安市实际，现就完善全市各级人大代表联系人民群众制度，密切代表同人民群众的联系，提出以下实施意见：

一、完善代表联系人民群众制度基本要求

（一）围绕中心，服务大局。组织全市各级人大代表开展联系人民群众工作，紧紧围绕党中央、省委、温州和瑞安市委的重要决策部署，各级人大及其常委会通过的法律法规、决议决定和工作要点进行，增强代表联系群众工作的主题性、针对性和有效性，充分发挥人大代表作为党和国家联系人民群众桥梁纽带作用。

（二）立足基层，形式多样。坚持代表来自人民、植根人民的特点和优势，组织代表主要在其工作的单位、居住的社区或者村组密切联系人民群众，积极参加闭会期间统一组织的履职活动，以灵活多样的形式了解、掌握、反映人民群众的意见和要求，做到民有所呼、我有所应，努力为人民服务。

（三）上下联动，注重实效。市人大常委会和各乡镇人大、街道人大工委要加强联系，形成联动，组织各级人大代表做好联系人民群众的工作，积极宣传党和国家的方针政策，协助宪法和法律、法规的实施。

（四）总结经验，健全机制。坚持从实际出发，求真务实，坚决反对形式主义，着力夯实工作基础，总结推广有益经验，推进代表联系人民群众工作常态化、机制化。

二、建立健全代表联系人民群众的工作平台和网络平台

（一）健全阵地体系。全市各乡镇人大、街道人大工委应在辖区范围内至少建立一个代表联络站。以此为基础，积极创造条件，可在乡镇街道所辖村庄、社区、片区等地域建设相应的代表联络点，构建形成代表联络站下设若干代表联络点的立体性格局。代表联络站、代表联络点应统一规范名称，单独正式挂牌，保证必要场所设施，实现代表信息、活动计划、工作制度等上墙公开。各乡镇人大、街道人大工委依托已建代表联络站、依托省人民政府政务服务网、依托省人大常委会提供的标准模块，建立相应的网上代表联络站。建设网上代表联络站，应按照统一规范的要求，建设好代表同人民群众双向联系、网上互动、人民群众意见处理、代表履职监督、基层人大政务公开等重点内容。

（二）落实进站人员。市、乡镇两级人大代表按照就地就近的原则，参加代表联络站和网上代表联络站开展的活动，联系原选区选民和人民群众。市人大常委会协调工作、生活在瑞安的上级人大代表通过代表联络站、网上代表联络站，开展联系人民群众活动，保证全市各级人大代表进站的全员化。代表联络站、网上代表联络站设站长1名、副站长1-2名、联络员若干名，负责为代表联系人民群众提供服务保障。条件成熟的地方，还可聘请熟悉经济法律等事务的专业人员，为代表和人民群众提供义务咨询服务。

（三）健全活动机制。代表联络站、网上代表联络站要制订年度活动计划，定期组织原选区和原选举单位的代表接待人民群众活动，并根据市人大常委会、各乡镇人大的安排，为代表向原选区选民和原选举单位报告履职情况提供服务。要认真做好担任领导干部职务的人大代表每年一次以上进代表联络站开展活动的协调服务工作，发挥担任领导干部职务代表的示范带头作用。市人大常委会、各乡镇人大要强化上下联动，围绕改革发展稳定的中心议题和人民群众普遍关心的热点难点问题，选择重大主题，组织本行政区域内各级人大代表通过代表联络站和网上代表联络站，专题接待人民群众，听取和反映群众意见，发挥代表汇集民意民智、服务中心大局的作用。

（四）完善工作制度。建立健全代表联络站、网上代表联络站的接待内容范围、活动安排公告、意见处理反馈、重要情况报告、代表报告履职、台账记录归档等制度，确保代表联络站规范运行、发挥作用。定期对代表联络站、网上代表联络站收集到的社情民意进行汇总、梳理、分析和研判，及时将人民群众普遍关注、带有倾向性、普遍性和共性问题送相关单位研究处理，为全市各级党委、政府科学决策提供民意参考。推进代表联系人民群众信息在网上公开，以适当方式向人民群众反馈，自觉接受人民群众监督，推动解决人民群众最关心最直接最现实的利益问题。

三、明确代表联系人民群众的工作内容

（一）向人民群众宣传党的路线、方针、政策。

（二）向人民群众宣传宪法、法律、法规，以及本级人大及其常委会的决议、决定，并了解基层的贯彻落实情况。

（三）听取人民群众对国家机关和国家工作人员的意见和建议，了解原选区选民或者原选举单位和人民群众的要求，为在本级人民代表大会会议期间参加审议各项议案和报告、提出议案与建议、批评和意见做准备。

（四）围绕本级人大及其常委会监督工作安排，征求代表所在单位、行业和人民群众的意见和建议，为应邀列席本级人大常委会会议、参加执法检查、视察调研、代表主题活动等作准备。

（五）向原选区选民或者原选举单位报告执行代表职务、履行代表义务的情况。

四、完善代表与人民群众联系的方式方法

（一）组织代表通过走访、座谈等多种方式，广泛接触人民群众，直接听取群众意见；通过代表联络站、网上代表联络站，向人民群众宣传宪法和法律、法规，了解法律、法规在基层贯彻实施情况，听取人民群众的意见和建议。

（二）向代表原选区选民或者原选举单位的人大代表公示代表信息。市、乡镇两级人大代表的信息，由市人大常委会和乡镇人大主席团向原选区选民公布；温州市人大代表的信息，由温州市人大常委会委托市人大常委会向市人大代表公布。公示的代表信息应包括代表的姓名、单位、职务、联系方式等，便于人民群众通过代表反映意见和要求。

（三）安排各级代表固定联系原选区选民或者原选举单位的人大代表。市、乡镇人大代表由市人大常委会和各乡镇人大主席团安排，同原选区选民保持经常性联系；全国人大代表和省、温州市人大代表由本级人大常委会逐级委托市人大常委会安排，同原选举单位的人大代表保持经常性联系。

（四）组织代表开展专题调研和视察活动。围绕经济社会发展和关系人民群众切身利益、社会普遍关注的重大问题，市人大常委会和乡镇人大主席团组织本级人大代表开展专题调研和视察等活动，并形成专题调研和视察报告，或者形成代表议案与建议、批评和意见。

（五）全市各级人大代表可以通过参加代表中心组、代表小组活动，开展与人民群众联系工作。

（六）市人大常委会和各乡镇人大主席团，定期组织本级人大代表口头或者书面向原选区选民报告履职情况。代表密切联系人民群众的具体情况和成效作为履职情况报告内容的重要组成部分，接受原选区选民的监督。

五、建立健全代表反映人民群众意见和要求的处理反馈机制

（一）全市各级人大代表对于人民群众提出的意见和要求，要认真研究整理，根据实际情况，以多种方式向本级人大及其常委会提出，或者向有关国家机关和组织反映，并将处理情况及时向人民群众反馈。问题暂时不能解决的，要向人民群众做好解释说明工作。

（二）全市各级人大代表反映人民群众提出的意见和要求，可以结合审议相关议案和报告，以审议意见的形式提出，也可以形成议案或者建议、批评和意见依照法律规定提出。

（三）市人大常委会代表工委和代表联络站、网上代表联络站的服务保障人员，要建立健全分析处理工作机制，协助代表梳理分析人民群众反映的意见和要求，为代表依法履职提供服务。

（四）有关机关、组织应当依照法律、法规的规定，认真研究办理代表建议、批评和意见，加强与代表的联系沟通，切实提高办理实效，推动解决突出问题，并在法定期限内答复代表。代表建议、批评和意见属于社会关切的，还应当将办理结果以适当方式公开。

六、加强代表联系人民群众工作的保障和指导

（一）市人大常委会和各乡镇人大主席团，做好本级人大代表开展闭会期间活动的组织工作，加快推进代表联络站和网上代表联络站建设，加强对代表联络站和网上代表联络站的站长、副站长和联络员的培训，不定期组织本辖区内各级人大代表履职学习培训，促进代表提高履职能力，履行代表法定义务。建立健全代表履职档案，将代表联系人民群众情况作为代表履职的重要内容，教育引导代表忠实代表人民利益和意志，依法参加行使国家权力。大力宣传代表联系人民群众的典型经验和优秀事迹。

（二）全市各级国家机关、组织要切实尊重代表的权利，加强同人大代表的联系，支持代表密切联系人民群众。有关机关、组织要采取切实措施，推动解决代表通过联系人民群众反映的问题，研究采纳代表提出的意见建议。

（三）市人大常委会办事机构和工作机构是代表执行代表职务的集体服务机构，要坚持代表主体思想，不断改进工作，努力为代表密切联系人民群众提供服务保障。

（四）代表联系人民群众工作经费，依照代表法的有关规定纳入代表的活动经费，列入本级财政预算予以保障。无固定工资收入的代表参加联系人民群众活动，根据实际情况由本级财政给予适当补贴。

第二节 市人大常委会决议决定

瑞安市人民代表大会常务委员会
关于建设“法治瑞安”的决议

（2006年11月29日瑞安市第十三届人民代表大会常务委员会第三十六次会议通过）

为全面贯彻落实《中共瑞安市委关于建设法治瑞安的决定》，提高瑞安市经济、政治、文化和社会的法治化水平，加快建设民主健全、法制完备、公共权力运行规范、公民权益得到切实保障的法治社会，瑞安市第十三届人民代表大会常务委员会第三十六次会议经过审议，作出如下决议：

一、继续深化对建设“法治瑞安”的认识。建设“法治瑞安”，是落实依法治国基本方略的重大举措，是建设社会主义法治国家在瑞安的具体实践，是对依法治市工作的进一步深化和发展。建设“法治瑞安”对于全面贯彻科学发展观，牢固树立社会主义法治理念，加快构建社会主义和谐社会，推进经济又快又好发展，具有十分重大的战略意义和现实意义。各乡镇、街道，各部门要围绕市委确定的“民主政治更加完善，权力运行更加规范，司法体制更加健全，法治观念更加强化”的总体目标，统一思想，提高认识，制定具体的贯彻意见和实施计划，突出工作重点，加大工作力度，广泛开展创建活动，建立有效的公众参与机制，循序渐进、坚持不懈地推进“法治瑞安”建设。

二、全面建设法治政府。全面建设法治政府，是建设“法治瑞安”的关键所在。各级政府要认真贯彻国务院《全面推进依法行政实施纲要》，按照职权法定、依法行政、有效监督、高效便民的要求，积极推进政府职能转变，全面履行经济调节、市场监管、社会管理和公共服务的职能。深化政府机构、行政审批制度、投资体制和公共财政体制的改革，不断完善行政决策的规则和程序，建立完善重大问题法律论证、集体决策、专家咨询、社会公示和公开听证制度，逐步健全决策跟踪反馈、决策监督和责任追究制度，推进决策科学化、民主化。严格按照法定权限和程序制定规范性文件，定期对现行规范性文件进行质量和绩效评估，及时修改或废止不合时宜的文件。加强行政执法工作，进一步规范行政执法和行政许可行为，健全行政执法责任制、评议考核制和责任追究制，切实解决执法不力、执法不严和行政不作为、乱作为问题。完善行政监督机制，加强行政复议工作，积极推行行政机关负责人出庭应诉行政诉讼案件，严格执行国家赔偿和行政补偿制度，维护行政相对人的合法权益。加强公务员队伍建设，不断增强法律意识，提高法律素质，提升依法办事、依法管理的能力和水平。

三、切实维护司法公正。要积极有序地推进司法体制改革，建立健全维护司法公正的保障机制和监督机制，保障审判机关和检察机关依法独立行使审判权和检察权，维护司法权威。按照“公正司法，执法为民”的要求，坚持实体公正和程序公正并重，积极推进执法行为规范化建设，努力把各项执法工作纳入规范有序的轨道。强化司法机关内部监督和外部监督，促进审判公开和检务公开，健全司法纠错机制，落实错案责任追究制度，惩治司法腐败。建立健全刑事执法与行政执法相衔接的制度，防止和纠正以罚代刑。加强司法机关队伍建设，进一步提高队伍整体素质，提高办案的质量和效率。不断完善律师、公证、仲裁、法律援助、司法鉴定等法律服务体系。

四、依法保障人民群众的合法权益。要通过多渠道、全方位的努力，使人民群众的政治经济文化等各种权益得到切实尊重和保障。进一步健全民主制度，丰富民主形式，扩大公民有序政治参与，保证人民群众依法行使选举权、知情权、参与权和监督权。不断加强基层组织建设和社区组织建设，完善村民自治和居民自治，加强企事业单位的民主政治建设，保证基层群众依法直接行使民主权利。加强和改进维权工作，加快建立和完善维权机制，充分发挥城乡基层自治组织和工会、共青团、妇联等人民团体在维权方面的作用。依法保障各类经济活动主体的经济利益，整顿和规范经济秩序，及时有效地查处违法违规行为。严厉打击严重刑事犯罪活动，强化社会治安防控体系建设，大力加强社会治安综合治理工作，深入开展平安创建活动。依法调处基层各种利益关系，解决基层各种矛盾和纠纷，维护社会和谐稳定。认真落实安全生产责任制，健全安全生产监管体系，完善各种突发事件的应急机制，保障人民群众的生命财产安全。

五、深入开展法制宣传教育。认真组织实施普法规划，创新方式，注重实效，深入开展法制宣传教育，大力宣传宪法和国家基本法律制度，宣传与经济社会发展、与人民群众生产生活、与整顿和规范市场经济秩序、与维护社会和谐稳定和促进社会公平正义相关的法律法规。积极开展形式多样的主题教育活动，大力推进法制宣传教育进机关、进乡村、进社区、进学校、进企业、进家庭。重点加强对各级领导干部、公务员、青少年、企业经营管理人员、农民和新瑞安人的法制宣传教育。通过法制宣传教育和法治实践，进一步增强全民法律意识，提高全民法律素质；进一步增强公务员社会主义法治理念，提高依法履行职责的能力；进一步增强各级政府和社会组织依法治理的自觉性，提高依法管理、依法自律和服务社会的水平。

六、切实加强对“法治瑞安”建设的领导。建设“法治瑞安”是一项长期而系统的工程，要在市委的统一领导下，建立和健全各项有效机制，不断推进法治瑞安建设。一是建立考核机制。完善工作目标责任制，把“法治瑞安”建设的各项任务落实到各个领域和基层单位。二是建立督查机制。加强督促检查，认真总结经验，及时发现和解决问题。市人大及其常委会和各乡镇人大要充分发挥监督作用，充分运用各种监督手段和形式，确保宪法和法律法规的正确实施。三是建立保障机制。要加强“法治瑞安”建设的组织保障和物质保障，建立专门的领导机构和办事机构，配备专职工作人员，将经费投入列入财政预算，并随着经济社会的发展逐年增加投入。各地、各部门也要建立相应工作机构，充实人员力量，形成统一领导、分工负责、相互配合、上下联动、有序推进的工作机制。促进建设“法治瑞安”各项工作的落实，为推动瑞安市经济社会又快又好发展，加快全面建设小康社会、率先基本实现现代化提供坚强的法治保障。

瑞安市人民代表大会常务委员会
关于开展“霸王搬运”专项整治的决议

（2009 年 5 月 20 日瑞安市第十四届人民代表大会常务委员会第十九次会议通过）

2008年9月26日，瑞安市第十四届人民代表大会常务委员会第十四次会议听取和审议“一府两院”关于涉黑涉恶及“两抢一盗”打击处理情况的专项工作报告，明确要求市政府对“霸王搬运”问题进行专项整治。在对审议意见研究处理期间，市政府采取了一定措施，打击处理了一批涉恶性质犯罪分子。但由于没有采取综合手段、综合措施，致使“霸王搬运”这一突出的社会热点和焦点问题没有得到有效整治，人民群众对此反响强烈，社会影响很差。为有效解决“霸王搬运”问题，现作出如下决议：

一、要充分认识专项整治的必要性和紧迫性。“霸王搬运”是一种具有强迫交易性质的违法犯罪，主要侵害对象为工业企业主和新建住宅小区业主，在瑞安市存在由来已久，且有愈演愈烈之势。它不仅涉及经济领域，而且涉及社会生活领域，不仅严重扰乱了瑞安市的市场秩序、破坏了经济建设的软环境，而且挑战政府权威，损害政府的公信力，侵犯法律的尊严，恶化整个社会的法治环境，对瑞安的经济建设和瑞安的形象造成很大的损害。人民群众、社会各界反响强烈，要求政府整治的呼声日益高涨。为了维护瑞安经济大环境，维护法制的尊严，对“霸王搬运”进行专项整治已是刻不容缓的任务。

二、要有序、高效地开展专项整治工作。市政府要高度重视专项整治工作，成立专项整治领导小组，由市政府主要负责人担任组长，结合“霸王搬运”问题的成因、现状，制定详细的整治方案，落实有效措施，开展综合治理。经贸、发改、工商、交通等部门和乡镇街道要各司其职、各尽其责，切实按照市政府的部署，主动积极参与到整治活动中。公安机关要继续深化对“霸王搬运”的打击处理，始终保持严打态势，深挖幕后组织策划者，严厉打击掺杂其中的“恶势力团伙”。各部门要互相配合、互相合作，做到“打击、整顿、规范”多管齐下。在打击、震慑犯罪分子的同时，必须将建立长效的工作机制作为这次整治的首要任务来抓。切实保障企业主、住宅小区业主对搬运企业具有选择权，为逐步实现搬运行业的市场化奠定坚实的基础。市政府要建立整治活动和长效管理机制的问责制度，对工作不力、搪塞、推诿、玩忽职守等违法违纪行为，坚决追究有关单位和人员的责任。

请市政府对决议内容认真研究，并将专项整治具体工作方案于2009年6月10日前送交市人大常委会法制工委，决议执行情况于2009年10月底前送交市人大常委会法制工委征求意见后，向市人大常委会报告。

瑞安市人民代表大会常务委员会
关于进一步加强食品安全工作的决议

（2012年9月20日瑞安市第十五届人民代表大会常务委员会第六次会议通过）

瑞安市第十五届人民代表大会常务委员会第六次会议审议了市人民政府关于食品安全法执法检查报告审议意见落实情况的报告。常委会组成人员认为，近两年来，市人民政府及相关职能部门能够贯彻《食品安全法》的相关规定，重视落实市人大常委会的审议意见，认真地履行工作职责，平稳、有序地推进了瑞安市食品安全工作。但是，全市食品安全形势依然严峻，食品安全问题仍然是全社会关注的热点、焦点。为了进一步促进食品安全工作，特作决议如下：

一、进一步提高认识，深入贯彻落实《食品安全法》。一要加强组织学习，提高思想认识，使广大干部深刻领会食品安全“一法两规”的精神实质，增强做好食品安全工作的责任感和使命感。二要加大教育培训力度，尤其要抓好基层干部培训和一线执法骨干的专题培训，强化依法监管意识，提高监管和执法水平。三要通过多种形式向社会各界广泛宣传食品安全“一法两规”，使广大食品生产、经营者增强守法意识，自觉履行责任和义务，使广大消费者充分了解自身权益和维权途径，为食品安全“一法两规”的贯彻落实创造良好的舆论氛围和社会环境。

二、进一步加强监管，不断提高食品安全保障水平。一是各级政府要负起总责，加强综合协调，理顺体制机制，实现食品安全的全过程、全方位“无缝”监管，各监管部门各尽其职、相互支持、相互配合，做到不失职，不扯皮，不遗漏，形成监管合力。二是各执法部门要进一步落实监管责任，把责任落实到每一个环节、细化到每一个主体，做到权责明确。三是对制售假冒伪劣食品等违法行为，要加强打击力度，依法从快从重惩处；对政府部门监管不力的，要依法予以追究责任。四是要进一步突出监管重点。加强对源头生产经营企业和餐饮单位的重点监管，确保“米袋子”“菜篮子”“油罐子”的安全。

三、进一步强化措施，努力提升食品安全工作成效。一要建立落实食品安全工作领导责任制、责任追究制，将食品安全工作纳入目标管理考核和绩效评价体系，加大行政问责力度。全面梳理监管交叉和边界不清的问题，出台规范性文件，明确监管主体。二要进一步整合资源、创新工作机制，优化整合食品检验检测机构和各种技术资源，建立协调统一、运行高效的检验检测机构，加强安全性的检测。要根据瑞安实际，整合监管力量，建立健全食品安全联动执法机制，加强食品安全各环节联合执法。同时要建立完善社会监督机制，畅通举报投诉渠道，完善举报奖励机制。三要尽快落实省、温州市关于生猪定点屠宰的有关规定，依法规范屠宰行为；加大力度破解食品生产企业用地难问题，落实食品安全工业园区，推动产业转型升级。

瑞安市人民代表大会常务委员会
关于促进全面深化改革的决定

（2014年2月27日瑞安市第十五届人民代表大会常务委员会第十九次会议通过）

为凝聚全面深化改革的智慧和力量，营造有利于改革创新的制度环境和社会环境，深入推进瑞安改革创新具体实践，当好温州赶超发展的排头兵、再创辉煌的顶梁柱，根据《中共瑞安市委关于认真学习贯彻党的十八届三中全会精神 全面深化改革的实施意见》，结合本市实际情况，特作如下决定：

一、广泛凝聚改革共识。全面深化改革是全市人民共同的目标任务。全市各级国家机关、人民团体、企事业单位和社会组织，要统一认识，切实增强全面深化改革的自觉性和坚定性，组织和引导人民群众理解改革、支持改革、参与改革，共同推进中国特色社会主义在瑞安的生动实践，努力使瑞安在推进治理体系和治理能力现代化上不断取得新成果，为加快打造品质之城，建设幸福瑞安提供强大动力和坚实保障。

二、牢牢把握改革要求。全面深化改革必须坚持社会主义市场经济改革方向，以促进社会公平正义、增进人民福祉为出发点和落脚点；坚持以经济建设为中心，处理好政府与市场的关系，使市场在资源配置中起决定性作用和更好发挥政府作用；坚持问题导向、重在实效，立足瑞安实际，深入调查研究，把握好改革的重点领域和关键环节，精准发力，久久为功，强化改革创新的科学性实效性；坚持人民主体地位，尊重基层首创，推进协商民主，保障公众参与；坚持法治原则，遵守宪法和法律，善于运用法治思维和法治方式推进改革创新，巩固和发展改革创新成果。

三、全面落实改革任务。认真贯彻落实中央、省、温州和瑞安市委关于全面深化改革的决策部署和各项具体措施，紧扣改革的总目标、路线图、时间表，精心组织实施，大胆探索实践，切实把市场经济、统筹城乡、公共服务、社会治理、生态文明体制机制以及其他各方面制度改革任务落到实处。紧密联系瑞安实际，发挥自身优势，加强统筹协调，着力抓住改革重点、破解改革难点、彰显改革亮点，坚决破除妨碍科学发展的体制机制弊端，勇争全面深化改革的“模范生”，要重点推进资源要素配置市场化、民营企业现代企业管理制度创新、行政审批提速、行政管理体制机制、公共财政体制机制、社会管理体制等方面改革，加快推进金融、民办教育、社会资本办医、民政、农村等综合改革试点，积极先行先试，争取更多的国家和省级改革创新试点，充分发挥改革试点的示范效应。

四、切实强化改革责任。全面深化改革任务艰巨、责任重大。全市上下要齐心协力、密切协作，各司其职、各尽所能，形成推进改革的强大合力。

全市各级人民政府及其部门要强化自身、全力推进改革，以行政审批制度改革为突破口，深化行政体制改革，加快转变政府职能，创新行政管理方式，提高政府公信力和执行力，建设法治政府和服务型政府。进一步厘清各级政府权责边界，推行政府权力清单制度，着力解决市场体系不完善、政府干预过多和监管不到位问题，全面履行公共服务、市场监管、社会管理、环境保护等职责。

市人民法院、市人民检察院要健全机制、有力保障改革，积极推进审判、检察工作改革创新，加快落实国家司法体制改革各项举措，健全司法权力分工负责、互相配合、互相制约的运行机制，切实维护司法公正，让人民群众在每一个案件中都能感受到公平正义；充分发挥司法职能，为全面深化改革提供司法保障。

市人大常委会要依法履职、监督推动改革，着力推进人民代表大会制度理论与实践创新，健全监督、决定、任免等工作制度和机制，积极探索创新监督方式和途径，通过事前报告、工作评议、专题询问、代表约见等方式，加强对“一府两院”贯彻执行国家和省市全面深化改革决策部署以及本决定情况的监督，支持和监督“一府两院”依法履职。

全市各人民团体、企事业单位和社会组织要联系实际、服务促进改革，在抓好自身改革创新的同时，组织动员各自成员积极为全面深化改革献计出力。

全市各级人大代表要立足岗位、积极投身改革，带头开展或参与所在行业、领域的改革创新活动，提出有利于改革创新的意见、建议和批评，并依法监督促进“一府两院”及有关部门单位的改革创新工作。

五、大力营造改革氛围。全市人民要进一步弘扬敢为人先、敢于改革、善于创新的精神，积极投身到改革创新的实践中，有关部门和单位不得阻挠、延误改革创新政策措施的实施。要积极宣传改革创新的各项政策、举措和先进事迹，及时推广改革创新的成功经验，营造敢闯敢试、锐意进取的社会氛围，在全社会形成鼓励创新、允许探索、善待挫折、包容失误的良好风尚。

本决定自公布之日起施行。

瑞安市人民代表大会常务委员会
关于促进和保障争当高质量发展建设共同富裕示范区先行标兵的决定

（2021 年 8 月 27 日瑞安市第十六届人民代表大会常务委员会第四十一次会议通过）

2021年7月30日，中共瑞安市委召开十四届十一次全体（扩大）会议，审议通过了《瑞安争当高质量发展建设共同富裕示范区先行标兵行动方案（2021—2025年）》（以下简称市委《行动方案》）。为贯彻落实市委十四届十一次全会精神，动员全市上下争当高质量发展建设共同富裕示范区先行标兵，特作出如下决定：

一、争当高质量发展建设共同富裕示范区先行标兵，是市委深入贯彻落实习近平总书记关于共同富裕的重要论述、《中共中央、国务院关于支持浙江高质量发展建设共同富裕示范区的意见》以及省委十四届九次全会、温州市委十二届十二次全会精神，就瑞安推进共同富裕作出的全面部署，也是推动瑞安市高水平打造“青春都市・幸福瑞安”、争当社会主义现代化先行标兵的重大决策。

市人大常委会、人民政府、监察委员会、人民法院、人民检察院，各人民团体、企事业单位，社会各界，广大人民群众和各级人大代表，要切实把思想和行动统一到市委十四届十一次全会精神和市委《行动方案》上来，积极主动并创造性地参与共同富裕美好社会建设。

二、争当高质量发展建设共同富裕示范区先行标兵，必须坚持党的全面领导、以人民为中心、共建共享、改革创新、系统观念“五大工作原则”，以满足人民日益增长的美好生活需要为根本目的，以改革创新为根本动力，以解决地区差距、城乡差距、收入差距为主攻方向，更加注重向农村、基层、相对欠发达地区倾斜，向困难群众倾斜，紧紧围绕“青春都市·幸福瑞安”发展导向，全力建设“五区五城”，奋力打造“体制机制高效灵活、经济高质量发展、构建橄榄型社会、公共服务优质共享、文化更加自信自强、全域美丽绿色发展、社会治理平安和谐”七大示范标杆，促进社会公平，增进民生福祉，不断增强人民群众的获得感、幸福感、安全感和认同感。到2025年，推动共同富裕取得更为明显的实质性进展，形成阶段性标志性成果，成为浙江高质量发展建设共同富裕示范区的先行标兵。

三、争当高质量发展建设共同富裕示范区先行标兵，要全面落实市委《行动方案》各项任务部署，全力构建共同富裕八大新路径，探索走出一条具有瑞安标识、典型特征、普遍意义的共同富裕之路。围绕构建产业赋能新路径，加快科创平台建设，大力发展数字经济，构建现代产业体系，进一步激发市场主体活力，推进经济高质量发展。围绕构建结构优化新路径，实施城乡居民收入倍增行动，完善生产要素参与分配机制，全面建设“善行瑞安”，推进收入分配制度改革。围绕构建民生普惠新路径，打造“瑞有安育”“瑞有安学”“瑞有安业”“瑞有安康”品牌，完善为民办实事长效机制，推进公共服务优质共享。围绕构建兜底保障新路径，完善公平可持续的社会保障体系，打造“瑞有安养”“瑞有安居”“瑞有安助”品牌，推进社保救助提质扩面。围绕构建全域协同新路径，推进温瑞一体化发展、温州南部综合交通枢纽建设、新型城镇化建设、共同富裕现代化基本单元建设、市民化集成改革，打造农村综合改革标杆，推进城乡一体融合发展。围绕构建以文兴城新路径，打造学习宣传实践习近平新时代中国特色社会主义思想的重要阵地，构建高品质公共文化服务体系，推进人文之美更加彰显。围绕构建绿色发展新路径，高标准实施碳达峰、碳中和行动，全力打好生态环境巩固提升持久战，推进生态环境美丽宜居。围绕构建整体智治新路径，健全完善基层治理体系，深化瑞安法治、平安瑞安建设，推进社会治理现代化。

四、争当高质量发展建设共同富裕示范区先行标兵，需要市人大常委会、人民政府、监察委员会、人民法院、人民检察院分别负责、一体推进，形成推动共同富裕的强大合力。市人大常委会要积极履行法定职责，充分运用听取和审议专项工作报告、开展执法检查、专题询问、作出重大事项决定等方式，助推争当高质量发展建设共同富裕示范区先行标兵各项决策部署的落实。各级人大代表要从践行全过程人民民主的高度，认真履行职责，密切联系群众，积极建言献策，在生产、工作和社会活动中发挥模范带头作用，引导和带动全市人民积极投身共同富裕美好社会建设。市人民政府要加强组织实施，健全上下联动、高效协同的工作机制，细化目标任务，落实工作责任，实行清单化推进、闭环式管理，创造性、系统性落实争当高质量发展建设共同富裕示范区先行标兵的各项任务。市监察委员会要健全贯彻重大决策部署的督查问责机制，高标准推进清廉瑞安建设，为争当高质量发展建设共同富裕示范区先行标兵营造风清气正的良好政治生态和发展环境。市人民法院、市人民检察院要完善规范高效司法监督体系，依法履行审判、法律监督职能，提升司法质量、效率和公信力，为争当高质量发展建设共同富裕示范区先行标兵营造良好法治环境。

五、争当高质量发展建设共同富裕示范区先行标兵，是全体人民的共同期盼、共同事业，必须凝聚起全社会共同奋斗推动共同富裕的磅礴力量。全市人民要牢固树立主人翁意识，大力激扬新时代瑞安精神，以勤劳和智慧积极投身建设共同富裕美好社会的伟大实践。全市各企事业单位、人民团体、社会组织要充分发挥自身优势，不断激发社会各界争当高质量发展建设共同富裕示范区先行标兵的积极性、主动性、创造性。基层群众性自治组织要发挥自我管理、自我教育、自我服务、自我监督功能，协助做好经济发展、基层治理、民生保障、乡村文明等方面相关工作，促进乡村振兴和新型社区建设。鼓励和引导企事业单位、社会团体、其他组织和个人等社会力量依法通过捐赠、互助互济、志愿服务等方式支持推动共同富裕工作。各类企业及经营者要大力弘扬瑞商精神，坚持义利并举，履行社会责任，构建和谐劳动关系，与员工共享企业发展成果。

六、争当高质量发展建设共同富裕示范区先行标兵，涉及全局，事关长远，任务艰巨，责任重大。全市上下要更加紧密地团结在以习近平同志为核心的党中央周围，在中共瑞安市委的坚强领导下，只争朝夕、蹄疾步稳向共同富裕目标迈进，为高水平打造“青春都市·幸福瑞安”、争当社会主义现代化先行标兵而努力奋斗！

瑞安市人民代表大会常务委员会
关于开展第八个五年法治宣传教育的决议

（2021年10月21日瑞安市第十六届人民代表大会常务委员会第四十二次会议通过）

2016年至2020年，全市第七个五年法治宣传教育决议顺利实施，以宪法为核心的中国特色社会主义法律体系得到有效宣传，全社会厉行法治的积极性和主动性明显提高，社会治理法治化水平明显提升。为深入学习宣传贯彻习近平法治思想，全面推进新时代法治瑞安建设，服务“十四五”时期经济社会发展需要，为瑞安市开启高水平全面建设社会主义现代化新征程、争当高质量发展建设共同富裕示范区先行标兵提供坚实的法治保障，根据全国、省、温州市人大常委会关于开展第八个五年法治宣传教育的决议精神，结合瑞安市实际，特作决议如下：

一、以习近平法治思想引领全民普法工作。将学习宣传习近平法治思想作为全民普法的首要政治任务，发挥各类宣传阵地、载体作用，通过形式丰富的普法活动，推动习近平法治思想入脑入心、走深走实，引导全社会坚定不移走中国特色社会主义法治道路，为争当高质量发展建设共同富裕示范区先行标兵，高水平打造“青春都市·幸福瑞安”营造良好的法治环境。

二、深入开展中国特色社会主义法律体系宣传教育。深入学习宣传宪法和宪法相关法，全面落实宪法宣誓制度，持续开展“12·4”国家宪法日和“宪法宣传周”集中宣传活动。深入宣传民法典，广泛开展民法典专项宣传活动，让民法典走进群众日常生活。深入宣传促进乡村振兴、促进民营企业发展、促进数字经济、加强生态环境保护、加强国家安全体系和能力建设、地方性法规等与推动高质量发展和推进社会治理现代化密切相关的法律法规。深入学习宣传党内法规，注重党内法规宣传同国家法律宣传的衔接协调。

三、持续提升公民法治素养。实行公民终身法治教育制度，把法治教育纳入干部教育体系、国民教育体系、社会教育体系。全面落实国家工作人员学法用法制度，把法治素养和依法履职情况纳入考核评价干部的重要内容。加强基层行政执法人员法治培训，提升依法行政能力。全面落实《青少年法治教育大纲》，丰富青少年普法资源，加强青少年法治教育基地建设，深化法治实践活动，教育引导青少年从小养成尊法守法习惯。加强企业经营管理人员和村（社区）组织队伍法治教育，提升法治意识和依法办事能力。注重实践养成，把法治教育融入法治实践、基层治理和日常生活，不断提升全社会公民法治意思和法治素养。

四、全面加强社会主义法治文化建设。把法治文化建设纳入现代公共文化服务体系，促进法治文化与传统文化、红色文化、地方文化、行业文化、企业文化融合发展，打造一批蕴含法治精神、深受群众喜爱、有辨识度的法治文化作品。因地制宜加强法治文化阵地建设，在公共设施建设和公共空间利用时体现法治元素，推动法治文化阵地规模化、品质化。结合部门特点，打造集普及行业专门知识和普及法律知识的“双普”教育基地。

五、着力提高普法工作的针对性和实效性。抓好国家机关系统内普法和社会面普法，健全普法责任清单制度，坚持把普法融入执法、司法和法律服务全过程，开展实时普法。加大以案普法、以案释法力度，使典型案事件依法处理过程成为全民普法的公开课。广泛运用社会力量开展公益普法，积极支持发展公益性普法组织，加强普法讲师团和普法志愿者队伍建设。充分运用新技术新媒体开展精准普法、智慧普法，提高普法产品供给质量，使普法更为群众喜闻乐见。

六、积极推进普法与依法治理有机融合。深入推进法治乡村（社区）建设，坚持和发展新时代“枫桥经验”，实施乡村（社区）“法律明白人”培育工程，深入开展“民主法治村（社区）创建”及动态管理，推动形成办事依法、遇事找法、解决问题用法、化解矛盾靠法的法治环境。深化依法治校、依法治企、依法治网等专项治理，大力提高社会治理法治化水平。加强对公共卫生安全、突发事件应急管理等方面的法治宣传教育，提高全社会应急状态下依法治理能力和水平。

七、切实加强组织实施和监督检查。强化党政主要负责人履行推进法治建设第一责任人职责，进一步落实“谁执法谁普法”的普法责任制，把普法工作纳入综合绩效考核、平安建设、法治创建等考核评价内容，建立健全党委领导下的大普法工作格局。保障落实法治宣传教育经费，推动普法力量和资源向基层一线倾斜。强化普法日常监督和专项检查工作，完善法治宣传教育工作指标体系，开展“八五”中期评估和终期检查。市人大及其常委会和乡镇人大、街道人大工委要加强对法治宣传教育工作的监督检查，确保本决议有效实施。

第三节　市人大常委会审议意见

关于瑞安市贯彻实施《中华人民共和国劳动法》和《中华人民共和国安全生产法》情况报告的审议意见

（2003 年 9 月 3 日瑞安市第十三届人民代表大会常务委员会第四次会议通过）

瑞安市第十三届人民代表大会常务委员会第四次会议，听取和审议了市人民政府副市长张加波所作的《关于瑞安市贯彻实施〈中华人民共和国劳动法〉和〈中华人民共和国安全生产法〉情况的报告》。会议认为，近年来，市政府及有关职能部门认真贯彻实施劳动法和安全生产法，积极开展法制宣传教育，加强劳动技能和安全生产知识培训，企业经营者和劳动者以及全社会的法律意识日益增强，劳动者的合法权益在一定程度上得到保障，劳动和社会保障事业得到发展，安全生产工作越来越得到重视和加强，行政执法水平得到提高，稳定和谐的劳动关系和安全卫生的生产环境正在逐步形成，为瑞安市经济发展提供了比较稳定的基础。但是，在瑞安市一部分企业中，仍然存在没有及时足额支付劳动工资、超时重负荷劳动、劳动合同不规范、签订率不达标等现象，社会保险扩面工作仍然存在薄弱环节；同时，瑞安市安全生产形势依然严峻，各类事故时有发生。为了全面深入贯彻实施劳动法和安全生产法，切实加强劳动保障和安全生产工作，会议提出以下几条意见：

一、进一步宣传、贯彻劳动法和安全生产法（以下简称“两法”）

认真贯彻实施“两法”是实践“三个代表”重要思想的具体体现，市政府及有关职能部门要加大对“两法”的宣传教育力度，尤其要抓好各乡镇非公企业法制宣传和教育培训工作，要总结、推广先进的做法和经验，要对侵犯劳动者合法权益的违法案例和重大事故予以曝光，加强新闻监督和社会舆论监督，使全社会都关注“两法”的贯彻实施。要督促用人单位学习好、贯彻好“两法”，加强必要的法律知识和劳动技能培训，进一步提高企业经营者的法律意识，提高劳动者的法制观念和自我保护意识，切实维护企业和劳动者的合法权益。

二、进一步完善劳动保障和安全生产工作机制

市政府及劳动保障部门要积极推进养老保险、失业保险等社会保障制度改革，在巩固去年《浙江省养老保险条例》《浙江省失业保险条例》执法检查成果的基础上，进一步扩大社会保障的覆盖面；要加强非公企业劳动合同管理，加强对劳动合同规范化和签订达标率的检查、督促；要加强企业欠薪预警及处置机制，确保劳动工资及时足额发放。市政府与各乡镇、有关部门要继续签订每年度的安全生产目标管理责任书，认真实施《瑞安市安全事故防范工作规定》，强化经常性的督查工作，使安全生产工作层层落实，责任到人。同时，要改进行政执法监察工作，加强基层监督网络建设，完善劳动保障和安全生产预警、通报、检查、考核等工作制度，健全综合治理联席会议等协调机制，提高依法行政的工作效能。

三、深入开展劳动保障和安全生产专项整治工作

针对近年来瑞安市劳动保障和安全生产工作中的薄弱环节，以及这次市人大常委会“两法”执法检查中发现的有关问题，市政府及有关部门要认真研究，采取切实有效的措施加以解决。劳动保障和安全生产监督管理部门在加强日常巡视检查和举报专查工作的同时，要改进行政执法工作方法，突出重点，综合执法，开展阶段性的专项整治工作。要对重点行业、重点区域及重点监察对象进行认真的调查摸底，集中精力，加大力度，及时查处违法违规案件，消除各类事故隐患，使专项整治工作取得实效，逐步解决好“两法”执行中的热点、难点问题。对“三合一”企业的整改工作，要结合工业园区建设，制定切实可行的方案，逐步解决中小企业用地难问题，引导企业进区生产，使企业有一个良好的劳动生产环境。

四、切实加强劳动保障和安全生产执法队伍建设

目前，瑞安市劳动保障和安全生产工作任务十分繁重，行政案件和事故防范、处理工作量大面广，加强行政执法队伍建设十分必要。市政府及有关部门首先要着力于提高行政执法队伍的素质，教育执法人员牢固树立执政为民、依法行政的观念，优化服务意识，提高办事效率，建设一支廉洁高效的行政执法队伍。其次，要逐步解决劳动保障和安全生产监督管理人员不足、经费缺乏、监管手段落后等问题，尤其要尽快配备重点乡镇劳动监察和安全生产监察执法人员，为行政执法工作和事业发展提供必要的人力、财力和物力保障。

关于瑞安市开放型经济发展情况的审议意见

（2004 年 12 月 3 日瑞安市第十三届人民代表大会常务委员会第十五次会议通过）

瑞安市第十三届人大常委会第十五次会议听取和审议了徐晓副市长所作的《关于瑞安市开放型经济发展情况的汇报》。会议认为，近年来，市政府坚持把扩大开放作为全市经济发展的大事来抓，精心组织实施一系列的政策措施，瑞安市开放型经济发展取得了积极的成效，并继续保持较好的发展态势。但是，与全国、全省一些先进地区和兄弟县（市）相比，瑞安市对外开放水平还不高，利用外资“短腿”的状况没有根本改变、引资项目整体工作落实不到位、外贸出口粗放式增长、外贸抵御风险的能力较弱、对外开放的环境不容乐观。为了进一步提高瑞安市对外开放水平，会议提出以下审议意见：

（一）努力形成促进开放型经济发展的工作合力。市政府一定要站在全局和战略的高度，以科学的发展观为指导，认真把握世界产业转移带来的机遇，把开放型经济摆到非常突出的位置。要加大宣传力度，上下联动，形成共识，在全市形成支持开放型经济发展的良好氛围。要进一步强化工作责任，对瑞安市重点引资项目要逐个明确牵头责任单位和责任人，落实具体的工作措施，使引资工作真正落到实处，避免出现“上热下冷”现象；要进一步强化利用外资督查考核制度，继续实行利用外资乡镇、部门

考核责任制和“一票否决制”；要进一步加强检查督促，定期分析研究开放型经济特别是招商引资工作，切实采取措施解决好有关问题。

（二）花大力气抓好招商引资工作。要采取措施推进经济开发区的基础设施建设，解决发展区的道路瓶颈制约，使其成为瑞安市招商引资的密集区，成为承接省外国外制造业转移的重要基地。要突出招商引资的重点，市政府应明确引资的指导思想和产业导向，要出台政策鼓励民资与外资、民企与外企的嫁接，以汽摩配、机电产品为重点，鼓励引进国外先进技术、装备、管理理念，提升瑞安市产业的档次和水平。在抓好制造业项目引资的同时，要在基础设施、社会事业和现代服务业方面实现引资新突破。建立健全招商引资重大项目库，要对引资项目进行科学的可行性研究和充分论证，做深做细项目的方案，利用各种平台，做好招商引资项目的整体推介工作。

（三）千方百计促进外贸、外经互动发展。优化出口市场布局，按照重点突破、多元发展、全方位开拓的要求，加快实施市场多元化战略。优化出口商品结构，市政府要根据瑞安市产业发展的特色和优势，制定出口产业导向，加大政策倾斜力度，支持具有自主知识产权的高新技术产品出口，扶持高附加值的机电产品出口，扩大环保型的绿色农产品出口，切实推进出口增长由数量扩张型向质量提高型转变。积极发展加工贸易，要把加工贸易作为新的增长点来抓，切实发挥对全市外贸出口的带动作用。加大实施“走出去”的战略，抓住瑞安市民营资本快速发展的有利机遇，通过政府鼓励、部门推动、企业自愿的方式，重点支持有一定规模实力的企业集团、行业龙头企业、名牌产品企业向境外拓展，通过兼并、联合、上市等形式，把瑞安市产品品牌打出去。

（四）全力优化开放型经济的发展环境。一是优化资源配置，提高土地利用率，努力解决土地瓶颈制约。在当前土地供应紧张的状况下，尽可能地挖掘潜力，合理调控要素供给，市政府要采取过硬的措施，把已办理农转用手续、闲置二年以上的土地收回来，适当调剂给低投入、低能耗、高产出的出口生产企业使用，以解决合资项目的亟须用地。二是继续加大对开放型经济的投入，调整优化外贸扶持政策结构，重点向品牌建设、市场开拓、国际认证、反倾销应诉、出口奖励、境外设置窗口等方面倾斜。市财政要保证及时足额退税，认真落实超基数出口退税地方负担部分的财政预算。三是加强对出口企业和行业协会应对国外贸易壁垒工作的指导，增强应对贸易壁垒的能力，同时督促企业加快技术进步和创牌认证，加强质量管理体系和出口标准化体系建设，不断提升产品质量水平和国际竞争能力。

关于瑞安市贯彻实施《中华人民共和国行政诉讼法》情况的审议意见

（2005 年 6 月 8 日瑞安市第十三届人民代表大会常务委员会第二十一次会议通过）

瑞安市第十三届人民代表大会常务委员会第二十一次会议听取并审议了市人民法院副院长戴贤信所作的《关于贯彻实施〈行政诉讼法〉情况的汇报》。会议认为，《中华人民共和国行政诉讼法》（以下简称行诉法）贯彻实施以来，市人民法院、市人民政府及其行政执法部门做了大量工作。市人民法院认真履行职责，较好地发挥了行政审判和非诉行政执行职能作用，有效地保护了公民、法人和其他组织的合法权益，有力地促进了行政机关依法行政，促进了依法治国基本方略的实施，对经济发展和社会稳定起到了积极作用。市政府及其行政执法部门，对行政诉讼制度重要性的认识逐步提高，民本意识和法律意识明显增强，积极履行诉讼义务，努力改进工作，推进依法行政。但是，在贯彻实施行诉法中还存在着少数案件质量不高，强制执行工作难度大，部门法制建设较为薄弱，执法环境不甚理想等问题。为了进一步推动行诉法在瑞安市的贯彻执行，促进人民法院、行政机关公正司法、严肃执法，会议提出以下意见：

一、加强宣传，营造良好法制环境。政府、法院要把进一步实施行诉法作为发展社会主义民主、健全社会主义法制，推进政治体制改革的一项重要工作，采取多种形式，深入广泛地抓好行诉法的学习、宣传和贯彻。市政府及其执法部门，要站在依法治国，建立社会主义法治国家的高度，依法行政，严格依法办事，积极支持市法院依法受理、审理、执行行政诉讼案件，自觉履行生效裁判确定的义务，努力为行诉法的贯彻实施创造更加有利的法制环境。

二、健全制度，规范执法行为。审判机关和行政执法部门要进一步牢固树立程序公正意识，严格法律手续，规范执法行为，提高办案质量。要从制度建设入手，结合实际建立并逐步完善对执法人员的考核和监督机制，确保执法队伍的廉洁、高效和公正执法。要加强办案过程的备案审查制度，建立和完善执法责任制度，约束和规范执法人员的执法行为。对执法违法行为和冤错案件的责任人，要坚决落实错案和执法过错责任追究制度，严肃认真地进行追究，确保公正执法。

三、强化措施，全力破解执行难。着力解决“执行难”问题，是维护法律尊严，树立司法权威的必然要求，对于提高全社会法律意识、推进法治建设和构建和谐社会，都具有十分重要的意义。市法院要进一步确立公正司法、执法为民的理念，用足法律手段，穷尽各项措施，提高执行成功率。对于败诉行政机关不执行生效裁判的，要坚决运用法律手段，以维护法律尊严。申请执行的行政部门要主动为成功执行创造条件，提供帮助，其他相关单位也要积极配合，形成合力。对于执行工作中遇到的问题，要通过认真研讨、积极协调、及时请示等各种途径，想方设法寻求解决办法。对于有重大影响的执行案件，市法院要主动向市委汇报，积极争取市政府支持，整合有关方面力量，提高执行成效。

四、增加投入，加强办案机构和力量。要努力解决办案机构设置、人员力量与全面推进依法行政所承担的繁重任务不相适应的问题。市人民政府要切实保障办案部门的经费，改善办案设施和装备。市人民法院要加强法官队伍建设，配齐配强行政审判人员，提高整体素质，坚持严格执法，充分发挥行政审判职能作用，努力实现办案的法律效果和社会效果的统一。行政执法部门有条件的都要设立专门的法制机构，至少也要配备专职的法制工作人员，并加强学习培训，不断提高业务素质，以适应行政执法工作的需要。要增强行政领导干部和执法人员的法律意识，依法行使诉讼权利，履行诉讼义务。要实行行政首长和专门工作人员出庭应诉，并将此作为领导干部述职评议和单位执法评议的一项内容。

关于瑞安市重点工程建设情况的审议意见

（2006年9月28日瑞安市第十三届人民代表大会常务委员会第三十五次会议通过）

瑞安市第十三届人民代表大会常务委员会第三十五次会议听取和审议了朱荣姆副市长受市政府委托作的《关于瑞安市重点工程建设情况的汇报》。会议认为，由于市人民政府对重点工程建设工作非常重视，采取了各项积极有效的措施，着力解决建设中遇到的困难和问题，今年的重点工程建设取得了较好的成绩，特别是“凝心聚力 克难攻坚”百日大行动以来，重点工程建设进度明显加快。全市1月—8月累计完成投资6.5亿元，占年度计划的65%，同比增长13%。但是，在重点工程建设过程中，还存在政策难处理、用地指标难落实、建设资金难到位等问题。为了督促重点工程建设进度和质量，保证瑞安市重点工程建设顺利进行，会议提出以下审议意见：

一、增强责任意识，加快重点工程建设进度。市政府要制定完善考核机制，明确乡镇（街道）在政策处理上的职权和责任，真正做到责任到人，奖罚分明。各乡镇（街道）、工程指挥部要制订政策处理工作计划，明确时限，落实责任。政策处理过程中要采取分类指导、突出重点、先易后难、逐个击破等有效手段，使之取得突破。对重大事项或涉及多个部门的工程，指挥部难以协调的问题，市联系领导要亲自参与协调；对一般事项，乡镇（街道）和工程指挥部要及时协调，抓好落实。同时，各有关部门之间要加强沟通，互相合作。

二、统筹财力安排，确保重点工程建设资金的需要。运用三大国投公司、土地储备中心等国有资产营运主体搭建筹资平台，严格控制一般性政府投资项目及规模，避免财政资金投资分散，保证重点工程的资金配套和建设所需。积极向上争取资金，对于省、市有资金扶持、补助的项目，市政府及有关部门要用活、用足政策，积极向上申报，充分挖掘资源，争取及早立项，尽可能多地寻求上级政府的财政扶持。大力推进招商引资“一号工程”，鼓励引导民间资本、市外资金参与基础设施建设和社会公益事业项目投资，以筹资多元化方式合理配置财力。

三、加大整治力度，优化重点工程建设环境。通过多种渠道、多种形式，把各项政策讲清、讲透，争取群众的理解与支持。特别是涉及群众利益的合理要求，要想方设法、全力以赴帮助解决，对变相阻工、无理取闹，造成工程工期延误的，要采取果断措施坚决予以制止和打击。建立责任过错追究制度，对决策失误、盲目扩大投资、严重超概算及滥发奖金补贴、管理费用严重超支等要追究责任人的法律责任。指挥部人员的职务升迁任免要与其工作成效挂钩。努力理顺重点工程建设的机制、体制，在条件成熟的情况下，对瑞安市重点工程指挥部按照工程性质进行科学归类、有效整合，进一步理顺条块关系。同时要着力解决石料供应问题，有关部门要在依法的基础上，进一步简化矿山挂牌审批程序，加快挂牌出让进度，及早实现石料矿山布局合理，供应充足，使工程建设能够“就近取材”。

四、注重前期研究，提高重大项目的决策水平。今年是换届之年，市政府要在做好今年重点工程建设的基础上，从建设浙江省先进制造业基地、温州大都市南翼中心城市的高度出发，结合瑞安市实际，通盘考虑下届政府任期内重大建设项目，深入研究项目前期可行性，并与省、温州市规划做好衔接。要从科学发展观的角度，充分考虑财力统筹情况，科学合理地安排明年重点工程投资计划。关于甬台温高速公路复线利用飞云江三桥的问题，建议市政府一定要在深入调研的基础上，广泛征求意见，权衡利弊得失，慎重决策。

关于瑞安市废塑料加工业整治情况的审议意见

（2007 年 11 月 15 日瑞安市第十四届人民代表大会常务委员会第六次会议通过）

瑞安市第十四届人民代表大会常务委员会第六次会议听取和审议了市人民政府副市长叶建辉所作的关于瑞安市废塑料加工业整治情况的报告。会议认为，瑞安废塑料加工业已严重污染环境、破坏生态，极大危害到群众的身心健康。为了加快推进废塑料加工业整治工作，切实改善区域环境质量，会议提出如下审议意见：

（一）加强领导，建立机构，形成强有力的整治合力。瑞安市废塑料加工业是久打不绝、久治不愈的“顽症”，市政府及有关部门要有“走进矛盾，破解难题”的勇气和“壮士断腕”的决心，整治工作向社会公告后，就要一抓到底，不能半途而废，无功而返。一是组织领导要到位。市委、市政府已将废塑料专项整治工作列入“合力攻坚、破解难题”百日大会战之中。市政府要尽快成立整治工作指挥部，加强组织领导、明确部门责任、统一协调指挥。二是机构建立要到位。各有关乡镇（街道）要抽调精干力量，建立专门整治机构，具体负责整治工作，真正使责任落实到人。三是部门联动要到位。各有关部门要通力协作，密切配合。国土、规划等部门要对已建和新建的废塑料加工违章设施及时拆除，环保、工商、供电等部门要采取核查营业执照、断电等措施，迫使加工户停止生产。

（二）深入调研，制定政策，形成标本兼治的工作方案。废塑料加工业的整治是一项十分复杂的工作，整治前务必要掌握情况，查清家底。市政府要认真做好调查研究，全面展开废塑料行业专项普查，并在此基础上，研究制定集中整治方案和配套政策。在政策制定过程中要把握三个原则。一要把握依法整治原则。市政府及有关部门要依据《中华人民共和国环境保护法》《中华人民共和国水污染防治法》《中华人民共和国城市规划法》《中华人民共和国土地管理法》《无照经营查处取缔办法》等法律法规的规定，采取合法的程序和行政手段，实行标本兼治、综合治理。二要把握堵源取缔原则。堵源工作至关重要。市政府要组织公安、质监、交通、安监等部门，加大对废塑料经销人员的监管力度，采取巡查、禁运等方式，严把废塑料流入关口。三要把握以人为本原则。政策措施的制定，要广泛征求群众意见，引导群众进行转产转业。在经济补偿方面，建议市政府安排专项经费，结合“生态补偿机制”，对整治达标的乡镇（街道）进行适当的经济奖励。在就业培训方面，要以“农村劳动力素质培训”为抓手，使从业人员掌握一定的专业技能，为再就业创造条件。在转产转业方面，要积极做好转产转业文章，鼓励群众拓宽思路，发展适合于当地的特色产业、环保产业，多渠道、多方式扩大群众就业门路。

（三）强化宣传，统一思想，形成坚决取缔的治理决心。瑞安废塑料加工业整治工作能否顺利开展，前提是市政府有无决心，关键是能否发动群众。一要开展专题宣传。市政府要发布废塑料加工业整治公告，环保部门要根据国家环境保护的法律法规和政策，结合市政府的公告，向群众宣传整治的必要性和紧迫性，努力化解抵触情绪，变政府的政策措施为群众的自觉行动。二要动员基层宣传。各有关乡镇（街道）要利用多途径加强宣传引导，通过设置宣传栏、出动宣传车、张贴公告、召开座谈会，使整治工作深入人心。特别是“村两委”要不折不扣地按政策宣传，通过挨家挨户讲明道理，认清危害，积极争取加工户的理解和支持。三要借助媒体宣传。新闻媒体要加大政策宣传和工作动态等方面的报道，营造强大的舆论声势，同时公布举报电话，落实举报奖励制度，形成全社会共同参与和监督废塑料加工业整治工作的良好局面。

（四）明确责任，狠抓落实，形成科学长效的管理机制。废塑料洗涤加工业设备比较简单，一旦疏于监管，极易反弹。如果后续管理工作跟不上，很有可能会功亏一篑。市政府要在整治取得成效的基础上，及时总结经验，进一步健全制度，明确职责分工，落实工作措施，实行长效管理。一要继续保持高压态势。执法部门要加强行政执法和日常监管的力度，实施动态巡查，密切关注废塑料加工业在本市范围内的分散转移，坚决杜绝异地加工户流转到瑞安市。一旦发现死灰复燃现象，要立即予以打击取缔。二要扎实推进村庄整理。多年来的废塑料洗涤加工，积压留存了大量的垃圾，市政府要结合“生态市”和“千百工程”建设，集中精力抓好重点污染区域的环境清理和垃圾清运工作。三要及时组建巡查队伍。开展日常巡查，是有效遏制废塑料加工业治后反弹的有效措施之一。市政府要充分利用现有资源，尽快组建环境保护协管员队伍，进一步完善环境监管体系（包括监管小电镀、小熔炼），切实提高执法效能和监管效率。总之，要千方百计巩固整治成果，确保整治取得最终胜利。

对于上述问题，市人大财经工委要对整治过程进行跟踪监督，市人民政府要定期不定期地向市人大常委会汇报整治进度，于2008年4月30日将处理结果送交市人大常委会财经工委征求意见后，向市人大常委会报告。

关于瑞安市涉黑涉恶及“两抢一盗”打击处理专项工作情况的审议意见

（2008年9月26日瑞安市第十四届人民代表大会常务委员会第十四次会议通过）

瑞安市第十四届人民代表大会常务委员会第十四次会议听取并审议了市“一府两院”关于涉黑涉恶及“两抢一盗”打击处理情况的专项工作报告。会议认为，市“一府两院”高度重视对涉黑涉恶及“两抢一盗”刑事犯罪活动的打击处理，做了大量工作，取得一定成效，为维护社会治安总体平稳作出了积极的努力。在扫黑除恶方面，公检法发挥各自刑事打击职能，对黑恶势力犯罪予以有效遏制。瑞安市尚未发现黑社会组织案件。在反“两抢一盗”方面，市“一府两院”采取了积极应对的各项措施，打击力度有所加大，基层基础逐步夯实，治安防控体系建设初显成效，齐抓共管的工作格局基本建立。今年还在全市范围开展反“两抢一盗”人民战争，取得了较好的成效。但也还存在不少问题。瑞安市盗抢案件仍然高发，社会治安防控建设存在不足，打击力度有待加强，涉恶犯罪局部比较突出，市检察院没有充分运用法定抗诉权，法律监督还需加强，市法院部分刑事政策把握不准，个别刑事审判的社会效果体现不够。

为了扎实推进社会治安整治工作，切实维护瑞安市社会治安稳定，对涉黑涉恶及“两抢一盗”刑事犯罪予以有效打击，会议提出如下意见和建议：

（一）对市政府的意见、建议

1. 强化防控，全力遏制刑事发案。市政府要动员全社会的力量参与“两抢一盗”案件的控制和防范，做到“打防结合，打防并重”，坚决遏制“两抢一盗”的高发态势。公安机关在打现行、提高破案率的同时，也要切实抓好防范工作，要做到“两手抓，两手硬”。当前要全面整合现有警力资源，健全快速联动机制的同时，以点面结合、动静结合、常规巡逻与专业巡逻相结合的方式，提高主要街道和路面的打防能力，切实遏制群众反映强烈的街面盗抢案件。要切实做好外来人口管理和服务工作，有效遏制外来人口犯罪高发的局面。市政府要拿出切实可行的措施，督促各主管部门加强对边缘性行业的整顿和管理，在源头上堵塞漏洞。对综治工作认识不到位，职责不明确，防范措施不得力的乡镇、市属部门和机关单位，要坚决追究相关单位和人员的责任，坚决实施社会治安一票否决制。

2. 强化打击，有力震慑犯罪分子。黑恶性质犯罪已经严重挫伤了群众安全感，损害了政府的形象和公信力。公安机关要进一步加强对涉恶势力活动信息的掌握和研判，应用各种侦查手段和措施侦破涉恶犯罪案件，深挖细查恶势力犯罪的幕后组织、指使及策划者，组织专业队伍打击跨辖区跨地域的黑恶犯罪，按照全国打黑办要求，在报捕、起诉文书中明确注明是否属于“恶势力”犯罪，完善考核机制，突出对黑恶势力打击情况的考核，严肃追究对黑恶势力查处打击不力的责任人，全面建立打击黑恶犯罪的长效工作机制。鉴于霸王搬运和担保公司的违法现象已经“息痈成患”，成为社会治安中的热点和难点，市政府要组织力量进行专项整治，做到“打击、整顿、规范”多管齐下，建立起各项行之有效的监管方法、手段和措施。

3. 强化建设，切实增强工作保障。一要强化公安队伍建设。坚持从严治警和考核导警的同时，要切实落实各项从优待警政策，有力提高警察的福利待遇，充分调动民警工作积极性；要加强业务教育培训和职业化建设，建立健全执法资格考核制度与执法过错责任追究制度，建立提升执法水平的专项工作机制，全面提高队伍的综合素质和作战能力。二要强化防控设施的建设。市政府要在加大投入的同时，建立健全视频监控网络建设工作机制，综合考评前阶段投入的模式和效益，避免盲目投入、随意建设现象，并且搞好设施的日常维护，确保监控设施发挥应有的作用。

（二）对市检察院的意见、建议

1. 主动参战，强化协作。当前检察机关要会同公安、法院，明确界定涉恶性质犯罪的范围和类型，对重大涉恶案件和其他热点案件要与公安机关建立提前介入的工作机制，切实指导公安机关全面、客观收集涉恶性质犯罪的相关证据，努力将“恶”性程度从证据所证实的犯罪情节中得到全面体现，夯实打击的基础。

2. 健全机制，强化监督。加强对重点热点案件的监督，对于影响广、社会反响强烈的涉恶性质案件以及其他热点案件，检察机关务必要对侦查、审判的各个环节加以监督，防止通过放大立功、自首情节的作用，降低量刑处罚的档次，防止漏罪漏犯和无理由无依据轻判轻罚。要依法坚决动用法定抗诉权，践行相互监督、相互制约的司法机制。对负有侦查、审判职责的国家机关工作人员在查办黑恶性质案件中的徇私枉法和玩忽职守等犯罪行为，要坚决依法查办。

（三）对市法院的意见、建议

1. 充分认识对黑恶势力严厉打击的必要性。现阶段瑞安市恶势力犯罪仍然比较突出，个别领域恶势力具有就地坐大之趋势，严重威胁了群众的生命财产安全，扰乱了社会公共秩序。市法院务必将打黑除恶作为一项重要任务常抓不懈，要严格标准、依法打击、有效惩治，将“稳、准、狠”的打击方针落到实处，有效地体现实现法律效果与社会效果的统一。

2. 正确把握自首、立功刑事政策。对于自首、立功情节，要全面审查，对于不同的情节要区别对待，对黑恶势力犯罪要依法严把从轻、减轻、免除刑罚关。要参照国家法律规定，制定操作性较强的自首、立功法律适用细则，在制度上保障适用自首、立功刑事政策的稳定性和准确性。

3. 规范非法所得的追缴和财产刑的执行。在刑事审判工作中，对查证属实的非法所得，应当在刑事判决书中作出追缴决定。对于黑恶势力犯罪案件，要快速有效的执行财产刑，切实提高黑恶势力违法犯罪的“成本”，截断其发展壮大的财源。

4. 加强工作机制创新。市法院要加强与公安、检察机关的联系沟通和协调配合，建立健全刑事联席会议制度，协同处理办案中存在的问题，解决打击刑事犯罪中需要多个部门共同协商的问题。市法院要确保对多发性盗抢犯罪和黑恶势力犯罪的从重从快从严打击，规范刑事审判工作，加强制度建设，依法制定专项审判工作方案和细化的量刑参照标准，建立健全“扫黑除恶”及反“两抢一盗”的长效工作机制。

请市“一府两院”对审议意见进行认真研究，并将研究处理方案于2008年10月30日前送交市人大常委会法制工委，审议意见研究处理情况于2009年3月底送交市人大常委会法制工委征求意见后，向市人大常委会报告。

关于瑞安市城镇供水工作情况报告的审议意见

（2009 年 7 月 10 日瑞安市第十四届人民代表大会常务委员会第三十八次主任会议通过）

瑞安市第十四届人民代表大会常务委员会第二十次会议听取和审议了市人民政府副市长叶建辉所作的关于城镇供水工作的专项工作报告。常委会组成人员认为，市政府把解决饮用水安全问题作为头等民生大事来抓，实施了“3721工程”，取得了一定成效。但还存在资金缺、进度慢、不平衡等问题。为了加快推进农村饮用水安全工程议案的办理，促进瑞安市城镇供水一体化，会议提出如下审议意见：

一、加强领导。市政府主要领导要亲自抓，成立城镇供水工作领导小组，建立月汇报检查制度，要根据城镇供水的各种突发情况，制定完善城镇供水应急预案。要明确乡镇（街道）是供水工程政策处理和村级管网建设的责任主体。市政园林部门要抓紧做好乡镇水厂的改制工作，切实加强业务指导，强化服务意识，创造良好的供水环境。

二、加快建设。市政府要科学制订全市供水总体规划，全面加快江北水厂二期、凤山水厂工程及相关乡镇水厂的建设进度。出台城镇供水三级管网建设改造政策，严格监管工程质量，降低漏失率，提高收益率。规划、国土、财政、审计、路政、交警、集镇供水指挥部等部门要密切配合、加强协调，对工程建设涉及的审批问题，要简化手续、提高效率。

三、加大投入。市政府要按照“贷款为主、财政为辅”原则筹集建设资金，要通过扩大贷款单位注册资本金，采取贷款贴息，根据实际适时调整水价，加大财政资金的投入。同时要建立政府引导、市场融资、村集体筹资、群众集资等方式，解决建设资金不足问题。

四、加速改革。市政府要建立集制水、供水、污水处理、建设维修为一体的市水务集团。对涉及土地、房屋权属及人员不清等问题的乡镇水厂，要尽快组织协调，妥善解决，防止国有资产流失，确保改制工作顺利实施。

请市政府对上述审议意见要认真落实，于2009年12月向市人大常委会主任会议汇报；于2010年8月将完成情况送交城建环保工委征求意见后，向市人大常委会报告。

关于瑞安市食品安全法执法检查报告的审议意见

（2010年9月14日瑞安市第十四届人民代表大会常务委员会第六十一次主任会议通过）

瑞安市第十四届人民代表大会常务委员会第三十三次会议听取并审议了市人大常委会执法检查组所作的《关于瑞安市食品安全法执法检查情况的报告》，常委会组成人员认为，市政府及相关部门能够紧紧围绕人民群众饮食安全这一重大民生问题，按照食品安全法相关规定，切实履行职责，稳妥地推进食品安全的各项工作，取得了比较显著的成效。但是，食品安全工作还存在着食品安全监管体制改革不到位、监管工作有疏漏、安全隐患比较突出等问题与困难。为此，特提出以下几点审议意见：

一、加强领导、明确职责，大力促进食品安全法的贯彻实施。要进一步加强对食品安全工作的领导，高度重视《中华人民共和国食品安全法》及实施条例的贯彻实施，采取多种方式和形式加大学习宣传的力度，在全社会形成贯彻实施食品安全法的浓厚氛围，使食品安全法得以全面贯彻实施。同时要进一步落实责任、明确职责，强化行政执法者的依法行政教育，使其牢固树立法制观念，严格依法行政；强化食品生产经营者和从业人员的培训，依法规范生产经营行为；强化普通消费者的食品安全意识，提高他们防范假冒伪劣食品的能力和安全意识、维权意识。

二、整合资源、完善机制，努力推进保障体系和长效机制建设。一要尽快专题研究并制订检验检测体系建设规划，优化整合食品检验检测机构和各种技术资源，建立协调统一、运行高效的检验检测机制，更好地为瑞安市食品安全监管提供技术支撑。二要进一步完善协调工作机制，强化协调机构的权威，理顺各部门的工作职责，完善落实食品安全监管责任制，加强对各监管部门履职情况的评议和考核。要根据实际，整合监管力量，组建食品安全综合执法队伍，加强食品安全各环节综合执法。三要强化部门协作，形成监管合力。各职能部门要按照各自分工，认真履行职责，对目前法律规定模糊、职责不清的监管工作要予以明确并加强沟通协调和信息通报。四要充分发挥政府监管部门的主导作用，严厉惩处失信企业和违法行为，督促企业树立责任意识，强化对食品行业协会自律的引导和监督，积极推动行业诚信建设，共同维护食品安全生产经营秩序。

三、加大执法、优化环境，积极推动食品产业健康协调发展。一要围绕重点人群、重点场所、重点食品和重点环节，采取有效措施，加大执法力度。对不具备生产经营条件又无“三证”的，坚决予以取缔；对重大违法案件，严肃查处，公开曝光。特别是要对现有生猪屠宰场加以整合，抓紧落实省市生猪定点屠宰的有关规定，确保在2011年底完成，依法规范屠宰行为。二要合理规划布局食品生产经营场所，改善食品生产经营安全条件，对小作坊企业要相对集中，加以扶持并规范其发展。要认真考虑建设食品工业园区，为食品产业规模化发展创造条件，推动产业转型升级。三要重视从源头上把好食品安全关，加强对土壤、水质的日常检测和保护，完善外来输入食品的准入制度，保障人民群众消费安全。

请市政府对《中华人民共和国食品安全法》执法检查报告和审议意见进行认真研究处理，并将研究处理方案于2010年10月15日前送交市人大常委会教科文卫工委，研究处理情况于2011年7月底送交市人大常委会教科文卫工委征求意见后，向市人大常委会报告。市人大常委会将对建立统一的检验检测机构、综合执法队伍和整合生猪屠宰场等问题进行重点监督。

关于瑞安市行政审判工作报告的审议意见

（2011年5月13日瑞安市第十四届人民代表大会常务委员会第七十四次主任会议通过）

瑞安市第十四届人大常委会第三十九次会议，听取并审议了市法院关于行政审判工作情况的报告。常委会组成人员认为，市法院认真贯彻实施行政诉讼法，积极发挥行政审判职能作用，为促进法治瑞安建设、服务经济社会发展作出了积极贡献。但是，由于受外部环境及自身因素的影响和制约，当前行政审判工作仍然存在一些困难与问题。为此，提出如下审议意见：

（一）以维护人民群众的合法权益为根本，落实司法为民要求。法院要准确把握经济社会发展新形势和司法工作新要求，准确把握社会各界对行政审判工作的关切和期待。畅通司法救济渠道，不擅自抬高、限制或放宽行政诉讼的受案范围和标准，切实消除人民群众“不敢告”“不愿告”的心理，积极引导群众合理、合法的表达诉求。强化便民措施，简化诉讼程序，方便群众诉讼，降低诉讼成本。

（二）以严格监督、依法维护为原则，推动依法行政工作。法院要准确处理监督和支持的关系，以合法性审查为中心，以维权和监督为行政审判的落脚点，寓支持于监督之中。坚持严格司法，决不降低对具体行政行为司法审查标准，对合法的具体行政行为予以维护，对违法及明显不当的具体行政行为予以纠错。积极协调化解影响改革发展稳定大局的行政争议案件。切实依法履行非诉行政案件审查职责，对于行政审判中发现的行政执法问题，应及时提出司法建议，督促行政机关整改。

（三）以强化调查研究为抓手，切实提高行政审判工作质量。以二审纠错案件为重点，查找原因、总结经验、吸取教训。强化行政审判调研工作，对于行政审判中遇到的如行政争议利害关系人的认定、具体行政行为“程序瑕疵”范围的界定、行民交叉案件的处理、行政协调和解具体操作、非诉行政执行案件审查把关及委托执行机制等疑难问题，尤其是土地类非诉执行工作，应分别通过调研、协调等方式予以解决。

（四）以主动接受监督为依托，着力改善行政审判司法环境 。法院要主动向人大常委会汇报行政审判工作新情况、新问题，接受监督，虚心听取意见。认真接受民主监督、检察机关法律监督及新闻舆论监督，不断改进工作。要健全完善司法与行政良性互动机制，将联席会议制度常态化，并利用行政审判白皮书等形式促使行政机关严格依法行政、规范行政应诉工作。市政府要积极推进行政首长出庭应诉、行政败诉责任追究等制度的有效落实。

请市政府、市法院对审议意见进行认真研究，并将研究处理方案于2011年5月底前送交市人大常委会法制工委，研究处理及落实情况于2011年12月底前送交市人大常委会法制工委征求意见后，向市人大常委会报告。

关于瑞安市民间借贷及非法集资案件处理工作情况报告的审议意见

（2012 年 11 月 15 日瑞安市第十五届人民代表大会常务委员会第十四次主任会议通过）

瑞安市第十五届人大常委会第七次会议，听取并审议了“一府两院”关于瑞安市民间借贷及非法集资案件处理工作情况的报告。常委会组成人员认为，集中爆发的民间借贷纠纷和非法集资案件的处置工作，是事关瑞安市经济社会健康发展的重大问题，是事关瑞安市社会稳定的重大问题，也是事关社会公平正义能否实现的重大问题。虽然“一府两院”采取积极措施，做了大量工作，并取得一定成效，但相关工作仍存在一定的困难和不足。为此，提出如下审议意见：

一、进一步建立健全应急处置机制

市政府应当建立健全应急处置机制，研究制定切实可行的处置原则和意见，依托职能部门的工作平台，充分发挥其职能作用。进一步做好帮扶工作，在确保应急转贷资金安全和不损害债权人合法权益的情况下，积极帮助暂时资金困难的诚信企业渡过难关。切实做好帮扶企业经营及资产情况审核、固定工作，防止资产被转移；一旦出现转移财产等违法行为的，要予以严惩。切实加强后续处置工作，积极督促、引导、规范明显资不抵债企业的破产和兼并重组工作。

二、进一步加强对债权人、受害人合法权益的保护力度

市法院要强化民间借贷纠纷的处置工作，对于债权人人数众多、债务数额巨大且严重资不抵债的群发性民间借贷纠纷，依法公平合理地处置债务人财产。强化司法为民意识，规范保全标的估价及保证金的缓交、减交等工作。明确非法吸收公众存款罪中单笔借款合同的效力问题，统一借款担保人的责任问题。强化追赃力度，对举报线索要及时查证，同时严格依法追缴犯罪所得并做好退赔工作。

三、进一步加强对非法集资等违法犯罪行为的查处力度

司法机关要统一对非法集资犯罪中“不特定对象”等关键性问题的认识，明确立案标准。市检察院要加强立案、侦查等监督工作。公安机关要规范受案流程及立案、侦查工作，严格追查赃款、赃物流向，强化对窝藏、销赃等违法行为的打击。进一步落实“宽严相济”的刑事政策，对于非法集资后肆意挥霍集资款等情节恶劣的，要依法严厉打击；对积极配合追赃和退赔的，要依法从宽处理。市法院要提高执行主动性和执行效率，及时查处虚假诉讼、转移资产、拒不履行等违法行为。坚决查处金融从业人员的违法犯罪行为。

四、切实做好民间金融秩序和信用体系的重建工作

强化宣传教育，避免群众受骗上当；积极引导民间借贷规范化、契约化。切实简化民间借贷担保登记手续，解决中小企业抵押物不足等问题。强化金融监管，督促银行规范信贷工作，防止信贷资金被挪作他用。对于企业资金链断裂、互保联保危机等应当及时统筹协调处理，防止风险扩散。强化对“担保公司”等机构的监管，严查“高利贷”等非法经营行为，严厉打击暴力讨债等违法犯罪行为。强化信用体系建设，对诚信企业要扶持和激励，对失信企业及人员要及时予以曝光。

请“一府两院”对上述审议意见进行认真研究处理，将审议意见落实方案于2012年12月30日前送交市人大常委会法制工委，将审议意见研究处理情况于2013年6月底前送市人大常委会法制工委征求意见后，向市人大常委会报告。

瑞安市人大常委会关于市教育局工作的评议意见

（2013年10月8日瑞安市第十五届人民代表大会常务委员会第二十九次主任会议通过）

瑞安市第十五届人大常委会第十五次会议听取和审议了市教育局局长王育伦所作的《关于市教育局工作情况的自查报告》，市人大常委会教育局工作评议调查组副组长林伟光所作的《关于市教育局工作情况的调查报告》。常委会组成人员认为，2012年以来，市教育局面对教育事业任务繁重、队伍庞大、发展不均衡等情况，积极作为，深入实施多项改革，特别是在依法治教、机制创新、质量提升、队伍建设和设施改善等方面做了大量工作，取得了一定成效。但是，相对于法律的规定和人民群众的期盼，仍然存在着教育资源配置、教育质量、资金使用效益、教育管理等方面的不足和问题。为了进一步促进瑞安市教育事业优先、均衡、协调、健康发展，特提出如下评议意见：

一、优化资源配置，推进教育均衡发展。要结合镇街区划调整和生源变化等情况，科学规划、合理调整全市校网布局，充分利用教育资源，杜绝校舍闲置、资源浪费。加快农村中小学校的标准化、规范化建设步伐，统筹资源配置，在教师编制核定和经费投入等方面对欠发达地区学校给予一定的倾斜，切实解决教师年龄老化、校舍不配套等实际问题，逐步缩小城乡教育差距。加大超编学校教师的分流工作，促进城乡教师良性流动，均衡配备。加快民办教育、学前教育事业发展，加大对民办学校、幼儿园的扶持和监管力度，促进办学条件改善、办学质量提高。

二、深化教育改革，提升教育教学质量。要进一步转变教育工作理念，坚持立德树人、面向全体，注重学生综合素质提升，促进学生全面健康发展。加大教育督学评估力度，加快特色品牌学校建设，创新教科研模式，探索提高教育质量的有效途径。以教育质量为核心，深入改革和完善绩效考核机制，充分调动学校办学和教师教学的积极性，增强教育教学活力。充分发挥瑞安中学等优质教育资源作用，扩大招生规模，努力实现优质教育资源效益最大化。

三、细化经费管理，提高资金使用效益。要依法保障教育经费投入，科学编制教育经费预算，加强预算执行管理，有效提高教育经费使用效益。针对部分学校确因生源减少导致公用经费不足、影响正常教学活动的情况，在经费上视情予以照顾安排，保证学校正常运行。切实加大教育基础设施建设力度，加快推进校安工程建设，大力加强薄弱学校的设施建设。探索建立教育经费多渠道投入机制，鼓励社会力量和民间资金投入教育，引导全社会办大教育。

四、强化队伍建设，树立教育良好形象。要着力加强教育局班子自身建设，增强班子工作合力。强化机关作风建设，完善机关工作机制，落实岗位责任，提高办事效率，杜绝人浮于事现象。完善校长聘任和管理机制，要求校长深入教学一线，积极参与教科研活动，解决校长行政化问题。进一步加大教师师德师风教育和业务知识培训力度，提高教师的思想素质、品德修养和育人能力，着力培养一批名师、名校长，并充分发挥其示范引领作用。加强教职员工管理，建立健全内部管理规章制度和效能监察、纠风治乱等长效机制，努力解决“乱办班、乱带生、乱收费”等问题。加大宣传力度，依法维护教师合法权益，在全社会营造尊师重教的良好氛围。

请市教育局对评议意见进行认真研究处理，并将整改落实情况于2013年12月20日前交市人大常委会教科文卫工委征求意见后，向市人大常委会报告。

关于瑞安市2013年度本级预算执行和其他财政收支审计工作报告的审议意见

（2014年9月5日瑞安市第十五届人民代表大会常务委员会第四十六次主任会议通过）

瑞安市第十五届人大常委会第二十三次会议，听取和审议了市政府关于2013年度本级预算执行和其他财政收支情况的审计工作报告。常委会组成人员认为，2013年，市政府及有关部门紧紧围绕市委“打造品质之城，建设幸福瑞安”的战略目标，进一步夯实财源基础，强化增收节支，优化资金投向，深化财税改革，较好地完成了年度各项预算收支任务，有力地促进了瑞安市经济和社会事业发展。审计部门依法履行职责，认真开展相关审计事项，揭示了存在的问题，并将有关案件线索移交相关职能部门，深挖细查，发挥了审计应有的积极作用。但是，预算执行和管理中还存在一些不容忽视的问题，主要是个别单位预算安排不科学，国有资产收益未及时收取上缴，政府投资项目管理需进一步加强，镇街财务管理混乱，以及个别单位违反财经纪律等。为此，提出如下审议意见：

一、提高预算管理水平。一是科学编制预算。财政及有关部门要进一步完善预算管理制度，细化预算编制，强化预算审核，统筹资金安排，克服预算资金沉淀现象，发挥资金使用效益。二是强化预算约束。严肃对预算调整和追加的管理，严格执行财经类重大事项向市人大常委会报批规定。三是健全预算体系。科学编制国有土地出让金收支计划，不留硬缺口，确保预算收支平衡；深化国有资本经营预算编制，加大资金统筹力度，降低政府融资成本。四是增强预算绩效。加强财政资金绩效评价，加大评价结果运用，切实提高财政资金的使用效益。

二、规范预算收支管理。一是加强收入管理。强化执法监督，做到应收尽收、应缴尽缴，坚决不收过头税；加强资产处置收入、对外投资、未确权产权派生收益的管理，防止国有资产流失。二是加强支出管理。进一步扩大国库集中支付范围，将国库集中支付延伸到镇、街和工程指挥部；进一步加强政府投资项目管理，杜绝工程联系单过滥现象，节约工程建设成本。三是加强资金统筹管理。各类财政资金、政府性融资资金、政府管理的其他资金都要统筹考虑，发挥政府资源调配作用，提高财力保障能力。

三、强化审计监督力度。一是注重问题导向。拓展审计范围，加强对镇、街道、二级预算单位的审计，关注社会热点、焦点问题，确保审计监督范围全覆盖。二是坚持突出重点。加强宏观调控措施贯彻落实和重要经济决策的审计监督，特别要加大对政府性重大投资项目、民生事业、专项资金等审计力度。三是力求审深审精。提交人大常委会的审计报告要真实完整，增强审计效果，更好地发挥审计监督作用。

四、切实抓好问题整改。一是狠抓整改落实。市政府要专题研究市人大常委会提出的审议意见和审计查明的具体问题，制定方案，明确责任，专人负责，逐项限时整改；对审计部门查明的还未整改落实到位的问题，要列明时间，分解任务，确保整改到位。市人大常委会针对审计查明的问题，将定期跟踪监督相关重点问题的整改落实情况。二是健全有关制度。要界定镇（街道）政府支出范畴，加强镇（街道）财政财务管理，避免乱开口子增加支出；加强建章立制，堵塞管理漏洞；强化日常监管，严格执行财经纪律。三是加大追责力度。对审计发现的典型和共性问题，特别是私设小金库、套取财政资金、失职渎职及屡审屡犯等行为，要严肃处理，依法追究相关人员责任；检察机关和监察部门要依据审计发现的线索，主动介入，严肃查处违法违纪行为。

请市政府对上述审议意见进行认真研究处理，将审议意见研究处理情况于2014年11月底前送市人大常委会财经工委征求意见后，于2014年12月底前向市人大常委会报告。

附件：

关于2013年度本级预算执行和其他财政收支审计查明问题的审查意见

一、关于本级财政预算执行审计查明的主要问题

一是预算支出安排的科学性有待提高。审计反映预算编制中存在个别预算年初安排过多、未考虑上年执行情况、年中追加频繁、执行不到位等问题。有关部门要将年初预算安排未使用、未开展的项目情况作出说明；市财政局要对公安部门的预算多次追加情况作出说明，并对管理制度进行完善。

二是政府性资金整合利用有待提升。市会计核算中心大量资金沉淀问题，市财政部门要通过加快基建资金国库集中支付改革进度、加强资金调配等措施，提高资金统筹力度；住房维修基金、物业保修金和土地储备等其他专户资金资源，市政府要专题研究，将其纳入政府性融资考核机制发挥作用。

二、关于部门（镇街）财政收支审计查明的主要问题

一是收入方面存在的问题。经济开发区要在限定时间内对逾期未交的临时厂房租金，落实责任、积极催收，并按有关规定执行滞纳金和履约保证金制度，保证国有资本收益足额、及时收缴，并总结经验教训，防止此类事件的再次发生。市公共资源交易管委会违规收费问题，市政府要责成有关部门纠正到位，作出说明，切实杜绝乱收费现象。原市工商局国有资产处置收益990.84万元转入华都大酒店供其无偿使用、未及时上缴财政问题，市政府要进一步查明情况，追查事情原因，并按有关规定收回上缴财政，避免国有资产流失。

二是支出方面存在的问题。塘下镇通过下属单位违规购买车辆问题，市政府及监察部门要按照有关规定予以处理，严肃财经纪律。飞云街道村级建设项目补助资金管理混乱问题，市政府要进一步完善镇街管理体制，合理划分事权和财权，规范镇街财政支出范围，加强镇街财政财务管理。

三是编外人员管理问题。市政府及有关部门要按有关规定马上着手对超编人员进行清理，建立健全编外人员管理制度，切实压缩编外人员规模；加强定编定员和薪酬管理，严格执行编外人员审批制度。

三、关于政府性融资和债务审计查明的主要问题

对政府性融资资金闲置和不能提前还贷问题，市政府要重视此类现象，并作专题研究，要进一步加强管理，明确责任，科学融资，切实提高政府性融资资金效益。市政府要结合今年6月市人大常委会对政府性债务管理的审议意见，一并抓好整改落实。

四、关于政府投资审计查明的主要问题

一是工程标底质量低下影响工程造价控制。市政府要建立工程标底审查机制，加强编制工程标底的中介机构管理，有效控制工程造价，避免财政资金损失浪费。对市区集镇供水指挥部建设的经济开发区给水干管工程，因标底中混凝土单价错误（将厚度为20厘米C25砼路面修复单价53.679元/平方米标为536.79元/平方米）造成损失情况，要查明原因，追回损失，追究责任。

二是部分工程建设进度滞后增加投资成本。市政府要完善政府投资决策机制，加强项目投资前期可

行性论证；要强化项目建设进度考核，健全责任追究制度，确保项目建设按期开竣工，及时投入使用，发挥财政资金效益。对审计反映的工程建设严重滞后、工期延期停工造成损失问题，如经济开发区相关项目、农贸城等项目，要作出情况说明及处理意见。

同时，市政府及有关部门要加强工程联系单管理制度，杜绝借联系单名义随意增加工程量行为；要严格执行工程交竣工制度，加强工程质量管理和合同管理，防止财政资金损失。

五、关于民生事业审计查明的主要问题

一是公办学校教育资金审计调查发现的有关问题。市政府要提出教师绩效工资分配进一步完善的方案，适当拉大分配差距，坚持向一线教师、优秀教师和贫困地区海岛教师倾斜，充分调动教师教学积极性；要加快校网布局调整和教师的合理配置，避免教育资源浪费。市教育部门要结合去年教育评议提出的评议意见一并整改落实到位。

二是保障性住房审计发现的问题。市政府要采取切实可行的措施，限时做好瑞祥新区经济适用房土地出让金收缴入库工作，并分析原因、追究责任。市住房办要严格按照市长办公会议纪要（2014）9号文件精神，加强经济适用房购房对象的审核，对不符合申购条件的要予以收回；对不符合条件发放的保障性住房补贴，要限期收回。市政府要进一步健全审核复核制度，落实责任追究机制，坚决杜绝类似问题发生。

三是路灯维护经费审计调查发现的问题。市政府要完善路灯管理体制，明确职责，出台路灯维护、产权管理等相关制度，实现路灯规范管理。

四是环卫经费使用审计调查发现的问题。市政府及有关主管部门要建立健全环卫费收费管理机制，明确责任主体，加大征收力度，确保垃圾处理费应收尽收，减轻财政负担。对仙降村每年100多万元环卫费由村老年协会收取情况，要作专项调查并在制度上加以完善。市环卫系统要总结教训，举一反三，切实加强财务收支管理，严格执行财经纪律。

六、关于2012年同级审整改落实未到位问题

2012年同级审反映的问题，大部分已得到整改，但截至目前仍有部分事项未整改落实到位，如：瑞安市国有资产管理制度、政府投资预算管理办法、财政项目招标控制价审核办法以及政府投资项目造价控制管理办法等制度尚未出台，政府性投资项目库尚未建立等。对未整改到位的问题，市政府要确保于2014年10月前整改落实到位。

关于瑞安市不捕不诉案件处理情况报告的审议意见

（2015 年 10 月 16 日瑞安市第十五届人民代表大会常务委员会第七十二次主任会议通过）

瑞安市第十五届人民代表大会常务委员会第三十四次会议听取和审议了市人民检察院代理检察长宣章良所作的关于不捕不诉案件处理情况的报告和市人大常委会法制工委主任李国民所作的关于不捕不诉

案件处理情况的调查报告。常委会组成人员认为，审查逮捕和审查起诉是市人民检察院的重要职责，近年来，市人民检察院高度重视，充分发挥审查逮捕和审查起诉职能作用，严厉打击各类刑事犯罪，积极落实宽严相济刑事政策，依法保障当事人的合法权益，相关工作取得了较好成效，但在维护司法权威、热点案件打击及司法规范化等方面，仍存在不足。为此，提出如下审议意见：

一、进一步转变司法理念，提升司法效果。要从向法治社会转型的高度，充分认识“虚假诉讼”违法行为对司法秩序、司法公信和司法权威的危害性；进一步加强对“虚假诉讼”违法行为的打击力度，对相关违法犯罪嫌疑人尽量能诉则诉，形成有效震慑，切实维护司法权威，助推社会诚信体系建设。要严格贯彻落实《关于依法处理妨碍政法干警履行法定职责违法行为的指导意见》，进一步加大对相关违法犯罪行为的打击力度，切实保护政法干警的人身安全，保障司法职权的顺利行使，维护正常的司法秩序。

二、进一步规范司法行为，提升办案质量。要认真做好案件审查工作，积极规范内部审批行为，明确审批的理由和依据，避免以“经请示”“案件有疑点”等模糊理由作为审批依据。要严格把握同案犯及同类型案件处理的平衡问题，避免类似案件出现不同的处理结果。要客观、全面地审查案件，理性看待嫌疑人的合理辩解，积极认定正当防卫等情节，保障当事人的合法权益；但对一些明显不合常理的辩解，不能机械地以“无法排除合理性”为由而予以采信。

三、进一步强化热点案件打击，提升工作质效。要加大对阶段性多发、群众高度关注的热点案件的打击力度。严厉查处村霸、地霸插手工程建设，进行敲诈勒索、强迫交易等严重破坏市场经济秩序违法犯罪行为，切实维护正常的生产建设活动；严厉打击恶意逃废债行为，积极引导公安机关做好恶意逃废债违法行为的查处工作；严厉打击恶意串标违法犯罪行为，切实维护招投标市场秩序；严厉打击非法采矿违法犯罪行为，切实保护矿产资源安全，维护采矿权公开出让市场秩序；严厉打击污染环境违法犯罪行为，切实保障环境安全。

四、进一步强化队伍建设，提升司法能力。要进一步加强干警的业务培训，转变其司法理念，提升其办案能力和办案技巧，切实规范证据的采信和排除工作，避免片面地理解、执行法律。要进一步加强对公安侦查工作的监督引导，助推公安侦查工作的规范化建设。要认真学习传达市人大常委会有关决定、决议和审议意见精神，让干警及时了解人大常委会关注的重点和相关工作要求，积极做好有关决定、决议和审议意见的贯彻落实工作。

请市人民检察院对上述审议意见进行认真研究，将审议意见实施方案于2015年11月30日前送交市人大常委会法制工委，并将落实情况于2016年5月底送交市人大常委会法制工委征求意见后向市人大常委会报告。

关于瑞安市2016年政府性重大投资项目建设情况报告的审议意见

（2016年10月11日瑞安市第十五届人民代表大会常务委员会第九十四次主任会议通过）

瑞安市第十五届人大常委会第四十五次会议听取和审议了市人民政府常务副市长王忠宝所作的关于2016年政府性重大投资项目建设情况的报告、市人大常委会调研组关于2016年瑞安市政府性重大投资项目建设情况的调研报告。常委会组成人员认为，今年以来，市政府重视政府性重大投资项目建设工作，狠抓机制优化完善和项目破难攻坚，措施有效、推进有力，工程总体进展良好，但还存在着项目进度不够平衡、项目前期不够深化、建管机制不够完善、要素保障不够到位等问题。为此，会议提出如下审议意见：

一、明确目标，强化项目攻坚

要进一步加快计划项目实施，明确目标，倒排计划，落实措施，把握时间节点，促进项目抓紧落实，尤其对尚未开工和投资进度明显滞后的项目要实施跟踪督查，组织攻坚，确保工程如期完成。要进一步强化推进机制，针对政府性投资项目量多面广，情况复杂，实施难度大的实际，各部门要加大协调力度，形成推进合力，继续大力开展征地拆迁“清零行动”和重点项目专项巡查工作，及时有效解决工程推进过程中遇到的各种困难，全力加快工程建设进度。

二、充分论证，强化项目前期

要加强对项目申报工作的指导和引导，建立项目储备库，提高项目申报质量。要结合瑞安市土地、资金等要素支撑，统筹科学谋划2017年开工项目和续建项目，分清轻重缓急，合理确定建设进度，慎重确定开工项目。要做深做细项目前期工作，针对因前期准备不充分而造成开工不动工、慢动工等情况，要分析原因、吸取教训，认真总结多年来项目建设各环节如征地拆迁、审批等方面的经验，充分论证项目必要性、可行性。

三、规范管理，强化投资绩效

要进一步理顺项目建管机制，加快到位新组建工程建设单位机构、人员，加强建设业主单位和行业主管部门的沟通衔接，建立健全项目的竣工验收、移交运营制度。要进一步规范项目招投标制度，避免非法转包、分包。要加强项目协同建设和配套建设，同步推进地面交通、地下管线等基础设施建设，确保项目有序协调进行。要以投资增量带动投资存量，以项目带动项目，避免重复投资，发挥投资效益。要加强项目质量监管，落实建设项目质量终身负责制，确保工程质量。

四、多措并举，强化要素保障

要破解项目征地、拆迁等政策处理难题。要进一步落实项目属地乡镇、街道的政策处理任务，克难攻坚，多方协同配合，抓紧做好征地、拆迁等政策处理。要化解项目用地紧缺矛盾。要做好用地保障，加大耕地垦造工作力度，加快推进转而未供、供而未用、用而未尽土地的清理，积极向上争取指标，尽最大努力解决重点项目用地及有关占补平衡土地指标。

请市政府及有关部门对上述审议意见进行认真研究处理，将审议意见实施方案于2016年10月底前送市人大常委会（财经工委），并将落实情况于2017年4月底送交市人大常委会财经工委征求意见后向市人大常委会报告。

关于瑞安市省级工业强市创建工作情况报告的审议意见

（2017年7月5日瑞安市第十六届人民代表大会常务委员会第八次主任会议通过）

瑞安市第十六届人民代表大会常务委员会第四次会议，听取和审议了市人民政府副市长林政洪所作的关于瑞安市省级工业强市创建工作情况的报告和市人大常委会委员、财经工委主任邵万姆所作的关于瑞安市省级工业强市创建工作情况的调研报告。常委会组成人员认为，今年以来，市政府围绕省级工业强市创建目标，以深化供给侧结构性改革为抓手，狠抓产业升级、项目建设，加快平台打造，优化服务环境，全市工业经济发展质量和效益有了明显提升。但仍存在要素制约严重、小微园建设进展不理想、企业培育效果不明显、发展软环境有待改善等问题。为此，提出如下审议意见：

一、要破解资源要素制约。着力破解工业用地有限与企业需求旺盛之间的矛盾，加快推进产业平台建设，突出产业用地功能，统筹新增工业用地配置，支持领军和高成长型企业用地需求；加强平台道路、供水、供电等基础设施和生活配套设施建设，不断完善平台公共服务体系；认真研究“大拆大整”背景下老旧工业点拆后土地、城镇低效土地的利用问题，加大工业用地供给，科学谋划小微园规划布局，加快推进小微企业创业园建设，着力满足成长性好的小微企业发展需要。强化工业用地有效供给，全面排摸全市批而未供、供而未用、用而未尽的闲置土地（厂房），分类指导、依法处理，有效盘活闲置土地（厂房）资源，尽快建立预防土地闲置的长效机制。加快信用体系建设，加快不良资产处置，支持和鼓励企业利用闲置土地进行资产重组，严厉打击逃废债行为，积极化解企业两链风险。加强本地企业高管人才与“创二代”培养，支持鼓励高层次人才、专业技术人员创业创新，加大政策倾斜力度，吸引外来人才在瑞落地生根。

二、要加速产业转型升级。立足瑞安市现有产业基础，着眼全球产业发展趋势，制定产业培育规划，增强全市工业经济发展的内生动力。着重抓好领军、科技创新型和高成长型企业培育，落实各项惠企政策，发挥政府产业资金、科技奖补资金的撬动作用，鼓励和支持企业上市，切实扶持发展若干新的龙头企业。扎实做好小升规工作，积极促进工业投资项目早开工、早投产、早入统，关注小升规培育库企业，出台相应政策，激励企业升规的积极性。大力发展战略性新兴产业，将其作为未来工业发展的重要方向，引领传统优势产业调结构、转方式，积极围绕战略性新兴产业招商引资，着力培育形成新的经济增长点，推动经济持续健康增长。

三、要优化助企扶工服务。要营造助企扶工的良好氛围，最大限度地优化审批服务，精简审批流程和环节，切实做到让企业“最多跑一次”。紧跟国家“降成本”政策进展动态，认真研究国家、省和瑞安市有关政策举措，用足用活各项优惠政策，切实帮助企业降低税费、物流等成本；合理确定工业供地价格，节约企业用地成本。打造公平执法环境和市场环境，防止选择性执法，做好政策咨询、法律帮助等延伸服务，营造清正、高效的企业发展软环境。及时研究解决小微园建设遇到的政策处理、资金保障、土地指标、规划衔接、配套设施等方面的问题，提升小微园开工审批、竣工验收及产权办理等服务水平。相关镇街、部门要增强定力，合力扶工，千方百计留住和引进优质企业，力促工业投资项目落地。

请市政府对上述审议意见进行认真研究，将审议意见实施方案于2017年7月31日前送交市人大常委会财经工委，并将落实情况于2018年1月31日送交市人大常委会财经工委征求意见后向市人大常委会报告。

关于瑞安市“剿灭劣Ⅴ类水”工作情况报告的审议意见

（2017年7月5日瑞安市第十六届人民代表大会常务委员会第八次主任会议通过）

瑞安市第十六届人民代表大会常务委员会第四次会议，听取和审议了市人民政府副市长林政洪所作的关于瑞安市“剿灭劣Ⅴ类水”工作情况的报告、市人大常委会农资工委主任张金林所作的关于瑞安市“剿灭劣Ⅴ类水”工作情况的调研报告。常委会组成人员认为，今年以来，市政府及有关部门重视“剿灭劣Ⅴ类水”工作，按照“6月底前消除劣Ⅴ类水断面、12月底前全面消除劣Ⅴ类水体”的工作要求，全面部署，综合施策，合力攻坚，取得了阶段性成果。但是，剿劣总体形势依然严峻，存在面上劣Ⅴ类水体治理进展不快、城乡治污基础设施建设滞后、监管执法力度有待加强、群众水环境保护意识薄弱、治水长效机制有待进一步完善等问题。为此，提出如下审议意见：

一、要紧盯目标，确保如期“剿灭劣Ⅴ类水”。下半年，要始终紧盯目标，既要巩固省市县水质监测断面的剿劣成果，防止反弹，又要将剿劣战向全市455个劣Ⅴ类水体延伸。要坚持问题导向，制订落实“一河一策”“一点一策”个性化消劣整治方案，按照“不放过一处、不漏掉一条”的标准，逐一确定时间表，分解责任、挂图作战、精准发力，全力以赴推进各项工作。要大力“治断头、通梗阻”，加强河网水系梳理，促进河道畅流。要拉高标杆，自我加压，以更高标准推进“五水共治”，确保水环境质量持续优化。

二、要标本兼治，加快治污基础设施建设。治污基础设施建设是“剿灭劣Ⅴ类水”的关键。要加大投入，水岸同治，扎实推进污水处理厂和污水收集管网等基础设施建设，以提高污水处理率、运行负荷率、达标排放率“三率”为目标，健全完善污水管网管理体制，解决管网“无、漏、错、塞”和沉降等问题。要按照“零直排”要求，切实摸清瑞安市近期需要建设的污水收集管网和污水处理设施数量、规模，完善治污基础设施建设计划，落实部门责任，确保全面完成建设任务。要在巩固入河排污口封堵成果的基础上，深入推进沿河排污口整治，重点解决雨污合流问题。要补齐短板，切实抓好农村生活污水和垃圾处理工作，及时解决农污设施建设中的问题，健全治污保洁机制。

三、要持之以恒，保持监管执法高压态势。“河长制”已写进新版《中华人民共和国水污染防治法》，要以此为契机进一步落实河长“管、治、保”职责，发挥河长App信息管理系统的作用，倒逼落实河长责任，推动“河长制”向小微水体延伸。进一步理顺入河排污口审批监管、垃圾渣土泥浆入河监管中的部门工作职责，将“四无”整治、沿河违建拆除、重点污染行业整治、农业面源污染治理等进行到底，对旅馆、餐饮等服务业偷排污水废水行为实行“零容忍”。相关部门要加强日常巡查监管，保持严格执法高压态势，严厉打击各类污染水体违法行为。有关乡镇（街道）要加强对河面保洁承包商的监督考核，确保河面清洁。

四、要上下联动，营造全民治水良好氛围。政府及部门要发挥剿劣工作中的主导作用，引导全社会共同参与，建立合力治水的长效机制。要创新投融资机制，积极引导民间资金和社会资本参与剿劣工作，培育水环境治理、河道保洁等市场主体，推进城乡污水设施第三方运维。要制定切实可行的水环境保护宣传教育计划，充分利用电视、报纸等各种媒体开展宣传教育，让公众成为水环境保护的积极参与者、监督者，形成自觉护水风气，营造浓厚的全民治水氛围。

请市政府对上述审议意见进行认真研究，将审议意见实施方案于2017年7月31日前送交市人大常委会农资工委，审议意见落实情况报告于2018年1月31日前送交市人大常委会农资工委征求意见后向市人大常委会报告。

关于瑞安市固体废物污染环境防治“一法一条例”执法检查情况报告的审议意见

（2018 年 7 月 4 日瑞安市第十六届人民代表大会常务委员会第二十七次主任会议通过）

瑞安市第十六届人大常委会第十三次会议听取和审议了市人民政府常务副市长曾瑞华所作的关于固体废物污染环境防治“一法一条例”贯彻实施情况的报告和市人大常委会执法检查组所作的关于固体废物污染环境防治“一法一条例”执法检查情况的报告。常委会组成人员认为，近年来，市政府重视固废污染防治工作，积极发展循环经济、推行清洁生产，在推进源头减量、健全收运环节、提升处置能力、强化日常监管等方面做了大量工作，取得了一定成效。但仍存在思想认识有待提高、处理终端建设滞后、执法监管不够有力、工作机制有待完善等问题。为此，提出如下审议意见：

一、加大宣传力度，强化固废污染防治责任意识。一要广泛开展法律法规宣传教育。有针对性地做好固废污染防治“一法一条例”危废特许经营许可、医疗废物管理、生活垃圾分类等方面的宣传培训工作，强化业主主体责任意识，提高群众知晓率、参与率和分类正确率。二要加大典型案件宣传曝光力度，以案说法，形成震慑，起到警示作用。三要鼓励群众举报固废污染环境违法行为。《浙江省固体废物环境违法行为举报奖励暂行办法》已于今年3月正式实施，要加大环境举报奖励办法的宣传力度，切实提高群众知晓率，并严格落实好奖励制度，形成群防群治的良好局面。

二、加快设施建设，提升固废污染防治处置能力。一要积极谋划建筑垃圾资源化利用项目，破解各类建筑垃圾消纳难题。抓紧规划建设旧房拆除垃圾、装修垃圾堆放场，改变此类垃圾无序乱倒的现状。二要加快乡镇渣土消纳场建设。协调各乡镇、有关部门尽早规划、系统谋划乡镇（片区）渣土消纳场建设项目。三要规划建设飞灰填埋场，做到科学规划、分期建设，防止临时规划、应急建设。四要加快医疗废物中转站建设。市环保局与市卫生计生局要科学规划、加快推进医疗废物中转站或集中处置场所建设，并对医疗废物硬件设施建设及收集转运给予相应补助。此外，要高度重视历史欠账问题，科学合理处置东山、塘下垃圾填埋场及仙降江边工业垃圾堆放点，严格兑现对中央环保督察组提出的限期整改处置东山垃圾填埋场的承诺。

三、完善工作机制，提高固废污染防治管理水平。一要建立协调机制。抓紧协调解决新型渣土和餐厨垃圾运输车辆无法上牌的问题，确保瑞安市渣土、餐厨垃圾运输规范有序。对病死动物无害化处理场运行不正常的问题进行专题研究，查清问题所在，提出相应的解决办法，确保病死动物无害化处理工作正常有序开展。要加大农业固废的回收力度，特别是要防止农用地膜随意丢弃或被拖拉机直接粉碎在土壤中造成污染。二要理顺工作机制。将农村生活垃圾分类收集处理职能划归市综合执法局，城乡生活垃圾从清扫到分类处理，实现“一把扫帚扫到底、一个部门管到底”。市住建局要围绕建筑垃圾减量化课题，根据瑞安市实际，从审批、竣工验收等环节开展深入调研。三要健全工业垃圾（边角料）收集机制。市环保局要牵头做好调查研究，建立健全瑞安市仙降、云周、莘塍等地工业垃圾收集工作机制，确保工业垃圾及时收集处置，充分发挥工业垃圾焚烧发电厂的效益，并保障其长期正常运行。四要建立电子信息化、智能化监管平台。强化对危险废物的环评报告、台账记录、转移去向、资金票据、贮存场所的管理；对医疗废物的交接记录、出入库称重记录实行全程数字化监控；核实一般固废的数量和去向，严防乱倾倒、乱填埋等违法行为。同时搭建好建筑渣土信息共享平台，及时发布供需信息，促进建筑垃圾资源化利用，通过造路填方、园林绿化等直接利用方式实现建筑垃圾减量化。

四、提升工作合力，强化固废污染防治执法监管。按照“减量化、资源化、无害化”的要求，完善监管工作机制，形成监管合力。一方面健全政府主导、行业主管、部门协调、属地管理的监管体系，加强部门之间的信息交流和协同配合，建立信息共享制度；另一方面大力开展联合执法行动，严厉查处渣土偷运乱倒、餐厨垃圾废弃油脂非法收集等行为，特别是要严管重罚外来建筑垃圾偷运到瑞安市倾倒的违法行为，做到日常监管、专项整治与联合执法相结合，强化监管合力，提升执法监管效果。同时，要落实举报奖励制度，发挥社会监督作用。

请市政府对上述审议意见进行认真研究，将审议意见实施方案于2018年7月底前送交市人大常委会城建环保工委，并将落实情况于2019年4月底前送交市人大常委会城建环保工委征求意见后向市人大常委会报告。

附件

跟踪督办的具体事项

1. 抓紧落实中央环保督察组反馈的东山垃圾填埋场处置工作，制定整改方案，年底前完成东山垃圾填埋场渗漏液处理，并确定塘下垃圾填埋场无害化处置方案。

2. 年底前完成旧房拆除垃圾、装修垃圾堆放场（市、镇两级）规划建设，畅通产废单位与综合利用单位的信息渠道，大力推进建筑垃圾分类无害化处理、资源化综合利用。

3. 要系统规划建设飞灰填埋场，年内完成规划方案并启动建设。

4. 尽快研究出台瑞安市工业垃圾（边角料）和餐厨垃圾收集、运贮、处置费用等政策规定，有效保障已建成的工业垃圾焚烧发电厂正常运行和治污效能。

5. 要严格按照省委部署，落小落细落实，确保完成年度城乡生活垃圾分类处理目标任务，取得实实在在的效果。

关于瑞安市食品药品环境保护领域违法犯罪行为处置工作情况报告的审议意见

（2019年9月5日瑞安市第十六届人民代表大会常务委员会第四十九次主任会议通过）

瑞安市第十六届人民代表大会常务委员会第二十四次会议，听取和审议了市人民政府、市人民法院、市人民检察院、市公安局关于食品药品环境保护领域违法犯罪行为处置工作情况的报告和市人大常委会法制内司工委的调研报告。常委会组成人员认为，近年来，市人民政府及有关部门、市人民法院、市人民检察院、市公安局重视食品药品安全和环境保护工作，注重日常执法监管，积极查处相关违法犯罪行为，做了大量工作并取得较好成效。但在日常执法监管、刑事打击力度、执法司法衔接等方面仍存在不足。为此，提出如下审议意见：

一、提高认识，切实转变执法理念。要充分认识新形势下做好食药环领域违法犯罪行为处置工作的重要意义，不断增强工作责任感和使命感。市人民政府要牵头落实食药环执法监管职责，督促有关部门严格履职、规范执法。食药环主管部门要牢固树立执法倒逼守法的理念，通过严格执法监管倒逼食药环领域从业人员自觉遵守相关法律法规规定，不断改善食品药品安全和生态环境状况。要采取群众喜闻乐见的形式，多角度、全方位地开展宣传教育，不断增强广大群众的食品药品安全和环境保护意识，引导其积极参与、支持、监督食品药品安全和环境保护工作；同时要结合典型案例以案说法，有效震慑相关违法行为。要不断完善食药环领域违法行为有奖举报制度，规范举报投诉处置工作，增强群众参与食药环监督的积极性。

二、完善机制，切实规范执法行为。要健全执法监管机制，将小规模种植户、即食食品包装袋等纳入日常监管范围，防止出现监管盲区。要强化源头管理，严格落实索证索票制度，确保食品来源渠道合法、质量安全。要规范抽检采样，严格随机抽样，杜绝当事人自行采样，确保抽检结果真实、可靠；要规范检测机构抽检取样行为，确保符合行政执法取证要求。要完善执法流程，依法及时处置相关违法行为。要强化指导监管，严格落实食品快检要求，建立有效的食品安全“防火墙”。要完善食品定性检测与定量检测工作衔接，对于快检不合格的，要迅速进行定量检测，防止出现执法漏洞。对监管发现的突出食品安全问题，要建立针对性、系统性的应对机制。

三、严厉打击，有效震慑违法行为。市公安局要强化侦查力度，及时、全面、客观地搜集固定证据，尤其是要加强主观故意方面的查证；对一些明显有违常理的辩解，不能机械地予以采信。要规范办案流程，对于无继续侦查必要的案件，要及时结案。市检察院要强化法律监督职能，督促、指导公安机关有效查处食药环违法犯罪行为，有效化解食药领域犯罪“主观故意难以查证”的困境；要强化公益诉讼职能，切实维护社会公共利益。市法院要充分考虑食药环领域违法犯罪的社会危害性，继续从严从重打击，有效震慑相关违法犯罪行为，切实发挥司法引领示范作用。

四、强化对接，切实增强工作合力。要严格执行《食品药品行政执法与刑事司法衔接工作办法》，切实规范犯罪线索移送、处置工作，及时有效查处相关违法行为。行政机关要第一时间核实食品来源和索证索票、进货查验情况，并及时将相关材料移送市公安局立案侦查；要确定具体科室负责案件线索审查、移送工作，由专人负责日常沟通衔接，避免多头对接，确保移送工作规范、有序。对于行政机关依法移送的食品药品犯罪线索，市公安局不得拒绝接收；接收后要在规定时间内作出是否立案的决定，并书面告知移送单位，同时抄送市检察院；对不予立案或者撤销案件的，应当说明理由并及时将案卷材料退回。市法院和温州市生态环境局瑞安分局要尽快出台环保非诉案件“裁执分离”实施办法，合理确定各自工作职责，确保相关案件执行到位。

请市人民政府、市人民法院、市人民检察院、市公安局按照监督法的有关规定，认真落实以上审议意见，并将落实情况于2020年4月底前向市人大常委会报告。

关于“加快集云山公园建设 满足市民日益增长的休闲健身需求”议案办理情况报告的审议意见

（2020 年 11 月 6 日瑞安市第十六届人民代表大会常务委员会第六十九次主任会议通过）

瑞安市第十六届人大常委会第三十四次会议听取和审议了市政府关于“加快集云山公园建设 满足市民日益增长的休闲健身需求”议案办理情况的报告。常委会组成人员认为，今年以来，市政府高度重视议案办理工作，制定议案办理方案，明确职责、落实任务，在空间规划、政策制定、资金保障、工程建设等方面做了大量工作，总体进展情况良好。但还存在工程进度不快、沟通对接不充分等问题。为此，提出如下审议意见：

一、优化规划，彰显文化特色。要在总体保持已有规划不变的基础上，进一步优化空间布局，保护自然本底，重点打造好集云湖、集云阁两大核心区域景观。从速明确沿山生态文化景观带规划范围，为尽快启动景观带建设做好前期工作。要彰显集云山独有的文化特色，努力讲好集云山故事，让市民在休闲健身、文娱活动的同时，了解感悟传承瑞安文化。

二、紧盯目标，加快工程进度。要继续高度重视议案办理工作，紧盯“三年任务两年完成”的目标，严格按照任务分解表，进一步加大力度、加快进度，确保圆满完成年度任务。要强化工作举措，抓紧启动平天河景区和猪头岩景区游步道及相关配套建设一期工程开工、集云湖景区游步道及相关配套建设一期工程项目EPC招投标、集云山森林生态系统修复一期工程项目实施，确保今年开工建设项目能如期进场施工。同时，要做好前期谋划，加快启动2021年开工建设项目平天河景区二期（集云阁）、道路及连接线提升改造工程前期处理工作，确保平天河景区二期（集云阁）项目如期进场施工，核心景区集云湖、平天河景区一期、猪头岩景区一期等项目在2022年年底前顺利完工。

三、强化领导，形成工作合力。市政府要进一步加大统筹协调力度，及时解决集云山公园建设中遇到的问题。有关单位要各司其职，通力合作，把责任落实到具体岗位、具体人员，确保集云山生态公园建设工作有序有力推进。要加快审批《瑞安市集云山生态公园专项规划（2020—2022）》《瑞安市集云山森林生态系统修复及一期工程设计》。尽快完成平天河景区二期（集云阁）项目选址论证，协调解决集云阁招投标、110KV锦湖变电所重新选址、黄岩炮省级测绘点迁移等具体问题。要根据《集云山生态公园政策处理实施方案》，加大工作力度，切实做好建设项目进场前政策处理工作。要强化巡查措施，加强项目建设期间集云山辖区管理。要加强工程建设项目履约监管，在确保工程建设质量安全的前提下，力争建设项目进一步提速。

请市政府按照监督法的有关规定，认真落实以上审议意见，并将落实情况于2021年10月底前向市人大常委会报告。

关于瑞安市检查未成年人保护“一法一条例”实施情况报告的审议意见

（2021年8月4日瑞安市第十六届人民代表大会常务委员会第八十二次主任会议通过）

瑞安市第十六届人大常委会第四十次会议听取和审议了市政府关于未成年人保护“一法一条例”实施情况的报告和市人大常委会执法检查组关于检查未成年人保护“一法一条例”实施情况的报告。常委会组成人员认为，市政府及有关单位重视未成年人保护工作，认真贯彻实施《中华人民共和国未成年人保护法》和《浙江省未成年人保护条例》，在优化未成年人成长环境、加强未成年人权益保障等方面取得一定成效。但在普法宣传、工作合力、关爱特殊群体未成年人、司法保护创新等方面还有待进一步加强。为此，提出如下审议意见：

一、加强宣传普及，营造社会氛围。结合儿童友好型城市建设工作，充分利用各类新闻媒体，加强对新修订《中华人民共和国未成年人保护法》的宣传。各乡镇（街道）、相关部门单位要加强“一法一条例”学习，组织开展形式多样的宣传活动，推动未成年人保护相关知识进机关、进镇街、进校园、进村社、进万家，切实提高未成年人自我保护意识，营造全社会关爱保护未成年人健康成长的浓厚氛围。

二、明确工作职责，落实主体责任。市级层面要建立健全未成年人保护工作协调机制，加强统筹协调和督促指导，确保责任落实到岗到人。民政部门要明确分管科室和专门人员，具体承担未成年人保护协调工作。各乡镇（街道）要设立未成年人保护工作站或指定专门人员，具体办理未成年人相关事务。各村社应当设置专人专岗，承担未成年人保护工作职责。要加大未成年人保护工作的财政投入力度，探索政府购买帮教服务模式，推进社会组织延伸帮扶、帮教工作范围，进一步深化服务内容。

三、紧扣突出问题，强化职责履行。继续加大对未成年人进酒吧网吧行为的执法力度，相关部门单位要强化沟通协作，建立长效管理机制，预防和减少涉及未成年人的违法犯罪案件发生。加强对留守未成年人的帮扶，切实摸清底数，以数字化改革工作为抓手，进一步完善全市留守未成年人分类信息台账，建立数据库，实现资源共享；整合部门单位、乡镇（街道）、学校、村社、社会组织等各方面资源，探索建立科学的帮扶机制，实现精准帮扶。加强辍学未成年学生劝返工作，进一步核实义务教育阶段在籍不在校学生情况，对确认已在外地上学的，督促尽快办理学籍转接手续；对疑似辍学或无法联系的，要建立疑似辍学学生信息比对、通报机制，多方协作，协同其父母或其他监护人做好劝返工作。加强学生心理疏导和法制辅导，建立学生心理健康问题早期发现和及时干预机制，配足配好专兼职心理健康教育教师，进一步强化德育对学生心理健康的促进作用；健全法制副校长工作机制，更好发挥法治文化教育作用。

四、推进机制创新，加强司法保护。市法院要探索少年审判工作的新途径新方法，指定专门的合议庭、审判团队或者法官审理涉及未成年人案件。落实未成年被害人“一站式”取证保护机制，公安、检察机关等要同步到场，一次性开展询问调查、检验鉴定、心理抚慰等工作，注重对未成年人的心理关爱和隐私保护。

请市政府、市法院、市检察院按照监督法的有关规定，认真落实以上审议意见，并将落实情况于2022年6月底前向市人大常委会报告。

第四节　其他重要资料

关于瑞安市行政村规模调整的调研报告

瑞安市人大常委会课题调研组

（2015 年 12 月）

根据市委工作安排，市人大常委会主任叶世林，副主任金爱忠、薛小平、薛尧弟等4位领导带领市委组织部、市民政局、市农林局和市人大相关工委人员，组成4个调研组到全市15个镇街开展行政村规模调整实地调研。分别召开25个座谈会，倾听了解镇村干部、“两代表一委员”和农村党员群众代表对行政村规模调整工作的看法、意见和建议。同时，还赴象山县、兰溪市学习考察行政村规模调整工作。

一、瑞安市行政村的基本情况

（一）历史沿革

中华人民共和国成立后，瑞安市行政村的规模、数量曾有过3次较大变化。第一次在1961年前后，因农村生产管理需要，西部山区许多村被拆分组建为生产大队，1984年改设村民委员会，保留至今。如，原高楼区的39个村拆分成97个生产大队。第二次在上世纪80年代初，东部平原地区一些人口规模大的行政村（生产大队）被拆分。如原里学乡后里大队，一分为四，组建繁里、荣里、富里、强里等4个生产大队；原鲍田乡鲍六村，被拆分为高营、高星、上升、东洲等4个行政村。第三次在2001年，仙岩镇、丽岙镇、塘下镇的梅头片区被划入温州市区，行政村数减少54个。1992年以来，瑞安市进行了5次乡镇行政区划调整，但都没有涉及行政村规模的变动，行政村布局结构基本停留在上世纪80年代前的水平。

（二）当前状况

1. 人口状况。瑞安市辖5个镇10个街道，有910个行政村，其中城中村10个、城郊村28个、在海岛上12个，中西部4镇所辖554个村，最多的是湖岭镇有160个行政村。在籍人口约有27.5万户，106万人。户籍人口最多的村是莘塍街道周田村有1798户，7319人，最少的是东山街道冬瓜屿村只有14户，46人；1000人以下村480个，500人以下村163个。

2014年度行政村户籍人口规模情况

表6-1

类别	3000人以上		3000人以下		2000人以下		1000人以下		800人以下		500人以下	
	村数（个）	占比（%）	村数（个）	占比（%）	村数（个）	占比（%）	村数（个）	占比（%）	村数（个）	占比（%）	村数（个）	占比（%）
户籍人口	45	4.9	865	95.1	792	87.0	480	52.7	363	39.9	163	17.9

2. 经济状况。全市行政村集体净资产达56.72亿元，但各村发展不平衡、经济实力悬殊。从2014年村级集体收入看，100万元以上的有112个村，1000万元以上的有6个村，主要分布在东部经济发达的平原区；而5万元以下的经济薄弱村还有487个，主要分布在中西部经济欠发达的山区、半山区。

3. 运行状况。瑞安市行政村组织健全，村级治理总体正常，公共服务基本满足，集体经济发达的村，实行工作日坐班制，集体经济一般的村，实行上午坐班制，村干部在村办公楼为村民提供服务，非工作时间，村民办事也能找到村干部。经济欠发达的山区、半山区和海岛村，将村委会公章集中在街道（或农村社区）保管，如遇村民需要出具证明，事先与村干部联系好后，到街道（或农村社区）由驻村干部或社区工作人员给予办理。

（三）发展趋势

随着瑞安市经济社会的发展和新型城镇化推进，行政村的规模呈现出以下状况：经济发达的平原区行政村居住区域、人口规模在扩张，而经济欠发达的山区、半山区和海岛的村在逐步萎缩。在发展较快的塘下镇和安阳等10个街道大部分村以及陶山、湖岭、马屿、高楼等4个镇中心区的村已连成一片，有些村彼此间的村界，已经难以分清。山区、半山区和海岛的村，因人口外流严重，趋于“空心化”。凤凰头、小南龙、关帝山等海岛村已经没有村民居住，湖岭镇燕子窝村、梅树坑村，高楼镇永安村，马屿镇姜地村、龙船河村等几十个山区村，仅剩十来名老人在颐养天年。

第六次人口普查行政村常住人口分布情况

表6-2

类别	3000人以上		3000人以下		1000人以下		800人以下		500人以下		300人以下		100人以下	
	村数（个）	占比（%）	村数（个）	占比（%）	村数（个）	占比（%）	村数（个）	占比（%）	村数（个）	占比（%）	村数（个）	占比（%）	村数（个）	占比（%）
常住人口	120	13.1	790	86.9	570	62.6	509	55.9	387	42.5	268	29.3	118	12.9

二、当前运行中存在的问题

瑞安市行政村数量偏多、大小悬殊、布局分散、功能不全，影响了瑞安市经济社会的发展。

一是管理服务难。西部四镇所辖的行政村554个，数量过多，布点分散，致使镇领导很难全面、细致地掌握行政村情况，直接影响了工作成效。此外还存在镇党委政府召集村干部开会难、村干部群众见镇领导难等诸多问题。就村级管理而言，人口“空心”造成经济“空壳”，导致发展“空白”，村级组织对村民的管理服务难以到位。

二是运行成本高。各行政村都需各类组织配套、村级活动场所、村级运转经费等行政要素，不同程度加大了市级财政和农民的负担。2015年，仅市财政投到村级的人员经费和运转经费就高达1.15亿元（其中，补助经济薄弱村的运行经费2620万元；村“两委”主职报酬6384万元；村务监督员报酬1142万元；村报账员报酬158万元；村邮员报酬385万元；村级计生员补助356万元；村水利员补助409万元）。

三是班子配备弱。规模过小的村，选人用人范围狭窄，直接影响了村级班子的整体素质和战斗力。一些村即使勉强配备村级领导班子，也往往存在着干部年龄老化、文化科技知识低化、管理能力弱化的等问题。此外，在换届选举、村务决策等方面，容易受传统的家族势力左右，影响村庄建设发展。

四是投入绩效低。规模小的村要实施基础设施等项目建设，村集体自筹部分资金难筹，导致建不起来。一些公共设施建起来，因人员外流多，利用率也不高。同时，为考虑平衡需要，村与村之间存在一定程度的重复建设问题，大大降低了公共设施的共享率，并造成了资源的浪费。

三、干部群众的主要意见建议

在调研中，基层干部群众对行政村规模调整的看法。

（一）镇街干部层面

中西部四镇，多数镇干部都认为，开展行政村规模调整工作势在必行，部分镇干部认为不必调整；东部平原地区的镇街干部大多认为，辖区内的行政村人口规模相对较大，且社情相对复杂，应维持现状，不宜调整。镇街干部建议：要坚持实事求是、因地制宜，切实根据各镇街、各村的实际情况，积极稳妥地开展村规模调整工作。一要深入调研，掌握实情，要深入社区、深入村居，了解各村的实际情况，尤其是历史沿革、基层治理、“三资”情况等。二要试点先行，稳步推进，应选择部分条件较成熟的村先行试点，通过典型示范，逐步推进村规模调整工作，不搞一刀切。三要突出重点、抓好关键，尤其是要解决好干部群众关心的“三资”问题、政府“三农”投入政策导向问题、镇村干部思想认识问题。

（二）村干部层面

大多数村干部表示不愿意调整，少数村干部认为有必要调整。一些村干部认为：行政村规模调整，必将会使一些建设项目跟着调整，不愿看到自己的劳动成果付诸东流，已享受的村干部报酬也会落空，因此，不支持行政村规模调整工作。同时，行政村规模调整会增大村干部当选的难度，部分村的主要干部将面临落选，这也是村干部所担忧的。再者，瑞安市对连续三届担任村两委正职，且无参加社会养老保险的村干部，给予生活补助，一些没有参加养老保险的村干部，将此视为政治待遇，当作自己为村民做好服务，争取“三连任”的工作动力，行政村规模调整将会成他们“圆梦”的一大阻力。

（三）基层群众层面

担心经济利益受到损害，群众对行政村规模调整的意愿不强。目前，瑞安市农村资产量化工作还未真正到位，基层群众对行政村规模调整，可能损害自身经济利益的顾虑，主要有：与经济状况比自己弱的村合并，会损害到自己的利益；与经济状况比自己好的村合并，又好像“低人一等”；村名将发生变化，户口本、房产权证、身份证等证件也跟着需要变更，会造成一些麻烦；还有出于对村干部不信任，担心行政村规模调整会导致村集体资产流失。还有部分群众担心，村变大了，而相互了解的村干部变少了，办事可能会没以前便利了。

四、行政村规模调整的利弊分析

通过调研分析，我们认为：瑞安市有必要开展行政村规模调整工作，但同时也要高度重视存在的困难和问题。

（一）开展行政村规模调整的有利因素。首先，行政村规模科学合理具有很大的积极作用。从象山、兰溪及其他完成行政村规模调整工作地方的经验看，一是能够整合农村资源，提高农村公共服务能力，打破农村分散的低层次发展格局；二是有利于加强村级组织建设，拓宽村干部的选择空间，完善农村社会治理；三是有利于降低行政运行成本，提高资金利用率；四是有利于拓展调整后新村的建设空间，充分整合和利用土地资源，推动新农村建设和中心村发展；五是有利于推动下山脱贫和农村社区建设等工作的开展，改善村民交通和居住条件，提高村级综合服务效率，满足群众生产生活的长远需要。其次，瑞安市已经具备开展行政村规模调整的基础条件。改革开放以来，瑞安市农村经济得到了巨大发展，交通通信条件有了根本性改变，这就大大缩小了地域空间，大大强化了农村基层组织管理和服务的手段，村级组织管理和服务的幅度可以大幅度扩大。最后，联建共享互助机制为推进村规模调整奠定基础。一些镇街已在相邻行政村之间，先行探索建立综合协调、民主管理的共建互助机制，努力实现决策共商、矛盾共解、规划共绘、设施共建、资源共享、活动共办、治安共防、环境共治。塘下镇凤山社区等，湖岭镇呈店、亦垟、直干、均路、白水济、南坑炉、江山炉等7村开展党建联村工作；马屿镇许南、许北村联建美丽乡村；高楼镇的沙垟、东升、软山村开展合署办公。

（二）开展行政村规模调整的困难问题。行政村规模调整可能面临的困难问题有：一是抵触调整的问题。部分群众源于自身利益保护和地缘情结，可能有抵触情绪；行政村的撤并，村干部职数将相应减少，村干部分流问题处理不好，也会产生抵触情绪，使各项工作不能顺利开展。二是村名变更的问题。行政村规模调整会使部分村名称消失，村名、村办公地点变更，可能给一些群众习惯的生产生活带来影响，村名情结很有可能会引发群众的不满情绪。三是“三资”处理问题。各原村之间集体经济实力有差异，强弱合并干部群众思想难统一；村级集体资源不均衡，要合并资源该采取哪种方式难确定；山区、半山区和海岛的行政村，大多数是“空壳村”，多多少少都有一些债务，如何消化等。四是村民会议召集难。法律规定行政村规模调整要经村民会议讨论同意。一些“空心村”召集本村过半数的18周岁以上村民，或者本村三分之二以上的户的代表参加讨论表决行政村规模调整方案，有难度。

五、下步工作建议

行政村是我国农村最基层的建制单位，是农村群众生产、居住、生活的共同体，是基层社会治理的重心。瑞安市应当立足全面深化农村综合改革，促进农村经济社会发展，完善农村社会治理，从早谋划行政村规模调整工作。

（一）统一思想，达成共识

瑞安市部分村规模过小、镇街下辖村居过多，已经明显影响了新农村建设，村规模调整是大势所趋。因此，要进一步统一思想，让广大干部群众，尤其是村干部和广大村民明白行政村规模调整的目的和对加快新农村建设的重要意义，切实化解农村基层广大干部群众的思想顾虑。要进一步提高认识，教育广大干部群众识大体、顾大局，正确处理局部利益和全局利益、个人利益和整体利益的关系、当前利益和长远利益的关系，克服狭隘的本位主义，以主人翁的态度，全力支持和积极参与行政村规模调整工作。

（二）完善政策，把握导向

行政村规模调整工作是农村资源配置、区域经济以及最基层管理体制的重组与创新。相关职能部门要就行政村规模调整存在的问题以及可能出现的新情况，进行调研，寻找解决办法，形成政策支持体系，充分发挥政策的导向作用。一要科学编制村庄建设发展规划，合理设定空间布局，整合优化农村各类资源，引导、推动规模小的村庄及其村民逐步向中心村集聚发展。二要优化保障模式。改变统一标准保障村级组织运行经费和主职干部的待遇的“一刀切”模式，根据村庄规模大小，工作任务轻重，实行村务“项目化”运作，做到“养事不养人”。三要创新激励机制。整合扶持“三农”项目资金，对一些合村联建、有利于村庄合并的建设项目，予以资金倾斜，重点扶持，发挥示范引领作用。

（三）因地制宜，分类实施

充分考虑各行政村的地理位置、产业布局、发展水平、人口规模等因素，从方便村民自治、生产生活和经济发展出发，分区域、分类型地开展调整合并。可采用村改居、合村建社区、合并弱小村等方式，对已经没有集体土地资源或很少的城中村、城郊村，应推动村改居，建城市社区；对经济发达的平原地区，要引导地域相邻、融合度较高的村，推动合村建社区；对山区、半山区、海岛的人口空心村、集体经济空壳村，建议与下山移民、农房集聚相结合，推动弱小村合并，探索“政经分离”“先政后经”“相当整合”等方式处理农村“三资”。行政村规模调整工作，坚持全市统一部署，统一行动，防止集体资产流失，确保社会稳定。镇党委、政府，街道党工委、办事处是村规模调整的实施主体，具体组织实施村规模调整工作。

（四）尊重民意，依法推进

要走出“合并越多，效果越好”的误区，不搞一刀切。要尊重民意，发扬民主，走群众路线，充分体现和维护人民群众的根本利益。要从实际出发，宜并则并，把握规律、积极引导、稳妥推进。行政村规模调整要依法行政、规范操作，严格按照有关法律和文件规定，由各镇人民政府（街道办事处）提出，经村民会议讨论同意，报市政府批准后实施。

（五）争取支持，营造氛围

在温州市11个县（市、区）中，仅有文成、平阳、泰顺、苍南等4个县，曾经开展过行政村规模调整工作。乐清市有911个村，永嘉县有904个村，苍南县有776个村，平阳县有599个村，他们存在的问题也与瑞安市类似。市委、市政府要争取温州市委、市政府的重视，像金华市做法一样，在温州市域内统一布置行政村规模调整工作，营造氛围，减轻瑞安市开展行政村规模调整的工作压力。

加强领导　精心组织
确保乡镇人大换届选举工作圆满完成

（2016年8月2日浙江省各级人大常委会主任读书会上作经验交流）

瑞安市户籍人口123万人，经济综合实力全国百强县之一。今年初，瑞安市乡镇行政区划调整后，由5镇10街调整为9镇2乡12街，根据省人大有关批复意见和中共温州市委《关于做好2016年乡镇换届工作的通知》要求，涉及行政区划调整的10个乡镇7月底前完成换届工作。截至7月15日，瑞安市已圆满完成乡镇人大代表选举工作，10个乡镇划分为480个选区，共选举产生723名代表，其中，工农代表554名，占76.6%，比上一届提高2%；专业技术人员代表28名，占3.87%，提高0.7%；妇女代表190名，占26.28%，提高10%；党政干部代表94名，占13%，下降1.67%，有效实现了“两升一降”目标，代表结构明显优化，代表素质明显提升，已开好人代会的10个乡镇76名党组织提名推荐的国家机关领导人员人选都高票当选。

一、加强领导，科学谋划换届工作。今年是县乡人大换届之年。瑞安市委认真贯彻中央、省委关于做好县乡两级人民代表大会换届选举工作文件精神，专门成立了以市委书记为组长的乡镇换届选举工作领导小组，出台了《关于做好2016年乡镇换届工作的意见》，两次专题研究乡镇人大换届选举工作；10个乡镇也相应成立了乡镇换届选举工作领导小组，切实加强党对换届工作的领导。市人大常委会党组学深悟透中央、省委相关文件精神，在深入调研、广泛听取意见基础上，出台《关于做好2016年乡镇人民代表大会换届选举工作的意见》，进一步明确人大换届选举工作指导思想、工作步骤和具体要求。及时研究乡镇人大换届选举的届次、名称和乡镇人大代表名额、结构比例等事项，市人大常委会依法确定了新一届乡镇人大代表名额与结构，批准了由各乡镇党委副书记担任主任的乡镇选举委员会，明确了乡镇人大主席团组成人员名额和结构。同时，瑞安市将“健全人大代表候选人提名推荐、加强选举工作监督”纳入今年市委深化民主法治领域改革工作重点，将各乡镇人大换届选举工作任务进行量化考核，纳入党政考绩记分项目。

二、精心组织，加强选举全程指导。针对行政区划调整的10个乡镇班子成员多数是刚获提拔的年轻干部，村情选情不熟，选举经验不足，因此，我们高度重视学习培训和业务指导工作。按照依法规范要求，认真制订乡镇人大换届选举工作日程安排，明确各阶段工作内容和时间节点，力求把多个环节做细做实。早部署、重培训、勤指导，4月27日，市人大召开乡镇人大换届选举工作会议，对换届选举的组织和准备工作进行相关部署；5月23日，召开换届选举工作指导组会商协调会，统一制定选民登记、候选人推荐、选举办法等各类文本，并对相关预案进行研究；5月下旬，两次组织全市各乡镇、街道人大主要负责人开展集中培训；6月6日，专题举办换届选举工作培训会，编印《乡镇人大换届选举工作流程》，对选举准备、选民登记、提名推荐和确定候选人、投票流程等具体工作作详细部署。市人大常委会专门成立了乡镇人大换届选举工作指导组，由市人大常委会正副主任带队分赴各乡镇，重点盯紧选民登记、选区划分、代表结构、投票选举等四个关键环节进行督导。此外，我们还建立了选举值班制度，及时解答换届选举问题。

三、审查前移，源头把好代表素质。进一步严格代表候选人的资格条件，在省委文件规定的“六种情况人员”不能推荐提名为代表候选人的基础上，增加“涉及违反相关行政法规或有不良信用记录的”人员。建立健全代表选前“四审查一考察”机制。一是选区初审。选区工作小组发挥驻村干部、村两委成员了解村情民意的优势，认真核实人选身份、基本情况等内容，防止代表“带病入选”。二是部门联审。由法院、检察、纪检、公安、综治、计生、三资、信访等部门组成联合审查组，根据各自职能分别对代表候选人素质5个方面20多项内容进行专门审查，汇总联审意见。三是选举委员会会审。乡镇选举委员会对推荐提名的初步候选人在资格条件等方面进行再把关，审查候选人中各类代表的比例是否合理，注意把握“两升一降一保证”的要求。四是党委严审。乡镇党委对候选人进行组织审查，对人选提名推荐中出现的拉票贿选、“暗箱操作”等不正之风和违法违纪行为坚持“零容忍”和高压打击态势。“一考察”，则是党委组织部门对代表候选人的政治素质等7个方面进行综合考察。为避免出现审查纰漏，指导推出代表候选人《承诺书》，为最终的审查把关上“保险”。据统计，瑞安市10个乡镇共取消代表候选人资格50名，其中39名属因违纪违法被处分或涉嫌违纪违法正在接受调查处理的，11名属违反计划生育相关规定的，在一定程度上保障了代表素质。

四、依法办事，严格把握重点环节。一是严把选民登记关。按照“一查、二核、三访、四审、五公布”步骤，认真细致开展选民登记，重点做好“人户分离”人员等流动人口选民登记工作，进村入户开展核查校对，予以“两次”公告。二是严把工作程序关。按照新修订的选举法、组织法有关规定，对选区划分、选民登记、候选人提出等具体工作环节进行规范。三是严把选举投票关。按照“一选区一方案”的要求，尤其是对于村两委不团结或凝聚力不强、候选人竞争激烈等选情复杂的选区，加强力量配置，乡镇主要领导亲自对接，确保选举秩序稳定。四是严把代表资格审查关。在代表选举产生后，由资格审查委员会对当选代表进行审查。通过审查，将审查意见提交乡镇人大主席团。五是严把人代会会期关。明确了新一届乡（镇）人代会第一次会议流程，要求会期在1天半以上，全面实施政府实事工程表决制等议程，为认真开好乡镇人代会提供制度规范。

五、严明纪律，确保选举风清气正。在换届选举启动之初，迅速拉起严肃换届纪律的高压线，做到“三个到位”。一是制度到位。建立换届工作责任制和追查机制，实行“谁推荐谁负责、谁提名谁负责、谁考察谁负责、谁管理谁负责”。二是督查到位。成立换届选举纪律督导组，对重点选区派员蹲点驻守，加强与纪检部门、司法机关等单位的联系沟通，严格执行市委转发的人大常委会党组《关于破坏选举行为预防和查处工作意见》，对有关贿选、不正当竞选、破坏选举行为的标准和处理原则作出指导，及时发现、及早处理影响换届纪律和风气的问题。三是教育到位。重点围绕抓好党员干部的思想教育、工作人员的业务培训、选民的宣传教育，着力营造风清气正的换届选举环境。

下阶段，我们将认真贯彻落实中央、省委有关文件精神和全省各级人大常委会主任读书会精神，重点抓好以下工作：一是进一步加强乡镇人大工作和建设。目前，瑞安市乡镇人大均按照“一正两副”配备，各乡镇设立了人大常委会办公室，配备专职工作人员。我们将进一步贯彻落实中央和省委关于加强县乡人大工作和建设的文件精神，将以贯彻落实《浙江省乡镇人大工作条例》为契机，做实做优乡镇人大主席团工作，扎实推进乡镇人大工作规范化制度化。开拓创新，加大“参与式预算”“政府重大工程项目票决制”等的推广力度。二是进一步发挥人大代表主体作用。加强对乡镇人大代表的履职培训，指导组织开展“五个一”“五个员”代表主题活动，引导代表依法行使职权，提高代表联络站等载体活动实效，加强代表管理监督，规范乡镇人大代表建议办理工作，完善代表履职服务保障机制。三是进一步把握县级人大换届选举工作。深刻汲取衡阳、龙湾等地方代表换届选举的教训，加强代表候选人考察审查，切实把好代表“入口关”，依法选好县级人大代表，规范开好县级人民代表大会。

践行以人民为中心发展思想　推动民生实事项目造福于民

（2018年8月全省民生实事人大代表票决制交流会介绍材料）

民生实事项目人大代表票决制是一项基层民主实践创新，对于加强和改善党的领导，发展全过程人民民主，践行以人民为中心的发展思想，推动决策民主化、科学化、法治化，更好发挥人民代表大会制度优势具有重要意义。2016年，瑞安市以乡镇行政区划调整为契机，在塘下等6个乡镇试行民生实事项目人大代表票决制。2017年，瑞安市被温州市人大常委会列为实施市政府民生实事项目人大代表票决制工作的试点单位，市委专门研究出台了《关于推行政府民生实事项目代表票决制工作的意见》，2017年召开的市十六届人大一次会议首次票决确定了10项市政府民生实事项目，市十六届人大二次会议听取了市政府关于民生实事项目完成情况的报告，并进行了满意度测评。2018年，全市11个乡镇和12个街道全面实施民生实事项目人大代表票决制（票荐制），率温州之先实现全覆盖。2017年至2022年，全市共票决（票荐）产生政府民生实事项目783项，其中，市级60项、乡镇398项、街道325项，所有项目全部实施完成。

2017年2月18日，瑞安市第十六届人民代表大会第一次会议票决瑞安市2017年政府民生实事

一、变“领导拍板”为“问需于民”，确保征集广泛深入

民生实事是民心指向，是民意的综合体现。在征集初定阶段，坚持发挥群众的主体作用，真正做到让群众“点菜”。一是广泛征集。每年9月市政府办公室就开始启动次年的民生实事项目征集工作，通过报纸、电视台、微信公众号、党政OA办公系统等渠道发布征集公告，向人大代表、各部门单位及全体市民广泛征集民生实事项目。二是精心遴选。各级人大代表通过多种途径在广泛听取群众意见的基础上，对民生实事项目提出意见和建议。建立人大与政府的沟通协调机制，就项目的范围、内容、数量等方面加强联系、沟通和对接，市人大常委会主任会议专题听取征集情况汇报，努力使候选项目更加体现公益性、普惠性和兼顾各类民生事业的平衡性，同时确保以财政资金投入为主、当年度可以完成。三是充分论证。在前期征集遴选的基础上，召集各部门对项目进行讨论研究、修改完善，形成民生实事候选项目建议方案，经市政府常务会议通过，提交市委常委会研究审定，最后经人大常委会会议审议通过，形成民生实事候选项目提交人民代表大会会议审议表决。

二、变“为民做主”为“由民做主”，确保票决彰显民意

票决制工作必须以人大代表为纽带，人民群众成为民生实事项目的建议者和决策者。在审议票决环节，充分保证票决制工作的民主性，充分发挥代表主体作用。一是严密流程。将票决制议程有机融入人代会日程，做到既科学合理设置程序，让代表有充分酝酿和审议的时间，又不干扰和影响其他议题安排，制定“主席团提出表决办法、代表酝酿讨论、全体会议通过表决办法、主席团提出候选项目、代表酝酿讨论、代表无记名表决、表决结果现场公布”等流程。二是认真审议。按照票决制工作要求，市政府向大会报告民生实事候选项目形成情况。大会主席团安排专门时间组织代表分团讨论审议候选项目形成情况报告及项目清单，让代表充分了解候选项目的内容、实施主体、投资额度、完成时限等；根据代表审议需要，由市政府派员进行专题说明，为代表票决提供充分依据。三是严格票决。按照大会通过的票决办法，在全体会议上组织代表使用电子表决器，以无记名电子表决的方式，直接差额票决产生民生实事项目，按照得票数高低从12项候选项目中确定10项为正式实施项目，票决结果当场宣布，并由大会主席团发布公告，确保民生实事充分反映民声、彰显民意。

三、变“事后跟进”为“全程参与”，确保监督有力有效

把全程监督作为票决制工作的着力点，聚焦监督重点、紧盯项目进度，把民生实事专项监督贯穿到人大常委会全年监督活动中，做到力量向其集中、精力向其倾斜、措施向其强化。一是健全联系监督机制。人代会结束后，市政府制定项目建设计划书，细化项目的目标任务、责任分解、时间节点，并将项目按计划付诸实施。市人大常委会出台政府民生实事项目监督工作方案，建立常委会主要领导面上督导、分管领导具体负责、相关工委对口联系、各级人大代表广泛参与的监督机制。二是推动项目有效实施。市政府根据各项目责任主体的工作进度，对每个子项目的实施目标、任务进度、工作重点作出进一步明确，并出台考核办法，每月汇总进展情况。市人大常委会领导不定期带队对联系的民生实事项目，通过视察调研、听取汇报等方式进行督查，督促市政府及有关部门按照项目建设计划，扎实推进项目建设。市人大常委会会议听取和审议民生实事项目实施情况，提出审议意见交市政府办理。三是发动代表广泛参与。将全市各级人大代表和街道议政代表按照就近方便、业务熟悉的原则，组成多个联系监督小组，以人大代表联络站为平台，通过视察调研、明察暗访等形式对民生实事项目落实情况进行跟踪监督，及时提出建议意见，督促有关单位落实责任，推动民生实事项目顺利实施，确保项目取得实实在在的成效。

四、变“口头承诺”为“落地见效”，确保实事普惠民生

票决制工作绝不只是口号喊喊、话语讲讲、观点写写，而是切实回应广大群众所需所盼，使以人民为中心的发展思想真正树立起来，成为活生生的发展现实。每年人代会上，全体市人大代表要听取市政府关于上年度民生实事项目完成情况的报告，经过各代表团认真审议讨论后，以无记名电子表决的方式，对每年民生实事项目进行满意度测评。通过实施民生实事项目，推动解决了一批事关群众切身利益的好事实事。比如社会保障方面，为全市70周岁以上老年人、残疾人免费购买了意外伤害保险；交通治堵方面，开展“四小车”整治，打通多条断头路，新增了大量社会公共停车位；环境治理方面，实施村

道路面提升工程，推进老旧小区改造，将公厕纳入“一把扫帚”实施保洁，此外食品安全、教育普惠、扶苗育苗、绿色出行等一批民生实事得到较好落实。

瑞安连续七年开展部门工作评议

（2019年9月19日浙江人大信息（专刊）第四期刊登）

2013年以来，瑞安市人大常委会每年精心选择2至3个政府部门作为评议对象，已先后对公安、教育、卫生等17个政府部门开展工作评议，通过对工作监督和对人的监督有机结合，加强和改进了人大常委会对政府工作的监督，也体现了对人大任命干部履行职责情况的监督，有力地促进了政府部门依法行政、忠实履职。连续7年的工作评议，在突破部门工作“瓶颈”、服务群众方面取得了良好成效，赢得了部门和群众“双满意”。

一、主要做法

1. 加强组织领导，确保评议正确方向。2013年，制订《瑞安市人大常委会工作评议试行办法》，在人大常委会党组深入研究的基础上，报请市委常委会研究通过，重点明确了评议原则、对象范围、方法程序、结果运用等。每年向市委报告评议工作方案，并将评议工作纳入常委会监督计划，成立工作评议领导小组，常委会主要领导任组长，常委会副主任任副组长，各工委办主任为成员；根据评议部门数量，设若干个评议调查组，组长由常委会分管副主任兼任。及时将评议过程中发现的重要问题、满意度测评结果向市委报告，做到让市委早知道、早研究、早处置。同时，工作中注重依靠评议单位党委（党组），要求成立工作专班、确定专人负责，全力配合做好评议各项工作。通过加强对工作评议各阶段、各环节的组织领导，确保工作评议正确的政治方向。

2. 健全工作机制，确保评议规范公正。一是采取“先推荐、再票决”方式精选评议对象，梳理当年承担中心任务多、承办议案建议多、群众生活关联度大的重要民生部门，经主任会议民主推荐确定4至5个候选单位，再经常委会会议票决确定2至3个评议部门。二是坚持“全面调查、开门评议”办法，邀请具有相关专业知识的人大代表、专家学者参与评议调查组，注重工作评议相关法律法规政策和业务知识的专题学习，认真研究被评议单位的法定职责，切实提高评议的专业性、针对性和有效性。注重通过线上线下联动方式，全方位、深层次了解被评议部门的工作情况，线下综合运用问卷调查、专题座谈、明察暗访、个别谈话、查阅资料、民主测评等方式进行调查，线上依托网站、微信公众号、电子邮箱等广泛收集服务对象和群众的意见建议，着重了解近两年部门履职、依法行政、工作执行力和机关作风建设等方面情况，对评议单位进行一次全方位的“工作体检”，确保调查全面细致、客观公正。三是实行“满意度测评＋结果运用”，常委会会议评议时，当场对被评议单位的工作进行满意度测评，满意票占70%及以上为“满意单位”，不满意票达30%及以上为“不满意单位”，其余为“基本满意单位”。其结果运用，与人事挂钩，评议为“不满意单位”的，建议市委或其上级主管部门调整该单位班子成员，或视情对人大任命的干部启动撤职程序，7年来共调整部门班子3个，其中一把手2名；与绩效挂钩，评议为“不满意单位”的，该单位年度综合考绩不得评为优秀。

3. 狠抓整改落实，确保评议取得实效。始终把整改工作作为关键环节贯穿评议的全过程，做到边评边改、以评促改、改评结合。评议单位要根据评议意见，认真研究制订整改方案，列出问题清单，明确责任人和完成时限，有计划地推进整改工作。评议调查组加强跟踪监督，年度内常委会对评议意见落实情况进行二次审议和满意度测评，推动实现“当年评议当年整改”。对整改不力或不满意的，将责成被评议单位重新限期整改。

二、工作成效

1. 推动了上级重大决策部署的有效落实。坚持把贯彻执行中央、省市委和上级部门的重大决策部署，市人大及其常委会决议决定等情况作为评议重点，切实提高部门工作执行力。比如，2017年突出评议市水利局履行“五水共治”“剿灭劣Ⅴ类水”工作职责情况，助推瑞安市打赢“五水共治”攻坚战，勇夺治水大禹鼎。2013年、2019年先后两次对市教育局工作进行评议，紧盯教育改革措施落实和基础教育发展等，推动瑞安市创成省基本实现教育现代化市。2019年对温州市生态环境局瑞安分局评议，有效推动了中央环保督察问题的整改落实。

2. 提升了政府部门的依法行政水平。坚持把贯彻执行有关法律法规、依法行政和机关作风建设等情况作为评议重点，推动政府部门进一步提升为民服务意识和依法行政水平。比如，2015年推动市住建局加快推进审批权力下放和房产测绘队市场化改革，服务效率全面提升。2016年推动市财政局率温州之先开展财政资金竞争性存放，当年增收资金利息3200万元；市国土资源局在温州率先制定实施低效用地再开发工作细则，启动再开发土地3710亩。

3. 解决了群众关注的一些突出问题。坚持从代表群众普遍关心的热点难点问题出发，推动破解政府部门工作难题，切实增强了群众的获得感、幸福感、安全感。比如，2014年工作评议后，市公安局不断加大对“涉恶涉霸”、虚假诉讼等违法犯罪行为的打击力度，3年内共查处涉霸案件140起、虚假诉讼案件13起。2018年评议期间，推动市人力社保局将12种慢性病单次处方医保用量从4周延长至12周，在全国1万多家医院住院费用可直接刷卡结算；市税务局企业出口退税从“一月一退”改为“一周一退”。

瑞安市完善四项机制推动重点建议落地见效

（2020年6月3日浙江人大信息（专刊）第四十七期刊登）

瑞安市人大常委会通过完善调研、考核、督办、评估四项机制，先后推动城市有机更新、农村饮水安全工程、养老服务业发展等重点建议有效落实，切实补齐民生短板，促进经济社会高质量发展。

一、完善调研机制，多方调研、精心选题

坚持以人民为中心，通过深入调研，立足实际、反复考量，确保选题符合民意、普惠性强。一是广泛调研聚民智。每年11月采取“常委会领导＋工委＋镇街＋人大代表”的方式分组开展调研，同时结合当年信访件和建议办理不满意件等进行综合分析，遴选一批群众反映强烈的重大民生问题，提交主任会议讨论研究，提出1至2个重点建议选题。二是专题调研定议题。选题明确后，常委会主要领导和分管领导，带领相关工委深入一线开展专题调研，广泛听取相关部门、镇街、村企、代表和群众意见，进一步论证重点建议办理的必要性和可行性。在此基础上，将调研情况交由各代表团讨论，最后经大会审议确定。三是深度调研找方案。为高质量推进建议办理，常委会专门组织调研组，考察学习外地相关工作经验，形成调研报告供市政府参考，同时结合实际，明确提出重点建议办理的工作目标、进度安排和实施路径。如督办城市有机更新重点建议中提出“三年见成效，五年出形象”的工作目标，并明确抓好六大重点团块拆改的工作任务。

二、完善考核机制，多方联动、合力破题

坚持寓支持于监督中的理念，通过加强考核，层层压实责任，凝聚各方力量，合力推动重点建议办理。一是实施联动考核，发挥人大主导作用。将常委会领导推动重点建议办理列入市委市政府年度重点考核项目。结合人大常委会委员联系镇街制度，将督促推动重点建议办理落实情况作为评价人大常委会委员履职情况的重要内容。同时纳入镇街人大年度工作目标考核，作为人大代表联络站评先的重要依据。二是实行分类考核，发挥政府主体作用。督促市政府成立以主要领导为组长，分管领导为副组长，主要责任部门、相关镇街为成员的领导小组，定期研究推动。重点建议办理纳入当年全市考绩体系，细化责任清单，分单位分重点进行全面考核。如，养老服务业发展，重点考核市民政局、市资规局和各镇街的落实情况。三是强化定期考核，发挥综合督考作用。市考绩部门负责对重点建议办理进展情况进行定期考核，实施“三色”预警管理，每两月通报进展情况，视情给予加扣分。常委会主任会议结合常委会领导、联系工委日常调研和督查情况，定期对市考绩办的通报情况进行综合分析，及时提出整改意见交市政府办理。

三、完善督办机制，多措并举、精确答题

坚持以钉钉子的精神，突出重点难点，综合运用各种监督手段，强化监督推进，确保取得实效。一是注重上下联动监督。将重点建议作为当年一号监督议题，由常委会主要领导牵头，分管领导具体抓、相关工委合力抓，有关镇街人大共同参与。专门组建专项监督办公室，制定监督安排表，建立问题清单，实行销号制。此外，引导涉及重点建议办理的镇街，将重点建议确定为民生实事项目，发动辖区人大代表定期进行督查。二是突出重点精准监督。采取专项检查、调研督查、听取和审议专项报告等监督方式，紧盯经费保障、工程进度和质量等重点内容，着力推动建议办理落实。如，从财政预算安排入手，推动市财政优先安排资金保障养老服务业发展、农村饮水安全工程建设；又如针对督查发现农村供水工程项目审批程序烦琐问题，督促市政府及相关部门精简审批流程、简化办理手续，大大加快了工程进度。三是强化持续跟踪监督。把重点建议办理作为本届常委会重点内容，列入年度监督计划，持之以恒不断推进。如，针对城市有机更新，在2017年开展专项审议的基础上，2018年、2019年又连续安排听取和审议办理情况的报告，并进行专题询问。同时，注重利用公共媒体，及时公布进展情况以及存在问题，全方位接受社会监督。

四、完善评估机制，多法并用、注重评题

坚持以代表和群众满意为落脚点，加强重点建议办理情况综合评估，确保实实在在解决问题，真正让群众得到实惠。一是紧盯政府自评。要求政府根据重点建议办理的时间进度、完成质量、社会效果等方面内容，定期进行自我评估，分析问题，制定改进措施。如，市政府每月梳理通报六大拆改团块进展情况，自我加压，倒逼建议办理加速，规模达700多户的全省最大单体D级危房改造工程沿江新村团块提前半年全面竣工、安置。二是开展部门评议。将重点建议办理涉及的主要职能部门列为常委会年度工作评议部门，突出对重点建议落实情况进行评议。如，将市水利局列为评议对象，对其指导乡镇供水工程建设和农村饮水安全巩固提升等作为评议重点。通过评议，推动农村饮水安全工程进一步提速增效，列入2018年计划的84个供水项目全部完成，10多万人喝上了干净的自来水。三是实施满意度评价。重点建议办理落实“满不满意”，坚持由人大代表和群众说了算。常委会领导、相关工委和人大代表在督促建议办理落实的同时，也注重了解群众的“满意”情况，并及时将群众“不满意”的事项交由市政府及相关部门整改落实。在次年的市人代会上，市政府要专项报告重点建议办理落实情况，由市人大代表审议并进行满意度测评，测评结果反馈市政府。

文存索引

文存索引

编后记

编志纂史，赓续文脉。《瑞安市人民代表大会志（2003—2022）》（简称市人大续志）是市人大及其常委会第二轮编纂的志书。历时三年多完成编纂任务。这一成果来之不易，这是市人大常委会领导重视的结果，是市人大常委会各工委办和各乡镇（街道）人大支持的结果，是参与编纂及评审等工作人员共同努力的结果。

2021年6月，市人大常委会党组研究成立《瑞安市人民代表大会志（2003—2022）》编纂委员会，同年9月通过《瑞安市人民代表大会志编纂工作实施方案》及编纂大纲，市人大常委会党组书记、主任叶建辉在会上指出，编纂市人大续志，是瑞安地方政权建设和民主法治发展史上的一大盛事。要统一认识，精心编纂，密切配合，打造精品。2022年7月，市人大常委会主任会议暨编纂委员会会议讨论确定市人大续志编章节体目录安排。2024年3月14日，市人大常委会召开市人大续志编纂工作推进会，市人大常委会党组书记、主任应希克在会上强调，编纂市人大续志是瑞安市人大事业发展中的一件大事、要事，要按照“全面、系统、准确、严谨”的总体要求，确保志书高质量、高标准。

根据编纂工作实施方案和市人大常委会领导的要求，编辑部的各位同志本着严谨敬业、实事求是的精神，认真做好每一编章、每个环节的编纂工作。整个编纂工作大致上分为五个阶段。第一阶段：谋划大纲。2021年下半年，编辑部开始查阅大量志书，学习相关法律法规，了解二十年来市人大及其常委会的探索创新发展历程，并拟定市人大续志的编纂大纲草案，对续志的体例、结构及内容进行初步布局。第二阶段：搜集资料。编辑部同志及时与市人大常委会办公室、各工委和各乡镇（街道）人大进行对接，搜集有关文字资料和照片。到2022年底，汇集的市人大及其常委会二十年来各类文件、报告、会刊、资料汇编、刊物、电子档案等，共计3000万字以上。第三阶段：撰写初稿。各位编辑同志依照分工，对搜集到的资料进行细心的鉴别考证与筛选，着手撰写志稿。2023年春节前形成6编26章116节志书正文和志首、志末达150多万字的初稿。第四阶段：初审修正。2024年3月，将审核稿发至市人大常委会领导，编纂委员会顾问、委员和专家、有关人士等35人进行审核，收到320多条修改意见和建议。同时，温州市人大续志主编林坚强，温州市人大常委会委员、教科文卫委副主任委员赵万磊和瑞安市地方志研究室原主任张伟敏，《瑞安市志》副主编李赐华、谢公望等专家受邀指导，作

2024年9月12日，市人大常委会召开《瑞安市人民代表大会志（2003—2022）》评审会。图为评审会成员合影

了详细的批注，编辑部按分纂编章进行精心梳理，认真修改，至8月形成复审稿。第五阶段：复审终审。9月12日，召开市人大续志评审会。通过编纂委员会和专家组的审查验收，对于复审评审中提出的90多条意见建议，编辑部进行字斟句酌，分类修改，进一步完善。11月20日，市人大常委会党组召开会议，通过《瑞安市人民代表大会志（2003—2022）》终审稿。

为了保证志书的质量，编辑部在编纂过程中先后召开26次工作例会，力求市人大续志编纂精益求精，以翔实、准确的资料数据充分反映历届人大工作实践，集中展示创新成果、亮点成效，再现人大制度不断完善的历程。专家组审评后认为："本志能充分体现20年来，瑞安市人大及其常委会依法行使宪法和法律赋予的职权，人大工作在实践创新方面取得重大变化和进展，是一部结构精当、内容精选、文字精准、设计精美的市人大志稿，是一部层次清晰、资料全面、可读性好的志书。"

市人大续志编纂工作自始至终得到市人大常委会领导的重视。市人大常委会各工委办和各乡镇（街道）人大对于编纂工作给予有力的配合。市人大常委会委员周莉娜、陈晓洁全程审读、认真修改。同时，也得到市委办公室、市政府办公室、市委组织部、市地方志研究室、市档案馆、市融媒体中心等单位的支持，在此一并表示衷心的感谢！

修志为用，资政存史。这次编纂市人大续志任务重、时间紧，编辑人员情之所系，十分投入，尽责尽力做好编纂工作。由于编者水平有限，本书难免会有疏漏差错之处，恳请历届人大代表和广大读者批评指正，不胜感激！

《瑞安市人民代表大会志（2003—2022）》编辑部

2024年11月

人民代表大会成立七十周年感赋

《瑞安市人民代表大会志（2003—2022）》主编　郑光德

巍巍华夏，岳峨河浩；赫赫中华，泽东肇造。
建国宣言，千古流芳；五星交辉，闪耀东方。
江山社稷，宪法以立；国体政体，花开并蒂。
重器乃生，盛大庄严；国之柱磐，神州安宁。

人民至上，制度保障；立宪修法，治国安邦。
两会隆重，群贤毕至；济济一堂，共商国是。
立法监督，秉鉴持衡；举贤任能，伟业永恒。
守正创新，优势彰显；民主法治，大道远行。

人大代表，民主基石；心守民意，同襄求是。
忠诚履职，情系民生；铁肩担道，人民鸿声。
议案建议，汇聚民情；建言献策，一片赤诚。
服务发展，视察调研；民需我为，福祉情牵。

七秩征程，璀璨辉煌；党旗挥引，九州泽远。
不忘初心，循迹溯源；人民民主，全程拓展。
奋进时代，春风浩荡；牢记嘱托，使命担当。
砥砺前行，步履铿锵；天瑞地安，再谱华章。

《瑞安市人大续志》编纂终成·甲辰年金秋

瑞安明镜公园　（莫鼎盛　摄于2021年5月9日）